现代法学
试题系列

10

高校法学专业
核心课程配套测试

依刑法核心课程教材
最新版本体例组编

第十一版

刑法
配套测试

依据最新立法及学术动态修订升级
新增考试习题、2021～2023年考研真题

教学辅导中心 / 组编

中国法制出版社
CHINA LEGAL PUBLISHING HOUSE

第十一版出版说明

《高校法学专业核心课程配套测试丛书》专为法学院校学生掌握法律专业知识、培养法律思维能力而精心设计，分册设置涵盖法学专业核心课程，因考点全面、题量充足、解答详尽、应试性强等优点，受到广大师生的普遍欢迎，使得该丛书成为法学教辅图书中口碑相传的实力品牌。

《刑法配套测试》为上述丛书中的一本，自 2005 年首次出版后，历经多次改版重印，很多读者还来电、来信向我们表达感谢和期待。正是基于这种信赖，为及时体现该领域法学最新研究成果，并与我国立法发展相适应，在承继该书原有优点的基础上，我们对其全面修订。特点如下：

一、配套教材

本书结构上与刑法核心课程教材相配套，便于随学随练。

二、内容及时更新

1. 根据最新法律、司法解释及文件等进行全面修订。

2. 增加考试习题、部分高校 2021~2023 年考研真题等，并对陈旧题目进行替换。

三、加工精细考究

1. 章节前面设置“基础知识图解”，归纳每章的知识体系和基本概念，帮助读者梳理知识点并检验学习成果。

2. 对重点题目的答案以脚注形式提醒注意要点，拓展解题思路。

3. 试题答案讲解细致，重点突出，为培养法律思维和提高应试能力提供有效指导。

4. 本书专门收录两套期末测试题，便于读者进行整体复习和预演自测。

四、附录全面实用

1. 收录全国部分高校刑法学专业历年研究生入学考试真题，为准备考研的读者提供更多帮助。

2. 收录参考及推荐书目，便于读者拓展阅读。

3. 随书赠送课程相关法律单行本一册，方便读者随时查阅我国现行法律规定。

教学辅导中心

2023 年 8 月

目　录

第一章　刑法概说 …… 1
基础知识图解 …… 1
配套测试 …… 1
参考答案 …… 4
第二章　刑法的基本原则 …… 10
基础知识图解 …… 10
配套测试 …… 10
参考答案 …… 13
第三章　刑法的效力范围 …… 18
基础知识图解 …… 18
配套测试 …… 18
参考答案 …… 22
第四章　犯罪概念与犯罪构成 …… 30
基础知识图解 …… 30
配套测试 …… 30
参考答案 …… 32
第五章　犯罪客体 …… 37
基础知识图解 …… 37
配套测试 …… 37
参考答案 …… 38
第六章　犯罪客观方面 …… 41
基础知识图解 …… 41
配套测试 …… 41
参考答案 …… 46
第七章　犯罪主体 …… 56
基础知识图解 …… 56
配套测试 …… 56
参考答案 …… 61
第八章　犯罪主观方面 …… 69
基础知识图解 …… 69
配套测试 …… 69
参考答案 …… 74

第九章 正当行为 …… 83
基础知识图解 …… 83
配套测试 …… 83
参考答案 …… 88
第十章 故意犯罪的停止形态 …… 100
基础知识图解 …… 100
配套测试 …… 100
参考答案 …… 107
第十一章 共同犯罪 …… 118
基础知识图解 …… 118
配套测试 …… 118
参考答案 …… 128
第十二章 罪数形态 …… 149
基础知识图解 …… 149
配套测试 …… 149
参考答案 …… 154
第十三章 刑事责任 …… 165
基础知识图解 …… 165
配套测试 …… 165
参考答案 …… 166
第十四章 刑罚概说 …… 169
基础知识图解 …… 169
配套测试 …… 169
参考答案 …… 169
第十五章 刑罚的体系和种类 …… 172
基础知识图解 …… 172
配套测试 …… 172
参考答案 …… 176
第十六章 刑罚裁量 …… 185
基础知识图解 …… 185
配套测试 …… 185
参考答案 …… 187
第十七章 刑罚裁量制度 …… 191
基础知识图解 …… 191
配套测试 …… 191
参考答案 …… 197
第十八章 刑罚执行制度 …… 211
基础知识图解 …… 211
配套测试 …… 211

参考答案 …… 213
第十九章 刑罚的消灭 …… 219
基础知识图解 …… 219
配套测试 …… 219
参考答案 …… 220
第二十章 刑法各论概述 …… 223
基础知识图解 …… 223
配套测试 …… 223
参考答案 …… 223
第二十一章 危害国家安全罪 …… 226
配套测试 …… 226
参考答案 …… 228
第二十二章 危害公共安全罪 …… 232
配套测试 …… 232
参考答案 …… 242
第二十三章 破坏社会主义市场经济秩序罪 …… 256
配套测试 …… 256
参考答案 …… 273
第二十四章 侵犯公民人身权利、民主权利罪 …… 300
配套测试 …… 300
参考答案 …… 318
第二十五章 侵犯财产罪 …… 341
配套测试 …… 341
参考答案 …… 362
第二十六章 妨害社会管理秩序罪 …… 393
配套测试 …… 393
参考答案 …… 409
第二十七章 危害国防利益罪 …… 431
配套测试 …… 431
参考答案 …… 432
第二十八章 贪污贿赂罪 …… 435
配套测试 …… 435
参考答案 …… 447
第二十九章 渎职罪 …… 465
配套测试 …… 465
参考答案 …… 470
第三十章 军人违反职责罪 …… 481
配套测试 …… 481
参考答案 …… 482

期末测试题一 …… 484
参考答案 …… 487
期末测试题二 …… 488
参考答案 …… 491

附录一：部分高校研究生入学考试刑法学部分历年真题 …… 492
附录二：刑法学习参考及推荐书目 …… 522

第一章 刑法概说

基础知识图解

- 刑法概说
  - 刑法的概念
    - 广义：一切规定犯罪、刑事责任和刑罚的法律规范的总和。包括：（1）刑法典；（2）单行刑法或特别刑法；（3）附属刑法；（4）刑法修正案
    - 狭义：刑法典
  - 刑法的特征
    - 调整内容的特定性
    - 调整内容的广泛性
    - 调整手段的严厉性
    - 调整功能的补充性
  - 刑法的任务
    - 保卫国家安全、人民民主专政政权和社会主义制度
    - 保护社会主义的经济基础
    - 保护公民的人身权利、民主权利和其他权利
    - 维护良好的社会秩序与安定的政治局面
  - 刑法的体系
    - 广义：刑法的各种渊源及相互关系
    - 狭义：刑法典的组成和结构
  - 刑法的解释
    - 概念
    - 分类
      - 依效力：立法解释、司法解释、学理解释
      - 依方法：文理解释、论理解释

配套测试

一、单项选择题

1. 有权对刑法进行司法解释的是（　　）。

A. 各级人民法院

B. 各级人民检察院

C. 各级司法行政机关

D. 最高人民法院、最高人民检察院

2. 《刑法》第65条第1款规定："被判处有期徒刑以上刑罚的犯罪分子，刑罚执行完毕或者赦免以后，在五年以内再犯应当判处有期徒刑以上刑罚之罪的，是累犯，应当从重处罚，但是过失犯罪和不满十八周岁的人犯罪的除外。"这一刑法条文中的"但书"所表述的情况是（　　）。

A. 前段的例外

B. 前段的递进

C. 对前段的补充

D. 对前段的限制

3. 下列哪种说法是正确的？（　　）（司考2006. 卷二 . 20）①

① **编者注**：部分题目在括号内标注了司法考试真题序号，以本题为例，表示本题为2006年司法考试卷二第20题。以下不再特别注明。

A. 将强制猥亵妇女罪中的“妇女”解释为包括男性在内的人，属于扩大解释

B. 将故意杀人罪中的“人”解释为“精神正常的人”，属于应当禁止的类推解释

C. 将伪造货币罪中的“伪造”解释为包括变造货币，属于法律允许的类推解释

D. 将为境外窃取、刺探、收买、非法提供国家秘密、情报罪中的“情报”解释为“关系国家安全和利益、尚未公开或者依照有关规定不应公开的事项”，属于缩小解释

4. 关于刑法解释的说法，下列哪一选项是正确的？（　　）（司考 2009. 卷二 . 1）

A. 将盗窃罪对象中的“公私财物”解释为“他人的财物”，属于缩小解释

B. 将《刑法》第 171 条出售假币罪中的“出售”解释为“购买和销售”，属于当然解释

C. 对随身携带枪支等国家禁止个人携带的器械以外的其他器械进行抢夺的，解释为以抢劫罪定罪，属于扩张解释

D. 将信用卡诈骗罪中的“信用卡”解释为“具有消费支付、信用贷款、转账结算、存取现金等全部功能或者部分功能的电子支付卡”，属于类推解释

5. 关于刑法解释，下列哪一选项是错误的？（　　）（司考 2013. 卷二 . 3）

A. 学理解释中的类推解释结论，纳入司法解释后不属于类推解释

B. 将大型拖拉机解释为《刑法》第 116 条破坏交通工具罪中的“汽车”，至少是扩大解释乃至是类推解释

C.《刑法》分则中有不少条文并列规定了“伪造”与“变造”，但不排除在其他一些条文中将“变造”解释为“伪造”的一种表现形式

D.《刑法》第 65 条规定，不满 18 周岁的人不成立累犯；《刑法》第 356 条规定，因走私、贩卖、运输、制造、非法持有毒品罪被判过刑，又犯本节规定之罪的，从重处罚。根据当然解释的原理，对不满 18 周岁的人不适用《刑法》第 356 条

6. 关于刑法用语的解释，下列哪一选项是正确的？（　　）（司考 2014. 卷二 . 3）

A. 按照体系解释，刑法分则中的“买卖”一词，均指购买并卖出；单纯的购买或者出售，不属于“买卖”

B. 按照同类解释规则，对于刑法分则条文在列举具体要素后使用的“等”“其他”用语，应按照所列举的内容、性质进行同类解释

C. 将明知是捏造的损害他人名誉的事实，在信息网络上散布的行为，认定为“捏造事实诽谤他人”，属于当然解释

D. 将盗窃骨灰的行为认定为盗窃“尸体”，属于扩大解释

7. 关于构成要件要素，下列哪一选项是错误的？（　　）（司考 2014. 卷二 . 4）

A. 传播淫秽物品罪中的“淫秽物品”是规范的构成要件要素、客观的构成要件要素

B. 签订、履行合同失职被骗罪中的“签订、履行”是记述的构成要件要素、积极的构成要件要素

C. “被害人基于认识错误处分财产”是诈骗罪中的客观的构成要件要素、不成文的构成要件要素

D. “国家工作人员”是受贿罪的主体要素、规范的构成要件要素、主观的构成要件要素

8. 关于法条关系，下列哪一选项是正确的（不考虑数额）？（　　）（司考 2016. 卷二 . 11）

A. 即使认为盗窃与诈骗是对立关系，一行为针对同一具体对象（同一具体结果）也完全可能同时触犯盗窃罪与诈骗罪

B. 即使认为故意杀人与故意伤害是对立关系，故意杀人罪与故意伤害罪也存在法条竞合关系

C. 如认为法条竞合仅限于侵害一犯罪客体的情形，冒充警察骗取数额巨大的财物时，就会形成招摇撞骗罪与诈骗罪的法条竞合

D. 即便认为贪污罪和挪用公款罪是对立关系，若行为人使用公款赌博，在不能查明其是否具有归还公款的意思时，也能认定构成挪用公款罪

二、多项选择题

1. 刑法的解释按照效力可以分为（　　）。

A. 立法解释　　B. 司法解释

C. 论理解释　　D. 学理解释

2. 有权对刑法作出司法解释的机关包括哪些？（　　）

A. 最高人民法院

B. 最高人民检察院

C. 公安部

D. 全国人大及其常委会

3. 关于构成要件要素的分类，下列哪些选项是正确的？（　　）（司考 2008. 卷二. 51）

A. 贩卖淫秽物品牟利罪中的“贩卖”是记述的构成要件要素，“淫秽物品”是规范的构成要件要素

B. 贩卖毒品罪中的“贩卖”是记述的构成要件要素，“毒品”是规范的构成要件要素

C. 强制猥亵妇女罪中的“妇女”是记述的构成要件要素，“猥亵”是规范的构成要件要素

D. 抢劫罪的客观构成要件要素是成文的构成要件要素，“非法占有目的”是不成文的构成要件要素

4. ①对于同一刑法条文中的同一概念，既可以进行文理解释也可以进行论理解释

②一个解释者对于同一刑法条文的同一概念，不可能同时既作扩大解释又作缩小解释

③刑法中类推解释被禁止，扩大解释被允许，但扩大解释的结论也可能是错误的

④当然解释追求结论的合理性，但并不必然符合罪刑法定原则

关于上述 4 句话的判断，下列哪些选项是错误的？（　　）（司考 2011. 卷二. 51）

A. 第①句正确，第②③④句错误

B. 第①②句正确，第③④句错误

C. 第①③句正确，第②④句错误

D. 第①③④句正确，第②句错误

5. 关于《刑法》分则条文的理解，下列哪些选项是错误的？（　　）（司考 2011. 卷二. 58）

A. 即使没有《刑法》第 269 条的规定，对于犯盗窃罪，为毁灭罪证而当场使用暴力的行为，也要认定为抢劫罪

B. 即使没有《刑法》第 267 条第 2 款的规定，对于携带凶器抢夺的行为也应认定为抢劫罪

C. 即使没有《刑法》第 196 条第 3 款的规定，对于盗窃信用卡并在 ATM 取款的行为，也能认定为盗窃罪

D. 即使没有《刑法》第 198 条第 4 款的规定，对于保险事故的鉴定人故意提供虚假的证明文件为他人实施保险诈骗提供条件的，也应当认定为保险诈骗罪的共犯

6. 关于罪刑法定原则与刑法解释，下列哪些选项是正确的？（　　）（司考 2016. 卷二. 51）

A. 对甲法条中的“暴力”作扩大解释时，就不可能同时再作限制解释，但这并不意味着对乙法条中的“暴力”也须作扩大解释

B. 《刑法》第 237 条规定的强制猥亵、侮辱罪中的“侮辱”，与《刑法》第 246 条规定的侮辱罪中的“侮辱”，客观内容相同、主观内容不同

C. 当然解释是使刑法条文之间保持协调的解释方法，只要符合当然解释的原理，其解释结论就不会违反罪刑法定原则

D. 对刑法分则条文的解释，必须同时符合两个要求：一是不能超出刑法用语可能具有的含义，二是必须符合分则条文的目的

7. 关于公平正义理念与罪责刑相适应原则的关系，下列哪些选项是正确的？（　　）

A. 公平正义是人类社会的共同理想，罪责刑相适应原则与公平正义相吻合

B. 公平正义与罪责刑相适应原则都要求在法律实施中坚持以事实为根据、以法律为准绳

C. 公平正义的实现需要正确处理法理与情理的关系，罪责刑相适应原则要求做到罪刑均衡与刑罚个别化，二者并不矛盾

D. 根据案件特殊情况，为做到罪责刑相适应，促进公平正义，可由最高院授权下级法院，在法定刑以下判处刑罚

三、名词解释

1. 单行刑法

2. 附属刑法

3. 立法解释

4. 扩张解释

四、简答题

1. 什么是刑法？

2. 简述我国《刑法》第 2 条规定的刑法任务及其具体体现。

3. 简述制定刑法的根据。

4. 简述刑法的机能。

五、论述题

具体阐述刑法解释的种类及其内容。

参考答案

一、单项选择题

1. 答案：D。司法解释，是指最高司法机关对刑法的含义所作的解释。只有最高人民法院与最高人民检察院对刑法的具体适用问题能够作出司法解释。

2. 答案：A。

3. 答案：D。A 项中将强制猥亵妇女罪中的“妇女”解释为包括男性在内的人，应属于类推解释。故 A 不正确。将故意杀人罪中的“人”解释为“精神正常的人”显然缩小了此处人的外延，属于缩小解释。B 项说法错误。我国现行刑法明文禁止类推解释，另外，变造货币是独立罪名，无须类推解释。C 项说法错误，故本题应选 D。

4. 答案：C。A 选项将“公私财物”解释为“他人的财物”，将自己的财物排除在外，是因为自己的财物当然无法盗窃，故属于当然解释。A 项错误。B 选项将“出售”解释为“购买和销售”，较之其字面的通常含义已经被扩张，故属于扩大解释。B 项错误。C 选项是我国刑法条文中的规定，将“携带凶器抢夺的行为”解释为以抢劫罪定罪，并未超出“抢劫”可能具有的最广含义，故属于扩大解释而非类推解释。C 项正确。D 选项中的刑法解释并未超出“信用卡”可能具有的语义范围，故属于扩大解释。D 项错误。故答案为 C。

5. 答案：A。根据罪刑法定原则，《刑法》不允许类推解释，因此，无论是学理解释还是司法解释、立法解释都不得违背这一解释规则。因此，A 的说法是错误的。扩大解释是刑法解释的一种方法，是指《刑法》条文的解释含义大于条文字面的含义。根据《刑法》第 116 条的规定，破坏交通工具罪的对象是“火车、汽车、电车、船只、航空器”，解释该条的“汽车”包括大型拖拉机，对该条“汽车”的含义有所扩大，属于扩大解释。因

为生活中一般不认为“汽车”包括拖拉机，所以，B的说法是正确的。我国《刑法》明确区分了伪造和变造，分别规定为伪造货币罪和变造货币罪，但并不能以此否定其他假币犯罪中“伪造的货币”可能包括“变造的货币”。最高人民法院《关于对变造、倒卖变造邮票行为如何适用法律问题的解释》规定，对变造或者倒卖变造的邮票数额较大的，以伪造、倒卖伪造的有价票证罪定罪处罚。虽然伪造、倒卖伪造的有价票证罪仅规定了“伪造”和倒卖“伪造”的邮票等有价票证的行为，但上述司法解释肯定了伪造含义的相对性，所以C的说法是正确的。当然解释是指《刑法》规范虽然没有明示某一事项，但依形式逻辑、规范目的及事物的当然道理，将该事项解释为包括在该规定的使用范围之内。比较《刑法》第65条和第356条可以看出，两者是《刑法》总则与分则的关系，《刑法》第65条的“但书”规定同样适用于《刑法》第356条。因此，D的说法是正确的。本题的正确答案为A。

6. **答案**：B。扩大解释，即《刑法》条文字面的通常含义比真实含义窄，于是扩张字面含义，使其符合真实含义。《刑法》分则中的“买卖”一词，既包括购买并卖出，也包括为出售而购买。A选项将“买卖”解释为“购买并卖出”，错误地将“为卖而买”的行为排除在外，并不符合《刑法》本意。A选项错误。将明知是捏造的损害他人名誉的事实，在信息网络上散布的行为，认定为“捏造事实诽谤他人”，属于扩大解释而非当然解释。C选项错误。将盗窃骨灰解释为盗窃尸体，属于罪刑法定原则所禁止的类推解释。D选项错误。同类解释规则，也叫只含同类规则，即当刑法语词含义不清时，对附随于确定性语词之后的总括性语词的含义，应当根据确定性语词所涉及的同类或者同级事项予以确定。因此，对于《刑法》分则中的兜底性条文，即在列举具体要素后使用的“等”“其他”用语，应按照所列举的内容、性质进行同类解释。B选项正确。应选B。

7. **答案**：D。规范的构成要件要素是指需要法官规范的、评价的价值判断才能认定的构成要件要素；记述的构成要件要素是指只需要法官的认识活动即可确定的构成要件要素。传播淫秽物品罪中的“淫秽物品”以及“国家工作人员”等属于规范的构成要件要素，签订、履行合同失职被骗罪中的“签订、履行”属于记述的构成要件要素。积极的构成要件要素是指正面地表明成立犯罪必须具备的要素；消极的构成要件要素是指否定犯罪性的构成要件要素。签订、履行合同失职被骗罪中的“签订、履行”属于积极的构成要件要素。不成文的构成要件要素，是指《刑法》条文表面上没有明文规定，但根据《刑法》条文之间的相互关系、《刑法》条文对相关要素的描述所确定的，成立犯罪所必须具备的要素。“被害人基于认识错误处分财产”并未规定在诈骗罪的条文中，但却属于构成诈骗罪必须具备的构成要件要素，因此属于不成文的构成要件要素。主观的构成要件要素是指表明行为人内心的、主观方面的要素，如故意、过失、目的等；客观构成要件要素是指说明行为外部的、客观方面的要素，如行为、结果、行为对象。“淫秽物品”“被害人基于认识错误处分财产”“国家工作人员”等均是客观的构成要件要素。故ABC选项正确，D选项错误。应选D。

8. **答案**：D。法条竞合，是指一个行为同时符合了数个法条规定的犯罪构成要件，但从数个法条之间的逻辑关系来看，只能适用其中一个法条，当然排除适用其他法条的情况。换言之，法条竞合是指法条之间具有竞合（重合）关系，而不是犯罪的竞合。只有当两个法条之间存在包容关系（如特别关系）或者交叉关系时，才能认定为法条竞合关系。如果两个条文所规定的构成要件处于相互对立或矛盾的关系，则不可能属于法条竞合。例如，规定盗窃罪的条文与规定诈骗罪的条文是一种对立关系，针对一个法益侵害结果而言，某个行为不可能既构成盗窃罪又构成诈骗罪。因此，AB选项错误。C选项，冒充警察骗取数额较大财物，属于一行为触犯数罪名，构成想象竞合而非法条竞合。C选项错误。D选项，贪污罪与挪用公款罪是对立关系，不构成法条竞合，若行为人使用公款赌博，不能查明其是否有归还公款的意思，应当根据存疑有利于被告的原则认定为较轻的挪用公款罪。D选项正确。

二、多项选择题

1. **答案：**ABD。刑法的解释按照解释的效力不同可以分为立法解释、司法解释和学理解释。立法解释就是立法机关对刑法所作出的解释，司法解释是指最高司法机关对具体应用刑法所作出的解释，学理解释是指未经国家授权的机关、团体或者个人从理论上或者学术上对刑法所作出的解释。刑法解释按照解释的方法可以分为文理解释和论理解释。由此可见，ABD选项符合题意。故本题正确答案为ABD。

2. **答案：**AB。刑法的解释按照解释的效力不同可以分为立法解释、司法解释和学理解释。立法解释就是立法机关对刑法所作出的解释，司法解释是指最高司法机关对具体应用刑法所作出的解释。最高司法机关包括最高人民法院和最高人民检察院，AB选项符合题意。故本题正确答案为AB。

3. **答案：**ACD。依照刑法理论，构成要件要素可分为记述的构成要件要素与规范的构成要件要素。在解释构成要件要素和认定是否存在符合构成要件要素的事实时，如果只需要法官的认识活动即可确定，这种构成要件要素便是记述的构成要件要素；如果需要法官规范的价值判断才能认定，这种构成要件要素就是规范的构成要件要素。对“贩卖”“毒品”“妇女”的理解，以及对客观事实是否符合这些要素，都只需要一般的认识活动与基本的对比判断就可以得出结论，因而属于记述的构成要件要素。反之，例如“猥亵”和“淫秽物品”，则需要司法者规范的评价行为才能认定。因此AC选项正确，B选项错误。构成要件要素还可分为成文的构成要件要素与不成文的构成要件要素。成文的构成要件要素，是指刑法明文规定的构成要件要素。绝大多数构成要件要素都是成文的构成要件要素。不成文的构成要件要素，是指刑法条文表面上没有明文规定，但根据刑法条文之间的相互关系、刑法条文对相关要素的描述所确定的，成立犯罪所必须具备的要素。就一些具体犯罪而言，由于众所周知的理由或者其他原因，刑法并没有将所有的构成要件要素完整地规定下来，而是需要法官在适用过程中进行补充。抢劫罪中的“非法占有目的”就属于不成文的构成要件要素。故D选项正确。

4. **答案：**ABCD。文理解释和论理解释是对法条进行解释的参照事项，又称解释理由。扩大解释、缩小解释、当然解释是对条文进行解释的技巧。对一个刑法条文或者一个刑法用语的解释，只能采用一种解释技巧。采用何种解释技巧，取决于解释的参照事项，而解释的参照事项是可以并用的。所以第①、②句是正确的。

   类推解释作为解释技巧被罪刑法定原则所禁止，扩大解释则被允许，但是不合理的扩大解释也违背罪刑法定原则。所以第③句话是正确的。

   当然解释，是指在所面临的案件缺乏可以适用的法条时，通过参照各种事项，从既有的法条获得指针，对案件适用法条的一种解释。在适用当然解释时，也要求案件事实符合刑法规定的构成要件，即当然解释的结论，必须为刑法用语所包含，否则也会违背罪刑法定原则。所以第④句正确。

   由于第①、②、③、④句话的内容都是正确的，所以ABCD项的判断都是错误的。

5. **答案：**AB。法律拟制，是指明知不同，而基于法律的规定，故意等同视之，是法律中的特别规定。《刑法》第269条和第267条第2款属于典型的法律拟制。如果没有法律的特别规定，对于犯盗窃罪，为毁灭罪证而当场使用暴力的行为，要认定为盗窃罪与故意伤害罪（可能的），实行数罪并罚；对于携带凶器抢夺的行为，也只能认定为抢夺罪。因此 AB 两项说法错误。

《刑法》第 196 条第 3 款规定，盗窃信用卡并使用的，按照盗窃罪处理。此规定有法律拟制的成分，如盗窃信用卡后在银行柜台使用，存在信用卡诈骗的行为，却仍然按照盗窃罪处理。但是也有本来属于盗窃罪的内容，如盗窃信用卡在 ATM 上使用，因为没有信用卡诈骗活动，不成立信用卡诈骗罪，本来就是盗窃罪。所以 C 选项说法正确。

《刑法》第 198 条第 4 款的规定属于注意规定。注意规定是指对于刑法中本来就有的规定，进行重复性的说明，以提示法官注意。即使没有注意规定，也应当按照行为本来的性质认定。保险事故的鉴定人故意提供虚假的证明文件为他人实施保险诈骗提供条件的，本来就是保险诈骗罪的帮助犯，即使没有第 198 条的说明，也应当根据共同犯罪的原则认定为保险诈骗罪的共犯。因此 D 选项说法正确。

6. **答案**：AD。A 选项，在刑法条文中，存在很多“暴力”的表述，根据刑法解释理论，在不同语境下应当对暴力作出不同的解释，有的条文中需要进行扩大解释，有的条文中则需要进行限制解释，这并不违反罪刑法定原则。A 选项正确。B 选项，构成强制猥亵、侮辱罪，要求以暴力、胁迫或者其他方法强制猥亵他人或者侮辱妇女。这里的“侮辱妇女”，主要是指对妇女实施猥亵行为以外的、损害妇女人格尊严的淫秽下流的、伤风败俗的行为。侮辱罪以败坏他人名誉为目的，必须是公然地针对特定的人实施，而且侵犯的对象不限于妇女、儿童；而强制猥亵、侮辱罪则是出于满足行为人的淫秽下流的欲望，不要求公然地针对特定的人实施，侵犯的对象只限于妇女。二者的区别不仅在于主观，也在于客观。B 选项错误。C 选项，当然解释是使刑法条文之间保持协调的解释方法，但仅仅满足当然解释的要求不足以确保符合罪刑法定原则。C 选项错误。D 选项，对刑法分则条文的解释，必须同时符合两个要求：一是不能超出刑法用语可能具有的含义，二是必须符合分则条文的目的。D 选项是正确的。

7. **答案**：ABC。公平正义是人类社会追求的目标，是全人类的共同理想。法律是正义的文字表述，罪刑相适应原则体现了公平正义，即刑罚的轻重应当与犯罪分子所犯罪行及其刑事责任相适应。A 正确。公平正义、罪刑相适应原则并非空洞的理念，其实现依赖于法律实践中坚持“以事实为依据，以法律为准绳”，离开案件事实，公平正义、罪刑相适应没有现实基础；离开法律规定，公平正义、罪刑相适应缺乏合理标准。B 正确。公平正义是法律的基本要求，而非抽象的存在，应当体现于具体案件中，植根于民众心中。因此，法理、情理具有一致性，不能轻易对立。任何个案的公平正义的实现，都是一般正义与个别正义的要求，刑罚个别化则体现了个别正义的要求。C 正确。《刑法》第 63 条第 2 款规定，犯罪分子虽然不具有本法规定的减轻处罚情节，但是根据案件的特殊情况，经最高人民法院核准，也可以在法定刑以下判处刑罚。因此，在没有法定减轻处罚情节的情况下，最高人民法院可以核准在法定刑以下判处刑罚，但不能授权下级人民法院随意适用减轻处罚规定。否则，不仅违背法律精神，违背公平正义的要求，也违反罪刑相适应原则。D 错误。

三、名词解释

1. **答案**：单行刑法是国家以决定、规定、补充规定、条例等名称颁布的、规定某一类犯罪及其刑事责任或者刑法的某一事项的法律。
2. **答案**：附属刑法是指附带规定于民法、经济法、行政法等非刑事法律中的犯罪及刑事责任的规范。

3. 答案：立法解释是由最高立法机关即全国人民代表大会及其常务委员会对刑法的含义所作的解释。

4. 答案：扩张解释是论理解释的一种，即根据立法原意，对刑法条文作超过字面意思的解释。

四、简答题

1. 答案：刑法是统治阶级为了维护本阶级政治上的统治和经济上的利益，根据自己的意志，以国家名义制定、颁布的规定犯罪、刑事责任和刑罚的法律。刑法具有双重性质，即阶级性质和法律性质。刑法的产生和发展是一个历史的范畴，是统治阶级对被统治阶级实行专政的工具，其阶级性质是由国家的阶级本质决定的。刑法区别于其他法律的特有属性主要体现在其所规定内容的特定性、保护社会关系范围的广泛性、强制方法的严厉性以及谦抑性。

刑法有广义和狭义之分。广义的刑法是指一切规定犯罪、刑事责任和刑罚的法律规范的总和，主要包括刑法典、单行刑法与附属刑法。狭义的刑法则是指系统规定犯罪、刑事责任和刑罚的刑法典。我国1979年颁布、1997年修订并经多次修正的《刑法》是我国现行的刑法典。

2. 答案：我国《刑法》第2条规定，我国刑法的任务，是用刑罚同一切犯罪行为作斗争，以保卫国家安全，保卫人民民主专政的政权和社会主义制度，保护国有财产和劳动群众集体所有的财产，保护公民私人所有的财产，保护公民的人身权利、民主权利和其他权利，维护社会秩序、经济秩序，保障社会主义建设事业的顺利进行。据此，惩罚犯罪与保护人民，构成刑法任务的两个方面。具体包括：（1）保卫国家安全，保卫人民民主专政的政权和社会主义制度。（2）保护社会主义的经济基础。（3）保护公民的人身权利、民主权利和其他权利。（4）维护社会秩序。

3. 答案：依照我国《刑法》第1条的规定，制定刑法的根据包括法律根据和实践根据。法律根据是宪法，宪法是刑法的母法，宪法的许多规定，都是制定和修订刑法时必须遵循的。具体而言，刑法必须以宪法为立法根据，必须在自己的领域内具体贯彻宪法的精神和原则，通过具体的刑法规范及其适用，保障宪法的实施；刑法的规定及其解释，不得与宪法相抵触，否则便没有法律效力。实践根据是我国同犯罪作斗争的具体经验及实际情况。制定和修订刑法，都必须从我国的实际情况出发，系统地进行调查研究。刑法只有立足于客观实际，才有生命力。

4. 答案：刑法的机能也就是刑法可能发挥的积极作用。

从本体论的角度来看，刑法的机能可以分为促进机能和限制机能。促进机能又被称为规律机能，它包括评价机能和意思决定机能。所谓评价机能就是依据刑法明确规定的犯罪成立条件，对特定的行为进行价值判断和法律判断。所谓意思决定机能就是通过刑法预先规定的犯罪成立条件，向公民发出保护法益的命令，从而要求公民自我抑制犯罪意思，不去犯罪。而限制机能则是指限制公民行为以及约束法官裁判的机能。

从价值机能的角度来看，刑法具有保护社会（又称为法益保护机能）和保障人权两种机能。刑法本身所具有的促进机能，是为了实现刑法对社会的保护；而限制机能，就是保障人权所必需的。

五、论述题

答案：刑法的解释是指对刑法规范含义的阐明，对正确理解和运用刑法具有重要的意义。通过对刑法规范进行解释，可以使抽象的法条适用于具体的案件，使刑法条文具有一定的稳定性，同时也可以弥补刑法条文的缺陷。

根据解释主体和解释方法的不同，可以从不同方面对刑法解释进行分类。

（1）以解释的主体为依据，可将刑法解释分为立法解释、司法解释与学理解释。

①立法解释是由立法机关对刑法的含义所作的解释。全国人大及其常委会对刑法规范本身需要明确的界限，或者为解决最高人民法院和最高人民检察院所作出的有关刑事司法的解释的原则性分歧而进行立法解释。刑法的立法解释包括三种情况：a. 在刑法中用条文对有关刑法术语所作的解释；b. 由国家立法机关在法律的起草说明或者修订说明中所作的解释；c. 刑法在施行中如发生歧义，由全国人大常委会进行的解释。②司法解释是由司法机关对刑法的含义所作的解释，我国有权进行司法解释的司法机关是最高人民法院和最高人民检察院。在我国，凡属于法院审判工作中具体应用法律、法令的问题，由最高人民法院进行解释；凡属于检察院检察工作中具体应用法律、法令的问题，由最高人民检察院进行解释；若二者解释有原则性分歧，报请全国人民代表大会常务委员会解释或决定。③学理解释是由专家、学者从学理上对刑法含义所作的解释。学理解释是立法解释和司法解释的理论基础。

（2）以解释的方法为依据，可将刑法解释分为文理解释和论理解释。①文理解释是对法律条文的字义，包括单词、概念、术语，从文理上所作的解释。例如对刑法条文中“可以”“应当”的解释等。②论理解释是按照立法精神，联系有关情况，对刑法条文从逻辑上所作的解释。论理解释又分为：a. 扩张解释是根据立法原意，对刑法条文作超过字面意思的解释。b. 限制解释是根据立法原意，对刑法条文作狭于字面意思的解释。c. 当然解释是指刑法条文虽没有明确规定，但已包含在法律条文的含义中，依据理所当然的方式，对刑法条文所作的解释。当然解释的基本方法是“出罪举重以明轻，入罪举轻以明重”。

第二章　刑法的基本原则

基础知识图解

- 刑法的基本原则
  - 罪刑法定原则
    - 含义：法无明文规定不为罪，法无明文规定不处罚
    - 立法体现
      - 犯罪的法定化和刑罚的法定化
      - 废除类推制度
      - 在刑法溯及力问题上采用从旧兼从轻原则
      - 分则罪名规定详备
      - 在个罪的构成要件以及法定刑上增强了可操作性
    - 司法适用
      - 正确认定犯罪和判处刑罚
      - 正确进行司法解释
  - 适用刑法人人平等原则
    - 含义
    - 在我国刑法中的体现
      - 定罪上一律平等
      - 量刑上一律平等
      - 行刑上一律平等
  - 罪责刑相适应原则
    - 含义：犯多大的罪，便应承担多大的刑事责任，法院也应判处其轻重相当的刑罚；做到重罪重罚，轻罪轻罚，罪刑相称，罚当其罪
    - 立法体现
      - 严密科学的刑罚体系
      - 区别对待的处罚原则
      - 轻重不同的量刑幅度

配套测试

一、单项选择题

1. 被采取强制措施的犯罪嫌疑人、被告人和正在服刑的罪犯，如实供述司法机关尚未掌握的本人其他罪行的，可以从轻或者减轻处罚，该规定体现了我国刑法的（　　）。

A. 罪责刑法定原则

B. 罪责刑相适应原则

C. 适用平等原则

D. 惩罚与教育相结合原则

2. “罪刑法定原则的要求是：（1）禁止溯及既往（______的罪刑法定）；（2）排斥习惯（______的罪刑法定）；（3）禁止类推解释（______的罪刑法定）；（4）刑罚法规的适当（______的罪刑法定）。”下列哪一选项与题干空格内容相匹配？（　　）（司考 2010. 卷二 . 1）

A. 事前—成文—确定—严格

B. 事前—确定—成文—严格

C. 事前—严格—成文—确定

D. 事前—成文—严格—确定

3.《刑法》第 22 条规定：“……对于预备犯，可以比照既遂犯从轻、减轻处罚或者免除处罚。”该条贯彻的刑法原则是

(　　)。(司考2015. 卷二.11)

A. 罪刑法定原则

B. 法律面前人人平等原则

C. 罪刑相当原则

D. 刑罚个别化原则

4. 关于罪刑法定原则，下列说法错误的是(　　)。(司考2013. 卷二.11)

A. 罪刑法定原则既是立法原则，也是司法原则，同时对行政机关也具有约束力

B. 罪刑相适应原则是罪刑法定原则的合理延伸

C. 限制解释一定符合罪刑法定原则

D. 将借记卡解释为刑法中的信用卡并不违背罪刑法定原则

5. 关于罪刑相当原则下列说法正确的是(　　)。(司考2012. 卷二.11)

A. 古代刑法中的同态复仇反映了罪刑相当原则的最初概念，现代意义上的罪刑相当原则产生于西方资本主义国家，社会主义国家的刑法应当坚决抵制其影响

B. 罪刑相当原则是指犯罪分子所受的刑罚应当与犯罪事实、性质、情节、社会危害性大小相适应，而与刑事责任无关

C. 罪刑相当原则集中体现了刑法的公正性、正义性

D. 罪刑相当原则与刑罚个别化原则是根本冲突和对立的

6.《刑法》第67条规定："……对于自首的犯罪分子，可以从轻或者减轻处罚……"该条贯彻的刑法原则是(　　)。(司考2011. 卷二.11)

A. 罪刑法定原则

B. 法律面前人人平等原则

C. 罪刑相当原则

D. 刑罚个别化原则

7. 关于罪刑法定原则，下列哪一选项是正确的？(　　)(司考2006. 卷二.1)

A. 罪刑法定原则的思想基础之一是民主主义，而习惯最能反映民意，所以，将习惯作为刑法的渊源并不违反罪刑法定原则

B. 罪刑法定原则中的"法"不仅包括国家立法机关制定的法，而且包括国家最高行政机关制定的法

C. 罪刑法定原则禁止不利于行为人的溯及既往，但允许有利于行为人的溯及既往

D. 刑法分则的部分条文对犯罪的状况不作具体描述，只是表述该罪的罪名，这种立法体例违反罪刑法定原则

8. 关于罪刑法定原则有以下观点：

①罪刑法定只约束立法者，不约束司法者

②罪刑法定只约束法官，不约束侦查人员

③罪刑法定只禁止类推适用刑法，不禁止适用习惯法

④罪刑法定只禁止不利于被告人的事后法，不禁止有利于被告人的事后法

关于上述观点的正误，下列哪一选项是正确的？(　　)(司考2012. 卷二.3)

A. 第①句正确，第②③④句错误

B. 第①②句正确，第③④句错误

C. 第④句正确，第①②③句错误

D. 第①③句正确，第②④句错误

9. 关于社会主义法治理念与罪刑法定的表述，下列哪一理解是不准确的？(　　)(司考2011. 卷二.1)

A. 依法治国是社会主义法治的核心内容，罪刑法定是依法治国在刑法领域的集中体现

B. 权力制约是依法治国的关键环节，罪刑法定充分体现了权力制约

C. 人民民主是依法治国的政治基础，罪刑法定同样以此为思想基础

D. 执法为民是社会主义法治的本质要求，网民对根据《刑法》规定作出的判决

持异议时，应当根据民意判决

10. 关于社会主义法治理念与罪刑法定原则的关系有以下观点：

①罪刑法定的思想基础是民主主义与尊重人权主义，具备社会主义法治理念的本质属性

②罪刑法定既约束司法者，也约束立法者，符合依法治国理念的基本要求

③罪刑法定的核心是限制国家机关权力，保障国民自由，与执法为民的理念相一致

④罪刑法定是依法治国理念在刑法领域的具体表现

关于上述观点的正误，下列哪一选项是正确的？（　　）（司考 2013. 卷二 . 2）

A. 第①句正确，第②③④句错误

B. 第①③句正确，第②④句错误

C. 第①②③句正确，第④句错误

D. 第①②③④句均正确

11. 关于公平正义理念与罪刑相适应原则的关系，下列哪一选项是错误的？（　　）（司考 2014. 卷二 . 1）

A. 公平正义是人类社会的共同理想，罪刑相适应原则与公平正义相吻合

B. 公平正义与罪刑相适应原则都要求在法律实施中坚持以事实为根据、以法律为准绳

C. 根据案件特殊情况，为做到罪刑相适应，促进公平正义，可由最高法院授权下级法院，在法定刑以下判处刑罚

D. 公平正义的实现需要正确处理法理与情理的关系，罪刑相适应原则要求做到罪刑均衡与刑罚个别化，二者并不矛盾

二、多项选择题

1. 现代罪刑法定原则包括以下哪些派生原则？（　　）

A. 禁止类推　　B. 禁止事后法

C. 禁止习惯法　　D. 禁止绝对不定期刑

2. 下列哪些情形体现出罪刑相适应原则？（　　）

A. 对累犯从重处罚

B. 对自首、立功的从宽处罚

C. 对中止犯的处罚宽大于未遂犯、预备犯

D. 对不满 18 岁的人犯罪，应当从轻或者减轻处罚

3. 罪刑法定主义的派生原则有（　　）。

A. 排斥习惯法

B. 禁止有罪类推

C. 排斥绝对不定期刑

D. 禁止重法溯及既往

4. 我国刑法规定的基本原则有（　　）。

A. 法治原则

B. 数罪并罚原则

C. 法律面前人人平等原则

D. 罪刑法定原则

5. 下列哪些选项不违反罪刑法定原则？（　　）（司考 2014. 卷二 . 51）

A. 将明知是智能障碍女而与之发生性关系导致被害人怀孕的情形，认定为强奸“造成其他严重后果”

B. 将卡拉 OK 厅未经著作权人许可大量播放其音像制品的行为，认定为侵犯著作权罪中的“发行”

C. 将重度醉酒后在高速公路超速驾驶机动车的行为，认定为以危险方法危害公共安全罪

D.《刑法》规定了盗窃武装部队印章罪，未规定毁灭武装部队印章罪。为弥补处罚漏洞，将毁灭武装部队印章的行为认定为毁灭“国家机关”印章

三、简答题

1. 罪刑法定原则的重要意义。

2. 简述适用刑法人人平等原则。（武汉大学 2006 年研究生入学试题）

3. 为什么说保障人权原则也是刑法的基本原则？

四、论述题

1. 试述我国刑法规定的基本原则。
2. 试论罪刑法定原则的基本内容。（吉林大学、厦门大学2013年考试真题）

参考答案

一、单项选择题

1. **答案**：B。根据《刑法》第5条规定的罪责刑相适应原则："刑罚的轻重，应当与犯罪分子所犯罪行和承担的刑事责任相适应。"按照《刑法》第67条关于自首的特殊规定，依法可"从轻或减轻"处罚，符合罪责刑相适应原则。
2. **答案**：D。罪刑法定原则的具体要求为：(1) 溯及既往的禁止，即事前的罪刑法定。犯罪及其刑罚必须在行为前预先规定，刑法不得对在其公布、施行前的行为进行追溯适用。(2) 排斥习惯法，即成文的罪刑法定。犯罪与刑罚必须由立法者通过特定程序以文字的形式记载下来，刑事司法应以成文法为准，而不能适用习惯法。(3) 合理解释刑法，禁止类推，即严格的罪刑法定。类推解释是对事先在法律上没有规定要予以处罚的行为进行处罚，属于司法恣意对国民的行为进行压制，这是不允许的。(4) 刑罚法规的适当，即确定的罪刑法定。同时，刑罚法规的适当还包括刑法的明确性、禁止处罚不当处罚的行为、禁止不确定刑三个方面内容。
3. **答案**：D。罪责刑相适应原则，是指根据行为人犯罪的事实、性质、情节以及社会危害性的大小，决定所处刑罚的轻重，即罪轻刑轻，罪重刑重，罪刑相当，罚当其罪。刑罚个别化原则，是指在制刑、量刑和行刑的过程中，国家根据犯罪人人身危险性的大小，在报应观念所允许的对已然之罪适用的相当刑罚区间内，设定、宣告和执行相应的刑罚的一项原则。针对预备犯造成的社会危害相对较小的情况，对其比照既遂犯从轻、减轻或者免除处罚，应当是刑罚个别化原则，故本题正确答案为D。刑罚个别化主要是从社会的预防观念角度对犯罪人的行为进行刑罚价值评价，指的是基于对犯罪人再犯的可能性的考虑而采取的刑罚措施，以达到刑罚预防的目的。
4. **答案**：C。罪刑法定原则既是立法原则也是司法原则，罪刑法定原则对于其他国家机关也是具有拘束力的，故A选项正确。罪刑相适应原则是罪刑法定原则的补充和发展，罪刑相适应原则不得与罪刑法定原则相违背或者说必须以罪刑法定原则为基础，故B选项正确。刑法解释也必须符合罪刑法定原则，但不能认为所有的刑法解释都一定符合这一原则。比如，将故意杀人罪中的人限制解释为"成人"，就明显违反了罪刑法定原则，故C选项错误。虽然信用卡的主要功能是能够透支，但是其他具有消费支付、信用贷款、结账结算、存取现金等全部功能的电子支付卡和狭义上的信用卡在大多数功能上具有一致性，所以将借记卡解释为信用卡属扩大解释，由于并没有超出预测可能性，故不违背罪刑法定原则，故D选项正确。本题为选非题，故正确答案为C。
5. **答案**：C。罪刑相当原则又称罪责刑相适应原则，是指刑罚的轻重应当与犯罪的轻重相适应。古代刑法早期，实行"以牙还牙，以眼还眼，以血还血"的同态复仇原则，侵害行为与惩罚之间具有一种对等性，同态复仇原则反映出罪刑等价、相当和均衡的思想。现代意义上的罪刑相当原则产生于西方资本主义国家，后来被世界各国刑法所接受。故A选项错误。我国《刑法》第5条明确规定了"罪刑相当原则"，即"刑罚的轻重，应当与犯罪分子所犯罪行和承担的刑事责任相适应"。故B选项错误。对任何人来说，无罪不罚，轻罪轻罚，重罪重罚，一罪一罚，罚当其罪，故而罪刑相当原则集中体现了刑法的公正性和正义性，C选项正确。我国《刑法》第5条不仅直接规定罪刑相当原则，而且间接规定刑罚个别化原则和罪刑相当原则的关系，二者既有联系又有区别，故D选项错误。综上，本题正确答案为C。

6. 答案：D。罪刑法定原则具体是指法律明文规定为犯罪行为的，依照法律定罪处刑。法律没有规定为犯罪行为的，不得定罪处刑。法律面前人人平等原则是指犯罪人在适用法律上一律平等。罪刑相适应原则又称为罪刑均衡原则、罪刑相当原则，刑罚的轻重，应当与犯罪分子所犯罪行和承担的刑事责任相适应。罪刑相适应原则的经典表述是：重罪重罚、轻罪轻罚、无罪不罚、一罪一罚、数罪并罚、罚当其罪。刑罚个别化原则是调整刑罚和犯罪人关系的基本原则，要求刑罚应当根据犯罪人的具体特点有针对性地加以规定、裁量和适用，从而构成对罪刑相适应原则的制约和校正。“对于自首的犯罪分子(特殊群体)，可以从轻或者减轻处罚”的规定恰恰体现的是刑罚个别化原则，D选项符合题意。故本题正确答案为D。

7. 答案：C。罪刑法定原则要求刑法应以制定法为依据，排斥习惯法。A选项错误。根据《立法法》第11条规定，关于犯罪和刑罚的事项只能制定法律。B选项错误。刑法只禁止犯罪化，强化惩罚或对行为人不利的法律追溯既往，对非犯罪化，弱化惩罚或有利于行为人的法律则允许有溯及既往的效力。C选项正确。刑法分则中部分条文没有具体描述犯罪的特征，只是表述该罪的罪名，之所以采取这种简单罪状的方式，往往是因为这些犯罪的特征为众人所知，无须具体描述，所以并不违反罪刑法定原则。D选项错误。

8. 答案：C。

9. 答案：D。

10. 答案：D。本题结合依法治国的理念考查考生对罪刑法定原则的理解和掌握程度。《刑法》第3条规定了罪刑法定原则，其经典表述是“法无明文规定不为罪，法无明文规定不处罚”。该原则的思想基础是民主主义与尊重人权主义，民主主义具体表现为由人民群众选举产生的立法机关决定什么是犯罪。尊重人权主义是指保障公民对犯罪的可预测性，即必须在事前明文规定什么是犯罪及对犯罪如何处罚。坚持党的领导、人民当家主和依法治国的统一，是社会主义法治理念的本质属性。由此可见罪刑法定原则与该本质属性是相一致的。因此，①是正确的。罪刑法定原则是限制国家权力，保障人权的价值选择，与执法为民的理念是相一致的。因此，③是正确的。根据罪刑法定原则的要求，犯罪和刑罚必须事先由法律作出明文规定，不允许法官自由擅断，是立法者和司法者都必须严格遵守的，同时也体现了依法治国的理念。因此，②、④是正确的。综上所述，本题的正确答案为D。罪刑法定原则是刑法的基石，也是出题者偏爱的考点，考生必须熟练掌握罪刑法定原则的内容。

11. 答案：C。罪刑相适应原则是刑法基本原则之一。其具体要求是，刑罚既要与犯罪性质相适应，又要与犯罪情节相适应，还要与犯罪人的人身危险性相适应。罪刑相适应原则是公平正义理念在刑法领域的具体体现，公平正义需要兼顾法理与情理，罪刑相适应原则同样需要兼顾罪刑均衡与刑罚个别化，二者相互吻合、并不矛盾。故ABD选项正确。《刑法》第63条第2款规定，犯罪分子虽然不具有《刑法》规定的减轻处罚情节，但是根据案件的特殊情况，经最高人民法院核准，也可以在法定刑以下判处刑罚。由此可见，如果没有减轻处罚情节，也可报经最高人民法院核准，在法定刑以下判处刑罚。但报最高人民法院核准并不等于由最高人民法院授权下级人民法院。故C选项错误。本题应选C。

二、多项选择题

1. 答案：CD。“消极的罪刑法定”从消极的方面限制刑罚权的适用，防止国家滥用刑罚权侵犯人权。一般而言，“消极的罪刑法定”主要包括以下派生原则：（1）禁止类推，禁止不利于被告人的类推解释和类推适用，但是允许有利于被告人的类推解释和类推适用，A 选项错误。(2) 禁止事后法，刑法原则上没有溯及力，但是我国采取从旧兼从轻原则。不利于被告人的法律不具有溯及力，有利于被告人的法律具有溯及力，B 选项错误。(3) 禁止习惯法，刑法的适用应当严格依据制定法，习惯和判例不是刑法的渊源，C 选项正确。(4) 禁止不定期刑，严格按照法律定罪量刑，禁止适用绝对不定刑和绝对不定期刑，D 选项正确。故本题正确答案为 CD。

2. **答案**：ABCD。根据《刑法》第 5 条规定，关于罪刑相适应原则的规定，刑罚的轻重，应当与犯罪分子所犯罪行和承担的刑事责任相适应。上述选项都体现出刑罚的轻重与刑事责任相适应方面的内容。

3. **答案**：ABCD。罪刑法定原则的派生原则包括：排斥习惯法、排斥绝对不定期刑、禁止有罪类推、禁止重法溯及既往。

4. **答案**：CD。刑法的基本原则参见《刑法》第 3、4、5 条。第 3 条规定，法律明文规定为犯罪行为的，依照法律定罪处刑；法律没有明文规定为犯罪行为的，不得定罪处刑。第 4 条规定，对任何人犯罪，在适用法律上一律平等。不允许任何人有超越法律的特权。第 5 条规定，刑罚的轻重，应当与犯罪分子所犯罪行和承担的刑事责任相适应。

5. **答案**：ACD。罪刑法定原则的经典表述是："法无明文规定不为罪"，"法无明文规定不处罚"。我国《刑法》第 3 条明文规定了这一原则。罪刑法定原则的具体要求是：(1) 禁止溯及既往；(2) 排斥习惯法；(3) 禁止类推解释；(4) 刑罚法规的适当，包括刑罚明确性、禁止不确定刑和禁止处罚不当罚的行为。在刑事司法中贯彻罪刑法定原则，最为关键的问题是对《刑法》的解释要合理。不利于被告人的类推解释在方法上就与罪刑法定原则相抵触，故属禁止之列。采取其他解释方法时，其解释结论也必须符合罪刑法定主义，符合刑法目的。A 选项中，"明知是智能障碍女而与之发生性关系导致被害人怀孕"的情形，与强奸致使被害人重伤、死亡后果的严重性相当，可以认定为强奸"造成其他严重后果"。A 选项不违背罪刑法定原则。B 选项中，根据《关于办理侵犯知识产权刑事案件适用法律若干问题的意见》第 12 条的规定，"发行"，包括总发行、批发、零售、通过信息网络传播以及出租、展销等活动。未经著作权人许可在卡拉 OK 厅大量播放其音像制品的行为并不能包含在"发行"之内。B 选项违背了罪刑法定原则。C 选项中，"重度醉酒后在高速公路超速驾驶机动车"的行为，同时包含"重度醉酒""高速公路"和"超速驾驶"三个危险要素，其严重性与放火、爆炸、投放危险物质等行为相当，已经对不特定多数人的生命财产安全造成现实威胁，应当认定为以危险方法危害公共安全罪。C 选项不违背罪刑法定原则。D 选项中，武装部队属于国家军事机关，是国家机关的组成部分。所以将毁灭武装部队印章的行为认定为毁灭"国家机关"印章并无不妥，未超出"国家机关"的字面含义。D 选项不违背罪刑法定原则。应选 ACD。

三、简答题

1. **答案**：罪刑法定原则的确立对我国刑事法制建设具有十分重要的意义，具体而言，主要表现在以下三个方面：(1) 有利于同犯罪作斗争；(2) 有利于切实保障公民的合法权益；(3) 有利于推进国家法治化进程。它把犯罪与刑罚的一系列问题都予以规定，并明确规定必须依法办事，使司法工作人员定罪判刑都有统一的标准和依据可循，便于维护法制的统一；同时，也可以防止任何人，特别是执法人员滥用职权，任意出入定罪，使公民的合法权益得到切实保障，使有罪的人依法被惩处，定罪判刑。使"有法可依，有法必依，执法必严，违法必究"，依法办案真真正正落到实处。可以说刑法规定罪刑法定原则是维护法制统一，切实有效保障人权的需要，将它明文规定在刑法典之中，其意义是不言而喻的。但是，罪刑法定原则又是一条残缺的原则，有其局限性，它是以一种现实的社会代价去换取理想中的法律真正的、完全的公正，这是因为刑法作为一种规范将永远滞后于犯罪，意味着有相当部分的犯罪分子不能被绳之以法，也就是要放纵一些犯罪。由于否定类推，便会导致：假如法律未将某种行为规定为犯罪，即使该行为严重危害社会，也不能对其定罪处刑。解决的方法是健全社会主义法制和立法制度，及时更新和不断完善我国的法律制度，使其适应新形势、新情况的需求。

2. **答案**：适用刑法人人平等原则，具体体现在定罪、量刑、行刑三个方面：

第一个方面：定罪上一律平等。任何人犯罪，无论其身份地位如何，一律平等对待，适用相同的定罪标准。

第二个方面：量刑上一律平等。犯相同的罪且有相同的犯罪情节的应做到同罪同罚。

第三个方面：行刑上一律平等。在执行刑罚时，对于所有的受刑人平等对待，凡罪行相同，主观恶性相同的，刑罚的执行也应相同。

3. **答案**：尊重和保障人权原则，其基本含义就是尊重和保障人因其为人而应享有的基本权利。2004年我国首次将“人权”概念引入宪法，载明“国家尊重和保障人权”，它标志着我国现行宪法首次用一个概括性条款确认了尊重和保障人权的宪法原则。基于尊重和保障人权的宪法规定，保障人权原则应该成为刑法的基本原则。

具体原因有以下几点：

(1) 作为国家法治的重要组成部分，刑法直接关涉公民的基本人权，保障人权是刑法的基础性要求，是当代刑法机能所蕴含的重要内容。

(2) 刑法对人权的保障，既包括对犯罪人人权的依法保障，更应当包括对被害人及广大守法公民人权的依法保障。刑法不仅可以通过依法惩罚犯罪来维护社会正常秩序，保护守法公民免受犯罪侵害，也保障无罪的人不受刑罚处罚，防止惩罚权的滥用，在惩罚罪犯时也要维护其应有权益，使其所受到的惩罚与其犯罪行为和刑事责任相适应，保证其免受不公正之惩罚，并通过刑罚的执行来感化和改造犯罪人，促使其重新回归社会。

四、论述题

1. **答案**：《刑法》第3条规定：“法律明文规定为犯罪行为的，依照法律定罪处刑；法律没有明文规定为犯罪行为的，不得定罪处刑。”第4条规定：“对任何人犯罪，在适用法律上一律平等。不允许任何人有超越法律的特权。”第5条规定：“刑罚的轻重，应当与犯罪分子所犯罪行和承担的刑事责任相适应。”

罪刑法定原则：法无明文规定不为罪，法无明文规定不处罚。

基本要求：(1) 法定化。即犯罪和刑罚必须事先由法律作出明文规定，不允许法官自由擅断。(2) 实体化。即对于何种行为是犯罪和犯罪所产生的具体法律后果，都必须作出实体性的规定。(3) 明确化。即刑法条文必须文字清晰，意思确切，不得含糊其词或模棱两可。

刑法面前人人平等原则，具体体现在定罪、量刑、行刑三个方面：

第一个方面：定罪上一律平等。任何人犯罪，无论其身份地位如何，一律平等对待，适用相同的定罪标准。第二个方面：量刑上一律平等。犯相同的罪且有相同的犯罪情节的应做到同罪同罚。第三个方面：行刑上一律平等。在执行刑罚时，对于所有的受刑人平等对待，凡罪行相同，主观恶性相同的，刑罚也应相同。

罪刑相适应原则：犯多大的罪，便应承担多大的刑事责任，法院也应判处其轻重相当的处罚，做到重罪重罚，轻罪轻罚，罪刑相称，罚当其罪。

2. 答案：罪刑法定原则的含义是：犯罪成立的条件、成立何种类型的犯罪、判处何种程度的刑罚都由法律明文规定。概括地说，就是“法无明文规定不为罪”“法无明文规定不处罚”。罪刑法定原则的主旨在于，限制国家刑罚权的发动，保障公民自由。

罪刑法定原则的基本内容可以分为形式侧面和实质侧面：

（一）罪刑法定原则的形式侧面

1. 成文法主义，又称法律主义，规定犯罪与刑罚的法律必须是成文的，法官只能根据成文法律来定罪量刑。习惯法、判例不能成为刑法的渊源。

2. 禁止类推解释，把刑法的明文规定作为定罪的唯一根据，对于法律没有明文规定的行为，不能通过类推或者类推解释以犯罪论处，禁止一切类推解释。

3. 禁止溯及既往，又称禁止事后法。对于行为的定罪量刑，只能以行为当时有效的法律为依据，行为后颁行的新法没有溯及既往的效力。

4. 禁止绝对不定（期）刑，刑罚的名称、种类和幅度，都必须由法律加以确定，不允许存在绝对的不定期刑。

罪刑法定原则形式侧面的松动：

1. 在定罪的根据上，允许有条件地适用类推，从禁止一切类推解释到禁止不利于被告人的类推，以有利于被告人为原则，允许有利于被告人的类推。

2. 在刑法的渊源上，允许习惯法成为刑法的间接渊源，但必须以确有必要或不得已而用之为前提。

3. 在刑法的溯及力上，允许采用从旧兼从轻的原则，作为禁止刑法溯及既往的例外。

4. 在刑罚的种类上，允许采用相对确定的法定刑，法官有权根据案件的具体情况，在法定的量刑幅度内选择确定适当的刑种和刑度。

（二）罪刑法定原则的实质侧面

1. 明确性原则是指规定犯罪的法律条文必须清楚、明确，使人能准确了解违法行为的内容，准确地确定犯罪行为与非犯罪行为的界限，以保障该规范没有明文规定的行为不会成为该规范适用的对象。

2. 禁止处罚不当罚的行为是指刑法法规只能将值得科处刑罚的行为规定为犯罪。

3. 禁止不均衡的、残虐的刑罚。残虐的刑罚是指以不必要的精神、肉体痛苦为内容，在人道上被认为是残酷的刑罚。

第三章　刑法的效力范围

基础知识图解

- 刑法的效力范围
  - 空间效力
    - 概念
    - 原则
      - 属地原则
      - 属人原则
      - 保护原则
      - 普遍原则
      - 综合原则：以属地原则为基础，以其他原则为补充
  - 时间效力
    - 生效时间（1997 年 10 月 1 日）
    - 失效时间
    - 溯及力
      - 从旧原则
      - 从新原则
      - 从新兼从轻原则
      - 从旧兼从轻原则（我国所采）

配套测试

一、单项选择题

1. 某国驻日大使馆武官甲[1]在乘坐中国民航北京至美国旧金山的航班上与我国留日学生乙接头，收买我国国家秘密，对甲应当（　　）。

A. 依照我国刑法追究刑事责任

B. 通过外交途径解决其刑事责任

C. 由日本有关方面处理

D. 不予追究刑事责任

2. 张某乘坐我国船舶经过新加坡时与邻座一乘客发生口角，争执中张某掏出一三角刮刀，猛地向该乘客刺去，遂将邻座刺死，张某的行为（　　）。

A. 适用新加坡刑法

B. 适用中国刑法

C. 可适用中国刑法，也可适用新加坡刑法

D. 适用第三国刑法

3. 王某因倒卖外汇于 1995 年 9 月被法院以投机倒把罪判处有期徒刑 5 年。修改后的刑法实施以后，王某提出申诉，理由是现行刑法无此罪名，要求改判无罪。法院应当如何处理？（　　）

A. 撤销原判，改判无罪

B. 释放并给予国家赔偿

C. 驳回申诉，维持原判

D. 考虑到王某已服刑 2 年，改判为有期徒刑 2 年并予释放

4. 我国某远洋客轮从上海港起航驶往美国，在船经公海领域时，轮上的一日本乘客因盗窃英国一游客的钱物而被抓获，该船到达英国港口后，该英国游客要求船长将盗

① 本书题目均使用化名，下文对此不再提示。

窃犯绳之以法，此时船长应（ ）。

A. 将该犯交由英国法院，按英国法律处罚

B. 将该犯交由日本法院，按日本法律处罚

C. 将该犯交由中国法院，按中国法律处罚

D. 以本船无刑事管辖权为由，释放该犯

5. 中国公民在我国领域外犯罪，依照我国《刑法》应当负刑事责任的，虽然经过外国审判，仍然可以依照我国《刑法》追究，但是在外国已经受刑罚处罚的，可以（ ）处罚。

A. 从轻　　　　B. 免除

C. 减轻　　　　D. 免除或者减轻

6. 甲（M国人）在中国旅行时遇到长相貌美的乙女，产生歹意，采用麻醉方法，将乙绑至他地卖掉。但是甲不知情的是，乙女其实是男扮女装。关于甲的行为，下列哪一项说法是正确的？（ ）（司考 2013. 卷二 . 12）

A. 甲的行为如果构成犯罪，应当按照普遍管辖原则进行管辖

B. 甲的行为属于不能犯，不构成犯罪

C. 如果甲的行为发生在 1991 年，由于当时的法律有拐卖人口罪的规定，甲在 1998 年后归案，无论 1997 年后的刑法如何规定，对此行为只能适用 1991 年的法律，直接处以拐卖人口罪

D. 如果甲的行为构成拐卖妇女罪，那么其属于情节加重犯

7. A 国公民甲乘坐中国游轮旅游，当该轮船停泊于 B 国港口后，甲因与同船 C 国公民乙争吵，还在船上对乙实施殴打致使其轻伤。对于此案，下列说法正确的是：（ ）。（司考 2012. 卷二 . 12）

A. 由于行为人甲不是我国公民，被害人乙不是我国公民，案发地也不在我国境内，故不能适用我国刑法对该案进行管辖

B. 如果依照 A 国、B 国、C 国刑法，甲的行为均不构成犯罪，则也不能适用我国刑法对甲进行追究

C. 如果 B 国已经对甲定罪判刑，则不能适用我国刑法对该案进行管辖

D. 由于该案发生在我国游轮上，故可以适用我国刑法对该案进行管辖

8. 外国公民甲在我国驻该国大使馆内盗窃大使馆财产，对于甲，下列说法正确的是：（ ）。（司考 2008. 卷二 . 11）

A. 我国没有刑事管辖权

B. 我国可以按照属地原则行使管辖权

C. 我国可以根据保护主义原则行使管辖权

D. 我国可以根据属人原则行使管辖权

9. 外国人在我国领域外对我国国家或者公民犯罪，适用我国刑法，必须是（ ）。

A. 按照我国刑法规定最低刑为 3 年以上有期徒刑的

B. 按照犯罪地法律应受处罚的

C. 按照我国刑法规定最低刑为 3 年以上有期徒刑，并按照犯罪地法律应受处罚的

D. 犯罪地国家未对其处罚的

10. 根据属地管辖权原则，所谓在中国领域内犯罪，是指（ ）。

A. 犯罪的行为和结果均发生在中国领域内

B. 犯罪的行为人和受害人均在中国领域内有居所

C. 犯罪的行为或者结果有一项发生在中国领域内

D. 犯罪的行为人或者受害人有一方在中国领域内有居所

11. 以下情况，哪种行为必须适用我国刑法？（ ）

A. 外国公民在我国领域外对我国国家或公民犯罪

B. 我国公民在我国领域外犯罪

C. 参加的国际公约所规定的犯罪

D. 在我国犯罪未遂的犯罪分子

12.《刑法修正案（八）》于2011年5月1日起施行。根据《刑法》第12条关于时间效力的规定，下列哪一选项是错误的？（　　）（司考2013．卷二．4）
A. 2011年4月30日前犯罪，犯罪后自首又有重大立功表现的，适用修正前的刑法条文，应当减轻或者免除处罚
B. 2011年4月30日前拖欠劳动者报酬，2011年5月1日后以转移财产方式拒不支付劳动者报酬的，适用修正后的刑法条文
C. 2011年4月30日前组织出卖人体器官的，适用修正后的刑法条文
D. 2011年4月30日前扒窃财物数额未达到较大标准的，不得以盗窃罪论处

13. 关于刑事司法解释的时间效力，下列哪一选项是正确的？（　　）（司考2017．卷二．1）
A. 司法解释也是刑法的渊源，故其时间效力与《刑法》完全一样，适用从旧兼从轻原则
B. 行为时无相关司法解释，新司法解释实施时正在审理的案件，应当依新司法解释办理
C. 行为时有相关司法解释，新司法解释实施时正在审理的案件，仍须按旧司法解释办理
D. 依行为时司法解释已审结的案件，若适用新司法解释有利于被告人的，应依新司法解释改判

二、多项选择题

1. 根据我国刑法的规定，下列哪些情况不适用我国刑法？（　　）
A. 我国外交官在日本杀死日本人
B. 韩国人在日本杀死泰国人
C. 我国公民在缅甸犯我国刑法规定的最高刑为3年以下有期徒刑的罪
D. 日本人在从我国飞往韩国的日航班机即将降落首尔时因纠纷杀死一美籍华人

2. 我国《刑法》第6条第1款规定：“凡在中华人民共和国领域内犯罪的，除法律有特别规定的以外，都适用本法。”这里的“特别规定”包括（　　）。
A. 我国港澳特别行政区法律作出的特别规定
B. 自治区人大针对刑法所作的变通规定
C. 自治州人大针对刑法所作的补充规定
D. 刑法实施后，新制定的特别刑法、附属刑法所作的特别规定

3. 下列哪些情况属于在我国领域内犯罪？（　　）
A. 犯罪预备地在我国，但犯罪行为实施地及结果地均不在我国
B. 行为地和结果地都在我国
C. 行为地不在我国，但结果地在我国
D. 行为地和结果地都不在我国

4. 现行刑法对下列哪些情形有溯及力？（　　）
A. 1997年9月30日以前（现行刑法生效前）发生的犯罪，现行刑法与行为时刑法对该犯罪行为的规定是完全相同的
B. 犯罪行为由现行刑法生效前继续到生效后，而现行刑法与行为时刑法都认为是犯罪的，但现行刑法处罚较重的
C. 犯罪行为由现行刑法生效前连续到现行刑法生效后，而现行刑法与行为时刑法都认为是犯罪，但新法处罚较重的
D. 行为发生在1997年1月6日，法院在1997年5月3日判决有罪，处有期徒刑10年。该案件在1997年12月6日提起再审

5. 甲是美国公民，因为多次组织从泰国向美国贩卖毒品，被美国有关当局通缉。甲于2000年5月到中国旅游。美国方面通过国际刑警组织通报中国警方，请求中国警方将甲逮捕。经查甲从未向中国贩卖过毒品，也未在中国贩卖过毒品。我国依法可

以对甲采取下列哪些措施？（　　）

A. 实行逮捕

B. 立即驱逐出境

C. 由我国司法机关审判

D. 应美国请求实行引渡

6. 现行刑法的哪些规定不适用于1997年9月30日以前发生的犯罪行为？（　　）

A. 关于司法机关应当立案而没有立案，被害人提出控告，不受追诉时效限定的规定

B. 第63条第2款：犯罪分子虽然不具有本法规定的减轻处罚情节，但是根据案件的特殊情况，经最高人民法院核准，也可以在法定刑以下判处刑罚

C. 第67条第2款：被采取强制措施的犯罪嫌疑人、被告人和正在服刑的罪犯，如实供述司法机关还未掌握的本人其他罪行的，以自首论

D. 第81条第2款：对累犯以及因故意杀人、强奸、抢劫、绑架、放火、爆炸、投放危险物质或者有组织的暴力性犯罪被判处10年以上有期徒刑、无期徒刑的犯罪分子，不得假释

7. 外国人在我国领域外对中华人民共和国国家或公民犯罪而有以下情况的，可以不适用我国刑法：（　　）。

A. 按照我国刑法规定的法定最高刑为3年以下有期徒刑的

B. 犯罪的外国人年龄在18周岁以下的

C. 按犯罪地法律不受处罚的

D. 国际条约未对此类行为作规定的

8. 中国某国有企业在甲国设有办事处，甲国人员王某为该办事处雇员。王某利用职务之便，将办事处公款1000万美元窃为己有进行挥霍。其间，王某在乙国又参与了一起伪钞案。王某从未到过中国，目前其在甲国。中国与甲国之间没有任何司法协助方面的协定，但中国与乙国间有引渡协定。根据国际法及中国的有关法律。下列哪些判断是错误的？（　　）

A. 中国对王某的上述侵占公款案没有管辖权

B. 乙国向甲国就王某伪钞案请求引渡，如获成功，王某被引渡到乙国后，乙国可以不经甲国同意，径直将王某转引渡给中国

C. 中国对王某的上述侵占公款案拥有管辖权，可以自行派公务人员赴甲国缉拿王某归案

D. 中国法院可以对王某首先作出缺席判决，其次申请甲国对该判决予以执行

9. 按照中国刑法规定，在我国领域外犯罪，不论罪刑轻重、法定刑高低，都适用我国刑法的中国公民是（　　）。

A. 工人

B. 军人

C. 因私出国的国家工作人员

D. 国家工作人员

10. 某国公民张某曾在国外多次进行贩毒活动，并被其所属国家通缉。某日，张某到我国境内旅游被拘捕，张某以既非中华人民共和国公民，也未在中华人民共和国国境内犯过罪为由提出抗议，而此时，张某所属国也向我国政府提出引渡请求，我国依法可以对张某采取以下哪些措施？（　　）

A. 遣送所属国

B. 立即驱逐出境

C. 引渡回其所属国

D. 由我国司法机关审判

11. 某甲自1997年6月到12月连续盗窃东河村、西河村村民财物共计2万元，对于某甲的处理，下列说法不正确的是（　　）。

A. 适用1997年刑法

B. 1997年6月到9月30日的适用1979年刑法，1997年10月1日之后的适用1997年刑法

C. 适用1979年刑法

D. 以上均不正确

12. 关于刑事管辖权，下列哪些选项是正确的？（　　）

A. 甲在国外教唆陈某到中国境内实施绑架行为，中国司法机关对甲的教唆犯罪有刑事管辖权

B. 隶属于中国某边境城市旅游公司的长途汽车在从中国进入E国境内之后，因争抢座位，F国的汤姆一怒之下杀死了G国的杰瑞。对汤姆的杀人行为不适用中国刑法

C. 中国法院适用普遍管辖原则对劫持航空器的丙行使管辖权时，定罪量刑的依据是中国缔结或者参加的国际条约

D. 外国人丁在中国领域外对中国公民犯罪的，即使按照中国刑法的规定，该罪的最低刑为3年以上有期徒刑，也可能不适用中国刑法

13.《刑法》第10条规定：无论是中国公民还是外国人，凡在我国领域外犯罪，依照我国刑法应当负刑事责任，虽然经过外国审判，仍然可以依照我国刑法追究，但是在外国已经受过刑罚处罚的，依法如何处理？（　　）

A. 应当免除处罚

B. 应当减轻处罚

C. 可以免除处罚

D. 可以减轻处罚

14. 1980年年初，张某强奸某妇女并将其杀害。1996年年末，张某因酒后驾车致人重伤。两案在2007年年初被发现。关于张某的犯罪行为，下列哪些选项是错误的？（　　）（司考2009. 卷二 .55）

A. 应当以强奸罪、故意杀人罪和交通肇事罪追究其刑事责任，数罪并罚

B. 应当以强奸罪追究其刑事责任

C. 应当以故意杀人罪追究其刑事责任

D. 不应当追究任何刑事责任

三、名词解释

1. 刑法的空间效力

2. 刑事既判力（西北政法大学2006年研究生入学试题）

3. 刑法的时间效力

4. 刑法的溯及力

5. 从旧兼从轻原则

6. 属人原则（中国人民公安大学2015年考研真题）

四、简答题

1. 如何理解从旧兼从轻原则？

2. 简述我国刑法的属地管辖权。

3. 法的溯及力是否适用于司法解释？（清华大学2006年研究生考试试题）

五、论述题

什么是刑法的空间效力？我国刑法对空间效力作了哪些规定？

六、案例分析题

李某于1997年12月8日因犯贪污罪被依法逮捕。经审讯共贪污4次，总款额为6万元，其中有2次发生在1997年10月1日以前。另外，张某交代1997年8月曾奸污一幼女，经查实。

问：对李某所犯的两罪，如何适用法律？

参考答案

一、单项选择题

1. 答案：B。本题考查刑法的空间效力。根据《刑法》第6条第2款规定，凡在中华人民共和国船舶或者航空器内犯罪的，也适用我国刑法。根据《刑法》第11条的规定，享有外交特权和豁免权的外国人的刑事责任，通过外交途径解决。甲属于享有外交特权和豁免权的外国人。

2. 答案：B。《刑法》第6条规定："凡在中华人民共和国领域内犯罪的，除法律有特别规定的以外，都适用本法。凡在中华人民共和国船舶或者航空器内犯罪的，也适用本法。犯罪的行为或者结果有　项发生在中华人民

共和国领域内的，就认为是在中华人民共和国领域内犯罪。”依此，张某在中国船舶内故意杀害他人，应适用中国刑法。故B选项为正确答案。

3. **答案**：C。根据《刑法》第12条关于溯及力的规定，本法实施以前依照当时法律已经作出生效判决的，继续有效。

4. **答案**：C。《刑法》第6条规定，凡在中华人民共和国领域内犯罪的，除法律有特别规定的以外，都适用本法。凡在中华人民共和国船舶或者航空器内犯罪的，也适用本法。因此，此案件适用我国法律。

5. **答案**：D。《刑法》第10条规定，凡在中华人民共和国领域外犯罪，依照本法应当负刑事责任的，虽然经过外国审判，仍然可以依照本法追究，但是在外国已经受过刑罚处罚的，可以免除或者减轻处罚。

6. **答案**：D。由于甲的犯罪行为发生在中国领域内，故而根据属地原则可以对甲进行管辖，而不是普遍管辖原则，故A选项错误。乙女是男扮女装，但是由于甲并不知情，属于对象不能犯，故而甲构成的是拐卖妇女罪（未遂）和非法拘禁罪，故B选项错误。我国刑法溯及力的规定是“从旧兼从轻”，也就是说如果1997年刑法规定的处罚更轻，应当适用1997年刑法对甲定罪处罚，故C选项错误。《刑法》第240条规定：“拐卖妇女、儿童的，处五年以上十年以下有期徒刑，并处罚金；有下列情形之一的，处十年以上有期徒刑或者无期徒刑，并处罚金或者没收财产；情节特别严重的，处死刑，并处没收财产：（一）拐卖妇女、儿童集团的首要分子；（二）拐卖妇女、儿童三人以上的；（三）奸淫被拐卖的妇女的；（四）诱骗、强迫被拐卖的妇女卖淫或者将被拐卖的妇女卖给他人迫使其卖淫的；（五）以出卖为目的，使用暴力、胁迫或者麻醉方法绑架妇女、儿童的；（六）以出卖为目的，偷盗婴幼儿的；（七）造成被拐卖的妇女、儿童或者其亲属重伤、死亡或者其他严重后果的；（八）将妇女、儿童卖往境外的……”如果甲的行为构成拐卖妇女罪，那么甲“采用麻醉方法，将乙绑至他地卖掉”的行为符合第240条第（5）项加重情节的规定，故D选项正确。综上，本题正确答案为D。

7. **答案**：D。《刑法》第6条规定：“凡在中华人民共和国领域内犯罪的，除法律有特别规定的以外，都适用本法。凡在中华人民共和国船舶或者航空器内犯罪的，也适用本法。犯罪的行为或者结果有一项发生在中华人民共和国领域内的，就认为是在中华人民共和国领域内犯罪。”船舶和航空器是我国的拟制领土，故而对于在我国的船舶或者航空器上实施犯罪的行为，我国有权根据属地管辖原则行使管辖权，故D选项正确，当选。

8. **答案**：C。《刑法》第8条规定，外国人在中华人民共和国领域外对中华人民共和国国家或者公民犯罪，而按本法规定的最低刑为3年以上有期徒刑的，可以适用本法，但是按照犯罪地的法律不受处罚的除外。外国人在国外针对我国国家财产实施犯罪，我国有权根据保护主义原则行使管辖权，A选项错误，C选项正确。《刑法》第6条规定：“凡在中华人民共和国领域内犯罪的，除法律有特别规定的以外，都适用本法。凡在中华人民共和国船舶或者航空器内犯罪的，也适用本法。犯罪的行为或者结果有一项发生在中华人民共和国领域内的，就认为是在中华人民共和国领域内犯罪。”我国刑法承认的拟制领土只有船舶和航空器，驻外使领馆不属于拟制领土，我国不能根据属地原则行使管辖权，B选项错误。《刑法》第7条规定，中华人民共和国公民在中华人民共和国领域外犯本法规定之罪的，适用本法，但是按本法规定的最高刑为3年以下有期徒刑的，可以不予追究。中华人民共和国国家工作人员和军人在中华人民共和国领域外犯本法规定之罪的，适用本法。由于本案的犯罪主体是外国人而不是中国人，我国不能根据属人原则行使管辖权，D选项错误。综上，本题正确答案为C。

9. **答案**：C。根据《刑法》第8条规定，外国人在中华人民共和国领域外对中华人民共和国国家或者公民犯罪，而按本法规定的最低刑为3年以上有期徒刑的，可以适用本法，但是按照犯罪地的法律不受处罚的除外。

10. **答案**：C。行为和结果只要有一项发生在中国领域内，就认为是在中国领域内犯罪。跟犯罪人以及居所没有关系。中国领域内，包括领陆、领海、领空，以及中国的船舶或航空器内。

11. **答案**：D。根据《刑法》第7、8、9条的规定，即我国刑法的属人管辖权、保护管辖权和普遍管辖权的规定，选项A、B、C的说法都不严密，予以排除。

12. **答案**：C。《关于〈中华人民共和国刑法修正案（八）〉时间效力问题的解释》第5条规定，2011年4月30日以前犯罪，犯罪后自首又有重大立功表现的，适用修正前《刑法》第68条第2款的规定，即应当减轻或者免除处罚，所以A选项的说法是正确的。B选项中的拒不支付劳动者报酬的犯罪行为发生在2011年5月1日以后，应当适用修正后的刑法条文，所以B选项的说法是正确的。根据《刑法》第12条的规定，我国《刑法》采用“从旧兼从轻”原则，即新法原则上不具有溯及既往的效力，但新法不认为是犯罪或处罚较轻的除外。组织出卖人体器官的行为发生在2011年4月30日前，当时的法律条文并未将该行为明确规定为犯罪，因此不能适用修正后的刑法条文，所以C选项的说法是错误的。《刑法修正案（八）》将扒窃行为单独规定为盗窃罪的行为方式之一，不要求达到一定的数额标准，因此，2011年4月30日前扒窃财物数额未达到较大标准的行为，不成立盗窃罪，所以D选项的说法是正确的。C当选。

13. **答案**：B。刑法的渊源包括刑法典、单行刑法和附属刑法，司法解释不是刑法的渊源，其时间效力不能直接比照刑法时间效力适用。选项A错误。关于司法解释的时间效力问题，2001年最高人民法院、最高人民检察院联合颁布的《关于适用刑事司法解释时间效力问题的规定》第2条规定：“对于司法解释实施前发生的行为，行为时没有相关司法解释，司法解释施行后尚未处理或者正在处理的案件，依照司法解释的规定办理。”选项B正确。上述规定第3条规定：“对于新的司法解释实施前发生的行为，行为时已有相关司法解释，依照行为时的司法解释办理，但适用新的司法解释对犯罪嫌疑人、被告人有利的，适用新的司法解释。”选项C错误。上述规定第4条规定：“对于在司法解释施行前已办结的案件，按照当时的法律和司法解释，认定事实和适用法律没有错误的，不再变动。”选项D错误。

二、多项选择题

1. **答案**：BD。本题考查的是刑法的空间效力。一个国家为保证驻在本国的外交代表机构及其工作人员正常执行职务而给予一种特殊权利和优遇，即为外交特权和豁免权。A选项中，我国外交官在日本所犯刑事案件，因其身份关系而不受日本刑事管辖，而受我国管辖。B选项中，无论从属人、属地还是普遍管辖，都不能适用我国刑法。

   我国《刑法》第7条规定，“中华人民共和国公民在中华人民共和国领域外犯本法规定之罪的，适用本法，但是按本法规定的最高刑为三年以下有期徒刑的，可以不予追究”。所谓“可以不予追究”，并不意味着我国没有管辖权，这条规定只是一种倾向性，但不是绝对不追究，仍保留追究的可能性。故C适用我国刑法。

   我国《刑法》第6条第2款规定：“凡在中华人民共和国船舶或者航空器内犯罪的，也适用本法。”犯罪地包括犯罪结果发生地和犯罪行为发生地。而D选项中，行为人无中国国籍，航空器属于日本，犯罪发生地在首尔，故我国无管辖权。

2. **答案**：ABD。根据《刑法》第90条规定，民族自治地方不能全部适用本法规定的，可以由自治区或者省的人民代表大会根据当地民族的政治、经济、文化的特点和本法规定的基本原则，制定变通或者补充的规定，报请全国人民代表大会常务委员会批准施行。另外，香港、澳门特别行政区基本法，适用特区的法律。

3. 答案：ABC。犯罪行为包括犯罪预备与实施行为，根据《刑法》第6条关于属地管辖权的规定，犯罪的行为或者结果有一项发生在中华人民共和国领域内的，就认为是在中华人民共和国领域内犯罪。ABC都属于在我国领域内犯罪。

4. 答案：BC。根据《刑法》第12条溯及力的规定，现行《刑法》对A没有溯及力。

根据《最高人民检察院关于对跨越修订刑法施行日期的继续犯罪、连续犯罪以及其他同种数罪应如何具体适用刑法问题的批复》的规定，现行刑法对B、C具有溯及力。

根据《最高人民法院关于适用刑法时间效力规定若干问题的解释》第10条规定，按照审判监督程序重新审判的案件，适用行为时的法律。因此，现行《刑法》对D没有溯及力。

5. 答案：ACD。根据《刑法》第9条所确立的普遍管辖原则，对于中华人民共和国缔结或者参加的国际条约所规定的罪行，中华人民共和国在所承担条约义务的范围内行使刑事管辖权的，适用本法。对于国际犯罪，中国在承担条约义务的范围内行使管辖权。

6. 答案：ABD。根据《最高人民法院关于适用刑法时间效力规定若干问题的解释》第1条规定，对于行为人1997年9月30日以前实施的犯罪行为，在人民检察院、公安机关、国家安全机关立案侦查或者在人民法院受理案件以后，行为人逃避侦查或审判，超过追诉期限或者被害人在追诉期间内提出控告，人民法院、人民检察院、公安机关应当立案而不予立案，超过追诉期限的，是否追究行为人的刑事责任，适用修订前的刑法第77条规定。

第2条规定，犯罪分子1997年9月30日以前犯罪，不具有法定减轻处罚情节，但是根据案件的具体情况需要在法定刑以下判处刑罚的，适用修订前的刑法第59条第2款的规定。

第4条规定，1997年9月30日以前被采取强制措施的犯罪嫌疑人、被告人或者1997年9月30日以前犯罪，1997年10月1日以后仍在服刑的罪犯，如实供述司法机关还未掌握的本人其他罪行的，适用刑法第67条第2款的规定。

第8条规定，1997年9月30日以前犯罪，1997年10月1日以后仍在服刑的累犯以及因杀人、爆炸、抢劫、强奸、绑架等暴力性犯罪被判处10年以上有期徒刑、无期徒刑的犯罪分子，适用修订前的刑法第73条的规定，可以假释。

7. 答案：AC。根据《刑法》第8条规定，外国人在我国领域外对中华人民共和国国家或公民犯罪，法定最高刑为3年以下有期徒刑的以及按照犯罪地法律不受处罚的，不适用我国刑法。

8. 答案：ABCD。《刑法》第8条规定，外国人在中华人民共和国领域外对中华人民共和国国家或者公民犯罪，而按本法规定的最低刑为3年以上有期徒刑的，可以适用本法，但是按照犯罪地的法律不受处罚的除外。当王某进入我国的领域，我国就可以对王某行使管辖权。因此，应当选择AC。如果引渡王某，应当向王某所在国家请求。对王某刑罚的执行应当在我国执行，不能对其进行缺席审判。选项BD应选。所以答案是ABCD。

9. 答案：BCD。根据《刑法》第7条规定，中华人民共和国国家工作人员和军人在中华人民共和国领域外犯本法规定之罪的，适用本法。军人、国家工作人员无论因公还是因私出国都适用我国刑法。

10. 答案：CD。《刑法》第9条规定：对于中华人民共和国缔结或者参加的国际条约所规定的罪行，中华人民共和国在所承担条约义务的范围内行使刑事管辖权的，适用本法。

11. 答案：BCD。根据《最高人民检察院关于对跨越修订刑法施行日期的继续犯罪、连续犯罪以及其他同种数罪应如何具体适用刑法问题的批复》的规定，对于开始于1997年9月30日以前，连续到1997年10月1日以后的连续犯罪，或者在1997年10月1日前后分别实施同种类数罪，其中罪名、构成要件、情节以及法定刑均没有变化的，应当适用修订刑法，一并进行追诉；罪名、构成要件、情节以及法定刑已经变化的，也应当适用修订刑法，一并进行追诉，但是修订后比原所规定的构成要件和情节较为严格，或者法定刑较重的，在提起公诉时应当提出酌情从轻处理意见。

12. 答案：ABD。本题考查法条的灵活运用。根据《刑法》第6条之规定，凡在中华人民共和国领域内犯罪的，除法律有特别规定的以外，都适用中国刑法。甲在国外教唆陈某到中国境内实施绑架行为，属于绑架罪的共犯，应视为犯罪行为发生在中国境内，中国司法机关对甲的教唆犯罪有刑事管辖权，A选项正确。外国人在中国国外对外国人实施的犯罪行为，不符合刑法管辖的属人原则和保护原则，也不属于发生在中国的“船舶或者航空器”上，不适用属地管辖，因此对汤姆的杀人行为不适用中国刑法，B选项正确。根据《刑法》第9条规定，对于中华人民共和国缔结或者参加的国际条约所规定的罪行，中华人民共和国在所承担条约义务的范围内行使刑事管辖权的，适用我国刑法，即定罪量刑的依据为中国刑法而不是中国缔结或参加的国际条约，因此C选项错误。《刑法》第8条规定：“外国人在中华人民共和国领域外对中华人民共和国国家或者公民犯罪，而按本法规定的最低刑为三年以上有期徒刑的，可以适用本法，但是按照犯罪地的法律不受处罚的除外。”因此，外国人在中国领域外对中国公民犯罪的，即使按照中国刑法的规定，该罪的最低刑为3年以上有期徒刑的，也可能不适用中国刑法，D选项正确。

13. 答案：CD。《刑法》第10条规定：“凡在中华人民共和国领域外犯罪，依照本法应当负刑事责任的，虽然经过外国审判，仍然可以依照本法追究，但是在外国已经受过刑罚处罚的，可以免除或者减轻处罚。”CD选项符合题意，当选。

14. 答案：ABD。本案中，张某在1980年强奸妇女并将其杀害。张某出于灭口的动机，在实施强奸行为后，杀死被害人，应分别认定为强奸罪、故意杀人罪，实行数罪并罚。根据1979年《刑法》第132条的规定，故意杀人的，处死刑、无期徒刑或者十年以上有期徒刑。因而故意杀人罪的法定最高刑为死刑，追诉时效为20年。根据1979年《刑法》第139条的规定，以暴力、胁迫或者其他手段强奸妇女的，处三年以上十年以下有期徒刑。因而强奸罪的法定最高刑是10年，追诉时效是15年。1996年年末，张某因酒后驾车致人重伤，构成交通肇事罪。根据1979年《刑法》第113条的规定，从事交通运输的人员违反规章制度，因而发生重大事故，致人重伤、死亡或者使公私财产遭受重大损失的，处三年以下有期徒刑或者拘役。可见法定最高刑不满5年有期徒刑，追诉时效为5年。另根据1979年《刑法》第78条第2款和1997年《刑法》第89条第2款的规定，在追诉期限以内又犯罪的，前罪追诉的期限从犯后罪之日起计算，即在追诉期限以内又犯罪的，前罪的追诉时效便中断，其追诉时效从后罪成立之日起重新计算。在前罪的追诉期限从犯后罪之日起计算时，如果后罪的法定最高刑轻于前罪，后罪的追诉期限届满，而前罪的追诉期限未满，则只追究前罪的刑事责任。具体到本案，张某于1980年实施了故意杀人罪和强奸罪，在1996年又犯了交通肇事罪。这时，强奸罪的追诉时效已经届满，但故意杀人罪的追诉时效尚未届满，因此故意杀人罪的追诉时效中断，即先前的追诉期限从1996年重新开始计算，故意杀人罪再经过20年才不被追诉。到2007年，后罪（交通肇事罪）已超过5年的追诉期限，但前罪（故意杀人罪）没有超过追诉期限。在这种情况下，只能追究故意杀人罪的刑事责任，不能再追究交通肇事罪的刑事责任。因而C选项的说法是正确的，A、B、D选项的说法是错误的。所以答案是ABD。

三、名词解释

1. **答案：** 刑法的空间效力是指刑法对地和对人的效力，也就是解决刑事管辖权的范围问题。

2. **答案：** 所谓刑事既判力是指一个新的刑法实施前依据旧刑法作出的生效判决所具有的确定力、约束力。

3. **答案：** 刑法的时间效力是指刑法何时生效、何时失效、新生效的刑法对过去发生的行为是否具有溯及力。

4. **答案：** 刑法的溯及力，是指刑法生效后，对于其生效以前未经审判或者判决尚未确定的行为是否适用的问题。如果适用，就是有溯及力；如果不适用，就是没有溯及力。

5. **答案：** 从旧兼从轻原则①，是指对于新法生效以前未经审判或者判决尚未确定的行为，新法原则上没有溯及力，但新法不认为是犯罪或者处刑较轻的，则要按照新法处理。我国刑法在溯及力问题上，采取的就是从旧兼从轻原则。

6. **答案：** 属人管辖，是指以自然人的国籍为标准的刑法适用原则。我国刑法的属人管辖，是指对中国公民而言的刑法适用原则。中国公民，即通常所说的中国人，是指具有中华人民共和国国籍的自然人。我国刑法对中国公民的适用有两种情况：第一，根据《刑法》第6条的规定，中国公民在中华人民共和国领域内犯罪，一律适用我国的刑法。这是属人原则的要求，与属地原则的管辖也不矛盾。第二，中国公民在中华人民共和国领域外实施犯罪，有条件或有限制地适用我国刑法。具体分为三种情况：

   （1）对我国一般公民的域外管辖。我国《刑法》第7条第1款规定：“中华人民共和国公民在中华人民共和国领域外犯本法规定之罪的，适用本法，但是按本法规定的最高刑为三年以下有期徒刑的，可以不予追究。”

   （2）对我国特定公民的域外管辖。我国《刑法》第7条第2款规定：“中华人民共和国国家工作人员和军人在中华人民共和国领域外犯本法规定之罪的，适用本法。”

四、简答题

1. **答案：** 从旧兼从轻原则，即原则上新法没有溯及力，但新法不认为是犯罪或处刑较轻时则适用新法。从世界各国刑法来看，大多数国家都采取从旧兼从轻的原则。我国《刑法》第12条第1款规定了从旧兼从轻原则。其含义是：（1）当时的法律不认为是犯罪，而修订后的刑法认为是犯罪的，适用当时的法律，即修订后的刑法没有溯及力。（2）当时的法律认为是犯罪，但修订后的刑法不认为是犯罪的，只要这种行为未经审判或者判决尚未确定，就应当适用修订后的刑法，即修订后的刑法具有溯及力。（3）当时的法律和修订后的刑法都认为是犯罪，并且按照修订后的刑法总则第四章第八节的规定应当追诉的，原则上按当时的法律追究刑事责任，即修订后的刑法不具有溯及力。这就是从旧兼从轻原则所指的从旧。但是，如果当时的法律处刑比修订后的刑法重，则应适用修订后的刑法，修订后的刑法具有溯及力。这便是从轻原则的体现。

---

① **编者注：** 该原则为各类考试常考知识点，应重点掌握。

2. **答案**：我国刑法关于属地管辖权的规定体现在《刑法》第6条第1款："凡在中华人民共和国领域内犯罪的，除法律有特别规定的以外，都适用本法。"

针对犯罪行为与犯罪结果在时间或地点方面存在跨国界间隔等情况，我国刑法进一步明确了属地管辖的具体标准，第6条第3款规定："犯罪的行为或者结果有一项发生在中华人民共和国领域内的，就认为是在中华人民共和国领域内犯罪。"具体包括：①犯罪行为与犯罪结果均发生在我国境内；②犯罪行为在我国领域内实施，但犯罪结果发生在国外；③犯罪行为在国外实施，但犯罪结果发生在我国境内。这三种情况均适用我国刑法。

另外，《刑法》第6条在确立属地管辖基本原则的同时，指出了法律特别规定的例外情况。包括：①《刑法》第11条"享有外交特权和豁免权的外国人的刑事责任，通过外交途径解决"。②《刑法》第90条："民族自治地方不能全部适用本法规定的，可以由自治区或者省的人民代表大会根据当地民族的政治、经济、文化的特点和本法规定的基本原则，制定变通或者补充的规定，报请全国人民代表大会常务委员会批准施行。"③1997年刑法施行后由国家立法机关制定的特别刑法的规定。④香港特别行政区和澳门特别行政区基本法作出的例外规定。

3. **答案**：刑法的溯及力，又称刑法的溯及既往的效力，它隶属于刑法的时间效力范畴，具体是指一个新的刑事法律实施以后，对其生效以前发生的未经审判或者判决尚未确定的行为是否适用，以及行为之后裁判之前法律有变更时，是否适用裁判时之法律。如果适用，那么新的刑法就具有溯及既往的效力；如果不适用，就不具有溯及既往的效力。

修订后的我国《刑法》明确规定了从旧兼从轻原则，但是现行《刑法》及相关法律、法规并没有对刑法司法解释的溯及力作出较为明确的规定。

根据我国刑事司法实践和相关法学理论，刑法司法解释的溯及力主要有以下三个方面的问题：（一）刑法司法解释对所解释的刑法规定颁布实施以前的案件是否有溯及力；（二）刑法司法解释对所解释的刑法规定实施以后而自身发布实施以前所发生的案件是否有溯及力；（三）刑法司法解释对其解释的刑法规定实施以后而其自身施行以前，已有司法解释正在生效实施，新的司法解释是否有溯及力。

对于刑法司法解释对所解释的刑法规定颁布实施以前未经处理的行为是否有溯及力问题，笔者以为，应着重考虑刑法司法解释的"依附性"特点，即刑法司法解释依附于所解释的相应刑法条文，其解释内容应不违背立法者的原意和刑法条文中确定的相关基本原则。根据这一精神，由于现行刑法已明确规定了"从旧兼从轻"原则，所以刑法司法解释对其所解释的刑法条文颁布实施以前未经处理的行为应坚持"从旧兼从轻原则"。

具体到司法实践中来，应首先看该被解释的刑法条文是否具有溯及力，如果适用该被解释的刑法条文对行为人更为有利时，则适用该条文，即司法解释有溯及力，反之则没有溯及力。在确定适用该被解释的刑法条文后，则应看该司法解释是否作出对行为人有利的解释，如果其解释内容对行为人不利，则不应适用刑法司法解释，而只能按照该司法解释生效前的旧法来处理。令人遗憾的是，在2001年12月17日的《关于适用刑事司法解释时间效力问题的规定》中，对于此种情况未作规定，只是概括地规定："对于司法解释实施前发生的行为，行为时没有相关司法解释，司法解释施行后尚未处理或者正在处理的案件，依照司法解释的规定办理。"但是"司法解释实施前发生的行为"是否包括刑法司法解释对其所解释的刑法条文实施以前发生的行为，没有明确规定。

对于刑法司法解释对其所解释的刑法条文实施以后而自己生效之前的未经处理的行

为是否具有溯及力的问题，学术界观点多有不同。有的学者认为，刑法司法解释是对刑法规定进行解释，即在刑法条文已作出明确规定的前提下就如何具体适用法律问题所作出的具体规定。因此，其一经公布施行，效力就等同于其所解释的法律本身，对正在审理和尚未审理的案件具有法律效力。还有的学者认为，对于此种情况，应根据刑法司法解释的内容不同予以区别对待。刑法司法解释的内容属于扩张解释的，其溯及力的有无应以扩张解释是否对行为人有利为标准，如扩张解释对行为人有利，则该解释对其生效以前的案件具有溯及力，反之则该司法解释对其生效以前的案件不具有溯及力。如果刑法司法解释不属于扩张解释的，对其生效以前未经审理或正在审理的案件，应具有溯及力。

五、论述题

答案：（1）刑法的空间效力，是指刑法在什么地方和对什么人具有效力，即刑法对何地与何人能够适用。关于刑法的空间效力，有以下几种不同的处理原则：

①属地原则，又称属地主义，或称领土原则。该原则以犯罪发生地为标准确定刑法的空间效力。

②属人原则，又称属人主义，或称国籍原则。该原则以犯罪人的国籍为标准确定刑法的空间效力。

③保护原则，又称保护主义，或称自卫原则。该原则以保护本国利益为标准确定刑法的空间效力。

④普遍管辖原则。该原则是指当一个国家既不是犯罪行为的发生地国，也不是行为人和受害人的国籍国，甚至也不是犯罪行为的受害国时，该国仅基于行为人所犯的罪行是严重的国际罪行而对该案件具有刑事管辖权。

⑤折中原则，又称折中主义，或称综合原则、混合原则。该原则以属地原则为基础，以属人原则、保护原则和普遍管辖原则为补充。

（2）我国刑法对空间效力的规定主要体现在管辖权的规定上，具体有以下几种：①我国刑法规定了属地管辖权，即在我国领域内犯罪的，除法律有特别规定的以外，都适用我国刑法；在我国船舶或者航空器内犯罪的，也适用我国刑法；犯罪的行为或者结果有一项发生在我国领域内的，就认为是在我国领域内犯罪。

②我国刑法上规定了属人管辖权，即我国国家工作人员和军人在我国领域外犯我国刑法规定之罪的，一律适用我国刑法；军人和国家工作人员以外的其他人员在我国领域外犯我国刑法规定之罪的，同样适用我国刑法，但是，如果所犯之罪的法定最高刑在3年有期徒刑以下的，可以不予追究。

③我国刑法上规定了保护管辖权，即外国人在我国领域外犯罪，但侵害了我国国家或者我国公民的利益，且依我国刑法规定，所犯之罪的法定最低刑为3年以上有期徒刑，依照犯罪地的法律也构成犯罪的，我国刑法亦有管辖权。

④我国刑法上规定了普遍管辖权，即该犯罪行为必须是中华人民共和国缔结或者参加的国际条约所规定的罪行，且必须在中华人民共和国所承担的条约义务的范围内。原则上，这些犯罪的行为人进入我国领域或被我国发现的，受我国刑法管辖。

六、案例分析题

答案：根据我国《刑法》第12条规定的从旧兼从轻原则，对于李某所犯奸淫幼女行为因新旧刑法没有变化，故应适用修改前的法律。对于李某所犯的贪污罪，其贪污行为具有连续性，是连续犯，应当根据《最高人民检察院关于对跨越修订刑法施行日期的继续犯罪、连续犯罪以及其他同种数罪应如何具体适用刑法问题的批复》的规定，对于开始于1997年9月30日以前，连续到1997年10月1日以后的连续犯罪，应当适用修订后的刑法一并进行追诉。

第四章　犯罪概念与犯罪构成

基础知识图解

- 犯罪概念与犯罪构成
  - 犯罪概念
    - 类型：形式概念、实质概念、混合概念
    - 我国刑法中的犯罪概念：《刑法》第 13 条（混合概念）
  - 犯罪构成
    - 概念：依照我国刑法规定，决定某一具体行为的社会危害性及其程度，而为该行为构成犯罪所必需的一切客观和主观要件的有机统一
    - 共同要件：犯罪客体、犯罪客观方面、犯罪主体、犯罪主观方面
    - 意义：为划分罪与非罪、此罪与彼罪提供根据、标准，还有助于正确量刑

配套测试

一、单项选择题

1. 甲因与别人勾搭成奸而欲杀夫另嫁。一日，甲听信巫婆教唆，将一张画有人形和写有其夫名字的纸符烧毁，取少许纸灰，拌入白糖中，让丈夫喝下，企图依靠神力将其杀死。奸情败露后，甲交代此事而案发。甲的行为（　　）。

A. 属于故意犯罪

B. 属于事实认识错误

C. 不构成犯罪

D. 属于意外事件

2. 甲患有梦游症，一天夜晚在梦游时将同宿舍的室友乙杀死，甲早上醒来后见状大惊，随即报案。此案中，甲的行为（　　）。

A. 构成故意杀人罪

B. 构成过失致人死亡罪

C. 是受到精神强制下的行为，不负刑事责任

D. 是睡梦中的无意识行为，不负刑事责任

3. 青年乙于某日晚在一条僻静胡同里抢夺了一名妇女的黑色挎包，内有 2000 元人民币。在此案件的案情事实中，对犯罪构成没有意义的是：（　　）。

A. 实施了抢夺他人较大数额财物的行为

B. 行为人具有非法占有他人财物的目的

C. 行为人具有刑事责任能力

D. 行为人选择了晚上在僻静胡同里作案

4. 甲给机场打电话谎称“3 架飞机上有炸弹”，机场立即紧急疏散乘客，对飞机进行地毯式安检，3 小时后才恢复正常航班秩序。关于本案，下列哪一选项是正确的？（　　）（司考 2014. 卷二 .1）

A. 为维护社会稳定，无论甲的行为是否严重扰乱社会秩序，都应追究甲的刑事责任

B. 为防范危害航空安全行为的发生，保护人民群众，应以危害公共安全相关犯罪判处甲死刑

C. 从事实和法律出发，甲的行为符合编造、故意传播虚假恐怖信息罪的犯罪构成，应追究其刑事责任

D. 对于散布虚假信息，危及航空安全，造成国内国际重大影响的案件，可突

破司法程序规定，以高效办案取信社会

5. 关于不作为犯罪，下列哪一选项是正确的？（　　）（司考2016. 卷二.1）

A. “法无明文规定不为罪”的原则当然适用于不作为犯罪，不真正不作为犯的作为义务必须源于法律的明文规定

B. 在特殊情况下，不真正不作为犯的成立不需要行为人具有作为可能性

C. 不真正不作为犯属于行为犯，危害结果并非不真正不作为犯的构成要件要素

D. 危害公共安全罪、侵犯公民人身权利罪、侵犯财产罪中均存在不作为犯

6. 关于因果关系的认定，下列哪一选项是正确的？（　　）（司考2016. 卷二.2）

A. 甲重伤王某致其昏迷。乞丐目睹一切，在甲离开后取走王某财物。甲的行为与王某的财产损失有因果关系

B. 乙纠集他人持凶器砍杀李某，将李某逼至江边，李某无奈跳江被淹死。乙的行为与李某的死亡无因果关系

C. 丙酒后开车被查。交警指挥丙停车不当，致石某的车撞上丙车，石某身亡。丙的行为与石某死亡无因果关系

D. 丁敲诈勒索陈某。陈某给丁汇款时，误将3万元汇到另一诈骗犯账户中。丁的行为与陈某的财产损失无因果关系

二、多项选择题

1. 关于犯罪故意，下列哪些选项是正确的？（　　）

A. 甲打算与乙谈判失败后杀死乙，但双方尚在讨价还价时，甲枪支走火致使乙死亡的，甲成立故意杀人罪既遂

B. 甲欲炸死乙，遂向乙的宿舍投掷炸弹，致使乙死亡、丙重伤的，甲成立故意杀人罪既遂与故意杀人罪未遂，属于想象竞合犯

C. 甲持铁锤杀乙，但未砸死乙，遂掐乙的脖子，致使乙窒息死亡的，甲仅成立故意杀人罪既遂一罪

D. 甲认识到皮箱内要么装有假币，要么装有毒品而将其藏于家中，事后发现皮箱内装有毒品的，甲仅成立非法持有毒品罪

2. 甲看到一辆自行车框里有一提包，就乘人不注意时，将包顺手拿回家。该包里有300元。甲的行为属于（　　）。

A. 情节显著轻微、危害不大，不认为是犯罪

B. 情节轻微，免予刑事处罚

C. 构成治安管理处罚条例中的偷窃行为，应当给予治安处罚

D. 构成盗窃罪，可以单处罚金

3. 《刑法》第246条①规定：“以暴力或者其他方法公然侮辱他人或者捏造事实诽谤他人，情节严重的，处三年以下有期徒刑、拘役、管制或者剥夺政治权利……”关于本条的理解，下列哪些选项是正确的？（　　）（司考2012. 卷二.51）

A. “以暴力或者其他方法”属于客观的构成要件要素

B. “他人”属于记述的构成要件要素

C. “侮辱”“诽谤”属于规范的构成要件要素

D. “三年以下有期徒刑、拘役、管制或者剥夺政治权利”属于相对确定的法定刑

4. 强奸罪的实行犯限于“男性”，这一要素属于（　　）。

A. 客观性犯罪构成要素

B. 规范性犯罪构成要素

C. 不成文的犯罪构成要素

---

① 《刑法》第246条规定，以暴力或者其他方法公然侮辱他人或者捏造事实诽谤他人，情节严重的，处三年以下有期徒刑、拘役、管制或者剥夺政治权利。前款罪，告诉的才处理，但是严重危害社会秩序和国家利益的除外。通过信息网络实施第一款规定的行为，被害人向人民法院告诉，但提供证据确有困难的，人民法院可以要求公安机关提供协助。

D. 必要要素

5.《刑法》第125条第1款规定："非法制造、买卖、运输、邮寄、储存枪支、弹药、爆炸物的，处三年以上十年以下有期徒刑……"本罪的犯罪构成属于下列哪些分类？（　　）

A. 简单的犯罪构成

B. 复杂的犯罪构成

C. 选择的犯罪构成

D. 复合的犯罪构成

6. 关于因果关系，下列哪些选项是正确的？（　　）

A. 甲以杀人故意用铁棒将刘某打昏后，以为刘某已死亡，为隐藏尸体将刘某埋入雪沟，致其被冻死。甲的前行为与刘某的死亡有因果关系

B. 乙夜间驾车撞倒李某后逃逸，李某被随后驶过的多辆汽车碾轧，但不能查明是哪辆车造成李某死亡。乙的行为与李某的死亡有因果关系

C. 丙将海洛因送给13周岁的王某吸食，造成王某吸毒过量身亡。丙的行为与王某的死亡有因果关系

D. 丁以杀害故意开车撞向周某，周某为避免被撞跳入河中，不幸溺亡。丁的行为与周某的死亡有因果关系

三、简答题

1. 决定行为社会危害性轻重大小的因素有哪些？

2. 犯罪概念与犯罪构成的联系与区别是什么？

3. 简述记述性构成要件要素与规范性构成要件要素的区别。

4. 简述简单的犯罪构成与复杂的犯罪构成的区别。

四、论述题

论述犯罪的一般概念与犯罪构成。

参考答案

一、单项选择题

1. **答案**：C。甲的行为属于封建迷信活动，不具有实际的社会危害性，不是犯罪。

2. **答案**：D。梦游时甲没有认识能力，无法构成犯罪主观方面的故意或过失。

3. **答案**：D。犯罪时间、地点并不是抢夺罪的必要构成要件。

4. **答案**：C。根据《刑法》第13条的规定，行为具有一定的社会危害性是犯罪的基本特征，没有社会危害性就没有犯罪；社会危害性没有达到一定程度，也不构成犯罪。因此，甲的行为必须具有社会危害性，才能追究其刑事责任。因此，A选项的说法是错误的。甲编造"3架飞机上有炸弹"的恐怖信息并故意传播，严重扰乱了社会秩序，其行为符合编造、故意传播虚假恐怖信息罪的犯罪构成，而编造、故意传播虚假恐怖信息罪属于"扰乱公共秩序罪"。因此，B选项的说法是错误的，C选项的说法是正确的。D选项的说法违背了程序正义的基本原则，因此是错误的。

5. **答案**：D。选项A，不真正不作为犯与真正不作为犯一样，作为义务既可以源于法律的明文规定，也可以源于先行行为。选项A错误。选项B，所有不作为犯的成立均要求行为人具有作为的可能性。选项B错误。选项C，不真正不作为犯既可能是行为犯，也可能是结果犯。选项C错误。选项D，危害公共安全罪、侵犯公民人身权利罪、侵犯财产罪中均存在不作为犯，选项D正确。

6. **答案**：C。选项A，按照刑法因果关系相关理论，当介入异常因素时会导致因果关系中断。乞丐取走王某财物的行为，只是利用了甲重伤王某致其昏迷的客观后果，属于他人的异常行为，其介入已导致甲伤害王某的行为与王某财产损失之间的因果关系被中断，甲无须对王某财产损失负责。选项A错误。

选项B，乙将李某逼至江边，李某跳江死亡，二者之间存在“没有A就没有B”的因果关系。选项B错误。选项C，负有安全保障义务的交警指挥丙停车不当，已阻断丙不当停车行为与石某撞车身亡之间的因果关系，死亡结果应归于警察。选项C正确。选项D，丁的敲诈勒索行为导致陈某实施汇款行为，进而造成财产损失，二者之间存在“没有A就没有B”的因果关系。选项D错误。

二、多项选择题

1. **答案**：BCD。行为人决意在具备一定条件后实施实行行为，属于附条件故意。如果符合了一定条件，行为人再实施实行行为的，成立故意犯罪；如果条件尚未具备时，行为人就没有实施实行行为的故意。甲之前打算杀死乙，但那是以谈判不成为前提，而本案中双方还在谈判，甲枪支走火致使乙死亡，甲对于引起死亡的事实在行为时没有认识，不成立故意犯罪；但甲应当预见枪支走火可能致人死亡的事实，故对致乙死亡的事实成立过失致人死亡罪。甲为了杀人仅实施了预备行为，因意志以外的原因未能着手，成立故意杀人罪预备，与过失致人死亡罪属于想象竞合，择一重罪处罚。A不正确。甲以杀人故意向乙的宿舍投掷炸弹，将乙炸死，甲对乙成立故意杀人罪既遂。甲的同一行为将丙炸成重伤，甲对丙仍然存在杀人故意，因为甲投掷炸弹时，认识到自己的行为会导致宿舍内的他人死亡结果，而放任死亡结果的发生，故甲对于丙的死亡存在概括故意，即甲对乙的死亡成立故意杀人罪既遂。B正确。甲认识到皮箱内要么装有假币，要么装有毒品，属于择一的故意，即行为人认识到数个行为对象中的某一个对象确实会发生结果，但不确定哪个行为对象会发生结果。甲虽然既有非法持有毒品的故意，又有持有假币的故意，但客观上只有非法持有毒品的违法行为，成立非法持有毒品罪；由于客观上甲并未持有假币，属于不能犯，不成立持有假币罪。D正确。

2. **答案**：AC。根据《刑法》第13条的规定，甲的行为情节显著轻微，危害不大，盗窃未达到数额较大的程度标准，所以不认为是犯罪。

3. **答案**：ABCD。构成要件要素是指组成犯罪构成要件的要素。如行为、结果是组成不法要件的要素。按照不同的标准，构成要件要素可以分为：(1) 客观的构成要件要素和主观的构成要件要素。客观的构成要件要素，是指涉及行为外在显现形态的要素。包括行为主体、行为对象、实行行为本身、行为结果、因果关系。主观的构成要件要素，是指涉及行为人主观心理状态的内在要素。包括故意和过失以及作为特别犯罪成立要件要素的犯罪目的和犯罪动机。(2) 记述的构成要件要素和规范的构成要件要素。记述的构成要件要素，以日常生活单纯描述，不待法官进行价值判断补充即可明确的构成要件要素。大多数构成要件要素皆属此类。规范的构成要件要素，是指必须由法官在个案中以价值判断补充评价才有办法确定其内涵的不法构成要件要素。包括：1) 需要借助其他法律规范的评价而补充内涵的。如“国家工作人员”“司法工作人员”“公私财物”“依法”。2) 需要以文化规范的评价作为补充的。如“淫秽物品”“猥亵”“泄愤报复”“住宅”“不正当利益”。3) 需要具体量化评价作为补充的。如“数额较大”“严重残疾”“情节严重”“危险”。

　　具体到本题：《刑法》第246条规定，以暴力或者其他方法公然侮辱他人或者捏造事实诽谤他人，情节严重的，处3年以下有期徒刑、拘役、管制或者剥夺政治权利。其中的“以暴力或者其他方法”是对犯罪客观行为方式的描述，属于客观的构成要件要素(A选项正确)。犯罪对象“他人”即指行为人之外的其他人，以日常生活描述即可使具有通常判断能力的一般人能够明了法律的表述，属于记述的构成要件要素（B选项正确)。“侮辱”，是指对他人予以轻蔑的价值判断的表示，所表示的内容通常与他人的能力、德行、身份、身体状况有关。“诽谤”，是指散布捏造的事实，足以败坏他人名誉。到底什么样的言辞动作属于“侮辱”，最终决定于一个国家或者民族的价值观，所以法官必须结合当地文化才能给具体案件中的“侮辱”以确定的范围，因而属于规范的构成要件要素。“诽谤”的核心是足以败坏他人名誉，必须予以量化评价作为补充，才能最终确定具体案件中的行为是否达到了“诽谤”的程度，因而也是规范的构成要件要素（C选项正确）。

法定刑是指包含罪刑关系的条文所规定的适用于具体犯罪的刑罚种类和刑罚幅度。在我国刑法中存在三种类型：

绝对确定的法定刑	在条文中仅规定单一的刑种与固定的刑度，如第121条、第240条、第317条第2款
相对确定的法定刑	在条文中规定一定的刑种与刑度，并明确规定最高刑与最低刑。如“三年以上十年以下有期徒刑”
浮动法定刑（机动刑）	法定刑的具体期限或者具体数量并非确定，而是根据一定的标准升降，如“处拒缴税款一倍以上五倍以下罚金”

第246条中的法定刑描述为“三年以下有期徒刑、拘役、管制或者剥夺政治权利”，是确定了量刑的下限“单处剥夺政治权利”与上限“三年有期徒刑”，属于相对确定的法定刑（D选项正确）。

4. 答案：ACD。法律条文的犯罪构成要素包括客观性要素和主观性要素，其中客观性要素包括行为、行为主体、行为对象、行为结果等，主观性要素包括故意、过失、特定目的和动机等，犯罪主体限于男性属于客观性要素，A选项符合题意。

犯罪构成要素包括记述性构成要件要素和规范性构成要件要素，记述性要素是指对实际存在的各种人、事、物所作的事实性描述，如杀人罪的“人”、盗窃罪中的“财物”等客观的、无须价值判断就可以确定的事实要素。规范性要素是指那些需要进行价值判断才能明确其含义的犯罪构成要素，如传播淫秽物品罪中的“淫秽”、放火罪中的“公共安全”、渎职罪中的“徇私舞弊”等与价值判断有关的因素。强奸罪的实行犯限于“男性”很明显属于记述性要素，B选项不符合题意。

犯罪构成要素包括成文的犯罪构成要素和不成文的犯罪构成要素，成文的犯罪构成要素是指刑法分则条文中明文规定的犯罪构成要素，而不成文的犯罪构成要素是指刑法分则条文中虽然没有明文表述出来但是应当认定是犯罪构成要素的要素。《刑法》第236条规定，以暴力、胁迫或者其他手段强奸妇女的，处3年以上10年以下有期徒刑。奸淫不满14周岁的幼女的，以强奸论，从重处罚。强奸妇女、奸淫幼女，有下列情形之一的，处10年以上有期徒刑、无期徒刑或者死刑：（1）强奸妇女、奸淫幼女情节恶劣的；（2）强奸妇女、奸淫幼女多人的；（3）在公共场所当众强奸妇女、奸淫幼女的；（4）2人以上轮奸的；（5）奸淫不满十周岁的幼女或者造成幼女伤害的；（6）致使被害人重伤、死亡或者造成其他严重后果的。刑法分则条文没有明确规定强奸罪的犯罪主体限于男性，但是能够合理推断出强奸罪的犯罪主体限于男性，故而其属于不成文的犯罪构成要素，C选项符合题意。

犯罪构成要素包括必要要件要素和选择要件要素，必要要件要素包括行为主体、客体、危害行为、故意或者过失，选择要件要素包括时间、地点、目的、动机等，犯罪主体限于“男性”属于必要因素，D选项符合题意。

综上，本题正确答案为ACD。

5. 答案：BC。犯罪构成包括简单的犯罪构成和复杂的犯罪构成。简单的犯罪构成是指刑法规定的各个犯罪构成要件都是单一的犯罪构成。复杂的犯罪构成是指刑法规定的各个犯罪构成要件之间存在选择或者重叠关系的犯罪构成，即选择的犯罪构成和复合的犯罪构成。本题中《刑法》第125条第1款的规定很明显属于复杂的犯罪构成中的选择的犯罪构成，BC选项符合题意，AD选项不符合题意。综上，本题正确答案为BC。

6. 答案：ABCD。因果关系的认识错误，是指行为人对其行为与危害后果之间的因果关系有不符合实际情况的错误认识。本题中，甲将刘某打昏后以为其已死亡，遂将其尸体埋入雪沟，致使刘某被冻死，属于事前的因果关系认识错误。通常认为在此种情况下，第一个行为与死亡结果之间的因果关系并未中断，应肯定第一行为与结果之间的因果关系，且所发生的结果与行为人意图实现的结果相一致，因此应以故意杀人罪既遂论处。选项A正确。若行为人履行义务就可以阻止或者避免危害结果，但行为人未履行义务，使该结果发生，则该不作为行为与危害结果具有因果关系。选项B正确。13岁的王某不具有辨认和控制能力，无法认识到过量吸食毒品造成的危害，丙向王某赠送毒品的行为与王某死亡结果具有直接的因果关系。选项C正确。丁实施的杀害行为具有高度的危险性，导致周某不得不跳河求生，周某因跳河溺水死亡的结果与丁的行为之间具有因果关系。选项D正确。

三、简答题

1. 答案：社会危害性轻重大小的因素主要决定于以下几个方面：

一是决定于行为侵犯的客体，即行为侵犯了什么样的社会关系。

二是决定于行为的手段、后果以及时间、地点。犯罪的手段是否凶狠、是否残酷、是否使用暴力，在很大程度上决定着社会危害性。

三是决定于行为人的情况及其主观因素，如是成年人还是未成年人，故意还是过失，有预谋或没预谋；动机、目的的卑劣程度；偶尔犯罪还是累犯、惯犯。这些情况在社会心理上的影响是不同的，所以它对社会危害性程度也是起制约作用的。

2. 答案：犯罪概念和犯罪构成既有联系又有区别：

犯罪概念	犯罪构成
犯罪概念说明犯罪是什么	犯罪构成则在此基础上进一步说明犯罪是如何构成的，成立犯罪应该具备什么样的条件
犯罪概念是犯罪的总标准	犯罪构成是成立犯罪的具体标准
犯罪概念将犯罪作为一个整体，从宏观上揭示一切犯罪的共同特征、基本特征	犯罪构成则深入犯罪内部，从微观上分析各个犯罪的内部结构、成立条件

3. 答案：犯罪构成要素可以根据其意义是否需作价值判断而划分为记述性构成要件要素和规范性要件要素。记述性构成要件要素是指对实际存在的各种人、事、物所作的事实性描述，如杀人罪中的“人”、盗窃罪中的“财物”等客观、无须评价判断就可确定的事实因素；规范性要件要素是指那些需要进行价值判断才能明确其含义的犯罪构成要素，如放火罪中的“公共安全”、强制猥亵、侮辱妇女罪中的“猥亵”等与价值判断有关的因素。

记述性要件要素和规范性要件要素之间的界限并不是绝对的，因为有些记述性要素，或多或少也需经过价值判断。记述性要素与规范性要素的区分，在判断作为故意内容的认识程度方面，具有实际意义。

4. 答案：简单的犯罪构成又称单一的犯罪构成，是指犯罪构成仅仅包含单一的主体、单一的客体、单一的行为和单一的罪过形式。复杂的犯罪构成是指犯罪构成要件之间存在选择关系或者重叠关系的犯罪构成。

二者的区别主要包括：

（1）犯罪构成的性质不同：简单的犯罪构成都属于单一的犯罪构成，而复杂的犯罪构成内部存在选择或者重叠关系。

（2）相互关系不同：大多数犯罪属于单一的犯罪构成，复杂的犯罪构成可以分解为单一的犯罪构成。

四、论述题

答案：（1）我国《刑法》第13条规定，一切危害国家主权、领土完整和安全，分裂国家、颠覆人民民主专政的政权和推翻社会主义制度，破坏社会秩序和经济秩序，侵犯国有财产或者劳动群众集体所有财产，侵犯公民私人所有财产，侵犯公民人身权利、民主权利和其他权利，以及其他危害社会的行为，依照法律应当受刑罚处罚的，都是犯罪，但是情节显著轻微危害不大的，不认为是犯罪。这是我国刑法上的犯罪的概念。据此可以认为，所谓犯罪的一般概念是指危害社会已经达到触犯刑法的程度，并且应当受到刑罚处罚的行为。它具有以下特征：①犯罪行为具有严重的社会危害性。这是犯罪的本质特征。作为犯罪本质特征的社会危害性，必须达到危害程度的严重性。犯罪与其他违法行为和不道德行为的区别在于各自的社会危害程度，也就是一个社会危害"量"的问题。正是因为它具有严重的社会危害性，才有将其确认为犯罪并予以刑罚处罚的必要。②犯罪行为具有刑事违法性。刑法根据社会上的种种行为的社会危害性程度，有选择地宣布某种行为是犯罪并作出相应的规定，这就使犯罪在严重的危害性特征之外，又派生出第二个重要特征——刑事违法性，表明犯罪不仅是一种社会现象，也是一种法律现象。它不但包括深刻的社会政治内容，而且具有明显的法律特性。强调犯罪认定上的法律特征，正是罪刑法定原则的体现。③犯罪行为的刑罚当罚性。危害社会的行为不仅要达到触犯刑事法律的严重程度，而且必须是应当给予刑罚处罚的，才属于犯罪。刑罚当罚性是犯罪的重要特征，也是犯罪区别于其他违法行为及不道德行为的重要特征。

（2）犯罪构成是刑法规定的，决定某一行为的社会危害性，并为成立犯罪所必需的客观要件和主观要件的总和。犯罪构成具有以下几个方面的特征：①犯罪构成由刑事法律加以规定。犯罪构成是犯罪的规格与标准，它不仅表明犯罪是如何形成的，而且以提供成立犯罪所必需的各种具体条件为己任。某一行为是否符合犯罪构成，是判断该行为人是否承担刑事责任的依据。罪刑法定原则是我国刑法的基本原则，因此从严格依法司法、保障公民的合法权益以及准确制裁犯罪、维护法制权威的要求出发，犯罪构成要件必须由刑法明文规定。②犯罪构成是客观要件与主观要件的总和。犯罪构成包含着一系列要件内容。从性质上看，这些要件可分为两大类，即反映行为人主观方面特征的主观要件和反映行为人客观方面特征的客观要件；从数量上看，犯罪构成并不是由单个主观要件或客观要件构成的，而是一系列主客观要件的结合；从组成上看，犯罪构成也不是犯罪主观要件与犯罪客观要件的简单相加，而是相互渗透、相互作用，共同构成一个说明犯罪规格与标准的有机整体。③犯罪构成由说明社会危害性的要素组合而成。众多的犯罪事实特征并非都是犯罪构成的必需要件，刑法规定的犯罪构成要在众多的事实特征之中进行筛选、抽象，把其中对行为成立犯罪所必需的那些主客观事实特征总结和概括出来，并将其确定为犯罪构成的要件内容。由于犯罪的本质特征是行为具有严重的社会危害性，而犯罪构成要件的选择必须在整体上体现犯罪的本质特征，因此，犯罪构成必须是由说明行为的社会危害性的那部分要素组成的。

（3）犯罪构成与犯罪概念的关系。犯罪构成是确定犯罪的总标准，是犯罪特征的高度概括。犯罪构成解决犯罪的形成及法定条件的问题，因而是犯罪概念的具体化；犯罪概念反映犯罪的基本特征，揭示犯罪的阶级属性和法律性质，从而为犯罪构成的立法规定提供了具体的界定尺度。所以，它们相互作用、密切联系。但是，就说明犯罪问题的功能作用来看，二者又有一定的差别，表现为抽象与具体、宏观与微观的关系。

第五章　犯 罪 客 体

基础知识图解

- 犯罪客体
  - 概念：通说“关系说”
  - 分类
    - 一般客体
    - 同类客体
    - 直接客体
      - 依具体犯罪行为危害社会关系的数量
        - 简单客体
        - 复杂客体（根据直接客体在犯罪中受危害的程度、概率以及受刑法保护的状况）
          - 主要客体
          - 随机客体
          - 次要客体
      - 依具体犯罪行为危害社会关系是否为物质性
        - 物质性客体
        - 非物质性客体
  - 与犯罪对象的关系
    - 联系：犯罪对象常常是犯罪客体的载体，是判断犯罪客体的基本素材
    - 区别
      - 是否为犯罪构成的必备要件
      - 是否决定危害行为的犯罪性质
      - 是否必然受到犯罪行为的损害
      - 是否为犯罪分类的基础和标准

配套测试

一、单项选择题

1. 犯罪的直接客体是指（　　）。

A. 某一种犯罪所直接侵犯的具体的社会关系

B. 某一种犯罪所直接侵犯的对象

C. 某一种犯罪所直接侵犯的具体人或物

D. 某一种犯罪所直接侵犯的社会的某一部分

2. 下列各罪中，哪一个罪侵犯的客体是复杂客体？（　　）

A. 故意杀人罪

B. 盗窃罪

C. 玩忽职守罪

D. 生产、销售有毒、有害食品罪

3. 我国刑法分则将犯罪划分为 10 类，其划分的根据是（　　）。

A. 同类客体　　B. 犯罪对象

C. 直接客体　　D. 一般客体

二、名词解释

1. 犯罪客体（中国人民大学 2005 年研究生入学试题）

2. 犯罪对象

三、简答题

1. 简述我国刑法理论对犯罪客体的分类。

2. 简述犯罪客体的概念和特征。

3. 简述犯罪客体与犯罪对象的联系和区别。（中国人民大学 2006 年研究生入学试题）

四、论述题

论述犯罪客体与犯罪对象。（山东大学 2012

年考研真题）

参考答案

一、单项选择题

1. **答案**：A。犯罪的直接客体，是指某个犯罪行为所直接侵害的我国刑法所保护的某种具体的社会关系。犯罪的直接客体揭示了具体犯罪所侵害社会关系的性质以及该犯罪的社会危害性的程度。

2. **答案**：D。选项A，根据《刑法》第232条规定的故意杀人罪，侵犯的客体是他人的生命权；选项B，根据《刑法》第264条规定的盗窃罪，侵犯的客体是公私财产的所有权；选项C，根据《刑法》第397条第1款规定的玩忽职守罪，侵犯的客体是国家机关的正常活动。简单客体，是指一个犯罪行为只侵犯一种社会关系。因此，选项ABC应当排除。选项D，《刑法》第144条规定的生产、销售有毒、有害食品罪，侵犯的客体是国家食品卫生管理制度和公民的健康权、生命权，因此是复杂客体。复杂客体，是指犯罪行为所直接侵害的客体包括两种以上的具体社会关系。

3. **答案**：A。犯罪的同类客体，是指某一类犯罪行为所共同侵害的我国刑法所保护的社会关系的某一部分或某一方面。作为同类客体的社会关系，往往具有相同或相近的性质。我国刑法分则根据犯罪的同类客体，将犯罪分为10类。

二、名词解释

1. **答案**：犯罪客体是指我国刑法所保护的、为犯罪行为所侵害的社会关系。犯罪客体是构成犯罪的必备要件之一，一般可以划分为一般客体、同类客体和直接客体。

2. **答案**：犯罪对象是指刑法分则条文规定的犯罪行为所作用的客观存在的具体人或者具体物。它具有以下特征：（1）犯罪对象是具体的人或物。（2）犯罪对象是犯罪行为直接作用的人或物。（3）犯罪对象是刑法规定的人或物。

三、简答题

1. **答案**：刑法理论将犯罪客体划分为三类或三个层次：一般客体、同类客体、直接客体。三类客体是三个不同的层次，它们之间是一般与特殊、共性与个性、抽象与具体、整体与部分的关系。

　　（1）犯罪的一般客体，是指一切犯罪共同侵犯的客体，即我国刑法所保护的社会主义制度下社会关系的整体。犯罪的一般客体反映了一切犯罪客体的共性，它是刑法所保护客体的最高层次。

　　（2）犯罪的同类客体，是指某一类犯罪行为所共同侵害的我国刑法所保护的社会关系的某一部分或某一方面。划分犯罪的同类客体，是根据犯罪行为侵害的刑法所保护的社会关系的不同进行的科学分类。

　　（3）犯罪的直接客体，是指某一种犯罪行为所直接侵害的我国刑法所保护的社会关系，即我国刑法所保护的某种具体的社会关系。

　　可以根据客体的单复性把直接客体分为简单客体与复杂客体，可以根据客体是否具备物质性把直接客体分为物质性犯罪客体与非物质性犯罪客体。

　　①简单客体与复杂客体

　　简单客体，又称单一客体，是指某一种犯罪只直接侵害一种具体社会关系。复杂客体，是指一种犯罪行为同时侵害的客体包括两种以上的具体社会关系。

　　在复杂客体中，各客体有主有次，不能等量齐观。根据直接客体在犯罪中受危害的程度、机遇以及受刑法保护的状况，可以将复杂客体进行再分类，包括主要客体、次要客体和随机客体三种。主要客体，是指某一具体犯罪所侵害的复杂客体中程度较严重的，刑法予以重点保护的社会关系。次要客体，是指某一具体犯罪所侵害的复杂客体中程度较轻的、刑法予以一般保护的社会关系，也称辅助客体。随机客体，是指在某一具体犯罪侵害的复杂客体中可能由于某种机遇而出现的客体，也称随意客体、选择客体。

②物质性犯罪客体与非物质性犯罪客体

以具体犯罪侵害的社会关系是否为物质性的为标准，可将直接客体分为物质性犯罪客体和非物质性犯罪客体。对物质性犯罪客体侵害的标志是产生物质性的损害或威胁，可能成为物质性犯罪客体的社会关系如经济关系、财产关系以及人的生命、健康权利等；对非物质性犯罪客体侵害的标志是不具有直接的物质损害的形式，可能成为非物质性犯罪客体的社会关系如政治制度、社会秩序、人格、名誉等。

2. 答案：所谓犯罪客体，是指犯罪主体的犯罪活动所侵害的、为刑法所保护的社会主义社会利益。其特征如下：

第一，犯罪客体是社会主义社会利益。利益是一个十分广泛的社会范畴，凡是满足人们生存和发展需要的都统称为利益。它是满足人们物质和精神需要的保障条件。任何犯罪都是对一定利益的侵害，它既可能侵害个人利益或集体利益，也可能侵害国家利益或者整个社会利益，但是无论它侵害的是何种利益，归根结底，都是对社会利益的侵害。

第二，犯罪客体是刑法所保护的社会主义社会利益。刑法作为一种社会防卫的最严厉的手段，既不能像民法、经济法等部门法那样只局限于保护一定领域或一定范围的社会利益，又不能不区分社会利益受侵害的程度而一律用刑法加以保护。这就决定犯罪的客体只能是刑法所保护的社会利益。不受刑法所保护的社会利益，即使受到了侵害，也不属于犯罪客体。

第三，犯罪客体必须是主体的犯罪活动所侵害的社会主义社会利益。社会利益作为单纯的客观存在，并不是犯罪客体，也不是犯罪构成的有机组成部分。只有当社会利益在犯罪主体的对象性活动中，成为它侵害的目标，与犯罪主体形成侵害与被侵害的关系时，它才成为犯罪客体。

总之，犯罪客体作为与犯罪主体相对应的另一极，它在犯罪构成的整个结构中占有十分重要的地位。犯罪客体提示了犯罪所侵害的利益，从而也应揭示犯罪构成的阶级本质和社会政治意义。由于立法者是把社会利益免受犯罪侵害作为制定刑法的立足点的，因此犯罪客体往往是刑事立法对犯罪进行分类和构架刑法分则体系的基础。

3. 答案：犯罪客体是我国刑法所保护的并为犯罪行为所侵害的社会关系；犯罪对象是指刑法分则条文规定的犯罪行为所作用的客观存在的具体人或者具体物。

犯罪客体与犯罪对象的联系在于：作为犯罪对象的具体人是具体社会关系的主体或承担者，作为犯罪对象的具体物是具体社会关系的物质表现。犯罪行为作用于犯罪对象就是通过犯罪对象即具体物或人来侵害一定的社会关系。

犯罪客体与犯罪对象的区别在于：

犯罪客体	犯罪对象
犯罪客体决定犯罪性质	犯罪对象则未必，仅从犯罪对象分析某一案件，并不能辨明其犯罪性质
犯罪客体是任何犯罪的必要构成要件	犯罪对象则仅仅是某些犯罪的必要构成要件
任何犯罪都会使犯罪客体受到危害	犯罪对象则不一定受到损害
犯罪客体是犯罪分类的基础	犯罪对象则不是

四、论述题

答案：（1）犯罪客体是我国刑法所保护的，并且为犯罪行为所侵害的社会主义社会关系，有三个主要特征：一是犯罪客体是一种社会关系；二是犯罪客体是刑法所保护的社会关系；三是犯罪客体是被犯罪行为所侵害的社会关系。研究犯罪客体，有助于认清犯罪的本质特征，便于确定刑法打击犯罪的重点；有助于认定犯罪的性质，科学划分罪与非罪之间的界限；有助于评价犯罪危害社会的程度，正确把握刑罚的轻重。理论上一般分为犯罪的一般客体、犯罪的同类客体和犯罪的直接客体，其中，犯罪的一般客体又称为犯罪的共同客体，是一切犯罪行为所共同侵犯的客体；犯罪的同类客体是某一类犯罪所共同侵害的客体；犯罪的直接客体是指某一种犯罪所直接侵犯的客体。犯罪客体是犯罪构成的必须具备的要件之一，任何一种犯罪，都必然要侵害一定的客体，不侵害客体的行为就是不具备社会危害性的行为，当然也就不可能构成犯罪，因此，犯罪客体是决定犯罪社会危害性的首要条件，没有犯罪客体，就没有犯罪问题可言。

(2) 犯罪对象也叫行为对象，是指危害行为所作用的、体现刑法所保护的社会关系的物与人，是犯罪客观要件的一个重要内容。具有以下几个特点：一是行为对象是物与人；二是行为对象体现刑法所保护的社会关系；三是犯罪对象是被危害行为所作用的。研究犯罪对象也有重要的意义，因为特定的犯罪对象影响某些犯罪是否成立；影响此罪与彼罪的区分；犯罪对象的不同也影响罪行的轻重，从而影响着量刑。

(3) 犯罪对象和犯罪客体的关系较为密切，犯罪对象反映犯罪客体，犯罪客体制约犯罪对象，但二者又有明显的区别，主要表现在：①犯罪对象所呈现的是事物的外部特征；而犯罪客体所表现的是行为的内在本质，因此，犯罪对象可以为人们的感官所感知；而犯罪客体要通过人们的思维来认识。②特定的犯罪对象只是某些犯罪的构成要件；而犯罪客体是一切犯罪的共同构成要件。③犯罪对象并非在任何犯罪中都受到侵害；而犯罪客体在一切犯罪中都受到了侵害。④犯罪对象不是犯罪分类的根据，因此犯罪对象相同并不意味着犯罪性质相同；而犯罪客体是犯罪分类的根据，因为犯罪客体相同意味着犯罪性质相同。

第六章　犯罪客观方面

基础知识图解

- 犯罪客观方面
  - 犯罪的客观要件概述：概念、意义
  - 危害行为
    - 作为
    - 不作为
  - 危害结果
    - 特征：（1）客观性；（2）危害性；（3）因果性
    - 种类
      - （1）构成要件结果与非构成要件结果
      - （2）物质性危害结果与非物质性危害结果
      - （3）直接危害结果与间接危害结果
  - 刑法上的因果关系
    - 概念
    - 特点：（1）客观性；（2）顺序性；（3）相对性；（4）多样性
    - 认定
      - 必然因果关系说
      - 偶然因果关系说
  - 行为的时间、地点与方法
    - 选择性构成要件
    - 酌定量刑情节

配套测试

一、单项选择题

1. 甲为铁路扳道工，其工作是在相向的火车驶来时负责将铁轨岔开，以使火车安全运行。一日甲因奖金分配问题与领导发生争执，为了发泄不满，在其值班期间没有扳道岔就擅自离开，结果造成两列火车迎头相撞的重大事故。则甲的行为（　　）。

A. 属于作为的故意犯罪

B. 属于作为的过失犯罪

C. 属于不作为的故意犯罪

D. 属于不作为的过失犯罪

2. 关于不作为犯罪的判断，下列哪一选项是错误的？（　　）（司考 2014. 卷二 .5）

A. 小偷翻墙入院行窃，被护院的藏獒围攻。主人甲认为小偷活该，任凭藏獒撕咬，小偷被咬死。甲成立不作为犯罪

B. 乙杀丙，见丙痛苦不堪，心生悔意，欲将丙送医。路人甲劝阻乙救助丙，乙遂离开，丙死亡。甲成立不作为犯罪的教唆犯

C. 甲看见儿子乙（8 周岁）正掐住丙（3 周岁）的脖子，因忙于炒菜，便未理会。等炒完菜，甲发现丙已窒息死亡。甲不成立不作为犯罪

D. 甲见有人掉入偏僻之地的深井，找来绳子救人，将绳子的一头扔至井底后，发现井下的是仇人乙，便放弃拉绳子，乙因无人救助死亡。甲不成立不作为犯罪

3. 下列属于刑法中的危害行为的是：（　　）。

A. 曹某在日记中写道：“林××太坏了！总有一天我会杀了他的！”并在日记中摘抄了几种杀人的方法

B. 上官某下班时遇到一男子拿着刀向他乱砍，情急之下，上官某拿起路旁的一根木棍朝该男子打去，将其打昏在地

C. 朱某在酒店里当服务员时，遇到一位客人对其调戏，难以摆脱，朱某借口说给其拿白酒去，遂将一瓶硫酸故意当白酒让该客人喝下，客人喝下后整个食道被烫伤

D. 秦某梦游时将白某家的房子点燃烧毁

4. 某高校食堂的炊事员乙在做菜时，误把仓库中的一瓶农药当作菜油用来炒菜，致使多人食用后中毒，但因抢救及时，未造成任何伤亡。乙的行为（　　）。

A. 构成过失投毒罪　　B. 属于意外事件

C. 构成投毒罪　　D. 不构成犯罪

5. 关于危害结果，下列哪一选项是正确的？（　　）（司考 2017. 卷二 .2）

A. 危害结果是所有具体犯罪的构成要件要素

B. 抽象危险是具体犯罪构成要件的危害结果

C. 以杀死被害人的方法当场劫取财物的，构成抢劫罪的结果加重犯

D. 骗取他人财物致使被害人自杀身亡的，成立诈骗罪的结果加重犯

6. 下列关于不作为犯说法正确的是：（　　）。（司考 2013. 卷二 .13）

A. 丈夫置生病的妻子于不顾去旅行，致妻子死亡，丈夫的行为可能属于纯正的不作为犯，也可能属于不纯正的不作为犯

B. 张某发现自己烧炭的窑洞中有被烧死的少年尸体，随意将尸体丢弃在路边，这属于不作为的侮辱尸体罪

C. 李某在深山中发现弃婴，遂将其放置在民政局门口后离开，但后来无人救助而导致婴儿死去，李某的行为构成不作为犯

D. 王某发现考生作弊，让其退出考场，考生以自杀相威胁，王某仍执意让其退出考场，而后考生果真跳楼自杀，王某的行为属于不作为犯

7. 刑法上的不作为是指：（　　）。（司考 2010. 卷二 .12）

A. 负有特定法律义务当为能为而不为的行为

B. 消极行为

C. 静止行为

D. 过失行为

8. 石某用其信用卡在自动取款机上打算取 200 元人民币，卡上余额是 300 元人民币。在取款时由于操作失误多加了一个零，取 200 元变成取 2000 元。石某惊喜地发现，自动取款机并未因操作失误而拒付，而是果真吐出 2000 元。出于好奇，石某又操作一遍，结果自动取款机又吐出 2000 元。石某知道自动取款机出现故障，但出于贪心，又先后从自动取款机取出人民币 3 万元，占为己有。下列说法正确的是：（　　）。

A. 石某的行为不构成犯罪，仅构成民法上的不当得利

B. 石某的行为构成信用卡诈骗罪

C. 石某的行为构成强迫交易罪

D. 石某的行为构成盗窃罪

9. 关于刑法上的因果关系，下列哪一判断是正确的？（　　）（司考 2010. 卷二 .3）

A. 甲开枪射击乙，乙迅速躲闪，子弹击中乙身后的丙。甲的行为与丙的死亡之间不具有因果关系

B. 甲追赶小偷乙，乙慌忙中撞上疾驶汽车身亡。甲的行为与乙的死亡之间具有因果关系

C. 甲、乙没有意思联络，碰巧同时向丙开枪，且均打中了丙的心脏。甲、乙的行为与丙的死亡之间不具有因果关系

D. 甲以杀人故意向乙的食物中投放了足以致死的毒药，但在该毒药起作用前，丙开枪杀死了乙。甲的行为与乙的死亡之间不具有因果关系

10. 关于刑法上因果关系的判断，下列哪一选项是正确的？（　　）（司考 2007. 卷二 .1）

A. 甲为抢劫而殴打章某，章某逃跑，甲随后追赶。章某在逃跑时钱包不慎从身上掉下，甲拾得钱包后离开。甲的

暴力行为和取得财物之间存在因果关系

B. 乙基于杀害的意思用刀砍程某，见程某受伤后十分痛苦，便将其送到医院，但医生的治疗存在重大失误，导致程某死亡。乙的行为和程某的死亡之间没有因果关系

C. 丙经过铁路道口时，遇见正在值班的熟人项某，便与其聊天，导致项某未及时放下栏杆，火车通过时将黄某轧死。丙的行为与黄某的死亡之间存在因果关系

D. 丁为杀害李某而打其头部，使其受致命伤，2 小时之后必死无疑。在李某哀求下，丁开车送其去医院。20 分钟后，高某驾驶卡车超速行驶，撞向丁的汽车致李某当场死亡。丁的行为和李某的死亡之间存在因果关系

11. 关于危害结果的相关说法，下列哪一选项是错误的？（　　）（司考 2008. 卷二.1）

A. 甲男（25 岁）明知孙某（女）只有 13 岁还追求她，在征得孙某同意后，与其发生性行为。甲的行为没有造成危害后果

B. 警察乙丢失枪支后未及时报告，清洁工王某捡拾该枪支后立即上交。警察乙的行为没有造成严重后果

C. 丙诱骗 5 岁的孤儿离开福利院后，将其作为养子，使之过上了丰衣足食的生活。丙的行为造成了危害后果

D. 丁恶意透支 3 万元，但经发卡银行催收后立即归还。丁的行为没有造成危害后果

12. 下列哪一选项构成不作为犯罪？（　　）（司考 2012. 卷二.4）

A. 甲到湖中游泳，见武某也在游泳。武某突然腿抽筋，向唯一在场的甲呼救。甲未予理睬，武某溺亡

B. 乙女拒绝周某求爱，周某说"如不答应，我就跳河自杀"。乙明知周某可能跳河，仍不同意。周某跳河后，乙未呼救，周某溺亡

C. 丙与贺某到水库游泳。丙为显示泳技，将不善游泳的贺某拉到深水区教其游泳。贺某忽然沉没，丙有点害怕，忙游上岸，贺某溺亡

D. 丁邀秦某到风景区漂流，在漂流筏转弯时，秦某的安全带突然松开致其摔落河中。丁未下河救人，秦某溺亡

13. 关于因果关系，下列哪一选项是错误的？（　　）（司考 2011. 卷二.3）

A. 甲将被害人衣服点燃，被害人因跳河灭火而溺亡。甲行为与被害人死亡具有因果关系

B. 乙在被害人住宅放火，被害人为救婴儿冲入住宅内被烧死。乙行为与被害人死亡具有因果关系

C. 丙在高速路将被害人推下车，导致被害人被后面车辆轧死。丙行为与被害人死亡具有因果关系

D. 丁毁坏被害人面容，被害人感觉无法见人而自杀。丁行为与被害人死亡具有因果关系

14. 甲女得知男友乙移情，怨恨中送其一双滚轴旱冰鞋，企盼其运动时摔伤。乙穿此鞋运动时，果真摔成重伤。关于本案的分析，下列哪一选项是正确的？（　　）（司考 2013. 卷二.5）

A. 甲的行为属于作为的危害行为

B. 甲的行为与乙的重伤之间存在刑法上的因果关系

C. 甲具有伤害乙的故意，但不构成故意伤害罪

D. 甲的行为构成过失致人重伤罪

15. 关于因果关系的判断，下列哪一选项是正确的？（　　）（司考 2014. 卷二.6）

A. 甲伤害乙后，警察赶到。在警察将乙送医途中，车辆出现故障，致乙长时间得不到救助而死亡。甲的行为与乙的死亡具有因果关系

B. 甲违规将行人丙撞成轻伤，丙昏倒在路中央，甲驾车逃窜。1 分钟后，超速驾驶的乙发现丙时已来不及刹车，

将丙轧死。甲的行为与丙的死亡没有因果关系

C. 甲以杀人故意向乙开枪，但由于不可预见的原因导致丙中弹身亡。甲的行为与丙的死亡没有因果关系

D. 甲向乙的茶水投毒，重病的乙喝了茶水后感觉更加难受，便自杀身亡。甲的行为与乙的死亡没有因果关系

16. 吴某被甲、乙合法追捕。吴某的枪中只有一发子弹，认识到开枪既可能打死甲也可能打死乙。设定吴某对甲、乙均有杀人故意，下列哪一分析是正确的？（　　）（司考 2016. 卷二 .5）

A. 如吴某一枪没有打中甲和乙，子弹从甲与乙的中间穿过，则对甲、乙均成立故意杀人罪未遂

B. 如吴某一枪打中了甲，致甲死亡，则对甲成立故意杀人罪既遂，对乙成立故意杀人罪未遂，实行数罪并罚

C. 如吴某一枪同时打中甲和乙，致甲死亡、乙重伤，则对甲成立故意杀人罪既遂，对乙仅成立故意伤害罪

D. 如吴某一枪同时打中甲和乙，致甲、乙死亡，则对甲、乙均成立故意杀人罪既遂，实行数罪并罚

二、多项选择题

1. 甲、乙二人为儿时的好友，甲海外归来，并像年轻时那样用拳击打对方。不料甲一拳打到乙的肚子以后，乙感到有些不适。一个小时后即晕倒在地。甲急忙送乙去医院急救，但抢救无效死亡。原因是乙脾肿大异常，因为受到甲一拳的外力冲击，脾破裂，在体内大出血而导致死亡。甲的行为（　　）。

A. 与乙的死亡结果没有因果关系

B. 与乙的死亡结果有因果关系

C. 甲应当负刑事责任

D. 甲不应当负刑事责任

2. 某幼儿园老师甲（女）带领全班学生去春游，一名儿童乙不慎掉入粪池，甲大声呼救，在附近玩耍的初中学生丙听到呼救声跑过来，并拿着树枝量粪池的深度大约 1 米，但丙也未救乙，只是与甲一起呼救，待一农民赶来将乙救起时，乙已经溺死。下列说法正确的是（　　）。

A. 甲不构成犯罪

B. 甲构成故意杀人，属于不作为犯罪

C. 甲不作为犯罪的义务来源是她的职务要求

D. 丙构成故意杀人罪

3. 甲某曾当众受乙某的侮辱，心怀怨恨。某日甲、乙二人郊游，在山顶悬崖处，甲拿出准备好的猎枪向乙射击，不想没有打中乙，但乙受枪声的惊吓，失足滑落悬崖摔死。则甲某的行为（　　）。

A. 属于因果关系的错误

B. 不构成犯罪，属于意外事件

C. 甲某构成故意杀人罪（既遂）

D. 甲某构成故意杀人罪（未遂）

4. 下列哪些犯罪属于纯正不作为犯？（　　）

A. 丢失枪支不报罪

B. 遗弃罪

C. 拒不执行判决、裁定罪

D. 不解救被拐卖、绑架妇女、儿童罪

5. 犯罪构成客观方面的要件包括哪些？（　　）

A. 危害行为　　B. 犯罪时间

C. 犯罪地点　　D. 犯罪工具

6. 下列哪些要素属于犯罪构成的选择性要件？（　　）

A. 犯罪时间　　B. 犯罪地点

C. 犯罪计划　　D. 犯罪方法

7. 犯罪客观要件中的选择性要件包括哪些？（　　）

A. 犯罪行为

B. 犯罪结果

C. 刑法的因果关系

D. 犯罪特定的时间和地点

8. 下列犯罪中，以犯罪的时间或者地点作为犯罪构成必要要件的犯罪有：（　　）。

A. 非法采矿罪

B. 非法捕捞水产品罪

C. 非法狩猎罪

D. 非法收购盗伐、滥伐林木罪

9. 关于不作为犯罪，下列哪些选项是正确的？(　　)（司考 2010. 卷二.52）

A. 甲在车间工作时，不小心使一根铁钻刺入乙的心脏，甲没有立即将乙送往医院而是逃往外地。医院证明，即使将乙送往医院，乙也不可能得到救治。甲不送乙就医的行为构成不作为犯罪

B. 甲盗伐树木时砸中他人，明知不立即救治将致人死亡，仍有意不救。甲不救助伤者的行为构成不作为犯罪

C. 甲带邻居小孩出门，小孩失足跌入粪塘，甲嫌脏不愿施救，就大声呼救，待乙闻声赶来救出小孩时，该小孩已死亡。甲不及时救助的行为构成不作为犯罪

D. 甲乱扔烟头导致所看仓库起火，能够扑救而不救，迅速逃离现场，导致火势蔓延财产损失巨大。甲不扑救的行为构成不作为犯罪

10. 关于不作为犯，下列哪些选项是正确的？(　　)

A. 刑法规定，依法配备公务用枪的人员丢失枪支不及时报告，造成严重后果的构成犯罪。该罪以不报告为成立条件，属于不作为犯罪

B. 逃税罪是一种不履行纳税义务的行为，只能由不作为构成

C. 遗弃罪是一种不履行扶养义务的行为，属于不作为犯罪

D. 刑法规定，将代为保管的他人财物非法占为己有，数额较大，拒不退还的，构成犯罪。该罪以拒不退还为成立条件，属于不作为犯罪

11. 关于因果关系，下列哪些选项是错误的？(　　)（司考 2008. 卷二.52）

A. 甲乘坐公交车时和司机章某发生争吵，狠狠地踹了章某后背一脚。章某返身打甲时，公交车失控，冲向自行车道，撞死了骑车人程某。甲的行为与程某的死亡之间存在因果关系

B. 乙以杀人故意瞄准李某的头部开枪，但打中了李某的胸部（未打中心脏）。由于李某是血友病患者，最后流血不止而死亡。乙的行为与李某的死亡之间没有因果关系

C. 丙与同伙经预谋后同时向王某开枪，同伙射击的子弹打中了王某的心脏，致王某死亡。由于丙射击的子弹没有打中王某，故丙的行为与王某的死亡之间没有因果关系

D. 丁以杀人故意对赵某实施暴力，导致赵某遭受濒临死亡的重伤。赵某在医院接受治疗时，因医生存在一定过失，未能挽救赵某的生命。丁的行为与赵某的死亡之间没有因果关系

12. 关于不作为犯罪，下列哪些选项是正确的？(　　)（司考 2011. 卷二.52）

A. 宠物饲养人在宠物撕咬儿童时故意不制止，导致儿童被咬死的，成立不作为的故意杀人罪

B. 一般公民发现他人建筑物发生火灾故意不报警的，成立不作为的放火罪

C. 父母能制止而故意不制止未成年子女侵害行为的，可能成立不作为犯罪

D. 荒山狩猎人发现弃婴后不救助的，不成立不作为犯罪

13. 关于不作为犯罪，下列哪些选项是正确的？(　　)（司考 2013. 卷二.51）

A. 船工甲见乙落水，救其上船后发现其是仇人，又将其推到水中，致其溺亡。甲的行为成立不作为犯罪

B. 甲为县公安局局长，妻子乙为县税务局副局长。乙在家收受贿赂时，甲知情却不予制止。甲的行为不属于不作为的帮助，不成立受贿罪共犯

C. 甲意外将 6 岁幼童撞入河中。甲欲施救，乙劝阻，甲便未救助，致幼童溺亡。因只有甲有救助义务，乙的行为不成立犯罪

D. 甲将弃婴乙抱回家中，抚养多日后感觉麻烦，便于夜间将乙放到菜市场门口，期待次日清晨被人抱走抚养，但乙却被冻死。甲成立不作为犯罪

14. 关于因果关系的认定，下列哪些选项是

正确的？（　　）（司考 2013. 卷二 . 52）

A. 甲、乙无意思联络，同时分别向丙开枪，均未击中要害，因两个伤口同时出血，丙失血过多而死亡。甲、乙的行为与丙的死亡之间具有因果关系

B. 甲等多人深夜追杀乙，乙被迫跑到高速公路上时被汽车撞死。甲等多人的行为与乙的死亡之间具有因果关系

C. 甲将妇女乙强拉上车，在高速公路上欲猥亵乙，乙在挣扎中被甩出车外，后车躲闪不及将乙轧死。甲的行为与乙的死亡之间具有因果关系

D. 甲对乙的住宅放火，乙为救出婴儿冲入住宅内被烧死。乙的死亡由其冒险行为造成，与甲的放火行为之间没有因果关系

三、名词解释

1. 犯罪客观方面
2. 危害行为
3. 不纯正（不真正）不作为
4. 纯正的不作为犯（中国人民大学 2014 年考研真题）
5. 危害结果

四、简答题

1. 如何理解犯罪客观方面的要件在犯罪构成中的地位？
2. 如何理解“无行为则无犯罪”？怎样区分刑法中的危害行为与其他危害行为？

五、论述题

1. 试论危害结果的概念及其特征。
2. 试论述作为义务在不作为犯罪中的地位及其来源。

参考答案

一、单项选择题

1. **答案**：C。甲违背自己的职责要求不扳道岔，是不作为，作为扳道工明知自己行为可能造成的后果而放任其发生，是故意犯罪。

2. **答案**：C。不作为，是指行为人在能够履行自己应尽义务的情况下不履行该义务。行为人有作为义务是成立不作为犯罪的前提条件。具体来讲，作为义务包括以下几种：（1）法律、法规明文规定的义务。（2）职务或业务要求的义务。（3）法律行为引起的义务。（4）先行行为引起的义务。A 选项中，甲是藏獒的主人，在法律上有管理藏獒的义务。在藏獒咬人的情况下未制止，已构成不作为的故意杀人罪。A 正确。B 选项中，乙实施杀人行为在先，实施救助行为在后，因未坚持救助最终致使丙死亡。乙实施的犯罪行为并不属于“先行行为”，不能产生作为义务，因此乙构成作为犯罪而非不作为犯罪。但从甲的行为看，其劝阻乙救助丙的行为使乙放弃了对丙的救助，并导致丙死亡，乙是否有《刑法》上的作为义务并不影响其行为的性质和社会危害性，其行为已构成不作为犯罪的教唆犯。B 正确。C 选项中，甲看见儿子乙掐住丙的脖子但未予理会，甲在法律上有监护儿子的义务，其未及时阻止乙导致丙死亡结果的发生，甲已构成不作为犯罪。C 错误。D 选项中，甲对于乙没有《刑法》上的作为义务，其找来绳子救人的行为也未剥夺其他人救助乙的机会，因此甲后来放弃救助的行为不构成犯罪。D 正确。故选 C。

3. **答案**：C。危害行为，是指在人的意识支配下实施的危害社会的身体活动。首先，危害行为是人的身体活动或者动作，包括积极活动和消极活动。由于危害行为是人的身体活动，是客观的、外在的现象，故思想被排除在危害行为之外。法律本身并不惩罚思想。其次，危害行为是人的意识支配的产物，必须是表现人的犯罪心理态度的行为。有的行为虽然在客观上造成了某种危害结果，但不是在自己心理支配下进行的，因此只能属于无意识行为。无意识行为不是刑法意义上的危害行为，主要有以下几种：（1）无意识的动作或言论，如人在睡梦中或精神病患者在不能辨认或者不能控制自己行为时发生的举动；（2）人在身体受到外力强制下形成的动作；（3）由于不能抗拒的原因，行为人不能

履行其义务。最后，危害行为必须是客观上侵害或威胁了社会关系的行为，具有社会危害性，为刑法所禁止，故正当防卫和紧急避险等行为被排除在危害行为之外。A选项中的行为只是曹某思想的流露，并未付诸实际行动，因此不是刑法上的危害行为。B选项中上官某的行为属于紧急避险，也被排除出危害行为的范围。C选项中的行为是故意伤害行为，而不是正当防卫，因为正当防卫必须是要求情况具有紧迫性，C选项中的情形显然不具有紧迫性，因此属于故意伤害行为，是刑法上的危害行为。D选项中秦某在梦游中的行为属于无意识行为，不是刑法中的危害行为。因此，本题的答案是C。

4. **答案**：D。炊事员乙由于疏忽大意而使多人食后中毒，但由于未造成危害后果，不构成过失犯罪。过失犯罪以危害结果的发生为必要要件，故D正确。

5. **答案**：C。危害结果并非所有具体犯罪的构成要件要素，危险犯的成立并不以危害结果的发生为要件。选项A错误。抽象危险不需要司法上的具体判断，只要以一般社会生活经验认为具有发生侵害结果的危险即可，不是具体犯罪构成的危害结果。选项B错误。抢劫包含手段行为与目的行为，其中行为致人重伤、死亡的，均属于抢劫致人重伤、死亡，构成抢劫罪的结果加重犯。选项C正确。结果加重犯中，基本犯罪行为与加重结果之间应具有直接的因果关系，只有从基本犯的典型危险中产生结果时，才适用结果加重犯。骗取他人财物的行为与被害人自杀的行为之间没有直接的因果关系。选项D错误。

6. **答案**：A。纯正不作为犯，是指刑法分则规定以不作为方式构成犯罪，行为人以不作为方式实施的情况。不纯正不作为犯，是指刑法分则规定以作为方式构成犯罪，行为人以不作为方式实施的情况。关于A选项，丈夫可能以不作为的方式构成刑法规定以作为方式实施的故意杀人罪，也可能以不作为方式构成刑法规定的以不作为方式构成的遗弃罪，故而其可能属于纯正的不作为犯，也可能属于不纯正的不作为犯，A选项正确。关于B选项，张某将少年尸体丢弃和暴露在路旁，构成以作为方式实施的侮辱尸体罪，B选项错误。关于C选项，李某根据道义义务将弃婴从深山老林带到民政局门口，从很大程度上减轻了弃婴的生命危险，故而不构成不作为犯，C选项错误。考生的跳楼自杀行为与王某依法履行职务的行为并没有法律联系，王某的行为不构成犯罪，D选项错误。综上，本题正确答案为A。

7. **答案**：A。学说上将危害行为划分为作为与不作为两种基本形式。作为，是指积极的行为，即行为人以积极的身体活动实施某种被刑法所禁止的危害行为。不作为，是指消极的行为，即行为人消极的不履行法律义务而危害社会的行为，A选项符合题意，当选。

8. **答案**：D。犯罪的界定问题，首先看是否构成刑法上的犯罪，其次看构成什么罪。通说认为，犯罪有三个特征：社会危害性；刑事违法性；应受刑罚处罚性。犯罪的以上三个基本特征是紧密结合的。一定的社会危害性是犯罪最基本的属性，是刑事违法性和应受刑罚惩罚性的基础。社会危害性如果没有达到违反刑法、应受刑罚处罚的程度，也就不构成犯罪，可能只是民法上的侵权行为或违反行政法的行为等。因此，这三个特征都是必要的，是任何犯罪都需要同时具备的。石某第一次获得2000元人民币，是操作失误所致，具有不当得利性质，不构成刑法上的犯罪。但后来他明知自动取款机发生故障，还多次取款，这是利用自动取款机的故障进行盗窃的行为，数额较大，其行为已经构成盗窃罪。由此可见，石某的行为已经触犯刑律，应当追究刑事责任。这里有必要区分一下信用卡诈骗罪和盗窃罪。《刑法》第196条规定的构成信用卡诈骗罪的四种情形是：（一）使用伪造的信用卡，或者使用以虚假的身份证明骗领的信用卡的；（二）使用作废的信用卡的；（三）冒用他人信用卡的；（四）恶意透支的。甲的行为在客观上不符合这四种表现，因此，不构成信用卡诈骗罪。甲以非法占有为目的，窃取了自动取款机上的3万元人民币，构成了盗窃罪。因此，本题答案是D。

9. 答案：D。选项A错误。根据因果关系认定的条件来说，当行为与结果之间存在没有前者就没有后者的条件关系时，前者就是后者的原因。选项A中，甲开枪射击乙，乙躲闪而击中乙身后的丙。虽然甲不存在杀害或者伤害丙的故意，但如果没有甲开枪的行为，则不会出现丙被射中的后果，因此甲的行为与丙死亡的结果之间存在因果关系。

选项B错误。作为原因的行为必须具有危害结果发生的实在可能性，即指某种行为存在使危害结果发生的客观依据，这是行为与结果之间存在因果关系的前提条件。选项B中，甲追赶小偷乙，甲的行为具备正当性，不具备使危害结果发生的客观依据，因此甲的行为与乙的死亡之间不具有因果关系。

选项C错误。一个危害结果由数个危害行为造成的，在认定某种行为是某种危害结果的原因时，不能轻易否认其他行为同时也是该结果发生的原因。选项C中，甲、乙的行为均可导致丙的死亡，因此，甲、乙的行为与丙的死亡之间都具有因果关系。

选项D正确。根据因果关系认定的条件说，与前"条件"无关的后条件直接导致结果发生，而且即使没有前"条件"也将发生结果时，前"条件"与结果之间没有因果关系。选项D中，丙开枪射击"条件"的介入直接导致了乙的死亡，因此，甲的行为与乙的死亡之间不存在因果关系。

10. 答案：B。刑法上的因果关系是指危害行为与危害结果之间的因果关系。一般来说，刑法上的因果关系仅指直接的、必然的因果关系，偶然的因果关系仅仅对量刑有一定的意义。此外，在行为进行的过程中，往往会出现其他因素的介入，从而打破原先的因果关系链。如果介入因素是异常的，且本身独立于先行行为，则先前行为与危害结果之间的因果关系就被切断而不存在刑法意义上的因果关系。反之，先行行为与危害结果之间的因果关系就未被切断而存在刑法意义上的因果关系。

关于A选项，甲为抢劫而殴打并追赶章某致其钱包跌落，被甲取得，甲的暴力行为和拾得钱包、取得财物之间并不存在直接的因果关系，可以认为是偶然的因果关系，故A选项不正确。关于B选项，虽然乙砍伤了程某，但由于医生的重大失误最终导致程某死亡，该事件的介入是异常的、独立于乙的行为的，因此乙的行为与程某死亡之间的因果关系被阻断，二者之间没有因果关系，B选项正确。关于C选项，丙的行为与危害结果之间只存在间接的因果关系，直接原因在于铁路工作人员项某因工作严重不负责任，导致重大事故，造成黄某死亡，应当是项某而不是丙的行为与黄某之死存在因果关系，故选项C错误。关于D选项，丁虽然给李某造成了致命伤，但是李某是2小时后才会必死无疑，如果丁及时将李某送往医院救治，李某并不必然死亡。李某之所以死亡是因为高某违章驾驶撞向丁的汽车所致，这一介入因素是异常的、独立于丁的行为的，因此丁的行为和李某的死亡之间没有直接的因果关系，D选项错误。

11. 答案：A。一般认为，危害结果是危害行为给刑法所保护的社会关系所造成的具体侵害事实。A选项中，对于不满14周岁的幼女来说，由于她们对性行为的性质和后果缺乏认识或者缺乏正确的认识，法律推定她们没有正确表达发生性行为的能力，当然也就谈不到性的自主权，行为人与她们发生性行为的，是对她们身心健康的严重损害，故甲的行为造成了危害后果，A选项错误。根据《刑法》第129条的规定，丢失枪支不报罪是指依法配备公务用枪的人员，丢失枪支不及时报告，造成严重后果，危害公共安全的行为。通说认为，这里的"造成严重后果"，是指丢失的枪支被犯罪分子用作犯罪工具，被丢失枪支造成他人伤亡，被丢失枪支造成公私财产重大损失或者造成其他严重危害公共安全的情形。本案中清洁工王某及时上交枪支，避免了严重结果的发生，因此B选项正确。根据《刑法》第262条的规定，拐骗儿童罪是指拐骗不满14周岁的未成年人，脱离其家庭或者监护人的行为。本罪侵犯的客体是正常的家庭关系。丙的拐骗行为尽管可能没有造成物质性危害结果，但其对正常家庭关系的破坏是显而易见的，因此C选项正确。根据《刑法》第196条第2款规定，恶意透支，是指持卡人以非法占有为目的，超过规定限额或者规定期限透支，并且经发卡银行催收后仍不归还的行为。本案中经发卡银行催收后丁立即归还，因此并未造成刑法意义上的危害后果，D选项正确。

12. 答案：C。成立不作为犯罪，首先要求行为人有作为（救助）义务。此种义务为实质的法义务，不是伦理义务。作为义务有下列三种：（1）行为人基于对危险源的支配而产生的对法益的保护义务。包括对危险物的管理义务、对他人危险行为的监督义务、对自己先前行为引起的法益侵害危险的防止义务。（2）行为人基于法益的脆弱而产生的保护义务。包括基于法规范而产生的保护义务、基于制度或者体制而产生的保护义务、基于自愿而产生的保护义务（如危险共同体）。（3）基于对法益的危险发生领域的支配而产生的保护义务。包括对自己支配的建筑物、汽车等场所内的危险的阻止义务，对发生在自己身体上的危险行为的阻止义务。

A选项，陌生人之间只有伦理上的救助义务，没有法义务。甲与武某之间无亲属关系，无法定的救助职责，能够游泳的湖也不是甲能够支配的有排他性的领域，所以二人之间没有法律所认可的保护关系，即甲并没有保证武某生命不受损害的“保证人”地位。甲不救助武某，不成立不作为的犯罪。

B选项，单纯的恋爱关系不是法律关系，恋人之间只有伦理上的救助义务，没有法义务。何况乙与周某尚未建立起任何亲密关系。周某的自杀属于被害人自我答责，与乙没有法律上的关系。所以乙不救助周某，不成立不作为的犯罪。

C选项，丙将贺某拉到深水区的行为，给贺某制造了被溺死的危险，符合“先行行为引起法益侵害”的情况，因而先前行为人产生了救助义务。丙在能够救助而不救助的情况下，放弃自己的救助义务，成立不作为的犯罪。

D选项，风景区的漂流项目，风险由景区管理者承担。丁邀请秦某在景区玩漂流并不是野外探险，不能形成危险共同体，所以没有救助义务。丁不成立不作为犯罪。

13. 答案：D。因果关系的判断标准是，行为产生的危险被现实化，行为就是结果的原因。当行为和结果之间介入其他因素时，如果介入因素与最终结果之间的相关性程度高，则可以隔断前行为与最终结果之间的因果关系；如果介入因素与最终结果之间的相关性程度低，则仍然是原行为引发了结果，介入因素不隔断因果关系。

在被害人行为作为介入因素的情况下，如果犯罪人实施的行为导致被害人不得不或者几乎必然实施介入行为的，或者被害人实施的介入因素具有通常性的，即使该介入行为具有高度危险，也不隔断犯罪人行为与结果之间的因果关系。A选项与B选项的内容就属于此种情形。如果被害人介入了对结果起决定作用的异常行为，则不能将结果归责于犯罪人的行为。D选项属于该种情形，毁容并不通常引起自杀。在介入第三者行为的情况下，如果被告人实施危险行为后，通常乃至必然会介入第三者的行为，导致结果发生的，应当肯定被告人的行为与结果之间的因果关系。C选项属于此种情形。①

14. 答案：C。作为的危害行为，是指行为人在自己意识和意志的支配下以积极的身体举动所实施的危害社会并为《刑法》所禁止

---

① 题目中的案例与定性理由参见张明楷：《刑法学》，法律出版社2011年版，第185~187页。

的行为。甲女送给男友乙一双滚轴旱冰鞋的行为不会危害社会也不是《刑法》所禁止的行为，因此不属于作为的危害行为，所以A选项的说法是错误的。刑法上的因果关系要求危害行为与危害结果存在“没有前者就没有后者”的关系，作为条件的行为必须是有导致结果发生可能性的行为，否则不能承认有条件关系，而甲送旱冰鞋的行为不具有导致乙重伤结果发生的可能性，因此甲的行为与乙的重伤之间不存在刑法上的因果关系，所以B选项的说法是错误的。根据主客观相一致的原则，甲在主观上希望乙在运动时重伤，因此，甲具有伤害乙的故意，但是在客观上并没有实施伤害乙的行为，因此不构成故意伤害罪，同时也不构成过失致人重伤罪。所以C选项的说法是正确的，D选项的说法是错误的。本题的正确答案为C。

15. 答案：D。按照我国通行的因果关系理论，在行为人的行为介入了第三者或被害人的行为而导致结果发生的场合，要判断某种结果是否是行为人的行为所造成时，应当考察行为人的行为导致结果发生的可能性的大小、介入情况的异常性大小以及介入情况对结果发生作用的大小。A选项中，警察将乙送医途中，因车辆故障致使乙长时间得不到救助，最终造成死亡结果，这一异常因素的介入已导致甲的伤害行为与乙死亡之间因果关系的中断，甲的行为与乙的死亡之间没有因果关系。A错误。B选项中，甲的行为致使丙昏倒在路中央，乙即便没有超速行驶也很可能将丙轧死，因此乙的行为不属于异常因素，不能中断甲行为与丙死亡之间的因果关系。B错误。因果关系是一种客观联系，不以人的意志为转移，行为人是否认识到自己的行为可能发生危害结果，不影响对因果关系的认定；因果关系又是一种特定条件下的客观联系，行为人是否认识到了特定条件，不能左右对因果关系的认定。因此C选项中甲的行为与丙的死亡之间存在因果关系。C错误。D选项中，乙的自杀行为属于异常因素，中断了甲投毒行为与乙死亡结果之间的因果关系。故D正确。应选D。

16. 答案：A。吴某向甲、乙开枪的行为，如果没有打中任何一个人，则吴某成立对甲和乙的故意杀人罪未遂，但不需要数罪并罚。A选项正确。如果打中甲致甲死亡，则对甲成立故意杀人罪既遂，对乙成立故意杀人罪未遂，但不需要数罪并罚。B选项错误。如果吴某一枪致甲死亡、乙重伤，则属于一行为触犯数罪名，构成想象竞合犯，对甲成立故意杀人罪既遂，对乙成立故意杀人罪未遂而非故意伤害罪，以重罪故意杀人罪既遂论处。C选项错误。如果同时打中甲和乙致两人死亡，则对甲、乙同时构成故意杀人罪既遂，但属于一行为触犯数罪名，构成想象竞合犯，不应数罪并罚。D选项错误。

二、多项选择题

1. 答案：BD。无论行为人主观上愿望是什么，只要危害行为与结果存在引起与被引起的关系，就认为是因果关系。甲的行为直接导致了乙的死亡，因此具有因果关系。甲不负刑事责任是因为他主观上没有故意，也没有过失。要把因果关系的存在与责任的存在区分开来。

2. 答案：BC。甲作为老师对乙的生命安全负有保护的职责，在能救助的情况下没有救助，因此构成不作为的故意杀人。但前提是有救助能力，如果没有救助能力，有过失构成过失杀人；没有过失则属于意外事件。丙对乙没有法律的救助义务，因此丙不构成犯罪。

3. 答案：AC。甲的杀人行为没有产生预想的因果关系，却产生预想的结果，但甲的行为与危害结果存在因果关系。因果关系错误是指行为人实现了所希望的结果，但是导致结果的因果关系发展过程与行为人所预期的发展进程不一致，不影响既遂成立。

4. 答案：ABCD。纯正不作为犯，是指行为人的行为构成法定的不作为之罪的情形。纯正不作为犯的特点是刑法规定犯罪的客观行为是不作为，行为人也只能采取不作为的方式实施犯罪。常见的纯正不作为犯包括遗弃罪，拒不执行判决、裁定罪，丢失枪支不报罪，不解救被拐卖、绑架妇女、儿童罪，徇私舞弊不征、少征税款罪等。故本题正确答案为ABCD。

5. **答案**：ABCD。犯罪的客观方面的要件包括危害行为、行为（犯罪）对象、危害（犯罪）结果、因果关系和危害行为（犯罪）的时间、地点、方法（工具）和状况。故本题正确答案为ABCD。

6. **答案**：ABD。犯罪的客观方面的要件包括危害行为、行为（犯罪）对象、危害（犯罪）结果、因果关系和危害行为（犯罪）的时间、地点、方法（工具）和状况。犯罪的主观方面的要件包括罪过（故意和过失）、目的和动机。其中危害行为和罪过属于必要性要件，其他的属于选择性要件。ABD三项符合题意，当选。至于犯罪计划既不属于必要要件，也不属于选择要件，C选项不符合题意，不当选。

7. **答案**：BCD。犯罪的客观方面的要件包括危害行为、行为（犯罪）对象、危害（犯罪）结果、因果关系和危害行为（犯罪）的时间、地点、方法（工具）和状况。其中危害行为属于必要性要件，因为任何犯罪的成立都必须具有刑法规定的危害行为（犯罪行为），其他的属于选择性要件，BCD符合题意。

8. **答案**：ABC。《刑法》第343条第1款规定："违反矿产资源法的规定，未取得采矿许可证擅自采矿，擅自进入国家规划矿区、对国民经济具有重要价值的矿区和他人矿区范围采矿，或者擅自开采国家规定实行保护性开采的特定矿种，情节严重的，处三年以下有期徒刑、拘役或者管制，并处或者单处罚金；情节特别严重的，处三年以上七年以下有期徒刑，并处罚金。"非法采矿罪以犯罪的地点作为必要构成要件，A选项符合题意。第340条规定："违反保护水产资源法规，在禁渔区、禁渔期或者使用禁用的工具、方法捕捞水产品，情节严重的，处三年以下有期徒刑、拘役、管制或者罚金。"非法捕捞水产品罪以犯罪的时间、地点和方法作为必要构成要件，B选项符合题意。第341条第2款规定："违反狩猎法规，在禁猎区、禁猎期或者使用禁用的工具、方法进行狩猎，破坏野生动物资源，情节严重的，处三年以下有期徒刑、拘役、管制或者罚金。"非法狩猎罪以犯罪的时间、地点和方法作为必要构成要件，C选项符合题意。第345条第3款规定："非法收购、运输明知是盗伐、滥伐的林木，情节严重的，处三年以下有期徒刑、拘役或者管制，并处或者单处罚金；情节特别严重的，处三年以上七年以下有期徒刑，并处罚金。"非法收购盗伐、滥伐林木罪不以犯罪的时间或者地点作为犯罪构成的必要要件，D选项不符合题意。综上，本题正确答案为ABC。

9. **答案**：BCD。选项A错误。只有行为人履行义务可以避免结果发生的情况下，不作为才可能成立犯罪。选项A中，即使将乙送往医院，乙也不可能得到救治，所以不成立不作为犯。

   选项B正确。行为人基于先前行为产生了救助义务，"明知不立即救治将致人死亡，仍有意不救"的表述意味着具有结果回避的可能性，具有救助义务且可能履行义务的情况下不作为，导致死亡结果发生，应认定为不作为的故意杀人罪。

   选项C正确。甲带小孩出门，负有保护小孩安全的义务，在小孩遇到危险时负有救助的义务，其不履行作为义务，是不作为犯。

   选项D正确。甲负有看护仓库的职责，且火灾是甲乱扔烟头引起的，无论从哪个角度考虑，甲都有救火的义务。甲在起火能够扑救时，却不履行救火义务反而逃跑，构成不作为犯。

10. **答案**：AC。所谓不作为犯罪是指行为人能够履行义务而不履行，构成犯罪的情形。不作为犯罪的成立必须具备以下客观要件：首先，行为人具有积极为特定行为的义务，这种义务来源有：法定义务、职务或者业务要求的义务、法律行为引起的义务、先前行为引起的义务。其次，行为人能够履行该特定义务。最后，行为人不履行特定义务造成了或可能造成危害结果。根据不作为犯罪的构成特征，依法配备公务用枪的人员丢失枪支应当有及时报告的职务上的义务，如不及时报告而造成严重后果，则构成不作为的丢失枪支不报罪，故A选项正确。根据《刑法》第201条的规定，逃税罪是指纳税人采取欺骗、隐瞒手段进行虚假纳税申报或者不申报，逃缴税款较大且占应纳税额百分之十以上的行为。可见逃税罪既可以以不作为的方式构成，也可以以积极作为的方式构成，因此B选项错误。根据《刑法》第261条的规定，遗弃罪是指对于没有独立生活能力的人，负有扶养义务而拒绝扶养，情节恶劣的行为。可见遗弃罪只能由不作为的方式构成，因此C选项正确。行为人代为保管他人财物，具有返还的义务，如以非法占有为目的而拒不返还他人数额较大的财物，应当属于侵占罪。但是其拒不返还既可以以不作为的方式构成，也可以以积极作为的方式构成，因此D选项不正确。本题选AC。

11. 答案：BCD。刑法上的因果关系，是指刑法规定的危害行为与危害结果之间存在的特定联系。在认定因果关系时一定要注意以下几点：(1) 因果关系只是研究某种行为是否是某种结果的原因。(2) 因果关系是一种客观联系。(3) 一个危害结果完全可能由数个危害行为造成；反之，一个危害行为可能造成数个危害结果。(4) 在行为人的行为介入了第三者或被害人的行为而导致结果发生的场合，要判断某种结果是否是行为人的行为所造成时，应当考察行为人的行为导致结果发生的可能性的大小、介入情况的异常性大小以及介入情况对结果发生作用的大小。A选项中司机返身打甲的行为属于介入因素，但是其异常性很弱，不能中断甲殴打司机的行为与汽车失控撞死程某的结果之间的因果关系。故A正确。B选项属于行为在特定条件下导致结果发生的情形，被害人的特异体质并不能中断枪击行为与李某死亡之间的因果关系。B错误。依照共犯理论，在发生了危害结果的情况下，各共犯人的行为作为一个整体与危害结果之间具有因果关系，因而也可以肯定各共犯人的行为与危害结果之间具有因果关系。C选项中丙的子弹尽管没有打中王某，但依照共犯理论却并不妨碍其行为与王某死亡结果之间的因果关系，C错误。在同样是介入了医生的重大过失而引起被害人死亡的案例中，如果先前的行为只是导致被害人轻伤，则应认定先前行为与死亡之间不存在因果关系；如果先前行为导致被害人濒临死亡的重伤，则宜认定先前行为与被害人之间存在因果关系。故D错误。

12. 答案：ACD。成立不作为犯罪，要求行为人处于阻止危险的保证人地位，即首先具备作为义务。传统刑法理论界采取形式的义务来源四分说，现在采取实质的法义务来源学说。

依据实质的法义务来源，基于对危险源的支配，行为人产生的监督义务可以是不作为犯的义务来源。危险源本身就是导致结果发生的原因，行为人处于控制危险源的地位，因而支配了结果发生的原因。对危险物的管理义务是一种作为义务。A选项中动物的管理者有管理动物的义务，自然对于动物致害的过程有救助被害人的义务。有义务而不履行，导致他人死亡的，成立不作为的故意杀人罪。在未成年人不承担刑事责任的情况下，父母、监护人有监督、阻止未成年人侵害他人的义务。父母能制止而故意不制止未成年子女侵害行为的，可以成立不作为的犯罪。所以AC选项的说法正确。

如果没有被认可的法义务来源，单纯的伦理义务不能成为不作为犯的义务来源。荒山狩猎人发现弃婴后不救助的，猎人不是弃婴特定的救助义务人，没有刑法上的救助义务，不成立不作为犯罪。所以D选项说法正确。

成立不纯正的不作为犯，要求不作为与作为之间的等价性，即不作为对结果的作用与作为相当。一般公民发现他人建筑物发生火灾，虽有报警的义务，但却没有救火的法义务（只是伦理义务）。一般公民故意不报警的，并不能起到与放火同样的作用，所以不成立不作为的放火罪。因而B选项说法错误。

13. **答案**：BD。不作为是相对于作为而言的，指行为人负有实施某种积极行为的特定的法律义务，并且能够实行而不实行的行为。可以概括为六个字：应为、能为、不为。所谓应为主要是指不作为犯罪的义务来源。其主要有以下几个方面：（1）法律明文规定的积极作为义务；（2）职业或者业务要求的作为义务；（3）法律行为引起的积极作为义务；（4）先行行为引起的积极作为义务。需要注意的是，仅仅是道义道德上的义务不能作为不作为犯罪的义务来源。A选项中，船工甲将人救起后，又再次将其推入水中，致人溺亡，是作为的杀人行为，而不是不作为犯罪，因此A是错误的。B选项中，甲不具备法律规定的作为义务来源，即其没有制止其妻接受贿赂的义务，因此不成立受贿罪共犯，所以B是正确的。由于甲意外将6岁幼童撞入河中，这一先行行为使甲具有积极救助的义务，乙虽然不具有救助的义务，但是乙明知是甲将幼童撞入河中，仍加以劝阻，明知这种做法极有可能导致幼童死亡的结果，仍对此持放任的态度，其行为已经构成犯罪，所以C是错误的。D选项中，由于甲已经将弃婴抱走抚养，这一先行行为使甲负有抚养义务，并且甲有能力对其抚养，但是甲却选择在深夜将乙放到菜市场门口，致使乙被冻死，甲构成不作为犯罪。因此，D是正确的。故，本题的正确答案为BD。

14. **答案**：ABC。刑法中的因果关系所要说明的是危害行为与危害结果之间的引起与被引起的关系。刑法上因果关系的判断标准是条件说，即没有前者就没有后者，前者是后者的原因。A选项中，甲、乙同时分别实施了向丙开枪的危害行为，虽然均未击中要害，但是二人行为合力的后果导致了丙死亡，缺少甲或者乙的行为，丙可能就不会死亡，因此甲、乙的行为与丙的死亡均存在因果关系，故A是正确的。在认定因果关系时，需要注意行为人的行为介入第三者的行为而导致结果发生的场合，要判断某种结果是否与行为人的行为存在因果关系，应当考察行为人的行为导致结果发生的可能性的大小、介入情况的异常性大小以及介入情况对结果发生作用的大小。B选项中，乙之所以跑到高速公路上，是由于甲等多人对其实施追杀行为，又发生在深夜，乙被迫作出的选择，虽然乙被汽车撞死，但是甲等多人深夜的追杀行为起到最为重要的作用，因此，甲等多人的行为与乙的死亡之间具有因果关系，B是正确的。C选项中，甲在高速公路上欲猥亵乙是极其危险的行为，乙必然会反抗挣扎，最终导致乙被甩出窗外，由于在高速公路上车速高、车辆多，因此虽然是后车躲闪不及将乙轧死，但甲的行为与乙的死亡之间具有因果关系，所以C是正确的。D选项中，甲对乙的住宅实施了放火行为，乙冲进住宅内救婴儿属于人之常情，不能导致因果关系中断，因此乙的死亡结果与甲的放火行为之间存在因果关系，D是错误的。故，本题的正确答案为ABC。

三、名词解释

1. **答案**：犯罪客观方面，是指犯罪活动的客观外在表现，是刑法规定的、说明行为对刑法所保护的社会关系侵害的客观外在事实特征。犯罪客观方面是构成犯罪所必须具备的要件。犯罪客观方面的特征有：（1）犯罪客观方面因为刑法规定而具有法定性。（2）犯罪客观方面以客观事实特征为内容。（3）犯罪客观方面是说明行为对刑法所保护的社会关系有所侵犯的客观事实特征。

2. **答案**：危害行为，是指在人的意志支配下实施的危害社会的身体动静。危害行为具有三个基本特征：（1）危害行为在客观上是人的身体的动静。（2）危害行为在主观上是由行为人的意志支配下的身体动静。（3）危害行为在法律上是对社会有危害的身体动静。

3. **答案**：不纯正（不真正）不作为，是指刑法规定的犯罪既可以由作为的方式实现，也可以由不作为的方式实现，行为人实际上是以不作为形式实现的犯罪。

4. **答案**：不作为犯可以分为纯正不作为犯（或称真正不作为犯）和不纯正不作为犯。其中纯正不作为犯是指只能由不作为方式所构成的犯罪，如《刑法》第261条的遗弃罪，第422条的拒传军令罪。而不纯正不作为犯是指既可以由作为方式构成，又可以由不作为方式构成，如故意杀人罪、放火罪。

5. **答案**：危害结果，是指危害行为对犯罪客体造成的法定现实侵害及具体危害的事实。广义的危害结果是指由被告人的危害行为所引起的一切对社会的危害，它包括危害行为的直接结果和间接结果，属于犯罪构成要件的结果和不属于犯罪构成要件的结果。狭义的危害结果是指作为犯罪构成要件的结果，即对直接客体造成的损害。

四、简答题

1. **答案**：（1）犯罪客观方面是指刑法所规定的，说明行为对刑法所保护的社会关系的侵犯性，行为成立犯罪所必须具备的客观事实特征。犯罪的客观方面包括危害行为、危害结果、危害行为和危害结果之间的因果关系以及犯罪的时间、地点、方法等。

（2）犯罪客观方面是犯罪构成的四大要件之一，对于分析犯罪构成具有重大意义。具体表现如下：

①有助于区分罪与非罪。如果不具备犯罪客观方面的要件，就失去了构成犯罪和承担刑事责任的客观基础。对一切犯罪来说，危害行为的有无是决定犯罪成立与否的标志，无行为则无犯罪。②有助于区分此罪与彼罪。在我国刑法中，有许多犯罪在犯罪客体、犯罪主体和犯罪主观方面都是相同的，将其区分为不同的犯罪通常是由犯罪客观方面来决定的。③有助于正确分析和认定犯罪的罪过。刑法上的犯罪行为都是与一定的罪过相结合的，没有罪过就谈不上犯罪。④有助于正确量刑。量刑要以犯罪的社会危害性及其程度为基础，而犯罪的社会危害性及其程度是由犯罪的主客观因素决定的。

2. **答案**：（1）犯罪是人的行为。“无行为则无犯罪亦无刑罚”已成为一种法律信念，是现代刑法的观念基础。在我国刑事立法中，“行为”一词不仅见诸刑法总则关于犯罪的概念以及其他规定中，而且见诸刑法分则的许多规范中。我国刑法所惩处的犯罪，首先是人的危害社会的行为。危害行为是我国刑法中犯罪客观方面首要的、必备的因素，它在每个犯罪构成中都居于核心的地位。

（2）刑法中的危害行为，又称危害社会的行为，是指表现人的意思自由、客观上危害社会并为刑法所禁止的身体动静。它具有以下特征：

①客观上是人的危害社会的行为。

a. 我国刑法坚决摒弃“思想犯罪”，将单纯的人的思想活动、思想方式排除于危害行为的外延。

b. 我国刑法所惩罚的行为，只能是危害社会的行为，而不是其他任何性质行为。

c. 发表有害言论，若仅是单纯暴露思想，不是刑法上的危害行为；但若意在实现这种言论所表达的思想，利用言论来危害社会的，则超越了思想方式的范围，能够成为刑法上危害社会的行为。

②主观上是表现人的意志或意识的行为。

③危害行为的刑法禁止性。危害行为的刑法禁止性，是指这种行为违反了刑法的规定，已经或者可能给社会造成危害后果。其他危害行为则无刑法禁止性，这是刑法中的危害行为与其他危害行为的最大区别。

五、论述题

1. **答案**：“危害”是主观方面的、不具体的，通常的危害是指社会对某一犯罪行为的知道范围、普遍评论和恐惧程度，一般而言，知道范围越广说明危害越严重，普遍评论越恶劣、社会恐惧程度越高也能说明危害越严重，如云南马加爵的案子在社会的知道范围、普遍评论和社会的恐惧程度方面都造成了很大影响，由此可认为他的犯罪行为危害严重；“后果”是指犯罪行为所导致的客观的损害，如致人死亡、造成公私财产严重损失等就是后果。

认定危害后果通常从两个方面，即上面所讲到的事实性危害和影响性危害，事实性危害也就是“后果”，影响性危害也就是社会的反应，如是否引发社会秩序的混乱等。

广义的危害结果，是犯罪行为对刑法所保护的社会关系造成的损害，包括物质性的与非物质性的、直接的与间接的等；狭义的危害结果，又称构成要件结果，是由犯罪的实行行为造成的、根据刑法分则的规定对于成立犯罪或者犯罪既遂具有决定意义的危害结果，它只存在于过失犯、间接故意犯罪和结果犯的既遂犯中。

狭义危害结果的特征：(1) 对成立犯罪或犯罪既遂具有决定意义；(2) 是由构成要件行为即实行行为直接引起的；(3) 是由刑法分则条文明确规定的。

2. 答案：(1) 刑法上的不作为则是指行为人有义务并且能够实行某种行为，消极地不去履行这种义务，因而造成严重的危害后果的行为。所谓不作为犯罪主要包括两种情况：一种是法律上明文规定的以不作为方式为其构成要件的犯罪行为，并以不作为的方式实施犯罪的；另一种则是法律规定以作为的方式为其构成要件的犯罪，但是可以以不作为的方式实施犯罪的。不作为犯罪不是完全的消极地不为任何行为，而是针对法律所要求或期待的某种行为的不作为，也即对法律要求的作为义务消极地不履行并造成严重后果。因此，行为人的作为义务，是构成不作为犯罪的前提。没有作为义务，行为人就无法构成不作为犯罪。

(2) 不作为犯罪中的作为义务，不是道德上的义务，而是行为人在特定的社会关系内，基于特定的事实和条件而产生的法律上的义务。一般来说，这种义务主要来源于以下几个方面：①法律明文规定的义务。这里的法律不仅指刑法，也包括由国家制定或认可并由国家强制力保证其实施的一切行为规范的总和。但违反非刑事法律明文规定的义务，并非都构成不作为的义务根据，只有经刑法认可或要求的，才能视其为作为义务的根据。②行为职务或业务上的要求。认定职务或业务上要求的义务，一要注意义务的时限；二要注意义务的对象。如果并非行为人应执行职务或从事业务之时，便不可能产生义务。此外，作为义务的对象，必须仅限于职务或业务范围之内。③行为人的法律地位或法律行为所产生的义务。法律行为是指在法律上能够产生一定权利义务的行为。若一定的法律行为产生某种特定的积极义务，行为人不履行该义务，致使刑法所保护的社会关系受到侵害或威胁，就可以成立不作为形式的危害行为。④行为人自己先前行为具有发生一定危险结果的危险的，负有防止危险发生的义务。这主要是指由于行为人的行为而使法律所保护的某种利益处于危险状态时，行为人负有排除危险或防止危害结果发生的义务，若行为人不履行这种义务，就是以不作为的形式实施的危害行为。

第七章　犯 罪 主 体

基础知识图解

- 犯罪主体
  - 自然人犯罪主体
    - 刑事责任能力
      - 完全刑事责任能力：已满16周岁
      - 完全无刑事责任能力：12周岁以下
      - 相对无刑事责任能力：12~14周岁、14~16周岁
      - 减轻刑事责任能力：14~18周岁、75周岁以上
    - 特殊身份
      - 定罪身份
      - 量刑身份
  - 单位犯罪
    - 概念
    - 特征
      - 主体包括公司、企业、事业单位、机关、团体
      - 刑法明文规定
    - 处罚：双罚制原则，单罚制例外

配套测试

一、单项选择题

1. 关于刑事责任能力的认定，下列哪一选项是正确的？（　　）（司考2017. 卷二.3）

A. 甲先天双目失明，在大学读书期间因琐事致室友重伤。甲具有限定刑事责任能力

B. 乙是聋哑人，长期组织数名聋哑人在公共场所扒窃。乙属于相对有刑事责任能力

C. 丙服用安眠药陷入熟睡，致同床的婴儿被压迫窒息死亡。丙不具有刑事责任能力

D. 丁大醉后步行回家，嫌他人小汽车挡路，便将车砸坏，事后毫无记忆。丁具有完全刑事责任能力

2. 甲某男，14周岁，放学骑自行车回家，因违章逆行且车速极快，在转弯处撞着对面行走的乙某，造成乙某颅脑损伤，经抢救无效而死亡。甲某的行为（　　）。

A. 因为不满16周岁，不负刑事责任

B. 属于意外事件

C. 没有因果关系

D. 构成交通肇事罪

3. 我国刑法规定的相对负刑事责任年龄是指（　　）。

A. 14周岁以上不满18周岁

B. 16周岁以上不满18周岁

C. 12周岁以上不满16周岁

D. 不满14周岁

4. 甲在13周岁的时候盗窃价值2000元的物品，在14周岁时抢劫价值8500元的物品，在17周岁时又盗窃价值4000元的物品，在18周岁时又盗窃1000元的物品。在对甲追究刑事责任时，计算其盗窃数额应为（　　）。

A. 15500元　　B. 13500元

C. 10500元　　D. 5000元

5. 又聋又哑的人或者盲人犯罪（　　）。

A. 可以从轻处罚

B. 应当从轻、减轻处罚

C. 可以减轻或者免除处罚

D. 可以从轻、减轻或者免除处罚

6. 甲醉酒驾驶自己的小车，超速行驶导致4名行人死亡，甲对此结果（　　）。

A. 可以负刑事责任
B. 可以从轻或者减轻处罚
C. 应当从轻处罚
D. 应当负刑事责任

7. 下列情形中构成单位犯罪的是：（ ）。（司考 2015. 卷二 . 14）
A. 甲某专门设立公司骗取出口退税 3000 万元
B. 乙厂长以本企业的名义生产、销售伪劣产品，非法所得 200 万元用于个人购置住房
C. 丙厂长为在企业竞争中胜出，指使工人 A 破坏对手企业的生产经营活动
D. 某印刷厂盗印畅销教材数种销售，非法所得 50 万元纳入单位收入

8. 根据《刑法》的规定，已满 14 周岁不满 16 周岁的人，应对下列哪项罪负刑事责任？（ ）（司考 2014. 卷二 . 11）
A. 盗窃　B. 抢夺
C. 制造毒品　D. 强奸

9. 下列有关单位犯罪的说法，哪一项是错误的？（ ）（司考 2014. 卷二 . 18）
A. 单位犯罪主观上既可以是故意，也可以是过失
B. 人民法院也可以成为单位犯罪的主体
C. 单位犯罪后集体决定自首，对于其中拒不交代主要犯罪事实的直接责任人员，也应认定为自首
D. 对于单位犯罪，不一定都采用双罚制进行处罚

10. 已满 14 周岁不满 16 周岁的人，实施以下哪种行为应当负刑事责任？（ ）（司考 2012. 卷二 . 13）
A. 为了勒索而拘禁扣押被害人，因捆绑过紧而过失致使被害人死亡
B. 抢夺未果，为抗拒抓捕而将被害人打成重伤
C. 走私、运输毒品，数量特别巨大
D. 故意开车在人群密集的步行街上横冲直撞，将 8 人撞成轻伤

11. 精神病人在不能辨认或者不能控制自己行为的时候造成危害结果的，经法定程序鉴定确认，应当如何处理？（ ）（司考 2009. 卷二 . 14）
A. 可以不负刑事责任
B. 可以减轻刑事责任
C. 应当不负刑事责任
D. 应当减轻刑事责任

12. 刚满 15 周岁的男子与已满 13 周岁未满 14 周岁的女子系同学关系，两人恋爱期间自愿发生过数次性行为，该男子的行为如何认定？（ ）（司考 2008. 卷二 . 12）
A. 构成奸淫幼女罪
B. 构成强奸罪，但情节轻微，可以免除处罚
C. 构成奸淫幼女罪，但情节轻微，可以免除处罚
D. 不构成犯罪

13. 下列犯罪的主体可以是单位的是（ ）。（司考 2008. 卷二 . 13）
A. 诈骗罪
B. 组织卖淫罪
C. 组织他人偷越国（边）境罪
D. 盗伐林木罪

14. 甲在 13 周岁时盗窃赃物价值人民币 3000 元，14 周岁时盗窃赃物价值人民币 3300 元，15 周岁时抢劫赃物价值人民币 3900 元，16 周岁时盗窃赃物价值人民币 4300 元，17 周岁时盗窃赃物价值人民币 5000 元。对甲追究刑事责任时，其盗窃罪的数额应当是下列哪项？（ ）
A. 15600 元　B. 12600 元
C. 9300 元　D. 5000 元

15. 下列犯罪中，已满 14 周岁不满 16 周岁的人不承担刑事责任的是（ ）。
A. 抢劫罪　B. 强奸罪
C. 爆炸罪　D. 破坏交通工具罪

16. 甲（15 周岁）的下列哪一行为成立犯罪？（ ）（司考 2010. 卷二 . 4）
A. 春节期间放鞭炮，导致邻居家失火，造成十多万元财产损失
B. 骗取他人数额巨大财物，为抗拒抓捕，当场使用暴力将他人打成重伤

C. 受意图骗取保险金的张某指使，将张某的汽车推到悬崖下毁坏

D. 因偷拿苹果遭摊主喝骂，遂掏出水果刀将其刺成轻伤

17. 刑事责任年龄的计算方法应当是（　　）。

A. 按农历的年、月、日计算

B. 从过生日的当天起算为满周岁

C. 从过生日的第二天起算为满周岁

D. 从过生日的前一天起算为满周岁

18. 已满 14 周岁不满 18 周岁的人犯罪（　　）。

A. 应当减轻处罚

B. 应当从轻处罚

C. 可以从轻或者减轻处罚

D. 应当从轻或者减轻处罚

19. ①特殊身份是指行为人在身份上的特殊资格，以及其他与一定的犯罪行为有关的、行为人在社会关系上的特殊地位或者状态。②由于特殊身份必须与一定的犯罪行为有关，所以，性别、国籍等不可能成为特殊身份，首要分子则属于特殊身份。③挪用公款罪是真正身份犯，只有国家工作人员可以构成挪用公款罪，但非国家工作人员可以成为挪用公款罪的共犯。④根据《刑法》第 307 条的规定，司法工作人员犯帮助毁灭、伪造证据罪的，从重处罚。这种情形称为不真正身份犯。关于上段话正误的判断，下列哪一选项是正确的？（　　）（司考 2008. 四川 . 卷二 .3）

A. 第①句错误，其他正确

B. 第②句错误，其他正确

C. 第③句错误，其他正确

D. 第④句错误，其他正确

20. 关于犯罪主体，下列哪一选项是正确的？（　　）（司考 2009. 卷二 .2）

A. 甲（女，43 岁）吸毒后强制猥亵、侮辱孙某（智障女，19 岁），因强制猥亵、侮辱妇女罪的主体只能是男性，故甲无罪

B. 乙（15 岁）携带自制火药枪夺取妇女张某的挎包，因乙并未使用该火药枪，故应当构成抢夺罪

C. 丙（15 岁）在帮助李某扣押被害人王某索取债务时致王某死亡，丙不应当负刑事责任

D. 丁是司法工作人员，也可构成放纵走私罪

21. 甲患抑郁症欲自杀，但无自杀勇气。某晚，甲用事前准备好的刀猛刺路人乙胸部，致乙当场死亡。随后，甲向司法机关自首，要求司法机关判处其死刑立即执行。对于甲责任能力的认定，下列哪一选项是正确的？（　　）（司考 2011. 卷二 .4）

A. 抑郁症属于严重精神病，甲没有责任能力，不承担故意杀人罪的责任

B. 抑郁症不是严重精神病，但甲的想法表明其没有责任能力，不承担故意杀人罪的责任

C. 甲虽患有抑郁症，但具有责任能力，应当承担故意杀人罪的责任

D. 甲具有责任能力，但患有抑郁症，应当对其从轻或者减轻处罚

22. 关于刑事责任能力，下列哪一选项是正确的？（　　）（司考 2016. 卷二 .3）

A. 甲第一次吸毒产生幻觉，误以为伍某在追杀自己，便用木棒将伍某打成重伤。甲的行为成立过失致人重伤罪

B. 乙以杀人故意用刀砍陆某时突发精神病，继续猛砍致陆某死亡。不管采取何种学说，乙都成立故意杀人罪未遂

C. 丙因实施爆炸行为被抓，相关证据足以证明丙已满 15 周岁，但无法查明具体出生日期。不能追究丙的刑事责任

D. 丁在 14 周岁生日当晚故意砍杀张某，后心生悔意将其送往医院抢救，但张某仍于次日死亡。应追究丁的刑事责任

二、多项选择题

1. 关于单位犯罪下列哪些说法是正确的？（　　）

A. 在审理单位故意犯罪案件时，对其直接负责的主管人员和其他直接责任人

员，可不区分主犯、从犯，按照其在单位犯罪中所起的作用判处刑罚

B. 依法设立的合资经营、合作经营企业实施单位犯罪的，按照单位犯罪论处

C. 具有法人资格的独资、私营等公司、企业、事业单位实施单位犯罪的，按照个人犯罪论处

D. 不具有法人资格的独资、合伙企业实施犯罪的，按照个人犯罪论处

2. 关于单位犯罪下列哪些说法是正确的？（ ）

A. 个人为进行违法犯罪活动而设立的公司、企业、事业单位实施犯罪的，不以单位犯罪论处

B. 公司、企业、事业单位设立后，以实施犯罪为主要活动的，不以单位犯罪论处

C. 盗用单位名义实施犯罪，违法所得由实施犯罪的个人私分的，依照刑法有关自然人犯罪的规定定罪处罚

D. 对单位犯罪一律实行“双罚”

3. 对于又聋又哑的人或者盲人犯罪，如何处罚？（ ）

A. 可以从轻处罚

B. 可以减轻处罚

C. 可以免除处罚

D. 应当从轻或者减轻处罚

4. 王某（15岁），因喜好电脑，于某日潜入一公司办公室内窃取价值2万元的计算机一台。对王某应当如何处理？（ ）

A. 追究刑事责任

B. 不追究刑事责任

C. 从轻或者减轻刑事处罚

D. 责令其家长加以管教

5. 已满14周岁不满16周岁的人，应当对下列哪些犯罪行为负刑事责任？（ ）

A. 抢劫罪 B. 贩毒罪

C. 爆炸罪 D. 故意伤害罪

6. 下列哪些犯罪的犯罪主体是国家机关工作人员？（ ）

A. 玩忽职守罪

B. 故意泄露国家机密罪

C. 报复陷害罪

D. 帮助犯罪分子逃避处罚罪

7. 犯罪主体是特殊主体的犯罪有：（ ）。

A. 背叛国家罪 B. 间谍罪

C. 洗钱罪 D. 内幕交易罪

8. 关于单位犯罪，下列哪些选项是错误的？（ ）（司考2010. 卷二.53）

A. 单位只能成为故意犯罪的主体，不能成为过失犯罪的主体

B. 单位犯罪时，单位本身与直接负责的主管人员、直接责任人员构成共同犯罪

C. 对单位犯罪一般实行双罚制，但在实行单罚制时，只对单位处以罚金，不处罚直接负责的主管人员与直接责任人员

D. 对单位犯罪只能适用财产刑，既可能判处罚金，也可能判处没收财产

9. 刘某是15岁的中学生，因迷恋电子游戏，在电子游戏厅老板赵某的唆使下，闯入附近一居民家中行窃。刘某见该居民家中只有其12岁的女儿一人在家，遂起歹念，将其强奸，后逃离。对刘某、赵某的行为该如何处罚？（ ）

A. 刘某应负刑事责任

B. 赵某教唆不满18周岁的人犯罪，可以从重处罚

C. 对赵某免除刑事责任

D. 对刘某应当从轻或者减轻处罚

10. 已满14周岁不满16周岁的人实施下列哪些行为应当承担刑事责任？（ ）（司考2006. 卷二.51）

A. 参与运送他人偷越国（边）境，造成被运送人死亡的

B. 参与绑架他人，致使被绑架人死亡的

C. 参与强迫卖淫集团，为迫使妇女卖淫，对妇女实施了强奸行为的

D. 参与走私，并在走私过程中暴力抗拒缉私，造成缉私人员重伤的

11.《刑法》规定，在拐卖妇女、儿童过程中奸淫被拐卖的妇女的，仅定拐卖妇女、儿童罪。15周岁的甲在拐卖幼女的

过程中，强行奸淫幼女。对此，下列哪些选项是错误的？（　　）（司考 2008. 卷二 . 53）

A. 《刑法》第 17 条第 2 款没有规定 15 周岁的人对拐卖妇女、儿童罪负刑事责任，所以，甲不负刑事责任

B. 拐卖妇女、儿童罪包含了强奸罪，15 周岁的人应对强奸罪承担刑事责任，所以，对甲应认定为拐卖妇女、儿童罪

C. 15 周岁的人犯强奸罪的应当负刑事责任，所以，对甲应认定为强奸罪

D. 拐卖妇女、儿童罪重于强奸罪，既然 15 周岁的人应对强奸罪承担刑事责任，就应对拐卖妇女、儿童罪承担刑事责任，所以，对甲应以拐卖妇女、儿童罪与强奸罪实行并罚

三、名词解释

1. 犯罪主体
2. 刑事责任能力（山东大学 2012 年考研真题）
3. 犯罪主体的特殊身份
4. 单位犯罪

四、简答题

1. 我国刑法对刑事责任能力是如何划分的？
2. 在追究聋哑人、盲人犯罪的刑事责任时应注意什么？
3. 简述自然人成为犯罪主体应当具备的条件。

五、案例分析题

1. 甲某，女，1996 年 5 月 8 日出生，系某中学学生。2010 年 6 月 20 日下午甲某由学校放学回家，其同学乙骑自行车从后驶来。甲某想和乙开个玩笑，就趁乙骑到自己身边时，将一根绳子扔进乙自行车的后轮，结果由于车轮被缠绕，乙的自行车倒地，乙从自行车上摔下来，头部撞地，当即昏迷。甲某立即赶往就近的医院求救，但因乙后脑受外部强力震动致颅脑损伤，抢救无效死亡。

　　问：对甲某应如何处理？

2. 被告人李典，男，30 岁，无业。2008 年夏，被告人李典与被害人续某合作发行武侠小说《失魂引》一书。该书发行后，续某按照约定将印刷发行费转到某印刷厂。印刷厂将其中的 5 万元转到李典及其女友经营的长安新兴书社，李典家人将钱取出。但李典对此次与续某合作获利分配十分不满，并对续某怀恨在心。2012 年 4 月中旬的一个晚上 9 时许，被告人李典拿着尖刀来到续某家欲对续某实施报复，因续某不在家才作罢。同年 4 月 28 日下午 2 时左右，被告人李典再次携带尖刀窜入续某家，向午睡刚起的续某腹部、颈部连刺数刀后逃离现场。续某被送往医院抢救，因腹主动脉被扎断致失血性休克抢救无效而死亡。

　　另查明，被告人李典先后于 2009 年至 2011 年在河北省精神病防治院、解放军 256 医院被诊断为精神分裂症并住院治疗。2012 年 5 月 20 日，经过司法精神病鉴定委员会对李典进行了司法精神病鉴定，认定李典实施犯罪行为时为精神分裂症不完全缓解状态，有部分责任能力。

　　问：李典构成何种罪，是否应负刑事责任，如何处罚？

3. 被告人张某，男，21 岁，某食堂炊事员，从事炒菜工作。

　　被告人张某于 2010 年 3 月至 2011 年 5 月，利用其在食堂帮忙卖饭菜的机会，多次私自截留饭菜票，共计人民币 7000 多元。而后，被告人张某通过刘某、李某、王某将这些饭菜票销售给个体户郑某，从中获赃款 6000 余元。被告人张某与其他人将赃款全部挥霍掉。法院判决认为，张某的行为已构成贪污罪，应以贪污罪论处。

　　结合本案阐述犯罪构成的主体要件有何特征？

参考答案

一、单项选择题

1. **答案**：D。我国刑法中的限制刑事责任能力人虽然包括盲人，但甲实施伤害他人的行为时其辨认与控制能力并未受到失明的影响，不应将其认定为具有限定刑事责任能力。选项A错误。聋哑人属于限制刑事责任能力人，但乙长期在公共场所实施扒窃活动，对自身行为的违法性具有充分认识，应认定其具有完全刑事责任能力。选项B错误。服用安眠药陷入熟睡，不影响丙的责任能力的判断，致同床的婴儿被压迫窒息死亡，属于过失致人死亡的行为。选项C错误。醉酒的人犯罪，不影响刑事责任的认定。选项D正确。
2. **答案**：A。根据《刑法》第17条规定，甲某由于过失造成乙某的死亡，构成过失致人死亡罪，甲某已满14周岁不满16周岁，对乙某的死亡不负刑事责任。
3. **答案**：C。根据《刑法》第17条的规定，刑事责任年龄可划分为完全不负刑事责任、相对负刑事责任与完全负刑事责任三个年龄阶段：(1) 完全不负刑事责任年龄阶段，是指不满12周岁；(2) 相对负刑事责任年龄阶段，是指已满12周岁不满16周岁，也称相对无刑事责任年龄阶段；(3) 完全负刑事责任年龄阶段，是指已满16周岁。
4. **答案**：D。计算甲盗窃的数额肯定不能包括14岁时抢劫的数额。根据《刑法》第17条规定，甲对其13周岁时的盗窃行为不负刑事责任。甲仅对17周岁时和18周岁时的盗窃行为负刑事责任。甲盗窃的数额为5000元。
5. **答案**：D。《刑法》第19条规定："又聋又哑的人或者盲人犯罪，可以从轻、减轻或者免除处罚。"
6. **答案**：D。《刑法》第18条第4款规定："醉酒的人犯罪，应当负刑事责任。"
7. **答案**：D。《刑法》第30条规定："公司、企业、事业单位、机关、团体实施的危害社会的行为，法律规定为单位犯罪的，应当负刑事责任。"刑法分则中规定的犯罪，凡是法律没有明文规定其主体包括单位的，该条之罪的主体就不包括单位。破坏生产经营罪、骗取出口退税罪主体只能是自然人，因此A、C选项不能构成单位犯罪。单位犯罪除以单位的名义实施犯罪外，还必须为单位牟取不正当利益或者违法所得大部分归单位所有，B选项中虽然以单位名义实施，但违法所得归自己所有，不属于单位犯罪，故B选项错误。综上，本题正确答案为D。
8. **答案**：D。根据《刑法》第17条第2款及相关司法解释的规定，已满14周岁不满16周岁的人，犯故意杀人、故意伤害致人重伤或者死亡、强奸、抢劫、贩卖毒品、放火、爆炸、投放危险物质罪的，应当负刑事责任。故D选项正确。
9. **答案**：C。单位犯罪既可以是故意犯罪，也可以是过失犯罪。多数单位犯罪是故意犯罪，但也有极个别单位犯罪是过失犯罪，如"出具证明文件重大失实罪"，故A选项是正确的。

   根据《刑法》第30条的规定，公司、企业、事业单位、机关、团体实施的危害社会的行为，法律规定为单位犯罪的，应当负刑事责任。人民法院属于机关，故B选项正确。

   《刑法》第31条规定："单位犯罪的，对单位判处罚金，并对其直接负责的主管人员和其他直接责任人员判处刑罚。本法分则和其他法律另有规定的，依照规定。"故D选项正确。

   根据2009年《关于办理职务犯罪案件认定自首、立功等量刑情节若干问题的意见》的规定：单位自首的，直接负责的主管人员和直接责任人员来自动投案，但如实交代自己知道的犯罪事实的，可以视为自首。所以C选项错误。

   综上，本题正确答案为C。
10. **答案**：B。《刑法》第17条第2款规定，已满14周岁不满16周岁的人，犯故意杀人、故意伤害致人重伤或者死亡、强奸、抢劫、贩卖毒品、放火、爆炸、投放危险物质罪的，应当负刑事责任。已满14周岁不满16周岁的人对于过失致人死亡的行为不承担刑事责任，A选项不符合题意。已满14周岁不满16周岁的人对于故意将他人打成重伤的行为应当负刑事责任，B选项符合题意。已满14周岁不满16周岁的人对贩卖毒品罪负刑事责任，而对走私、运输毒品罪不负刑事责任，C选项不符合题意。已满14周岁不满16周岁的人对于以危险方法危害公共安全罪不负刑事责任，即使按照故意伤害罪认定其行为性质，由于其危害结果为轻伤，也不负刑事责任，D选项不符合题意。综上，本题正确答案为B。

11. 答案：C。《刑法》第18条规定，精神病人在不能辨认或者不能控制自己行为的时候造成危害结果，经法定程序鉴定确认的，不负刑事责任，但是应当责令他的家属或者监护人严加看管和医疗；在必要的时候，由政府强制医疗。间歇性的精神病人在精神正常的时候犯罪，应当负刑事责任。尚未完全丧失辨认或者控制自己行为能力的精神病人犯罪的，应当负刑事责任，但是可以从轻或者减轻处罚。醉酒的人犯罪，应当负刑事责任。C选项符合题意，当选。

12. 答案：D。《最高人民法院关于审理未成年人刑事案件具体应用法律若干问题的解释》第6条规定，已满14周岁不满16周岁的人偶尔与幼女发生性行为，情节轻微、未造成严重后果的，不认为是犯罪。由于其未满16周岁，双方自愿发生性行为也未造成严重后果，不认为是犯罪，B选项错误，D选项正确。新刑法已经取消奸淫幼女罪的罪名，故AC选项错误。综上，本题正确答案为D。

13. 答案：D。根据《刑法》第266条的规定，诈骗罪的犯罪主体只能是自然人，A选项不符合题意。根据《刑法》第358条①的规定，组织卖淫罪的犯罪主体只能是自然人，B选项不符合题意。根据《刑法》第318条的规定，组织他人偷越国（边）境罪的犯罪主体只能是自然人，C选项不符合题意。《刑法》第345条第1款规定，盗伐森林或者其他林木，数量较大的，处3年以下有期徒刑、拘役或者管制，并处或者单处罚金；数量巨大的，处3年以上7年以下有期徒刑，并处罚金；数量特别巨大的，处7年以上有期徒刑，并处罚金。第346条规定，单位犯本节第338条至第345条规定之罪的，对单位判处罚金，并对其直接负责的主管人员和其他直接责任人员，依照本节各该条的规定处罚。盗伐林木罪的犯罪主体包括自然人和单位，D选项符合题意，当选。综上，本题正确答案为D。

14. 答案：C。《刑法》第17条规定，已满16周岁的人犯罪，应当负刑事责任。已满14周岁不满16周岁的人，犯故意杀人、故意伤害致人重伤或者死亡、强奸、抢劫、贩卖毒品、放火、爆炸、投放危险物质罪的，应当负刑事责任。已满12周岁不满14周岁的人，犯故意杀人、故意伤害罪，致人死亡或者以特别残忍手段致人重伤造成严重残疾，情节恶劣，经最高人民检察院核准追诉的，应当负刑事责任。对依照前三款规定追究刑事责任的不满18周岁的人，应当从轻或者减轻处罚。因不满16周岁不予刑事处罚的，责令其父母或者其他监护人加以管教；在必要的时候，依法进行专门矫治教育。甲只有年满16周岁才能对盗窃罪承担刑事责任，其盗窃数额也应当按照年满16周岁后盗窃的数额进行计算，即合计9300元，C选项符合题意，当选。故本题正确答案为C。

15. 答案：D。《刑法》第17条规定，已满16周岁的人犯罪，应当负刑事责任。已满14周岁不满16周岁的人，犯故意杀人、故意

① 《刑法》第358条规定，组织、强迫他人卖淫的，处五年以上十年以下有期徒刑，并处罚金；情节严重的，处十年以上有期徒刑或者无期徒刑，并处罚金或者没收财产。组织、强迫未成年人卖淫的，依照前款的规定从重处罚。犯前两款罪，并有杀害、伤害、强奸、绑架等犯罪行为的，依照数罪并罚的规定处罚。为组织卖淫的人招募、运送人员或者有其他协助组织他人卖淫行为的，处五年以下有期徒刑，并处罚金；情节严重的，处五年以上十年以下有期徒刑，并处罚金。

伤害致人重伤或者死亡、强奸、抢劫、贩卖毒品、放火、爆炸、投放危险物质罪的，应当负刑事责任。已满12周岁不满14周岁的人，犯故意杀人、故意伤害罪，致人死亡或者以特别残忍手段致人重伤造成严重残疾，情节恶劣，经最高人民检察院核准追诉的，应当负刑事责任。对依照前三款规定追究刑事责任的不满18周岁的人，应当从轻或者减轻处罚。因不满16周岁不予刑事处罚的，责令其父母或者其他监护人加以管教；在必要的时候，依法进行专门矫治教育。故本题正确答案为D。

16. 答案：B。选项A、C错误。《刑法》第17条第2款规定，已满14周岁不满16周岁的人，犯故意杀人、故意伤害致人重伤或者死亡、强奸、抢劫、贩卖毒品、放火、爆炸、投放危险物质罪的，应当负刑事责任。选项A属于失火行为，选项C属于故意毁坏财物的行为。15周岁的未成年人对于上述两种行为均不承担刑事责任。

选项B正确，选项D错误。《全国人民代表大会常务委员会法制工作委员会关于已满十四周岁不满十六周岁的人承担刑事责任范围问题的答复意见》规定，刑法第17条第2款规定的八种犯罪，是指具体犯罪行为而不是具体罪名。《刑法》第17条中规定的"犯故意杀人、故意伤害致人重伤或者死亡"，是指只要故意实施了杀人、伤害行为并且造成了致人重伤、死亡后果的，都应负刑事责任。据此可知，选项B中甲使用暴力将他人打成重伤，甲应对造成他人重伤的结果承担刑事责任，构成故意伤害罪。选项D中，甲的行为仅造成被害人轻伤，不构成犯罪。

17. 答案：C。根据《刑法》第17条规定，不满12周岁的人犯罪不负刑事责任。根据《最高人民法院关于办理未成年人刑事案件适用法律若干问题的解释》的规定，实施犯罪时的年龄，一律按照公历的年、月、日计算。过了周岁生日，从第2天起，为已满××周岁。

18. 答案：D。根据《刑法》第17条规定，已满14周岁不满18周岁的人犯罪，应当从轻或者减轻处罚。

19. 答案：B。本题考查特殊身份。特殊身份是指行为人在身份上的特殊资格，以及其他与一定的犯罪行为有关的、行为人在社会关系上的特殊地位或者状态。第①、③、④句正确，第②句错误。性别、国籍也能成为特殊身份。例如，妇女单独不能成为强奸罪正犯，外国人不能成为中国刑法上背叛国家罪的正犯。首要分子不属于特殊身份，而是在犯罪过程中形成的犯罪地位、作用。例如，黑社会、恐怖组织的首要分子，聚众斗殴的首要分子，均是在犯罪过程中获得的地位，与构成该罪的主体资格要求无关。

20. 答案：C。《刑法》第237条①并未限定男性为本罪的犯罪主体，女性完全可能构成本罪。故甲构成本罪，A选项错误。根据《刑法》第267条②的规定，只要行为人实施了抢夺行为，且在抢夺过程中身上携带有凶器，这就具备了认定的条件，而不考虑凶器是否使用。因此尽管乙并未使用自制的火药枪，但仍然属于"携带凶器抢夺"，构成转化型抢劫罪。又根据《刑法》第17条的规定，已满14周岁未满16周岁的未成年人需要对抢劫罪等八种罪行承担刑事责任，所以乙应当构成抢劫罪。B选

---

① 《刑法》第237条规定，以暴力、胁迫或者其他方法强制猥亵他人或者侮辱妇女的，处五年以下有期徒刑或者拘役。聚众或者在公共场所当众犯前款罪的，或者有其他恶劣情节的，处五年以上有期徒刑。猥亵儿童的，处五年以下有期徒刑；有下列情形之一的，处五年以上有期徒刑：（1）猥亵儿童多人或者多次的；（2）聚众猥亵儿童的，或者在公共场所当众猥亵儿童，情节恶劣的；（3）造成儿童伤害或者其他严重后果的；（四）猥亵手段恶劣或者有其他恶劣情节的。

② 《刑法》第267条规定，抢夺公私财物，数额较大的，或者多次抢夺的，处三年以下有期徒刑、拘役或者管制，并处或者单处罚金；数额巨大或者有其他严重情节的，处三年以上十年以下有期徒刑，并处罚金；数额特别巨大或者有其他特别严重情节的，处十年以上有期徒刑或者无期徒刑，并处罚金或者没收财产。携带凶器抢夺的，依照本法第二百六十三条的规定定罪处罚。

项错误。根据《刑法》第238条第3款的规定，为索取债务非法扣押、拘禁他人的行为应当以非法拘禁罪定罪处罚。另根据《刑法》第238条第1款和第2款的规定，只有非法拘禁"使用暴力致人伤残、死亡"时，本罪才能转化为故意伤害罪或故意杀人罪。本选项中丙并未使用暴力，即使致人死亡，也不影响罪名的变化，因此丙不能构成绑架罪或故意杀人罪。由于限制刑事责任能力人只对绑架罪、故意杀人罪等八种罪行承担刑事责任，而无须对非法拘禁罪负责，故丙不构成犯罪。C选项正确。根据《刑法》第411条的规定，放纵走私罪的犯罪主体仅限于海关工作人员，而不包含司法工作人员。故D选项错误。故答案为C。

21. 答案：C。刑事责任能力是行为人辨认（认识自己行为内容、社会意义和后果）和控制（支配自己实施或不实施特定行为）能力。行为人即使有某种精神疾病，但如果该精神病对其辨认与控制能力没有任何影响，那么行为人就属于完全责任能力人。从行为人甲杀人、自首等一系列行为来看，行为人清晰地知晓自己行为的意义和后果，并在意识清晰的情况下支配自己完成上述行为，属于完全刑事责任能力人，应当承担刑事责任。

22. 答案：A。选项A，吸毒后产生幻觉，误以为是他人追杀自己而伤害他人，属于假想防卫。甲主观上没有伤害他人的故意，应当认定为过失致人重伤罪。A选项正确。选项B，乙以杀人故意用刀砍陆某，构成故意杀人罪，在砍杀过程中突发精神病，根据不同刑法学说可分别认定为故意杀人罪未遂和故意杀人罪既遂。B选项错误。C选项，现有证据足以证明丙已满15周岁，根据我国刑法，丙应当对包括爆炸罪在内的8种犯罪承担刑事责任，不需要查明丙的具体出生日期。C选项错误。D选项，丁在14周岁生日当晚已实施完毕故意杀人行为，尽管结果发生时丁已满14周岁，丁也不应当承担故意杀人罪的刑事责任。D选项错误。

二、多项选择题

1. 答案：ABD。选项A正确，《最高人民法院关于审理单位犯罪案件对其直接负责的主管人员和其他直接责任人员是否区分主犯、从犯问题的批复》规定，在审理单位故意犯罪案件时，对其直接负责的主管人员和其他直接责任人员，可不区分主犯、从犯，按照其在单位犯罪中所起的作用判处刑罚。

选项B正确，因依法设立的合资经营、合作经营企业实施单位犯罪的，按照单位犯罪论处。

选项C应当排除，根据《最高人民法院关于审理单位犯罪案件具体应用法律有关问题的解释》，具有法人资格的独资、私营等公司、企业、事业单位实施单位犯罪的，按照单位犯罪论处。

选项D正确，因不具有法人资格的独资、合伙企业实施犯罪的，应按照个人犯罪论处。

2. 答案：ABC。选项D错误，对单位犯罪的处罚一般实行的是双罚制的原则，但是刑法分则中有少数几种单位犯罪采取的不是双罚制而是单罚制，即仅处罚直接责任人员。

3. 答案：ABC。《刑法》第19条规定："又聋又哑的人或者盲人犯罪，可以从轻、减轻或者免除处罚。"故本题正确答案为ABC。

4. 答案：BD。《刑法》第17条规定，已满16周岁的人犯罪，应当负刑事责任。已满14周岁不满16周岁的人，犯故意杀人、故意伤害致人重伤或者死亡、强奸、抢劫、贩卖毒品、放火、爆炸、投放危险物质罪的，应当负刑事责任。已满12周岁不满14周岁的人，犯故意杀人、故意伤害罪，致人死亡或者以特别残忍手段致人重伤造成严重残疾，情节恶劣，经最高人民检察院核准追诉的，应当负刑事责任。对依照前三款规定追究刑事责任的不满18周岁的人，应当从轻或者减轻处罚。因不满16周岁不予刑事处罚的，责令其父母或者其他监护人加以管教；在必要的时候，依法进行专门矫治教育。王某满15岁，对于盗窃罪不承担刑事责任，其行为不构成盗窃罪，A选项不符合题意，B选项符合题意。由于王某的行为不构成犯罪而不予刑事处罚，当然也不存在从轻或者减轻处罚的问题，但依法应当责令其家长或者监护人对其加以管教，C选项不符合题意，D选项符合题意。综上，本题正确答案为BD。

5. **答案**：ABC。《刑法》第17条规定，已满16周岁的人犯罪，应当负刑事责任。已满14周岁不满16周岁的人，犯故意杀人、故意伤害致人重伤或者死亡、强奸、抢劫、贩卖毒品、放火、爆炸、投放危险物质罪的，应当负刑事责任。已满12周岁不满14周岁的人，犯故意杀人、故意伤害罪，致人死亡或者以特别残忍手段致人重伤造成严重残疾，情节恶劣，经最高人民检察院核准追诉的，应当负刑事责任。对依照前三款规定追究刑事责任的不满18周岁的人，应当从轻或者减轻处罚。因不满16周岁不予刑事处罚的，责令其父母或者其他监护人加以管教；在必要的时候，依法进行专门矫治教育。由此可见，ABC选项符合题意。已满14周岁不满16周岁的人对于故意伤害只有致人重伤或者死亡的才负刑事责任，D选项不符合题意，不当选。故本题正确答案为ABC。

6. **答案**：ACD。《刑法》第397条规定，国家机关工作人员滥用职权或者玩忽职守，致使公共财产、国家和人民利益遭受重大损失的，处3年以下有期徒刑或者拘役；情节特别严重的，处3年以上7年以下有期徒刑。本法另有规定的，依照规定。国家机关工作人员徇私舞弊，犯前款罪的，处5年以下有期徒刑或者拘役；情节特别严重的，处5年以上10年以下有期徒刑。本法另有规定的，依照规定。玩忽职守罪的犯罪主体是国家机关工作人员，A选项符合题意。《刑法》第398条规定，国家机关工作人员违反保守国家秘密法的规定，故意或者过失泄露国家秘密，情节严重的，处3年以下有期徒刑或者拘役；情节特别严重的，处3年以上7年以下有期徒刑。非国家机关工作人员犯前款罪的，依照前款的规定酌情处罚。故意泄露国家秘密罪的犯罪主体是一般主体，B选项不符合题意。《刑法》第254条规定，国家机关工作人员滥用职权、假公济私，对控告人、申诉人、批评人、举报人实行报复陷害的，处2年以下有期徒刑或者拘役；情节严重的，处2年以上7年以下有期徒刑。报复陷害罪的犯罪主体是国家机关工作人员，C选项符合题意。《刑法》第417条规定，有查禁犯罪活动职责的国家机关工作人员，向犯罪分子通风报信、提供便利，帮助犯罪分子逃避处罚的，处3年以下有期徒刑或者拘役；情节严重的，处3年以上10年以下有期徒刑。帮助犯罪分子逃避处罚罪的犯罪主体是国家机关工作人员，D选项符合题意。综上，本题正确答案为ACD。

7. **答案**：AD。背叛国家罪的犯罪主体是特殊主体，即只能是中国公民，A选项符合题意。间谍罪的犯罪主体是一般主体，任何人都能够实施间谍行为，B选项不符合题意。洗钱罪的犯罪主体是一般主体，任何人都能够实施洗钱行为，C选项不符合题意。内幕交易罪的犯罪主体是特殊主体，即证券、期货交易内幕信息的知情人员或者非法获取证券、期货交易内幕信息的人员，D选项符合题意。综上，本题正确答案为AD。

8. **答案**：ABCD。选项A说法错误。单位不仅可以成为故意犯罪的主体，也可以成为过失犯罪的主体，如《刑法》第137条规定的工程重大安全事故罪就是单位过失犯罪。

选项B说法错误。单位犯罪不同于共同犯罪，单位犯罪是指单位本身犯罪，不是单位与直接负责的主管人员、直接责任人员的共同犯罪，直接负责的主管人员、直接责任人员的犯罪行为实际就是单位的行为。

选项C说法错误。单位犯罪的单罚制是只处罚直接负责的主管人员与直接责任人员（有时只处罚直接责任人员），不处罚单位。

选项D说法错误。《刑法》第31条规定，单位犯罪的，对单位判处罚金，并对其直接负责的主管人员和其他直接责任人员判处刑罚。本法分则和其他法律另有规定的，依照规定。据此可知，对于单位只能适用罚金刑，不能适用没收财产。

9. 答案：AD。刘某已经年满14周岁。《刑法》第17条第4款规定，已经满14周岁不满16周岁的人，犯故意杀人、故意伤害致人重伤或死亡、强奸、抢劫、贩卖毒品、放火、爆炸、投放危险物质罪的，应当负刑事责任。选项A正确。依据《刑法》第29条第1款规定，教唆未成年人犯罪，应当从重处罚，而并非可以，选项B错误。《刑法》第29条规定，教唆他人犯罪的，应当按照他在共同犯罪中的作用处罚。赵某教唆他人从事盗窃犯罪，在盗窃共同犯罪中起主要作用，应予处罚。选项C不正确。《刑法》第17条第4款规定，已满14周岁不满18周岁的人犯罪，应当从轻或减轻处罚。选项D正确。

10. 答案：CD。根据《刑法》第17条规定，已满16周岁的人犯罪，应当负刑事责任。已满14周岁不满16周岁的人，犯故意杀人、故意伤害致人重伤或者死亡、强奸、抢劫、贩卖毒品、放火、爆炸、投放危险物质罪的，应当负刑事责任。这八种犯罪是指具体犯罪行为而不是具体罪名。因此，C、D是正选。A、B选项中只要其没有实施杀人行为，就不能追究其刑事责任。

11. 答案：ABD。依照《刑法》第17条第2款的规定，已满14周岁不满16周岁的人，犯故意杀人、故意伤害致人重伤或者死亡、强奸、抢劫、贩卖毒品、放火、爆炸、投放危险物质罪的，应当负刑事责任。处在此年龄段的人只对法律明文列举的上述几种犯罪负刑事责任，而对其他犯罪不负刑事责任。具体来讲：(1) 已满14周岁不满16周岁的人对法定八种性质的“行为”负刑事责任，而不管他所涉及的“罪名”是什么。(2) 罪名以《刑法》第17条第2款列举的8种行为为限。《最高人民法院关于审理未成年人刑事案件具体应用法律若干问题的解释》第5条规定，已满14周岁不满16周岁的人实施《刑法》第17条第2款规定以外的行为，如果同时触犯了《刑法》第17条第2款规定的，应当依照《刑法》第17条第2款的规定确定罪名，定罪处罚。在本案中，不满16岁的人在拐卖妇女儿童过程中，强行奸淫幼女，满足强奸罪的构成要件，应以强奸罪定罪处罚。而不能按照《刑法》第240条加重犯规定以拐卖妇女、儿童罪定罪处罚。故C正确，ABD错误。

三、名词解释

1. 答案：犯罪主体，是指实施危害社会的行为、依法应当负刑事责任的自然人和单位。根据主体的属性，犯罪主体可分为自然人犯罪主体和单位犯罪主体；根据自然人犯罪主体的法律属性，可将自然人犯罪主体分为一般主体与特殊主体。

2. 答案：刑事责任能力，是指行为人构成犯罪和承担刑事责任所必需的，行为人具备的刑法意义上辨认和控制自己行为的能力。

3. 答案：犯罪主体的特殊身份，是指刑法所规定的影响行为人刑事责任的行为人人身方面特定的资格、地位或者状态。

4. 答案：单位犯罪，是指由公司、企业、事业单位、机关、团体实施的依法应当承担刑事责任的危害社会的行为。它具有两个基本特征：(1) 单位犯罪的主体包括公司、企业、事业单位、机关、团体。(2) 只有法律明文规定单位可以成为犯罪主体的犯罪，才存在单位犯罪及单位承担刑事责任的问题，而并非一切犯罪都可以由单位构成。

四、简答题

1. 答案：我国刑法将刑事责任能力①划分为五种情况：

(1) 完全刑事责任能力。简称刑事责任能力或责任能力。凡年满16周岁、精神和生理功能健全而智力发展正常的人就具备了完全刑事责任能力。完全刑事责任能力人实施了犯罪行为的，应当依法负全部的刑事责任。

(2) 完全无刑事责任能力。简称完全无责任能力或无责任能力。是指行为人没有刑

① **编者注**：刑事责任能力是定罪量刑的重要参考因素，应重点掌握。

法意义上的辨认或者控制自己行为的能力。一是未达责任年龄的幼年人；二是因精神疾病而没有刑法要求的辨认和控制自己行为能力的人。

（3）相对无刑事责任能力。也可称为相对有刑事责任能力。是指行为人仅限于对刑法所明确限定的某些严重犯罪具有刑事责任能力，而对未明确限定的其他危害行为无刑事责任能力的情况。

（4）减轻刑事责任能力。又称限定刑事责任能力、限制刑事责任能力、部分刑事责任能力，介于完全刑事责任能力和完全无刑事责任能力之间。是指因年龄、精神状况、生理功能缺陷等原因，而使行为人实施刑法所禁止的危害行为时，虽然具有责任能力，但其辨认或者控制自己行为的能力较完全责任能力有一定程度的减弱、降低的情况。

（5）已满12周岁不满14周岁的人，犯故意杀人、故意伤害罪，致人死亡或者以特别残忍手段致人重伤造成严重残疾，情节恶劣，经最高人民检察院核准追诉的，应当负刑事责任。

2. 答案：正确适用关于聋哑人、盲人犯罪的刑事责任规定，应当注意以下几点：（1）适用对象有两类：一是既聋又哑的人，其中主要是先天聋哑和幼年聋哑者；二是盲人，即双目均丧失视力。（2）正确适用对聋哑人、盲人犯罪“可以从轻、减轻或者免除处罚”的原则：对于聋哑人、盲人犯罪，原则上要从宽处罚；对于责任能力完备，犯罪性质恶劣、情节和后果非常严重的聋哑人、盲人犯罪分子，应坚决不从宽处罚。应当根据行为人犯罪时责任能力的减弱程度，并同时考察犯罪的性质和危害程度，来具体决定是从轻处罚还是免除处罚，以及从轻、减轻处罚的幅度。

3. 答案：（1）实施了危害社会的行为。

（2）达到了法定的刑事责任年龄。

我国对人的刑事责任年龄作了如下区分：

①无刑事责任时期，12周岁以下的。

②已满12周岁不满14周岁的人，犯故意杀人、故意伤害罪，致人死亡或者以特别残忍手段致人重伤造成严重残疾，情节恶劣，经最高人民检察院核准追诉的，应当负刑事责任。

③相对刑事责任时期，已满14周岁不满16周岁的人。只对故意杀人、故意致人重伤或死亡、强奸、抢劫、贩卖毒品、放火、爆炸、投放危险物质罪，负刑事责任。

④减轻刑事责任时期，已满14周岁不满18周岁的。

⑤完全刑事责任时期，已满16周岁的。

（3）具备了刑事责任能力。

刑事责任能力是指行为人构成犯罪和承担刑事责任所必须具备的刑法意义上辨认和控制自己行为的能力。不具备刑事责任能力者即使实施了客观上危害社会的行为，也不能成为犯罪主体，不能被追究刑事责任；刑事责任能力减弱者，其刑事责任相应地适当减轻。

五、案例分析题

1. 答案：对甲某不应作犯罪处理。因为甲某是和乙开玩笑，没有伤害的故意，是因过失行为而导致他人死亡，而其年龄只有14岁。我国《刑法》第17条第2款规定：已满14周岁不满16周岁的人，犯故意杀人、故意伤害致人重伤或者死亡、强奸、抢劫、贩卖毒品、放火、爆炸、投放危险物质罪的，应当负刑事责任。所以对于已满14周岁不满16周岁的甲某的过失行为不应按犯罪处理。

2. 答案：李典构成故意杀人罪。

李典对其故意杀人的行为应当负刑事责任。由于李典犯罪时精神状态处在精神分裂症不完全缓解状态，控制能力削弱，有部分责任能力，依法可以从轻或者减轻处罚。

（1）被告人李典的行为构成故意杀人罪，应受刑事追诉。

在主观方面，李典出于报复、泄愤而故意杀害他人，具有主观恶性。李典虽患有精神分裂症，认识能力和控制能力有所削弱，但并不等于完全不能辨认和控制自己的行为。他对自己的杀人行为的性质和将造成被害人死亡的后果是有认识的，并且积极追求这种危害结果的发生，因此被告人李典在主观上是有罪过的。根据我国《刑法》第18条第3款的规定，被告人李典应对其所犯故意杀人罪承担相应的刑事责任。

（2）对被告人李典可以从轻或减轻处罚。

被告人李典患有精神分裂症，是限制责任能力的精神病人，根据《刑法》第18条第3款规定，可以从轻或者减轻处罚。

3. 答案：犯罪构成要件的犯罪主体是指实施犯罪行为，依法对自己的罪行应负刑事责任的人或者单位。根据我国刑法规定，作为犯罪主体的人，只有达到一定年龄并且具有刑事责任能力，才能成为犯罪主体。任何犯罪行为，都是一定的犯罪主体实施的。没有犯罪主体，就不可能实施危害社会的行为，也不可能有危害社会的故意或过失，从而也就不会有犯罪。具体而言，首先，达到刑事责任年龄是犯罪主体的必要条件之一，所谓刑事责任年龄是指法律规定的行为人对自己的危害行为负刑事责任所必须达到的年龄。根据我国《刑法》第17条规定，大致可分为：第一，未满12周岁的人，完全不负刑事责任；第二，已满12周岁不满14周岁的人，犯故意杀人、故意伤害罪，致人死亡或者以特别残忍手段致人重伤造成严重残疾，情节恶劣，经最高人民检察院核准追诉的，应当负刑事责任；第三，已满14周岁不满16周岁的人，犯故意杀人、故意伤害致人重伤或者死亡、强奸、抢劫、贩卖毒品、放火、爆炸、投放危险物质罪的，应当负刑事责任；第四，已满16周岁的人犯罪，都应当负刑事责任。其次，刑事责任能力也是犯罪主体的必要条件。所谓刑事责任能力，就是指一个人辨认和控制自己行为的能力，亦即一个人辨认自己行为的性质、意义和后果并自觉控制自己行为的能力，无刑事责任能力人实施对社会造成危害的行为，不负刑事责任……例如，《刑法》第18条规定："精神病人在不能辨认或者不能控制自己行为的时候造成危害结果，经法定程序鉴定确认的，不负刑事责任……"最后，犯罪主体依照刑法分则具体犯罪构成的不同要求又可分为一般主体和特殊主体，达到法定责任年龄，具有责任能力，是任何一个犯罪主体必须具备的条件，仅需具备上述条件的犯罪主体，是犯罪的一般主体。除此以外，还要求具有一定身份的人才能构成的犯罪主体，是犯罪的特殊主体。从其在定罪量刑上的作用看，有作为犯罪构成要件的特殊主体和影响刑罚轻重的特殊主体。

依照上述犯罪构成主体要件的基本特征分析此案，张某的行为应判定为盗窃罪，而不是贪污罪，因为被告人张某不具备贪污罪的主体要件。《刑法》第382条规定，贪污罪的犯罪主体是国家工作人员。所以，那些直接从事生产活动的工人和农民并不能构成贪污罪的主体。张某担任食堂炒菜工作，从事服务性劳务工作，不具备贪污罪的主体身份。

本案中区分是否具备贪污罪主体身份的根本标志在于被告人是从事公务还是从事劳务。公务是依法担任公职或受托暂时担任公职的人员从事管理国家和集体、社会事务的职务活动。而劳务则是工人、农民、私营工商业者直接进行物质生产或提供劳务的活动。对张某来说，他作为一名食堂的炊事员，属于服务性劳务人员，其经常在食堂帮忙卖饭菜，收饭菜票的行为显然不是属于受委托从事公务，因此，张某也就不可能成为贪污罪的主体。法院判决对张某行为的定性是错误的。

第八章　犯罪主观方面

基础知识图解

- 犯罪主观方面
  - 犯罪主观方面概述：概念、意义
  - 犯罪故意
    - 直接故意
    - 间接故意
  - 犯罪过失
    - 过于自信的过失
    - 疏忽大意的过失
  - 犯罪的目的与动机
  - 刑法上的认识错误
    - 法律认识错误
    - 事实认识错误

配套测试

一、单项选择题

1. 甲（男）喜欢邻居2岁的男孩乙，一日，甲将乙抱起抛上天空玩耍，甲的妻子丙要甲小心，不要摔着孩子，甲说没事。当再次抛起乙时，甲没有接住，乙掉在水泥地上摔死。从刑法理论上看，甲对乙的死亡结果在主观要件上所持的心理态度是什么？（　　）

A. 间接故意　　B. 疏忽大意的过失
C. 过于自信的过失　　D. 意外事件

2. 甲（女）是某幼儿园教师，在上室外课时，见儿童乙一直追打儿童丙，甲数次训斥乙，乙仍然追打丙，甲恼怒中顺手将乙扯开，乙打了个趔趄摔倒，头部恰好撞上石阶的破口锐角上，致使头破血流、因神经受压而死亡。甲的行为（　　）。

A. 属于意外事件，不构成犯罪
B. 构成过失致人死亡罪，属于过于自信的过失
C. 构成过失致人死亡罪，属于疏忽大意的过失
D. 构成故意伤害罪，属于间接故意

3. 吴某因憎恨自己所在学校领导将自己开除，意欲杀死学校领导，后来在情急之中吴某误把张三当作校领导杀死，该犯的犯罪主观方面应属（　　）。

A. 行为性质错误
B. 工具的错误
C. 行为对象错误
D. 特定时空条件的错误

4. 某甲偶然发现某乙所开小轿车正是自己几天前失窃的小轿车，即强行夺取。某乙奋起反抗，二人打斗起来。某乙不敌某甲，落荒而逃。某甲将车开回家后，发现该车并非自己丢失的那辆。后来，某甲主动将车归还某乙，某甲的行为（　　）。

A. 不构成犯罪　　B. 构成侵占罪
C. 构成抢劫罪　　D. 构成盗窃罪

5. 甲欲杀妻另娶，某日在其妻乙的饭碗里投放毒药，他知道通常乙会喂3岁的女儿食物，但由于杀妻心切不顾孩子的死活，则甲对其女儿死亡的心理态度是：（　　）。

A. 直接故意
B. 间接故意
C. 疏忽大意的过失
D. 过于自信的过失

6. 2012年6月24日，王某、乔某、钟某相约来到白沙湖风景区喝酒游玩。当聊起游泳

话题时，三人都说自己的水性好，游泳水平高，无人能敌，尤以钟某叫声最高。趁着几分醉意，王某和乔某窃语，决定试一下钟某水性到底如何。遂趁钟某不备，将其抬起并抛入湖中。当看到钟某在深水中上下挣扎时，王某和乔某这才意识到问题的严重性，赶快下水施救，但钟某因溺水时间较长而死亡。王某和乔某的罪过为（　　）。（司考 2015. 卷二 . 13）

A. 意外事件

B. 间接故意

C. 过于自信的过失

D. 疏忽大意的过失

7. 在下列犯罪中，主观方面属于过失的犯罪是（　　）。（司考 2011. 卷二 . 15）

A. 非法制造、买卖、运输、邮寄、储存枪支、弹药、爆炸物罪

B. 伪造金融票证罪

C. 徇私舞弊不征、少征税款罪

D. 玩忽职守罪

8. 张某和赵某长期一起赌博。某日两人在工地发生争执，张某推了赵某一把，赵某倒地后后脑勺正好碰到石头上，导致颅脑损伤，经抢救无效死亡。关于张某的行为，下列哪一选项是正确的？（　　）（司考 2007. 卷二 . 14）

A. 构成故意杀人罪

B. 构成过失致人死亡罪

C. 构成故意伤害罪

D. 属于意外事件

9. 司机丙某，平日酒量为白酒一斤，一日，丙某赴同事婚宴，喝了半斤白酒，自认为没事，离席后即驾车回单位，途中因头晕刹车不及，将一位正在人行横道上过马路的老人撞死。则丙某的主观方面是：（　　）。

A. 丙某仅饮酒半斤，没有超过他平时的酒量，对于交通肇事行为不存在主观上的罪过

B. 丙某明知自己饮酒，还要驾车回去，结果撞死行人，其主观上对于交通肇事结果存在犯罪故意

C. 丙某明知自己饮酒，但认为没事，在主观方面为疏忽大意的过失

D. 丙某明知自己不应酒后驾车，但自认酒量大，应该没事，结果驾车肇事，在主观方面存在过于自信的过失

10. 甲意图勒死乙，将乙勒昏后，误以为乙已经死亡。为毁灭证据，又用利刃将所谓的“尸体”分尸。事实上，乙并非死于甲的勒杀行为，而是死于甲的分尸行为。关于本案，下列哪一选项是正确的？（　　）（司考 2008. 四川 . 卷二 . 4）

A. 甲的行为构成故意杀人（未遂）罪和过失致人死亡罪

B. 甲的行为构成故意杀人（未遂）罪、过失致人死亡罪和侮辱尸体罪

C. 甲的行为构成故意杀人（既遂）罪和侮辱尸体罪

D. 甲的行为构成故意杀人（既遂）罪

11. 关于期待可能性，下列哪一选项是错误的？（　　）（司考 2008. 四川 . 卷二 . 5）

A. 行为人是否具有故意、过失，与是否具有期待可能性，是两个不同的问题。换言之，具有故意、过失的人，也可能没有期待可能性

B. 行为人犯罪后毁灭自己犯罪的证据的行为之所以不构成犯罪，是因为缺乏期待可能性

C. 在司法实践中，对于因遭受自然灾害外流谋生而重婚的，之所以不以重婚罪论处，是因为缺乏期待可能性

D. 身无分文的乞丐盗窃他人财物得以维持生存的，因为缺乏期待可能性，不应认定为盗窃罪

12. 甲某蓄意杀害乙某，某夜甲某将乙某骗至某工地，用预先准备好的木棍猛敲乙某的头部，认为乙某必死无疑，遂弃“尸”而去，后乙某被巡夜的联防队员所救，则甲某存在的认识错误是：（　　）。

A. 假想的犯罪　　B. 客体错误

C. 因果关系的错误　　D. 对象的错误

13. 何某有外遇，欲与其妻离婚，但何妻说：“要想离婚，除非我死！”何某遂萌生了

杀妻的念头。考虑到最近民航客机频繁出事，何某便希望通过飞机失事的方式达到杀死其妻的目的。于是何某假作忏悔状，买了一张机票让其妻重游他们的蜜月旅行地，并说自己随后就到。何妻遂乘坐飞机外出，果然，飞机在飞行途中不幸坠毁，其妻也死于空难。何某感到良心不安，几日后到公安机关自首。下列说法正确的是：（　　）。

A. 何某构成故意杀人罪

B. 何某构成过失致人死亡罪

C. 何某构成重大飞行事故罪

D. 何某不构成犯罪

14. 司机刘某开车时打了个喷嚏，使方向盘失去控制，于是车冲向路边，将电线杆撞倒，电线被拉断，导致供电中断7小时，刘某的行为是（　　）。

A. 过失破坏电力设备罪

B. 交通肇事罪

C. 毁坏公私财物罪

D. 意外事件

15. 甲贩运假烟，驾车路过某检查站时，被工商执法部门拦住检查。检查人员乙正登车检查时，甲突然发动汽车夺路而逃。乙抓住汽车车门的把手不放，甲为摆脱乙，在疾驶时突然急刹车，导致乙头部着地身亡。甲对乙死亡的心理态度属于下列哪一选项？（　　）（司考2006. 卷二.3）

A. 直接故意

B. 间接故意

C. 过于自信的过失

D. 疏忽大意的过失

16. 关于故意的认识内容，下列哪一选项是正确的？（　　）（司考2008. 卷二.2）

A. 甲明知自己的财物处于国家机关管理之中，但不知此时的个人财物应以公共财产论而窃回。甲缺乏成立盗窃罪所必需的对客观事实的认识，故不成立盗窃罪

B. 乙以非法占有财物的目的窃取军人的手提包时，明知手提包内可能有枪支仍然窃取，该手提包中果然有一支手枪。乙没有非法占有枪支的目的，故不成立盗窃枪支罪

C. 成立猥亵儿童罪，要求行为人知道被害人是或者可能是不满14周岁的儿童

D. 成立贩卖毒品罪，不仅要求行为人认识到自己贩卖的是毒品，而且要求行为人认识到所贩卖的毒品种类

17. 甲想杀害身材高大的乙，打算先用安眠药使乙昏迷，然后再勒乙的脖子，致其窒息死亡。由于甲投放的安眠药较多，乙吞服安眠药后死亡。对此，下列哪一选项是正确的？（　　）（司考2008. 卷二.3）

A. 甲的预备行为导致了乙死亡，仅成立故意杀人预备

B. 甲虽已着手实行杀人行为，但所预定的实行行为（勒乙的脖子）并未实施完毕，故只能认定为未实行终了的未遂

C. 甲已着手实行杀人行为，应认定为故意杀人既遂

D. 甲的行为是故意杀人预备与过失致人死亡罪的想象竞合犯，应从一重罪论处

18. 甲在从事生产经营的过程中，不知道某种行为是否违法，于是以书面形式向法院咨询，法院正式书面答复该行为合法。于是，甲实施该行为，但该行为实际上违反刑法。关于本案，下列哪一选项是正确的？（　　）（司考2008. 卷二.4）

A. 由于违法性认识不是故意的认识内容，所以，甲仍然构成故意犯罪

B. 甲没有违法性认识的可能性，所以不成立犯罪

C. 甲虽然不成立故意犯罪，但成立过失犯罪

D. 甲既可能成立故意犯罪，也可能成立过失犯罪

19. 下列哪一行为构成故意犯罪？（　　）（司考2012. 卷二.5）

A. 他人欲跳楼自杀，围观者大喊“怎么

还不跳”，致他人跳楼而亡

B. 司机急于回家，行驶时闯红灯，把马路上的行人撞死

C. 误将熟睡的孪生妻妹当成妻子，与其发生性关系

D. 做客的朋友在家中吸毒，主人装作没看见

20. 甲与素不相识的崔某发生口角，推了他肩部一下，踢了他屁股一脚。崔某忽觉胸部不适继而倒地，在医院就医时死亡。经鉴定，崔某因患冠状粥样硬化性心脏病，致急性心力衰竭死亡。关于本案，下列哪一选项是正确的？（　　）（司考2012. 卷二.6）

A. 甲成立故意伤害罪，属于故意伤害致人死亡

B. 甲的行为既不能认定为故意犯罪，也不能认定为意外事件

C. 甲的行为与崔某死亡结果之间有因果关系，这是客观事实

D. 甲主观上对崔某死亡具有预见可能性，成立过失致人死亡罪

21. 关于故意的认识内容，下列哪一选项是错误的？（　　）（司考2011. 卷二.5）

A. 成立故意犯罪，不要求行为人认识到自己行为的违法性

B. 成立贩卖淫秽物品牟利罪，要求行为人认识到物品的淫秽性

C. 成立嫖宿幼女罪，要求行为人认识到卖淫的是幼女

D. 成立为境外非法提供国家秘密罪，要求行为人认识到对方是境外的机构、组织或者个人，没有认识到而非法提供国家秘密的，不成立任何犯罪

22. 关于过失犯的论述，下列哪一选项是错误的？（　　）（司考2011. 卷二.6）

A. 只有实际发生危害结果时，才成立过失犯

B. 认识到可能发生危害结果，但结果的发生违背行为人意志的，成立过失犯

C. 过失犯罪，法律有规定的才负刑事责任。这里的“法律”不限于刑事法律

D. 过失犯的刑事责任一般轻于与之对应的故意犯的刑事责任

23. 关于事实认识错误，下列哪一选项是正确的？（　　）（司考2014. 卷二.7）

A. 甲本欲电话诈骗乙，但拨错了号码，对接听电话的丙实施了诈骗，骗取丙大量财物。甲的行为属于对象错误，成立诈骗既遂

B. 甲本欲枪杀乙，但由于未能瞄准，将乙身旁的丙杀死。无论根据什么学说，甲的行为都成立故意杀人既遂

C. 事前的故意属于抽象的事实认识错误，按照法定符合说，应按犯罪既遂处理

D. 甲将吴某的照片交给乙，让乙杀吴某，但乙误将王某当成吴某予以杀害。乙是对象错误，按照教唆犯从属于实行犯的原理，甲也是对象错误

二、多项选择题

1. 关于罪过，下列哪些说法是正确的？（　　）

A. 罪过有故意和过失两种形式

B. 罪过只能是行为时的心理态度，不能以行为前或者行为后的为准

C. 行为虽然在客观上造成了损害结果，但不是出于故意或者过失的，不认为是犯罪

D. 认识错误内容一般都能影响到刑事责任的有无和性质

2. 甲藏在树林中与伙伴玩捉迷藏，乙打猎途经该地，误以为甲是野兽而开枪射击，致甲死亡，则（　　）。

A. 乙有杀人故意

B. 乙有疏忽大意过失

C. 乙既无故意，也无过失

D. 甲的死亡属意外事件

3. 行为人在事实上的认识错误有（　　）。

A. 对因果关系认识的错误

B. 对犯罪客体认识的错误

C. 对犯罪对象认识的错误

D. 对行为性质认识的错误

4. 甲与乙因情生仇。一日黄昏，甲持锄头路过乙家院子，见甲妻正在院内与一男子说话，以为是乙举锄就打，对方重伤倒地后遂发现是乙哥哥。甲心想，打伤乙哥哥也算解恨。关于甲的行为，下列哪些选项是错误的？(　　)(司考 2010. 卷二 .54)

A. 甲的行为属于对象错误，成立过失致人重伤罪

B. 甲的行为属于方法错误，成立故意伤害罪

C. 根据法定符合说，甲对乙成立故意伤害（未遂）罪，对乙哥哥成立过失致人重伤罪

D. 甲的行为不存在任何认识错误，理所当然成立故意伤害罪

5. 甲、乙合谋杀害丙，计划由甲对丙实施砍杀，乙持枪埋伏于远方暗处，若丙逃跑则伺机射杀。案发时，丙不知道乙的存在。为防止甲的不法侵害，丙开枪射杀甲，子弹与甲擦肩而过，击中远处的乙，致乙死亡。关于本案，下列哪些选项是正确的？(　　)(司考 2017. 卷二 .53)

A. 丙的行为属于打击错误，依具体符合说，丙对乙的死亡结果没有故意

B. 丙的行为属于对象错误，依法定符合说，丙对乙的死亡结果具有故意

C. 不论采取何种学说，丙对乙都不能构成正当防卫

D. 不论采用何种学说，丙对甲都不构成故意杀人罪未遂

6. 刘某基于杀害潘某的意思将潘某勒昏，误以为其已死亡，为毁灭证据而将潘某扔下悬崖。事后查明，潘某不是被勒死而是从悬崖坠落致死。关于本案，下列哪些选项是正确的？(　　)(司考 2007. 卷二 .54)

A. 刘某在本案中存在因果关系的认识错误

B. 刘某在本案中存在打击错误

C. 刘某构成故意杀人罪未遂与过失致人死亡罪

D. 刘某构成故意杀人罪既遂

7. 甲欲杀乙，便向乙开枪，但开枪的结果是将乙和丙都打死。关于本案，下列哪些选项是正确的？(　　)(司考 2008. 卷二 .54)

A. 根据具体符合说，甲对乙成立故意杀人既遂，对丙成立过失致人死亡罪

B. 根据法定符合说，甲对乙与丙均成立故意杀人既遂

C. 不管是根据具体符合说，还是根据法定符合说，甲对乙与丙均成立故意杀人既遂

D. 不管是根据具体符合说，还是根据法定符合说，甲对乙均成立故意杀人既遂，对丙成立过失致人死亡罪

8. 下列哪些案件不构成过失犯罪？(　　)(司考 2012. 卷二 .52)

A. 老师因学生不守课堂纪律，将其赶出教室，导致学生跳楼自杀

B. 汽车修理工恶作剧，将高压气泵塞入同事肛门充气，致其肠道、内脏严重破损

C. 路人见义勇为追赶小偷，小偷跳河游往对岸，路人见状离去，小偷突然抽筋溺毙

D. 邻居看见 6 楼儿童马上要从阳台摔下，遂伸手去接，因未能接牢，儿童摔成重伤

9. 关于认识错误的判断，下列哪些选项是错误的？(　　)(司考 2011. 卷二 .53)

A. 甲为使被害人溺死而将被害人推入井中，但井中没有水，被害人被摔死。这是方法错误，甲行为成立故意杀人既遂

B. 乙准备使被害人吃安眠药熟睡后将其勒死，但未待实施勒杀行为，被害人却因吃了乙投放的安眠药而死亡。这是构成要件提前实现，乙行为成立故意杀人罪既遂

C. 丙打算将含有毒药的巧克力寄给王某，但因写错地址而寄给了汪某，汪某吃后死亡。这既不是对象错误，也不是方法错误，丙的行为成立过失致人死

亡罪

D. 丁误将生父当作仇人杀害。具体符合说与法定符合说都认为丁的行为成立故意杀人罪既遂

10. 关于犯罪故意、过失与认识错误的认定，下列哪些选项是错误的？（　　）（司考 2013. 卷二 .53）

A. 甲、乙是马戏团演员，甲表演飞刀精准，从未出错。某日甲表演时，乙突然移动身体位置，飞刀掷进乙胸部致其死亡。甲的行为属于意外事件

B. 甲、乙在路边争执，甲推乙一掌，致其被路过车辆轧死。甲的行为构成故意伤害（致死）罪

C. 甲见楼下没人，便将家中一块木板扔下楼，不料砸死躲在楼下玩耍的小孩乙。甲的行为属于意外事件

D. 甲本欲用斧子砍死乙，事实上却拿了铁锤砸死乙。甲的错误属于方法错误，根据法定符合说，应认定为故意杀人既遂

三、名词解释

1. 犯罪主观方面

2. 犯罪故意

3. 犯罪过失

4. 意外事件

5. 犯罪目的

6. 犯罪动机

7. 认识错误

四、简答题

1. 简述犯罪的目的和动机对直接故意犯罪定罪量刑的意义。

2. 简述意外事件与过失犯罪的相似之处和最根本的区别。（西南政法大学 2007 年研究生考试试题）

3. 简述间接故意与过于自信的过失的异同。

4. 简述直接故意犯罪的概念及其与疏忽过失犯罪的法律特征之区别。（华东政法大学 2012 年考研真题）

5. 为什么说罪过是行为人承担刑事责任的主观基础？

6. 如何区分刑法中的犯罪故意与日常生活中的故意？

五、论述题

论述过于自信的过失与间接故意的关系。

参考答案

一、单项选择题

1. 答案：C。丙已经警告甲不要摔着孩子，甲显然已经预见可能发生的结果，但自信能避免，因此是过于自信的过失。

2. 答案：C。疏忽大意的过失与过于自信的过失的区别点在于行为人事先对于行为的结果有无预见，如果有预见而轻信能够避免的是过于自信的过失。甲只是想把乙扯开，没有预想到能将乙摔倒，因此属于疏忽大意的过失。

3. 答案：C。考查犯罪主观方面。该犯的犯罪主观方面是犯罪对象认识错误，即把此人当作彼人。杀错人并不影响故意杀人罪的成立，只要具备杀人的故意，无论杀的是不是想杀的人，都成立故意杀人罪。

4. 答案：A。某甲因为误认为某乙的车是自己的而“抢车”属于民法上的自救行为，主观上没有犯罪的故意，排除犯罪性。

5. 答案：B。行为人甲对危害结果发生的可能性有认识，虽然不是积极地追求这种结果发生，但也没有采取相应的措施设法避免这种结果发生，而是对危害结果的发生抱着听之任之的态度，因此是间接故意。

6. 答案：C。意外事件是指行为在客观上虽然造成了损害结果，但不是出于行为人的故意或者过失，而是由于不能预见的原因所引起的，王某和乔某的行为显然不是意外事件，因此 A 选项不正确。间接故意，是指行为人明知自己的行为可能发生危害社会的结果，并且放任这种结果发生的心理态度。对于造成钟某死亡的结果，王某和乔某明显是持反对意见的，因此不是间接故意，故 B 选项不正确。根据《刑法》第 15 条规定，犯罪过

失，是指行为人应当预见自己的行为可能发生危害社会的结果，因为疏忽大意而没有预见，或者已经预见而轻信能够避免，以致发生了危害社会的结果的主观心理态度。过于自信的过失在行为时行为人已经预见到其行为可能导致某种危害结果的发生，但凭借一定的条件而轻信可以避免，而疏忽大意的过失根本没有预见。过于自信的过失与疏忽大意过失的区别，关键看行为人当时对其行为所导致的结果有没有认识到。王某和乔某明知钟某可能水性不好，但为了测试钟某的水性将其抛下水，对结果有认识，但自信能避免结果，属于过于自信的过失，因此C选项正确，D选项错误。综上，本题正确答案为C选项。

7. **答案**：D。非法制造、买卖、运输、邮寄、储存枪支、弹药、爆炸物罪的主观方面是故意，伪造金融票证罪的主观方面是故意，徇私舞弊不征、少征税款罪的主观方面是故意，玩忽职守罪的主观方面是过失。故本题正确答案为D。

8. **答案**：B。根据《刑法》第14条、第15条的规定，所谓犯罪故意是指明知自己的行为会发生危害社会的结果，并且希望或者放任这种结果发生的一种心理状态；犯罪过失则是指应当预见自己的行为可能发生危害社会的结果，但因为疏忽大意而没有预见，或者已经预见而轻信能够避免，以致发生这种结果的心理状态。一般来讲，施工工地会有许多建筑材料，张某作为成年人应当预见到人摔倒在工地上被摔伤或者摔死的可能性会比较大，但是他或者因疏忽大意没有预见，或者已经预见但是轻信能够避免，结果其将赵某推倒在地，导致赵某倒地后后脑勺正好碰到石头上而毙命。这里不存在不能抗拒或不能预见的原因，因此不属于意外事件，选项D不对。很明显，张某并不希望赵某死亡，也没有放任这种结果的发生，因此张某也不属于故意犯罪，选项A和C也不对。张某主观上的罪过应属于过失，且其行为造成了他人死亡的结果，构成过失致人死亡罪。正确答案应当是B。

9. **答案**：D。丙某已经预见到自己的行为可能发生危害社会的结果，但轻信能够避免，以致发生这种结果。

10. **答案**：D。本题考核因果关系认识错误。因果关系认识错误是指，侵害的对象没有错误，但造成侵害的因果关系的发展过程与行为人所预想的发展过程不一致，以及侵害结果推迟或提前发生的情况。本题中，甲意图采用勒死的方式杀害乙，行为对象乙没有错误，只是导致乙死亡的原因发生了错误，即乙不是被勒死，而是在甲实施杀人后因为分尸而导致的死亡。在此种情况下，甲有杀害乙的故意，同时实施了杀害乙的行为，最后导致了乙死亡的客观后果，因此，因果关系认识错误不影响甲故意杀人罪既遂的成立。因此，本题的正确答案是D。

11. **答案**：D。期待可能性是指根据具体情况，有可能期待行为人不实施违法行为而实施其他适法行为。期待可能性的理论认为，如果不能期待行为人实施其他适法的行为，就不能对其进行法的非难，因而不存在刑法上的责任。期待可能性不仅存在有无的问题（是否排除责任），而且还存在程度问题（是否减轻责任）。选项A正确地表达了期待可能性与故意或过失之间的关系，即有故意或过失未必具有期待可能性。选项B属于事后不可罚行为，缺乏期待可能性。选项C也是属于缺乏期待可能性适例，选项D则具有期待可能性，不排除成立盗窃罪。

12. **答案**：C。甲某的认识错误属于因果关系内容的错误，即实际结果小于行为人预想的结果。

13. **答案**：D。刑法中的犯罪行为要求必须具有客观性和侵害性。行为不同于思想，也不同于言论，它要求有人的身体活动或动作，包括消极活动与积极活动，它必须是基于人的意识而实施的客观上侵犯法益的行为。本案中，何某主观上虽有致其妻死亡的意图，但在客观上并没有采取杀人行为，而是意图通过飞机失事使其妻死亡，因而不存在刑法中的行为，不构成犯罪。故本题答案是D。

14. 答案：D。司机的行为是意外事件。打喷嚏是无法预料并且无法控制的意外情况，由此直接造成的后果，不应当认为是犯罪，司机在主观上既没有故意，也没有过失。

15. 答案：B。题中甲为逃避检查，不顾抓着车门的乙，在疾驶中突然刹车，致乙身亡，甲明知其行为会发生危害后果，并且放任这种结果的发生，是典型的间接故意。根据题中条件，甲只为摆脱乙，并不具有杀人的直接故意，只是采用了不计后果的方法。由以上分析可知甲也不构成过失。故正确答案为B。

16. 答案：C。刑法通说认为，故意的认识因素是明知自己的行为会发生危害社会的结果。具体来讲：第一，行为人明知自己行为的内容与危害性质。第二，行为人明知自己的行为会发生某种危害结果。对危害结果的认识不要求很具体，只要求认识到危害结果的基本性质。第三，某些犯罪的故意还要求行为人认识到刑法规定的特定事实，如特定的时间、地点、对象等。第四，对于规范的构成要件要素，行为人也必须具有认识。A选项，对于成立盗窃罪而言，行为人必须认识到自己所盗窃的是他人占有或所有的财物。对于自己所有的财产，只要认识到其处于他人合法占有的状态，即满足了盗窃故意的认识内容。因此A选项错误。盗窃枪支的，只要行为人认识到对象可能是枪支，就成立盗窃枪支罪。相反，没有认识到对象可能是枪支的，只能认定为盗窃罪。乙明知手提包内可能有枪支而窃取，故成立盗窃枪支罪，B选项错误。猥亵儿童罪的犯罪故意特别要求行为人认识到其猥亵的对象是或者可能是不满14周岁的儿童，故C选项正确。对于贩卖毒品罪的犯罪故意来说，只要求行为人认识到贩卖的对象具有毒品的基本性质即成立犯罪故意，而无须了解具体的毒品种类，D选项错误。

17. 答案：C。因果关系的错误，是指侵害的对象没有错误，但造成侵害的因果关系的发展过程与行为人所预想的发展过程不一致，以及侵害结果推后或者提前发生的情况。因果关系的错误具体又包括狭义的因果关系的错误、事前故意与构成要件的提前实现三种。犯罪构成的提前实现，实际上是指提前实现了行为人所预想的结果。要认定这种行为是否成立故意犯罪既遂，关键在于行为人在实施第一行为时，是否已经着手实行，如果能得出肯定结论，则应认定为故意犯罪既遂；如果得出否定结论，则否认故意犯罪既遂。在本案中，甲准备使乙吃安眠药熟睡后将其勒死，但未待其实施勒杀行为时，乙由于吃了过量的安眠药而死亡，这就构成了犯罪构成的提前实现。我国刑法理论现在的通说认为，所谓着手，就是开始实行刑法分则所规定的某一犯罪构成客观要件的行为。甲投放安眠药的行为已经可以被视为故意杀人罪的实行行为，故甲的行为构成故意杀人既遂。因此C正确，ABD错误。

18. 答案：B。违法性认识，是指认识到自己的行为是违法的。违法性认识的可能性，是指行为人在实施符合构成要件的行为时，能够认识到自己的行为是违法的。违法性的认识问题，大多是作为违法性的错误问题从反面进行议论的。违法性的错误，是指没有事实错误，但不知道其行为在法律上是不被允许的，或者错误地以为其行为被法律所允许的情形。违法性的错误可以分为两种情形：一是可以回避的违法性的错误，在此情形下，行为人具有违法性认识的可能性；二是不可回避的违法性的错误，于此情形下，行为人没有违法性认识的可能性。而当行为人不可能认识到行为的违法性时，或者说不可避免地产生违法性的错误时，则不能以犯罪论处。在本案中，甲专门针对该行为的合法状况向法院进行了咨询，那么在其信赖了主管机关的见解而产生了违法性的错误时，这些错误应属于不可避免的错误，故甲不具有违法性认识的可能性，因而不构成犯罪。因此B

正确，ACD错误。

19. 答案：D。故意犯罪，是在行为满足构成要件该当性和违法性的基础上，行为人对自己的行为、对象、结果、因果关系、违法性有认识的犯罪。即“明知自己的行为会产生危害社会的结果，而希望或者放任此种结果发生”的犯罪形态。

A选项，首先，自杀者跳楼，因为其他人对此没有支配力，属于自我答责范畴，其他人不会因此承担刑事责任。其次，基于共犯从属性理论中的实行从属性，实行者无罪，帮助者和教唆者也无罪。围观者的叫喊至多是促使自杀者坚定了自杀决议，起帮助作用。当自杀者不构成犯罪时，帮助其自杀的人当然无法成立犯罪（除非刑法将此种“帮助”行为实行行为化，独立规定为犯罪），更不用说成立故意犯罪。

B选项，虽然交通肇事者违反交通规则往往是故意的，但是对危害后果的主观认识被认为是过失。原因是交通事故发生时，驾驶者往往是第一受害人，很难想象驾驶者对于自己的生命、健康、财产是一种无所谓的放任态度。除非有明确的证据表明驾驶者对于他人的生死持放任态度，否则都应该将交通肇事认定为过失犯罪。案例中司机故意违规闯红灯，但不是为了撞人（只是急于回家）。司机对于不小心撞死他人的结果，在主观上是过于自信的过失。

C选项，强奸罪是故意犯罪，其故意是指行为人明知对方妇女不同意与其发生性关系而决意强行为之。即行为人要对对方妇女的“不同意”有明确的认识。如果行为人误以为对方妇女同意，而与其发生性关系的，即使对方妇女实际上不同意，行为人也因为没有“强奸故意”而不成立犯罪。案例中行为人将孪生妻妹当作妻子，并没有强奸妻妹的故意，而是一种事实认识错误。对于客观上的强奸结果，行为人主观方面是过失。

D选项，容留他人吸毒罪，是故意犯罪。行为既包括主动邀请他人到自己居所吸食毒品（作为），也包括在知道他人于自己居所吸食毒品时，有阻止义务而故意不阻止（属不作为犯。义务来源基于对法益的危险发生领域的支配产生，对自己支配的建筑物、汽车等场所内的危险的阻止义务）。案例中的主人对于他人在自己居所吸食毒品有认识，有阻止义务，而假装不知道的，成立不作为的容留他人吸毒罪。

20. 答案：C。依据因果关系理论，刑法上的因果关系是实行行为的客观风险现实化为危害结果的过程。即认定因果关系，首先要确定行为本身带来的风险。

本案中，推搡本身不至于引起他人死亡，但是被害人的特殊体质是行为人行为的背景。根据刑法教义上的结论，即当初行为结合被害人特殊体质或者被害人的过失导致危害结果的，行为是危害结果产生的必要条件，具有刑法上的因果关系。所以C选项正确。

但是，在客观上有因果关系并不意味着主观上同时有罪责。成立故意杀人罪，主观方面要求行为人知道自己的行为会导致他人死亡；成立过失致人死亡罪要求行为人至少对崔某的死亡结果有预见可能性。首先，甲对于崔某的死亡没有杀人的故意，其并不知道崔某有特异体质（陌生人），甲的推搡行为只是意图给崔某造成轻微的肉体疼痛或者神经刺激，并不是使用致命暴力打击致命位置的杀人行为。其次，甲即使足够注意，人的眼睛也不是医院的检测机器，无法得知素不相识的人是有内在特异体质的不健康人，所以甲对死亡结果没有预测的可能性，也不成立过失犯罪。最后，甲对于崔某的死亡在刑法上应该属于意外事件。

21. 答案：D。D选项，如果行为人认识到对方是境外的机构、组织或者个人而非法提供国家秘密的，成立为境外非法提供国家秘密罪；如果行为人对对方没有正确认识而非法提供国家秘密的，成立故意泄露国家秘密罪。

22. 答案：C。《刑法》第15条第2款规定：“过失犯罪，法律有规定的才负刑事责任。”

表明刑法以惩罚故意犯罪为原则，以惩罚过失犯罪为例外。由于犯罪只能由刑法规定，过失犯罪也只能由刑法规定，这里的“法律”不可能包括非刑事法律。所以C选项错误。

23. **答案**：A。事实认识错误分为具体的事实认识错误与抽象的事实认识错误。具体的事实认识错误主要包括对象错误、打击错误与因果关系的错误。对象错误是指误把甲对象当成乙对象侵害，打击错误是指由于行为本身误差导致欲攻击甲实际攻击乙。二者区别在于：对象错误的行为人主观上产生了认识错误，打击错误的行为人主观上没有认识错误，错误结果的发生是因为外在的客观原因。A选项因拨错号码导致将接听电话的丙错误认为计划中的诈骗对象乙，属于对象错误，成立诈骗既遂。A正确。B选项中，甲属于打击错误。根据具体符合说，由于客观事实与行为人的主观认识没有形成具体的符合，构成故意杀人罪未遂与过失致人死亡罪的想象竞合犯，从一重罪论处。而根据法定符合说，则构成故意杀人罪既遂。故B错误。事前的故意，是指行为人误认为第一个行为已经造成结果，出于其他目的实施第二个行为，实际上是第二个行为才导致预期结果的情况。事前的故意属于因果关系错误，属于具体的事实认识错误而非抽象的事实认识错误。按照法定符合说，第一行为与死亡结果之间的因果关系并未中断，而且现实所发生的结果与行为人意欲实现的结果完全一致，应按照犯罪既遂论处。C错误。D选项中，乙主观上发生了认识错误，属于典型的对象错误。但对于甲来说，其认识上并未发生错误，按照共犯理论可将乙行为理解为甲行为的延伸，甲属于打击错误而非对象错误。D错误。应选A。

二、多项选择题

1. **答案**：ABC。D选项不正确，法律认识错误原则上不影响罪责。在事实错误方面，法律性质相同对象之间的错误，也不影响责任的性质。

2. **答案**：CD。因《刑法》第16条规定，意外事件虽然在客观上造成了损害结果，但不是出于故意或者过失，而是由于不能预见的原因所引起的，不是犯罪。

3. **答案**：ABCD。行为人在事实上的认识错误是行为人预备或者着手实施犯罪时所预见或设想的犯罪事实与实际发生的事实不符合。包括：对犯罪客体认识的错误、对犯罪对象认识的错误、对行为性质认识的错误、对行为工具（方法）认识的错误、对因果关系认识的错误。

4. **答案**：ABCD。甲将乙哥哥当作乙进行打击，甲的行为属于对象认识错误。按照法定符合说，甲基于伤害乙的故意伤害了乙的哥哥，成立故意伤害罪；按照具体符合说，甲对乙成立故意伤害（未遂）罪，对乙哥哥成立过失致人重伤罪。

5. **答案**：AC（司法部答案为AD）。具体符合说要求客观上发生的事实和行为人认识到的事实在具体层面完全一致。如果不一致的，则不成立构成要件故意。法定符合说认为行为人所认识的事实与实际发生的事实只要在犯罪构成范围内是一致的，就成立故意的既遂犯。所谓打击错误是指行为人对自己意欲侵害的某一对象实施侵害行为，由于失误而导致实际侵害对象与其本欲侵害的对象不一致。选项A正确。丙的行为属于打击错误而非对象错误。选项B错误。虽然甲与乙之间具有共谋杀害丙的故意，但丙对乙的埋伏行为并不知情。丙对乙的射杀行为构成偶然防卫，偶然防卫不是正当防卫。不论采取何种学说，丙对乙的射杀行为均不能构成正当防卫。选项C正确。采用具体符合说解释丙对甲的射杀行为能够得到故意杀人罪未遂的结论。选项D错误。

6. **答案**：AD。本题中刘某误认为潘某是被勒死亡，而事实上潘某是被刘某从悬崖扔下致死，刘某对因果关系出现了认识上的错误，因此A选项正确。打击错误也称方法错误，是由于行为本身的误差，致使行为人所欲攻击的对象与实际受害的对象不一致，很明显刘某的行为不存在打击错误。所以B选项错误。虽然刘某出现因果关系认识错误，但其具有实现同一结果的故意，即同样追求潘某死亡的结果，因此刘某仍然构成故意杀人罪既遂。因此D选项正确，C选项错误。

7. 答案：AB。具体的事实认识错误，是指行为人认识的事实与实际发生的事实虽然不一致，但没有超出同一犯罪构成的范围，因而也被称为同一犯罪构成内的错误。具体的事实错误主要包括对象错误、打击错误与因果关系错误。对于具体的事实错误，存在具体的符合说与法定的符合说的争论。前者认为，行为人所认识的事实与实际发生的事实具体地相一致时，才成立故意的既遂犯；后者认为，行为人所认识的事实与实际发生的事实，只要在犯罪构成范围内是一致的，就成立故意的既遂犯。通说采取法定符合说。关于打击错误，具体符合说认为，由于客观事实与行为人的主观认识没有形成具体的符合，所以，在本案中，甲对乙承担杀人既遂的责任，对丙则承担过失致人死亡的责任；由于只有一个行为，故二者属于想象竞合犯，从一重罪论处。而根据法定符合说中的数故意说，行为人对甲与乙都成立故意杀人既遂。当然，采取数故意说并不意味着成立数个故意杀人罪，因为只有一个行为，所以应按想象竞合犯以一罪论处。因此AB正确，CD错误。

8. 答案：ABCD。过失犯罪，首先要求行为符合刑法分则规定的构成要件该当性；其次要求具备违法性；最后行为人应当预见自己的行为可能发生危害社会的结果。若因为疏忽大意而没有预见，或者已经预见而轻信能够避免，以致发生危害结果的，构成过失犯罪。

A选项中教师对学生进行轻微处罚，学生自杀的，学生的死亡属于被害人自我答责，与教师的处罚之间没有因果关系。即没有过失犯罪成立所需要的第一步——构成要件该当性，教师不构成犯罪，自然不成立过失犯罪。

B选项中将高压气泵塞入他人肛门充气，是高度危险行为。行为人对于可能的身体伤害结果是有认识的，仍然采取了放任的心态，成立间接故意的故意伤害罪。

C选项中见义勇为追赶小偷，是正当防卫或者公民扭送之一种，本身是合法行为。小偷自己选择跳河逃跑，虽然与路人的追赶有事实关系，但是路人的追赶行为本身产生的风险是被法律所容忍的，与小偷选择跳水逃跑溺死的结果之间没有刑法上的因果关系。因而不成立犯罪。

D选项，首先，邻居对于坠楼的小孩没有救助义务，即使不伸手去接，也不成立犯罪。其次，邻居在刹那间伸手去接快速坠楼的小孩，无法期待邻居能够在短时间内做出最准确的动作来救助小孩，即邻居在现实生活中即使足够谨慎也对结果没有回避可能性。因此邻居不成立犯罪。

9. 答案：AC。A选项属于狭义的因果关系错误，行为人对结果的发生有预料，但是对于危险实现为结果的历程产生错误认识。方法错误，是指由于行为本身的误差，导致行为人所欲损伤的对象与实际受害的对象不一致，所欲损伤的对象与实际损伤的对象体现相同的法益。

B选项属于因果关系错误中的犯罪结果提前出现的情况，如果是预备行为导致所追求的结果出现，则成立故意犯罪的预备与过失犯罪的想象竞合；如果计划先后实施数个行为，但第一个实行行为即导致所追求的结果出现，满足“罪责与行为同时存在”的原则，成立故意犯罪的既遂。行为人投放安眠药时已经存在杀死他人的具体危险，是故意杀人罪的着手，因此成立故意杀人既遂。

C选项中，丙计划杀人，采取邮寄的方法，没有能够精确地控制邮寄的对象指向，属于意欲打A实则行为误差打中B的情况，是方法错误。由于王某与汪某都是刑法保护的具有相同法益的人，所以根据法定符合说，丙成立故意杀人罪既遂。

D选项中，丁误把甲对象当作乙对象加以侵害，而甲对象和乙对象体现相同的法益，属于具体事实认识错误中的对象错误。依据法定符合说，丁主观上想杀人，客观上杀了人，主客观相一致，在故意杀人罪的犯罪构成内，成立故意杀人罪的既遂。依据具体符合说，丁想杀仇人，却杀了其父亲，对象是有误差的，但是这种误差不重要，因为在杀人那一刻，丁确实想杀死自己面前的“那个人”，所以丁也成立故意杀人罪既遂。

10. **答案**：BCD。A选项中，虽然造成了乙死亡的后果，但是由于甲、乙长期合作，因此二人之间已经形成默契，甲表演失误主要是由于乙突然移动身体位置，这是甲无法预见到的，因此属于意外事件，A是正确的。B选项中甲、乙二人争执，互相推搡在所难免，但是甲并没有伤害乙的故意。甲应当意识到在路边推搡的行为极有可能造成乙受伤，但是由于疏忽大意没有认识到，实施了伤害行为，属于疏忽大意的过失。因此，B的说法是错误的。C选项中，甲作为理智的成年人，应当认识到将木板从楼上扔下去的行为可能会伤害到他人，并且木板掉落的位置具有很大的随意性，无法确定，甲为此还专门确定楼下是否有人，因此在确定无人，轻信不会发生伤害行为的情况下实施了该行为，甲属于过于自信的过失，构成过失致人死亡罪，所以C的说法是错误的。方法错误是指由于行为本身的误差，导致行为人所欲攻击的对象与实际受害的对象不一致。D选项中，甲欲攻击的对象和实际受害的对象都是乙，不存在方法错误的问题。因此，D是错误的。故，本题的正确答案为BCD。

三、名词解释

1. **答案**：犯罪主观方面，是指犯罪主体对自己行为及其危害社会的结果所抱的心理态度。它包括罪过（犯罪的故意或者犯罪的过失）以及犯罪的目的和动机等几种因素。
2. **答案**：犯罪故意，是指行为人明知自己的行为会发生危害社会的结果，并且希望或者放任这种结果发生的主观心理态度。
3. **答案**：犯罪过失，是指行为人应当预见自己的行为可能发生危害社会的结果，因为疏忽大意而没有预见，或者已经预见而轻信能够避免的一种心理态度。
4. **答案**：意外事件，是指行为虽然在客观上造成了损害结果，但不是出于行为人的故意或者过失，而是由于不能预见的原因所引起的，不认为是犯罪的情况。
5. **答案**：犯罪目的，是指犯罪人希望通过实施犯罪行为达到某种结果的心理态度。
6. **答案**：犯罪动机，是指刺激犯罪人实施犯罪行为以达到犯罪目的的内心冲动或者起因。
7. **答案**：认识错误，是指行为人对自己的行为的刑法性质、后果和有关的事实情况不正确的认识。一般有法律认识错误和事实认识错误两种：法律认识错误，是指行为人对自己的行为在法律上是否构成犯罪、构成何种犯罪或者应当受到什么样的处罚的不正确理解；事实认识错误，是指行为人对自己行为的事实情况的不正确的理解。

四、简答题

1. **答案**：（一）犯罪目的的意义

犯罪目的突出影响直接故意犯罪的定罪问题。主要表现为两种情况：

（1）在法律标明犯罪目的的犯罪中，特定的犯罪目的是犯罪构成的必备要件。

对法律标明犯罪目的的犯罪来说，特定的犯罪目的是这些犯罪构成主观方面的必备要件。其作用或是作为区分罪与非罪的标准，或是作为区分此罪与彼罪的标准。

（2）对法律未标明犯罪目的的直接故意犯罪来说，犯罪目的也是其犯罪直接故意中必然存在的一个重要内容，而且每种直接故意犯罪都有其特定的犯罪目的，因而在剖析具体犯罪构成的主观要件时，明确其犯罪目的的内涵并予以确切查明，无疑对定罪具有重大作用。

查清直接故意犯罪的犯罪目的，有助于正确区分罪与非罪、此罪与彼罪的界限。

此外，由于正确定罪是量刑适当的前提，因而犯罪目的不仅影响定罪，对正确适用刑罚也具有一定的作用。

（二）犯罪动机的意义

犯罪动机对直接故意犯罪的定罪量刑也具有一定的影响。

（1）犯罪动机侧重影响量刑。

犯罪动机是犯罪的重要情节之一，根据立法规定和司法经验，量刑要考虑犯罪的各种情节，因此，犯罪动机对于量刑具有重要意义。在法律对犯罪的不同情节规定了不同刑罚的情况下，它作为犯罪的一个重要情节可能影响到不同量刑幅度的选择，在直接故意犯罪的情况下，它作为犯罪的重要情节之一，可能影响到同一量刑幅度内轻重刑罚的选择。

(2) 犯罪动机对直接故意犯罪的定罪也具有一定的意义。

2. 答案：所谓意外事件，是指行为在客观上虽然造成了损害结果，但不是出于行为人的故意或者过失，而是由于不能预见的原因所引起的。按照犯罪过失心理态度的不同内容，刑法理论上把犯罪的过失区分为过于自信的过失与疏忽大意的过失两种类型。

“不能预见的原因”所致的意外事件，与疏忽大意的过失有相似之处，二者都是行为人对有害结果的发生没有预见，并因此发生了这种结果。但是，它们更有着原则的区别：根据行为人的实际认识能力和当时的情况，意外事件是行为人对损害结果的发生不可能预见、不应当预见而没有预见；疏忽大意的过失则是行为人对行为发生危害结果的可能性能够预见、应当预见，只是由于其疏忽大意的心理而导致了未能实际预见。因此，根据行为人的实际能力和当时的情况，结合法律、职业等的要求来认真考察其有没有预见的原因，对于区分意外事件与疏忽大意的过失犯罪至关重要，这是罪与非罪的原则区分。例如，某汽车司机在雨夜行车，从一塑料布上驶过，轧死了塑料布下的一个精神病人。司机以为塑料布下是附近农民的稻谷，在当时的情况下他不可能预见到有人在雨夜躲在公路的塑料布下，这就属于意外事件。

3. 答案：间接故意，是指明知自己的行为会发生危害社会的结果，并且放任这种危害结果发生的心理态度。过于自信的过失，是指行为人已经预见到自己的行为可能发生危害社会的结果，但是轻信能够避免，以致发生这种结果的心理态度。

1. 二者的相同点：都预见到危害结果可能发生，都不希望危害结果的发生。

2. 二者的不同点：(1) 二者对危害结果发生的认识程度不同：过于自信的过失是已经预见到自己的行为可能发生危害社会的结果，而间接故意是明知自己的行为会发生危害社会的结果，认识程度更高。(2) 二者对危害结果持有的态度不同：过于自信的过失对危害结果持有否定态度，间接故意对危害结果持有放任态度。

4. 答案：故意犯罪可分为直接故意犯罪和间接故意犯罪两种，明明知道自己的行为会发生某种危害结果，而又希望这种结果发生，在这样一种心理状态下犯罪，就是直接故意犯罪。

直接故意犯罪和间接故意犯罪都必须负刑事责任。应当预见自己的行为可能发生危害社会的结果，因为疏忽大意而没有预见，以致造成严重结果的，是疏忽大意的过失犯罪。过于自信的过失犯罪是行为人已经预见到自己的行为可能发生危害社会的结果，但轻信能够避免这一结果的发生。如一司机，对自己的经验和技术过于自信，在闹市地区违章驾车，车速过快，结果造成重大事故。对于过失犯罪，刑法中有规定的才负刑事责任。

5. 答案：罪过是犯罪主观方面中犯罪故意和犯罪过失的统称。罪过是行为人承担刑事责任的主观基础，其原因在于：

(1) 罪过是行为人主观恶性的特征表现，而主观恶性是犯罪的社会危害性的重要组成部分。它反映了行为人对于刑法规范以及刑法规范所保护的社会关系的否定态度。其中，犯罪的故意表明了行为人对刑法规范及其所保护的社会关系所持有的敌视或蔑视态度。犯罪过失则表明了行为人对刑法规范及其所保护的社会关系所持有的漠视或忽视态度。因此，查清罪过，是揭示行为社会危害性的重要方面。

(2) 罪过是犯罪主观方面的必备要素，因而也是犯罪构成的必备要素。根据我国刑法理论，犯罪构成要件是追究行为人刑事责任的根据，罪过所揭示的行为人对其危害行为及其危害结果的故意或过失的心理态度，是犯罪构成的主观要件，所以，罪过是行为人承担刑事责任的主观基础。这是基于辩证唯物主义关于人的意识和意志具有相对的独立性和主观能动性，以及人应当对自己自觉的、有意识、有意志的活动承担相应的社会责任这一基本原理。

6. **答案**：刑法中的犯罪故意具有特定的内涵，特指行为人对其实施的行为所造成的危害结果所持的希望或放任的态度；而一般生活意义上的“故意”，只是表明行为人有意识地实施某种行为，并不包含其对结果的社会危害性的态度这一内容。

(1) 刑法上的犯罪故意具有法定性，其具体定义有刑法的专门规定；构成犯罪故意需要的认识内容也以刑法规定的事实要素为基础。

(2) 刑法上的犯罪故意既包括认识因素也包括意志因素，而其中认识因素的对象是犯罪客观要件的全部内容。生活中的故意强调的是行为人在意志支配下有目的的行为，不一定存在特定的认识对象和意志追求。

(3) 刑法上的犯罪故意具有规范含义和价值意义，其反映了行为人的社会危害性和主观恶性，犯罪故意表明行为人对法规范和刑法所保护的社会关系的漠视；而生活中的故意则不能反映出行为人的社会危害性和刑法上的主观恶性。

五、论述题

答案：过于自信的过失，是指行为人已经预见到自己的行为可能发生危害社会的结果，但轻信能够避免的心理态度。

间接故意，是指行为人明知自己的行为可能发生危害社会的结果，并且放任这种结果发生的心理态度。

(1) 联系

第一，在认识因素上，两者都认识到自己行为的危害结果，并且都只预见到这种结果发生的可能。

第二，在意志因素上，两者都不希望结果发生。

但它们是性质截然不同的两种罪过形式，在认识因素和意志因素上都有着重要的区别。

(2) 区别

	间接故意	过于自信的过失
认识因素上有所不同	间接故意的心理对可能性转化为现实性并未发生错误的认识和估计	过于自信的过失心理则不同，在危害结果发生的情况下，其主观与客观是不一致的
意志因素上有重要区别	间接故意对危害结果持放任态度	过于自信的过失对危害结果持根本否定态度

第九章　正当行为

基础知识图解

- 正当行为
  - 正当防卫
    - 条件：意图、起因、对象、时间、限度
    - 防卫过当
  - 紧急避险
    - 条件：意图、起因、对象、时间、限度、限制及禁止情形
    - 避险过当
  - 其他的正当行为
    - 自救行为
    - 正当业务行为
    - 履行职务行为
    - 基于权利人承诺或自愿的损害
    - 法令行为

配套测试

一、单项选择题

1. 甲某的邻居乙某患有严重的精神病，某日乘家人看管不严之机，溜出家门。持菜刀追砍甲某，甲某情急之中，顺手拿起一根铁棍，将乙某打倒在地，致乙某重伤。甲某的行为应当属于（　　）。
   A. 正当防卫
   B. 紧急避险
   C. 防卫过当
   D. 避险过当
2. 甲与乙有隙，甲伺机报复，一天晚上甲怀揣一把匕首来到乙路过处，将乙拦住，不让其通过。甲还恶语相加，对乙肆意侮辱。乙愤怒之极，捡起路边的一块砖头向甲头部砸去。甲边躲边说："这次是你先动手的！"然后掏出匕首向乙刺去，刺中乙腿部，致乙轻伤。甲的行为属于：（　　）。
   A. 正当防卫，不负刑事责任
   B. 防卫过当，构成故意伤害罪
   C. 故意伤害罪
   D. 事后防卫，应负刑事责任
3. 甲见两个小偷正在行窃，即前去制止，反遭小偷攻击，甲立即进行反击。此时，便衣民警乙赶到，未及时表明自己的身份即迅速抓住甲以制止其斗殴。甲因此以为乙系小偷一伙的，随即拔刀将乙刺成重伤。甲的行为属于（　　）。
   A. 过失伤害
   B. 正当防卫
   C. 假想的防卫，应按过失伤害论处
   D. 假想的防卫，应按意外事件处理
4. 孙某持刀抢劫赵某财物，赵某夺下孙某的刀，并将孙某推倒在水泥地上，孙某头部着地，当即昏迷。赵某随后持刀将孙某杀死。关于赵某行为的性质，下列哪一选项是正确的？（　　）
   A. 赵某将抢劫犯杀死，属于正当防卫
   B. 赵某的行为属于防卫过当
   C. 赵某前面的行为是正当防卫，后面的行为是防卫过当
   D. 赵某前面的行为是正当防卫，后面的行为是故意杀人
5. 甲与邻居乙因生活琐事发生摩擦大打出手，此后乙声称要把甲杀死，并去商店买了一把菜刀，甲怕乙杀死自己，就在乙从商店回来的路上，用猎枪打死了乙，甲的

行为属于（　　）。

A. 正当防卫

B. 防卫过当

C. 故意犯罪

D. 假想防卫

6. 甲、乙二人发生争执，互相殴打，甲因身强力壮，乙抵挡不住，转身逃跑。甲紧追不放并将乙打倒在地，乙迫不得已，掏出匕首将甲刺伤，乙的行为是（　　）。

A. 正当防卫

B. 防卫过当

C. 故意犯罪

D. 紧急避险

7. 甲持刀追杀乙，乙的朋友丙路过，用气枪打伤了甲，丙的行为是（　　）。

A. 正当防卫

B. 紧急避险

C. 故意犯罪

D. 防卫过当

8. 某甲开着一辆偷来的汽油罐车向正在驶来的一列客车冲去，某乙见状用步枪将某甲击毙，油罐车翻下路边爆炸烧毁。某乙的行为是（　　）。

A. 正当防卫

B. 紧急避险

C. 防卫过当

D. 避险过当

9. 甲、乙两家有仇。某晚，两拨人在歌厅发生斗殴，甲、乙恰巧在场并各属一方。打斗中乙持刀砍伤甲小臂，甲用木棒击中乙头部，致乙死亡。关于甲的行为，下列哪一选项是正确的？（　　）（司考 2010. 卷二 . 7）

A. 属于正当防卫

B. 属于紧急避险

C. 属于防卫过当

D. 属于故意杀人

10. 辛某与谢某素有仇怨，一日，谢某拦住辛某，百般辱骂，辛某挥舞拳头作势欲打谢某，谢某逃跑，辛某紧追不舍，谢某从屠户刘某处抢得一把杀猪刀，辛某不敢再追，谢某用言辞激辛某，辛某又追。待辛某追近时，谢某用杀猪刀捅了辛某一刀，导致辛某心脏破裂而死，谢某的行为属于（　　）。

A. 故意杀人

B. 防卫过当

C. 正当防卫

D. 紧急避险

11. 下列行为中，成立正当防卫的是（　　）。（司考 2015. 卷二 . 12）

A. 甲男到邻居乙女家借钱，乙女不借并嘲笑甲，甲恼羞成怒遂强奸乙，其间乙顺手拿起枕边的剪刀，将甲扎死

B. 乙某到某小区施工工地内盗窃，后被施工人员发现并带至安全部办公室，工地人员对乙某实施殴打，乙某遂持铁管将工地人员夏某打伤，经鉴定，构成重伤二级

C. 丙强奸 A 后逃走，A 从四楼的窗户看到丙正跑到楼下，遂将一花盆砸下去，致丙重伤

D. 丁与 B 发生争吵，B 边走边说：“你别走，我找人杀了你。”丁先发制人，将 B 打成重伤

12. 我国刑法明确规定的正当化行为是（　　）。（司考 2010. 卷二 . 19）

A. 依法执行职务的行为

B. 紧急避险行为

C. 执行命令的行为

D. 经权利人同意的行为

13. 甲见自己的女友遭多流氓调戏，前去制止，却反遭流氓持凶器围攻，立即进行反击。此时便衣警察李某赶到，未及亮明自己的身份即迅速抓住甲以制止斗殴。甲以为李某是流氓团伙成员，随即持木棍将李某打成重伤。甲的行为属于（　　）。

A. 正当防卫　　B. 防卫过当

C. 假想防卫　　D. 防卫不适时

14. 避险过当时，应当负刑事责任，应如何处罚？（　　）

A. 应当从轻处罚

B. 应当减轻或者免除处罚

C. 可以从轻处罚
D. 可以减轻或者免除处罚

15. 关于排除犯罪的事由，下列哪一选项是正确的？(　　)
A. 对于严重危及人身安全的暴力犯罪以外的不法侵害进行防卫，造成不法侵害人死亡的，均属防卫过当
B. 由于武装叛乱、暴乱罪属于危害国家安全罪，而非危害人身安全犯罪，所以，对于武装叛乱、暴乱罪不可能实行特殊正当防卫
C. 放火毁损自己所有的财物但危害公共安全的，不属于排除犯罪的事由
D. 律师在法庭上为了维护被告人的合法权益，不得已泄露他人隐私的，属于紧急避险

16. 陈某抢劫出租车司机甲，用匕首刺甲一刀，强行抢走财物后下车逃跑。甲发动汽车追赶，在陈某往前跑了40米处将其撞成重伤并夺回财物。关于甲的行为性质，下列哪一选项是正确的？(　　)(司考2007. 卷二.2)
A. 法令行为
B. 紧急避险
C. 正当防卫
D. 自救行为

17. 关于正当防卫，下列哪一选项是错误的？(　　)(司考2009. 卷二.3)
A. 制服不法侵害人后，又对其实施加害行为，成立故意犯罪
B. 抢劫犯使用暴力取得财物后，对抢劫犯立即进行追击的，由于不法侵害尚未结束，属于合法行为
C. 动物被饲主唆使侵害他人的，其侵害属于不法侵害；但动物对人的自发侵害，不是不法侵害
D. 基于过失而实施的侵害行为，不是不法侵害

18. 甲遭乙追杀，情急之下夺过丙的摩托车骑上就跑，丙被摔骨折。乙开车继续追杀，甲为逃命飞身跳下疾驶的摩托车奔入树林，致丙1万元的摩托车被毁。关于甲行为的说法，下列哪一选项是正确的？(　　)(司考2009. 卷二.4)
A. 属于正当防卫
B. 属于紧急避险
C. 构成抢夺罪
D. 构成故意伤害罪、故意毁坏财物罪

19. 甲对正在实施一般伤害的乙进行正当防卫，致乙重伤(仍在防卫限度之内)。乙已无侵害能力，求甲将其送往医院，但甲不理会而离去。乙因流血过多死亡。关于本案，下列哪一选项是正确的？(　　)(司考2013. 卷二.7)
A. 甲的不救助行为独立构成不作为的故意杀人罪
B. 甲的不救助行为独立构成不作为的过失致人死亡罪
C. 甲的行为属于防卫过当
D. 甲的行为仅成立正当防卫

20. 经被害人承诺的行为要排除犯罪的成立，至少符合下列4个条件：
①被害人对被侵害的____具有处分权限
②被害人对所承诺的____的意义、范围具有理解能力
③承诺出于被害人的____意志
④被害人必须有____的承诺
下列哪一选项与题干空格内容相匹配？(　　)(司考2011. 卷二.8)
A. 法益—事项—现实—真实
B. 事项—法益—现实—真实
C. 事项—法益—真实—现实
D. 法益—事项—真实—现实

21. 关于正当防卫与紧急避险，下列哪一选项是正确的？(　　)
A. 为保护国家利益实施的防卫行为，只有当防卫人是国家工作人员时，才成立正当防卫
B. 为制止正在进行的不法侵害，使用第三者的财物反击不法侵害人，导致该财物被毁坏的，对不法侵害人不可能成立正当防卫
C. 为摆脱合法追捕而侵入他人住宅的，

考虑到人性弱点，可认定为紧急避险

D. 为保护个人利益免受正在发生的危险，不得已也可通过损害公共利益的方法进行紧急避险

22. 关于正当防卫与紧急避险的比较，下列哪一选项是正确的？（　　）（司考 2017. 卷二.4）

A. 正当防卫中的不法“侵害”的范围，与紧急避险中的“危险”相同

B. 对正当防卫中不法侵害是否“正在进行”的认定，与紧急避险中危险是否“正在发生”的认定相同

C. 对正当防卫中防卫行为“必要限度”的认定，与紧急避险中避险行为“必要限度”的认定相同

D. 若正当防卫需具有防卫意图，则紧急避险也须具有避险意图

二、多项选择题

1. 不适用紧急避险的情形有（　　）。

A. 职务上负有特定责任的人避免本人危险

B. 除采取紧急避险外，尚有其他方法可以避免正在发生的危险

C. 来自精神病人的侵害

D. 来自自然界力量的危害

2. 下列行为中，不成立正当防卫的有（　　）。

A. 甲受到邻居乙的暴力袭击，甲打不过乙，便将乙的儿子丙打成重伤

B. 乙身上携带巨款夜里返家，行色匆匆，一便衣警察见状遂上前扭住盘问，乙以为碰到劫匪，遂将其打成重伤

C. 丙欲报复得罪自己的 A，一日遇到 A 正殴打 B，遂将 A 打成重伤

D. 丁与 B 发生争吵，B 边走边说：“你等着，我回家拿刀杀了你。”丁为防不测，遂将 B 打成重伤

3. 刑法第 20 条第 3 款规定：“对正在进行行凶、杀人、抢劫、强奸、绑架以及其他严重危及人身安全的暴力犯罪，采取防卫行为，造成不法侵害人伤亡的，不属于防卫过当，不负刑事责任。”关于刑法对特殊正当防卫的规定，下列哪些理解是错误的？（　　）

A. 对于正在进行杀人等严重危及人身安全的暴力犯罪，采取防卫行为，没有造成不法侵害人伤亡的，不能称为正当防卫

B. “其他严重危及人身安全的暴力犯罪”的表述，不仅说明其前面列举的抢劫、强奸、绑架必须达到严重危及人身安全的程度，而且说明只要列举之外的暴力犯罪达到严重危及人身安全的程度，也应适用特殊正当防卫的规定

C. 由于特殊正当防卫针对的是严重危及人身安全的暴力犯罪，而这种犯罪一旦着手实行便会造成严重后果，所以，应当允许防卫时间适当提前，即严重危及人身安全的暴力犯罪处于预备阶段时，也应允许进行特殊正当防卫

D. 由于针对严重危及人身安全的暴力犯罪进行防卫时可以杀死不法侵害人，所以，在严重危及人身安全的暴力犯罪结束后，当场杀死不法侵害人的，也属于特殊正当防卫

4. 甲身上携带有刚赢回来的巨额赌资，当走到一偏僻的小巷时遇到乙持刀抢劫，甲顺手拿起靠在墙边的一木棍朝乙打去，造成乙重伤。下列说法错误的是：（　　）。

A. 甲的行为是正当防卫

B. 甲的行为是紧急避险

C. 甲的行为是防卫过当

D. 甲的行为是故意伤害

5. 严重精神病患者乙正在对多名儿童实施重大暴力侵害，甲明知乙是严重精神病患者，仍使用暴力制止了乙的侵害行为，虽然造成乙重伤，但保护了多名儿童的生命。

观点：

①正当防卫针对的“不法侵害”不以侵害者具有责任能力为前提

②正当防卫针对的“不法侵害”以侵害者具有责任能力为前提

③正当防卫针对的“不法侵害”不以防卫人是否明知侵害者具有责任能力为前提

④正当防卫针对的“不法侵害”以防卫人明知侵害者具有责任能力为前提

结论：

a. 甲成立正当防卫

b. 甲不成立正当防卫

就上述案情，观点与结论对应错误的是下列哪些选项？（ ）（司考 2014. 卷二 .52）

A. 观点①②与 a 结论对应；观点③④与 b 结论对应

B. 观点①③与 a 结论对应；观点②④与 b 结论对应

C. 观点②③与 a 结论对应；观点①④与 b 结论对应

D. 观点①④与 a 结论对应；观点②③与 b 结论对应

6. 甲、乙共同对丙实施严重伤害行为时，甲误打中乙致乙重伤，丙乘机逃走。关于本案，下列哪些选项是正确的？（ ）（司考 2016. 卷二 .52）

A. 甲的行为属打击错误，按照具体符合说，成立故意伤害罪既遂

B. 甲的行为属对象错误，按照法定符合说，成立故意伤害罪既遂

C. 甲误打中乙属偶然防卫，但对丙成立故意伤害罪未遂

D. 不管甲是打击错误、对象错误还是偶然防卫，乙都不可能成立故意伤害罪既遂

三、简答题

1. 简述防卫挑拨的概念及处理原则。

2. 简述正当防卫和紧急避险的区别。（北京大学 2008 年研究生考试试题）

3. 简述我国刑法特殊防卫成立的条件。

4. 简述正当防卫的成立条件。

5. 如何看待预先安装防卫装置的行为？

6. 如何理解特殊防卫中“其他严重危及人身安全的暴力犯罪”的范围？

7. 如何理解紧急避险中“另一较小合法权益”的定义？

四、论述题

试述我国刑法中的正当防卫制度。（北京大学 2013 年考点）

五、案例分析题

1. 被告人王长友，男，1969 年 6 月 8 日出生，农民。2009 年 4 月 16 日晚，被告人王长友一家三口入睡后，忽听见有人在其家屋外喊叫其妻佟雅琴的名字。王长友便到外屋查看，见一人已将外屋窗户的塑料布扯掉一角，正从玻璃缺口处伸进手开门闩。王长友立即用拳头打那人的手一下，该人急抽回手并逃走。王长友出屋追赶未及，亦未认出是何人，即回屋带上一把自制的木柄尖刀，与其妻一道，锁上门后(此时其十岁的儿子仍在屋里睡觉)，同去村书记吴俊杰家告知此事，随后又到村委会向大林镇派出所电话报警。当王长友与其妻报警后急忙返回自家院内时，发现自家窗前处有俩人影，此二人系本村村民何长明、齐满顺来王家串门，见房门上锁正欲离去。王长友未能认出何长明、齐满顺二人，而误以为是刚才欲非法侵入其住宅之人，又见二人向其走来，疑为要袭击他，其随即用手中的尖刀刺向走在前面的齐满顺的胸部，致齐满顺因气血胸，失血性休克当场死亡。何长明见状上前抱住王长友，并说：“我是何长明！”王长友闻声停住，方知出错。

问：(1) 王长友的行为是不是正当防卫？

(2) 王长友的行为如何认定，怎么处理？

2. 侯某系某地长途客车司机。一日侯某驾驶客车由 A 城驶往 B 县，车上有 50 多名乘客，当行至一狭窄变道处，发现一老农赶着头耕牛迎面走来，赶忙刹车，突然发现刹车失灵，当时道路狭窄且一旁是山壁，一旁是 5 米多的深堑，侯某只好大呼老农

躲开，但最后还是刮伤了老农，系轻伤，并撞死了耕牛。

问：（1）侯某的行为如何认定？

（2）侯某是否要承担刑事责任？

3. 2004 年 7 月 30 日晚 8 点左右，肖天明（男，30 岁，精神正常）搭乘耿宁出租车到某市郊外偏僻处下车，以钱被风吹走为理由骗耿宁下车后，趁耿宁不备，拿砖头猛砸耿宁的头部，并抢夺车钥匙。耿宁见状闪躲，只脸部被擦了 2 厘米左右伤痕。耿宁趁肖天明弯腰再捡砖头之际，把肖天明推倒，逃上汽车，并准备倒车逃跑。此时肖天明拿着砖头，用手遮挡车的灯光，想再寻找耿宁。耿宁见状，倒转方向，开车向肖天明撞去。后肖天明经过救治，一腿截瘫。耿宁驾车逃跑。

问：两人行为如何在刑法上进行评价。（北京大学 2006 年研究生入学试题）

4. 乙遭受无人饲养但属国家保护的珍贵动物的侵害时，杀死了该动物。一种观点认为乙的行为属于正当防卫，另一种观点认为乙的行为属于紧急避险。

请简要说明两种观点的理由与缺陷，并略述自己的观点。（清华大学 2006 年研究生入学试题）

参考答案

一、单项选择题

1. **答案**：A。根据《刑法》第 20 条规定，为了使国家、公共利益、本人或者他人的人身、财产和其他权利免受正在进行的不法侵害，而采取的制止不法侵害的行为，对不法侵害人造成损害的，属于正当防卫，不负刑事责任。对精神病人、未成年人实施的侵害行为，也可实施防卫。

2. **答案**：C。甲出于侵害的目的，以故意挑衅、引诱等方法促使对方进行不法侵害，而后借口防卫实施加害对方的行为，主观上不符合正当防卫的正当性的条件，是挑拨防卫，属于故意违法犯罪行为。

3. **答案**：D。甲对乙实施的行为，属于没有侵害，误认存在不法侵害，行为人主观不具有过失，应按照意外事件处理。如果甲主观有过失，属于过失伤害。

4. **答案**：D。本题涉及正当防卫。赵某遇抢劫犯可以实行无过当防卫，即造成孙某死亡都不负刑事责任；但本案中孙某昏迷，丧失犯罪能力而赵某将其杀死为事后防卫，是故意杀人行为。

5. **答案**：C。本题中的情形属于事先防卫，即对于只是流露侵害意图，或者处于犯罪预备状态，尚未构成直接面临的威胁的，不属于正在发生的不法侵害。对于这种行为可以及时向有关机关报告，严密防范，不能“先下手为强”。

6. **答案**：A。互殴双方都不构成正当防卫，但在本题中乙的行为属于正当防卫，甲、乙二人起初是互殴，在乙抵挡不住逃跑时甲继续追打乙的行为属于正在行凶。

7. **答案**：A。无论是本人还是第三者作为防卫人，只要其所实施的防卫行为是同违法犯罪行为作斗争的正义、合法行为，都可构成正当防卫。

8. **答案**：A。题中情形是某乙为了使他人的利益免受正在进行的不法侵害，而采取的制止不法侵害的行为，并且没有超过必要的限度，因而属于正当防卫。故 A 选项为正确答案。

9. **答案**：D。本题考查正当防卫与紧急避险。本题中，甲、乙两人参与的是聚众斗殴，在相互斗殴中甲、乙两人都有伤害对方的故意，不存在防卫或避险的意图，甲用木棒击中乙头部致乙死亡的行为，构成故意杀人罪。

10. **答案**：A。正当防卫，是指为了使国家、公共利益、本人或者他人的人身、财产和其他权益免受正在进行的不法行为侵害，对不法侵害人所实施的制止不法侵害且没有超过必要限度造成重大损害的行为。题目中谢某蓄意激怒辛某，使辛某向自己攻击，再刺死辛某。谢某的行为属于防卫挑拨，其并非为了保护自身正当利益，因而不属于正当防卫，进而也不属于防卫过当。选项B、C不正确。紧急避险，是指为了使国家、公共利益、本人或他人的利益免受正在发生的危险，不得已而采取的损害另一较小合法权益的行为。紧急避险的必要条件是必须处于危急条件下不得已而采取行动。而题目中谢某持刀，辛某并不必然对谢某造成危险。且谢某有意激怒辛某，其保护的也不是合法利益。选项D不正确。

11. 答案：A。根据我国《刑法》的规定，实施正当防卫必须同时符合以下四个条件：(1) 只有在国家公共利益、本人或他人的合法权利受到不法侵害时；(2) 必须是在不法侵害正在进行的时候；(3) 必须是对不法侵害者本人实施防卫，而不能对无关的第三者实施；(4) 正当防卫不能超过必要的限度（能阻止对方对自己的侵害），造成不应有的损害。本题中，B选项超过了必要的限度，属于防卫过当，不当选。C、D选项中均不是在不法侵害进行时，属于防卫不适时，C选项属于事后防卫，D选项属于事前防卫，都不当选。A选项符合正当防卫的条件，故本题正确答案为A。

12. 答案：B。《刑法》第20条第1款规定："为了使国家、公共利益、本人或者他人的人身、财产和其他权利免受正在进行的不法侵害，而采取的制止不法侵害的行为，对不法侵害人造成损害的，属于正当防卫，不负刑事责任。"第21条第1款规定："为了使国家、公共利益、本人或者他人的人身、财产和其他权利免受正在发生的危险，不得已采取的紧急避险行为，造成损害的，不负刑事责任。"正当化事由，又称为排除犯罪性的事由或者排除社会危害性的行为，我国刑法明确规定的正当化事由只有正当防卫和紧急避险两种，故本题正确答案为B。

13. 答案：C。《刑法》第20条规定："为了使国家、公共利益、本人或者他人的人身、财产和其他权利免受正在进行的不法侵害，而采取的制止不法侵害的行为，对不法侵害人造成损害的，属于正当防卫，不负刑事责任。正当防卫明显超过必要限度造成重大损害的，应当负刑事责任，但是应当减轻或者免除处罚。对正在进行行凶、杀人、抢劫、强奸、绑架以及其他严重危及人身安全的暴力犯罪，采取防卫行为，造成不法侵害人伤亡的，不属于防卫过当，不负刑事责任。"由于便衣警察李某没有对甲实施不法侵害行为，故而甲将李某打成重伤的行为不构成正当防卫和防卫过当，因为正当防卫和防卫过当的前提必须是防卫人遭受正在实施的不法侵害，AB两项不符合题意。李某没有实际侵害甲的行为，甲误认为李某系不法侵害人而对其进行防卫，故而属于假想防卫，C选项符合题意。防卫不适时包括事前防卫和事后防卫，甲的防卫行为发生在李某抓住甲时，不属于防卫不适时，D选项不符合题意。综上，本题正确答案为C。

14. 答案：B。《刑法》第21条规定："为了使国家、公共利益、本人或者他人的人身、财产和其他权利免受正在发生的危险，不得已采取的紧急避险行为，造成损害的，不负刑事责任。紧急避险超过必要限度造成不应有的损害的，应当负刑事责任，但是应当减轻或者免除处罚……"故本题正确答案为B。

15. 答案：C。根据《刑法》第20条第2、3款的规定，正当防卫明显超过必要限度造成重大损害的，应当负刑事责任，但是应当减轻或者免除处罚。对正在进行行凶、杀人、抢劫、强奸、绑架以及其他严重危及人身安全的暴力犯罪，采取防卫行为，造成不法侵害人伤亡的，不属于防卫过当，不负刑事责任。由此，在对严重危及人身安全暴力犯罪以外的不法侵害进行正当防卫时，只要没有明显超过必要限度，即使造成不法侵害人死亡的，也不属于防卫过当，A选项错误。而B选项中的武装叛乱、暴乱罪，也可能出现"严重危及人身安全"的情形，因而"对其不可能实行特殊正当防卫的说法"错误。另根据《刑法》第21条规定，为了使国家、公共利益、本人或者他人的人身、财产和其他权利免受正在发生的危险，不得已采取的紧急避险行为，造成损害的，不负刑事责任。D 选项中律师面临义务冲突（辩护义务与维护他人隐私权义务），应当衡量利益轻重，不必然构成紧急避险。故本题正确答案为 C。

16. 答案：C。本题考查的是刑法中常见的违法阻却事由，难点在于什么是正当防卫中的"正在进行的不法侵害"。根据《刑法》第 20 条第 1 款规定，正当防卫是指为了使国家、公共利益、本人或者他人的人身、财产和其他权利免受正在进行的不法侵害，而采取的制止不法侵害对不法侵害人造成损害的行为。一般情况下，正当防卫中不法侵害结束的时间通常为侵害人被制服、丧失侵害能力、自动中止、逃离现场等。本题中，陈某抢走甲的财物时尚未逃离现场，所以不法侵害尚未结束，甲在此时将其撞伤夺回财物的行为应当属于正当防卫，故 C 选项正确。关于 A 选项，甲的行为并不是依照有效的法律、法规所实施的行使权利、履行义务或执行命令的行为，所以不是法令行为，故 A 错误。关于 B 选项，正当防卫和紧急避险最显著的区别之处在于，正当防卫损害的对象是不法侵害者本人；而紧急避险损害的对象是无辜的第三人的合法权益，本题中并未涉及第三人的合法权益，因此 B 选项错误。关于 D 选项，自救行为是指合法权益受到侵害的人，在通过法律程序、依靠国家机关不可能或者明显难以恢复的情况下，依靠自己的力量进行救济的行为。自救行为必须符合下列条件：(1) 合法权益已经受到了不法侵害，不论侵害是刚刚结束还是过了一段时间；以此区别于正当防卫。(2) 通过法定程序、依靠国家机关已经不可能或者来不及挽回损失，只有当场实施自救才能恢复；以此区别于事后报复。(3) 救济手段具有适当性。①

17. 答案：D。所谓"不法侵害正在进行"，是指不法侵害已经开始并且尚未结束。关于不法侵害的结束时间，从实质上而言是指合法权益不再处于紧迫、现实的侵害、威胁之中，或者说不法侵害已经不可能（继续）侵害或者威胁合法权益。A 选项，制服不法侵害人也就意味着不法侵害已经结束，因此已经不属于"不法侵害正在进行"，在这种情况下又对不法侵害人实施加害行为，当然不能构成正当防卫，而应当被认定为故意犯罪。故 A 选项正确。B 选项，在财产性违法犯罪的情况下，行为虽然已经既遂，但在现场还来得及挽回损失的，应当认为不法侵害尚未结束，可以实行正当防卫。故 B 选项正确。C 选项，在饲养人唆使其饲养的动物侵害他人的情况下，动物是饲养人进行不法侵害的工具，将该动物打死或打伤的，事实上属于使用给不法侵害人的财产造成损害的方法进行正当防卫。而在动物对人自发侵害的情形下，自然不属于不法侵害，不能对其正当防卫。但可将其视为一种危险源，进而对其实施紧急避险。故 C 选项正确。D 选项，不法侵害行为既可以出于故意，也可以出于过失，甚至可以是无刑事责任能力人所实施的行为。故 D 选项错误。

18. 答案：B。本案中，甲并没有直接对不法侵害人乙采取措施，因而不构成正当防卫，A 选项错误。甲之所以夺过丙的摩托车也是迫不得已，因为在当时的情况下，甲遭到乙"追杀"，情势危急，不侵害他人的合法权益自己就无法求得生路，为避免自己生命所遭受的紧急危险，仓皇出逃，即使致使丙骨折，也是属于"不得已"的情形，依照刑法的有关规定，应属于紧急避险行为。之后甲从疾驰的摩托车上跳下，致使摩托车被毁，同样是在乙的"继续追杀"情形下实施的，应当认定为"不得已"的情形，因此也属于紧急避险行为。因此，尽管丙被摔骨折，其摩托车也被毁，但较

---

① **编者注**：本题有一定难度，考生务必掌握财产性防卫时间的特殊性，在现场还可以挽回损失的情况下，应认为不法侵害并未结束，可以正当防卫。

之因其得以保全的甲的生命具有更低的价值，可见甲的避险行为并没有超过限度。所以甲的行为构成紧急避险，B 选项正确。

【陷阱】本题的难度在于对紧急避险成立条件中“不得已”的理解。必须出于不得已，是指在合法权益面临正在发生的危险时，没有其他合理方法可以排除危险，只有损害另一较小合法权益，才能保护较大合法权益。如果有其他方法排除危险，则不允许实行紧急避险。这是紧急避险与正当防卫的重要区别。在可以或者具有其他合法方法避免危险的情况下，行为人采取避险行为的，应视行为人的主观心理状态与客观上所造成的损害分别认定为故意犯罪、过失犯罪或者意外事件。在对是否“不得已”进行判断时，应当站在行为人的角度，考虑行为人当时的处境，而不可失之过严。本案中“遭乙追杀”“乙开车继续追杀”以及“为逃命”等字眼都足以表明甲当时的危急状况，因此应当认定其系“不得已”而实施紧急避险行为。

19. 答案：C。甲对乙的一般伤害行为进行防卫，如果仅仅造成重伤后果，且根据题中的“仍在防卫限度之内”，则甲的行为构成正当防卫。但本题中甲的行为最终造成的结果是乙因流血过多死亡，乙的死亡与甲的防卫行为具有刑法上的因果关系，甲针对乙一般伤害行为的防卫行为超出了防卫限度造成了死亡后果，甲的行为构成刑法上的防卫过当。因此，C 选项正确。本题的关键在于，应当从整体上评价甲的行为，甲自始至终只实施了一个刑法意义上的行为，即针对乙的伤害行为进行防卫。如果认为甲的正当防卫行为也会带来刑法上的作为义务，进而认定甲构成不作为的故意杀人罪或者过失致人死亡罪，则实际上是从主观上割裂了甲的行为，并分别进行评价。ABD 选项的错误之处都在于此。故，本题的正确答案为 C。

20. 答案：D。被害人承诺必须符合一定的条件，才能阻却行为的违法性：(1) 承诺者对被侵害的法益具有处分权限（承诺范围）。即一个人只能向他人承诺自己有权处分的利益。(2) 承诺者必须对所承诺的事项的意义、范围具有理解能力（承诺能力）。缺乏对事项正确理解能力的人所作出的承诺无效。(3) 承诺必须出于被害人的真实意志。戏言性的承诺、基于强制或者威压所作出的承诺无效。(4) 必须存在现实的承诺。被害人确实作出了承诺，行为人想象中的承诺不能成立被害人承诺（可能是推定的被害人承诺）。

21. 答案：D。对正在进行不法侵害行为的人而采取的制止不法侵害的行为，对不法侵害人造成损害的，属于正当防卫，不负刑事责任。正当防卫应该满足以下五个条件：(1) 所针对的必须是不法侵害；(2) 必须是在不法侵害正在进行的时候；(3) 所针对的必须是不法侵害人；(4) 不能超越一定限度；(5) 具有防卫意图。为了使国家、公共利益、本人或者他人的人身、财产和其他权利免受正在发生的危险，不得已采取的紧急避险行为，造成损害的，不负刑事责任。紧急避险超过必要限度造成不应有的损害的，应当负刑事责任，但是应当减轻或者免除处罚。A 选项，任何人均可为保护国家利益实施防卫行为，均可能构成正当防卫，而不限于国家工作人员。A 选项错误。B 选项，为制止正在进行的不法侵害，使用他人财物反击导致财物被毁坏，如同时造成不法侵害人损失，也可能构成正当防卫。B 选项错误。C 选项，为摆脱合法抓捕侵入他人住宅，不可能成立紧急避险。只有针对不法侵害或自然灾害等才可能成立紧急避险。C 选项错误。D 选项，成立紧急避险要求保护的利益大于被损害的利益，为保护个人较大的利益免受正在发生的危险，损害较小的公共利益的，仍然可以成立紧急避险。D 选项正确。

【陷阱】本题 D 选项很容易被误认为是错误的。因为按照朴素的认识，公共利益高于个人利益，因个人利益损害公共利益是不被允许的。但紧急避险理论主要目的在于从全社会的角度尽量以较小的损失避免较大的损失，在满足其他条件的情况下，为较大的个人利益损害较小的公共利益仍然符合紧急避险的要求，行为人的行为不构成犯罪。

22. 答案：D。正当防卫中的不法“侵害”直接来源于不法侵害人，紧急避险中的“危险”来源除了不法侵害人以外还包含自然力量或野生动物的攻击等。选项A错误。正当防卫中不法侵害“正在进行”是指不法侵害已经开始但尚未结束；紧急避险中危险“正在发生”则指危险已经发生或迫在眉睫并且尚未消除。选项B错误。正当防卫的“必要限度”是制止不法侵害、保护法益所必需的限度。紧急避险的“必要限度”是所造成的损害不超过所避免的损害、足以排除危险所必要的限度。二者并不相同。选项C错误。主张正当防卫须具有防卫意图的，则紧急避险也须具有避险意图。选项D正确。

二、多项选择题

1. 答案：AB。《刑法》第21条规定，为了使国家、公共利益、本人或者他人的人身、财产和其他权利免受正在发生的危险，不得已采取的紧急避险行为，造成损害的，不负刑事责任。紧急避险超过必要限度造成不应有的损害的，应当负刑事责任，但是应当减轻或者免除处罚。第1款中关于避免本人危险的规定，不适用于职务上、业务上负有特定责任的人。

2. 答案：ABCD。《刑法》第20条第1款规定：“为了使国家、公共利益、本人或者他人的人身、财产和其他权利免受正在进行的不法侵害，而采取的制止不法侵害的行为，对不法侵害人造成损害的，属于正当防卫，不负刑事责任。”正当防卫的防卫对象应当是不法侵害人，而不是不法侵害人以外的任何第三人。A选项中的甲将不法侵害人乙的儿子丙打成重伤，其防卫第三人的行为不构成正当防卫，A选项符合题意。B选项中的乙误认为便衣警察为劫匪，属于假想防卫，故而不构成正当防卫，B选项符合题意。偶然防卫是指行为人出于某种犯罪故意，侵害他人的合法权益，但是因巧合在客观上发生了阻止不法侵害的效果。偶然防卫实质上是在特定条件下的不法行为人（行为人）对不法行为人（侵害人）的侵害。C选项中的丙虽然貌似为了B的合法权益而实施正当防卫，其实质是怀有伤害A的故意而实施的，属于偶然防卫的行为，故而不成立正当防卫，C选项符合题意。D选项中的B只是扬言杀害丁而并没有采取实际侵害行为，丁将B打成重伤属于事前防卫，不构成正当防卫，D选项符合题意。综上，本题正确答案为ABCD。

3. 答案：ACD。正当防卫是公民一项合法权利，但并不意味着公民可以任意实施防卫行为，实施防卫行为有一定的条件和界限。实施正当防卫必须是在不法侵害正在进行，不能事前防卫和事后防卫。选项C属于事前防卫，选项D属于事后防卫，均为防卫不适时，如构成犯罪应按照相应犯罪处理。选项A的情况只要符合正当防卫的法定条件，就是正当防卫，行为足以制止不法侵害行为就可以，不一定要造成不法侵害人伤亡的后果。因此，本题的答案是ACD。

4. 答案：BCD。赌资虽然属于不法所得，但这并不意味着任何人都可以随意侵犯赌资。在赌资被依照法定程序没收之前，甲对赌资的占有属于法律所保护的利益（当然，这并不意味着甲对赌资享有所有权），抢劫、盗窃、诈骗甲的赌资的，抢劫者、盗窃者、诈骗者构成抢劫罪、盗窃罪与诈骗罪；对抢劫者实施反击的，只要没有明显超过必要限度造成重大损害的，就能成立正当防卫。本案就属于这种情形，甲的行为是正当防卫。

5. 答案：ACD。不法侵害是正当防卫的起因，没有不法侵害就谈不上正当防卫。作为防卫起因的不法侵害必须同时具备社会危害性和侵害紧迫性两个基本特征。如果认为“不法侵害”还需要以侵害者具有责任能力为前提，则“严重精神病患者乙正在对多名儿童实施重大暴力侵害”的行为不属于作为正当防卫起因的“不法侵害”，甲的行为不成立正当防卫。反之，如果认为“不法侵害”不以侵害者具有责任能力为前提，则甲的行为可能成立正当防卫。如果认为“不法侵害”需要以防卫人明知侵害者具有责任能力为前提，甲明知乙是严重精神病患者，不具备责任能力，仍使用暴力制止了乙的侵害行为，甲的行为不能成立正当防卫。如果认为“不法侵害”不以防卫人是否明知侵害者具有责任能力为前提，则甲的行为可能成立正当防卫。因此，①和③的结论均为甲成立正当防卫，②和④的结论均为甲不成立正当防卫。B对应正确，ACD对应错误。应选ACD。

6. **答案**：CD。打击错误和对象错误的区别在于：打击错误是指因为打击失误不小心伤害他人，对象错误是指误以为他人为准备伤害的对象而实施伤害。本案中甲的行为属于打击错误而非对象错误。根据法定符合说，对象错误和打击错误均不影响犯罪既遂的成立，根据具体符合说则相反。本案中，根据法定符合说甲的行为成立故意伤害罪既遂，根据具体符合说甲的行为成立故意伤害罪未遂和过失致人重伤罪。A和B错误。偶然防卫是指在客观上加害人正在或即将对被害人或他人的人身进行不法侵害，但被害人主观上没有认识到这一点，出于非法侵害的目的而对加害人使用了武力，客观上起到了人身防卫的效果。本案中甲的行为属于偶然防卫，但这并不影响其行为对于丙构成故意伤害罪未遂。C选项正确。乙虽然与甲实施共同犯罪行为，但由于最终未能伤害丙，反而伤害了乙自己，乙的行为并未对其他人造成实际伤害后果，因此无论如何也不可能成立故意伤害罪既遂。D选项正确。

三、简答题

1. **答案**：防卫挑拨，是指行为人为了侵害对方，故意以挑衅、引诱等方法促使对方向自己或第三人进行不法侵害，而后借口正当防卫加害对方的行为。在防卫挑拨的情况下，由于对方所谓的不法侵害，是由挑拨者故意诱发的，挑拨者主观上不仅不具备正当的防卫意图，反而是出于侵害意图，因此其所谓的防卫实质上是有预谋的不法侵害行为。对防卫挑拨要予以依法惩处，构成犯罪的要追究其刑事责任。需要注意的是，如果行为人在主观上仅仅是挑逗对方，但并没有借口正当防卫而对其进行侵害的意图，则不能以对方的不法侵害行为是行为人所挑起为由，剥夺行为人实行正当防卫的权利。当对方向行为人进行不法侵害时，行为人对其反击符合正当防卫条件的，应当认定为正当防卫。

2. **答案**：紧急避险和正当防卫都是为了保护国家、公共利益、本人或他人的人身、财产和其他权利，而给他人的某种权利或者利益造成一定的损害，都是正当行为。但二者区别亦较为明显：紧急避险是两个合法权益之间的冲突，而正当防卫则是合法权益和不法侵害之间的矛盾。具体表现在：

	紧急避险	正当防卫
危险来源不同	紧急避险的危险来源多种多样，除人的不法侵害外，还包括自然的力量、动物的侵袭以及人的生理、病理过程	正当防卫的危险来源只限于人的不法侵害
损害对象不同	紧急避险是损害和造成危险无关第三者的合法权益	正当防卫则只能损害不法侵害者的利益
实施条件不同	紧急避险只能在没有任何其他方法排除危险的情况下才能实施	正当防卫则无此限制，公民只要面对正在进行的不法侵害就可以实施，而不论他是否有条件采取逃跑、报警、劝阻等方法制止不法侵害
限度标准不同	紧急避险造成的损害只能小于所避免的损害，不能等于或者大于所避免的损害	正当防卫的必要限度，则是阻止不法侵害所必需，只要所造成的损害不明显超过不法侵害造成的损害即可

3. **答案**：特殊防卫是指对正在进行行凶、杀人、抢劫、强奸、绑架以及其他严重危及人身安全的暴力犯罪，采取的造成不法侵害人伤亡的防卫行为。特殊防卫不属于防卫过当，不负刑事责任。

特殊防卫的成立条件是：(1) 防卫起因的特殊性：作为防卫起因的不法侵害行为是行凶、杀人、抢劫、强奸、绑架以及其他严重危及人身安全的暴力犯罪。(2) 防卫时间的特殊性：上述暴力犯罪必须具有“紧迫性

（正在进行）”，并且“危及人身安全”。（3）防卫结果的特殊性。即使防卫人造成不法侵害人死亡或者伤害的，也不构成防卫过当，不负刑事责任。

4. 答案：正当防卫是指为了使国家、公共利益、本人或者他人的人身、财产和其他权利免受正在进行的不法侵害，而采取的制止不法侵害的行为。正当防卫的构成要件主要包括：

（1）防卫意图，防卫人意识到正在进行的不法侵害，为了使国家、公共利益、本人或者他人的人身、财产和其他权利免受不法侵害而决意采取制止不法侵害的心理状态。

（2）防卫起因，必须存在具有社会危害性和侵害紧迫性的不法侵害。

（3）防卫对象，正当防卫只能针对正在进行侵害的不法侵害者实施。

（4）防卫时间，即不法侵害正在进行（已经发生并且尚未结束）。

（5）防卫限度，即正当防卫不能明显超过必要限度而造成重大损害。

5. 答案：（1）正当防卫的时间条件是不法侵害必须正在进行，即不法侵害处于已经开始并且尚未结束的进行阶段。刑法理论上将不符合正当防卫时间条件的防卫行为统称为“防卫不适时”。其中事前防卫是指不法侵害尚处于犯意表示阶段或者准备阶段，对于合法权益的威胁尚未达到现实状态时，行为人就对不法侵害人实施某种损害其权益的行为。行为人可以在正当防卫中做一些预防准备。如果行为人预见自己有被他人侵害的可能，可以适当地做一些预防准备，如预先安装防卫装置等。

（2）设立防卫装置后，如果遇到正在进行的不法侵害，该装置针对正在进行的不法侵害发挥作用，并且没有超过必要限度的，就应当认定为正当防卫。但是，预先安装防卫装置所造成的风险也应由安装者承担，例如防卫装置导致无辜者伤亡的，安装者应当承担相应的法律责任。

6. 答案：（1）鉴于严重危及人身安全的暴力犯罪的严重社会危害性，我国《刑法》第20条第3款明确规定，对正在进行行凶、杀人、抢劫、强奸、绑架以及其他严重危及人身安全的暴力犯罪，采取防卫行为，造成不法侵害人伤亡的，不属于防卫过当，不负刑事责任。对此规定，刑法理论通常将其称为特殊防卫，也有学者将其称为无限防卫或者无过当防卫。

（2）特殊防卫权的行使有严格的法律限制，必须具有明显的法定暴力性。“严重危及人身安全的暴力犯罪”不仅修饰“其他”行为，也修饰行凶、杀人、抢劫、强奸和绑架五种行为。亦即“行凶、杀人、抢劫、强奸、绑架”与“其他”行为是一个整体，同时受到“严重危及人身安全”和“暴力”的限制。因此，对于那些采取隐蔽性、非暴力手段进行的杀人、抢劫、强奸、绑架等犯罪行为进行防卫，就不属于特殊防卫的范围，从而也就可能存在防卫过当的问题。例如，对以投毒方式杀人、以麻醉方式抢劫等行为，均不能实行特殊防卫。

（3）特殊防卫规定中的“其他严重危及人身安全的暴力犯罪”的范围，主要应从暴力犯罪的范围和程度两方面加以综合考量，即相关犯罪既要以暴力手段实施，同时又要达到严重危及人身安全的程度。例如，我国《刑法》第121条规定的劫持航空器罪等。

7. 答案：（1）我国《刑法》第21条第1款规定：“为了使国家、公共利益、本人或者他人的人身、财产和其他权利免受正在发生的危险，不得已采取的紧急避险行为，造成损害的，不负刑事责任。”紧急避险是指为了使国家、公共利益、本人或者他人的人身、财产和其他权利免受正在发生的危害，不得已而采取的损害另一较小合法权益的行为。

（2）紧急避险的限度条件是避险行为不能超过必要限度，造成不应有的损害。通常认为，紧急避险的限度标准应当是紧急避险造成的损害必须小于所避免的损害。避险行为造成的损害大于或者等于所要保护的利益的属于避险过当，应负刑事责任。

（3）在司法实践中，如何衡量两个合法权益的大小是一个比较复杂的问题。一般而言，人身权利大于财产权利，财产权利的大小可以用财产的价值大小加以衡量。理论上一般认为，紧急避险不能以牺牲他人包括生命、健康在内的人身权利，来保全自己或者他人的合法权益。当然，这并非绝对的准则，如牺牲一个人的生命、健康而使很多人的生命、健康得到维护，能否认为是紧急避险，理论上就存在较大争议。在处理具体案件时，还应当具体情况具体分析。

四、论述题

答案：(1) 正当防卫的概念和条件

正当防卫，是指为了保护国家、公共利益、本人或他人的人身、财产和其他权利免受正在进行的不法侵害，采取对不法侵害人造成或者可能造成损害的方法，制止不法侵害的行为。正当防卫分为两种：一般正当防卫与特殊正当防卫。

实施一般正当防卫必须符合以下条件：

①必须存在现实的不法侵害行为。“不法侵害”的“不法”即违反法律，不法侵害既包括犯罪行为，也包括其他违法行为，但又不是泛指一切违法犯罪行为。首先，不法侵害包括犯罪行为与其他违法行为。其次，并非对任何违法犯罪行为都可以进行防卫，只是对那些具有进攻性、破坏性、紧迫性的不法侵害，在采取正当防卫可以减轻或者避免危害结果的情况下，才宜进行正当防卫。

不法侵害不限于故意不法侵害，对于过失不法侵害，符合其他条件，也可以进行正当防卫。对于没有达到法定年龄、不具有辨认控制能力的人的侵害行为视为不法侵害，原则上应当允许对其侵害行为进行正当防卫。

不法侵害应是人的不法侵害。在饲主唆使其饲养的动物侵害他人的情况下，动物是饲主进行不法侵害的工具，将该动物打死或打伤的，事实上属于使用给不法侵害人造成财产损失的方法，进行正当防卫。

不法侵害必须是现实存在的。如果并不存在不法侵害，但行为人误认为存在不法侵害，因而进行所谓防卫的，属于假想防卫。假想防卫不是正当防卫，如果行为人主观上有过失，且刑法规定为过失犯罪的，就以过失犯罪论处；如果主观上没有过失，按意外事件处理。

②不法侵害必须正在进行。不法侵害正在进行，是指不法侵害已经开始且尚未结束。

关于不法侵害的开始时间，在一般情况下，应以不法侵害人着手实行不法侵害时为其开始，但在不法侵害的现实威胁十分明显、紧迫，待其着手实行后来不及减轻或者避免危害结果时，也应认为不法侵害已经开始。

不法侵害已经结束，是指法益不再处于紧迫、现实的侵害、威胁之中，或者说不法侵害行为已经不可能（继续）侵害或者威胁法益。例如，不法侵害人已被制服，不法侵害人已经丧失了侵害能力，不法侵害人已经自动中止了不法侵害，不法侵害人已经逃离现场，不法侵害已经造成了危害结果并且不可能继续造成更严重的结果。

在不法侵害尚未开始或者已经结束时，进行所谓“防卫”的，称为防卫不适时。防卫不适时有两种情况，一是事前加害，二是事后加害。对防卫不适时，可能分三种情况处理：一是故意犯罪，即明知不法侵害尚未开始或已经结束，而故意对不法侵害人造成侵害；二是过失犯罪，应当预见不法侵害尚未开始或者已经结束，因为疏忽大意而没有预见，对不法侵害人造成侵害；三是意外事件，客观上不能预见不法侵害尚未开始或者已经结束，因而对不法侵害人造成损害。

③行为人必须具有防卫意识。正当防卫也是主客观相统一的行为，具有防卫意识时，才可能成立正当防卫。

防卫意识包括防卫认识与防卫意志。防卫认识，是指防卫人认识到不法侵害正在进行；防卫意志，是指防卫人出于保护国家、公共利益、本人或者他人的人身、财产和其他权利免受正在进行的不法侵害的目的。

防卫挑拨、相互斗殴、偶然防卫都是不具有防卫意识的行为，不成立正当防卫。防卫挑拨，是指为了侵害对方，故意引起对方对自己进行侵害，然后以正当防卫为借口，给对方造成侵害的行为。这种行为不仅不具有防卫意识，而且是滥用正当防卫的行为，因而是故意犯罪。相互斗殴，是指双方以侵害对方身体的意图进行相互攻击的行为。故不属于正当防卫，符合构成要件的，成立聚众斗殴罪、故意伤害罪。但是，在斗殴中，也可能出现正当防卫的前提条件，因而也可能进行正当防卫：其一，在相互斗殴，一方求饶或者逃走，另一方继续侵害的，“斗殴”事实上已经结束，前者可以进行正当防卫。其二，在一般性的轻微斗殴中，一方突然使用杀伤力很强的凶器，另一方生命受到严重威胁的，后者可以进行正当防卫。偶然防卫，是指故意或者过失侵害他人法益的行为，符合正当防卫客观条件的情况。

④必须针对不法侵害人本人进行防卫。在具备正当防卫的前提条件下，只能针对不法侵害人本人进行防卫。针对不法侵害人以外的第三者进行防卫，就不可能制止不法侵害、保护法益。即使在共同违法犯罪的情况下，也只能对客观上正在进行不法侵害的人进行防卫。

针对不法侵害人进行防卫包括两种情况：一是针对不法侵害人的人身进行防卫；二是针对不法侵害人的财产进行防卫，即当不法侵害人使用自己的财产作为犯罪工具或者手段时，如果能够起到制止不法侵害、保护法益的作用，则可以通过损毁财产进行正当防卫。对于针对第三者进行所谓防卫的，应视不同情况处理。如果故意针对第三者进行所谓防卫，应作为故意犯罪处理；如果误以为第三者是不法侵害人而进行所谓防卫的，则作为假想防卫处理。

⑤必须没有明显超过必要限度造成重大损害。刑法规定“正当防卫明显超过必要限度造成重大损害的，应当负刑事责任，但是应当减轻或者免除处罚”。其中的“必要限度”，应以制止不法侵害、保护法益的合理需要为标准，易言之，只要是制止不法侵害、保护法益所必要的，就是必要限度之内的行为。但并非凡是超过必要限度的，都是防卫过当。只有“明显”超过必要限度造成重大损害的，才是防卫过当。

(2) 特殊正当防卫及其条件

刑法规定“对于在进行行凶、杀人、抢劫、强奸、绑架以及其他严重危及人身安全的暴力犯罪，采取防卫行为，造成不法侵害人伤亡的，不属于防卫过当，不负刑事责任”。这便是特殊正当防卫。成立特殊防卫必须具备两个条件：a. 特殊正当防卫所针对的只能是正在进行行凶、杀人、抢劫、强奸、绑架以及其他严重危及人身安全的暴力犯罪；因此，只有保护人身安全，才可能属于特殊正当防卫；保护其他法益时，则不能进行特殊正当防卫。b. 特殊正当防卫没有必要限度，因而不存在防卫过当。

特殊正当防卫的最重要条件是，对正在进行行凶、杀人、抢劫、强奸、绑架以及其他严重危及人身安全的暴力犯罪进行防卫。对此，有以下几点需要注意：a. 对于非暴力犯罪以及作为一般违法行为的暴力行为，不适用特殊正当防卫的规定，仍然存在防卫过当问题。b. 条文中的杀人、抢劫、强奸、绑架主要是对暴力犯罪的列举，其中的“杀人”限于故意杀人。c. 并非对于行凶、杀人、抢劫、强奸、绑架等暴力犯罪进行防卫的都适用上述规定，只有当这些暴力犯罪以及其他暴力犯罪，严重危及人身安全时，才适用特殊正当防卫的规定。d. 严重危及人身安全的暴力犯罪，并不限于刑法条文所列举的上述犯罪，还包括其他严重暴力的犯罪。e. 即使是严重危及人身安全的暴力犯罪，在暴力犯罪已经结束的情况下，不得因为防卫行为原本针对的是严重危及人身安全的暴力犯罪，而继续进行所谓“防卫”直至不法侵害者死亡。

(3) 防卫过当及其刑事责任

如上所述，对于不属于“严重危及人身安全的暴力犯罪”的不法侵害行为进行防卫的，才存在防卫过当问题；即对于不属于“严重危及人身安全的暴力犯罪”的不法侵害进行防卫，明显超过必要限度造成重大损害的，成立防卫过当。

对于防卫过当行为应根据其符合的犯罪构成确定罪名，而不能定所谓“防卫过当罪”“防卫过当致人死亡罪”“防卫过当致人重伤罪”等罪名。

关于防卫过当的罪过形式，学者之间有争议。编者认为，防卫人在具有防卫意识前提下的防卫过当的罪过形式应是过失，而且主要是疏忽大意的过失。故防卫过当致人死亡或者重伤的，应分别成立过失致人死亡罪与过失致人重伤罪。

对于防卫过当，应当减轻或者免除处罚。至于究竟是减轻还是免除处罚以及如何减轻处罚，则应考虑过当的程度、防卫的起因、防卫所保护的权益性质等。

五、案例分析题

1. 答案：（1）王长友的行为不是正当防卫。

（2）王长友的行为属于假想防卫，应按照过失杀人定罪处罚。

本案中，由于夜间确有人欲非法侵入其住宅的前因发生，被告人是在极其恐惧的心态下携刀在身，以防不测的。因此，当被告人返家时，看见齐满顺等人又在自家院内窗前，基于前因的惊恐，对室内孩子安危的担心，即误认为系不法侵害者，又见二人向其走来，以为要袭击他，被告人的“假想”当然有其合乎情理的一面。疑惧中被告人实施的“防卫”行为，完全符合假想防卫的特征，应认定为假想防卫行为。

被告人王长友的假想防卫是过失犯罪，不能以故意犯罪论处。本案被告人王长友正是在这种错误认识的基础上，自以为是为了保护本人人身或财产的合法权益而实施的所谓的正当防卫，因此，他主观上根本不存在明知其行为会造成危害社会结果的问题，被告人王长友主观上既不存在直接故意，也不存在间接故意。被告人王长友假想防卫行为造成他人无辜死亡的结果，在客观上虽有一定的社会危害性，但不成立故意杀人或伤害罪，而仅成立“应当预见自己的行为可能发生危害社会的后果，因为疏忽大意而没有预见，以致发生这种结果的”过失致人死亡罪。

2. 答案：（1）侯某为保护乘客的生命，不得已而损害另一较小的合法利益，属于紧急避险。

（2）侯某不负刑事责任。

根据《刑法》第 21 条规定：“为了使国家、公共利益、本人或者他人的人身、财产和其他权利免受正在发生的危险，不得已采取的紧急避险行为，造成损害的，不负刑事责任。紧急避险超过必要限度造成不应有的损害的，应当负刑事责任，但是应当减轻或者免除处罚……”

本案中，侯某为保护全车旅客的安全，撞死了一头耕牛，轻伤一名农民的行为属于紧急避险行为，依法不承担刑事责任。

3. 答案：首先，肖天明以暴力方法抢劫他人出租车的行为，符合《刑法》第 263 条抢劫罪的构成要件，并且在犯罪形态上属于犯罪未遂。虽然理论界有一种观点认为：应以侵犯人身权利作为区分抢劫罪既遂与未遂的标准，但编者认为抢劫罪虽然侵犯的是复杂客体，但其属于刑法第五章侵犯财产罪的一个具体罪名，其侵犯的主要客体是财产关系。犯罪分子的主要目的是夺取财物，而侵犯人身权利只是取得财产的犯罪手段，所以是否实际取得财物，是认定抢劫罪既遂与未遂的标准，并且根据刑法规定，对于未遂犯，可以比照既遂犯从轻或者减轻处罚，一旦其行为暴力手段造成被害人轻伤、重伤或死亡的结果，完全可以不从轻或减轻处罚，因此不会出现罪刑不适应的情况。因此以行为人是否非法占有公私财物作为区分抢劫罪既遂与未遂的标准更为妥当，本案被告肖天明虽然猛砸耿宁的头部，并抢夺车钥匙，但最终并没有非法占有到被害人的出租车，只能认定为抢劫罪未遂。

其次，被害人耿宁用车撞肖天明的行为是构成正当防卫还是故意伤害罪呢？这一问题最大的争议点是耿宁是否对正在进行的不法侵害行为实施的正当防卫。正在进行也即不法侵害正处于已经开始并且尚未结束的进行阶段。不法侵害尚未结束指的是不法侵害行为或其导致的危害状态尚在继续中，防卫人可以用防卫手段予以制止或排除。具体来说，其可以是不法侵害行为本身正在进行中，也可以是行为结束而其导致的危险状态尚在继续中，如抢劫罪犯已打昏物主抢得财物，但尚未离开现场。在本案中，肖天明拿着砖头用手遮挡车的灯光寻找耿宁的行为是抢劫过程的延续，并且砖头的射程和杀伤力，使耿宁的人身和出租车财产安全处在正在进行的不法侵害中，因此耿宁所实施的用车撞人行为属于正当防卫。但是，如果行为人抢劫到了被害人的财物并要离开，被害人开车紧追。行为人见逃脱不了便扔掉被害人财物，可被害人仍然紧追不舍并加大马力撞伤行为人的，则应当认定为故意伤害罪。

最后，在被告人肖天明被撞伤后，耿宁是否构成不纯正不作为的故意伤害罪呢？所谓不作为是指行为人有义务并且能够实行某种行为，消极地不去履行这种义务，并且造成严重的危害后果的行为，其中实施某种行为的特定义务包括法律明文规定的义务、职务上或者业务上要求履行的义务和由行为人先前行为所产生的责任。本案耿宁实施正当防卫将肖天明撞伤后，肖天明无法再行侵害耿宁，因肖天明所处的位置是郊外偏僻处，又在晚上8点左右，因此耿宁成了肖天明唯一的保证人，我们认为其有义务实施拨打急救电话、通知肖天明亲属或直接载肖天明到医院的行为。

4. 答案：根据《刑法》第20条的规定，正当防卫，是指为了保护国家、公共利益、本人或者他人的人身、财产和其他权利免受正在进行的不法侵害，采取对不法侵害人造成或者可能造成损害的方法，制止不法侵害的行为。

紧急避险，是指为了使国家、公共利益、本人或者他人人身、财产和其他权利免受正在发生的危险，不得已损害另一较小或者同等法益的行为。紧急避险的本质是避免现实危险、保护较大或同等法益。

从紧急避险与正当防卫的定义，可以得出二者有相同之处，表现为都具有主观目的的正当性；客观上都是有益于社会的行为；都是以合法权益正在受到侵害或直接威胁为实施的前提条件；都会给他人的利益造成一定的损害；都有一定的限度要求，超过相应的限度都要负刑事责任。二者也有着明显的不同之处，首先就是危险来源不同。紧急避险的来源多种多样，包括自然灾害、他人的不法侵害行为、人的生理或病理原因、动物的侵袭等；而正当防卫的本质是制止正在进行的不法侵害、保护法益，处理与正当防卫有关的一切问题时，都要把握这一核心内容。所以正当防卫的危险来源只限于他人的不法侵害行为。另外，二者的损害对象、实施条件、主体范围以及限度标准上也有不同。由此可见，本案中，乙的行为成立紧急避险而非正当防卫。

值得强调的是，通说认为，紧急避险的必要限度，是指紧急避险所引起的损害小于所避免的损害，即凡是避险行为所引起的损害小于所避免的损害时，就是没有超过必要限度。由于紧急避险是两种法益之间的冲突，故应以尽可能小的损害去保护另一法益，即必须从客观实际出发，既能保护一种法益，又将对另一法益的损害控制在最小限度内。因此，首先，避险行为造成的损害小于所避免的损害时，也可能超过了必要限度。其次，不得已损害同等法益的，也不一定超过了必要限度。一般来说，判断法益价值时，应根据将不同法益作为保护对象的各种犯罪的法定刑的轻重进行判断。我们可以说，生命法益重于身体法益、身体法益重于财产利益，但现在还难以形成一般的、具体的标准，只能根据社会的一般观念进行客观的、合理的判断。此外，进行法益衡量时，还要考虑危险的紧迫性与重大性、危险源的具体情况、损害行为的程度、当事人的忍受义务等。

因此动物的侵害不是不法侵害，也不成立正当防卫。本案中情况认定为紧急避险的合理性在于动物的袭击属于刑法中的危险，可以采取紧急避险，缺陷在于遭受侵害就杀死该珍贵动物是不是在法益的衡量上损害的法益比较大，或者超过了侵害的法益。因此，必须考虑动物的侵害是否是非常紧急，而且针对珍贵动物必须要注意法益的衡量。严重威胁到人的生命的时候杀死动物是成立紧急避险的，但如果不是很严重的危险应尽量注意避免对动物进行致命打击。

第十章　故意犯罪的停止形态

基础知识图解

- 故意犯罪的停止形态
  - 概述：概念、特征、存在范围
  - 犯罪的一般过程：犯意形成→犯罪预备→着手实行→完成犯罪
  - 犯罪既遂
    - 概念
    - 类型
      - 结果犯（故意伤害罪、抢劫罪、诈骗罪）
      - 行为犯（投毒罪、爆炸罪、破坏交通设施罪）
      - 危险犯（脱逃罪）
      - 举动犯（组织、领导、参加黑社会）
    - 处罚原则
  - 犯罪预备
    - 概念
    - 类型
      - 为犯罪准备工具的行为
      - 为犯罪制造条件的行为
    - 处罚原则：参照既遂犯从轻、减轻处罚或者免除处罚
  - 犯罪未遂
    - 概念
    - 类型
      - 实行终了未遂与未实行终了未遂
      - 能犯未遂与不能犯未遂
    - 处罚原则：参照既遂犯从轻或者减轻处罚
  - 犯罪中止
    - 概念
    - 类型
      - 预备阶段的中止、实行阶段的中止与实行后的中止
      - 消极中止与积极中止
    - 处罚原则
      - 没有造成损害的，应当免除处罚
      - 造成损害的，应当减轻处罚

配套测试

一、单项选择题

1. 确定犯罪既遂的标准是（　　）。

A. 犯罪结果是否发生

B. 犯罪目的是否达到

C. 犯罪人是否已经认识到犯罪已经完成

D. 犯罪人所实施的行为是否具备了刑法分则条文所规定的某一犯罪构成的全部要件

2. 关于故意犯罪形态，下列哪种说法是错误的？（　　）

A. 故意犯罪形态只存在于故意犯罪中

B. 间接故意不可能有犯罪预备、未遂、中止形态

C. 对过失犯罪而言，只有犯罪成立与否的问题，没有既遂未遂的问题

D. 在犯罪预备阶段只能出现犯罪预备形态，不可能出现犯罪中止形态

3. 甲某精心准备窃取银行客户的密码，晚上在家中利用互联网将客户账上的 10 万元转入自己的账户。其妻子发觉后极力劝阻，甲某悔悟，又将 10 万元转入客户的账户。甲某的行为属于（　　）。

A. 犯罪中止　　B. 犯罪未遂
C. 犯罪既遂　　D. 不构成犯罪

4. 甲某（男）和乙某（女）均为某公司职员，一日，甲某告诉乙某他家里新买了一盆君子兰，邀乙某前去观看。乙某一向爱花，于是欣然前往。谁知到了甲某家里后，甲某即开始动手动脚，并欲强奸乙某，恰在此时，甲某母亲买菜回家，甲某只得作罢，但小声威胁乙某说："明天下午你再过来，否则我告诉你丈夫你和我通奸，还要在公司宣传。"则甲某的行为属于？（　　）。
A. 犯罪预备　　B. 犯罪中止
C. 犯罪既遂　　D. 犯罪未遂

5. 甲某（女）与乙结婚后，一直视其与前夫的儿子丙为眼中钉，欲除之而后快，就在丙的饭菜中下毒，丙吃完后毒性发作，甲某看到丙的痛苦表情，又起恻隐之心，将丙送到医院，由于路途太远，经抢救无效死亡。甲某的行为（　　）。
A. 构成故意杀人未遂
B. 构成故意杀人既遂
C. 构成故意杀人中止
D. 应当减轻处罚

6. 甲与乙有仇，遂寻机报复。凌晨 2 点便携带匕首到乙家寻仇，却发现乙与邻居四人正在打麻将，只得返回家中，甲的行为属于（　　）。
A. 犯罪中止　　B. 犯罪预备
C. 犯意表示　　D. 不构成犯罪

7. 甲蓄意盗窃，于深夜潜入本单位的财务室，但打开保险柜后，发现空无分文即离开，甲的行为是（　　）。
A. 盗窃既遂
B. 盗窃预备
C. 手段不能犯未遂
D. 对象不能犯未遂

8. 甲、乙两人有仇，甲于某日携带匕首前往乙家，准备杀乙，途中见有警车路过，甲深感害怕，折返家中。甲的行为属于（　　）。
A. 犯罪预备　　B. 犯罪中止
C. 犯罪未遂　　D. 不构成犯罪

9. 甲某蓄谋杀害同室居住的乙某，有一天，甲某偷偷在乙某的饭菜中投毒，但乙某有急事没有吃饭，甲某的行为属于（　　）。
A. 犯罪既遂负刑事责任
B. 犯罪未遂负刑事责任
C. 犯罪预备负刑事责任
D. 意外事件不负刑事责任

10. 我国刑法对于未遂犯的处罚原则为（　　）。
A. 从轻或者减轻处罚
B. 从轻或者免除处罚
C. 从轻处罚
D. 减轻处罚

11. 甲某因私仇蓄意杀害乙某。一天，甲某在乙某回家途中向其开枪射击，击中乙某的腿部，乙某痛苦地倒在地上呻吟。这时，甲某尚有子弹 3 颗，却怕罪行败露，遂停止开枪射击。甲某的行为是（　　）。
A. 犯罪未遂　　B. 犯罪中止
C. 一般违法行为　　D. 意外事件

12. 甲与一女子有染，其妻乙生怨。某日，乙将毒药拌入菜中意图杀甲。因久等未归且又惧怕法律制裁，乙遂打消杀人恶念，将菜倒掉。关于乙的行为，下列哪一选项是正确的？（　　）（司考 2010. 卷二 . 5）
A. 犯罪预备
B. 犯罪预备阶段的犯罪中止
C. 犯罪未遂
D. 犯罪实行阶段的犯罪中止

13. 犯罪行为达到既遂状态的标准是（　　）。
A. 犯罪分子达到犯罪目的
B. 犯罪分子完成犯罪行为
C. 犯罪行为导致客观危险结果
D. 犯罪行为完全符合法定犯罪构成要件

14. 甲、乙二人勾搭成奸，预谋杀死乙的丈夫丙后两人结婚。甲买来毒药交给乙，乙将毒药投入丙的酒中，并为丙炒了菜，让丙喝酒。丙将酒喝了后，安然无恙。后得知毒药存放时间太长，已经失效。乙对甲说，丙如此命大，不能再害他了，甲也表示同意。但是二人继续保持通奸关系。甲、乙二人行为属于故意杀人罪（　　）。

A. 手段不能犯的未遂

B. 既遂

C. 未实行终了的未遂

D. 中止

15. 下列哪种情形属于犯罪中止？（　　）

A. 甲为杀乙，将乙推落到一个枯井内，连砸数石，未中。乙乞求甲饶其一命，甲离去，乙逃生

B. 甲为杀妻子乙，弄回多种毒药。某日投毒致乙中毒。甲与家人急送乙到医院抢救，乙未死。甲极为懊恼将此情况告知情妇丙。丙劝其作罢，甲听其言，将余下的毒药丢弃

C. 甲为杀害女友乙，将其诱至数十米高的悬崖边，一掌推下。甲下山回家，顺便看结果，发现乙坐地哭泣，未死。甲某离去

D. 甲为杀乙，朝乙腹部猛刺一刀，不料鲜血喷溅甲一身，甲顿时瘫软倒地，未能继续刺击第二刀，乙未死

16. 关于犯罪中止，下列说法正确的是（　　）。

A. 犯罪中止发生在犯罪的实施过程中

B. 犯罪行为人自己认为能够将犯罪完成，不管是否已经既遂

C. 不管是哪一种中止，都必须是没有发生作为既遂标志的犯罪结果

D. 行为本身不能达到既遂，行为人实施完毕后积极努力，最后没有发生危害后果，也不成立犯罪中止

18. 甲乘在路上行走的妇女乙不注意之际，将乙价值12000元的项链一把抓走，然后逃跑。跑了50米之后，甲以为乙的项链根本不值钱，就转身回来，跑到乙跟前，打了乙两耳光，并说：“出来混，也不知道戴条好项链”，然后将项链扔给乙。对甲的行为，应当如何定性？（　　）（司考2008. 卷二 . 15）

A. 抢夺罪（未遂）

B. 抢夺罪（中止）

C. 抢夺罪（既遂）

D. 抢劫罪（转化型抢劫）

19. 甲因父仇欲重伤乙，将乙推倒在地举刀便砍，乙慌忙抵挡喊着说：“是丙逼我把你家老汉推下粪池的，不信去问丁。”甲信以为真，遂松开乙，乙趁机逃走。关于本案，下列哪一选项是正确的？（　　）（司考2009. 卷二 . 5）

A. 甲不成立故意伤害罪

B. 甲成立故意伤害罪中止

C. 甲的行为具有正当性

D. 甲成立故意伤害罪未遂（不能犯）

20. 甲欲杀乙，将乙打倒在地，掐住其脖子致深度昏迷。30分钟后，甲发现乙未死，便举刀刺乙，第一刀刺中乙腹部，第二刀扎在乙的皮带上，刺第三刀时刀柄折断。甲长叹“你命太大，整不死你，我服气了”，遂将乙送医，乙得以保命。经查，第一刀已致乙重伤。关于甲犯罪形态的认定，下列哪一选项是正确的？（　　）（司考2012. 卷二 . 8）

A. 故意杀人罪的未遂犯

B. 故意杀人罪的中止犯

C. 故意伤害罪的既遂犯

D. 故意杀人罪的不能犯

21. 2010年某月某日，甲到乙家，发现乙家徒四壁。见桌上有一块玉坠，断定是不值钱的仿制品，甲便顺手拿走。后甲对丙谎称玉坠乃秦代文物，值5万元，丙以3万元买下。经鉴定乃清代玉坠，市值5000元。关于本案的分析，下列哪一选项是错误的？（　　）（司考2013. 卷二 . 6）

A. 甲断定玉坠为不值钱的仿制品具有一定根据，对“数额较大”没有认识，缺乏盗窃犯罪故意，不构成盗窃罪

B. 甲将所盗玉坠卖给丙，具有可罚性，不属于不可罚的事后行为

C. 不应追究甲盗窃玉坠的刑事责任，但应追究甲诈骗丙的刑事责任

D. 甲诈骗丙的诈骗数额为5万元，其中3万元既遂、2万元未遂

22. 甲深夜进入小超市，持枪胁迫正在椅子上睡觉的店员乙交出现金，乙说“钱在收款机里，只有购买商品才能打开收款机”。甲掏出100元钱给乙说“给你，随便买什么”。乙打开收款机，交出所有现金，甲一把抓跑。事实上，乙给甲的现金只有88元，甲还“亏了”12元。关于本案，下列哪一说法是正确的？（　　）（司考2013．卷二．8）

A. 甲进入的虽是小超市，但乙已在椅子上睡觉，甲属于入户抢劫

B. 只要是持枪抢劫，即使分文未取，也构成抢劫既遂

C. 对于持枪抢劫，不需要区分既遂与未遂，直接依照《刑法》分则条文规定的法定刑量刑即可

D. 甲虽“亏了”12元，未能获利，但不属于因意志以外的原因未得逞，构成抢劫罪既遂

23. 甲架好枪支准备杀乙，见已患绝症的乙踉跄走来，顿觉可怜，认为已无杀害必要。甲便收起枪支，但不小心触动扳机，乙中弹死亡。关于甲的行为定性，下列哪一选项是正确的？（　　）（司考2014．卷二．9）

A. 仅构成故意杀人罪（既遂）

B. 仅构成过失致人死亡罪

C. 构成故意杀人罪（中止）、过失致人死亡罪

D. 构成故意杀人罪（未遂）、过失致人死亡罪

二、多项选择题

1. 关于犯罪中止，下列哪些选项是正确的？（　　）

A. 甲持枪胁迫乙交付财物给自己，但甲发现乙非常胆小，遂将手枪远远扔掉，然后取走乙的财物，甲不成立持枪抢劫的中止，而成立持枪抢劫的既遂

B. 甲以杀人故意对乙实施杀人行为，随后放弃了杀人行为，但致使乙重伤的，甲成立故意杀人罪中止与故意伤害致人重伤罪，属于想象竞合犯

C. 甲为强奸乙女而将其迷昏，在实施了猥亵行为之后放弃了奸淫行为的，甲成立强奸罪中止，而不成立强制猥亵、侮辱罪，但应当减轻处罚

D. 甲在黑暗中潜入某库房盗窃财物，在将财物搬起来之后又决心放弃盗窃，在将财物置于地上时，却将库房看管人砸死的，甲成立盗窃罪中止与过失致人死亡罪

2. 秦某与唐某合伙开了一家理发店，后因生意不好，入不敷出，秦某认为是对面的理发店抢了他们的生意，于是指使唐某去将对面理发店的理发工具偷来，使其没法做生意。唐某趁夜间撬开对面理发店的锁，正欲行窃时，发现邵某睡在理发店内，遂将邵某强奸。听到外面有警车声，未来得及偷理发工具就仓皇逃走。下列说法正确的是：（　　）。

A. 秦某构成盗窃罪未遂

B. 唐某构成盗窃罪中止

C. 唐某构成强奸罪既遂

D. 秦某对唐某的强奸行为负一定的刑事责任

3. 下列哪些情形属于“意志以外”的原因未得逞？（　　）

A. 甲正在入户盗窃时，忽闻警车鸣笛而来，以为有人发觉，打电话报警，招来了警车，连东西都没来得及拿就慌忙离去。其实，警车只是路过而已

B. 甲正在入户抢劫乙，忽闻警车鸣笛呼啸而过。警车远去后甲的心情仍然不能平静，感到害怕。向被害人赔礼道歉后离去

C. 甲向乙头部砍数刀后，以为乙必死无疑，恰逢过路的人将乙送到医院

D. 甲正在撬一保险柜时，忽然同伙打来电话，告知该保险柜中没有值钱的东西。甲便放弃撬该保险柜离去。其实，保险柜中有50万元现金

4. 关于犯罪中止，下列哪些说法是正确的？（　）
A. 犯罪中止既可以发生在预备阶段也可以发生在实行阶段
B. 犯罪告一段落，归于未遂之后，不可能出现犯罪中止
C. 对于中止犯，没有造成损害结果的，应当免除处罚
D. 对于中止犯，造成损害结果构成犯罪既遂的，应当减轻处罚

5. 甲、乙两人共谋一起去杀丙，见丙后两人同时开枪，甲击中丙头部，而乙击中丙肚子，丙当场死亡。该案中，下列哪些说法正确？（　）
A. 甲的行为构成故意杀人罪（既遂）
B. 乙的行为构成故意杀人罪（未遂）
C. 乙的行为构成故意伤害罪（未遂）
D. 乙的行为构成故意杀人罪（既遂）

6. 下列哪些行为属于犯罪预备？（　）
A. 调查被害人的行踪
B. 明确的犯意表示
C. 开始着手实施犯罪行为
D. 积极排除实施犯罪的障碍

7. 下列哪些情形属于犯罪预备行为？（　）
A. 甲打电话邀请其朋友李某一起去实施抢劫
B. 乙向其朋友赵某表示要杀掉仇人陈某
C. 丙为了盗窃张某家财产，毒死了张某家的看家犬
D. 丁为方便对刘某实施抢劫，对刘某的活动规律进行跟踪调查

8. 甲、乙预谋修车后以假币骗付。某日，甲、乙在某汽修厂修车后应付款4850元，按照预谋甲将4900元假币递给乙清点后交给修理厂职工丙，乙说“修得不错，零钱不用找了”，甲、乙随即上车。丙发现货币有假大叫“别走”，甲迅即启动车辆驶向厂门，丙扑向甲车前风挡，抓住雨刮器。乙对甲说“太危险，快停车”，甲仍然加速，致丙摔成重伤。关于致丙重伤的行为，下列选项错误的是（　）。
A. 乙明确叫甲停车，可以成立犯罪中止
B. 甲、乙构成故意伤害的共同犯罪
C. 甲的行为超出了共同犯罪故意，对于丙的重伤后果，乙不应当负责
D. 乙没有实施共同伤害行为，不构成犯罪

9. 贾某在抢劫于某的过程中见于某拼命反抗，便用刀猛刺了于某一刀，于某大声呼救，贾某怕罪行暴露，遂弃刀逃跑。于某被刺成重伤。贾某的行为不构成（　）。
A. 故意伤害罪既遂
B. 故意杀人罪未遂
C. 抢劫罪未遂
D. 抢劫罪既遂

10. 下列哪些选项是错误的？（　）（司考2006. 卷二 . 54）
A. 甲、乙二人合谋抢劫出租车，准备凶器和绳索后拦住一辆出租车，谎称去郊区某地。出租车行驶到检查站，检查人员见甲、乙二人神色慌张便进一步检查，在检查时甲、乙意图逃离出租车被抓获。甲、乙二人的行为构成抢劫（未遂）罪
B. 甲深夜潜入某银行储蓄所行窃，正在撬保险柜时，听到窗外有响动，以为有人来了，因害怕被抓就悄悄逃离。甲的行为构成盗窃（未遂）罪
C. 甲意图杀害乙，经过跟踪，掌握了乙每天上下班的路线。某日，甲准备了凶器，来到乙必经的路口等候。在乙经过的时间快要到时，甲因口渴到旁边的小卖部买饮料。待甲返回时，乙因提前下班已经过了路口。甲等了一阵儿不见乙经过，就准备回家，在回家路上因凶器暴露被抓获。甲的行为构成故意杀人（未遂）罪
D. 甲意图陷害乙，遂捏造了乙受贿10万元并与他人通奸的所谓犯罪事实，写了一封匿名信给检察院反贪局。检察机关经初查发现根本不存在受贿事实，对乙未追究刑事责任。甲欲使乙受到刑事追究的意图未能得逞。甲的行为构成诬告陷害（未遂）罪

11. 甲欲枪杀仇人乙，但早有防备的乙当天穿着防弹背心，甲的子弹刚好打在防弹背心上，乙毫发无损。甲见状一边逃离现场，一边气呼呼地大声说："我就不信你天天穿防弹背心，看我改天不收拾你!"关于本案，下列哪些选项是正确的？（　　）（司考2009. 卷二.52）

A. 甲构成故意杀人中止

B. 甲构成故意杀人未遂

C. 甲的行为具有导致乙死亡的危险，应当成立犯罪

D. 甲不构成犯罪

12. 甲向乙行贿5万元，乙收下后顺手藏于自家沙发垫下，匆忙外出办事。当晚，丙潜入乙家盗走该5万元。事后查明，该现金全部为假币。下列哪些选项是正确的？（　　）（司考2009. 卷二.60）

A. 甲用假币行贿，其行为成立行贿罪未遂，是实行终了的未遂

B. 丙的行为没有侵犯任何人的合法财产，不构成盗窃罪

C. 乙虽然收受假币，但其行为仍构成受贿罪

D. 丙的行为侵犯了乙的占有权，构成盗窃罪

13. 因乙移情别恋，甲将硫酸倒入水杯带到学校欲报复乙。课间，甲、乙激烈争吵，甲欲以硫酸泼乙，但情急之下未能拧开杯盖，后甲因追乙离开教室。丙到教室，误将甲的水杯当作自己的杯子，拧开杯盖时被硫酸淋洒一身，灼成重伤。关于本案，下列哪些选项是错误的？（　　）（司考2012. 卷二.53）

A. 甲未能拧开杯盖，其行为属于不可罚的不能犯

B. 对丙的重伤，甲构成过失致人重伤罪

C. 甲的行为和丙的重伤之间没有因果关系

D. 甲对丙的重伤没有故意、过失，不需要承担刑事责任

14. 关于犯罪停止形态的论述，下列哪些选项是正确的？（　　）（司考2012. 卷二.54）

A. 甲（总经理）召开公司会议，商定逃税。甲指使财务人员黄某将1笔500万元的收入在申报时予以隐瞒，但后来黄某又向税务机关如实申报，缴纳应缴税款。单位属于犯罪未遂，黄某属于犯罪中止

B. 乙抢夺邹某现金20万元，后发现全部是假币。乙构成抢夺罪既遂

C. 丙以出卖为目的，偷盗婴儿后，惧怕承担刑事责任，又将婴儿送回原处。丙构成拐卖儿童罪既遂，不构成犯罪中止

D. 丁对仇人胡某连开数枪均未打中，胡某受惊导致心脏病突发死亡。丁成立故意杀人罪既遂

15. 下列哪些选项不构成犯罪中止？（　　）（司考2011. 卷二.54）

A. 甲收买1名儿童打算日后卖出。次日，看到拐卖儿童犯罪分子被判处死刑的新闻，偷偷将儿童送回家

B. 乙使用暴力绑架被害人后，被害人反复向乙求情，乙释放了被害人

C. 丙加入某恐怖组织并参与了一次恐怖活动，后经家人规劝退出该组织

D. 丁为国家工作人员，挪用公款3万元用于孩子学费，4个月后主动归还

16. 甲为杀乙，对乙下毒。甲见乙中毒后极度痛苦，顿生怜意，便开车带乙前往医院。但因车速过快，车右侧撞上电线杆，坐在副驾驶位的乙被撞死。关于本案的分析，下列哪些选项是正确的？（　　）（司考2014. 卷二.53）

A. 如认为乙的死亡结果应归责于驾车行为，则甲的行为成立故意杀人中止

B. 如认为乙的死亡结果应归责于投毒行为，则甲的行为成立故意杀人既遂

C. 只要发生了构成要件的结果，无论如何都不可能成立中止犯，故甲不成立中止犯

D. 只要行为人真挚地防止结果发生，即使未能防止犯罪结果发生的，也应认

定为中止犯，故甲成立中止犯

17. 关于故意犯罪形态的认定，下列哪些选项是正确的？（　　）（司考2013.卷二.54）

A. 甲绑架幼女乙后，向其父勒索财物。乙父佯装不管乙安危，甲只好将乙送回。甲虽未能成功勒索财物，但仍成立绑架罪既遂

B. 甲抢夺乙价值1万元项链时，乙紧抓不放，甲只抢得半条项链。甲逃走60余米后，觉得半条项链无用而扔掉。甲的行为未得逞，成立抢夺罪未遂

C. 乙欲盗汽车，向甲借得盗车钥匙。乙盗车时发现该钥匙不管用，遂用其他工具盗得汽车。乙属于盗窃罪既遂，甲属于盗窃罪未遂

D. 甲在珠宝柜台偷拿一枚钻戒后迅速逃离，慌乱中在商场内摔倒。保安扶起甲后发现其盗窃行为并将其控制。甲未能离开商场，属于盗窃罪未遂

18. 关于犯罪未遂的认定，下列哪些选项是正确的？（　　）（司考2016.卷二.53）

A. 甲以杀人故意将郝某推下过街天桥，见郝某十分痛苦，便拦下出租车将郝某送往医院。但郝某未受致命伤，即便不送医院也不会死亡。甲属于犯罪未遂

B. 乙持刀拦路抢劫周某。周某说“把刀放下，我给你钱”。乙信以为真，收起刀子，伸手要钱。周某乘乙不备，一脚踢倒乙后逃跑。乙属于犯罪未遂

C. 丙见商场橱柜展示有几枚金锭（30万元/枚），打开玻璃门拿起一枚就跑，其实是价值300元的仿制品，真金锭仍在。丙属于犯罪未遂

D. 丁资助林某从事危害国家安全的犯罪活动，但林某尚未实施相关犯罪活动即被抓获。丁属于资助危害国家安全犯罪活动罪未遂

三、名词解释

1. 故意犯罪停止形态
2. 实行终了的未遂
3. 未实行终了的未遂
4. 能犯未遂
5. 不能犯未遂（中国人民大学2005年研究生入学试题）

四、简答题

1. 简述犯罪既遂形态的类型。
2. 如何认定自动放弃可能重复的侵害行为的性质？
3. 简述犯罪预备的概念及构成要件。（中国人民大学2005年研究生入学试题）
4. 简述犯罪未遂与犯罪中止的异同。
5. 简述犯罪预备的概念与特征。
6. 如何认定实行行为的“着手”？

五、论述题

故意犯罪停止形态与故意犯罪阶段有何联系与区别？

六、案例分析题

1. 甲某要乙某给他搞一些便宜的轮胎，按300元一只付费。乙某即多次窥视某汽车制造厂仓库，伺机行窃。乙某又问同厂工人丙是否愿意和他一起干，丙当即表示同意。两人谋划，由丙盗配了一仓库管理员的一把钥匙，丙把配好的钥匙交给乙某，两人约定深夜12点在汽车制造厂仓库门口见面，由乙某负责找三轮车，丙负责在外望风，乙某进库房搬花胎。丙下班回家，感到此事不能干，万一让人发现，就要进监狱，毁了一辈子。因此，打消了犯罪念头，未按约定时间前去行窃。乙某则按时赶到，见丙迟迟不到，便一人用丙配来的钥匙打开仓库的门，盗出5只轮胎，共获赃款1500元，拿出300元要给丙，丙分文未收。

问：丙的行为是盗窃中止，还是盗窃既遂？

2. 甲某（男）婚后嗜酒成性，不管家里，致夫妻感情不和。一日，甲某喝酒后回家，寻妻出气，在与其妻殴打过程中，

顿生杀人之念，遂举刀将妻砍伤，并欲进一步行凶，恰逢邻居赶到，将甲某手中菜刀抢下，并对其教育，甲某酒醒怒气渐消，略有悔悟，及时送其妻到医院抢救，得免妻死。

试分析甲某的行为性质以及属于何种停止形态及应负的刑事责任。

3. 张某（30岁）为牟利将火车站上一外地妇女王某（实际为两性人，但张某不知）骗至一边远地区，以5000元将王某卖给当地一个单身男子李某（35岁）为妻。当天，李某在王某不情愿的情况下，使用暴力欲与王某发生两性关系，后因发现王某系两性人而未能如愿。李某为此十分恼火，决定挽回“损失”，之后李某将王某带到外省，谎称王某是自己的妹妹并以同样的价格将其卖给他人，后经人检举到案了。

请依据刑法规定及基本原理分析本案中张某和李某行为的性质及其刑事责任。（华东政法大学2007年研究生入学试题）

参考答案

一、单项选择题

1. **答案**：D。犯罪既遂，是指行为人的行为完全符合刑法分则规定的犯罪构成的全部构成要件的犯罪事实。故本题正确答案为D。
2. **答案**：D。犯罪预备，是在犯罪预备阶段，由于犯罪分子意志以外的因素而使犯罪行为停止在预备阶段。犯罪预备只能发生在预备阶段。而犯罪中止，是指在犯罪过程中，自动放弃犯罪或者自动有效地防止犯罪结果发生的。犯罪中止既可以发生在预备阶段，也可以发生在犯罪行为实施阶段。
3. **答案**：C。既遂的标准是完成刑法对某种犯罪全部构成要件的规定，甲某已经完成了犯罪的全部行为，将10万元转入自己的账户，构成既遂，后将10万元归还，只能作量刑情节考虑。
4. **答案**：D。甲某被迫停止犯罪后并未放弃犯罪意图。
5. **答案**：B。甲某虽然见丙太痛苦了，将丙送往医院，但此时甲某的犯罪行为已经实施终了，没有防止犯罪结果发生。根据《刑法》第24条规定，甲某没有有效防止犯罪结果的发生，不成立犯罪中止，更谈不上应当减轻处罚了。
6. **答案**：B。根据《刑法》第22条第1款规定：“为了犯罪，准备工具、制造条件的，是犯罪预备。”犯罪预备，是指为实行犯罪而准备工具、制造条件的行为状态。已经进行犯罪的准备，由于行为人意志以外的原因而未着手实行犯罪的，是预备犯。本题中甲因乙与邻居正在打麻将，不得已而返回家中，是意志以外的原因。
7. **答案**：D。对象不能犯未遂，是指行为人误将不具有被侵害性质的事物作为犯罪侵害的对象而导致的犯罪未遂。手段不能犯未遂，是指由于犯罪工具或者犯罪方法的无效性而造成犯罪不可能得逞。
8. **答案**：B。犯罪中止的成立须同时具备以下四个特征：①犯罪中止必须发生在犯罪过程中；②行为人主观上有中止犯罪的决意；③行为人客观上实施了中止犯罪的行为；④犯罪中止必须是有效。本题中的甲在犯罪预备过程中的行为符合犯罪中止的四个特征，因此属于犯罪中止。
9. **答案**：B。甲某已经着手实行犯罪，由于意志以外的原因而未得逞的，是犯罪未遂。
10. **答案**：A。根据《刑法》第23条第2款规定：“对于未遂犯，可以比照既遂犯从轻或者减轻处罚。”
11. **答案**：B。根据《刑法》第24条规定，在犯罪过程中，自动放弃犯罪或者自动有效地防止犯罪结果发生的，是犯罪中止。甲某在能完成犯罪行为的情况下自动停止犯罪行为属于犯罪中止。
12. **答案**：B。《刑法》第22条第1款规定，为了犯罪，准备工具、制造条件的，是犯罪预备。刑法将预备行为规定为两类，即准备工具与制造条件。准备工具事实上也是为实行犯罪制造条件的行为，只因是最常见的预备行为，故刑法予以特别规定。准备工具，即准备实行犯罪的工具，主要表现为：购买某种物品作为犯罪工具；制造犯罪工具；改装物品使之适应犯罪需要；租借他人物品作为犯罪工具；盗窃他人物品作为犯罪工具等。制造条件，是指除准备工具外的一切为实行犯罪制造条件的预备行为，如调查犯罪场所与被害人行踪，出发前往犯罪地点或者守候被害人的到来，诱骗被害人前往犯罪场所，等等。本题中，乙出于杀人的故意将毒药拌入菜中的行为属于准备工具的预备行为，之后乙放弃犯罪并积极阻止了危害结果的发生，构成犯罪中止。因此，乙成立犯罪预备阶段的犯罪中止。

13. 答案：D。法律对不同犯罪有不同既遂的标准，一种犯罪构成既遂以是否完成法律对该罪的规定为标准。行为犯只要行为人实施法定的行为即构成既遂。结果犯要求必须发生法定的危害结果才构成既遂。

14. 答案：A。本案是未遂犯与中止犯的区别问题，也就是中止犯的时间条件的问题，中止犯的时间条件是在犯罪过程中，既包括实行的过程，也包括预备的过程。本案有两点：第一，是中止还是未遂？从表面上看，行为人虽然没能将丙杀死也没有继续加害，好像是停止了，但是行为人以投毒的方法杀人的过程已经结束了。如果是既遂当然大家毫无争议了，如果是未遂的时候，不能因为行为人并没有发动新一轮的攻击而认为属于中止，这种情况仍然属于未遂。因此，本案是故意杀人罪未遂。第二，本案属于哪一种未遂？应属于手段不能犯的未遂。从错误的角度讲，本案又属于事实认识错误中的手段认识错误，由于手段认识错误导致未遂，与迷信犯是两回事。

15. 答案：A。

16. 答案：C。犯罪中止发生在从犯罪预备到犯罪实行行为完成的整个过程中，唯一的要求是犯罪没有既遂，如果犯罪既遂，就谈不上犯罪的中止了。

17. 答案：C。刑法学界认为应以行为人是否实际控制所夺取的财物为标准，抢夺行为人已实际控制所夺取的财物的，为抢夺的既遂，未实际控制所夺取的财物的，为抢夺未遂。在本案中甲的抢夺行为已经既遂，因此其归还项链的行为并不能构成犯罪中止。因此C选项正确，AB选项错误。依照《刑法》第269条的规定，甲虽然实施了抢夺行为，且打了乙两个耳光，但其目的并非窝藏赃物、抗拒抓捕或者毁灭罪证，故不构成转化型抢劫。D选项错误。

18. 答案：B。本案中，甲将乙推倒举刀就砍，可见已经着手实施犯罪；甲在听到乙的辩解之后信以为真，松开乙，可见甲已经自动地中止犯罪，并彻底放弃了伤害乙的意图；乙趁机逃走，可见没有发生伤害后果。由此可见，本案中甲的故意伤害行为满足犯罪中止的所有要件，因此应被认定为故意伤害罪中止。故B选项正确。

19. 答案：A。行为人具有引起既遂结果的意思，着手实施了紧迫侵害法益的行为，由于意志以外的因素而被迫放弃的，是犯罪未遂。在犯罪过程中，自动放弃犯罪或者自动有效地防止犯罪结果发生的，是犯罪中止。

甲以杀人故意对乙使用暴力，成立故意杀人罪。但是在杀乙的过程中屡遭挫折，放弃了杀人并予以积极救助，最终被害人没有死亡。对于这种情况，依据不同的学说，结论并不一样。

主观说：将行为人在放弃犯罪意图时对自己行为能否成功的判断作为认定中止和未遂的依据。本案中甲实施了四次杀人行为，都未能导致乙死亡，于是产生了自己无法杀死对方的认识，即认为自己对被害人乙是无法杀人既遂的，属于无奈的放弃。此时出现了抑制犯罪意志的原因：某种事实使行为人认为自己在客观上已经不可能继续实施犯罪，从而被迫停止的，成立故意杀人罪未遂。2012年司法考试采纳了主观说，答案最终认定为犯罪未遂。故意杀人罪未遂与故意伤害罪既遂想象竞合时，从一重罪处理，仍然按照故意杀人罪未遂处理。

客观说：若一般人不会放弃，而行为

人特意放弃了，行为人成立中止。案例中被害人乙已经处在甲的完全控制下，在还可以以其他方式杀死对方的情况下，一般人是不会因为刀柄折断而放弃继续杀人的，行为人特意放弃，并且予以积极的救助，成立故意杀人罪中止。判断中止的成立，核心在于最终的刑事责任“减轻”或者“免除”是否公平。本案中，对甲按照故意杀人罪中止（造成危害后果）予以减轻处罚，是符合罪刑均衡原则的，而按照故意杀人罪未遂的处罚原则“可以比照既遂犯从轻或者减轻处罚”则明显不能奖励甲的积极救助行为。所以采纳客观说，认定甲为故意杀人罪中止更合适。成立甲罪中止，同时满足乙罪既遂的，从刑事政策鼓励犯罪人放弃犯罪、主动消除法益侵害风险的目的出发，应该按照甲罪中止予以处理，不再另认定为乙罪既遂。所以甲成立故意杀人罪中止，同时满足故意伤害罪既遂的构成时，只按照故意杀人罪中止处理。

20. 答案：D。犯罪故意要求行为人认识到行为和结果具有社会危害性仍予以实施。本案中，甲发现乙家徒四壁，并以此为基础断定玉坠属于不值钱的仿制品，具有一定的合理性，因此不应认定甲具有盗窃的故意，甲不构成盗窃罪，所以A的说法是正确的。不可罚的事后行为，是指当一种行为达到既遂之后，不法状态仍继续存在，因这种不法状态的持续已经被前罪的犯罪构成所评价，故不予独立处罚。典型的如盗窃他人财物之后，予以窝藏、转移、销售的行为。但如果事后的销赃行为侵犯了新的法益，因后行为已经不能被包含在前罪中，故只能独立处罚。甲隐瞒真相，虚构玉坠乃秦代文物、价值5万元的事实，骗取丙3万元的行为，构成诈骗罪，因此B、C选项的说法都是正确的。甲诈骗丙的数额为3万元，系犯罪既遂。甲谎称玉坠价值5万元系其诈骗手段，不是诈骗数额，因此D选项的说法是错误的，当选。

21. 答案：D。根据《最高人民法院关于审理抢劫、抢夺刑事案件适用法律若干问题的意见》第1条的规定，“户”是指住所，其特征表现为供他人家庭生活和与外界相对隔离两个方面，前者为功能特征，后者为场所特征。甲闯入的地点是小超市，虽然店员乙正在睡觉，但是超市的主要功能是出售货物，并非供他人家庭生活之用，不具有户的功能特征。因此，A选项的说法是错误的。上述解释第10条同时规定：抢劫罪侵犯的是复杂客体，既侵犯财产权利又侵犯人身权利，具备劫取财物或者造成他人轻伤以上后果两者之一的，均属抢劫既遂；既未劫取财物，又未造成他人人身伤害后果的，属抢劫未遂。《刑法》第263条规定的8种处罚情节中除“抢劫致人重伤、死亡的”这一结果加重情节之外，其余7种处罚情节同样存在既遂、未遂问题。因此，“持枪抢劫”需要区分既遂和未遂，如果没有抢劫到财物，也未造成他人人身伤害后果的，属于抢劫未遂。因此，B、C选项的说法是错误的。虽然从总体上看甲“亏了”12元，但是甲为了劫取收款机的所有现金而实施了抢劫行为，并且已经将所有现金据为己有，成立抢劫罪的既遂，所以D选项的说法是正确的，当选。

22. 答案：C。在犯罪过程中，自动放弃犯罪或者自动有效地防止犯罪结果发生的，属于犯罪中止。构成犯罪中止需同时满足以下条件：一是中止的时间性，即发生在“犯罪过程中”；二是中止的自动性，即行为人认为客观上可能继续实施行为或可能既遂，但自愿放弃原来的犯罪意图；三是中止的客观性，即客观上有中止行为；四是中止的有效性，即没有发生作为既遂标志的犯罪结果。本案中，甲在主观上已经放弃了杀害乙，客观上也实施了收起枪支的行为，其行为已经构成故意杀人罪（中止）。但其不小心触动枪支，主观上有疏忽大意的过失，客观上造成了乙死亡的结果，其行为另行构成过失致人死亡罪。C选项正确，ABD选项均错误。应选C。

二、多项选择题

1. 答案：ACD。甲持枪抢劫乙的财物，发现乙胆小，将枪支远远扔掉，然后抢走乙的财物的，甲持枪抢劫的行为与取得财物之间具有因果关系，应将取得财物的结果归属于甲持枪抢劫的行为，因为甲持枪抢劫行为事实上已经压制了乙的反抗，之后扔掉枪支的行为对案件事实的发展并无影响。甲成立抢劫罪，属于持枪抢劫的情形，以既遂论处。A正确。甲在杀人过程中，自动放弃了杀人行为，防止了死亡结果发生的，成立故意杀人罪中止。但杀人行为造成了重伤结果和损害，应适用故意杀人罪的法定刑，同时减轻处罚。甲的行为虽然触犯故意杀人罪与故意伤害罪，但二者属于法条竞合，应优先适用特殊法条故意杀人罪。B错误。行为人自动放弃重罪或者自动有效地防止重罪的结果，但造成了轻罪的既遂，仍应认定为重罪的中止犯。甲以强奸故意对被害妇女实施了手段行为和奸淫的猥亵行为，但自动中止了奸淫行为的，应认定为强奸罪中止，属于"造成损害"的情形，应当减轻处罚。甲不成立强奸罪与强制猥亵、侮辱罪既遂的想象竞合，应优先适用特殊法条强奸罪。C正确。行为人自动放弃犯罪或者自动有效地防止犯罪结果发生，但中止行为或者中止过程中的行为却造成了损害，构成其他犯罪的，只能另外定罪量刑，与先前的故意犯罪中止数罪并罚。甲中止盗窃的行为过失砸死库房看管人，成立过失致人死亡罪，与盗窃罪中止应当数罪并罚。D正确。

2. **答案**：AC。《刑法》第29条第1款规定，教唆他人犯罪的，应当按照他在共同犯罪中所起的作用处罚。秦某指使唐某去盗窃，唐某也实施了盗窃行为，故二人构成共同犯罪。对于秦某，应当按照盗窃罪来处罚。唐某在实施所教唆的盗窃罪时又实行了强奸行为，构成强奸罪既遂。这属于共同犯罪中的实行过限问题，即在共同犯罪中，原共同犯罪中某一个或数个共同犯罪人，实施了超过原共同谋定的故意范围以外的犯罪行为。实行过限的犯罪行为由过限行为实施者自己承担，对过限行为没有共同故意的原共同犯罪人，不对过限行为负刑事责任。因此，秦某对唐某的强奸行为不负刑事责任，D选项不正确。再来分析盗窃罪是中止还是未遂。根据著名的"弗兰克公式"，犯罪中止是"能达目的而不欲"，即行为人自身主观上想停止犯罪行为，而犯罪未遂是"欲达目的而不能"，罪犯停止犯罪行为是基于外在原因。这里的"能"与"不能"是以行为人在实施犯罪行为时自己所认为的"能"与"不能"为标准。本案中，唐某听到警车声就仓皇逃走，其停止犯罪是由于外部原因，属于"欲达目的而不能"，是犯罪未遂。秦某的教唆行为已经既遂，但对于其所触犯的盗窃罪而言，唐某的未遂导致盗窃未成显然属于秦某意志以外的原因，因此秦某也是犯罪未遂。故本题答案是AC。

3. **答案**：ACD。A是意志以外，属于幻觉、错觉的情况。B是自动的。C是未遂，因为杀人罪是结果犯，而结果并没有出现。D是意志以外的，因为行为人以为遭遇到了困难、进行不下去了，不是自动停止犯罪。

4. **答案**：ABC。A选项，犯罪中止可以发生在犯罪过程的任何阶段。B选项，犯罪行为只能构成一种犯罪形态，构成中止就是犯罪行为的结束，如果犯罪分子认为条件不成熟暂停犯罪待时机成熟再继续犯罪，不属于中止。C选项参见《刑法》关于中止犯处罚的规定。D选项，构成既遂就不能按照中止犯量刑，但可以根据中止的情节酌情从轻处罚。

5. **答案**：AD。本题涉及共同犯罪和犯罪形态，乙的行为虽然不足以造成丙当场死亡，但甲乙二人共同犯罪，应当共同对犯罪结果承担刑事责任。

6. **答案**：AD。AD选项正确，因其皆属于犯罪预备中的制造犯罪条件。

B选项错误，因犯意表示仅仅是一种犯罪意思的流露，虽然有错误，但没有也不可能对社会造成实际危害，不具有犯罪构成的内容，不是犯罪行为；而犯罪预备，则是为着手实行犯罪而准备条件，对社会存在实际的威胁，具有社会危害性，属于犯罪行为。

C选项错误，因犯罪预备，是为实行犯

罪准备工具、制造条件的行为状态，如果已经开始着手实施犯罪行为，则已进入犯罪实行阶段。

7. 答案：CD。《刑法》第22条规定："为了犯罪，准备工具、制造条件的，是犯罪预备。对于预备犯，可以比照既遂犯从轻、减轻处罚或者免除处罚。"犯罪预备，是指行为人为了实施犯罪而准备工具和制造条件，但是由于行为人意志以外的原因而未能着手实行犯罪的犯罪停止形态。犯罪预备行为包括两种，即准备工具和制造条件，一旦行为人着手实施犯罪即不属于犯罪预备。A选项中"邀请他人共同实施犯罪"不属于为犯罪制造条件或者准备工具，A选项不符合题意。B选项中"向他人表示杀掉仇人"的行为属于犯意表示，不构成犯罪预备，B选项不符合题意。C选项中"实施毒死看家狗"的行为属于为盗窃犯罪制造条件，C选项符合题意。D选项中"跟踪调查被害人活动规律"的行为属于为抢劫犯罪制造条件，D选项符合题意。综上，本题正确答案为CD。

8. 答案：AB。甲的行为超出了共同犯罪（使用假币）的故意，对于丙的重伤后果，乙不是共犯，不承担刑事责任。乙不构成故意伤害罪，也就无所谓犯罪中止的问题了。

9. 答案：ABC。贾某为劫取财物，实施了严重的暴力行为，致被害人于某受重伤，符合抢劫罪的加重构成，构成抢劫罪，而不是构成故意伤害罪。根据2005年6月8日《最高人民法院关于审理抢劫、抢夺刑事案件适用法律若干问题的意见》，抢劫罪侵犯的是复杂客体，既侵犯财产权利又侵犯人身权利，具备劫取财物或者造成他人轻伤以上后果两者之一的，均属抢劫既遂；既未劫取财物，又未造成他人人身伤害后果的，属抢劫未遂。因贾某已将于某刺成重伤，故构成抢劫罪既遂。D选项的观点是正确的。故本题应选ABC。

10. 答案：ACD。犯罪预备与犯罪未遂的重要区别在于是否着手实施了犯罪。根据刑法的一般理论，"着手实施犯罪"的"着手"，就是开始实施具体犯罪构成要件客观方面行为的一刹那。一般认为，在奔赴犯罪途中，尾随、跟踪被害人或者埋伏守候被害人，都属于未着手实施犯罪。故本题中的A、C选项都属于未着手实施犯罪的犯罪预备情形。而B选项中甲正在撬保险柜，已经着手实施盗窃罪构成要件客观方面行为，由于意志以外的原因而未得逞，应为盗窃（未遂）罪。B选项正确。D选项中，诬告陷害属于行为犯，不以被害人受到刑事处分为必要，故甲的行为构成诬告陷害（既遂）罪。故本题应选ACD。

11. 答案：BC。犯罪中止与犯罪未遂的根本区别就在于："能达目的而不欲"时是中止，"欲达目的而不能"时是未遂。对于其中的"能"与"不能"，一般应以行为人的认识为标准进行判断。在本案中，甲打了乙一枪之后，发现其身着防弹背心，遂逃离现场。但从甲当时的言语中可清晰地认定：甲并未彻底放弃杀害乙的意图，一有机会其仍会杀害乙；另外，阻止甲继续实施犯罪的主要原因在于乙身上的防弹背心，也就是说甲放弃犯罪是出于意志以外的原因。由此可见，甲不构成犯罪中止，却构成犯罪未遂。故A选项错误，B选项正确。甲的行为尽管没有造成乙死亡的实际后果，但他事先并不知道乙身着防弹背心，其射击乙的行为完全可能造成乙死亡的危害后果，故已构成故意杀人罪。C选项正确，D选项错误。故答案为BC。

12. 答案：CD。如果行贿人使用假币进行"行贿"，当受贿人在对假币不知情的时候进行收受，并不影响受贿罪的成立，但对其应当以受贿罪的犯罪未遂论处，因为假币虽属于"物"的范畴，但没有使用价值，受贿人基于认识错误而收受，属于对象不能犯的未遂。本案中乙并不知所收钱款为假币，故其行为仍构成受贿罪。C选项正确。不过，对于行贿人而言，使用假币行贿却未必成立行贿罪未遂。若行贿人明知所用钱款为假币，则其主观上并无行贿的故意。因为假币并不具有使用价值，行贿人实际上是在利用欺骗的手段来牟取不正当利益，对于这种情形应对行贿人以使用假币罪定罪处罚。故A选项错误。误以为是真币而实施盗窃行为，实际上窃取了假币的，属于同一犯罪构成内的事实认识错误。即就盗窃罪而言，真币与假币都应当评价为财物，因为假币也需要通过法定程序收缴，故他人对假币的占有也是刑法法益。这并不意味着他人占有假币具有合法性，只是意味着第三者不能非法取得他人占有的假币。本案中丙窃取假币的行为侵犯了乙的占有权，应当认定为盗窃罪。故B选项错误，D选项正确。

13. 答案：ACD。甲欲伤害乙，却因为意志以外的因素未得逞，成立故意伤害罪的未遂。甲将硫酸置于教室，应当能够认识到硫酸可能伤害他人，因为疏忽大意而未能避免损害结果，对结果有过失责任。甲对危险物品保存不当，导致丙受到伤害，成立过失致人重伤罪。对甲最终应该以对乙的故意伤害罪未遂和对丙的过失致人重伤罪数罪并罚。

需要注意不能犯未遂与不可罚的不能犯问题。

不能犯未遂是指行为本身不可能既遂，但是仍然存在具体的危险的情况。如果在客观上，行为本质上不可能实现既遂，在主观上，一般人在事后没有危险感（没有具体的危险），则是不可罚的不能犯，按照无罪来处理。题目中甲虽未能拧开瓶盖，但是人身受到硫酸伤害的危险是现实存在的，所以成立犯罪未遂，而不是不可罚的不能犯。

14. 答案：ABCD。A选项，虽然中国刑法中的单位犯罪被认为是一种独立于普通犯罪的犯罪形式，不被认为是共同犯罪，但是基于刑事责任来源于行为对结果的因果力（支配力），单位犯罪中的刑事责任大小的认定、自首、立功、犯罪停止形态等都会不可避免地与共同犯罪具有相同或者大致类似的特征。正如共同犯罪中，正犯和共犯的犯罪停止形态可能不一样，单位犯罪中，直接责任人员的犯罪停止形态与单位的犯罪停止形态也可能不一样。甲（总经理）召开公司会议，商定逃税，并指使财务人员黄某作虚假纳税申报，成立单位为主体的逃税罪。但后来黄某又向税务机关如实申报，缴纳应缴税款，黄某最终放弃了逃税行为，阻止了危害国家税款利益的危害结果的发生，成立逃税罪的中止。而单位的决策层并没有主动放弃犯罪，却由于直接责任人的放弃而无法得逞，属于犯罪未遂。

B选项，乙抢夺邹某现金20万元后发现全部是假币的案情，属于具体事实认识错误中的对象错误。乙所欲为真币，所得却为假币，但是真币与假币都是抢夺罪的对象——“公私财物”。只不过假币是作为违禁品受到刑法保护的，其价值取决于黑市的交易价格。所以乙仍然成立抢夺罪的既遂。

C选项，根据《刑法》第240条第2款的规定，拐卖妇女、儿童是指以出卖为目的，有拐骗、绑架、收买、贩卖、接送、中转妇女、儿童的行为之一的。即拐卖妇女、儿童罪是行为犯，只要行为完成就成立此罪的既遂，并不需要将妇女、儿童卖与（交付）他人。丙以出卖为目的，偷盗婴儿后，惧怕承担刑事责任，又将婴儿送回原处。丙的偷盗行为完成，已经构成拐卖儿童罪既遂。既遂后的退还行为不构成犯罪中止。

D选项，虽然开枪杀人，子弹未击中对方，但把对方吓死的，是开枪行为结合被害人特异体质导致对方死亡的情况，开枪与死亡结果仍然有因果关系。丁仍然需要对死亡结果承担刑事责任，成立故意杀人罪既遂。

15. 答案：ABCD。A选项，拐卖儿童罪是行为犯，依据《刑法》第240条的规定，只要实施拐骗、绑架、收买、贩卖、接送、中转妇女、儿童的行为之一就成立该罪的既遂。所以甲以出卖为目的收买儿童之后，就已经成立拐卖儿童罪的既遂。既遂之后不能再成立此罪的中止。

B选项，依据《刑法》第239条[①]的规定，绑架罪也是行为犯，绑架罪中的利用被绑架人近亲属或其他人的忧虑勒索财物以及其他不法目的都属于主观的超过要素，即使客观上没有实现，只要行为人以实力控制了被绑架人，就成立该罪的既遂。

C选项，依据《刑法》第120条[②]的规定，参加恐怖组织罪属于行为犯，行为完成并且已经参加了恐怖活动，属于既遂。

D选项，根据《刑法》第384条的规定，挪用公款数额较大，超过3个月不还的，成立挪用公款罪的既遂。丁挪用公款4个月，属于犯罪既遂。

16. 答案：AB。在犯罪过程中，自动放弃犯罪或者自动有效地防止犯罪结果发生的，属于犯罪中止。不管是哪一种中止，都必须是其犯罪行为没有导致发生作为既遂标志的犯罪结果。这并不意味着只要发生了构成要件的结果，行为人无论做出多少努力都不能成立犯罪中止。如果最终犯罪结果的发生是由于一些异常因素介入，则行为人犯罪行为与犯罪结果之间的因果关系已经中断，应当认定其行为构成了犯罪中止。本案中，甲先下毒杀乙，之后又开车带乙去医院，说明甲为防止乙死亡结果的发生做出了积极努力，最终乙因撞车死亡。如果乙死亡主要是因为撞车，则交通事故的发生已经中断了甲的投毒行为与乙死亡结果之间的因果关系，甲构成故意杀人中止。如果乙死亡主要是因为甲的投毒行为，则该因果关系并未中断，甲仍然构成故意杀人既遂。AB选项正确，CD选项错误。应选AB。

17. 答案：AC。评判既遂与未遂不能简单地从犯罪行为的客观表现形式上机械地分析，绑架罪客观行为应当视为单一行为而不是双重行为，应当以绑架行为是否已实际控制了被害人质，并将其置于自己实际支配之下为标准，那种以是否实际取得钱财或其他非法利益为客观评判标准是简单的结果论。A选项中，绑架行为已经实施完毕，甲已经实际控制了被害人质，因此构成绑架罪的既遂，所以A是正确的。从抢夺罪的客观方面来看，该罪的客观方面表现为乘人不备，公然夺取他人财物的行为。这里的关键词应是夺取，而“夺取”是由“夺”和“取”这两方面组成的，因此，应以行为人是否实际控制所夺取的财物来作为抢夺罪既遂与未遂的区分标准。B选项中，甲实施了抢夺行为，并抢得半条项链，其事后认为半条项链无用将项链扔掉的行为并不影响抢夺罪既遂的成立，因此B是错误的。C选项中，甲明知乙实施盗窃行为，仍为其提供钥匙，因此二人达成了实施盗窃行为的共同意思联络，但乙最终成功盗得汽车与甲提供钥匙的行为没有关系，即甲的行为对犯罪结果的发生并未实际产生原因力，故应认定甲构成盗窃罪未遂，C是正确的。D选项中，甲实施秘密窃取钻戒的行为，并立即逃离柜台，此时犯罪已经既遂。后甲在商场摔倒，保安扶起甲后偶然发现其有盗窃行为并将其控制，这并不会导致其行为性质由既遂转为未遂。如果甲逃离柜台时即被发现，保安追逐过程中将甲控制，则属于犯罪未遂。因此D选项是错误的。故，本题的正确答案为AC。

18. 答案：BC。A选项，甲实施故意杀人行为，实行行为终了但未造成他人死亡后果，此时甲具备继续施加杀人行为的条件，但甲

---

① 《刑法》第239条规定，以勒索财物为目的绑架他人的，或者绑架他人作为人质的，处十年以上有期徒刑或者无期徒刑，并处罚金或者没收财产；情节较轻的，处五年以上十年以下有期徒刑，并处罚金。犯前款罪，杀害被绑架人的，或者故意伤害被绑架人，致人重伤、死亡的，处无期徒刑或者死刑，并处没收财产。以勒索财物为目的偷盗婴幼儿的，依照前两款的规定处罚。

② 《刑法》第120条规定，组织、领导恐怖活动组织的，处十年以上有期徒刑或者无期徒刑，并处没收财产；积极参加的，处三年以上十年以下有期徒刑，并处罚金；其他参加的，处三年以下有期徒刑、拘役、管制或者剥夺政治权利，可以并处罚金。犯前款罪并实施杀人、爆炸、绑架等犯罪的，依照数罪并罚的规定处罚。

选择将郝某送去医院，这种情形属于能为而不欲，且最终避免了死亡结果发生，构成犯罪中止而非犯罪未遂。题干中提到的即便不送医郝某也不会死亡，并不影响犯罪中止的认定。A错误。B选项，乙属于欲达目的而不能，由于意志以外原因造成犯罪结果未发生的，构成典型的犯罪未遂。B正确。C选项，丙误以为仿制品系金锭而盗窃，属于对象不能犯的未遂，构成犯罪未遂。C正确。D选项，资助危害国家安全犯罪活动罪系单独罪名，丁的资助行为是否既遂并不依赖于被资助对象是否成功实施危害国家安全犯罪行为。D错误。

三、名词解释

1. **答案**：故意犯罪停止形态，是指故意犯罪在其产生、发展和完成犯罪的过程及阶段中，因主客观原因而停止下来的各种犯罪形态。包括两种类型：一是犯罪完成形态，即犯罪既遂形态；二是犯罪未完成形态，即犯罪预备、犯罪未遂和犯罪中止。
2. **答案**：实行终了的未遂，是指犯罪分子将其认为完成犯罪所必要的全部行为都实行完了，由于意志以外的原因，而使犯罪没有得逞的情况。
3. **答案**：未实行终了的未遂，是指犯罪分子尚未将其认为完成犯罪所必要的全部行为都实行完了，由于意志以外的原因，而使犯罪没有得逞的情况。
4. **答案**：能犯未遂，是指犯罪行为有实际可能达到既遂，但由于行为人意志以外的原因未能达到既遂而停止下来的情况。
5. **答案**：不能犯未遂，是指因犯罪人对有关犯罪事实认识错误而使犯罪行为不可能达到既遂的情况。不能犯未遂又可分为工具不能犯未遂和对象不能犯未遂。

四、简答题

1. **答案**：根据刑法分则对各种直接故意犯罪构成要件的不同规定，犯罪既遂主要有以下四种不同的类型：

(1) 结果犯，即不仅要实施具体犯罪构成客观要件的行为，而且必须发生法定的犯罪结果才构成既遂的犯罪，即以法定犯罪结果的发生与否作为犯罪既遂与未遂区别标志的犯罪。所谓法定的犯罪结果，是专指犯罪行为通过对犯罪对象的作用而给犯罪客体造成的有形的物质性的、可以具体确定的损害结果。这类犯罪在我国刑法中为数很多，如故意杀人罪、故意伤害罪、抢劫罪、抢夺罪、盗窃罪、诈骗罪等。

(2) 行为犯，即以法定的犯罪行为的完成作为既遂标志的犯罪。这类犯罪的既遂并不要求造成物质性的和有形的犯罪结果，而是以行为完成为标志，但是这些行为不是一着手即告完成的，按照法律的要求，这种行为要有一个实行过程，要达到一定程度，才能视为行为的完成。因此，在着手实行犯罪的情况下，如果达到了法律要求的程度就是完成了犯罪行为，就应视为犯罪的完成即既遂的构成；如果因犯罪人意志以外的原因未能达到法律要求的程度，未能完成犯罪行为，就应认定为未完成犯罪而构成犯罪未遂。例如，强奸罪、奸淫幼女罪、脱逃罪、偷越国（边）境罪、投敌叛变罪等。

(3) 危险犯，是以行为人实施的危害行为造成法律规定的发生某种危害结果的危险状态作为既遂标志的犯罪。如放火罪，只要放火行为足以危害到公共安全即可构成犯罪既遂，而不要求发生实际危害结果。

(4) 举动犯，即即时犯，是指按照法律规定，行为人一着手犯罪实行行为犯罪即告完成，从而构成既遂的犯罪。从犯罪构成性质上分析，举动犯大致包括两种构成情况：一是原本为预备性质的犯罪构成。如参加恐怖组织罪、参加黑社会性质组织罪等。这些犯罪中的实行行为从法理上讲原本是预备性质的行为，是为实行犯罪创造便利条件的预备行为，但由于这些预备性质的行为所涉及的犯罪性质严重，一旦进一步着手实行危害就很大，为有力地打击和防范这些犯罪，法律把这些预备性质的行为提升为这些犯罪构成中的实行行为，并且规定这些犯罪为举动犯，着手实行即构成既遂。二是教唆煽动性质的犯罪构成。如煽动民族仇恨、民族歧视罪、传授犯罪方法罪等。这些犯罪的实行行为都是教唆性、煽动性的行为，针对多人实施，旨在激起多人产生和实行犯罪意图。因而这些犯罪的危害很大、危害范围也较广，而且即使实施完毕也不一定发生或不一定立即产生可以具体确定的有形的实际危害结果，考虑到这些犯罪严重的社会危害性及其犯罪行为的特殊性质，法律把它们规定为举动犯，即只要行为人着手实行犯罪，就具备了犯罪构成的全部要件而构成既遂。

2. 答案：自动放弃重复侵害行为，是指行为人实施了足以造成既遂危害结果的第一次侵害行为，由于其意志以外的原因而未发生既遂的危害结果，在当时有继续重复实施侵害行为的实际可能时，行为人自动放弃了实施重复侵害行为，因而使既遂的危害结果没有发生的情况。对自动放弃重复侵害行为的性质，传统观点认为是犯罪未遂，近年来逐渐倾向于主张是犯罪中止。编者认为，自动放弃重复侵害行为是犯罪中止而不是犯罪未遂，主要理由是：(1) 行为人对可能重复的侵害行为的放弃，是发生在犯罪实行未了的过程中，而不是在犯罪行为已被迫停止的未遂形态。犯罪行为是否实行终了，不应是指犯罪活动中的某个具体行为或动作，而应是指某种罪的犯罪构成完备所要求的整个犯罪活动；行为是否实行终了的标准，不但要看行为人客观上是否实施了足以造成犯罪结果的犯罪行为，还要看犯罪人是否自认为完成犯罪所必要的行为都实行完了。在放弃重复侵害行为案件里，如行为人枪杀被害人，第一枪未击中而仍可能继续射杀，行为人主观上也明确认识到了这种情况。这种主客观情况的结合完全可以证明，其犯罪行为和整个犯罪活动都尚未终了，存在中止犯罪所需要的时空条件。(2) 行为人对可能重复的侵害行为的放弃是自动的而不是被迫的。仍以用枪杀人的案件为例，行为人意志以外的原因仅仅导致第一枪未能射中而不是阻止了整个犯罪活动的继续进行，行为人在整个犯罪行为尚未终了，在客观上可以继续犯罪而且主观上对继续犯罪有控制力有认识的情况下，出于本意放弃了本来可以继续实施的犯罪行为，从而表现出他放弃犯罪的自动性。(3) 由于行为人对可能重复的侵害行为自动而彻底的放弃，使犯罪结果没有发生，犯罪未达既遂形态。

总之，自动放弃重复侵害行为一方面具备了犯罪中止的全部条件，另一方面不符合犯罪未遂的条件，因而它不是实行终了的犯罪未遂，而是未实行终了情况下的犯罪中止。同时，将自动放弃重复侵害行为定性为犯罪中止，也是切实贯彻罪刑相适应原则及惩办与宽大相结合刑事政策的需要。

3. 答案：犯罪预备形态是故意犯罪过程中未完成犯罪的一种停止状态，是指行为人为实施犯罪而开始创造条件的行为，由于行为人意志以外的原因而未能着手犯罪实行行为的犯罪停止形态。犯罪预备的构成要件表现为主观和客观两个方面的特征。

(1) 犯罪预备的客观特征。犯罪预备形态的客观特征有两层含义：

①行为人已经开始实施犯罪的预备行为。所谓犯罪的预备行为，从性质上讲，就是为犯罪的实行和完成创造便利条件的行为。犯罪预备不同于犯意表示。所谓犯意表示，是指以口头、文字或其他方式对犯罪意图的单纯表露。犯意表示尚未开始实施任何危害社会的行为，因而属于犯罪思想的范畴。

②行为人尚未着手犯罪的实行行为。所谓犯罪的实行行为，是指刑法分则中具体犯罪构成客观方面的行为。这一特征意味着，犯罪活动在具体犯罪实行行为着手以前停止下来。

(2) 犯罪预备的主观特征。犯罪预备形态的主观特征也有两层含义：

①行为人进行犯罪预备活动的意图和目的是顺利地着手实施和完成犯罪。犯罪预备行为的发动、进行与完成，都是受此种目的支配的。

②犯罪在实行行为尚未着手时停止下来，从主观上看是违背行为人的意志的，即由于行为人意志以外的原因所致。这一特征说明，行为人在着手犯罪实行行为前停止犯

罪，是被迫的而不是自愿的，从而进一步揭示预备犯的主观恶性。

4. **答案**：犯罪未遂是指犯罪分子已经着手实行犯罪，由于其意志以外的原因而未得逞的。在犯罪过程中，自动放弃犯罪或者自动有效防止犯罪结果发生的，是犯罪中止。

(1) 相同点：犯罪未完成。

(2) 不同点：

第一，时间性不同。未遂存在于实行阶段，中止存在于整个犯罪过程中。

第二，未完成的原因不同。未遂为犯罪分子意志以外的原因，中止为自动放弃犯罪或者有效防止结果发生。

第三，刑事责任不同。对于未遂犯，可以比照既遂犯从轻或减轻处罚；对于中止犯，没有造成损害的，应当免除处罚；造成损害的，应当减轻处罚。

5. **答案**：犯罪预备是指行为人为了实施犯罪而准备工具和制造条件，但是由于行为人意志以外的原因而未能着手实行犯罪的犯罪停止形态。犯罪预备主要包括以下特征：

(1) 为了实行犯罪而已经实施犯罪的预备行为。

(2) 行为人未能着手实行犯罪。

(3) 行为人未能着手实行犯罪是由于犯罪分子意志以外的原因。

6. **答案**：(1) 实行行为"着手"的认定理论界存在三种学说：①主观说认为，行为人意思的危险性被发现时就是着手实行。②客观说认为，是否属于实行行为的着手不应以行为人的主观思想为标准，而应以行为自身的客观性为标准。③折中说认为，应以行为人的整体犯罪计划为基础，对构成要件的保护法益造成直接危险的行为明确地表示出行为人的意思时，就是实行的着手。

(2) 折中说较为合理，分三个层面进行认定：①在主观层面，行为人决意实施犯罪实行行为。②在客观层面，行为人所实施的行为是具备实现构成要件所要求的结果可能性的行为。③在后果层面，行为人着手实行犯罪后，其行为对刑法所保护的客体具有现实的危害和威胁。

五、论述题

答案：(1) 故意犯罪停止形态与故意犯罪阶段的定义：①故意犯罪停止形态是指部分故意犯罪在实施过程中，由于主客观原因停止后所呈现的各种具体状态。②故意犯罪阶段是指故意犯罪发展过程中因主客观具体内容的不同而划分的段落。

(2) 故意犯罪停止形态与故意犯罪阶段的联系：

故意犯罪的停止形态是在故意犯罪阶段中产生的，各种犯罪形态的产生及其界定，依赖犯罪过程和阶段的存在及其不同的发展程度。

通常来讲，犯罪人从产生犯意并形成犯罪决意、着手实行犯罪到最终完成故意犯罪存在一个过程。一个完整的犯罪过程，一般要经历预备犯罪、着手实行犯罪至最终完成犯罪这些步骤。但并不是所有故意犯罪活动都是完整的，许多犯罪会基于某些主客观原因而在完成以前就停止下来。换言之，故意犯罪在实施过程中会呈现出不同的结局，而故意犯罪这些表现各异的终局性状态就是故意犯罪的停止形态。它具体包括四种形式：犯罪预备、犯罪未遂、犯罪中止与犯罪既遂。犯罪预备形态仅仅出现在犯罪预备阶段；犯罪未遂形态只能出现在犯罪实行阶段；犯罪中止形态既可能出现在犯罪预备阶段，也可能出现在犯罪实行阶段；当某一故意犯罪处于完成状态时，则该犯罪表现为既遂形态。

(3) 故意犯罪停止形态与故意犯罪阶段的区别：

①故意犯罪的停止形态是故意犯罪已经停止下来的各种不同结局和形态，属于相对静止范畴的概念；故意犯罪阶段是故意犯罪发生、发展和完成的进程中划分的段落，是相继运动发展的概念。

②就一个人实施某种犯罪的案件而言，他只能构成犯罪停止形态中的某一种犯罪形态，而不可能同时构成某种罪的两种以上的犯罪停止形态；而一个人实施某种具体犯罪案件时，完全可能同时具有两个犯罪阶段及完整的犯罪过程。

六、案例分析题

1. 答案： 丙的行为构成盗窃罪既遂，而不是盗窃罪中止。在本案中，丙与乙某的行为在犯罪结构上，是共同犯罪，两人都必须对犯罪结果负刑事责任。犯罪中止有一个条件，就是必须有效地防止犯罪结果发生，而在本案中，丙参与共同犯罪，但并没有有效地防止犯罪结果发生，最终乙某利用丙配的钥匙盗窃了轮胎。因此，丙是盗窃罪既遂，属于共同盗窃的帮助犯。

2. 答案：（1）甲某构成故意杀人罪，理由是主观上具有杀人故意，客观上实施了杀人行为；（2）甲某的行为属于故意杀人罪未遂，理由是甲某已经着手实施杀人行为，只是由于邻居阻拦和制止这种行为人意志以外的原因，使其犯罪目的不能实现，因此是犯罪未遂；（3）甲某的犯罪行为构成犯罪未遂，同时具有悔悟和抢救情节，依刑法可以从轻或减轻处罚。

3①. 答案：（1）张某构成拐卖妇女罪（未遂）。

从犯罪构成上分析，刑法中拐卖妇女罪的犯罪对象必须是妇女。而两性人，根据《现代汉语词典》的解释，是指“由于胚胎的畸形发育而形成的具有男性和女性两种生殖器官的人”。对于行为人明知是年满14周岁的两性人而以出卖为目的实施拐骗、绑架、收买、贩卖、接送、中转行为的，根据罪刑法定原则，不能以拐卖妇女罪定罪处罚。但对于行为人因对犯罪对象的认识错误，误将两性人视为妇女而予以拐卖的，属于刑法理论上的对象不能犯未遂。这种对象不能犯未遂，因行为人的行为已具备刑法规定的拐卖妇女罪的全部构成要件，只是因为行为人的疏忽或者是相关知识的欠缺，致使意欲实施的行为与其实际实施的行为形似而质异，才未能发生行为所希望的犯罪后果，但仍具有社会危害性，不影响拐卖妇女罪的成立，只对犯罪形态产生影响，应以拐卖妇女（未遂）罪追究行为人的刑事责任。本案中的张某错误地认为王某是妇女而将其拐卖，并已将被害人王某卖给他人为妻，收了买主的钱，其犯罪行为已实行终了，故根据《刑法》第240条的规定，被告人张某的行为已构成拐卖妇女（未遂）罪。

（2）李某应当以收买妇女罪、强奸罪、拐卖妇女罪三罪并罚。

李某明知王某系被拐卖而来仍然收买，具有收买被拐卖的妇女的故意，并实施了收买行为，王某是两性人的事实也不影响李某犯此罪既遂。

李某违背王某的意志欲与之发生性关系，具有强奸罪的故意并实施了强奸行为，但是由于客观不能而未能完成犯罪，所以构成强奸罪未遂。

李某又实施了拐卖行为，具有拐卖妇女的故意，构成拐卖妇女罪既遂。因此，李某应当三罪并罚。

① **编者注：** 该题考查拐卖妇女、儿童罪以及收买被拐卖的妇女、儿童罪，对于这两罪的考查历来着重于前罪的加重情节，后罪中容易产生的数罪并罚情形，涉及《刑法》第240、241条，应予以重点掌握。

第十一章　共同犯罪

基础知识图解

- 共同犯罪
  - 共同犯罪概述
    - 共同犯罪的概念
    - 共同犯罪与犯罪构成的关系
  - 共同犯罪的成立条件
    - 必须二人以上
    - 必须有共同故意
    - 必须有共同行为
  - 共同犯罪的形式
    - 任意共同犯罪与必要共同犯罪
    - 事前通谋的共同犯罪与事前无通谋的共同犯罪
    - 简单共同犯罪与复杂共同犯罪
    - 一般共同犯罪与特殊共同犯罪
  - 共犯人的分类及其刑事责任
    - 主犯及其刑事责任
    - 从犯及其刑事责任
    - 胁从犯及其刑事责任
    - 教唆犯及其刑事责任
  - 共同犯罪的特殊问题
    - 共同犯罪与身份
    - 共同犯罪的认识错误
    - 共同犯罪与犯罪形态

配套测试

一、单项选择题

1. 某事业单位仓库管理员甲与社会无业人员乙、丙勾结，利用甲值班时，用甲的仓库钥匙打开仓库窃取大量财物。(　　)

A. 甲构成贪污罪，乙、丙构成盗窃罪

B. 甲构成贪污罪，乙、丙构成诈骗罪

C. 甲、乙、丙构成盗窃罪共犯

D. 甲、乙、丙构成贪污罪共犯

2. 甲怂恿乙偷盗自行车，然后甲以 100 元一辆从乙处收购。二人的行为是：(　　)。

A. 乙构成盗窃罪，甲构成销赃罪

B. 甲、乙二人构成共同犯罪

C. 甲构成盗窃的教唆罪和销赃罪，乙构成盗窃罪

D. 甲构成盗窃罪，乙构成贪污罪

3. 甲与乙不认真操纵机器，使机器受到损坏，构成了重大责任事故罪。甲、乙二人的犯罪（　　）。

A. 如果甲、乙二人是由于疏忽大意的过失造成的，则是共同犯罪

B. 如果甲、乙二人是由于过于自信的过失造成的，则是共同犯罪

C. 共同犯罪

D. 不是共同犯罪

4. 甲给丙人民币 10000 元，让丙在 5 天时间内把自己的仇人乙杀死。丙受命后于次日夜潜入乙家，因其家中无人，遂翻箱倒柜盗走乙家中金银首饰价值人民币 3000 元。在这一案件中，甲的行为（　　）。

A. 应当从重处罚

B. 可以从轻或者减轻处罚

C. 不构成犯罪

D. 应当从重处罚

5. 甲欲杀乙，故意将装好子弹的枪支交给丙，并骗丙说是空枪，叫丙向乙瞄准恐吓乙，结果乙中弹身亡。甲与丙（　　）。（司考 2014. 卷二 . 13）
A. 构成共同犯罪
B. 不属于共同犯罪
C. 以共同过失犯罪论处
D. 甲单独构成犯罪

6. 甲想劫夺丙随身携带的财物，就手持一根铁棍尾随丙至一偏僻处，当甲正要走上前去靠近丙欲将其击昏时，忽然丙的仇人乙出现，截住丙，持刀意图杀害丙，甲遂站在路边观望，乙见旁边有人观望，也并不在意。乙向丙的心脏部位连刺几刀致丙死亡后离去。在乙走后，甲即上前拿走了丙的财物。对于甲与乙的行为，以下说法正确的是（　　）。（司考 2012. 卷二 . 14）
A. 甲构成抢劫罪（预备）、盗窃罪（既遂）
B. 甲、乙在故意杀人罪的范围内成立共同犯罪
C. 甲是抢劫罪的帮助犯
D. 甲是故意杀人罪的片面帮助犯

7. 根据共同犯罪人分工情况，可以将共同犯罪人分为（　　）。
A. 主犯、从犯、胁从犯
B. 主犯、教唆犯、帮助犯
C. 组织犯、教唆犯、实行犯、帮助犯
D. 正犯、共犯

8. 甲、乙二人均与丙有仇，都伺机杀害丙。一天，甲趁丙不备在丙的饮料中放入毒药，但药量不足以致丙死亡。甲走后不久，乙又趁丙不备添加了相同剂量的毒药。丙随后喝饮料中毒身亡。甲、乙的行为（　　）。（司考 2007. 卷二 . 12）
A. 构成共同犯罪
B. 各自单独构成犯罪
C. 构成片面共犯
D. 以共同犯罪论处

9. 关于共同犯罪，下列哪一选项是正确的？（　　）（司考 2010. 卷二 . 6）
A. 甲、乙应当预见但没有预见山下有人，共同推下山上一块石头砸死丙。只有认定甲、乙成立共同过失犯罪，才能对甲、乙以过失致人死亡罪论处
B. 甲明知乙犯故意杀人罪而为乙提供隐藏处和财物。甲、乙构成共同犯罪
C. 交警甲故意为乙实施保险诈骗提供虚假鉴定结论。甲、乙构成共同犯罪
D. 公安人员甲向犯罪分子乙通风报信助其逃避处罚。甲、乙成立共同犯罪

10. 关于实行犯的说法，下列哪一选项是正确的？（　　）（2008. 四川 . 卷二 . 8）
A. 按照我国《刑法》总则的规定，有的教唆犯也是实行犯
B. 在共同犯罪中，实行犯就是在犯罪中起主要作用的犯罪分子
C. 在对简单共同犯罪中的各实行犯进行处罚时，要遵循“部分实行全部责任”的原则
D. 间接正犯是共同犯罪中的一种特殊类型的实行犯

11. 15 岁的甲经常受同年级同学乙的欺负，还经常被其敲诈。甲有一次对比其大两岁的表哥丙说起此事，并要丙帮忙出气，吓一下乙。丙满口答应。某日，丙在乙放学回家的路上拦住乙，将乙痛打一顿，致乙轻伤。丙转身离开时，发现乙身上带的手机很时尚，于是对乙说：“你的手机挺高档的嘛，我拿回去玩玩!”乙吓得直打哆嗦，忙将手机给了丙。下列哪种说法是正确的？（　　）
A. 甲是教唆犯，丙是实行犯
B. 甲是从犯，丙是主犯
C. 甲构成故意伤害罪的共犯，对丙其后的行为不负刑事责任
D. 丙构成故意伤害罪和抢劫罪

12. 甲、乙共同实施盗窃犯罪，盗得财物后，甲离去。乙发现屋内有一熟睡的少女，顿起歹意，将少女强奸。对于强奸罪（　　）。
A. 由乙独立负刑事责任
B. 甲构成未遂，乙构成既遂

C. 甲构成中止，乙构成既遂
D. 甲、乙构成共同犯罪

13. 甲、乙共同进入一幢机关大楼，分头进入办公室盗窃。甲在一间办公室中盗窃大量财物后，正在将报纸堆放在电炉上时，乙从其他办公室盗窃完毕前来与甲会合，见状问甲干什么。甲笑而不答，接通电炉的电源，乙说，“你小子真够狠的”，二人离去。不久，大楼发生火灾。关于本案错误的说法是（　　）。
A. 甲、乙是盗窃罪的共犯
B. 甲、乙还是放火罪的共犯
C. 甲实施的放火和盗窃行为属于牵连犯
D. 甲实施的放火行为假如被他人及时扑灭，没有达到销毁罪迹的目的，不适用未遂犯的规定

14. 关于共犯，下列哪一选项是正确的？（　　）（司考2007. 卷二.3）
A. 为他人组织卖淫提供帮助的，以组织卖淫罪的帮助犯论处
B. 以出卖为目的，为拐卖妇女的犯罪分子接送、中转被拐卖的妇女的，以拐卖妇女罪的帮助犯论处
C. 应走私罪犯的要求，为其提供资金、账号的，以走私罪的共犯论处
D. 为他人偷越国（边）境提供伪造的护照的，以偷越国（边）境罪的共犯论处

15. 甲与乙共谋盗窃汽车，甲将盗车所需的钥匙交给乙。但甲后来向乙表明放弃犯罪之意，让乙还回钥匙。乙对甲说“你等几分钟，我用你的钥匙配制一把钥匙后再还给你”，甲要回了自己原来提供的钥匙。后乙利用自己配制的钥匙盗窃了汽车（价值5万元）。关于本案，下列哪一选项是正确的？（　　）（司考2008. 卷二.19）
A. 甲的行为属于盗窃中止
B. 甲的行为属于盗窃预备
C. 甲的行为属于盗窃未遂
D. 甲与乙构成盗窃罪（既遂）的共犯

16. 关于教唆犯，下列哪一选项是正确的？（　　）（司考2009. 卷二.6）
A. 甲唆使不满16周岁的乙强奸妇女丙，但乙只是抢夺了丙的财物1万元后即离开现场，甲应成立强奸罪、抢夺罪的教唆犯
B. 教唆犯不可能是实行犯，但可能是帮助犯
C. 教唆他人吸食、注射毒品的，成立吸食、注射毒品罪的教唆犯
D. 有的教唆犯是主犯，但所有的帮助犯都是从犯

17. 甲（15周岁）求乙（16周岁）为其抢夺作接应，乙同意。某夜，甲抢夺被害人的手提包（内有1万元现金），将包扔给乙，然后吸引被害人跑开。乙害怕坐牢，将包扔在草丛中，独自离去。关于本案，下列哪一选项是错误的？（　　）（司考2012. 卷二.9）
A. 甲不满16周岁，不构成抢夺罪
B. 甲与乙构成抢夺罪的共犯
C. 乙不构成抢夺罪的间接正犯
D. 乙成立抢夺罪的中止犯

18. 关于共同犯罪的论述，下列哪一选项是正确的？（　　）（司考2012. 卷二.10）
A. 甲为劫财将陶某打成重伤，陶某拼死反抗。张某路过，帮甲掏出陶某随身财物。二人构成共犯，均须对陶某的重伤结果负责
B. 乙明知黄某非法种植毒品原植物，仍按黄某要求为其收取毒品原植物的种子。二人构成非法种植毒品原植物罪的共犯
C. 丙明知李某低价销售的汽车系盗窃所得，仍向李某购买该汽车。二人之间存在共犯关系
D. 丁系国家机关负责人，召集领导层开会，决定以单位名义将国有资产私分给全体职工。丁和职工之间存在共犯关系

19. 《刑法》第29条第1款规定：“教唆他人犯罪的，应当按照他在共同犯罪中所起的作用处罚。教唆不满十八周岁的人犯

罪的，应当从重处罚。”对于本规定的理解，下列哪一选项是错误的？（　　）（司考 2013. 卷二 . 9）

A. 无论是被教唆人接受教唆实施了犯罪，还是二人以上共同故意教唆他人犯罪，都能适用该款前段的规定

B. 该款规定意味着教唆犯也可能是从犯

C. 唆使不满 14 周岁的人犯罪因而属于间接正犯的情形时，也应适用该款后段的规定

D. 该款中的“犯罪”并无限定，既包括一般犯罪，也包括特殊身份的犯罪，既包括故意犯罪，也包括过失犯罪

20. 关于共同犯罪的论述，下列哪一选项是正确的？（　　）（司考 2014. 卷二 . 10）

A. 无责任能力者与有责任能力者共同实施危害行为的，有责任能力者为间接正犯

B. 持不同犯罪故意的人共同实施危害行为的，不可能成立共同犯罪

C. 在片面的对向犯中，双方都成立共同犯罪

D. 共同犯罪是指二人以上共同故意犯罪，但不能据此否认片面的共犯

21. 甲、乙、丙共同故意伤害丁，丁死亡。经查明，甲、乙都使用铁棒，丙未使用任何凶器；尸体上除一处致命伤外，再无其他伤害；可以肯定致命伤不是丙造成的，但不能确定是甲造成还是乙造成的。关于本案，下列哪一选项是正确的？（　　）（司考 2016. 卷二 . 7）

A. 因致命伤不是丙造成的，尸体上也没有其他伤害，故丙不成立故意伤害罪

B. 对甲与乙虽能认定为故意伤害罪，但不能认定为故意伤害（致死）罪

C. 甲、乙成立故意伤害（致死）罪，丙成立故意伤害罪但不属于伤害致死

D. 认定甲、乙、丙均成立故意伤害（致死）罪，与存疑时有利于被告的原则并不矛盾

22. 甲欲杀丙，假意与乙商议去丙家“盗窃”，由乙在室外望风，乙照办。甲进入丙家将丙杀害，出来后骗乙说未窃得财物。乙信以为真，悻然离去。关于本案的分析，下列哪一选项是正确的？（　　）（司考 2017. 卷二 . 7）

A. 甲欺骗乙望风，构成间接正犯。间接正犯不影响对共同犯罪的认定，甲、乙构成故意杀人罪的共犯

B. 乙企图帮助甲实施盗窃行为，却因意志以外的原因未能得逞，故对乙应以盗窃罪的帮助犯未遂论处

C. 对甲应以故意杀人罪论处，对乙以非法侵入住宅罪论处。两人虽然罪名不同，但仍然构成共同犯罪

D. 乙客观上构成故意杀人罪的帮助犯，但因其仅有盗窃故意，故应在盗窃罪法定刑的范围内对其量刑

二、多项选择题

1. 关于共犯，下列哪些选项是正确的？（　　）

A. 甲、乙共谋杀丙，同时向丙开枪，都未击中丙，但甲射出的子弹击中乙，致使乙死亡的，甲属于偶然防卫，具有方法错误，只要按照法定符合说，甲就成立故意杀人罪既遂

B. 甲教唆乙杀丙，但乙误将丁当作丙杀害的，由于乙属于对象错误，无论按照法定符合说还是具体符合说，甲、乙都成立故意杀人罪既遂

C. 甲指着丙家门口的石狮子对乙说“这是我家的财物，卖给你”，乙明知是丙的财物，仍然支付 1 万元后将石狮子运走的，甲不成立盗窃罪的间接正犯

D. 甲唆使乙入户抢劫，但乙仅实施了普通抢劫行为的，乙成立抢劫罪的基本犯，按照共犯从属性理论，甲也仅成立抢劫罪基本犯的教唆犯

2. 以犯罪人之间有无分工为标准，共同犯罪包括：（　　）。

A. 一般共同犯罪　　B. 简单共同犯罪

C. 复杂共同犯罪　　D. 特殊共同犯罪

3. 下列情形中，构成共同犯罪的是：(　　)。
A. 医生甲疏忽大意开错药方，护士乙没有注意检查，依照错药方给病人服药，致病人服药后死亡
B. 甲、乙共谋抢劫，临行前乙因为害怕，谎称有病没有参与当晚的抢劫行为
C. 罗某将一包海洛因谎称是碱面，委托韩某从甲地带往乙地，韩某信以为真
D. 甲（15 周岁）依照乙（16 周岁）的教唆实施拦路抢劫

4. 下列哪些情形属于共同犯罪？(　　)
A. 甲、乙共谋要一起盗窃某银行，到约定的时候乙未去，由甲一人单独窃得 200 万元
B. 甲某（女）与乙某（女）积怨甚深。为了败坏乙某的名声，指使其丈夫强奸乙某。甲某的丈夫将乙某强奸
C. 甲某唆使一个 15 岁的中学生乙某从学校盗窃自行车，然后再低价从乙某手中收买
D. 甲某在将乙某杀害之后，为了销毁罪迹，指使丙某将乙某的尸体浇上汽油焚毁

5. 甲抢劫丙（女）并使用暴力致丙重伤，碰巧乙路过中途加入，甲、乙共同强奸了丙。对此案，下列哪种说法是正确的？(　　)
A. 甲、乙共同构成强奸罪
B. 甲属于抢劫的结果加重犯
C. 因为重伤的结果是由甲在乙加入之前造成的，乙对此结果不负结果加重的责任
D. 甲是实行犯，乙是帮助犯

6. 甲知道邻居孤老太婆乙早年收藏很多古董。为收购到便宜的古董，便唆使其邻居 15 岁的丙去偷。丙偷出 3 件古董交给甲，甲付给丙 300 元人民币（比当时市价低 4100 元）。关于此案，哪些说法是正确的？(　　)
A. 甲与丙构成共同犯罪
B. 甲是教唆犯，构成教唆罪
C. 甲与丙不构成共同犯罪，甲是间接实行犯，构成盗窃罪
D. 丙不负刑事责任

7. 下列哪些情形不属于教唆犯？(　　)
A. 甲某收买某国家机关工作人员，向其提供国家秘密
B. 甲某教唆乙某吸食毒品
C. 甲某收买某军队干部进行武装暴乱
D. 甲某指使乙某作伪证

8. 甲知道乙计划前往丙家抢劫，为帮助乙取得财物，便暗中先赶到丙家，将丙打昏后离去（丙受轻伤）。乙来到丙家时，发现丙已昏迷，以为是丙疾病发作晕倒，遂从丙家取走价值 5 万元的财物。关于本案的分析，下列哪些选项是正确的？(　　)（司考 2017. 卷二 . 54）
A. 若承认片面共同正犯，甲对乙的行为负责，对甲应以抢劫罪论处，对乙以盗窃罪论处
B. 若承认片面共同正犯，根据部分实行全部责任原则，对甲、乙二人均应以抢劫罪论处
C. 若否定片面共同正犯，甲既构成故意伤害罪，又构成盗窃罪，应从一重罪论处
D. 若否定片面共同正犯，乙无须对甲的故意伤害行为负责，对乙应以盗窃罪论处

9. 下列哪种情形属于教唆未遂？(　　)
A. 甲唆使乙某窃取文物，乙某表示接受，但是始终没有实施任何行为
B. 甲某唆使乙某毒死丙某养殖场的鸡，乙某表示接受并进行了犯罪的准备活动，但是乙某未能着手实行即被抓获归案
C. 甲某唆使乙某杀害丙某，乙某接受教唆并着手实行犯罪，但还未实施犯罪就由于盗窃罪被公安机关抓获
D. 甲唆使乙某毒死他妻子丙，二人结婚，乙某由于误将白糖当作砒霜，而没有毒死丙

10. 甲某用西药“头痛粉”冒充海洛因，找乙某联系销路。此后，乙某从甲某处数

次拿了500克“头痛粉”出售，后因在街头出售时被查获。乙某直到审判时才知道甲某贩卖给其的是“头痛粉”而不是海洛因。（　　）

A. 乙某构成贩卖毒品罪（既遂）

B. 甲某构成诈骗罪

C. 乙某构成贩卖毒品罪（未遂）

D. 甲某与乙某构成贩卖毒品罪的共犯

11. 甲、乙看完电影遇到甲高中同学丙，丙高中曾经揭发甲盗窃行为，甲一直怀恨在心，甲要乙一起揍丙一顿，于是甲、乙二人上前殴打丙，丙亦与二人对打，一时三人扭打做一团。甲顿时怒从心起，掏出偷偷带在身上的水果刀，照丙胸部猛刺数刀，致其心脏破裂，当即死亡。关于本案：（　　）。

A. 甲构成故意杀人罪，乙构成故意伤害罪

B. 甲构成故意杀人罪，所以甲、乙二人仅在故意伤害的限度内属于共犯

C. 甲不构成故意杀人罪，所以甲、乙构成故意伤害罪的共犯

D. 乙不构成甲故意杀人罪的共犯

12. 我国刑法中规定的共同犯罪主犯包括以下哪几种人？（　　）

A. 在犯罪集团中起组织、领导作用的首要分子

B. 在聚众犯罪中起组织、策划、指挥作用的犯罪分子

C. 在犯罪集团中起主要作用的犯罪分子

D. 在其他共同犯罪中起主要作用的犯罪分子

13. 犯罪集团与事前通谋的一般共同犯罪的区别是（　　）。

A. 前者有较严密的组织，首要分子领导、指挥普通成员，有较为固定的组织分工；后者没有领导与被领导关系，分工不固定

B. 前者有相对的稳定性；后者较为松散

C. 前者有较严密的行动计划，犯罪手段复杂；后者则不具备这些特点

D. 前者逃避法律制裁的能力较强；后者则相对较弱

14. 下面说法，哪些是正确的？（　　）

A. 从犯是在共同犯罪中起次要作用的犯罪分子

B. 从犯是在共同犯罪中起辅助作用的犯罪分子

C. 对于从犯，可以从轻、减轻处罚或者免除处罚

D. 对于从犯，应当从轻、减轻处罚或者免除处罚

15. 下列哪些情形成立共同犯罪？（　　）

A. 甲与赵某共谋杀苏某，但赵某因病没有前往犯罪地点，由甲一人杀死苏某

B. 乙在境外购买了毒品、钱某在境外购买了淫秽物品，二人共谋同雇一条走私船回到内地，后被海关查获

C. 丙发现某商店失火，立即叫孙某“现在是趁火打劫的好时机，我们一起去吧”，孙某便和丙一起到失火地点窃取商品后各自回家

D. 医生丁为杀害仇人王某，故意将药量加大10倍，护士李某发现后请丁改正，丁说：“那个家伙太坏了，让他死了算了。”李某没再吭声，按丁所开处方用药，导致王某死亡

16. 丁某教唆17岁的肖某抢夺他人手机，肖某在抢夺得手后，为抗拒抓捕将追赶来的被害人打成重伤。关于本案，下列哪些选项是正确的？（　　）

A. 丁某构成抢夺罪的教唆既遂

B. 肖某构成转化型抢劫

C. 对丁某教唆肖某犯罪的行为应当从重处罚

D. 丁某与肖某之间不构成共同犯罪

17. 被教唆人没有犯被教唆罪，教唆人应当如何定罪处罚？（　　）

A. 按照教唆的罪名定罪

B. 定教唆罪

C. 可以从轻或者减轻处罚

D. 可以比照既遂犯从轻或者减轻处罚

18. 下列行为中，不构成共同犯罪的是：（　　）。

A. 甲是乙的司机，一日乙去洽谈生意途中连遇红灯，乙怕迟到，命令甲闯红灯，结果轧死一人，撞伤两人

B. 在某甲组织的卖淫活动中，乙被其聘为保安，以协助其组织卖淫活动

C. 甲明知乙发起的邪教组织旨在分裂国家，但甲仍为之提供了大量物质帮助

D. 甲是窃车贼，窃得多辆高档自行车，乙得知后代为销售

19. 下列情形中，不成立共同犯罪，对行为人分别处理的有：(　　)。

A. 甲和乙看到山下没有人，将一块大石头推下，结果造成在山下一片草窝里休息的放羊小孩死亡

B. 甲要杀丙，乙悄悄将房门锁上，致使丙无法逃脱而被杀死，甲对此并不知情

C. 甲教唆乙去盗窃，乙在实施盗窃的同时将被害人强奸

D. 甲、乙系网友，甲向乙发信邀请乙一块实施犯罪，乙没有回复

20. 甲某、乙某二人因鱼塘中的鱼经常被偷，于是二人决定晚上埋伏在鱼塘边抓到小偷狠狠揍一顿。果真遇到同村人丙某前来偷鱼，甲某、乙某二人上前殴打丙某，丙某拿出携带的匕首亦与二人对打，一时三人扭打做一团。甲某顿时怒从心起，掏出偷偷带在身上的大匕首，照丙某胸部猛刺数刀，致其心脏破裂，当即死亡。关于本案，正确的说法有：(　　)。

A. 甲某构成故意杀人罪，乙某构成故意伤害罪

B. 乙某不构成甲某故意杀人罪的共犯

C. 甲某不构成故意杀人罪，所以甲某、乙某构成故意伤害罪的共犯

D. 甲某构成故意杀人罪，甲某、乙某二人仅在故意伤害的限度内属于共犯

21. 赵某驾车回家经过一路口，贸然闯红灯，撞上经过此路口的行人孙某，坐在后排座位上的王某见状，对赵某说："赶紧走，现在没有人看见。"赵某遂加大油门，狂奔5千米。孙某因得不到及时的救助而不幸身亡。赵某因交通肇事罪被依法逮捕，请问，关于王某哪些说法是错误的？(　　)

A. 不构成犯罪

B. 构成交通肇事罪，但不是共同犯罪

C. 与赵某构成交通肇事共同犯罪

D. 构成故意杀人罪

22. 周某为抢劫财物在某昏暗场所将王某打昏。周某的朋友高某正好经过此地，高某得知真相后应周某的要求提供照明，使周某顺利地将王某钱包拿走。关于本案，下列哪些选项是正确的？(　　)(司考2007. 卷二.53)

A. 高某与周某构成抢劫罪的共同犯罪

B. 周某构成抢劫罪，高某构成盗窃罪，属于共同犯罪

C. 周某是共同犯罪中的主犯

D. 高某是共同犯罪中的从犯

23. 某国有银行行长甲指使负责贷款业务的科长乙向申请贷款的丙单位索要财物。乙将索要所获15万元中的9万元交给甲，其余6万元自己留下。后来，甲、乙均明知丙单位不具备贷款条件，仍然向丙单位贷款1000万元，使银行遭受800万元损失。对于本案，下列哪些选项是正确的？(　　)(司考2008. 卷二.56)

A. 甲的受贿数额是9万元

B. 乙的受贿数额是15万元

C. 甲、乙均构成违法发放贷款罪

D. 对于甲、乙的违法发放贷款罪和受贿罪，应当数罪并罚

24. 甲欲去乙的别墅盗窃，担心乙别墅结构复杂难以找到贵重财物，就请熟悉乙家的丙为其标图。甲入室后未使用丙提供的图纸就找到了乙价值100万元的珠宝，即携珠宝逃离现场。关于本案，下列哪些说法是正确的？(　　)(司考2009. 卷二.51)

A. 甲构成盗窃罪，入户盗窃是法定的从重处罚情节

B. 丙不构成犯罪，因为客观上没能为甲

提供实质的帮助

C. 即便甲未使用丙提供的图纸，丙也构成盗窃罪的共犯

D. 甲、丙构成盗窃罪的共犯，甲是主犯，丙是帮助犯

25. 关于共同犯罪的判断，下列哪些选项是正确的？（　　）（司考 2011. 卷二 .55）

A. 甲教唆赵某入户抢劫，但赵某接受教唆后实施拦路抢劫。甲是抢劫罪的共犯

B. 乙为吴某入户盗窃望风，但吴某入户后实施抢劫行为。乙是盗窃罪的共犯

C. 丙以为钱某要杀害他人为其提供了杀人凶器，但钱某仅欲伤害他人而使用了丙提供的凶器。丙对钱某造成的伤害结果不承担责任

D. 丁知道孙某想偷车，便将盗车钥匙给孙某，后又在孙某盗车前要回钥匙，但孙某用其他方法盗窃了轿车。丁对孙某的盗车结果不承担责任

26. 关于共同犯罪，下列哪些选项是正确的？（　　）（司考 2013. 卷二 .55）

A. 乙因妻丙外遇而决意杀之。甲对此不知晓，出于其他原因怂恿乙杀丙。后乙杀害丙。甲不构成故意杀人罪的教唆犯

B. 乙基于敲诈勒索的故意恐吓丙，在丙交付财物时，知情的甲中途加入帮乙取得财物。甲构成敲诈勒索罪的共犯

C. 乙、丙在五金店门前互殴，店员甲旁观。乙边打边掏钱向甲买一羊角锤。甲递锤时对乙说“你打伤人可与我无关”。乙用该锤将丙打成重伤。卖羊角锤是甲的正常经营行为，甲不构成故意伤害罪的共犯

D. 甲极力劝说丈夫乙（国家工作人员）接受丙的贿赂，乙坚决反对，甲自作主张接受该笔贿赂。甲构成受贿罪的间接正犯

27. 下列哪些选项中的甲属于犯罪未遂？（　　）（司考 2014. 卷二 .54）

A. 甲让行贿人乙以乙的名义办理银行卡，存入 50 万元，乙将银行卡及密码交给甲。甲用该卡时，忘记密码，不好意思再问乙。后乙得知甲被免职，将该卡挂失取回 50 万元

B. 甲、乙共谋傍晚杀丙，甲向乙讲解了杀害丙的具体方法。傍晚乙如约到达现场，但甲却未去。乙按照甲的方法杀死丙

C. 乙欲盗窃汽车，让甲将用于盗窃汽车的钥匙放在乙的信箱。甲同意，但错将钥匙放入丙的信箱，后乙用其他方法将车盗走

D. 甲、乙共同杀害丙，以为丙已死，甲随即离开现场。一个小时后，乙在清理现场时发现丙未死，又持刀杀死丙

28. 关于罪数，下列哪些选项是正确的（不考虑数额或情节）？（　　）（司考 2016. 卷二 .54）

A. 甲使用变造的货币购买商品，触犯使用假币罪与诈骗罪，构成想象竞合犯

B. 乙走私毒品，又走私假币构成犯罪的，以走私毒品罪和走私假币罪实行数罪并罚

C. 丙先后三次侵入军人家中盗窃军人制服，后身穿军人制服招摇撞骗。对丙应按牵连犯从一重罪处罚

D. 丁明知黄某在网上开设赌场，仍为其提供互联网接入服务。丁触犯开设赌场罪与帮助信息网络犯罪活动罪，构成想象竞合犯

29. 判决宣告以前一人犯数罪，数罪中有判处（1）和（2）的，执行（3）；数罪中所判处的（4），仍须执行。将下列哪些选项内容填入以上相应括号内是正确的？（　　）（司考 2016. 卷二 .55）

A. （1）死刑（2）有期徒刑（3）死刑（4）罚金

B. （1）无期徒刑（2）拘役（3）无期徒刑（4）没收财产

C. （1）有期徒刑（2）拘役（3）有期徒刑（4）附加刑

D. （1）拘役（2）管制（3）拘役（4）剥

夺政治权利

三、不定项选择题

1. 甲为某国有企业出纳，为竞争公司财务部主任职位欲向公司副总经理乙行贿。甲通过涂改账目等手段从公司提走 20 万元，委托总经理办公室秘书丙将 15 万元交给乙，并要丙在转交该款时一定为自己提升一事向乙"美言几句"。乙收下该款。八天后，乙将收受钱款一事报告了公司总经理，并将 15 万元交到公司纪检部门。

一个月后，甲得知公司委任其他人担任财务部主任，恼羞成怒找到乙说："还我 15 万元，我去把公司钱款补上。你还必须付我 10 万元精神损害赔偿，否则我就将你告到检察院。"乙反复向甲说明钱已上交不能退还，但甲并不相信。数日后，甲携带一桶汽油闯入乙办公室纵火，导致室内空调等财物被烧毁。关于丙的行为，下列选项正确的是（　　）。（司考 2009. 卷二. 不定. 93）

A. 丙构成受贿罪共犯

B. 丙构成介绍贿赂罪

C. 丙构成行贿罪共犯

D. 丙没有实行行为，不构成犯罪

2. 甲、乙共谋教训其共同的仇人丙。由于乙对丙有夺妻之恨，暗藏杀丙之心，但并未将此意告诉甲。某日，甲、乙二人共同去丙处。为确保万无一失，甲、乙以入室盗窃为由邀请不知情的丁在楼下望风。进入丙的房间后，甲、乙同时对丙拳打脚踢，致丙受伤死亡。甲、乙二人旋即逃离现场。在逃离现场前甲在乙不知情的情况下从丙家的箱子里拿走人民币 5 万元。出门后，甲背着乙向丁谎称从丙家窃取现金 3 万元，分给丁 1 万元，然后一起潜逃。潜逃期间，甲窃得一张信用卡，向乙谎称该卡是从街上捡的，让乙到银行柜台取出了信用卡中的 3 万元现金。犯罪所得财物挥霍一空后，丁因生活无着，向公安机关投案，交代了自己和甲共同盗窃的事实，但隐瞒了事后知道的甲、乙致丙死亡的事实。请回答（1）~（4）题。（司考 2006. 卷二. 96~99）

（1）就被害人丙的死亡而言，下列对甲、乙所应成立犯罪的何种判断是错误的？（　　）

A. 甲、乙均成立故意杀人（既遂）罪，属于共同犯罪

B. 甲、乙均成立故意伤害（致人死亡）罪，属于共同犯罪

C. 甲成立故意伤害（致人死亡）罪，乙成立故意杀人（既遂）罪，不属于共同犯罪

D. 甲成立故意伤害（致人死亡）罪，乙成立故意杀人（既遂）罪，在故意伤害罪的范围内成立共同犯罪

（2）就被害人丙死亡这一情节，下列对与丁有关行为的何种判断是错误的？（　　）

A. 丁成立故意杀人罪的共犯

B. 丁成立故意伤害罪的共犯

C. 丁成立抢劫罪（致人死亡）的共犯

D. 丁对丙的死亡不承担刑事责任

（3）对于甲、乙盗窃和使用信用卡的行为，下列何种判断是错误的？（　　）

A. 甲、乙构成盗窃罪的共同犯罪

B. 甲、乙构成信用卡诈骗罪的共同犯罪

C. 甲构成盗窃罪，乙构成信用卡诈骗罪

D. 甲构成盗窃罪，乙构成诈骗罪

（4）对于丁的投案行为，下列何种判断是正确的？（　　）

A. 丁虽然投案，但隐瞒了甲、乙致丙死亡的事实，因而不构成自首

B. 丁虽然隐瞒了甲、乙致丙死亡的事实，但交代了本人与甲共同犯罪的事实，因而构成自首

C. 丁构成自首且揭发甲与自己共同犯罪的行为成立立功

D. 丁构成坦白且揭发甲与自己共同犯罪的行为成立立功

3. 四位学生在课堂上讨论共同犯罪时先后发表了以下观点，其中正确的选项是：( )。(司考2008. 卷二. 不定. 91)
   A. 甲：对于犯罪集团的首要分子，应当按照集团所犯的全部罪行处罚，即应当对集团成员所实施的全部犯罪承担刑事责任
   B. 乙：在共同犯罪中起主要作用的是主犯，对于犯罪集团首要分子以外的主犯，应当按照其所参与的或者组织、指挥的全部犯罪处罚；对从犯的处罚应当轻于主犯，所以，对于从犯不得按照其所参与的全部犯罪处罚
   C. 丙：犯罪集团的首要分子都是主犯，但聚众犯罪的首要分子不一定是主犯，因为聚众犯罪不一定成立共同犯罪
   D. 丁：一开始被犯罪集团胁迫参加犯罪，但在着手实行后，非常积极，成为主要的实行人之一，在共同犯罪中起主要作用的，应认定为主犯

四、名词解释

1. 同时犯
2. 首要分子
3. 间接正犯

五、简答题

1. 共同犯罪的形式有哪些？
2. 简述主犯的概念、种类、认定以及刑事责任。
3. 简述胁从犯的特征、认定及处罚原则。
4. 简述共同犯罪的主体。(武汉大学2005年研究生入学试题)
5. 如何认定和处理承继的共犯？(清华大学2005年研究生入学试题)
6. 简述刑法上教唆犯的处罚原则。(北京大学2006年研究生入学试题)
7. 简述共犯错误的形态及处理方法。
8. 犯罪集团成立的条件如何？

六、论述题

试论共同犯罪的形式。(中国人民大学2005年研究生入学试题)

七、案例分析题

1. 甲、乙二人于某年8月至次年9月，从某火车站扒上货物列车，于运行途中将铁路运输物资抛到车下，然后跳下列车转移赃物。二人先后盗窃作案28起，盗窃物品有生铁、化肥、暖气片、火车闸瓦等，共价值1025元。二人在每次盗窃之前，都向丙和丁（均系当地农民、手扶拖拉机司机）打招呼：“你们把车准备好。”甲、乙盗窃后，再叫丙、丁开拖拉机将赃物拉到销赃地点销赃，每次给丙、丁每人20元至30元，丙、丁共得320.50元。

   问：丙、丁的行为是否与甲、乙二人构成共同犯罪？为什么？

2. 被告人王某、李某和张某在公园闲逛。他们走到一小山后面的僻静处，窥视到一对男女正搂抱在一起听录音机。王某向李某递了一眼色，并低声说：“试试你的胆量，敢不敢？”李某说：“有什么不敢的！”李某顺手从地上抓起一把土，向他们扔过去。没等他们作出反应，王某便上前对男青年说：“对不起，借录音机用三天。”青年不允，王某飞起一脚把男青年踢倒，并拽到10米以外的大石头下，男青年死抓录音机不放。女青年大声呼喊：“救命！”张某上去捂住女青年的嘴。不一会儿，王某便从男青年手中抢得录音机而归。他见张某正在强奸女青年，于是站在一旁观望。当张某奸淫完毕提裤子时，王某便喊：“快跑！山后有人来了！”当二人跑到湖边时，见李某坐在那里。王某问李某：“你怎么跑了？”李某答：“公园人太多。”张某在一旁说：“胆小鬼！”

   问：对三名被告人应如何处理？说明理由。

3. 一天，被告人张某在住宅区行窃。当他从阳台进入屋内的时候，看见邹某正在撬箱子，遂喊道：“你小子在这里干活！”邹某受惊，弃箱欲逃，被张某拉住。邹某转头一看，原来是老相识，便说：“这箱子真

难撬!”两人便合作来干，终于将箱子撬开，窃得人民币2000余元。在逃离现场时，邹某为了破坏现场，将房间内的一个电炉插上，并在上面扔了一个纸箱。离开房间后，张某问邹某：“你在后面磨蹭什么?”邹某回答：“我把电炉插上了。”张某听后未吱声。当晚，该住宅区发生火灾。

问：本案应如何处理？并说明理由。

4. 甲、乙去看朋友丙，丙正与丁打架，丙叫甲、乙帮忙，甲、乙上前与丙一道将丁打成重伤。甲、乙、丙在逃跑途中，劫持一少女，甲、乙对少女实施奸淫，但因少女反抗而未得逞，然后丙又对少女实施奸淫，少女力竭，丙奸淫成功。随后甲、乙、丙丢下少女逃跑。少女因被强奸而精神恍惚，跌跌撞撞，掉入河里溺死。

请分析此案应如何处理。(北京大学2007年研究生入学试题)

5. 国有化工厂车间主任甲与副厂长乙（均为国家工作人员）共谋，在车间的某贵重零件仍能使用时，利用职务之便，制造该零件报废、需向五金厂（非国有企业）购买的假象（该零件价格为26万元），以便非法占有货款。甲将实情告知五金厂负责人丙，嘱丙接到订单后，只向化工厂寄出供货单、发票而不需要实际供货，等五金厂收到化工厂的货款后，丙再将26万元货款汇至乙的个人账户。

丙为使五金厂能长期向化工厂供货，便提前将五金厂的26万元现金汇至乙的个人账户。乙随即让事后知情的妻子丁去银行取出26万元现金，并让丁将其中的13万元送给甲。3天后，化工厂会计准备按照乙的指示将26万元汇给五金厂时，因有人举报而未汇出。甲、乙见事情败露，主动向检察院投案，如实交代了上述罪行，并将26万元上交检察院。

此外，甲还向检察院揭发乙的其他犯罪事实：乙利用职务之便，长期以明显高于市场的价格向其远房亲戚戊经营的原料公司采购商品，使化工厂损失近300万元；戊为了使乙能长期关照原料公司，便让乙的妻子丁未出资却享有原料公司10%的股份（乙、丁均知情），虽未进行股权转让登记，但已分给红利58万元，每次分红都是丁去原料公司领取现金。

请分析甲、乙、丙、丁、戊的刑事责任（包括犯罪性质、犯罪形态、共同犯罪、数罪并罚与法定量刑情节），须答出相应理由。

参考答案

一、单项选择题

1. 答案：D。根据《最高人民法院关于审理贪污、职务侵占案件如何认定共同犯罪几个问题的解释》第1条规定，行为人与国家工作人员勾结，利用国家工作人员的职务便利，共同侵占、窃取、骗取或者以其他手段占有公共财物的，以贪污罪共犯论处。

2. 答案：B。《刑法》第29条第1款规定：“教唆他人犯罪的，应当按照他在共同犯罪中所起的作用处罚。教唆不满十八周岁的人犯罪的，应当从重处罚。”据此，教唆他人犯罪的，应当按照他在共同犯罪中所起的作用处罚，这是处罚教唆犯的一般原则。本题中甲是教唆犯，其与乙构成盗窃罪的共犯。

3. 答案：D。二人以上共同过失犯罪，不以共同犯罪论处；应当负刑事责任的，按照他们所犯的罪分别处罚。

4. 答案：B。如果被教唆的人没有犯被教唆的罪，对于教唆犯，可以从轻或者减轻处罚。

5. 答案：B。间接正犯是指利用他人为工具来实现自己犯罪意图的行为。主要包括以下类型：(1) 利用无责任能力者的行为；(2) 利用他人无故意的行为；(3) 利用无身份者的行为。本题中甲利用丙无故意的行为来实施其杀人的意图，属于间接正犯，故甲和丙的行为不构成共同犯罪，故A选项错误，B选项正确。首先共同犯罪必须是“共同故意”行为，共同过失行为不构成共同犯罪，并且本题中甲为故意，丙为过失，也不能说是“共同过失行为”，故C选项错误。丙虽然主观上没有杀人的故意，但其应当预见到枪里可能有子弹，主观上亦存在过失，甲（故意杀人）、丙（过失致人死亡）均有罪，不能说甲单独构成犯罪，故D选项错误。

6. **答案**：A。共同犯罪的成立必须同时具备共同的危害行为和共同的犯罪故意两项基本条件。甲意图抢劫丙的财物，于是随身携带铁棍尾随其后，由于甲始终未实施抢劫行为，故而其构成抢劫罪预备。甲在乙将丙杀死后，拿走丙随身携带财物的行为构成盗窃罪既遂，A选项正确。由于甲、乙之间并没有对杀死丙形成意思联络，也没有共同杀害丙的行为，故而甲、乙不成立故意杀人罪的共犯，B选项错误。由于甲、乙之间并没有对抢劫丙形成意思联络，最终甲也并未实施抢劫行为，故而甲、乙不成立抢劫罪的共犯，C选项错误。片面帮助犯，是指帮助者意识到自己的行为为实行犯提供便利条件，而实行犯却没有意识到他人帮助自己实施犯罪的犯罪形态。丙的仇人乙截住丙，持刀意图杀害丙。甲意图对丙实施抢劫行为，同时甲并未意识到其“站在路边观望”的行为对于乙杀人行为起到帮助作用，故而甲不属于乙故意杀人的片面帮助犯，D选项错误。故本题正确答案为A。

7. **答案**：D。共同犯罪的分类包括很多方法，其中具有代表性的两种分类方法是分工分类法和作用分类法。分工分类法是按照共同犯罪人在共同犯罪中的分工或者行为形态的不同，将共同犯罪人分为正犯（实行犯）和共犯（教唆犯和帮助犯）。作用分类法是根据共同犯罪人在共同犯罪中所起的作用，将共同犯罪人分为主犯、从犯、胁从犯，并且在此基础上吸收分工分类法中的教唆犯。故本题正确答案为D。

8. **答案**：B。共同犯罪是指二人以上共同故意犯罪。共同犯罪的构成要件包括二人以上，具有共同的犯罪故意和共同的犯罪行为，即二人对于犯罪行为达成合意。甲、乙二人虽然都实施相同的投毒行为，但是由于其二人不具有共同的犯罪故意即没有形成犯罪合意，故而不构成共同犯罪，应当分别单独构成故意杀人罪，AD两项错误，B选项正确。片面共犯是指参与同一犯罪的人中，一方认识到自己是在和他人共同犯罪，而另一方没有认识到有他人和自己共同犯罪。在本案中，乙并没有意识到自己在和他人共同犯罪，而其投放毒药的行为只是为了达到毒死丙的目的，故而不成立片面共犯，C选项错误。故本题正确答案为B。

9. **答案**：C。选项A错误。共同犯罪的成立要求各个共犯人之间存在共同的犯罪故意，共同过失的，不构成共同犯罪。虽然选项A中甲、乙不成立共同过失犯罪，但是不妨碍根据甲、乙各自过失犯罪情况分别定罪量刑。

选项B错误。事前无通谋的窝藏、包庇行为，以及事前无通谋的掩饰、隐瞒犯罪所得及收益的行为，不成立共犯。如果事前有通谋，则成立相关犯罪的共犯。选项B中，甲、乙事前没有通谋行为，不成立共同犯罪。

选项C正确。《刑法》第198条第4款规定，保险事故的鉴定人、证明人、财产评估人故意提供虚假的证明文件，为他人诈骗提供条件的，以保险诈骗的共犯论处。选项C中，甲作为保险事故的鉴定人，故意为乙实施保险诈骗提供虚假鉴定结论，甲、乙构成保险诈骗罪的共犯。

选项D错误。《刑法》第417条规定，有查禁犯罪活动职责的国家机关工作人员，向犯罪分子通风报信、提供便利，帮助犯罪分子逃避处罚的，构成帮助犯罪分子逃避处罚罪。据此可知，选项D中甲构成帮助犯罪分子逃避处罚罪，而不与乙成立共同犯罪。

10. **答案**：C。教唆犯是指以授意、怂恿、劝说、利诱或者其他方法故意唆使他人犯罪的人。从刑法理论上讲，适用“教唆”的前提，是不属于任何正犯行为。若行为人有正犯行为（实行犯）则排斥教唆的适用。因此，A选项的说法错误。

实行犯是指直接实行刑法分则规定的犯罪行为的人，其可能是主犯、从犯、胁从犯。其中从犯和胁从犯在共同犯罪中一般都起次要作用或者辅助作用，因此，B

选项的说法错误。

对于共同正犯，采用“部分实行全部责任”的原则。因此，C选项的说法正确。

首先，间接正犯与另一方是利用与被利用的关系，他们之间不成立共犯；其次，间接正犯不一定都是实行犯。例如，教唆无民事行为能力人实施犯罪的时候，教唆者就属于间接正犯，但不是实行犯。因此，D选项的说法错误。

11. **答案**：D。本题答案很好选定，只要知道14~16周岁的人只对刑法规定的八种犯罪行为负刑事责任，就可以排除ABC这三个选项。《刑法》第17条第2款规定，已满14周岁不满16周岁的人，犯故意杀人、故意伤害致人重伤或者死亡、强奸、抢劫、贩卖毒品、放火、爆炸、投放危险物质罪的，应当负刑事责任。15岁的甲虽“教唆”了17岁的丙帮忙“出气”，丙造成乙轻伤，而已满14周岁不满16周岁的人对故意伤害致人轻伤是不负刑事责任的。《刑法》第25条规定，共同犯罪是指二人以上共同故意犯罪。这里要求自然人主体达到刑事责任年龄和具备刑事责任能力，否则不构成共同犯罪。因此，甲不能与丙构成共同犯罪，自然，甲也不可能是教唆犯或者从犯。丙先前打乙、致乙轻伤的行为构成故意伤害罪，其后丙的行为构成抢劫罪而不是其他犯罪。《刑法》第263条规定了抢劫罪。抢劫罪，是指以非法占有为目的，以暴力、胁迫或者其他方法，当场强行劫取公私财物的行为。其中，暴力，是指行为人对被害人的身体实行打击或强制。胁迫，是指以立即实施暴力相威胁，对被害人进行精神强制。其他方法，是指实施暴力、胁迫以外使受害人不知反抗或不能反抗的，如用酒灌醉，用药物麻醉等方法。本案中，丙先前的暴力行为给乙一种“暴力威胁”，造成乙不敢反抗，丙将手机抢走，符合抢劫罪的犯罪特征。因此，丙的行为构成了故意伤害罪和抢劫罪。本题答案是D。

12. **答案**：A。在盗窃完成后，甲已经离去，乙又起歹意，强奸了少女，对此甲没有共同的犯罪故意与行为，不构成共同犯罪，由乙独立承担刑事责任。

13. **答案**：C。

14. **答案**：C。《刑法》第358条第4款规定，为组织卖淫的人招募、运送人员或者有其他协助组织他人卖淫行为的，处五年以下有期徒刑，并处罚金；情节严重的，处五年以上十年以下有期徒刑，并处罚金，因此A选项的行为构成协助组织卖淫罪，而不是组织卖淫罪的共犯，A选项错误。《刑法》第240条第2款规定：“拐卖妇女、儿童是指以出卖为目的，有拐骗、绑架、收买、贩卖、接送、中转妇女、儿童的行为之一的。”根据该规定，B选项的行为直接构成拐卖妇女罪，而不是拐卖妇女罪的帮助犯，B选项错误。根据《刑法》第191条规定，明知是走私犯罪的违法所得及其产生的收益，为掩饰、隐瞒其来源和性质，而为其提供资金账户的，构成洗钱罪，这里的明知是指事后明知。如果事前已经进行了通谋，并应走私罪犯的要求，为其提供资金、账号的，应以走私罪的共犯论处。因此C选项正确。根据《刑法》第320条规定，为他人提供伪造、变造的护照、签证等出入境证件，或者出售护照、签证等出入境证件的，处五年以下有期徒刑，并处罚金；情节严重的，处五年以上有期徒刑，并处罚金，选项D的行为应当构成提供伪造、变造的出入境证件罪，而不是以偷越国（边）境罪的共犯论处，故选项D错误。

15. **答案**：D。依照刑法理论的通说，对共同正犯采用“部分实行全部责任”的原则，行为人不仅要对自己的行为及结果负责，还要对其他共同犯罪人的行为及其结果负责。在本案中，甲虽然表示放弃犯罪，但并没有有效阻止乙实施盗窃行为。既然乙的行为已经既遂，甲理当对犯罪既遂承担刑事责任。因此D选项正确，ABC选项错误。

16. **答案**：D。A选项，甲唆使不满16周岁的乙强奸内，由于乙可以对强奸罪承担刑事责任，故甲构成强奸罪的教唆犯。A选项错误。B选项，帮助犯、教唆犯、实行犯是根据罪犯在共同犯罪中的分工所形成的分类，三者相互独立。若教唆犯除却实施教唆行为，又亲自实施了符合刑法分则所规定犯罪构成的实行行为，这就是所谓教唆与实行竞合的问题，在这种情况下就不再成立教唆犯，而成立实行犯。若教唆犯实施教唆行为之余，又实施帮助行为，这就是教唆、帮助行为竞合的情况，对此只需要按教唆犯对待。因此，教唆犯不可能是实行犯，也不可能是帮助犯。B选项错误。C选项，根据《刑法》第353条的规定，教唆他人吸食、注射毒品的，并不成立教唆犯，而成立实行犯。故C选项错误。故答案为D。

17. 答案：D。二人以上参与了犯罪的施行，是共同犯罪。参与施行的形态有：实行、教唆、帮助。共犯的处罚根据是“因果共犯论”，即各共犯人“惹起”了法益侵害。实行犯是单独惹起或者共同惹起；教唆犯、帮助犯是间接惹起。教唆犯、帮助犯对于实行犯有从属性。首先表现在要素从属性上。狭义共犯（教唆犯、帮助犯）是经由诱发他人犯罪或者推促他人犯罪而成为刑罚处罚的行为，其刑事责任依赖于（从属于）一个主行为。即共犯的成立是以主行为存在并满足一定构成要件为前提的。但是主行为达到何种程度，即具备犯罪构成中的何种要件，才可以成为共犯成立的前提，有三种不同的标准：

	构成要件该当性	违法性	有责性
最小从属形式	√		
限制从属形式	√	√	
严格从属形式	√	√	√

通说采取的是限制从属性理论。即实行者即使因为年龄原因不具有“有责性”，不能独立成立犯罪，但是帮助或者教唆实行者的也可以成立共犯。

具体到本案，甲具备了抢夺罪的构成要件该当性与违法性，但是由于其年龄只有15岁，不为抢夺罪承担责任，所以不能单独成立抢夺罪（A选项说法正确）。但是帮助甲抢夺的乙却可以成立抢夺罪的帮助犯。从这个角度，甲、乙二人是成立抢夺罪的共同犯罪的，严格地说，应该是成立抢夺罪客观方面的“共同犯罪”，只不过“主犯”甲不承担责任，从犯乙承担责任。所以B选项的说法正确。

成立间接正犯要求乙能够支配甲的实行行为。所谓“支配”，是使他人难以选择或者难以反抗。题目中乙并不能支配甲的抢夺行为，反倒是甲在主导着整个犯罪的进程。所以乙并不成立抢夺罪的间接正犯。C选项说法正确。

由于各共犯人的行为是作为一个整体与犯罪结果有因果关系，当实行犯既遂时，帮助者和教唆者对结果的因果力也同时被实现，同时成立犯罪既遂。即“一人既遂，全体既遂”。题目中甲抢夺财物已经得手，依据侵犯财产罪既遂标准（“取得”说），满足了抢夺罪的既遂要求，则帮助犯乙同时也成立抢夺罪既遂。在既遂后抛弃甚至返还财物的，都不能再转化为中止。所以D选项说法错误。

18. 答案：B。共同犯罪的成立要求二人以上在主观上有共同的犯罪故意和犯意联络，客观上对结果有共同的因果力，即各个人的行为都对结果有因果力。

A选项为承继共犯的情况。承继共犯指前行为人已经实施了一部分实行行为之后，后行为人以共同实行或者帮助的意思参与实行犯罪的情况。包括承继的正犯和承继的帮助犯。承继者成立先行为者的共犯，但是后行为人对于自己参与之前的前行为人的行为产生的结果不承担责任。张某在甲以抢劫故意造成被害人重伤之后，参与获取财物的，张某成立甲抢劫罪的承继共犯，但是不对自己没有因果力的重伤结果承担责任。所以A选项中“二人构成共犯”的说法正确，“均须对陶某的重伤结果负责”的说法错误。

B选项中乙认识到黄某非法种植毒品原植物，仍按黄某要求为其收取毒品原植物的种子，二人对于非法种植毒品原植物既有共同的故意，也有共同的客观行为，黄某为实行者（种植），乙为帮助者（提供种子）。二人成立非法种植毒品原植物罪的共犯。B选项的说法正确。

C选项中李某有两个行为：（1）盗窃罪。在丙出现时李某的盗窃罪已经既遂，侵害他人财产权的结果已经出现。（2）销赃。李某在盗窃后的销赃行为并未侵犯被害人新的法益，属于事后不可罚的情况，不成立新的犯罪。

丙的参与：（1）丙在购买赃车时，鉴于李某的盗窃罪已经完成，丙对盗窃结果无贡献，不能成立盗窃罪的共犯。（2）丙故意收购赃物的行为成立《刑法》第312条规定的掩饰、隐瞒犯罪所得罪。由于李某不成立此罪，二人不成立该罪的共同犯罪。

若李某销售的并不是自己盗窃所得的汽车，而是为不知名的第三人的盗窃罪销售赃物，则李某属于盗窃赃物，丙属于收购赃物，属于刑法理论上的对行犯，即共同犯罪之一种。

综上所述，由于存在不成立共同犯罪的情形，所以笼统地说李某和丙成立共同犯罪是错误的。

D选项，依据《刑法》第396条的规定，国家机关以单位名义将国有资产分给个人，直接负责的主管人员和其他直接责任人员成立私分国有资产罪。此罪是单位犯罪，单位犯罪并不是单位内部成员的共同犯罪。刑法只惩罚直接负责的主管人员和其他直接责任人员，其他职工并不成立犯罪，当然也不存在共犯关系。题目中丁作为国家机关负责人，召集领导层开会，决定以单位名义将国有资产私分给全体职工。丁和其他领导成立私分国有资产罪，职工不成立犯罪，他们之间也没有共犯关系。所以D选项中“丁和职工之间存在共犯关系”的说法是错误的。

19. 答案：D。教唆犯，是指以劝说、利诱、授意、怂恿、收买、威胁等方法唆使他人犯罪的人。教唆犯可以是一人，也可以是两人以上唆使他人犯罪。如果被教唆人实施了犯罪，则根据教唆人和被教唆人在共同犯罪中所起的作用予以处罚。由于教唆犯一般在共同犯罪的犯意形成过程中起了很大的作用，实践当中多按主犯处理，但若是两人以上实施教唆的，也可以存在起次要作用的教唆犯，亦即教唆犯的从犯。因此，A、B选项的说法是正确的。根据刑法的理论，被教唆的对象必须是达到刑事责任年龄、具有刑事责任能力的人，否则不成立教唆犯，而成立间接正犯。虽然教唆不满14周岁的未成年人实施犯罪的，教唆人成立间接正犯，但并不影响对教唆人依法进行从重处罚。因此，C选项是正确的。共同犯罪是指两人以上共同故意犯罪。两人以上共同过失犯罪，不以共同犯罪论处，应当负刑事责任的，按照他们所犯的罪分别处罚。因此，教唆他人犯罪不包括过失犯罪，所以D选项是错误的。本题正确答案为D。

20. 答案：D。共同犯罪是指二人以上共同故意犯罪。达到刑事责任年龄、具有刑事责任能力的人支配没有达到刑事责任年龄、不具备刑事责任能力的人实施犯罪行为的，则不构成共同犯罪。利用者被称为间接正犯。但是，如果被利用者在事实上具有一定的辨认控制能力，利用者并没有支配被利用者时，二者能够成立共同犯罪。故A选项错误。根据部分犯罪共同说，如果二人以上持不同的故意共同实施了某种行为，则只就他们所实施的性质相同的部分或重合部分成立共同犯罪。故B选项错误。对向犯是指以存在二人以上相互对向的行为为要件的犯罪。其中片面的对向犯是指只处罚一方的行为。对于片面的对向犯，立法者仅将其中一方的行为作为犯罪类型予以规定，说明立法者认为另一方的行为不可罚。因此，一般情况下不可运用共同犯罪理论将另一方认定为共犯进行处罚。故C选项错误。片面共犯是指参与同一犯罪的人中，一方认识到自己是在和他人共同犯罪，而另一方没有认识到有他人和自己共同犯罪。目前刑法理论通说承认片面的帮助犯。因此D选项正确。应选D。

21. 答案：D。根据共同犯罪理论，共同犯罪人虽然只实施部分行为，但也应当对全部结果承担刑事责任。本案中，甲、乙、丙构成故意伤害的共同犯罪，无论致命伤是甲还是乙造成，均未超出3人的共同犯罪故意，甲、乙、丙均应对丁的死亡结果承担刑事责任。因此，甲、乙、丙均成立故意伤害（致死）罪。同时根据存疑有利于被告的原则，因无法认定具体是甲还是乙所造成，在量刑时推定两人均未直接实施造成丁死亡的行为。因此D选项正确，ABC选项错误。

22. 答案：C。根据共同犯罪理论，间接正犯是指通过利用他人实施犯罪的情况，即将被利用者视为工具使用。本案中，甲直接实施杀人行为，其欺骗乙让其望风的行为不构成间接正犯。选项A错误。乙与甲商议共同实施盗窃行为，但甲实施了杀人行为，依据共犯从属性说理论，只有当实行犯着手实行了犯罪时，才能适用共犯规定。因此，甲、乙之间不能评价为盗窃罪的共同犯罪。选项BD错误。甲的行为认定为故意杀人罪，甲与乙之间在非法侵入他人住宅的范围内成立共同犯罪，甲非法侵入住宅的行为是故意杀人行为的一部分，甲既构成非法侵入住宅罪又构成故意杀人罪，属于想象竞合犯，应认定为故意杀人罪。但甲、乙之间就非法侵入住宅罪构成共同犯罪。选项C正确。

二、多项选择题

1. 答案：CD。甲、乙二人共谋杀丙，因意志以外的原因未得逞的，甲、乙对丙均成立故意杀人罪未遂，由于乙死亡，不需要讨论乙的刑事责任。甲的行为导致乙死亡，客观上制止了乙的杀人行为，但甲没有防卫意识，故甲的行为属于偶然防卫。如果主张偶然防卫成立正当防卫，甲对乙不成立犯罪。如果主张偶然防卫属于违法行为，则甲打死乙可能成立犯罪。如果坚持认为甲对乙的死亡结果要承担刑事责任，则按照法定符合说，甲成立故意杀人罪既遂，按照具体符合说，甲成立过失致人死亡罪。如果认为甲对乙的死亡结果不负刑事责任，则按照法定符合说，甲对乙成立故意杀人罪未遂，按照具体符合说，甲对乙不成立犯罪。A错误。乙误将丁当作丙杀害的，属于具体事实认识错误中的对象错误，无论按照法定符合说还是具体符合说，乙对丁都成立故意杀人罪既遂。甲教唆乙杀人，乙因此实施了杀人行为的，按照共犯从属性说，应将乙的杀人行为归属于甲。但共犯从属性说是针对违法行为而言，与责任无关，各个共犯人的犯罪故意等责任内容应当独立判断。因此，乙属于对象错误，不能认为甲也应当是对象错误。甲对于教唆乙所杀的对象不存在对象认识错误，而是因为乙杀错人而导致丁死亡，对于甲来说，属于具体事实认识错误中的方法错误。按照法定符合说，甲成立故意杀人罪既遂的教唆犯，按照具体符合说，甲可能成立过失致人死亡罪或意外事件。B错误。乙以非法占有为目的，故意非法转移了丙家财物的占有，成立盗窃罪既遂，属于间接正犯。甲本想利用乙盗窃丙家的财物，具有盗窃罪间接正犯的故意，但客观上仅引起了乙实施盗窃罪的违法行为，是盗窃罪的教唆行为，甲的行为属于不同共犯形式之间的认识错误，按照法定符合说，甲的行为成立盗窃罪的教唆犯。同时，甲以非法占有为目的，意图骗取乙的财物，乙识破了骗局后仍然给予甲财物的，甲成立诈骗罪未遂。甲的同一行为，既成立盗窃罪的教唆犯，还成立诈骗罪未遂，属于想象竞合犯。C正确。乙以抢劫故意，在客观上实施了抢劫罪的违法行为，成立抢劫罪的基本犯，属于间接正犯。甲虽然教唆乙实施抢劫罪的加重情形入户抢劫，但乙仅实施了抢劫罪基本犯的违法行为，按照共犯从属性说，只能将乙的抢劫基本犯的违法实施归属于甲，甲仅承担抢劫罪基本犯的教唆犯的刑事责任。

2. **答案**：BC。根据共同犯罪的分工，分为简单共同犯罪和复杂共同犯罪。故本题正确答案为 BC。

3. **答案**：BD。《刑法》第 25 条规定："共同犯罪是指二人以上共同故意犯罪。二人以上共同过失犯罪，不以共同犯罪论处；应当负刑事责任的，按照他们所犯的罪分别处罚。"A 选项中医生甲"疏忽大意"，护士乙"没有注意"表明二人都是过失犯罪，故而不构成共同犯罪，A 选项不符合题意。B 选项中甲乙共谋表明已经形成抢劫合意，共同犯罪的认定实行"一人既遂，全部既遂"的原则，虽然乙没有实际参加抢劫，但是不影响共同犯罪的成立，B 选项符合题意。C 选项中韩某对"碱面"信以为真，故而二者并没有对运输毒品形成合意，也不成立共同犯罪，C 选项不符合题意。《刑法》第 17 条第 1、2 款规定："已满十六周岁的人犯罪，应当负刑事责任。已满十四周岁不满十六周岁的人，犯故意杀人、故意伤害致人重伤或者死亡、强奸、抢劫、贩卖毒品、放火、爆炸、投放危险物质罪的，应当负刑事责任。"D 选项中甲（15 周岁）和乙（16 周岁）都应当对抢劫罪负刑事责任，故而甲接受乙的教唆实施抢劫行为成立共同犯罪，D 选项符合题意。综上，本题正确答案为 BD。

4. **答案**：AB。关于 A 选项，共同犯罪不要求所有行为人都是犯罪行为的实施者，还可以是帮助犯、教唆犯和共谋犯。关于 B 选项，强奸一般认为是特殊主体的犯罪，主体应该是男性，没有这种身份的妇女教唆、帮助男人强奸妇女同样也能构成强奸罪的共犯。C 选项中甲某与乙某不构成共犯，乙某未达到刑事责任年龄，甲某属于间接正犯。D 选项中甲某与乙某不构成共犯，帮助他人毁灭罪证属于事后帮助，事前无通谋的帮助行为，不属于共犯。

5. **答案**：ABC。中途加入他人犯罪的，属于事先无通谋共犯的一种，可成立共犯。但在责任方面，仅对自己加入后的整个共犯结果负责。对加入前发生的加重结果，不负责任。

6. **答案**：CD。甲、丙二人是利用和被利用的关系，不成立共犯，利用人是间接实行犯或称间接正犯，被利用人是工具。间接正犯是指利用合法行为人，或者无责任能力人、无犯罪故意者来实行自己的犯罪的情况。

7. **答案**：ABCD。《刑法》分则将某一教唆行为规定为特定犯罪时，就不构成共犯，B、C、D 三项均属于法有特别规定的情形，依照相关规定处罚，不适用教唆犯规定。参见《刑法》第 104、305、353 条规定。A 是非法获取国家秘密罪，非法获取包括窃取、刺探、收买非法提供，因此收买行为本身就是获取国家秘密的实行行为，没有将甲某定为非法获取国家秘密罪的教唆犯的必要。

8. **答案**：ACD。若承认片面共同正犯，甲知道乙计划前往丙家抢劫，为帮助乙取得财物，便暗中先赶到丙家，将丙打昏后离去使丙受轻伤的行为应认定为片面共同正犯，对甲应以抢劫罪论处。但是，由于乙并不知情，不能认定乙是共同正犯，乙在丙昏迷的状态下取走丙财物的行为应认定为盗窃罪。选项 A 正确，选项 B 错误。若否定片面共同正犯，则甲、乙二人仅对自己实施的行为承担刑事责任，甲应构成故意伤害罪和盗窃罪，择一重罪论处，乙无须对甲的故意伤害行为负责，对乙应以盗窃罪论处。选项 CD 正确。

9. **答案**：ABCD。选项 A 属于被教唆人未实施教唆的犯罪，因此教唆人成立教唆未遂，但教唆人与被教唆人不构成共犯。选项 B、C、D 被教唆人犯罪未遂，根据教唆犯的犯罪形态从属于实行犯的原理，构成犯罪未遂，教唆人与被教唆人成立共犯。

10. **答案**：BC。甲、乙二人故意内容不同，甲是诈骗故意；乙是贩卖毒品故意，不成立共犯。

11. **答案**：ABD。甲使用水果刀刺向丙的胸部，不计后果，且造成死亡结果，符合间接故意杀人罪的特征。要点在于：共犯成立须具有共犯的故意。乙仅有伤害的故意，与甲犯意的性质不同，不构成共犯。

12. **答案**：ABCD。根据《刑法》第 26 条第 1 款的规定，主犯有以下二种：（1）犯罪集团中，起组织、领导作用的首要分子。(2) 在聚众犯罪中起组织、策划、指挥作用的首要分子。(3) 在犯罪集团或一般共同犯罪中起主要作用的犯罪分子。

13. 答案：ABCD。根据《刑法》规定，三人以上为共同实施犯罪而组成的较为固定的犯罪组织，是犯罪集团。共同犯罪是指二人以上共同故意犯罪。二者在人数、组织严密程度，社会危害性、组织分工有明显的不同。

14. 答案：ABD。根据《刑法》第 27 条规定，在共同犯罪中起次要或者辅助作用的，是从犯。对于从犯，应当从轻、减轻处罚或者免除处罚。

15. 答案：ABCD。本题考查共同犯罪。共同犯罪的成立只需要行为人之间已经形成犯意联络即可，不需要都亲自实施犯罪行为。因此，A 选项中甲与赵某事先已经共谋杀害苏某，且最后致苏某死亡。因此，甲与赵某成立共犯。

B 选项中，乙为了走私毒品，钱某为了走私淫秽物品，二人共谋走私，在走私的范围内有共同犯罪的故意，因此，在走私的范围内成立共犯。

共同犯罪中既包括事先通谋的共同犯罪，也包括事中通谋的共同犯罪。C 选项的情况属于事中通谋的共犯。

D 选项中，丁有杀人的直接故意，李某对此明知而默认，并亲自实施了杀人行为，与丁成立共同犯罪。

16. 答案：ABC。A 选项，《刑法》第 29 条第 2 款规定：“如果被教唆的人没有犯被教唆的罪，对于教唆犯，可以从轻或者减轻处罚。”这种情况在理论上称为教唆未遂。被教唆的人没有犯被教唆的罪，通常包括以下情况：被教唆的人拒绝教唆；被教唆的人接受教唆但没有实施犯罪行为；被教唆的人实施的犯罪与教唆行为无关；被教唆的人虽然实施了犯罪，但所犯之罪与教唆犯所教唆之罪完全不同。本题中，丁某教唆 17 岁的肖某抢夺他人手机，肖某实施了抢夺行为，并且抢夺得手。因此，并非被教唆的人没有犯被教唆的罪这一教唆未遂的情形，而是构成抢夺罪的教唆既遂。B 选项，《刑法》第 269 条规定：“犯盗窃、诈骗、抢夺罪，为窝藏赃物、抗拒抓捕或者毁灭罪证而当场使用暴力或者以暴力相威胁的，依照本法第二百六十三条的规定定罪处罚。”这种情形在理论上称为转化型抢劫或者事后抢劫。本题中，肖某在抢夺得手后，为抗拒抓捕将追赶来的被害人打成重伤，符合转化型抢劫的条件，成立转化型抢劫。B 选项正确。C 选项，《刑法》第 29 条第 1 款规定：“教唆他人犯罪的，应当按照他在共同犯罪中所起的作用处罚。教唆不满十八周岁的人犯罪的，应当从重处罚。”本题中丁某教唆 17 岁的肖某抢夺他人手机，属于教唆不满 18 周岁的人犯罪的情形，故应当从重处罚。C 选项正确。D 选项，《刑法》第 25 条第 1 款规定：“共同犯罪是指二人以上共同故意犯罪。”共同犯罪的成立需要具备以下条件：(1) 二人以上；(2) 有共同犯罪的故意，即需要具有同一性质或同种犯罪的故意而且各共犯人之间具有意思联络；(3) 有共同的犯罪行为，即各个共犯人协同一致实施犯罪行为。在共同犯罪的本质问题上，历来存在犯罪共同说和行为共同说的争论。由于两种学说都存在一定的缺陷，因此，折中的部分犯罪共同说得到了越来越多学者的支持。所谓部分犯罪共同说是指二人以上共同实施不同的犯罪，在犯罪性质不共同的部分不能成立共犯，但是在犯罪性质共同的部分能成立共犯。本题中，丁某教唆肖某抢夺他人手机，肖某实施抢夺行为并得手，虽然肖某抢夺得手后为了抗拒抓捕而将被害人打成重伤，因此成立抢劫罪。但是，丁某与肖某在抢夺罪上有共同部分，存在共同故意与行为，成立共同犯罪。因此，D 选项认为丁某与肖某不成立共同犯罪错误。

17. 答案：AC。根据《刑法》第 29 条第 2 款的规定：“如果被教唆的人没有犯被教唆的罪，对于教唆犯，可以从轻或者减轻处罚。”教唆未遂是指被教唆者没有犯被教唆的罪而使教唆行为未遂的情况。需要注意的是，这种情况下的教唆犯属于独立的教唆犯，而非共同犯罪的教唆犯。“被教唆的人没有犯被教唆的罪”具体包括以下情形：(1) 被教唆人拒绝了教唆人的教唆。(2) 被教唆人当时接受了教唆犯的教唆，但实际上没有进行任何犯罪活动。如果被教唆人实施了犯罪预备行为，也不属于“没有犯被教唆的罪”。(3) 被教唆人当时答应实施教唆人所教唆的犯罪，但实际上实施了其他犯罪。(4) 教唆犯对被教唆人进行教唆时，被教唆人已经有实施该罪的决意。即被教唆人的犯意并非教唆者引起。上述情形下教唆犯的刑事责任原则是“可以从轻或者减轻处罚”。

18. 答案：BCD。《最高人民法院关于审理交通肇事刑事案件具体应用法律若干问题的解释》第7条规定，单位主管人员、机动车辆所有人或者机动车辆承包人指使、强令他人违章驾驶造成重大交通事故，具有本解释第二条规定情形之一的，以交通肇事罪定罪处罚。上述解释的第2条规定了交通肇事的情形，其中第一种情形是“死亡一人或者重伤三人以上，负事故全部或者主要责任的”。因此，选项中甲、乙构成交通肇事罪的共同犯罪。《刑法》第358条第4款规定，为组织卖淫的人招募、运送人员或者有其他协助组织他人卖淫行为的，处五年以下有期徒刑，并处罚金；情节严重的，处五年以上十年以下有期徒刑，并处罚金。因此，B选项中乙应以协助组织卖淫罪单独定罪处罚，故B选项符合题意。《刑法》第107条规定，境内外机构、组织或者个人资助实施本章第102、103、104、105条规定之罪的，对直接责任人员，处五年以下有期徒刑、拘役、管制或者剥夺政治权利；情节严重的，处五年以上有期徒刑。因此，C选项中甲的行为应以资助危害国家安全犯罪活动罪单独处罚，不是与乙构成共同犯罪，C选项符合题意。《刑法》第312条规定，明知是犯罪所得的赃物而予以窝藏、转移、收购或者代为销售的，处三年以下有期徒刑、拘役或者管制，并处或者单处罚金。《刑法修正案（六）》将之修改为：明知是犯罪所得及其产生的收益而予以窝藏、转移、收购、代为销售或者以其他方法掩饰、隐瞒的，处三年以下有期徒刑、拘役或者管制，并处或者单处罚金；情节严重的，处三年以上七年以下有期徒刑，并处罚金。因此，D选项中乙的行为单独构成销售赃物罪，而不是与甲构成共同犯罪。

19. 答案：AB。A这种情况属于共同过失犯罪，我国刑法认为共同过失犯罪不成立共同犯罪，应分别处理；B这种情况属于片面共犯，一般认为不成立共同犯罪，应分别处理。

20. 答案：ABD。该问题比较复杂，既考查实行过限问题，又考查某个犯罪限度内的共犯行为问题。

21. 答案：ABD。《最高人民法院关于审理交通肇事刑事案件具体应用法律若干问题的解释》第5条第2款规定：“交通肇事后，单位主管人员、机动车辆所有人、承包人或者乘车人指使肇事人逃逸，致使被害人因得不到救助而死亡的，以交通肇事罪的共犯论处。”题中情形正可适用本条的规定，赵某的行为构成交通肇事，而乘车人王某指使肇事人赵某逃逸，致使被害人孙某因得不到救助而死亡，王某应当以交通肇事罪的共犯论处。

22. 答案：ACD。周某以抢劫财物为目的将王某打昏，构成抢劫罪，此时犯罪行为尚未结束，高某得知真相后应周某的要求提供照明，二人具有共同犯罪故意，属于事中共犯。事中共犯即事前无同谋的共犯，共同犯罪人的共犯故意，是在实行着手之际或犯罪过程中形成的。高某为周某提供照明时，抢劫犯罪并未结束，这说明高某明知周某在抢劫仍参与进去，因此，二人构成抢劫罪的共同犯罪，所以A选项正确，B选项错误。在共同犯罪中周某发挥主要作用，是主犯，高某仅提供帮助，属于从犯，因此CD选项正确。

23. 答案：BCD。根据《刑法》第186条的规定，甲、乙作为银行工作人员，相互通谋，公然违法发放贷款，且放贷数额巨大，造成重大损失，已构成违法发放贷款罪的共同犯罪。C 选项正确。另外，甲、乙向丙索要贿赂为其牟取不正当利益，构成《刑法》第 385 条规定的受贿罪。综上，对甲、乙应该以受贿罪和违法发放贷款罪实行数罪并罚。D 选项正确。关于共同受贿的犯罪数额，学界存在分赃数额说和犯罪总额说之争。分赃数额说认为，各共同犯罪人只对自己实际分得的赃款、赃物的数额承担刑事责任；犯罪总额说则认为以共同犯罪的总额作为确定各共犯的刑事责任的尺度。后者是通说。具体来讲，在共同受贿犯罪中，“个人受贿数额”指的是各共同犯罪人个人实施受贿行为涉及的犯罪总额。故本案中甲、乙的受贿数额都是 15 万元。因此 A 选项错误，B 选项正确。

24. 答案：CD。尽管“入户盗窃”的行为较之一般的盗窃行为具有更加严重的社会危害性，但是法律并未明文规定对此类行为从重处罚，故入户盗窃不是法定的从重处罚情节。A 选项错误。根据刑法理论，构成共同犯罪需要具备共同犯罪故意和共同犯罪行为。其中，共同犯罪故意的认识因素是指共同犯罪人对本人行为的社会危害性认识以及对自己和他人共同实施犯罪的认识，共同犯罪的意志因素是指共同犯罪人在认识本人的行为和他人的行为的基础上，对于本人行为和他人行为会造成的危害社会的结果的希望或者放任的心理态度。本案中丙明知甲意图盗窃而为其标示乙的别墅结构，主观上至少是放任危害结果的发生，两人存在共同盗窃的犯罪故意。另外，从帮助行为的方式来分，可以分为物质性的帮助行为与精神性的帮助行为。物质性的帮助行为是指物质上与体力上的帮助，这种帮助是有形的，其在司法实践中常见的方式就是提供犯罪工具。精神性的帮助行为是指精神上与心理上的帮助，这种帮助是无形的。在本案中尽管丙所绘制的图纸并未派上用场，即未能提供物质性的帮助。但丙标示图纸的行为强化了甲盗窃的犯意，起到了精神性的帮助作用，因此二人仍旧应被认定为实施了共同犯罪行为。因此即便甲没有使用丙提供的图纸，二人仍旧构成盗窃罪的共同犯罪。其中甲亲自实施盗窃行为，发挥主要作用，是主犯。丙提供精神上的帮助，是帮助犯。故 C、D 选项正确，B 选项错误。

25. 答案：ABD。A 选项，甲教唆赵某抢劫，赵某也实施了抢劫，二人成立抢劫罪的共同犯罪。虽然赵某实施的抢劫行为与甲教唆的内容有差异，但教唆行为责任依据在于引起他人犯罪故意，至于具体的指示何种犯罪方法不影响教唆犯的认定，且都是在抢劫罪的犯罪构成内，不影响共同犯罪的认定。因此 A 选项正确。

B 选项，依据部分犯罪共同说，乙和吴某在盗窃的范围内成立共同犯罪，乙对于自己不知情的吴某的过限行为不承担共犯责任。B 选项说法正确。

C 选项，丙基于杀人故意帮助钱某，钱某实施了较轻的故意伤害罪，由于故意杀人罪与故意伤害罪在轻罪的范围内可以重合，所以丙和钱某在故意伤害罪的范围内承担共同犯罪的责任，丙要为钱某造成的伤害结果承担责任。因此 C 选项说法错误。

D 选项，非首谋者，在预备阶段向同伙明示退出，并撤出原因力的，可以单独成立中止。丁不是孙某盗窃犯意的引起者，在预备阶段撤出了物理的原因力，同时也向孙某表达了自己不支持对方的意思，撤出了心理的原因力，所以单独成立盗窃罪的中止，不再为孙某后续独自的盗窃结果承担责任。所以 D 选项说法正确。

26. 答案：AB。A 选项中，虽然甲实施了教唆行为，但在此之前乙已有杀害其妻的故意，甲的行为并未使他人产生犯罪意图，因此不构成故意杀人罪的教唆犯。所以 A 的说法正确。如果先行为人已实施一部分实行行为后，后行为人以共同犯罪的意思参与实行或者提供帮助，则为承继的共同犯罪。

B选项中，乙基于敲诈勒索的故意实施了恐吓丙的行为，在丙交付财物时，甲在知情的情况下中途加入帮助乙取得财物，甲、乙是承继的共犯，即甲构成敲诈勒索罪的共犯，所以B是正确的。C选项中，乙、丙斗殴的地点在五金店门口，乙花钱买锤子，甲目击乙、丙斗殴，且已充分意识到乙购买锤子的目的在于伤害他人，在此情况下仍将锤子卖给乙，已构成故意伤害罪的帮助犯。所以C错误。间接正犯通过操纵他人实施犯罪，本人并不亲自实施危害行为。但是D选项中甲并无成立贿赂罪的主体身份，而且甲要求乙接受贿赂被拒绝，是由甲擅自做主接受贿赂，乙并非甲操纵实施犯罪的工具，因此甲不成立受贿罪的间接正犯，所以D是错误的。故，本题的正确答案为AB。

27. 答案：CD。犯罪是否得逞，是犯罪既遂与犯罪未遂的界限所在。犯罪得逞时，表现为法益受到侵害，发生了行为人所希望或者放任的、行为性质所决定的犯罪结果。A选项中，乙将银行卡和密码交给甲时，甲已经实际控制了卡内的50万元。此时受贿行为已经既遂。乙事后挂失并取回钱款的行为并不影响甲所犯受贿罪的犯罪停止形态。A不属于犯罪未遂。按照共同犯罪的相关理论，如果共犯中一人的行为既遂，根据“部分实行全部责任”的原则，则其他共犯人原则上均成立既遂。B选项中，尽管甲未到达现场，但其事先与乙有共谋，且向乙讲解了犯罪方法，乙的行为既遂则导致甲、乙的共同犯罪行为既遂。B不属于犯罪未遂。C选项中，甲虽然与乙有共同的犯罪故意，但其行为对最终乙盗窃汽车的结果客观上没有原因力。C属于犯罪未遂。D选项中，甲与乙共同杀害丙，甲误以为丙死亡而离开现场，甲、乙的共同犯罪行为已经结束，构成犯罪未遂。之后乙发现丙未死又持刀杀害丙的行为超出了共同犯罪故意，不影响甲的行为已经构成犯罪未遂。D属于犯罪未遂。应选CD。

28. 答案：BD。A选项，使用假币罪与诈骗罪属于特别法与一般法的法条竞合关系，甲使用变造货币购买商品的行为构成使用假币罪一罪。A错误。B选项，走私毒品又走私假币分别构成走私毒品罪和走私假币罪，两者不存在竞合或牵连关系，应当数罪并罚。B正确。C选项，丙盗窃军人制服的行为与身穿军人制服招摇撞骗的行为并不具备刑法上的牵连关系，应当数罪并罚。C错误。D选项，开设赌场罪的共犯与帮助信息网络犯罪活动罪之间存在不同之处：前者要求行为人有开设赌场的共同故意，后者只要求行为人明知他人从事非法活动仍为其提供互联网接入服务。丁明知黄某在网上开设赌场而提供帮助，构成开设赌场罪共犯。同时其帮助行为又符合帮助信息网络犯罪活动罪的犯罪构成。丁一行为触犯数罪名，构成想象竞合犯。D正确。

29. 答案：ABC。死刑、无期徒刑与其他刑罚的数罪并罚，均采取吸收原则，即只要其中一个罪名判处了死刑，就判处死刑，只要其中一个罪名判处了无期徒刑，就判处无期徒刑。主刑与附加刑的数罪并罚采取并科原则，即数罪并罚后附加刑仍需执行。AB正确。根据《刑法》第69条第2款的规定，数罪中有判处有期徒刑和拘役的，执行有期徒刑。数罪中有判处有期徒刑和管制，或者拘役和管制的，有期徒刑、拘役执行完毕后，管制仍须执行。C正确，D错误。

三、不定项选择题

1. 答案：C。本题考查行贿罪、共犯。丙明知道甲向乙行贿还代其转托，实质上已经与甲形成了行贿的共同故意，所以丙成立行贿罪共犯。

2. 答案：(1) ABC。根据《刑法》第25条第1款的规定，共同犯罪是指二人以上共同故意犯罪。因此成立共同犯罪要求共犯之间有犯罪的意思联络。而根据《刑法》第25条第2款的规定，二人以上共同过失犯罪，不以共同犯罪论处；应当负刑事责任的，按照他们所犯的罪分别处罚。本案中甲、乙二人共谋“教训”丙，甲只有伤害的故意，而乙却暗藏杀心，根据主客观相统一的原则，甲成立故意伤害（致人死亡）罪，乙成立故意杀人（既遂）罪，在故意伤害罪的范围内成立共同犯罪。根据共犯理论中的实行过限也能得出相同的答案。故选项 ABC 判断是错误的，为本题应选答案。

（2）ABC。丁主观上只有对丙实施盗窃的主观故意，没有伤害、杀害丙的故意或者过失。丁也没有参与甲、乙伤害丙的犯罪过程当中。因此丁只能在盗窃罪的范围内才能构成共犯，而对于丙的死亡这一情节，丁属于被诱骗而实施了望风这一行为。根据主客观相统一原则，丁对丙的死亡不承担刑事责任。

（3）ABD。根据《刑法》第 196 条规定，有下列情形之一，进行信用卡诈骗活动，数额较大的，处 5 年以下有期徒刑或者拘役，并处 2 万元以上 20 万元以下罚金；数额巨大或者有其他严重情节的，处 5 年以上 10 年以下有期徒刑，并处 5 万元以上 50 万元以下罚金；数额特别巨大或者有其他特别严重情节的，处 10 年以上有期徒刑或者无期徒刑，并处 5 万元以上 50 万元以下罚金或者没收财产：(1) 使用伪造的信用卡，或者使用以虚假的身份证明骗领的信用卡的；(2) 使用作废的信用卡的；(3) 冒用他人信用卡的；(4) 恶意透支的。前款所称恶意透支，是指持卡人以非法占有为目的，超过规定限额或者规定期限透支，并且经发卡银行催收后仍不归还的行为。盗窃信用卡并使用的，依照《刑法》第 264 条①的规定定罪处罚。

本案中，甲盗窃信用卡指使乙使用的行为，符合《刑法》第 196 条第 3 款盗窃信用卡并使用的情形。乙不知信用卡系盗窃，以为是甲捡拾而来，但其主观上具有冒用他人信用卡的故意，符合第 196 条第 1 款第 3 项的规定。甲构成盗窃罪，乙构成信用卡诈骗罪。故只有选项 C 的判断是正确的，因此本题的正确答案是 ABD。

（4）B。根据《最高人民法院关于处理自首和立功具体应用法律若干问题的解释》第 1 条第 2 项规定，共同犯罪案件中的犯罪嫌疑人，除如实供述自己的罪行②，还应当供述所知的同案犯，主犯则应当供述所知其他同案犯的共同犯罪事实，才能认定为自首。该解释第 5 条规定，根据《刑法》第 68 条第 1 款的规定，犯罪分子到案后有检举、揭发他人犯罪行为，包括共同犯罪案件中的犯罪分子揭发同案犯共同犯罪以外的其他犯罪，经查证属实；提供侦破其他案件的重要线索，经查证属实；阻止他人犯罪活动；协

---

① 《刑法修正案（八）》第 39 条将《刑法》第 264 条修改为："盗窃公私财物，数额较大的，或者多次盗窃、入户盗窃、携带凶器盗窃、扒窃的，处三年以下有期徒刑、拘役或者管制，并处或者单处罚金；数额巨大或者有其他严重情节的，处三年以上十年以下有期徒刑，并处罚金；数额特别巨大或者有其他特别严重情节的，处十年以上有期徒刑或者无期徒刑，并处罚金或者没收财产。"按照司考真题出题时间，适用的是当时的刑法。

② 关于"如实供述自己的罪行"的具体认定，《最高人民法院印发〈关于处理自首和立功若干具体问题的意见〉的通知》规定："《解释》第一条第（二）项规定如实供述自己的罪行，除供述自己的主要犯罪事实外，还应包括姓名、年龄、职业、住址、前科等情况。犯罪嫌疑人供述的身份等情况与真实情况虽有差别，但不影响定罪量刑的，应认定为如实供述自己的罪行。犯罪嫌疑人自动投案后隐瞒自己的真实身份等情况，影响对其定罪量刑的，不能认定为如实供述自己的罪行。

犯罪嫌疑人多次实施同种罪行的，应当综合考虑已交代的犯罪事实与未交代的犯罪事实的危害程度，决定是否认定为如实供述主要犯罪事实。虽然投案后没有交代全部犯罪事实，但如实交代的犯罪情节重于未交代的犯罪情节，或者如实交代的犯罪数额多于未交代的犯罪数额，一般应认定为如实供述自己的主要犯罪事实。无法区分已交代的与未交代的犯罪情节的严重程度，或者已交代的犯罪数额与未交代的犯罪数额相当，一般不认定为如实供述自己的主要犯罪事实。

犯罪嫌疑人自动投案时虽然没有交代自己的主要犯罪事实，但在司法机关掌握其主要犯罪事实之前主动交代的，应认定为如实供述自己的罪行。"

助司法机关抓捕其他犯罪嫌疑人①（包括同案犯）；具有其他有利于国家和社会的突出表现的，应当认定为有立功表现。

丁属于共同犯罪中的从犯，到案后能如实供述自己和甲的共同犯罪事实，成立自首，但不成立立功。丁隐瞒了事后知道的甲、乙致丙死亡的事实属于知情不举，不影响自首的成立。故选B。

3. **答案**：CD。根据《刑法》第26条的规定，对于组织、领导犯罪集团进行犯罪活动的首要分子，按照集团所犯的全部罪行处罚。需要注意的是，按照“集团所犯”的全部罪行处罚，不等于按照“集团成员所犯”的全部罪行处罚。首要分子对于集团成员超出集团犯罪计划（集团犯罪故意）所实施的罪行，不承担刑事责任。故A选项错误。对于首要分子以外的主犯，应当按照其所参与的或者组织、指挥的全部犯罪处罚。对于从犯同样应当按照其所参与的全部犯罪处罚。只是在量刑上可从轻、减轻或免除处罚。故B选项错误。根据《刑法》第97条的规定，首要分子分为两类：一是犯罪集团中的首要分子；二是聚众犯罪中的首要分子。在聚众犯罪构成共同犯罪的情况下，原则上也可以认定其中的首要分子是主犯。但在聚众犯罪并不构成共同犯罪的情况下（如刑法规定只处罚首要分子，而首要分子只有一人时），不存在主犯、从犯之分，其中的首要分子当然无所谓主犯。因此C选项正确。根据《刑法》第28条的规定，胁从犯是被胁迫参加犯罪的人，即在他人威胁下不完全自愿地参加共同犯罪，并且在共同犯罪中起较小作用的人。如果行为人起先是因为被胁迫而参加共同犯罪，但后来发生变化，积极主动实施犯罪行为，在共同犯罪中起主要作用，则不宜认定为胁从犯。由于其在共同犯罪中起主要作用，自然应被认定为主犯。故D选项正确。

四、名词解释

1. **答案**：同时犯，是指二人以上没有共同的犯罪故意而同时在同一场合所实行同一性质的犯罪。同时犯不是共同犯罪。

2. **答案**：首要分子，是指在犯罪集团或者聚众犯罪中起组织、策划、指挥作用的犯罪分子。首要分子包括两种：（1）在犯罪集团中起组织、策划、指挥作用的犯罪分子。（2）在聚众犯罪中起组织、策划、指挥作用的犯罪分子。

3. **答案**：间接正犯，是指利用合法行为人、无责任能力人或无犯罪故意者来实行自己的犯罪的情况。

五、简答题

1. **答案**：关于共同犯罪的形式，可以从不同的角度或者按照不同的标准对其作出多种划分。在我国，根据刑法学界的通说，共同犯罪的形式可以分为以下四种：

（1）以共同犯罪能否任意形成，分类为任意的共同犯罪与必要的共同犯罪；

（2）以共同犯罪形成的时间，分类为事前有通谋的共同犯罪和事前无通谋的共同犯罪；

（3）以共同犯罪人之间有无分工，分类为简单的共同犯罪与复杂的共同犯罪；

（4）以共同犯罪有无组织形式，可分为一般共同犯罪与特殊共同犯罪。

2. **答案**：（一）主犯的概念及其种类

根据《刑法》第26条第1款的规定，主犯是指组织、领导犯罪集团进行犯罪活动的或者在共同犯罪中起主要作用的犯罪分子。

① 关于“协助抓捕其他犯罪嫌疑人”的具体认定，《最高人民法院印发〈关于处理自首和立功若干具体问题的意见〉的通知》规定：“犯罪分子具有下列行为之一，使司法机关抓获其他犯罪嫌疑人的，属于《解释》第五条规定的‘协助司法机关抓捕其他犯罪嫌疑人’：1. 按照司法机关的安排，以打电话、发信息等方式将其他犯罪嫌疑人（包括同案犯）约至指定地点的；2. 按照司法机关的安排，当场指认、辨认其他犯罪嫌疑人（包括同案犯）的；3. 带领侦查人员抓获其他犯罪嫌疑人（包括同案犯）的；4. 提供司法机关尚未掌握的其他案件犯罪嫌疑人的联络方式、藏匿地址的，等等。

犯罪分子提供同案犯姓名、住址、体貌特征等基本情况，或者提供犯罪前、犯罪中掌握、使用的同案犯联络方式、藏匿地址，司法机关据此抓捕同案犯的，不能认定为协助司法机关抓捕同案犯。”

由此可见，主犯有两种：

1. 组织、领导犯罪集团进行犯罪活动的犯罪分子，即犯罪集团的首要分子。这种主犯具有两个特征：①必须是集团犯罪中的犯罪分子。这是前提条件。②必须实施了组织、领导犯罪集团进行犯罪活动的行为。

2. 在共同犯罪中起主要作用的犯罪分子。这种主犯是指犯罪集团首要分子以外的在共同犯罪中起主要作用的犯罪分子，又称为其他主犯或者首要分子以外的其他主犯。包括：①犯罪集团中的骨干分子。②一般共同犯罪中起主要作用的犯罪分子。③在聚众犯罪中起主要作用的犯罪分子。（全部可罚的聚众犯罪中的首要分子及其骨干成员和部分可罚的聚众犯罪中的首要分子。）

（二）主犯的认定

在认定主犯时，应注意不同种类的主犯其考察的着眼点不尽相同。对于集团犯罪的首要分子，应着重考察犯罪人在集团犯罪或聚众犯罪中是否起到了组织、领导、策划、指挥作用。

对于其他主犯的认定，则应对犯罪人的下列情况进行综合考察：（1）实行犯罪前的表现；（2）实行犯罪中的表现；（3）实行犯罪后的表现。“主要作用”是判断这种主犯的关键，要从主客观两个方面综合判断：一方面要看犯罪分子对共同犯罪的故意形成起到了何种作用；另一方面要看犯罪分子实施了哪些具体犯罪行为，对危害社会的发生起到什么样的作用，犯罪后采取了哪些逃避刑事责任的措施。

（三）主犯的刑事责任

我国刑法对于犯罪集团中的首要分子和其他主犯规定了不同的处罚原则。

1. 首要分子的刑事责任。根据《刑法》第26条第3款的规定，对组织领导犯罪集团的首要分子，按照集团所犯的全部罪行处罚。这里所说的“集团所犯的全部罪行”，是指首要分子组织、领导的犯罪集团在预谋犯罪的范围内所犯的全部罪行。如果其他集团成员实施了超出集团预谋犯罪范围的犯罪，应由其单独承担刑事责任，首要分子对此不负责任。

2. 其他主犯的刑事责任。根据《刑法》第26条第4款的规定，对于犯罪集团首要分子以外的其他主犯，应当按照其所参与的或者组织、指挥的全部犯罪处罚。

3. 答案：《刑法》第28条规定，“对于被胁迫参加犯罪的”，是胁从犯。胁从犯具有以下特征：①行为人因为受他人胁迫而参加犯罪。胁迫，是指以剥夺生命、损害健康、揭发隐私、毁损财物等对行为人进行精神上的强制。②行为人在客观上实施了犯罪行为。犯罪行为可以是犯罪的实行行为、帮助行为、教唆行为。③行为人在主观上明知自己实施的行为是犯罪行为，在可以选择不实施犯罪的情况下，虽不愿意但仍实施了犯罪行为。

在认定胁从犯时，应（1）注意区分胁从犯与紧急避险。在司法实践中，有时行为人所受到的胁迫是一种直接威胁到本人或者他人人身权利、财产权利安全，或者公共利益安全的危险，在这种情况下，如果行为人为了保护较大的利益而被迫实施损害较小利益的行为，则应认定为紧急避险，而不能按胁从犯处理。（2）注意胁从犯的转化问题。在司法实践中，有的犯罪人虽然第一次犯罪是被胁迫参加的，但一旦参加犯罪后，则抱着“破罐破摔”的思想，在以后的共同犯罪中积极卖力、冲锋陷阵，乃至成为犯罪活动的组织者、指挥者。对于这一类犯罪分子，不能因为其第一次犯罪是被胁迫而实施的，就将其按胁从犯处理，而应按主犯处理，属于由胁从犯转化而成的主犯。

对于胁从犯的刑事责任，《刑法》第28条作了明确规定，即对于胁从犯，应当按照他的犯罪情节减轻处罚或者免除处罚。刑法之所以规定对胁从犯应当减轻或者免除处罚，是因为胁从犯是被胁迫而参加犯罪的，主观上并不太愿意实施犯罪，在共同犯罪中的作用小于从犯的作用，因此，对胁从犯的处罚应宽于对从犯的处罚。至于对具体案件中的胁从犯是适用减轻处罚还是适用免除处罚，应根据犯罪人受胁迫的程度、被胁迫所实施的犯罪的性质以及其行为对危害结果所起作用的大小等情况综合诸多因素来决定。

4. 答案：共同犯罪的主体，必须是两个以上在相应犯罪上具备刑事责任能力的人。在有组织犯罪的情况下，则要求三人以上。

首先，共同犯罪的主体必须是二人以上，一个人不存在也不可能发生共同犯罪问题。

其次，二人以上必须都具备刑事责任能力。如果其中一人有责任能力，另一个没有刑事责任能力，则二人不能成立共同犯罪。例如，有责任能力者甲利用其未达刑事责任年龄的9岁女儿乙实行盗窃，则甲与乙不构成共同犯罪。这种情形在刑法理论上叫作间接正犯（或间接实行犯）。表面上看虽与教唆关系相类似，但实质上是利用者与被利用者的关系，是利用者把被利用者当作犯罪工具来利用，所以不成立共同犯罪。

最后，二人以上必须是在相应犯罪上具备刑事责任能力的人。根据我国《刑法》第17条第2款的规定，已满14周岁不满16周岁的人，只对8种犯罪负刑事责任，即故意杀人、故意伤害致人重伤或者死亡、强奸、抢劫、贩卖毒品、放火、爆炸、投放危险物质。处于这一年龄段的人，对这8种行为以外的犯罪，应视为无责任能力的人。如果二人以上共同故意实施的是这8种行为以外的犯罪，并且其中一人为已满16周岁者，另一人为已满14周岁不满16周岁者，二人同样不能成立共同犯罪。

5. 答案：承继的共犯，是指先行者已着手实施特定的犯罪，在实行行为尚未全部终了的时候，后行者明知该事实而参与犯罪，通过和先行者的意思沟通，单独将剩下的实行行为实施完毕，或者和先行者共同完成犯罪的情况。关于承继的共同正犯，对于途中参与的后行者，能否根据其参与前的先行者的行为和结果，追究其共同正犯的责任，成为问题。

关于承继的共同正犯的成立，主要有三种主张，第一种：肯定说主张整个犯罪作为一罪是不可分割的，因此，只要是在共同实行的意思之下，参与了一罪的部分实行，就应将先行者的行为和后行者的行为作为一体考察，按照共同正犯来处理；第二种：否定说主张由于后行者参与以前的先行者的行为和后行者的行为之间不可能具有因果性，所以，不应该将承继的共同正犯作为共同正犯来处理；第三种：部分肯定说主张后行者在将先行者的行为和结果作为自己实现犯罪的手段加以利用的场合，对于后行者也可以对其参与前的行为以及结果追究责任。

编者赞同部分肯定说，后行者出于将先行者的行为等作为自己实现犯罪的手段而积极加以利用的意思，中途加入犯罪，在利用先行者的行为等场合，可以说具有相互利用、相互补充的关系。即只要能认可先行者利用后行者的实行行为，后行者也利用先行者的实行行为以及结果，由此相互利用、相互补充而实现一定犯罪的话，就能认定有实行行为共同的事实。所以，并不一定要求先行者和后行者共同实施介入后的实行行为，即便在后行者单独实施介入后的实行行为的场合，也应认为后行者和先行者成立共同正犯。

6. 答案：（1）教唆犯是以劝说、利诱、授意、怂恿、收买、威胁以及其他方法，将自己的犯罪意图灌输给本来没有犯意或者虽有犯意但不坚定的人，使其决意实施自己所劝说、授意的犯罪，以达到犯罪目的的人。

（2）教唆犯的成立条件为：客观上实施了教唆他人犯罪的行为；主观上行为人具有教唆他人犯罪的故意。

（3）教唆犯的处罚原则为：

①对于教唆犯应当按照他在共同犯罪中所起的作用处罚。这里指的是被教唆人犯了被教唆的罪的情况。即被教唆人已经进行犯罪预备，或者已着手实行犯罪而未遂或者已经完成犯罪而既遂。在这种情况下，对教唆犯的处罚是依照教唆犯自身在共同犯罪中所起的作用为准的。一般来说，教唆犯都作为主犯处理，因为教唆犯是犯意的发起者，没有教唆犯的教唆，实行犯就没有犯罪故意，也就不会有犯罪行为的发生。但是，在少数

情况下，教唆犯也可以起次要作用，如从犯的教唆即教唆他人帮助别人犯罪，这种情况就应当作为从犯处理。

②教唆不满18周岁的人犯罪的，应当从重处罚。这一规定是为了更好地维护青少年的合法权益。同时，因为一些狡猾的犯罪分子，为了隐蔽自己，往往躲在幕后，教唆未成年人实施犯罪。他们腐蚀了未成年人的思想，制造了青少年犯罪者，因此应当从重处罚。

③如果被教唆的人没有犯被教唆的罪，对于教唆犯，可以从轻或者减轻处罚。没有犯被教唆的罪可以是以下几种情况：第一，被教唆人根本没有接受教唆犯的教唆。第二，被教唆人当时接受了教唆，但是后来又取消犯意，也没有从事任何犯罪活动。第三，被教唆人实际上实施了不是教唆犯教唆的犯罪。这些情况或者是根本没有引起犯意、没有造成危害结果或危害结果与教唆犯的教唆没有因果关系，因此，可以从轻或减轻处罚。

④教唆不满14周岁的人或精神病患者犯罪的，对教唆者应当按单独犯论处。对于教唆不满14周岁的人犯罪处理上有不同意见：有的认为应按教唆犯处理；有的认为因为14周岁的人未达到法定的刑事责任年龄，缺乏成为犯罪主体的条件，教唆犯实际上是把其作为犯罪工具来达到自己的犯罪目的，应当按间接正犯处理。

7. 答案：共犯的错误形态主要包括共同正犯的错误、教唆犯的错误和帮助犯的错误。

（1）共同正犯的错误，是指共同正犯人之间认识的事实与发生的事实不一致的情况。主要包括三种情形：①在同一犯罪构成内的错误，采取法定符合说解决。②不同犯罪构成的错误，依照部分犯罪共同说和法定符合说解决。③结果加重犯的错误，只要共犯人对基本犯的行为有认识，就应当对加重结果承担责任。

（2）教唆犯的错误：①教唆的内容与实行犯的行为存在错误；②被教唆人实行的行为超过教唆犯意图的范围；③行为人本来想实施教唆行为却实施了间接正犯的行为时，应当成立教唆犯，即“没有实行犯的教唆”。

（3）帮助犯的教唆：①帮助者所帮助的犯罪是重罪，而实行犯实行的犯罪是轻罪。或者帮助者所帮助的犯罪是轻罪，而实行犯实行的犯罪是重罪，帮助犯只能在轻罪的范围内成立帮助犯。②结果加重犯的帮助，如果帮助者对加重结果的发生有过失，可以成立帮助犯。

8. 答案：犯罪集团是指三人以上为共同实施犯罪而组成的较为固定的犯罪组织。成立犯罪集团的条件包括如下几个方面：

（1）组成人员的数量必须在三人以上。三人为众，刑法把三人作为构成犯罪集团的底数，这也是犯罪集团不同于一般共同犯罪的特点。司法实践中，犯罪集团在成员人数上多数都不止三人，有的达到数十、数百甚至上千人。二人共同犯罪的，即使在其他特征上与犯罪集团相似，也不能称为犯罪集团。

（2）具有共同实施犯罪的目的性。这是犯罪集团在主观方面的重要特征，也是它与基于低级趣味或封建习俗而形成的落后组织，以及其他非法组织相区别的重要标志。犯罪集团在主观上是为了共同实施某种犯罪或某几种犯罪而组织起来的，具有鲜明的犯罪目的性。犯罪集团在主观上所具有的犯罪目的性，可以通过集团成员之间口头或者书面约定，也可以通过共同犯罪活动而逐渐形成，并不要求必须有书面的犯罪纲领，也不要求在实际上反复多次实施了某种或某几种犯罪。

（3）具有较强的组织性。这是犯罪集团的组织特征，它表现为，犯罪集团成员相对固定，内部之间具有领导与被领导的关系，其中有首要分子，有骨干分子，有一般成员，首要分子组织、领导、指挥其他成员进行集团犯罪活动。

（4）具有相当的稳固性。犯罪集团是三人以上为实施某种或者某几种犯罪而联合或组织起来的，其组织机构和活动计划都是出于长远的考虑，而不是为了实施一次犯罪而临时结伙，在实施一次犯罪之后，该组织或联合体仍继续存在。所以，只要各共同犯罪人是为了实施多次或者不定次数犯罪而联合起来的，即使他们只实施了一次犯罪或根本没有来得及实施任何犯罪，也不影响犯罪集团的成立。

六、论述题

答案：共同犯罪的形式，是指二人以上共同故意犯罪的存在方式、结构状况或者共同犯罪之间的结合形态。

共同犯罪的形式是各种各样的，不同的共同犯罪形式具有各自的特点和不同程度的社会危害性，研究共同犯罪形式的划分，意义在于：(1) 区别不同形式的共同犯罪，认识各种形式的共同犯罪的性质及其社会危害程度，以便确定对共同犯罪的法律适用，打击社会危害性最大的共同犯罪形式。(2) 分清共同犯罪人在不同形式的共同犯罪中的地位和作用，便于对共同犯罪人实行区别对待，严厉惩治首要分子，从宽处理从犯和胁从犯，有效地与共同犯罪作斗争。

共同犯罪的形式如何划分，刑法理论界存在不同意见。通说认为，从不同角度，用不同的标准，将共同犯罪的形式，分为以下几种：

(1) 任意的共同犯罪和必要的共同犯罪。这是从共同犯罪是否能够任意形成为标准进行划分的。

任意的共同犯罪，是指刑法分则规定的一个人单独可实施的犯罪，由二人以上共同实施而形成的共同犯罪。根据刑法分则规定，这种犯罪不以多数行为人实行犯罪为必要，一个人可以实施，二人以上也可以共同实施。二人以上共同故意实施犯罪的，就是任意的共同犯罪。任意的共同犯罪由刑法总则加以规定。刑法理论上研究的共同犯罪，主要是这种共同犯罪。对这种共同犯罪，应当根据刑法总则规定共同犯罪的条款和刑法分则规定的有关犯罪的条文定罪量刑。

必要的共同犯罪，是指刑法分则规定的犯罪构成以二人以上的行为为要件的犯罪。根据我国刑法的规定，这种共同犯罪有以下三种：①对向性共同犯罪，是指基于二人以上的互相对向行为构成的犯罪。这种共同犯罪的特点是：A. 触犯的罪名可能不同（如行贿罪、受贿罪），也可能相同（如重婚罪）；B. 各自实施自己的犯罪行为，如一个送一个收；C. 双方的对向行为互相依存而成立，如受贿行为以存在行贿行为为条件始能发生；D. 一方构成犯罪，另一方可能不构成犯罪。②聚合性共同犯罪。是指以向着同一目标的多数人的共同行为为犯罪构成要件的犯罪。这种共同犯罪的特点是：A. 人数较多；B. 参与犯罪者的行为方向相同；C. 参与的程度和形态可能不同，有的参与组织策划或指挥，有的只是参与实施犯罪活动。③集团性共同犯罪，是指以组织、领导或参加某种犯罪集团为犯罪构成要件的犯罪。对必要的共同犯罪，根据刑法分则规定的有关犯罪的条文处理，不必适用刑法总则规定的共同犯罪的条款。

(2) 事前通谋的共同犯罪和事中通谋的共同犯罪。这是以共同犯罪故意形成的时间为标准进行划分的。

事前通谋的共同犯罪，是指共同犯罪人着手实行犯罪以前形成共同犯罪故意的共同犯罪。只要共同犯罪故意是在着手实行之前形成的，不论采取什么形式通谋，都无碍于事前通谋的共同犯罪的成立。这种共同犯罪在实际生活中较多，与事中通谋的共同犯罪相比，也是较为危险的共同犯罪形式。

事中通谋的共同犯罪，是指共同犯罪人在着手实行犯罪之际或实行犯罪过程中形成共同犯罪故意的共同犯罪，这种共同犯罪形式，通常称为“事前无通谋的共同犯罪”。这种共同犯罪形式，由于共同犯罪人是在着手实行犯罪后临时形成的，往往缺乏周密的谋议，社会危害性相对较小一些。

(3) 简单的共同犯罪和复杂的共同犯罪。这是以共同犯罪人之间有无分工为标准进行划分的。

简单的共同犯罪，在西方刑法中叫共同正犯（共同实行犯），是指二人以上共同故意实行某一具体犯罪客观要件的行为。这种共同犯罪形式中每一共同犯罪人都是实行犯。构成简单共同犯罪，除了犯罪主体是两个以上达到法定刑事责任年龄具有刑事责任能力的人以外，还必须具备如下要件：①从犯罪的客观方面来看，各共同犯罪人必须共同实行犯罪。共同实行表现有以下几种情况：A. 共同实行同样的行为，即各共同犯罪人共同实行同样的犯罪客观要件的行为；B. 各人实行不同的行为，即各共同犯罪人实施同属于犯罪客观要件但不相同的行为；C. 对不同对象分别实行犯罪，即各共同犯罪人共同实施某一犯罪，但分别对不同的对象实行犯罪行为。②从犯罪的主观方面看，各共同犯罪人必须具有共同实行犯的故意。它包括如下内容：A. 各共同犯罪人对所具体实施的犯罪具有共同的认识；B. 各共同犯罪人具有共同实行犯罪的意思联络，即行为人不仅认识到自己实行犯罪，并且认识到与他人共同实行犯罪，同时他人也认识到对方与自己共同实行犯罪；C. 各共同犯罪人都希望或放任共同犯罪结果的发生，即简单共同犯罪通常都是由直接故意构成，但有时也可能是出于间接故意。

解决简单共同犯罪人的刑事责任，应当遵循如下原则：①各共同犯罪人对共同实行的犯罪行为整体负责，而不只是对自己实行的犯罪行为负责。②各共同犯罪人只能对共同故意实行的犯罪负责，如果有人超出共同故意的范围之外，实行别的犯罪，只能由实行该种犯罪的人负责，其他共同犯罪人对该种犯罪不负刑事责任。③根据各共同犯罪人在共同犯罪中的作用和社会危害程度，分别按主犯、从犯、胁从犯处罚。④考察各共同犯罪人的人身危险程度和犯罪后的态度，实行区别对待。

复杂的共同犯罪，是指各共同犯罪人之间存在一定分工的共同犯罪。这种分工表现为：有的教唆他人使他人产生实行犯罪的故意，有的帮助他人实行犯罪使他人的犯罪易于实行，有的直接实行该种犯罪构成客观要件的行为。由于共同犯罪人的行为各不相同，因而叫复杂的共同犯罪。

我国刑法主要是按照共同犯罪人在共同犯罪中的作用规定犯罪人的种类的，没有规定复杂的共同犯罪。

(4) 一般的共同犯罪和特殊的共同犯罪。这是以共同犯罪人之间结合的紧密程度为标准进行划分的。

一般的共同犯罪，是指各共同犯罪人之间不存在组织形式的共同犯罪。一般的共同犯罪可以是事前通谋的共同犯罪，也可以是事中通谋的共同犯罪；可以是简单的共同犯罪，也可以是复杂的共同犯罪。属于什么形式的共同犯罪，就按照该种形式的共同犯罪处理。

特殊的共同犯罪，是指各共同犯罪人之间建立起组织形式的共同犯罪，或称有组织的共同犯罪，亦即犯罪集团。刑法规定“三人以上为共同实施犯罪而组成的较为固定的犯罪组织，是犯罪集团”。构成犯罪集团必须具备如下条件：①由三人以上组成。所谓三人以上包括三人在内，这是在人数上犯罪集团成立的条件。②为共同实施犯罪而组成。犯罪集团总是以实施某一种或者几种犯罪为目的而组成的，否则便不称其为犯罪集团。③是较为固定的犯罪组织。所谓犯罪组织，是指以犯罪为目的而建立起来的较为固定的集体。犯罪集团的性质不同，组织的严密程度不大一样。按照组织严密的程度来划分，犯罪集团可分为普通犯罪集团、黑社会性质组织、黑社会组织。所谓较为固定，是指以实施多次犯罪为目的而组织起来，组织体准备长期存在，并非以实施一次具体犯罪为目的而纠集在一起，该具体犯罪实施完毕即散伙。

对犯罪集团，刑法分则有规定的，即属于必要的共同犯罪中的集团性共同犯罪，应当依照刑法分则的有关规定处理；刑法分则没有规定的，应当依照刑法总则关于共同犯罪的规定，区分首要分子、首要分子以外的主犯、从犯、胁从犯，然后分别予以相应的处罚。

七、案例分析题

1. 答案：丙、丁的行为与甲、乙二人构成共同犯罪，理由是：

(1) 丙、丁与甲、乙在事先有盗窃犯罪的通谋。甲、乙在每次盗窃前均通知丙、丁，让其准备车子拉赃物。这属于在事前有通谋的共同犯罪。

(2) 丙、丁实施了共同犯罪行为。从整体上看，丙、丁的行为与甲、乙的行为是不可分割的，只是在具体行为上，甲、乙和丙、丁之间有分工，即甲、乙盗窃，丙、丁运赃、销赃，这属于有分工的复杂共同犯罪形式。

2. 答案：本案中，王某和张某构成抢劫罪的共犯；张某和王某构成强奸罪的共犯；李某的行为不构成犯罪。

王某一开始便向男青年索要录音机，在遭到拒绝后，便当场使用暴力，一脚将男青年踢倒，并将其拖到 10 米外的石头底下，强行将录音机抢走，其行为已经符合抢劫罪的犯罪构成。张某在王某抢劫男青年录音机的时候，捂住女青年的嘴不让其喊叫，客观上是在帮助王某的抢劫行为，所以，王某和张某应共同构成抢劫罪，其中，王某是抢劫罪的主犯，张某是从犯。

王某在张某实施强奸时，站在一旁观望，在有人来时提醒张某快跑，实际上是在为张某的强奸行为望风，客观上起到了帮助作用。因此王某的行为应与张某构成共同犯罪，其中张某是强奸罪的主犯，王某是从犯。

对李某而言，其只是在王某的怂恿下向男女青年扔了一把土，之后再没有实施任何犯罪行为，并且在王某和张某实施犯罪行为时离开了犯罪现场，因此，其行为不构成犯罪。

3. 答案：本案中，张某和邹某的行为构成盗窃罪，按共同犯罪处理。邹某的放火行为构成放火罪。

在本案中，邹某起先单独一人行窃，后与张某共同合作进行盗窃，数额较大，主观上二人具有共同盗窃的故意，客观上实施了共同盗窃的行为，应构成共同盗窃罪。

邹某为了破坏犯罪现场，插上电炉，引起了火灾。但是，他的这种放火行为是在其盗窃完成以后独自实施的，张某并不知道他实施放火行为，只是在离开犯罪现场后才由邹某告知。由此可见，一方面，尽管张某对于邹某的行为可能发生火灾的危害结果持放任的态度，但是他在主观上并没有与邹某共同实施放火的犯罪故意。盗窃完成后，张某与邹某并没有形成共同故意放火的意思联络，而只是邹某一人产生了放火毁灭犯罪现场的故意。所以，从主观方面来说，张某与邹某不具有共同的犯罪故意。另一方面，放火行为是由邹某一人实施的，张某并没有实施任何放火的行为。张某对于火灾的发生原本可以采取相应的措施以防止其发生，但是他并没有这样去做，表面上看是一种不作为，但是刑法上的不作为的义务来源是要具备一定条件的，即出于法律上的特殊规定，或者是由于自己的先行行为。在本案中，张某对于防止火灾的发生既无法律上的特定义务，火灾的发生也不是自己的行为造成的，谈不上由于自己的先行行为产生防止火灾发生的义务，因此，张某没有去制止火灾发生的行为构不成刑法上的不作为。从客观方面来看，张某没有实施或者帮助实施任何放火的行为，他无须对火灾的发生负法律上的责任。综合以上分析，张某和邹某主观上没有共同的放火故意，客观上也没有共同放火的行为，因此，对于火灾的发生只能由邹某一人承担放火罪的刑事责任，张某的放任行为不构成放火罪的共犯。

4. 答案：(1) 三人的犯罪行为构成了故意伤害罪。故意伤害罪，是指故意非法损害他人身体健康的行为。甲、乙、丙三人明知自己殴打他人的行为可能造成损害他人身体健康的后果而实施殴打行为，并且已经造成了他人的重伤，因此，依据故意伤害罪的犯罪构成，三人的行为属于故意伤害罪。

(2) 甲、乙、丙三人构成了共同犯罪。共同犯罪是指两人以上共同故意犯罪。共同犯罪的要件包括：两人以上；共同的犯罪行为；共同的犯罪故意。三人共同实施了犯罪行为，导致他人重伤，而且三人的共同故意属于事中通谋的共同犯罪。事中通谋的共同犯罪是指共同犯罪人在着手实行犯罪之际或实行犯罪过程中形成共同犯罪故意的共同犯罪。三人并非着手实行犯罪以前形成共同故意，而是甲、乙看见丙和人打架后两人上去帮忙，属于在犯罪过程中形成的共同犯罪故意。

在三人的共同犯罪中，丙在故意伤害的共同犯罪中起主要作用，是主犯。甲、乙帮助丙实施了故意伤害罪，是从犯，对于从犯，应当从轻、减轻或者免除处罚。

（3）三人对少女实施强奸的行为构成了强奸罪，并且是强奸既遂。强奸罪是指以暴力、胁迫或者其他手段，违背妇女意志，强行与妇女性交的行为。首先，三人构成了强奸的共同犯罪，依据上述共同犯罪的构成要件，三人均实施了强奸的行为，并且有强奸的故意，因此，三人是强奸罪的共同犯罪。虽然甲、乙由于少女的反抗未能得逞，但是丙的强奸行为成功，在共同犯罪中，只要有一人实施了既遂行为，共同犯罪人要对犯罪结果承担刑事责任。

少女坠入河中淹死的直接诱因——精神受刺激，是由三人的强奸行为引起，根据《刑法》第236条规定的“造成其他严重后果”，是指因强奸引起被害人自杀、精神失常以及其他严重后果，因此，本案中甲、乙、丙三人的强奸罪存在从重情节。

5. 答案： 甲、乙利用职务上的便利实施了贪污行为，虽然客观上获得了26万元，构成贪污罪，但该26万元不是化工厂的财产，没有给化工厂造成实际损失；甲、乙也不可能贪污五金厂的财物，所以，对甲、乙的贪污行为只能认定为贪污未遂。甲、乙犯贪污罪后自首，可以从轻或者减轻处罚。甲揭发了乙为亲友非法牟利罪与受贿罪的犯罪事实，构成立功，可以从轻或者减轻处罚。

乙长期以明显高于市场的价格向其远房亲戚戊经营的原料公司采购商品，使化工厂损失近300万元的行为构成为亲友非法牟利罪。乙以妻子丁的名义在原料公司享有10%的股份分得红利58万元的行为，符合受贿罪的构成要件，成立受贿罪。对于为亲友非法牟利罪与受贿罪以及上述贪污罪，应当实行数罪并罚。

丙将五金厂的26万元挪用出来汇给乙的个人账户，不是为了个人使用，也不是为了牟取个人利益，不能认定为挪用资金罪。但是，丙明知甲、乙二人实施贪污行为，客观上也帮助甲、乙实施了贪污行为，所以，丙构成贪污罪的共犯（从犯）。

丁将26万元取出的行为，不构成掩饰、隐瞒犯罪所得罪，因为该26万元不是贪污犯罪所得，也不是其他犯罪所得。丁也不成立贪污罪的共犯，因为丁取出26万元时该26万元不是贪污犯罪所得。丁将其中的13万元送给甲，既不是帮助分赃，也不是行贿，因而不成立犯罪。丁对自己名义的干股知情，并领取贿赂款，构成受贿罪的共犯（从犯）。

戊作为回报让乙的妻子丁未出资却享有原料公司10%的股份，虽未进行股权转让登记，但让丁分得红利58万元的行为，是为了牟取不正当利益，构成行贿罪。

（1）本题最大的难点在于受贿罪与贪污罪的区别，以及所犯贪污罪的犯罪停止形态。按照既定的计划，甲和乙虚构需要购买零件的假象，在未收到任何货物的情况下向五金厂支付货款，之后要求五金厂的老板丙将货款支付给乙个人。其行为的实质在于三人通过欺骗手段侵占国有化工厂的国有财产，符合贪污罪的犯罪构成。判断构成贪污罪还是受贿罪的关键就在于看侵占的财产是国有资产还是私有财产。本案中约定的26万元均系国有化工厂的财产，因此甲、乙构成贪污罪共犯而非受贿罪。在实际运行过程中，丙未等到收取货款即提前将26万元打到了乙的私人账户，这笔钱款并不属于国有资产，而属于五金厂的私有财产。在甲、乙准备将国有化工厂的钱款汇给五金厂时，因有人举报而未汇出，这属于因为意志以外的原因未得逞，国有化工厂并未遭受实际上的财产损失，因此甲、乙构成贪污罪的未遂。

（2）为亲友非法牟利罪，是指国有公

司、企业、事业单位的工作人员，利用职务便利，有下列情形之一，使国家利益遭受重大损失的行为：将本单位的盈利业务交由自己的亲友进行经营的；以明显高于市场的价格向自己的亲友经营管理的单位采购商品或者以明显低于市场的价格向自己的亲友经营管理的单位销售商品的；向自己的亲友经营管理的单位采购不合格商品的。本案中，乙长期以明显高于市场的价格向其远房亲戚戊经营的原料公司采购商品，使化工厂损失近300万元，完全符合为亲友非法牟利罪的犯罪构成。

(3) 本案中还涉及利用影响力受贿罪与受贿罪的区别。利用影响力受贿罪，是指国家工作人员的近亲属或者其他与该国家工作人员关系密切的人，通过该国家工作人员职务上的行为，或者利用该国家工作人员职权或者地位形成的便利条件，通过其他国家工作人员职务上的行为，为请托人牟取不正当利益，索取请托人财物或者收受请托人财物，数额较大或者有其他较重情节的行为。本案中如果乙并不知情，则丁构成此罪。由于乙知情，丁收受贿赂的行为构成受贿罪共犯。

(4) 本案还涉及挪用资金罪和掩饰、隐瞒犯罪所得罪的犯罪构成。挪用资金罪，是指公司、企业或者其他单位的工作人员，利用职务上的便利，挪用本单位资金归个人使用或者借贷给他人，数额较大、超过3个月未还的，或者虽未超过3个月，但数额较大、进行营利活动的，或者进行非法活动的行为。构成本罪要求行为人挪用资金归个人使用或借贷给他人。本案中丙挪用资金是为了公司利益，因此不构成本罪。掩饰、隐瞒犯罪所得罪，是指明知是犯罪所得及其产生的收益而予以窝藏、转移、收购、代为销售或者以其他方法掩饰、隐瞒的行为。丁并不知道所取钱款系犯罪所得，因此不构成本罪。

第十二章　罪数形态

基础知识图解

- 罪数形态
  - 罪数的区分
    - 区分罪数的意义
    - 区分罪数的标准
  - 一罪
    - 实质的一罪
      - 继续犯
      - 想象竞合犯
      - 结果加重犯
    - 法定的一罪
      - 结合犯
      - 惯犯
    - 处断的一罪
      - 连续犯
      - 吸收犯
      - 牵连犯
  - 数罪
    - 同种数罪和异种数罪
    - 并罚的数罪和非并罚的数罪

配套测试

一、单项选择题

1. 关于罪数的判断，下列哪一选项是正确的？（　　）（司考2017. 卷二.8）

A. 甲为冒充国家机关工作人员招摇撞骗而盗窃国家机关证件，并持该证件招摇撞骗。甲成立盗窃国家机关证件罪和招摇撞骗罪，数罪并罚

B. 乙在道路上醉酒驾驶机动车，行驶20千米后，不慎撞死路人张某。因已发生实害结果，乙不构成危险驾驶罪，仅构成交通肇事罪

C. 丙以欺诈手段骗取李某的名画。李某发觉受骗后，要求丙返还，丙施以暴力迫使李某放弃。丙构成诈骗罪与抢劫罪，数罪并罚

D. 已婚的丁明知杨某是现役军人的配偶，却仍然与之结婚。丁构成重婚罪与破坏军婚罪的想象竞合犯

2. 甲出于盗窃枪支的故意，窃得警察的手枪一支，随后藏于家中。甲的行为属于（　　）。

A. 结果加重犯　　B. 结合犯
C. 吸收犯　　D. 想象竞合犯

3. 甲某劫持客机，打死一名机组人员并重伤一人的，应（　　）。

A. 按牵连犯处断
B. 进行数罪并罚
C. 将故意杀人、致人重伤作为劫持航空器罪的加重情节
D. 按想象竞合犯处断

4. 甲为杀死乙，放火把乙家的房屋点着，造成乙一家三口死亡，房屋烧毁，甲的行为属于（　　）。

A. 想象竞合犯　　B. 实质数罪
C. 牵连犯　　D. 吸收犯

5. 甲为擅自设立金融机构而伪造公文、印章，甲的行为属于（　　）。

A. 想象竞合犯　　B. 数罪
C. 牵连犯　　D. 吸收犯

6. 甲偷割通信电缆卖给废品收购站，得赃款

1500元，造成通信线路中断6小时。甲的行为属于（　　）。（司考2010. 卷二. 14）

A. 牵连犯　　B. 连续犯

C. 结合犯　　D. 想象竞合犯

7. 某甲向某乙讨债不成，遂将某乙劫持并关押数月余，某甲的行为是（　　）。

A. 继续犯　　B. 连续犯

C. 牵连犯　　D. 状态犯

8. 想象竞合犯之所以被认为是实质的一罪，是因为想象竞合犯（　　）。

A. 只触犯一个罪名

B. 只有一个危害结果

C. 只侵犯一个客体

D. 只有一个犯罪行为

9. 甲驾驶摩托车至某广场，乘途经该广场的乙不备，猛拽其携带的手提包，乙紧紧抓住手提包不放，甲即猛踩油门，将乙拖行数米并甩开，夺其手提包后扬长而去。经查，手提包共有钱物价值人民币5000元，乙亦因被甲强拉硬拽而致手腕脱臼。对甲的行为应以何罪处罚？（　　）（2008. 四川. 卷二. 17）

A. 抢夺罪

B. 抢劫罪

C. 抢夺罪与抢劫罪实行并罚

D. 抢夺罪与抢劫罪的牵连犯从一重罪处断

10. 无业人员甲通过伪造国家机关公文，骗取某县工商局副局长的职位。在该局股级干部竞争上岗时，甲向干部乙声称：“如果不给我2万元，你这次绝对没有机会。”乙为获得岗位，只好送给甲2万元。关于对甲的行为处理意见，下列哪一选项是正确的？（　　）（司考2007. 卷二. 19）

A. 甲触犯的伪造国家机关公文罪与招摇撞骗罪之间具有牵连关系，应从一重罪论处

B. 对甲的行为以伪造国家机关公文罪与敲诈勒索罪实行并罚

C. 对甲的行为以伪造国家机关公文罪与受贿罪实行并罚

D. 甲触犯的伪造国家机关公文罪与受贿罪之间具有牵连关系，应从一重罪论处

11. 关于罪数的说法，下列哪一选项是错误的？（　　）（司考2008. 卷二. 8）

A. 甲在车站行窃时盗得一提包，回家一看才发现提包内仅有一支手枪。因为担心被人发现，甲便将手枪藏在浴缸下。甲非法持有枪支的行为，不属于不可罚的事后行为

B. 乙抢夺他人手机，并将该手机变卖，乙的行为构成抢夺罪和掩饰、隐瞒犯罪所得罪，应当数罪并罚

C. 丙非法行医3年多，导致1人死亡、1人身体残疾。丙的行为既是职业犯，也是结果加重犯

D. 丁在绑架过程中，因被害人反抗而将其杀死，对丁不应当以绑架罪和故意杀人罪实行并罚

12. 甲欠乙10万元久拖不还，乙向法院起诉并胜诉后，甲在履行期限内仍不归还。于是，乙向法院申请强制执行。当法院的执行人员持强制执行裁定书到甲家执行时，甲率领家人手持棍棒在门口守候，并将试图进入室内的执行人员打成重伤。甲的行为构成何罪？（　　）（司考2008. 卷二. 17）

A. 拒不执行判决、裁定罪

B. 聚众扰乱社会秩序罪

C. 妨害公务罪

D. 故意伤害罪

13. 赵某多次临摹某著名国画大师的一幅名画，然后署上该国画大师姓名并加盖伪造印鉴，谎称真迹售得收入6万元。对赵某的行为如何定罪处罚？（　　）（司考2009. 卷二. 14）

A. 按诈骗罪和侵犯著作权罪，数罪并罚

B. 按侵犯著作权罪处罚

C. 按生产、销售伪劣产品罪处罚

D. 按非法经营罪处罚

14. 甲长期以赌博所得为主要生活来源。某

日，甲在抢劫赌徒乙的赌资得逞后，为防止乙日后报案，将其杀死。对甲的处理，下列哪一选项是正确的？（ ）（司考2009. 卷二 . 16）

A. 应以故意杀人罪、抢劫罪并罚

B. 应以抢劫罪从重处罚

C. 应以赌博罪、抢劫罪并罚

D. 应以赌博罪、抢劫罪、故意杀人罪并罚

15. 甲对乙使用暴力，欲将其打残。乙慌忙掏出手机准备报警，甲一把夺过手机装进裤袋并将乙打成重伤。甲在离开现场5千米后，把乙价值7000元的手机扔进水沟。甲的行为构成何罪？（ ）（司考2009. 卷二 . 17）

A. 故意伤害罪、盗窃罪

B. 故意伤害罪、抢劫罪

C. 故意伤害罪、抢夺罪

D. 故意伤害罪、故意毁坏财物罪

16. 甲因走私武器被判处15年有期徒刑，剥夺政治权利5年；因组织他人偷越国境被判处14年有期徒刑，并处没收财产5万元，剥夺政治权利3年；因骗取出口退税被判处10年有期徒刑，并处罚金20万元。关于数罪并罚，下列哪一选项符合《刑法》规定？（ ）（司考2012. 卷二 . 12）

A. 决定判处甲有期徒刑35年，没收财产25万元，剥夺政治权利8年

B. 决定判处甲有期徒刑20年，罚金25万元，剥夺政治权利8年

C. 决定判处甲有期徒刑25年，没收财产5万元，罚金20万元，剥夺政治权利6年

D. 决定判处甲有期徒刑23年，没收财产5万元，罚金20万元，剥夺政治权利8年

17. 关于罪数判断，下列哪一选项是正确的？（ ）（司考2013. 卷二 . 10）

A. 冒充警察招摇撞骗，骗取他人财物的，适用特别法条以招摇撞骗罪论处

B. 冒充警察实施抢劫，同时构成抢劫罪与招摇撞骗罪，属于想象竞合犯，从一重罪论处

C. 冒充军人进行诈骗，同时构成诈骗罪与冒充军人招摇撞骗罪的，从一重罪论处

D. 冒充军人劫持航空器的，成立冒充军人招摇撞骗罪与劫持航空器罪，实行数罪并罚

二、多项选择题

1. 关于数罪并罚，下列哪些选项是正确的？（ ）（司考2017. 卷二 . 55）

A. 甲犯某罪被判处有期徒刑2年，犯另一罪被判处拘役6个月。对甲只需执行有期徒刑

B. 乙犯某罪被判处有期徒刑2年，犯另一罪被判处管制1年。对乙应在有期徒刑执行完毕后，继续执行管制

C. 丙犯某罪被判处有期徒刑6年，执行4年后发现应被判处拘役的漏罪。数罪并罚后，对丙只需再执行尚未执行的2年有期徒刑

D. 丁犯某罪被判处有期徒刑6年，执行4年后被假释，在假释考验期内犯应被判处1年管制的新罪。对丁再执行2年有期徒刑后，执行1年管制

2. 关于牵连犯，下列哪些说法是正确的？（ ）

A. 刑法理论一般认为对牵连犯一般不实行数罪并罚，而是择一重罪处罚或者择一重罪从重处罚

B. 对于牵连犯都是择一重罪处罚

C. 刑法分则也有规定对牵连犯不实行择一重罪处罚或者择一重罪从重处罚，而是数罪并罚的

D. 分则条文也有对牵连犯规定了独立的法定刑的

3. 关于吸收犯，下列哪些说法是正确的（ ）

A. 吸收犯的数行为必须存在吸收关系，即前行为是后行为所经的发展阶段，后行为是前行为的当然结果

B. 吸收犯必须是数个独立的行为符合数

个犯罪构成的行为

C. 入室抢劫罪的非法侵入住宅与抢劫行为存在吸收关系

D. 使用破坏的手段盗窃数额较大财物，又毁坏大量财物的，属于吸收犯

4. 甲某将某单位向其支付采购设备开具的一张限额20000元的转账支票，篡改为40000元，并填写相应的大小写金额和收款单位后，提现20000元据为已有。(　　)

A. 甲某构成变造金融票证罪和诈骗罪，属于牵连犯

B. 甲某构成变造金融票证罪和金融凭证诈骗罪，属于牵连犯

C. 甲某构成变造金融票证罪和票据诈骗罪，属于牵连犯

D. 对甲某择一重罪处罚，不需数罪并罚

5. 在刑法理论上，所列选项中哪些行为属于牵连犯，但根据刑法的规定应按数罪并罚处理？(　　)

A. 挪用公款进行非法活动构成其他犯罪的

B. 因受贿而徇私枉法的

C. 以暴力威胁方法抗拒缉私的

D. 为骗取保险金而故意杀害被保险人的

6. 下列哪些犯罪是继续犯？(　　)

A. 非法持有、私藏枪支弹药罪

B. 受贿罪

C. 遗弃罪

D. 拒不执行判决、裁定罪

7. 甲窃得一皮包，内有乙500元，一部手机、五四手枪一支、子弹20余发，甲将手枪藏于家中。一年以后，甲取出手枪，蒙面持枪闯入一居民家中，朝墙上射击数枪，抢得10000元。甲的行为（　　）。

A. 构成盗窃罪，非法持有枪支、弹药罪和抢劫罪

B. 构成抢劫罪和盗窃枪支、弹药罪

C. 构成盗窃罪，盗窃枪支、弹药罪，非法持有枪支、弹药罪和抢劫罪

D. 应当数罪并罚

8. 施某欠下徐某赌债10万元，徐某多次讨要，均被施某以手头没钱为由拒绝。于是徐某以看电影为由将施某在上幼儿园的6岁的独生子小刘骗至家中，以此要挟施某偿还赌债。不料施某对此既不报案也不还钱，摆出无赖嘴脸，说自己正愁没钱养孩子，徐某把他卖了最好。徐某一怒之下将孩子带到外地以1万元的价格卖掉。对徐某的行为理解正确的是：(　　)。

A. 已构成绑架罪

B. 已构成敲诈勒索罪

C. 已构成非法拘禁罪

D. 已构成拐卖儿童罪

9. 某公司部门经理刘大南在一次公司内部人事变动中，被撤销部门经理职务，对本单位的董事长和监事会主席一直怀恨在心。一次，利用喝酒的机会将在公安局工作的朋友的枪偷走。一天在董事长办公室与董事长发生争执，其拔枪对董事长连射两枪，致使董事长当场死亡。后又赶到监事会主席办公室，被闻讯赶来的同事拦住，刘大南又对两个同事连开数枪，造成两名同事死亡，则刘大南的行为应按（　　）处理。

A. 继续犯　　B. 连续犯

C. 牵连犯　　D. 数罪并罚

10. 下列哪些情形应当实行数罪并罚？(　　)

A. 伪造货币又出售、运输伪造的货币的

B. 为走私而骗购外汇的，为骗购外汇而伪造有关公文的

C. 出售、运输假币构成犯罪，同时又使用假币数额较大的

D. 甲、乙等人为了冒充警察打劫银行，盗窃一辆警车在打劫中使用的

11. 关于罪数的认定，下列哪些选项是正确的？(　　)（司考2007. 卷二.57）

A. 甲使用暴力强迫赵某与自己进行商品交易，造成赵某重伤。对甲的行为应以故意伤害罪与强迫交易罪实行并罚

B. 乙借用李某的摩托车后藏匿不想归还。李某要求乙归还时，乙谎称摩托车被盗。乙欺骗李某的行为不单独构成诈骗罪

C. 丙为杀人而盗窃枪支，未及实施杀人行为而被抓获，丙的行为构成故意杀人（预备）罪与盗窃枪支罪的想象竞合犯

D. 丁盗窃信用卡并使用的行为，属于盗窃罪与信用卡诈骗罪的吸收犯

12. 关于罪数的认定，下列哪些选项是错误的？（　　）（司考 2011. 卷二 .56）

A. 引诱幼女卖淫后，又容留该幼女卖淫的，应认定为引诱、容留卖淫罪

B. 既然对绑架他人后故意杀害他人的不实行数罪并罚，那么对绑架他人后伤害他人的就更不能实行数罪并罚

C. 发现盗得的汽车质量有问题而将汽车推下山崖的，成立盗窃罪与故意毁坏财物罪，应当实行并罚

D. 明知在押犯脱逃后去杀害证人而私放，该犯果真将证人杀害的，成立私放在押人员罪与故意杀人罪，应当实行并罚

13. 关于想象竞合犯的认定，下列哪些选项是错误的？（　　）（司考 2013. 卷二 .56）

A. 甲向乙购买危险物质，商定以 4000 元成交。甲先后将 2000 元现金和 4 克海洛因（折抵现金 2000 元）交乙后收货。甲的行为成立非法买卖危险物质罪与贩卖毒品罪的想象竞合犯，应从一重罪论处

B. 甲女、乙男分手后，甲向乙索要青春补偿费未果，将其骗至别墅，让人看住乙。甲给乙母打电话，声称如不给 30 万元就准备收尸。甲成立非法拘禁罪和绑架罪的想象竞合犯，应以绑架罪论处

C. 甲为劫财在乙的茶水中投放 2 小时后起作用的麻醉药，随后离开乙家。2 小时后甲回来，见乙不在（乙喝下该茶水后因事外出），便取走乙 2 万元现金。甲的行为成立抢劫罪与盗窃罪的想象竞合犯

D. 国家工作人员甲收受境外组织的 3 万美元后，将国家秘密非法提供给该组织。甲的行为成立受贿罪与为境外非法提供国家秘密罪的想象竞合犯

三、名词解释

1. 同种数罪
2. 异种数罪
3. 法规竞合
4. 抽象危险犯（中国人民大学 2007 年研究生入学试题）
5. 结果加重犯（厦门大学 2013 年考研真题）
6. 集合犯

四、简答题

1. 如何理解继续犯？
2. 简述想象竞合与法条竞合的区别。
3. 试述我国的数罪并罚原则及其适用。（山东大学 2012 年研）
4. 简述连续犯的概念及构成条件。（中国人民大学 2005 年研）
5. 简述我国刑法对牵连犯的处断规定。（武汉大学 2005 年研）
6. 简述集合犯的概念和构成条件。（山东大学 2010 年研；中央党校 2007 年研）
相关试题： 简述集合犯的成立要件及类型。（辽宁大学 2020 年研）
7. 结果加重犯的成立条件是什么？

五、论述题

论转化犯。（中山大学 2006 年研究生入学试题）

六、案例分析题

甲素知乙家有钱，且每天白天只有一老妇看家，遂起抢劫意念。为使抢劫顺利，甲先盗窃军用手枪一支，子弹十发。一切准备就绪后，将枪弹藏于身上，来到乙家。时逢老妇偶然外出，甲撬门入室，发现室内无人，于是窃得现金及其他财物总价值 1 万余元。正准备逃离时，老妇回来。甲遂开枪致老妇重伤后，逃离现场。

（1）甲的行为属于罪数形态中何种犯罪

形态？

（2）该犯罪形态的处断原则是什么？

参考答案

一、单项选择题

1. **答案**：A。甲盗窃国家机关证件的行为构成盗窃国家机关证件罪，甲冒充国家机关工作人员实施招摇撞骗的行为构成招摇撞骗罪，行为人先后实施两个行为分别触犯两个罪名，应对两罪名数罪并罚。选项A正确。乙在道路上醉酒驾驶机动车行驶20千米的行为构成危险驾驶罪，而将张某撞死的行为构成了交通肇事罪。《刑法》第133条之一第3款规定："有前两款行为，同时构成其他犯罪的，依照处罚较重的规定定罪处罚。"由于交通肇事罪处罚较重，故对乙应按照交通肇事罪论处。选项B错误。《刑法》第269条规定，犯盗窃、诈骗、抢夺罪，为窝藏赃物、抗拒抓捕或者毁灭罪证而当场使用暴力或者以暴力相威胁的，依照抢劫罪的规定定罪处罚。丙以欺骗的手段骗取李某的名画被发现以后，为窝藏赃物向李某施以暴力的行为构成诈骗罪行为的转化犯，构成抢劫罪。选项C错误。《刑法》第259条第1款规定："明知是现役军人的配偶而与之同居或者结婚的，处三年以下有期徒刑或者拘役。"丁的行为直接构成破坏军婚罪。选项D错误。
2. **答案**：C。吸收犯是数个独立的犯罪行为之间存在吸收关系，即前行为是后行为发展的必经阶段，后行为是前行为发展的当然结果，仅成立吸收行为一罪的情况。甲非法持有枪支的行为是盗窃枪支的必然结果。
3. **答案**：C。根据《刑法》第121条规定，以暴力、胁迫或者其他方法劫持航空器的，处10年以上有期徒刑或者无期徒刑；致人重伤、死亡或者使航空器遭受严重破坏的，处死刑。甲劫持航空器致人死亡、重伤属于结果加重犯。
4. **答案**：A。想象竞合犯，是指一行为触犯了数个罪名的犯罪，即以一个故意或过失，实施了一个行为，侵害了数个刑法所保护的客体，数次符合犯罪构成要件的情况。

   牵连犯，是指出于一个犯罪目的，实施数个犯罪行为，数行为之间存在手段与目的或者原因与结果的牵连关系，分别触犯数个罪名的犯罪。

   吸收犯，是指行为人的某个犯罪行为，是其他犯罪行为必经的过程或者当然的结果，被其他犯罪行为吸收，不独立成罪的情况。

   结合犯，是指把本来为数罪，而由法律明文规定为一罪的情况。

   本题中甲以一个犯罪故意，实施一个犯罪行为而触犯了数个罪名属于想象竞合犯。
5. **答案**：C。牵连犯，是指出于一个犯罪目的，实施数个犯罪行为，数行为之间存在手段与目的或者原因与结果的牵连关系，分别触犯数个罪名的犯罪。牵连犯一般是择一重罪处罚，刑法分则另有规定的除外。本题中甲为了设立金融机构而伪造公文、印章属于牵连犯，不实行数罪并罚。
6. **答案**：D。想象竞合犯，是指行为人实施一个犯罪行为同时触犯数个罪名的犯罪形态。想象竞合犯的法律特征：只有一个犯罪行为，同时触犯数个罪名。甲只有"偷割通信电缆卖给废品收购站，得赃款1500元"的一个行为，该行为构成盗窃罪。同时其偷割电缆的行为导致通信线路中断6小时，构成破坏电力设备罪，属于想象竞合犯。故本题正确答案为D。
7. **答案**：A。继续犯也称为持续犯，是指行为人出于同一罪过针对同一犯罪构成内的法益，从着手实行犯罪到犯罪终了的一段时间内，犯罪行为一直处于持续状态的犯罪形态。继续犯的典型犯罪包括：（1）侵犯人身自由的犯，如非法拘禁罪，绑架罪，拐卖妇女、儿童罪，重婚罪等。（2）持有型犯，如非法持有毒品罪，非法持有枪支、弹药、爆炸物质罪，非法持有假币罪，窝藏罪，窝藏毒品、毒赃罪等。（3）不作为的犯，如遗弃罪，拒不执行判决、裁定罪，战时拒绝、逃避服役罪等。《刑法》第238条规定：非法拘禁他人或者以其他方法非法剥夺他人人身自由的，处3年以下有期徒刑、拘役、管制或者剥夺政治权利。具有殴打、侮辱情节的，从重处罚。犯前款罪，致人重伤的，处3年以上10年以下有期徒刑；致人死亡的，处10年以上有期徒刑。使用暴力致人伤残、死亡的，依照本法第234条、第232条的规定定罪处罚。为索取债务非法扣押、拘禁他人的，依照前两款的规定处罚……由此可见，甲的行为构成非法拘禁罪，属于典型的继续犯，A选项符合题意。连续犯，是指行为人基于同一的或者概括的犯罪故意，连续实施数个独立的性质相同的行为，触犯同一罪名的犯罪形态，B选项不符合题意。牵连犯，是指以某种犯罪为目的实施的实行行为，与其手段行为或者结果行为分别触犯不同罪名的犯罪形态，C选项不符合题意。状态犯，是指犯罪达到既遂以后，其行为所造成的不法状态仍然处于持续之中的犯罪形态，D选项不符合题意。综上，本题正确答案为A。

8. 答案：D。想象竞合犯，是指行为人实施一个犯罪行为，同时触犯数个罪名的犯罪形态。由于想象竞合犯仅仅实施一个犯罪行为，只能一次满足某一个法定犯罪构成，而不能满足多个犯罪构成，因而只能成立一罪，属于实质的一罪，D选项符合题意。故本题正确答案为D。

9. 答案：B。《最高人民法院印发〈关于审理抢劫、抢夺刑事案件适用法律若干问题的意见〉的通知》第11条规定，对于驾驶机动车、非机动车（以下简称“驾驶车辆”）夺取他人财物的，一般以抢夺罪从重处罚。但具有下列情形之一的，应当以抢劫罪定罪处罚：

（1）驾驶车辆，逼挤、撞击或强行逼倒他人以排除他人反抗，乘机夺取财物的；

（2）驾驶车辆强抢财物时，因被害人不放手而采取强拉硬拽方法劫取财物的；

（3）行为人明知其驾驶车辆强行夺取他人财物的手段会造成他人伤亡的后果，仍然强行夺取并放任造成财物持有人轻伤以上后果的。故本题的正确答案是B。

10. 答案：C。根据《刑法》第280条①的规定，伪造国家机关公文的，构成伪造国家机关公文罪。甲通过伪造国家机关公文的犯罪手段，骗取了某县工商局副局长的职位，其行为已经构成了伪造国家机关公文罪。关于A选项，牵连犯是指以实施某一犯罪为目的，其犯罪的方法或者结果行为又触犯其他罪名的犯罪形态，核心在于数行为之间具有牵连关系。根据《刑法》第279条的规定，冒充国家机关工作人员招摇撞骗的，构成招摇撞骗罪。本题中，甲只是利用欺骗的方法获得了工商局副局长的职位，并未冒充国家机关工作人员的身份进行招摇撞骗，甲不构成招摇撞骗罪。所以，甲不是为了实施招摇撞骗而伪造国家机关公文，这两者之间不是牵连关系，故A选项错误。同样，甲也不是为了索贿才伪造国家机关公文，这两者之间也不是牵连关系，故D选项错误。

B选项和C选项的区别，是本题的难点所在，甲的工商局副局长职位虽然是通过伪造国家机关公文骗取到的，但甲在索取他人财物时是以国家机关工作人员的身份，且利用了职务上的便利，并为他人谋取了利益，这些均符合受贿罪的犯罪构成。敲诈勒索罪的基本特征是行为人以非法占有为目的对他人实施威胁，致使对方产生了恐惧心理，对方基于恐惧心理而处分了财产。本题中甲不构成敲诈勒索罪，故B选项错误。因此对甲的行为应当以伪造国家机关公文罪与受贿罪实行数罪并罚，选项C正确。

11. 答案：B。依照刑法通说，盗窃枪支罪的成立要求是行为人明知或可能是枪支而故意

① 《刑法》第280条规定，伪造、变造、买卖或者盗窃、抢夺、毁灭国家机关的公文、证件、印章的，处三年以下有期徒刑、拘役、管制或者剥夺政治权利，并处罚金；情节严重的，处三年以上十年以下有期徒刑，并处罚金。伪造公司、企业、事业单位、人民团体的印章的，处三年以下有期徒刑、拘役、管制或者剥夺政治权利，并处罚金。伪造、变造、买卖居民身份证、护照、社会保障卡、驾驶证等依法可以用于证明身份的证件的，处三年以下有期徒刑、拘役、管制或者剥夺政治权利，并处罚金；情节严重的，处三年以上七年以下有期徒刑，并处罚金。

盗窃，对于行为人为了窃取一般财物而实际上窃取了枪支的案件，依照主客观相统一的原则，只能认定为盗窃罪；如果盗窃后非法持有、私藏的，则另构成非法持有、私藏枪支罪，而不属于不可罚的事后行为。故A选项正确。吸收犯是指事实上存在数个不同的行为，其中一行为吸收其他行为，从而仅成立吸收行为一个罪名的犯罪。吸收犯具有以下特征：(1) 具有数个独立的符合犯罪构成的犯罪行为。(2) 数个行为必须触犯不同罪名。(3) 数行为之间具有吸收关系，即前行为是后行为发展的必经阶段，后行为是前行为发展的当然结果。乙抢夺手机后变卖，其抢夺行为和变卖行为分别触犯抢夺罪和掩饰、隐瞒犯罪所得罪，但由于后行为是前行为发展的当然结果，因此成立吸收犯，只应定抢夺罪一罪。故B选项错误。《刑法》第336条第1款规定："未取得医生执业资格的人非法行医，情节严重的，处三年以下有期徒刑、拘役或者管制，并处或者单处罚金；严重损害就诊人身体健康的，处三年以上十年以下有期徒刑，并处罚金；造成就诊人死亡的，处十年以上有期徒刑，并处罚金。"由此可见，非法行医致人死亡的行为构成了非法行医罪的结果加重犯。另外，职业犯是指犯罪构成预定将一定的犯罪作为职业或业务反复实施的犯罪。非法行医罪的成立要求未取得医生执业资格的人将行医作为一种业务而反复从事行医活动，属于典型的职业犯。C选项正确。根据《刑法》第239条第2款①规定，以勒索财物为目的绑架他人，或者绑架他人作为人质，致使被绑架人死亡或者杀害被绑架人的，处死刑，并处没收财产。因此，丁在绑架过程中，因被害人反抗而将其杀死，仍构成绑架罪一罪，而不应数罪并罚。D选项正确。

12. 答案：A。拒不执行判决、裁定罪与妨害公务罪的关系如下：从广义上说，拒不执行判决、裁定的行为也属于妨害国家工作人员依法执行职务的范畴。但是，刑法基于其侵犯客体的特殊性，将其单独罪名化，并在罪状中设置不同的具体构成要件。从行为手段来看，前者并无特别限制，而后者仅限于暴力、威胁方法；从犯罪主体看，前者属于特殊主体，仅限于被人民法院判决、裁定确定负有执行义务或者协助执行义务的人，后者则属于一般主体。对于行为人以暴力、威胁方法阻碍法院执行人员执行判决、裁定的情形，应按照法条竞合的处理原则——特别法优于普通法来处理，以拒不执行判决、裁定罪处罚。依照《刑法》第290条第1款②的规定，聚众扰乱社会秩序罪是指聚众扰乱社会秩序，情节严重，致使工作、生产、营业和教学、科研无法进行，造成严重损失的行为。在本案中，甲的行为并未致使工作、生产、营业和教学、科研无法进行，故不构成本罪。因此A选项正确。

13. 答案：B。本案中赵某以临摹作品冒充真迹售得收入达6万元，由此可见已经构成《刑法》第217条规定的侵犯著作权罪。赵某的行为也已经满足了诈骗罪的犯罪构成。但是，侵犯著作权罪与诈骗罪的犯罪构成之间存在法条竞合关系，应当适用特别法优于一般法的处断原则，即按照更为特殊、更为具体的侵犯著作权罪定罪量刑。故答案为B。

14. 答案：D。赌博罪，是指以营利为目的，聚众赌博或者以赌博为业的行为。甲长期以赌博所得为主要生活来源，由此可认定其"以赌博为业"，故构成本罪。根据《最高人民法院关于抢劫过程中故意杀人案件如何定罪问题的批复》，行为人既实施抢劫

---

① 《刑法》第239条第2款规定，犯前款罪，杀害被绑架人的，或者故意伤害被绑架人，致人重伤、死亡的，处无期徒刑或者死刑，并处没收财产。

② 《刑法》第290条第1款规定，聚众扰乱社会秩序，情节严重，致使工作、生产、营业和教学、科研、医疗无法进行，造成严重损失的，对首要分子，处三年以上七年以下有期徒刑；对其他积极参加的，处三年以下有期徒刑、拘役、管制或者剥夺政治权利。

行为又实施故意杀人行为的情形下，应当区分不同情形进行处断：行为人为劫取财物而预谋故意杀人，或者在劫取财物过程中，为制服被害人反抗而故意杀人的，以抢劫罪定罪处罚。行为人实施抢劫后，为灭口而故意杀人的，以抢劫罪和故意杀人罪定罪，实行数罪并罚。本案中甲抢劫赌资以后，因担心乙日后报案而将其杀死，属于“为灭口而故意杀人”，应以抢劫罪与故意杀人罪数罪并罚。又因甲触犯赌博罪的相关规定，故应以三罪数罪并罚。故答案为D。

15. 答案：D。甲对乙实施暴力并最终致其重伤，该行为已经构成故意伤害罪的犯罪既遂。抢劫罪是指以非法占有为目的，以暴力、胁迫或者其他方法使他人不能抗拒，强行将公私财物抢走的行为。抢劫罪的成立要求行为人为了非法占有他人的财物而当场使用暴力、胁迫或其他方法。在本案中，虽然甲从头至尾一直对乙实施暴力，但从全案看甲实施暴力却并非为取得财物，其夺过乙的手机也并非为了据为己有。因此甲的行为并不构成抢劫罪。另外，抢夺罪是指以非法占有为目的，公开夺取数额较大的公私财物的行为。由此可见抢夺罪的成立同样要求以非法占有为目的，因此本案中甲的行为也不构成抢夺罪。故意毁坏财物罪，是指故意毁灭或者损坏公私财物，数额较大或者情节严重的行为。本案中甲先将手机从乙的手中夺下，又在随后将其扔进水沟，其主观上有毁坏财物的故意，客观上有毁坏财物的行为，故构成本罪。故答案为D。

16. 答案：D。本题涉及有期徒刑、罚金、没收财产、剥夺政治权利的数罪并罚。依据《刑法》第69条的规定，分别处理如下：

（1）有期徒刑的数罪并罚：采取限制加重原则，将数罪分别定罪量刑，以数罪中的最高刑罚为基础，在数刑的合并刑期以下，依法酌情决定执行的刑罚。有期徒刑总和刑期不满35年的，最高不能超过20年，总和刑期在35年以上的，最高不能超过25年。题目中的有期徒刑为15年、14年和10年，应该在15年以上25年以下量刑。A选项认为应该是35年有期徒刑的说法是错误的，应予排除。

（2）罚金、没收财产、剥夺政治权利之间的并罚：主刑与附加刑之间、同种类的附加刑之间，是并科原则。不同种类的附加刑应分别执行。因此罚金和没收财产刑之间不得吸收，而要分别执行。所以，在判决书中，必须体现罚金、没收财产、剥夺政治权利的内容。B选项将罚金20万元与没收财产刑5万元合并为罚金25万元是违反法律规定的，应予排除。

（3）剥夺政治权利的数罪并罚：根据《刑法》第69条的规定，附加刑种类相同的，合并执行。因此对甲的剥夺政治权利5年和3年应该“合并执行”，即并科为8年。C选项说法为剥夺政治权利6年，为错误选项，应被排除。

需要注意，在《最高人民法院关于在执行附加刑剥夺政治权利期间犯新罪应如何处理的批复》中，明确在执行过程中又犯新罪，新旧两罪都有附加剥夺政治权利的，应该根据《刑法》第55、57条的规定并罚。即一般情况下最终的剥夺政治权利合并后也不得超过5年，死刑或者无期徒刑减为有期徒刑后，剥夺政治权利在3年以上10年以下。很显然，《刑法修正案（八）》使得该批复的部分内容失效。

故本题，正确选项为D，即有期徒刑合并执行23年，附加没收财产5万元，罚金20万元，剥夺政治权利8年。

17. 答案：C。招摇撞骗罪、冒充军人招摇撞骗罪与诈骗罪在侵害的客体、行为手段、主观目的、构成犯罪有无数额限制等方面有所不同，但在行为人冒充国家机关工作人员或军人去骗取财物的情况下，一个行为就同时触犯了两个罪名，属于想象竞合犯，按照《刑法》处罚原则应从一重罪处断。结合前述3个罪名的法定刑及本案的实际情况，在骗取财物数额未达到巨大的情况下，招摇撞骗罪、冒充军人招摇撞骗罪重于诈骗罪；在骗取财物数额达到巨大的情况下，诈骗罪重于招摇撞骗罪、冒充军人招摇撞骗罪。因此，A选项的说法是错误的，C选项的说法是正确的。冒充警察实施抢劫，同时构成抢劫罪与招摇撞骗罪，属于牵连犯，而不是想象竞合犯，从一重罪论处。因此，B选项的说法是错误的。冒充军人劫持航空器的，同时成立冒充军人招摇撞骗罪与劫持航空器罪，属于牵连犯，应当从一重罪论处，而不是数罪并罚。因此，D选项的说法是错误的。综上，C当选。

二、多项选择题

1. **答案**：ABCD。《刑法》第69条第2款规定："数罪中有判处有期徒刑和拘役的，执行有期徒刑。数罪中有判处有期徒刑和管制，或者拘役和管制的，有期徒刑、拘役执行完毕后，管制仍须执行。"选项AB正确。《刑法》第70条规定："判决宣告以后，刑罚执行完毕以前，发现被判刑的犯罪分子在判决宣告以前还有其他罪没有判决的，应当对新发现的罪作出判决，把前后两个判决所判处的刑罚，依照本法第六十九条的规定，决定执行的刑罚。已经执行的刑期，应当计算在新判决决定的刑期以内。"选项C正确。《刑法》第86条第1款规定："被假释的犯罪分子，在假释考验期限内犯新罪，应当撤销假释，依照本法第七十一条的规定实行数罪并罚。"第71条规定："判决宣告以后，刑罚执行完毕以前，被判刑的犯罪分子又犯罪的，应当对新犯的罪作出判决，把前罪没有执行的刑罚和后罪所判处的刑罚，依照本法第六十九条的规定，决定执行的刑罚。"选项D正确。
2. **答案**：ACD。牵连犯是指犯罪的手段行为或者结果行为，与目的行为或者原因行为分别触犯不同罪名的情况。对牵连犯一般择一重罪处罚，但分则有特殊规定的除外。
3. **答案**：ABC。吸收犯是数个独立的犯罪行为之间存在吸收关系，仅成立吸收行为一罪的情况。D选项毁坏财物是盗窃罪的牵连犯。
4. **答案**：CD。转账支票属于金融票据，篡改转账支票的数额，属于票据诈骗行为，构成票据诈骗罪。诈骗罪与票据诈骗罪存在法条竞合，适用特殊法条的规定，即以票据诈骗罪论处。甲伪造金融票据的行为是其诈骗行为的手段，属于牵连犯，应择一重罪处罚。
5. **答案**：ACD。牵连犯一般按照择一重罪处罚，但刑法分则也有规定实行数罪并罚的。参见《刑法》第157、198、399条，《最高人民法院关于审理挪用公款案件具体应用法律若干问题的解释》第7条。
6. **答案**：ACD。继续犯是指行为从着手到由于某种原因终止之前，一直处于持续状态的犯罪。继续犯常见的有三类：一是非法拘禁等侵犯自由犯罪。二是拒不执行判决罪等不作为的犯罪。三是非法持有枪支弹药罪等持有型的犯罪。
7. **答案**：AD。甲盗窃皮包不知道有手枪，没有盗窃枪支的故意。甲将手枪藏于家中构成非法持有枪支、弹药罪。持有枪支行为发生在一年以前，明显独立于抢劫行为，故需要数罪并罚。
8. **答案**：CD。要正确解答本题，必须对如何计算刑法中的一罪与数罪有正确的认识。前后相继的犯罪，凡是另起犯意的，除非刑法特别规定后罪应被前罪包容、吸收，否则一般都定两个罪。在本案中，徐某为了索要赌债，将小刘骗至家中，其行为已经构成了非法拘禁罪。后来因为施某仍然不肯偿还赌债，徐某一怒之下将小刘卖掉，这时徐某产生的是一个新的犯罪念头。因此应当数罪并罚。《刑法》第238条规定，非法拘禁他人或者以其他方法非法剥夺他人人身自由的，处三年以下有期徒刑、拘役、管制或者剥夺政治权利。具有殴打、侮辱情节的，从重处罚。犯前款罪，致人重伤的，处三年以上十年以下有期徒刑；致人死亡的，处十年以上有期徒刑。使用暴力致人伤残、死亡的，依照本法第二百三十四条、第二百三十二条的规定定罪处罚。为索取债务非法扣押、拘禁他人的，依照前两款的规定处罚。国家机关工作人员利用职权犯前三款罪的，依照前三款的规定从重处罚。第240条规定，拐卖妇女、儿童的，处五年以上十年以下有期徒刑，并处罚金；有下列情形之一的，处十年以上有期徒刑或者无期徒刑，并处罚金或者没收财产；情节特别严重的，处死刑，并处没收财产：(1) 拐卖妇女、儿童集团的首要分子；(2) 拐卖妇女、儿童三人以上的；(3) 奸淫被拐卖的妇女的；(4) 诱骗、强迫被拐卖的妇女卖淫或者将被拐卖的妇女卖给他人迫使其卖淫的；(5) 以出卖为目的，使用暴力、胁迫或者麻醉方法绑架妇女、儿童的；(6) 以出卖为目的，偷盗婴幼儿的；(7) 造成被拐卖的妇女、儿童或者其亲属重伤、死亡或者其他严重后果的；(8) 将妇女、儿童卖往境外的。拐卖妇女、儿童是指以出卖为目的，有拐骗、绑架、收买、贩卖、接送、中转妇女、儿童的行为之一的。因此本案应当以非法拘禁罪和拐卖儿童罪对徐某定罪，实行数罪并罚。

9. **答案**：BD。刘大南连续射杀多人是连续犯，应定为故意杀人罪；同时盗走他人枪支的行为构成另一个独立的犯罪，应按数罪并罚处理。

10. **答案**：CD。伪造货币并出售、运输的，直接以伪造货币罪定罪处罚，即不适用数罪并罚；故A选项不选。B项所列行为属于牵连犯，从一重罪论处，故B选项不选。C选项依据《最高人民法院关于审理伪造货币等案件具体应用法律若干问题的解释》第2条第2款规定："行为人出售、运输假币构成犯罪，同时有使用假币行为的，依照刑法第一百七十一条、第一百七十二条的规定，实行数罪并罚。"故C选项正确。D选项构成抢劫罪和盗窃罪数罪并罚。

11. **答案**：BC。使用重伤的暴力强迫交易，属于故意伤害罪与强迫交易罪的想象竞合犯(如认为存在两个行为，则为牵连犯)，无须数罪并罚。使用所盗窃的信用卡属于不可罚的事后行为，并不单独构成犯罪，不符合吸收犯两个行为均构成犯罪这一前提。AD是错误的。B选项属于不可罚的事后行为，不单独构成诈骗罪。C选项中盗窃枪支行为既是盗窃枪支罪的实行行为，又是故意杀人罪的预备行为，属于想象竞合犯。BC为正确选项。

12. **答案**：ABCD。A选项，引诱幼女卖淫的，成立引诱幼女卖淫罪，容留幼女卖淫的，成立容留卖淫罪，应该数罪并罚。所以A项的说法错误。此题需要注意对于一般女子引诱、容留卖淫的，按照选择性罪名引诱、容留卖淫罪处理，但是因为引诱幼女卖淫罪是独立犯罪，不得按照引诱、容留卖淫罪处理。

　　B选项，绑架后杀害被绑架人的，是绑架罪与故意杀人罪的结合犯，此基于《刑法》第239条①的明文规定而只按照绑架罪处理。但是这种特别规定不得推而广之，《刑法》没有规定绑架罪与故意伤害罪的结合犯，那么在绑架后另起犯意伤害他人的，就必须按照绑架罪与故意伤害罪数罪并罚。所以B项的说法错误。

　　C选项，盗窃既遂，毁坏所盗汽车的行为没有给被害人造成新的损失，没有侵犯新的法益，是刑法上事后不可罚的行为，只成立盗窃罪一罪。所以C项的说法错误。

　　D选项，私放犯人的行为既是故意杀人的帮助行为（可能是片面帮助犯），也是私放在押人员罪的实行行为，一行为满足两个犯罪构成，属于想象竞合犯，应从一重罪处罚，不应数罪并罚。所以D项的说法错误。

13. **答案**：ABCD。想象竞合犯是指基于一个罪过，实施一个犯罪行为，同时侵犯数个犯罪客体，触犯数个罪名的情况。A选项中，甲实施了两个犯罪行为：一是购买危险物质；二是将毒品出售给他人，因此，不能

---

① 《刑法》第239条规定，以勒索财物为目的绑架他人的，或者绑架他人作为人质的，处十年以上有期徒刑或者无期徒刑，并处罚金或者没收财产；情节较轻的，处五年以上十年以下有期徒刑，并处罚金。犯前款罪，杀害被绑架人的，或者故意伤害被绑架人，致人重伤、死亡的，处无期徒刑或者死刑，并处没收财产。以勒索财物为目的偷盗婴幼儿的，依照前两款的规定处罚。

成立非法买卖危险物质罪与贩卖毒品罪的想象竞合犯，A的说法是错误的。绑架罪的主观动机是勒索钱财或其他非法利益，绑架扣押人质只是实现主观目的的手段。B选项中，甲虽然有非法拘禁乙的行为，但这只是其勒索财物的手段，因此甲构成绑架罪和非法拘禁罪的牵连犯，所以B的说法是错误的。C选项中，根据主客观相一致的原则，甲实施了两个行为：一是意图劫财而使用麻醉药准备抢劫的行为，但是由于乙不在家中，甲构成抢劫罪未遂；二是甲在乙不在家的情况下，秘密窃取现金的行为，因此构成两罪，应当数罪并罚，所以C的说法是错误的。D选项中，甲存在两个犯罪行为，构成受贿罪与为境外非法提供国家秘密罪两罪，应数罪并罚。故，本题的答案是ABCD。

三、名词解释

1. **答案**：同种数罪，是指行为人出于数个相同的犯意，实施数个性质相同的行为，触犯同一罪名的独立数罪。
2. **答案**：异种数罪，是指行为人出于数个不同的犯意，实施数个性质不同的行为，触犯数个不同罪名的独立数罪，对于这种数罪应当并罚。
3. **答案**：法规竞合，或称法条竞合，是指行为人实施一个犯罪行为同时触犯数个在犯罪构成上具有包容关系的刑法规范，只适用其中一个刑法规范的情况。
4. **答案**：所谓抽象危险犯，其危险状态在法律上一般都不作具体性规定，它是立法者根据一定的行为在通常情况下即以招致某种危险而预先设定的。行为人只要实施了一定的行为，不论其是否发生了具体的危险都可以认为有侵害法益的危险而构成犯罪。由此可见，抽象危险犯的行为本身就具有一定的危险性，我国刑法中的放火罪、决水罪、爆炸罪、投毒罪都属于抽象危险犯。
5. **答案**：结果加重犯，亦称加重结果犯，是指实施基本犯罪构成要件的行为，由于发生了法律规定的基本犯罪构成要件结果以外的加重结果，刑法对其规定了加重法定刑的犯罪形态。
6. **答案**：集合犯，是指行为人以实施不定次数的同种犯罪行为为目的，虽然实施了数个同种犯罪行为，刑法规定还是作为一罪论处的犯罪形态。

四、简答题

1. **答案**：继续犯，又称持续犯，是指犯罪行为在一定时间内处于继续状态的犯罪。继续犯的特点是不法行为和不法状态同时继续，而不仅仅是犯罪行为所造成的不法状态的继续。某些犯罪，当不法行为终了以后，不法状态仍然可能继续，如盗窃罪，犯罪分子非法占有赃物这一状态也可能维持相当长的时间，直到赃物起获为止，这就是单纯的不法状态的继续，这在刑法理论上称为状态犯，它没有不法行为的继续，因此不是继续犯。
2. **答案**：观念的竞合，又称想象竞合，是指实施一个犯罪行为同时触犯数个不同罪名的犯罪形态。

　　法条竞合，又称法规竞合，是指行为人实施一个犯罪行为同时触犯数个在犯罪构成上具有重合关系的刑法规范，只适用其中之一的情况。法规竞合与想象竞合的区别：

法规竞合	想象竞合
法规竞合的一个行为是基于一个罪过，只产生一个法益侵害结果	想象竞合的一个行为或者是数个罪过或者是数个法益侵害
法规竞合是由于法规的重合关系造成一个行为触犯数个罪名的结果	想象竞合则是由于犯罪事实上存在数个罪过或者数个结果而造成一行为触犯数罪名
法规竞合的一个行为所触犯的数个罪名之间存在重合关系	想象竞合的数罪名之间不存在上述关系
法规竞合在处断原则上按照特别法优于普通法（包容关系）或者重法优于轻法（交叉关系）的原则来选择适用的罪名	想象竞合按照“从一重处断原则”来选择适用的罪名

3. **答案**：我国刑法对数罪并罚实行的是折中原则，即以限制加重为主，以吸收和并科原则为补充。

具体表现为：

（1）数罪中有一罪被判处死刑或无期徒刑的，采用吸收原则。数罪中宣告几个死刑或最重为死刑的，执行一个死刑，不执行其他主刑。数罪中宣告几个无期徒刑或最重为无期徒刑的，执行一个无期徒刑，不执行其他主刑。

作为数罪并罚的原则，不能将两个无期徒刑合并起来升格为死刑。

（2）对判处数个有期徒刑、拘役、管制的，采取限制加重的原则，即在“总和刑期以下、数刑中最高刑期以上，酌情决定执行的刑期，但管制最高不超过3年，拘役最高不超过1年，有期徒刑总和刑期不满35年的，最高不超过20年，总和刑期在35年以上的，最高不能超过25年”。

（3）附加刑和主刑之间采用并科原则。

（4）如果数罪中所判的数刑，不仅有主刑，而且还有附加刑，应根据《刑法》第69条第2款①的规定，数罪中判有附加刑的，附加刑仍须执行，其中附加刑种类相同的，合并执行，种类不同的，分别执行。

另一重要问题：要关注限制加重原则在不同情况下的不同适用。具体而言：

（1）发现漏罪的数罪并罚的适用

根据我国《刑法》第70条的规定：“判决宣告以后，刑罚执行完毕以前，发现被判刑的犯罪分子在判决宣告以前还有其他罪没有判决的，应当对新发现的罪作出判决，把前后两个判决所判处的刑罚，依照本法第六十九条的规定，决定执行的刑罚。已经执行的刑期，应当计算在新判决决定的刑期以内。”在这种情况下，计算刑期的时候采用先并后减的方法，即在计算刑期时，应在两个判决合并决定执行的刑期中，减去已经执行的刑期，作为应当执行的刑期。简言之，就是先按照数罪并罚原则决定执行的刑期，然后将已经执行的刑期从决定执行的刑期中减去。

（2）再犯新罪的数罪并罚的适用

根据我国《刑法》第71条规定：“判决宣告以后，刑罚执行完毕以前，被判刑的犯罪分子又犯罪的，应当对新犯的罪作出判决，把前罪没有执行的刑罚和后罪所判处的刑罚，依照本法第六十九条的规定，决定执行的刑罚。”在此情况下，计算刑期采用了先减后并的方法，即先将已经执行的刑期从前罪判决的刑罚中减去，然后再按照数罪并罚原则决定执行的刑期。这种并罚方法在某些情况下要比先并后减的并罚方法给予犯罪人的处罚更为严厉。有学者将这些情况归纳为以下三个方面：①在前罪和后罪的刑期总和，超过数罪并罚法定最高刑的限制情况下。②在后罪所判处的刑期比前罪尚未执行的刑期长的情况下。③犯罪人在刑罚执行期间所犯新罪的时间距离前罪刑罚执行完毕的期限越近，或者犯罪人再犯新罪时前罪所判刑罚的残余刑期越少，数罪并罚决定执行刑罚的最低期限以及实际执行的刑期的最低限度就越高。

4. 答案：连续犯，是指基于同一或者概括的犯罪故意，连续实施性质相同的独立成罪的数个行为，触犯同一罪名的犯罪形态。

连续犯的构成条件包括以下几点：

（1）必须实施性质相同的独立成罪的数个行为。这是连续犯成立的前提条件，没有实施数个行为，只实施一个行为的，不可能成立连续犯。如果数个行为刑法规定作为一罪论处的，则是集合犯，而不是连续犯。并且数个行为还必须是性质相同的。

（2）数个行为必须基于同一的或概括的犯罪故意。连续犯实施的数个犯罪行为，必须是基于同一的或概括的犯罪故意。同一的犯罪故意，是指行为人预计实施数次同一犯罪的故意；概括的犯罪故意，是指行为人概括地具有实施数次同一犯罪的故意，每次实施的具体犯罪并非都明确地包含在行为人的

① 《刑法》第69条第3款。

故意内容之中。

(3) 性质相同、独立成罪的数个行为必须具有连续性。这是连续犯构成的重要条件；否则。只能构成独立的数罪。我国刑法理论上的通说认为，连续犯的数个行为之间的连续性，应当以行为人主客观条件的统一为标准。行为人虽然有同一的或概括的犯罪故意，但客观上并未实施数个犯罪行为或实施的数个犯罪行为不具有连续性，固然谈不到成立连续犯。同样地，行为人虽然在时间间隔较近的情况下，实施了性质相同的数个犯罪行为，但主观上缺乏实施数个犯罪的同一的或概括的犯罪故意，也不能成立连续犯。

(4) 数个行为必须触犯同一罪名。同一罪名应以具体犯罪中基本犯的犯罪构成标准来认定。只要行为符合同一基本犯罪构成的，即为触犯同一罪名。据此可以得出如下结论：第一，独立成罪的数个行为均与具体犯罪的基本构成相符合的，当然是同一罪名。第二，数个行为与减轻的构成相符合，亦成立同一罪名。第三，数个行为中有的与具体犯罪的基本构成相符合，有的与该基本构成的修正构成即共犯或犯罪停止形态的构成相符合，也是触犯同一罪名。

5. 答案：对牵连犯如何处理，我国刑法总则没有规定。

编者认为，在我国现行刑法规定的背景下，对于牵连犯的处断原则应当是：

(1) 凡刑法分则条款已对特定犯罪的牵连犯明确规定了相应处断原则的，无论其所规定的是何种处断原则，均应严格依照刑法分则条款的规定，对特定犯罪的牵连犯适用相应的原则予以处断；

(2) 对于刑法分则条款未明确规定处断原则的牵连犯，应当适用“从一重处断”原则定罪处刑，不实行数罪并罚。

6. 答案：集合犯，是指行为人以实施不定次数的同种犯罪行为为目的，虽然实施了数个同种犯罪行为，刑法规定还是作为一罪论处的犯罪形态。集合犯的构成条件包括：

(1) 集合犯是行为人以实施不定次数的同种犯罪行为为目的。即行为人不是意图实施一次犯罪行为即行结束，而是预计实施不定次数的同种犯罪行为。例如，我国《刑法》第336条规定的非法行医罪，行为人就是意图实施不定次数的非法行医行为，这是集合犯主观方面的特征。

(2) 集合犯通常实施了数个同种的犯罪行为。集合犯虽然是行为人意图实施不定次数的同种犯罪行为，并且通常也实施了数个同种的犯罪行为，如非法行医罪，虽多次非法行医，仍然只构成非法行医一罪，但行为人即使非法行医一次，情节严重的，如因非法行医造成就诊人身体健康受到严重损害，也构成非法行医罪。

(3) 集合犯必须是刑法将可能实施的数个同种犯罪行为规定为一罪。这就是说，“所谓‘集合犯’，因为构成要件本身预定同种行为的反复，所以被反复的同种行为无例外地予以包括，被作为一罪评价”。正因为刑法将可能实施的数个同种行为规定为一罪，所以行为人实施了数个同种行为，仍然只能构成一罪。例如前述的非法行医罪，虽然实施数个非法行医行为，仍只构成一个非法行医罪。

7. 答案：结果加重犯，又称加重结果犯，是指实施基本犯罪构成要件的行为，由于发生了刑法规定的基本犯罪构成要件以外的重结果，刑法对其规定加重法定刑的犯罪形态。结果加重犯的成立条件如下：

(1) 行为人所实施的基本犯罪构成要件的行为必须客观地引发了基本犯罪构成要件以外的重结果，即符合基本犯罪构成要件的行为与加重结果之间具有因果联系。

(2) 基本犯罪构成要件以外的重结果或者加重结果，必须通过刑法明文规定的方式，成为依附于基本犯罪构成要件而存在的特定犯罪的有机组成部分。即基本犯罪构成要件是成立结果加重犯的前提和基础，加重结果不能离开基本犯罪构成要件而独立存在。加重结果的这种法定性和非独立性的特征，是认定结果加重犯并将它与其他罪数形态相区别的重要标准。

(3) 行为人对所实施的基本犯罪构成要件的行为及其所引起的加重结果均有犯意。结果加重犯的罪过形式可以划分为三种类型：一是基本犯基于故意，对加重结果也基于故意；二是基本犯基于故意，对加重结果则基于过失；三是基本犯基于过失，对加重结果也基于过失。

五、论述题

答案：转化犯，是指行为人实施一个故意犯罪（本罪）的同时，或者在本罪造成的不法状态持续过程中，由于行为人实施了特定行为，而这一特定行为与其本罪行为的结合足以填充另一故意犯罪（转化罪）的构成，从而使行为人的行为符合转化罪的犯罪构成，并根据刑法规定以转化罪定罪处刑的犯罪形态。

例如，《刑法》第 238 条第 2 款规定：非法拘禁他人“使用暴力致人伤残、死亡的，依照本法第二百三十四条、第二百三十二条的规定定罪处罚”。据此，在非法拘禁过程中故意使用暴力致人伤残的，非法拘禁罪转化为故意伤害罪，对行为人以故意伤害罪一罪定罪处罚；故意使用暴力致人死亡的，非法拘禁罪转化为故意杀人罪，对行为人以故意杀人罪一罪定罪处罚。

又如，《刑法》第 269 条规定：“犯盗窃、诈骗、抢夺罪，为窝藏赃物、抗拒抓捕或者毁灭罪证而当场使用暴力或者以暴力相威胁的，依照本法第二百六十三条的规定定罪处罚。”据此，在实施盗窃、诈骗、抢夺罪的过程中，行为人为窝藏赃物、抗拒抓捕或者毁灭罪证而当场使用暴力或者以暴力相威胁的，盗窃、诈骗、抢夺罪转化为抢劫罪，对行为人以抢劫罪一罪定罪处罚。

转化犯与其他罪数形态的区别：

(1) 转化犯与吸收犯的区别

转化犯与吸收犯的相同和相似之处是：其一，均属实质的数罪；其二，吸收犯中的数个犯罪行为之间具有重与轻、吸收与被吸收的关系，转化犯的两个犯罪行为之间亦在外观上表现为一罪重、一罪轻的关系；其三，两种形态均具有数行为指向同一具体犯罪对象或行为对象的特点。

两者不同之处在于：第一，转化犯的本罪与转化罪之间，犯罪构成彼此独立且共有某些犯罪构成要件要素，正是基于某些构成要件要素的兼容性，在本罪实施的同时或造成不法状态的延续过程中，行为人的特定不法行为才可能与本罪的构成要件要素一起充实转化罪的犯罪构成，使罪质发生转化。吸收犯的数犯罪行为的构成之间，没有构成要件要素的重合性和延展性问题。第二，转化犯中重罪形成不可能先于轻罪，总是轻罪转化为重罪，而吸收犯中重罪与轻罪之间孰前孰后不可一概而论，即使是重罪也可能发生在前。第三，吸收犯为处断上的一罪，而转化犯为法定的一罪。

吸收犯与牵连犯的关系不易区别：刑法对于牵连犯的处罚也极不一致，有的从一处断，有的数罪并罚，而实际上从一处断的大都可以吸收犯解释之，因此，取消牵连犯概念而以吸收犯统辖之、对于无吸收关系者实行数罪并罚，可能是一种较好的出路。如果以吸收犯统辖目前理论中的牵连犯，则部分吸收犯亦为法定的一罪。牵连犯的存废问题值得进一步研究。吸收犯的形成是因为数个犯罪行为之一具有独立性，而另一或数犯罪行为具有依附于前者而存在的独立性。如入室抢劫的行为，符合抢劫罪和非法侵入住宅罪两个犯罪构成，但由于非法侵入住宅行为对于抢劫行为而言不具有独立性，作为轻罪而被重罪抢劫罪所吸收。转化犯中本罪与转化罪均是独立的两罪，法律规定以重罪即转化罪一罪对行为人定罪处罚，不是基于重罪吸收了轻罪，而是鉴于两罪构成要件要素的重合性和延展性、行为人的犯罪行为由内涵相对简单的构成已经转化为内涵相对复杂的构成（重罪的构成）。

(2) 转化犯与结合犯的区别

转化犯与结合犯都是实质上数罪而法定的一罪形态，且在外在特征上，两者均存在构成要件要素相结合而成立新罪的特点。两者不同之处是：在转化犯中，特定的行为具有的部分构成要件要素事实与前一犯罪（本罪）构成要件要素事实一起，正好填充转化罪的构成要件，本罪与转化罪共有部分构成要件要素，表现为甲罪+部分构成要件要素=乙罪；而在结合犯中，行为人实施的数个独立的犯罪行为之构成要件要素一起，组成一个新的犯罪构成系统，表现为甲罪+乙罪=丙罪。

（3）转化犯与想象竞合犯的区别

想象竞合犯是指行为人基于一个犯罪意图，实施一个犯罪行为，但此行为事实在观念上同时符合数个犯罪构成的犯罪形态。想象竞合犯与转化犯的区别比较明显：前者只有一个行为，后者存在一个本罪行为和另一特定不法行为；前者仅在观念上触犯数个罪名，后者在实质上符合数罪构成；前者处断为一罪，后者法定为一罪。

（4）转化犯与结果加重犯的区别

结果加重犯是指行为人基于一个犯罪故意，实施一个犯罪行为，在成立普通犯罪构成的基础上，由于行为造成了超出普通犯罪构成的法定结果，刑法规定对其加重处罚的犯罪形态。如因逃逸致人死亡的交通肇事行为，对人体健康造成严重危害的生产、销售假药行为，致人重伤、死亡的抢劫或强奸行为等，均为结果加重犯。转化犯与结果加重犯不同的是：前者是实质的数罪而法定为一罪，后者是形式的数罪而实质的一罪；前者中本罪与转化罪虽共有某些构成要件要素但罪质完全不同，后者中加重结果不影响犯罪构成的性质，犯罪行为的罪质不因加重结果的出现而改变，如致人重伤、死亡的抢劫和未致人重伤、死亡的抢劫即普通的抢劫罪犯罪构成性质并无质的区别（都是抢劫罪），只是在符合同一犯罪构成的基础上要素不同进而影响到罪责之轻重。

六、案例分析题

答案：（1）甲的行为属于罪数形态中的牵连犯。所谓牵连犯，是指行为人实施某种犯罪（本罪），而方法行为或结果行为又触犯其他罪名（他罪）的犯罪形态。甲基于一个最终的犯罪目的，即抢劫，实施了盗窃枪支、弹药和抢劫两个相对独立的危害行为，这两个行为之间有手段与目的的牵连关系，分别触犯了盗窃枪支、弹药罪和抢劫罪两个不同的罪名。可见，甲的行为符合牵连犯的构成特征。

（2）对牵连犯的处断原则是：凡刑法分则条款对特定犯罪的牵连犯明确规定了相应处断原则的，应严格遵循；除此之外，对于其他牵连犯，应当适用“从一重处断”原则定罪处刑，不实行数罪并罚。

第十三章　刑 事 责 任

基础知识图解

- 刑事责任
  - 概念
  - 特征
    - 刑事法律规定的一种负担
    - 因实施犯罪行为而产生
    - 以刑事惩罚或单纯否定性法律评价为内容
    - 只能由犯罪者来承担
    - 由代表国家的司法机关强迫犯罪者承担
  - 根据
    - 哲学根据
    - 法律根据

配套测试

一、单项选择题

A 国商人汤姆劫持 B 国民用航空器，欲前往 C 国，但 C 国拒绝其降落，后无奈迫降中国。对汤姆的刑事责任问题的处理，下列哪一选项是正确的？(　　)（2008. 四川. 卷二. 23）

A. 依据保护管辖原则，适用中国法律追究其刑事责任

B. 通过外交途径解决

C. 依照普遍管辖权原则，适用中国法律追究其刑事责任

D. 依据属地管辖原则，适用中国法律追究其刑事责任

二、多项选择题

1. 关于依法不追究刑事责任的情形，下列哪些选项是正确的？(　　)（司考 2008. 卷二. 66）

A. 犯罪嫌疑人甲和被害人乙在审查起诉阶段就赔偿达成协议，被害人乙要求不追究甲刑事责任

B. 甲侵占案，被害人乙没有起诉

C. 高某犯罪情节轻微，对社会危害不大

D. 犯罪嫌疑人白某在被抓获前自杀身亡

2. 关于刑事责任的追究，下列哪些选项是正确的？(　　)（司考 2009. 卷二. 54）

A. 甲非法从事资金支付结算业务，构成非法吸收公众存款罪

B. 乙采取欺骗手段进行虚假纳税申报，逃避缴纳税款 1000 万元，但经税务机关依法下达追缴通知后，乙补缴了应纳税款。即便乙拒绝缴纳滞纳金，也不应当再对其追究刑事责任

C. 丙明知赵某实施高利转贷行为获利 200 万元，而为其提供资金账户的，构成洗钱罪

D. 丁组织多名男性卖淫，由于《刑法》第 358 条并未限定组织卖淫罪中的被组织者是妇女，对丁应当追究刑事责任

三、名词解释

刑事责任的根据

四、简答题

1. 简述刑事责任的基本特征。

2. 刑事责任的解决方式有哪些？

五、论述题

试述刑事责任与犯罪、刑罚的关系。

参考答案

一、单项选择题

答案：D。《刑法》第6条第1款规定，凡在中华人民共和国领域内犯罪的，除法律有特别规定的以外，都适用本法。第3款规定，犯罪的行为或者结果有一项发生在中华人民共和国领域内的，就认为是在中华人民共和国领域内犯罪。本题中，汤姆劫持航空器的行为的犯罪结果发生在中华人民共和国领域内，因此认为是在中华人民共和国领域内犯罪，依照属地管辖原则，适用中国法律追究其刑事责任。D项的说法是正确的，当选。

二、多项选择题

1. **答案**：BD。公诉案件中，犯罪嫌疑人与被害人之间就刑事责任进行的交易不影响公诉机关的追诉行为，故A不正确。《刑事诉讼法》第16条规定："有下列情形之一的，不追究刑事责任，已经追究的，应当撤销案件，或者不起诉，或者终止审理，或者宣告无罪：(一) 情节显著轻微、危害不大，不认为是犯罪的； (二) 犯罪已过追诉时效期限的；(三) 经特赦令免除刑罚的；(四) 依照刑法告诉才处理的犯罪，没有告诉或者撤回告诉的；(五) 犯罪嫌疑人、被告人死亡的；(六) 其他法律规定免予追究刑事责任的。"根据《刑法》第270条的规定，侵占案属于告诉才处理的案件，B项中的甲侵占案，被害人乙没有起诉，符合前述第4项规定，故B正确。C项中高某的行为已经构成犯罪，不属于前述第1项的规定，除非增加条件"依照刑法规定不需要判处刑罚或免除刑罚"才能经由检察委员会作出不起诉决定，故C项不正确。D项中犯罪嫌疑人白某在被抓获前自杀身亡，符合前述第5项规定，故D项正确。因而本题正确答案是BD。
2. **答案**：CD。《刑法修正案（七）》将《刑法》第225条第3项修改为："未经国家有关主管部门批准非法经营证券、期货、保险业务的，或者非法从事资金支付结算业务的"，可见非法从事资金支付结算业务也被明文规定为非法经营罪的行为方式，A中甲非法从事资金支付结算业务，构成非法经营罪，而非非法吸收公众存款罪。所以A的说法是错误的。《刑法修正案（七）》将《刑法》第201条修改为："纳税人采取欺骗、隐瞒手段进行虚假纳税申报或者不申报，逃避缴纳税款数额较大并且占应纳税额百分之十以上的，处三年以下有期徒刑或者拘役，并处罚金；数额巨大并且占应纳税额百分之三十以上的，处三年以上七年以下有期徒刑，并处罚金。"另外，还规定："有第一款行为，经税务机关依法下达追缴通知后，补缴应纳税款，缴纳滞纳金，已受行政处罚的，不予追究刑事责任；但是，五年内因逃避缴纳税款受过刑事处罚或者被税务机关给予二次以上行政处罚的除外。"因而，对于逃避缴纳税款后，经税务机关指出后必须同时满足如下条件才能不再作为犯罪追究刑事责任：(1) 积极补缴税款和滞纳金；(2) 履行了纳税义务；(3) 已受到行政处罚。B中乙采取欺骗手段进行虚假纳税申报，逃避缴纳税款1000万元，数额巨大，已经构成逃税罪。虽然经税务机关依法下达追缴通知后，补缴了应纳税款，但是如果乙拒绝缴纳滞纳金，仍可追究其刑事责任。因此B的说法是错误的。根据《刑法修正案（六）》第16条的规定，洗钱罪是指明知是毒品犯罪、黑社会性质的组织犯罪、恐怖活动犯罪、走私犯罪、贪污贿赂犯罪、破坏金融管理秩序犯罪、金融诈骗犯罪的所得及其产生的收益，为掩饰、隐瞒其性质和来源而提供资金账户、协助将财产转换为现金、金融票据或者有价证券、通过转账或者其他结算方式协助资金转移、协助将资金汇往境外或者以其他方式掩饰、隐瞒犯罪的违法所得及其收益的性质和来源的行为。以转贷为目的，套取金融机构信贷资金高利转贷他人，违法所得数额较大的行为，构成高利转贷罪，属于破坏金融管理秩序犯罪。因而C选项中丙明知赵某实施高利转贷行为，数额较大，构成高利转贷罪，仍为其提供资金账户，构成洗钱罪。因而C的说法是正确的。根据《刑法》第358条的规定，组织卖淫罪，是指以招募、雇用、纠集、强迫、引诱、容留等手段，控制多人从事卖淫的行为。刑法并未限制被组织卖淫者的性别，因而男性也可以成为被组织者。所以D的说法是正确的。因而答案是CD。

三、名词解释

答案： 刑事责任的根据，是指国家基于何种前提、基础或决定因素追究犯罪人的刑事责任，犯罪人基于何种前提、基础或者决定因素承担刑事责任。

四、简答题

1. 答案： 刑事责任是刑事法律规定的，因实施犯罪行为而产生的，由司法机关强制犯罪者承受的刑事惩罚或单纯否定性法律评价的负担，其具有不同于其他法律责任的如下特征：

(1) 刑事责任是刑事法律规定的一种负担。将刑事责任归结为一种负担，因为刑事责任是一种消极责任，本身具有某种负担之意。

(2) 刑事责任因实施犯罪行为而产生。实施犯罪行为是刑事责任产生的前提或者原因，没有实施犯罪行为，刑事责任就不可能产生。“无犯罪则无刑事责任”，是现代刑法公认的原则。

(3) 刑事责任以刑事惩罚或单纯否定性法律评价为内容。这可以说是刑事责任的本质特征，它表现了刑事责任的严厉性，使刑事责任与其他法律责任在严重程度上互相区别开来。

(4) 刑事责任只能由犯罪者来承担。我国刑法实行罪责自负、反对株连的原则，所以刑事责任只有犯罪者即实施犯罪行为者才承担；没有参与实施犯罪，即使与犯罪者有这样或那样的关系，也不发生刑事责任问题。刑事责任只能由犯罪者承担，既不能株连非犯罪者的他人，也不能由非犯罪者的他人代为承担，这表现了刑事责任的专属性，这一点也使刑事责任与其他法律责任相区别。

(5) 刑事责任由代表国家的司法机关强制犯罪者承担。刑事责任是犯罪者向国家所负的责任，它表现了犯罪者与国家之间的关系，国家则由其司法机关代表它强制犯罪者承担刑事责任。这就是刑事责任的强制性。

2. 答案： 刑事责任的解决方式分为刑事责任的实现方式和刑事责任的其他解决方式。

(1) 刑事责任的实现方式

①定罪判刑，是指人民法院对犯罪人作出有罪宣告并给予某种刑罚处罚。

②定罪免刑，是指人民法院在判决文书中确定行为人的行为构成犯罪但最终决定不予以刑罚处罚。定罪免刑又分以下两种情况：

a. 非刑罚处置措施，即《刑法》第37条，对于犯罪情节轻微不需要判处刑罚的，可以免予刑事处罚，但是可以根据案件的不同情况，予以训诫或者责令具结悔过、赔礼道歉、赔偿损失，或者由主管部门予以行政处罚或者行政处分。

b. 仅作出有罪的宣告，具体有六种情形，第一，对外国刑事判决的消极承认，即域外犯罪，虽经外国审判并已在外国受过刑罚处罚，但仍可依照中国《刑法》追究的；第二，免除处罚的又聋又哑的人或者盲人犯罪的；第三，防卫过当，虽负刑事责任，但应当免除处罚的；第四，紧急避险超过必要限度造成不应有的损害，虽负刑事责任，但应当免除处罚的；第五，予以免除处罚的预备犯；第六，予以免除处罚的胁从犯。

③除外情形。还有三种情形不是刑事责任的实现方式，具体指酌定不起诉、人民检察院对未成年犯罪嫌疑人的附条件不起诉以及非刑罚处罚措施之外的强制措施。

(2) 刑事责任的其他解决方式

①消灭处理，是指因存在法定的阻却刑事责任追究的事实而使本应承担的刑事责任归于消灭。例如：犯罪已过追诉时效、酌定不起诉、附条件不起诉等。因为刑事责任已

经归于消灭，所以司法机关不能再追究刑事责任，犯罪人也无须承担刑事责任。②转移处理，即《刑法》第11条规定的“享有外交特权和豁免权的外国人的刑事责任，通过外交途径解决”。因为部分外国人享有外交特权和豁免权，所以追究这部分人的刑事责任需要通过外交途径解决，而不是由司法机关适用中国刑法进行追责。

五、论述题

答案：首先，犯罪、刑事责任和刑罚三位一体，互相依存。

从犯罪与刑事责任的关系上看，犯罪与刑事责任同时产生、同时成立，没有孰先孰后之分，一个行为成立犯罪之时，也是刑事责任确定之日。犯罪与刑事责任之间是并存共生的关系，而非因果关系。

从犯罪与刑罚的关系上看，刑罚是犯罪的法律后果，犯罪是刑罚适用的原因，二者之间表现为一种因果关系。从刑事责任与刑罚的关系上看，刑罚是刑事责任的一种外在表现形式或者说主要的实现方式，刑事责任是刑罚适用的内在根据。之所以让犯罪人服刑罚，不仅因为他实施了犯罪，而且因为他应当且能够承担刑事责任。虽然不能说有刑事责任必然会有刑罚，但有刑罚必须有刑事责任，这是确定不移的。

其次，犯罪、刑事责任和刑罚又是互相独立的。犯罪是违反刑法规范的行为，是主观之于客观的活动。刑事责任的独立性表现在它以刑法规范设定的义务为根据。行为人不是因为犯罪才承担刑事责任，而是犯罪和刑事责任都来自刑事义务。刑罚的独立性表现在刑罚是国家制定的处理犯罪、解决刑事责任的方法或措施，国家在惩罚犯罪、追究刑事责任时具有高度的主动性和灵活性。

所以说，在刑法学中，犯罪、刑事责任和刑罚是同一层次的三个独立范畴，它们各有自己的价值和理性体系，三者既相互依存，又相互独立，共同构成一个完整的罪、责、刑体系。

第十四章　刑罚概说

基础知识图解

- 刑罚概说
  - 刑罚的概念
    - 刑罚及其特点
    - 刑罚与其他法律制裁的关系
  - 刑罚的目的
    - 刑罚目的的概念
    - 刑罚目的的内容
      - 特殊预防
      - 一般预防

配套测试

一、单项选择题

1. 刑罚由（　　）适用。

A. 法院　　B. 检察院

C. 公安机关　　D. 监狱

2. 一般预防的对象主要是（　　）。

A. 犯罪分子

B. 有可能实施犯罪行为的人

C. 一切人

D. 违法分子

3. 特殊预防是指（　　）。

A. 预防犯罪分子再次犯罪

B. 预防犯罪分子再次犯过去所犯的那种罪

C. 特殊形式的一般预防

D. 预防犯罪分子向其他人传授犯罪方法

二、多项选择题

1. 甲犯故意伤害罪被检察机关提起公诉后，被人民法院判处有期徒刑 6 年。在监狱劳动改造期间，司法机关发现甲以前还犯有强奸罪，又按数罪并罚的规定判处甲有期徒刑 13 年。本案中，哪些刑罚权得到了运用？（　　）

A. 制刑权　　B. 求刑权

C. 量刑权　　D. 行刑权

2. 关于刑罚的目的，下列哪些说法是正确的？（　　）

A. 一般预防的对象不是犯罪人

B. 特殊预防是指预防犯罪人重新犯罪

C. 特殊预防的途径之一是对极其严重的犯罪人适用死刑，永远剥夺其犯罪的能力

D. 特殊预防的主要途径是通过对犯罪人适用刑罚，使犯罪人不能犯罪，不敢犯罪乃至不愿犯罪

三、简答题

1. 简述刑罚的功能。

2. 简述刑罚与其他法律制裁方法的区别。

3. 简述特殊预防与一般预防的关系。

4. 如何认识刑罚的特征？

参考答案

一、单项选择题

1. 答案：A。刑罚适用的主体只能是代表国家行使审判权的人民法院，任何其他国家机关、企业、事业单位、人民团体和个人，都无权对犯罪人适用刑罚。

2. 答案：B。所谓一般预防，是指防止尚未犯罪的人走上犯罪的道路。一般预防的对象不是犯罪分子，而是没有犯罪的社会成员，包

括：危险分子、不稳定分子、犯罪被害人。

3. 答案：A。所谓特殊预防，是指防止犯罪人重新犯罪。特殊预防的对象只能是犯罪人，即实施了危害社会的行为，依法应当承担刑事责任的人。

二、多项选择题

1. 答案：BCD。制刑权，是指国家为适应惩治犯罪的需要，在刑事立法中创立、设置刑罚的权力。求刑权，是指对刑事被告人提起诉讼，请求法院处以刑罚的权力。量刑权（刑罚裁量权），是指由人民法院依法统一行使，其他任何机关都不具有这项权力。行刑权，是指执行机关对犯罪人强行执行刑罚的权力。

2. 答案：ABCD。特殊预防，是指预防犯罪人重新犯罪。特殊预防的对象是已经实施了犯罪行为的人。一般预防，是指预防尚未犯罪的人实施犯罪。一般预防的对象不是犯罪人而是犯罪人以外的社会成员。

三、简答题

1. 答案：刑罚的功能，是指刑罚在同犯罪作斗争中对社会可能发挥的积极作用。它具有以下特征：(1) 刑罚的功能表现为对社会的作用。刑罚不仅直接作用于犯罪人，而且对社会上的不稳定分子和其他公民也会产生心理效应。(2) 刑罚的功能表现为一种积极的作用。(3) 刑罚的功能表现为对社会可能发挥的积极作用。所谓可能，是指刑罚的内部结构在具备一定条件的基础上，可以转化为现实的趋势。

刑罚的功能是多方面的。根据作用对象的不同，可以分为三个方面：(1) 刑罚对犯罪人的功能，主要包括对犯罪人的：①剥夺或限制功能，具体表现为对犯罪人施加身体强制、权利限制和心理影响，使其再犯能力受到剥夺和限制。②个别威慑功能，是指适用刑罚时使犯罪人产生的因畏惧再次受刑而不敢再犯的心理效应。③感化功能，是指在适用刑罚时对犯罪人宽大处理与人道待遇而产生的心理效应。④教育改造功能，是指在行刑过程中通过各种教育改造手段对犯罪人产生的教育改造效应。而且这几个功能是密切联系的，同时又不能彼此取代，它们综合起来具有实现刑罚的个别化预防目的的手段意义。(2) 刑罚对被害人的功能，主要包括：①安抚功能，是指人民法院通过对犯罪人判处刑罚使受害人及其亲属产生平缓情绪、消除痛苦的心理效应。②补偿功能，是指人民法院在对犯罪人判处刑罚的同时，使被害人因犯罪造成的损失得到补偿的情况，包括经济补偿和精神补偿。(3) 刑罚对社会其他成员的功能，主要包括：①一般威慑功能，是指通过刑罚的创制和适用对社会上的潜在犯罪人产生的警戒效应。②教育鼓舞功能，是指通过创制和适用刑罚，对广大的人民起到法制教育和鼓舞作用。

总之，我国刑罚三个方面的功能既相辅相成，又各有侧重，它们的正常发挥对实现刑罚的目的具有重要的保障作用。

2. 答案：刑罚与其他法律制裁有相同之处，都是国家法律规定的制裁方法，都对受制裁人产生不利影响，但二者是有严格区别的，主要表现为以下几点：

(1) 适用根据不同。对犯罪人适用刑罚的法律根据是刑法，而对民事违法者适用民事处罚的法律依据是民法，对行政违法者适用行政处罚的法律根据是行政实体法。

(2) 适用机关不同。刑罚只能由人民法院的刑事审判部门适用，民事处罚只能由人民法院的民事审判部门适用，行政处罚则由国家各级行政机关适用。

(3) 适用对象不同。刑罚只适用于实施了犯罪行为的人，而其他法律制裁则分别适用于民事、行政、经济违法者，如果这些违法者的违法行为构成犯罪，达到了应受刑罚处罚的程度，就不再属于一般违法分子，而是触犯刑律的犯罪人。

(4) 严厉程度不同。刑罚处罚涉及人的生命、自由、财产和资格等重大权益，从整体而言是最严厉的强制方法。而其他法律制裁则排除对生命的剥夺，一般也不涉及剥夺自由的问题，其严厉程度一般轻于刑罚。

(5) 法律后果不同。受过刑罚处罚的人，在法律上和事实上被视为有前科的人。

当其重新犯罪时，可能会受到比初犯者更为严厉的处罚。而仅仅受过民事、行政、经济处罚的人，在法律评价和法律后果上，将不会产生上述不利的影响。

（6）设立机关不同。设立刑罚的机关只能是国家的最高立法机关，而行政法规可以设立除限制人身自由外的行政处罚等。

3. 答案：特殊预防和一般预防是刑罚目的的基本内容，是预防犯罪的两种手段，二者之间是一种既对立又统一的辩证关系。

特殊预防和一般预防是因预防对象不同而作的区分，但二者的目的是一致的，即都是预防犯罪。同时，二者的方式和实现途径也是基本相同的，即都有赖于各种刑罚功能的充分发挥。因此，制定、适用和执行刑罚，既要考虑特殊预防，又要考虑一般预防，舍弃了其中任何一个方面，都将使刑罚的目的难以实现。

4. 答案：（1）刑罚是指刑法所规定的由国家审判机关对犯罪人所适用的限制或剥夺其某种权益的强制性制裁方法。

（2）刑罚具有以下几个特征：

①由国家最高权力机关在刑法中制定。我国宪法规定，只有全国人民代表大会及其常委会才有权制定或补充、修改刑法和其中的刑罚，其他国家机关如国务院及其各部委、地方人民代表大会及其常委会等，均不能制定、修改刑法及其中的刑罚。

②刑罚性质严厉。刑罚是用于惩罚犯罪的，而犯罪行为的社会危害程度重于其他违法行为，因此刑罚是最严厉的强制方法。

③仅对犯罪人适用。刑罚因犯罪而生，以犯罪为前提，所以受刑罚处罚的只能是实施了犯罪行为的人，对于无罪的人绝对不能适用刑罚。

④由人民法院依法科处。刑罚只能由人民法院适用，其他任何机关都无权适用。

⑤由特定机关执行。根据刑法和刑事诉讼法的规定，死刑、罚金和没收财产由人民法院执行，无期徒刑和有期徒刑由监狱或其他劳改场所执行，管制由负责社区矫正的司法行政机关执行，拘役和剥夺政治权利由公安机关执行。这也是刑罚与其他强制方法相区别的标志。

第十五章　刑罚的体系和种类

基础知识图解

- 刑罚的体系和种类
  - 刑罚的体系概述
    - 刑罚体系的概念
    - 刑罚体系的特点
  - 主刑
    - 管制（社区矫正）
    - 拘役
    - 有期徒刑
    - 无期徒刑
    - 死刑
  - 附加刑
    - 罚金
    - 剥夺政治权利
    - 没收财产
    - 驱逐出境

配套测试

一、单项选择题

1. 下列哪种情形是没收财产刑？（　　）

A. 甲某贩卖毒品1000克被当场查获，对其1000克毒品予以没收

B. 甲某是用自己的渔船组织偷越国（边）境，被法院予以没收

C. 甲某犯组织领导黑社会性质组织罪非法获利400万元，法院予以没收

D. 甲某犯贪污罪，法院没收属于其个人所有的全部财产

2. 某甲因犯强奸罪被判有期徒刑10年，剥夺政治权利3年，有期徒刑从1989年7月1日起执行，对甲实际剥夺政治权利的期限是：（　　）。

A. 1989年7月1日至1992年6月30日

B. 1999年7月1日至2002年6月30日

C. 1989年7月1日至1999年6月30日

D. 1989年7月1日至2002年6月30日

3. 判决执行以前先行羁押1日折抵刑期2日的刑种是（　　）。

A. 剥夺政治权利　　B. 拘役

C. 管制　　D. 有期徒刑

4. 拘役的期限为（　　）以上6个月以下，数罪并罚不得超过1年。

A. 15日　　B. 1个月

C. 2个月　　D. 3个月

5. 被判处拘役的犯罪分子，在执行期间，每个月可回家（　　）。

A. 1天

B. 3天

C. 1天至2天

D. 2天至3天

6. 判处死刑缓期执行的，在死刑缓期执行期间，如果（　　），二年期满以后，减为无期徒刑；如果确有重大立功表现，二年期满以后，减为（　　）年有期徒刑。

A. 有悔罪表现；十五年以上

B. 没有故意犯罪，且不是累犯或者暴力性犯罪的犯罪分子；二十五

C. 没有故意犯罪；十五年以上二十年以下

D. 有立功表现；二十五

7. 甲，1992年11月出生，无业。2008年12

月甲为了“捞钱”，将一富家的孩子乙绑架，并向乙的父亲勒索人民币 50 万元，因发觉乙的父亲报警，勒索未成，气急之下，将乙杀死。中级法院于 2009 年 12 月公开审理了此案。根据刑法有关规定，对甲应（　　）。

A. 判处死刑

B. 判处死刑，缓期 2 年执行

C. 判处死刑，暂不执行，待 1 年以后执行

D. 不能判处死刑，可判处无期徒刑

8. 吴某被判处死刑缓期 2 年执行，于 2012 年 7 月 27 日考验期满，其所在服刑的监狱于当日上报了将死缓减为无期徒刑的材料。两天后即 7 月 29 日，吴某因同监舍的郑某无故辱骂他而将郑某打聋了一只耳朵。对吴某应当如何处理？（　　）

A. 报请最高人民法院核准执行死刑

B. 报请当地高级人民法院核准执行死刑

C. 以无期徒刑和故意伤害罪判处的刑罚数罪并罚

D. 撤回减刑材料，延长考验期限

9. 施某犯贪污罪，被判无期徒刑，服刑 13 年后，因表现良好而获假释。在假释考验期内的第 6 年，施某故意致人重伤，被判刑 9 年。根据《刑法》规定，对施某应撤销假释，按数罪并罚的规定处理。对施某应适用何种刑罚幅度或刑种？（　　）

A. 应在 9 年以上 20 年以下有期徒刑幅度内决定执行的刑期

B. 应在 9 年以上 15 年以下有期徒刑幅度内决定执行的刑期

C. 应在 12 年以上 20 年以下有期徒刑幅度内决定执行的刑期

D. 无期徒刑

10. 审判的时候怀孕的妇女依法不适用死刑。对这一规定的理解，下列哪一选项是错误的？（　　）（司考 2007. 卷二 .4）

A. 关押期间人工流产的，属于审判的时候怀孕的妇女

B. 关押期间自然流产的，属于审判的时候怀孕的妇女

C. 不适用死刑，是指不适用死刑立即执行但可适用死缓

D. 不适用死刑，既包括不适用死刑立即执行，也包括不适用死缓

11. 徐某因犯故意伤害罪，于 2007 年 11 月 21 日被法院判处有期徒刑 1 年，缓期 2 年执行。在缓刑考验期限内，徐某伙同他人无故殴打学生傅某，致傅某轻微伤。当地公安局于 2008 年 4 月 3 日决定对徐某行政拘留 15 日，并于当日开始执行该行政拘留决定。行政拘留结束后，法院撤销对徐某的缓刑，决定收监执行。关于本案，下列哪一选项是正确的？（　　）（司考 2008. 卷二 .9）

A. 徐某被行政拘留的 15 天可以折抵刑期

B. 徐某被行政拘留的 15 天不应当折抵刑期

C. 应当将 1 年有期徒刑与 15 天的拘留按照限制加重原则实行并罚

D. 15 天的行政拘留应当被 1 年有期徒刑吸收

12. 关于没收财产，下列哪一选项是正确的？（　　）（司考 2009. 卷二 .9）

A. 甲抢劫数额巨大，对其可以判处罚金 1 万元并处没收财产

B. 乙犯诈骗罪被判处没收全部财产时，法院对乙未满 18 周岁的子女应当保留必需的生活费用，对乙的成年家属不必考虑

C. 丙盗窃珍贵文物情节严重，即便其没有可供执行的财产，亦应当判处没收财产

D. 丁为治病向李某借款 5 万元，一年后丁因犯罪被判处没收财产。无论李某是否提出请求，一旦法院发现该债务存在，就应当判决以没收的财产偿还

13. 甲与乙女恋爱。乙因甲伤残提出分手，甲不同意，拉住乙不许离开，遭乙痛骂拒绝。甲绝望大喊“我得不到你，别人也休想”，甲连捅乙十几刀，致乙当场惨死。甲逃跑数日后，投案自首，有悔罪表现。关于本案的死刑适用，下列哪一说法符合法律实施中的公平正义理念？

（　　）（司考2012. 卷二.2）

A. 根据《刑法》规定，当甲的杀人行为被评价为“罪行极其严重”时，可判处甲死刑

B. 从维护《刑法》权威考虑，无论甲是否存在从轻情节，均应判处甲死刑

C. 甲轻率杀人，为严防效尤，即使甲自首悔罪，也应判处死刑立即执行

D. 应当充分考虑并尊重网民呼声，以此决定是否判处甲死刑立即执行

14. 《刑法》第49条规定：________的时候不满18周岁的人和________的时候怀孕的妇女，不适用死刑。________的时候已满75周岁的人，不适用死刑，但________的除外。下列哪一选项与题干空格内容相匹配？（　　）（司考2012. 卷二.11）

A. 犯罪、审判、犯罪、故意犯罪致人死亡

B. 审判、审判、犯罪、故意犯罪致人死亡

C. 审判、审判、审判、以特别残忍手段致人死亡

D. 犯罪、审判、审判、以特别残忍手段致人死亡

15. 《刑法》第64条前段规定：“犯罪分子违法所得的一切财物，应当予以追缴或者责令退赔。”关于该规定的适用，下列哪一选项是正确的？（　　）（司考2016. 卷二.8）

A. 甲以赌博为业，但手气欠佳输掉200万元。输掉的200万元属于赌资，应责令甲全额退赔

B. 乙挪用公款炒股获利500万元用于购买房产（案发时贬值为300万元），应责令乙退赔500万元

C. 丙向国家工作人员李某行贿100万元。除向李某追缴100万元外，还应责令丙退赔100万元

D. 丁与王某共同窃取他人财物30万元。因二人均应对30万元负责，故应向二人各追缴30万元

16. 关于职业禁止，下列哪一选项是正确的？（　　）（司考2016. 卷二.9）

A. 利用职务上的便利实施犯罪的，不一定都属于“利用职业便利”实施犯罪

B. 行为人违反职业禁止的决定，情节严重的，应以拒不执行判决、裁定罪定罪处罚

C. 判处有期徒刑并附加剥夺政治权利，同时决定职业禁止的，在有期徒刑与剥夺政治权利均执行完毕后，才能执行职业禁止

D. 职业禁止的期限均为3年至5年

17. 关于追诉时效，下列哪一选项是正确的？（　　）（司考2016. 卷二.10）

A. 《刑法》规定，法定最高刑为不满5年有期徒刑的，经过5年不再追诉。危险驾驶罪的法定刑为拘役，不能适用该规定计算危险驾驶罪的追诉时效

B. 在共同犯罪中，对主犯与从犯适用不同的法定刑时，应分别计算各自的追诉时效，不得按照主犯适用的法定刑计算从犯的追诉期限

C. 追诉时效实际上属于刑事诉讼的内容，刑事诉讼采取从新原则，故对刑法所规定的追诉时效，不适用从旧兼从轻原则

D. 刘某故意杀人后逃往国外18年，在国外因伪造私人印章（在我国不构成犯罪）被通缉时潜回国内。4年后，其杀人案件被公安机关发现。因追诉时效中断，应追诉刘某故意杀人的罪行

二、多项选择题

1. 对下列哪些情形应当附加适用剥夺政治权利？（　　）

A. 甲某犯为境外非法提供国家秘密、情报罪，被判处7年有期徒刑

B. 甲某犯以故意伤害致人死亡罪被判处无期徒刑

C. 甲某犯强奸罪被判处15年有期徒刑

D. 甲某犯抢劫罪被判处10年有期徒刑

2. 刑法分则对罚金刑数额的规定分为几种情

况？（　　）

A. 刑法分则条文中没有规定具体罚金数额的，罚金的最低额不能少于1000元，对未成年人减轻处罚的，不能少于500元

B. 处以与违法所得或者犯罪涉及的金额相等的罚金

C. 规定了相对确定的数额的

D. 以违法所得或者犯罪涉及的金额为基础，处以一定比例或者倍数的罚金

3. 某甲因为强奸罪被判处死刑缓期2年执行，在死缓考验期内，打伤一名狱警越狱逃跑，狱警某乙发现后驾车紧追。不得已朝某甲开枪射击。某甲中弹受伤被抓获。对于此案：（　　）。

A. 某乙构成故意伤害罪

B. 对某甲应当数罪并罚

C. 某甲构成脱逃罪

D. 对于某甲应当核准执行死刑

4. 根据我国刑法的规定，下列人员中哪些人不适用死刑？（　　）

A. 羁押期间怀孕而审判时自然流产的妇女

B. 犯罪时怀孕，在羁押期间被人工流产的妇女

C. 疑犯在投放危险物质致人死亡时为74周岁、被审判时已满75周岁

D. 犯杀人罪审判时已满16周岁不满18周岁的人

5. 对于（　　），剥夺政治权利的期限是1年以上5年以下。

A. 独立适用剥夺政治权利的

B. 拘役、有期徒刑附加剥夺政治权利的

C. 管制附加剥夺政治权利的

D. 被判处无期徒刑的

6. 关于剥夺政治权利刑，下列哪些说法正确？（　　）

A. 对于危害国家安全的犯罪分子应当附加剥夺政治权利

B. 对于严重的故意伤害罪、重大盗窃，可以附加剥夺政治权利

C. 管制附加剥夺政治权利的，附加剥夺政治权利的刑期从管制刑执行完毕之日起计算

D. 未经执行机关批准，不得行使言论、出版、集会、结社、游行、示威自由的权利

7. 可以依法单处罚金的情形有：（　　）。

A. 犯罪情节较轻，不致再危害社会并属被胁迫参加犯罪的

B. 犯罪情节较轻，不致再危害社会，具有全部退赃并有悔罪表现的

C. 犯罪情节较轻，不致再危害社会，具有其他可以依法单处罚金的情形

D. 犯罪情节较轻，不致再危害社会并属偶犯或者初犯的

8. 剥夺政治权利是指剥夺下列哪些权利？（　　）

A. 选举权和被选举权

B. 言论、出版、集会、结社、游行、示威自由的权利

C. 担任国家机关职务的权利

D. 担任公司、企业、事业单位和人民团体领导职务的权利

9. 对下列哪些犯罪分子必须附加剥夺政治权利？（　　）

A. 危害国家安全的犯罪分子

B. 故意杀人、强奸、放火、爆炸、投毒、抢劫等严重破坏社会秩序的犯罪分子

C. 被判处无期徒刑的犯罪分子

D. 被判处死刑的犯罪分子

10. 关于我国刑法中的附加刑，下列说法正确的是：（　　）。

A. 只能独立适用

B. 只能附加适用

C. 既可以独立适用，也可以附加适用

D. 附加适用时，主刑可以是拘役或者管制

11. 下列刑种中，属于附加刑的是：（　　）。

A. 没收财产　　B. 罚款

C. 剥夺政治权利　　D. 驱逐出境

12. 下列关于刑期的起算，哪些选项是正确的？（　　）（司考2006.卷二.55）

A. 管制、拘役的刑期，从判决执行之日

起计算

B. 有期徒刑的刑期，从判决确定之日起计算

C. 死刑缓期执行减为有期徒刑的刑期，从死刑缓期执行期满之日起计算

D. 附加剥夺政治权利的刑期，从徒刑、拘役执行完毕之日或者从假释期满之日起计算

13. 关于罚金刑，下列哪些说法是正确的？（　　）

A. 刑法没有明确规定罚金数额标准的，罚金的最低数额不能少于 1000 元

B. 对未成年人犯罪应当从轻或者减轻处罚，刑法没有明确规定罚金数额标准的，罚金的最低数额不能少于 500 元

C. 依法对犯罪分子所犯数罪分别判处罚金的，应当实行并罚，将所判处的罚金数额相加，执行总和数额

D. 一人犯数罪依法同时并处罚金和没收财产的，应当合并执行；但并处没收全部财产的，只执行没收财产刑

14. 关于禁止令，下列哪些选项是错误的？（　　）（司考 2012. 卷二 .56）

A. 甲因盗掘古墓葬罪被判刑 7 年，在执行 5 年后被假释，法院裁定假释时，可对甲宣告禁止令

B. 乙犯合同诈骗罪被判处缓刑，因附带民事赔偿义务尚未履行，法院可在禁止令中禁止其进入高档饭店消费

C. 丙因在公共厕所猥亵儿童被判处缓刑，法院可同时宣告禁止其进入公共厕所

D. 丁被判处管制，同时被禁止接触同案犯，禁止令的期限应从管制执行完毕之日起计算

三、不定项选择题

下列情形不适用死刑的有：（　　）。（司考 2005. 卷二. 不定 .91）

A. 审判的时候怀孕的妇女

B. 羁押受审期间已自然流产的妇女

C. 羁押受审期间已人工流产的妇女

D. 犯罪时不满 18 周岁的人

四、名词解释

1. 刑罚体系

2. 主刑

3. 有期徒刑

4. 无期徒刑

5. 死缓

6. 剥夺政治权利（西北师范 2015 年研；人大 2007 年研；西北政法 2007 年研）

五、简答题

1. 简述拘役与刑事拘留、民事拘留、行政拘留的区别。

2. 简述我国刑法中罚金的缴纳方式。

3. 简述剥夺政治权利的期限。

4. 我国刑法中的非刑罚处理方法有哪几种？

5. 简述附加刑的概念及其种类。（中国人民大学 2006 年研究生入学试题）

6. 如何认识我国刑罚体系的特点？

7. 怎样理解从业禁止的性质？

参考答案

一、单项选择题

1. 答案：D。根据《刑法》第 64 条规定，犯罪分子违法所得的一切财物，应当予以追缴或者责令退赔；对被害人的合法财产，应当及时返还；违禁品和供犯罪所用的本人财物，应当予以没收。本题中 A、B、C 属于《刑法》第 64 条规定的犯罪工具、违禁品、违法所得的程序性没收。

2. 答案：D。《刑法》第 58 条规定："附加剥夺政治权利的刑期，从徒刑、拘役执行完毕之日或者从假释之日起计算；剥夺政治权利的效力当然适用于主刑执行期间。被剥夺政治权利的犯罪分子，在执行期间，应当遵守法律、行政法规和国务院公安部门有关监督管理的规定，服从监督；不得行使本法第五十四条规定的各项权利。"题中某甲实际被剥夺政治权利的期限为徒刑刑期加上剥夺政治权利附加刑的刑期。故 D 项为正确答案。

3. **答案**：C。A错，因剥夺政治权利是附加刑，《刑法》第58条第1款规定："附加剥夺政治权利的刑期，从徒刑、拘役执行完毕之日或者从假释之日起计算；剥夺政治权利的效力当然适用于主刑执行期间。"剥夺政治权利的刑期不存在刑期折抵的问题。B错，因《刑法》第44条规定："拘役的刑期，从判决执行之日起计算；判决执行以前先行羁押的，羁押一日折抵刑期一日。"C对，因《刑法》第41条规定："管制的刑期，从判决执行之日起计算；判决执行以前先行羁押的，羁押一日折抵刑期二日。"D错，因《刑法》第47条规定："有期徒刑的刑期，从判决执行之日起计算；判决执行以前先行羁押的，羁押一日折抵刑期一日。"

4. **答案**：B。《刑法》第42条规定："拘役的期限，为一个月以上六个月以下。"

5. **答案**：C。《刑法》第43条第2款规定："在执行期间，被判处拘役的犯罪分子每月可以回家一天至两天；参加劳动的，可以酌量发给报酬。"

6. **答案**：B。《刑法》第50条规定："判处死刑缓期执行的，在死刑缓期执行期间，如果没有故意犯罪，二年期满以后，减为无期徒刑；如果确有重大立功表现，二年期满以后，减为二十五年有期徒刑；如果故意犯罪，情节恶劣的，报请最高人民法院核准后执行死刑；对于故意犯罪未执行死刑的，死刑缓期执行的期间重新计算，并报最高人民法院备案。对被判处死刑缓期执行的累犯以及因故意杀人、强奸、抢劫、绑架、放火、爆炸、投放危险物质或者有组织的暴力性犯罪被判处死刑缓期执行的犯罪分子，人民法院根据犯罪情节等情况可以同时决定对其限制减刑。"

7. **答案**：D。犯罪时不满18周岁不得适用死刑，包括死刑缓期两年执行。

8. **答案**：C。根据《刑法》第50、51条的相关规定，判处死刑缓期执行的法定考验期为2年，不以申报、批准时间为准。吴某死缓到期后，依法应当减为无期徒刑，在此期间又犯故意伤害罪的，自然是将故意伤害罪所判刑罚与无期徒刑合并。

9. **答案**：D。假释考验期内又犯新罪的，应该依法撤销假释，新罪与原判刑罚并罚。由于施某的原判是无期徒刑，所以与新罪的9年徒刑以吸收原则并罚，最终对施某仍然执行无期徒刑。

10. **答案**：C。根据《刑法》第49条规定，审判的时候怀孕的妇女，不适用死刑。这里的"不适用死刑"既包括不适用死刑立即执行，也包括不适用死刑缓期两年执行。根据该规定，是以起诉、审判的犯罪事实与被依法羁押的犯罪事实是否为"同一事实"为标准来判断自然流产的妇女是否视为"审判时怀孕的妇女"。怀孕妇女在羁押期间做人工流产的，也依法不适用死刑。因此选项ABD均正确，只有选项C错误，答案应当选C。

11. **答案**：B。缓刑的撤销，是指由于犯罪人在缓刑考验期内，没有遵守法定条件，而将原判决宣告的缓刑予以撤销，使犯罪人执行原判刑罚。缓刑的撤销包括两种情况：一是被宣告缓刑的犯罪人，在缓刑考验期内犯新罪，或者发现判决宣告以前还有其他罪没有判决的；二是被宣告缓刑的犯罪人，在缓刑考验期内，违反法律、行政法规或者国务院公安部门有关缓刑的监督管理规定，情节严重的。本案就属于第二种情形。在这种情况下撤销缓刑，不存在数罪并罚的问题。原判决宣告以前先行羁押的，应当折抵刑期。但这里徐某被行政拘留的15天并非"原判决宣告以前"先行羁押，因此不可折抵刑期。另外，由于行政拘留并非刑罚的一种，因此也不存在并罚的问题，待行政拘留执行完毕之后，再行收监执行即可。故B正确，ACD错误。

12. **答案**：C。根据《刑法》第263条的规定，A项错误。根据《刑法》第59条的规定，B项错误。根据《刑法》第264条的规定，C项正确。根据《刑法》第60条的规定，D项错误。

13. **答案**：A。甲成立故意杀人罪，依据《刑法》第232条的规定，"处死刑、无期徒刑或者十年以上有期徒刑"。所以对甲"可以”适用死刑，而不是“应当”适用死刑。根据《刑法》第48条的规定，“死刑只适用于罪行极其严重的犯罪分子”，所以当甲的杀人行为被评价为“罪行极其严重时”，可以适用死刑。

定罪和量刑必须严格依照法律的生效规定，如果社会舆论的意见与法律是符合的，那么判决既符合法律，也同时满足了舆论呼声；如果社会舆论与法律是相悖的，那么在法律被废弃之前，法官必须依据法律作出判决，而不能违背法律去顺应舆论。此所谓罪刑法定原则。用网民意见来决定犯罪人生死，是原始的“公审”，本身就是对法治的破坏，最终将不是法官决定案件，而是有话语权的媒体（影响力和煽动力远大于个体）成为事实上的法官。并且用网民意见决定判决，对于不上网的人也并不民主。

14. 答案：D。《刑法》第49条的原文是：“犯罪的时候不满十八周岁的人和审判的时候怀孕的妇女，不适用死刑。审判的时候已满七十五周岁的人，不适用死刑，但以特别残忍手段致人死亡的除外。”

该条规定意味着，基于人道主义的考虑，中国刑法对特定人群不适用死刑，包括死缓：(1) 对犯罪的时候不满18周岁的人不得适用死刑。(2) 对审判时怀孕的妇女不得适用死刑。“审判时”：扩大解释到包括羁押期间；“怀孕的妇女”：扩大解释到包括流产。(3) 对审判的时候已满75周岁的人，不适用死刑。但以特别残忍手段（故意）致人死亡的除外。

15. 答案：B。追缴违法所得的主要精神在于，不允许犯罪人从犯罪行为中获利。A选项，甲如果赌博赢钱，即使赢的钱已经挥霍掉，也应当责令退赔。但甲输了200万元，就不再需要甲退赔了。A选项错误。B选项，乙挪用公款炒股获利500万元，这些钱全部属于违法所得，无论乙是用于购买房产还是用于其他消费方式，均应予以追缴。B选项正确。C选项，丙向李某行贿，并未直接产生违法所得，可以要求丙支付罚金，但不能要求丙退赔行贿的100万元。C选项错误。D选项，丁与王某共同窃取30万元，两人违法所得总共30万元，因此向两人追缴的总额应为30万元。这与要求两人根据共同犯罪理论对30万元负责并不矛盾。D选项错误。

16. 答案：B。《刑法》第37条之一规定：“因利用职业便利实施犯罪，或者实施违背职业要求的特定义务的犯罪被判处刑罚的，人民法院可以根据犯罪情况和预防再犯罪的需要，禁止其自刑罚执行完毕之日或者假释之日起从事相关职业，期限为三年至五年。被禁止从事相关职业的人违反人民法院依照前款规定作出的决定的，由公安机关依法给予处罚；情节严重的，依照本法第三百一十三条的规定定罪处罚。其他法律、行政法规对其从事相关职业另有禁止或者限制性规定的，从其规定。”A选项，利用职务上的便利实施犯罪的，均属于“利用职业便利”实施犯罪，但并非所有利用职务便利的犯罪人均会被判处职业禁止。A选项错误。B选项，根据第37条之一的规定，行为人违反职业禁止决定情节严重的，应被判处拒不执行判决、裁定罪。B选项正确。C选项，职业禁止应自有期徒刑执行完毕后执行。C选项错误。D选项，一般情况下职业禁止的期限为3年至5年，但第37条之一第3款规定：“其他法律、行政法规对其从事相关职业另有禁止或者限制性规定的，从其规定。”我国现行有20多部法律和有关法律问题的决定对受过刑事处罚人员有从事相关职业的禁止或者限制性规定，包括规定禁止或者限制担任一定公职，禁止或者限制从事特定职业，以及禁止或者限制从事特定活动等。例如，《证券法》第221条第1款规定：“违反法律、行政法规或者国务院证券监督管理机构的有关规定，情节严重的，国务院证券监督管理机构可以对有关责任人员采取证券市场禁入的措施。”D选项错误。

17. 答案：B。A选项，拘役同样属于“法定最高刑为不满5年有期徒刑”，应当适用该规定计算危险驾驶罪的追诉时效，即为5年。A选项错误。B选项，主犯和从犯的法定最高刑不同，根据追诉时效有关规定理应分别计算。B选项正确。C选项，追诉时效属于刑法规定的内容，按照刑法理论应当适用从旧兼从轻的原则而非从新原则。C选项错误。D选项，刘某在国外伪造私人印章的行为在我国不构成犯罪，因此其行为不导致追诉时效中断，不应继续追诉刘某故意杀人的罪行。D选项错误。

二、多项选择题

1. **答案**：AB。根据《刑法》第56条的规定，对于危害国家安全的犯罪分子应当附加剥夺政治权利。根据《刑法》第57条的规定，对于被判处死刑、无期徒刑的犯罪分子，应当剥夺政治权利终身。
2. **答案**：ACD。参见《最高人民法院关于适用财产刑若干问题的规定》第2条规定……罚金的最低数额不能少于1000元。对未成年人犯罪应当从轻或者减轻判处罚金，但罚金的最低数额不能少于500元。
3. **答案**：BCD。对某乙而言，造成某甲伤害结果，属于执行职务行为，排除犯罪性。某甲在死缓考验期内故意犯罪，是核准执行死刑的法定根据。
4. **答案**：ABCD。根据《刑法》第49条规定，犯罪的时候不满18周岁的人和审判的时候怀孕的妇女，不适用死刑。根据《刑法修正案（八）》，将《刑法》第49条第2款增加规定：审判的时候已满七十五周岁的人，不适用死刑，但以特别残忍手段致人死亡的除外。因此，ABCD都是正确的。
5. **答案**：AB。根据《刑法》第55条规定：“剥夺政治权利的期限，除本法第五十七条规定外，为一年以上五年以下。判处管制附加剥夺政治权利的，剥夺政治权利的期限与管制的期限相等，同时执行。”因此，A对B对C错。D错，因《刑法》第57条规定：“对于被判处死刑、无期徒刑的犯罪分子，应当剥夺政治权利终身。在死刑缓期执行减为有期徒刑或者无期徒刑减为有期徒刑的时候，应当把附加剥夺政治权利的期限改为三年以上十年以下。”
6. **答案**：AB。参见《刑法》第56条至第58条的规定。
7. **答案**：ABCD。根据《最高人民法院关于适用财产刑若干问题的规定》第4条的规定，犯罪情节较轻，适用单处罚金不致再危害社会并具有下列情节之一的，可以依法单处罚金：（一）偶犯或者初犯；（二）自首或者有立功表现的；（三）犯罪时不满18周岁的；（四）犯罪预备、中止或者未遂的；（五）被胁迫参加犯罪的；（六）全部退赃并有悔改表现的；（七）其他可以依法单处罚金的情形。
8. **答案**：ABC。《刑法》第54条规定：“剥夺政治权利是剥夺下列权利：（一）选举权和被选举权；（二）言论、出版、集会、结社、游行、示威自由的权利；（三）担任国家机关职务的权利；（四）担任国有公司、企业、事业单位和人民团体领导职务的权利。”D项缺少关键词“国有”而不属于答案之一，ABC三项符合题意。故本题正确答案为ABC。
9. **答案**：ACD。《刑法》第56条规定：“对于危害国家安全的犯罪分子应当附加剥夺政治权利；对于故意杀人、强奸、放火、爆炸、投毒、抢劫等严重破坏社会秩序的犯罪分子，可以附加剥夺政治权利。独立适用剥夺政治权利的，依照本法分则的规定。”第57条规定：“对于被判处死刑、无期徒刑的犯罪分子，应当剥夺政治权利终身。在死刑缓期执行减为有期徒刑或者无期徒刑减为有期徒刑的时候，应当把附加剥夺政治权利的期限改为三年以上十年以下。”由此可见，对于危害国家安全的犯罪分子以及被判处死刑、无期徒刑的犯罪分子必须附加剥夺政治权利，ACD三项符合题意，B选项不符合题意。综上，本题正确答案为ACD。
10. **答案**：CD。主刑，是对犯罪分子独立适用的主要刑罚方法，主刑包括管制、拘役、有期徒刑、无期徒刑和死刑。附加刑又称从刑，是补充主刑适用的刑罚方法。附加刑的特点是既可以作为主刑的附加刑适用，也可以独立适用。在独立适用附加刑时，适用于较轻的犯罪。附加刑包括罚金、剥夺政治权利、没收财产和驱逐出境。AB选项错误，CD选项正确。故本题正确答案为CD。

11. 答案：ACD。附加刑又称从刑，是补充主刑适用的刑罚方法。附加刑的特点是既可以作为主刑的附加刑适用，也可以独立适用。在独立适用附加刑时，适用于较轻的犯罪。《刑法》第34条规定："附加刑的种类如下：（一）罚金；（二）剥夺政治权利；（三）没收财产。附加刑也可以独立适用。"第35条规定："对于犯罪的外国人，可以独立适用或者附加适用驱逐出境。"附加刑包括罚金、剥夺政治权利、没收财产和驱逐出境，ACD三项符合题意。故本题正确答案为ACD。

12. 答案：AC。根据《刑法》第41条的规定，管制的刑期，从判决执行之日起计算；判决执行以前先行羁押的，羁押1日折抵刑期2日。第44条规定，拘役的刑期，从判决执行之日起计算；判决执行以前先行羁押的，羁押1日折抵刑期1日。故A项正确。第47条规定，有期徒刑的刑期，从判决执行之日起计算；判决执行以前先行羁押的，羁押1日折抵刑期1日。故B项不正确。第51条规定，死刑缓期执行减为有期徒刑的刑期，从死刑缓期执行期满之日起计算。故C项正确。第58条规定，附加剥夺政治权利的刑期，从徒刑、拘役执行完毕之日或者从假释之日起计算；不是从假释期满之日起计算。故D项错误。①

13. 答案：ABCD。参见《最高人民法院关于适用财产刑若干问题的规定》第2、3条。

14. 答案：ACD。禁止令是法院对于管制犯和缓刑犯适用的禁止其在管制、缓刑期内从事特定活动，进入特定区域、场所，接触特定的人的制度。

首先，根据《刑法》第38、72条和《关于对判处管制、宣告缓刑的犯罪分子适用禁止令有关问题的规定（试行）》第1条的规定，禁止令只适用于管制犯和缓刑犯，对假释犯不能适用禁止令。所以A项在甲的假释考验期内同时适用禁止令的做法是错误的。

其次，禁止令的内容，依据《关于对判处管制、宣告缓刑的犯罪分子适用禁止令有关问题的规定（试行）》第3条至第5条的规定，具体为：

（1）禁止进行的活动：①个人为进行违法犯罪活动而设立公司、企业、事业单位或者在设立公司、企业、事业单位后以实施犯罪为主要活动的，禁止设立公司、企业、事业单位；②实施证券犯罪、贷款犯罪、票据犯罪、信用卡犯罪等金融犯罪的，禁止从事证券交易、申领贷款、使用票据或者申领、使用信用卡等金融活动；③利用从事特定生产经营活动实施犯罪的，禁止从事相关生产经营活动；④附带民事赔偿义务未履行完毕，违法所得未追缴、退赔到位，或者罚金尚未足额缴纳的，禁止从事高消费活动；⑤其他确有必要禁止从事的活动。

（2）禁止进入的场所：①禁止进入夜总会、酒吧、迪厅、网吧等娱乐场所；②未经执行机关批准，禁止进入举办大型群众性活动的场所；③禁止进入中小学校区、幼儿园园区及周边地区，确因本人就学、居住等原因，经执行机关批准的除外；④其他确有必要禁止进入的区域、场所。

（3）禁止接触的人：①未经对方同意，禁止接触被害人及其法定代理人、近亲属；②未经对方同意，禁止接触证人及其法定代理人、近亲属；③未经对方同意，禁止接触控告人、批评人、举报人及其法定代理人、近亲属；④禁止接触同案犯；⑤禁止接触其他可能遭受其侵害、滋扰的人或者可能诱发其再次危害社会的人。

B项禁止的是犯罪人乙附带民事赔偿义务尚未履行情况下的高消费活动，依据

① 【注】司法部公布参考答案为BC。

的是《关于对判处管制、宣告缓刑的犯罪分子适用禁止令有关问题的规定（试行）》第3条第4项的规定："附带民事赔偿义务未履行完毕……禁止从事高消费活动"。B项说法正确。

C项禁止出入的区域，依据《关于对判处管制、宣告缓刑的犯罪分子适用禁止令有关问题的规定（试行）》第4条的规定，应该是娱乐场所、大型群众性活动场所、中小学校区、幼儿园园区，以及其他对于保护被害人有特别意义的区域。不应该包括作为正常人必然要出现在那里的公共厕所。这对于实现禁止令保护秩序的作用没有意义，所以C项的说法错误。

最后，禁止令的期限，依据《关于对判处管制、宣告缓刑的犯罪分子适用禁止令有关问题的规定（试行）》第6条第3款的规定，禁止令的执行期限，从管制、缓刑执行之日起计算。所以D项中被判处管制的丁，其禁止令的期限"应从管制执行完毕之日起计算"的说法是错误的。

三、不定项选择题

答案：ABCD。根据《刑法》第49条规定，犯罪的时候不满18周岁的人和审判的时候怀孕的妇女，不适用死刑。审判的时候具体是指从羁押到判决确定的整个刑事诉讼过程。被告人在羁押期间做人工流产的，应视为审判的时候怀孕的妇女。

四、名词解释

1. **答案**：刑罚体系，是指刑法所规定的并按照一定次序排列的各种刑罚方法的总和。
2. **答案**：主刑，又称基本刑，是指对犯罪分子适用的主要刑罚方法。我国刑法中的主刑有管制、拘役、有期徒刑、无期徒刑和死刑五种。
3. **答案**：有期徒刑，是指剥夺犯罪分子一定期限的人身自由，强迫其劳动并接受教育和改造的刑罚方法。其主要特点是：(1) 剥夺犯罪分子的自由。(2) 具有一定期限。(3) 在监狱或者其他执行场所执行。(4) 强迫参加劳动，接受教育和改造。
4. **答案**：无期徒刑是指剥夺犯罪分子终身自由，实行强制劳动和教育改造的刑罚方法。
5. **答案**：死缓，即死刑缓期二年执行，是指对于应当判处死刑的犯罪分子，如果不是必须立即执行的，判处死刑同时宣告缓期二年执行的制度。适用死缓必须具备两个条件：(1) 适用的对象必须是应当判处死刑的犯罪分子。(2) 不是必须立即执行。
6. **答案**：剥夺政治权利，是指剥夺犯罪人参加国家管理和政治活动的权利的一种刑罚方法。剥夺政治权利是一种资格刑，是剥夺犯罪人参加国家管理和政治活动的资格。根据《刑法》第54条规定，剥夺政治权利的执行内容包括四个方面：①选举权和被选举权；②言论、出版、集会、结社、游行、示威自由的权利；③担任国家机关职务的权利；④担任国有公司、企业、事业单位和人民团体领导职务的权利。剥夺政治权利既可以适用于危害国家安全的犯罪，也可以适用于普通刑事犯罪。

五、简答题

1. **答案**：拘役是短期剥夺犯罪分子的人身自由，就近执行并实行劳动改造的一种刑罚方法。它属于短期自由刑，是主刑中介于管制与有期徒刑之间的一种轻刑。

   拘役与刑事拘留、民事拘留、行政拘留都是短期剥夺人身自由的强制方法，但它们之间存在明显的区别：(1) 性质不同。拘役是刑罚方法；刑事拘留是刑事诉讼中的一种强制措施；民事拘留属于司法行政性质的处理；行政拘留属于治安行政处罚。(2) 适用对象不同。拘役适用于犯罪分子；刑事拘留适用于现行犯或者重大嫌疑分子；民事拘留适用于具有《民事诉讼法》第114条规定的六种行为之一，但又不构成犯罪的民事诉讼参与人或其他人；行政拘留适用于违反治安管理法规，尚未达到犯罪程度的行为人。(3) 适用机关不同。拘役和民事拘留由人民法院适用；刑事拘留由检察机关和公安机关适用；行政拘留由公安机关适用。(4) 适用的法律依据不同。拘役依照刑法的规定适用；刑事拘留依照刑事诉讼法的规定适用；民事拘留依据民事诉讼法的规定适用；行政拘留依据治安管理处罚条例的规定适用。

2. 答案：2015年《刑法修正案（九）》将《刑法》第53条修改为："罚金在判决指定的期限内一次或者分期缴纳。期满不缴纳的，强制缴纳。对于不能全部缴纳罚金的，人民法院在任何时候发现被执行人有可以执行的财产，应当随时追缴。由于遭遇不能抗拒的灾祸等原因缴纳确实有困难的，经人民法院裁定，可以延期缴纳、酌情减少或者免除。"对照第53条原先的内容："罚金在判决指定的期限内一次或者分期缴纳。期满不缴纳的，强制缴纳。对于不能全部缴纳罚金的，人民法院在任何时候发现被执行人有可以执行的财产，应当随时追缴。如果由于遭遇不能抗拒的灾祸缴纳确实有困难的，可以酌情减少或者免除。"发现改动的内容集中在第2款，即增加了延期缴纳的方式，并规定了经法院裁定的前提条件。总体来看，我国《刑法》第53条规定，罚金的执行主要有以下几种方式：

（1）一次缴纳。一次缴纳就是在判决所确定的期限内，强制犯罪分子一次性地将判决所确定的罚金额全部缴清。

（2）分期缴纳。分期缴纳是在判决所确定的期限内，多次强制犯罪分子把判决所确定的罚金额全部缴清。

（3）强制缴纳。强制缴纳即强迫犯罪分子缴纳罚金。适用强制缴纳的条件是：第一，犯罪分子有能力缴纳罚金。这包括两种情况：一是犯罪分子拥有足以缴纳罚金的金钱，如银行存款等；二是犯罪分子虽然没有金钱，但拥有其他财产可以变卖以缴纳罚金。第二，犯罪分子拒不缴纳罚金。即犯罪分子有经济能力却拒绝向法院缴纳罚金。或者是故意隐瞒自己的经济状况，借口无钱而拒不缴纳；或者是积极转移财产而拒不缴纳。

（4）随时追缴。随时追缴是指对于不能全部缴纳罚金的犯罪分子，人民法院在发现被执行人有可以执行的财产的任何时候，都可以强制要求犯罪分子缴纳罚金的执行方式。随时追缴罚金应具备以下条件：犯罪分子不能全部缴纳罚金；犯罪分子不能全部缴纳罚金的原因，并不是由于遭遇不能抗拒的灾祸等原因而确有困难；人民法院发现被执行人有可供执行的财产。在判决所确定的缴纳期限以后，不受时间限制，任何时候只要具备以上适用条件，就可对犯罪分子追缴罚金。

（5）延期缴纳。延期缴纳是指犯罪分子可在法院判决确定的期限之后缴纳罚金。延期缴纳适用的条件包括：第一，犯罪分子遭遇不能抗拒的灾祸等；第二，犯罪分子按期缴纳罚金有困难；第三，延期缴纳必须经过人民法院裁定才能适用。

（6）减免缴纳。减免缴纳是指犯罪分子缴纳罚金确有困难时，得减少或者免除犯罪分子应缴纳的罚金数额的一种罚金执行方式。减免缴纳应具备以下条件：第一，犯罪分子遭遇不能抗拒的灾祸等，如水灾、火灾、地震等；第二，由于不可抗拒的灾祸使犯罪分子缴纳罚金确有困难，无力缴纳或者缴纳之后严重影响其正常生活；第三，罚金的减免缴纳须由人民法院作出裁定方可执行。

罚金的执行方式，应当由人民法院根据实际情况适用，严格遵守罚金适用的各项条件，以有效地发挥罚金刑的功能，保证刑罚目的的实现。

3. 答案：根据《刑法》第55、57条的规定，剥夺政治权利的期限有以下四种情况：（1）独立适用剥夺政治权利或者主刑是有期徒刑、拘役，附加剥夺政治权利的，期限为1年以上5年以下。（2）判处管制附加剥夺政治权利的期限与管制的期限相等。（3）判处死刑、无期徒刑的，应当剥夺政治权利终身。（4）死刑缓期执行减为有期徒刑或者无期徒刑减为有期徒刑的时候，应当把附加剥夺政治权利的期限相应地改为3年以上10年以下。

4. 答案：非刑罚处理方法是指人民法院对于犯罪分子在刑罚方法以外采用的其他处理方法的总称。根据刑法规定，非刑罚处理方法包括三类：

（一）判处赔偿经济损失或责令赔偿损失

这是人民法院根据被告人的犯罪行为给被害人所造成经济损失的情况，判决或者责令被告人给予被害人一定经济赔偿的处理方法。两者所不同的是：前者根据刑法的规定，适用于依法被判处刑罚的犯罪分子；后者根据刑法的规定用于犯罪情节轻微、不需要判处刑罚而免予刑事处分的犯罪分子。

（二）训诫、责令具结悔过及赔礼道歉

这是人民法院对情节轻微、不需要判处刑罚的犯罪分子在免予刑事处分的情况下所采用的几种教育方法。其中训诫是对其当庭进行公开谴责的一种教育方法；责令具结悔过是责令其用书面方式保证悔改、不再重犯的一种教育方法；责令赔礼道歉是责令其承认错误、向被损害人表示歉意的一种教育方法。

（三）由主管部门予以行政处罚或者行政处分

这是人民法院根据案情向被告人所在单位提出行政处分的建议，由主管部门给予被告人一定的行政处罚或者行政处分，至于行政部门究竟给予何种行政处罚或者行政处分，应当由主管部门决定，人民法院不能直接对被告人作出。

5. **答案**：附加刑是指既可以附加适用，也可以独立适用的刑罚方法。我国刑法规定的附加刑包括罚金、剥夺政治权利、没收财产、驱逐出境。具体而言：

（一）罚金

罚金，是指强制犯罪分子向国家缴纳一定数量金钱的一种刑罚方法。罚金是一种财产刑，是对犯罪人财产权益的剥夺。罚金主要适用于贪财图利以及与财产有关的犯罪。

《刑法》第52条规定，判处罚金，应当根据犯罪情节决定罚金数额。罚金的缴纳执行包括四种情况：(1) 犯罪人在判决指定的期限内一次缴纳或者分期缴纳罚金，这可以称为犯罪人的主动缴纳。(2) 犯罪人在判决指定的期限内有能力缴纳而不缴纳罚金，由人民法院强制缴纳，强制的方法包括查封、变卖犯罪人的财产、冻结存款等。(3) 对由于犯罪人隐匿、转移财产而使罚金不能全部缴纳的，人民法院在任何时候发现被执行人有可以执行的财产，应当随时追缴。上述第(2)(3) 两种情况是对犯罪人的强制缴纳。(4) 在罚金缴纳期间，犯罪人由于遭遇无法抗拒的灾祸，缴纳确实有困难的，原判决确定的罚金可以酌情减少或者免除。这是对犯罪人的减免缴纳。

（二）剥夺政治权利

剥夺政治权利，是指剥夺犯罪人参加国家管理和政治活动的权利的一种刑罚方法。

剥夺政治权利的适用对象包括3种：(1) 对于危害国家安全的犯罪分子，应当附加剥夺政治权利；(2) 对于故意杀人、强奸、放火、爆炸、投毒、抢劫等严重破坏社会秩序的犯罪分子，可以附加剥夺政治权利；(3) 对于被判处死刑、无期徒刑的犯罪分子，应当附加剥夺政治权利终身。此外，在刑法分则条文中有的规定可以独立适用剥夺政治权利。

剥夺政治权利的执行内容包括4个方面：(1) 选举权和被选举权；(2) 言论、出版、集会、结社、游行、示威自由的权利；(3) 担任国家机关职务的权利；(4) 担任国有公司、企业、事业单位和人民团体领导职务的权利。

（三）没收财产

没收财产，是指将犯罪分子个人所有的财产的一部分或者全部强制无偿收归国有的一种刑罚方法。没收财产是一种财产刑，是剥夺犯罪人财产的刑罚方法。

没收财产的适用对象：一类是危害国家安全的犯罪分子；另一类是经济犯罪和贪财图利型犯罪。

没收财产刑的确定必须遵守两个原则：一是只能没收属于犯罪人个人所有的财产，属于犯罪人家属所有或者应有的财产不得没收；二是在确定没收财产的范围时，既可以没收犯罪人财产的一部分，也可以没收犯罪人财产的全部，在没收犯罪人的全部财产时，应当为犯罪人本人及其扶养的家属保留必要的维持基本生活的部分财产。

没收财产以前犯罪分子所负的正当债务，需要以没收的财产偿还的，经债权人请求，应当偿还。

（四）驱逐出境

驱逐出境，是指将犯罪的外国人强制驱逐出中国国境的一种刑罚方法。驱逐出境只适用于犯罪的外国人，包括犯罪的无国籍人。驱逐出境独立适用时，应当立即将犯罪的外国人驱逐出中国国境；驱逐出境附加适用时，应当在主刑执行完毕后即将犯罪的外国人驱逐出中国国境。

6. 答案：(1) 刑罚体系，是指刑事立法者从有利于发挥刑罚的功能和实现刑罚的目的出发，选择一定的惩罚方法作为刑罚方法并加以归类，由刑法依照一定的标准对各种刑罚方法进行排列而形成的刑罚序列。我国刑罚体系由主刑和附加刑两类九种刑罚方法组成。主刑由轻到重依次包括管制、拘役、有期徒刑、无期徒刑、死刑五种刑罚，附加刑包括罚金、剥夺政治权利、没收财产、驱逐出境四种刑罚。

(2) 我国刑罚体系具有以下几个特点：

①要素齐备，结构合理。我国具备不同的刑种，对受刑人所造成的剥夺性痛苦不同，可以适用于不同的犯罪和不同的犯罪人，这就使刑罚体系的构成要素臻于全面。

②宽严相济、衔接紧凑。构成我国刑罚体系的刑种，无论主刑还是附加刑，都有轻有重。如主刑既有属于轻刑的管制和拘役，也有较重的有期徒刑和无期徒刑，更有最重的死刑。附加刑的各个刑种也是轻重有别。这表明我国刑罚体系具有宽严相济的特点。

③内容合理、方法人道。我国刑罚体系的内容立足于我国的实际情况，反映了我国长期以来同犯罪作斗争的成功经验，各种刑罚既有惩罚的一面，也有教育的一面。另外，我国刑罚体系中的各种刑罚方法，虽具有造成犯罪人一定痛苦的属性，但不具有残虐性。除死刑立即执行外，其他的刑种都强调对犯罪人的教育与改造。因此，我国刑罚方法又具有人道性。

7. 答案：(1) 从业禁止，是指对于实施了与职业相关犯罪的犯罪分子，限制其在特定时间段内从事相关职业的资格。

(2) 关于从业禁止的性质，理论上存在争议。可以肯定的是，它不是一种刑罚，也不是一种行政处罚，而是由刑法规定并由人民法院裁决的预防性的法律措施。其目的主要是防止犯罪分子再次利用职业之便进行犯罪，与《刑法》第 38 条第 2 款规定的禁止令制度，即“判处管制，可以根据犯罪情况，同时禁止犯罪分子在执行期间从事特定活动，进入特定区域、场所，接触特定的人”的规定有相似之处。依照《刑法》第 37 条之一的规定，从业禁止制度包含以下内容：

①“因利用职业便利实施犯罪，或者实施违背职业要求的特定义务的犯罪被判处刑罚”，这是适用该制度的前提。所谓职业，就是个人在社会中所从事的作为主要生活来源的工作，如法官、教师、律师、医生、导游、会计等。现代社会中，由于社会分工不断细化，每一种职业均有其专业知识和技能乃至伦理的要求。

②法院“可以根据犯罪情况和预防再犯罪的需要”而定，这是适用该制度的关键。

③“禁止其自刑罚执行完毕之日或者假释之日起从事相关职业，期限为三年至五年”，这是该制度的主要内容。

④违反从业禁止规定的，必须承担一定的法律后果。即被禁止从事相关职业的人违反人民法院作出的从业禁止决定的，由公安机关依法给予处罚；情节严重的，依照《刑法》第 313 条规定的拒不执行判决、裁定罪定罪处罚。

第十六章　刑罚裁量

基础知识图解

- 刑罚裁量
  - 概述
    - 概念
    - 任务
    - 意义
  - 原则
    - 以犯罪事实为依据
    - 以刑法为准绳
  - 情节
    - 法定情节
      - 硬性刑罚裁量的情节
      - 弹性刑罚裁量的情节
    - 酌定情节：犯罪的手段、环境、对象、动机、犯罪后的态度、犯罪人的一贯表现

配套测试

一、单项选择题

1. 我国刑法规定的应当减轻或免除处罚的情节之一是（　　）。

A. 未遂犯

B. 防卫过当

C. 犯有较轻之罪而自首的

D. 预备犯

2. 我国刑法规定的从轻处罚是指（　　）。

A. 在法定刑限度以下判处刑罚

B. 在法定刑幅度中线以下判处刑罚

C. 按法定刑的最低限度判处刑罚

D. 在法定刑限度以内相对于没有该从轻处罚情节判处较轻的刑罚

3. 王某多次吸毒，某日下午在市区超市门口与同居女友沈某发生争吵。沈某欲离开，王某将其按倒在地，用菜刀将其砍死。后查明：王某案发时因吸毒出现精神病性障碍，导致辨认控制能力减弱。关于本案的刑罚裁量，下列哪一选项是错误的？（　　）（司考 2017. 卷二 . 10）

A. 王某是偶犯，可酌情从轻处罚

B. 王某刑事责任能力降低，可从轻处罚

C. 王某在公众场合持刀行凶，社会影响恶劣，可从重处罚

D. 王某与被害人存在特殊身份关系，可酌情从轻处罚

4. 犯罪分子没有法定减轻处罚情节，但根据案件特殊情况，经________核准，可在法定刑以下判处刑罚；被判处无期徒刑的犯人，如有特殊情况，经________核准，实际执行未达 13 年的，可以假释；在死刑缓期执行期间，如故意犯罪，查证属实，由________核准，执行死刑；犯罪已经经过 20 年，如果认为必须追诉的，须报________核准。

下列哪一选项与题干空格内容相匹配？（　　）（司考 2012. 卷二 . 13）

A. 最高人民法院、最高人民法院、最高人民法院、最高人民法院

B. 最高人民法院、最高人民检察院、最高人民法院、最高人民法院

C. 最高人民法院、最高人民检察院、最高人民法院、最高人民检察院

D. 最高人民法院、最高人民法院、最高人民法院、最高人民检察院

二、多项选择题

1. 我国刑法规定，应当减轻或者免除处罚的

情节有：(　　)。

A. 防卫过当　　B. 避险过当

C. 中止犯　　D. 胁从犯

2. 对下列哪些情形依法应当从重处罚？(　　)

A. 甲于1997年11月因聚众斗殴罪被判处2年有期徒刑，1999年11月刑满释放，同年12月犯寻衅滋事罪被判处1年有期徒刑

B. 甲某利用职务之便挪用价值3万元的抢险物品

C. 甲某非法拘禁乙某并对其进行暴力殴打，造成乙某受轻微伤

D. 甲某教唆不满18周岁的乙某盗窃

3. 可以从轻或减轻处罚的情节有：(　　)。

A. 避险过当

B. 教唆未遂的教唆犯

C. 犯罪以后自首的

D. 从犯

4. 根据司法实践，常见的酌定量刑情节包括：(　　)。

A. 又聋又哑的人或者盲人犯罪

B. 犯罪的时间、地点、方法

C. 行贿人在被追诉前，主动交代行贿行为的

D. 犯罪分子的一贯表现

5. 下列哪些行为属于法定的从重处罚情节？(　　)(司考2006. 卷二.65)

A. 国家机关工作人员甲利用职权对乙进行非法拘禁，时间长达3天

B. 军警人员甲持枪抢劫

C. 国家机关工作人员甲利用职权挪用数额巨大的救济款进行赌博

D. 国家机关工作人员甲徇私舞弊，滥用职权，致使公共财产、国家和人民利益遭受重大损失

6. 根据《刑法》的规定，应当从重处罚的情节有：(　　)。(中国政法大学2006年研究生入学试题)

A. 主犯

B. 累犯

C. 教唆未满18周岁的人犯罪的教唆犯

D. 首要分子

三、名词解释

1. 刑罚裁量

2. 量刑情节

四、简答题

1. 简述定罪情节与量刑情节的区别。

2. 试列举酌定量刑情节。

3. 试列举我国刑法总则关于可以从轻处罚的规定。(西南政法大学2005年研究生入学试题)

4. 在对犯罪分子裁量刑罚时，对于社会危害程度的判断是否要考虑社会治安形势等因素？

五、论述题

法定刑、量刑情节与宣告刑关系。(吉林大学2006年研究生入学试题)

六、案例分析题

1. 赵某(男，1983年8月8日生)游手好闲，讲究享乐，为了让经商的父亲多给一些钱用而费尽心机。2000年7月7日，赵某让钱某(男，1983年6月6日生)给自己的父亲打电话，谎称自己被警察抓走了。钱某问为什么要撒谎，赵某说：“这不关你的事。”钱某给赵某的父亲打了电话。接着，赵某于当日半夜拿菜刀将自己的左手小指齐指甲根部剁下，然后跑到医院包扎。第二天早晨，赵某让孙某(男，1983年5月5日生)把装有半截手指的信封送到赵某家楼下的食杂店，委托店主交给赵某的父亲。中午，孙某按赵某的旨意给赵某的父亲打电话：“你的儿子已经被我们绑架了，拿50万元来赎人，否则你儿子便没命了。”赵某的父亲立即报案，公安机关将赵某、钱某、孙某抓获。赵某在被拘留期间，主动交代了司法机关还未掌握的另一犯罪事实：赵某于1999年4月4日，在盗窃了李某家5000元现金后，为了毁灭罪证而实施了危害公共安全的放火

行为。钱某在被拘留期间也主动交代自己曾于1999年3月3日参与一起绑架案，分得赎金3000元。孙某在被拘留期间，检举、揭发了周某的重大犯罪行为，经查证属实。

根据上述案情，回答下列问题：

（1）本案中的赵某、钱某、孙某的行为是否构成犯罪？构成何罪？

（2）哪些人各具有哪些法定的量刑情节？

2. 方某产生劫机外逃的念头，并邀赵某一同行动。为劫机，方某购买一支催泪枪，并指使赵某买来两把尖刀。为了逃避安全检查，方某将催泪枪分解伪装，进行两次登机试验，均获成功。方某与赵某商定乘长春至厦门的班机，将飞机劫持到我国台湾地区，并商定具体的行动方案。而后，方某出资让赵某去购买了该班机机票2张。赵某在与妻子道别时，泄露了劫机计划。在妻子的劝说下，赵某到公安机关投案，并协助公安机关将方某抓获归案。

（1）列出赵某所具有的法定量刑情节，并分别扼要说明认定这些法定情节的理由。

（2）对赵某应当如何处罚？为什么？

参考答案

一、单项选择题

1. 答案：B。A错，因《刑法》第23条第2款规定："对于未遂犯，可以比照既遂犯从轻或者减轻处罚。"B对，因《刑法》第20条第2款规定："正当防卫明显超过必要限度造成重大损害的，应当负刑事责任，但是应当减轻或者免除处罚。"C错，因《刑法》第67条第1款规定："犯罪以后自动投案，如实供述自己的罪行的，是自首。对于自首的犯罪分子，可以从轻或者减轻处罚。其中，犯罪较轻的，可以免除处罚。"D错，因《刑法》第22条第2款规定："对于预备犯，可以比照既遂犯从轻、减轻处罚或者免除处罚。"

2. 答案：D。根据《刑法》第62条规定，从轻是指在法定刑限度以内判处相对较轻的刑罚。

3. 答案：B。量刑情节以刑法是否有明文规定为标准可以分为法定情节与酌定情节。法定情节是刑法明文规定在量刑时应当予以考虑的情节。酌定情节是刑法未作明文规定，量刑时酌情考虑的情节。选项AC均正确。根据原因自由行为的法理，对于故意或过失导致自己陷入限定责任能力状态而实施犯罪的，应当追究刑事责任，不应适用从轻或减轻处罚的规定。王某由于吸毒行为出现精神病性障碍属于原因自由行为。选项B错误。王某与被害人之间为男女朋友关系，由于婚姻家庭、邻里纠纷等民间矛盾激化引发的故意杀人案件，犯罪人案发后积极赔偿、真诚悔罪、取得家属谅解的，可以依法从宽处罚。选项D正确。

4. 答案：D。本题为直接考查法条内容的题目，在讲课时称为"四把尚方宝剑"。分别对应：（1）《刑法》第63条第2款规定："犯罪分子虽然不具有本法规定的减轻处罚情节，但是根据案件的特殊情况，经最高人民法院核准，也可以在法定刑以下判处刑罚。"（2）《刑法》第81条第1款规定："被判处有期徒刑的犯罪分子，执行原判刑期二分之一以上，被判处无期徒刑的犯罪分子，实际执行十三年以上，如果认真遵守监规，接受教育改造，确有悔改表现，没有再犯罪的危险的，可以假释。如果有特殊情况，经最高人民法院核准，可以不受上述执行刑期的限制。"（3）《刑法》第48条第2款规定："死刑除依法由最高人民法院判决的以外，都应当报请最高人民法院核准……"（4）《刑法》第87条第4项规定："法定最高刑为无期徒刑、死刑的，经过二十年。如果二十年以后认为必须追诉的，须报请最高人民检察院核准。"

二、多项选择题

1. 答案：ABCD。

2. 答案：ABCD。根据《刑法》第65条的规定，A属于累犯应从重处罚，D属于《刑法》第29条规定的"教唆不满十八周岁的人犯罪的，应当从重处罚”，BC 属于分则特别规定从重处罚情节。

3. **答案**：BC。A 错，因《刑法》第 21 条第 2 款规定：“紧急避险超过必要限度造成不应有的损害的，应当负刑事责任，但是应当减轻或者免除处罚。”B 对，《刑法》第 29 条第 2 款规定：“如果被教唆的人没有犯被教唆的罪，对于教唆犯，可以从轻或者减轻处罚。”C 对，因《刑法》第 67 条第 1 款规定：“犯罪以后自动投案，如实供述自己的罪行的，是自首。对于自首的犯罪分子，可以从轻或者减轻处罚。其中，犯罪较轻的，可以免除处罚。”D 错，因《刑法》第 27 条第 2 款规定：“对于从犯，应当从轻、减轻处罚或者免除处罚。”

4. **答案**：BD。AC 都是法定量刑情节。

5. **答案**：AC。《刑法》第 238 条（非法拘禁罪）第 4 款规定，国家机关工作人员利用职权犯前三款罪的，依照前三款的规定从重处罚。故 A 项正确。第 384 条第 2 款规定，国家工作人员挪用用于救灾、抢险、防汛、优抚、扶贫、移民、救济款物归个人使用的，从重处罚。故 C 项正确。第 263 条规定，以暴力、胁迫或者其他方法抢劫公私财物的，处 3 年以上 10 年以下有期徒刑，并处罚金；有下列情形之一的，处 10 年以上有期徒刑、无期徒刑或者死刑，并处罚金或者没收财产：（七）持枪抢劫的；……因此，B 项军警人员持枪抢劫是抢劫罪量刑的一个刑度，而不是从重处罚情节，故 B 项不应选。第 397 条规定，国家机关工作人员滥用职权或者玩忽职守，致使公共财产、国家和人民利益遭受重大损失的，处 3 年以下有期徒刑或者拘役；情节特别严重的，处 3 年以上 7 年以下有期徒刑。本法另有规定的，依照规定。国家机关工作人员徇私舞弊，犯前款罪的，处 5 年以下有期徒刑或者拘役；情节特别严重的，处 5 年以上 10 年以下有期徒刑。本法另有规定的，依照规定。因此，“国家机关工作人员甲徇私舞弊，滥用职权，致使公共财产、国家和人民利益遭受重大损失”也只是量刑的一个刑度，不是从重处罚情节，D 项不应当选。故本题正确答案为 AC。

6. **答案**：BC。《刑法》第 26 条规定：“组织、领导犯罪集团进行犯罪活动的或者在共同犯罪中起主要作用的，是主犯。三人以上为共同实施犯罪而组成的较为固定的犯罪组织，是犯罪集团。对组织、领导犯罪集团的首要分子，按照集团所犯的全部罪行处罚。对于第三款规定以外的主犯，应当按照其所参与的或者组织、指挥的全部犯罪处罚。”故 A、D 错。B、C 两项正确，为应选项。

三、名词解释

1. **答案**：刑罚裁量，简称量刑，是指法院根据行为人所犯罪行及刑事责任的轻重，在定罪的基础上，依法决定对犯罪分子是否判处刑罚，判处何种刑罚、刑度或所判刑罚是否立即执行的刑事审判活动。

2. **答案**：量刑情节，即刑罚裁量情节，是指法院对犯罪分子裁量刑罚时，作为决定刑罚轻重或者免除处罚根据的各种事实情况。

四、简答题

1. **答案**：定罪情节与量刑情节在刑事审判中具有不同的功能和作用，二者的区别点在于：

定罪情节	量刑情节
定罪情节是犯罪构成要件所涵盖的内容和行为成立某种犯罪的事实根据，它表明并揭示该种犯罪的共性	量刑情节表明个案之间的特点和差异，揭示同种犯罪中不同案犯的个性
定罪情节不仅决定具体犯罪的性质，而且决定对该种犯罪追究刑事责任的统一标准和范围，同法定刑有着必然的联系	量刑情节则以某种法定刑为适用的前提和基础，是刑罚个别化的唯一根据，同宣告刑有着必然的联系
定罪情节只限于罪中情节，外延比较狭窄	量刑情节包括罪中情节、罪前情节和罪后情节

2. **答案**：从理论上说，凡是定罪情节和法定量刑情节以外的、能够表明行为社会危害性和行为人人身危险性及其程度轻重的主客观事实情况，都属于酌定量刑情节。实践中常见的酌定量刑情节有：（1）犯罪手段；（2）犯罪的侵害对象；（3）犯罪的损害结果；（4）犯罪的时

间、地点；(5) 犯罪的动机；(6) 犯罪后的态度；(7) 犯罪人的一贯表现。

3. 答案：我国刑法中规定的“可以从轻处罚”主要有以下各点：

(1) 又聋又哑的人或者盲人犯罪，可以从轻、减轻或者免除处罚；

(2) 对于预备犯，可以从轻、减轻或者免除处罚；

(3) 尚未完全丧失辨认或者控制自己行为能力的精神病人犯罪的，可以从轻或者减轻处罚；

(4) 对未遂犯，可以从轻或者减轻处罚；

(5) 在被教唆的人没有犯被教唆的罪时，对教唆犯可以从轻或减轻处罚；

(6) 对于自首的犯罪分子，可以从轻或减轻处罚；

(7) 犯罪分子有揭发他人犯罪行为，查证属实的，或者提供重要线索，从而得以侦破其他案件等立功表现的，可以从轻或减轻处罚。

4. 答案：在对犯罪分子裁量刑罚时，对于社会危害程度的判断需要考虑社会治安形势等因素。刑罚裁量，又称量刑，是指人民法院在依法认定行为人的行为构成犯罪的基础上，依据行为人的犯罪事实、各种量刑情节与规则，依法决定对行为人是否判处刑罚、判处什么刑罚以及如何执行刑罚的刑事审判活动。刑罚裁量的原则属于罪刑法定等刑法基本原则下位的刑事司法原则，是指由刑法明文规定的、贯穿于全部量刑活动并对量刑工作具有指导意义和制约作用的法律准则，具体规定于我国《刑法》第61条。该条规定，对于犯罪分子决定刑罚的时候，应当根据犯罪的事实、犯罪的性质、情节和对于社会的危害程度，依照本法的有关规定判处。量刑需要“以案件事实为依据”，即确定犯罪分子应判处的刑罚，应当根据与案件相关的犯罪的事实、犯罪的性质、情节和对于社会的危害程度。“对于社会的危害程度”是指对于行为人实施犯罪行为之危害社会程度的评价或判断，评价的依据是行为人实施犯罪的事实、犯罪的性质以及案件中具有的各种影响行为危害社会程度的情节。对于发生在不同时间或地点的同一行为，往往会根据其案件事实作出不同的处理，这也正说明了社会治安形势是定罪量刑的重要根据。

【说明】对于社会危害程度的判断是否需要考虑社会治安形势等因素，关于这个问题在刑法学界一直存在争议，答题时言之有理即可。也有观点认为社会治安形势本身不是量刑的根据，量刑的根据应当是犯罪的性质、情节和对于社会的危害程度等。不过在评定行为的社会危害程度时要适当考虑“形势”的因素，如平时与战时，治安秩序良好与混乱等。

五、论述题

答案：法定刑，是指刑法分则规定的适用于具体犯罪的刑罚种类和量刑幅度，罪与刑的关系密不可分，犯罪是刑罚的基础，刑罚是犯罪的法律后果。刑法分则有罪刑关系的条文，有罪状必然有法定刑。法定刑是司法机关对刑事被告人判刑的法律依据，也是刑罚适用的公正性的基本保证。

法定刑不同于宣告刑。法定刑是国家立法机关根据某种犯罪的社会危害性质和危害程度所确定的刑罚幅度，它着眼于该罪的共性；宣告刑则是审判机关对具体犯罪案件中的犯罪人依法判处并宣告的应当实际执行的刑罚，它着眼于具体犯罪案件及犯罪人的特殊性。

由于量刑是在特定法定刑范围内从重或从轻处罚，以及在该种法定刑以下减轻或免除刑罚，因此，除绝对确定的死刑外，任何罪行都有一定的量刑空间，这就是立法者为该种罪行所配置的法定刑。量刑情节与法定刑的关系，表现为理性评价量刑情节以确定与罪行相适应的宣告刑。就一个具体案例而言，可能只有一个量刑情节，也可能是多个量刑情节；可能都是从重处罚情节或者从宽处罚情节，也可能既有从重处罚情节又有从轻处罚情节，等等，这时，就应当根据量刑情节的单复、性质、积分量、同向竞合或者逆向竞合，在法定刑的范围内，采取不同的操作方法，来求解最合适的宣告刑。

六、案例分析题

1. 答案：（1）赵某构成敲诈勒索罪和放火罪。赵某向自己父亲谎称遭到绑架，索要财物的行为，属于使用威胁的方式勒索数额较大的财物的行为，构成敲诈勒索罪。在犯罪时，赵某已满16周岁应当负刑事责任。赵某在实施盗窃和放火行为时，已满14周岁不满16周岁，依法对盗窃行为不负刑事责任，不成立盗窃罪；但依法对放火罪应当负刑事责任，成立放火罪。

钱某不构成犯罪。钱某按照赵某的指使向赵某父亲谎称赵某被警察抓了，不构成犯罪。理由是主观上没有敲诈的故意，客观上声称被警察抓住，本身就不是敲诈的威胁行为。钱某交代参与绑架一事，因其行为时不满16周岁，未达到绑架罪负刑事责任的年龄，不构成绑架罪。

孙某帮助赵某谎称绑架，勒索数额较大的财物，构成赵某敲诈勒索罪的共犯。

（2）赵某的法定量刑情节：

①犯罪时不满18周岁，根据《刑法》第17条规定，已满14周岁不满18周岁的人犯罪，应当从轻或者减轻处罚。

②特别自首。根据《刑法》第67条第2款规定，赵某主动交代的放火罪行属于自首，依法可以从轻或者减轻处罚。赵某在被采取强制措施之后，主动交代司法机关未掌握的与敲诈勒索不同种的放火罪行，属于自首。依法可以从轻或者减轻处罚。

孙某的法定量刑情节：

①孙某作为赵某敲诈勒索罪的共犯，对赵某的敲诈勒索罪行起着辅助、帮助的作用，属于从犯，根据《刑法》第27条之规定，应当从轻、减轻或者免除处罚从犯。

②犯罪时不满18周岁，根据《刑法》第17条第4款的规定，应当从轻或者减轻处罚。

③孙某在被拘留期间，检举揭发了周某的重大犯罪行为，而且经查证属实，根据《刑法》第68条的规定，属于立功表现，同时，依据《最高人民法院关于处理自首和立功具体应用法律若干问题的解释》第7条之规定，其检举揭发周某的重大犯罪行为，构成重大立功，依法应当减轻或者免除处罚。

2. 答案：（1）本案中，方某策划了整个行动，并购买了催泪枪，实施了携枪登机的试验，并指使赵某买尖刀和机票，是主犯，赵某准备作案工具、商量作案计划以及最后的购买机票，在整个犯罪过程中起的是次要作用，是从犯，应当从轻、减轻或者免除处罚；另外，赵某在最后实施劫机之前自首，符合法定的自首条件，具备法定的情节，可以从轻或者减轻处罚，也就是说，对赵某的处罚可以在前面确定具体的量刑幅度以内从轻或者减轻处罚。同时，赵某的行为也构成预备阶段的中止，应当减轻或者免除处罚；后赵某协助公安机关抓获方某，根据《最高人民法院关于处理自首和立功具体应用法律若干问题的解释》第5条的规定，成立立功，可以从轻或减轻处罚。

（2）综观全案赵某具备的法定量刑情节，且赵某的行为未造成现实的损害，故对其应当免除处罚。

第十七章　刑罚裁量制度

基础知识图解

刑罚裁量制度
- 从重、从轻、减轻与免除处罚制度：累犯、自首、立功
- 数罪并罚制度：概念、原则、具体适用
- 缓刑制度：概念、适用条件、考察内容及考验期限、法律后果、特别缓刑（战时缓刑）

配套测试

一、单项选择题

1. 关于自首，下列哪一选项是正确的？（　　）（司考 2017. 卷二 .9）

A. 甲绑架他人作为人质并与警察对峙，经警察劝说放弃了犯罪。甲是在“犯罪过程中”而不是“犯罪以后”自动投案，不符合自首条件

B. 乙交通肇事后留在现场救助伤员，并报告交管部门发生了事故。交警到达现场询问时，乙否认了自己的行为。乙不成立自首

C. 丙故意杀人后如实交代了自己的客观罪行，司法机关根据其交代认定其主观罪过为故意，丙辩称其为过失。丙不成立自首

D. 丁犯罪后，仅因形迹可疑而被盘问、教育，便交代了自己所犯罪行，但拒不交代真实身份。丁不属于如实供述，不成立自首

2. 甲某犯有金融凭证诈骗罪和贷款诈骗罪分别被判 15 年有期徒刑和 10 年有期徒刑，决定执行 20 年有期徒刑。在服刑到 12 年时，越狱脱逃被抓回，并且还发现甲某曾经有一起盗窃一辆汽车的犯罪事实。人民法院对其脱逃罪判处 3 年有期徒刑，对其盗窃罪判处 9 年有期徒刑。对甲某应当如何合并决定执行的刑罚？（　　）

A. 将原判决 20 年有期徒刑与新罪的 3 年刑期合并后，再将该刑期与漏罪的 9 年有期徒刑合并决定执行的刑期，减去已经执行的 12 年刑期

B. 将原判决宣告的 15 年、10 年刑期与漏罪的 9 年刑期合并，然后减去已经执行的 12 年刑期，最后再将该刑期与新罪的 3 年刑期合并

C. 将原判决 20 年有期徒刑与漏罪的 9 年刑期合并，然后减去已经执行的刑期 12 年，最后再将该刑期与新罪所判的 3 年刑期合并

D. 将漏罪的 9 年刑期与新罪的 3 年刑期合并决定执行的刑期，然后再将该刑期与原判决的 20 年刑期合并，减去已经执行的 12 年刑期，决定执行的刑期

3. 甲犯某罪被判处有期徒刑 13 年，执行 10 年后，又犯新罪，被处以有期徒刑 12 年，对甲数罪并罚，其实际执行的最高刑期是（　　）。

A. 20 年　　B. 15 年

C. 23 年　　D. 25 年

4. 王某因诈骗罪被人民法院判处有期徒刑 3 年，人民法院在量刑时考虑到王某有积极退赃并检举他人犯罪的情节，决定宣告缓刑 3 年。缓刑考验期满后，公安机关又查获王某在缓刑考验期满后不久又犯交通肇事罪。对王某的行为，应当如何处理？（　　）

A. 不撤销原判宣告的缓刑，以交通肇事罪处罚
B. 不撤销原判宣告的缓刑，以累犯从重处罚
C. 撤销原判宣告的缓刑，前罪与后罪数罪并罚
D. 撤销原判宣告的缓刑，以惯犯从重处罚

5. 按照刑法规定，在战时，对被判处3年以下有期徒刑没有现实危险宣告缓刑的犯罪军人，允许其戴罪立功，确有立功表现时，可以（ ）。
A. 免予执行原判刑罚
B. 维持原判刑罚
C. 减轻执行原判刑罚
D. 撤销原判刑罚，不以犯罪论处

6. 甲在缓刑考验期内犯罪，但在缓刑考验期满后才被发现，且未过追诉时效，对甲的处理应该是（ ）。
A. 撤销缓刑执行原判刑罚
B. 撤销缓刑，将前罪与后罪按数罪并罚的原则处理
C. 对后罪处以刑罚，原判刑罚不再执行
D. 重新审判

7. 张某盗窃价值15000元的财物后逃到外地，因害怕从重处罚，就向原居住地的公安机关写了一封信，如实地交代了自己的罪行和赃物藏匿地点，张某在投案途中被公安机关逮捕。张某的行为属于（ ）。
A. 立功表现 B. 自首
C. 以自首论 D. 不能视为自首

8. 有期徒刑的缓刑考验期为（ ）。
A. 原判刑期以上3年以下，不得少于1年
B. 原判刑期以上5年以下，不得少于6个月
C. 原判刑期以上3年以下，不得少于6个月
D. 原判刑期以上5年以下，不得少于1年

9. 王某犯故意伤害罪，被判无期徒刑。服刑13年后，因表现良好而获假释。在假释考验期内的第4年，王某又犯强奸罪，被判刑9年。根据刑法规定，对王某应撤销假释，按数罪并罚的规定处理。对王某应适用何种刑罚幅度或刑种？（ ）
A. 应在9年以上20年以下有期徒刑幅度内决定执行的刑期
B. 应在4年以上15年以下有期徒刑幅度内决定执行的刑期
C. 应在9年以上16年以下有期徒刑幅度内决定执行的刑期
D. 应决定执行无期徒刑

10. 危害国家安全罪的累犯的构成条件是（ ）。
A. 前后两罪都是危害国家安全罪
B. 前后两罪中有一罪是危害国家安全罪
C. 前后两罪是判处了或者应当判处有期徒刑以上刑罚的危害国家安全罪
D. 后一危害国家安全罪必须发生在前罪刑罚执行完毕或赦免后5年之内

11. 犯罪分子虽然不具有法定的减轻处罚情节，但是根据案件的特殊情况，经人民法院核准，也可以在法定刑以下判处刑罚。该核准法院应是（ ）。
A. 原审人民法院审判委员会
B. 中级人民法院
C. 高级人民法院
D. 最高人民法院

12. 甲某在缓刑考验期间，私下跑到海南去经商，考察机关得知后，多次发函督促其迅速返回原籍，甲某不予理睬。对其应该（ ）。
A. 抓回原籍予以行政拘留
B. 按逃脱罪论处
C. 撤销缓刑，执行原判刑罚
D. 撤销缓刑，按原判刑加重处罚

13. 关于累犯，下列哪一判断是正确的？（ ）（司考2010. 卷二 . 8）
A. 甲因抢劫罪被判处有期徒刑十年，并被附加剥夺政治权利三年。甲在附加刑执行完毕之日起五年之内又犯罪。甲成立累犯
B. 甲犯抢夺罪于2005年3月假释出狱，考验期为剩余的二年刑期。甲从假释考验期满之日起五年内再故意犯重

罪。甲成立累犯

C. 甲犯危害国家安全罪五年刑期满，六年后又犯杀人罪。甲成立累犯

D. 对累犯可以从重处罚

14. 甲因为盗窃乙的自行车（价值 460 元）被抓获，公安机关对其作出行政拘留 15 日的处罚。在被行政拘留期间，甲主动交代了盗窃丙的摩托车（价值 2 万元）的犯罪事实，该事实经公安机关查证属实。对甲主动交代盗窃摩托车一事的行为应如何定性？（　　）（司考 2008. 四川. 卷二. 2）

A. 自首　　B. 坦白

C. 立功　　D. 重大立功

15. 关于缓刑，下列哪一选项是正确的？（　　）（司考 2008. 四川. 卷二. 10）

A. 对累犯以及杀人、伤害等暴力性犯罪，不得宣告缓刑

B. 被宣告缓刑的犯罪分子，在缓刑考验期内，只要没有再犯新罪的，缓刑考验期满，原判刑罚就不再执行

C. 缓刑考验期限，从判决确定之日起计算

D. 被宣告缓刑的犯罪分子，在缓刑考验期内犯新罪的，应当撤销缓刑，将前罪和后罪所判处的刑罚，依照先减后并的方法决定应当执行的刑罚

16. 关于缓刑，下列哪一选项是错误的？（　　）（司考 2006. 卷二. 8）

A. 对于累犯不适用缓刑

B. 对于危害国家安全的犯罪分子，不适用缓刑

C. 对于数罪并罚但宣告刑为 3 年以下有期徒刑的犯罪分子，可以适用缓刑

D. 虽然故意杀人罪的法定最低刑为 3 年有期徒刑，但只要符合缓刑条件，仍然可以适用缓刑

17. 关于数罪并罚，下列哪一选项是错误的？（　　）（司考 2007. 卷二. 8）

A. 甲在刑罚执行完毕以前发现漏罪的，应当按照“先并后减”的原则实行数罪并罚

B. 乙在刑罚执行完毕以前再犯新罪的，应当按照“先减后并”的原则实行数罪并罚

C. 丙在刑罚执行完毕以前再犯新罪，同时又发现漏罪的，应当先将漏罪与原判决的罪实行“先并后减”；再对新罪与前一罪并罚后尚未执行完毕的刑期实行“先减后并”

D. “先减后并”在一般情况下使犯罪人受到的实际处罚比“先并后减”轻

18. 关于累犯，下列哪一选项是正确的？（　　）（司考 2009. 卷二. 10）

A. 甲因故意伤害罪被判七年有期徒刑，刑期自 1990 年 8 月 30 日至 1997 年 8 月 29 日。甲于 1995 年 5 月 20 日被假释，于 1996 年 8 月 25 日犯交通肇事罪。甲构成累犯

B. 乙因盗窃罪被判三年有期徒刑，2002 年 3 月 25 日刑满释放，2007 年 3 月 20 日因犯盗窃罪被判有期徒刑四年。乙构成累犯

C. 丙因危害国家安全罪被判处五年有期徒刑，1996 年 4 月 21 日刑满释放，2006 年 4 月 20 日再犯同罪。丙不构成累犯

D. 丁因失火罪被判处三年有期徒刑，刑期自 1995 年 5 月 15 日至 1998 年 5 月 14 日。丁于 1998 年 5 月 15 日在出狱回家途中犯故意伤害罪。丁构成累犯

19. 关于犯罪数额的计算，下列哪一选项是正确的？（　　）（司考 2009. 卷二. 11）

A. 甲 15 周岁时携带凶器抢夺他人财物价值 3 万元；17 周岁时抢劫他人财物价值 2 万元。甲的犯罪数额是 5 万元

B. 乙收受贿赂 15 万元，将其中 3 万元作为单位招待费使用。乙的犯罪数额是 12 万元

C. 丙第一次诈骗 6 万元，第二次诈骗 12 万元，但用其中 6 万元补偿第一次诈骗行为被害人的全部损失。丙的犯罪数额是 6 万元

D. 丁盗窃他人价值 6000 元的手机，在

销赃时夸大手机功能将其以1万元卖出。丁除成立盗窃罪外，还成立诈骗罪，诈骗数额是1万元

20. 2009年1月，甲（1993年4月生）因抢劫罪被判处有期徒刑1年。2011年3月20日，甲以特别残忍的手段故意杀人后逃跑，6月被抓获。关于本案，下列哪一选项是正确的？（　　）（司考2011.卷二.9）

A. 根据从旧兼从轻原则，本案不适用《刑法修正案（八）》

B. 对甲故意杀人的行为，应当从轻或者减轻处罚

C. 甲在审判时已满18周岁，可以适用死刑

D. 甲构成累犯，应当从重处罚

21. 关于缓刑的适用，下列哪一选项是错误的？（　　）（司考2011.卷二.10）

A. 被宣告缓刑的犯罪分子，在考验期内再犯罪的，应当数罪并罚，且不得再次宣告缓刑

B. 对于被宣告缓刑的犯罪分子，可以同时禁止其从事特定活动，进入特定区域、场所，接触特定的人

C. 对于黑社会性质组织的首要分子，不得适用缓刑

D. 被宣告缓刑的犯罪分子，在考验期内由公安机关考察，所在单位或者基层组织予以配合

22. 被宣告________的犯罪分子，在________考验期内犯新罪或者发现判决宣告以前还有其他罪没有判决的，应当撤销________，对新犯的罪或者新发现的罪作出判决，把前罪和后罪所判处的刑罚，依照《刑法》第69条的规定，决定执行的刑罚。

关于三个空格的填充内容，下列哪一选项是正确的？（　　）（司考2013.卷二.11）

A. 均应填“假释”

B. 均应填“缓刑”

C. 既可均填“假释”，也可均填“缓刑”

D. 既不能均填“假释”，也不能均填“缓刑”

23. 甲（民营企业销售经理）因合同诈骗罪被捕。在侦查期间，甲主动供述曾向国家工作人员乙行贿9万元，司法机关遂对乙进行追诉。后查明，甲的行为属于单位行贿，行贿数额尚未达到单位行贿罪的定罪标准。甲的主动供述构成下列哪一量刑情节？（　　）（司考2014.卷二.12）

A. 坦白　　B. 立功

C. 自首　　D. 准自首

24. 罪犯被裁定减刑后，因被发现漏罪或者又犯新罪而依法进行数罪并罚时，经减刑裁定减去的刑期（　　）。

A. 不计入已经执行的刑期

B. 计入已经执行的刑期

C. 不得超过2年

D. 不得超过10年

二、多项选择题

1. 关于缓刑的适用，下列哪些选项是错误的？（　　）（司考2017.卷二.56）

A. 甲犯抢劫罪，所适用的是“三年以上十年以下有期徒刑”的法定刑，缓刑只适用于被判处拘役或者3年以下有期徒刑的罪犯，故对甲不得判处缓刑

B. 乙犯故意伤害罪与代替考试罪，分别被判处6个月拘役与1年管制。由于管制不适用缓刑，对乙所判处的拘役也不得适用缓刑

C. 丙犯为境外非法提供情报罪，被单处剥夺政治权利，执行完毕后又犯帮助恐怖活动罪，被判处拘役6个月。对丙不得宣告缓刑

D. 丁17周岁时犯抢劫罪被判处有期徒刑5年，刑满释放后的第4年又犯盗窃罪，应当判处有期徒刑2年。对丁不得适用缓刑

2. 下列哪些情形构成累犯？（　　）。

A. 甲某因抢夺罪被判3年有期徒刑，

1993 年 5 月 5 日刑满释放，1997 年 5 月 19 日又犯抢劫罪，1997 年 11 月被抓获归案

B. 甲某因盗窃罪被判 3 年有期徒刑，1993 年 5 月 5 日刑满释放，1997 年 10 月 23 日又犯故意伤害罪

C. 甲某因强奸罪被判 7 年有期徒刑，1993 年 5 月 5 日被假释，1996 年 9 月 5 日假释考验期满，1998 年 8 月 5 日又犯抢劫罪

D. 甲某因故意伤害罪被判 2 年有期徒刑，缓刑 3 年，于 1998 年 5 月 23 日缓刑考验期满。2001 年 5 月 5 日又犯抢劫罪

3. 下列哪些情形不得适用缓刑？（　　）

A. 某甲因为交通肇事罪被判处 3 年零 6 个月的有期徒刑

B. 某甲 1998 年 5 月因为犯走私淫秽物品罪被判处 2 年有期徒刑，2000 年 5 月刑满释放，2000 年 8 月因为犯重大责任事故罪被依法判处 2 年有期徒刑

C. 某甲 1997 年 12 月因为犯寻衅滋事罪被判处 2 年有期徒刑，1999 年 12 月刑满释放，2001 年 8 月因为犯聚众斗殴罪被依法判处 2 年有期徒刑

D. 某甲因为无钱购买毒品吸食，情急之下，乘人不备，夺取一位老太太的手提包就跑（包内财物价值 2000 元），被当场抓获，依法应当判处 2 年有期徒刑

4. 下列哪些情况属于重大立功表现？（　　）

A. 检举、揭发甲某杀人的犯罪事实，经查证属实的

B. 甲与乙入户抢劫后，甲自动投案，并协助司法机关抓获乙，经查乙是该案的主犯

C. 甲在同室关押的罪犯逃跑时，及时向看守所告发，制止其脱逃的

D. 甲检举乙贪污单位 100 万元事实，经查证属实的

5. 根据我国刑法规定，不适用数罪并罚的情况有：（　　）。

A. 以一个故意或过失，实施一个犯罪行为，同时触犯数个罪名的犯罪

B. 出于数个故意，多次实施犯罪行为，触犯不同罪名的犯罪

C. 以某一犯罪为目的，而其犯罪方法行为或结果行为又触犯其他罪名的犯罪

D. 犯罪行为在一定时间内呈继续状态的犯罪

6. 对于累犯，应当如何处罚？（　　）

A. 不得缓刑　　B. 从重处罚

C. 不得减刑　　D. 不得假释

7. 下列情形中，应当数罪并罚的是：（　　）。

A. 以杀人的方式抢劫

B. 行为人拐卖妇女过程中强奸被拐卖的妇女

C. 纳税人缴纳 100 万元的税款后，假报出口骗取国家退税 300 万元

D. 行为人走私珍贵文物的过程中，以暴力、威胁方法抗拒缉私

8. 根据刑法的规定，应当从重处罚的情节有：（　　）。

A. 主犯

B. 累犯

C. 教唆未满 18 周岁的人犯罪的教唆犯

D. 首要分子

9. 下列哪些情形不能数罪并罚？（　　）（司考 2010. 卷二 . 58）

A. 投保人甲，为了骗取保险金杀害被保险人

B. 15 周岁的甲，盗窃时拒捕杀死被害人

C. 司法工作人员甲，刑讯逼供致被害人死亡

D. 运送他人偷越边境的甲，遇到检查将被运送人推进大海溺死

10. 哪类犯罪分子可能构成特别累犯？（　　）

A. 危害国家安全犯罪

B. 恐怖活动犯罪

C. 危害公共安全犯罪

D. 黑社会性质的组织犯罪

11. 下列不构成累犯的是：（　　）。

A. 胡某 2002 年因玩忽职守罪被判处有

期徒刑 3 年，后又因职务侵占罪被判处拘役 6 个月

B. 廖某因资敌罪被判处有期徒刑 10 年，假释考验期满 5 年后又犯故意泄露国家秘密罪，被判处有期徒刑 3 年

C. 林某 1998 年因盗窃罪被判处有期徒刑 5 年，刑满释放后，于 2007 年又犯交通肇事罪，被判处 3 年以上有期徒刑

D. 石某 1998 年因间谍罪被判处有期徒刑 3 年，刑满释放后，于 2007 年又犯抢劫罪

12. 有关假释，下列说法不正确的是：(　　)。

A. 假释一般有最低实际执行期限的限制，但如果有特殊情况的，也可以报请监狱部门予以核准

B. 假释仅适用于无期徒刑和有期徒刑，不能适用于死刑缓期 2 年执行后被减为无期徒刑的情形

C. 犯罪分子被宣告假释后，若原判决附有剥夺政治权利的，从假释期满之日起计算

D. 只要被假释的犯罪分子在假释考验期内犯新罪，即使假释考验期满后才发现，也应当撤销假释

13. 关于自首中的"如实供述"，下列哪些选项是错误的？(　　)（司考 2009. 卷二 . 53）

A. 甲自动投案后，如实交代自己的杀人行为，但拒绝说明凶器藏匿地点的，不成立自首

B. 乙犯有故意伤害罪、抢夺罪，自动投案后，仅如实供述抢夺行为，对伤害行为一直主张自己是正当防卫的，仍然可以成立自首

C. 丙虽未自动投案，但办案机关所掌握线索针对的贪污事实不成立，在此范围外丙交代贪污罪行的，应当成立自首

D. 丁自动投案并如实供述自己的罪行后又翻供，但在二审判决前又如实供述的，应当认定为自首

14. 下列哪些选项不构成立功？(　　)（司考 2012. 卷二 . 57）

A. 甲是唯一知晓同案犯裴某手机号的人，其主动供述裴某手机号，侦查机关据此采用技术侦查手段将裴某抓获

B. 乙因购买境外人士赵某的海洛因被抓获后，按司法机关要求向赵某发短信"报平安"，并表示还要购买毒品，赵某因此未离境，等待乙时被抓获

C. 丙被抓获后，通过律师转告其父想办法协助司法机关抓捕同案犯，丙父最终找到同案犯藏匿地点，协助侦查机关将其抓获

D. 丁被抓获后，向侦查机关提供同案犯的体貌特征，同案犯由此被抓获

15. 人民法院可以根据犯罪情况，禁止判处管制、宣告缓刑的犯罪分子在管制执行期间、缓刑考验期限内从事：(　　)。

A. 个人为进行违法犯罪活动而设立公司、企业、事业单位或者在设立公司、企业、事业单位后以实施犯罪为主要活动的，禁止设立公司、企业、事业单位

B. 实施证券犯罪、贷款犯罪、票据犯罪、信用卡犯罪等金融犯罪的，禁止从事证券交易、申领贷款、使用票据或者申领、使用信用卡等金融活动

C. 利用从事特定生产经营活动实施犯罪的，禁止从事相关生产经营活动

D. 附带民事赔偿义务未履行完毕，违法所得未追缴、退赔到位，或者罚金尚未足额缴纳的，禁止从事高消费活动

16. 关于刑罚的具体运用，下列哪些选项是错误的？(　　)（司考 2014. 卷二 . 55）

A. 甲 1998 年因间谍罪被判处有期徒刑 4 年。2010 年，甲因参加恐怖组织罪被判处有期徒刑 8 年。甲构成累犯

B. 乙因倒卖文物罪被判处有期徒刑 1 年，罚金 5000 元；因假冒专利罪被判处有期徒刑 2 年，罚金 5000 元。对乙数罪并罚，决定执行有期徒刑 2 年 6 个月，罚金 1 万元。此时，即使乙

符合缓刑的其他条件，也不可对乙适用缓刑

C. 丙因无钱在网吧玩游戏而抢劫，被判处有期徒刑1年缓刑1年，并处罚金2000元，同时禁止丙在12个月内进入网吧。若在考验期限内，丙仍常进网吧，情节严重，则应对丙撤销缓刑

D. 丁系特殊领域专家，因贪污罪被判处有期徒刑8年。丁遵守监规，接受教育改造，有悔改表现，无再犯危险。1年后，因国家科研需要，经最高法院核准，可假释丁

三、不定项选择题

石某欲把数额巨大的假烟销售到邻省，找肖某帮忙寻找买主，答应肖某按所卖香烟数额提成，并将一部分货物存放在肖某家。石某在卖假烟的过程中被公安机关查获，在审讯时，石某交代肖某家中还藏有一部分假烟。公安机关根据石某的交代，从肖某家中将假烟搜出。石某的这种行为属于：(　　)。

A. 自首　　B. 立功

C. 坦白　　D. 报案

四、名词解释

1. 累犯（北京大学2012年考研真题）

2. 特别累犯（中国人民大学2014年考研真题）

3. 特别自首

4. 限制加重原则

5. 战时缓刑

五、简答题

1. 简述减刑的条件。

2. 简述缓刑撤销的情形。

3. 作为法定量刑情节的立功表现，是仅限于犯罪人到案后的表现，还是包括犯罪人作案后的表现，抑或包括作案前的表现？(清华大学2005年研究生入学试题)

4. 甲犯盗窃罪被逮捕后，主动向公安机关揭发了不满13岁的A抢劫B的事实，经查证属实。请问甲的行为是否成立立功？为什么？（清华大学2006年研究生入学试题）

5. 简述自首的成立要件。

6. 简述自首与坦白的异同。(中财2013年研)

相关试题：

(1) 试论自首与坦白的关系。

(2) 论自首与坦白的关系。

(3) 简述自首与坦白的区别。

(4) 自首与坦白

7. 社区矫正的刑事政策意义有哪些？

六、论述题

试述自首的概念、成立的条件及其处罚原则。

七、案例分析题

被告人甲因强奸罪和盗窃罪分别被判处5年和3年有期徒刑，决定执行7年有期徒刑。在刑罚执行3年后，殴打同室关押的犯人乙，致使乙鼻骨粉碎性骨折（轻伤）。法院在审理期间又发现甲曾经参与抢劫的犯罪。法院对甲故意伤害罪判处4年有期徒刑，对抢劫罪判处12年有期徒刑。

问：法院对甲应如何决定执行刑罚？

参考答案

一、单项选择题

1. 答案：B。关于自首中“自动投案”是指犯罪人基于自己的意志积极主动地投案。甲绑架他人作为人质并与警察对峙时，其客观上仍可以继续挟持人质抗拒抓捕，经警察劝说而放弃犯罪，表明其主观上真心悔过，放弃对抗，自愿接受处理，可以认定为自动投案。在“犯罪过程中”主动放弃犯罪而投案和“犯罪以后”的自动投案，都可以构成自首。选项A错误。行为人如实供述自己的罪行，即犯罪人自动投案以后，如实交代自己的主要犯罪事实。乙虽然交通肇事后留在现场救助伤员，并报告交管部门发生了事故。但在交警到达现场询问时没有如实供述自己

的犯罪行为，不成立自首。选项B正确。丙故意杀人自动投案后如实交代自己的客观罪行的行为已经构成自首，关于丙对自身主观罪过认定的辩护属于丙辩护权的范畴，不影响自首的认定。选项C错误。关于“如实供述自己的罪行”的具体认定，《最高人民法院关于处理自首和立功若干具体问题的意见》第2条第1款规定：“《解释》第一条第（二）项规定如实供述自己的罪行，除供述自己的主要犯罪事实外，还应包括姓名、年龄、职业、住址、前科等情况。犯罪嫌疑人供述的身份等情况与真实情况虽有差别，但不影响定罪量刑的，应认定为如实供述自己的罪行。犯罪嫌疑人自动投案后隐瞒自己的真实身份等情况，影响对其定罪量刑的，不能认定为如实供述自己的罪行。”丁交代了自己所犯罪行，虽然拒不交代真实身份，但在对定罪量刑没有影响的情况下，属于如实供述，成立自首。选项D错误。

2. 答案：C。根据《刑法》第70、71条规定，应对漏罪按照“先并后减”的原则，即将第一次判决确定的20年有期徒刑和漏罪盗窃罪判处的9年有期徒刑按照第70条决定应当执行的刑罚，然后此判决所确定的刑罚与行为人所犯新罪脱逃罪判处的3年刑罚按照第69条确定的原则决定应当执行的刑罚。

3. 答案：D。甲在刑罚执行10年以后又犯新罪，根据《刑法》第71条的规定，应当按照“先减后并”的原则进行并罚。即甲的数罪并罚应当是将原判决没有执行的刑罚3年与新判决确定的刑罚12年按照第69条并罚，在12年以上15年以下决定应当执行的刑罚。再加上已经执行的10年刑罚，甲实际执行的最高刑期为25年。

4. 答案：A。考查缓刑与累犯。王某在缓刑考验期满后不久犯交通肇事罪，不应当撤销缓刑。因为交通肇事罪是过失犯罪。累犯要求前后两罪都是故意犯罪。题中，王某所犯前罪——诈骗罪是故意犯罪，但是后罪交通肇事罪是过失犯罪。因此，虽然后罪在前罪刑罚执行完毕5年之内，仍然不构成累犯。综上所述，只有A项是正确的答案。

5. 答案：D。《刑法》第449条规定，战时缓刑虽是一种特殊缓刑，但实际上是刑事责任消灭的一种特殊方式。缓刑与战时缓刑在适用的时间、适用的对象、适用的条件、考验的内容、法律后果等方面存在相当明显的区别。

6. 答案：B。《刑法》第77条第1款规定：“被宣告缓刑的犯罪分子，在缓刑考验期限内犯新罪或者发现判决宣告以前还有其他罪没有判决的，应当撤销缓刑，对新犯的罪或者新发现的罪作出判决，把前罪和后罪所判处的刑罚，依照本法第六十九条的规定，决定执行的刑罚。”

7. 答案：B。考查自首。《刑法》第67条第1、2款规定：“犯罪以后自动投案，如实供述自己的罪行的，是自首。对于自首的犯罪分子，可以从轻或者减轻处罚。其中，犯罪较轻的，可以免除处罚。被采取强制措施的犯罪嫌疑人、被告人和正在服刑的罪犯，如实供述司法机关还未掌握的本人其他罪行的，以自首论。”

《最高人民法院关于处理自首和立功具体应用法律若干问题的解释》第1条规定：“根据刑法第六十七条第一款的规定，犯罪以后自动投案，如实供述自己的罪行的，是自首。（一）自动投案，是指犯罪事实或者犯罪嫌疑人未被司法机关发觉，或者虽被发觉，但犯罪嫌疑人尚未受到讯问、未被采取强制措施时，主动、直接向公安机关、人民检察院或者人民法院投案。犯罪嫌疑人向其所在单位、城乡基层组织或者其他有关负责人员投案的；犯罪嫌疑人因病、伤或者为了减轻犯罪后果，委托他人先代为投案，或者先以信电投案的；罪行尚未被司法机关发觉，仅因形迹可疑被有关组织或者司法机关盘问、教育后，主动交代自己的罪行的；犯罪后逃跑，在被通缉、追捕过程中，主动投案的；经查实确已准备去投案，或者正在投案途中，被公安机关捕获的，应当视为自动投案。并非出于犯罪嫌疑人主动，而是经亲友规劝、陪同投案的；公安机关通知犯罪嫌疑人的亲友，或者亲友主动报案后，将犯罪嫌疑人送去投案的，也应当视为自动投案。犯罪嫌疑人自动投案后又逃跑的，不能认定为自首……”依照这样的规定，张某的行为可以认定为自首。

8. **答案**：D。有期徒刑的缓刑考验期限为原判刑期以上5年以下，但是不能少于1年。

9. **答案**：D。考查假释的撤销、数罪并罚。《刑法》第86条规定，被假释的犯罪分子，在假释考验期限内犯新罪，应当撤销假释，依照本法第71条的规定实行数罪并罚。

题中情形下，应当对王某撤销假释，并且将其前罪没有执行的刑罚（无期徒刑）与新罪实行数罪并罚，适用无期徒刑。故D项为正确答案。

10. **答案**：A。危害国家安全罪的累犯属于特殊累犯，根据《刑法》第66条规定，危害国家安全的犯罪分子在刑罚执行完毕或者赦免以后，在任何时候再犯危害国家安全罪的，都以累犯论处。

11. **答案**：D。根据《刑法》第63条规定，犯罪分子虽然不具有本法规定的减轻处罚情节，但是根据案件的特殊情况，经最高人民法院核准，也可以在法定刑以下判处刑罚。

12. **答案**：C。根据《刑法》第77条规定，甲某违反国务院公安部门有关缓刑的监督管理规定，情节严重的，应当撤销缓刑，执行原判刑罚。

13. **答案**：B。《刑法》第65条规定，被判处有期徒刑以上刑罚的犯罪分子，刑罚执行完毕或者赦免以后，在五年以内再犯应当判处有期徒刑以上刑罚之罪的，是累犯，应当从重处罚，但是过失犯罪和不满18周岁的人犯罪的除外。前款规定的期限，对于被假释的犯罪分子，从假释期满之日起计算。

选项A错误。累犯的5年期限从刑罚执行完毕或者赦免以后开始计算，徒刑执行完毕不包括附加刑的执行。

选项C错误。《刑法》第66条规定，危害国家安全、恐怖活动犯罪、黑社会性质的组织犯罪的犯罪分子，在刑罚执行完毕或者赦免以后，在任何时候再犯上述任一类罪的，都以累犯论处。据此可知，特殊累犯要求前后两个罪都必须是上述任一类的犯罪，选项C中后罪是杀人罪，不成立特殊累犯，超过5年也不成立一般累犯。

选项D错误。累犯是应当从重处罚，不是可以从重处罚。

14. **答案**：A。自首分为一般自首和特别自首两类。一般自首是指犯罪以后自动投案，如实供述自己的罪行的行为。特别自首是指被采取强制措施的犯罪嫌疑人、被告人和正在服刑的罪犯，如实供述司法机关尚未掌握的本人其他罪行的行为。此外，有的行为人在被公安机关行政拘留期间，如实供述了司法机关尚未掌握的本人的其他罪行，虽然其在供述时不属于被采取强制措施的犯罪嫌疑人、被告人和正在服刑的罪犯，但是根据罪刑法定原则的精神，也可以视为特别自首。也有观点认为，对此可直接认定为一般自首。但是不管学界对此如何争议，其属于自首是没有争议的。本题正确答案是A。

15. **答案**：C。《刑法》第74条规定，对于累犯和犯罪集团的首要分子，不适用缓刑。第81条第2款规定，对累犯以及因故意杀人、强奸、抢劫、绑架、放火、爆炸、投放危险物质或者有组织的暴力性犯罪被判处十年以上有期徒刑、无期徒刑的犯罪分子，不得假释。因此，A项说法错误。

《刑法》第76条规定，被宣告缓刑的犯罪分子，在缓刑考验期限内，依法实行社区矫正，如果没有本法第77条规定的情形，缓刑考验期满，原判的刑罚就不再执行，并公开予以宣告。据此可知，被宣告缓刑的犯罪分子，在缓刑考验期内，不但不能有新的犯罪，而且不能被发现其还有判决宣告以前犯下的没有被判决的犯罪行为，否则就不算考验合格，就要继续执行刑罚。因此，B项说法错误。

《刑法》第73条第3款规定，缓刑考验期限，从判决确定之日起计算。因此，C

项说法正确。

《刑法》第77条规定，被宣告缓刑的犯罪分子，在缓刑考验期限内犯新罪或者发现判决宣告以前还有其他罪没有判决的，应当撤销缓刑，对新犯的罪或者新发现的罪作出判决，把前罪和后罪所判处的刑罚，依照本法第69条的规定，决定执行的刑罚。据此可知，在缓刑考验期内犯新罪撤销缓刑的数罪并罚属于判决宣告前的数罪并罚，不存在减去已执行刑期的问题，因为缓刑视同原判刑罚实际没有被执行。因此，D项说法错误。

综上，本题的正确答案是C。

16. 答案：B。根据《刑法》第74条的规定，对于累犯和犯罪集团的首要分子，不适用缓刑。所以A项正确。在满足《刑法》第72条的规定，对于被判处拘役、3年以下有期徒刑的犯罪分子，可以宣告缓刑。由于刑法中各种减轻、免除处罚规定的存在，数罪并罚和故意杀人罪最后的宣告刑都有可能为3年以下，所以两者都有能够适用缓刑的可能，C、D项均正确。刑法中并未明确规定危害国家安全的犯罪分子不可适用缓刑，所以B项错误。本题为选非题，应当选B。

17. 答案：D。根据《刑法》第70、71条的规定，判决宣告以后，刑罚执行完毕以前，发现被判刑的犯罪分子在判决宣告以前还有其他罪没有判决的，应当对新发现的罪作出判决，把前后两个判决所判处的刑罚，依照《刑法》第69条的规定，决定执行的刑罚。已经执行的刑期，应当计算在新判决决定的刑期以内。这就是“先并后减”。因此A选项正确。判决宣告以后，刑罚执行完毕以前，被判刑的犯罪分子又犯新罪的，应当对新犯的罪作出判决，把前罪没有执行的刑罚和后罪所判处的刑罚，依照《刑法》第69条的规定，决定执行的刑罚。这就是所谓“先减后并”。故B选项正确。如果犯罪人在刑罚执行完毕以前再犯新罪，同时又发现其在原判决宣告前有漏罪的，应当先将漏罪与原判决的罪根据《刑法》第70条的规定实行“先并后减”，再对新罪与前一罪并罚后尚未执行完毕的刑期根据《刑法》第71条的规定实行“先减后并”。因此C选项正确。一般情况下，“先减后并”比“先并后减”的结果要重：一是实际执行的刑期起点高了；二是实际执行的刑期可能超过刑法规定的数罪并罚法定最高刑的限制。即采取“先并后减”，实际执行的刑期不可能超过20年，而采取“先减后并”，则实际执行的刑期有可能超过20年。因此答案应当选D。

18. 答案：B。A项中甲1996年所犯之交通肇事罪属于过失犯罪，不符合累犯的条件，因而是错误的。B项中乙前后所犯之罪均是故意犯罪，前罪和后罪所判刑罚均是或应是有期徒刑，而且是五年内再次犯罪，成立累犯，因而B是正确的。C项中丙前后所实施犯罪均是危害国家安全的犯罪，并且是在刑满释放后再犯同样的犯罪，符合特殊累犯的条件，构成累犯。因而C项错误。D项中丁所犯前罪是失火罪，属于过失犯罪，不符合一般累犯的条件，因而D项错误。故答案为B。

19. 答案：A。根据《刑法》第267条第2款的规定，携带凶器抢夺的行为应被认定为抢劫罪。因此甲15周岁时的行为已经构成抢劫罪。既然同为抢劫罪，就应将两次犯罪的犯罪数额进行叠加，甲的犯罪数额为5万元。A项正确。B选项，行为人将受贿款用于单位的公务开支，也并不能改变其已经非法占有的性质。因此不应当在受贿数额中除去用于公务开支的部分。B项错误。C选项，丙的诈骗数额应被认定为6+12-6=12万元。故C项错误。D选项，丁销赃时夸大手机功能，构成诈骗罪。但是在计算诈骗罪的犯罪数额时，应当刨去手机本身的价值，因为对于丁窃取手机的行为不能重复评价，丁销售赃物的行为属于事后不可罚行为，并不另行构成犯罪。故丁的诈骗数额不是1万元，而是4000元。D项错误。故答案为A。

20. 答案：B。《最高人民法院关于〈中华人民共和国刑法修正案（八）〉时间效力问题的解释》第3条第1款规定：“被判处有期徒刑以上刑罚，刑罚执行完毕或者赦免以后，在2011年4月30日以前再犯应当判处有期徒刑以上刑罚之罪的，是否构成累犯，适用修正前刑法第六十五条的规定；但是，前罪实施时不满十八周岁的，是否构成累犯，适用修正后刑法第六十五条的规定。”

甲前后两个罪都发生在2011年4月30日以前，原则上应该适用《刑法修正案（八）》之前《刑法》的规定。但是在2011年5月1日以后（6月被抓获）审理此案，行为时法律与审判时法律不一致，依据“从旧兼从轻”原则处理。按照原《刑法》第65条的规定，成立一般累犯并没有年龄的限制；而按照《刑法修正案（八）》的规定，犯罪时不满18周岁的，不成立一般累犯。因此本案应该适用《刑法修正案（八）》，不按照累犯处理。A项、D项错误。

《刑法》第17条第4款规定：已满十四周岁不满十八周岁的人犯罪，应当从轻或者减轻处罚。甲在故意杀人时不满18周岁，因此应当从轻或者减轻处罚，B项正确。

《刑法》第49条第1款规定：“犯罪的时候不满十八周岁的人和审判的时候怀孕的妇女，不适用死刑。”甲在故意杀人时不满18周岁，不能适用死刑，C项错误。

21. 答案：D。《刑法》第72条第1款规定：“对于被判处拘役、三年以下有期徒刑的犯罪分子，同时符合下列条件的，可以宣告缓刑，对其中不满十八周岁的人、怀孕的妇女和已满七十五周岁的人，应当宣告缓刑：（一）犯罪情节较轻；（二）有悔罪表现；（三）没有再犯罪的危险；（四）宣告缓刑对所居住社区没有重大不良影响。”所以在缓刑考验期内再犯罪的（无论故意还是过失犯罪），都违背了“没有再犯罪的危险”的要求，不得再适用缓刑。第2款规定：“宣告缓刑，可以根据犯罪情况，同时禁止犯罪分子在缓刑考验期限内从事特定活动，进入特定区域、场所，接触特定的人。”此是所谓禁止令的规定。《刑法》第74条规定：“对于累犯和犯罪集团的首要分子，不适用缓刑。”黑社会性质组织属于典型的犯罪集团，其首要分子依法不适用缓刑。因此A项、B项、C项说法正确。

2011年2月25日的《刑法修正案（八）》将《刑法》第76条修改为：“对宣告缓刑的犯罪分子，在缓刑考验期限内，依法实行社区矫正……”因此D项错误。

22. 答案：B。本题是送分题，主要考查对法条的掌握。《刑法》第77条第1款规定：“被宣告缓刑的犯罪分子，在缓刑考验期限内犯新罪或者发现判决宣告以前还有其他罪没有判决的，应当撤销缓刑，对新犯的罪或者新发现的罪作出判决，把前罪和后罪所判处的刑罚，依照本法第六十九条的规定，决定执行的刑罚。”《刑法》第86条第1款、第2款对假释的撤销及其处理作出了如下规定：“被假释的犯罪分子，在假释考验期限内犯新罪，应当撤销假释，依照本法第七十一条的规定实行数罪并罚。在假释考验期限内，发现被假释的犯罪分子在判决宣告以前还有其他罪没有判决的，应当撤销假释，依照本法第七十条的规定实行数罪并罚。”因此，B当选。

23. 答案：B。自首是指犯罪以后自动投案，如实供述自己的罪行。准自首是指被采取强制措施的犯罪嫌疑人、被告人和正在服刑的罪犯，如实供述司法机关还未掌握的本人其他罪行。坦白，是指犯罪嫌疑人虽不具有自首情节，但是如实供述自己罪行的行为。无论是构成自首、准自首还是坦白，都要求供述的内容构成犯罪。题干中甲供述的行为因行贿数额未达法定标准不构成犯罪，因此甲不构成自首、准自首或坦白。故ACD错误。犯罪分子揭发他人犯罪行为，查证属实，或者提供重要线索，从而得以侦破其他案件的，构成立功。题干中甲陈述的向乙行贿的事实同时也是乙受贿的事实，虽然甲所在单位的行贿行为不构成犯罪，但乙的受贿行为已达到数额标准，构成受贿罪。甲揭发乙受贿的行为构成立功。故B正确。应选B。

24. **答案**：A。参见《最高人民法院关于罪犯因漏罪、新罪数罪并罚时原减刑裁定应如何处理的意见》。

二、多项选择题

1. **答案**：ABD。缓刑适用的对象条件是被判处拘役或者3年以下有期徒刑的犯罪分子。甲犯抢劫罪所适用的是"三年以上十年以下有期徒刑"的法定刑，刑法中的"以上""以下"都包含本数，当甲的宣告刑为3年时，可以适用缓刑。选项A错误。乙犯故意伤害罪与代替考试罪，分别被判处6个月拘役与1年管制。管制不适用缓刑，但是拘役可以适用缓刑。选项B错误。对于累犯和犯罪集团的首要分子不适用缓刑。《刑法》第66条规定："危害国家安全犯罪、恐怖活动犯罪、黑社会性质的组织犯罪的犯罪分子，在刑罚执行完毕或者赦免以后，在任何时候再犯上述任一类罪的，都以累犯论处。"对于特别累犯，前罪和后罪所判处的刑罚的种类及其轻重不受限制，即使前后两罪或者一罪被判处附加刑也不影响特别累犯的成立。丙构成特别累犯，不适用缓刑。选项C正确。行为人被判处有期徒刑，刑满释放以后5年以内再犯判处有期徒刑的犯罪的，属于累犯，但是不满18周岁的人犯罪除外。丁实施抢劫罪时为17周岁，刑满后第4年再犯应被判处有期徒刑以上刑罚的犯罪也不构成累犯，可以适用缓刑。选项D错误。

2. **答案**：BC。A不是累犯，因为本案的后罪发生在新刑法生效前，前一罪也是发生在新刑法生效前，所以它的间隔时间适用旧法标准，而旧法规定的时间标准是3年，新法是5年，依照旧法行为人前后罪的间隔时间已过了3年，从而不构成累犯，新刑法没有溯及力。B是累犯，因为在认定累犯时的刑法溯及力问题上规定，如果后罪发生在新刑法生效以后的，适用新法的标准适用累犯，而本案的前后罪的间隔期不到5年，因此构成累犯。C构成累犯，因为在假释的情况下，从假释考验期满起计算时间，而本案从假释考验期满到行为人又犯罪不到5年时间，成立累犯。D不构成累犯，因为前罪被判处缓刑的，以后又犯罪不存在累犯问题。构成累犯的基本前提是前罪所判刑罚必须是被实际执行完毕或赦免过，否则都不构成累犯。

3. **答案**：ACD。A选项，某甲被判处3年以上有期徒刑，不适用缓刑。B选项，重大责任事故罪是过失犯罪，不构成累犯，可以适用缓刑。C选项，某甲构成累犯，不适用缓刑。关于D选项，因吸毒而犯罪，在毒瘾未戒除时，往往认为不具备"不致危害社会"的缓刑条件。

4. **答案**：ABD。参见《最高人民法院关于处理自首和立功具体应用法律若干问题的解释》。

5. **答案**：ACD。A、C、D项分别为想象竞合犯、牵连犯、继续犯，都属于一罪的类型，不适用数罪并罚。

6. **答案**：ABD。《刑法》第74条规定："对于累犯和犯罪集团的首要分子，不适用缓刑。"A选项符合题意。《刑法》第65条规定："被判处有期徒刑以上刑罚的犯罪分子，刑罚执行完毕或者赦免以后，在五年以内再犯应当判处有期徒刑以上刑罚之罪的，是累犯，应当从重处罚，但是过失犯罪和不满十八周岁的人犯罪的除外。前款规定的期限，对于被假释的犯罪分子，从假释期满之日起计算。"B选项符合题意。我国刑法并没有规定累犯不能适用减刑，C选项不符合题意。《刑法》第81条第2款："对累犯以及因故意杀人、强奸、抢劫、绑架、放火、爆炸、投放危险物质或者有组织的暴力性犯罪被判处十年以上有期徒刑、无期徒刑的犯罪分子，不得假释。"D选项符合题意。综上，本题正确答案为ABD。

7. **答案**：CD。《最高人民法院关于抢劫过程中故意杀人案件如何定罪问题的批复》规定："行为人为劫取财物而预谋故意杀人，或者在劫取财物过程中，为制服被害人反抗而故意杀人的，以抢劫罪定罪处罚。行为人实施抢劫后，为灭口而故意杀人的，以抢劫罪和故意杀人罪定罪，实行数罪并罚。”A选项不符合题意。《刑法》第240条规定：“拐卖妇女、儿童的，处五年以上十年以下有期徒刑，并处罚金；有下列情形之一的，处十年以上有期徒刑或者无期徒刑，并处罚金或者没收财产；情节特别严重的，处死刑，并处没收财产：（一）拐卖妇女、儿童集团的首要分子；（二）拐卖妇女、儿童三人以上的；（三）奸淫被拐卖的妇女的；（四）诱骗、强迫被拐卖的妇女卖淫或者将被拐卖的妇女卖给他人迫使其卖淫的；（五）以出卖为目的，使用暴力、胁迫或者麻醉方法绑架妇女、儿童的；（六）以出卖为目的，偷盗婴幼儿的；（七）造成被拐卖的妇女、儿童或者其亲属重伤、死亡或者其他严重后果的；（八）将妇女、儿童卖往境外的。拐卖妇女、儿童是指以出卖为目的，有拐骗、绑架、收买、贩卖、接送、中转妇女、儿童的行为之一的。”奸淫被拐卖妇女的行为是拐卖妇女罪的加重情节，不数罪并罚，B选项不符合题意。《刑法》第204条第2款规定：“纳税人缴纳税款后，采取前款规定的欺骗方法，骗取所缴纳的税款的，依照本法第二百零一条（逃税罪）的规定定罪处罚；骗取税款超过所缴纳的税款部分，依照前款的规定（骗取出口退税罪）处罚。”C选项应当按照逃税罪和骗取出口退税罪实行数罪并罚，故C选项符合题意，当选。《刑法》第151条第2款规定：“走私国家禁止出口的文物、黄金、白银和其他贵重金属或者国家禁止进出口的珍贵动物及其制品的，处五年以上十年以下有期徒刑，并处罚金；情节特别严重的，处十年以上有期徒刑或者无期徒刑，并处没收财产；情节较轻的，处五年以下有期徒刑，并处罚金。”第157条规定：“武装掩护走私的，依照本法第一百五十一条第一款的规定从重处罚。以暴力、威胁方法抗拒缉私的，以走私罪和本法第二百七十七条规定的阻碍国家机关工作人员依法执行职务罪，依照数罪并罚的规定处罚。”D选项符合题意，应当按照走私文物罪和妨害公务罪实行数罪并罚。综上，本题正确答案为CD。

8. 答案：BC。《刑法》第26条规定：“组织、领导犯罪集团进行犯罪活动的或者在共同犯罪中起主要作用的，是主犯。三人以上为共同实施犯罪而组成的较为固定的犯罪组织，是犯罪集团。对组织、领导犯罪集团的首要分子，按照集团所犯的全部罪行处罚。对于第三款规定以外的主犯，应当按照其所参与的或者组织、指挥的全部犯罪处罚。”故AD选项不符合题意。《刑法》第65条第1款规定：“被判处有期徒刑以上刑罚的犯罪分子，刑罚执行完毕或者赦免以后，在五年以内再犯应当判处有期徒刑以上刑罚之罪的，是累犯，应当从重处罚，但是过失犯罪和不满十八周岁的人犯罪的除外。”故B选项符合题意，当选。《刑法》第29条规定：“教唆他人犯罪的，应当按照他在共同犯罪中所起的作用处罚。教唆不满十八周岁的人犯罪的，应当从重处罚。如果被教唆的人没有犯被教唆的罪，对于教唆犯，可以从轻或者减轻处罚。”C选项符合题意，当选。综上，本题正确答案为BC。

9. 答案：BC。选项A错误。《刑法》第198条第1款第5项规定，投保人、受益人故意造成被保险人死亡、伤残或者疾病，骗取保险金的，同时构成其他犯罪的，依照数罪并罚的规定处罚。

选项B正确。《最高人民法院关于审理未成年人刑事案件具体应用法律若干问题的解释》第10条第1款规定，已满十四周岁不满十六周岁的人盗窃、诈骗、抢夺他人财物，为窝藏赃物、抗拒抓捕或者毁灭罪证，当场使用暴力，故意伤害致人重伤或者死亡，或者故意杀人的，应当分别以故意伤害罪或者故意杀人罪定罪处罚。因此，甲应认定为故意杀人罪一罪，不数罪并罚。

选项C正确。《刑法》第247条规定，司法工作人员对犯罪嫌疑人、被告人实行刑讯逼供或者使用暴力逼取证人证言的，处三年以下有期徒刑或者拘役。致人伤残、死亡的，依照本法第234条（故意伤害罪）、第232条（故意杀人罪）的规定定罪从重处罚。因此，选项C中的情形应以故意杀人罪一罪处罚，不数罪并罚。

选项D错误。《刑法》第321条第3款规定，在运送他人偷越国（边）境过程中，对被运送人有杀害、伤害、强奸、拐卖等犯罪行为，或者对检查人员有杀害、伤害等犯罪行为的，依照数罪并罚的规定处罚。

10. 答案：ABD。《刑法修正案（八）》将《刑法》第66条修改为："危害国家安全犯罪、恐怖活动犯罪、黑社会性质的组织犯罪的犯罪分子，在刑罚执行完毕或者赦免以后，在任何时候再犯上述任一类罪的，都以累犯论处。"

11. 答案：ABCD。累犯，是指因犯罪而受过一定的刑罚处罚，在刑罚执行完毕或者赦免以后，在法定期限内又犯一定之罪的罪犯。《刑法》第65条规定了一般累犯，即被判处有期徒刑以上刑罚的犯罪分子，刑罚执行完毕或者赦免以后，在五年以内再犯应当判处有期徒刑以上刑罚之罪的，是累犯，应当从重处罚，但是过失犯罪和不满十八周岁的人犯罪的除外。前款规定的期限，对于被假释的犯罪分子，从假释期满之日起计算。第66条规定了特别累犯。一般累犯的构成条件是：(1) 前罪与后罪都是故意犯罪，此为构成累犯的主观条件。如果前后两罪都是过失犯罪，或者前后两罪中其一是过失犯罪，则不构成累犯。(2) 前罪被判处有期徒刑以上刑罚，后罪应当被判处有期徒刑以上刑罚，这是构成累犯的刑度条件。换言之，构成累犯的前罪被判处的刑罚和后罪应判处的刑罚都是有期徒刑以上刑罚，如果前后各罪所判处的刑罚都低于有期徒刑，或者有一罪低于有期徒刑的，都不构成累犯。(3) 后罪发生在前罪的刑罚执行完毕或者赦免以后5年之内，这是构成累犯的时间条件。据此，A选项和C选项中的行为都不构成累犯。注意，交通肇事罪是过失犯罪。特别累犯的构成条件是：(1) 前罪和后罪必须均为《刑法》第66条所规定的犯罪。(2) 前罪被判处的刑罚和后罪应判处的刑罚的种类及其轻重不受限制。(3) 后罪可以发生在前罪刑罚执行完毕或者赦免后的任何时候，不受两罪相隔时间长短的限制。据此，B选项和D选项中的情形也不构成累犯。注意，故意泄露国家秘密罪属于渎职罪中的罪名，而不属于危害国家安全罪。因此，本题的答案是ABCD。

12. 答案：ABC。《刑法》第81条规定，被判处有期徒刑的犯罪分子，执行原判刑期二分之一以上，被判处无期徒刑的犯罪分子，实际执行十三年以上，如果认真遵守监规，接受教育改造，确有悔改表现，假释后不致再危害社会的，可以假释。如果有特殊情况，经最高人民法院核准，可以不受上述执行刑期的限制。因此，A选项不正确，应该报请最高人民法院核准，而不是监狱部门。《最高人民法院关于办理减刑、假释案件具体应用法律的规定》第23条第3款规定，被判处死刑缓期执行的罪犯减为无期徒刑或者有期徒刑后，实际执行十五年以上，方可假释，该实际执行时间应当从死刑缓期执行期满之日起计算。因此，B选项不正确。《刑法》第58条第1款规定，附加剥夺政治权利的刑期，从徒刑、拘役执行完毕之日或者从假释之日起计算；剥夺政治权利的效力当然适用于主刑执行期间。因此，C选项是错误的，是从假释之日而不是从假释期满之日起算。《刑法》第86条第1款规定，被假释的犯罪分子，在假释考验期限内犯新罪，应当撤销假释，依照本法第71条的规定实行数罪并罚。这里需要说明的是，只要是在假释考验期内犯新罪，即使经过了假释考验期限后才发现新罪，也应当撤销假释，按照先减后并的方法实行并罚。故D选项是正确的。

13. 答案：AD。根据《刑法》第67条第1款的规定，犯罪以后自动投案，如实供述自己的罪行的，是自首。根据《最高人民法院关于处理自首和立功具体应用法律若干问题的解释》第1条的规定，所谓"如实供述自己的罪行"是指犯罪嫌疑人自动投案后，如实交代自己的主要犯罪事实。因而如果犯罪人不能交代所有的犯罪事实，但如实供述自己的主要犯罪事实的，也应属于如实供述自己的罪行。因而应视为甲如实供述自己的罪行，成立自首。故A项错误。B项中乙自动投案后如实交代抢夺行为，虽然乙主张伤害行为属于正当防卫，但是该行为属于自我辩护行为，应当视为如实供述自己的罪行，可以成立自首。故B项正确。根据《最高人民法院、最高人民检察院关于办理职务犯罪案件认定自首、立功等量刑情节若干问题的意见》，没有自动投案，但具有以下情形之一的，以自首论：(1) 犯罪分子如实交代办案机关未掌握的罪行，与办案机关已掌握的罪行属不同种罪行的；(2) 办案机关所掌握线索针对的犯罪事实不成立，在此范围外犯罪分子交代同种罪行的。C选项就属于这里规定的第二种情形，因此应以自首论。故C项正确。根据《最高人民法院关于处理自首和立功具体应用法律若干问题的解释》第1条的规定，犯罪嫌疑人自动投案并如实供述自己的罪行后又翻供的，不能认定为自首，但在一审判决前又能如实供述的，应当认定为自首。D中丁如实供述了自己的罪行后又翻供，并未在一审判决前如实供述，而是在二审判决前供述，所以丁的行为不成立自首。所以D的说法是错误的。因而答案选AD。

14. 答案：ACD。本题目考查的是《最高人民法院关于处理自首和立功若干具体问题的意见》第4条和第5条的具体细节。

立功是犯罪分子自身人身危险性下降的表现，所以必须"亲自实施"，他人不得代劳。根据《最高人民法院关于处理自首和立功若干具体问题的意见》第4条的规定，犯罪分子亲友为使犯罪分子立功，向司法机关提供他人犯罪线索、协助抓捕犯罪嫌疑人的，不能认定为犯罪分子有立功表现。所以C项中丙的父亲协助司法机关抓捕罪犯的，不是犯罪人丙自己的立功。

协助抓捕其他犯罪嫌疑人是立功的内容之一，具体指的是犯罪分子超出自首的范围，有效地帮助司法机关抓获其他犯罪人（包括同案犯）的行为。依据《关于处理自首和立功若干具体问题的意见》第5条的规定，犯罪分子具有下列行为之一，使司法机关抓获其他犯罪嫌疑人的，属于"协助司法机关抓捕其他犯罪嫌疑人"：(1) 按照司法机关的安排，以打电话、发信息等方式将其他犯罪嫌疑人（包括同案犯）约至指定地点的；(2) 按照司法机关的安排，当场指认、辨认其他犯罪嫌疑人（包括同案犯）的；(3) 带领侦查人员抓获其他犯罪嫌疑人（包括同案犯）的；(4) 提供司法机关尚未掌握的其他案件犯罪嫌疑人的联络方式、藏匿地址的，等等。犯罪分子提供同案犯姓名、住址、体貌特征等基本情况，或者提供犯罪前、犯罪中掌握、使用的同案犯联络方式、藏匿地址，司法机关据此抓捕同案犯的，不能认定为协助司法机关抓捕同案犯。

A项中犯罪人甲提供同案犯裴某的手机号，侦查机关据此采用技术侦查手段将裴某抓获的，D项中犯罪人丁向侦查机关提供同案犯的体貌特征，同案犯由此被抓获的，都没有超出共同犯罪的犯罪人自首中如实交代同案犯罪行的范围，不能认定为协助司法机关抓捕同案犯，不成立立功。B项中犯罪人乙按司法机关要求向毒贩赵某发短信"报平安"，并表示还要购买毒品，使赵某因此未离境，等待乙时被抓获的，属于"协助司法机关抓捕其他犯罪人"，成立立功。

15. 答案：ABCD。参见《最高人民法院、最高人民检察院、公安部、司法部关于对判处管制、宣告缓刑的犯罪分子适用禁止令有关问题的规定（试行）》。该文件创设了禁止令制度，其第1条规定，对判处管制、宣告缓刑的犯罪分子，人民法院根据犯罪情况，认为从促进犯罪分子教育矫正、有效维护社会秩序的需要出发，确有必要禁止其在管制执行期间、缓刑考验期限内从事特定活动，进入特定区域、场所，接触特定人的，可以根据刑法第三十八条第二款、第七十二条第二款的规定，同时宣告禁止令。希望读者可以细读该文件，了解该制度的更多内容。

16. 答案：AB。《刑法》第65条第1款规定，被判处有期徒刑以上刑罚的犯罪分子，刑罚执行完毕或者赦免以后，在5年以内再犯应当判处有期徒刑以上刑罚之罪的，是累犯，应当从重处罚，但是过失犯罪和不满十八周岁的人犯罪的除外。第66条规定，危害国家安全犯罪、恐怖活动犯罪、黑社会性质的组织犯罪的犯罪分子，在刑罚执行完毕或者赦免以后，在任何时候再犯上述任一类罪的，都以累犯论处。虽然甲所犯前罪间谍罪属于危害国家安全罪，但所犯后罪参加恐怖组织罪属于危害公共安全罪，故不能成立特别累犯。此外，甲在8年以后又犯罪，也不构成一般累犯。A选项错误。B选项中，乙虽然犯数罪，但法律并不禁止对数罪并罚的犯罪人适用缓刑。B选项错误。根据《刑法》第77条的规定，被宣告缓刑的犯罪分子，在缓刑考验期限内，违反人民法院判决中的禁止令，情节严重的，应当撤销缓刑，执行原判刑罚。因此C选项中对丙撤销缓刑是正确的。根据《刑法》第81条的规定，被判处有期徒刑的犯罪分子，执行原判刑期二分之一以上，被判处无期徒刑的犯罪分子，实际执行13年以上，如果认真遵守监规，接受教育改造，确有悔改表现，没有再犯罪的危险的，可以假释。如果有特殊情况，经最高人民法院核准，可以不受上述执行刑期的限制。因此D选项正确。应选AB。

三、不定项选择题

答案：C。《刑法》第67条规定，犯罪以后自动投案，如实供述自己的罪行的，是自首。对于自首的犯罪分子，可以从轻或者减轻处罚。其中，犯罪较轻的，可以免除处罚。第68条规定，犯罪分子有揭发他人犯罪行为，查证属实的，或者提供重要线索，从而得以侦破其他案件等立功表现的，可以从轻或者减轻处罚。《最高人民法院关于处理自首和立功具体应用法律若干问题的解释》第5条规定，根据刑法第68条第1款①的规定，犯罪分子到案后有检举、揭发他人犯罪行为，包括共同犯罪案件中的犯罪分子揭发同案犯共同犯罪以外的其他犯罪，经查证属实；提供侦破其他案件的重要线索，经查证属实；阻止他人犯罪活动；协助司法机关抓捕其他犯罪嫌疑人（包括同案犯）；具有其他有利于国家和社会的突出表现的，应当认定为有立功表现。该司法解释第6条规定，共同犯罪案件的犯罪分子到案后，揭发同案犯共同犯罪事实的，可以酌情予以从轻处罚。本案中，因为石某与肖某的行为构成销售伪劣商品罪的共同犯罪，因此，石某揭发同案犯的行为不属于自首，也不属于立功，而是坦白，可以酌情予以从轻处罚。故本题答案是C。

四、名词解释

1. **答案**：累犯，是指因犯罪而受过一定的刑罚处罚，刑罚执行完毕或者赦免以后，在法定期限内又犯一定之罪的犯罪人。包括一般累犯和特别累犯。
2. **答案**：与一般累犯相对。特别累犯是指犯危害国家安全犯罪、恐怖活动犯罪、黑社会性质的组织犯罪的犯罪分子，在刑罚执行完毕或赦免后，在任何时候再犯上述任一类罪的累犯。特别累犯对前后罪的间隔时间和刑罚条件没有限制。
3. **答案**：特别自首，亦称“准自首”，是指被采取强制措施的犯罪嫌疑人、被告人和正在服刑的罪犯，如实供述司法机关还未掌握的本人其他罪行的行为。特别自首的成立须具备以下条件：(1) 自首的主体必须是被采取强制措施的犯罪嫌疑人、被告人和正在服刑的罪犯。(2) 必须如实供述司法机关还未掌握的本人其他罪行。
4. **答案**：限制加重原则，亦称限制并科原则，是指以一人所犯数罪中法定应当判处或已判处的最重刑罚为基础，再在一定限度之内对

① 《刑法修正案（八）》已将《刑法》第68条第2款删去，只保留原第1款。

其予以加重作为执行刑罚的合并处罚原则。

5. **答案**：战时缓刑，是指在战时，对被判处3年以下有期徒刑没有现实危险的犯罪军人，暂缓其刑罚执行，允许其戴罪立功，确有立功表现时，可以撤销原判刑罚，不以犯罪论处的制度。适用战时缓刑的条件有：(1) 必须是在战时。(2) 只能是被判处3年以下有期徒刑的犯罪军人。(3) 必须是在战争条件下宣告缓刑没有现实危险。

五、简答题

1. **答案**：减刑是指对于被判处管制、拘役、有期徒刑、无期徒刑的犯罪人，根据其在刑罚执行期间的悔改或者立功表现，适当减轻其原判刑罚的制度。

(1) 减刑的对象条件：

被判处管制、拘役、有期徒刑、无期徒刑的犯罪人。

(2) 实质条件：

①确有悔改表现：同时具备认罪服法；认真遵守监规、接受教育改造；积极参加政治、文化、技术学习；积极参加劳动，完成生产任务。

②有立功表现：检举、揭发监内外犯罪活动，提供重要线索，查证属实的；阻止他人犯罪；技术革新、抢险救灾中表现积极等。

③有重大立功表现：参照上述立功表现。

(3) 减刑的限度条件：

①减刑后实际执行的刑期，判处管制、拘役、有期徒刑的，不能少于原判刑期的二分之一；判处无期徒刑的，不能少于十三年。

②对于有期徒刑犯罪分子减刑，有附加剥夺政治权利的，剥夺政治权利的刑期可以适度酌减，最低期限不少于1年。

③对于被判处三年以下有期徒刑、拘役，且适用缓刑的犯罪分子，一般不适用减刑，但是如果缓刑期间确有重大立功表现，可以相应缩减缓刑考验期限。

④限制减刑的死刑缓期执行的犯罪分子。缓期执行期满后依法减为无期徒刑的，不能少于25年，缓期执行期满后依法减为25年有期徒刑的，不能少于20年。

(4) 减刑的时间条件：

①减刑起始时间：被判处5年以上有期徒刑的罪犯，一般在执行1年半以上方可减刑；被判处5年以下有期徒刑的罪犯，可以比照适当缩短起始时间；无期徒刑犯如确有悔改、立功表现2年以后可以减刑；如无期徒刑犯又犯新罪的，一般2年内不予减刑；如新罪被判无期，再适当延长。

②减刑的幅度：有期徒刑犯如有悔改或立功表现，一次减刑一般不超过1年；如确有悔改表现并有立功表现或者重大立功表现，一次减刑不超过2年。

10年以上有期徒刑犯如有悔改或立功表现，一次减刑一般不超过2年；如确有悔改表现并有立功表现或者重大立功表现，一次减刑不超过3年。

无期徒刑犯如有悔改或立功表现，可减为18年以上20年以下有期徒刑；如确有重大立功表现，可减为13年以上18年以下有期徒刑。

③减刑的时间间隔：被判处5年以上有期徒刑的罪犯，两次减刑之间应当间隔1年以上；被判处5年以下有期徒刑的罪犯，可以比照适当缩短间隔时间；被判处10年以上有期徒刑的罪犯，两次减刑之间间隔应当不少于2年。

2. **答案**：撤销缓刑的情形包括：(1) 被宣告缓刑的犯罪分子在缓刑考验期内，犯新罪或者发现判决宣告以前还有其他罪没有判决，应当撤销缓刑，对新罪或新发现的漏罪作出判决，把前罪和后罪所判处的刑罚，按照数罪并罚的规定决定应当执行的刑罚。(2) 被宣告缓刑的犯罪分子在缓刑考验期限内，违反法律、行政法规或者国务院有关部门关于缓刑的监督管理规定，或者违反人民法院判决中的禁止令，情节严重的，应当撤销缓刑，执行原判刑罚。

3. **答案**：作为法定量刑情节的立功表现，是仅限于犯罪人到案后的表现。从犯罪人到案至刑罚执行完毕，其间的立功行为才能构成刑法中的立功。这里的“到案”包括两种情况：一是指司法机关对犯罪人采取讯问、拘留、逮捕等侦查、强制措施；二是指犯罪人自动投案。上述两种情况都是到案的起始时间。

之所以认为立功的时间仅限于犯罪人到案后，理由是：第一，虽然新刑法未对立功的时间作出明确规定，但《最高人民法院关于处理自首和立功具体应用法律若干问题的解释》中使用了“到案”一词，把到案作为立功的起始时间，从司法解释层面明确了立功的前限，为理论研究和司法实践提供了依据。第二，理论上是可行的。立功的本质具有二重性，其一是趋利避害性，即犯罪人主观上是为了争取从宽处理。如果把立功的时间移至立案之时、犯罪成立之时，必然存在以下矛盾：一是犯罪人尚未到案，仍处于侥幸之中，如何出于抵罪的动机去实施立功行为？即使存在立功行为，也只能是一般公民的立功。二是犯罪成立至刑罚执行完毕是一个较长的过程，在此过程中，尤其是案发之前，一些犯罪人可能因为工作、生活中的突出表现，抑或协助司法机关的行为而多次立功，有的甚至受到有关部门的奖励。对这类行为理论上如何认识？实践中又如何认定？是否应从法律上予以认可，并在量刑时从宽考虑，从而给予犯罪人行政上和法律上的双重“奖励”？这类矛盾只要以到案为起点就迎刃而解。因为只有到案之后，犯罪人才能知道自己的犯罪行为已被司法机关追究，迟早会受到法律的制裁，也才能（也才有必要）基于赎罪心理去实施立功行为。

4. **答案**[①]：立功是指犯罪人到案后揭发他人犯罪行为，查证属实，或者提供重要线索，从而得以侦破其他案件，以及其他对国家和社会有突出贡献的行为。根据《刑法》第68条的规定，立功表现可分为三种情况：一是揭发他人犯罪行为，查证属实的，包括共同犯罪案件中的犯罪分子揭发同案犯共同犯罪以外的其他犯罪，经查证属实；二是提供重要线索，从而得以侦破其他案件的；三是其他立功表现，如阻止他人犯罪活动、协助司法机关抓捕其他犯罪嫌疑人（包括同案犯）、阻止其他犯罪人的逃跑；等等。根据《刑法》第68条的规定以及司法解释，犯罪分子有检举、揭发他人重大犯罪行为，经查证属实；提供侦破其他重大案件的重要线索，经查证属实；阻止他人重大犯罪活动；协助司法机关抓捕其他重大犯罪嫌疑人（包括同案犯）；对国家和社会有其他重大贡献等表现的，应当认定为有重大立功表现。上述“重大犯罪”“重大案件”“重大犯罪嫌疑人”的标准，一般是指犯罪嫌疑人、被告人可能被判处无期徒刑以上刑罚或者案件在本省、自治区、直辖市或者全国范围内有较大影响等情形。

《刑法》规定，不满14周岁的人，其实施的任何行为都不构成犯罪，因而也不承担刑事责任。由于没有达到法定的承担刑事责任的年龄阶段，A抢劫B的事实显然不能成立犯罪。但最高人民法院在1998年5月17日《最高人民法院关于处理自首和立功具体应用法律若干问题的解释》增加了具有其他有利于国家和社会的突出表现的行为也算是立功，这种解释是对刑法的疏漏或者原意的补充。因此，揭发A抢劫B的事实也可以解释成为有利于国家和社会的突出表现。所以，甲的行为可以认为是立功。即使不能成立，在量刑时也可以作为从轻或减轻刑罚的情节予以考虑。

5. **答案**：自首的成立要件包括：

1. 自动投案。所谓自动投案，就是指犯罪事实或者犯罪嫌疑人尚未被司法机关发觉，或者虽被发觉，但犯罪嫌疑人尚未受到讯问、未被采取强制措施时，主动、直接向公安机关、人民检察院或者人民法院投案。下列两种情形不能认定是自动投案：（1）犯罪嫌疑人自动投案后又逃跑的；（2）以不署

① **编者注**：本题出得很巧妙，同时考查了未成年人犯罪和量刑情节两方面的内容，考生要有较强的逻辑分析能力，其中关于量刑的内容更是出现在了历年的试题中。

名或者化名将非法所得寄给司法机关或者报刊、杂志社的。

2. 如实供述自己的罪行。所谓如实供述自己的罪行，是指犯罪嫌疑人自动投案后，如实交代自己的主要犯罪事实。主要包括：(1) 一人犯数罪的犯罪嫌疑人仅如实供述所犯数罪中部分犯罪的，只对如实供述部分犯罪的行为，认定为自首；对于其他没有供述的犯罪，不能认定为自首。(2) 共同犯罪案件中的犯罪嫌疑人，不仅应当如实供述自己罪行，还应当供述所知的同案犯的罪行，共同犯罪的主犯应当供述所知其他所有同案犯的共同犯罪事实。

6. **答案**：自首是指犯罪分子犯罪以后自动投案，如实供述自己罪行的行为。被采取强制措施的犯罪嫌疑人、被告人和正在服刑的罪犯，如实供述司法机关还未掌握的本人其他罪行的，以自首论。坦白，一般是指犯罪分子被动归案之后，自己如实交代犯罪事实的行为。

(1) 自首与坦白的相同之处

①二者均以自己实施了犯罪行为为前提。

②二者都是犯罪人犯罪之后对自己所犯罪行的主观心理态度的外在表现形式。

③二者都是在归案之后如实交代自己的犯罪事实。

④二者都是从宽处罚的情节。

(2) 自首和坦白的区别

①自首是犯罪人自动投案，坦白则是犯罪人被动归案。②自首所交代的既可以是已被发觉的罪行，也可以是尚未被发觉的罪行，当然，如果是犯罪嫌疑人、被告人和正在服刑的罪犯的自首，则交代的必须是被指控的罪行以外的罪行，而坦白所交代的则只限于已被发觉、被指控的罪行。③自首的犯罪分子供述自己罪行时的态度是主动的，而坦白的犯罪分子供述自己的罪行时的态度是被动的。归案的方式和所交代的罪行的不同，表明了自首的犯罪人和坦白的犯罪人在认罪、悔罪乃至悔改的时间及其程度的不同。一般来说，自首的犯罪人认罪时间早，悔罪、悔改的程度高；坦白的犯罪人认罪时间晚，悔罪、悔改的程度也较自首的犯罪人要低。④自首的人身危险性相对较轻，坦白的人身危险性相对较重，对自首的从宽幅度可以是“免除处罚”，而坦白的从宽幅度至多是“减轻处罚”。

7. **答案**：社区矫正是依法在社区中监管、改造和帮扶罪犯的非监禁刑执行制度。人民法院依法对判处管制、宣告缓刑、裁定假释、决定暂予监外执行的罪犯决定实行社区矫正；监狱管理机关、公安机关对暂予监外执行的罪犯决定实行社区矫正。司法所接收社区矫正人员后，应当及时向社区矫正人员宣告判决书等有关法律文书的主要内容，应当为社区矫正人员确定专门的矫正小组，开展监督管理工作；为社区矫正人员制订矫正方案，在对社区矫正人员被判处的刑罚种类、犯罪情况、悔罪表现、个性特征和生活环境等情况进行综合评估的基础上，制定有针对性的监管、教育和帮助措施。根据矫正方案的实施效果，适时予以调整。

确立社区矫正制度，从立法上明确确立了行刑社会化理念，使社会化行刑有章可循，有法可依，有利于纠正司法实践中的报应刑主义和重刑主义的思想。从刑事政策来看，社区矫正的立法也是贯彻落实我国“宽严相济”刑事政策的具体体现，充分体现了我国对犯罪分子“教育、感化、挽救”和“惩罚与改造相结合、教育和劳动相结合”的方针和政策；这是积极推进司法体制改革的迫切需要，也是对完善中国特色的刑罚执行制度的有益探索。此外，社区矫正写入刑法顺应了国际社会行刑社会化的潮流。是我国在行刑社会化发展中的一次里程碑式的规定，是对联合国公约的积极回应，表明了我国负责任大国的态度。(意义多样，书本无固定答案，言之有理即可。)

六、论述题

答案：《刑法》第 67 条规定，自首是指犯罪分子犯罪以后自动投案，如实供述自己罪行的行为。自首分为一般自首和特别自首两种。其中，一般自首也被称为普通自首，是指犯罪分子犯罪以后自动投案，如实供述自己罪行的行为。特别自首，亦称“准自首”或者“余罪自首”，是指被采取强制措施的犯罪嫌疑人、被告人和正在服刑的罪犯，如实供述司法机关还未掌握的本人其他罪行的行为。成立一般自首必须具备以下条件：

(1) 自动投案，是自首的前提条件。所谓自动投案，是指犯罪分子在犯罪之后，在未受到讯问、未被施以强制措施之前，出于本人的意志而向有关机关或个人承认自己实施了犯罪，并自愿置于有关机关或个人的控制之下，等待进一步交代犯罪事实的行为。也即①投案行为必须发生在犯罪人尚未归案之前。②自动投案一般应是基于犯罪分子本人的意志，不是违背其本人的意愿。③最终必须自愿置于司法控制之下。

(2) 如实供述自己的罪行，这是自首成立的核心条件。犯罪分子自动投案之后，只有如实供述自己的罪行，才足以证明其有自首的诚意，也才能为司法机关追诉其所犯罪行并予以从宽处理提供客观根据。所谓“如实供述自己的罪行”，是指犯罪嫌疑人自动投案后，如实交代自己的主要犯罪事实。

特别自首的成立不要求自动投案的条件，但是有特殊的条件要求：①主体必须是被采取强制措施的犯罪嫌疑人、被告人和正在服刑的罪犯。除此以外的犯罪分子，不能成立特别自首。②必须如实供述司法机关还未掌握的本人其他罪行。这是成立特别自首的实质性条件：所供述的必须是本人实施的罪行；必须是司法机关还没有掌握的罪行，即司法机关不了解、未掌握的罪行，与被采取强制措施、所服刑罚的罪行，在性质或者罪名上不同的一定罪行。

对自首犯的处罚，一般为：(1) 对于自首的犯罪分子，可以从轻或者减轻处罚；(2) 对于其中犯罪较轻的，可以免除处罚；(3) 犯罪后自首又有重大立功表现的，应当减轻或者免除处罚。

需要注意的是，《刑法修正案（八）》对《最高人民法院关于处理自首和立功若干具体问题的意见》（2010 年 12 月）等司法解释中规定的认罪可以作为从轻量刑情节的观点进行了确认，也就是理论界原来所谓的坦白，并将此作为新内容添作《刑法》第 67 条第 3 款。即“犯罪嫌疑人虽不具有前两款规定的自首情节，但是如实供述自己罪行的，可以从轻处罚；因其如实供述自己罪行，避免特别严重后果发生的，可以减轻处罚”。其中，“如实供述自己罪行的”与前两款的精神一致，是指自己犯罪的主要事实或者基本事实；“避免特别严重后果发生的”是指犯罪结果没有发生或者没有全部发生，由于行为人的供述，使有关方面采取措施避免了特别严重后果发生的情况。①

七、案例分析题

答案：对于甲所犯漏罪按照“先并后减”的原则，即将第一判决确定 7 年有期徒刑和漏罪抢劫罪判处的 12 年有期徒刑合并，在 12 年以上 19 年以下决定应当执行的刑罚，然后减去已经执行的 3 年。再将甲在刑罚执行期间犯的新罪故意伤害罪的 4 年有期徒刑与上述确定的刑罚，按照《刑法》第 69 条决定应当执行的刑罚。

① 全国人大常委会法工委刑法室编著：《中华人民共和国刑法解读（第三版）》，中国法制出版社 2011 年版，第 86~89 页。

第十八章　刑罚执行制度

基础知识图解

- 刑罚执行制度
  - 概述：刑罚执行的概念、原则
  - 减刑制度
    - 减刑的概念
    - 减刑的条件
    - 减刑的限度与幅度
    - 减刑的程序与减刑后的刑期计算
  - 假释制度
    - 假释的概念
    - 假释的适用条件
    - 假释的考验期限与假释的撤销

配套测试

一、单项选择题

1. 在符合“执行期间，认真遵守监规，接受教育改造”的前提下，关于减刑、假释的分析，下列哪一选项是正确的？（　　）（司考 2017. 卷二 .11）

A. 甲因爆炸罪被判处有期徒刑 12 年，已服刑 10 年，确有悔改表现，无再犯危险。对甲可以假释

B. 乙因行贿罪被判处有期徒刑 9 年，已服刑 5 年，确有悔改表现，无再犯危险。对乙可优先适用假释

C. 丙犯贪污罪被判处无期徒刑，拒不交代贪污款去向，一直未退赃。丙已服刑 20 年，确有悔改表现，无再犯危险。对丙可假释

D. 丁因盗窃罪被判处有期徒刑 5 年，已服刑 3 年，一直未退赃。丁虽在服刑中有重大技术革新，成绩突出，对其也不得减刑

2. 甲被判处 14 年有期徒刑，经过一次或者几次减刑，其实际执行的刑期应不少于（　　）。

A. 4 年　　　　B. 6 年半

C. 10 年　　　　D. 7 年

3. 甲被判处无期徒刑，在刑罚执行过程中有重大立功表现，可减为（　　）有期徒刑。

A. 12 年　　　　B. 14 年

C. 10 年　　　　D. 20 年

4. 以下属于减刑的有：（　　）。

A. 甲被判处无期徒刑，在执行期间，确有悔改表现，减为有期徒刑 20 年

B. 乙被判处罚金 5000 元，因其经济困难，法院将其罚金减为 2000 元

C. 因丙的主刑由无期徒刑减为有期徒刑 20 年，法院将剥夺其政治权利的期限减为 10 年

D. 丁死刑缓期执行满后减为无期徒刑

5. 甲因在学校饭堂投毒被判处 8 年有期徒刑。服刑期间，甲认真遵守监规，接受教育改造，确有悔改表现。关于甲的假释，下列哪一说法是正确的？（　　）（司考 2014. 卷二 .11）

A. 可否假释，由检察机关决定

B. 可否假释，由执行机关决定

C. 服刑 4 年以上才可假释

D. 不得假释

二、多项选择题

1. 被判处管制、拘役、有期徒刑、无期徒刑的犯罪分子，在执行期间（　　），可以减刑。

A. 没有再犯新罪

B. 抗拒改造的

C. 认真遵守监规，接受教育改造，确有悔改表现的

D. 有立功表现的

2. 被判处有期徒刑的犯罪分子，在同时具备（　　）条件的情况下，可以假释。

A. 已执行二分之一刑期之后

B. 确有悔改表现

C. 有立功表现

D. 不致再危害社会

3. 下列正在执行刑罚的罪犯，都能认真遵守监规，接受教育改造，但只有（　　）可以且应当减刑。

A. 甲，犯抢劫罪，被判有期徒刑12年，已执行7年。一次因地震造成监狱倒塌，有的犯人趁机逃跑，甲没有逃跑

B. 乙，盗窃累犯，被判有期徒刑10年，已执行6年，在监狱里刻苦钻研，发明出一种能带来巨大经济利益的轴承制造方法

C. 丙，犯受贿罪，被判无期徒刑，已执行9年，一次在抗洪抢险中表现突出

D. 丁，犯走私罪，被判无期徒刑，已执行12年，因丁的及时报告，监管人员有效地制止了一起组织越狱犯罪

4. 适用假释必须具备的条件是（　　）。

A. 被判处有期徒刑或无期徒刑的犯罪分子

B. 服刑达到法定期限

C. 犯罪分子患有严重疾病或者其他原因不能继续关押

D. 犯罪分子确有悔改表现，不致危害社会

5. 下列关于假释的说法不正确的是（　　）。

A. 甲实施暴力犯罪被判处有期徒刑8年，对甲不可以适用假释

B. 乙因实施故意伤害罪被判处有期徒刑14年，后确有悔改表现3次减刑至9年，对于乙可以适用假释

C. 丙因犯抢劫罪和强奸罪分别被判处8年有期徒刑和9年有期徒刑，合并决定执行15年有期徒刑，对丙不得适用假释

D. 丁因犯强奸罪被判处10年有期徒刑，后被假释。在假释考验期限内又犯盗窃罪被判处3年有期徒刑，对丁应当撤销假释，按照“先并后减”的方法实行数罪并罚

6. 关于假释的适用，下列哪些选项是正确的？（　　）（司考2007. 卷二 .56）

A. 甲因爆炸罪被判处有期徒刑15年。在服刑13年时，因有悔改表现而被裁定假释

B. 乙犯抢劫罪被判处有期徒刑9年，犯嫖宿幼女罪被判处8年，数罪并罚决定执行15年。在服刑13年时，因有悔改表现而被裁定假释

C. 丙犯诈骗罪被判处有期徒刑10年，刑罚执行7年后假释。假释考验期内第2年，丙犯抢劫罪，应当判9年，数罪并罚决定执行10年。在服刑7年时，因有悔改表现而被裁定假释

D. 丁犯盗窃罪，被判处有期徒刑3年，缓刑4年。经过缓刑考验期后，发现丁在缓刑考验期内的第2年，犯故意伤害罪，应判9年，数罪并罚决定执行10年。在服刑7年时，因丁有悔改表现而被裁定假释

7. 关于假释，下列哪些选项是错误的？（　　）（司考2008. 卷二 .57）

A. 被判处有期徒刑的犯罪分子，执行原判刑期的二分之一，如果符合假释条件的，可以假释；如果有特殊情况，经高级人民法院核准，可以不受上述执行刑期的限制

B. 被假释的犯罪分子，在假释考验期内，遵守了各种相关规定，没有再犯新罪，也没有发现以前还有其他罪没有判决的，假释考验期满，剩余刑罚就不再

执行

C. 被假释的犯罪分子，在假释考验期限内犯新罪的，应当撤销假释，按照“先并后减”的方法实行数罪并罚

D. 对于因杀人、绑架等暴力性犯罪被判处10年以上有期徒刑的犯罪分子，不得假释；即使他们被减刑后，剩余刑期低于10年有期徒刑，也不得假释

8. 关于减刑、假释的适用，下列哪些选项是错误的？（　　）（司考2013. 卷二.57）

A. 对所有未被判处死刑的犯罪分子，如认真遵守监规，接受教育改造，确有悔改表现，或者有立功表现的，均可减刑

B. 无期徒刑减为有期徒刑的刑期，从裁定被执行之日起计算

C. 被宣告缓刑的犯罪分子，不符合“认真遵守监规，接受教育改造”的减刑要件，不能减刑

D. 在假释考验期限内犯新罪，假释考验期满后才发现的，不得撤销假释

9. “确有悔改表现”是指同时具备（　　）。

A. 认罪悔罪

B. 认真遵守法律法规及监规，接受教育改造

C. 积极参加思想、文化、职业技术教育

D. 积极参加劳动，努力完成劳动任务

10. 关于减刑，下列说法正确的有：（　　）。

A. 死刑缓期执行罪犯经过一次或几次减刑后，其实际执行的刑期不能少于十五年，死刑缓期执行期间不包括在内

B. 无期徒刑罪犯经过一次或几次减刑后，其实际执行的刑期不能少于十三年，起始时间应当自无期徒刑判决确定之日起计算

C. 被判处五年以上有期徒刑的罪犯，一般在执行一年以上方可减刑，两次减刑之间一般应当间隔一年以上

D. 被判处拘役或者三年以下有期徒刑并宣告缓刑的罪犯，一般也可以适用减刑

三、名词解释

1. 刑罚执行

2. 减刑

3. 假释

4. 暂予监外执行

四、简答题

1. 简述适用减刑应遵循哪些基本程序。

2. 简述假释的考验期以及考察的内容。

3. 为什么假释比减刑的刑事政策意义更大？

4. 简述死刑缓期二年执行制度。（南开大学2011年研）

相关试题：

论我国死缓制度。（论述题，北京大学2020年研）

5. 简述罚金与行政罚款的区别。

五、论述题

试论刑罚执行的一般原则。

参考答案

一、单项选择题

1. **答案：** B。《最高人民法院关于办理减刑、假释案件具体应用法律的规定》第25条第1款规定：“对累犯以及因故意杀人、强奸、抢劫、绑架、放火、爆炸、投放危险物质或者有组织的暴力性犯罪被判处十年以上有期徒刑、无期徒刑的罪犯，不得假释。”甲因爆炸罪被判处有期徒刑12年，不符合假释的条件。选项A错误。上述规定第26条第2款规定：“罪犯既符合法定减刑条件，又符合法定假释条件的，可以优先适用假释。”乙的情形同时符合减刑和假释的条件，可以优先适用假释。选项B正确。根据上述条文第3条第2款的规定，对于职务犯罪人员，不积极退赃的，不认定其“确有悔改表现”。选项C错误。丁在服刑中具有重大技术革新，成绩突出，属于“重大立功表现”，应该对其减刑。选项D错误。

2. **答案：** D。根据《刑法》第78条的规定，

被告人甲被判处14年，至少要执行7年。

3. **答案**：D。《最高人民法院关于办理减刑、假释案件具体应用法律的规定》第8条规定："被判处无期徒刑的罪犯在刑罚执行期间，符合减刑条件的，执行二年以上，可以减刑。减刑幅度为……有重大立功表现的，可以减为二十年以上二十一年以下有期徒刑；确有悔改表现并有重大立功表现的，可以减为十九年以上二十年以下有期徒刑……"

4. **答案**：A。根据《刑法》第78条的规定，只能对被判处管制、拘役、有期徒刑、无期徒刑的犯罪人适用减刑。

5. **答案**：C。根据《刑法》第81条的规定，被判处有期徒刑的犯罪分子，执行原判刑期二分之一以上，被判处无期徒刑的犯罪分子，实际执行13年以上，如果认真遵守监规，接受教育改造，确有悔改表现，没有再犯罪的危险的，可以假释。如果有特殊情况，经最高人民法院核准，可以不受上述执行刑期的限制。对累犯以及因故意杀人、强奸、抢劫、绑架、放火、爆炸、投放危险物质或者有组织的暴力性犯罪被判处10年以上有期徒刑、无期徒刑的犯罪分子，不得假释。甲的行为构成投放危险物质罪，但并未因此被判处10年以上有期徒刑，因此不属于禁止假释的范围。由于其被判8年有期徒刑，按照该条文规定须执行二分之一刑期即4年以上才能假释。按照法律规定犯罪分子能否假释应由人民法院裁定。故C正确，ABD错误。应选C。

二、多项选择题

1. **答案**：CD。《刑法》第78条规定，被判处管制、拘役、有期徒刑、无期徒刑的犯罪分子，在执行期间，如果认真遵守监规，接受教育改造，确有悔改表现的，或者有立功表现的，可以减刑。

2. **答案**：ABD。《刑法》第81条第1款规定："被判处有期徒刑的犯罪分子，执行原判刑期二分之一以上，被判处无期徒刑的犯罪分子，实际执行十三年以上，如果认真遵守监规，接受教育改造，确有悔改表现，没有再犯罪危险的，可以假释。如果有特殊情况，经最高人民法院核准，可以不受上述执行刑期的限制。"

3. **答案**：BCD。参见《刑法》第78条。

4. **答案**：ABD，参见《刑法》第81条。

5. **答案**：ABCD。《刑法》第81条规定："被判处有期徒刑的犯罪分子，执行原判刑期二分之一以上，被判处无期徒刑的犯罪分子，实际执行十三年以上，如果认真遵守监规，接受教育改造，确有悔改表现，没有再犯罪的危险的，可以假释。如果有特殊情况，经最高人民法院核准，可以不受上述执行刑期的限制。对累犯以及因故意杀人、强奸、抢劫、绑架、放火、爆炸、投放危险物质或者有组织的暴力性犯罪被判处十年以上有期徒刑、无期徒刑的犯罪分子，不得假释。对犯罪分子决定假释时，应当考虑其假释后对所居住社区的影响。"A选项中的甲被判处有期徒刑8年，不符合"不得假释"的条件，对其可以适用假释，A选项错误。B选项中的乙因故意伤害罪被判处有期徒刑14年，即使减刑后的刑期在10年以下，也符合"不得假释"的条件，对其不得适用假释，B选项错误。一人犯数罪，数罪并罚后被判处10年以上有期徒刑、无期徒刑的犯罪分子，但是其中没有一罪被判处10年以上有期徒刑、无期徒刑的，仍然可以对其适用假释。C选项中的丙符合假释条件，可以适用假释，C选项错误。《刑法》第86条第1款规定："被假释的犯罪分子，在假释考验期限内犯新罪，应当撤销假释，依照本法第七十一条的规定实行数罪并罚。"第71条规定："判决宣告以后，刑罚执行完毕以前，被判刑的犯罪分子又犯罪的，应当对新犯的罪作出判决，把前罪没有执行的刑罚和后罪所判处的刑罚，依照本法第六十九条的规定，决定执行的刑罚。"被假释的犯罪分子，在假释考验期内犯新罪，应当撤销假释，并且依照《刑法》第71条"先减后并"的方法实行数罪并罚，D选项错误。综上，本题正确答案为ABCD。

6. **答案**：BCD。关于假释的适用，我国《刑法》第81条第2款规定，对累犯以及因故意杀人、强奸、抢劫、绑架、放火、爆炸、投放危险物质或者有组织的暴力性犯罪被判处10年以上有期徒刑、无期徒刑的犯罪分子，不得假释。甲因爆炸罪被判处有期徒刑15年，不得适用假释，因此A选项错误。我国《刑法》第81条第1款规定："被判处有期徒刑的犯罪分子，执行原判刑期二分之一以上……如果认真遵守监规，接受教育改造，确有悔改表现，没有再犯罪危险的，可以假释……"乙犯抢劫罪被判处有期徒刑9年，犯嫖宿幼女罪被判8年，数罪并罚决定执行15年，不属于第81条第2款规定的情形，且已经服刑13年，符合"执行原判刑期二分之一以上"的要求，因此对乙可以假释，选项B正确。依照《刑法》第65条规定，被判处有期徒刑以上刑罚的犯罪分子，刑罚执行完毕或者赦免以后，在五年以内再犯应当判处有期徒刑以上刑罚之罪的，是累犯。丙再犯抢劫罪是在假释期间内，前罪被判处的刑罚并未执行完毕，因此丙不构成累犯，不属于《刑法》第81条第2款规定的情形，且其刑期已经执行一半以上，因此可以对丙适用假释，选项C正确。丁虽然已经经过了缓刑考验期，但其犯新罪是在缓刑考验期内，不能视为原判刑罚已经执行完毕，因此不构成累犯，可以对丁适用假释，选项D正确。答对本题的关键在于如何理解累犯中的"刑罚执行完毕或者赦免以后"，假释期间和缓刑考验期间都不属于刑罚已经执行完毕。故本题选BCD。

7. **答案**：ABC。依照《刑法》第81条的规定，如果有特殊情况，须经最高人民法院核准，可以不受上述执行刑期的限制。A项将最高人民法院误写为高级人民法院，故错误。依照《刑法》第85条的规定，被假释的犯罪分子，在假释考验期限内，依法实行社区矫正，如果没有《刑法》第86条规定的情形，假释考验期满，就认为原判刑罚已经执行完毕，而非"剩余刑罚就不再执行"，故B项错误。《刑法》第86条规定，被假释的犯罪分子，在假释考验期限内犯新罪，应当撤销假释，依照本法第71条（先减后并）的规定实行数罪并罚。因此C项错误。根据《刑法》第81条第2款规定对于被判处10年以上有期徒刑、无期徒刑的暴力性犯罪人，即使减刑后其刑期低于10年有期徒刑，也不得假释。故D项正确。

8. **答案**：ABCD。根据《刑法》第78条的规定，被判处管制、拘役、有期徒刑、无期徒刑的犯罪分子，在执行期间，如果认真遵守监规，接受教育改造，确有悔改表现的，或者有立功表现的，可以减刑，可见减刑针对的是被判处管制、拘役、有期徒刑、无期徒刑的罪犯，尚未涉及权利刑、财产刑、生命刑的减免。因此，A的说法是错误的。根据《刑法》第80条的规定，无期徒刑减为有期徒刑的刑期，从裁定减刑之日起计算。因此，B的说法是错误的。《最高人民法院关于办理减刑、假释案件具体应用法律的规定》第18条规定："被判处拘役或者三年以下有期徒刑，并宣告缓刑的罪犯，一般不适用减刑。前款规定的罪犯在缓刑考验期内有重大立功表现的，可以参照刑法第七十八条的规定予以减刑，同时应当依法缩减其缓刑考验期。缩减后，拘役的缓刑考验期限不得少于二个月，有期徒刑的缓刑考验期限不得少于一年。"因此，C的说法是错误的。假释是附条件的提前释放，因此，如果被假释的犯罪人在考验期内没有遵守一定的条件或者出现了不符合条件的事实，就应当撤销假释。根据《刑法》第86条的规定，被假释的犯罪分子，在假释考验期限内犯新罪，应当撤销假释，依照《刑法》第71条的规定实行数罪并罚；如果有漏罪的，应当撤销假释，依照《刑法》第70条的规定实行数罪并罚；如果违反相关监督管理规定，尚未构成新的犯罪的，应当撤销假释，收监执行尚未执行完毕的刑罚。因此，不管是何时发现，只要是在假释考验期内犯新罪的，都应撤销假释。故D的说法是错误的。综上，ABCD当选。

9. **答案**：ABCD。参见《最高人民法院关于办理减刑、假释案件具体应用法律的规定》（2016年11月14日 法释〔2016〕23号）第

3 条规定。

10. 答案：AB。参见《最高人民法院关于办理减刑、假释案件具体应用法律的规定》（2016 年 11 月 14 日 法释〔2016〕23 号）第 12 条（A 选项），第 23 条（B 选项），第 6 条（C 选项，应为执行 1.5 年以上方可减刑），第 18 条（D 选项）。

三、名词解释

1. 答案：刑罚执行，是指有行刑权的司法机关依法将生效的刑事裁判对犯罪分子确定的刑罚付诸实施的刑事司法活动。

2. 答案：减刑，是指对被判处管制、拘役、有期徒刑、无期徒刑的犯罪分子，因其在刑罚执行期间确有悔改或者立功表现，而适当减轻其原判刑罚的制度。

3. 答案：假释，是指被判处有期徒刑、无期徒刑的犯罪分子，在执行一定刑期后，确有悔改表现，不致再危害社会，附条件地将其提前释放的一种执行刑罚的制度。

4. 答案：暂予监外执行，也称监外执行，是指被判处有期徒刑、拘役的罪犯，本应在监狱或者其他执行场所服刑，由于出现了法律规定的某种特殊情形，不适宜在监狱或者其他执行场所执行刑罚时，暂时采取的一种变通的执行方法。

四、简答题

1. 答案：对犯罪分子减刑应遵循的基本程序是，由执行机关向中级以上人民法院提出减刑建议书，人民法院组成合议庭进行审理，对确有悔改或者立功表现的，裁定予以减刑，非经法定程序不得减刑。人民法院在收到监狱的减刑建议书后，应当在从收到之日起 1 个月内予以审核裁定；案情复杂或者情况特殊的，可以延长 1 个月。人民检察院认为人民法院的减刑裁定不当的，在收到裁定书副本后 20 日内，向人民法院提出书面的纠正意见。人民法院应当在收到意见后 2 个月内重新组成合议庭进行审理，作出是否减刑的最终裁定。

2. 答案：被判处有期徒刑的犯罪分子假释的考验期为其没有执行完毕的刑期；被判处无期徒刑的犯罪分子假释考验期为 10 年。假释考验期从假释之日起计算。被宣告假释的犯罪分子应当遵守以下规定：遵守法律、行政法规，服从监督；按照监督机关的规定报告自己的活动情况；遵守监督机关关于会客的规定；离开所居住的市、县或者迁居的，应当报经监督机关批准。被裁定假释的犯罪分子，在假释考验期内，依法实行社区矫正，如果没有被撤销假释的情形，假释考验期满，就认为原判刑罚已经执行完毕，并公开宣告原判刑罚不再执行。

3. 答案：（1）假释和减刑的含义及意义

①假释是对被判处有期徒刑、无期徒刑的犯罪分子，在执行一定刑期之后，因其认真遵守监规，接受教育改造，确有悔改表现，没有再犯罪的危险，而附条件地将其提前释放，在假释考验期内若不出现法定的情形，就认为原判刑罚已经执行完毕的制度。假释制度对于鼓励犯罪分子加速改造，化消极因素为积极因素，实现刑罚的目的，具有积极的作用。

②减刑是指对被判处管制、拘役、有期徒刑或者无期徒刑的犯罪分子，因其在刑罚执行期间认真遵守监规，接受教育改造，确有悔改或者立功表现，而适当减轻其原判刑罚的制度。通过减刑，既可以将较重的刑种减为较轻的刑种，也可以将较长的刑期减为较短的刑期。减刑制度对于鼓励犯罪分子加速改造，化消极因素为积极因素，实现刑罚的目的，具有积极的作用。

（2）假释比减刑的刑事政策意义更大，主要体现在两个方面：

①假释更有利于罪犯教育改造。减刑主要是根据罪犯某个阶段的表现折算成考核分数的结果确认和奖励，间隔相对较短、减刑频率较快，但其不能有效防止罪犯可能产生的伪装改造的投机行为。而提请假释则要求罪犯在刑罚执行期间一贯表现较好，妄图通过投机是不可能获得假释机会的。因此，假释比减刑更能促进罪犯的教育改造和自我约束。

②假释更有利于罪犯回归社会。罪犯减刑释放后，除公安机关对其进行重点关注

外，与其他社会公民没有任何差异。假释则不同于刑满后的直接释放，是附条件地提前释放，能得到社区矫正机关和社会、家庭的严格管束和正确引导，假释考验期可以让罪犯从“监狱人”向“社会人”顺利过渡。因此，假释具有风险防范和缓冲功能，比减刑制度更安全。此外，假释还具有节约司法成本、减少司法腐败以及保障人权等优势。

4. 答案：《刑法》第48条第1款后半段规定：“对于应当判处死刑的犯罪分子，如果不是必须立即执行的，可以判处死刑同时宣告缓期二年执行。”这就是死刑缓期执行制度，简称死缓。死缓不是独立的刑种，而是死刑的一种执行制度，死缓是我国的独创。

（1）根据上述刑法的规定，死缓的适用需要具备以下条件：

①适用的对象必须是应当判处死刑的犯罪分子。这是适用死缓的前提。应当判处死刑，是指根据犯罪分子所犯罪行的严重程度和刑法的规定，对其应当判处死刑。②不是必须立即执行。不是必须立即执行，是指根据犯罪分子所犯罪行，虽然对其应当适用死刑但不是非立即执行不可的。刑法对哪些犯罪分子属于“不是必须立即执行”死刑的没有明确规定，根据刑事审判经验，应当判处死刑但具有下列情形之一的，可以视为“不是必须立即执行的”犯罪分子：a. 犯罪后自首、立功或者有其他法定从轻情节的；b. 在共同犯罪中罪行不是最严重的或者其他在同一或同类犯罪案件中罪行不是最严重的；c. 被害人的过错导致犯罪人激愤犯罪的；d. 犯罪人有令人怜悯之情形的；e. 有其他应当留有余地情况的等。

（2）由于死缓不是独立的刑种，而是暂缓执行死刑的一种制度，因此，被适用死刑的犯罪分子因其在缓期二年执行期间的表现不同而有三种不同的结果：

①在死刑缓期执行期间，如果没有故意犯罪，二年期满后，减为无期徒刑；如果确有重大立功表现，二年期满以后，减为25年有期徒刑；至于哪些属于重大立功表现，应根据《刑法》第78条予以确定。

②对被判处死刑缓期执行的累犯以及因故意杀人、强奸、抢劫、绑架、放火、爆炸、投放危险物质或者有组织的暴力性犯罪被判处死刑缓期执行的犯罪分子，人民法院根据犯罪情节等情况可以同时决定对其限制减刑。

③在死刑缓期执行期间，如果故意犯罪，且情节恶劣的，应报请最高人民法院核准后执行死刑。对于故意犯罪但没有达到情节恶劣程度而未执行死刑的，应该重新计算死刑缓期执行的期间，并报最高人民法院备案。

5. 答案：罚金是人民法院判处犯罪分子向国家缴纳一定数额金钱的刑罚方法。罚金不同于行政罚款。二者的区别表现在：

（1）性质不同。罚金是刑罚方法，罚款是行政处罚。

（2）适用对象不同。罚金适用于犯罪分子，罚款适用于一般违法。

（3）适用机关不同。适用罚金的机关是人民法院，适用罚款的机关则是公安、税务、工商等行政机关。

（4）适用的法律根据不同。适用罚金的法律根据是刑法，适用罚款的法律根据是治安管理、海关、税务、工商等行政法律、法规。

五、论述题

答案：刑罚的执行原则，即在刑罚执行过程中应遵循或依据的准则。刑罚执行原则贯穿于整个行刑活动中。根据我国的行刑目的和行刑实践，刑罚的执行原则有：教育性原则、人道主义原则、区别对待原则、社会化原则。

（1）教育性原则。刑罚执行的教育性原则，是指执行刑罚应当从实现特殊预防与一般预防的目的出发，对犯罪分子以及社会公众进行积极的教育，而非消极的惩罚与威慑。教育性原则的具体要求有：①正确地执行刑罚。刑罚是国家对犯罪分子的否定性评价，只有正确无误地执行，才能对社会公众产生教育作用，使之知法、懂法、守法，使犯罪分子认罪服法，诚心诚意地接受劳动改造。②坚持惩罚与改造相结合、教育和劳动相结合的原则，教育和劳动是对犯罪分子进行改造的两个基本手段，但要以教育为主、劳动为辅，必须在生产劳动的基础上重视思想教育。在司法实践中要防止只偏重文化、技术教育或者片面追求生产和经济效益的错误倾向。③对犯罪分子的改造，要以教育疏导为主，以强制性的执行措施为辅。强制性的执行措施只能暂时地在表面上压服犯罪人，但是不能从根源上消除犯罪人的犯罪性，而且容易引起犯罪人的抵触情绪，不利于实现预防犯罪的行刑目的。④要坚持区别对待的方针。根据每一个犯罪人的个人性格、犯罪种类、人身危险性等情况，采取不同的教育方法。

(2) 人道主义原则。即尊重犯人人格，禁止适用残酷的刑罚手段，关心犯人的实际困难，注重犯人的政治思想和文化、技能教育，促使其成为自食其力的新人。其具体要求有：①从观念上把犯罪人当人看，在人格上不歧视犯罪人，不刑讯逼供，不用肉刑，不侮辱虐待，竭力消除犯罪人自暴自弃的思想和对立情绪，使其树立起重新生活的信心。②建立科学的刑罚执行制度，正确适用死缓制度，减少死刑立即执行，改善刑罚的执行方法，对少年犯、孕妇以及老弱病残犯罪人实行特殊的宽缓政策，根据犯罪人的实际情况决定刑罚的执行方法。③在生活上关心犯罪人，尤其是对未成年人，要尽量地感化教育他们，医治心灵上的创伤。④对刑满释放人员要贯彻“给出路”的政策，说服社会各界不歧视、不嫌弃他们，积极地为他们提供学习、工作、劳动的机会。

(3) 区别对待原则。是指在刑罚执行期间，应当根据犯罪人的具体情况，如犯罪分子的性格、年龄、性别、文化程度、身体状况、犯罪性质以及特点、罪行严重程度、人身危险性大小，给予个别处罚措施，采取不同的教育方式。主要是在犯罪分子执行刑罚中的关押、文化教育、劳动、奖励和惩罚等各方面。

(4) 社会化原则。刑罚执行的社会化原则，是指在刑罚执行过程中要依靠社会力量对犯罪人进行帮助和教育，使其很容易地回归社会。社会化的原则包括两个方面的内容：一是调动社会的积极因素影响犯罪人，让社会参与对犯罪人的改造；二是培养犯罪分子再社会化的能力，使其能够适应正常的社会生活。

第十九章　刑罚的消灭

基础知识图解

刑罚的消灭
- 概述
  - 刑罚消灭的概念
  - 刑罚消灭的事由
- 时效
  - 含义
  - 追诉时效的期限
  - 追诉时效的计算
- 赦免
  - 含义
  - 我国赦免制度的特点

配套测试

一、单项选择题

1. 某甲与某乙在2008年5月诈骗他人轿车一辆，价值12万元，销赃后得款4万元，二人平分。另据某甲交代，他曾经单独在1998年3月诈骗他人现金4000元，2003年2月诈骗他人现金4500元。在追究某甲的诈骗犯罪的刑事责任时，其犯罪金额应为（　　）。

A. 12.85万元　　B. 12.45万元

C. 12万元　　D. 4万元

2. 甲犯某罪，应处3年有期徒刑，法定最高刑为7年，对甲的追诉时效是（　　）。

A. 5年　　B. 10年

C. 15年　　D. 终身

3. 甲于1992年3月5日犯A罪，该罪的法定最高刑为10年，1996年11月21日甲又犯B罪，B罪的法定最高刑为7年，那么A罪的追诉期限的结束时间应为（　　）。

A. 2007年3月4日

B. 2011年11月20日

C. 2006年11月20日

D. 2002年3月4日

4. 赵某歧视其妻的女儿，在1973年将12岁的女儿掐死并沉尸水库中，致使其母在寻找孙女时被车撞死，其妻因恋女变成间歇性精神病人。1997年，赵某酒后向其妻说出实情，被邻居听到后告发，现要对赵某追诉，须报请（　　）核准。

A. 当地人民法院　　B. 当地人民检察院

C. 最高人民法院　　D. 最高人民检察院

5. 吴某犯了情节严重的招摇撞骗罪，应处3年以上10年以下有期徒刑。对吴某行为的刑事追诉期限应当是（　　）。

A. 5年　　B. 10年

C. 15年　　D. 20年

二、多项选择题

1. 刑法上的时效种类有（　　）。

A. 时效延长　　B. 时效中断

C. 行刑时效　　D. 追诉时效

2. 我国刑法规定的追诉期限是（　　）。

A. 法定最高刑不满5年的，经过5年

B. 法定最高刑为5年以上不满10年的，经过10年

C. 法定最高刑10年以上的，经过15年

D. 法定最高刑为无期徒刑、死刑的，经过20年；20年以后认为必须追诉的，须报请最高人民检察院核准

3. 1999年11月，甲（17周岁）因邻里纠纷，将邻居杀害后逃往外地。2004年7月，甲

诈骗他人5000元现金。2014年8月，甲因扒窃3000元现金，被公安机关抓获。在讯问阶段，甲主动供述了杀人、诈骗罪行。关于本案的分析，下列哪些选项是错误的？（　　）（司考2014. 卷二 .56）

A. 前罪的追诉期限从犯后罪之日起计算，甲所犯三罪均在追诉期限内

B. 对甲所犯的故意杀人罪、诈骗罪与盗窃罪应分别定罪量刑后，实行数罪并罚

C. 甲如实供述了公安机关尚未掌握的罪行，成立自首，故对盗窃罪可从轻或者减轻处罚

D. 甲审判时已满18周岁，虽可适用死刑，但鉴于其有自首表现，不应判处死刑

三、名词解释

1. 刑罚消灭
2. 时效

四、简答题

1. 举例说明时效中断和延长。
2. 简述追诉时效的刑法规定。（华东政法大学2006年研究生考试试题）
3. 简述刑罚消灭的法定原因。
4. 简述大赦和特赦的区别。

参考答案

一、单项选择题

1. **答案**：C。某甲与某乙共同诈骗轿车价值12万元，另外，某甲单独在1998年诈骗4000元，在2003年诈骗4500元，诈骗的总额为12.85万元，但是，前两次诈骗已过追诉时效，不算入犯罪金额。
2. **答案**：B。我国刑法规定时效的计算是根据法定最高刑，而不是实际判处的刑罚。
3. **答案**：C。《刑法》第89条，在追诉期限以内又犯罪的，前罪追诉的期限从犯新罪之日起计算。
4. **答案**：D。根据《刑法》第87条，赵某杀死他女儿的法定最高刑为无期徒刑、死刑的，追诉时效为20年。如果20年以后认为必须追诉的，须报请最高人民检察院核准。
5. **答案**：B。参见《刑法》第87条。

二、多项选择题

1. **答案**：CD。时效分为追诉时效与行刑时效。追诉时效，是刑法规定的追究犯罪人刑事责任的有效期。行刑时效，是指按照法律的规定对犯罪人执行刑罚的有效期限。
2. **答案**：ABCD。参见《刑法》第87条。
3. **答案**：ABCD。根据《刑法》规定，故意杀人的，处死刑、无期徒刑或者10年以上有期徒刑；情节较轻的，处3年以上10年以下有期徒刑。从本案情况看，甲犯罪时系未成年人，且因邻里纠纷杀人，属于情节较轻的故意杀人，应判处10年以下有期徒刑。根据《刑法》第87条的规定，法定最高刑为10年的，经过15年，不再追诉。本案中，自2004年7月甲犯诈骗罪起其所犯故意杀人罪的追诉时效重新计算。而甲所犯诈骗罪的法定最高刑为3年，经过5年即不再追诉。至2014年8月时，又经过了11年，甲所犯故意杀人罪的时效未过，而所犯诈骗罪的时效已超过。因此对甲应以盗窃罪和故意杀人罪数罪并罚。AB选项错误。根据《最高人民法院关于处理自首和立功具体应用法律若干问题的解释》第1条的规定，犯有数罪的犯罪嫌疑人仅如实供述所犯数罪中部分犯罪的，只对如实供述部分犯罪的行为，认定为自首。因此本案中只对甲所犯故意杀人罪和诈骗罪成立自首，对于盗窃罪部分不可从轻或减轻处罚。C选项错误。对未成年人不适用死刑，这里指的是犯罪时而非审判时未满18周岁，因此D选项是错误的。应选ABCD。

三、名词解释

1. **答案**：刑罚消灭，是指由于法定的或事实的原因，致使代表国家的司法机关不能对犯罪人行使具体的刑罚权。它具有以下特征：（1）刑罚消灭的前提是对犯罪人应当适用或执行刑罚或者正在执行刑罚。（2）刑罚消灭意味着代表国家的司法机关丧失其对犯罪人行使具体的刑罚权。（3）刑罚消灭必须基于一定的原因。

2. 答案：时效，是指经过一定的期限，对刑事犯罪不得追诉或者对所判刑罚不得执行的一项法律制度。时效分为追诉时效和行刑时效。

四、简答题

1. 答案：刑法上的时效，是指刑法规定的国家对犯罪人的刑事追诉权和刑罚执行权在一定期限内有效的制度。包括追诉时效和行刑时效。我国刑法只规定了追诉时效。

追诉时效的中断是指在追诉时效进行期间，因发生法律规定的事由而使已经经过的时效归于无效，追诉期限从法律规定的事由发生之日起重新开始计算的制度。我国刑法规定的中断时效的法定事由是“又犯罪”，这种犯罪包括故意犯罪、过失犯罪、重罪、轻罪、与前罪同或不同种罪，无论什么罪，前罪的追诉时效中断，其追诉时效从犯后罪之日起重新计算。同时后罪的追诉时效也开始计算。例如，周某于1997年7月7日犯故意伤害罪，应判处3年以下有期徒刑或拘役、管制，根据刑法规定，其追诉期限是5年，即追诉期限至2002年7月7日。周某的行为一直未被揭露，后于2002年5月4日又犯强奸罪，这时周某犯故意伤害罪的追诉时效中断，其追诉期限从2002年5月4日与强奸罪的追诉期限一起重新开始计算。

追诉时效的延长是指由于发生了法律规定的事由，追诉期限无限延伸的制度。根据刑法规定，追诉时效的延长包括两种类型。第一种类型是：犯罪人在人民检察院、公安机关、国家安全机关立案侦查或人民法院受理案件以后，逃避侦查或者审判的。在这种情况下，追诉时效期限不受限制。例如，陈某于1999年3月4日犯抢夺罪，被害人林某当即向公安机关报案，公安机关予以立案侦查。陈某得知后畏罪外逃，一直没有归案。根据刑法规定，通常情况下，陈某应被判处3年以下有期徒刑、拘役或者管制，其追诉时效是5年。但现在因公安机关已经立案侦查，其追诉时效无限延长，即对陈某的行为不受追诉时效的限制。第二种类型是：被害人在追诉期限内提出控告，人民法院、人民检察院、公安机关应当立案而不予立案的，其追诉时效也不受限制，即无限期延长。如上例中，若林某向公安机关报案，但公安机关以无法破案为由，应当立案侦查而不予立案，那么根据刑法规定，这时对陈某的追诉时效也无限期延长，即对陈某的追诉不受时效的限制。

2. 答案：（1）追诉时效是指刑法规定的司法机关追究犯罪人刑事责任的有效期限。犯罪已过法定追诉时效期限的，不再追究犯罪分子的刑事责任；已经追究的，应当撤销案件，或者不予起诉，或者宣告无罪。各国对追诉时效规定不一，最长的达30年，最短的仅3个月。《刑法》规定，犯罪经过下列期限不再追诉：

①法定最高刑为不满5年有期徒刑的，经过5年。

②法定最高刑为5年以上不满10年有期徒刑的，经过10年。

③法定最高刑为10年以上有期徒刑的，经过15年。

④法定最高刑为无期徒刑、死刑的，经过20年。如果20年后认为必须追诉的，须报请最高人民检察院核准。在司法机关采取强制措施后，逃避侦查或审判的，不受追诉期限的限制。追诉期限从犯罪之日起计算，犯罪行为有连续或继续状态的，从犯罪行为终了之日起计算。犯罪分子在追诉期限内又犯罪的，前罪追诉的期限从犯后罪之日起计算。

（2）不受追诉时效限制的情况。根据我国刑法规定，在人民检察院、公安机关、国家安全机关立案侦查或者在人民法院受理案件以后，逃避侦查或者审判的，不受追诉期限的限制。被害人在追诉期限内提出控告，人民法院、人民检察院、公安机关应当立案而不予立案的，不受追诉期限的限制。

（3）时效中断。在追诉期限以内又犯罪的，前罪追诉的期限从犯后罪之日起计算。在一般情况下，追诉时效的期限从犯罪之日起计算，但是，如果犯罪行为有连续或者继续状态的，追诉时效的期限从犯罪行为终了之日起计算。

3. 答案：我国法律规定，刑罚消灭的主要法定原因有：(1) 超过追诉时效的；(2) 经特赦免除刑罚的；(3) 告诉才处理的犯罪，没有告诉或者撤回告诉的；(4) 被判处罚金的犯罪人由于遭遇不能抗拒的灾祸确有困难的，可以酌情减少或者免除。

4. 答案：赦免，是指国家宣告对犯罪人免除其罪、免除其刑的法律制度，包括大赦和特赦两种。大赦，是国家对某一时期内犯有一定罪行的犯罪人免予追诉和免除刑罚执行的制度。特赦，是指国家对特定的犯罪人免除执行全部或者部分刑罚的制度。二者的区别表现在：

	大赦	特赦
对象	大赦的对象既可能是国家某一时期的各种犯罪人，也可能是国家某一时期犯有特定罪行的犯罪人，也可能是某一地区的全体犯罪人，也可能是参与某一重大历史事件的所有犯罪人。大赦涉及的犯罪人的人数一般要比特赦所涉及的犯罪人的人数多	特赦的对象是特定的犯罪人
效果	大赦既赦其罪，又赦其刑	特赦则只免除刑罚的执行而不消灭其犯罪记录

第二十章　刑法各论概述

基础知识图解

- 刑法各论概述
  - 刑法分则的体系
    - 以同类客体为标准分类
    - 原则上以同类客体重要程度为排列标准
    - 类罪中原则上以危害程度和各罪的关系为排列标准
  - 刑法分则的条文结构
    - 罪状：叙明罪状、简单罪状、空白罪状、引证罪状
    - 罪名：广义的罪名包括类罪名，狭义的罪名仅指具体罪名
    - 法定刑：绝对确定法定刑、绝对不确定法定刑、相对确定法定刑
  - 刑法分则的法条竞合
    - 含义
    - 适用原则：特殊法优于一般法，重法优于轻法

配套测试

一、单项选择题

1. 我国现行刑法分则规定了（　　）类犯罪。

A. 9　　B. 10　　C. 11　　D. 12

2. 根据刑法条文罪名包含构成内容、数量单复，罪名可分为：（　　）。

A. 单数罪名和复数罪名

B. 单一罪名和选择罪名

C. 立法罪名、司法罪名和学理罪名

D. 确定罪名和不确定罪名

二、名词解释

1. 罪状

2. 引证罪状

3. 空白罪状

4. 法定刑

5. 相对确定的法定刑

三、简答题

1. 简述正确确定罪名应当遵循的原则。

2. 简述我国刑法分则条文中法定刑的表现方式。

3. 简述法条竞合与想象竞合。（吉林大学2005年研究生入学试题）

4. 什么是法定刑？什么是宣告刑？二者的关系是什么？

5. 如何理解空白罪状与罪刑法定原则的关系？

参考答案

一、单项选择题

1. 答案：B。我国刑法分则将犯罪分为10类，每一类为一章，侵犯的是同一类客体。

2. 答案：B。本题考查的是罪名的分类。C项是按是否具有法律效力标准分类；D项是按罪名在刑法中是否确定不变分类。A项属臆造。

二、名词解释

1. 答案：罪状，是指刑法分则条文对具体犯罪的基本构成特征的描述。在刑法理论上，通常根据条文对罪状的描述方式不同，将罪状分为4种：叙明罪状、简单罪状、引证罪状和空白罪状。

2. 答案：引证罪状，是指引用同一法律中其他

条款来说明和确定某一犯罪构成特征的罪状。

3. 答案：空白罪状，是指条文不直接具体规定某一犯罪的构成特征，但指明确定该罪构成特征需要参照的其他法律法规的规定的罪状。

4. 答案：法定刑，是指刑法分则条文对具体犯罪所确定的适用刑罚的种类和刑罚幅度。

5. 答案：相对确定的法定刑，是指分则条文对某种犯罪规定了相对具体的刑种和刑度，既有刑罚的限度，也有一定的自由裁量余地。

三、简答题

1. 答案：应遵循下列原则正确确定罪名：(1) 合法性原则。即确定罪名时必须严格根据刑法分则具体条文所描述的罪状，既不得超出罪状的描述，也不得片面地对罪状断章取义。(2) 概括性原则。即罪名必须是对罪状的高度概括。(3) 科学性原则。即罪名要在前两个原则的基础上，明确地反映出犯罪行为最本质的特征以及罪与罪之间的区别。

2. 答案：法定刑在我国现行刑法中主要有下列五种表现形式：(1) 分则条文仅规定法定刑的最高限度，其最低限度由刑法总则确定。(2) 法定刑的最低限度由分则确定，其最高限度由刑法总则确定。(3) 法定刑的最高限度与最低限度都由分则规定。(4) 分则条文规定两种以上的主刑或者规定两种以上主刑并规定附加刑。(5) 援引性的法定刑规定在分则条文中。

3. 答案：法条竞合是指一个行为同时符合数个法条规定的犯罪构成，但从数个法条之间的逻辑关系来看，只能适用其中的一个法条，当然排除适用其他法条的情况。想象竞合犯，也称想象的数罪、观念的竞合。一行为数法，是指一个行为触犯了数个罪名的情况。

二者联系如下：

(1) 两者的行为人都只实施了一个危害行为；

(2) 一个行为都触犯了数个法条；

(3) 对于这一行为最终都只能按照一罪来处罚，适用一个法条。

二者的区别：

(1) 想象竞合和法条竞合的本质差别就在于犯罪人的犯罪行为所触犯的犯罪构成是否具有重合关系，并因此得以从若干犯罪构成中选择一个能够恰当、全面评价犯罪行为的犯罪构成。

(2) 将想象竞合和法条竞合并列于罪数形态进行研究时亦有显著区别。想象竞合犯是特殊的数罪而与一罪相区别，而法条竞合系“同一犯罪行为，而触犯数法律时，仅适用一法律而排斥其他法律，其罪之本身为单纯之一罪”。

(3) “想象竞合犯中规定不同种罪名的数个法条之间发生关联，是以行为人实施特定的犯罪行为为前提或中介”，此法条之间的联系是偶然的，于法律制定时难以预见；而法条竞合犯的出现，从根本上讲是取决于某些刑法条文规定的犯罪构成具有重合关系的必然结果，于法律制定时即可预见，通过对法律条文的研究已不难认识，从一定程度上讲，数法条之间的联系是必然的，与犯罪行为的发生与否无关。

(4) 两者发挥作用的领域不同。想象竞合犯是一种罪数形态，故想象竞合犯理论主要是解决犯罪行为触犯几个罪名，如何处罚的问题；而法条竞合犯主要是法律的适用问题，代表了法条间的关系，是在法条之间因有错综复杂的重合关系而导致均能对一行为进行评价时，如何选择一个最恰当、最全面的罪名的问题。

(5) 从处罚原则上讲，对想象竞合犯采取的是从一重罪处罚的原则；而对于法条竞合犯，则根据各法条之间竞合关系的不同，采用特别法优于普通法、全部法优于部分法、复杂法优于简单法等原则，并不一定导致适用重法；也就是选用最恰当的罪名处断。

4. 答案：(1) 二者的定义

法定刑是指刑法分则条文所确定的适用于具体犯罪的刑种和刑度；宣告刑是指审判机关对具体犯罪依法判处并宣告的应当执行的刑罚。

（2）二者的关系

法定刑是宣告刑的基础，宣告刑是法定刑的实际适用。如果法定刑是绝对确定的法定刑，宣告刑与法定刑相同。如果法定刑是相对确定的法定刑，二者则具有以下差异：①法定刑可以同时包含不同的主刑和量刑幅度，而宣告刑只能是一罪一刑，其选择结果是排他的。②一般情况下，宣告刑必须以法定刑幅度为限，但在加重、减轻或者免除刑罚情节下，则可以超出法定刑幅度。③法定刑是立法机关在制定刑法时确定的，宣告刑是司法机关在审理具体案件时确定的。

5. 答案：空白罪状对罪名及法定刑作了明确规定，但对犯罪构成要件的全部或者部分则委诸其他规范或制度，这导致空白罪状对罪刑法定原则产生了一定冲击。但是，并不能据此便认为空白罪状必然违反了罪刑法定原则。

（1）空白罪状对罪刑法定原则的冲击和解决

在空白罪状中，刑法分则条文并不直接规定某一犯罪的构成特征，而是指明了确定该犯罪构成所需要参照的其他法律法规。因此，其本质特征在于被类型化的具体犯罪构成要件必须参照刑法以外其他有关的规范或制度才能确定，而承载空白罪状的条文本身似乎过于简单概括、不够明白清晰。在此意义上，空白罪状对罪刑法定原则中的明确性原则造成了一定的冲击和挑战。但是，由于空白罪状对某一具体犯罪特征的描述借助于其所参照的规范或制度，如果参照的规范或制度对某一犯罪的构成作了明确规定，则空白罪状的明确性和引证罪状的明确性并无二致。

（2）空白罪状的必要性

空白罪状的设置是刑法的应有之义。首先，由于行政管理的内容大而面广，违反某一行政管理法规的行为类型数量众多庞杂，立法者不可能在刑法分则中对所有严重违反行政管理法规的行为作出全面列举。同时，社会生活千变万化，过于明确的法律会导致其与社会生活脱节。其次，立法者将空白罪状构成要件的内容委诸其他行政法律、法规或命令的前提是后者能够说明某一行为的构成特征，据以确定该罪状的明确性。最后，指示具有一定的优越性，它能够在维持刑法典相对稳定性的前提下，严密刑事法网。

因此，空白罪状是在遵循罪刑法定原则的前提下，避免刑法分则条文在犯罪构成上表述的重复、繁杂和琐碎，以此实现构成要件的确定性和完整性。

第二十一章　危害国家安全罪[①]

配套测试

一、单项选择题

1. 对所有危害国家安全的犯罪均必须适用的刑罚方法有：(　　)。
   A. 无期徒刑
   B. 死刑
   C. 没收财产
   D. 剥夺政治权利
2. 下列危害国家安全的犯罪，可以适用死刑的有：(　　)。
   A. 间谍罪
   B. 资助危害国家安全犯罪活动罪
   C. 煽动分裂国家罪
   D. 叛逃罪
3. 张某通过互联网非法侵入某军事机关网站，将获得的国家秘密发送给境外的某间谍组织，张某的行为构成什么罪？(　　)
   A. 为境外窃取、刺探、收买、非法提供国家秘密、情报罪
   B. 故意泄露国家秘密罪
   C. 间谍罪
   D. 非法获取国家秘密罪
4. 明知出版物中载有煽动分裂国家、破坏国家统一的内容，而予以出版、印刷、复制、发行、传播的，应当如何处理？(　　)
   A. 构成非法经营罪
   B. 构成煽动分裂国家罪
   C. 构成侵犯著作权罪
   D. 构成制作、复制、出版、贩卖、传播分裂出版物罪
5. 甲某原系海关缉私员，后来利用到国外出差的机会滞留境外长期不归，一年后甲某加入该国的间谍组织，后来回国执行该间谍组织任务时被我国国家安全机关抓获，对甲某的行为应当如何处理？(　　)
   A. 构成叛逃罪
   B. 构成背叛国家罪
   C. 构成间谍罪
   D. 构成叛逃罪和间谍罪，数罪并罚
6. 某甲原是某国有企业会计，其退休后受物质利益的引诱，受聘于某外国情报机构，担任其财务部门主管，对某甲的行为应当如何处理？(　　)
   A. 构成间谍罪
   B. 构成背叛国家罪
   C. 不构成犯罪
   D. 以间谍罪和背叛国家罪数罪并罚
7. 某国家机关工作人员甲借到M国探亲的机会滞留不归。一年后甲受雇于N国的一个专门收集有关中国军事情报的间谍组织，随后受该组织的指派潜回中国，找到其在某军区参谋部工作的战友乙，以1万美元的价格从乙手中购买了3份军事机密材料。对甲的行为应如何处理？(　　)(司考2002. 单选)
   A. 以叛逃罪论处
   B. 以叛逃罪和间谍罪论处
   C. 以间谍罪论处
   D. 以非法获取军事秘密罪论处
8. 我国某核基地高级工程师杨某，在国外进修期间因贪图美色、金钱，接受境外间谍机构任务，回国后多次秘密非法侵入某核基地计算机信息系统窃取国家核技术秘密送往国外，后被我国国家安全机关查获。杨某的行为构成：(　　)。
   A. 间谍罪
   B. 非法侵入计算机信息系统罪
   C. 故意泄露国家秘密罪
   D. 为境外刺探国家秘密罪

---

① 从本章开始不设置“基础知识图解”，下文对此不再提示。

二、多项选择题

1. 下列可以构成叛逃罪的主体有：（　　）。
   A. 国家权力机关、行政机关、审判机关、检察机关中依照法律从事公务的人员
   B. 现役军人
   C. 掌握国家秘密的国家工作人员
   D. 国有公司、企业、事业单位、人民团体中从事公务的人员和国家机关、国有公司、企业、事业单位委派非国有公司、企业、事业单位、社会团体从事公务的人员，以及其他依照法律从事公务的人员

2. 为下列哪些危害国家安全的犯罪活动提供资助的构成资助危害国家安全犯罪活动罪？（　　）
   A. 背叛国家罪
   B. 分裂国家罪和煽动分裂国家罪
   C. 颠覆国家政权罪和煽动颠覆国家政权罪
   D. 武装叛乱、暴乱罪

3. 与下列哪些组织机构相勾结构成背叛国家罪中的勾结“外国”？（　　）
   A. 外国政府　　B. 外国敌对势力
   C. 境外的邪教组织　　D. 谋独分子

4. 投敌叛变罪与叛逃罪的区别在于：（　　）。
   A. 叛逃罪可以是一种单纯的叛逃行为，不要求投奔敌人营垒，不要求实施其他危害国家安全的活动；投敌叛变罪是一种投奔敌人营垒并进行危害国家安全活动的行为
   B. 叛逃罪要求在履行公务期间实施；投敌叛变罪没有这种要求
   C. 叛逃罪必须是国家机关工作人员或掌握国家秘密的其他国家工作人员；而投敌叛变罪的主体可以是任何具备犯罪主体一般要件的中国公民
   D. 以上说法都正确

5. 有下列行为之一的，可以构成间谍罪：（　　）。
   A. 参加间谍组织
   B. 接受间谍组织及其代理人的任务
   C. 为敌人指示轰击目标
   D. 供给敌人武器装备

6. 乙成立恐怖组织并开展培训活动，甲为其提供资助。受培训的丙、丁为实施恐怖活动准备凶器。因案件被及时侦破，乙、丙、丁未能实施恐怖活动。关于本案，下列哪些选项是正确的？（　　）（司考 2016. 卷二 .56）
   A. 甲构成帮助恐怖活动罪，不再适用《刑法》总则关于从犯的规定
   B. 乙构成组织、领导恐怖组织罪
   C. 丙、丁构成准备实施恐怖活动罪
   D. 对丙、丁定罪量刑时，不再适用《刑法》总则关于预备犯的规定

三、不定项选择题

甲将私家车借给无驾照的乙使用。乙夜间驾车与其叔丙出行，途中遇刘某过马路，不慎将其撞成重伤，车辆亦受损。丙下车查看情况，对乙谎称自己留下打电话叫救护车，让乙赶紧将车开走。乙离去后，丙将刘某藏匿在草丛中离开。刘某因错过抢救时机身亡。（事实一）

为逃避刑事责任，乙找到有驾照的丁，让丁去公安机关“自首”，谎称案发当晚是丁驾车。丁照办。公安机关找甲取证时，甲想到若说是乙造成事故，自己作为被保险人就无法从保险公司获得车损赔偿，便谎称当晚将车借给了丁。（事实二）

后甲找到在私营保险公司当定损员的朋友陈某，告知其真相，请求其帮忙向保险公司申请赔偿。陈某遂向保险公司报告说是丁驾车造成事故，并隐瞒其他不利于甲的事实。甲顺利获得 7 万元保险赔偿。（事实三）

关于事实三的分析，下列选项正确的是：（　　）。（司考 2016. 卷二 .88）
A. 甲对发生的保险事故编造虚假原因，骗取保险金，触犯保险诈骗罪
B. 甲既触犯保险诈骗罪，又触犯诈骗罪，由于两罪性质不同，应数罪并罚

C. 陈某未将保险金据为已有，因欠缺非法占有目的不构成职务侵占罪

D. 陈某与甲密切配合，骗取保险金，两人构成保险诈骗罪的共犯

四、名词解释

1. 分裂国家罪
2. 颠覆国家政权罪
3. 叛逃罪

五、简答题

1. 简述叛逃罪的基本特征。
2. 简述故意泄露国家秘密罪与为境外窃取、刺探、收买、非法提供国家秘密、情报罪的区别。(2002 年中国政法大学研究生入学试题)
3. 简述间谍罪的犯罪构成。
4. 认定间谍罪应注意哪些主要问题？
5. 如何区分背叛国家罪与分裂国家罪？
6. 对在武装叛乱、暴力过程中实施故意杀人、故意伤害、强奸、抢劫等行为的，应当如何认定？

六、案例分析题

甲某于 1992 年被 A 国间谍机关招募为间谍，经过特工训练后，于 1994 年受该间谍机关的派遣，潜入我国境内刺探、收集了国家机密情报，1999 年再次潜入我国境内某市时，被国家安全机关人员抓获，甲某在被抓捕时，开枪拒捕，打死国家安全机关人员一名。

问：甲某的行为构成何罪？

参考答案

一、单项选择题

1. **答案**：D。《刑法》第 56 条规定："对于危害国家安全的犯罪分子应当附加剥夺政治权利"，而 C 项没收财产属于可以适用的刑罚。

2. **答案**：A。《刑法》第 113 条规定：本章上述危害国家安全罪刑中，除第 103 条第 2 款（煽动分裂国家罪）、第 105 条（颠覆国家政权罪和煽动颠覆国家政权罪）、第 107 条（资助危害国家安全犯罪活动罪）、第 109 条（叛逃罪）外，对国家和人民危害特别严重、情节特别恶劣的，可以判处死刑。所以只有间谍罪正确。如果对国家和人民危害特别严重、情节特别恶劣的，可以判处死刑。

3. **答案**：A。根据《最高人民法院关于审理为境外窃取、刺探、收买、非法提供国家秘密、情报案件具体应用法律若干问题的解释》第 6 条规定：通过互联网将国家秘密或者情报非法发送给境外的机构、组织、个人的，依照刑法第 111 条的规定以为境外窃取、刺探、收买、非法提供国家秘密、情报罪定罪处罚。

4. **答案**：B。根据《最高人民法院关于审理非法出版物刑事案件具体应用法律若干问题的解释》第 1 条规定：明知出版物中载有煽动分裂国家、破坏国家统一或者煽动颠覆国家政权、推翻社会主义制度的内容，而予以出版、印刷、复制、发行、传播的，依照刑法第 103 条第 2 款或者第 105 条第 2 款的规定，以煽动分裂国家罪或者煽动颠覆国家政权罪定罪处罚。D 项没有此罪名。

5. **答案**：D。甲某身为国家工作人员在境外叛逃的行为构成叛逃罪，其后来参加间谍组织并接受间谍组织指派的任务构成间谍罪，前后两罪并无必然的牵连关系，故应数罪并罚。

6. **答案**：C。间谍罪和背叛国家罪都要求行为具有危害国家安全的性质，而某甲供职外国情报机构，担任财务人员，并未实施或参与实施危害国家安全的犯罪，所以不构成犯罪。

7. **答案**：C。甲身为国家机关工作人员利用去国外探亲的机会滞留境外不属于履行公务期间在境外叛逃，不构成叛逃罪。甲参加间谍组织并接受间谍组织指派任务的行为构成间谍罪。甲并非现役军人，不构成非法获取军事秘密罪，其从战友乙手中购买军事机密材料的行为属于接受间谍组织任务的内容，是非法获取国家秘密罪与间谍罪的想象竞合，只以其中较重的间谍罪一罪论处即可。

8. **答案**：A。根据《刑法》第 110 条的规定，间谍罪是指参加间谍组织，或者接受间谍组织及其代理人的任务，或者为敌人指示轰击目标，危害国家安全的行为。第 285 条规定，非法侵入计算机信息系统罪是指违反国家规定，侵入国家事务、国防建设、尖端科学技术领域的计算机信息系统的行为。杨某秘密侵入某核基地计算机信息系统的行为，与执行间谍机构委托的任务之间构成方法行为与目的行为的牵连犯，按牵连犯择一重罪论处的原则，其行为构成间谍罪。间谍罪与为境外刺探国家秘密罪的区别在于行为人是否加入间谍组织或接受间谍组织及其代理人的任务，是的话构成前者，否则构成后者，因此杨某的行为构成间谍罪。

二、多项选择题

1. **答案**：ACD。叛逃罪的主体为特殊主体，是国家机关工作人员以及掌握国家秘密的国家工作人员。国家机关工作人员，是指在国家机关，包括国家权力机关、行政机关、审判机关、检察机关中依照法律从事公务的人员（军人叛逃的构成军人违反职责罪的军人叛逃罪）。《刑法》第 109 条第 2 款规定，掌握国家秘密的国家工作人员可以成为本罪主体。

2. **答案**：ABCD。《刑法》第 107 条是指境内外机构、组织或个人资助实施背叛国家罪（第 102 条）、分裂国家罪和煽动分裂国家罪（第 103 条）、武装叛乱、暴乱罪（第 104 条）、颠覆国家政权罪和煽动颠覆国家政权罪（第 105 条）的行为。

3. **答案**：AB。背叛国家罪是指勾结外国或者境外的组织、机构和个人，危害中华人民共和国的主权、领土完整和安全的行为，这里的外国主要是指外国政府和敌对势力，CD 属于境外的组织、机构和个人，不属于“外国”。

4. **答案**：ABCD。参见《刑法》第 108 条和第 109 条的规定。

5. **答案**：ABC。根据《刑法》第 110 条规定，ABC 构成间谍罪。根据《刑法》第 112 条规定，战时供给敌人武器装备、军用物资资敌的，处 10 年以上有期徒刑或者无期徒刑；情节较轻的，处 3 年以上 10 年以下有期徒刑，D 构成资敌罪。

6. **答案**：ABCD。恐怖活动是指以制造社会恐慌、危害公共安全或者胁迫国家机关、国际组织为目的，采取暴力、破坏、恐吓等手段，造成或者意图造成人员伤亡、重大财产损失、公共设施损坏、社会秩序混乱等严重社会危害，以及煽动、资助或者以其他方式协助实施上述活动的行为。《刑法修正案（九）》将资助恐怖组织罪修改为帮助恐怖活动罪：一是将资助恐怖活动培训的行为增加规定为犯罪，与原条文只针对资助直接实施恐怖活动犯罪的组织和个人相比，修改后的条文进一步扩大了打击恐怖活动的范围。二是明确对为恐怖活动组织、实施恐怖活动或者恐怖活动培训招募、运送人员的行为，追究刑事责任。这意味着行为人即使没有帮助具体实施恐怖活动的个人，但帮助培训恐怖活动的机构招募、运送人员，同样构成该罪，而不论该培训机构培训的人员是否实施了恐怖活动。AB 正确。根据《刑法修正案（九）》，新增准备实施恐怖活动罪，即将为实施恐怖活动准备凶器、危险物品或者其他工具，组织恐怖活动培训或者积极参加恐怖活动培训，为实施恐怖活动与境外恐怖活动组织或者人员联系，以及为实施恐怖活动进行策划或者其他准备等行为明确规定为犯罪。这些行为在修订前可依据共同犯罪理论以预备犯论处，修订后则应直接以本罪论处。根据客观方面表现不同，本罪包含四种类型：准备犯罪工具型；培训型，包括培训者与被培训者；与境外联络型；策划型。本罪属于行为犯，不要求有后果或情节。CD 正确。

三、不定项选择题

答案：AD。根据《刑法》第 198 条的规定，保险诈骗罪是指以非法获取保险金为目的，违反保险法规，采用虚构保险标的、保险事故、对发生的保险事故编造虚假的原因或者制造保险事故等方法，向保险公司骗取保险金，数额较大的行为。甲的行为已经构成本罪。A 正确。保险诈骗罪与诈骗罪是特别法与一般法的法条竞合关系，甲的行为不再另行构成诈骗罪。B错误。陈某和甲构成共同犯罪，根据“部分行为全部责任”的共同犯罪理论，陈某是否从保险赔偿中获取利益并不影响对其行为的定性。根据有关司法解释，认定其行为构成保险诈骗罪还是职务侵占罪的关键在于谁在共同犯罪中具有关键地位。本案中，甲显然在共同犯罪中占主导地位，因此应当认定甲与陈某构成保险诈骗罪的共同犯罪。C错误，D正确。

四、名词解释

1. 答案：分裂国家罪，是指组织、策划、实施分裂国家、破坏国家统一，危害中华人民共和国国家安全的行为。

2. 答案：颠覆国家政权罪，是指组织、策划、实施颠覆国家政权、推翻社会主义制度，危害中华人民共和国国家安全的行为。

3. 答案：叛逃罪，是指国家机关工作人员在履行公务期间，擅离岗位，叛逃境外或者在境外叛逃的行为。

五、简答题

1. 答案：叛逃罪，是指国家机关工作人员在履行公务期间，擅离岗位，叛逃境外或者在境外叛逃的行为。

本罪的主要特征如下：

(1) 客体是中华人民共和国的国家安全。

(2) 客观方面表现为在履行公务期间，擅离岗位，叛逃境外或者在境外叛逃，危害中华人民共和国国家安全的行为。“擅离岗位”是指违反规定私自离开岗位的行为；“叛逃境外”是指在境内执行公务期间，由境内逃到境外的行为；“在境外叛逃”是指在境外执行公务期间，擅自不归国并投靠境外的机构、组织的行为。本罪是行为犯，只要行为人实施了叛逃行为并可能危害国家安全的，就成立本罪既遂，而不要求危害结果实际发生。

(3) 主体是国家机关工作人员，根据《刑法》第109条第2款的规定，掌握国家秘密的国家工作人员也能够构成本罪的主体。而且掌握国家秘密的国家工作人员没有“在履行公务期间，擅离岗位”的限定条件，从而加大了对这一犯罪的打击力度。

(4) 主观方面是故意。

2. 答案：故意泄露国家秘密罪是指国家机关工作人员违反保守国家秘密法的规定，故意泄露国家秘密，情节严重的行为。为境外窃取、刺探、收买、非法提供国家秘密、情报罪是指为境外的机构、组织或个人窃取、刺探、收买、非法提供国家秘密或情报的行为。两罪的区别主要表现在以下几个方面：

	故意泄露国家秘密罪	**为境外窃取、刺探、收买、非法提供国家秘密、情报罪**
犯罪主体	故意泄露国家秘密罪的主体一般为有权知悉国家秘密的国家机关工作人员	为境外窃取、刺探、收买、非法提供国家秘密、情报罪的主体为一般主体，只要是年满16周岁，具有刑事责任能力的中国公民都可构成本罪。但外国人和无国籍的人不能构成本罪
犯罪客体	故意泄露国家秘密罪的客体是国家的保密制度	为境外窃取、刺探、收买、非法提供国家秘密、情报罪的客体是国家安全和利益
泄密的对象	故意泄露国家秘密罪的泄露对象不分何人，只要将国家的秘密泄露给不应知悉该秘密的人就构成本罪	为境外窃取、刺探、收买、非法提供国家秘密、情报罪的泄密对象则是境外的机构、组织和个人，否则威胁不到国家的安全和利益
行为表现	故意泄露国家秘密罪的行为表现为泄露行为，即把自己掌握或知道的国家秘密泄露给不应知悉的人	为境外窃取、刺探、收买、非法提供国家秘密、情报罪的行为有以下几种表现：①刺探，即通过各种途径和手段，向他人非法探知国家秘密和情报。②窃取，即采取非法手段秘密取得国家秘密或者情报。③收买，指行为人以金钱、财物或其他各种利益作诱饵，非法得到国家秘密或情报。④非法提供，指掌握国家秘密或情报的人，将其非法交付、出售、告知给不应知悉该秘密的人
罪与非罪的标准	故意泄露国家秘密罪的行为必须情节严重才能构成	为境外窃取、刺探、收买、非法提供国家秘密、情报罪则无此限制

3. **答案**：间谍罪的犯罪构成主要表现在以下几个方面：(1) 犯罪主体：一般主体，凡是已满16周岁具有刑事责任能力的人都可成为本罪主体。(2) 犯罪客体：简单客体，即国家安全。(3) 犯罪主观方面：体现为故意，故意的具体内容因行为的具体表现形式不同而不同。(4) 犯罪客观方面：体现为三种具体行为形式：①参加间谍组织；②接受外国间谍组织或其代理人的任务；③为敌人指示轰击目标。

4. **答案**：认定本罪时，应注意划清罪与非罪的界限。

间谍罪与非罪的基本界限体现在：

(1) 行为人是否具有危害中华人民共和国国家安全的故意。

(2) 行为人是否实施了刑法规定的具体的危害中华人民共和国国家安全的间谍行为。那些在间谍组织中工作，却只单纯地从事一般的勤杂、医务、采买等服务性活动的，不能以间谍罪论。

(3) 参加间谍组织的行为属于举动犯既遂。即行为人通过一定的手续加入间谍组织，成为间谍组织成员的行为就成立犯罪，不要求在加入后从事具体的间谍行为。

5. **答案**：(1) 背叛国家罪与分裂国家罪的定义：

①背叛国家罪，是指勾结外国或者与境外机构、组织、个人相勾结，危害中华人民共和国的国家主权、领土完整和安全的行为。

②分裂国家罪，是指组织、策划、实施分裂国家、破坏国家统一的行为。

(2) 两罪的区别主要表现在：

①客体不同。分裂国家罪侵犯的客体是国家的统一；背叛国家罪侵犯的客体是国家主权、领土完整和安全。分裂国家罪侵犯的客体范围小于背叛国家罪侵犯的客体范围。②客观方面不同。分裂国家罪的客观方面表现为组织、策划、实施分裂国家、破坏国家统一的行为；背叛国家罪的客观方面表现为勾结外国或者与境外机构、组织、个人相勾结，实施危害中华人民共和国的主权、领土完整和安全的行为。③主体不同。分裂国家罪的主体是一般主体，即已满16周岁，具有刑事责任能力的自然人都可以成为分裂国家罪的主体，包括我国公民、外国公民和无国籍人；背叛国家罪的主体是年满16周岁、具有刑事责任能力的中国公民。④主观方面不同。分裂国家罪的故意内容是分裂国家、破坏国家的统一；背叛国家罪的故意内容是危害国家主权、领土完整和安全。

6. **答案**：对在武装叛乱、暴力过程中实施故意杀人、故意伤害、强奸、抢劫等行为的认定如下：

(1) 故意杀人、故意伤害、抢劫、放火等行为可以被武装叛乱、暴乱行为所涵盖，前述行为是后者的手段，那么在武装叛乱、暴力过程中实施前述行为，认定为一罪，对行为人应以武装叛乱、暴乱罪定罪处罚。

(2) 如果行为人在实施武装叛乱、暴乱行为后，另起犯意实施了故意杀人、故意伤害、强奸、抢劫等行为，则应以武装叛乱、暴乱罪和其他犯罪实行数罪并罚。

(3) 如果行为人在武装叛乱、暴乱之外又实施了其他危害国家安全的行为，构成其他犯罪的，则应以武装叛乱、暴乱罪和其他犯罪实行数罪并罚。

六、案例分析题

答案：甲某参加A国间谍组织并受其派遣潜入我国境内，刺探、收集了国家机密情报，严重危害我国国家安全，甲的行为已构成间谍罪。同时，甲某在被抓捕过程中，开枪拒捕，并打死国家安全机关人员，又构成故意杀人罪，应当以间谍罪和故意杀人罪数罪并罚。

第二十二章　危害公共安全罪

配套测试

一、单项选择题

1. 关于危害公共安全罪的认定，下列哪一选项是正确的？（　　）（司考2017.卷二.12）
   A. 猎户甲合法持有猎枪，猎枪被盗后没有及时报告，造成严重后果。甲构成丢失枪支不报罪
   B. 乙故意破坏旅游景点缆车的关键设备，致数名游客从空中摔下。乙构成破坏交通设施罪
   C. 丙吸毒后驾车将行人撞成重伤（负主要责任），但毫无觉察，驾车离去。丙构成交通肇事罪
   D. 丁被空姐告知“不得打开安全门”，仍拧开安全门，致飞机不能正点起飞。丁构成破坏交通工具罪
2. 甲某因为吃饭时与单位食堂服务员发生争执。产生报复之念，遂取出自家灭鼠的“毒鼠强”，趁食堂工作间无人之机，将“毒鼠强”倒入面粉缸中，导致200公斤面粉被污染。因及时发现，未造成严重后果。如何认定某甲的行为？（　　）
   A. 构成投放危险物质罪
   B. 构成投放危险物质罪（未遂）
   C. 构成故意毁坏财物罪
   D. 构成故意杀人罪（未遂）
3. 农民某甲见村庄附近的灌溉专用线路因降雨而暂时未使用，便于某日晚偷割该输电线200多米，次日卖给非法收购者，得到500多元。某甲的行为构成（　　）。
   A. 盗窃罪
   B. 破坏电力设备罪
   C. 以其他危险方法危害公共安全罪
   D. 盗窃罪和破坏电力设备罪
4. 警察王某要为自己的儿子上学筹一笔钱，便找村民张某借钱。张某同意借钱，但条件是要有物品质押。王某将公务用枪交给张某质押。张某借给王某3万元现金，借期6个月。6个月后，王某无力偿还借款，张某持枪逼债，被公安机关发觉。王某、张某的行为属于下列哪个选项？（　　）
   A. 王某、张某均无罪
   B. 王某、张某构成非法出借枪支罪共犯
   C. 王某无罪、张某触犯非法持有枪支罪
   D. 王某触犯非法出借枪支罪、张某触犯非法持有枪支罪
5. 张某见路边新架设的电力线路不带电，私自割下200余米，价值10万余元。经查，该部分线路已经架设完毕并经电力部门验收合格，打算下个月通电。在审查中，张某还交代，曾经在2008年4月盗割过一段国防通信线路，当时造成该线路通信中断3小时。在2008年8月曾经盗割过一段铁路专用电话线路，造成铁路调度工作中断，差点造成严重的交通事故。张某的行为：（　　）。
   A. 构成破坏电力设备罪、破坏交通设施罪和破坏通信设备罪
   B. 构成破坏电力设备罪、破坏交通设施罪和破坏军事通信罪
   C. 构成破坏电力设备罪，破坏广播电视、公用电信设施罪、破坏军事通信罪
   D. 构成盗窃罪，破坏广播电视、公用电信设施罪和破坏军事通信罪
6. 甲某是某工厂的电焊工，在一次维修厂房过程中，未清除电焊作业下方堆放的大量的棉纱和锯末，就进行电焊作业。高温的电焊残渣掉落到下方的棉纱和锯末上，引起火灾，造成厂房被烧毁，直接经济损失800多万元，同时还导致当时在车间内工作的两名工人被大火烧死。甲某构成（　　）。

A. 失火罪
B. 失火罪和过失致人死亡罪
C. 重大责任事故罪
D. 重大责任事故罪和过失致人死亡罪

7. 被告人沈某曾任某厂汽车驾驶员，后因报酬等问题被该厂辞退，心存怨恨，意图报复。于某日将白砂糖倒入该厂一辆货车的发动机内。下车后又扳断一根雨刷器，并用钢丝钳将该车前后刹车油管剪断。次日，该车驾驶员邹某出车前经检查，发现车辆被破坏而停止使用，幸免遇险。后经市公安局鉴定：该车制动系统的前、后制动管路的损坏，能造成该车（行车）制动系统完全失效，对沈某的行为应如何认定？(　　)
A. 构成故意毁坏财物罪
B. 破坏生产经营罪
C. 破坏交通工具罪
D. 破坏交通设施罪

8. 某县公社农场大队非法生产硝氨炸药，因设备陈旧，厂房也不符合炸药生产规定，又没有安全措施，该县公安局曾几次正式通知他们停止生产。但该大队拒不执行，继续生产，以致在生产中发生爆炸，造成六人当场被炸死、整个车间（十间房子）被夷为平地的严重后果。本案应如何处理？(　　)
A. 该农场大队及其负责人员构成危险物品肇事罪
B. 该农场大队及其负责人员构成爆炸罪
C. 该农场负责人员构成重大责任事故罪
D. 该农场负责人员构成危险物品肇事罪

9. 被告人薛某乘人不备之机，于某日晚窃得公路下水井盖 9 个，价值人民币 720 元。对于薛某的行为如何认定？(　　)
A. 盗窃罪
B. 破坏交通设施罪
C. 以其他危险方法危害公共安全罪
D. 故意毁坏财物罪

10. 甲某为泄愤，将乙某家处在离村较远相对孤立的养鸡场放火烧毁，导致养鸡场 5000 多只鸡被烧死，鸡舍被毁，造成直接经济损失 5 万余元。甲某的行为(　　)。
A. 构成放火罪
B. 构成破坏生产经营罪
C. 故意毁坏财物罪
D. 不构成犯罪

11. 下列哪种情形构成交通肇事罪？(　　)
A. 行为人在交通肇事后为逃避法律追究，将被害人带离事故现场后隐藏，致使被害人无法得到救助而死亡或者严重残疾的
B. 行为人在交通肇事后为逃避法律追究，将被害人带离事故现场后遗弃，致使被害人无法得到救助而死亡或者严重残疾的
C. 单位主管人员、机动车辆所有人或者机动车辆承包人指使、强令他人违章驾驶造成重大交通事故的
D. 行为人违章驾驶旅客列车造成重大铁路交通事故的

12. 某公司司机甲某因住房问题与公司领导乙发生争执，一直怀恨在心，于某日驾驶东风货车行至公司门口时，看到乙和几个人正走过来，其不但不减速行驶，反而加大马力撞过去，将在场的乙、丙、丁、戊四人撞倒，丙死亡，其他三人均受轻伤。如何认定甲某的行为？(　　)
A. 甲构成故意杀人罪
B. 甲构成以危险方法危害公共安全罪
C. 甲构成交通肇事罪
D. 甲构成故意伤害罪

13. 某市黄某开办的个体小煤窑只开了采煤通道即开始采煤，主管部门检查后发现该煤窑只有送风口，没有排风口，即书面通知其停业整顿，黄某拖延不改并继续采矿，终于因瓦斯浓度太高发生爆炸，致 9 名矿工死亡。黄某的行为构成何种犯罪？(　　)
A. 重大责任事故罪
B. 工程重大安全事故罪
C. 重大劳动安全事故罪
D. 过失爆炸罪

14. 爆炸罪与以爆炸方法实施的故意杀人罪的区别在于：(　　)。

A. 看行为是否足以危害公共安全

B. 看行为是否造成数人死亡的结果

C. 看行为是否造成财产的损失

D. 看是否出于故意

15. 2011年7月19日0时许，张某驾驶一辆重型半挂牵引车运载砂石料，行驶至某县白河桥上时，在明知该桥系危桥的情况下，仍然冒险通过，因车辆严重超载110余吨致使该桥梁垮塌。经交通管理部门与相关部门认定，张某承担此次事故全部责任，被毁桥梁价值1556万余元。张某对此损失无能力赔偿，张某的行为构成(　　)。(司考2014. 卷二.16)

A. 破坏交通设施罪

B. 过失损坏交通设施罪

C. 故意毁坏财物罪

D. 交通肇事罪

16. 2009年1月2日下午，王某酒后进入一加油站，站内除有数辆等待加油的轿车外，周围还有很多群众。王某一手持加油枪到处喷汽油，一手拿着打火机扬言要烧毁加油站，又拿起一根两尺长的钢筋，猛砸加油站，后来被警察制服。王某的行为构成(　　)。(司考2011. 卷二.16)

A. 故意毁坏财物罪

B. 寻衅滋事罪

C. 破坏易燃易爆设备罪

D. 以危险方法危害公共安全罪

17. 张三系省射击运动队的教练，依法配置枪支。某日，李四向张三借枪打猎，张三碍于情面将枪支借给李四，李四用了半天后归还。张三的行为属于(　　)。(司考2010. 卷二.16)

A. 非法出租枪支罪

B. 非法出借枪支罪

C. 滥用职权罪

D. 不构成犯罪

18. 组织、领导、参加恐怖活动后，又实施杀人、爆炸、绑架犯罪的，我国刑法规定应当如何处罚？(　　)(司考2009. 卷二.13)

A. 以故意杀人罪、爆炸罪、绑架罪从重处罚

B. 以组织、领导、参加恐怖组织罪从重处罚

C. 择一重罪处罚

D. 依照数罪并罚的规定处罚

19. 被告人冯某盗窃城市市区道路窨井（深3~5米不等）井盖15个，销赃得款30元，冯某的行为构成何罪？(　　)(司考2008. 卷二.14)

A. 盗窃罪

B. 破坏交通设施罪

C. 以危险方法危害公共安全罪

D. 不构成犯罪

20. 甲将邻居交售粮站的稻米淋洒农药，取出部分作饵料，毒死麻雀后售与饭馆，非法获利5000元。关于甲行为的定性，下列哪一选项是正确的？(　　)(司考2010. 卷二.11)

A. 构成故意毁坏财物罪

B. 构成以危险方法危害公共安全罪和盗窃罪

C. 仅构成以危险方法危害公共安全罪

D. 构成投放危险物质罪和生产、销售有毒、有害食品罪

21. 甲因家中停电而点燃蜡烛时，意识到蜡烛没有放稳，有可能倾倒引起火灾，但想到如果就此引起火灾，反而可以获得高额的保险赔偿，于是外出吃饭，后来果然引起火灾，并将邻居家的房屋烧毁。甲以失火为由向保险公司索赔，获得赔偿。对于此案，下列哪一选项是正确的？(　　)(2008. 四川. 卷二.15)

A. 就放火罪而言，甲的行为属于不作为犯

B. 就放火罪而言，甲的行为属于作为与不作为的结合

C. 就保险诈骗罪而言，甲的行为属于不作为犯

D. 就保险诈骗罪而言，甲的行为属于作为与不作为的结合

22. 商某为国家射击队运动员，依法配置有枪支。一日，成某找到商某，向商某租用枪支作打野猪之用，并许诺租用一天给商某租金 200 元。商某犹豫半晌，答应了成某的提议。成某前后租用商某的枪支合计 5 天时间。则下列关于两者行为的说法正确的是：（　　）。

A. 商某的行为不构成犯罪；成某的行为构成非法持有枪支罪

B. 商某和成某的行为均不构成犯罪

C. 商某的行为构成非法出租枪支罪；成某的行为构成非法持有枪支罪

D. 商某的行为构成非法出租枪支罪；成某的行为不构成犯罪

23. 某甲家中一只箱子和若干财物被盗，箱子当时就在附近的公共垃圾桶中被找到，里面的东西原封未动。某甲认为是窃贼所藏，日后必然来取。就产生了报复窃贼的念头。把箱中物品取出，装入一个拉发的爆炸装置，放到原处。后来，一个清洁工清除垃圾时发现了箱子，打开时发生爆炸，当场死亡。某甲的行为（　　）。

A. 构成故意杀人罪

B. 构成爆炸罪

C. 属于假想的防卫，构成过失致人死亡罪

D. 构成以危险方法危害公共安全罪

24. 甲系某公司经理，乙是其司机。某日，乙开车送甲去洽谈商务，途中因违章超速行驶当场将行人丙撞死，并致行人丁重伤。乙欲送丁去医院救治，被甲阻止。甲催乙送其前去洽谈商务，并称否则会造成重大经济损失。于是，乙打电话给 120 急救站后离开肇事现场。但因时间延误，丁不治身亡。关于本案，下列哪一选项是正确的？（　　）

A. 甲不构成犯罪，乙构成交通肇事罪

B. 甲、乙均构成交通肇事罪

C. 乙构成交通肇事罪和不作为的故意杀人罪，甲是不作为的故意杀人罪的共犯

D. 甲、乙均构成故意杀人罪

25. 根据刑法规定与相关司法解释，下列哪一选项符合交通肇事罪中的“因逃逸致人死亡”？（　　）（司考 2007. 卷二 . 9）

A. 交通肇事后因害怕被现场群众殴打，逃往公安机关自首，被害人因得不到救助而死亡

B. 交通肇事致使被害人当场死亡，但肇事者误以为被害人没有死亡，为逃避法律责任而逃逸

C. 交通肇事致人重伤后误以为被害人已经死亡，为逃避法律责任而逃逸，导致被害人得不到及时救助而死亡

D. 交通肇事后，将被害人转移至隐蔽处，导致其得不到救助而死亡

26. 下列哪一行为成立以危险方法危害公共安全罪？（　　）（司考 2012. 卷二 . 15）

A. 甲驾车在公路转弯处高速行驶，撞翻相向行驶车辆，致 2 人死亡

B. 乙驾驶越野车在道路上横冲直撞，撞翻数辆他人所驾汽车，致 2 人死亡

C. 丙醉酒后驾车，刚开出 10 米就撞死 2 人

D. 丁在繁华路段飙车，2 名老妇受到惊吓致心脏病发作死亡

27. 甲在建筑工地开翻斗车。某夜，甲开车时未注意路况，当场将工友乙撞死、丙撞伤。甲背丙去医院，想到会坐牢，遂将丙弃至路沟后逃跑。致丙不得救治而亡。关于本案，下列哪一选项是错误的？（　　）（司考 2013. 卷二 . 12）

A. 甲违反交通运输管理法规，因而发生重大事故，致人死伤，触犯交通肇事罪

B. 甲在作业中违反安全管理规定，发生重大伤亡事故，触犯重大责任事故罪

C. 甲不构成交通肇事罪与重大责任事故罪的想象竞合犯

D. 甲为逃避法律责任，将丙带离事故现场后遗弃，致丙不得救治而亡，还触犯故意杀人罪

28. 乙（15 周岁）在乡村公路驾驶机动车时

过失将吴某撞成重伤。乙正要下车救人，坐在车上的甲（乙父）说：“别下车！前面来了许多村民，下车会有麻烦。”乙便驾车逃走，吴某因流血过多而亡。关于本案，下列哪一选项是正确的？（　　）（司考2014. 卷二.13）

A. 因乙不成立交通肇事罪，甲也不成立交通肇事罪

B. 对甲应按交通肇事罪的间接正犯论处

C. 根据司法实践，对甲应以交通肇事罪论处

D. 根据刑法规定，甲、乙均不成立犯罪

29. 甲对拆迁不满，在高速公路中间车道用树枝点燃一个焰高约20厘米的火堆，将其分成两堆后离开。火堆很快就被通行车辆轧灭。关于本案，下列哪一选项是正确的？（　　）（司考2016. 卷二.12）

A. 甲的行为成立放火罪

B. 甲的行为成立以危险方法危害公共安全罪

C. 如认为甲的行为不成立放火罪，那么其行为也不可能成立以危险方法危害公共安全罪

D. 甲的行为危害公共安全，但不构成放火、决水、爆炸等犯罪的，应以以危险方法危害公共安全罪论处

30. 陈某欲制造火车出轨事故，破坏轨道时将螺栓砸飞，击中在附近玩耍的幼童，致其死亡。陈某的行为被及时发现，未造成火车倾覆、毁坏事故。关于陈某的行为性质，下列哪一选项是正确的？（　　）（司考2016. 卷二.13）

A. 构成破坏交通设施罪的结果加重犯

B. 构成破坏交通设施罪的基本犯与故意杀人罪的想象竞合犯

C. 构成破坏交通设施罪的基本犯与过失致人死亡罪的想象竞合犯

D. 构成破坏交通设施罪的结果加重犯与过失致人死亡罪的想象竞合犯

二、多项选择题

1. 下列哪些行为构成投放危险物质罪？（　　）（司考2017. 卷二.57）

A. 甲故意非法开启实验室装有放射性物质的容器，致使多名实验人员遭受辐射

B. 乙投放毒害性、放射性、传染病病原体之外的其他有害物质，危害公共安全

C. 丙欲制造社会恐慌气氛，将食品干燥剂粉末冒充炭疽杆菌，大量邮寄给他人

D. 丁在食品中违法添加易使人形成瘾癖的罂粟壳粉末，食品在市场上极为畅销

2. 下列哪些行为构成犯罪？（　　）

A. 在春运期间，某甲携带50只雷管和10公斤炸药上了火车。当乘警询问其所携带的是否为危险品时，某甲谎称是大米

B. 某甲是派出所民警，某日外出时不慎把枪支丢失。某甲害怕受到处分，一直隐瞒未报告上级。后来犯罪分子使用其丢失的枪支抢劫银行，抢走50万元人民币并打死两名银行职员

C. 体育裁判某甲获准持有运动气枪一支，经常借给他人打猎，所幸没有造成什么严重的后果

D. 某甲是银行的保卫人员，依法配备公务用枪一支，有时借给他人打猎，所幸没有造成什么严重的后果

3. 下列情形构成以其他危险方法危害公共安全罪的有：（　　）。

A. 私设电网致人死亡

B. 在人群密集处驾车撞人致使多人伤亡

C. 制、输坏血、病毒血致使多名患者染上恶性传染病

D. 在公共场所向人群开枪

4. 下列可以构成破坏交通工具罪的犯罪对象的有：（　　）。

A. 航空器　　B. 船只

C. 马车　　D. 耕种用拖拉机

5. 破坏电力设备罪与盗窃罪的区别在于：（　　）。

A. 二者的主体要求不同
B. 二者侵犯的犯罪客体不同
C. 二者作用的犯罪对象不同
D. 二者的主观方面不同

6. 犯劫持航空器罪，可以判处死刑的有：( )。
A. 致人重伤、死亡的
B. 致航空器被迫改变航向的
C. 致公私财产遭受重大损失的
D. 使航空器遭受严重破坏的

7. 下列犯罪中不只是单位才能实施的犯罪有：( )。
A. 教育设施重大安全事故罪
B. 工程重大安全事故罪
C. 消防责任事故罪
D. 强迫劳动罪

8. 违规制造、销售枪支罪与非法制造、买卖枪支罪的区别在于：( )。
A. 犯罪主体不同
B. 犯罪主观目的不同
C. 客观方面表现不同
D. 侵犯的客体不同

9. 下列可以构成破坏交通设施罪的犯罪对象的有：( )。
A. 正在使用的铁路干线、支线、地方铁路、专用铁路线路、地下铁路和随时可能投入使用的备用线以及线路上的隧道、桥梁和用于指示车辆行驶的信号标志等
B. 用于公路运输的公路干线及支线，包括高速公路、国道、省道、地方公路以及线路上的隧道、桥梁、信号和重要标志等
C. 用于飞机起落的军用机场、民用机场的跑道、停机坪以及用于指挥飞机起落的指挥系统，用于导航的灯塔、标志等
D. 用于船只航行的内河、内湖航道，我国领海内的海运航道、导航标志和灯塔以及用于运输、旅游、森林采伐的空中索道及设施等

10. 下列依法配置用枪的人员将枪支私借他人，只有造成严重后果的方可作为犯罪处理的是：( )。
A. 某射击运动员将自己的运动用枪借与他人的
B. 某动物园饲养员将自己的麻醉枪借与他人的
C. 某猎民将自己的猎枪借与他人的
D. 某公安人员将自己的手枪借与他人的

11. 下列关于破坏电力设备的行为，说法正确的是：( )。
A. 过失损坏电力设备，造成规定的严重后果的，以过失损坏电力设备罪判处刑罚
B. 盗窃电力设备，危害公共安全，但不构成盗窃罪的，以破坏电力设备罪定罪处罚
C. 盗窃电力设备，危害公共安全，同时构成盗窃罪和破坏电力设备罪的，依照刑法处罚较重的规定定罪处罚
D. 盗窃电力设备，没有危及公共安全，但应当追究刑事责任的，可以根据案件的不同情况，按照盗窃罪等犯罪处理

12. 下列犯罪中，属于危害公共安全罪的犯罪是：( )。
A. 爆炸罪
B. 破坏电力设备罪
C. 传播犯罪方法罪
D. 妨害邮电通讯罪

13. 下列关于丢失枪支不报罪的说法，正确的是：( )。
A. 本罪主体是特殊主体，包括依法配备公务用枪和民用枪支的人员
B. 本罪客观方面表现为行为人丢失枪支后不及时报告
C. 本罪要求造成了严重后果的才构成犯罪
D. 本罪行为人在主观上是一种过失心态，即对丢失枪支造成的结果是一种疏忽大意的过失或者过于自信的过失心态

14. 某甲与某乙有仇，想置乙于死地而后

快。某甲见某乙在某录像室看录像，遂扔进炸药一包，当场炸死某乙，同时重伤某丙和某丁，随后某甲进去将录像设备全部偷走。某甲之行为触犯以下哪些罪名？（　　）

A. 盗窃罪

B. 非法制造爆炸物罪

C. 毁坏公私财物罪

D. 爆炸罪

15. 下列哪些情形构成以危险方法危害公共安全罪？（　　）

A. 投放虚假的爆炸性、毒害性、放射性、传染病病原体等物质，严重扰乱社会秩序的

B. 故意破坏正在使用的矿井下的通风设备的

C. 违反国家规定，向土地大量排放危险废物，造成重大环境污染事故，导致多人死亡的

D. 故意传播突发性传染病病原体，危害公共安全的

16. 刘某专营散酒收售，农村小卖部为其供应对象。刘某从他人处得知某村办酒厂生产的散酒价格低廉，虽掺有少量有毒物质，但不会致命，遂大量购进并转销给多家小卖部出售，结果致许多饮者中毒甚至双眼失明。下列哪些选项是正确的？（　　）（司考2009. 卷二.56）

A. 造成饮用者中毒的直接责任人是某村办酒厂，应以生产和销售有毒、有害食品罪追究其刑事责任；刘某不清楚酒的有毒成分，可不负刑事责任

B. 对刘某应当以生产和销售有毒、有害食品罪追究刑事责任

C. 应当对构成犯罪者并处罚金或没收财产

D. 村办酒厂和刘某构成共同犯罪

17. 警察甲为讨好妻弟乙，将公务用枪私自送乙把玩，丙乘乙在人前炫耀枪支时，偷取枪支送交派出所，揭发乙持枪的犯罪事实。关于本案，下列哪些选项是正确的？（　　）（司考2012. 卷二.58）

A. 甲私自出借枪支，构成非法出借枪支罪

B. 乙非法持有枪支，构成非法持有枪支罪

C. 丙构成盗窃枪支罪

D. 丙揭发乙持枪的犯罪事实，构成刑法上的立功

18. 关于危害公共安全罪的论述，下列哪些选项是正确的？（　　）（司考2014. 卷二.57）

A. 甲持有大量毒害性物质，乙持有大量放射性物质，甲用部分毒害性物质与乙交换了部分放射性物质。甲、乙的行为属于非法买卖危险物质

B. 吸毒者甲用毒害性物质与贩毒者乙交换毒品。甲、乙的行为属于非法买卖危险物质，乙的行为另触犯贩卖毒品罪

C. 依法配备公务用枪的甲，将枪赠与他人。甲的行为构成非法出借枪支罪

D. 甲父去世前告诉甲“咱家院墙内埋着5支枪”，甲说“知道了”，但此后甲什么也没做。甲的行为构成非法持有枪支罪

三、不定项选择题

1. 赵某驾车回家经过一路口，贸然闯红灯，撞上经过此路口的行人孙某，坐在后排座位上的王某见状，对赵某说：“赶紧走，现在没有人看见。”赵某遂加大油门，狂奔5公里。孙某因得不到及时的救助而不幸身亡。赵某因交通肇事罪被依法逮捕，请问，此时王某的行为如何认定？（　　）

A. 不构成犯罪

B. 构成交通肇事罪，但不是共同犯罪

C. 与赵某构成交通肇事共同犯罪

D. 构成故意杀人罪

2. 下列行为构成犯罪的有：（　　）。

A. 甲、乙、丙在道路上驾驶奔驰、宝马、奥迪跑车追逐，情节恶劣

B. 甲于某晚喝了五斤二锅头，开车回家

C. 乙驾驶汽车以220公里/小时的速度在

赛场上行驶

D. 丙于某晚喝了三箱啤酒，骑自行车回家

3. 下列说法正确的是：(　　)。

A. 在道路上醉酒驾驶，判三年以下有期徒刑

B. 在道路上醉酒驾驶，处拘役，并处罚金

C. 在道路上醉酒驾驶，构成其他犯罪的，两罪并罚

D. 在道路上驾驶机动车追逐，性质恶劣的，处罚金即可

4. 甲于某晚9时驾驶货车在县城主干道超车时，逆行进入对向车道，撞上乙驾驶的小轿车，乙被卡在车内无法动弹，乙车内黄某当场死亡、胡某受重伤。后查明，乙无驾驶资格，事发时略有超速，且未采取有效制动措施。(事实一)

甲驾车逃逸。急救人员5分钟后赶到现场，胡某因伤势过重被送医院后死亡。(事实二)

交警对乙车进行切割，试图将乙救出。此时，醉酒后的丙（血液中的酒精含量为152mg/100ml）与丁各自驾驶摩托车“飙车”经过此路段。(事实三)

丙发现乙车时紧急刹车，摩托车侧翻，猛烈撞向乙车左前门一侧，丙受重伤。20分钟后，交警将乙抬出车时，发现其已死亡。现无法查明乙被丙撞击前是否已死亡，也无法查明乙被丙撞击前所受创伤是否为致命伤。(事实四)

丁离开现场后，找到无业人员王某，要其假冒飙车者去公安机关投案。(事实五)

王某虽无替丁顶罪的意思，但仍要丁给其5万元酬劳，否则不答应丁的要求，丁只好付钱。王某第二天用该款购买100克海洛因藏在家中，用于自己吸食。5天后，丁被司法机关抓获。(事实六)

请回答第（1）~（3）题。（司考2013. 卷二. 86~89）

(1) 关于事实一的分析，下列选项错误的是：(　　)。

A. 甲违章驾驶，致黄某死亡、胡某重伤，构成交通肇事罪

B. 甲构成以危险方法危害公共安全罪和交通肇事罪的想象竞合犯

C. 甲对乙车内人员的死伤，具有概括故意

D. 乙违反交通运输管理法规，致同车人黄某当场死亡、胡某重伤，构成交通肇事罪

(2) 关于事实二的分析，下列选项正确的是：(　　)。

A. 胡某的死亡应归责于甲的肇事行为

B. 胡某的死亡应归责于甲的逃逸行为

C. 对甲应适用交通肇事“因逃逸致人死亡”的法定刑

D. 甲交通肇事后逃逸，如数日后向警方投案如实交代罪行的，成立自首

(3) 关于事实三的定性，下列选项正确的是：(　　)。

A. 丙、丁均触犯危险驾驶罪，属于共同犯罪

B. 丙构成以危险方法危害公共安全罪，丁构成危险驾驶罪

C. 丙、丁虽构成共同犯罪，但对丙结合事实四应按交通肇事罪定罪处罚，对丁应按危险驾驶罪定罪处罚

D. 丙、丁未能完成预定的飙车行为，但仍成立犯罪既遂

5. 郑某等人多次预谋通过爆炸抢劫银行运钞车。为方便跟踪运钞车，郑某等人于2012年4月6日杀害一车主，将其面包车开走(事实一)。

后郑某等人制作了爆炸装置，并多次开面包车跟踪某银行运钞车，了解运钞车到某储蓄所收款的情况。郑某等人摸清运钞车情况后，于同年6月8日将面包车推下山崖（事实二）。

同年6月11日，郑某等人将放有爆炸装置的自行车停于储蓄所门前。当运钞车停在该所门前押款人员下车提押款时（当时附近没有行人），郑某遥控引爆爆炸装置，致2人死亡4人重伤（均为运钞人员），运钞车中的230万元人民币被劫走（事实三）。

关于事实三的判断，下列选项正确的是：（　　）（司考2014．卷二．88）

A. 虽然当时附近没有行人，郑某等人的行为仍触犯爆炸罪

B. 触犯爆炸罪与故意杀人罪的行为只有一个，属于想象竞合

C. 爆炸行为亦可成为抢劫罪的手段行为

D. 对事实三应适用“抢劫致人重伤、死亡”的规定

6. 甲将私家车借给无驾照的乙使用。乙夜间驾车与其叔丙出行，途中遇刘某过马路，不慎将其撞成重伤，车辆亦受损。丙下车查看情况，对乙谎称自己留下打电话叫救护车，让乙赶紧将车开走。乙离去后，丙将刘某藏匿在草丛中离开。刘某因错过抢救时机身亡。（事实一）

为逃避刑事责任，乙找到有驾照的丁，让丁去公安机关“自首”，谎称案发当晚是丁驾车。丁照办。公安机关找甲取证时，甲想到若说是乙造成事故，自己作为被保险人就无法从保险公司获得车损赔偿，便谎称当晚将车借给了丁。（事实二）

后甲找到在私营保险公司当定损员的朋友陈某，告知其真相，请求其帮忙向保险公司申请赔偿。陈某遂向保险公司报告说是丁驾车造成事故，并隐瞒其他不利于甲的事实。甲顺利获得7万元保险赔偿。（事实三）

关于事实一的分析，下列选项正确的是：（　　）（司考2016．卷二．86）

A. 乙交通肇事后逃逸致刘某死亡，构成交通肇事逃逸致人死亡

B. 乙交通肇事且致使刘某死亡，构成交通肇事罪与过失致人死亡罪，数罪并罚

C. 丙与乙都应对刘某的死亡负责，构成交通肇事罪的共同正犯

D. 丙将刘某藏匿致使其错过抢救时机身亡，构成故意杀人罪

四、名词解释

1. 以危险方法危害公共安全罪

2. 破坏交通设施罪

3. 破坏电力设备罪

4. 劫持航空器罪

5. 违规制造、销售枪支罪

6. 消防责任事故罪

7. 危险驾驶罪（中国人民大学2014年考研真题）

五、简答题

1. 简述重大责任事故罪与危险物品肇事罪的界限。

2. 如何理解和认定交通肇事罪中的“因逃逸致人死亡”？（清华大学2005年研究生入学试题）

3. 简述破坏交通工具罪。（中国人民大学2006年研究生入学试题）

4. 简述危害公共安全的本质特征。（西北政法大学2008年、清华大学2013年研究生入学试题）

5. 如何理解公共安全的核心是不特定多数人的人身安全？

6. 对以危险方法危害公共安全罪之“其他危险方法”，应当如何理解和限定？

六、案例分析题

1. 甲和乙因对新建的铁路较为好奇，甲提议说看看把石头放在铁轨上火车会不会停下来，于是二人就搬来几块大石头放在铁轨上，并在一旁观看，当列车驶过时，司机及时发现铁轨上有障碍，并采取果断停车措施，避免了严重的翻车事故。但由于车速过快，把石头撞飞将在附近值勤的司乘人员丙某砸成重伤。对甲和乙的行为应如何认定？为什么？

2. 被告人张某某，男，24岁，某工厂工人。

张某某因换工作服与本厂工人刘某某发生口角，并厮打，产生报复心理。随即回家将开山用的土炸药包带在身上，在返回机电厂的途中，将正在行驶中的一台手扶拖拉机截住，逼着司机将其送到工厂。当拖拉机行至机电厂附近时，司机弃机逃掉。张某某跑到刘某某的车间，寻找刘某某未果，便在车间门口等刘某某，并将炸药包拿出，宣称要让刘某某过来受死。厂保卫处人员以及公安人员及时赶来，对其进行劝说，最后张某某交出炸药包。

问：对张某某的行为应如何定罪判刑（只答判刑原则，不答具体刑期），并说明理由。

3. 被告人吴某、张某经过共谋，先后在本县趁夜深人静耕牛无人看守之机，采用将杀鼠药（含氟乙酰胺）灌进耕牛嘴里的方法，毒死他人的耕牛，然后以低价向耕牛的主人收购，再到菜市场出售有毒牛肉，从中牟利。被告人吴某、张某合伙或单独作案共57次，毒死耕牛57头，造成直接经济损失共计35000余元。由于两被告人作案次数多，毒死耕牛数量大，致使有的村庄因耕牛全部被毒死而无法种田，严重破坏了农业集体生产。

问：对吴某和张某的行为应当如何认定？

4. 被告人黄某，男，20岁，某建筑工程队临时工。黄某与吴某等三名青年工在一库房旁干完活儿后，离吃饭还有一个多小时，为了御寒，在库房旁点了一堆火，边烤火边闲聊。闲聊中，吴某见黄某瑟瑟发抖，便笑着对黄某说：“咱们这个火堆太小了，如果在那堆芦席上点一把火，那可就壮观了。不过，借你小子十个胆儿，你也不敢点。”黄某听了，二话不说，马上站起来从地上捡一把碎席片在火堆上引火，然后，跑到席堆前，将点燃的碎席片放到距席堆约50厘米的地面上，便扬长而去。在场的另两名青年工对吴某说：“快去把火踩灭吧。”说话之际，席堆旁的两张破席已引燃着火。两名青年工慌忙去找水桶提水灭火，吴某也赶紧拿一把铁锹打火。此时，黄某闻讯也赶回来参与灭火。但由于火势发展迅猛，库房及存放的物资大部分被烧毁，经济损失共计8.6万余元，黄某本人因冲进火中抢救物资，面部被严重烧伤。

问：被告人黄某的行为构成放火罪还是失火罪？请说明理由。

5. 王某系某公安局警察，一日，王某下班回家后，将自己的配枪放在自家的抽屉中，并且上了锁。然后，王某陪其妻子上街买东西。在街上，王某遇到一个以前的同学，两人交谈了很长时间。晚上王某和妻子回家后发现家里被盗。家中一片狼藉，很多贵重物品被盗。同时，王某发现自己放置配枪的抽屉也被撬了，公安局配给他的“五四”式手枪也不见了。王某当时就吓出了一身冷汗。现场留有一定的犯罪痕迹，作案分子携带的作案工具和一顶帽子遗留在现场。由于害怕受纪律处分，同时怀着一种侥幸心理，王某暂时没有报告枪支丢失，想自己侦查。后盗窃王某枪支的犯罪分子在与他人争执过程中掏枪射死了对方，闹出了人命。

请回答下列问题：

（1）王某的行为应当如何认定？

（2）王某在本案中主观上是一种什么样的心态？

（3）如果盗窃犯罪分子盗窃枪支后没有闹出人命，而是被王某找回，王某的行为又该如何认定？

（4）如果王某不是警察，而是某地质勘探队的队长，其行为应当如何认定？

6. 丁某流窜到火车站候车室看到两位军人聊天兴趣正浓，没有注意身边的提包，便顺手拿走，到僻静处打开查看，没什么钱物，却有“五四”式手枪1支、子弹20发。丁某将枪支、子弹藏在家中，直至案发后。

问：丁某构成何种罪？怎样处罚？说明理由。

参考答案

一、单项选择题

1. **答案**：C。丢失枪支不报罪的行为主体只能是依法配备公务用枪的人员。甲没有公务人员身份，不构成丢失枪支不报罪。选项A错误。破坏交通设施罪的对象是关涉公共安全的交通设施。主要是指破坏轨道、桥梁、隧道、公路、机场、航道、灯塔、标志或者进行其他破坏活动，足以使火车、汽车、电车、船只、航空器发生倾覆、毁坏危险的行为，而旅游景点的缆车不属于关涉公共安全的交通设施。选项B错误。吸食毒品后驾驶机动车辆致1人以上重伤的，以交通肇事罪定罪处罚。丙的行为构成交通肇事罪。选项C正确。破坏交通工具罪是指破坏火车、汽车、电车、船只、航空器，足以使火车、汽车、电车、船只、航空器发生倾覆、毁坏危险的行为。丁不顾劝阻拧开飞机安全门致使飞机不能正点起飞的行为不足以使飞机发生倾覆或毁坏的危险。选项D错误。

2. **答案**：A。甲某由不满发展到投毒报复，主观上具有投毒的故意，客观上实施了将灭鼠药“毒鼠强”投放到食堂面粉缸内的行为，足以危害不特定多数人的生命、健康以及家禽、牲畜等财产的安全，已构成投放危险物质罪。危险犯不存在未遂，只要行为人实施了足以造成危害公共安全的行为，无论是否构成危害结果，都应认为构成既遂。

3. **答案**：B。本题考查破坏电力设备罪、盗窃罪。《刑法》第118条规定：破坏电力、燃气或其他易燃易爆设备，危害公共安全，尚未造成严重后果的，处3年以上10年以下有期徒刑。第119条规定：破坏交通工具、交通设施、电力设备、燃气设备、易燃易爆设备，造成严重后果的，处10年以上有期徒刑、无期徒刑或者死刑。过失犯前款罪的，处3年以上7年以下有期徒刑；情节较轻的，处3年以下有期徒刑或者拘役。

   可见，某甲已经构成破坏电力设备罪；另外依照《刑法》第264条规定，该行为也构成了盗窃罪，但作为想象竞合犯，择一重罪处罚，由于窃得物价值共有500多元，两罪中破坏电力设备罪较重，故择此定罪处罚。故B项为正确答案。

4. **答案**：D。本题考查非法出借枪支罪、非法持有枪支罪。《刑法》第128条规定：“违反枪支管理规定，非法持有、私藏枪支、弹药的，处三年以下有期徒刑、拘役或者管制；情节严重的，处三年以上七年以下有期徒刑。依法配备公务用枪的人员，非法出租、出借枪支的，依照前款的规定处罚。依法配置枪支的人员，非法出租、出借枪支，造成严重后果的，依照第一款的规定处罚。单位犯第二款、第三款罪的，对单位判处罚金，并对其直接负责的主管人员和其他直接责任人员，依照第一款的规定处罚。”

5. **答案**：B。张某的三个行为分别构成三个不同性质的犯罪，构成数罪，需要并罚。其中盗割铁路专用电话线，一方面它属于电话线，属于通信设备；另一方面又是铁路专用的，涉及交通运输安全，属于法条竞合，应当择一重罪处断，即按破坏交通设施罪处罚。

6. **答案**：C。甲某由于未按照焊接施工要求清理焊接现场的易燃物品导致大火发生，造成人员伤亡和重大经济损失，符合重大责任事故罪的构成，其行为形式上表现为由于过失引起火灾，实际是生活过失与业务过失的竞合问题，业务过失优先，应当定重大责任事故罪。同时重大责任事故罪中已经将致人死亡的危害结果包括在内，所以不用再定过失致人死亡罪。

7. **答案**：C。《刑法》第116条规定：破坏火车、汽车、电车、船只、航空器，足以使火车、汽车、电车、船只、航空器发生倾覆、毁坏危险，尚未造成严重后果的构成破坏交通工具罪。本题中沈某出于报复的目的，将车辆的发动机、刹车油管加以破坏，足以使该车发生倾覆危险，因此构成本罪。

8. **答案**：D。该农场大队违反爆炸性物品的管理规定，非法生产硝氨炸药，在生产、储存、运输、使用中发生重大事故，造成多人炸死、厂房被毁坏的严重后果，符合危险物品肇事罪的特征，应当对农场负责人以此罪论处。

9. **答案**：C。薛某明知盗走这些井盖可能发生行人或行车事故，造成人身伤亡或财产损失，为了贪图不法利益，对这种危害后果持放任态度，连续盗走9个下水井盖。其行为虽然尚未造成严重后果，但足以威胁不特定多人的人身和财产安全，完全符合《刑法》第115条规定的以其他危险方法危害公共安全罪的特征。

10. **答案**：B。构成放火罪要求危及公共安全，即不特定多人的生命安全或者是重大财产安全。由于题目中提到养鸡场离村庄较远且相对较为孤立，其着火也不可能引起人或住房被烧毁的问题，因此不能认为危害的是公共安全。甲某为了泄愤将乙某的养鸡场放火烧毁，造成鸡场的5000余只鸡被烧死、经济损失5万余元的严重后果，导致乙某无法再进行养鸡生产，其行为已经构成破坏生产经营罪，不构成故意毁坏财物罪。

11. **答案**：C。《最高人民法院关于审理交通肇事刑事案件具体应用法律若干问题的解释》第6条规定，行为人在交通肇事后为逃避法律追究，将被害人带离事故现场后隐藏或者遗弃，致使被害人无法得到救助而死亡或者严重残疾的，应当分别依照《刑法》第232条、第234条第2款的规定，以故意杀人罪或者故意伤害罪定罪处罚。

第7条规定，单位主管人员、机动车辆所有人或者机动车辆承包人指使、强令他人违章驾驶造成重大交通事故，具有本解释第2条规定情形之一的，以交通肇事罪定罪处罚。

《刑法》第132条规定，铁路职工违反规章制度，致使发生铁路运营安全事故，造成严重后果的，处3年以下有期徒刑或者拘役；造成特别严重后果的，处3年以上7年以下有期徒刑。

依据上述法条，A和B项依法构成故意杀人罪或者故意伤害罪；D项依法构成铁路运营安全事故罪；只有C项构成交通肇事罪。

12. **答案**：A。甲某因蓄意报复而开车将多人撞伤撞死的行为应当认为构成故意杀人罪。由于其开车撞人的时候并非在公共场所，而是在公司院内，而且其针对的也只是跟乙某在一起的几个人，并非针对的是不特定的多人，没有危害公共安全，不能认为构成以危险方法危害公共安全罪。甲某应当知道自己开车撞人的行为会导致他人死伤的后果而希望（对乙某）其发生，对丙、丁、戊三人的死伤结果其是抱着间接放任的态度，未加以阻止，因此应当构成故意杀人罪。

13. **答案**：C。黄某开办的个体小煤窑由于没有排风口被有关主管机关查处，责令改正，而黄某并未采取行动，导致煤矿发生瓦斯爆炸、工人死亡的严重后果，符合重大劳动安全事故罪的特征，应以重大劳动安全事故罪论处。D中的过失爆炸罪属于一般日常生活过失，重大劳动安全事故罪属于业务过失，应当按照业务过失优先适用于普通过失的原则处理。

14. **答案**：A。爆炸罪要求行为人引发爆炸物或以其他方法制造爆炸，造成或足以造成不特定多数人的伤亡或重大公私财产的毁損，足以危害公共安全，以爆炸方法实施的故意杀人罪，其行为所造成的危害后果是特定的某个人或某几个人的伤亡，不危及公共安全。

15. **答案**：B。根据《刑法》第119条的规定，破坏交通工具、交通设施、电力设备、燃气设备、易燃易爆设备，造成严重后果的，处10年以上有期徒刑、无期徒刑或者死刑。过失犯前款罪的，处3年以上7年以下有期徒刑；情节较轻的，处3年以下有期徒刑或者拘役。本题中，张某明知桥梁危险，依然冒险通过，属于过于自信的过失。其行为导致桥梁垮塌，故应当认定构成过失损坏交通设施罪。综上，B选项正确。

16. **答案**：D。王某手持钢筋猛砸加油站的行为，仅是其危害公共安全的手段和方式，不构成故意毁坏财物罪，A选项不符合题意。《刑法》第293条第1款规定："有下列寻衅滋事行为之一，破坏社会秩序的，处五年以下有期徒刑、拘役或者管制：（一）随意殴打他人，情节恶劣的；（二）追逐、拦截、辱骂、恐吓他人，情节恶劣的；（三）强拿硬要或者任意损毁、占用公私财物，情节严重的；（四）在公共场所起哄闹事，造成公共场所秩序严重混乱的。"王某的行为不符合寻衅滋事罪的客观构成，B选项不符合题意。《刑法》第118条规定："破坏电力、燃气或者其他易燃易爆设备，危害公共安全，尚未造成严重后果的，处三年以上十年以下有期徒刑。"第119条第1款规定："破坏交通工具、交通设施、电力设备、燃气设备、易燃易爆设备，造成严重后果的，处十年以上有期徒刑、无期徒刑或者死刑。"破坏易燃易爆设备罪是要求行为人必须对易燃易爆设备进行破坏，而题中并未明确表示王某故意破坏易燃易爆设备，C选项不符合题意。以危险方法危害公共安全罪是危险犯，王某面对加油车辆和周围群众，手持加油枪到处喷射汽油并且拿着打火机扬言烧毁加油站的行为已经足以造成危害公共安全的危险，D选项符合题意，当选。故本题正确答案为D。

17. 答案：D。《刑法》第128条规定："违反枪支管理规定，非法持有、私藏枪支、弹药的，处三年以下有期徒刑、拘役或者管制；情节严重的，处三年以上七年以下有期徒刑。依法配备公务用枪的人员，非法出租、出借枪支的，依照前款的规定处罚。依法配置枪支的人员，非法出租、出借枪支，造成严重后果的，依照第一款的规定处罚。单位犯第二款、第三款罪的，对单位判处罚金，并对其直接负责的主管人员和其他直接责任人员，依照第一款的规定处罚。"张三系省射击运动队的教练，属于依法配置枪支的人员。依法配置枪支的人员，非法出租、出借枪支必须造成严重后果，才能构成非法出租、出借枪支罪。由于其借枪给李四，并未造成严重后果，故而其不构成非法出租、出借枪支罪，AB两项不符合题意。张三系省射击运动队的教练，而不属于国家机关工作人员，滥用职权罪的主体是国家机关工作人员，故而其也不构成滥用职权罪，C选项不符合题意，D选项符合题意。故本题正确答案为D。

18. 答案：D。《刑法》第120条规定："组织、领导恐怖活动组织的，处十年以上有期徒刑或者无期徒刑，并处没收财产；积极参加的，处三年以上十年以下有期徒刑，并处罚金；其他参加的，处三年以下有期徒刑、拘役、管制或者剥夺政治权利，可以并处罚金。犯前款罪并实施杀人、爆炸、绑架等犯罪的，依照数罪并罚的规定处罚。"故本题正确答案为D。

19. 答案：C。盗窃罪的客观行为表现为窃取数额较大的公私财物或者多次盗窃公私财物、入户盗窃、携带凶器盗窃、扒窃。其中对于数额较大的标准，根据《最高人民法院、最高人民检察院关于办理盗窃刑事案件适用法律若干问题的解释》第1条的规定，是指1000元至3000元以上。本题中冯某所窃财物并不满足该数额标准，题干中也未说明是一次性偷了15个窨井井盖，还是多次，故原则上也不符合多次盗窃的要求，同时其不属于入户盗窃、携带凶器盗窃、扒窃，故其行为不构成盗窃罪，A选项不符合题意。《刑法》第117条规定："破坏轨道、桥梁、隧道、公路、机场、航道、灯塔、标志或者进行其他破坏活动，足以使火车、汽车、电车、船只、航空器发生倾覆、毁坏危险，尚未造成严重后果的，处三年以上十年以下有期徒刑。"盗窃城市市区道路窨井井盖的行为不符合破坏交通设施罪的客观表现，没有达到"足以使火车、汽车、电车、船只、航空器发生倾覆、毁坏危险"，且不是对道路本身的简单破坏，B选项不符合题意。《刑法》第114条规定："放火、决水、爆炸以及投放毒害性、放射性、传染病病原体等物质或者以其他危险方法危害公共安全，尚未造成严重后果的，处三年以上十年以下有期徒刑。”冯某盗窃城市市区道路窨井井盖多达15个，城市市区平时的行人较多，极其容易导致行人陷落其中造成足以危害不特定人生命和健康的危险，符合以放火、决水、爆炸、投放危险物质以外具有广泛杀伤力和破坏性的方法危害公共安全的行为，构成以危险方法危害公共安全罪，C选项符合题意，D选项不符合题意。综上，本题正确答案为C。

20. 答案：D。甲将邻居交售粮站的稻米淋洒农药，此属于投放危险物质的行为，构成投放危险物质罪；甲取出部分淋洒了农药的稻米作饵料，毒死麻雀后售与饭馆，非法获利5000元的行为构成生产、销售有毒有害食品罪，因此甲同时构成投放危险物质罪。

21. 答案：A。甲点燃蜡烛是为了照明，没有放火的意思，但意识到可能引起火灾而不将其放稳就外出吃饭，属于先行行为引起的义务而不履行该义务的情况，因此属于以不作为方式实施的放火行为。就保险诈骗而言，甲的行为属于作为。因此，本题的正确答案是A。

22. 答案：A。《刑法》第128条规定：“违反枪支管理规定，非法持有、私藏枪支、弹药的，处三年以下有期徒刑、拘役或者管制；情节严重的，处三年以上七年以下有期徒刑。依法配备公务用枪的人员，非法出租、出借枪支的，依照前款的规定处罚。依法配置枪支的人员，非法出租、出借枪支，造成严重后果的，依照第一款的规定处罚。单位犯第二款、第三款罪的，对单位判处罚金，并对其直接负责的主管人员和其他直接责任人员，依照第一款的规定处罚。”本案中商某作为国家射击队的运动员，依法配置有枪支，他的身份并非依法配备公务用枪的人员。依法配备公务用枪的人员，只要有非法出租、出借枪支的行为，不要求其行为产生危害结果，即构成犯罪；而依法配置枪支的其他人员，如果非法出租、出借枪支，只有造成了严重的后果，才构成犯罪。商某出借枪支给成某打野猪，并没有造成严重的后果，因此商某的行为虽然违反了法律的规定，但不构成犯罪。而成某违反枪支管理的规定，非法持有枪支，构成非法持有枪支罪。综合以上的分析可以看出正确的答案为A。

23. 答案：B。

24. 答案：B。根据《最高人民法院关于审理交通肇事刑事案件具体应用法律若干问题的解释》第2条第2款的规定：“交通肇事致一人以上重伤，负事故全部或者主要责任，并具有下列情形之一的，以交通肇事罪定罪处罚……（六）为逃避法律追究逃离事故现场的。”乙违章超速驾驶，应对事故负全部或主要责任，造成一人死亡、一人重伤的严重后果，后又逃逸，其行为已构成交通肇事罪。故排除C、D两项。另根据该解释第5条第2款，交通肇事后，单位主管人员、机动车辆所有人、承包人或者乘车人指使肇事人逃逸，致使被害人因得不到救助而死亡的，以交通肇事罪的共犯论处。本题中在肇事后因甲对乙的“阻止”和“催促”，使甲成为交通肇事罪的共犯。因此甲和乙均构成交通肇事罪，正确答案为B。

25. 答案：C。根据《最高人民法院关于审理交通肇事刑事案件具体应用法律若干问题的解释》第5条的规定，“因逃逸致人死亡”，是指行为人在交通肇事后为逃避法律追究而逃跑，致使被害人因得不到救助而死亡的情形。第6条规定，行为人在交通肇事后为逃避法律追究，将被害人带离事故现场后隐藏或者遗弃，致使被害人无法得到救助而死亡或者严重残疾的，应当分别以故意杀人罪或者故意伤害罪定罪处罚。A选项中，行为人不具有逃避法律追究的主观动因，不属于“因逃逸致人死亡”。B项中，被害人已经当场死亡，不属于“得不到救助而死亡”，不构成“因逃逸致人死亡”。D项中，根据上述解释中的规定，行为人构成了故意杀人罪。C项中，行为人为逃避法律责任而逃逸，导致被害人得不到及时救助而死亡，构成了“因逃逸致人死亡”，因此 C 是正确答案。

26. 答案： B。以危险方法危害公共安全罪，是以放火、爆炸、决水、投放危险物质之外的其他手段故意危害公共安全的行为。成立此罪的行为必须是与放火等相当，具有随时造成多数人或者不特定人死亡、重伤的可能性。题目中 ABCD 四个案例中的行为都具有危害公共安全的客观特征。从中识别出以危险方法危害公共安全罪的主要依据是主观上是否有故意以及是否有刑法上的因果关系。

A 项与 C 项中，行为人甲和丙都涉及违规驾驶（超速与醉驾），但是没有更多证据表明行为人对于危害社会的结果是故意的，所以认定为交通肇事罪更为合理。

B 项中行为人乙驾驶越野车在道路上（公共场所）“横冲直撞”，表明了行为人对于造成他人伤亡的后果有放任的态度，最终“撞翻数辆他人所驾汽车，致 2 人死亡”，应该成立以危险方法危害公共安全罪。

依据因果关系认定的客观归责理论，行为实现的结果超出了法律的保护目的，行为不是归责的原因。D 项中丁飙车违反道路交通管理法，但是飙车吓死他人的，却超出了道路交通管理法所保护的范围，即道路交通管理法禁止飙车的目的是防止撞击事件发生，不是保护他人不受惊吓。此时行为和结果没有刑法上的因果关系。因此行为人不成立以危险方法危害公共安全罪，只为飙车承担责任，成立危险驾驶罪。

27. 答案： A。交通肇事罪，是指违反交通运输管理法规，因而发生重大交通事故，致人重伤、死亡或者使公私财产遭受重大损失的行为。重大责任事故罪，是指在生产、作业中违反有关安全管理的规定，因而发生重大伤亡事故或者造成其他严重后果的行为。题干中甲在建筑工地开翻斗车，系直接从事生产、作业的人员，其未注意路况，当场将工友乙撞死、丙撞伤，违反的是建筑工地有关安全管理的规定，而非交通运输管理法规，因此甲不构成交通肇事罪，而构成重大责任事故罪。同时甲也不能成立交通肇事罪与重大责任事故罪的想象竞合犯。因此，A 的说法是错误的，B、C 的说法是正确的。甲将丙撞伤后具有积极救治的义务，但是甲为逃避法律责任，将丙带离事故现场后遗弃，甲明知这一行为会导致丙死亡的后果仍放任这一结果的发生，最终导致丙不得救治而亡，甲的行为还触犯故意杀人罪。因此，D 的说法是正确的。综上，A 当选。

28. 答案： C。交通肇事罪，是指违反交通运输管理法规，因而发生重大事故，致人重伤、死亡或者使公私财产遭受重大损失的行为。《最高人民法院关于审理交通肇事刑事案件具体应用法律若干问题的解释》第 5 条第 2 款规定，交通肇事后，单位主管人员、机动车辆所有人、承包人或者乘车人指使肇事人逃逸，致使被害人因得不到救助而死亡的，以交通肇事罪的共犯论处。本案中甲的行为就属于这一情形。依照该司法解释规定应当认定甲构成交通肇事罪的共犯。按照刑法理论，交通肇事罪作为一种过失犯罪，不能成立共同犯罪。这一司法解释一般被视为对刑法理论的突破。故 C 正确，ABD 错误。应选 C。

29. 答案： C。放火罪是指故意放火焚烧公私财物，危害公共安全的行为。以危险方法危害公共安全罪是一个概括性罪名，是故意以放火、决水、爆炸以及投放危险物质以外的并与之相当的危险方法危害公共安全的行为。无论是构成放火罪还是构成以危险方法危害公共安全罪，均要求行为人的行为对不特定多数人的生命健康安全构成了现实危险。本案中，甲在高速公路中间车道点燃一个焰高 20 厘米的火堆，并不足以危害车辆的通行安全，事实上也很快被通行车辆轧灭。因此，甲的行为既不构成放火罪，也不构成以危险方法危害公共安全罪。ABD 错误，C 正确。

30. 答案： C。破坏交通设施罪，指故意破坏轨道、桥梁、隧道、公路、机场、航道、灯塔、标志或者进行其他破坏活动，足以使火车、汽车、电车、船只、航空器发生倾覆、毁坏危险，足以危害公共安全的行为。破坏交通工具、交通设施、电力设备、燃气设备、易燃易爆设备，造成严重后果的，处10年以上有期徒刑、无期徒刑或者死刑。本案中，如果陈某破坏轨道后导致火车出轨致人死亡，将构成破坏交通设施罪的结果加重犯。但陈某在破坏轨道时将螺栓砸飞，击中幼童致其死亡，有很大的意外成分，陈某对幼童的死亡也不存在犯罪故意，因此不构成破坏交通设施罪的结果加重犯，而属于一行为触犯数罪名，构成破坏交通设施罪与过失致人死亡罪的想象竞合犯，应当从一重罪处罚。因此，ABD错误，C正确。

二、多项选择题

1. **答案**：AB。投放危险物质罪与故意杀人罪、故意伤害罪的区别在于是否危及公共安全。甲故意非法开启实验室装有放射性物质的容器，致使多名实验人员遭受辐射，构成投放危险物质罪。选项A正确。投放危险物质罪投放的必须是毒害性、放射性、传染病病原体以及其他危险物质，危害公共安全，乙的行为构成投放危险物质罪。选项B正确。丙为制造社会恐慌将食品干燥剂粉末冒充炭疽杆菌大量邮寄给他人的行为，客观上不会造成危害公共安全的结果。选项C错误。丁在食品中违法添加易使人形成瘾癖的罂粟壳粉末的行为属于涉嫌生产、销售有毒、有害食品罪的行为，不构成投放危险物质罪。选项D错误。
2. **答案**：ABD。A项某甲携带雷管和炸药乘坐火车的行为构成非法携带危险物品危及公共安全罪。B项中某甲构成丢失枪支不报罪。C项中某甲作为依法配备民用枪支的人员，其违反规定出借枪支的行为，只有造成严重后果的方以犯罪论。D项依法配备公务用枪的某甲非法出租出借枪支，不以是否造成严重后果为成立犯罪的要件，故某甲构成非法出借枪支罪。
3. **答案**：ABCD。以其他危险方法危害公共安全罪中的其他危险方法是指以放火、决水、爆炸、投放毒害性、放射性、传染病病原体等物质以外的危险方法，并且行为的危险性与放火、决水、爆炸、投放危险物质的危险性相当的方法。ABCD都足以危及不特定多数人的生命健康安全和公私财产安全，所以应为正解。
4. **答案**：AB。破坏交通工具罪的犯罪对象，仅限于法定的火车、汽车、电车、船只、航空器等大型的现代化交通工具。破坏马车、脚踏车、手推车、摩托车等简单交通工具，不足以危害公共安全，不构成本罪。视情节可定为故意毁坏财物罪，或者杀人罪、伤害罪。破坏耕种用的拖拉机，不危及交通运输安全，不构成本罪。构成犯罪的，应以故意毁坏财物罪论处。
5. **答案**：BC。破坏电力设备罪与盗窃罪的主体都是一般主体，主观上都是故意，二者的区别在于，破坏电力设备罪侵犯的客体是公共安全，盗窃罪的客体是他人的财产所有权；破坏电力设备罪的犯罪对象是特定对象，是正在使用中的电力设备，盗窃罪的对象则是一般公私财物，包括尚未交付使用的电力设备等。
6. **答案**：AD。《刑法》第121条规定："以暴力、胁迫或者其他方法劫持航空器的，处十年以上有期徒刑或者无期徒刑；致人重伤、死亡或者使航空器遭受严重破坏的，处死刑。"
7. **答案**：ACD。《刑法》第138条规定，教育设施重大安全事故罪的主体是对校舍或教育教学设施负有维护义务的直接人员，主要是校领导、负责学校后勤维修工作的职工。第137条规定工程重大安全事故罪属于单位犯罪，但是只处罚直接责任人员。第139条规定消防责任事故罪，主体是对消防有直接责任的管理人员。《刑法修正案（八）》对第244条进行修改，强迫劳动罪的主体可以是个人也可以是单位，若犯罪主体为单位的，实行双罚制。
8. **答案**：ABC。违规制造、销售枪支罪为特殊主体，且只有依法被指定为制造、销售枪支的单位才能构成；非法制造、买卖枪支罪则是一般主体，既可以是个人，还可以是单位。违规制造、销售枪支罪必须具有非法销售的目的；而非法制造、买卖枪支罪则不论是为了销售还是为了自用，均不影响其罪成立。违规制造、销售枪支罪在客观方面必表现为法定的3种形式之一，否则不能构成其罪；非法制造、买卖枪支罪在客观方面则没有限制。二者侵犯的客体都是我国的枪支管理制度。

9. **答案**：ABCD。根据《刑法》第117条规定，破坏轨道、桥梁、隧道、公路、机场、航道、灯塔、标志或者进行其他破坏活动，足以使火车、汽车、电车、船只、航空器发生倾覆、毁坏危险，构成破坏交通设施罪，对于ABCD进行破坏的都可能会出现使交通工具倾覆、毁坏的情形，故构成本罪的犯罪对象。

10. **答案**：ABC。《刑法》第128条规定，依法配置枪支的人员，非法出租、出借枪支，造成严重后果的，以非法出租、出借枪支罪论处。ABC都属于依法可以配置民用枪支的人员，其非法出借枪支的行为只有造成严重后果的方以犯罪处理。D属于依法配置公务用枪的人员，其出租出借枪支构成犯罪不要求造成严重后果。

11. **答案**：ABCD。参见《最高人民法院关于审理破坏电力设备刑事案件具体应用法律若干问题的解释》第2、3条。

12. **答案**：AB。C属于危害社会管理秩序，扰乱公共秩序的犯罪；D项不属于刑法规定的罪名，如果是破坏邮电通信设施的，则构成破坏公用电信设施罪，属于危害公共安全的犯罪，如果是侵犯通信自由、私自开拆、隐匿、毁弃邮件、电报的情形，则属于侵犯公民民主权利的犯罪。

13. **答案**：BCD。根据我国刑法的规定，丢失枪支不报罪是指依法配备公务用枪的人员，丢失枪支不及时报告，造成严重后果的行为。本罪的主体是特殊主体，即依法配备公务用枪的人员。因此选项A是错误的。本罪主观方面是过失。在客观方面，本罪表现为依法配备公务用枪的人员，丢失枪支不及时报告，并且造成严重后果的行为。因此，选项BCD是正确的。

14. **答案**：AD。某甲出于报复的意图，实施爆炸行为，虽然其主观上想杀害的是某乙，但其行为足以危害录像室里不特定的多数人及财产安全，构成爆炸罪，其事后将录像设备偷走的行为构成盗窃罪，应当数罪并罚。

15. **答案**：BD。根据《刑法》第291条之一的规定，投放虚假的爆炸性、毒害性、放射性、传染病病原体等物质，严重扰乱社会秩序的，构成投放虚假危险物质罪，因此选项A不符合题意。根据《刑法》第114条的规定，故意破坏正在使用的矿井下的通风设备的，属于以“其他方法”危害公共安全，因此B选项正确。根据《刑法》第338条的规定，违反国家规定，排放危险废物，造成重大污染环境事故，导致多人死亡的，构成重大污染环境罪。因此选项C不符合题意要求。根据《最高人民法院、最高人民检察院关于办理妨害预防、控制突发传染病疫情等灾害的刑事案件具体应用法律若干问题的解释》第1条的规定，故意传播突发传染病病原体，危害公共安全的，按照以危险方法危害公共安全罪定罪处罚。因此D项正确。本题选BD。

16. **答案**：BC。根据《刑法》第144条的规定，本罪的成立不要求刘某明确知悉酒的有毒成分，故A项错误，B项正确。根据《刑法》第144、150条的规定和《最高人民法院、最高人民检察院关于办理生产、销售伪劣商品刑事案件具体应用法律若干问题的解释》第5条的规定，刘某从某村办酒厂大量购进有毒的酒并转销给多家小卖部出售，结果致许多饮者中毒甚至双眼失明，属于严重残疾，应认定为“对人体健康造成特别严重危害”，因而对于犯罪者应当并处罚金或者没收财产。因而C的说法是正确的。本案中村办酒厂与刘某之间并不存在意思联络，主观上没有相互沟通。村办酒厂独立完成了生产有毒酒的行为，与刘某无任何关系。刘某仅是在得知某村办酒厂的酒价格低廉的情形下，予以购买然后销售给他人。刘某与某村办酒厂之间均是孤立地实施犯罪，彼此缺乏主观的联系，因而不成立共同犯罪。D项错误。所以答案是BC。

17. 答案：AB。《刑法》第128条规定，违反枪支管理规定，非法持有、私藏枪支、弹药的，处三年以下有期徒刑、拘役或者管制；情节严重的，处三年以上七年以下有期徒刑。依法配备公务用枪的人员，非法出租、出借枪支的，依照前款的规定处罚。

（1）甲的行为：将公务用枪借给他人的，成立《刑法》第128条第2款规定的非法出借枪支罪。所以A项说法正确。

（2）乙的行为：没有持枪资格而持有枪支的，成立《刑法》第128条第1款的非法持有枪支罪。所以B项说法正确。

（3）丙的行为：客观上有盗窃枪支的行为，主观上没有非法占有的目的，而是为了将枪交回派出所，客观上也没有侵害公共安全法益，所以不成立盗窃枪支罪。丙既然不成立犯罪，揭发他人犯罪事实就是公民见义勇为的行为，并不成立针对犯罪分子人身危险性升降而设立的立功。所以CD项说法错误。

18. 答案：ABCD。根据《刑法》第125条的规定，非法制造、买卖、运输、储存毒害性、放射性、传染病病原体等物质，危害公共安全的行为，构成非法制造、买卖、运输、储存危险物质罪。这里的“买卖”，既包括以金钱为交换条件的买卖，也包括以物品为交换条件的买卖，以危险物质交换危险物质的行为也不例外。A正确。B选项中，用毒害性物质交换毒品的行为同样构成买卖，其中甲将毒害性物质贩卖给乙，二人均构成非法买卖危险物质罪；乙将毒品卖给吸毒者甲，乙构成贩卖毒品罪，甲不构成此罪。B正确。依法配备公务用枪的人员，非法出租、出借枪支的，构成非法出租、出借枪支罪。根据《最高人民检察院关于将公务用枪用作借债质押的行为如何适用法律问题的批复》的规定，依法配备公务用枪的人员，违反法律规定，将公务用枪用作借债质押物，使枪支处于非依法持枪人的控制、使用之下，严重危害公共安全，是非法出借枪支行为的一种形式，应以非法出借枪支罪追究刑事责任。将枪赠与他人的行为与此并无实质不同，同样属于非法出借枪支行为的一种形式，构成非法出借枪支罪。C正确。D选项中，甲知道家里埋着枪，说明其事实上已经支配了这些枪支，其是否使用枪支并不影响非法持有枪支罪的认定。D正确。应选ABCD。

三、不定项选择题

1. 答案：C。《最高人民法院关于审理交通肇事刑事案件具体应用法律若干问题的解释》第5条第2款规定：“交通肇事后，单位主管人员、机动车辆所有人、承包人或者乘车人指使肇事人逃逸，致使被害人因得不到救助而死亡的，以交通肇事罪的共犯论处。”题中情形正可适用本条的规定，赵某的行为构成交通肇事罪，而乘车人王某指使肇事人赵某逃逸，致使被害人孙某因得不到救助而死亡，王某应当以交通肇事罪的共犯论处。

2. 答案：AB。《刑法》第133条之一规定：“在道路上驾驶机动车，有下列情形之一的，处拘役，并处罚金：（一）追逐竞驶，情节恶劣的；（二）醉酒驾驶机动车的；（三）从事校车业务或者旅客运输，严重超过额定乘员载客，或者严重超过规定时速行驶的；（四）违反危险化学品安全管理规定运输危险化学品，危及公共安全的。机动车所有人、管理人对前款第三项、第四项行为负有直接责任的，依照前款的规定处罚。有前两款行为，同时构成其他犯罪的，依照处罚较重的规定定罪处罚。”①

3. 答案：B。

4. 答案：（1）BCD。甲违反交通运输管理法规，逆行进入对向车道，导致交通事故的发

① 《刑法修正案（八）》第22条规定，在《刑法》第133条后增加一条，作为第133条之一。

生，造成一人死亡，一人重伤的严重后果，符合交通肇事罪的犯罪构成，不符合以危险方法危害公共安全罪的犯罪构成，因此A是正确的，B是错误的。交通肇事罪属于过失犯，因此C的说法是错误的。乙虽然违反交通运输管理法规，无驾驶资格，事发时略有超速，且未采取有效制动措施，对事故的发生亦负有责任，但主要责任系甲的行为导致的，因此乙不构成交通肇事罪，D是错误的。故，BCD当选。

(2) AD。甲违反交通运输管理法规，逆向行驶，撞到乙驾驶的车辆，致使胡某受重伤，虽然急救人员在5分钟之内赶到，但是胡某因伤势过重被送医院后死亡，因此胡某的死亡与甲的肇事行为存在因果关系，与逃逸行为不存在因果关系，所以A是正确的，B是错误的。《最高人民法院关于审理交通肇事刑事案件具体应用法律若干问题的解释》第5条第1款规定，“因逃逸致人死亡”，是指行为人在交通肇事后为逃避法律追究而逃跑，致使被害人因得不到救助而死亡的情形。事实二中甲逃逸后，胡某得到了救助，急救人员在5分钟之内赶到了现场，胡某系因伤势过重被送医院后死亡，因此甲不属于“因逃逸致人死亡”，不适用该法定刑，C的说法是错误的。自首是指犯罪后自动投案，向公安、司法机关或其他有关机关如实供述自己的罪行的行为。自首成立的条件有二：自动投案和如实供述。只要甲主动向警方投案并如实交待罪行，应认定为自首，与是否逃逸没有关系，因此D是正确的。所以正确答案是AD。

(3) AD。丙和丁以竞赛为目的危险驾驶显然满足了违反交通法规，危险驾驶危害公共安全的故意，并且在共同故意支配下实施统一行为，应该构成危险驾驶罪，属于共同犯罪。因此A是正确的，B是错误的。结合事实四，由于无法查明乙被丙撞击前是否已死亡，也无法查明乙被丙撞击前所受创伤是否为致命伤，故不能认定丙的行为与乙的死亡之间有因果关系，因此无法认定丙构成交通肇事罪。因此C是错误的。丙和丁驾驶车辆追逐竞驶，并且情节恶劣，构成危险驾驶罪，犯罪既遂并不以完成预定的飙车行为为条件，因此D是正确的。综上，本题选AD。

5. **答案**：ABCD。爆炸罪的成立要求对不特定多数人的生命财产安全造成现实威胁。虽然爆炸地点附近没有行人，但郑某等人的行为客观上对押款人员的生命安全以及周边的财产安全都造成了现实威胁，已经满足爆炸罪的构成要件。同时，郑某等人明知该行为可能导致押款人员死亡结果发生而持放任态度，其行为同时符合故意杀人罪的构成要件，系一行为触犯数罪名，属于想象竞合。其爆炸的目的在于抢劫财物，爆炸行为与抢劫行为构成牵连犯，爆炸行为为手段行为，抢劫行为为目的行为，应当从一重罪即抢劫罪论处。郑某等人的行为客观上造成押运人员死亡和重伤结果的发生，属于“抢劫致人重伤、死亡”。因此，应选ABCD。

6. **答案**：D。《最高人民法院关于审理交通肇事刑事案件具体应用法律若干问题的解释》第5条规定，“因逃逸致人死亡”，是指行为人在交通肇事后为逃避法律追究而逃跑，致使被害人因得不到救助而死亡的情形。本案中乙之所以离开事故现场是因为丙下车查看情况后对其谎称自己会留在现场打电话叫救护车，并非为了逃避法律追究而逃跑，因此不应认定为“因逃逸致人死亡”。AB错误。前述解释第2条第2款规定：“交通肇事致一人以上重伤，负事故全部或者主要责任，并具有下列情形之一的，以交通肇事罪定罪处罚……（二）无驾驶资格驾驶机动车辆的……”乙未取得驾驶资格，将过马路的刘某撞成重伤，已构成交通肇事罪。丙作为乘车人指使乙逃逸，根据前述解释规定已构成交通肇事罪的共同犯罪，但丙杀害刘某的行为已超出乙的主观故意范围，属于共同犯罪实行过限，乙不需要对刘某的死亡结果负责。C错误。根据前述解释第6条规定：“行为人在交通肇事后为逃避法律追究，将被害人带离事故现场后隐藏或者遗弃，致使被害人无法得到救助而死亡或者严重残疾的，应当分别依照刑法第二百三十二条、第二百三十四条第二款的规定，以故意杀人罪或者故意伤害罪定罪处罚。”丙将刘某藏匿在草丛中离开，刘某因错过抢救时机而身亡，丙的行为构成故意杀人罪。D正确。

四、名词解释

1. **答案**：以危险方法危害公共安全罪，是指使用放火、决水、爆炸、投放危险物质等方法以外的但与其危险性相当的其他危险方法危害公共安全的行为。
2. **答案**：破坏交通设施罪，是指故意破坏轨道、桥梁、隧道、公路、机场、航道、灯塔、标志或者进行其他破坏活动，足以使火车、汽车、电车，船只、航空器发生倾覆、毁坏危险，或造成严重后果，危害公共安全的行为。
3. **答案**：破坏电力设备罪，是指故意破坏电力设备，足以造成或造成严重后果，危害公共安全的行为。
4. **答案**：劫持航空器罪，是指以暴力、胁迫或者其他方法劫持航空器，危害航空运输安全的行为。
5. **答案**：违规制造、销售枪支罪，是指依法被指定、确定的枪支制造企业、销售企业，违反枪支管理规定，以非法销售为目的，超过限额或者不按照规定的品种制造、配售枪支，或者制造无号、重号、假号的枪支，或者非法销售枪支或者在境内销售为出口制造的枪支的行为。
6. **答案**：消防责任事故罪，是指违反消防管理法规，经消防监督机构通知采取改正措施而拒绝执行，造成严重后果的行为。
7. **答案**：危险驾驶罪是《刑法修正案（八）》新增加的罪名，并且又在《刑法修正案（九）》中作出修正，是十分重要的一项罪名。危险驾驶罪是指，在道路上驾驶机动车追逐竞驶，情节恶劣的；醉酒驾驶机动车的；从事校车业务或者旅客运输严重超过额定乘员载客，或者严重超过规定时速行驶的；以及违反危险化学品安全管理规定运输危险化学品，危及公共安全的行为。其具有以下特征：

（1）客体：道路交通运输安全。《刑法修正案（九）》第133条之一第1款中增加的第4项中也包括公共安全。

（2）客观方面：行为人在道路上驾驶机动车追逐竞驶，情节恶劣的，或者在道路上醉酒驾驶机动车的行为。《刑法修正案（九）》第133条之一第1款新增加的第3、4项又涵盖了两种行为：从事校车业务或者旅客运输严重超过额定乘员载客，或者严重超过规定时速行驶的，以及违反危险化学品安全管理规定运输危险化学品，危及公共安全的行为。《车辆驾驶人员血液、呼吸究竟含量阈值与检验》规定，车辆驾驶人员血液中的酒精含量大于或者等于80mg/100ml的属于醉酒驾驶。

（3）主体：一般主体，年满16周岁具有刑事责任能力的自然人。《刑法修正案（九）》规定的主体不仅包括机动车驾驶人，而且包括负有直接责任的机动车所有人、管理人。

（4）主观方面：故意。当危险驾驶的行为造成重大事故，致人重伤、死亡或者使公私财产遭受重大损失的，如果对结果是过失的心态，可能构成交通肇事罪，如果是故意，可能构成以危险方法危害公共安全罪。

五、简答题

1. **答案**：重大责任事故罪与危险物品肇事罪都是过失犯罪，在客观上都因违反有关规定、制度而导致严重后果。重大责任事故罪与危险物品肇事罪的界限区分主要有两点：

	重大责任事故罪	危险物品肇事罪
主体	根据《刑法修正案（六）》的规定，重大责任事故罪的主体范围扩大了，不再只限于特定单位职工	后罪主体是从事生产、储存、运输使用爆炸性、易燃性、放射性、毒害性、腐蚀性物品的人员。两者在主体上没有重合
时空条件	前罪发生在从事业务或生产作业过程中	后罪发生在生产、储存运输、使用危险品的过程中

2. 答案[①]：根据相关司法解释，“因逃逸致人死亡”，是指行为人在交通肇事后为逃避法律追究而逃跑，致使被害人因得不到救助而死亡的情形。但在刑法理论上对“因逃逸致人死亡”存在争论。

“因逃逸致人死亡”，应限于过失致人死亡，除了司法解释所规定的情形之外，还应包括连续造成两次交通事故的情形，即已经发生交通事故后，行为人在逃逸过程中又因过失发生交通事故，导致他人死亡。换言之，“因逃逸致人死亡”中的“人”既包括先前交通肇事中的被害者，也包括肇事后逃逸过程中致死的其他人。因为这种情形完全符合刑法规定的“因逃逸致人死亡”的条件：发生了交通事故，行为人逃逸，发生了死亡结果，逃逸行为与死亡结果之间具有因果关系；将这种情形适用“因逃逸致人死亡”的法定刑比采取其他方式处理更符合罪刑相适应原则。

“因逃逸致人死亡”只限于过失，故行为人在交通肇事后为逃避法律追究，将被害人带离事故现场后隐藏或者遗弃，致使被害人无法得到救助而死亡或者严重残疾的，应当分别以故意杀人罪或者故意伤害罪定罪处罚。行为人在交通肇事后，以为被害人已经死亡，为了隐匿罪迹，将被害人沉入河流中，事实上被害人溺死于河流中的，应将后行为认定为过失致人死亡罪；如果前行为已经构成交通肇事罪，则应实行数罪并罚。

3. 答案：（一）破坏交通工具罪的概念和特征

破坏交通工具罪，是指故意破坏火车、汽车、电车、船只、航空器，已经或者足以使火车、汽车、电车、船只、航空器发生倾覆、毁坏危险的行为。本罪具有以下特征：

（1）犯罪客体，是交通运输安全。犯罪对象仅限于火车、汽车、电车、船只、航空器等大型交通工具。

（2）犯罪客观方面，表现为采用各种手段对正在使用中的上述交通工具实施破坏，已经或者足以使交通工具发生倾覆、毁坏危险的行为。对此应当把握以下两点：其一，破坏的对象必须是正在使用期间的交通工具。所谓“正在使用期间”不是仅指正在行驶或者飞行过程中，而是包括已交付使用，随时准备执行运输任务的交通工具。其二，破坏的结果，必须是足以使交通工具发生倾覆、毁坏的危险。

（3）犯罪主体，是一般主体。

（4）犯罪主观方面，是故意犯罪，即行为人明知自己破坏的是正在使用期间的交通工具足以使其发生倾覆、毁坏危险，并且希望或者放任这种结果发生。

（二）破坏交通工具罪的认定

（1）本罪既遂与未遂的界限

破坏交通工具罪属于危险犯，即以破坏行为产生足以使交通工具发生倾覆、毁坏危险为要件，因此，只要已实施完毕的破坏行为显示这种危险就是既遂。如果行为人正要实施破坏或者刚开始动手，但破坏行为尚未实施完毕就被制止，应认定为犯罪未遂。

（2）本罪与放火罪、爆炸罪的界限

放火罪、爆炸罪以各种公私财物为破坏对象，而交通工具也属于公私财物，前者可以包容后者。因此，用放火或爆炸的危险手法破坏交通工具的一个行为，就同时触犯放火罪或爆炸罪与破坏交通工具罪两个罪名，属于一般法与特别法的竞合关系，应该适用特别法，即以破坏交通工具罪论处。

4. [②]危害公共安全，是指故意或者过失实施危害不特定多数人的生命、健康、重大公共财产安全以及其他公共利益安全的行为。本类犯罪具有如下特征：

（1）侵犯的客体是公共安全。所谓公共安全，是指不特定多数人的生命、健康和重大公共财产安全以及其他公共利益安全。这里的“不特定”，是与特定相对而言的，它是指犯罪行为可能侵害的对象和可能造成的危害结果事先无法确定，行为人对此既无法

---

① **编者注**：清华大学研究生入学考试数次考过“因逃逸致人死亡”这一知识点。

② **编者注**：关于“简述××（罪名）的特征”这一类题目，可以从犯罪构成理论的角度进行回答。

预料也难以控制。

(2) 在客观方面表现为实施了危害公共安全的行为。此类行为可以是作为，也可以是不作为。总的来说，危害公共安全在司法实践中大多数是以作为的方式所实施的。危害公共安全罪除过失犯罪必须要求有危害结果发生外，对于故意危害公共安全的犯罪行为，一般不要求造成实际的危害结果，而只要是“足以”危害公共安全的，即可构成犯罪既遂。

(3) 主体多数是一般主体，但也有少数是特殊主体，这里的特殊主体，包括国家工作人员以及其他业务上、职务上的特定人员。

(4) 在主观方面可能是故意，也可能是过失。具体而言，罪过形式有以下两种表现形式：其一，只能由故意构成，如劫持航空器罪，非法制造、买卖、运输、邮寄、储存枪支、弹药、爆炸物罪等；其二，只能由过失构成，如重大飞行事故罪、消防责任事故罪、交通肇事罪等。

5. **答案**：危害公共安全犯罪的客体是公共安全。这里的公共安全，是指不特定多数人的生命、健康、重大公私财产安全。所谓不特定多数人，指犯罪行为可能危害的对象不是某个、某几个特定的人或者某项特定的财产。

公共安全的核心是不特定多数人的人身安全。对“重大财产”侵害只有在危及公众人身安全时，方可认为具有公共危险性。不危及公众人身安全的重大或巨大财产损害，不应认为具有危害公共安全的性质，例如，使用斧头、棍棒砸毁停车场中的数辆汽车，或者烧毁价值数千万元的豪车，但不危及人身安全的，不具有公共危险性。是否危害公共安全是本章之罪区别于刑法分则其他各章之罪的本质特征。例如，行为人使用爆炸方法杀人，如果足以危害公共安全的，应定爆炸罪，排斥故意杀人罪的适用；如果不足以危害公共安全的，则不构成爆炸罪，应以故意杀人罪论处。再如，放火烧毁无人建筑物且不至于延烧到其他有人建筑物、不危及人身安全的，因不危害公共安全而不能成立放火罪，只能成立刑法分则其他有关章节的犯罪，例如，故意毁坏财物罪或破坏生产经营罪等。

6. **答案**：以危险方法危害公共安全罪的“其他危险方法”是指放火、决水、爆炸、投放危险物质之外的“其他危险方法”。“其他危险方法”仅限于与放火、决水、爆炸、投放危险物质相当的方法，而不是泛指任何具有危害公共安全性质的方法。

《刑法》将本罪规定在第114条与第115条之中，根据同类解释规则，它必须与前面所列举的行为相当；根据该罪所处的地位，“其他危险方法”只是《刑法》第114条、第115条的“兜底”规定，而不是刑法分则第二章的兜底规定。换言之，对与放火、决水、爆炸等危险方法不相当的行为，即使危害公共安全，也不宜认定为本罪。从司法实务看，认定的“其他危险方法”主要有：①驾驶机动车辆在公共场所故意冲撞众人；②在公共场所私设电网危及众人安全；③破坏矿井的通风设备危及井下矿工生命安全；④拆卸公共道路中央的下水井盖；⑤以制作或者输送坏血、病毒血的方法致众人感染；⑥向人群开枪；⑦驾驶人员与人打闹而任由机动车处于失控状态。如果是使用放火、爆炸、投放危险物质、决水等刑法已有专门规定的方法的，则排斥适用以危险方法危害公共安全罪。

六、案例分析题

1. **答案**：甲、乙二人的行为构成破坏交通设施罪和过失致人重伤罪。破坏交通设施罪是危险犯，只要实施了足以造成危险的行为即可构成既遂。本题中虽然由于司机及时刹车未造成火车出轨翻车的危害结果，但是甲、乙在正在使用中的铁轨上放置石块的行为已经足以造成火车颠覆的危险，构成破坏交通设施罪。二人对石块撞飞砸伤丙某的结果是出于过失，其只是出于好奇想看看火车是否会被石块拦下，其对石块飞起砸伤人的后果只是应当预见而由于疏忽大意没有预见，构成过失致人重伤罪。但由于二人只实施了一行为，故构成想象竞合，择一重罪处罚。

2. 答案：张某某的行为构成爆炸罪（中止）。

（1）张某某因与他人发生争执意图报复，就将炸药包带在身上并回厂寻找刘某某，在未找到刘某某的情况下，取出炸药包放在车间门口，虽然其所称是要刘某某一人过来受死，意图也是要杀伤刘某某一人，但其放置炸药包的行为已经对不特定的多数人和公私财物造成严重危险，危害了公共安全，应当认为构成爆炸罪，而非故意杀人罪。

（2）其在公安人员的劝说下交出炸药包的行为是构成犯罪未遂还是犯罪中止，就要看当时其是否具有将犯罪进行下去的可能，如果是完全可以基于本意而将炸药包点燃实施爆炸行为，但由于被规劝回心转意放弃犯罪的，应当成立犯罪中止，如果是行为人迫于压力而无法实施犯罪行为的就构成犯罪未遂。本题中，张某某应当构成犯罪中止。

（3）对其返厂途中劫持手扶拖拉机并强迫司机将其送回工厂的行为不能认为构成劫持船只、汽车罪。劫持船只、汽车罪是一种危害公共安全的犯罪，犯罪对象只能是船只、汽车。而题中的手扶拖拉机不属于汽车范畴，张某某的劫持行为也不可能危及不特定的多数人或者财产安全，不构成犯罪。

3. 答案：吴某和张某构成破坏生产经营罪和销售有毒、有害食品罪。

（1）吴某和张某毒杀耕牛的行为不构成投放有毒物质罪。吴某和张某虽然使用了投毒的方法残害耕牛，但他们是把毒药直接灌入牛嘴里将其毒死，每次投毒的目标是特定的，只能毒死特定农民的特定耕牛，不会对其他不特定的耕牛造成危害，所以他们的投放有毒物质行为没有危害公共安全，不构成投放有毒物质罪。

（2）被告人毒杀耕牛的行为虽然不构成投放有毒物质罪，但由于他们作案次数多，毒死耕牛数量大，致使有的村庄竟无一头耕牛能够幸免，给农民造成了重大经济损失，严重破坏了农业生产。他们这种毒杀耕牛的行为，既触犯了《刑法》第275条规定的故意毁坏财物罪，又触犯了《刑法》第276条规定的破坏生产经营罪，属于一行为触犯数罪名的想象竞合犯，应当按照其中的一个重罪即破坏生产经营罪从重处罚。

（3）被告人将有毒的牛肉拿到市场上销售，违反了国家的食品卫生管理制度，危害了不特定多数人的身体健康。他们这种行为是继毒杀耕牛之后又单独实施的犯罪行为，构成销售有毒、有害食品罪。

4. 答案：黄某的行为构成放火罪。

黄某出于逞强好胜的心理，为了镇住对方而点火致灾，他确实不是有意追求烧毁公共财物的结果。但他在距离易燃物品席堆仅仅50厘米的地方点火，地面上又有碎席枝，火势必然会迅速蔓延到席堆以及整个仓库，对此他是明知的；点火以后，他也没有密切注视火势的发展以便及时控制灭火，这说明他也不是轻信能够避免危害结果的发生，而是对烧毁仓库的危害结果采取了放任的态度，故应认定其构成间接故意的放火罪。至于后来他也积极参加了扑灭大火的行动，但这并不能改变其行为已成立的犯罪性质，只能作为酌定从轻处罚的量刑情节在对其裁量刑罚时予以考虑。

5. 答案：（1）王某的行为构成丢失枪支不报罪。

我国《刑法》第129条规定，依法配备公务用枪的人员，丢失枪支不及时报告，造成严重后果的，处3年以下有期徒刑或者拘役。本罪的主体是特殊主体，即必须是依法配备公务用枪的人员。客观方面表现为依法配备公务用枪的人员，丢失枪支不及时报告，并且造成了严重后果。不及时报告，是指行为人丢失枪支后不及时向本单位或者有关部门报告。本案中，王某是警察，属于依法配备公务用枪的人员。客观上枪支被盗以后就没有及时向本单位报告，后果上造成了人命。因此，本案中王某的行为构成了丢失枪支不报罪。

（2）王某主观上是一种过失的心态。

根据我国刑法的规定，故意与过失都是指行为人对行为所造成的结果的心态。如果行为人对结果是明知以后并希望或者放任结果发生，则是一种故意的心态。如果行为人是已经预见自己的行为可能造成危害社会的结果，轻信能够避免，或者是由于自己的疏忽大意而没有预见，以致造成了危害社会的结果，则是一种过失的心态。本案中，王某丢失枪支主观上没有过错，不及时报告是一种故意，对于造成的严重后果是一种过于自信的过失。根据我国刑法规定的主观是一种对结果的心态，则本案中王某主观上是一种过失的心态。

(3) 如果盗窃犯罪分子盗窃枪支后没有闹出人命，而是被王某找回，王某的行为不构成犯罪。

根据我国刑法的规定，丢失枪支不报罪是一种过失犯罪，只有造成了危害社会的结果才成立犯罪。而且我国《刑法》第 129 条也明确规定了“造成严重后果”的犯罪构成要素，因此，如果盗窃犯罪分子盗窃枪支后没有闹出人命，而是被王某自己找回来了，则王某的行为由于不具备我国刑法规定的犯罪构成要件，不构成犯罪。

(4) 如果王某不是警察，而是某地质勘探队的队长，其行为也不构成犯罪。

根据我国刑法的规定，丢失枪支不报罪，其犯罪主体是特殊主体，即必须是依法配备公务用枪的人员。我国依法配备公务用枪的人员主要包括公安机关、国家安全机关、监狱及其人民警察；人民检察院、人民检察院内的司法警察和担负侦查任务的检察人员；人民法院及其司法警察；海关缉私人员；国家重要的军工、金融、仓储、科研等单位的专职守护、押运人员。依法配备民用枪支的人员则包括经省级人民政府体育行政主管部门批准可以配置射击运动枪支，专门从事射击竞技体育运动的单位；经省级人民政府公安机关批准可以配置射击运动的单位；经省级人民政府公安机关批准可以配置射击运动枪支的营业性射击场；经省级及以上人民政府林业行政主管部门批准可以配置猎枪的狩猎场等。本案中，如果王某不是警察，而是某地质勘探队的队长，则其配备的用枪就不属于公务用枪，而是属于民用枪支，不具备丢失枪支不报罪的主体资格，不构成丢失枪支不报罪。

6. 答案：丁某行窃的目的是非法占有他人财物，而结果却窃取了枪支、子弹，并藏匿起来。丁某的盗窃行为如系偶犯，所得赃款、赃物数额未达到 500 元以上，则不构成盗窃犯罪；如系多次盗窃，即使这次盗窃所得甚少，亦构成盗窃罪；误盗来的枪支、子弹藏匿于家中的行为，依法构成非法持有枪支、弹药罪。最终的处罚，依照处理牵连犯的原则，在盗窃罪和非法持有枪支、弹药罪中从一重罪处断。按照本案发生的情况应以非法持有枪支、弹药罪处罚。本案属于目的行为与结果行为的牵连。

第二十三章　破坏社会主义市场经济秩序罪

配套测试

一、单项选择题

1. 白某从医药市场上大量购买便宜、滞销、过期药品，加以改制和伪造后出售给无证经营的个体药贩，从中非法牟利。例如，白某将其购置的医用限制性剧毒药“氯化琥珀胆碱注射液”，去掉药名和商标，贴上假药名和假商标，伪造成“硫酸小诺霉素注射液”和“硫酸卡那霉素注射液”，并伪造920108批号，投向市场。造成了三名幼女死亡、一名幼女休克（经抢救脱险）的严重后果，对其行为构成何罪？（　　）
   A. 过失致人死亡罪
   B. 生产、销售、提供假药罪
   C. 以制造、销售假药的危险方法致人死亡罪
   D. 生产、销售、提供劣药罪
2. 甲某和乙某以低价购入假冒的茅台酒冒充真酒，以不买酒就要收取保护费为由，强行要求多家酒店高价买酒，先后共卖出假酒50多箱，获利50多万元，对甲某和乙某的行为应当如何认定？（　　）
   A. 甲某和乙某构成非法经营罪
   B. 甲某和乙某构成强迫交易罪
   C. 甲某和乙某构成强迫交易罪和销售伪劣产品罪的想象竞合，以销售伪劣产品罪论处
   D. 甲某和乙某构成敲诈勒索罪
3. 甲公司与乙公司协商共同出资设立一家有限责任公司，双方约定该有限责任公司的注册资金为1500万元，甲公司出资1000万元，乙公司出资500万元。但乙公司向工商行政管理部门提交的出资证明是一张虚假的汇票，而甲公司则实际出资1000万元。有限责任公司成立以后，因乙公司的行为给甲公司带来了较大的经济损失，甲公司发现实际情况后向公安机关报案。乙公司的行为构成（　　）。
   A. 虚假注册资本罪
   B. 虚假出资罪
   C. 票据诈骗罪
   D. 不构成犯罪，但构成民法上的违约行为，甲公司可通过民事诉讼追究乙公司的民事责任
4. 下列选项所列情形中，哪一项构成生产、销售伪劣产品罪？（　　）
   A. 某甲开办的地下药厂生产感冒冲剂，售出后获利2万元，经鉴定该药是用红糖和淀粉混合而成的，根本没有药物成分
   B. 个体食品店老板刘某为贪图便宜长期进货销售不符合食品卫生标准的“飘香牌”熟食，获利2.5万元。经检验，这种熟食虽不符合卫生标准，但不会对人体健康造成严重危害
   C. 某私营企业原来生产的蚊香效果明显，很受欢迎。后来为了多赚钱，老板乙某让工人掺杂使假，生产不合格产品销售，违法所得达6万元
   D. 某企业生产的电热杯，质量不符合人身财产安全的国家标准，先后造成三名消费者触电伤亡
5. 下列关于走私罪的表述，正确的有：（　　）。
   A. 武装掩护走私的，构成武装掩护走私罪
   B. 以暴力、威胁方法抗拒缉私，属于牵连犯，应择一重罪处断
   C. 逃避海关监管将境外固体废物运输进境的，构成走私普通货物、物品罪

D. 对走私文物、走私贵重金属的犯罪分子，不可判处死刑

6. 关于诈骗犯罪的论述，下列哪一选项是正确的（不考虑数额）？（　　）（司考 2017. 卷二 . 14）

A. 与银行工作人员相勾结，使用伪造的银行存单，骗取银行巨额存款的，只能构成票据诈骗罪，不构成金融凭证诈骗罪

B. 单位以非法占有为目的骗取银行贷款的，不能以贷款诈骗罪追究单位的刑事责任，但可以该罪追究策划人员的刑事责任

C. 购买意外伤害保险，制造自己意外受重伤假象，骗取保险公司巨额保险金的，仅构成保险诈骗罪，不构成合同诈骗罪

D. 签订合同时并无非法占有目的，履行合同过程中才产生非法占有目的，后收受被害人货款逃匿的，不构成合同诈骗罪

7. 某国有企业因长期经营不善，资不抵债，其债权人 A 公司依法向人民法院申请破产。在破产清算时，该国有企业领导常某为照顾其弟任经理的业务单位 B 公司，以本单位一辆价值 20 万元的轿车和一台价值 70 万元的精密机床为本单位欠 B 公司的一笔 90 万元贷款设定抵押，并且在财产清单上作虚假记录，将抵押的时间提前到破产清算前，从而使 B 公司不必进入破产程序得到上述轿车和机床，避免了损失。常某的行为属于：（　　）。

A. 合同诈骗罪

B. 造成破产、亏损罪

C. 妨害清算罪

D. 为亲友非法牟利罪

8. 公司隐匿或者故意销毁依法应当保存的会计凭证、会计账簿、财务会计报告，情节严重的，应构成何罪？（　　）

A. 销毁证据罪

B. 隐匿、故意销毁会计凭证、会计账簿、财务会计报告罪

C. 提供虚假财务报告罪

D. 妨害公务罪

9. 公司、企业的工作人员在经济往来中，违反国家规定，收受各种名义的回扣、手续费，归个人所有的，应当如何处理？（　　）

A. 构成受贿罪

B. 构成贪污罪

C. 构成非国家工作人员受贿罪

D. 构成职务侵占罪

10. 下列人员可以构成非法经营同类营业罪的有：（　　）。

A. 国有公司的董事

B. 外资公司聘任的经理

C. 某大学后勤部主任

D. 某商业银行行长

11. 下列利用信用证的行为，不构成信用证诈骗罪的是：（　　）。

A. 使用伪造、变造的信用证或者附随的单据、文件的

B. 使用作废的信用证的

C. 骗取信用证的

D. 利用为不清洁提单提供保函的方法换取清洁提单以开具信用证的

12. 甲某知道乙某租用自己的房子是生产假药而将房屋出租给乙某使用，对甲某的行为应当如何认定？（　　）

A. 构成生产假药罪的共犯

B. 构成包庇犯

C. 构成放纵制售伪劣商品犯罪行为罪

D. 不构成犯罪

13. 甲某因生产不符合国家标准的食品而被工商部门责令停产，在工商人员对其设备查封时，甲某对其拳打脚踢，不让工商人员实施，造成一名执法人员轻伤的后果。对甲某的行为应当如何处理？（　　）

A. 构成生产不符合安全标准食品罪

B. 构成妨害公务罪

C. 构成生产不符合安全标准食品罪与妨害公务罪，数罪并罚

D. 构成生产不符合安全标准食品罪与妨害公务罪的牵连犯，择一重罪从重处罚

14. 操纵证券、期货市场罪的主观方面是以下哪种？（　　）

A. 为了获取不正当利益或者转嫁风险
B. 以营利为目的
C. 以扰乱证券、期货市场的交易秩序为目的
D. 只要是故意犯罪即可，并无特定目的的要求

15. 某国有保险公司的工作人员利用职务上的便利，故意编造未曾发生的保险事故进行虚假理赔，骗取保险金归自己所有的，应当构成何罪？（　　）

A. 保险诈骗罪　　B. 贪污罪
C. 职务侵占罪　　D. 诈骗罪

16. 逃汇罪的犯罪主体应当为以下哪种？（　　）

A. 公司、企业或者其他单位
B. 国有公司、企业或者其他国有单位
C. 国家机关工作人员
D. 一般主体

17. 使用欺骗手段骗取增值税专用发票或者可以用于骗取出口退税，抵扣税款的其他发票的，以何罪定罪处罚？（　　）

A. 盗窃罪　　B. 诈骗罪
C. 妨碍公务罪　　D. 其他犯罪

18. 周某向朋友杨某借钱，并告诉杨某是去南方购买一批走私品，回内地待销完后，分给杨某一笔钱。杨某便把钱交给周某，对杨某应以什么罪名处罚？（　　）

A. 走私罪　　B. 行贿罪
C. 受贿罪　　D. 走私罪共犯

19. 以暴力、威胁方法，实施下列哪一行为，情节严重的，可以构成强迫交易罪？（　　）（司考 2014. 卷二 . 14）

A. 强迫他人参与特定的经营活动
B. 强迫他人捐献器官
C. 用威胁的方法强迫他人劳动
D. 强迫他人卖淫

20. 某企业在缴纳 400 万元税款后，以假报出口的手段，骗取出口退税 1000 万元，该企业的行为如何认定？（　　）（司考 2010. 卷二 . 17）

A. 构成逃税罪
B. 构成骗取出口退税罪
C. 以逃税罪和骗取出口退税罪数罪并罚
D. 以逃税罪和骗取出口退税罪择一重罪处罚

21. 行为人伪造货币后又出售伪造的货币的行为，依法应当如何认定？（　　）（司考 2009. 卷二 . 18）

A. 以伪造货币罪定罪从重处罚
B. 以出售假币罪定罪从重处罚
C. 以伪造货币罪和出售假币罪数罪并罚
D. 以伪造货币罪和出售假币罪择一重罪处罚

22. 保险事故的鉴定人、证明人、财产评估人故意提供虚假的证明文件，为他人实施保险诈骗罪提供条件的，应当如何认定？（　　）（司考 2009. 卷二 . 19）

A. 以保险诈骗罪的共犯论处
B. 构成提供虚假证明文件罪
C. 以保险诈骗罪和提供虚假证明文件罪数罪并罚
D. 构成伪证罪

23. 用普通白酒装入名牌白酒瓶内销售，非法获利数额较大，此行为构成何罪？（　　）（司考 2008. 卷二 . 19）

A. 生产、销售伪劣产品罪
B. 非法经营罪
C. 假冒注册商标罪
D. 诈骗罪

24. 捡得他人借记卡后冒用，数额较大的，构成何罪？（　　）（司考 2008. 卷二 . 20）

A. 信用卡诈骗罪
B. 票据诈骗罪
C. 信用证诈骗罪
D. 诈骗罪

25. 甲秘密窃取他人信用卡一张，并使用此卡进行消费，金额达 1 万元。甲构成何罪？（　　）（司考 2007. 卷二 . 16）

A. 信用卡诈骗罪
B. 诈骗罪
C. 盗窃罪

D. 伪造金融凭证罪

26. 张某伪造人民币 20000 元，而后又非法持有、使用。对其行为应当如何处理？（　）（司考 2006. 卷二 . 8）

A. 以伪造货币罪论处

B. 以持有、使用假币罪论处

C. 以伪造货币罪和持有、使用假币罪数罪并罚

D. 以伪造货币罪定罪从重处罚

27. 关于货币犯罪，下列哪一选项是正确的？（　）（司考 2010. 卷二 . 13）

A. 以货币碎片为材料，加入其他纸张，制作成假币的，属于变造货币

B. 将金属货币熔化后，制作成较薄的、更多的金属货币的，属于变造货币

C. 将伪造的货币赠与他人的，属于使用假币

D. 运输假币并使用假币的，按运输假币罪从重处罚

28. 张某窃得同事一张银行借记卡及身份证，向丈夫何某谎称路上所拾。张某与何某根据身份证号码试出了借记卡密码，持卡消费 5000 元。关于本案，下列哪一说法是正确的？（　）（司考 2010. 卷二 . 14）

A. 张某与何某均构成盗窃罪

B. 张某与何某均构成信用卡诈骗罪

C. 张某构成盗窃罪，何某构成信用卡诈骗罪

D. 张某构成信用卡诈骗罪，何某不构成犯罪

29. 张某与某乙签订一份供销合同，合同签订后，某乙将 80 万元货款汇出，张某收到货款后，交付了约 20 万元的货物，其余货物一直未能履行，经查，张某只有部分货源。货款收到后，张某即将款项归还了以前所欠丙的货款，张某的行为构成（　）。

A. 诈骗罪　　B. 合同诈骗罪

C. 合同违约　　D. 民事欺诈

30. 下列关于构成假冒商标罪的犯罪行为的说法中不正确的是：（　）。

A. 未经注册商标所有人许可

B. 在同一种商品上使用与商标所有人的注册商标相同的商标

C. 情节严重

D. 毋庸考虑情节是否严重，只要具有以上行为便构成犯罪

31. 某甲得知 A 化工厂投资开发研制成功了某新型产品，恰好其朋友某乙是该化工厂的技术员，并参与了新产品的开发研制。甲遂将某乙请至家中，将其灌醉，获取了该技术秘密并用于自己所在的 B 化工厂生产同类产品，使 A 化工厂遭受重大损失。请问，某甲的行为（　）。

A. 不构成犯罪

B. 属于民事侵权

C. 构成侵犯商业秘密罪

D. 属于不正当竞争

32. 杨某生产假冒避孕药品，其成分为面粉和白糖的混合物，货值金额达 15 万多元，尚未销售即被查获。关于杨某的行为，下列哪一选项是正确的？（　）（司考 2010. 卷二 . 15）

A. 不构成犯罪

B. 以生产、销售伪劣产品罪（未遂）定罪处罚

C. 以生产、销售伪劣产品罪（既遂）定罪处罚

D. 触犯生产假药罪与生产、销售伪劣产品罪（未遂），依照处罚较重的规定定罪处罚

33. 1997 年年底，A 公司各分公司把 1997 年的报表报到集团公司财务处，财务处主任甲把公司 1997 年报表显示严重亏损的情况报告给董事长乙。乙当面指使甲必须完成 1997 年董事会下达的指标，为 1998 年公司配股做好准备，报表退回去重新做。其家电分公司 1997 年年底一次上报的财务报表中显示当年亏损 15429. 9 万元，重新制作的财务报表显示盈利 9369 万元。请问该行为构成何罪？如何处罚？（　）

A. 构成集资诈骗罪，实行双罚制，责任

主体为单位和直接负责的主管人员或其他直接责任人员

B. 构成集资诈骗罪，实行单罚制，只处罚单位

C. 构成提供虚假财会报告罪，实行单罚制，只处罚直接负责的主管人员或其他直接责任人员

D. 构成提供虚假财会报告罪，实行双罚制，处罚单位和直接负责的主管人员或其他直接责任人员

34. 甲伪造乙家具公司的合同专用章后，以乙公司名义用该章与丙大学签订了一笔买卖桌椅的合同，骗取丙大学人民币 10 万元，甲的行为（　　）。

A. 只构成伪造公司印章罪

B. 只构成合同诈骗罪

C. 同时构成伪造公司印章罪和合同诈骗罪，应实行数罪并罚

D. 同时构成伪造公司印章罪和合同诈骗罪，但属牵连犯，只按合同诈骗罪处理

35. 个体工商户乙欠缴营业税 15 万元，当税务人员上门征收税款时，乙组织甲等多人进行暴力围攻，殴打税务人员，抗拒缴纳，其中甲出手最狠，将一名税务人员打成重伤。甲的行为构成何罪？（　　）

A. 逃税罪

B. 抗税罪

C. 故意伤害罪

D. 抗税罪与故意伤害罪实行并罚

36. 甲因与其所在工厂的老板娘发生争吵，决定寻找机会报复。一天，甲将车间里几台机器的螺丝拧掉带回家，致使设备无法运转，造成经济损失 100 余万元。公安机关侦查案件时，甲怕自己受追究，提出乙经常在车间徘徊，且有机会作案。但甲说这些话时始终不敢正视公安人员。公安人员遂觉得甲有重大嫌疑，将甲带回查明情况后，甲的罪行败露。甲的行为应定性为：（　　）。

A. 诽谤罪

B. 诬告陷害罪

C. 盗窃罪

D. 破坏生产经营罪

37. 汤某为了牟取非法利益，自筹资金大规模生产劣质药品，并将其投入市场销售。不少患者服食该药品后出现腹泻、恶心、头晕眼花等症状。汤某生产出售该劣药的销售金额合计为 20 万元。则下列对于汤某行为的处理，正确的说法是：（　　）。

A. 对汤某的行为应当以生产、销售伪劣商品罪定罪处罚

B. 对汤某的行为应当以生产、销售劣药罪定罪处罚

C. 对汤某的行为应当以生产、销售伪劣商品罪和生产、销售劣药罪中的一个重罪定罪处罚

D. 对汤某的行为应当数罪并罚

38. 下列哪一行为可以构成使用假币罪？（　　）（司考 2006. 卷二 . 12）

A. 甲用总面额 1 万元的假币参与赌博

B. 甲（系银行工作人员）利用职务上的便利，以伪造的货币换取货币

C. 甲在与他人签订经济合同时，为显示自己的经济实力，将总面额为 20 万元的假币冒充真币出示给对方看

D. 甲用总面额 10 万元的假币换取高某的 1 万元真币

39. 对下列与扰乱市场秩序罪相关的案例的判断，哪一选项是正确的？（　　）（司考 2007. 卷二 . 10）

A. 甲所购某名牌轿车行驶不久，发动机就发生故障，经多次修理仍未排除。甲用牛车拉着该轿车在闹市区展示。甲构成损害商品声誉罪

B. 广告商乙在拍摄某减肥药广告时，以肥胖的郭某当替身拍摄减肥前的画面，再以苗条的影视明星刘某做代言人夸赞减肥效果。事后查明，该药具有一定的减肥作用。乙构成虚假广告罪

C. 丙按照所在企业安排研发出某关键技术，但其违反保密协议将该技术有偿提供给其他厂家使用，获利 400 万元。

丙构成侵犯商业秘密罪

D. 章某因房地产开发急需资金，以高息向丁借款500万元，且按期归还本息。丁尝到甜头后，多次发放高利贷，非法获利数百万元。丁构成非法经营罪

40. 关于贷款诈骗罪的判断，下列哪一选项是正确的？（　　）（司考2007. 卷二. 11）

A. 甲以欺骗手段骗取银行贷款，给银行造成重大损失的，构成贷款诈骗罪

B. 乙以牟利为目的套取银行信贷资金，转贷给某企业，从中赚取巨额利益的，构成贷款诈骗罪

C. 丙公司以非法占有为目的，编造虚假的项目骗取银行贷款。该公司构成贷款诈骗罪

D. 丁使用虚假的证明文件，骗取银行贷款后携款潜逃的，构成贷款诈骗罪

41. X公司系甲、乙二人合伙依法注册成立的公司，以钢材批发零售为营业范围。丙因自己的公司急需资金，便找到甲、乙借款，承诺向X公司支付高于银行五个百分点的利息，并另给甲、乙个人好处费。甲、乙见有利可图，即以购买钢材为由，以X公司的名义向某银行贷款1000万元，贷期半年。甲、乙将贷款按约定的利息标准借与丙，丙给甲、乙各10万元的好处费。半年后，丙将借款及利息还给X公司，甲、乙即向银行归还本息。关于甲、乙、丙行为的定性，下列哪一选项是正确的？（　　）（司考2008. 卷二. 11）

A. 甲、乙构成高利转贷罪，丙无罪

B. 甲、乙构成骗取贷款罪，丙无罪

C. 甲、乙构成高利转贷罪、非国家工作人员受贿罪，丙构成对非国家工作人员行贿罪

D. 甲、乙构成骗取贷款罪、非国家工作人员受贿罪，丙构成对非国家工作人员行贿罪

42. 甲将自己的汽车藏匿，以汽车被盗为由向保险公司索赔。保险公司认为该案存有疑点，随即报警。在掌握充分证据后，侦查机关安排保险公司向甲"理赔"。甲到保险公司二楼财务室领取20万元赔偿金后，刚走到一楼即被守候的多名侦查人员抓获。关于甲的行为，下列哪一选项是正确的？（　　）（司考2009. 卷二. 15）

A. 保险诈骗罪未遂

B. 保险诈骗罪既遂

C. 保险诈骗罪预备

D. 合同诈骗罪

43. 甲系外贸公司总经理，在公司会议上拍板：为物尽其用，将公司以来料加工方式申报进口的原材料剩料在境内销售。该行为未经海关许可，应缴税款90万元，公司亦未补缴。关于本案，下列哪一选项是正确的？（　　）（司考2017. 卷二. 14）

A. 虽未经海关许可，但外贸公司擅自销售原材料剩料的行为发生在我国境内，不属于走私行为

B. 外贸公司的销售行为有利于物尽其用，从利益衡量出发，应认定存在超法规的犯罪排除事由

C. 外贸公司采取隐瞒手段不进行纳税申报，逃避缴纳税款数额较大且占应纳税额的10%以上，构成逃税罪

D. 如海关下达补缴通知后，外贸公司补缴应纳税款，缴纳滞纳金，接受行政处罚，则不再追究外贸公司的刑事责任

44. 关于走私犯罪，下列哪一选项是正确的？（　　）（司考2011. 卷二. 11）

A. 甲误将淫秽光盘当作普通光盘走私入境。虽不构成走私淫秽物品罪，但如按照普通光盘计算，其偷逃应缴税额较大时，应认定为走私普通货物、物品罪

B. 乙走私大量弹头、弹壳。由于弹头、弹壳不等于弹药，故乙不成立走私弹药罪

C. 丙走私枪支入境后非法出卖。此情形属于吸收犯，按重罪吸收轻罪的原则

论处

D. 丁走私武器时以暴力抗拒缉私。此情形属于牵连犯，从一重罪论处

45. 关于洗钱罪的认定，下列哪一选项是错误的？（　　）（司考2011. 卷二.12）

A.《刑法》第191条虽未明文规定侵犯财产罪是洗钱罪的上游犯罪，但是，黑社会性质组织实施的侵犯财产罪，依然是洗钱罪的上游犯罪

B. 将上游的毒品犯罪所得误认为是贪污犯罪所得而实施洗钱行为的，不影响洗钱罪的成立

C. 上游犯罪事实上可以确认，因上游犯罪人死亡依法不能追究刑事责任的，不影响洗钱罪的认定

D. 单位贷款诈骗应以合同诈骗罪论处，合同诈骗罪不是洗钱罪的上游犯罪。为单位贷款诈骗所得实施洗钱行为的，不成立洗钱罪

46. 甲向乙借款50万元注册成立A公司，乙与甲约定在A公司取得营业执照的第二天，乙的B公司向A公司借款50万元。A公司取得营业执照后，由甲经手将A公司50万元借给B公司。关于甲的行为性质，下列哪一选项是正确的？（　　）（司考2013. 卷二.20）

A. 虚报注册资本罪

B. 虚假出资罪

C. 抽逃出资罪

D. 无罪

47. 关于货币犯罪，下列哪一选项是错误的？（　　）（司考2013. 卷二.14）

A. 伪造货币罪中的“货币”，包括在国内流通的人民币、在国内可兑换的境外货币，以及正在流通的境外货币

B. 根据《刑法》规定，伪造货币并出售或者运输伪造的货币的，依照伪造货币罪从重处罚。据此，行为人伪造美元，并运输他人伪造的欧元的，应按伪造货币罪从重处罚

C. 将低额美元的纸币加工成高额英镑的纸币的，属于伪造货币

D. 对人民币真币加工处理，使100元面额变为50元面额的，属于变造货币

48. 国有A公司总经理甲发现A公司将从B公司购进的货物转手卖给某公司时，A公司即可赚取300万元。甲便让其妻乙注册成立C公司，并利用其特殊身份，让B公司与A公司解除合同后，再将货物卖给C公司。C公司由此获得300万元利润。关于甲的行为定性，下列哪一选项是正确的？（　　）（司考2013. 卷二.20）

A. 贪污罪　　B. 为亲友非法牟利罪

C. 诈骗罪　　D. 非法经营同类营业罪

49. 关于破坏社会主义市场经济秩序罪的认定，下列哪一选项是错误的？（　　）（司考2014. 卷二.14）

A. 采用运输方式将大量假币运到国外的，应以走私假币罪定罪量刑

B. 以暴力、胁迫手段强迫他人借贷，情节严重的，触犯强迫交易罪

C. 未经批准，擅自发行、销售彩票的，应以非法经营罪定罪处罚

D. 为项目筹集资金，向亲戚宣称有高息理财产品，以委托理财方式吸收10名亲戚300万元资金的，构成非法吸收公众存款罪

50. 甲急需20万元从事养殖，向农村信用社贷款时被信用社主任乙告知，一个身份证只能贷款5万元，再借几个身份证可多贷。甲用自己的名义贷款5万元，另借用4个身份证贷款20万元，但由于经营不善，不能归还本息。关于本案，下列哪一选项是正确的？（　　）（司考2016. 卷二.14）

A. 甲构成贷款诈骗罪，乙不构成犯罪

B. 甲构成骗取贷款罪，乙不构成犯罪

C. 甲构成骗取贷款罪，乙构成违法发放贷款罪

D. 甲不构成骗取贷款罪，乙构成违法发放贷款罪

二、多项选择题

1. 公司犯下列哪些罪时，实行双罚，即单位

处罚金，同时要求直接负责的主管人员或其他责任人员承担刑事责任？(　　)
A. 违规披露、不披露重要信息罪
B. 欺诈发行证券罪
C. 虚报注册资本罪
D. 非法经营同类营业罪

2. 在以下公布文件中隐瞒重要事实或编造重大虚假内容，发行股票或公司、企业债券，数额巨大、后果严重或者有其他严重情节的，构成欺诈发行证券罪：(　　)。
A. 招股说明书
B. 虚假的财务会计报告
C. 企业、公司债券募集办法
D. 认股书

3. 下列行为构成走私普通物品、货物罪的是：(　　)。
A. 刘某在入境时随身携带伪造的货币 3 万美元
B. 王某得知石某走私进口了一批 VCD 影碟机后，即以 20 万元向其购买了 500 台准备在市场上出售
C. 汤某因欠他人巨额债务，私自将其所有的独资企业免税的 2 辆进口高级轿车以市场价充抵债务
D. 李某邀集两个朋友乘船到公海上接运走私的枪支弹药

4. 下列哪些行为构成生产、销售伪劣农药、兽药、化肥、种子罪？(　　)
A. 在农药、兽药、化肥、种子中掺假的
B. 生产假农药、假化肥、假兽药、假种子的
C. 销售明知是假的或失去使用效能的农药、化肥、兽药、种子的
D. 以不合格的农药、种子、化肥、兽药冒充合格的农药、化肥、种子、兽药的

5. 下列人员中可以构成虚假出资、抽逃出资罪犯罪主体的有：(　　)。
A. 公司发起人　　B. 公司股东
C. 公司董事　　D. 公司经理

6. 保险事故中哪些人员可以构成保险诈骗罪的共犯？(　　)
A. 保险事故的鉴定人故意提供虚假的证明文件，为他人诈骗提供条件的
B. 保险事故的证明人故意提供虚假的证明文件，为他人诈骗提供条件的
C. 保险事故的财产评估人故意提供虚假的证明文件，为他人诈骗提供条件的
D. 保险事故的理赔员

7. 下列关于货币的犯罪中，要求数额较大才能构成犯罪的有：(　　)。
A. 出售、购买、运输假币罪
B. 持有、使用假币罪
C. 变造货币罪
D. 金融机构工作人员购买货币、以假币换取货币罪

8. 伪造下列哪种票证，构成伪造金融票证罪？(　　)
A. 银行存单　　B. 企业债券
C. 国库券　　D. 银行汇票

9. 银行或者其他金融机构的工作人员违反规定，为他人出具下列哪些证明文件，造成重大损失的构成违规出具金融票证罪？(　　)
A. 信用证或者其他保函
B. 票据
C. 存单
D. 资信证明

10. 从刑法分则的规定来看，下列哪些犯罪在犯罪构成上没有犯罪数额的要求？(　　)
A. 逃避追缴欠税罪
B. 非法出售发票罪
C. 虚开增值税专用发票罪
D. 非法制造发票罪

11. 下列可以作为虚假广告罪的主体的有：(　　)。
A. 广告主　　B. 广告经营者
C. 广告发布者　　D. 推销人员

12. 国有公司、企业、事业单位的工作人员，利用职务便利，实施下列哪些行为，使国家利益遭受重大损失的，构成为亲友非法牟利罪？(　　)
A. 单位的盈利业务交由自己的亲友进行

经营的

B. 以明显高于市场的价格向自己的亲友经营管理的单位采购商品的

C. 以明显低于市场的价格向自己的亲友经营管理的单位销售商品的

D. 向自己的亲友经营管理的单位采购不合格商品的

13. 以非法占有为目的，具备下列哪些情形，诈骗银行或者其他金融机构的贷款，数额较大的，可以构成贷款诈骗罪？(　　)

A. 制造引进资金、项目等虚假理由的

B. 使用虚假的经济合同的

C. 使用虚假的证明文件的

D. 使用虚假的产权证明作担保或者超出抵押物价值重复担保的

14. 集资诈骗罪与非法吸收公众存款罪的区别之处在于：(　　)。

A. 侵犯的对象不同。集资诈骗罪的对象是他人用于集资获利所交付的集资款；非法吸收公众存款罪的对象则是公众的存款，它只能表现为金钱的形式，并且只能以存款人用于存款而获取一定利息的形式出现

B. 犯罪客观行为的表现方式不同。集资诈骗罪是以诈骗的方法去非法聚集资金，表现为诈骗方法与非法集资两种行为的统一。诈骗行为属于方法行为，其是为非法集资这一目的行为服务的；非法吸收公众存款罪即非法吸收公众存款，是以存款的形式非法吸收公众存款。其虽可采用欺骗的方法进行，但不是必备的条件之一

C. 犯罪客体不同。集资诈骗罪侵犯的客体为双重客体，其既侵犯了国家有关集资的金融管理制度，亦会侵犯公私财物所有权；可非法吸收公众存款罪侵犯的客体却是单一的，即为国家有关集资主要是吸收公众存款的金融信贷管理制度

D. 犯罪目的不同。集资诈骗罪的目的是将所非法募集到的集资资金据为己有，即具有非法占有之目的；但非法吸收公众存款罪的目的是营利，其不具有占有的意图

15. 操纵证券、期货市场罪的客观方面通常表现为：(　　)。

A. 单独或者合谋，集中资金优势、持股或者持仓优势或者利用信息优势联合或者连续买卖，操纵证券、期货交易价格的

B. 与他人串通，以事先约定的时间、价格和方式互相进行证券、期货交易，或者相互买卖并不持有的证券，影响证券、期货交易价格或者证券、期货交易量的

C. 以自己为交易对象，进行不转移证券所有权的自买自卖，或者以自己为交易对象，自买自卖期货合约，影响证券、期货交易价格或者证券、期货交易量的

D. 将自己获知的股票交易的内幕信息私自泄露给他人的

16. 某服装厂为扭转亏损局面，承揽了一个体经营点向其订购的生产人民警察制式服装 2 万套的任务，由于经营点销售一空，该服装厂见状又生产了 3 万套，并由厂内的销售部门向社会销售，后被公安机关查获。该服装厂的行为已构成（　　）。

A. 非法生产警用装备罪

B. 非法买卖警用装备罪

C. 非法经营罪

D. 诈骗罪

17. 钱某从梁某处购得假币 10 万余元，并用假币交纳了房租 2 万元。一年后钱某又与其债权人许某约定，用 7 万元假币抵钱某对许某的欠款 3 万元。则下列对钱某行为的说法正确的是：(　　)。

A. 钱某的行为构成购买假币罪

B. 钱某的行为构成使用假币罪

C. 钱某的行为构成出售假币罪

D. 钱某的行为应当以购买假币罪和出售假币罪实行数罪并罚

18. 翟某非法购买了大量的增值税专用发票，

并将其分为两部分。一部分通过虚开增值税专用发票的形式来获取非法利益；另一部分出售给他人牟利。则对翟某的行为下列说法正确的有：(　　)。

A. 翟某的行为构成非法购买增值税专用发票罪

B. 翟某的行为构成虚开增值税专用发票罪

C. 翟某的行为构成非法出售增值税专用发票罪

D. 对翟某的行为应当以以上三罪定罪，实行数罪并罚

19. 梁某与史某为牟取暴利，在美国用 50 万美元购得大量黄金，意图走私到国内转手，不料在海关被缉私人员发现。梁某和史某掏出随身携带的电击棒，将缉私人员打成轻伤后携带黄金逃走。则梁某与史某的行为应当以下列哪些罪定罪处罚？(　　)

A. 走私贵重金属罪

B. 走私普通货物罪

C. 妨害公务罪

D. 故意伤害罪

20. 某医疗器械生产公司由于经营管理不善一直处于亏损状态。为了避免倒闭，公司负责人决定以低价作为突破口提高竞争力和本公司产品的市场占有率。为了降低产品成本，该公司在生产程序、产品标准方面做文章，明知其产品不符合国家标准、行业标准但是依然大批量生产。下列关于本案的说法正确的是：(　　)。

A. 生产、销售不符合标准的医疗器械、医用卫生材料的犯罪是结果犯，如果该公司的产品还没大规模投放市场，对人体造成严重危害，就不构成犯罪

B. 生产、销售不符合标准的医疗器械、医用卫生材料的犯罪是危险犯，即使该公司的产品没有很多地投放市场，但是足以危害人体健康的，就构成犯罪

C. 只要实施了生产不符合标准的医疗器械、医用卫生材料的行为，本罪就视为既遂而不问其生产的数量及其他后果

D. 对该公司主管人员及直接责任人员处以刑罚时，视情节严重程度，对该公司可以不处以罚金

21. 下列关于妨害清算罪的表述，错误的是：(　　)。

A. 单位和自然人都可以构成妨害清算罪

B. 妨害清算罪在客观上主要表现为隐匿财产，对资产负债表或者财产清单作虚伪记载或者在未清偿债务前分配公司、企业的财产的行为

C. 妨害清算罪是结果犯，只有因妨害清算的行为导致债权人或者其他人利益严重受损害的，才成立犯罪

D. 单位构成妨害清算罪，实行双罚制，既处罚单位也处罚单位内部的直接责任人员

22. 甲是某公司董事长，伪造了一份建筑菜市场的政府批文，拿着该批文与客户签订合同，约定交付 2 万元预付金，菜市场建成后的摊位就可以八折优惠出售。甲一年内骗取了 96 万元人民币，用于自己买别墅。关于甲的行为，下列说法不正确的是哪些项？(　　)

A. 构成诈骗罪，属于单位犯罪

B. 构成诈骗罪，不属于单位犯罪

C. 构成合同诈骗罪，属于单位犯罪

D. 构成合同诈骗罪，不属于单位犯罪

23. 长江出版社未经许可出版了黄河出版社享有专有出版权的图书，并从销售该图书中获利 20 万元，则长江出版社的行为不构成何罪？(　　)

A. 非法出版罪

B. 侵犯著作权罪

C. 销售侵权复制品罪

D. 盗版罪

24. 房客许某因生意亏损，无力交纳房租，房东施某多次向其催讨。许某无奈，提出用其所有的假币 1 万元抵欠房东的房租 3000 元。房东施某贪图便宜，见有利

可图，同意了许某的建议，还同意许某以后均用这种方式交纳房租。则下列关于许某和施某行为的说法中，哪些选项是不正确的？（　　）

A. 两者的行为均不构成犯罪

B. 许某的行为构成出售假币罪，施某的行为构成购买假币罪

C. 两者的行为均构成非法持有假币罪

D. 许某的行为构成使用假币罪，施某的行为构成持有假币罪

25. 某制鞋厂由于要扩大再生产，缺乏资金，考虑到借款难易程度，于是打算向某财务公司借款，但该财务公司要求制鞋厂提供担保，制鞋厂没有可以提供担保的财产，就伪造房产证取得了工商银行某市支行的保函，财务公司根据保函向制鞋厂提供了大笔贷款，最后制鞋厂无力偿还，致银行遭受重大损失。对此，下列说法正确的是：（　　）。

A. 制鞋厂不构成犯罪，因为犯罪主体不适格

B. 制鞋厂不构成犯罪，因为其行为不是刑法控制的行为

C. 制鞋厂构成骗取货款、票据承兑、金融票证罪

D. 该工商银行支行可能构成签订、履行合同失职被骗罪

26. 下列生产、销售伪劣产品的犯罪，属于结果犯的有：（　　）。

A. 生产、销售、提供假药罪

B. 生产、销售有毒、有害食品罪

C. 生产、销售伪劣农药、兽药、化肥、种子罪

D. 生产、销售不符合卫生标准的化妆品罪

27. 浙江沿海的岳某在其经营的小船坞中通过保管的方式协助各类船只走私各类货物、物品偷逃应缴税额10万元，并从中获得好处费数万元，海关侦查走私犯罪公安机构在侦查过程中发现在这些普通货物中还藏匿醋酸酐、乙醚、三氯甲烷以及大量的淫秽光盘。岳某对藏匿淫秽光盘的行为知晓，而对其他藏匿物不知晓。下列说法不正确的是：（　　）。

A. 岳某仅构成走私普通货物、物品罪的共犯

B. 岳某构成走私制毒物品罪和走私普通货物、物品罪的共犯，应数罪并罚

C. 岳某构成走私制毒物品罪、走私淫秽物品罪和走私普通货物、物品罪的共犯，应数罪并罚

D. 岳某不是走私犯罪的共犯

28. 梁某工作于某大型的烟草股份有限公司，担任总经理，公司在2007年4月做出重大的投资行为决定，可能对上市公司股票交易价格产生较大影响。梁某在代表该公司将有关该重大事件的情况向国务院证券监督管理机构和证券交易所报送临时报告的同时并没有对这一事件予以公告，导致大量小股东利益受到严重损害。对此，下列说法不正确的是：（　　）。

A. 梁某不构成犯罪，因为这是公司的行为，不应追究其本人刑事责任

B. 梁某构成提供虚假财会报告罪

C. 梁某构成违规披露、不依法披露信息罪

D. 梁某构成抽逃出资罪

29. 下列生产、销售伪劣商品的犯罪中，属于结果犯的有：（　　）。

A. 生产、销售、提供假药罪

B. 生产、销售、提供劣药罪

C. 生产、销售不符合卫生标准的食品罪

D. 生产、销售不符合安全标准的产品罪

30. 下列哪些行为方式属于贷款诈骗罪的诈骗方式？（　　）

A. 编造引进项目的虚假理由

B. 使用虚假的经济合同

C. 使用虚假的证明文件

D. 超出抵押物价值重复担保

31. 某玩具生产厂先向税务机关缴纳税款80万元，玩具出口后，夸大出口数额，骗取税务机关退税210万元，按照实际出口数额税务机关只应退30万元。对该厂家应按何罪处理？（　　）

A. 走私罪　　　　B. 诈骗罪
C. 逃税罪　　　　D. 骗取出口退税罪

32. 下列哪些行为构成非法经营罪？（　　）（司考2009. 卷二.57）
A. 甲违反国家规定，擅自经营国际电信业务，扰乱电信市场秩序，情节严重
B. 乙非法组织传销活动，扰乱市场秩序，情节严重
C. 丙买卖国家机关颁发的野生动物进出口许可证
D. 丁复制、发行盗版的《国家计算机考试大纲》

33. 甲发现某银行的ATM能够存入编号以"HD"开头的假币，于是窃取了三张借记卡，先后两次采取存入假币取出真币的方法，共从ATM内获取6000元人民币。甲的行为构成何罪？（　　）（司考2009. 卷二.61）
A. 使用假币罪
B. 信用卡诈骗罪
C. 盗窃罪
D. 以假币换取货币罪

34. 下列说法正确的是：（　　）。
A. 甲成立个人独资企业，虚开服务业专用发票2万元，构成犯罪
B. 乙公司虚开娱乐业专用发票500万元，乙公司构成犯罪，其主管人员不构成犯罪
C. 丙公司员工小军持有15万元的伪造发票，准备找财务报销，小军构成犯罪
D. 以上说法都不对

35. 下列哪些行为构成强迫交易罪？（　　）
A. 以暴力、威胁手段强买强卖商品
B. 以暴力、威胁手段强迫他人接受服务
C. 以暴力、威胁手段强迫他人参与竞标
D. 以暴力、威胁手段强迫他人收购债券

36. 下列说法正确的是：（　　）。
A. 仿照真货币的图案、形状、色彩等特征非法制造假币，冒充真币的行为，应当认定为《刑法》第170条规定的"伪造货币"
B. 对真货币采用剪贴、挖补、揭层、涂改、移位、重印等方法加工处理，改变真币形态、价值的行为，应当认定为《刑法》第173条规定的"变造货币"
C. 同时采用伪造和变造手段，制造真伪拼凑货币的行为，依照《刑法》第170条的规定，以伪造货币罪定罪处罚
D. 以使用为目的，伪造停止流通的货币，或者使用伪造的停止流通的货币的，依照《刑法》第266条的规定，以诈骗罪定罪处罚

37. 关于货币犯罪的认定，下列哪些选项是正确的？（　　）（司考2011. 卷二.59）
A. 以使用为目的，大量印制停止流通的第三版人民币的，不成立伪造货币罪
B. 伪造正在流通但在我国尚无法兑换的境外货币的，成立伪造货币罪
C. 将白纸冒充假币卖给他人的，构成诈骗罪，不成立出售假币罪
D. 将一半真币与一半假币拼接，制造大量半真半假面额100元纸币的，成立变造货币罪

38. ①纳税人逃税，经税务机关依法下达追缴通知后，补缴应纳税款，缴纳滞纳金，已受行政处罚的，一律不予追究刑事责任。
②纳税人逃避追缴欠税，经税务机关依法下达追缴通知后，补缴应纳税款，缴纳滞纳金，已受行政处罚的，应减轻或者免除处罚。
③纳税人以暴力方法拒不缴纳税款，后主动补缴应纳税款，缴纳滞纳金，已受行政处罚的，不予追究刑事责任。
④扣缴义务人逃税，经税务机关依法下达追缴通知后，补缴应纳税款，缴纳滞纳金，已受行政处罚的，不予追究刑事责任。

关于上述观点的正误判断，下列哪些选项是错误的？（　　）（司考2012. 卷二.61）
A. 第①句正确，第②③④句错误
B. 第①②句正确，第③④句错误

C. 第①③句正确，第②④句错误
D. 第①②③句正确，第④句错误

39. 张三是某证券公司的总裁，下列哪项属于“非法获取证券、期货交易内幕信息的人员”？(　　)
A. 张三的妻子在信息敏感期进行大宗股票交易，获得大量收益
B. 张三的司机连续一周送张三去某期货公司洽谈业务，尔后购买该公司的期货产品获得大量收益
C. 张三的高中同学在聚会时将其灌醉，询问其最近工作动向，尔后购买了相关股票，获得大量收益
D. 张三的秘书购买纳斯达克某股票，获得大量收益

40. 关于生产、销售伪劣商品罪，下列哪些判决是正确的？(　　)（司考 2014. 卷二. 58）
A. 甲销售的假药无批准文号，但颇有疗效，销售金额达 500 万元，如按销售假药罪处理会导致处罚较轻，法院以销售伪劣产品罪定罪处罚
B. 甲明知病死猪肉有害，仍将大量收购的病死猪肉，冒充合格猪肉在市场上销售。法院以销售有毒、有害食品罪定罪处罚
C. 甲明知贮存的苹果上使用了禁用农药，仍将苹果批发给零售商。法院以销售有毒、有害食品罪定罪处罚
D. 甲以为是劣药而销售，但实际上销售了假药，且对人体健康造成严重危害。法院以销售劣药罪定罪处罚

41. 关于生产、销售伪劣商品罪，下列哪些选项是正确的？(　　)（司考 2016. 卷二. 57）
A. 甲既生产、销售劣药，对人体健康造成严重危害，同时又生产、销售假药的，应实行数罪并罚
B. 乙为提高猪肉的瘦肉率，在饲料中添加“瘦肉精”。由于生猪本身不是食品，故乙不构成生产有毒、有害食品罪
C. 丙销售不符合安全标准的饼干，足以造成严重食物中毒事故，但销售金额仅有 500 元。对丙应以销售不符合安全标准的食品罪论处
D. 丁明知香肠不符合安全标准，足以造成严重食源性疾患，但误以为没有毒害而销售，事实上香肠中掺有有毒的非食品原料。对丁应以销售不符合安全标准的食品罪论处

三、不定项选择题

1. 甲找到在某国有公司任出纳员的朋友乙，提出向该公司借款 5 万元用于购买假币，并许诺出售假币获利后给乙好处费。乙便擅自从自己管理的公司款项中借给甲 5 万元。甲拿到 5 万元后，让丙从外地购得假币若干，然后在本地出售。出售一部分后，甲便送给乙 2 万元好处费。甲后来在出售假币的过程中被公安人员抓获。甲如实交代了让丙购买假币和自己出售假币的行为，还主动交代了自己使用面值 5000 元的假币购买家电产品的事实，但未能如实说明购买假币的 5 万元现金的来源。乙得知甲被抓后，担心受刑罚处罚，便携带 10 万元公款潜逃外地，后被司法机关抓获归案。请根据上述案情回答下列问题：

(1) 关于出售、购买假币罪的共犯关系，下列哪些说法是错误的？(　　)
A. 甲、乙、丙三人成立出售、购买假币罪的共犯
B. 甲、乙二人成立出售、购买假币罪的共犯
C. 甲、丙二人成立出售、购买假币罪的共犯
D. 甲单独成立出售、购买假币罪，乙、丙不成立出售、购买假币罪

(2) 关于挪用公司 5 万元的行为，下列哪些说法是错误的？(　　)
A. 甲唆使乙挪用公司 5 万元，故甲与乙就挪用行为成立共同犯罪
B. 甲没有指使、参与策划挪用公司 5 万元，故甲与乙就挪用行为不成立共

同犯罪
C. 甲明知是挪用的款项而使用，故甲与乙就挪用行为成立共同犯罪
D. 乙明知甲欲从事营利活动，却仍然挪用5万元，故即使没有超过3个月也构成犯罪

（3）关于甲出售、购买假币与使用假币的行为，下列哪些说法是错误的？（　　）
A. 使用假币罪应被出售、购买假币罪吸收
B. 使用假币罪与出售、购买假币罪为牵连关系，应从一重罪处罚
C. 对使用假币罪与出售、购买假币罪应实行并罚
D. 甲就使用假币罪成立自首

（4）关于乙携带10万元公款潜逃的行为，下列哪些说法是错误的？（　　）
A. 对该行为应认定为贪污罪
B. 对该行为应认定为职务侵占罪
C. 该行为属于挪用公款罪中的挪用公款数额巨大不退还
D. 该行为属于挪用资金罪中的挪用本单位资金数额较大不退还

（5）关于乙的全部犯罪行为，下列哪些说法是错误的？（　　）
A. 对乙应以挪用公款罪，贪污罪，出售、购买假币罪论处，实行数罪并罚
B. 对乙应以挪用资金罪，职务侵占罪，出售、购买假币罪论处，实行数罪并罚
C. 对乙应在挪用公款罪与受贿罪中择一重罪处罚
D. 对乙应以贪污罪、受贿罪论处，实行数罪并罚

2. 甲系某国有公司经理。生意人乙见甲掌管巨额资金，就以小恩小惠拉拢甲。后乙以做生意需要资金为由，劝诱甲出借公款，并与甲共同策划了挪用的方式，还送给甲好处费5万元。甲未经公司董事会决定就将100万元资金借给乙。乙得到巨款以后，告知银行职员丙该款的真实来源，丙为乙提供资金账户，乙随时提款用于贩卖毒品。在甲的催促下，一年后，乙归还30万元，后来就拒绝和甲见面。甲见追回剩余70万元无望，就携带乙归还的30万元潜逃。甲半年内将30万元挥霍一空，走投无路后向司法机关投案，并交代了借公款给乙、接受乙贿赂和携款潜逃的事实，并提供线索协助司法机关将乙捉拿归案。乙归案后主动交代了行贿和司法机关尚未掌握的贩卖毒品的犯罪事实。银行职员丙的行为构成（　　）。（司考2007. 卷二.97）
A. 挪用公款罪的共犯
B. 贩卖毒品罪的共犯
C. 洗钱罪
D. 赃物犯罪

3. 公民贾某用人民币5000元从施某处购得伪造的美钞6000元、伪造的港币3万元和伪造的人民币10万元，然后贾某将假美钞700元赠给好友林某，将假港币悉数兑换为人民币，将3万元假人民币缴纳罚款，1万元假人民币用于赌博。还将2万元假人民币以2000元的价格卖给张某。下列说法不正确的是：（　　）。
A. 贾某的买卖假币行为仅构成购买假币罪，不构成出售假币罪
B. 贾某赠给林某假美钞的行为不是犯罪
C. 贾某将假港币兑换为人民币和将假人民币用于赌博的行为均是犯罪
D. 贾某将假人民币用于缴纳罚款的行为不是犯罪

4. 发财服装有限责任公司欠多家服装生产公司购货款项数十万元，但在公司经营状况良好且具有偿还债务能力的情况下，公司董事长余某为了使公司基地转移到外省的某个更有利的位置实现进一步发展，于是和没有债权债务关系的林某通谋，承担了以林某为"债权人"的50万元"债务"，造成公司濒临破产的假象，并开始筹划向当地法院提出破产申请。见此景，债权人——多家服装生产公司和余某协商进行债务重组，发财服装有限责任公司减少债务30万元。对此，下

列说法正确的是：（ ）。

A. 发财服装有限责任公司构成妨害清算罪

B. 余某构成妨害清算罪，由发财服装有限责任公司承担刑事责任

C. 余某的行为构成诈骗罪

D. 发财服装有限责任公司构成虚假破产罪，但不需要对发财服装有限责任公司科以罚金

5. 甲是A公司（国有房地产公司）领导，因私人事务欠蔡某600万元。蔡某让甲还钱，甲提议以A公司在售的商品房偿还债务，蔡某同意。甲遂将公司一套价值600万元的商品房过户给蔡某，并在公司财务账目上记下自己欠公司600万元。三个月后，甲将账做平，至案发时亦未归还欠款。（事实一）

A公司有工程项目招标。为了让和自己关系好的私营公司老板程某中标，甲刻意安排另外两家公司与程某一起参与竞标。甲让这两家公司和程某分别制作工程预算和标书，但各方约定，若这两家公司中标，就将工程转包给程某。程某最终在A公司预算范围内以最优报价中标。为感谢甲，程某花5000元购买仿制古董赠与甲。甲以为是价值20万元的真品，欣然接受。（事实二）

甲曾因公务为A公司垫付各种费用5万元，但由于票据超期，无法报销。为挽回损失，甲指使知情的程某虚构与A公司的劳务合同并虚开发票。甲在合同上加盖公司公章后，找公司财务套取“劳务费”5万元。（事实三）

请回答第（1）~（3）题。

（1）关于事实一的分析，下列选项正确的是：（ ）。（司考2016. 卷二.89）

A. 甲将商品房过户给蔡某的行为构成贪污罪

B. 甲将商品房过户给蔡某的行为构成挪用公款罪

C. 甲虚假平账，不再归还600万元，构成贪污罪

D. 甲侵占公司600万元，应与挪用公款罪数罪并罚

（2）关于事实二的分析，下列选项正确的是：（ ）。（司考2016. 卷二.90）

A. 程某虽与其他公司串通参与投标，但不构成串通投标罪

B. 甲安排程某与他人串通投标，构成串通投标罪的教唆犯

C. 程某以行贿的意思向甲赠送仿制古董，构成行贿罪既遂

D. 甲以受贿的意思收下程某的仿制古董，构成受贿罪既遂

（3）关于事实三的分析，下列选项错误的是：（ ）。（司考2016. 卷二.91）

A. 甲以非法手段骗取国有公司的财产，构成诈骗罪

B. 甲具有非法占有公共财物的目的，构成贪污罪

C. 程某协助甲对公司财务人员进行欺骗，构成诈骗罪与贪污罪的想象竞合犯

D. 程某并非国家工作人员，但帮助国家工作人员贪污，构成贪污罪的帮助犯

四、名词解释

1. 破坏社会主义市场经济秩序罪

2. 走私文物罪

3. 虚报注册资本罪

4. 妨害清算罪

5. 非国家工作人员受贿罪

6. 签订、履行合同失职被骗罪

7. 非法吸收公众存款罪

8. 内幕交易、泄露内幕信息罪

9. 侵犯著作权罪

10. 侵犯商业秘密罪

11. 虚假广告罪

12. 合同诈骗罪（中国人民大学2005年研究生入学试题）

五、简答题

1. 试述洗钱罪的概念和主要特征。（北京大

学 2000 年研究生入学试题）

2. 非法经营罪的概念与特征。

3. 走私罪的概念及其特征。

4. 简述生产、销售伪劣产品罪的概念及其构成特征。（中国人民大学 2006 年研究生入学试题）

5. 简述贷款诈骗罪的构成要素。

6. 如何认定伪造信用卡并使用的行为的性质？

7. 如何认定集资诈骗罪中非法占有的目的？

8. 如何理解非法经营罪中“其他严重扰乱市场秩序的非法经营行为”？

六、论述题

什么是集资诈骗罪？非法集资的违法行为与集资诈骗罪如何区分？擅自发行股票、公司、企业债券罪与集资诈骗罪如何区分？

七、案例分析题

1. 甲某是某私营电器厂（不具有法人资格）的副厂长，1998 年 4 月因为犯诈骗罪被判处有期徒刑 9 年，2003 年 11 月 12 日假释。假释考验期至 2007 年 2 月 6 日。2004 年上半年，甲某为骗取贷款，比照银行印章的样式，伪造了农业银行某办事处的储蓄章和行政章，并套取整存整取存单的样本，印制大量空白存单。然后制作 2 份金额各为 100 万元的假存单，并持该假存单到某信用社以电器厂的名义要求抵押贷款，从某信用社开出 2 份抵押证明，盖上私刻的有关印章，以此假存单和抵押证明从银行骗取贷款 200 万元。此后，甲某又以同样的方式先后 14 次骗取贷款 1200 余万元。贷款大多用于偿还电器厂的贷款。案发前，归还银行贷款 200 余万元。案发后，追回赃款和财物价值 600 余万元，尚有近 500 万元无法追回。

　　请回答下列问题：

　　（1）甲某的行为构成何罪？

　　（2）本案是否属于单位犯罪？

　　（3）应当如何定罪处罚？

2. 2009 年，甲、乙两公司通谋以一定的价格由甲公司卖出 10000 股股票，然后乙公司以相同价格将这部分股票买入，这样，通谋买卖行为反复进行，在某种股票的价格被抬高后，甲或乙公司则在高价时抛售全部这种股票，牟取暴利；反之，如果使某种股票的价格下降时，甲或乙公司则在低价位时大量买入该种股票，获得暴利，截至 2010 年年底，甲、乙公司分别获得暴利 500 万元。

　　问：甲、乙公司的行为应当如何认定，该罪的客观方面特征是什么？

3. 1 月，被告人甲某承包了百荷大酒店并开始营业，从营业之日起至同年 7 月 14 日，甲某既不办理税务登记，又不申请缓缴纳税手续，欠缴定额营业税达 14280 元。经税务工作人员多次催缴，被告人不予理睬。在税务机关于 6 月 14 日向其下达限期纳税通知书后，被告人仍不缴纳。同年 7 月 7 日，驻税务机关检察室的检察人员向被告人调查其纳税情况时，被告人假报住址，称自己现住址为锦州市凌河区龙口小区 39 号楼 6-29 号。后经查实，被告人根本没有住在该处。并且在税务工作者乙某上门为其宣传纳税义务，督促其缴纳税款时，对乙某施以暴力，造成乙某脸部、腹部多处软组织受伤。为逃避纳税，被告人甲某又于 7 月 14 日夜私自将其存放在百荷大酒店的冰柜、床、行李等财产转移，并且到外地躲避长达四个月之久，致使税务机关无法追缴其欠缴的税款。

　　问：对于甲某的行为应当如何认定？

4. 2009 年 12 月，甲某和乙某密谋合作开设一个专门复制 DVD 影碟机的地下工厂。2000 年 1～2 月被告人甲某通过不法分子从境外购进一日产量 1500 张影碟的全自动生产线，并负责生产线的安装、调试及复制 DVD 所需原材料的购买。2010 年 2 月至 9 月 18 日，其开设的复制 DVD 生产线共复制 DVD 影碟约 80 万张，并以每张收取加工费人民币 4～5 元不等的价格进行销售，共得赃款约人民币350万元。9月19日上午，广州市公安局会同广州市广播电视局查封该生产线，并当场查封复制的影碟17378张。当晚，甲某和乙某明知该生产线被查封，仍以威胁的方法，阻碍公安人员执行公务，并于当晚商议转移该生产线。商定由甲某出资人民币20万元，乙某负责联系转移生产线所需车辆及人员。次日晚11时，乙某等8人及4辆汽车、1辆吊车在甲某的带领下来到DVD影碟厂房。甲某指挥众人剪断生产线上的电线，并搬运生产线主机，继后，甲某和乙某将生产线强行运至外地。

问：对于甲某的行为应当如何定罪？其具备的法定情节有哪些？

5. 贺某系宏远道桥建设公司的董事长兼总经理。该建筑企业由于客户欠账过多，资金周转严重不灵。贺某听说南方有人出售假币，而且假币做得非常好，可以以假乱真，于是于2010年4月指使本企业财务副经理尹某前往南方某地托关系找人购买了伪造的人民币11万元。同年10月，贺某所在的企业欠某银行贷款到期。贺某遂令尹某在真币中掺入假币5000元用于归还银行贷款，被银行发现，并没收了5000元假币。同年12月，贺某用假币7万元向某市政府官员行贿，使宏远道桥建设公司承接到该市造价达1000万元的重点桥梁工程。在施工中，贺某为节省造价，偷工减料，以低标号水泥替代高标号水泥，以细钢筋替代粗钢筋。2011年9月，贺某所在宏远道桥建设公司承建的桥梁工程因质量严重不合格倒塌，当场造成3人死亡、6人重伤。案发后，某市公安局机关迅速将贺某抓获归案。

问：本案中有关人员或公司的行为是否构成犯罪？如果构成犯罪，则构成哪些犯罪？应如何定罪？请简要说明理由。

6. 被告人吴某，男，42岁，某厂工人。吴某所在工厂效益不好，经常发不出工资。看到当地许多人倒卖走私物品发了财，吴某也动了心。吴某向亲戚朋友借了几万块钱找到走私分子王某向其购买了走私进口的彩电、照相机、手表等价值8万多元的物品（若是正常进口需缴纳关税2万余元）。吴某将这些物品分批贩运到内地倒卖后获利1万余元。

（1）问：吴某的行为是否构成犯罪？为什么？

被告人许某，女，25岁，某公司行政秘书。许某与刘某谈了一段时间的朋友，后来刘某提出与许某分手。许某觉得受到了极大伤害，非常愤怒。为了报复刘某，许某持刘某还未取走的信用卡到几家商场以刘某的名义购买了8000余元的物品。刘某发现后报了案，许某再次以刘某的信用卡购物时被抓获。

（2）问：许某的行为是否构成犯罪？为什么？

7. 被告人柯某，女，51岁，农民。1996年11月间，柯某从上海回到老家某省A县，谎称其欲投资1000万元到本地建玩具加工厂、服装加工厂，为了形成规模，特集资2000万元，年息为22%。当地各界群众踊跃集资，达1200万元。柯某将其中200万元用来平整地基，购置一些建筑材料蒙骗当地群众。其许诺的投资1000万元只是空头支票并未兑现，并且柯某将集资款大部分用于自己炒股票。由于1997年股市不景气，柯某炒股亏空巨大，于1997年12月柯某欲携款外逃，被公安机关逮捕归案。

问：对于柯某的行为应当如何认定？

8. 甲从香港来北京时，非法携带违禁的淫秽影片6部、黄色画刊10本以及8毫米电影放映机1架，交给乙，并向其传授放映技术，指使其秘密放映营利。同时，让乙为其借得人民币3万元，商定由乙从放映影片中营利还债。次年1月，乙在太原放映15场，获利1000元。同年2月底，乙将放映机和淫秽影片6部带到北京交给被告人丙，密谋放映营利。丙在北京秘密放映20场，获利2000元，除交乙1000元外，其余被丙花用。同年3月下旬，丙又将淫秽影片、影机交给丁，丁又多次转交给戊放映营利。戊在北京放映10场，观看者200多人次，获利1000多元，被戊挥霍。同年10月，乙、丙在太原转卖淫秽影片和电影放映机时，被当场抓获。

问：

（1）甲的行为构成何罪？

（2）乙的行为构成何罪？

（3）如果甲非法携带淫秽物品进境只是为了自己欣赏，其行为应当如何认定？

（4）丙、丁、戊的行为应当如何认定？

9. 被告人杨某，男，34岁，某边防大队副大队长。被告人林某，男，29岁，某边防派出所干事。被告人杨某在任某边防大队副大队长，负责缉私工作期间，为牟取暴利，于2011年2月间，与走私分子陈某等人（另案处理）共谋走私，商定从澳门偷运香烟到珠海销售，由杨某派人、派快艇护送运载香烟的船只并从中收取押运费。同时，杨某在珠海市湾仔租用了装载香烟的“珠三运06014”号船只。尔后，杨某串通被告人林某以出海执行任务的名义，指派3名武警战士（另案处理）穿警服带枪支，驾驶快艇到澳门附近海面接应，武装掩护走私香烟船只到达珠海。2011年2~4月，杨某先后伙同林某4次共计走私香烟2300箱，总价额人民币517.5万元，其个人获赃款4.82万元。林某先后武装掩护走私香烟5次，共计2000箱，总价额人民币652.5万元，其个人获赃款4.33万元，案发后，杨某退赃款2万元，林某退赃款4.28万元。

问：对林某、杨某的行为应如何处罚？

参考答案

一、单项选择题

1. **答案**：B。被告人白某制造、销售假药的行为，已构成《刑法》第141条规定的生产、销售假药罪。

2. **答案**：C。甲某和乙某假借收取保护费的名义向酒店高价兜售假冒的茅台酒，非法获利达50多万元，其行为已经带有强迫交易的性质，同时其为了销售假冒的茅台酒采取了强迫交易的手段，是一行为触犯数罪名的想象竞合犯，应当择一重罪论处，即按照销售伪劣产品罪定罪处罚，故C正确。

3. **答案**：B。考查虚假出资罪。根据《刑法》第159条规定，虚假出资罪的客观方面表现为公司发起人、股东违反公司法规定，未交付货币、实物或者未转移财产权，虚假出资，数额巨大，后果严重或者有其他严重情节的行为。乙公司的行为属于公司发起人的虚假出资行为，且数额巨大、后果严重。

4. **答案**：C。A项构成生产假药罪。D项构成生产销售不符合安全标准的产品罪。B中刘某销售的熟食虽不符合食品标准，但经鉴定不会对人体健康造成危险，所以不构成销售不符合卫生标准的食品罪，且销售金额未达到5万元，也不构成销售伪劣产品罪，刘某的行为不应认定为犯罪，可以处以行政罚款。C中某私营企业生产不合格的蚊香，销售金额达到6万元，构成生产、销售伪劣产品罪。

5. **答案**：D。A项根据《刑法》第157条规定，武装掩护走私的，依照本法第151条第1款的规定以走私武器、弹药罪、走私核材料罪、走私假币罪从重处罚。B项以暴力、威胁方法抗拒缉私的，以走私罪和本法第277条规定的阻碍国家机关工作人员依法执行职务罪，依照数罪并罚的规定处罚。C项依照本法第152条规定逃避海关监管将境外固体废物运输进境的，构成走私废物罪。《刑法修正案（八）》废除了走私文物罪、走私贵重金属罪与走私珍贵动物、珍贵动物制品罪的死刑。D项正确。

6. **答案**：B。票据诈骗罪中利用的金融票据主要包括银行的汇票、本票和支票。使用伪造的银行存单实施贷款诈骗的行为应成立金融凭证诈骗罪。选项A错误。刑法没有将单位规定为贷款诈骗罪的主体，对于为了单位利益的贷款诈骗行为，虽然不能直接处罚单位，但对于负有责任的自然人应以贷款诈骗罪论处。选项B正确。购买意外伤害保险后，制造自己意外受伤的假象骗取巨额保险金的行为，同时构成了保险诈骗罪与合同诈骗罪，应依照数罪并罚的规定处罚。选项C错误。合同诈骗罪是指以非法占有为目的，在签订、履行合同的过程中，骗取对方财物，数额较大的行为。其非法占有的目的既可以产生于签订合同时，也可以产生于履行合同的过程中。选项D错误。

7. **答案**：C。本题考查妨害清算罪。《刑法》第162条规定："公司、企业进行清算时，隐匿财产，对资产负债表或者财产清单作虚伪记载或者在未清偿债务前分配公司、企业财产，严重损害债权人或者其他人利益的，对其直接负责的主管人员和其他直接责任人员，处五年以下有期徒刑或者拘役，并处或者单处二万元以上二十万元以下罚金。"

8. **答案**：B。根据《刑法》第162条之一规定："隐匿或者故意销毁依法应当保存的会计凭证、会计账簿、财务会计报告，情节严重的，处五年以下有期徒刑或者拘役，并处或者单处二万元以上二十万元以下罚金。"

9. **答案**：C。根据《刑法》第163条规定，公司、企业或者其他单位的工作人员在经济往来中，利用职务上的便利，违反国家规定，收受各种名义的回扣、手续费，归个人所有的，依照前款的规定处罚。

10. **答案**：A。根据《刑法》第165条规定，国有公司、企业的董事、经理利用职务便利，自己经营或者为他人经营与其所任职公司、企业同类的营业，获取非法利益，数额巨大的，构成非法经营同类营业罪。对于D项由于商业银行并不全是国有公司，所以不能作为本题的选项。

11. **答案**：D。根据《刑法》第195条规定，有下列情形之一，进行信用证诈骗活动的，构成信用证诈骗罪：（一）使用伪造、变造的信用证或者附随的单据、文件的；（二）使用作废的信用证的；（三）骗取信用证的；（四）以其他方法进行信用证诈骗活动的。而D项则是得到国际条约承认的商事习惯，不能认为是信用证诈骗罪。

12. **答案**：A。根据《最高人民法院、最高人民检察院关于办理生产、销售伪劣商品刑事案件具体应用法律若干问题的解释》第9条规定："知道或者应当知道他人实施生产、销售伪劣商品犯罪，而为其提供贷款、资金、账号、发票、证明、许可证件，或者提供生产、经营场所或者运输、仓储、保管、邮寄等便利条件，或者提供制假生产技术的，以生产、销售伪劣商品罪的共犯论处。"而C项的放纵制售伪劣商品犯罪行为罪根据《刑法》第414条只能由对生产、销售伪劣商品行为负有追究责任的国家机关工作人员才能构成。

13. **答案**：C。根据《最高人民法院、最高人民检察院关于办理生产、销售伪劣商品刑事案件具体应用法律若干问题的解释》第11条规定："实施刑法第一百四十条至第一百四十八条规定的犯罪，又以暴力、威胁方法抗拒查处，构成其他犯罪的，依照数罪并罚的规定处罚。"

14. **答案**：D。《刑法修正案（六）》已经删除了《刑法》第182条中"获取不正当利益或者转嫁风险"这一要件。本罪为故意犯，并无特定目的的要求。

15. **答案**：B。根据《刑法》第183条规定，保险公司的工作人员利用职务上的便利，故意编造未曾发生的保险事故进行虚假理赔，骗取保险金归自己所有的，依照本法第271条的规定以职务侵占罪定罪处罚。国有保险公司工作人员和国有保险公司委派到非国有保险公司从事公务的人员有前款行为的，依照本法第382条、第383条的规定以贪污罪定罪处罚。

16. **答案**：A。根据1998年12月29日全国人大常委会《关于惩治骗购外汇、逃汇和非法买卖外汇犯罪的决定》将《刑法》第190条修改为：

公司、企业或者其他单位，违反国家规定，擅自将外汇存放境外，或者将境内的外汇非法转移到境外，数额较大的，对单位判处逃汇数额百分之五以上百分之三十以下罚金，并对其直接负责的主管人员和其他直接责任人员处五年以下有期徒刑或者拘役；数额巨大或者有其他严重情节的，对单位判处逃汇数额百分之五以上百分之三十以下罚金，并对其直接负责的主管人员和其他直接责任人员处五年以上有期徒刑。所以逃汇罪的主体应当是A。

17. 答案：B。根据《刑法》第210条第2款的规定："使用欺骗手段骗取增值税专用发票或者可以用于骗取出口退税、抵扣税款的其他发票的，依照本法第二百六十六条的规定定罪处罚。"

18. 答案：A。本题考查走私罪的共犯。杨某明知周某去收购走私品，仍为其提供资金，具备了走私的事前通谋。《刑法》第156条规定，与走私罪犯通谋，为其提供资金的，以走私罪的共犯论处。但定罪时罪名仍是走私罪，"走私罪共犯"不是独立的罪名。

19. 答案：A。根据《刑法》第226条的规定："以暴力、威胁手段，实施下列行为之一，情节严重的，处三年以下有期徒刑或者拘役，并处或者单处罚金；情节特别严重的，处三年以上七年以下有期徒刑，并处罚金：(一) 强买强卖商品的；(二) 强迫他人提供或者接受服务的；(三) 强迫他人参与或者退出投标、拍卖的；(四) 强迫他人转让或者收购公司、企业的股份、债券或者其他资产的；(五) 强迫他人参与或者退出特定的经营活动的。"故A选项正确。B选项行为构成故意伤害罪或者故意杀人罪；C选项行为构成强迫劳动罪；D选项构成强迫卖淫罪。

20. 答案：C。《刑法》第204条规定："以假报出口或者其他欺骗手段，骗取国家出口退税款，数额较大的，处五年以下有期徒刑或者拘役，并处骗取税款一倍以上五倍以下罚金；数额巨大或者有其他严重情节的，处五年以上十年以下有期徒刑，并处骗取税款一倍以上五倍以下罚金；数额特别巨大或者有其他特别严重情节的，处十年以上有期徒刑或者无期徒刑，并处骗取税款一倍以上五倍以下罚金或者没收财产。纳税人缴纳税款后，采取前款规定的欺骗方法，骗取所缴纳的税款的，依照本法第二百零一条的规定定罪处罚；骗取税款超过所缴纳的税款部分，依照前款的规定处罚。"根据上述规定，该企业骗取的1000万元退税款中，400万元属于逃税的数额，600万元属于骗取出口退税的数额。对于该企业应当以逃税罪和骗取出口退税罪实行数罪并罚，C选项符合题意。本题正确答案为C。

21. 答案：A。《刑法》第171条规定："出售、购买伪造的货币或者明知是伪造的货币而运输，数额较大的，处三年以下有期徒刑或者拘役，并处二万元以上二十万元以下罚金；数额巨大的，处三年以上十年以下有期徒刑，并处五万元以上五十万元以下罚金；数额特别巨大的，处十年以上有期徒刑或者无期徒刑，并处五万元以上五十万元以下罚金或者没收财产。银行或者其他金融机构的工作人员购买伪造的货币或者利用职务上的便利，以伪造的货币换取货币的，处三年以上十年以下有期徒刑，并处二万元以上二十万元以下罚金；数额巨大或者有其他严重情节的，处十年以上有期徒刑或者无期徒刑，并处二万元以上二十万元以下罚金或者没收财产；情节较轻的，处三年以下有期徒刑或者拘役，并处或者单处一万元以上十万元以下罚金。伪造货币并出售或者运输伪造的货币的，依照本法第一百七十条的规定定罪从重处罚。"由此可见，A选项符合题意。故本题正确答案为A。

22. 答案：A。《刑法》第198条规定：有下列情形之一，进行保险诈骗活动，数额较大的，处5年以下有期徒刑或者拘役，并处1万元以上10万元以下罚金；数额巨大或者有其他严重情节的，处5年以上10年以下有期徒刑，并处2万元以上20万元以下罚金；数额特别巨大或者有其他特别严重情节的，处10年以上有期徒刑，并处2万元以上20万元以下罚金或者没收财产：(1) 投保人故意虚构保险标的，骗取保险金的；

(2) 投保人、被保险人或者受益人对发生的保险事故编造虚假的原因或者夸大损失的程度，骗取保险金的；(3) 投保人、被保险人或者受益人编造未曾发生的保险事故，骗取保险金的；(4) 投保人、被保险人故意造成财产损失的保险事故，骗取保险金的；(5) 投保人、受益人故意造成被保险人死亡、伤残或者疾病，骗取保险金的。有前款第4项、第5项所列行为，同时构成其他犯罪的，依照数罪并罚的规定处罚。单位犯第1款罪的，对单位判处罚金，并对其直接负责的主管人员和其他直接责任人员，处5年以下有期徒刑或者拘役；数额巨大或者有其他严重情节的，处5年以上10年以下有期徒刑；数额特别巨大或者有其他特别严重情节的，处10年以上有期徒刑。保险事故的鉴定人、证明人、财产评估人故意提供虚假的证明文件，为他人诈骗提供条件的，以保险诈骗的共犯论处。A选项符合题意。故本题正确答案为A。

23. 答案：A。《刑法》第140条规定："生产者、销售者在产品中掺杂、掺假，以假充真，以次充好或者以不合格产品冒充合格产品，销售金额五万元以上不满二十万元的，处二年以下有期徒刑或者拘役，并处或者单处销售金额百分之五十以上二倍以下罚金；销售金额二十万元以上不满五十万元的，处二年以上七年以下有期徒刑，并处销售金额百分之五十以上二倍以下罚金；销售金额五十万元以上不满二百万元的，处七年以上有期徒刑，并处销售金额百分之五十以上二倍以下罚金；销售金额二百万元以上的，处十五年有期徒刑或者无期徒刑，并处销售金额百分之五十以上二倍以下罚金或者没收财产。"用普通白酒装入名牌白酒瓶内销售的行为属于"以假充真，以次充好或者以不合格产品冒充合格产品"的行为，同时其非法获利数额较大，应当按照生产、销售伪劣产品罪定罪处罚，A选项符合题意。故本题正确答案为A。

24. 答案：A。《全国人大常委会关于〈中华人民共和国刑法〉有关信用卡规定的解释》规定，刑法规定的"信用卡"，是指商业银行或者其他金融机构发行的具有消费支付、信用贷款、转账结算、存取现金等全部功能或者部分功能的电子支付卡。借记卡属于广义的信用卡，故而捡到他人的借记卡后冒用的行为构成信用卡诈骗罪，A选项符合题意。故本题正确答案为A。

25. 答案：C。《刑法》第196条第3款规定："盗窃信用卡并使用的，依照本法第二百六十四条的规定定罪处罚。"本题考查的是刑法分则条文的具体规定，故而构成盗窃罪而不构成其他犯罪，C选项符合题意。故本题正确答案为C。

26. 答案：A。行为人伪造货币后非法持有和使用假币的行为，属于伪造货币的事后不处罚行为，其行为被主罪伪造货币罪吸收。我国刑法也没有规定该情形按照伪造货币罪从重处罚，故而只构成伪造货币罪，A选项符合题意。故本题正确答案为A。

27. 答案：C。选项A、B错误。伪造货币是指没有货币发行权的人，非法制造外观上足以使一般人误认为是货币的假货币，妨害货币的公共信用的行为。变造货币是指非法对真正的货币进行各种方式的加工，使其变为面额、含量不同的货币，数额较大的行为。根据上述定义可知，伪造是模仿真实的货币，即存在与所造的假币相对应的真货币，也可能是行为人自行设计制作足以使一般人误认为是货币的假币；变造则是对真正的货币本身进行各种方式的加工，改变其面值、含量的行为。以真货币为材料，制作成丧失真货币外观的假币的行为，应认定为伪造货币罪。将金属货币熔化后，制作成较薄的、更多的金属货币的行为，属于伪造货币。因此，选项A、B中的情况都属于伪造货币的行为，而不属于变造货币的行为。

选项C正确。使用假币罪中的"使用"是指将假币作为真货币而使用。既可以是以外表合法的方式使用假币，如购买商品、兑换另一货币、存入银行、赠与他人，或者将假币用于缴纳罚款或者罚金等，也可以是以非法的方式使用货币，如将假币用于赌博。因此，将伪造的货币赠与他人的，属于使用假币的行为。

选项D错误。《最高人民法院关于审理伪造货币等案件具体应用法律若干问题的解释》第2条第2款规定，行为人出售、运输假币构成犯罪，同时有使用假币行为的，依照《刑法》第171、172条的规定，实行数罪并罚。因此运输假币并使用假币的，应当以运输假币罪与使用假币罪数罪并罚。

28. 答案：C。《刑法》第196条第3款规定，盗窃信用卡并使用的定盗窃罪。本题中，张某窃得同事一张银行借记卡并使用构成盗窃罪。《最高人民检察院关于拾得他人信用卡并在自动柜员机上使用的行为如何定性问题的批复》规定，拾得他人信用卡并在自动柜员机（ATM）上使用的行为，属于《刑法》第196条第1款第3项规定的“冒用他人信用卡”的情形，构成犯罪的，以信用卡诈骗罪追究刑事责任。本题中，何某以为信用卡是拾得的，并进行使用，构成信用卡诈骗罪。

29. 答案：B。本题中张某不具备履行合同的能力而与他人签订购销合同，获得他人给付款后用于偿还所欠的他人的旧债，可以看出张某在签订合同时即具有了非法占有他人财物的目的，并通过签订经济合同的形式，骗取对方当事人财物达60万元，数额巨大，构成合同诈骗罪。

30. 答案：D。《刑法》第213条规定：“未经注册商标所有人许可，在同一种商品、服务上使用与其注册商标相同的商标，情节严重的，处三年以下有期徒刑，并处或者单处罚金；情节特别严重的，处三年以上十年以下有期徒刑，并处罚金。”

注意本罪情节严重才构成犯罪，D项中的说法是不正确的，应为正确选项。

31. 答案：C。甲的行为情节严重，已经构成犯罪。

32. 答案：D。生产、销售、提供假药罪不是危险犯，不要求有危害人体健康的危险。而且，假避孕药易使女性意外妊娠，有害身体健康。故无论从哪个角度看，杨某均构成生产假药罪。同时，杨某虽然尚未销售即被抓获，但货值金额达15万多元，根据司法解释，构成生产、销售伪劣产品罪（未遂）。生产、销售伪劣产品罪与生产、销售、提供假药罪存在法条竞合的关系，对此应依照处罚较重的规定定罪处罚。D为正确选项。

33. 答案：C。我国一般对单位犯罪实行双罚制，但此处是个例外，《刑法》第161条第1款规定：“依法负有信息披露义务的公司、企业向股东和社会公众提供虚假的或者隐瞒重要事实的财务会计报告，或者对依法应当披露的其他重要信息不按照规定披露，严重损害股东或者其他人利益，或者有其他严重情节的，对其直接负责的主管人员和其他直接责任人员，处五年以下有期徒刑或者拘役，并处或者单处罚金；情节特别严重的，处五年以上十年以下有期徒刑，并处罚金。”故本题答案应选C。

34. 答案：D。本题中甲伪造乙公司合同专用章，并以乙公司名义签订买卖桌椅的合同，其是出于诈骗钱财的目的，伪造印章的行为只是为实施诈骗行为创造便利条件，属于方法行为和目的行为的牵连，应当择一重罪以合同诈骗罪论处。

35. 答案：C。《最高人民法院关于审理偷税抗税刑事案件具体应用法律若干问题的解释》第6条规定，实施抗税行为致人重伤、死亡，构成故意伤害罪、故意杀人罪的，分别依照《刑法》第234条第2款、第232条的规定定罪处罚。因此，本题的正确答案是C。

36. 答案：D。《刑法》第243条规定，捏造事实诬告陷害他人，意图使他人受刑事追究，情节严重的，处三年以下有期徒刑、拘役或者管制；造成严重后果的，处三年以上十年以下有期徒刑。国家机关工作人员犯前款罪的，从重处罚。不是有意诬陷，而是错告，或者检举失实的，不适用前两款的规定。本案中，甲有使乙受刑事追究的意图，但情节并不严重，公安机关人员及时发现情况，乙并没有被追究刑事责任，因此，甲并不构成诬告陷害罪。《刑法》第276条规定，由于泄愤报复或者其他个人目的，毁坏机器设备、残害耕畜或者以其他方法破坏生产经营的，处三年以下有期徒刑、拘役或者管制；情节严重的，处三年以上七年以下有期徒刑。本案中，甲出于报复以盗窃的手段破坏生产经营，依主客观相统一的原则，应该按照破坏生产经营罪来定罪处罚，而不应按其他罪来处罚。因此，本题答案是D。

37. 答案：C。《刑法》第140条规定，生产者、销售者在产品中掺杂、掺假，以假充真，以次充好或者以不合格产品冒充合格产品，销售金额五万元以上不满二十万元的，处二年以下有期徒刑或者拘役，并处或者单处销售金额百分之五十以上二倍以下罚金；销售金额二十万元以上不满五十万元的，处二年以上七年以下有期徒刑，并处销售金额百分之五十以上二倍以下罚金；销售金额五十万元以上不满二百万元的，处七年以上有期徒刑，并处销售金额百分之五十以上二倍以下罚金；销售金额二百万元以上的，处十五年有期徒刑或者无期徒刑，并处销售金额百分之五十以上二倍以下罚金或者没收财产。第142条规定，生产、销售劣药，对人体健康造成严重危害的，处三年以上十年以下有期徒刑，并处罚金；后果特别严重的，处十年以上有期徒刑或者无期徒刑，并处罚金或者没收财产。药品使用单位的人员明知是劣药而提供给他人使用的，依照前款的规定处罚。

第149条规定，生产、销售本节第141条至第148条所列产品，不构成各该条规定的犯罪，但是销售金额在五万元以上的，依照本节第140条的规定定罪处罚。

生产、销售本节第141条至第148条所列产品，构成各该条规定的犯罪，同时又构成本节第140条规定之罪的，依照处罚较重的规定定罪处罚。

38. 答案：A。《刑法》第172条规定："明知是伪造的货币而持有、使用，数额较大的，处三年以下有期徒刑或者拘役，并处或者单处一万元以上十万元以下罚金；数额巨大的，处三年以上十年以下有期徒刑，并处二万元以上二十万元以下罚金；数额特别巨大的，处十年以上有期徒刑，并处五万元以上五十万元以下罚金或者没收财产。"这里的"使用"既可以合法的方式使用假币，如持假币去商店购物，也可以是以非法的方式使用假币，如持假币参与赌博。B项构成《刑法》第171条第2款金融工作人员以假币换取货币罪。C项中甲的行为不构成使用假币，但不排除非法持有假币。D项实质上是甲出售假币，构成《刑法》第171条第1款出售假币罪。

39. 答案：C。损害商品声誉罪是指捏造并散布虚伪事实损害他人的商业信誉、商品声誉，给他人造成重大损失或者有其他严重情节的行为。A选项中，甲虽然行为不当，但并未捏造散布虚伪事实，因此甲不构成损害商品声誉罪，A选项错误。虚假广告罪是指广告主、广告经营者、广告发布者违反国家规定，利用广告对商品或者服务作虚假宣传，情节严重的行为。B选项中，乙在广告中虽然对产品有一定的夸大宣传，但产品还是具有一定的减肥效果，乙的行为并未达到情节严重，因此不构成虚假广告罪，B选项错误。选项C中丙不正当地披露并允许他人使用权利人的商业秘密，构成了侵犯商业秘密罪，因此C正确。D选项中章某的行为不属于《刑法》第225条①规定的四种行为之一，因为法律和司法解释未明文规定发放高利贷行为属于四行为之一的"其他严重扰乱市场秩序的非法

① 根据《刑法修正案（七）》的规定，将刑法第225条第3项修改为："未经国家有关主管部门批准非法经营证券、期货、保险业务的，或者非法从事资金支付结算业务的。"

经营行为”，因此不构成非法经营罪，故D选项错误。

40. 答案：D。构成贷款诈骗罪，行为人必须具有非法占有的目的。在D项中，丁使用虚假的证明文件，骗取银行贷款后携款潜逃，可以认定其具有非法占有的目的，故丁构成贷款诈骗罪。在A项中，难以认定甲具有非法占有的目的，故甲不构成贷款诈骗罪。在B项中，乙的行为构成高利转贷罪，不构成贷款诈骗罪。在C项中，贷款诈骗罪的主体为自然人，丙公司不符合这一主体要件，故不构成贷款诈骗罪。D为正确选项。

41. 答案：C。甲、乙以转贷牟利为目的，套取银行资金高利转贷他人，违法所得数额较大，构成高利转贷罪。甲、乙虽然采用欺骗手段骗取了银行贷款，但已归还本息，银行毫无损失，故不构成骗取贷款罪。甲、乙系公司工作人员，其利用职务上的便利，非法收受丙的财物，为丙谋取利益，构成非国家工作人员受贿罪。相应地，丙构成对非国家工作人员行贿罪。C为正确选项。

42. 答案：A。保险诈骗罪，是指投保人、被保险人或者受益人故意虚构保险标的，或者对发生的保险事故编造虚假的原因或者夸大损失程度，或者编造未曾发生的保险事故，或者故意造成被保险人死亡、伤残或者疾病，骗取保险金，数额较大的行为。由此可见，保险诈骗罪为结果犯，其犯罪既遂应当以骗得数额较大的保险金为标志。但是需要注意的是：犯罪是否得逞是区分犯罪既遂与犯罪未遂的决定性因素。所谓“犯罪未得逞”，是指行为人所追求的、行为性质所决定的危害结果没有发生。在本案中，甲之所以得以顺利领取20万元赔偿金，并非因为其保险诈骗行为使保险公司陷入错误认识而处分财产，而是因为侦查机关的巧妙安排，所以甲的保险诈骗行为最终也并未“得逞”，因此其构成保险诈骗罪的犯罪未遂而非犯罪既遂。故A选项正确。

43. 答案：C。《最高人民检察院关于擅自销售进料加工保税货物的行为法律适用问题的解释》规定，未经海关许可并且未补缴应缴税额，擅自将批准进口的进料加工的原材料、零件、制成品、设备等保税货物，在境内销售牟利，偷逃应缴税额在5万元以上的，以走私普通货物、物品罪追究刑事责任。选项AB均错误。纳税人采取欺骗、隐瞒手段不进行纳税申报，逃避缴纳税款数额较大并且占应纳税额10%以上的，构成逃税罪。选项C正确。经税务机关依法下达追缴通知后，补缴应纳税款，缴纳滞纳金，已受行政处罚的，不予追究刑事责任。选项D错误。

44. 答案：A。A选项，甲的行为属于抽象的事实认识错误中的对象错误，本来应当在故意内容与客观事实相符合的范围内认定犯罪：即甲主观上是走私普通光盘，客观上是走私淫秽物品，主客观统一在走私普通货物、物品罪中，应认定为走私普通货物、物品罪。但是2002年《最高人民法院、最高人民检察院、海关总署关于办理走私刑事案件适用法律若干问题的意见》第6条规定：“走私犯罪嫌疑人主观上具有走私犯罪故意，但对其走私的具体对象不明确的，不影响走私犯罪构成，应当根据实际的走私对象定罪处罚……”（此处的司法解释有客观归罪之嫌）不过走私淫秽物品罪是法定的目的犯，要求具备贩卖淫秽物品或者以淫秽物品牟利的目的。如果不具备这两个目的中的任一个，即使行为人明知是淫秽物品而走私，也不成立走私淫秽物品罪，而应成立走私国家禁止进出口的货物、物品罪。

B选项，《最高人民法院、最高人民检察院关于办理走私刑事案件适用法律若干问题的解释》第4条规定：“走私各种弹药的弹头、弹壳，构成犯罪的，依照刑法第一百五十一条第一款的规定，以走私弹药罪定罪处罚。具体的定罪量刑标准，按照本解释第一条规定的数量标准的五倍执行。走私报废或者无法组装并使用的各种弹药的弹头、弹壳，构成犯罪的，依照刑法第一百五十三条的规定，以走私普通货物、物品罪定罪处罚；属于废物的，依照刑法第一百五十二条第二款的规定，以走私废物罪定罪处罚。弹头、弹壳是否属于前款规定的'报废或者无法组装并使用'或者'废物'，由国家有关技术部门进行鉴定。"因此B项错误。

C选项，走私枪支成立走私武器罪，侵犯海关监管制度和关税利益；非法出卖枪支成立非法买卖枪支罪，侵犯枪支管理秩序和公共安全。两罪之间并没有常例的手段与目的的关系，因此不是牵连犯或者吸收犯，而是数罪并罚关系。所以C项错误。

D选项，《刑法》第157条第2款规定："以暴力、威胁方法抗拒缉私的，以走私罪和本法第二百七十七条规定的阻碍国家机关工作人员依法执行职务罪，依照数罪并罚的规定处罚。"因此D项错误。

45. 答案：D。《刑法》第191条规定的"黑社会性质的组织犯罪"指的是以黑社会性质的组织为主体所实施的各种犯罪，黑社会性质组织实施的侵犯财产罪，依然是洗钱罪的上游犯罪。因此A项说法正确。

《最高人民法院关于审理洗钱等刑事案件具体应用法律若干问题的解释》第1条第3款规定，被告人将《刑法》第191条规定的某一上游犯罪的犯罪所得及其收益误认为《刑法》第191条规定的上游犯罪范围内的其他犯罪所得及其收益的，不影响《刑法》第191条规定的"明知"的认定。此种情形属于同一犯罪构成内的对象认识错误（具体事实认识错误），不影响定罪，因此B项说法正确。

洗钱罪犯罪的成立，以上游犯罪事实成立为前提，但并不需要上游犯罪被追究。因此C项说法正确。

D选项，单位贷款诈骗的，依据2001年《全国法院审理金融犯罪案件工作座谈会纪要》，构成合同诈骗罪。合同诈骗罪本身不是洗钱罪的上游犯罪。但是2009年11月11日起施行的《最高人民法院关于审理洗钱等刑事案件具体应用法律若干问题的解释》第4条第3款规定："上游犯罪事实可以确认，依法以其他罪名定罪处罚的，不影响刑法第一百九十一条、第三百一十二条、第三百四十九条规定的犯罪的认定。"即洗钱罪的上游犯罪行为，即使罪名与《刑法》第191条列举的不同，也可以是洗钱罪的上游犯罪。具体到本题目，则单位的贷款诈骗行为，即使被认定为是合同诈骗罪，也是洗钱罪的上游犯罪。因此D项说法错误。

46. 答案：D。虚报注册资本罪，是指申请公司登记使用虚假证明文件或者采取其他欺诈手段虚报注册资本，欺骗公司登记主管部门，取得公司登记，虚报注册资本数额巨大、后果严重或者有其他严重情节的行为。甲在办理公司登记时并未使用虚假证明文件或其他欺诈手段，而是实际支付了50万元的注册资本，因此甲的行为不构成虚报注册资本罪，A是错误的。虚假出资罪是指公司发起人、股东违反相关规定未交付货币、实物或者未转移财产权，虚假出资，数额巨大、后果严重或者其他严重情节的行为。题干中甲已经交付货币，因此不成立虚假出资罪，所以B是错误的。抽逃出资罪是指在公司成立后又抽逃其出资、数额巨大、后果严重或者其他严重情节的行为。在司法实践中，抽逃出资的方式主要有：公司验资注册后，将货币出资用于偿还股东个人债务或他人个人债务，这常常表现为发起人或股东用借款或贷款作为注册资本，一旦公司设立后，就将借来的出资抽回，归还原主。题干中，甲借了乙50万元，甲的A公司取得营业执照后借给乙的B公司50万元，并不属于用借款注册公司后抽回出资归还原主的情况，因为甲不等于A公司，乙也不等于B公司，A公司借给B公司50万元后，甲个人仍旧负有50万元的债务，而A公司享有50万元的债权，A公司的其他股东并未受损。因此，甲的行为也不构成抽逃出资罪，C是错误的。如果题干调整为A公司取得营业执照后，甲将50万元归还给乙，则甲的行为应当认定为抽逃出资。此题在考查《刑法》

知识的同时也涉及《公司法》的基本知识，有一定难度。由于甲的行为未触犯《刑法》中的任何罪名，故无罪。综上，本题的正确答案为D。（注意：由于《公司法》的修改，虚报注册资本罪和虚假出资、抽逃出资罪只适用于依法实行注册资本实缴登记制的公司。）

47. **答案**：B。根据《最高人民法院关于审理伪造货币等案件具体应用法律若干问题的解释》第7条规定，伪造货币罪中的“货币”是指可在国内市场流通或者兑换的人民币和境外货币。因此，A的说法是正确的。“伪造货币”是仿照真货币的图案、形状、色彩等特征非法制造假币，冒充真币的行为；“变造货币”是对真货币采用剪贴、挖补、揭层、涂改、移位等方法加工处理，改变真币形态、价值的行为。如果对真货币加工的程度导致其与真货币丧失同一性，则认定为伪造货币。C选项中将美元的纸币加工成高额英镑的纸币，已经使真货币丧失同一性，应属于伪造货币，所以C是正确的。D选项中对真币进行处理，虽然面额变小，但是仍属于变造货币，因此D是正确的。根据《刑法》第171条第3款的规定，伪造货币并出售或者运输伪造的货币的，依照伪造货币罪从重处罚。但是该规定是指本人伪造货币后出售或运输本人伪造的货币，按照伪造货币罪从重处罚，而B选项中是本人伪造美元，运输他人伪造的欧元，触犯两个罪名，应当数罪并罚，不适用于该款的规定，因此B是错误的。综上，本题的正确答案为B。

48. **答案**：A。甲并未实施骗取他人财物的行为，不构成诈骗罪，因此C是错误的。本案中，C公司并未真正经营同类业务，因此D是错误的。考生容易混淆的是为亲友非法牟利罪和贪污罪。根据《刑法》第166条的规定，为亲友非法牟利罪，是指国有公司、企业、事业单位的工作人员，利用职务便利，将本单位的盈利业务交由自己的亲友进行经营，或者以明显高于市场的价格向自己的亲友经营管理的单位采购商品或者以明显低于市场的价格向自己的亲友经营管理的单位销售商品，或者向自己的亲友经营管理的单位采购不合格商品，使国家利益遭受重大损失的行为。本案中，甲让其妻乙注册成立C公司并非为了经营，C公司也不存在经营行为，而是通过这种方式将300万元的利润据为己有，实际上甲实施的是利用自己的职务便利，将本属于公司的300万元利润通过开设虚假C公司等方式非法占为己有，由于甲是国家工作人员，因此，甲的行为成立贪污罪，所以B是错误的，A是正确的。故本题正确答案为A。

49. **答案**：D。走私假币罪是指走私伪造的货币的行为，将大量假币运到国外即可构成本罪，至于采取运输方式或是其他方式不影响本罪的构成。A正确。《最高人民检察院关于强迫借贷行为适用法律问题的批复》规定，以暴力、胁迫手段强迫他人借贷，属于《刑法》第226条第2项规定的“强迫他人提供或者接受服务”，情节严重的，以强迫交易罪追究刑事责任；同时构成故意伤害罪等其他犯罪的，依照处罚较重的规定定罪处罚。故B正确。《最高人民法院、最高人民检察院关于办理赌博刑事案件具体应用法律若干问题的解释》第6条规定，未经国家批准擅自发行、销售彩票，构成犯罪的，依照《刑法》第225条第4项的规定，以非法经营罪定罪处罚。故C正确。根据《最高人民法院关于审理非法集资刑事案件具体应用法律若干问题的解释》第1条第2款的规定，未向社会公开宣传，在亲友或者单位内部针对特定对象吸收资金的，不属于非法吸收或者变相吸收公众存款。D选项中，为项目筹集资金，以委托理财方式吸收10名亲戚300万元资金的，不构成非法吸收公众存款罪。D错误。应选D。

50. **答案**：D。骗取贷款罪是指以欺骗手段取得银行或者其他金融机构贷款，给银行或者其他金融机构造成重大损失或者有其他严重情节的行为。违法发放贷款罪是指银行或者其他金融机构的工作人员违反国家规定发放贷款，数额巨大或者造成重大损失的行为。骗取贷款罪与贷款诈骗罪的主要区别在于行为人是否有非法占有目的。本案中，甲使用真实有效的身份证获取贷款，并未采用任何欺骗的手段，因而不构成骗取贷款罪。乙告知甲多借几个身份证可以多贷，并最终导致信用社遭受严重损失，构成违法发放贷款罪。因此，ABC错误，D正确。

二、多项选择题

1. **答案**：BC。B项根据《刑法》第160条第2款规定，属实行双罚制的单位犯罪。C项根据《刑法》第158条的规定，属实行双罚制的单位犯罪。A项根据《刑法》第161条的规定，属实行单罚制的单位犯罪。D项根据《刑法》第165条的规定，属自然人犯罪。

2. **答案**：ACD。《刑法》第160条规定，在招股说明书、认股书、公司、企业债券募集办法中隐瞒重要事实或者编造重大虚假内容，发行股票或者公司、企业债券，数额巨大、后果严重或者有其他严重情节的，构成欺诈发行证券罪。B项可以构成提供虚假的财会报告罪的犯罪对象。

3. **答案**：BC。A项构成走私假币罪。B项属于《刑法》第155条第1项规定的直接向走私人非法收购走私进口的其他货物、物品，数额较大的，以走私罪论处。C项汤某未经海关批准并补足税款，用免税进口的轿车以市场价抵债等于变相未经海关批准并补足税款在境内销售进口轿车。D项构成走私武器弹药罪。

4. **答案**：BCD。《刑法》第147条规定，生产假农药、假兽药、假化肥，销售明知是假的或者失去使用效能的农药、兽药、化肥、种子，或者生产者、销售者以不合格的农药、兽药、化肥、种子冒充合格的农药、兽药、化肥、种子，使生产遭受较大损失的，构成生产、销售伪劣农药、兽药、化肥、种子罪。A项的销售金额如果达到5万元可构成生产、销售伪劣产品罪，否则不构成犯罪，可以予以行政处罚。

5. **答案**：AB。《刑法》第159条规定，公司发起人、股东违反公司法的规定未交付货币、实物或者未转移财产权，虚假出资，或者在公司成立后又抽逃其出资，数额巨大、后果严重或者有其他严重情节的，构成虚假出资、抽逃出资罪，本罪的主体只能由公司发起人、股东构成。

6. **答案**：ABC。根据《刑法》第198条第4款规定，保险事故的鉴定人、证明人、财产评估人故意提供虚假的证明文件，为他人诈骗提供条件的，以保险诈骗的共犯论处。

7. **答案**：ABC。《刑法》第171条规定：出售、购买伪造的货币或者明知是伪造的货币而运输，数额较大的，第172条规定：明知是伪造的货币而持有、使用，数额较大的，第173条规定：变造货币，数额较大的方可构成犯罪；而第171条第2款规定：银行或者其他金融机构的工作人员购买伪造的货币或者利用职务上的便利，以伪造的货币换取货币的，即可构成犯罪，没有数额的要求。

8. **答案**：AD。《刑法》第177条规定，伪造、变造汇票、本票、支票、委托收款凭证、汇款凭证、银行存单、信用证或者附随的单据、文件、信用卡，可以构成伪造金融票证罪。B中公司、企业的股票、债券可以构成伪造公司企业股票、证券罪的犯罪对象。C国库券构成伪造、变造国家有价证券罪的犯罪对象。

9. **答案**：ABCD。根据《刑法》第188条规定，银行或者其他金融机构的工作人员违反规定，为他人出具信用证或者其他保函、票据、存单、资信证明，情节严重的，构成违规出具金融票证罪。

10. **答案**：BCD。《刑法》第203条规定：纳税人欠缴应纳税款，采取转移或者隐匿财产的手段，致使税务机关无法追缴欠缴的税款，数额在一万元以上不满十万元的，构成逃避追缴欠税罪。BCD在数量上均没有要求。

11. **答案**：ABC。根据《刑法》第222条规定，广告主、广告经营者、广告发布者违反国家规定，利用广告对商品或者服务作虚假宣传，情节严重的行为构成虚假广告罪。

12. 答案：ABCD。见《刑法》第 166 条。

13. 答案：ABCD。见《刑法》第 193 条。

14. 答案：ABCD。集资诈骗罪，是指以非法占有为目的，使用诈骗方法非法集资，数额较大的行为。非法吸收公众存款罪，是指非法吸收公众存款或者变相吸收公众存款，扰乱金融秩序的行为。

15. 答案：ABC。参见《刑法》第 182 条。D 项可以构成泄露内幕信息罪。

16. 答案：AC。服装厂为个体经营点生产警用服装的行为，是非法生产警用装备罪。然后其自己生产，自己销售的行为构成了非法经营罪。

17. 答案：ACD。《刑法》第 171 条第 1 款规定，出售、购买伪造的货币或者明知是伪造的货币而运输，数额较大的，处 3 年以下有期徒刑或者拘役，并处 2 万元以上 20 万元以下罚金；数额巨大的，处 3 年以上 10 年以下有期徒刑，并处 5 万元以上 50 万元以下罚金；数额特别巨大的，处 10 年以上有期徒刑或者无期徒刑，并处 5 万元以上 50 万元以下罚金或者没收财产。《刑法》第 172 条规定，明知是伪造的货币而持有、使用，数额较大的，处 3 年以下有期徒刑或者拘役，并处或者单处 1 万元以上 10 万元以下罚金；数额巨大的，处 3 年以上 10 年以下有期徒刑，并处 2 万元以上 20 万元以下罚金；数额特别巨大的，处 10 年以上有期徒刑，并处 5 万元以上 50 万元以下罚金或者没收财产。《最高人民法院关于审理伪造货币等案件具体应用法律若干问题的解释》第 2 条规定，行为人购买假币后使用，构成犯罪的，依照第 171 条的规定，以购买假币罪定罪，从重处罚。行为人出售、运输假币构成犯罪，同时有使用假币行为的，依照《刑法》第 171 条、第 172 条的规定，实行数罪并罚。在本案中，钱某从梁某处购得假币 10 万余元，并用假币交纳了房租 2 万元。钱某用假币交纳房租的行为，因为其在交纳时是将假币当成真币来使用，房东也以为钱某交纳的是真币，因此该行为构成使用假币的行为。而钱某与债权人许某约定，用 7 万元假币抵钱某对许某的欠款，这时钱某和许某对该 7 万元是假币的事实心知肚明。因此实际上是许某用 3 万元真币向钱某购买了 7 万元的假币，钱某构成出售假币的行为，而许某构成购买假币的行为。因此钱某在购买假币后，还有使用假币和出售假币的行为。钱某的三个行为，应当将前两个行为结合在一起考虑，即钱某购买假币后又使用了假币，应当按照购买假币罪定罪，从重处罚。后来钱某的行为构成出售假币罪。因此对钱某应当以购买假币罪和出售假币罪定罪，实行数罪并罚。

18. 答案：BC。《刑法》第 208 条规定，非法购买增值税专用发票或者购买伪造的增值税专用发票的，处五年以下有期徒刑或者拘役，并处或者单处 2 万元以上 20 万元以下罚金。非法购买增值税专用发票或者购买伪造的增值税专用发票又虚开或者出售的，分别依照本法第 205 条、第 206 条、第 207 条的规定定罪处罚。第 205 条规定，虚开增值税专用发票或者虚开用于骗取出口退税、抵扣税款的其他发票的，处 3 年以下有期徒刑或者拘役，并处 2 万元以上 20 万元以下罚金；虚开的税款数额较大或者有其他严重情节的，处 3 年以上 10 年以下有期徒刑，并处 5 万元以上 50 万元以下罚金；虚开的税款数额巨大或者有其他特别严重情节的，处 10 年以上有期徒刑或者无期徒刑，并处 5 万元以上 50 万元以下罚金或者没收财产。第 207 条规定，非法出售增值税专用发票的，处 3 年以下有期徒刑、拘役或者管制，并处 2 万元以上 20 万元以下罚金；数量较大的，处 3 年以上 10 年以下有期徒刑，并处 5 万元以上 50 万元以下罚金；数量巨大的，处 10 年以上有期徒刑或者无期徒刑，并处 5 万元以上 50 万元以下罚金或者没收财产。本题中，翟某在购买了大量的增值税专用发票后，一部分通过虚开增值税专用发票的形式来获取非法利益；另一部分出售给他人牟利。根据《刑法》第 208 条规定，非法购买增值税专用发票后又虚开的，按虚开增值税专用发票罪定罪处罚。非法购买增值税专用发票后又出售的，按照非法出售增值税专用发票罪定罪处罚。因此对翟某的行为应当以虚开增值税专用发票罪和非法出售增值税专用发票罪定罪，实行数罪并罚。

19. 答案：BC。《刑法》第 151 条第 2 款规定，走私国家禁止出口的文物、黄金、白银和其他贵重金属或者国家禁止进出口的珍贵动物及其制品的，处五年以上十年以下有期徒刑，并处罚金；情节特别严重的，处十年以上有期徒刑或者无期徒刑，并处没收财产；情节较轻的，处五年以下有期徒刑，并处罚金。《刑法》第 153 条规定，走私本法第 151、152、347 条规定以外的货物、物品的，根据情节轻重，分别依照下列规定处罚：（一）走私货物、物品偷逃应缴税额较大或者一年内曾因走私被给予二次行政处罚后又走私的，处三年以下有期徒刑或者拘役，并处偷逃应缴税额一倍以上五倍以下罚金。（二）走私货物、物品偷逃应缴税额巨大或者有其他严重情节的，处三年以上十年以下有期徒刑，并处偷逃应缴税额一倍以上五倍以下罚金。（三）走私货物、物品偷逃应缴税额特别巨大或者有其他特别严重情节的，处十年以上有期徒刑或者无期徒刑，并处偷逃应缴税额一倍以上五倍以下罚金或者没收财产。单位犯前款罪的，对单位判处罚金，并对其直接负责的主管人员和其他直接责任人员，处三年以下有期徒刑或者拘役；情节严重的，处三年以上十年以下有期徒刑；情节特别严重的，处十年以上有期徒刑。对多次走私未经处理的，按照累计走私货物、物品的偷逃应缴税额处罚。应当注意的是，要构成走私文物罪、走私贵重金属罪，必须是将文物或者黄金、白银等贵重物品往国外走私才符合条件。若行为人将贵重的文物、黄金、白银从国外运往国内，则不能构成走私文物罪和走私贵重金属罪，而只能按照走私普通货物罪来对行为人的行为进行定罪处罚。要构成走私普通货物罪，走私的货物、物品偷逃的应缴税额应当在 5 万元以上。本题中行为人从美国购得大量黄金意图运回国内出售，不构成走私贵重金属罪。由于其应缴税额金额远远超过了 5 万元，因此应当以走私普通货物罪来定罪处罚。《刑法》第 157 条第 2 款规定，以暴力、威胁方法抗拒缉私的，以走私罪和本法第 277 条规定的阻碍国家机关工作人员依法执行职务罪，依照数罪并罚的规定处罚。在本题中，梁某和史某以暴力行为抗拒缉私，将缉私人员打成轻伤后逃跑，构成了妨害公务罪。当行为人以暴力、威胁等方法妨害公务时，如果致执行公务人员重伤、死亡的，构成故意伤害罪、故意杀人罪和妨害公务罪的想象竞合犯，应当从一重罪论处。在本题中梁某和史某只造成了公务人员轻伤的后果，因此应当以走私罪和妨害公务罪实行数罪并罚。

20. 答案：BC。《刑法修正案（四）》将《刑法》第 145 条由“对人体造成严重危害的”改为“足以严重危害人体健康的”，即由结果犯改为危险犯。另外，我国刑法对单位犯罪一般规定双罚制。法律另有规定的除外。对于第 145 条规定，生产、销售不符合标准的医用器材罪，适用双罚制的原则。因此 D 不正确。

21. 答案：AD。根据我国刑法的规定，妨害清算罪是指违反关于公司、企业法律的规定，公司、企业进行清算时，隐匿财产，对资产负债表或者财产清单作虚伪记载或者在未清偿债务前分配公司、企业的财产，严重损害债权人或者其他人利益的行为。本罪主体是特殊主体，只有公司、企业才能构成本罪，是纯粹的单位犯罪。因此，选项 A 是错误的。本罪在客观上表现为公司、企业进行清算时，隐匿财产，对资产负债表或者财产清单作虚伪记载或者在未清偿债务前分配公司、企业的财产，严重损害债权人或者其他人利益的行为。要求造成严重后果才构成犯罪，是一种结果犯。所以选项 BC 是正确的。由于我国刑法对妨害清算罪只规定了公司、企业构成本罪，只处罚单位内部直接负责的主管人员和其他直接负责人员，本罪实行的是单罚制。因此选项D是错误的。故本题的答案是AD。

22. 答案：ABC。《刑法》第224条规定了合同诈骗罪：有下列情形之一，以非法占有为目的，在签订、履行合同过程中，骗取对方当事人财物，数额较大的，处三年以下有期徒刑或者拘役，并处或者单处罚金；数额巨大或者有其他严重情节的，处三年以上十年以下有期徒刑，并处罚金；数额特别巨大或者有其他特别严重情节的，处十年以上有期徒刑或者无期徒刑，并处罚金或者没收财产：(1) 以虚构的单位或者冒用他人名义签订合同的；(2) 以伪造、变造、作废的票据或者其他虚假的产权证明作担保的；(3) 没有实际履行能力，以先履行小额合同或者部分履行合同的方法，诱骗对方当事人继续签订和履行合同的；(4) 收受对方当事人给付的货物、货款、预付款或者担保财产后逃匿的；(5) 以其他方法骗取对方当事人财物的。合同诈骗罪与诈骗罪是有区别的。《刑法》第266条规定，诈骗公私财物，数额较大的，处三年以下有期徒刑、拘役或者管制，并处或者单处罚金；数额巨大或者有其他严重情节的，处三年以上十年以下有期徒刑，并处罚金；数额特别巨大或者有其他特别严重情节的，处十年以上有期徒刑或者无期徒刑，并处罚金或者没收财产。本法另有规定的，依照规定。合同诈骗罪就属于其中“另有规定”的情形，即合同诈骗罪是诈骗罪的一种特殊形式。这两类犯罪的主要区别在于：(1) 犯罪主体不完全相同。诈骗罪只能由自然人构成，而合同诈骗罪既可以由自然人构成，也可以由单位构成。(2) 犯罪客观方面有所不同。诈骗罪不要求有特别的手段，而合同诈骗罪中须有“合同”，但也不能简单地以有无合同为标准。合同诈骗罪中的“合同”不限于书面合同，也包括口头合同，但就合同内容而言，只限于经济合同，即合同的文字内容是通过市场行为获得利润，这是由本罪性质决定的。(3) 侵犯的客体不同。诈骗罪侵犯的是一般公私财物所有权，而合同诈骗罪既侵犯对方当事人的财产所有权，也扰乱了市场秩序。据此，可知甲的行为应构成合同诈骗罪而不是诈骗罪。本案中，甲在行骗时使用单位名义，根据《最高人民法院关于审理单位犯罪案件具体应用法律有关问题的解释》第3条，盗用单位名义实施犯罪，违法所得由实施犯罪的个人私分的，依照刑法有关自然人犯罪的规定定罪处罚。因此，甲的行为不是单位犯罪。

23. 答案：ACD。《刑法》第217条规定，以营利为目的，有下列侵犯著作权或者与著作权有关的权利的情形之一，违法所得数额较大或者有其他严重情节的，处三年以下有期徒刑，并处或者单处罚金；违法所得数额巨大或者有其他特别严重情节的，处三年以上十年以下有期徒刑，并处罚金：(一) 未经著作权人许可，复制发行、通过信息网络向公众传播其文字作品、音乐、美术、视听作品、计算机软件及法律、行政法规规定的其他作品的；(二) 出版他人享有专有出版权的图书的；(三) 未经录音录像制作者许可，复制发行、通过信息网络向公众传播其制作的录音录像的；(四) 未经表演者许可，复制发行录有其表演的录音录像制品，或者通过信息网络向公众传播其表演的；(五) 制作、出售假冒他人署名的美术作品的；(六) 未经著作权人或者与著作权有关的权利人许可，故意避开或者破坏权利人为其作品、录音录像制品等采取的保护著作权或者与著作权有关的权利的技术措施的。本题中的长江出版社未经许可擅自出版了黄河出版社享有专有出版权的图书，并从中获利20万元，符合上述第2项的规定，出版了他人享有专有出版权的图书。《刑法》第220条规定，单位犯本节第213条至第219条之一规定之罪的，对单位判处罚金，并对其直接负责的主管人员和其他直接责任人员，依照本节各该条的规定处罚。本题中实施犯罪行为的是长江出版社。因为单位也可以成为侵犯著作权罪的主体，因此长江出版社的行为构成侵犯著作权罪。

24. 答案：ACD。《刑法》第171条规定，出售、购买伪造的货币或者明知是伪造的货币而运输，数额较大的，处三年以下有期徒刑或者拘役，并处二万元以上二十万元以下罚金；数额巨大的，处三年以上十年以下有期徒刑，并处五万元以上五十万元以下罚金；数额特别巨大的，处十年以上有期徒刑或者无期徒刑，并处五万元以上五十万元以下罚金或者没收财产。第172条规定，明知是伪造的货币而持有、使用，数额较大的，处三年以下有期徒刑或者拘役，并处或者单处一万元以上十万元以下罚金；数额巨大的，处三年以上十年以下有期徒刑，并处二万元以上二十万元以下罚金；数额特别巨大的，处十年以上有期徒刑，并处五万元以上五十万元以下罚金或者没收财产。本题中许某向房东提出用假币支付房租，其性质是用假币抵债。许某用1万元假币抵偿房东的3000元房租，相当于是房东用3000元真币购买1万元假币。由于两者都对许某的1万元是假币这一事实性质心知肚明，因此在抵债过程中不存在欺诈。是否存在欺诈是买卖假币罪与使用假币罪的界限所在。若假币持有者在明知自己持有的是假币的情况下，像使用真币一样使用假币，那么这种行为就构成使用假币罪。

25. 答案：CD。本题考查的骗取贷款、票据承兑、金融票证罪是《刑法修正案（六）》新增的罪名之一。《刑法》第175条之一规定，以欺骗手段取得银行或者其他金融机构贷款、票据承兑、信用证、保函等，给银行或者其他金融机构造成重大损失的，处三年以下有期徒刑或者拘役，并处或者单处罚金；给银行或者其他金融机构造成特别重大损失或者有其他特别严重情节的，处三年以上七年以下有期徒刑，并处罚金。单位犯前款罪的，对单位判处罚金，并对其直接负责的主管人员和其他直接责任人员，依照前款的规定处罚。该罪犯罪主体既包括自然人，也包括单位。该罪系不纯正的单位犯罪。所以制鞋厂构成该罪，C项正确，AB错误。《刑法》第167条规定，国有公司、企业、事业单位直接负责的主管人员，在签订、履行合同过程中，因严重不负责任被诈骗，致使国家利益遭受重大损失的，处三年以下有期徒刑或者拘役；致使国家利益遭受特别重大损失的，处三年以上七年以下有期徒刑。D项所表达的工商银行某市支行可能构成签订、履行合同失职被骗罪也是正确的，因为作为国有商业银行，若是主管人员失职被骗则可以构成该罪。

26. 答案：CD。A项生产、销售、提供假药罪为行为犯，只要生产、销售、提供了假药即构成犯罪。B项生产、销售有毒、有害食品罪是行为犯，只要生产、销售了有毒、有害食品，即构成生产、销售有毒、有害食品罪。C项要有使生产遭受较大损失的结果，是结果犯。D项也要造成严重后果才构成犯罪，是结果犯。

27. 答案：ABD。根据《海关法》第4条规定，国家在海关总署设立专门侦查走私犯罪的公安机构，配备专职缉私警察，负责对其管辖的走私犯罪案件的侦查、拘留、执行逮捕、预审。《刑法》第152条规定，以牟利或者传播为目的，走私淫秽的影片、录像带、录音带、图片、书刊或者其他淫秽物品的，处三年以上十年以下有期徒刑，并处罚金；情节严重的，处十年以上有期徒刑或者无期徒刑，并处罚金或者没收财产；情节较轻的，处三年以下有期徒刑、拘役或者管制，并处罚金。所以走私淫秽物品罪的主观方面是故意加牟利或者传播的目的。岳某知晓走私淫秽物品的行为，所以触犯《刑法》第152条。《刑法》第350条规定："违反国家规定，非法生产、买卖、运输醋酸酐、乙醚、三氯甲烷或者其他用于制造毒品的原料、配剂，或者携带上述物品进出境，情节较重的，处三年以下有期徒刑、拘役或者管制，并处罚金；情节严重的，处三年以上七年以下有期徒刑，并处罚金；情节特别严重的，处七年以上有期徒刑，并处罚金或者没收财产。

明知他人制造毒品而为其生产、买卖、运输前款规定的物品的，以制造毒品罪的共犯论处。单位犯前两款罪的，对单位判处罚金，并对其直接负责的主管人员和其他直接责任人员，依照前两款的规定处罚。”该条也要求故意，而岳某并不明知走私制毒物品的行为，所以岳某对此不承担刑事责任。《最高人民法院、最高人民检察院关于办理走私刑事案件适用法律若干问题的解释》，对在走私的普通货物、物品或者废物中藏匿《刑法》第151条（走私武器、弹药罪、走私核材料罪、走私假币罪；走私文物罪、走私贵重金属罪、走私珍贵动物罪、走私珍贵动物制品罪；走私国家禁止出口的货物罪、走私国家禁止出口的物品罪）、第152条（走私淫秽物品罪）、第347条（走私、贩卖、运输、制造毒品罪）、第350条（走私制毒物品罪；非法生产、买卖运输制毒物品罪）规定的货物、物品，构成犯罪的，以实际走私的货物、物品定罪处罚；构成数罪的，实行数罪并罚。再根据《刑法》第156条规定，与走私罪犯通谋，为其提供贷款、资金、账号、发票、证明，或者为其提供运输、保管、邮寄或者其他方便的，以走私罪的共犯论处。

28. 答案：ABD。经过《刑法修正案（十一）》修订过的《刑法》第161条规定，依法负有信息披露义务的公司、企业向股东和社会公众提供虚假的或者隐瞒重要事实的财务会计报告，或者对依法应当披露的其他重要信息不按照规定披露，严重损害股东或者其他人利益，或者有其他严重情节的，对其直接负责的主管人员和其他直接责任人员，处五年以下有期徒刑或者拘役，并处或者单处罚金；情节特别严重的，处五年以上十年以下有期徒刑，并处罚金。该罪犯罪主体是单位，但承担刑事责任的是公司、企业中提供虚假财会报告和不依法披露信息的直接负责的主管人员和其他直接责任人员，该罪实行单罚制，并不惩罚单位。该罪中的“重要信息”是指依照《公司法》《证券法》《证券投资基金法》等法律法规的规定应当向股东或社会公众披露的相关信息。《证券法》第80条规定，发生可能对上市公司、股票在国务院批准的其他全国性证券交易场所交易的公司的股票交易价格产生较大影响的重大事件，投资者尚未得知时，公司应当立即将有关该重大事件的情况向国务院证券监督管理机构和证券交易场所报送临时报告，并予公告，说明事件的起因、目前的状态和可能产生的法律后果。前款所称重大事件包括：（一）公司的经营方针和经营范围的重大变化；（二）公司的重大投资行为，公司在一年内购买、出售重大资产超过公司资产总额百分之三十，或者公司营业用主要资产的抵押、质押、出售或者报废一次超过该资产的百分之三十……所以梁某构成提供虚假财会报告、不依法披露信息罪，他的行为特别偏向于不依法披露信息，故C对，AB错，这里要注意《刑法修正案（十一）》的改动。而抽逃出资罪是公司发起人、股东在公司成立后抽逃其出资，数额巨大、后果严重或者有其他严重情节的行为，显然与本题不符合，D项错误。

29. 答案：BD。《刑法》第141条第1款规定：“生产、销售假药的，处三年以下有期徒刑或者拘役，并处罚金；对人体健康造成严重危害或者有其他严重情节的，处三年以上十年以下有期徒刑，并处罚金；致人死亡或者有其他特别严重情节的，处十年以上有期徒刑、无期徒刑或者死刑，并处罚金或者没收财产。”生产、销售、提供假药罪是行为犯，只要实施生产、销售、提供的行为即构成本罪，A选项不符合题意。《刑法》第142条第1款规定：“生产、销售劣药，对人体健康造成严重危害的，处三年以上十年以下有期徒刑，并处罚金；后果特别严重的，处十年以上有期徒刑或者无期徒刑，并处罚金或者没收财产。”生产、销售、提供假药罪是结果犯，生产、销售、提供劣药的行为必须造成严重后果（对人体健康造成严重危害）才能构成本罪，B选项符合题意。《刑法》第143条规定："生产、销售不符合食品安全标准的食品，足以造成严重食物中毒事故或者其他严重食源性疾病的，处三年以下有期徒刑或者拘役，并处罚金；对人体健康造成严重危害或者有其他严重情节的，处三年以上七年以下有期徒刑，并处罚金；后果特别严重的，处七年以上有期徒刑或者无期徒刑，并处罚金或者没收财产。"生产、销售不符合安全标准的食品罪是危险犯，生产、销售不符合安全标准的食品只要足以造成严重食物中毒事故或者其他严重食源性疾病即构成本罪，C 选项不符合题意。《刑法》第 146 条规定："生产不符合保障人身、财产安全的国家标准、行业标准的电器、压力容器、易燃易爆产品或者其他不符合保障人身、财产安全的国家标准、行业标准的产品，或者销售明知是以上不符合保障人身、财产安全的国家标准、行业标准的产品，造成严重后果的，处五年以下有期徒刑，并处销售金额百分之五十以上二倍以下罚金；后果特别严重的，处五年以上有期徒刑，并处销售金额百分之五十以上二倍以下罚金。"生产、销售不符合安全标准的产品罪是结果犯，必须造成严重后果才能构成本罪，D 选项符合题意。综上，本题正确答案为 BD。

30. 答案：ABCD。《刑法》第 193 条规定："有下列情形之一，以非法占有为目的，诈骗银行或者其他金融机构的贷款，数额较大的，处五年以下有期徒刑或者拘役，并处二万元以上二十万元以下罚金；数额巨大或者有其他严重情节的，处五年以上十年以下有期徒刑，并处五万元以上五十万元以下罚金；数额特别巨大或者有其他特别严重情节的，处十年以上有期徒刑或者无期徒刑，并处五万元以上五十万元以下罚金或者没收财产：(1) 编造引进资金、项目等虚假理由的； (2) 使用虚假的经济合同的；(3) 使用虚假的证明文件的；(4) 使用虚假的产权证明作担保或者超出抵押物价值重复担保的； (5) 以其他方法诈骗贷款的。"故本题正确答案为 ABCD。

31. 答案：CD。《刑法》第 204 条规定："以假报出口或者其他欺骗手段，骗取国家出口退税款，数额较大的，处五年以下有期徒刑或者拘役，并处骗取税款一倍以上五倍以下罚金；数额巨大或者有其他严重情节的，处五年以上十年以下有期徒刑，并处骗取税款一倍以上五倍以下罚金；数额特别巨大或者有其他特别严重情节的，处十年以上有期徒刑或者无期徒刑，并处骗取税款一倍以上五倍以下罚金或者没收财产。纳税人缴纳税款后，采取前款规定的欺骗方法，骗取所缴纳的税款的，依照本法第二百零一条的规定定罪处罚；骗取税款超过所缴纳的税款部分，依照前款的规定处罚。"根据上述规定，该厂家骗取的 210 万元退税款中，80 万元属于逃税的数额，100 万元属于骗取出口退税的数额。对于该厂家应当以逃税罪和骗取出口退税罪实行数罪并罚，CD 选项符合题意。故本题正确答案为 CD。

32. 答案：AC。非法经营罪，是指违反国家规定，进行非法经营活动，扰乱市场秩序，情节严重的行为。具体包括下述四种情形：(1) 未经许可经营法律、行政法规规定的专营、专卖物品或者其他限制买卖的物品的；(2) 买卖进出口许可证、进出口原产地证明以及其他法律、行政法规规定的经营许可证或者批准文件的；(3) 未经国家有关主管部门批准，非法经营证券、期货或者保险业务的或者非法从事资金支付结算业务的（《刑法修正案（七）》修订）；(4) 其他严重扰乱市场秩序的非法经营行为。A 中国际电信业务属于国家许可经营的业务，不得擅自经营，因而甲的行为构成非法经营罪。A 项正确。C 中丙的行为属于买卖进出口许可证的行为，构成非法经营罪。C 项正确。D 中复制、发行盗版的《国家计算机考试大纲》，不属于国家明令禁止经营的范畴，因而不成立非法经营罪，但是该行为有可能构成侵犯著作权罪。D 项错误。至于 B 中乙非法传销的行为在司法实践中，主要是根据实施传销行为的不同情况，分别按照非法经营罪、诈骗罪、集资诈骗等犯罪追究刑事责任。但是《刑法修正案（七）》明确规定："组织、领导以推销商品、提供服务等经营活动为名，要求参加者以缴纳费用或者购买商品、服务等方式获得加入资格，并按照一定顺序组成层级，直接或者间接以发展人员的数量作为计酬或者返利依据，引诱、胁迫参加者继续发展他人参加，骗取财物，扰乱经济社会秩序的传销活动的，处五年以下有期徒刑或者拘役，并处罚金；情节严重的，处五年以上有期徒刑，并处罚金。"因而关于非法传销行为从非法经营罪中分解出来的，组织、领导传销的犯罪行为以后不构成非法经营罪，而构成单独的罪名，故B项错误。所以答案是AC。

33. 答案：AC。使用假币罪，是指违反货币管理法规，明知是伪造的货币而使用，数额较大的行为。这里所谓的"使用"，是指将伪造的货币冒充真币而予以流通的行为。一般来说，接受货币的对方并不知该货币属于伪造的货币，因此这种使用带有欺骗的性质。至于使用的具体方法，可以多种多样。如有的用于购买商品，有的用之偿还债务，有的借与他人，甚至有的充当赌资等。本案中甲将假币存入银行的ATM，同样属于使用的范畴，构成使用假币罪。A项正确。根据《刑法》第196条第3款的规定，盗窃信用卡并使用的，依照盗窃罪的规定定罪处罚。而根据《全国人大常委会关于〈中华人民共和国刑法〉有关信用卡规定的解释》，刑法规定的"信用卡"，是指由商业银行或者其他金融机构发行的具有消费支付、信用贷款、转账结算、存取现金等全部功能或者部分功能的电子支付卡。由此可见，借记卡同样属于刑法意义上的"信用卡"。故C项正确。尽管甲冒用他人的信用卡提取钱款，但由于刑法对"窃取他人信用卡并使用"的行为予以明确定性，即按照盗窃罪论处，故不再另行构成信用卡诈骗罪。B项错误。D项的罪名并非法定罪名，故错误。因此答案为AC。

34. 答案：AC。《刑法》第205条之一规定："虚开本法第二百零五条规定以外的其他发票，情节严重的，处二年以下有期徒刑、拘役或者管制，并处罚金；情节特别严重的，处二年以上七年以下有期徒刑，并处罚金。单位犯前款罪的，对单位判处罚金，并对其直接负责的主管人员和其他直接责任人员，依照前款的规定处罚。"第210条之一规定："明知是伪造的发票而持有，数量较大的，处二年以下有期徒刑、拘役或者管制，并处罚金；数量巨大的，处二年以上七年以下有期徒刑，并处罚金。单位犯前款罪的，对单位判处罚金，并对其直接负责的主管人员和其他直接责任人员，依照前款的规定处罚。"

35. 答案：ABCD。《刑法》第226条规定："以暴力、威胁手段，实施下列行为之一，情节严重的，处三年以下有期徒刑或者拘役，并处或者单处罚金；情节特别严重的，处三年以上七年以下有期徒刑，并处罚金：（一）强买强卖商品的；（二）强迫他人提供或者接受服务的；（三）强迫他人参与或者退出投标、拍卖的；（四）强迫他人转让或者收购公司、企业的股份、债券或者其他资产的；（五）强迫他人参与或者退出特定的经营活动的。"

36. 答案：ABCD。参见《最高人民法院关于审理伪造货币等案件具体应用法律若干问题的解释（二）》（2010年10月20日 法释〔2010〕14号）。

37. 答案：ABC。A选项，伪造货币罪，指一切制造外观上足以使一般人误认为是货币的假币。伪造的对象"货币"指人民币和可以在国内流通或者兑换的境外货币。已经停止流通的货币不再是此罪的对象。根据《最高人民法院关于审理伪造货币等案件具体应用法律若干问题的解释（二）》第5条规定，以使用为目的，伪造停止流通的货币，或者使用伪造的停止流通的货币的，依照《刑法》第266条的规定，以诈骗罪定罪处罚。所以A项说法正确。

B选项，伪造在我国可以流通或者兑

换的外国货币的，也侵犯了货币的公信力，成立我国刑法上的伪造货币罪。所以B项说法正确。

C选项，用白纸冒充假币出售的，客观上无假币出售，主观上也没有出售假币的故意，所以不成立出售假币罪，而成立隐瞒真相、捏造事实的诈骗罪（“黑吃黑”）。

D选项，变造货币是指对真货币采用剪贴、挖补、揭层、涂改、移位、重印等方法加工处理，改变真币形态、价值的行为。变造货币是改变真币的面额，是对真币的加工，变造前后的货币具有同一性。如果加工的程度使真币丧失了同一性的，成立伪造货币罪。将真币作为材料，制作出丧失了真货币外观的假币的，应该成立伪造货币罪。所以D项说法错误。

38. 答案：ABCD。本题目是直接对法条细节的考查。《刑法》第201条第4款规定，有逃税行为，经税务机关依法下达追缴通知后，补缴应纳税款，缴纳滞纳金，已受行政处罚的，不予追究刑事责任；但是，5年内因逃避缴纳税款受过刑事处罚或者被税务机关给予二次以上行政处罚的除外。

据此，①“纳税人逃税，经税务机关依法下达追缴通知后，补缴应纳税款，缴纳滞纳金，已受行政处罚的，一律不予追究刑事责任”的说法错在“一律”上，因为“5年内因逃避缴纳税款受过刑事处罚或者被税务机关给予二次以上行政处罚的除外”。

②“纳税人逃避追缴欠税，经税务机关依法下达追缴通知后，补缴应纳税款，缴纳滞纳金，已受行政处罚的，应减轻或者免除处罚”的说法也是错误的，错在“应减轻或者免除处罚”的说法上，法条的规定是“不予追究刑事责任”。

③“纳税人以暴力方法拒不缴纳税款，后主动补缴应纳税款，缴纳滞纳金，已受行政处罚的，不予追究刑事责任”的说法错在将和平的逃税罪的处罚阻却事由适用在了暴力的抗税罪上。

④“扣缴义务人逃税，经税务机关依法下达追缴通知后，补缴应纳税款，缴纳滞纳金，已受行政处罚的，不予追究刑事责任”的说法是对法条的重复，是正确的。

39. 答案：ABC。参见《最高人民法院、最高人民检察院关于办理内幕交易、泄露内幕信息刑事案件具体应用法律若干问题的解释》（2012年3月29日　法释〔2012〕6号）第2条规定：“具有下列行为的人员应当认定为刑法第一百八十条第一款规定的‘非法获取证券、期货交易内幕信息的人员’：（一）利用窃取、骗取、套取、窃听、利诱、刺探或者私下交易等手段获取内幕信息的；（二）内幕信息知情人员的近亲属或者其他与内幕信息知情人员关系密切的人员，在内幕信息敏感期内，从事或者明示、暗示他人从事，或者泄露内幕信息导致他人从事与该内幕信息有关的证券、期货交易，相关交易行为明显异常，且无正当理由或者正当信息来源的；（三）在内幕信息敏感期内，与内幕信息知情人员联络、接触，从事或者明示、暗示他人从事，或者泄露内幕信息导致他人从事与该内幕信息有关的证券、期货交易，相关交易行为明显异常，且无正当理由或者正当信息来源的。”

40. 答案：ACD。根据《刑法》第149条第2款的规定，构成生产、销售、提供假药罪，同时又构成生产、销售伪劣产品罪的，依照处罚较重的规定定罪处罚。A项中，销售金额达500万元，以销售伪劣产品罪认定可处15年有期徒刑或者无期徒刑。而以销售假药罪认定可处3年以下有期徒刑或者拘役。因此应以重罪即销售伪劣产品罪定罪处罚。A正确。生产、销售有毒、有害食品罪，是指在生产、销售的食品中掺入有毒、有害的非食品原料的，或者销售明知掺有有毒、有害的非食品原料的食品的行为。生产、销售不符合安全标准的食品罪，是指生产、销售不符合食品安全标准的食品，足以造成严重食物中毒事故或者其他严重食源性疾病的行为。B选项中，甲并未在食品中掺入有毒、有害非食品原料，也未销售此类食品，因此不构成销售有毒、有害食品罪，而应认定为销售不符合安全标准的食品罪。B错误。C选项中，甲明知在苹果上使用了禁用农药，属于销售明知在食品中掺入有毒、有害非食品原料的食品，构成销售有毒、有害食品罪。C正确。D选项中，甲的主观故意是销售劣药，客观上实施了销售假药的行为，根据主客观相一致的原则，应当认定为销售劣药罪。D正确。应选ACD。

41. 答案：ACD。A选项，甲生产、销售劣药，对人体健康造成严重危害的，构成生产、销售劣药罪，同时又生产、销售假药，构成生产、销售假药罪，数罪并罚。A正确。B选项，乙在饲料中添加“瘦肉精”，按照有关司法解释和刑法理论已构成生产、销售有毒、有害食品罪。B错误。C选项，丙销售不符合安全标准的食品，足以造成严重食物中毒事故，构成销售不符合安全标准的食品罪。由于销售金额很小，不构成生产、销售伪劣产品罪。C正确。D选项，丁对于香肠中掺有有毒的非食品原料并不知情，主观上没有销售有毒、有害食品罪的犯罪故意，因此仅构成销售不符合安全标准的食品罪。D正确。

三、不定项选择题

1. 答案：（1）BCD。甲明确告知乙、丙二人出售、购买假币的意思，具有共同犯罪的故意，乙为此而提供5万元资金，丙按甲的旨意从外地购回假币，甲在本地出售。三人共同合作实施出售、购买假币的犯罪，所以三人均构成出售、购买假币罪的共犯。

（2）ACD。根据《最高人民法院关于审理挪用公款案件具体应用法律若干问题的解释》第8条规定，挪用公款给他人使用，使用人与挪用人共谋，指使或者参与策划取得挪用款的，以挪用公款罪的共犯定罪处罚。本题中甲仅仅向乙提出挪用5万元公款，起到一定的教唆作用，但在实现挪用公款的目的上没有具体的共谋、策划行为，从甲、乙二人的关系上，甲对乙也不具有支配性的地位，谈不上指使，因此甲对挪用公款得逞在客观上没有起到作用，不构成共犯。关于D选项，乙明知甲欲从事的是购买假币的违法犯罪（非法活动），而不是一般的营利活动。

（3）AB。根据《最高人民法院关于审理伪造货币等案件具体应用法律若干问题的解释》（2000年9月）第2条第2款规定：“行为人出售、运输假币构成犯罪，同时有使用假币行为的，依照刑法第一百七十一条、第一百七十二条的规定，实行数罪并罚”。该解释还规定：“行为人购买假币后使用，构成犯罪的，依照刑法第一百七十一条的规定，以购买假币罪定罪，从重处罚。”甲不仅有购买行为而且主要有出售行为，故应当数罪并罚。甲主动交代的“使用假币罪”与“出售、购买假币罪”，属于不同种罪行，可以就使用假币罪成立特种自首。

（4）BCD。乙是国有公司的出纳，携公款潜逃，应认定为贪污罪。根据《最高人民法院关于审理挪用公款案件具体应用法律若干问题的解释》（1998年5月9日起施行）中规定：携带挪用的公款潜逃的，依照《刑法》第382、383条（贪污罪）的规定定罪处罚。关于C选项，解释中规定：“挪用公款数额巨大不退还的，是指挪用公款数额巨大，因客观原因在一审宣判前不能退还的。如果有能力还而拒不退还的，或者携款潜逃的，推定具有非法占有的目的，构成贪污罪。”

（5）BCD。根据上述司法解释：因挪用公款索取、收受贿赂构成犯罪的，依照数罪并罚的规定处罚。挪用公款进行非法活动构成其他犯罪的，依照数罪并罚的规定处罚。故乙挪用公款后使用挪用的公款从事购买、出售假币罪，应当这两罪加上因携款潜逃构成的贪污罪，三罪数罪并罚。

2. 答案：C。本题中，丙得知乙挪用公款行为的时候，甲、乙二人挪用公款行为既遂。所以，丙的行为不成立挪用公款罪的共犯，选项A是错误的。另外，根据题干我们可以知道，乙得到巨款以后，只是告知银行职员丙该款的真实来源，但是并未告知其提款用于贩卖毒品，所以丙不能与乙一起成立贩卖毒品罪的共犯，选项B有误。《刑法》第312条规定，明知是犯罪所得及其产生的收益而予以窝藏、转移、收购或者代为销售的，处三年以下有期徒刑、拘役或者管制，并处或者单处罚金。第191条规定："为掩饰、隐瞒毒品犯罪、黑社会性质的组织犯罪、恐怖活动犯罪、走私犯罪、贪污贿赂犯罪、破坏金融管理秩序犯罪、金融诈骗犯罪的所得及其产生的收益的来源和性质，有下列行为之一的，没收实施以上犯罪的所得及其产生的收益，处五年以下有期徒刑或者拘役，并处或者单处罚金；情节严重的，处五年以上十年以下有期徒刑，并处罚金：（一）提供资金账户的；（二）将财产转换为现金、金融票据、有价证券的；（三）通过转账或者其他支付结算方式转移资金的；（四）跨境转移资产的；（五）以其他方法掩饰、隐瞒犯罪所得及其收益的来源和性质的。单位犯前款罪的，对单位判处罚金，并对其直接负责的主管人员和其他直接责任人员，依照前款的规定处罚。"本题中，丙明知乙的行为属于挪用公款所得，仍然加以提供资金账户，属于为犯罪分子转移赃款的行为，根据第312条规定应当成立赃物犯罪，但是根据第191条的规定，丙所知道的是乙的挪用公款罪，而挪用公款罪属于贪污贿赂犯罪中的子罪名，是洗钱罪的上游犯罪，所以更精确一点说，丙构成的是洗钱罪，而不成立赃物犯罪。

3. **答案**：ABD。《刑法》第171条和第172条分别规定了出售、购买、运输假币罪和持有、使用假币罪。出售、购买、运输假币罪是指明知是伪造的货币而出售、购买，或者明知是伪造的货币而进行运输，数额较大的行为。该罪是选择性罪名，行为人只要实施其中行为之一者，就构成该罪。公民贾某买卖人民币的行为均达到了数额较大（总面值在4000元以上不满5万元）的标准，所以应当认定为出售、购买假币罪，故A错。持有、使用假币罪是指明知是伪造的货币而持有、使用，数额较大（总面值额在4000元以上不满5万元）的行为。另外，5万～20万元属于数额巨大，20万元以上是数额特别巨大，这个数额标准对于这两个罪名均适用。使用，是指将假币作为真货币而使用。既可以是以外表合法的方式使用假币，如购买商品、兑换另一货币、存入银行、赠与他人，或者将假币用于缴纳罚金或者罚款等，也可以是以非法的方式使用货币，如将假币用于赌博。假币即伪造的货币，货币是指可以在国内市场流通或者兑换的人民币和境外货币。所以贾某将假美钞700元赠给好友林某，将假港币悉数兑换为人民币，将3万元假人民币缴纳罚款，还将1万元假人民币用于赌博均构成使用假币罪。故BD错误。

4. **答案**：D。《刑法》第162条之二规定，公司、企业通过隐匿财产、承担虚构的债务或者以其他方法转移、处分财产，实施虚假破产，严重损害债权人或者其他人利益的，对其直接负责的主管人员和其他直接责任人员，处五年以下有期徒刑或者拘役，并处或者单处二万元以上二十万元以下罚金。这是《刑法修正案（六）》新增的虚假破产罪。"实施虚假破产"的时间界限应当截止于公司、企业提出破产申请之日，或者因为公司企业资不抵债，由债权人提出破产申请之日。本罪是纯正的单位犯罪，发财服装有限责任公司构成虚假破产罪，根据该条的规定，应当由直接负责的主管人员余某承担刑事责任，故D对。余某是通过虚假破产来达到自己的目的，具有诈骗罪的特征，但《刑法》第162条之二相对于诈骗罪来说是特别法，特别法优于一般法，故余某应当对虚假破产罪负刑事责任。C项错误。《刑法》第162条规定，公司、企业进行清算时，隐匿财产，对资产负债表或者财产清单作虚伪记载或者在未清偿债务前分配公司、企业财产，严重损害债权人或者其他人利益的，对其直接负责的主管人员和其他直接责任人员，处五年以下有期徒刑或者拘役，并处或者单处二万元以上二十万元以下罚金。这是在进入清算程序之后才成立的犯罪，本题明显还没有进入清算程序，故AB均错误。

5. **答案**：（1）C。挪用公款罪与贪污罪的主要区别在于行为人是否有非法占有目的。在司法实践中，司法机关认定行为是否构成贪污犯罪主要看账目是否被虚假平账，如果行为人有虚假平账行为，则一般可以证明行为人对于公共财物的目的是永久占有而非暂时使用。《全国法院审理经济犯罪案件工作座谈会纪要》对挪用公款转化为贪污的认定标准及四种具体情形作了规定："挪用公款罪与贪污罪的主要区别在于行为人主观上是否具有非法占有公款的目的。挪用公款是否转化为贪污，应当按照主客观相一致的原则，具体判断和认定行为人主观上是否具有非法占有公款的目的。在司法实践中，具有以下情形之一的，可以认定行为人具有非法占有公款的目的：①根据《最高人民法院关于审理挪用公款案件具体应用法律若干问题的解释》第6条的规定，行为人'携带挪用的公款潜逃的'，对其携带挪用的公款部分，以贪污罪定罪处罚。②行为人挪用公款后采取虚假发票平账、销毁有关账目等手段，使所挪用的公款已难以在单位财务账目上反映出来，且没有归还行为的，应当以贪污罪定罪处罚。③行为人截取单位收入不入账，非法占有，使所占有的公款难以在单位财务账目上反映出来，且没有归还行为的，应当以贪污罪定罪处罚。④有证据证明行为人有能力归还所挪用的公款而拒不归还，并隐瞒挪用的公款去向的，应当以贪污罪定罪处罚。"如果行为人利用职务之便挪用公款后，又用虚假发票平账且没有归还公款，在无相反证据、事实的情况下，通常足以推定行为人具有非法占有公款的目的，其挪用公款的行为就应转化为贪污犯罪。本案中，甲将商品房过户的行为虽然属于挪用行为，但由于尚未超过3个月，依法并不构成挪用公款罪。因为其在公司财务账目上记下自己欠公司600万元，足以说明其行为当时没有永久占有公司财物的目的。但事后甲实施了平账行为，可以推定其主观心态发生了变化，其行为已转化为贪污罪。C正确，ABD错误。

（2）A。串通投标罪是指投标者相互串通投标报价，损害招标人或者其他投标人利益，或者投标者与招标者串通投标，损害国家、集体、公民的合法权益，情节严重的行为。本案中，甲与程某串通投标，属于投标者与招标者串通投标，但并未损害国家、集体、公民的合法权益，且不属于情节严重，因此不构成串通投标罪。A正确。甲教唆程某与他人串通投标，同时对整个投标行为进行了具体安排，构成串通投标罪的实行犯而非教唆犯。B错误。程某向甲赠送仿制古董的行为，因仿制古董价值未达到行贿罪起刑点，不构成犯罪。C错误。甲有受贿的主观故意，实施了受贿行为，但客观上收受的贿赂价值未达到受贿罪起刑点，甲的行为不构成受贿罪。D错误。

（3）ABCD。甲因公务垫付费用5万元，由于票据超期无法报销，甲实际为公司支出了5万元。甲虽指使程某虚构劳务合同并虚开发票，但其主观上并没有非法占有公共财物的非法目的，既不构成贪污罪也不构成诈骗罪。AB错误。程某协助甲实施欺骗行为，由于甲不构成犯罪，程某自然也不能构成贪污罪的帮助犯，不再另外成立诈骗罪。因此CD错误。

四、名词解释

1. **答案**：破坏社会主义市场经济秩序罪，是指违反国家经济管理法规，破坏国家经济管理活动，侵害社会主义市场经济秩序，严重危害国民经济发展的行为。
2. **答案**：走私文物罪，是指违反海关法规，逃避海关监管，非法携带、运输、邮寄国家禁止出口的文物出国（边）境的行为。
3. **答案**：虚报注册资本罪，是指行为人使用虚假证明文件或者采用其他欺诈手段，虚报注册资本，欺骗公司登记主管部门，取得公司登记，虚报注册资本数额巨大、后果严重或者有其他严重情节的行为。
4. **答案**：妨害清算罪，是指公司、企业在进行清算时，隐匿财产，对资产负债表或者财产清单作虚伪记载或者在未清偿债务前分配公司、企业财产，严重损害债权人或者其他人利益的行为。

5. 答案：非国家工作人员受贿罪，是指公司、企业或者其他单位的工作人员利用职务上的便利，索取他人财物或者非法收受他人财物，为他人谋取利益，数额较大的行为。

6. 答案：签订、履行合同失职被骗罪，是指国家公司、企业、事业单位直接负责的主管人员，在签订、履行合同过程中，因严重不负责任而被诈骗，致使国家利益遭受重大损失的行为。

7. 答案：非法吸收公众存款罪，是指违反国家金融管理法规，非法吸收公众存款或者变相吸收公众存款，扰乱金融秩序的行为。

8. 答案：内幕交易、泄露内幕信息罪，是指证券、期货交易内幕信息的知情人员或者非法获取证券、期货交易内幕信息的人员，在涉及证券的发行、证券、期货交易或者其他对证券、期货交易价格有重大影响的信息尚未公开前，买入或者卖出该证券，或者从事与该内幕信息有关的期货交易，或者泄露该信息，情节严重的行为。

9. 答案：侵犯著作权罪，是指以营利为目的，违反著作权管理法规，未经著作权人许可，复制发行其文字作品、音乐、电影、电视、录像作品、计算机软件及其他作品，出版他人享有专有出版权的图书，未经录音录像制作者许可，复制发行其制作的录音录像，或者制作、出售假冒他人署名的美术作品，违法所得数额较大或者有其他严重情节的行为。

10. 答案：侵犯商业秘密罪，是指违反国家商业秘密保护法规，侵犯他人商业秘密，给商业秘密权利人造成重大损失的行为。

11. 答案：虚假广告罪，是指广告主、广告经营者、广告发布者违反法律规定，利用广告对商品或者服务作虚假宣传，情节严重的行为。

12. 答案：合同诈骗罪，是指以非法占有为目的，在签订、履行合同过程中，以虚构事实或隐瞒真相的方法，骗取对方当事人的财物，数额较大的行为。犯罪客体是复杂客体，即国家对经济合同的管理秩序和公私财产所有权。客观方面表现为在签订、履行经济合同过程中，以虚构事实或者隐瞒真相的方法，骗取对方当事人财物，数额较大的行为。主体为个人或单位。主观方面，表现为直接故意，并且具有非法占有对方当事人财物的目的。

五、简答题

1. 答案：洗钱罪①，是指明知是毒品犯罪、黑社会性质的组织犯罪、恐怖活动犯罪、走私犯罪、贪污贿赂犯罪、破坏金融管理秩序犯罪、金融诈骗犯罪的违法所得及其产生的收益，以提供资金账户、协助将财产转移为现金或金融票据、有价证券、通过转账或其他结算方式协助资金转移、协助将资金汇往境外或者以其他方法掩饰、隐瞒其来源和性质的行为。其主要特征如下：

（1）侵犯的客体是国家的金融管理秩序。洗钱最初由毒品犯罪衍生而来。洗钱的犯罪行为在客观上为犯罪奠定了经济基础，便于犯罪分子和有组织的犯罪集团用其他犯罪所积累的物质财富继续进行更加严重的犯罪活动，进一步成为健康经济机制的腐蚀剂，挫伤社会公众对整个金融系统的信任感，严重破坏国家的金融管理秩序，阻碍国家经济秩序和银行系统的健康发展。

（2）在客观方面，必须具有掩饰、隐瞒毒品犯罪、黑社会性质的组织犯罪、恐怖活动犯罪、走私犯罪、贪污贿赂犯罪、破坏金融管理秩序犯罪、金融诈骗犯罪的违法所得及其产生的收益的来源和性质的行为。

（3）犯罪主体是一般主体，自然人和单位均可构成本罪。

（4）在主观方面，必须是出于故意，即明知道金融交易涉嫌毒品犯罪、黑社会性质的组织犯罪、走私犯罪的违法所得及其所产生的收益，但是为了掩饰、隐瞒其来源和性

---

① **编者注**：根据《刑法修正案（三）》和《刑法修正案（六）》以及《刑法修正案（十一）》的规定，洗钱犯罪的范围已经扩及与毒品犯罪、黑社会性质的组织犯罪、恐怖活动犯罪、走私犯罪、贪污贿赂犯罪、破坏金融管理秩序犯罪、金融诈骗犯罪有关的洗钱行为。

质，依然决意实施洗钱行为。

2. 答案： 非法经营罪，是指违反法律法规规定，从事非法经营活动，扰乱市场秩序，情节严重的行为。“非法经营罪”在1979年刑法中，属于投机倒把罪的范畴，1997年刑法修订后，分解了投机倒把罪，将未分解成具体犯罪罪名的投机倒把行为统称为“非法经营罪”。

（1）本罪侵犯的客体是国家对市场正常的管理制度。“市场”，包括商品市场和服务市场。

（2）本罪在客观方面表现为行为人具有违反国家规定，从事非法经营，情节严重的行为。《刑法》第225条、《刑法修正案》及《刑法修正案（七）》共规定了4种具体的行为方式，分别是：①未经许可经营专营、专卖物品或者其他限制买卖的物品的行为。②买卖进出口许可证，进出口原产地证明以及其他法律、行政法规规定的经营许可证或者批准文件的行为。③未经国家有关主管部门批准，非法经营证券、期货、保险业务的，或者非法从事资金支付结算业务的。④其他严重扰乱市场秩序的非法经营行为。非法经营行为，必须达到情节严重的程度，才能构成犯罪。

（3）本罪主体为一般主体，自然人、个体工商户、单位均可以成为本罪的主体。

（4）本罪在主观方面必须是故意，并且具有非法牟利的目的。

3. 答案： 走私罪，是指违反海关法规，逃避海关监管，偷逃关税，非法运输、携带、邮寄国家禁止或限制的物品、货物进出国境，破坏国家对外贸易管制、情节严重的行为。

作为一类犯罪，走私罪具有以下主要特征：

（1）走私罪侵害的客体是国家的海关监督管理制度以及国家对外经济贸易管理制度。

（2）客观方面表现为违反海关法规，逃避海关监管，偷逃关税，非法运输、携带、邮寄国家禁止或限制的物品、货物进出国境，破坏国家对外贸易管制，情节严重的行为。具体来说，走私罪在客观方面具有三个特征：

①违反海关法规，是指违反国家《海关法》对货物、物品进出口的监管制度，这是走私罪成立的前提条件。②逃避海关监管，偷逃关税，非法运输、携带、邮寄国家禁止或限制的物品、货物进出国境是走私罪的另一个基本特征。③情节严重，是走私罪成立的另一个重要特征。

（3）走私罪的主体包括单位和自然人。

（4）走私罪在主观方面是故意，过失不构成走私罪。有些走私犯罪的成立还需要具有牟利或者其他目的。

4. 答案： 生产、销售伪劣产品罪，是指生产者、销售者违反产品质量管理法规和工商行政管理法规，在产品中掺杂、掺假，以假充真，以次充好或者以不合格产品冒充合格产品，销售金额较大的行为。本罪具有如下特征：

犯罪客体，是国家对产品质量的管理制度和消费者的合法权益。犯罪对象是指加工、生产供市场销售的、《刑法》第141条至第148条规定的产品以外的各种伪劣产品，包括生产资料和生活资料。但是，生产、销售后几类产品具有《刑法》第149条规定情形的，也应以本罪论处。所谓伪劣产品，主要是指产品的内在质量不符合国家制定的产品质量管理法规要求的产品，而不是泛指一切假产品。

犯罪客观方面，表现为违反产品质量管理法规和工商行政管理法规，在生产、销售的产品中掺杂、掺假，以假充真，以次充好或者以不合格产品冒充合格产品的行为。

犯罪主体，是一般主体，包括个人和单位。

犯罪主观方面，是故意犯罪，即明知是伪劣产品，而故意生产和销售，并且一般都具有非法营利的目的。

5. 答案： 贷款诈骗罪，是指以非法占有为目的，诈骗银行或者其他金融机构的贷款，数额较大的行为。贷款诈骗罪的构成要素主要包括：

（1）犯罪客体：金融管理秩序。

（2）犯罪主体：自然人一般主体。

（3）客观方面：①编造引进资金、项目等虚假理由的；②使用虚假的经济合同的；③使用虚假的证明文件的；④使用虚假的产权证明作担保或者超出抵押物价值重复担保的；⑤以其他方法诈骗贷款的。

（4）主观方面：故意。

6. 答案：信用卡诈骗罪的客观表现为使用伪造的信用卡、使用以虚假的身份证明骗领的信用卡、使用作废的信用卡、冒用他人信用卡、恶意透支五种行为类型。其中，“使用伪造的信用卡”，是指使用伪造的信用卡购物、在银行或自动柜员机上支取现金以及接受服务等行为。“使用伪造的信用卡”只能是明知是他人伪造的信用卡而自己使用（与伪造者之间没有共同故意）。如果是自己伪造信用卡并加以使用，则属于刑法理论上的牵连犯，应当按照“从一重处断”或“从一重重处断”的原则。

7. 答案：集资诈骗罪的主观方面表现为故意，并且行为人具有非法占有集资款的目的。根据《最高人民法院关于审理非法集资刑事案件具体应用法律若干问题的解释》第7条的规定，使用诈骗方法非法集资，具有以下情形之一的，可以认定为“以非法占有为目的”：

（1）集资后不用于生产经营活动或者用于生产经营活动与筹集资金规模明显不成比例，致使集资款不能返还的。

（2）肆意挥霍集资款，致使集资款不能返还的。

（3）携带集资款逃匿的。

（4）将集资款用于违法犯罪活动的。

（5）抽逃、转移资金、隐匿财产，逃避返还资金的。

（6）隐匿、销毁账目，或者搞假破产、假倒闭，逃避返还资金的。

（7）拒不交代资金去向，逃避返还资金的。

（8）其他可以认定非法占有目的的情形。

集资诈骗罪中的非法占有目的，应当区分情形进行具体认定。行为人部分非法集资行为具有非法占有目的的，对该部分非法集资行为所涉集资款以集资诈骗罪定罪处罚；非法集资共同犯罪中部分行为人具有非法占有目的，其他行为人没有非法占有集资款的共同故意和行为的，对具有非法占有目的的行为人以集资诈骗罪定罪处罚。

8. 答案：非法经营罪中的“其他严重扰乱市场秩序的非法经营行为”属于刑法中典型的兜底条款。兜底条款一般采用“其他……的行为”的表述方式，这种表述方式一方面增加了条文的弹性，另一方面也使条文具有模糊性的特征。由于条文的模糊性有违罪刑法定原则“明确性”的要求，这就可能导致行为人难以预测其所实施的行为是否构成犯罪。正因如此，我们必须对兜底条款作出相应的限定，不宜使其范围过于宽泛。

在司法实务中，是否适用兜底条款取决于行为是否符合同质性要求。所谓同质性要求，是指行为不仅侵犯了与相应罪名相同的犯罪客体，而且在行为手段上也与相应罪名的明示条款具有相同的特征。根据同质性要求，在非法经营罪中，只有当相关行为侵犯了国家对市场的管理秩序，而且该行为在行为方式上与非法经营罪的其他明示性条文具有相同的特征，亦即未经批准非法进行经营活动时，才能将该行为认定为非法经营罪兜底条款所规定的行为。

六、论述题

答案：集资诈骗罪，是指以非法占有为目的，使用诈骗方法非法集资，数额较大的行为。本罪的构成要件是：

（1）本罪的客体，是复杂客体，即国家正常的金融管理秩序和公私财产所有权。

（2）本罪的客观方面，表现为使用诈骗的方法进行非法集资，数额较大的行为。

（3）本罪的主体，既可以是自然人，也可以由单位构成。在大多数情况下，自然人犯本罪时，通常都是以单位名义进行的。

（4）本罪的主观方面，只能由故意构成，并且行为人具有非法占有集资款的目的。

在实践中，要注意将本罪与集资借贷纠纷区别开来。集资借贷纠纷是指集资方夸大集资回报条件，后因客观原因无力及时按照约定条件返还集资款及红利而引起的纠纷。在这种情况下，尽管行为有一定成分的欺骗，但只要在主观上无非法占有集资款的目的，在客观上没有下列情形之一，就不能认定为犯罪：①携带集资款逃跑的；②挥霍集资款，致使集资款无法返还的；③利用集资款进行违法犯罪活动，致使集资款无法返还的；④具有其他欺诈行为，拒不返还集资款或者致使集资款无法返还。

本罪与擅自发行股票、公司、企业债券罪的界限。集资诈骗罪有时也以未经批准擅自发行股票或者公司、企业债券的方式实施，但这种行为与擅自发行股票、公司、企业债券罪不同，主要表现为如下几个方面：

	集资诈骗罪	擅自发行股票、公司、企业债券罪
侵犯的客体不同	本罪侵犯的客体是金融管理秩序和公私财产所有权	后者侵犯的客体则是国家对股票、债券的管理制度
客观方面不同	本罪表现为采用虚构事实、隐瞒真相的欺骗手段，擅自发行股票、债券数额较大的行为	后者则是未经国家有关主管部门批准，擅自发行股票、公司、企业债券，数额巨大、后果严重或者有其他严重情节的行为
犯罪目的不同	实施本罪的目的在于非法占有所筹集的资金	后者的目的在于非法筹集生产经营资金

七、案例分析题

1. 答案：（1）甲某伪造银行储蓄专用章、行政章，构成伪造企业印章罪。此外，甲某的行为还构成伪造金融票证罪、贷款诈骗罪和金融凭证诈骗罪。

甲某伪造大额存单的行为构成伪造金融票证罪。以非法占有为目的，使用虚假的产权证明担保，诈骗金融机构的贷款，构成贷款诈骗罪。在骗取贷款的过程中，使用伪造的金融凭证进行诈骗犯罪，同时，触犯金融凭证诈骗罪。

（2）甲某的行为不属于单位犯罪。

因为甲某的电器厂属于私营企业，且不具有法人资格。根据最高院的解释，没有法人资格的独资、合伙企业犯罪的，以个人犯罪论处。

（3）对甲某应当撤销假释，把金融凭证诈骗罪所判之刑与原判决尚未执行完毕的刑期，依法合并，决定执行的刑罚。

首先，对甲某所犯数罪应当以金融凭证诈骗罪一罪定罪量刑。甲某伪造企业印章罪和伪造金融票证罪均是在诈骗银行贷款目的支配下的手段行为，与贷款诈骗罪具有牵连关系。因此不需要数罪并罚。其次，甲某在实行贷款诈骗犯罪的同时，又触犯金融凭证诈骗罪，属于竞合关系，应当择一重罪处罚，不需要数罪并罚。而其中以金融凭证诈骗罪为最重，所以，应当以金融凭证诈骗罪一罪定罪量刑。最后，应当撤销对甲某的假释，把对金融凭证诈骗罪所判刑罚，与前罪剩余的3年零10个月刑期，合并决定执行的刑罚。

2. 答案：（1）甲、乙公司的行为构成操纵证券、期货交易价格罪。甲、乙公司合谋，按照事先约定价格买卖股票，抬高股票价格，非法获利，数额巨大，符合操纵证券、期货交易价格罪的特征。

（2）该罪的客观方面特征是：

有下列情形之一，操纵证券、期货交易价格，获取不正当利益或者转嫁风险，情节严重的行为：①单独或者合谋，集中资金优势、持股或者持仓优势或者利用信息优势联合或者连续买卖，操纵证券、期货交易价格的；②与他人串通，以事先约定的时间、价格和方式互相进行证券、期货交易，或者相互买卖并不持有的证券，影响证券、期货交易价格或者证券、期货交易量的；③在自己实际控制的账户之间进行交易，或者以自己为交易对象，自买自卖期货合约，影响证券、期货交易价格或者证券、期货交易量的；④以其他方法操纵证券、期货交易价格的。

3. 答案：甲某的行为构成抗税罪和逃避追缴欠

税罪，应当数罪并罚。

甲某明知自己有纳税义务而拒不缴纳，并对税务工作人员使用暴力，构成抗税罪。同时，甲某在其承包的酒店开业后，一直未办理纳税登记，并采取虚报住址、转移财产、去外地躲避的手段，致使税务机关无法追缴欠缴的税款，达到了14280元，构成逃避欠缴纳税罪。这两个罪名各自独立，应当并罚。

4. **答案：**甲某的行为构成侵犯著作权罪和妨害公务罪，应当数罪并罚，且其在共同犯罪中起主要作用，是主犯，应当以共同犯罪人所犯的全部罪行承担刑事责任。

甲某以营利为目的，未经著作权人许可，非法设立生产线，结伙大量复制发行他人作品，其行为均已构成侵犯著作权罪，且违法所得数额达到350万元之巨，属于违法所得数额巨大，依法应当判处三年以上七年以下有期徒刑，并处罚金。另外甲某在明知复制DVD影碟的生产线被公安机关查封，仍以威胁方法阻碍公安人员依法看守被查封的生产线，并使用暴力强行转移已查封的生产线，其行为均已构成妨害公务罪，甲某在其中负责出资、组织和指挥，起主要作用，是主犯，应当对共同妨害公务的行为承担刑事责任。

5. **答案：**(1) 宏远道桥建设公司构成单位行贿罪、工程重大安全事故罪。

贺东作为宏远道桥建设公司的法定代表人，系该公司的主管人员，为了公司牟取不正当利益而向国家工作人员行贿，其行贿行为是单位行为，构成单位行贿罪。依照《刑法》第393条规定对宏远道桥建设公司处以罚金，同时贺东作为直接负责的主管人员，应当承担相应的刑事责任。同样道理，贺东作为单位主管人员，降低工程质量标准，偷工减料的行为也是宏远道桥建设公司的单位行为。宏远道桥建设公司作为建设单位违反国家规定，降低工程质量标准，造成重大安全事故，危害公共安全，构成工程重大安全事故罪。由于《刑法》第137条规定的犯该罪实行单罚制，即处罚单位的直接责任人员，在本案中贺东作为直接责任人员，应当受处罚。

(2) 贺东的行为构成购买假币罪，使用假币罪。

贺东故意指使尹燕购买假币，数量巨大，构成购买假币罪的共同犯罪，且贺东在共同犯罪中起主要作用，系主犯。贺东又故意指使尹燕使用假币向银行归还贷款，数额较大，其行为符合使用假币罪的构成要件，构成该罪的共同犯罪，且在共同犯罪中起主要作用，系主犯。其使用假币行贿的行为系目的行为与方法行为的牵连犯，择一重罪论处构成单位行贿罪。

(3) 尹燕的行为构成购买假币罪、使用假币罪。

尹燕受贺东指使故意购买、使用假币，数量较大，符合购买假币罪、使用假币罪的构成要件，构成该二罪且为共同犯罪，尹燕在共同犯罪中起次要作用，系从犯。

(4) 贺东、尹燕构成共同犯罪。

贺东、尹燕共同购买、使用假币虽然也是为单位利益，以单位名义，但因刑法没有规定购买假币罪、使用假币罪的单位犯罪，因此不构成单位犯罪，而构成自然人共同犯罪。

6. **答案：**(1) 吴某的行为不构成犯罪，属于走私普通货物、物品的走私行为，应给予行政处罚。因为，偷逃应缴税额只有2万元，而达不到5万元。

(2) 许某的行为已构成信用卡诈骗罪。

根据刑法规定，本案许某冒用他人信用卡以持卡人的名义购买物品、非法占有数额较大财产，符合信用卡诈骗罪的特征。

7. **答案：**被告人柯某，主观上具有非法占有集资的故意，客观上其编造事实，谎称投资建厂，用高额利息非法吸收他人的资金，用集资进行个人的股票交易，并准备携集资外逃，其行为已构成了集资诈骗罪，应依法予以惩处。

8. **答案：**(1) 甲的行为构成走私淫秽物品罪。

根据我国《刑法》第152条的规定，走私淫秽物品罪是指违反海关法规，逃避海关监管，以牟利或者传播为目的，非法运输、携带、邮寄淫秽的影片、录像带、图片、书刊或者其他淫秽物品的行为。

从该罪的规定看，该罪要求行为人在客观上违反海关法规，逃避海关监管，实施了非法运输、携带、邮寄淫秽的影片、录像带、录音带、图片、书刊或者其他淫秽物品的行为；在主观上是以牟利或者传播为目的。所谓“以牟利为目的”是指行为人走私淫秽物品是为了出卖、出租或者通过其他方式利用淫秽物品牟取非法利润。“以传播为目的”是指行为人走私淫秽物品意图在社会上进行扩散。本案中，甲违反海关法规，逃避海关监管，携带淫秽物品进行的目的，从后面的行为看，就是为了营利，即获取利润。因此，甲的行为构成了我国刑法规定的走私淫秽物品罪。

（2）乙的行为构成走私淫秽物品罪。

根据我国《刑法》第155条第1款的规定，直接向走私人非法收购国家禁止进口物品的，或者直接向走私人非法收购走私进口的其他货物、物品，数额较大的，以走私罪论处，依照相关规定处罚。乙明知甲的淫秽物品是走私进境的，也明知甲是走私人，却仍然向其收购这些淫秽物品，根据我国刑法的规定，乙的行为应该构成走私淫秽物品罪。

（3）如果甲非法携带淫秽物品进境只是为了自己欣赏，甲的行为则不构成犯罪。

根据我国刑法的规定，走私淫秽物品要构成犯罪，行为人必须是以牟利或者传播为目的，如果行为人不具备牟利目的、传播目的携带、邮寄淫秽物品供个人使用的，则不构成走私淫秽物品罪。因此，如果甲非法携带淫秽物品进境只是为了自己欣赏，则甲的行为不构成犯罪。

（4）丙、丁、戊的行为构成传播淫秽物品牟利罪。

我国《刑法》第363条规定，以牟利为目的，制作、复制、出版、贩卖、传播淫秽物品的，处3年以下有期徒刑、拘役或者管制，并处罚金；情节严重的，处3年以上10年以下有期徒刑，并处罚金；情节特别严重的，处10年以上有期徒刑或者无期徒刑，并处罚金或者没收财产。制作、复制、出版、贩卖、传播淫秽物品牟利罪中的传播淫秽物品牟利罪与我国刑法规定的传播淫秽物品罪、组织播放淫秽音像制品罪的主要区别在于：前者行为人必须是出于牟利的目的，而后者则不具有这个目的。本案中，丙、丁、戊放映淫秽物品的目的在于营利，因此，丙、丁、戊的行为构成的是传播淫秽物品牟利罪，而不构成传播淫秽物品罪或者组织播放淫秽音像制品罪。

9. 答案：根据我国刑法规定，武装掩护走私罪是指犯罪分子携带武器，包括携带武器保护运送、掩护走私行为和走私物品的行为。武装掩护走私罪是一种严重破坏对外贸易管制的犯罪，其主观方面出自故意，且一般都有非法牟利的目的；在客观方面表现为违反海关法规，逃避海关监管，偷逃关税的行为。在本案中，被告人杨某、林某为牟取暴利而与走私分子共谋走私，因此在主观上具有走私故意，而且被告人杨某、林某身为负责缉私工作的国家工作人员，更应该知道走私行为的社会危害性，但他们知法犯法，武装掩护走私，因此其主观恶性比一般的走私犯罪分子更大；在客观方面，两被告人利用负责缉私工作的职务便利，派遣缉私人员全副武装接应并押运走私船只，这种武装走私行为较之普通走私危害更大，影响更坏。而且杨某、林某武装掩护走私的数额特别巨大，杨某在共同走私犯罪中起谋划和组织作用，系主犯；林某在共同走私犯罪中起次要作用，系从犯。

第二十四章　侵犯公民人身权利、民主权利罪

配套测试

一、单项选择题

1. 关于侵犯公民人身权利的犯罪，下列哪一选项是正确的？（　　）（司考 2017. 卷二. 15）

A. 甲对家庭成员负有扶养义务而拒绝扶养，故意造成家庭成员死亡。甲不构成遗弃罪，成立不作为的故意杀人罪

B. 乙闯入银行营业厅挟持客户王某，以杀害王某相要挟，迫使银行职员交给自己 20 万元。乙不构成抢劫罪，仅成立绑架罪

C. 丙为报复周某，花 5000 元路费将周某 12 岁的孩子带至外地，以 2000 元的价格卖给他人。丙虽无获利目的，但也构成拐卖儿童罪

D. 丁明知工厂厂主熊某强迫工人劳动，仍招募苏某等人前往熊某工厂做工。丁未亲自强迫苏某等人劳动，不构成强迫劳动罪

2. 甲某因被害人乙某曾与其妻子吵架，而带领二人到乙某家中，质问乙某几句之后，便当胸一刀，刺破其心脏。然后又将乙某拖出房屋外，乙某倒地。甲某等人见状未予理会，径自离去。（　　）

A. 甲某构成故意伤害罪

B. 甲某构成故意杀人罪

C. 甲某构成过失致人死亡罪

D. 甲某等人构成聚众斗殴罪

3. 某甲为一私营企业的老板，其朋友某乙对其钱财垂涎已久，一日趁某甲家人疏忽之际，将其不满 2 周岁的幼儿偷走，然后向某甲勒索现金 10 万元。某甲向公安机关报案，公安人员遂追捕某乙。某乙见勒索未成，将幼儿杀害。对于某乙该如何处理？（　　）

A. 按拐卖儿童罪的结果加重犯论处

B. 按绑架罪论处

C. 按故意杀人罪论处

D. 按绑架罪和故意杀人罪二罪论处，数罪并罚

4. 陈某系某建筑队包工头，其为获得廉价劳动力，便从一些偏远地区雇用大量民工（许多未满 16 周岁）从事高空刷漆工作，其劳动安全设施不符合国家规定，虽有职工对此提出疑问，但陈某为牟利，未予理睬，最终造成一名工人高空坠落致死，对陈某的行为，下列评价正确的是：（　　）。

A. 陈某的行为构成非法雇用童工从事危重劳动罪

B. 陈某的行为构成重大劳动安全事故罪

C. 对陈某的行为应当数罪并罚，按照雇用童工从事危重劳动罪和重大劳动安全事故罪处罚

D. 陈某的行为不构成犯罪

5. 因暴力干涉婚姻自由不成而将被干涉者杀害的行为构成下列哪种罪？（　　）

A. 暴力干涉婚姻自由罪

B. 故意杀人罪

C. 属暴力干涉婚姻自由罪的加重罪状

D. 暴力干涉婚姻自由罪与故意杀人罪

6. 甲某在任本村卫生员期间，没有取得计划生育手术上岗证，但曾多次私自为妇女摘取节育环。某日经乙某请求，其用自制的铜丝钩子等工具，私自给乙某摘取节育环，致使乙某子宫穿孔大出血，导致重度失血性休克，后抢救无效死亡。甲某的行为应当如何认定？（　　）

A. 构成非法行医罪

B. 构成非法进行节育手术罪

C. 构成故意伤害罪

D. 构成过失致人死亡罪

7. 甲某因强奸丙某被公安机关逮捕，甲某

之妻乙某为使甲某不受处罚，多次找到被害人丙某要求其作证时证明其与甲某是通奸而不是被强奸，并许诺给丙某2万元精神损失费，丙某不从，乙某就叫人把丙某关在自家的地下室里，声称丙某如果不按她说的做，就不放她出去，将丙某拘禁5天之久，导致丙某精神受到严重刺激，引发重症型精神疾病。对于乙某的行为应当如何认定？（　）

A. 乙某构成妨害作证罪和非法拘禁罪，数罪并罚

B. 乙某构成伪证罪和非法拘禁罪，数罪并罚

C. 乙某构成伪证罪和非法拘禁罪，属牵连犯，择一重罪处理

D. 乙某构成妨害作证罪和非法拘禁罪，属牵连犯，择一重罪处理

8. 某晚张某在路上发现一独行的女青年遂上前将其拦住，并拖到无人处将其强奸。逃离现场时从受害人自行车的车篮里票夹内窃取人民币200元。而受害人穿好衣服到公路另一侧取自行车时才发现被窃。对张某的行为应如何认定？（　）

A. 构成强奸罪和抢劫罪

B. 构成强奸罪和盗窃罪

C. 构成强奸罪

D. 盗窃数额未达到定罪标准，不构成盗窃罪，应以抢劫罪论处

9. 甲某带领乙某等10名民工到新疆某地淘金，甲某对民工不断加大劳动量，提供的食宿条件极为恶劣，并随意打骂民工，民工备受劳苦，在乙某的带领下集体逃走，被甲某及其雇用的打手抓回工地后，用刺条抽打，甲某还将乙某右胳膊踢断，经法医检验为轻伤。此后，甲某为防民工再次逃走，在白天民工干活时，甲某亲自带人监管；晚上民工睡觉时，强迫他们睡在一个山洞里，洞口有雇用的人看管，不让民工出山洞解手，还强令民工脱光衣服睡觉，由他将衣服收缴集中存放，至天明起床去干活时才发给衣服穿。甲某的行为应当如何认定？（　）

A. 构成故意伤害罪、非法拘禁罪

B. 构成故意伤害罪、强迫劳动罪

C. 构成非法拘禁罪、强迫劳动罪

D. 构成故意伤害罪、非法拘禁罪和强迫劳动罪

10. 张某系中医医师，合法开设门诊，为患者诊断治病并配售中药。为牙痛患者袁某诊断后便开了中药清胃散二服。因在此之前被告人错将有毒的草乌装入放玄参的药斗内，在配药时将草乌当作玄参配给了袁某。袁某将其中一服中药泡服后，即出现严重中毒症状。经医院抢救无效，于当日下午5时40分死亡。对张某的行为应当如何认定？（　）

A. 构成过失致人死亡罪

B. 构成医疗事故罪

C. 构成重大责任事故罪

D. 构成销售劣药罪

11. 甲某向乙某借了5万元的高利贷，事后乙某向甲某讨还时，甲某矢口否认，并且将乙某强行关在自家的地下室里，对其殴打，让乙某将借据交出，并强迫乙某书写字据称甲某已经将5万元还给乙某，否则就不放乙某，乙某无奈只得照办。对于甲某的行为应当（　）。

A. 甲某构成抢劫罪和非法拘禁罪

B. 甲某构成绑架罪

C. 甲某构成抢劫罪

D. 由于甲、乙之间的高利借贷是不合法的债权债务关系，甲某只构成非法拘禁罪

12. 某甲、某乙在公园游玩时，追逐一不相识的女中学生，李某上前制止并指责其行为。某甲即对李某殴打，造成轻微伤。张某过来劝架，某甲、某乙对之非常不满，又对张某进行殴打，造成张某轻微伤。后来发现该女中学生与另一男生同行，某甲、某乙又上去对该男生进行殴打。某甲和某乙的行为应当如何认定？（　）

A. 构成故意伤害罪

B. 构成寻衅滋事罪

C. 构成聚众斗殴罪

D. 情节轻微，不构成犯罪

13. 甲某是某厂保安科科长，因厂中多次发生产品失窃事件，怀疑是乙某所为，命令几个保安将乙某强行抓到该厂的一个废旧仓库，对乙某进行辱骂，拳打脚踢，逼乙某承认产品为其所偷。乙某不承认，甲某就命令保安先将乙某锁在仓库里，外面派保安看守，如此对乙某进行多次拷打，一日晚，乙某不堪凌辱，上吊自杀身亡。甲某的行为属于（　　）。

A. 刑讯逼供罪　　B. 故意伤害罪

C. 故意杀人罪　　D. 非法拘禁罪

14. 甲、乙系夫妻，结婚多年未育，到处托亲戚找小孩领养。一次甲看到火车站有一个男孩，十分乖巧，遂许以厚待，哄骗到家，造成男孩的母亲寻找不着而诱发了精神病。甲的行为构成（　　）。

A. 拐卖妇女、儿童罪

B. 拐卖儿童罪

C. 破坏家庭罪

D. 拐骗儿童罪

15. 下列情形按非法拘禁罪定罪处罚的是：（　　）。

A. 收买被拐卖的妇女后，非法剥夺人身自由的

B. 非法拘禁他人，使用暴力致人伤残、死亡的

C. 为索取债务而非法扣押他人，致人重伤的

D. 组织他人偷越国（边）境时，剥夺被组织人人身自由的

16. 被告人甲和乙因生意发生纠纷，甲对乙怀恨在心，决定绑架乙的儿子。一天中午，甲隐藏在乙的家门口，看到孩子出来，他跑过去捂住乙子的嘴，要把孩子抱走，乙子拼命挣扎，惊动了在家的乙，乙冲上去和甲扭打起来，甲在扭打中往乙腿上刺了一刀，不料乙当场死亡。甲逃跑到外地，一日在超市偷食品，被保安发现，当场抓获。对甲的行为应如何处理？（　　）

A. 以绑架罪和故意伤害致人死亡罪数罪并罚

B. 以绑架勒索罪和故意伤害罪、盗窃罪数罪并罚

C. 以绑架罪、过失伤害罪数罪并罚

D. 以绑架罪、故意伤害罪数罪并罚

17. 甲某先后拐卖妇女10人，在此过程中奸淫2名被拐卖的妇女并强迫另外2名被拐卖的妇女卖淫。甲某的行为构成何罪？（　　）

A. 拐卖妇女罪

B. 拐卖妇女罪、强迫卖淫罪、强奸罪

C. 拐卖人口罪

D. 拐卖人口罪、强迫卖淫罪、强奸罪

18. 甲花费2万元从一人贩子手中收买了妇女乙，并强行与乙发生了性关系。对甲的行为应如何处理？（　　）

A. 按收买被拐卖的妇女罪与强奸罪数罪并罚

B. 按强奸罪定罪从重处罚

C. 按收买被拐卖的妇女罪定罪从重处罚

D. 按强奸罪定罪处罚

19. 下列哪种情形须告诉才处理？（　　）

A. 故意伤害致人轻伤的

B. 虐待家庭成员，致使被害人重伤的

C. 侮辱、诽谤他人情节严重的

D. 拒绝抚养无独立生活能力的家庭成员情节恶劣的

20. 公安局侦查员甲在审理某电脑公司仓库保管员乙盗窃一案时，对乙盗窃价值2万元手提电脑的罪行不追查也不取证，还将罪证材料销毁，帮助乙逃避处罚。乙在甲的帮助下获释，后甲以此相要挟，多次强奸乙。甲的行为构成何种犯罪？（　　）

A. 包庇罪和强奸罪

B. 徇私枉法罪和强奸罪

C. 伪证罪和强奸罪

D. 玩忽职守罪和强奸罪

21. 甲厂欠乙厂货款20余万元，乙厂屡次讨要未果，于是乙厂趁甲厂厂长来乙厂办事的机会，将其扣留起来，关在厂保卫科里，并要求甲厂还钱，然后放人，前

后关押达30天之久并且有殴打、侮辱行为，这种行为应认定为（　　）。

A. 不构成犯罪，因为为索取债务而实施上述行为，不认为是非法拘禁行为

B. 构成非法拘禁罪、故意伤害罪、侮辱罪，应实行数罪并罚

C. 构成非法拘禁罪，殴打、侮辱行为不应单独定罪，应作为从重处罚的情节

D. 构成非法拘禁罪，但殴打、侮辱行为应分不同的情况做不同的处理。一般性的，尚不能单独构成犯罪的殴打、侮辱，应作为从重处罚的情节；如果出于其他目的，已达到犯罪的程度，应单独定罪，与非法拘禁罪实行并罚

22. 下列哪个行为不构成故意杀人罪？（　　）

A. 甲在实施抢劫之后，为了灭口

B. 乙强奸某女，引起某女自杀

C. 丙与丁通奸多年，某日，丙要丁杀死其夫，丁不同意。丙毒打丁，并砸毁其家中物品，扬言如果丁2日内不能杀死其夫，就要丁自杀，丁因不忍心杀夫而自杀身亡

D. 某男与某女相约自杀，欺骗某女先自杀后，该男逃走

23. 某甲为勒索财物，从托儿所诱骗了1名婴儿；某乙为牟利，从医院产房里偷窃了1名男婴；单身汉丙某为自己的养老送终，在大街上用糖果哄了1名儿童作为自己的义子并跟随自己生活，对甲、乙、丙三人的行为描述正确的是：（　　）。

A. 甲构成绑架罪，乙与丙构成拐骗儿童罪

B. 甲与丙构成拐骗儿童罪，乙构成拐卖儿童罪

C. 甲构成绑架罪，乙构成拐卖儿童罪，丙不构成犯罪但属违法

D. 甲构成绑架罪，乙构成拐卖儿童罪，丙构成拐骗儿童罪

24. 田某系现役军人的妻子，其虽符合分房条件，但单位多年以“单位住房紧张，而其丈夫一年才回来一次不到一个月时间、其他同志家庭成员长期生活在一起应优先照顾”为由，不给其分房，田某因怀孕找到单位后勤领导甲某提出给予照顾，甲某暗示只要田某与其同居一宿，一切都好解决。田某无奈，当夜只好留宿在甲某处。对甲某以何犯罪之规定处罚？（　　）

A. 破坏军人婚姻罪

B. 强奸罪

C. 以渎职罪和破坏军人婚姻罪并罚

D. 滥用职权罪

25. 朱某虐待其妻子长达5年之久，致其妻精神受到严重摧残，情节十分恶劣。某日，朱某又无故殴打其妻子，竟用改锥将其耳朵扎聋。朱某的行为构成：（　　）。（司考2014. 卷二. 15）

A. 虐待罪

B. 过失致人重伤罪

C. 虐待罪和故意伤害罪

D. 故意伤害罪

26. 甲某得知女友被乙某强奸，气愤不已，带人将乙某挟持并不停殴打，令其写下坦白书认错，并赔偿5000元，让其通知亲戚来交钱放人。乙某亲属报警后，两人被捕获。甲的行为构成（　　）。（司考2011. 卷二. 18）

A. 绑架罪　　B. 非法拘禁罪

C. 敲诈勒索罪　　D. 抢劫罪

27. 甲酒后与邻居乙发生争吵，回家拿起一根大棒，朝邻居乙猛击过去，不料没有击中乙，而是击中前来劝架的邻居丙，导致丙死亡。甲的行为构成何罪？（　　）（司考2010. 卷二. 11）

A. 构成故意伤害罪

B. 对乙构成故意伤害罪（未遂），对丙构成过失致人死亡罪，数罪并罚

C. 构成过失致人死亡罪

D. 对乙构成故意伤害罪（未遂），对丙构成过失致人死亡罪，以过失致人死亡罪处罚

28. 一老人年逾七旬，已失去独立生活能力。虽有一子，但其子有扶养能力而拒绝扶

养。老人只能沿街乞讨，最后含恨自杀身亡。其子的行为构成（　　）。（司考 2009. 卷二 . 16）

A. 遗弃罪

B. 虐待罪

C. 过失致人死亡罪

D. 故意杀人罪（间接故意）

29. 甲持刀将乙逼入山中，让乙通知其母送钱赎人。乙担心其母心脏病发作，遂谎称开车撞人，需付 5 万元治疗费，其母信以为真。关于甲的行为性质，下列哪一选项是正确的？（　　）（司考 2010. 卷二 . 16）

A. 非法拘禁罪

B. 绑架罪

C. 抢劫罪

D. 诈骗罪

30. 甲欠乙 10 万元久不归还，乙反复催讨。某日，甲持凶器闯入乙家，殴打乙致其重伤，迫乙交出 10 万元欠条并在已备好的还款收条上签字。关于甲的行为性质，下列哪一选项是正确的？（　　）（司考 2010. 卷二 . 17）

A. 故意伤害罪

B. 抢劫罪

C. 非法侵入住宅罪

D. 抢夺罪

31. 甲男与乙女发生纠纷，乙将脏物泼在甲的身上，甲便揪住乙的上衣，并向乙的下身猛击几拳；乙骂声不止，甲便唤来自家豢养的大公狗，在有许多围观村民的情况下，甲扒下乙的裤子，使其当众赤裸身体，并叫狗扑在乙的身上。甲的行为构成何罪？（　　）

A. 强制猥亵、侮辱妇女罪

B. 侮辱罪

C. 公然猥亵罪

D. 诽谤罪

32. 关于侮辱罪与诽谤罪的论述，下列哪一选项是正确的？（　　）（司考 2013. 卷二 . 16）

A. 为寻求刺激在车站扒光妇女衣服，引起他人围观的，触犯强制猥亵、侮辱妇女罪，未触犯侮辱罪

B. 为报复妇女，在大街上边打妇女边骂“狐狸精”，情节严重的，应以侮辱罪论处，不以诽谤罪论处

C. 捏造他人强奸妇女的犯罪事实，向公安局和媒体告发，意图使他人受刑事追究，情节严重的，触犯诬告陷害罪，未触犯诽谤罪

D. 侮辱罪、诽谤罪属于亲告罪，未经当事人告诉，一律不得追究被告人的刑事责任

33. 检察院干部牛某，在对一个案件进行审查起诉的过程中，对证人余某暴力逼取证言，造成余某重伤。对牛某的行为应如何定性？（　　）

A. 构成暴力取证罪，致人重伤作为从重处罚的一个情节

B. 构成暴力取证罪、故意伤害罪，应当实行数罪并罚

C. 构成暴力取证罪、过失致人重伤罪，应当实行数罪并罚

D. 只能定故意伤害罪，不能同时定暴力取证罪

34. 卫某与同村的仇某发生互殴，双方均致轻微伤。卫某对本市法医机构作出的轻微伤鉴定不满，遂暗中将自己身上的原创伤口扩长，导致伤势加重，并另行委托鉴定，结论为轻伤。后卫某以故意伤害罪向法院告发仇某，仇某被羁押 39 天后，司法机关查清了事实真相。卫某的行为构成（　　）。

A. 故意伤害罪　　B. 报复陷害罪

C. 诬告陷害罪　　D. 伪证罪

35. 甲在经过某偏僻路口时，发现其好友乙抢劫了丙的财物，且由于乙先前的暴力行为，导致丙流血过多，陷入昏迷状态。甲赶忙对乙说：“你惹麻烦了，快找个地方躲躲，走得越远越好。”甲还将自己远房亲戚的姓名、住址提供给乙，并给乙 3000 元。乙于是坐火车投奔甲的亲戚。甲、乙分别离开现场 3 小时后，丙死亡。

甲的行为构成何罪？（　　）（2008. 四川. 卷二. 单）

A. 抢劫罪

B. 故意杀人罪

C. 过失致人死亡罪

D. 窝藏罪

36. 某公安局巡逻大队人员屠某在夜间巡逻时，看见戴某从一户人家院墙里跳出来，怀疑其为小偷，即把戴某带回到巡逻大队值班室讯问。戴某不承认其有盗窃行为。屠某便命令戴某蹲下不许站起来，直到其交代情况为止。戴某几次忍不住想站起来，都被屠某打倒在地。最后一次戴某被打倒时其头部撞在桌角上，导致严重伤残。屠某的行为构成以下何种犯罪？（　　）

A. 刑讯逼供罪

B. 暴力取证罪

C. 非法拘禁罪

D. 故意伤害罪

37. 关于诬告陷害罪的认定，下列哪一选项是正确的（不考虑情节）？（　　）（司考 2017. 卷二. 16）

A. 意图使他人受刑事追究，向司法机关诬告他人介绍卖淫的，不仅触犯诬告陷害罪，而且触犯侮辱罪

B. 法官明知被告人系被诬告，仍判决被告人有罪的，法官不仅触犯徇私枉法罪，而且触犯诬告陷害罪

C. 诬告陷害罪虽是侵犯公民人身权利的犯罪，但诬告企业犯逃税罪的，也能追究其诬告陷害罪的刑事责任

D. 15 周岁的人不对盗窃负刑事责任，故诬告 15 周岁的人犯盗窃罪的，不能追究行为人诬告陷害罪的刑事责任

38. 甲冒充公安人员，以抓流氓为名，胁迫奸淫妇女多人，对甲应定何罪？（　　）

A. 强奸罪

B. 招摇撞骗罪

C. 招摇撞骗罪和强奸罪

D. 侮辱妇女罪

39. 下列行为中，按照刑法规定构成故意杀人罪的是：（　　）。

A. 甲绑架乙的儿子后因乙的儿子经常哭闹，甲怕事发，便将乙的儿子杀死

B. 甲在乙上夜班回来的路上欲强奸乙，但乙拼命挣扎，甲情急之下掐死了乙

C. 甲为了向乙妻索要赌债，绑架了乙，乙在逃跑的过程中被甲发现，甲将乙一顿毒打，致乙死亡

D. 甲欲杀死其仇人乙，于是在乙每天上班必然途经的路上埋了一颗炸弹，炸死了乙和另外两个路人

40. 甲为杀害仇人林某在偏僻处埋伏，见一黑影过来，以为是林某，便开枪射击。黑影倒地后，甲发现死者竟然是自己的父亲。事后查明，甲的子弹并未击中父亲，其父亲患有严重心脏病，因听到枪声后过度惊吓死亡。关于甲的行为，下列哪一选项是正确的？（　　）（司考 2007. 卷二. 5）

A. 甲构成故意杀人罪既遂

B. 甲构成故意杀人罪未遂

C. 甲构成过失致人死亡罪

D. 甲对林某构成故意杀人罪未遂，对自己的父亲构成过失致人死亡罪，应择一重罪处罚

41. 关于强奸罪及相关犯罪的判断，下列哪一选项是正确的？（　　）（司考 2007. 卷二. 12）

A. 甲欲强奸某妇女遭到强烈反抗，一怒之下扼住该妇女喉咙，致其死亡后实施奸淫行为。甲的行为构成强奸罪的结果加重犯

B. 乙为迫使妇女王某卖淫而将王某强奸，对乙的行为应以强奸罪与强迫卖淫罪实行数罪并罚

C. 丙在组织他人偷越国（边）境过程中，强奸了被组织的妇女李某。丙的行为虽然触犯了组织他人偷越国（边）境罪与强奸罪，但只能以组织他人偷越国（边）境罪定罪量刑

D. 丁在拐卖妇女的过程中，强行奸淫了该妇女。丁的行为虽然触犯了拐卖妇

女罪与强奸罪，但根据刑法规定，只能以拐卖妇女罪定罪量刑

42. 下列哪种情形构成诬告陷害罪？（　　）（司考 2007. 卷二 . 131）

A. 甲为了得到提拔，便捏造同事曹某包养情人的事实并匿名举报，使曹某失去晋升机会

B. 乙捏造“文某明知王某是实施恐怖活动的人而向其提供资金”的事实，并向公安部门举报

C. 丙捏造同事贾某受贿 10 万元的事实，并写成 500 份传单在县城的大街小巷张贴

D. 丁匿名举报单位领导王某贪污救灾款 50 万元。事后查明，王某只贪污了救灾款 5000 元

43. 甲、乙夫妇因 8 岁的儿子严重残疾，生活完全不能自理而非常痛苦。一天，甲往儿子要喝的牛奶里放入“毒鼠强”时被乙看到，乙说：“这是毒药吧，你给他喝呀？”见甲不说话，乙叹了口气后就走开了。毒死儿子后，甲、乙二人一起掩埋尸体并对外人说儿子因病而死。关于甲、乙行为的定性，下列哪一选项是正确的？（　　）（司考 2008. 卷二 . 7）

A. 甲与乙构成故意杀人的共同犯罪

B. 甲构成故意杀人罪，乙构成包庇罪

C. 甲构成故意杀人罪，乙构成遗弃罪

D. 甲构成故意杀人罪，乙无罪

44. 甲持西瓜刀冲入某银行储蓄所，将刀架在储蓄所保安乙的脖子上，喝令储蓄所职员丙交出现金 1 万元。见丙故意拖延时间，甲便在乙的脖子上划了一刀。刚取出 5 万元现金的储户丁看见乙血流不止，于心不忍，就拿出 1 万元扔给甲，甲得款后迅速逃离。对甲的犯罪行为，下列哪一选项是正确的？（　　）（司考 2008. 卷二 . 12）

A. 抢劫罪（未遂）

B. 抢劫罪（既遂）

C. 绑架罪

D. 敲诈勒索罪

45. 甲得知乙一直在拐卖妇女，便对乙说：“我的表弟丙没有老婆，你有合适的就告诉我一下。”不久，乙将拐骗的两名妇女带到甲家，甲与丙将其中一名妇女买下给丙做妻。关于本案，下列哪一选项是错误的？（　　）（司考 2008. 卷二 . 13）

A. 乙构成拐卖妇女罪

B. 甲构成拐卖妇女罪的共犯

C. 甲构成收买被拐卖的妇女罪

D. 丙构成收买被拐卖的妇女罪

46. 下列哪一行为不应以故意伤害罪论处？（　　）（司考 2012. 卷二 . 16）

A. 监狱监管人员吊打被监管人，致其骨折

B. 非法拘禁被害人，大力反扭被害人胳膊，致其胳膊折断

C. 经本人同意，摘取 17 周岁少年的肾脏 1 只，支付少年 5 万元补偿费

D. 黑社会成员因违反帮规，在其同意之下，被截断 1 截小指头

47. 关于自伤，下列哪一选项是错误的？（　　）（司考 2011. 卷二 . 13）

A. 军人在战时自伤身体、逃避军事义务的，成立战时自伤罪

B. 帮助有责任能力成年人自伤的，不成立故意伤害罪

C. 受益人唆使 60 周岁的被保险人自伤、骗取保险金的，成立故意伤害罪与保险诈骗罪

D. 父母故意不救助自伤的 12 周岁儿子而致其死亡的，视具体情形成立故意杀人罪或者遗弃罪

48. 关于故意伤害罪与组织出卖人体器官罪，下列哪一选项是正确的？（　　）（司考 2011. 卷二 . 14）

A. 非法经营尸体器官买卖的，成立组织出卖人体器官罪

B. 医生明知是未成年人，虽征得其同意而摘取其器官的，但仍成立故意伤害罪

C. 组织他人出卖人体器官并不从中牟利

的，不成立组织出卖人体器官罪

D. 组织者出卖一个肾脏获 15 万元，欺骗提供者说只卖了 5 万元的，应认定为故意伤害罪

49. 关于侵犯人身权利罪的论述，下列哪一选项是错误的？(　　)（司考 2012. 卷二. 17）

A. 强行与卖淫幼女发生性关系，事后给幼女 500 元的，构成强奸罪

B. 使用暴力强迫单位职工以外的其他人员在采石场劳动的，构成强迫劳动罪

C. 雇用 16 周岁未成年人从事高空、井下作业的，构成雇用童工从事危重劳动罪

D. 收留流浪儿童后，因儿童不听话将其出卖的，构成拐卖儿童罪

50. 甲深夜盗窃 5 万元财物，在离现场 1000 米的偏僻路段遇到乙。乙见甲形迹可疑，紧拽住甲，要甲给 5000 元才能走，否则就报警。甲见无法脱身，顺手一拳打中乙左眼，致其眼部受到轻伤，甲乘机离去。关于甲伤害乙的行为定性，下列哪一选项是正确的？(　　)（司考 2014. 卷二. 8）

A. 构成转化型抢劫罪

B. 构成故意伤害罪

C. 属于正当防卫，不构成犯罪

D. 系过失致人轻伤，不构成犯罪

51. 关于故意杀人罪、故意伤害罪的判断，下列哪一选项是正确的？(　　)（司考 2014. 卷二. 15）

A. 甲的父亲乙身患绝症，痛苦不堪。甲根据乙的请求，给乙注射过量镇定剂致乙死亡。乙的同意是真实的，对甲的行为不应以故意杀人罪论处

B. 甲因口角，捅乙数刀，乙死亡。如甲不顾乙的死伤，则应按实际造成的死亡结果认定甲构成故意杀人罪，因为死亡与伤害结果都在甲的犯意之内

C. 甲谎称乙的女儿丙需要移植肾脏，让乙捐肾给丙。乙同意，但甲却将乙的肾脏摘出后移植给丁。因乙同意捐献肾脏，甲的行为不成立故意伤害罪

D. 甲征得乙（17 周岁）的同意，将乙的左肾摘出，移植给乙崇拜的歌星。乙的同意有效，甲的行为不成立故意伤害罪

52. 甲男（15 周岁）与乙女（16 周岁）因缺钱，共同绑架富商之子丙，成功索得 50 万元赎金。甲担心丙将来可能认出他们，提议杀丙，乙同意。乙给甲一根绳子，甲用绳子勒死丙。关于本案的分析，下列哪一选项是错误的？(　　)（司考 2014. 卷二. 16）

A. 甲、乙均触犯故意杀人罪，因而对故意杀人罪成立共同犯罪

B. 甲、乙均触犯故意杀人罪，对甲以故意杀人罪论处，但对乙应以绑架罪论处

C. 丙系死于甲之手，乙未杀害丙，故对乙虽以绑架罪定罪，但对乙不能适用“杀害被绑架人”的规定

D. 对甲以故意杀人罪论处，对乙以绑架罪论处，与二人成立故意杀人罪的共同犯罪并不矛盾

53. 首要分子甲通过手机指令所有参与者“和对方打斗时，下手重一点”。在聚众斗殴过程中，被害人被谁的行为重伤致死这一关键事实已无法查明。关于本案的分析，下列哪一选项是正确的？(　　)（司考 2014. 卷二. 20）

A. 对甲应以故意杀人罪定罪量刑

B. 甲是教唆犯，未参与打斗，应认定为从犯

C. 所有在现场斗殴者都构成故意杀人罪

D. 对积极参加者按故意杀人罪定罪，对其他参加者按聚众斗殴罪定罪

54. 甲为勒索财物，打算绑架富商之子吴某（5 岁）。甲欺骗乙、丙说：“富商欠我 100 万元不还，你们帮我扣押其子，成功后给你们每人 10 万元。”乙、丙将吴某扣押，但甲无法联系上富商，未能进行勒索。三天后，甲让乙、丙将吴某释放。吴某一人在回家路上溺水身亡。关于本案，下列哪

一选项是正确的？（ ）（司考 2016. 卷二.15）

A. 甲、乙、丙构成绑架罪的共同犯罪，但对乙、丙只能适用非法拘禁罪的法定刑

B. 甲未能实施勒索行为，属绑架未遂；甲主动让乙、丙放人，属绑架中止

C. 吴某的死亡结果应归责于甲的行为，甲成立绑架致人死亡的结果加重犯

D. 不管甲是绑架未遂、绑架中止还是绑架既遂，乙、丙均成立犯罪既遂

二、多项选择题

1. 以下行为以故意杀人罪论处的是（ ）。

A. 抢劫过程中使用暴力致人死亡的

B. 绑架过程中危害被绑架人的

C. 刑讯逼供致人死亡的

D. 非法拘禁使用暴力致人死亡的

2. 甲某花 5000 元从人贩子手中买来一名受骗的四川姑娘做妻子，姑娘知道真相后欲逃跑，甲某将其手脚捆住，强行与其同房，发生性关系，事后为防止其逃跑将其锁在屋内，一个月后女方哥哥领公安人员前来解救，甲某持械堵住屋门不许公安人员进入，相持一个多小时，致使全村的许多人前来围观，后公安人员制服甲某使该四川姑娘得救，两名公安人员在与甲某搏斗时受轻伤。本案甲某的行为构成下列哪些犯罪？（ ）

A. 聚众阻碍解救被收买的妇女罪

B. 强奸罪

C. 收买被拐卖的妇女罪

D. 非法拘禁罪、妨害公务罪

3. 甲某是某监狱监管人员，因看着收监的犯人乙某不顺眼，便命令犯人丙某打乙某耳光，在乙某求饶的情况下，仍不解气，自己亲自殴打，导致乙某耳膜穿孔，左耳失聪，对本案应如何认定？（ ）

A. 甲某构成虐待被监管人罪

B. 丙某构成破坏监管秩序罪

C. 甲某构成故意伤害罪

D. 丙某被强迫实施伤害的行为，不构成犯罪

4. 下列哪些行为构成侵犯公民个人信息罪（不考虑情节）？（ ）（司考 2017. 卷二.59）

A. 甲长期用高倍望远镜偷窥邻居的日常生活

B. 乙将单位数据库中病人的姓名、血型、DNA 等资料，卖给某生物制药公司

C. 丙将捡到的几本通讯簿在网上卖给他人，通讯簿被他人用于电信诈骗犯罪

D. 丁将收藏的多封 20 世纪 50 年代的信封（上有收件人姓名、单位或住址等信息）高价转让他人

5. 强奸妇女、奸淫幼女，具备下列何种情形可以处十年以上有期徒刑、无期徒刑或者死刑？（ ）

A. 强奸妇女、奸淫幼女多人的

B. 在公共场所当众强奸妇女的

C. 二人以上轮奸的

D. 致使被害人重伤、死亡或者造成其他严重后果的

6. 下列有关刑讯逼供罪的表述，正确的是哪几种？（ ）

A. 主体只能为特殊主体即国家工作人员

B. 侵犯的客体为复杂客体，即公民的人身权利和国家司法机关的正常活动

C. 主观方面只能是故意

D. 刑讯逼供致人伤残、死亡的，按照故意伤害罪、故意杀人罪处罚

7. 下列各种情况，属于结果加重犯的有哪几种？（ ）

A. 故意伤害致人重伤、死亡

B. 非法拘禁致人重伤或者死亡

C. 侮辱、诽谤致使被害人自杀身亡

D. 强奸后杀人灭口

8. 下列行为构成非法拘禁罪的有：（ ）。

A. 工人赵某将爱在外打架惹事的 12 岁儿子用铁链子锁在家中两天

B. 大学生王某、李某与同班同学陈某不和，遂将陈某关在一小仓库内达三天三夜

C. 农民赵某抓获到其家中行窃的窃贼李

某，并将其捆在离家不远处的一棵树上达两天两夜，同时对李某进行殴打，但未造成重伤

D. 农民甲、乙将越狱逃跑的犯罪分子丙捆绑扭送到公安机关

9. 刘某花5000元钱从人贩子手中收买了妇女钟某并强行与其发生性关系后，因钟某数次逃跑，刘某即将钟某以6000元的价格又卖给他人。刘某的行为构成（　　）。

A. 收买被拐卖的妇女罪和强奸罪

B. 拐卖妇女罪

C. 一罪

D. 数罪并罚

10. 孙某出2500元人民币从人贩子手中买下女青年卢某，准备作为妻子。收买后，卢某坚决不从，孙某于次日晚上强行与卢某发生性关系，后又多次强行与卢某发生性关系，并将卢某反锁于房间达半年之久。孙某的行为如何认定？（　　）

A. 收买被拐卖的妇女罪

B. 强奸罪

C. 非法拘禁罪

D. 数罪并罚

11. 胡某与其嫂韩某有仇，意图杀害韩某。某日韩某生病，胡某煮好一碗鸡蛋面给韩某吃，韩某怀疑有毒，便将面条给正好从门前路过的邻居小孩孙某吃，孙某吃完面条后中毒死亡。下列说法正确的是：（　　）。

A. 胡某构成故意杀人罪

B. 胡某构成过失致人死亡罪

C. 韩某构成故意杀人罪

D. 韩某构成过失致人死亡罪

12. 甲欲绑架女大学生乙卖往外地，乙强烈反抗，甲将乙打成重伤，并多次对乙实施强制猥亵行为。甲尚未将乙卖出便被公安人员抓获。关于甲行为的定性和处罚，下列哪些判断是错误的？（　　）（司考2010. 卷二. 61）

A. 构成绑架罪、故意伤害罪与强制猥亵妇女罪，实行数罪并罚

B. 构成拐卖妇女罪、故意伤害罪、强制猥亵妇女罪，实行并罚

C. 构成拐卖妇女罪、强制猥亵妇女罪，实行并罚

D. 构成拐卖妇女罪、强制猥亵妇女罪，实行并罚，但由于尚未出卖，对拐卖妇女罪应适用未遂犯的规定

13. 下列哪些情形不能认定为过失致人死亡罪？（　　）（2008. 四川. 卷二. 54）

A. 甲在运输放射性物质过程中发生事故，造成4人死亡

B. 乙在工地塌方之后，仍然强令6名工人进入隧道抢救价值2000万元的机械，导致6名工人由此遇难

C. 丙遭受不法侵害，情急之下失手将不法侵害人打死，法院认为丙防卫过当，应当负刑事责任

D. 聚众斗殴致人死亡

14. 下列哪些行为中致人重伤、伤残、死亡的，按故意伤害罪、故意杀人罪处罚？（　　）

A. 因刑讯逼供、暴力取证而致人伤残、死亡的

B. 监管机构的监管人员虐待被监管人，致被监管人伤残、死亡的

C. 因抢劫致人重伤、死亡的

D. 聚众斗殴的过程中致人重伤、死亡的

15. 下列行为构成故意杀人罪的有：（　　）。

A. 许某在抢劫过程中为排除被害人的反抗，故意下重手将其杀害

B. 单某在实施抢劫行为后，为防止被害人报案，将其杀害

C. 史某交通肇事后，感觉到被害人被拖挂在车底，但为了尽快逃离现场，拖行被害人400余米，导致被害人死亡

D. 梁某按计划在深夜埋伏在仇人许某出没处将其杀害后，为转移警方注意力，声称许某已被其绑架并向其家人勒索财物

16. 钱某走在从舞厅回家的路上，经过一个偏僻的路段时，看见一个留长发的人在前面独自行走，手中拎有一个旅行包，以为是单身女性，心中遂起歹意，蹑手

蹑脚快步向前走至此人身后，将其扑倒在地欲行强奸，此人拼命挣扎，待钱某撕开此人衣物才发现是一名男子，钱某大为沮丧，起身夺过旅行包转身就跑，拎包人紧紧追来，越追越近，眼看已无法脱身，钱某掏出随身携带的假枪，转身威胁该男子，该男子无奈，只得任由钱某离去。则关于本案的说法正确的是：（　　）。

A. 钱某的行为已构成抢夺罪

B. 钱某的行为已经构成抢劫罪

C. 钱某的行为已经构成强奸罪

D. 钱某持枪抢劫的情节使其至少被判处十年以上有期徒刑

17. 甲举枪射击乙，但因没有瞄准而击中丙，致丙死亡。关于本案，下列哪些选项是正确的？（　　）（司考 2006. 卷二 . 52）

A. 甲的行为属于打击错误

B. 甲的行为属于同一犯罪构成内的事实认识错误

C. 甲构成故意杀人（既遂）罪

D. 甲构成故意杀人（未遂）罪与过失致人死亡罪

18. 下列哪些行为不应认定为过失致人死亡罪？（　　）（司考 2006. 卷二 . 56）

A. 甲遭受乙正在进行的不法侵害，在防卫过程中一棒将乙打倒，致乙脑部跌在一块石头上而死亡。法院认为甲的防卫行为明显超过必要限度造成了重大损害，应以防卫过当追究刑事责任

B. 甲对乙进行非法拘禁，在拘禁过程中，因长时间捆绑，致乙呼吸不畅窒息死亡

C. 甲因对女儿乙的恋爱对象丙不满意，阻止乙、丙正常交往，乙对此十分不满，并偷偷与丙登记结婚，甲获知后对乙进行打骂，逼其离婚。乙、丙不从，遂相约自杀而亡

D. 甲结婚以后，对丈夫与其前妻所生之子乙十分不满，采取冻、饿等方式进行虐待，后又发展到打骂，致乙多处伤口腐烂，乙因未能及时救治而不幸身亡

19. 李某以出卖为目的偷盗一名男童，得手后因未找到买主，就产生了自己抚养的想法。在抚养过程中，因男童日夜啼哭，李某便将男童送回家中。关于李某的行为，下列哪些选项是错误的？（　　）（司考 2007. 卷二 . 55）

A. 构成拐卖儿童罪

B. 构成拐骗儿童罪

C. 属于拐卖儿童罪未遂

D. 属于拐骗儿童罪中止

20. 甲曾向乙借款 9000 元，后不想归还借款，便预谋毒死乙。甲将注射了“毒鼠强”的白条鸡挂在乙家门上，乙怀疑白条鸡有毒未食用。随后，甲又趁去乙家串门之机，将“毒鼠强”投放到乙家米袋内。后乙和其妻子、女儿喝过米汤中毒，乙死亡，其他人经抢救脱险。关于甲的行为，下列哪些选项是错误的？（　　）（司考 2008. 卷二 . 60）

A. 构成投放危险物质罪

B. 构成投放危险物质罪与抢劫罪的想象竞合犯

C. 构成投放危险物质罪与故意杀人罪的想象竞合犯

D. 构成抢劫罪与故意杀人罪的吸收犯

21. 关于侵犯人身权利犯罪的说法，下列哪些选项是错误的？（　　）（司考 2008. 卷二 . 61）

A. 私营矿主甲以限制人身自由的方法强迫农民工从事危重矿井作业，并雇用打手对农民工进行殴打，致多人伤残。甲的行为构成非法拘禁罪与故意伤害罪，应当实行并罚

B. 砖窑主乙长期非法雇用多名不满 16 周岁的未成年人从事超强度体力劳动，并严重忽视生产作业安全，致使一名未成年人因堆砌的成品砖倒塌而被砸死。对乙的行为应以雇用童工从事危重劳动罪从重处罚

C. 丙以介绍高薪工作的名义从外地将多名成年男性农民工骗至砖窑主王某的

砖窑场，以每人1000元的价格卖给王某从事强迫劳动。由于《刑法》仅规定了拐卖妇女、儿童罪，所以，对于丙的行为，无法以犯罪论处

D. 拘留所的监管人员对被监管人进行体罚虐待，致人死亡的，以故意杀人罪论处，不实行数罪并罚

22. 甲患晚期癌症，接受住院治疗。某日，在甲及其家属不知情的情况下，乙医生将其麻醉，摘除角膜，并指示实习医生丙卖给丁，丁获得角膜后，得到及时治疗，恢复视力。事后，乙获利8万元，丙获利2万元。以下说法正确的是：（　　）。

A. 乙的行为构成故意杀人罪

B. 乙的行为构成故意伤害罪

C. 乙的行为使丁恢复了视力，故乙的行为不构成犯罪

D. 乙的行为不构成组织出卖人体器官罪

23. 关于刑讯逼供罪的认定，下列哪些选项是错误的？（　　）（司考2012. 卷二. 60）

A. 甲系机关保卫处处长，采用多日不让小偷睡觉的方式，迫其承认偷盗事实。甲构成刑讯逼供罪

B. 乙系教师，受聘为法院人民陪审员，因庭审时被告人刘某气焰嚣张，乙气愤不过，一拳致其轻伤。乙不构成刑讯逼供罪

C. 丙系检察官，为逼取口供殴打犯罪嫌疑人郭某，致其重伤。对丙应以刑讯逼供罪论处

D. 丁系警察，讯问时佯装要实施酷刑，犯罪嫌疑人因害怕承认犯罪事实。丁构成刑讯逼供罪

24. 《刑法》第238条第1款与第2款分别规定："非法拘禁他人或者以其他方法非法剥夺他人人身自由的，处三年以下有期徒刑、拘役、管制或者剥夺政治权利。具有殴打、侮辱情节的，从重处罚。""犯前款罪，致人重伤的，处三年以上十年以下有期徒刑；致人死亡的，处十年以上有期徒刑。使用暴力致人伤残、死亡的，依照本法第二百三十四条、第二百三十二条的规定定罪处罚。"关于该条款的理解，下列哪些选项是正确的？（　　）（司考2011. 卷二. 60）

A. 第1款所称"殴打、侮辱"属于法定量刑情节

B. 第2款所称"犯前款罪，致人重伤的"属于结果加重犯

C. 非法拘禁致人重伤并具有侮辱情节的，适用第2款的规定，侮辱情节不再是法定的从重处罚情节

D. 第2款规定的"使用暴力致人伤残、死亡的"，是指非法拘禁行为之外的暴力致人伤残、死亡

25. 关于侵犯人身权利罪，下列哪些选项是错误的？（　　）（司考2013. 卷二. 59）

A. 医生甲征得乙（15周岁）同意，将其肾脏摘出后移植给乙的叔叔丙。甲的行为不成立故意伤害罪

B. 丈夫甲拒绝扶养因吸毒而缺乏生活能力的妻子乙，致乙死亡。因吸毒行为违法，乙的死亡只能由其本人负责，甲的行为不成立遗弃罪

C. 乙盗窃甲价值4000余元财物，甲向派出所报案被拒后，向县公安局告发乙抢劫价值4000余元财物。公安局立案后查明了乙的盗窃事实。对甲的行为不应以诬告陷害罪论处

D. 成年妇女甲与13周岁男孩乙性交，因性交不属于猥亵行为，甲的行为不成立猥亵儿童罪

26. 甲为要回30万元赌债，将乙扣押，但2天后乙仍无还款意思。甲等5人将乙押到一处山崖上，对乙说："3天内让你家人送钱来，如今天不答应，就摔死你。"乙勉强说只有能力还5万元。甲刚说完"一分都不能少"，乙便跳崖。众人慌忙下山找乙，发现乙已坠亡。关于甲的行为定性，下列哪些选项是错误的？（　　）（司考2014. 卷二. 59）

A. 属于绑架致使被绑架人死亡

B. 属于抢劫致人死亡

C. 属于不作为的故意杀人

D. 成立非法拘禁，但不属于非法拘禁致人死亡

27. 关于侵犯公民人身权利罪的认定，下列哪些选项是正确的？（　　）（司考2016. 卷二. 58）

A. 甲征得17周岁的夏某同意，摘其一个肾脏后卖给他人，所获3万元全部交给夏某。甲的行为构成故意伤害罪

B. 乙将自己1岁的女儿出卖，获利6万元用于赌博。对乙出卖女儿的行为，应以遗弃罪追究刑事责任

C. 丙为索债将吴某绑于地下室。吴某挣脱后，驾车离开途中发生交通事故死亡。丙的行为不属于非法拘禁致人死亡

D. 丁和朋友为寻求刺激，在大街上追逐、拦截两位女生。丁的行为构成强制侮辱罪

三、不定项选择题

1. 甲某偷偷在被害人乙某的食物中放了一种精神药物，后来乙某出现头晕、流泪、瞌睡等症状，经医院检查，乙某无法得知自己的病情原因。甲某打电话联系乙某，告诉其真相，要求其给自己5000元，然后将“解药”给乙某。乙某不得已通过邮局给甲某邮去5000元钱，得到了解药，但是，因为服药过多，还是造成严重后遗症。对于甲某的行为说法正确的是：（　　）。

A. 甲某构成故意伤害罪

B. 甲某构成诈骗罪

C. 甲某构成敲诈勒索罪

D. 甲某成立牵连犯

2. 农民王某办了一个私营建筑公司，搞工程承包成为村里的首富。王某不再满足于只当一个普通农民，该村选举村长前，王某让公司会计从银行提取8万余元现金，自己并通过亲友给全村每户村民送去内装1千元的红包，请他们在选举村长时“多关照”，结果在选举中王某以微弱多数当选为村长。就任村长后，王某逐渐显露出横行霸道的作风，办事自己一个人说了算。他私下将村中一部分位置较好的耕地以低价卖出，得到400余万元，吹嘘为自己带领全村致富的“政绩”，剩下的山地、荒地让村民承包，村民怨声载道。王某还以小恩小惠手段先后奸淫了3名妇女。王某的所作所为引起了村民的愤怒，私下商议要“教训”王某。王某听到这一消息，即通过熟人介绍从尤某处购买其走私的手枪一支带在自己身上，还找了4名保镖整日不离左右。县检察院听到群众的反映，派员到该村了解情况，被王某派去的保镖拒之村外。后由公安机关在王某到镇里开会时拘捕了他。根据上述事例，请回答第（1）～（5）各题中所列的问题。

（1）王某以不正当手段当选村长的行为在下列犯罪中有哪几项是可以排除的？（　　）

A. 挪用资金罪　　B. 行贿罪

C. 介绍贿赂罪　　D. 破坏选举罪

（2）王某私下出卖土地的行为在下列几项犯罪中有哪几项是可以排除的？（　　）

A. 破坏生产经营罪

B. 非法占用耕地罪

C. 滥用职权罪

D. 非法低价出让国有土地使用权罪

（3）王某奸淫妇女的行为在下列犯罪中有哪几项是可以排除的？（　　）

A. 侮辱妇女罪

B. 强奸罪

C. 侮辱罪

D. 聚众淫乱罪

（4）王某购买并携带枪支的行为在下列犯罪中有哪几项是可以排除的？（　　）

A. 非法买卖枪支罪

B. 走私武器罪

C. 非法持有枪支罪

D. 非法携带枪支危及公共安全罪

（5）王某派保镖拒绝检察人员进村调查的行为在下列犯罪中有哪几项是可以排

除的？（　　）

A. 妨害公务罪

B. 徇私枉法罪

C. 妨害作证罪

D. 煽动暴力抗拒法律实施罪

3. 下列哪些行为属于《刑法》第 263 条第 5 项规定的“抢劫致人重伤、死亡的”？（　　）

A. 为了抢劫预谋杀人，杀人后当场取财的

B. 抢劫后为了灭口而杀害被抢人的

C. 在盗窃过程中为了抗拒抓捕当场使用暴力致被害人重伤的

D. 在盗窃过程中为了抗拒抓捕当场使用暴力致被害人轻伤的

4. 邢某用 3000 元买了一个被人贩子拐卖的妇女洪某为妻，但洪某拒绝与他结婚。邢某在他人的帮助下，强行与洪某发生了性关系。几天后，乡政府干部来解救洪某，邢某威胁说：“洪某是我花钱买来的，你们想带走，必须拿钱来，否则就别想走出我家。”然后手持铁锹挡在院子门口。直到公安人员赶来后才把洪某解救出来。邢某的行为构成什么罪？（　　）

A. 收买被拐卖妇女罪

B. 强奸罪

C. 聚众阻碍解救被收买的妇女罪

D. 妨害公务罪

5. 下列哪些情形应当认定为强奸罪？（　　）

A. 甲某，男，1985 年 3 月 28 日出生，在 1999 年 4 月 2 日至 2001 年 3 月 25 日，多次与幼女乙某、丙某、丁某发生两性关系，并导致丁某怀孕

B. 甲某强奸乙某之后，乙某因为害怕张扬出去影响自己的声誉，没有告发。甲某则以将此事告诉其男友相要挟，多次逼迫乙某与其发生性关系。乙某忍无可忍，向司法机关告发

C. 甲某（男）在假期遇到同厂职工乙某（女），邀其到家中坐坐，然后提出跳舞。甲某以为乙某对其有意，乘势把乙某推到床上，意欲发生性关系。乙某意识到甲某的意图之后，将甲某从身上推开，斥责甲某下流。甲某立即跪地道歉，并求乙某不要告诉他人

D. 甲、乙、丙、丁四人在公园见戊某（女）。甲即对乙、丙、丁说，信不信我能把她搞到手（指发生性关系），乙、丙、丁说不信。甲即上前和戊女搭话，结果遭到斥责。甲恼羞成怒，打了戊某一个耳光，并上前撕扯戊某的衣服，在戊某的乳房上乱摸。戊某叫喊，甲因害怕触犯众怒，慌忙逃走

6. 甲花 4 万元收买被拐卖妇女周某做智障儿子的妻子，周某不从，伺机逃走。甲为避免人财两空，以 3 万元将周某出卖。（事实一）

乙收买周某，欲与周某成为夫妻，周某不从，乙多次暴力强行与周某发生性关系。（事实二）

不久，周某谎称怀孕要去医院检查，乙信以为真，周某乘机逃走向公安机关报案。警察丙带人先后抓获了甲、乙。讯问中，乙仅承认收买周某，拒不承认强行与周某发生性关系。丙恼羞成怒，当场将乙的一只胳膊打成重伤。乙大声呻吟，丙以为其佯装受伤不予理睬。（事实三）

深夜，丙上厕所，让门卫丁（临时工）帮忙看管乙。乙发现丁是老乡，请求丁放人。丁说：“行，但你以后如被抓住，一定要说是自己逃走的。”乙答应后逃走，丁未阻拦。（事实四）

请回答第（1）~（4）题。（司考 2011. 卷二 .88~91）

（1）关于事实一的定性，下列选项正确的是：（　　）。

A. 甲行为应以收买被拐卖的妇女罪与拐卖妇女罪实行并罚

B. 甲虽然实施了收买与拐卖二个行为，但由于二个行为具有牵连关系，对甲仅以拐卖妇女罪论处

C. 甲虽然实施了收买与拐卖二个行为，但根据《刑法》的特别规定，对甲仅以拐卖妇女罪论处

D. 由于收买与拐卖行为侵犯的客体相同，而且拐卖妇女罪的法定刑较重，对甲行为仅以拐卖妇女罪论处，也能做到罪刑相适应

(2) 关于事实二的定性，下列选项错误的是：(　　)。

A. 乙行为成立收买被拐卖的妇女罪与强奸罪，应当实行并罚

B. 乙行为仅成立收买被拐卖的妇女罪，因乙将周某当作妻子，故周某不能成为乙的强奸对象

C. 乙行为仅成立收买被拐卖的妇女罪，因乙将周某当作妻子，故缺乏强奸罪的故意

D. 乙行为仅成立强奸罪，因乙收买周某就是为了使周某成为其妻子，故收买行为是强奸罪的预备行为

(3) 关于事实三的定性，下列选项正确的是：(　　)。

A. 丙行为是刑讯逼供的结果加重犯

B. 对丙行为应以故意伤害罪从重处罚

C. 对丙行为应以刑讯逼供罪与过失致人重伤罪实行并罚

D. 对丙行为应以刑讯逼供罪和故意伤害罪实行并罚

(4) 关于事实四，下列选项错误的是：(　　)。

A. 乙构成脱逃罪，丁不构成犯罪

B. 乙构成脱逃罪，丁构成私放在押人员罪

C. 乙离开讯问室征得了丁的同意，不构成脱逃罪，丁构成私放在押人员罪

D. 乙与丁均不构成犯罪

7. 郑某等人多次预谋通过爆炸抢劫银行运钞车。为方便跟踪运钞车，郑某等人于2012年4月6日杀害一车主，将其面包车开走(事实一)。

后郑某等人制作了爆炸装置，并多次开面包车跟踪某银行运钞车，了解运钞车到某储蓄所收款的情况。郑某等人摸清运钞车情况后，于同年6月8日将面包车推下山崖（事实二）。

同年6月11日，郑某等人将放有爆炸装置的自行车停于储蓄所门前。当运钞车停在该所门前押款人员下车提押款时（当时附近没有行人），郑某遥控引爆爆炸装置，致2人死亡、4人重伤（均为运钞人员），运钞车中的230万元人民币被劫走(事实三)。

请回答第（1）~（2）题。

(1) 关于事实一（假定具有非法占有目的），下列选项正确的是：(　　)。（司考2014. 卷二 . 86)

A. 抢劫致人死亡包括以非法占有为目的故意杀害他人后立即劫取财物的情形

B. 如认为抢劫致人死亡仅限于过失致人死亡，则对事实一只能认定为故意杀人罪与盗窃罪（如否认死者占有，则成立侵占罪），实行数罪并罚

C. 事实一同时触犯故意杀人罪与抢劫罪

D. 事实一虽是为抢劫运钞车服务的，但依然成立独立的犯罪，应适用“抢劫致人死亡”的规定

(2) 关于事实二的判断，下列选项正确的是：(　　)。(司考2014. 卷二 . 87)

A. 非法占有目的包括排除意思与利用意思

B. 对抢劫罪中的非法占有目的应与盗窃罪中的非法占有目的做相同理解

C. 郑某等人在利用面包车后毁坏面包车的行为，不影响非法占有目的的认定

D. 郑某等人事后毁坏面包车的行为属于不可罚的事后行为

四、名词解释

1. 侵犯公民人身权利、民主权利罪
2. 强制猥亵、侮辱妇女罪
3. 聚众阻碍解救被收买的妇女、儿童罪
4. 诬告陷害罪
5. 雇用童工从事危重劳动罪
6. 破坏选举罪
7. 拐骗儿童罪

五、简答题

1. 引起他人自杀的案件应如何处理？
2. 简述刑讯逼供罪的构成要件。
3. 冒充警察与妇女发生性关系的，是否成立强奸罪？为什么？（清华大学 2006 年研究生入学试题）
4. 简述“相约自杀”的处理。（中国人民大学 2014 年考研真题）
5. 以索取债务为名扣押他人，而索取财物数额超过了债务范围的行为，应该如何定性？
6. 怎样区别绑架罪的既遂与未遂？
7. 如何正确把握故意伤害罪与故意杀人罪的界限？

六、论述题

故意伤害罪的认定。（中国人民大学 2005 年研究生入学试题）

七、案例分析题

1. 被告人王某，男，24 岁，农民。某日晚 8 时许，来自外省的女青年张某（18 岁）路过被告人家门口，向被告人问路。被告人以给张某带路为名将张某骗至通往一水库的路上。在行走中，被告人不断对张某进行挑逗和抚摸。张某说：“你再这样我就喊人来。”被告人说：“你大声喊也没用，附近没有人家。”此时张某有点害怕，没再言语。被告人提出要与张某发生性关系，张某哀求说：“不要这样，哪怕我叫你哥也行。”被告人说：“你叫我啥也不行，反正我要和你玩一下。”说着就要搂抱张某。张某赶紧向前走去，被告人追上，抓住张某的手说：“你看前边不远处就是水库，这里路西有水渠，路东有条沟，沟底是深潭，淹死过一男一女，可怕得很。”张某闻之更加恐惧。被告人知道张某害怕了，于是将张某推倒在地，用力扯张某的腰带。张某自知无法抗拒，只得将腰带解开，被王某奸污。事后张某没有告发。不久被告人因盗窃被抓获，在审查中坦白交代了上述事实，经查证属实。

   试分析：被告人王某是否构成犯罪？构成什么罪？理由是什么？

2. 被告人张某，男，25 岁，某市出租汽车公司司机。一天晚上，张某驾驶“丰田”牌轿车出去揽活。车经一路口处时，遇到一个从外地来该市探亲的青年妇女李某。张某停车问李某到哪儿去，李某说到该市某单位找丈夫。张某遂以带路为名将李某骗上车，后将车开到郊外停住，在车内强行奸污了李某。李某在奋力反抗中，将张某的嘴唇咬伤。张某认为这是要给他的犯罪行为留下罪证，唯恐罪行败露，遂决意杀人灭口。张某先用双手掐李某的颈部，又用铁锤朝李某的头部猛击数下，李某昏迷过去。张某以为李某已死，便将李某拖出车外扔在路旁，驾车逃离。半小时后，李某被下夜班经过这里的工人发现送进医院，经抢救脱险，但头顶颅骨骨折，脑组织挫伤，造成重残。

   问：张某的行为构成何罪？为什么？应当如何处理？

3. 2008 年甲因犯诽谤罪被判有期徒刑 2 年，缓刑 3 年，2009 年甲教唆一个 15 岁男孩（1994 年 10 月出生）乙与一名女青年强行发生性行为，甲没有实施性行为，但在一旁观看取乐。乙回家以后，父母发现其有点异常，后来在家长追问下，说出了情况，然后一起到公安机关，讲清前因后果。后把甲抓获归案。

   问：本案如何处理甲和乙？说明理由。

4. 刘某与许某的妻子相好，为达到结婚目的，乘工地大伙干活的机会，在许某的饭菜中投了鼠药，许某发现饭菜有异味，就把饭菜倒了，另买了一些东西吃，后发现狗在吃了他的饭菜后不久死亡。许某认为肯定有人在其饭菜中下了药，许某就把此事告诉了刘某，刘某借机说此事是马某所为，因为马某与刘某、许某都有矛盾，然后刘某和许某联名写信，向公安机关提出马某涉嫌杀害许某。

   问：刘某构成什么罪？

5. 甲某听说乙某家里有钱，便试图绑架乙某的女儿丁某以此来勒索钱财，某日甲某来到乙某女儿丁某所在的学校向该校正在上课的老师谎称丁某的奶奶在外地出车祸，需要见丁某最后一面，将丁某骗出学校，乘车赶到其老家，次日上午，甲某给乙某打电话，要他准备赎金50万元。但其多次打电话到乙某家勒索赎金无果。甲某带丁某从老家返回原地的途中，认为绑架未勒索到钱财，放了她又怕她告发，遂决意将丁某杀害。于是中途下车，采取捂嘴、卡颈等手段将丁某杀死，把尸体抛于水沟，又把丁某的书包扔到菜田内，拦车逃离现场。甲某杀害丁某后，仍继续向乙某家打电话勒索赎金，后被抓获归案。经法医鉴定，丁某系生前被他人捂嘴、卡颈所致窒息死亡。

问：对于甲某的行为应当如何认定？

6. 甲某，男，现年25岁，四川省成都郊区农民。2011年12月26日晚8时许，甲某在县城公路桥上趁一骑车人黄某（女，24岁）不备，突然把黄某推倒。黄某与其搏斗，并把黄某推到桥下菜地中，拿出一把军用匕首威胁黄某，趁黄某惊恐之际抢走"苹果"手机一部，日本进口手表一块，现金2000元以及信用卡数张。接着，甲某以拳打脚踢、掐脖子等手段，致黄某昏迷后，将其奸污。为了灭口，甲某持匕首向黄某的面、颈、腹、臀部猛扎数下，然后把黄某的双手捆住，用黄某的自行车压在黄某的身上。甲某认为黄某已死，即逃离现场。后来黄某被一农民发现，及时送往医院抢救脱险，但是黄某因刺激过度而精神失常。经诊断，黄某的面、颈、腹、臀部有15处刀伤，鼻骨骨折，左骨关节扭伤。

问：本案中甲某的行为应当如何认定？

7. 被告人唐某，男，28岁，某镇派出所民警。被告人陈某，男，22岁，某镇派出所民警。2008年3月20日上午，被告人唐某和陈某奉命在王家镇集市维持秩序。中午12时许，被告人唐某来到水果摊巡查，见本镇农民孙某因买水果与卖主发生口角遂上前制止。孙某不听劝阻，并与被告人唐某争吵起来。在群众协助下，唐某将孙某扭送到派出所。孙某认为丢了面子，到派出所后又与唐某吵了起来，唐某在气愤之下拿起橡皮警棍将孙某打倒在地。被告人陈某赶回派出所后，孙某又骂陈某。陈某便持煤球夹子朝孙某打去。因孙某嚷骂不止，两被告便持械对孙某殴打，直至孙某不能动弹为止。后在孙某亲属的恳求下，两被告才同意放走孙某。孙某回家后，于次日3时许死亡。法医鉴定为创伤性休克，致心肺功能衰竭而死亡。

问：唐某和陈某的行为应构成非法拘禁罪还是故意伤害罪？请说明理由。

8. 李某（男）与张某（女）热恋，后李某提出分手，但张某不同意。某日，张某跑到李某家，与李某言谈不和发生争吵。张某在李某家里当着李某的面喝下自备的敌敌畏农药。5分钟后，李某见张某的嘴角流出唾沫，即独自锁门外出，后张某被送医院抢救无效死亡。

问：李某对张某之死，是否应负刑事责任？

9. 某山区农民刘甲因左眼失明，容貌丑陋，年近40岁尚未娶亲。刘甲经人介绍以5000元从人贩子手中买回一被拐卖的湖南籍妇女，当晚刘甲强迫该妇女拜堂成亲，并欲与该妇女发生关系。该妇女誓死不从，刘甲遂将其推入柴房，用铁链将门锁死，并扬言："不乖乖地听话做我老婆，就关你一辈子！"10天后，刘甲闯进柴房欲强行与该妇女发生性关系，该妇女奋力反抗，大声呼救。声音招来刘甲弟弟刘乙、妹妹刘丙。刘甲骂道："笨蛋！看什么？还不赶快过来帮忙！"于是刘乙上前按住该妇女的脚，刘丙按住该妇女的手，刘甲对其实施了强奸。两天后，乡派出所接群众举报，派民警前来解救被拐卖的妇女。刘甲手持两把菜刀，堵在门口扬言："女人是我花钱买回来的，不拿钱休想放人！"双方僵持中，刘乙趁人不备，翻墙到村里大喊："公安局到我家抢人了!"纠集了数十人将民警团团围住，达5个小时之久。民警无奈之下，只好撤回。当夜刘甲与刘乙、刘丙商量，认为如果民警再来，很可能会人财两空，索性一不做二不休，把收买的妇女卖掉，刘乙、刘丙表示同意，于是刘甲与刘乙连夜将被拐卖的妇女转移到邻县，托人以3000元将其卖掉，因买主手头现金不足，当夜刘甲和刘乙只取回2000元，剩余部分由刘丙3日后取回。

问：刘甲、刘乙、刘丙三人的行为各构成什么罪？是否构成共同犯罪？如果构成，其各自地位如何？

10. 农民赵某1987年与王某结婚后，王某一直未生育。2008年12月，赵某趁去东北某市做生意之机，将一个在家门外玩耍的4岁男孩骗走，欲带回家收养。但在路上男孩又哭又闹，赵某心虚，怕事情败露，遂将男孩放在野外人迹罕至处，只身返回，后来男孩被冻饿致死。

问：对本案中赵某的行为应如何定罪处罚？请说明理由。

11. 被告人王某系某保险公司的驾驶员。1997年6月17日晚，某县公安局组织公安干警在县内一交通干道设若干关卡检查过往车辆。当晚6时许，王某驾驶一辆桑塔纳轿车经过一关卡时，站在机动车道的值勤民警示意王某停车检查，王某为急于赶路没有停车，而是以每小时100千米左右的速度继续向前行驶，并连续闯过了两个关卡，没有停车。在前方执行公务的人员分别站在路障之间的空当处。其中，民警陆某站在该路段北侧非机动车道接近人行道处。王某驶近并看到这一情况后，仍拒不接受公安人员的停车指令，驾车冲向非机动车道陆某所站之处的路障，致使汽车撞倒陆某并将陆某铲上车盖，汽车挡风玻璃被撞破。王某撞人后并未停车救人，反而加速逃离现场。陆某被撞翻滚过车顶坠落于距撞击点20米处，致颅脑损伤抢救无效死亡。后王某被公安人员抓获。

（1）王某对自己的行为致陆某死亡的后果所持的主观心态是什么？为什么？

（2）王某的行为构成何罪？为什么？

（司法机关在处理此案时有三种不同的意见：第一种意见认为王某的行为构成以危险方法危害公共安全罪；第二种意见认为应构成故意杀人罪；第三种意见认为应构成交通肇事罪。）

（3）人民法院在1997年刑法实施以后审理此案，是应适用1979年刑法，还是适用1997年刑法定罪处刑？为什么？

12. 被告人杨某，男，30岁，农民。杨某于某日深夜潜入一青年夫妇的住所，趁该夫妇熟睡之机，将其三个月的婴儿盗走，次日到邻县一村庄以3000元的价钱卖给另一农民，正在点钱时，被婴儿的父亲循迹赶到现场，将其抓获。

问：对杨某的行为应如何定罪量刑，并说明理由。

13. 赵某与钱某原本是好友，赵某受钱某之托，为钱某保管一幅名画（价值800万元）达三年之久。某日，钱某来赵某家取画时，赵某要求钱某支付10万元保管费，钱某不同意。赵某突然起了杀意，为使名画不被钱某取回进而据为己有，用花瓶猛砸钱某的头部，钱某头部受重伤后昏倒，不省人事，赵某以为钱某已经死亡。刚好此时，赵某的朋友孙某来访。赵某向孙某说"我摊上大事了"，要求孙某和自己一起将钱某的尸体埋在野外，孙某同意。

二人一起将钱某抬至汽车的后座，由赵某开车，孙某坐在钱某身边。开车期间，赵某不断地说"真不该一时冲动"，"悔之晚矣"。其间，孙某感觉钱某身体动了一下，仔细察看，发现钱某并没有死。但是，孙某未将此事告诉赵某。到野外后，赵某一人挖坑并将钱某埋入地下（致钱某窒息身亡），孙某一直站在旁边没做什么，只是反复催促赵某动作快一点。

一个月后，孙某对赵某说："你做了一件对不起朋友的事，我也做一件对不起朋友的事。你将那幅名画给我，否则我向公安机关揭发你的杀人罪行。"三日后，赵某将一幅赝品（价值8000元）交给孙某。孙某误以为是真品，以600万元的价格卖给李某。李某发现自己购买了赝品，向公安机关告发孙某，导致案发。(司考2016. 卷四. 二)

问：

(1) 关于赵某杀害钱某以便将名画据为己有这一事实，可能存在哪几种处理意见？各自的理由是什么？

(2) 关于赵某以为钱某已经死亡，为毁灭罪证而将钱某活埋导致其窒息死亡这一事实，可能存在哪几种主要处理意见？各自的理由是什么？

(3) 孙某对钱某的死亡构成何罪(说明理由)？是成立间接正犯还是成立帮助犯（从犯）？

(4) 孙某向赵某索要名画的行为构成何罪（说明理由）？关于法定刑的适用与犯罪形态的认定，可能存在哪几种观点？

(5) 孙某将赝品出卖给李某的行为是否构成犯罪？为什么？

参考答案

一、单项选择题

1. **答案**：C。对于年老、年幼、患病或者其他没有独立生活能力的人，负有扶养义务而拒绝扶养，情节恶劣的，构成遗弃罪。遗弃罪与故意杀人罪的界限应以行为人的主观故意、所实施的行为的时间和地点、是否立即造成被害人死亡以及被害人对行为人的依赖程度等进行综合判断。选项A错误。抢劫罪构成要件的内容是当场使用暴力、胁迫或者其他方法，强取公私财物。乙当场以杀害王某为要挟，胁迫银行职员交付钱款的行为构成抢劫罪。选项B错误。拐卖儿童罪，是指以出卖为目的，拐骗、绑架、收买、贩卖、接送、中转儿童的行为。只要将儿童作为商品出卖的，不论行为人是否实际获利，均应该认定为拐卖儿童罪。选项C正确。明知他人以暴力、胁迫或者限制人身自由的方法强迫他人劳动，而为其招募、运送人员，或者以其他方法协助强迫他人劳动的，构成强迫劳动罪。选项D错误。

2. **答案**：B。甲某使用致命工具打击乙某致命部位，不计后果的，如果发生了该后果，可认定故意杀人罪。

3. **答案**：B。某乙是绑架罪结果加重犯，参见《刑法》第239条。

4. **答案**：C。根据《刑法修正案（六）》第2条的规定，陈某的行为构成重大劳动安全事故罪。根据《刑法修正案（四）》第4条第1款的规定："违反劳动管理法规，雇用未满十六周岁的未成年人从事超强度体力劳动的，或者从事高空、井下作业的，或者在爆炸性、易燃性、放射性、毒害性等危险环境下从事劳动、情节严重的，对直接责任人员，处三年以下有期徒刑或者拘役，并处罚金；情节特别严重的，处三年以上七年以下有期徒刑，并处罚金。"所以陈某的行为构成雇用童工从事危重劳动罪。同时根据该条第2款的规定："有前款行为，造成事故，又构成其他犯罪的，依照数罪并罚的规定处罚。"所以对陈某的行为应当数罪并罚。故本题答案应选C。

5. **答案**：B。因干涉他人婚姻自由的目的不能实现而故意杀害被害人的，由于其主观上具有杀人的故意，并且其侵害人身权利的社会危害性程度远远超过了对婚姻自由的干涉，又无一贯暴力干涉的描述，这种情况，对行为人就应当以故意杀人罪定罪量刑，而不以暴力干涉婚姻自由罪和故意杀人罪并罚，更不属致使被害人死亡的情况。

6. **答案**：B。本题中甲某作为一名乡村医生，在未取得卫生行政管理机关颁发的计划生育手术上岗证，不具有从事该种手术的业务资格的情况下，私自多次替人摘取节育环，并导致他人死亡的严重后果，应当以非法进行节育手术罪处理。

7. 答案：D。本题中乙某为了使其犯有强奸罪的丈夫逃避法律制裁，采用非法拘禁、贿买的方法阻止被害人丙某作证，并让其作伪证，其行为符合妨害作证的特征，乙某将丙某非法拘禁，剥夺其人身自由的行为与妨害作证的行为属牵连犯，应当“从一重罪处断”，即按照妨害作证罪论处。

8. 答案：C。张某从被害人车篮里票夹内窃取现金时，被害人还在强奸现场，并不知道这一情况。被告人既没有使用暴力、胁迫或者其他方法，而是顺手牵羊，采取秘密窃取的手段将现金偷走的，符合盗窃的特征而不符合抢劫罪的特征。鉴于被告人盗窃财物的数额尚未达到较大，只属于盗窃行为，而不构成盗窃罪。

9. 答案：A。本题中甲某作为淘金的包工头，与民工之间没有劳动合同，只是一种私人的雇佣劳动关系，甲某不符合强迫劳动罪的主体要求，不构成该罪。甲某将乙某等人限制在山洞，用不给衣服的方法防止其逃跑，构成非法拘禁罪，其为了报复逃跑的民工还将其打伤，构成故意伤害罪，因其发生在实施非法拘禁之前，故应与非法拘禁罪并罚。

10. 答案：B。张某具有行医资格，属于医务人员范围，因其违反医疗制度对药物的管理配置存在严重不负责任而导致就诊人死亡的严重后果，应当以医疗事故罪论处。

11. 答案：C。本题中甲某因欠乙某5万元高利贷，在乙某要其归还时不但不还，还将乙某关押在地下室内，对其实施暴力手段迫使其交出借据，并书写字据将债务赖掉，虽然二人之间的债权债务关系是非法的，但是乙某对其借给甲某的5万元钱仍享有所有权，甲某采用暴力手段拒不归还，存在非法占有的目的，其当场取得乙某放弃债权的字据，免除债务，相当于当场获得5万元的收入，符合抢劫罪的特征，应定抢劫罪。至于其对乙某非法拘禁的行为只是为实施抢劫行为而进行的预备行为，被抢劫罪吸收，不再单独定罪。

12. 答案：B。某甲、某乙随意殴打他人，并造成他人轻微伤，符合寻衅滋事的特征，应以寻衅滋事罪论处。C中聚众斗殴罪要求主体三人以上方能成立。

13. 答案：D。本题中甲某不是国家工作人员，所以只能以非法拘禁罪论处，属于非法拘禁致人死亡，应适用加重的法定刑，即处十年以上有期徒刑。

14. 答案：D。《刑法》第262条规定：“拐骗不满十四周岁的未成年人，脱离家庭或者监护人的，处五年以下有期徒刑或者拘役。”题中情形正符合该罪的构成要件。要注意拐骗和拐卖的区别。

15. 答案：C。C项根据《刑法》第238条规定，为索取债务非法扣押他人的，应定非法拘禁罪，致人重伤的，为非法拘禁罪的结果加重情节，仍以非法拘禁罪定罪处罚。A项根据《刑法》第241条规定应当以收买被拐卖的妇女罪与非法拘禁罪数罪并罚。B项根据《刑法》第238条规定，应当以故意伤害罪论处。根据《刑法》第318条第1款第4项规定，D项应当作为组织他人偷越国（边）境罪的加重情节，不定非法拘禁罪。

16. 答案：D。绑架罪是以勒索财物为目的或以他人作人质，但是行为人的目的是否实现并不是区分犯罪既遂与未遂的标准。本题中甲抢乙子的行为构成绑架罪（未遂）。甲在绑架乙子未遂后，并未针对绑架罪的受害人乙子进行伤害，而是故意伤害了冲上来救子的乙，由于其并无故意杀人的故意，因此应单独构成故意伤害罪，与绑架罪并罚。其在超市偷食品的行为因数额太小，不构成犯罪。

17. 答案：A。根据《刑法》第240条的规定，行为人在实施拐卖妇女的犯罪活动过程中，又实施强迫、诱骗被拐卖妇女卖淫的行为应当作为拐卖妇女罪的加重构成，在较重的法定刑幅度内量刑，而不应另定强迫卖淫罪。

18. 答案：A。《刑法》第241条第2款规定：“收买被拐卖的妇女，强行与其发生性关系的，依照本法第二百三十六条的规定定罪处罚。”

19. 答案：C。B构成虐待罪，但已致人重伤，不属告诉才处理的情形，D构成遗弃罪，属于刑事诉讼法中规定的当人民检察院没有提起公诉，被害人有证据证明时，被害人可以提起自诉的案件，不属于告诉才处理的案件。A项故意伤害罪属于公诉案件。

20. 答案：B。甲明知乙的罪行，而不追查不取证甚至帮助其销毁罪证，符合徇私枉法罪的特征，构成徇私枉法罪，其还以此要挟并强奸乙的行为构成强奸罪，应当数罪并罚。

21. 答案：D。根据《刑法》第238条规定，为索债而非法拘禁他人的以非法拘禁他人论处。乙厂为索债而将甲厂厂长非法关押，并实施了殴打、侮辱行为，应当分情形处理。

22. 答案：B。本题考查故意杀人罪的认定，关键是要有剥夺他人生命的故意。依此，可知ACD项中的行为都构成故意杀人罪，而B项中的情形则构成强奸罪，至于引起某女自杀则属于结果加重犯的情形，故只有B项为正确答案。

23. 答案：D。根据《刑法》第239条的规定，以勒索财物为目的，偷盗婴幼儿的，构成绑架罪。第240条规定，以出卖为目的的，构成拐卖儿童罪。第262条规定，拐骗不满14周岁的未成年人，脱离家庭或者监护人的，构成拐骗儿童罪。

24. 答案：B。甲某利用职权，要挟田某与其同宿，方可解决住房问题，而违背田某意志与其发生性关系，属于《刑法》第259条第2款规定的“利用职权、从属关系，以胁迫手段奸淫现役军人的妻子的，依照本法第二百三十六条的规定定罪处罚”，构成强奸罪。

25. 答案：C。根据《刑法》第260条的规定：“虐待家庭成员，情节恶劣的，处二年以下有期徒刑、拘役或者管制。犯前款罪，致使被害人重伤、死亡的，处二年以上七年以下有期徒刑。第一款罪，告诉的才处理……”朱某虐待其妻子长达5年的行为符合虐待罪的构成要件，应当认定构成虐待罪。其无故殴打妻子，并用改锥将其耳朵扎聋的行为，已经超出虐待罪的暴力范围，构成故意伤害罪，所以应当认定为虐待罪和故意伤害数罪并罚，故C选项正确。

26. 答案：A。《刑法》第239条规定：“以勒索财物为目的绑架他人的，或者绑架他人作为人质的，处十年以上有期徒刑或者无期徒刑，并处罚金或者没收财产；情节较轻的，处五年以上十年以下有期徒刑，并处罚金。犯前款罪，杀害被绑架人的，或者故意伤害被绑架人，致人重伤、死亡的，处无期徒刑或者死刑，并处没收财产。以勒索财物为目的偷盗婴幼儿的，依照前两款的规定处罚。”甲某以其女朋友被乙某强奸为借口，将乙某非法拘禁并且向乙某的家人索要钱财，构成绑架罪的既遂，A选项符合题意。由于甲某向乙某的家人索要钱财，虽然其非法拘禁乙某，但非法拘禁的行为被重罪绑架行为吸收，B选项不符合题意。敲诈勒索罪不包括非法拘禁的行为，只是单纯的精神威胁和要挟方法，C选项不符合题意。甲某并没有直接向乙某索要财物，而是向乙某的家属索要财物，故而不构成抢劫罪，D选项不符合题意。综上，本题正确答案为A。

27. 答案：A。甲的行为属于刑法上的打击错误。所谓打击错误（行为误差），是由于行为人的失误导致实际侵害的对象与预想侵害的对象不一致。根据“法定符合说”进行评价，甲主观上具有伤害的故意，客观上其行为也造成特定人的伤害结果，只是伤害的对象由于失误出现偏差，但是不影响故意伤害罪（既遂）的成立。伤害结果无论实际发生在邻居乙的身上还是邻居丙的身上，都不影响其对该结果承担刑事责任。故本题正确答案为A。

28. 答案：A。《刑法》第261条规定：“对于年老、年幼、患病或者其他没有独立生活能力的人，负有扶养义务而拒绝扶养，情节恶劣的，处五年以下有期徒刑、拘役或者管制。”老人年逾七旬，失去独立生活能力，其子有扶养能力而拒绝扶养，符合遗弃罪的犯罪特征，A选项符合题意。《刑法》第260条规定："虐待家庭成员，情节恶劣的，处二年以下有期徒刑、拘役或者管制。犯前款罪，致使被害人重伤、死亡的，处二年以上七年以下有期徒刑。第一款罪，告诉的才处理……"虐待罪必须存在故意实施的"虐待"行为，而其子只是单纯的遗弃行为并没有实施虐待行为，B选项不符合题意。老人的自杀行为是纯粹的自愿行为而与其子无关，其子对于老人的死亡结果不存在故意或者过失，CD选项不符合题意。综上，本题正确答案为A。

29. 答案：B。选项A错误。非法拘禁罪没有勒索钱财的目的，即便是为了索取债务而拘禁的，索取的也是自己的钱，而不是本属于被害人的钱。本题中甲以勒索财物为目的持刀将乙逼入山中，不构成非法拘禁罪。

选项B正确，选项C错误。抢劫罪是当场向被害人索取财物，而不是向被害人外的第三人索取财物，这是抢劫罪与绑架罪的区别所在。本题中，甲持刀将乙控制并通知乙向其母亲索钱，构成绑架罪，不构成抢劫罪。

选项D错误。乙担心其母心脏病发作，遂谎称开车撞人，需付5万元治疗费，其母信以为真。此并非行为人甲的欺骗行为，而是受害人自己担心母亲身体而采用的策略，对行为人甲的犯罪行为构成并不影响，即甲不构成诈骗罪。

30. 答案：B。本题的关键是抢劫罪中的财物是否可以包含欠条。公民之间的合法债权债务关系受法律保护，作为确定当事人之间债权债务关系的欠条，虽不是直接的财物，却是有价的债权凭证。从本题来看，甲持凶器闯入乙家，殴打乙致其重伤，迫乙交出10万元欠条并在已备好的还款收条上签字，其行为属通过违法手段来消灭债权债务关系，构成抢劫罪。

选项A错误。甲殴打乙致其重伤，属于抢劫罪的暴力行为，不另行成立故意伤害罪。

选项C错误。甲持凶器闯入乙家，属于入户抢劫情形，不另行成立非法侵入住宅罪。

选项D错误。抢夺罪与抢劫罪的区别在于：暴力的作用对象不同。抢夺罪的暴力行为一般针对物，但也包括对人的轻微暴力。本题中甲的行为构成抢劫罪，而非抢夺罪。

31. 答案：B。甲出于报复的动机，公然侮辱乙女，构成侮辱罪。

32. 答案：B。侮辱罪是指使用暴力或者其他方法，公然贬低他人人格，破坏他人名誉，情节严重的行为。诽谤罪是指故意捏造并散布某种虚构的事实足以损害他人人格和名誉，情节严重的行为。A中，在公共场所通过暴力手段扒光妇女衣服，贬低了妇女的人格，破坏了其名誉，已经触犯了侮辱罪。因此，A是错误的。B中在街上殴打妇女系使用暴力方法，辱骂其为"狐狸精"系公然贬低人格、破坏他人名誉的行为，因此构成侮辱罪，所以B是正确的。C中捏造他人强奸妇女的犯罪事实，足以损害他人人格和名誉，因此构成诽谤罪，所以C的说法是错误的。根据我国《刑法》第246条规定，侮辱罪和诽谤罪都是告诉才处理的犯罪，但严重危害社会秩序和国家利益的除外。因此，D的说法过于绝对，没有考虑例外情形，是错误的。故，本题的正确答案为B。

33. 答案：D。《刑法》第247条规定，司法工作人员使用暴力逼取证人证言致人伤残、死亡的，依照本法第234条、第232条的规定定罪从重处罚。

第232条规定，故意杀人的，处死刑、无期徒刑或者十年以上有期徒刑；情节较轻的，处三年以上十年以下有期徒刑。

第234条规定，故意伤害他人身体的，处三年以下有期徒刑、拘役或者管制。犯前款罪，致人重伤的，处三年以上十年以下有期徒刑；致人死亡或者以特别残忍手段致人重伤造成严重残疾的，处十年以上有期徒刑、无期徒刑或者死刑。本法另有规定的，依照规定。

综合上述三个条文，可以知道，本题D为正确答案。

34. 答案：C。卫某陷害他人向法院告发，意图使其受到刑事追究的行为构成诬告陷害罪，其不属于伪证罪中规定的证人、鉴定人、记录人、翻译人范围，因此不构成伪证罪。

35. 答案：D。甲在乙犯罪后帮助其逃匿，成立窝藏罪。甲是在乙抢劫丙的行为实施完毕后才参与进去的，且甲与乙没有事先通谋，甲不成立抢劫罪共犯。甲对丙濒死没有救助义务，也不成立故意杀人罪或过失致人死亡罪。

36. 答案：D。《刑法》第247条规定，司法工作人员对犯罪嫌疑人、被告人实行刑讯逼供或者使用暴力逼取证人证言的，处三年以下有期徒刑或者拘役。致人伤残、死亡的，依照本法第234条（故意伤害罪）、第232条（故意杀人罪）的规定定罪从重处罚。这里需要注意的是，暴力取证的行为对象是证人，为的是逼取证人证言，因此，屠某的行为并不构成暴力取证罪。屠某在刑讯逼供的过程中致戴某严重伤残，行为的性质已经发生改变，属于转化犯，应定故意伤害罪而不是定刑讯逼供罪。

37. 答案：C。诬告陷害罪，是指故意向公安、司法机关或有关国家机关告发捏造的犯罪事实，意图使他人受刑事追究，情节严重的行为。诬告他人介绍卖淫的，并非公然侮辱他人的行为，不成立侮辱罪。选项A错误。法官明知被告人系被诬告，仍判决被告人有罪的，法官仅触犯徇私枉法罪。选项B错误。形式上诬告单位犯罪，但所捏造的事实导致可能对自然人进行刑事追究的，也成立诬告陷害罪。选项C正确。诬告没有达到刑事责任年龄的人犯罪的，虽然司法机关查明真相后不会对被害人科处刑罚，但仍会使他们卷入刑事诉讼，仍然成立诬告陷害罪。选项D错误。

38. 答案：A。甲冒充公安人员的身份，只是对其强奸他人的行为提供便利条件，应当以重行为强奸罪论处，不再单定招摇撞骗罪。

39. 答案：C。《刑法》第239条第1款规定，以勒索财物为目的绑架他人的，或者绑架他人作为人质的，处十年以上有期徒刑或者无期徒刑，并处罚金或者没收财产；情节较轻的，处五年以上十年以下有期徒刑，并处罚金。犯前款罪，杀害被绑架人的，或者故意伤害被绑架人，致人重伤、死亡的，处无期徒刑或者死刑，并处没收财产。本题A选项中，甲绑架乙的儿子后，将乙的儿子杀害是绑架罪的加重结果，因此，甲的行为仍定绑架罪，而不是定故意杀人罪。《刑法》第236条规定，以暴力、胁迫或者其他手段强奸妇女的，处三年以上十年以下有期徒刑。奸淫不满十四周岁的幼女的，以强奸论，从重处罚。强奸妇女、奸淫幼女，有下列情形之一的，处十年以上有期徒刑、无期徒刑或者死刑：……（6）致使被害人重伤、死亡或者造成其他严重后果的。B选项中，甲在强奸乙的过程中掐死乙，是属于强奸罪加重情节中的第6项，仍定强奸罪，而不是定故意杀人罪。《刑法》第238条规定，非法拘禁他人或者以其他方法非法剥夺他人人身自由的，处三年以下有期徒刑、拘役、管制或者剥夺政治权利。具有殴打、侮辱情节的，从重处罚。犯前款罪，致人重伤的，处三年以上十年以下有期徒刑；致人死亡的，处十年以上有期徒刑。使用暴力致人伤残、死亡的，依照本法第234（故意伤害罪）、232条（故意杀人罪）的规定定罪处罚。为索取债务非法扣押、拘禁他人的，依照前两款的规定处罚。《最高人民法院关于对为索取法律不予保护的债务非法拘禁他人行为如何定罪问题的解释》中解释，行为人为索取高利贷、赌债等不受法律保护的债务，非法扣押、拘禁他人的，依照刑法第238条的规定定罪处罚。C选项中甲为了索要赌债而绑架了乙，不是定绑架罪，而是定非法拘禁罪。在非法拘禁的过程中殴打致乙死亡，属于转化犯的情形，应定故意杀人罪。因此，C选项符合题意。《刑法》第114条规定，放火、决水、爆炸以及投放毒害性、放射性、传染病病原体等物质或者以其他危险方法危害公共安全，尚未造成严重后果的，处三年以上十年以下有期徒刑。第115条第1款规定，放火、决水、爆炸以及投放毒害性、放射性、传染病病原体等物质或者以其他危险方法致人重伤、死亡或者使公私财产遭受重大损失的，处十年以上有期徒刑、无期徒刑或者死刑。甲虽然怀着杀害乙的故意投放炸弹，但其行为客观上却危害了公共安全，构成爆炸罪。区分是爆炸罪还是故意杀人罪的关键在于甲的行为是否危害了公共安全，而且甲对危害公共安全的行为所持的心理态度是间接故意。因此，本题答案是C。

40. 答案：A。甲基于杀人的故意，实施了开枪射击的杀人行为，构成故意杀人罪。虽然甲把自己的父亲误以为是林某，但这属于甲的认识错误，甲将杀人的对象搞错了。甲的认识错误并不影响其行为的性质，故意杀人罪的法定对象是人，只要是人，无论是男女老少，无论是张三还是李四，都是在故意杀人罪的法定范围之内，不影响故意杀人罪的成立。也就是说，只要出现人的死亡，都属于故意杀人罪的既遂。故甲对其父亲实施的开枪射杀行为依然构成故意杀人罪。至于甲的父亲因惊吓而突发心脏病死亡，应视为与甲的行为有因果关系，所以甲构成故意杀人罪的既遂。因此选项A正确。

41. 答案：D。关于A，甲欲实施强奸遭到反抗，而将该女扼死，构成故意杀人罪。该女死亡后甲又对其尸体进行奸淫，构成了侮辱尸体罪。因此甲构成故意杀人罪和侮辱尸体罪，应当数罪并罚，A选项错误。关于B，根据《刑法》第358条及《全国人民代表大会常务委员会关于严禁卖淫嫖娼的决定》第2条规定，强奸后迫使卖淫的，属于强迫卖淫罪的加重处罚情节，而不应以强奸罪与强迫卖淫罪实行数罪并罚，故B错误。C选项中，根据《刑法》第318条第2款的规定，组织他人偷越国（边）境，并对被组织人有强奸行为的，依照数罪并罚的规定处罚，因此C错误。根据《刑法》第240条之规定，拐卖妇女并奸淫被拐卖的妇女的，按照拐卖妇女罪定罪处罚，而不应当数罪并罚，故D选项是正确答案。

42. 答案：B。根据《刑法》第243条规定，诬告陷害罪是指捏造犯罪事实，向国家机关或者有关单位诬告陷害他人，意图使他人受到刑事追究，情节严重的行为。如果不是有意诬陷，而是错告，或者检举失实的，不构成该罪。选项A中，甲捏造的曹某包养情人的事实并不是犯罪事实，因此不构成诬告陷害罪。选项B中，乙捏造了文某的犯罪事实并向公安机关举报，构成了诬告陷害罪。选项C中，丙虽然捏造了贾某的犯罪事实，但并未向国家机关或者有关单位作告发，因此也不构成诬告陷害罪。D选项中，丁只是检举失实，不构成诬告陷害罪。因此，只有B项构成诬告陷害罪，正确答案应当是B。

43. 答案：A。依照刑法理论，成立不作为犯罪必须具备以下客观要件：（1）行为人负有实施特定积极行为的法律性质的义务（作为义务）。对于不作为的故意杀人罪来说，只有那些在法律上应当保证不发生死亡结果的人的不救助行为，才应作为犯罪处罚。这种处于保证地位的人，理论上称为保证人。而哪些人属于保证人，关键在于哪些人负有实施特定积极行为以防止结果发生的法律性质的义务。（2）行为人能够履行特定义务。（3）行为人不履行特定义务，造成或可能造成危害结果。在本案中，乙作为被害人的母亲，具有救助被害人的法律义务；同时乙发现了甲实施的投毒行为，且在询问后得到了甲的默认，因此具有了履行救助义务的可能；但是乙并没有实施任何救助行为，因此乙的行为构成了不作为的故意杀人罪。《刑法》第310条规定："明知是犯罪的人而为其提供隐藏处所、财物，帮助其逃匿或者作假证明包庇的，处三年以下有期徒刑、拘役或者管制；情节严重的，处三年以上十年以下有期徒刑。

犯前款罪，事前通谋的，以共同犯罪论处。”由此可见，事先未与被窝藏、包庇的犯罪分子通谋，而在事后予以窝藏、包庇的，是窝藏、包庇罪；如果事先有通谋，则应以共同犯罪论处。在本案中，甲、乙之间存在合谋，因此乙不构成包庇罪。最后，共同犯罪行为的表现形式既可能是共同作为或共同不作为，也可能是作为与不作为相结合。在本案中，甲、乙具有共同的犯罪故意，且实施了共同的犯罪行为，故构成故意杀人罪的共同犯罪。因此A正确，BCD错误。

44. 答案：B。绑架罪是侵害他人人身自由权利的犯罪，其与抢劫罪的区别在于：第一，主观方面不尽相同。抢劫罪中，行为人一般出于非法占有他人财物的故意实施抢劫行为，绑架罪中，行为人既可能为勒索他人财物而实施绑架行为，也可能出于其他非经济目的实施绑架行为。第二，行为手段不尽相同。抢劫罪表现为行为人劫取财物一般应在同一时间、同一地点，具有“当场性”；绑架罪表现为行为人以杀害、伤害等方式向被绑架人的亲属或其他人或单位发出威胁，索取赎金或提出其他非法要求，劫取财物一般不具有“当场性”。敲诈勒索罪与抢劫罪的关键区别在于：第一，抢劫罪只能是当场以暴力侵害相威胁，而且，如果不满足行为人的要求，威胁内容便当场实现；敲诈勒索罪的威胁方法基本上没有限制，如果不满足行为人的要求，暴力威胁的内容只能在将来的某个时间实现。第二，抢劫罪中的暴力达到了足以抑制他人反抗的程度；敲诈勒索罪的暴力则只能是没有达到足以抑制他人反抗的轻微暴力。在本案中，甲实施的暴力已经达到足以抑制他人反抗的程度，且具有“当场性”，故构成抢劫罪，而非敲诈勒索罪或绑架罪。因此CD错误。《最高人民法院关于审理抢劫、抢夺刑事案件适用法律若干问题的意见》第10条规定，抢劫罪侵犯的是复杂客体，既侵犯财产权利又侵犯人身权利，具备劫取财物或者造成他人轻伤以上后果两者之一的，均属抢劫既遂；既未劫取财物，又未造成他人人身伤害后果的，属抢劫未遂。据此，《刑法》第263条规定的八种处罚情节中除“抢劫致人重伤、死亡的”这一结果加重情节之外，其余七种处罚情节同样存在既遂、未遂问题，其中属抢劫未遂的，应当根据《刑法》关于加重情节的法定刑规定，结合未遂犯的处理原则量刑。本案中，甲在乙的脖子上划了一刀，致其血流不止，由此可推断已造成他人轻伤，抢劫罪既遂。所以B正确，A错误。

45. 答案：B。依照《刑法》第241条第1款的规定，收买被拐卖的妇女罪，是指不以出卖为目的，故意用金钱或财物收买被拐卖的妇女的行为。其与拐卖妇女罪的区别是：首先，拐卖妇女罪包括拐骗、绑架、收买、贩卖、接送、中转、出卖等行为；而收买被拐卖的妇女罪只有收买一种行为。其次，拐卖妇女罪以出卖妇女为目的；而收买被拐卖的妇女罪不要求具有出卖妇女的目的。在本案中，甲得知乙一直在拐卖妇女，故向其表达了丙欲收买妇女的意愿，由于该行为并没有超出收买的范围，故不应认定为拐卖妇女罪的共犯。与该情形不同的是：如果收买人教唆没有拐卖故意的人拐卖妇女，则成立拐卖妇女罪的共犯。因此B错误，ACD正确。

46. 答案：D。《刑法》第234条规定了基本的故意伤害罪的构成要件，其他法条中也规定了法律拟制的或者特别规定的故意伤害罪。

A项，《刑法》第248条第1款规定：“监狱、拘留所、看守所等监管机构的监管人员对被监管人进行殴打或者体罚虐待……致人伤残、死亡的，依照本法第二百三十四条、第二百三十二条的规定定罪从重处罚。”此条文属于法律拟制条文，即虐待被监管人员的行为在造成他人伤残、死亡时，按照故意伤害罪、故意杀人罪处理。

B项，非法拘禁被害人，又使用暴力导致他人伤残的，符合《刑法》第238条第2款的规定："……使用暴力致人伤残、死亡的，依照本法第二百三十四条、第二百三十二条的规定定罪处罚。"同样是法律拟制的规定，非法拘禁+暴力致人伤残=故意伤害罪。

C项，摘取不满18周岁少年的器官的，依照《刑法》第234条之一第2款的规定，以故意伤害罪论处。若摘取成年人器官并且得到成年人同意的，才成立组织出卖人体器官罪。

D项，涉及被害人承诺的违法性排除事由。由于被害人承诺使被害人的法益不再受刑法保护，所以"得被害人承诺的行为不违法"。但是要求承诺的主体有承诺的权利和能力，并且承诺的法益不是生命和重大健康（刑法对这两种法益是完整保护）。黑社会成员同意截断自己的一截小指，属于轻伤的范围，该承诺有效，实施截指惩罚的行为人不成立故意伤害罪。

47. 答案：C。《刑法》第434条规定，战时自伤身体，逃避军事义务的，成立战时自伤罪。所以A项说法正确。

依照共犯从属性理论，教唆犯、帮助犯的刑事责任依赖于实行犯的刑事责任，实行者无罪，教唆者、帮助者也无罪（除非教唆者、帮助者具有间接正犯的作用）。所以帮助有责任能力成年人自伤的，自伤者无罪，帮助者也无罪。因此B项说法正确。

自伤者无罪，受益人唆使他人自伤的行为也不成立故意伤害罪，仅成立保险诈骗罪的共犯。所以C项说法错误。

父母对于未成年人子女具有法定的救助义务，对陷于危险境地的子女有能力救助而不救助的，成立不作为的犯罪。如果父母对子女的不救助直接导致子女死亡的，成立不作为的故意杀人罪；如果父母对子女的不救助，导致子女的生存状况恶化，增加了死亡风险的，成立遗弃罪。所以D项说法正确。

48. 答案：B。组织出卖人体器官罪是指组织他人（活体）出卖人体器官，不包括尸体器官。非法买卖尸体器官的，如果是盗取尸体器官的，成立盗窃尸体罪。因此A项说法错误。

对于摘取身体器官，未成年人不具有对于所承诺事项的理解能力，因此其同意无效，按照《刑法》第234条之一［《刑法修正案（八）》增加］的规定，未经本人同意摘取其器官，或者摘取不满18周岁的人的器官，或者强迫、欺骗他人捐献器官的，依照本法第234、232条的规定定罪处罚，医生的行为成立故意伤害罪。B项说法正确。

组织出卖人体器官罪不是目的犯，成立此罪不需要组织者以获取利益为目的。只要行为人实施了组织出卖行为，即使没有赚取差价，也成立该罪。因此C项说法错误。

组织者对于摘取器官事项取得了提供者的同意，获得被害人承诺摘取器官出卖的行为，成立组织出卖人体器官罪，因而不成立故意伤害罪。在器官价格上的欺骗是对器官提供者财产性利益的侵犯，并不影响摘取器官行为的定性。所以D项说法错误。

49. 答案：C。A选项，如果对方不同意，行为人强行与其发生性关系的，无论对方是卖淫女还是普通女子，都成立强奸罪。即使在事后给付财物的，也不能改变发生性关系时是强奸的性质。

B选项，依据《刑法》第244条第1款的规定，以暴力方法强迫他人劳动的，成立强迫劳动罪。并不要求被强迫的对象必须是本单位的职工［这也是《刑法修正案（八）》将"强迫职工劳动罪"的犯罪构成改为"强迫劳动罪"的犯罪构成的亮点所在］。所以"使用暴力强迫单位职工以外的其他人员在采石场劳动的"，成立强迫劳动罪。

C选项，依据《刑法》第244条之一的规定，雇用"未满十六周岁的未成年人"从事高空、井下作业的，构成雇用童工从事危重劳动罪。此规定与《劳动法》关于雇工的法定最低年龄为满16周岁的规定相衔接。题目中是雇用“16周岁未成年人”，已经不再是雇用童工，不成立雇用童工从事危重劳动罪。

D选项，依据《刑法》第240条第2款的规定，以出卖为目的，有拐骗、绑架、收买、贩卖、接送、中转妇女、儿童的行为之一的，成立拐卖妇女、儿童罪。收留流浪儿童，本身不成立犯罪，但是收留后出卖的，满足拐卖儿童罪的成立要件，成立该罪。

50. 答案：C。根据《刑法》第269条的规定，犯盗窃、诈骗、抢夺罪，为窝藏赃物、抗拒抓捕或者毁灭罪证而当场使用暴力或者以暴力相威胁的，以抢劫罪定罪处罚。本案中，甲盗窃财物后已离开现场1000米，其使用暴力的地点也不属于“当场”，因此不构成转化型抢劫罪。乙在深夜、偏僻路段向甲索要财物，已构成《刑法》上的“不法侵害”，甲的伤害行为也未超出必要限度、未造成不必要的伤害，属于正当防卫，不构成犯罪。故C正确，ABD错误。应选C。

51. 答案：B。被害人承诺属于犯罪排除事由的一种。被害人请求或者许可行为人侵害其法益，表明其放弃了该法益，放弃了对该法益的保护，既然如此，法律就没有必要予以保护，损害被放弃的法益的行为没有违法性。但是，经被害人承诺的行为，需要符合下列条件才能排除犯罪的成立：(1) 承诺者对被侵害的法益有处分权；(2) 承诺者必须对所承诺事项的意义、范围有理解能力；(3) 承诺必须出于被害人的真实意志；(4) 必须存在现实的承诺；(5) 承诺至迟必须存在于结果发生时；(6) 经承诺所实施的行为不得超过承诺的范围。A选项中，由于人对自己的生命权没有处分权限，因此乙的承诺无效，甲的行为仍然构成故意杀人罪。A错误。B选项中，很难界定甲的犯罪故意是杀人故意还是伤害故意，可以认定为一种涵盖故意杀人和故意伤害的概括的故意，应当按照实际造成的结果认定甲所触犯的罪名。B正确。C选项中，乙因为受骗而作出放弃法益的承诺，并非出于真实意志，其承诺无效。甲的行为构成故意伤害罪。C错误。D选项中，乙是未成年人，对所承诺事项的意义和范围缺乏足够的理解能力，其承诺无效。D错误。应选B。

52. 答案：C。《刑法》第17条规定，已满16周岁的人犯罪，应当负刑事责任；已满14周岁不满16周岁的人，犯故意杀人、故意伤害致人重伤或者死亡、强奸、抢劫、贩卖毒品、放火、爆炸、投放危险物质罪的，应当负刑事责任。甲和乙基于共同的犯罪故意相互配合，共同实施了绑架并杀害丙的犯罪行为，构成共同犯罪。其中乙已满16周岁，其绑架并杀害丙的行为应以绑架罪论处。甲已满14周岁未满16周岁，其绑架并杀害丙的行为不能以绑架罪论处，而只能认定为故意杀人罪。甲和乙在故意杀人罪的范围内成立共同犯罪。乙虽未直接实施杀害丙的行为，但根据共同犯罪的理论，部分行为全部责任，乙应当对共犯甲的共同犯罪行为负责，应当对其适用“杀害被绑架人”的规定。故C错误，ABD均正确。应选C。

53. 答案：A。根据《刑法》第292条第2款的规定，聚众斗殴，致人重伤、死亡的，分别认定为故意伤害罪和故意杀人罪。从本案情况看，甲指令所有参与者“下手重一点”，说明其对于致人死亡的结果并不排斥，其思想上具备杀人的主观故意。因此要求甲对死亡结果负责符合主客观相一致的原则，应当以故意杀人罪定罪量刑。至于其他参与者，由于不能查明被害人被谁的行为重伤致死，根据存疑有利于犯罪嫌疑人、被告人的原则，对于所有参与者都不能以故意杀人罪定罪。故A正确，CD错误。甲虽然不是实行犯，未参与打斗，但其作为首要分子，对聚众斗殴行为的实施起决定作用，属于共同犯罪中的主犯而非从犯。B错误。应选A。

54. 答案：D。本案中，甲、乙、丙有共同犯罪故意，且实施了共同绑架吴某的行为，已构成共同犯罪。但乙和丙误以为绑架吴某的行为系为了索要合法债务，因此乙和丙构成非法拘禁罪而非绑架罪。A选项错误。绑架罪的既遂不需要实施勒索财物的行为，只要实际绑架了被绑架人就构成绑架罪的犯罪既遂。因此本案中甲的行为构成绑架罪既遂。甲让乙、丙放人的行为也不构成绑架中止。B选项错误。吴某回去路上溺水身亡，属于意外事件，吴某死亡与甲绑架之间的因果关系已经中断，甲不构成绑架罪的结果加重犯。C选项错误。由于乙和丙构成非法拘禁罪，甲的行为构成绑架罪，因此无论甲的犯罪停止形态如何，由于乙和丙的绑架行为已经完成，只能成立非法拘禁罪的既遂。D选项正确。

二、多项选择题

1. **答案**：CD。A中属于抢劫罪的结果加重犯，以抢劫罪论处。B中属于绑架罪的结果加重犯。C是根据《刑法》第247条规定，刑讯逼供致人死亡的以故意杀人罪定罪从重处罚。D中根据《刑法》第238条规定的犯非法拘禁罪并使用暴力致人死亡的，以故意杀人罪定罪处罚。
2. **答案**：BCD。甲某没有聚众，因此，以暴力、威胁方法阻碍国家机关工作人员解救被收买的妇女、儿童的，构成妨害公务罪。
3. **答案**：CD。甲某身为狱警，随意殴打罪犯，并且指使同监的犯人殴打罪犯，造成他人重伤的严重后果，属于虐待被监管人罪与故意伤害罪的想象竞合，应择一重罪，以故意伤害罪论处。犯人丙某受甲某指使殴打同监犯人造成他人重伤的严重后果，但并非出于其本意，故不能认为其行为构成犯罪。
4. **答案**：BC。甲长期用高倍望远镜偷窥邻居的日常生活的行为属于侵犯他人隐私权的行为，不构成侵犯公民个人信息罪。选项A错误。乙将单位数据库中病人的姓名、血型、DNA等资料，卖给某生物制药公司的行为符合《刑法》第253条之一第2款的规定（该款规定："违反国家有关规定，将在履行职责或者提供服务过程中获得的公民个人信息，出售或者提供给他人的，依照前款的规定从重处罚"），构成侵犯公民个人信息罪。选项B正确。丙将捡到的几本通讯簿在网上卖给他人用于电信诈骗犯罪的行为符合《刑法》第253条之一第1款的规定（该款规定："违反国家有关规定，向他人出售或者提供公民个人信息，情节严重的……"），构成侵犯公民个人信息罪。选项C正确。由于20世纪50年代的信封上公民的身份信息已经不具有真实性，将信封出卖给他人的行为不构成侵犯公民个人信息罪。选项D错误。
5. **答案**：ABCD。参见《刑法》第236条。
6. **答案**：BCD。刑讯逼供罪的主体是特殊主体，即司法工作人员，即负有侦查、检察、审判、监管职责的工作人员，非一般的国家工作人员。
7. **答案**：AB。根据《刑法》第246条的规定："以暴力或者其他方法公然侮辱他人或者捏造事实诽谤他人，情节严重的，处三年以下有期徒刑、拘役、管制或者剥夺政治权利……"据此，严重情节是侮辱、诽谤罪的构成要件，并非结果加重犯。D项因强奸后杀人灭口的行为构成强奸罪和故意杀人罪两罪，应对行为人实行数罪并罚。
8. **答案**：BC。A不具有构成犯罪所要求的严重社会危害性，因此不构成犯罪，只是家长一般性的管教孩子的过激行为。B中将陈某非法拘禁达到三天三夜，构成非法拘禁罪，C构成非法拘禁罪，又有殴打情节，应当从重处罚。D属于正当的公民扭送罪犯的权利，不构成犯罪。
9. **答案**：BC。《刑法》第240条规定："拐卖妇女、儿童的，处五年以上十年以下有期徒刑，并处罚金；有下列情形之一的，处十年以上有期徒刑或者无期徒刑，并处罚金或者没收财产；情节特别严重的，处死刑，并处没收财产：（一）拐卖妇女、儿童集团的首要分子；（二）拐卖妇女、儿童三人以上的；（三）奸淫被拐卖的妇女的；（四）诱骗、强迫被拐卖的妇女卖淫或者将被拐卖的妇女卖给他人迫使其卖淫的；（五）以出卖为目的，使用暴力、胁迫或者麻醉方法绑架妇女、儿童的；（六）以出卖为目的，偷盗婴幼儿的；（七）造成被拐卖的妇女、儿童或者其亲属重伤、死亡或者其他严重后果的；（八）将妇女、儿童卖往境外的。拐卖妇女、儿童是指以出卖为目的，有拐骗、绑架、收买、贩卖、接送、中转妇女、儿童的行为之一的。”第 241 条规定，收买被拐卖的妇女、儿童的，处 3 年以下有期徒刑、拘役或者管制。收买被拐卖的妇女，强行与其发生性关系的，依照本法第 236 条（强奸罪）的规定定罪处罚。收买被拐卖的妇女、儿童，非法剥夺、限制其人身自由或者有伤害、侮辱等犯罪行为的，依照本法的有关规定定罪处罚。收买被拐卖的妇女、儿童，并有第 2、3 款规定的犯罪行为的，依照数罪并罚的规定处罚。收买被拐卖的妇女、儿童又出卖的，依照本法第 240 条（拐卖妇女、儿童罪）的规定定罪处罚。收买被拐卖的妇女、儿童，按照被买妇女的意愿，不阻碍其返回原居住地的，对被买儿童没有虐待行为，不阻碍对其进行解救的，可以不追究刑事责任。根据上述规定，刘某后来将其购买的妇女出卖的行为构成拐卖妇女罪，其强奸妇女的行为作为拐卖妇女罪的加重情节处理。故本题正确答案为 BC。

10. 答案：ABCD。《刑法》第 241 条规定：“收买被拐卖的妇女、儿童的，处三年以下有期徒刑、拘役或者管制。收买被拐卖的妇女，强行与其发生性关系的，依照本法第二百三十六条的规定定罪处罚……收买被拐卖的妇女、儿童，并有第二款、第三款规定的犯罪行为的，依照数罪并罚的规定处罚……”孙某主观上并没有出卖的目的，而是为了“娶媳妇”而购买卢某，客观上也没有出卖妇女的行为，故而构成收买被拐卖的妇女罪。孙某在购买卢某后，其多次强奸并且长期非法拘禁卢某的行为，应当按照强奸罪和非法拘禁罪与收买被拐卖的妇女罪实行数罪并罚。故本题正确答案为 ABCD。

11. 答案：AC。胡某的行为属于刑法上的打击错误，其主观上具有杀人的故意，客观上造成他人的死亡结果，无论是韩某死亡还是孙某死亡都不影响胡某故意杀人罪既遂的成立，A 选项符合题意，B 选项不符合题意。而韩某认为面条可能有毒，将面条给邻居小孩孙某吃可能造成死亡的结果，其对于孙某的死亡结果处于放任态度，故而也构成故意杀人罪，C 选项符合题意，D 选项不符合题意。综上，本题正确答案为 AC。

12. 答案：ABD。选项 A、B 说法错误，选项 C 说法正确。根据《刑法》第 240 条第 1 款第 5、7 项规定，以出卖为目的，使用暴力、胁迫或者麻醉方法绑架妇女、儿童的情况与造成被拐卖的妇女、儿童或者其亲属重伤、死亡或者其他严重后果的情况，都属于拐卖妇女罪的法定刑加重情节。据此可知，拐卖妇女罪包含了“采用绑架手段”及“打成重伤”的情况，但是不能包含强制猥亵行为。

选项 D 说法错误。《刑法》第 240 条第 2 款规定，拐卖妇女、儿童是指以出卖为目的，有拐骗、绑架、收买、贩卖、接送、中转妇女、儿童的行为之一的。据此可知，只要以出卖为目的，实施了拐骗、绑架、收买、贩卖、接送、中转妇女、儿童的行为之一的，就成立既遂。

13. 答案：ABD。《刑法》第 136 条规定，违反爆炸性、易燃性、放射性、毒害性、腐蚀性物品的管理规定，在生产、储存、运输、使用中发生重大事故，造成严重后果的，构成危险物品肇事罪。因此，A 项中甲构成危险物品肇事罪，不构成过失致人死亡罪。

《刑法》第 134 条规定，工厂、矿山、林场、建筑企业或者其他企业、事业单位的职工，强令他人违章冒险作业，或者明知存在重大事故隐患而不排除，仍冒险组织作业，因而发生重大伤亡事故或者造成其他严重后果的，处五年以下有期徒刑或者拘役；情节特别恶劣的，处五年以上有期徒刑。因此，B 项中，乙应该构成重大责任事故罪，而非过失致人死亡罪。

C项中属于防卫过当，有过失的成立过失犯罪，法院已经认定丙存在过失，那么丙应该构成过失致人死亡罪。

D项中构成故意杀人罪。

14. 答案：ABD。因抢劫致人重伤或死亡的，应认定为加重结果，而不单独定罪。参见《刑法》第232条、第234条、第247条、第248条、第263条、第292条。

依此，本题ABD项为正确答案。

15. 答案：BCD。在抢劫罪中，若行为人在事前就已经谋划好要先将被抢劫人杀害，再劫夺其财物或者在抢劫的过程中由于暴力实施过度导致了被害人的死亡，那么该死亡结果应当包含在抢劫行为的暴力内容中。如果行为人是在抢劫行为实施完毕后为了杀人灭口而将被害人杀害，这时候杀人的故意是独立于抢劫的故意而产生的，杀人行为不包括在抢劫行为的暴力内容中。A选项许某是在抢劫过程中为排除被害人的反抗，故意下重手将其杀害，其杀害被害人的行为包括在抢劫罪必需的暴力手段之中，因此许某实施的行为只构成抢劫罪，不构成故意杀人罪。B项中单某实施的抢劫行为已经实施完毕，为了防止被害人报案而将其杀人灭口。单某有两个犯罪故意，也有两个犯罪行为，因此应当以抢劫罪和故意杀人罪并罚。C项中，史某交通肇事后为了尽快逃离现场，在明知被害人拖挂在车底的情况下仍然将被害人拖行400多米，放任了被害人的死亡，因此应当构成间接故意杀人罪。D项中梁某的杀人行为才是其真正的目的。杀人后声称的绑架只是为了转移警方的注意力，并非其真实意图。因此本题除A选项外，其余三项描述的情况都构成故意杀人罪。

16. 答案：BC。在本题中，钱某见一个留长发的人在前面独自行走，手中拎有一个旅行包，以为是单身女性，心中遂起歹意，蹑手蹑脚快步向前走至此人身后，将其扑倒在地欲行强奸，此人拼命挣扎，待钱某撕开此人衣物才发现是一名男子。由此可见，钱某有实施强奸的故意，也有实施强奸的行为，只是由于其意志以外的原因，恰逢其强奸的对象不是女子，使其强奸没有达到既遂。因此钱某的行为构成了强奸未遂，而且是不能犯的未遂。因此C选项正确，当选。《刑法》第263条规定，以暴力、胁迫或者其他方法抢劫公私财物的，处三年以上十年以下有期徒刑，并处罚金；有下列情形之一的，处十年以上有期徒刑、无期徒刑或者死刑，并处罚金或者没收财产：(1)入户抢劫的；(2)在公共交通工具上抢劫的；(3)抢劫银行或者其他金融机构的；(4)多次抢劫或者抢劫数额巨大的；(5)抢劫致人重伤、死亡的；(6)冒充军警人员抢劫的；(7)持枪抢劫的；(8)抢劫军用物资或者抢险、救灾、救济物资的。第269条规定，犯盗窃、诈骗、抢夺罪，为窝藏赃物、抗拒抓捕或者毁灭罪证而当场使用暴力或者以暴力相威胁的，依照本法第263条的规定定罪处罚。钱某之后又夺取了该男子的旅行包，并在其追上时转身拿出其随身携带的假枪对该男子进行威胁，该男子无奈只好任由钱某离开，钱某实施抢夺行为以后为了抗拒抓捕实施了威胁行为，因此钱某的抢夺行为已经转化为抢劫犯。因此B选项正确，当选。《最高人民法院关于审理抢劫案件具体应用法律若干问题的解释》第5条规定，《刑法》第263条第7项规定的"持枪抢劫"，是指行为人使用枪支或者向被害人显示持有、佩带的枪支进行抢劫的行为。"枪支"的概念和范围，适用《中华人民共和国枪支管理法》的规定。《中华人民共和国枪支管理法》第46条规定，本法所称枪支，是指以火药或者压缩气体等为动力，利用管状器具发射金属弹丸或者其他物质，足以致人伤亡或者丧失知觉的各种枪支。而本题中钱某使用的只是其随身携带的一支假枪，因此不能构成《刑法》第263条第7项规定的持枪抢劫。因此D项错误，不应选。

17. 答案：ABC。甲属于刑法上的打击错误，即想杀死乙却杀死了丙，所以A项正确。一般认为，打击错误属于具体的事实认识错误，所以B项正确。甲主观上具有杀人故意，客观上实施了一个杀人的射击行为，导致了他人死亡的结果，一故意、一行为、一结果，完全符合一个既遂的故意杀人罪的犯罪构成。犯罪构成内的事实认识错误，并不阻却故意杀人罪的既遂，所以C正确，D错误。

18. 答案：BCD。A项中，防卫过当本身不是罪名，对于防卫过当的应当根据具体情况确定罪名。一般情况下，致人死亡的，定过失致人死亡罪；致人重伤的，定过失重伤罪。对防卫过当一般按过失犯罪处理，法律规定防卫过当的应当负刑事责任，但是应当酌情减轻或者免除处罚。选项A属于防卫过当，防卫人致人死亡，定过失致人死亡罪。故A不应选。B项中，行为人在非法拘禁他人的过程中，因为拘禁的方法不当而致人死亡，是结果加重犯。这种情况仍然认定为非法拘禁罪，故B应当选。C项中，甲对女儿乙的打骂与乙、丙的自杀行为没有必然因果关系，甲无罪。故C项应选。D项触犯了《刑法》第260条虐待罪，虐待罪是指对共同生活的家庭成员经常以打骂、捆绑、冻饿、限制自由、凌辱人格、不给治病或者强迫过度劳动等方法，从肉体上和精神上进行摧残迫害，情节恶劣的行为。系故意犯罪。故D应当选。正确答案为BCD。

19. 答案：BCD。根据《刑法》第240条的规定，以出卖为目的，偷盗婴幼儿的，构成拐卖儿童罪。根据《刑法》第262条的规定，拐骗儿童罪是指拐骗不满14周岁的未成年人，脱离家庭或者监护人的。拐卖儿童罪和拐骗儿童罪的最显著区别在于：前者以出卖为目的；后者一般出于收养、使唤或者奴役的目的。李某以出卖为目的偷盗儿童，构成拐卖儿童罪而不是拐骗儿童罪，因此A正确B错误。李某偷盗儿童已经得手即犯罪行为已经完成，构成犯罪既遂，其将男童送回家的行为不能再成立犯罪中止。因此选项CD错误。本题为选非题，正确答案为BCD。

20. 答案：ABCD。根据《最高人民法院关于抢劫过程中故意杀人案件如何定罪问题的批复》规定，行为人为劫取财物而预谋故意杀人，或者在劫取财物过程中，为制服被害人反抗而故意杀人的，以抢劫罪定罪处罚。但是并非所有"谋财害命"的情形都构成抢劫罪。对于那些不是当场从被害人控制下取得财物的情形不能认定为抢劫罪。这种情形通常属于基于贪财动机而实施的故意杀人行为，应当认定为故意杀人罪。例如，为了争夺遗产而杀害其他继承人的；为了赖掉债务而杀害债权人的；为了骗取保险金而杀害被保险人的；等等。这种情形认定为故意杀人罪而不是抢劫罪的要点是：行为人不是当场从被害人控制下取得财物，而是将来获取财物或财产性利益。本案就属于"为了赖掉债务而杀害债权人"的情形，故BD错误。根据《刑法》第114条的规定，投放危险物质罪，是指故意投放毒害性、放射性、传染病病原体等物质，危害公共安全的行为。该罪与故意杀人罪的关键区别就在于是否威胁到了不特定多数人的生命财产安全。在本案中，甲将毒药投放到乙家米袋里，并没有威胁到不特定多数人的生命安全，因而构成故意杀人罪而非投放危险物质罪。故AC错误。

21. 答案：ABC。《刑法》第238条规定："非法拘禁他人或者以其他方法非法剥夺他人人身自由的，处三年以下有期徒刑、拘役、管制或者剥夺政治权利。具有殴打、侮辱情节的，从重处罚。犯前款罪，致人重伤的，处三年以上十年以下有期徒刑；致人死亡的，处十年以上有期徒刑。使用暴力致人伤残、死亡的，依照本法第二百三十四条、第二百三十二条的规定定罪处罚……"由此可见，非法拘禁又使用暴力致人伤残的，只构成故意伤害罪一罪，A错误。根据《刑法》第244条之一规定，违反劳动管理法规，雇用未满16周岁的未成年人从事超强度体力劳动的，或者从事高空、井下作业的，或者在爆炸性、易燃性、放射性、毒害性等危险环境下从事劳动，情节严重的行为构成雇用童工从事危重劳动罪。构成本罪，造成事故，又构成其他犯罪的，依照数罪并罚的规定处罚。因此对乙的行为应以雇用童工从事危重劳动罪和重大责任事故罪数罪并罚，B 错误。丙的行为尽管不能构成拐卖妇女、儿童罪，但由于其明知王某会强迫农民工劳动而将农民工贩卖给他，因而构成了强迫劳动罪的共犯。C 错误。依照《刑法》第 248 条的规定，虐待被监管人致人伤残、死亡的，依照故意伤害罪、故意杀人罪的规定定罪从重处罚。故 D 正确。

22. 答案：BD。《刑法修正案（八）》第 37 条规定："组织他人出卖人体器官的，处五年以下有期徒刑，并处罚金；情节严重的，处五年以上有期徒刑，并处罚金或者没收财产。未经本人同意摘取其器官，或者摘取不满十八周岁的人的器官，或者强迫、欺骗他人捐献器官的，依照本法第二百三十四条、第二百三十二条的规定定罪处罚。违背本人生前意愿摘取其尸体器官，或者本人生前未表示同意，违反国家规定，违背其近亲属意愿摘取其尸体器官的，依照本法第三百零二条的规定定罪处罚。"乙未经甲本人同意摘取其器官，构成故意伤害罪。虽然乙指示实习医生将眼角膜卖给丁，但这不属于组织行为，故不构成组织出卖人体器官罪。

23. 答案：ACD。《刑法》第 247 条规定，司法工作人员对犯罪嫌疑人、被告人实行刑讯逼供的，成立刑讯逼供罪。刑讯逼供致人伤残、死亡的，依照故意伤害罪、故意杀人罪定罪从重处罚。

首先，成立刑讯逼供罪要求主体必须是司法工作人员。题目中的甲只是机关的保卫处长，不符合司法工作人员的身份，不能成立刑讯逼供罪。所以 A 项说法错误。

其次，要求有刑讯逼供的行为。具体指使用肉刑或者变相肉刑（如不让睡觉、冻、饿等）的方式逼取犯罪嫌疑人、被告人的供词。题目中的乙作为陪审员击打被告人不是为了逼取供词，而是为了泄愤，不成立刑讯逼供罪。所以 B 项说法正确。警察丁用语言吓唬犯罪嫌疑人，没有使用肉刑或者变相肉刑的，虽然获取供词的手法违法，但并不成立刑讯逼供罪。所以 D 项说法错误。

最后，刑讯逼供致人伤残的，法律拟制为故意伤害罪，不再按照刑讯逼供罪处罚。所以 C 项说法错误。

24. 答案：ABD。"具有殴打、侮辱情节的，从重处罚"，是非法拘禁罪基本犯罪构成中的法定量刑情节。实施非法拘禁罪的行为，过失致人重伤、死亡的，法定刑升格，是典型的结果加重犯的规定模式。但是在非法拘禁的过程中，使用超出非法拘禁必要的暴力致人伤残或者死亡的，依照故意伤害罪、故意杀人罪的规定进行处罚。这是一种法律拟制。

A、B、D 三项均为对《刑法》第 238 条的规定正确解释。C 项由于第 1 款的"具有殴打、侮辱情节的，从重处罚"是一项基本规定，因此应当适用于第 2、3 款。因此 C 项错误。

25. 答案：ABD。被害人承诺，符合一定条件，方可排除损害被害人法益行为的违法性。承诺者对所承诺的事项的意义、范围具有理解能力是成立被害人承诺的一项重要的条件。A 项中，被害人乙仅 15 周岁，尚未成年，其对所承诺的事项并没有完全的理解能力，因此，不能排除甲行为的违法性，成立故意伤害罪。因此，A 项错误。根据我国《刑法》第 261 条的规定，遗弃罪是指对于年老、年幼、患病或者其他没有独立生活能力的人，负有扶养义务而拒绝扶养，情节恶劣的行为。B 项中，乙缺乏生活能力，而且甲、乙是夫妻关系，因此甲对乙负有扶养的义务，虽然乙吸毒，但是并不能免除甲扶养乙的义务，故甲拒绝扶养乙并致乙死亡的行为构成遗弃罪，B 的说法是错误的。根据我国《刑法》第 243 条的规定，诬告陷害罪，是指捏造事实诬告陷害他人，意图使他人受刑事追究，情节严重的行为。“捏造”，是指无中生有，虚构犯罪事实，意图使被诬告者受到错误侦查、起诉、审判等。C项中，乙盗窃价值4000余元财物的行为真实存在，甲并未虚构犯罪事实，只是将盗窃财物谎称成抢劫财物，因此不符合诬告陷害罪的条件，C的说法是正确的。猥亵行为具有相对性，在不同的猥亵犯罪中，猥亵行为的范围并不相同。强制猥亵妇女与强制猥亵幼女，只能是性交以外的行为，因为法律对性交行为有专门的罪名予以处罚。但是猥亵幼男的行为则包括性交行为，根据“举轻以明重”的原则，其他的一般猥亵方法认定为猥亵儿童罪，那么作为更重的性交行为应当包含在内，因此D的说法是错误的。故，ABD当选。

26. 答案：ABC。根据《刑法》第238条的规定，非法拘禁他人或者以其他方法非法剥夺他人人身自由的，构成非法拘禁罪。犯非法拘禁罪，又使用暴力致人伤残、死亡的，转化为故意伤害罪和故意杀人罪。为索取债务非法扣押、拘禁他人的，构成非法拘禁罪而非绑架罪。《最高人民法院关于对为索取法律不予保护的债务非法拘禁他人行为如何定罪问题的解释》规定，行为人为索取高利贷、赌债等法律不予保护的债务，非法扣押、拘禁他人的，依照非法拘禁罪定罪处罚。本案中，甲为索取赌债扣押乙，构成非法拘禁罪，甲威胁乙的行为不属于“使用暴力”，乙的跳崖行为并不会导致甲所触犯的罪名发生转化。此外，甲非法拘禁的行为属于犯罪行为，不会产生《刑法》上的作为义务，甲不构成不作为的故意杀人罪。因此D正确，ABC错误。应选ABC。

27. 答案：AC。A选项，夏某作为未成年人，其对于摘除肾脏的同意不能构成刑法上的正当化事由，即使甲征得其同意并将所卖款项全部交给夏某，也不影响其行为已构成故意伤害罪。A正确。B选项，乙出卖自己女儿的行为已经构成贩卖儿童罪，对其行为应以贩卖儿童罪而非遗弃罪追究刑事责任。B错误。C选项，吴某挣脱控制后驾车离开发生交通事故，其死亡与丙的非法拘禁行为之间的因果关系已经中断，丙不构成非法拘禁致人死亡罪。如果吴某为摆脱丙的控制跳车、跳楼导致死亡则因果关系不中断。C正确。D选项，强制侮辱罪的客观行为主要是对妇女实施猥亵行为以外的、损害妇女人格尊严的淫秽下流的、伤风败俗的行为。例如，以多次偷剪妇女的发辫、衣服，向妇女身上泼洒腐蚀物、涂抹污物，故意向妇女显露生殖器，追逐、堵截妇女等手段侮辱妇女的行为。丁为寻求刺激追逐、拦截两位女生的行为不属于这一情况，不构成强制侮辱罪，可能构成寻衅滋事罪。D错误。

三、不定项选择题

1. 答案：ACD。在本案中，甲某先实施伤害行为，造成被害人重伤，已经构成故意伤害罪。但是，其最终目的还是牟取非法利益，通过给被害人提供“解药”向被害人索要财物，成立敲诈勒索罪。故意伤害行为是手段行为，而敲诈勒索行为是结果行为，二者存在牵连关系。

2. 答案：（1）ABCD。王某贿选村长不构成破坏选举罪。破坏选举罪所称的“选举”，特指对各级人民代表大会代表的选举以及对国家机关领导人的选举。在农村，通常指乡镇一级人民代表和乡镇政府领导干部的选举，不包括村长、村干部的选举。王某不构成行贿罪，行贿罪是指向国家工作人员行贿，不包括向村民行贿。犯罪对象不符合，不构成行贿罪。王某也不构成挪用资金罪。因为公司是王某办的私营企业，公司财产属于个人所有，不存在挪用、侵占的问题。

（2）ACD。王某的行为不构成破坏生产经营罪，应为破坏生产经营的对象往往是与生产经营相关的重要生产资料，通常不包括土地。王某并非国家机关工作人员，不能构成C中滥用职权罪和D中非法低价出让国有土地使用权罪，王某私下出卖土地的行为可以构成非法占用农用地罪，但题目并未说明是否具备“造成耕地、林地等农用地大量毁坏的”结果要件。

（3）ABCD。A项侮辱妇女罪不规范，应当是强制猥亵、侮辱罪（《刑法》第237条第1款）；B项小恩小惠手段不是强奸罪中要求的暴力胁迫等违背妇女意志的手段，不可能构成强奸罪。也不具有以暴力或其他方法故意侮辱他人人格的特征，不构成侮辱罪。其是“先后”奸淫，不具备多人同时淫乱的条件，不构成聚众淫乱罪。

（4）BCD。王某购买枪支，可以构成非法买卖枪支罪，这样其非法持有枪支的行为就被吸收不再处罚。走私武器罪，需要有“走私”行为，仅仅购买一支走私的枪支，不足以构成走私枪支罪。同样道理，非法携带枪支危及公共安全罪必须要求携带枪支进入车站、码头等公共场所。题中没有提及类似的事实，也是可以排除的。

（5）BC。王某不具备徇私枉法罪要求为司法机关工作人员的主体身份，此罪可以排除。其拒绝检查针对的对象是检察人员，所以不构成妨害作证罪。

3. 答案：AC。“抢劫致人重伤、死亡的”，简称为抢劫的结果加重犯。包括：（1）行为人为劫取财物而预谋故意杀人的。（2）在劫取财物过程中，为制服被害人反抗而故意杀人的。因此A项符合题意，C项是盗窃转化为抢劫罪，D项因为结果“轻伤”不属于抢劫的结果加重犯。B项是抢劫后为灭口而故意杀人的，以抢劫罪和故意杀人罪定罪，实行数罪并罚。所以本题为A、C项。

4. 答案：ABD。邢某以3000元收买洪某为妻，构成收买被拐卖妇女罪；依据《刑法》第241条的规定，有强奸行为的构成强奸罪，其阻碍国家工作人员解救洪某构成妨害公务罪，应数罪并罚。C项要求有聚众行为，本案中仅邢某一个，故不构成；另外一罪名“阻碍解救被拐卖妇女罪”，是指负有解救职责的国家机关工作人员，利用职务阻碍解救的行为，注意区分。

5. 答案：AB。C项行为人有通奸意思，无强奸意思；D项为强制猥亵、侮辱妇女和寻衅滋事行为。

6. 答案：（1）CD。根据《刑法》第241条第5款的规定，收买被拐卖的妇女、儿童又出卖的，依照拐卖妇女、儿童罪定罪处罚。此处收买和出卖两行为的目的不同，不存在手段与目的的牵连关系，因此不是牵连犯，而是典型的数罪，但是基于《刑法》的特别规定，只按照拐卖妇女罪一罪处罚。收买被拐卖妇女罪与拐卖妇女罪侵犯的都是妇女的人身自由和人格尊严，但是基于刑事政策的考虑，前者法定最高刑仅为3年有期徒刑，后者法定最低刑为5年有期徒刑，最高为死刑。后罪明显偏重，两罪仅按照后罪处罚也符合惩罚犯罪、保护法益的要求，符合罪刑均衡。所以A、B项说法错误，C、D项说法正确。

（2）BCD。依照《刑法》第241条第2款的规定，收买被拐卖的妇女，强行与其发生性关系的，依照本法第236条的规定定罪处罚。收买女子作为“妻子”，事实上并不是妻子，不同于“婚内强奸”。行为人也明知自己与对方并没有被法律所认可的婚姻关系，而违背女子意志强行发生性关系的，成立强奸罪。同时该条第4款规定：“收买被拐卖的妇女、儿童，并有第二款、第三款规定的犯罪行为的，依照数罪并罚的规定处罚。”据此，乙收买女子成立收买被拐卖的妇女罪，强行与女子发生性关系成立强奸罪，对乙应该数罪并罚。因此只有A项说法正确。

（3）B。《刑法》第247条规定，刑讯逼供致人伤残、死亡的，按照故意伤害罪、故意杀人罪处理。此处将满足一定条件的刑讯逼供罪拟制为故意伤害罪、故意杀人罪，属于法律拟制。警察丙刑讯逼供致使乙受重伤的，应该依法按照故意伤害罪处理。丙的行为不构成结果加重犯，结果加重犯是指由于基本行为引起加重结果，因而在同一个罪名下加重法定刑。此处对丙的处罚不是在原有罪名下的法定刑升格，而是遵循了另外的犯罪构成。

（4）ABCD。乙作为被关押的犯罪嫌疑人，脱离监管的，成立脱逃罪。丁作为门卫

（临时工），不是依法从事监管工作的司法工作人员，不具备私放在押人员罪的主体身份，其帮助乙脱逃应按照脱逃罪的共犯处理。

7. 答案：（1）ABCD。“抢劫致人死亡”，既包括行为人的暴力等行为过失致人死亡，也包括行为人为劫取财物而预谋故意杀人，或者在劫取财物过程中，为制服被害人反抗而故意杀人。“以非法占有为目的故意杀害他人后立即劫取财物”的情形属于“抢劫致人死亡”。郑某的行为同时符合故意杀人罪和抢劫罪的犯罪构成，但属于结果加重犯，应以抢劫罪定罪论处。ACD 正确。如果认为“抢劫致人死亡”仅限于过失致人死亡，由于郑某先实施故意杀害车主的行为，又将其面包车据为己有，两个行为分别构成故意杀人罪与盗窃罪，应当数罪并罚。如果否认死者占有，则该面包车属于遗忘物，将其据为己有的行为成立侵占罪而非盗窃罪。B 正确。应选 ABCD。

（2）ABCD。非法占有目的，是指排除权利人，将他人的财物作为自己的所有物进行支配，并遵从财物可能具有的用途进行利用、处分的意思。非法占有目的由“排除意思”与“利用意思”构成。在非法占有目的这一要素的理解上，盗窃罪与抢劫罪并无区别。故 AB 正确。认定是否具有非法占有目的应以抢劫面包车当时的主观心态为准，郑某等人抢劫面包车是为了跟踪银行运钞车，待目的实现后将面包车毁坏，并不影响其非法占有目的的认定。C 正确。不可罚的事后行为，是指在状态犯的场合，利用该犯罪行为的结果的行为，虽然孤立地看符合其他犯罪的犯罪构成，具有可罚性，但由于综合评价在该状态犯中，没有必要另行认定为其他犯罪。盗窃罪就属于状态犯，郑某等人盗窃面包车之后，面包车便由其占有，其处置面包车的行为可涵盖在盗窃罪之内进行评价，没有必要另行定罪。D 正确。应选 ABCD。

四、名词解释

1. 答案：侵犯公民人身权利、民主权利罪，是指故意或过失地侵犯公民的人身权利或者民主权利，依法应受刑罚处罚的行为。

2. 答案：强制猥亵、侮辱妇女罪，是指以暴力、胁迫或者其他方法强制猥亵妇女或者侮辱妇女的行为。

3. 答案：聚众阻碍解救被收买的妇女、儿童罪，是指聚集多人阻碍国家机关工作人员解救被收买的妇女、儿童的行为。

4. 答案：诬告陷害罪，是指捏造犯罪事实，向国家机关或有关单位作虚假告发，意图使他人受刑事追究，情节严重的行为。

5. 答案：雇用童工从事危重劳动罪，是指用人单位违反劳动管理法规，雇用未满 16 周岁的未成年人从事超强度体力劳动的，或者从事高空、井下作业的，或者在爆炸性、易燃性、放射性、毒害性等危险环境下从事劳动，情节严重的行为。

6. 答案：破坏选举罪，是指在选举各级人民代表大会代表和国家机关领导人员时，以暴力、威胁、欺骗、贿赂、伪造选举文件、虚报选举票数等手段破坏选举或者妨害选民和代表自由行使选举权和被选举权，情节严重的行为。

7. 答案：拐骗儿童罪，是指用蒙骗、利诱或者其他方法使不满 14 周岁的未成年人脱离家庭或者监护人的行为。

五、简答题

1. 答案：（1）行为人履行职责对他人进行批评或者处分，导致他人想不开而自杀的，即使行为人态度生硬、粗暴或者处分过重，也不应追究行为人的刑事责任。

（2）行为人实施某种犯罪行为，如强奸、拐卖妇女、刑讯逼供、诽谤等，致使被害人自杀的，行为人主观上无杀人故意，不能以故意杀人罪论处，应当根据其具体犯罪行为确定罪名，把被害人自杀的后果作为量刑情节予以考虑。

（3）行为人主观上有致人死亡的意图，并凭借某种权利或者使用暴力、胁迫的手段，致使被害人陷入绝境而被迫自杀，或者利用封建迷信诱骗被害人自杀，这实际上是“借刀杀人”，即借被害人之手达到杀害被害人的目的，属于故意杀人的一种特殊手段，故应以故意杀人罪论处。

(4) 行为人与他人“相约自杀”，共同商定自杀方法，并向对方提供自杀条件，如毒药，然后分别或共同自杀，他人自杀身死而行为人自杀未遂的，不应追究行为人的刑事责任。因为这种情况实际上只是单独自杀的一种特殊形式，不能作为犯罪对待。

(5) 行为人应他人请求而向其提供自杀条件，如刀具、毒药等，致使他人自杀死亡的，不能以故意杀人罪论处。如果行为人应他人请求而帮助他人自杀的，如把毒药给其吞服或在人上吊时搬走其脚下的凳子等，从原则上讲应认定为故意杀人罪，但在量刑时可以从轻或者减轻处罚。如果行为人应他人请求而直接动手将他人杀死的，符合故意杀人罪的特征，应当认定为故意杀人罪，但处理时可以酌情从轻。

2. 答案：刑讯逼供罪是指司法工作人员对犯罪嫌疑人、被告人实行肉刑或者变相肉刑，逼取口供的行为。其构成要件是：

(1) 主体是特殊主体。即只能是司法工作人员，即具有侦查、检察、审判、监管职责的工作人员。

(2) 主观方面是直接故意，且出于逼取口供的目的。如果出于其他目的，不构成刑讯逼供罪。

(3) 客体是复杂客体，既包括公民的人身权利，也包括司法机关的正常活动。

(4) 客观方面表现为在刑事诉讼过程中，对犯罪嫌疑人、被告人实行肉刑或者变相肉刑，逼取口供的行为。所谓肉刑，是指直接施加于犯罪嫌疑人或被告人人身，可使其身体健康遭到损害或肉体、精神遭受痛苦的摧残手段。所谓变相肉刑，是指上述肉刑以外的其他使犯罪嫌疑人或被告人肉体、精神遭受痛苦折磨的各种手段和方法。但对于一般情节的刑讯逼供行为不以犯罪论处，应对当事人进行批评教育，责令改正，或者给予党纪、政纪处分。只有情节严重的刑讯逼供才构成犯罪，如刑讯逼供手段残酷的，给被害人造成比较严重的伤害后果的等。

3. 答案：强奸罪，是指违背妇女意志，使用暴力、胁迫或者其他手段，强行与妇女发生性交的行为。本罪客观方面表现为违背妇女意志，使用暴力、胁迫或者其他手段，强行与妇女发生性交的行为。

对冒充警察与妇女发生性关系的行为如何定性，存在分歧。第一种意见认为，行为人为了牟取非法利益，冒充国家机关工作人员进行诈骗行为，侵犯了国家机关的威信及正常活动，应以招摇撞骗罪论处。第二种意见认为，行为人冒充国家机关工作人员，违背妇女意志，与其发生性行为，应以强奸罪论处。

事实上，冒充警察与妇女发生性关系也就是行为人的“骗奸”行为。“骗奸”指的是妇女在对行为人的身份发生错误认识的情况下，被迫或者自愿与行为人发生性行为。编者认为冒充警察骗奸妇女不能一概而论。

第一，如果妇女是在没有胁迫或者精神上受到强制的情况下，自愿与冒充警察者发生性关系，冒充者不构成强奸罪。如何理解“违背妇女意志”？如果行为人没有通过暴力、胁迫等手段采取“强行”的行为，妇女是自愿进行性行为的，不论妇女主观动机如何，都可以认定为没有违背妇女意志。对于一个妇女而言，她能够正常表达自己的意志，知道自己行为的性质和后果，她自愿接受性行为背后的动机错误是其自身轻信、判断和选择错误造成的，动机错误并不能否定发生性行为是其自愿的。换句话说，如果冒充者主观上没有强行奸淫的故意，假如妇女拒绝，冒充者就不会与其发生性行为。

第二，如果冒充者以警察的身份，对妇女进行威胁、恫吓，达到精神上的强制，使妇女不敢抗拒，妇女是因受到“胁迫”，忍辱屈从，不敢抗拒而与冒充者发生性行为，那么冒充者的行为构成强奸罪。

单纯的警察身份不足以使一个妇女服从。因此要看这种行为能否构成胁迫。胁迫的实质是使用足以引起被害妇女的恐惧心理实现对被害妇女的精神强制，使妇女不敢反抗的手段从而实现强行奸淫的意图。利用职务权力等与妇女发生性交的，不能一律视为强奸。利用职权进行胁迫，违背妇女意志与妇女发生性交的，构成强奸罪。关键在于行为人是否利用了这种特定关系进行胁迫而使妇女不敢反抗。

4. 答案：相约自杀是指二人以上约定共同结束生命的行为。一般来说，我国刑法并没有规定自杀的刑事责任，所以对自杀行为不存在犯罪问题。但是，在相约自杀未遂的情况下，是否对自杀未遂者以故意杀人罪论处，值得研究。从实践上来看有四种情况：第一，相约自杀，各自实施自杀行为的，对自杀未遂者不能追究刑事责任；第二，行为人教唆、帮助他人自杀，自己也同他人约定自杀，结果该人自杀未遂的，可以按照教唆帮助他人自杀的情形处理；第三，行为人与他人相约共同自杀，但他人无勇气或无能力实施自杀，要求行为人先将其杀死再自杀；行为人将他人杀死以后自杀未遂的，符合受嘱托杀人的特征，应以故意杀人罪论处；第四，行为人以虚假的意思表示，假意与他人相约自杀，他人自杀而行为人未自杀的，符合诱骗他人自杀特征，应以故意杀人罪论处。

5. 答案：《刑法》第238条第3款规定，为索取债务非法扣押、拘禁他人的，以非法拘禁罪处罚。以索取债务为名扣押他人，而索取财物数额超过了债务范围的行为有两种处理方式：一种是比照《刑法》第204条第2款的规定，对属于债务范围和超出债务范围的索要事实分别认定为非法拘禁罪和绑架罪（或抢劫罪），然后实行数罪并罚；另一种是采用重罪吸收轻罪的处理方式，只按绑架罪或者抢劫罪一罪予以处断。

6. 答案：关于绑架罪的既遂标准，刑法理论界有不同的主张。产生歧见的根源是将绑架罪构成要件中的行为视为单一行为还是复合行为。主张单一行为者认为，绑架罪的既遂应以被害人的人身自由被剥夺作为标准，即主张已经实际控制他人的即成立绑架罪既遂；主张复合行为者认为，要成立绑架罪既遂仅有劫持他人的行为尚不够，还要进一步实施勒索财物等目的行为，方能成立既遂。将绑架行为视为复合行为者，对既遂标准也存在争议。有学者认为，控制他人以后，提出勒索赎金的要求或其他不法要求的，即成立绑架罪既遂；另有学者认为，必须是行为人已经获得赎金或绑架者所提出的要求得到满足时，才能成立绑架罪的既遂。我国刑法将绑架罪规定在侵犯公民人身权利、民主权利罪一章，说明该罪所侵犯的主要客体是他人的人身自由。因此，当绑架行为实际侵害了主要犯罪客体，即行为人实施了全部绑架行为时，绑架罪即成立既遂。

7. 答案：（1）故意伤害罪，是指故意非法损害他人身体健康的行为。本罪的构成特征是：侵犯的客体是他人的身体健康权；在客观方面表现为行为人实施了使他人身体健康受到损害的行为；主体为一般主体，即具备承担刑事责任能力的自然人；主观方面表现为故意，直接故意或者间接故意均可构成故意伤害罪。

（2）故意杀人罪，是指故意非法剥夺他人生命的行为。本罪的构成特征是：侵犯的客体是他人的生命权；在客观方面表现为非法剥夺他人生命的行为；主体是一般主体；主观方面包括直接故意和间接故意。

（3）一般来说，故意伤害（致死）罪和故意杀人罪（既遂）都出现了他人死亡的危害结果。但二者的主要区别是犯罪人的主观心理活动内容不同：故意伤害（致死）罪的犯罪人对致人死亡结果持过失的主观心态，而故意杀人罪的犯罪人对他人死亡结果持故意的主观心态。

除了主观心态的不同，区分故意伤害罪与故意杀人罪还可以从以下几个方面入手：①犯罪发生的起因及背景，犯罪时间、地点及环境的选择。行为人和被害人之间是否存在重大利益纠纷，是否有重大矛盾和积怨，是由一时激动还是经过密谋策划，是随意行凶还是刻意选择时间、地点后而实施犯罪。如果存在重大利益纠纷和积怨，并在事前经过周密策划，致人死亡却辩解说故意伤害的，可定间接故意的故意杀人罪。②作案时是否避开他人，害怕别人看见等。故意杀人最高要判死刑，行为人如果预谋杀人，一般会行事谨慎，不是万不得已，一般不会让人看见。如果有刻意避开他人的行为，故意杀人的可能性较大。③使用什么样的犯罪凶器？凶器是否是事先准备的，杀伤力如何？若使用枪支、砍刀、长矛等杀伤力较大的凶器，又系事先准备，伤害时行为没有节制的，则故意杀人的可能性较大，致人死亡定直接故意困难的，可直接定间接故意杀人。④实施伤害时伤害的打击部位、力度和打击次数如何？是否在被害人失去反抗能力后，多次打击，事后是否有抢救或报警行为？

对于使用足以致人死亡的工具，用力打击或反复打击被害人头部、胸部等重要部位，或虽非打击重要部位，但用锐器刺破被害人体表流血不止时，将被害人丢于荒僻处，事后又不实施抢救和报警的；或在被害人失去反抗能力后，持锐器击打的，一般应定故意杀人罪。即便是因意志以外原因，被害人没有死亡的，根据打击部位、次数、被害人伤情等情况，结合当时的环境因素，亦可定故意杀人罪。

六、论述题

答案：故意伤害罪，是指故意非法损害他人身体健康的行为。故意伤害罪的构成要件包括：(1) 本罪的客体，是他人的身体健康权。这里所说的身体健康权，主要是指他人对于保持其肢体、器官、组织的完整和正常机能的权利。(2) 本罪的客观方面，表现为非法损害他人身体健康的行为。①损害他人身体健康的行为必须是非法的。②必须具有损害他人身体健康的行为。本罪的损害结果包括轻伤、重伤和伤害致死三种情况。(3) 本罪的主体，是一般主体。其中，对于故意伤害致人重伤或死亡的，主体为年满 14 周岁，具有刑事责任能力的自然人。对于致人轻伤害的，主体是年满 16 周岁，具有刑事责任能力的自然人。(4) 本罪的主观方面，是非法伤害他人身体健康的故意。

对故意伤害罪的认定，主要是处理好以下几种行为之间的界限：

(1) 故意伤害与殴打行为的界限。伤害是指损害他人肢体、器官、组织完整和正常机能的行为。殴打，是指造成人体暂时性的疼痛，但不损害人体健康的行为。殴打也可能造成一定的人体损害，如脸肿、鼻腔出血、皮下出血等，但这里造成的损害，并不是伤害罪意义上的对人体健康的损害，不能构成伤害罪。如因殴打而造成身体健康损害结果，特别是发生死亡结果的情况下，应认真分析，是采用殴打方式行伤害之实，还是因为过失造成重伤或致人死亡，或者对结果的发生主观上无罪过。不能因殴打是有意实施的，就认为只能构成故意伤害罪。

(2) 故意伤害致人死亡与过失致人死亡的罪限。两者相同之处在于客观上都造成了他人死亡的结果，主观上都没有剥夺他人生命的故意。区别在于：故意伤害致人死亡的，行为人主观上具有伤害的故意，但对死亡的结果是过失，属于上述所说的复杂罪过；而过失致人死亡的行为人主观上只对死亡结果有过失，主观上并无伤害的故意。因此，区分两者的关键在于主观上有无伤害的故意。

(3) 故意伤害与故意杀人未遂的界限。因为间接故意杀人不存在未遂，因此，这里的故意杀人未遂是指直接故意杀人未遂与故意伤害的界限。两者相同之处在于客观上都造成伤害的结果，区别的关键在于行为人的故意内容不同。故意伤害的故意内容，是非法损害他人身体健康，并无剥夺他人生命的故意内容；而故意杀人未遂故意的内容，是非法剥夺他人的生命，虽然在客观上出现的是损害他人健康的结果，但这是由于行为人意志以外的原因，而未造成死亡的结果，不能因此而改变行为人非法剥夺他人生命的故意内容。因此，两者区别的关键在于主观上有无剥夺他人生命的故意内容。

(4) 故意伤害致死与故意杀人的界限。两者相同之处在于主观上都是出于故意，在客观上都发生了死亡的结果。区分的关键也是查清故意的内容。故意伤害致死只具有损害他人身体健康的故意，对死亡结果的发生主观上是过失；而故意杀人在主观上具有非法剥夺他人生命的故意内容。因此，有无剥夺他人生命的故意内容，是区分两者的关键。

七、案例分析题

1. 答案：要点：被告人王某已构成强奸罪。

被告人王某违背女青年张某的意愿，在为其引路时，使用暴力及暴力威胁的手段，使张某恐惧不敢反抗而强行与张某发生了性行为，符合强奸罪的构成特征。

2. 答案：要点：张某的行为已构成强奸罪和故意杀人罪（未遂）。

从本案来看，张某在实施强奸行为之后，唯恐罪行败露又杀人灭口构成故意杀人罪，因此，应当对张某依强奸罪和故意杀人罪两罪并罚。

3. 答案：甲、乙构成强奸罪的共犯，其中甲是强奸罪的教唆犯，起主要作用，是主犯，其教唆不满18周岁的人犯罪，应当从重处罚，同时其犯本案时仍处于缓刑执行期，在缓刑期间，又重新故意犯罪的，应当撤销缓刑，将原判刑罚与新罪应判刑罚按照数罪并罚的原则处理。乙构成强奸罪，乙在实施强奸行为时已经达到14周岁，《刑法》第17条规定，已满14周岁不满16周岁的人，犯故意杀人、故意伤害致人重伤或者死亡、强奸、抢劫、贩卖毒品、放火、爆炸、投放危险物质罪的，应当负刑事责任。乙在甲教唆之下实施了强奸行为，已达到法定责任年龄，应当承担刑事责任，同时又属于已满14周岁不满18周岁的人犯罪，应当从轻或者减轻处罚。其后来与父母一起到公安机关说明情况的行为，属于自首，《刑法》第67条规定，对于自首的犯罪分子，可以从轻或者减轻处罚，其中，犯罪较轻的，可以免除处罚。

4. 答案：刘某构成故意杀人罪和诬告陷害罪。刘某为达到与许某妻子结婚的目的，而在许某的饭菜中投毒，是以投毒的方法进行的故意杀人行为，由于其投毒的对象只是针对特定的许某一人，不足以危害公共安全，所以不构成投放危险物质罪。

本题中刘某出于嫁祸于人的目的，将自己实施的犯罪行为诬陷是马某所为，并写信向公安机关告发，符合诬告陷害罪的特征。另外，许某对刘某诬告的行为不存在明知，只是出于轻信而与刘某一同写信告发，属于一般的错告行为，不认为是犯罪。

5. 答案：甲某的行为构成绑架罪。在本案中，甲某为了勒索乙某财物，拐走乙某的女儿，并以此要挟乙某50万元，在主观上具有勒索财物的目的，客观上实施了绑架勒索的行为，并且将丁某杀害，符合绑架罪的构成要件。根据《刑法》第239条规定，杀害被绑架人或者故意伤害被绑架人，致人重伤、死亡的，处无期徒刑或者死刑，并处没收财产。甲某杀害丁某的行为已经包含在绑架罪中而失去了独立意义，因此甲某不单独构成故意杀人罪。

6. 答案：甲某的行为构成抢劫罪、强奸罪和故意杀人罪，应当数罪并罚。其最初为了抢到钱财而用匕首威胁被害人，并抢走财物，数额较大，构成抢劫罪，既遂。后其趁被害人昏迷又将其奸污，构成强奸罪。强奸完后出于灭口的意图，而实施暴力意图杀死被害人，其本以为将人杀死了，出于其意志以外的原因，被害人被抢救脱险，属于故意杀人罪的未遂，所以，对甲某应当以抢劫罪、强奸罪和故意杀人罪（未遂）数罪并罚。

7. 答案：唐某和陈某的行为构成故意伤害（致死）罪。唐某开始时将闹事的孙某带到派出所处理，属正常的职务活动，不存在非法行为。但其后来用伤害性大的器械对孙某进行殴打，直至把孙某打得不能动弹，作为民警的二被告对其行为可能造成的伤害孙某身体健康的后果存在明知。此外，孙某死于创伤性休克，致心肺功能衰竭，与二被告故意伤害孙某的行为具有刑法上的因果关系。所以，二被告应负故意伤害（致死）的刑事责任。

8. 答案：李某与张某在争吵中致使张某产生服毒轻生的念头，虽然李某没有用语言刺激张某服毒，但是，在发现张某服毒之后，李某却采取放任不管的态度，并独自离开了张某，致使张某在李某家中这种特定的环境里得不到及时的抢救，更进一步陷入了危险的境地，最终死亡。李某在特殊的环境下负有特定的救助义务，他也能够履行这种义务，但其拒不履行，导致危害结果发生，其消极的躲避行为完全符合不作为犯罪的特征，已构成不作为的故意杀人罪。

9. 答案：(1) 刘甲的行为构成拐卖妇女罪、非法拘禁罪、妨害公务罪。

刘甲收买被拐卖妇女又出卖的行为依照《刑法》第 241 条第 5 款的规定，已由收买被拐卖的妇女罪转化为拐卖妇女罪，其整个行为的性质发生了变化，因此刘甲强奸被收买妇女的行为不应当依照《刑法》第 241 条第 2 款的规定以强奸罪论处，而应当适用《刑法》第 240 条第 1 款第 3 项的规定，作为对其判处较重法定刑的量刑情节。同时刘甲将被拐卖妇女关在柴房长达十日，非法剥夺、限制其自由的行为构成非法拘禁罪。刘甲持菜刀以暴力相威胁阻碍公安干警执行解救被拐卖妇女的行为构成妨害公务罪。

(2) 刘乙的行为构成拐卖妇女罪、聚众阻碍解救被收买的妇女罪。

刘乙参与出卖被收买妇女的策划，并参与出卖活动，其行为构成拐卖妇女罪。刘乙又聚集多人阻碍民警解救被收买的妇女，作为首要分子，其行为构成聚众阻碍解救被收买的妇女罪。由于刘甲的整个行为性质发生变化，从收买被拐卖的妇女转化为拐卖妇女罪，而且刘乙也参与出卖被收买妇女的犯罪，因此刘乙协助刘甲强奸被收买妇女的行为，不构成强奸罪的帮助犯，不以强奸罪论处，而应当作为适用拐卖妇女罪较重法定刑的量刑情节。同样的道理也适用于刘丙协助刘甲强奸被收买妇女的行为。

(3) 刘丙的行为构成拐卖妇女罪。

她参与了出卖被收买妇女的行为并以取回赃款的形式参与拐卖被收买妇女的行为，其行为构成拐卖妇女罪。

(4) 刘甲、刘乙、刘丙的行为构成拐卖妇女罪的共同犯罪。

在共同犯罪中刘甲、刘乙起了主要作用，是主犯；刘丙在共同犯罪中起辅助作用，是从犯，应当从轻、减轻或者免除处罚。

10. 答案：赵某的行为构成拐骗儿童罪和故意杀人罪。

①赵某出于收养的目的将男孩骗走，且已经使其脱离了监护人的掌控范围，置于自己的控制之下，构成拐骗儿童罪的既遂。②因为男孩的哭闹使赵某心虚，怕事情败露而将男孩放在野外人迹罕至处，主观上认识到自己的行为会导致男孩因得不到救护而死亡的后果，而放任这一后果的出现，属于间接故意杀人，构成杀人罪。③赵某应当以拐骗儿童罪和故意杀人罪数罪并罚。

11. 答案：(1) 王某对自己的行为致陆某死亡的后果是持间接故意的心理态度。

王某在闯关之后，已知道自己的行为违法，为了逃脱法律的制裁，高速驾车逃逸，在看到陆某的停车指令时，反而驾车冲向非机动车道陆某所站之处的路障，可以认定，王某对自己的这种行为可能发生的后果是明知的；当陆某被撞以后被铲上车盖，将汽车挡风玻璃撞碎，王某反而加速逃离现场，据此可以认定，王某对自己的行为可能导致陆某死亡的结果的发生是持放任的态度，属间接故意。

(2) 王某的行为以故意杀人罪定罪比较合适，因为从本案例中看，王某在冲撞陆某之前，已经认识到当时只可能撞到陆某一人，这可以从王某驾车冲向陆某所站之处的路障这一行为看出，也就是说，王某的行为不可能对不特定多数人的生命或财产安全造成危险，其可能伤害的对象是特定的，因此不宜将王某定为以危险方法危害公共安全罪；又因王某对自己高速驾车可能发生撞死陆某的危害结果是明知的，而且从撞到陆某以后，反而加速逃逸来看，王某对这种危害结果的发生又是持放任的心理态度，主观上是一种间接故意，而交通肇事罪是一种过失犯罪，要求行为对危害结果的发生是应当预见而没有预见或者是已经预见而轻信能够避免，王某的心理态度和此要求明显不符，也不宜以交通肇事罪论处；如前所述，王某对自己的行为造成陆某死亡主观上是持间接故意的心理态度，客观上实施了相应的犯罪行为，撞到陆某后逃逸，致使陆某死亡，符合故意杀人罪的犯罪构成要件，构成故意杀人罪（间接故意），因此，对王某的行为以故意杀人罪定罪是比较合适的。

（3）如果人民法院是在1997年新刑法实施以后开始审理此案，就涉及适用新刑法还是适用旧刑法的问题，也就是新刑法的溯及力的问题。我国是采取从旧兼从轻的原则，即新刑法原则上不溯及既往，但新刑法不认为是犯罪或者处刑较轻的，则应适用新刑法。

12. 答案：杨某的行为应定为拐卖儿童罪。我国《刑法》规定，以出卖为目的偷盗婴幼儿的，以拐卖儿童罪论处。

杨某应认定为犯罪既遂。对于以出卖为目的偷盗婴幼儿的拐卖儿童罪之认定，应以盗窃之既遂为拐卖儿童罪之既遂，而不应以出卖之既遂为认定标准，当然由于其被抓获，造成的损失相对较小，可以作为酌定情节予以考虑。

13. 答案：（1）关于赵某杀害钱某以便将名画据为己有这一事实，可能存在两种处理意见。其一，认定为侵占罪与故意杀人罪，实行数罪并罚。理由是，赵某已经占有了名画，不可能对名画实施抢劫行为，杀人行为同时使得赵某将名画据为己有，所以，赵某对名画成立（委托物）侵占罪，对钱某的死亡成立故意杀人罪。其二，认定成立抢劫罪一罪。理由是，赵某杀害钱某是为了使名画不被返还，钱某对名画的返还请求权是一种财产性利益，财产性利益可以成为抢劫罪的对象，所以，赵某属于抢劫财产性利益。

（2）赵某以为钱某已经死亡，为毁灭罪证而将钱某活埋导致其窒息死亡，属于事前的故意或概括的故意。对此现象的处理，主要有两种观点：其一，将赵某的前行为认定为故意杀人未遂（或普通抢劫），将后行为认定为过失致人死亡，对二者实行数罪并罚或者按想象竞合处理；理由是，毕竟是因为后行为导致死亡，但行为人对后行为只有过失；其二，应认定为故意杀人既遂一罪（或故意的抢劫致人死亡即对死亡持故意一罪）；理由是，前行为与死亡结果之间的因果关系并未中断，前行为与后行为具有一体性，故意不需要存在于实行行为的全过程。答出其他有一定道理的观点的，适当给分。

（3）孙某对钱某的死亡构成故意杀人罪。孙某明知钱某没有死亡，却催促赵某动作快一点，显然具有杀人故意，客观上对钱某的死亡也起到了作用。即使认为赵某对钱某成立抢劫致人死亡罪，但由于钱某不对抢劫负责，也只能认定为故意杀人罪。倘若在前一问题上认为赵某成立故意杀人未遂（或普通抢劫）与过失致人死亡罪，那么，孙某就是利用过失行为实施杀人的间接正犯；倘若在前一问题上认为赵某成立故意杀人既遂（或故意的抢劫致人死亡，即对死亡持故意），则孙某成立故意杀人罪的帮助犯（从犯）。

（4）孙某索要名画的行为构成敲诈勒索罪。理由：孙某的行为完全符合本罪的构成要件，因为利用合法行为使他人产生恐惧心理的也属于敲诈勒索。一种观点是，对孙某应当按800万元适用数额特别巨大的法定刑，同时适用未遂犯的规定，并将取得价值8000元的赝品的事实作为量刑情节，这种观点将数额巨大与特别巨大作为加重构成要件。另一种观点是，对孙某应当按8000元适用数额较大的法定刑，认定为犯罪既遂，不适用未遂犯的规定，这种观点将数额较大视为单纯的量刑因素或量刑规则。

（5）孙某出卖赝品的行为不构成诈骗罪，因为孙某以为出卖的是名画，不具有诈骗故意。

第二十五章　侵犯财产罪

配套测试

一、单项选择题

1. 甲欲前往张某家中盗窃。乙送甲一把擅自配制的张某家房门钥匙，并告诫甲说，张某家装有防盗设备，若钥匙打不开就必须放弃盗窃，不可入室。甲用钥匙开张某家房门，无法打开，本欲依乙告诫离去，但又不甘心，思量后破窗进入张某家窃走数额巨大的财物。关于本案的分析，下列哪一选项是正确的？（　　）（司考 2017. 卷二. 6）

A. 乙提供钥匙的行为对甲成功实施盗窃起到了促进作用，构成盗窃罪既遂的帮助犯

B. 乙提供的钥匙虽未起作用，但对甲实施了心理上的帮助，构成盗窃罪既遂的帮助犯

C. 乙欲帮助甲实施盗窃行为，因意志以外的原因未能得逞，构成盗窃罪的帮助犯未遂

D. 乙的帮助行为的影响仅延续至甲着手开门盗窃时，故乙成立盗窃罪未遂的帮助犯

2. 下列哪种情形属于职务侵占罪？（　　）

A. 某甲个人承包经营某国有商店，利用承包的职务之便侵吞应予上缴的承包经营款 10 万元

B. 某乡镇企业厂长利用职务上的便利，侵吞本企业财产 10 万元

C. 某甲在外地为本单位（国有公司）收回大笔货款后，为防止丢失将其存放在朋友某乙处，某乙将其据为己有

D. 某村民委员会委员利用协助人民政府从事代征、代缴税款工作的职务上的便利，侵吞代征、代缴税款 5 万元

3. 邮政工作人员私自开拆邮件而窃取财物，数额较大的，其行为构成（　　）。

A. 私自开拆邮件　　　B. 盗窃罪

C. 贪污罪　　　　　　D. 职务侵占罪

4. 甲某是物资公司总经理，擅自将公司的 16 万元借给其朋友纺织厂工人乙某做海蜇生意，因乙某生意严重赔本，使公司的 16 万元长期得不到归还，甲某构成何罪？（　　）

A. 贪污罪　　　　　　B. 职务侵占罪

C. 挪用公款罪　　　　D. 挪用资金罪

5. 下列哪一行为成立侵占罪？（　　）（司考 20 17. 卷二. 18）

A. 张某欲向县长钱某行贿，委托甲代为将 5 万元贿赂款转交钱某。甲假意答应，拿到钱后据为己有

B. 乙将自己的房屋出售给赵某，虽收取房款却未进行所有权转移登记，后又将房屋出售给李某

C. 丙发现洪灾灾区的居民已全部转移，遂进入居民房屋，取走居民来不及带走的贵重财物

D. 丁分期付款购买汽车，约定车款付清前汽车由丁使用，所有权归卖方。丁在车款付清前将车另售他人

6. 甲某在火车上将低价的矿泉水卖给乘客乙某要收 100 元一瓶，乙某不想买，甲某骂道："老子刚从局子里出来，挣几个钱不容易，还不乖乖地帮老子一把！"乙某被逼无奈买了一瓶矿泉水，甲某多次这样"销售"了 20 多瓶矿泉水，得款 2000 余元，对于甲某的行为应当如何认定？（　　）

A. 构成强迫交易罪

B. 构成抢劫罪

C. 构成非法经营罪

D. 不构成犯罪

7. 下列行为不属于《刑法》第 263 条第 1 项

规定的“入户抢劫”中的“入户”的是：（　　）。

A. 为实施抢劫行为而进入他人封闭的院落

B. 为实施抢劫行为而进入他人生活的与外界相对隔离的住所

C. 为实施抢劫行为而进入渔民作为家庭生活场所的渔船

D. 进入某公司的办公室进行抢劫

8. 甲某是县医院负责管理血库的工作人员，其利用向卖血人员采血的机会，每次向每人暗中多抽出40毫升至60毫升的血液，先后多次向卖血人员超量抽血，累计达2840毫升，价值人民币1000余元，并将多采的血液制成1420毫升血浆，连同冷库中的其他血浆，共卖出2800多毫升血浆，获款1万余元。对于甲某的行为应当如何认定？（　　）

A. 构成非法采集血液罪

B. 构成盗窃罪

C. 构成贪污罪

D. 构成盗窃罪和贪污罪，数罪并罚

9. 甲某在交通事故发生时，发现乙某（当时已经死亡）散落的提包，包外有两捆人民币计2000元，包内尚有8000元。甲某将甩出包外的钱塞进包内，拎起提包停留五六分钟后，见无人过问，当时交警还没到达现场，便骑车离去。后经在场目击者指示，交警向其问询提包是否是其所拿时，其一口否认，拒不交出提包。对甲某的行为应当如何处理？（　　）

A. 属于民法上的不当得利

B. 应当由乙某的继承人通过民事诉讼要求甲某返还包内财物

C. 构成侵占罪

D. 构成盗窃罪

10. 下列关于盗窃案件的说法正确的有：（　　）。

A. 为实施其他犯罪，偷开机动车辆当犯罪工具使用后，即使将偷开的机动车辆送回原处或者停放到原处附近，车辆未丢失的，也应当按照盗窃罪和其所实施的犯罪数罪并罚

B. 偷开机动车辆，并将机动车辆丢失的，以扰乱社会秩序罪定罪处罚

C. 为盗窃其他财物，偷开机动车作为犯罪工具使用后非法占有车辆，或将车辆遗弃导致丢失的，被盗车辆的价值计入盗窃数额

D. 一年内入户盗窃或者在公共场所扒窃3次以上，但累计盗窃数额不够较大标准的，不按盗窃罪处理

11. 某甲对某乙谎称丙某有一处房产要出售，让某乙带20万元现金。当某甲和某乙在该待出售房屋内等候“房主”丙某到来时，某甲建议某乙把现金放在该房屋的一个壁柜中。现金放入壁柜后，某甲将柜门锁上，钥匙交给某乙拿着。某甲抽机会给好友丁某打电话称自己这有人来捣乱，让丁某打电话过来说家中出事让某甲赶紧回去处理一下，因而借故走开，并从壁柜的背面将20万元现金取走。某乙久等未见某甲回来，打开柜门才发现壁柜中的巨款不见了。对于本案应当如何认定？（　　）

A. 某甲构成诈骗罪

B. 某甲构成盗窃罪

C. 丁某构成诈骗罪的共犯

D. 丁某构成盗窃罪的共犯

12. 甲某在公共汽车上捡到乙某丢失的提包，内有4万元现金，另有存折、汇票等重要物品，乙某在本市日报上刊登悬赏广告，称将重奖捡到其提包并归还者，甲某见报后，与乙某联系，要求乙某支付2万元才交还提包，乙某嫌甲某要价太高，只同意支付1000元，甲某因此拒不交出提包。对于甲某的行为应当如何认定？（　　）

A. 甲某的行为属于民法上的不当得利，不构成犯罪

B. 甲某的行为是基于悬赏合同的正当要求，不构成犯罪

C. 甲某构成敲诈勒索罪

D. 甲某构成侵占罪

13. 张某在某摩托车商城趁试车的机会，利用店主疏于防备，突然驾车离开商城，将车骑到另一金店，挑选了价值2000元的白金项链，付款时谎称自己钱没带够，将自己的摩托车作为抵押，回头再拿钱来换，金店老板见摩托车较新，价值在2000元以上，就同意了张某的要求，张某随即带着项链离开。对于张某的行为应当如何认定？（ ）

A. 张某构成抢夺罪和诈骗罪，数罪并罚

B. 张某构成盗窃罪和诈骗罪，数罪并罚

C. 张某构成抢夺罪

D. 张某构成盗窃罪

14. 甲某故意将自己的摩托车放在马路中央，进入手机店假装购买手机，选了一款最高档的手机拿在手中，假装仔细察看。待过往汽车开过来被其摩托车拦住去路时，他假称去移开挡路的摩托车，骑车逃跑，但因慌不择路，在逃离时撞倒行人2人和一辆摩托车，致车毁人亡。甲某的行为：（ ）。

A. 构成抢夺罪和交通肇事罪，应当实行数罪并罚

B. 构成抢夺罪和以危险方法危害公共安全罪，应当实行数罪并罚

C. 构成诈骗罪和交通肇事罪，应当实行数罪并罚

D. 构成盗窃罪和交通肇事罪，应当实行数罪并罚

15. 在一种所谓的保健品直销代理机构中，甲某是乙某和丁某父子的下线。在国家明令禁止传销后，甲某多次找丁某退还传销款2万元未果。某日甲某又到丁某家找丁某退款。丁某不在家。甲某便要求乙某替其子丁某偿还欠款，乙某以自己不管传销的事为由拒绝偿还。甲某便拿起桌上放着的明代花瓶（价值1万多元），说不还钱就把这个花瓶拿走，啥时还钱啥时把花瓶还给你。说完转身就走，乙某急忙追赶，甲某从身上掏出匕首将乙某刺伤，后经法医鉴定属轻伤。对于甲某的行为应当如何认定？（ ）

A. 甲某构成故意伤害罪

B. 甲某构成抢劫罪

C. 甲某构成故意伤害罪和抢劫罪

D. 甲某构成抢夺罪

16. 张某得知本厂业务员李某要去送人造金刚石，萌发了非法占有的念头。其事先准备好一袋河砂，以备调换金刚石之用。某日，张某受厂办指派，驾驶面包车送李某携金刚石到火车站。在李某吃饭之际，张某提出到远处修车。李某要求跟车同往，张某婉言拒绝，并表示一定保证车上金刚石的安全。李某信以为真，一再嘱托看好货物之后，允许张某将车开走修理。张某趁机打开封装的纸箱，用河砂调换出金刚石。对于张某的行为应当如何认定？（ ）

A. 构成诈骗罪　　B. 构成盗窃罪

C. 构成职务侵占罪　　D. 构成侵占罪

17. 下列行为可以构成诈骗罪的是：（ ）。

A. 甲某盗窃一张信用卡，采用伪造信用卡签名的形式大肆刷卡消费

B. 乙某使用伪造的身份证将手机申请入网，恶意拨打国际长途电话，造成电信资费损失较大的

C. 甲某雇乙某运输一车货物，并随车押送。途中，乙某谎称车胎漏气骗甲某下车观看，甲某下车后，乙某趁机加速逃离，把货物据为己有

D. 甲某与乙某同住一集体宿舍，知道乙某信用卡的密码。某日甲某一人在宿舍时发现乙某的信用卡掉在宿舍的地上。甲某捡起信用卡到自动取款机上提取了1万元现金后，又将信用卡放到原处

18. 甲冒充房主王某与乙签订商品房买卖合同，约定将王某的住房以220万元卖给乙，乙首付100万元给甲，待过户后再支付剩余的120万元。办理过户手续时，房管局工作人员识破甲的骗局并报警。根据司法解释，关于甲的刑事责任的认定，下列哪一选项是正确的？（ ）（司考2017. 卷二.5）

A. 以合同诈骗罪 220 万元未遂论处，酌情从重处罚

B. 以合同诈骗罪 100 万元既遂论处，合同诈骗 120 万元作为未遂情节加以考虑

C. 以合同诈骗罪 120 万元未遂论处，合同诈骗 100 万元既遂的情节不再单独处罚

D. 以合同诈骗罪 100 万元既遂与合同诈骗罪 120 万元未遂并罚

19. 下列情形中，哪种行为不构成侵占罪？(　　)

A. 金某在马路上捡到一个钱包，打开后发现里面有 1000 多美元，遂据为己有。后失主多次登报寻包，金某看到后均未理睬

B. 旅客离开宾馆时将装有数万元现金的密码箱遗忘在房间中，被服务员发现后藏起来私吞。后来旅客回来寻找，服务员害怕被告发，主动归还

C. 王某在出差前将电脑放在邻居钱某家，钱某擅自将电脑变卖，私吞钱款。王某回家后，钱某谎称电脑被盗

D. 白某在饭店吃饭，离开时将手提电脑遗忘在饭桌上，被店主藏匿。白某发现后回来寻找。店主谎称没有发现，拒不交出

20. 乙某见自己汽车轮胎被扎坏，不愿去修补，遂乘人不备卸下别人汽车备用轮胎自己安上，开车离去。请问，对乙某的行为应如何定性？(　　)

A. 不构成犯罪

B. 构成破坏交通工具罪

C. 构成盗窃罪

D. 构成危害公共安全罪

21. 甲某得知乙某家十分有钱。一日深夜，甲某翻窗进入乙某家欲窃取贵重财物，但经翻箱倒柜后未发现任何有价值的财物，遂欲返回。突然，甲某瞅见了正在卧室熟睡的乙某不足 1 岁的儿子，于是将乙某的儿子抱走。第二天，甲某以交换乙某的儿子为条件，打电话给乙某让其筹集 10 万元后放于某公司的亭子里。甲某的行为构成（　　）。

A. 盗窃罪

B. 敲诈勒索罪

C. 绑架罪

D. 盗窃罪（未遂）与绑架罪数罪并罚

22. 甲骑摩托车靠近行人，突施猛力拉包而夺取行人提包 10 余次，获财物 3 万余元；另有 8 次因被害人不放手，即利用摩托车的行进速度，采取强行拖拽的方法，迫使被害人放手，获财物 2 万余元。甲的行为构成：(　　)。（司考 2015. 卷二 . 17)

A. 抢夺罪

B. 抢劫罪

C. 抢夺罪与抢劫罪数罪并罚

D. 抢夺罪与抢劫罪从一重罪处罚

23. 郑某冒充银行客服发送短信，称张某手机银行即将失效，需重新验证。张某信以为真，按短信提示输入银行卡号、密码等信息后，又将收到的编号为 135423 的“验证码”输入手机页面。后张某发现，其实是将 135423 元汇入了郑某账户。关于本案的分析，下列哪一选项是正确的？(　　)（司考 2017. 卷二 . 17)

A. 郑某将张某作为工具加以利用，实现转移张某财产的目的，应以盗窃罪论处

B. 郑某虚构事实，对张某实施欺骗并导致张某处分财产，应以诈骗罪论处

C. 郑某骗取张某的银行卡号、密码等个人信息，应以侵犯公民个人信息罪论处

D. 郑某利用电信网络，为实施诈骗而发布信息，应以非法利用信息网络罪论处

24. 程某于某日深夜潜入华某家中行窃，窃得笔记本电脑一部（价值 4000 余元）。程某意欲离开时将华某惊醒，华某紧紧抓住程某不放。程某顺手举起电脑砸向华某，造成华某重伤，随后程某空手逃离现场。程某的行为属于：(　　)。（司考

2014. 卷二 . 19)

A. 盗窃罪，但属于犯罪未遂，伤害可作为量刑情节

B. 抢劫罪一罪，属于犯罪既遂

C. 盗窃罪和故意伤害罪两罪，盗窃罪属于未遂，故意伤害罪属于既遂

D. 盗窃罪和故意伤害罪属于牵连犯，应择一重罪处断

25. 甲、乙系夫妻，某日在其所居住小区散步时，拾得银行借记卡一张，背面写有“梁”和数字“654321”，两人猜测数字为该卡密码。由于担心自动取款机的监控摄像头，甲、乙唆使其子丙（15 岁）去自动取款机取款共计 18000 元。根据刑法和相关司法解释，下列说法正确的是：（　　）。（司考 2014. 卷二 . 20）

A. 甲、乙、丙构成共同犯罪

B. 甲、乙系教唆未成年人犯罪，可以从重处罚

C. 甲、乙构成信用卡诈骗罪

D. 甲、乙构成盗窃罪

26. 某国有控股公司的司机甲，受领导指派开车拉该公司出纳员乙去银行办理存储手续，乙上车后将其携带的装有 20 万元现金的皮包放在甲的座位旁。到达 A 银行后，乙下车到 A 银行取款，甲趁车上无人之机将 20 万元藏匿于车厢后的水桶内，乙上车后又到 B 银行存款，这才发现该 20 万元丢失。乙问甲是否见到此款，甲否认，并佯装与乙一同寻找，后甲将该款存入银行，不久取出挥霍。甲的行为构成（　　）。（司考 2012. 卷二 . 19）

A. 侵占罪　　B. 职务侵占罪

C. 诈骗罪　　D. 盗窃罪

27. 甲某于 1993 年 7 月 15 日出生，2009 年 7 月 15 日晚在与几位同学举行过生日聚会后，于 23 点 50 分左右潜入邻居乙家行窃，半小时里共找到价值 8000 元的钱物。正要出门，被回家的乙某发现，甲某一拳击中乙的左眼，后鉴定为重伤。甲某的行为构成：（　　）。（司考 2011. 卷二 . 12）

A. 盗窃罪　　B. 故意伤害罪

C. 无罪　　D. 抢劫罪

28. 盗窃他人汽车牌照然后勒索车主财物，非法获利 500 余元，行为构成何罪？（　　）（司考 2008. 卷二 . 16）

A. 敲诈勒索罪　　B. 盗窃罪

C. 盗窃国家证件罪　　D. 不构成犯罪

29. 盗窃空白支票，然后私盖某单位的财务公章、法定代表人私章，到银行冒领现金 8 万元，行为构成何罪？（　　）（司考 2008. 卷二 . 18）

A. 伪造金融票据罪　　B. 票据诈骗罪

C. 盗窃罪　　D. 诈骗罪

30. 甲、乙二人驾驶摩托车伺机抢夺他人财物。某日傍晚，甲、乙发现街上一女子脖子上佩戴一条金项链，便从该女子身后驾车飞驶过来。坐在车后的乙趁机拽取项链，由于用力过猛，致该女子摔倒，头部撞到马路护栏，造成颈骨折断死亡。甲、乙二人构成何罪？（　　）（司考 2007. 卷二 . 17）

A. 抢夺罪　　B. 抢劫罪

C. 故意伤害罪　　D. 过失致人重伤罪

31. 甲与乙一起乘火车旅行。火车在某车站仅停 2 分钟，但甲欺骗乙说：“本站停车 12 分钟”，乙信以为真，下车购物。乙刚下车，火车便发车了。甲立即将乙的财物转移至另一车厢，然后在下一站下车后携物潜逃。甲的行为构成何罪？（　　）（司考 2008. 四川 . 卷二 . 15）

A. 诈骗罪

B. 侵占罪

C. 盗窃罪

D. 故意毁坏财物罪

32. 甲在 8 楼阳台上浇花时，不慎将金镯子（价值 3 万元）甩到了楼下。甲立即让儿子在楼上盯着，自己则跑下楼去捡镯子。路过此处的乙看见地面上有一只金镯子，以为是谁不慎遗失的，在甲到来之前捡起镯子迅速逃离现场。甲经多方查询后找到乙，但乙否认捡到金镯子。乙的行为构成何罪？（　　）（司考 2008. 四

川．卷二．16）

A. 盗窃罪

B. 侵占罪

C. 抢夺罪

D. 不构成犯罪

33. 甲驾驶摩托车至某广场，乘途经该广场的乙不备，猛拽其携带的手提包，乙紧紧抓住手提包不放，甲即猛踩油门，将乙拖行数米并甩开，夺其手提包后扬长而去。经查，手提包共有钱物价值人民币5000元，乙亦因被甲强拉硬拽而致手腕脱臼。对甲的行为应以何罪处罚？（　　）（司考2008．四川．卷二．17）

A. 抢夺罪

B. 抢劫罪

C. 抢夺罪与抢劫罪实行并罚

D. 抢夺罪与抢劫罪的牵连犯从一重罪处断

34. 甲在某公司招聘司机时，用假身份证应聘并被录用。甲在按照公司安排独自一人将价值7万元的货物从北京运往山东途中，在天津将该货物变卖后潜逃，得款2万元。甲的行为构成何罪？（　　）（司考2008．四川．卷二．18）

A. 盗窃罪

B. 诈骗罪

C. 职务侵占罪

D. 侵占罪

35. 耿某收购贩运假银圆500枚，冒充真银圆出售100枚，得到1000元。不久又用剩余的假银圆购得珍贵古画一幅藏在家中，伺机偷运出国牟取暴利。耿某的行为构成：（　　）。

A. 非法经营罪

B. 持有、使用假币罪

C. 诈骗罪

D. 购买、运输假币罪

36. 石某乘坐公共汽车进城，发现比他晚上车的单某未将其随身携带的密码箱拎走就下了车，并且车上的其他乘客也都没注意到这一点。石某于是赶紧在下一站拎着单某的密码箱下了车。到了住处石某打开箱子一看，里面有现金7万余元。则下列对石某行为的说法正确的是：（　　）。

A. 构成侵占罪

B. 构成盗窃罪

C. 应当并处没收财产

D. 应当并处罚金

37. 史某无意中目睹了柯某将其仇人宋某杀害并毁尸灭迹的全过程，并且史某知道宋某腰缠万贯，于是史某打电话给宋某家人，谎称宋某已被自己绑架，要求其家人将20万元现金于指定时间放置于指定地点处。则史某的行为构成下列何种犯罪？（　　）

A. 诈骗罪

B. 敲诈勒索罪

C. 绑架罪

D. 普通民事欺诈，不构成犯罪

38. 甲自己有一辆人力三轮车，经常帮人搬运东西。每次见到雇主的东西是值钱的，就想方设法占为己有。一次，甲帮乙搬运一台电冰箱，路过一家药店时，甲故意说自己中暑了，请求乙帮忙进去买药。趁乙进药店买药的机会，甲蹬着车快速逃离，几天后将电冰箱卖掉。下列说法正确的是：（　　）。

A. 甲的行为构成盗窃罪

B. 甲的行为构成侵占罪

C. 甲的行为构成诈骗罪

D. 甲的行为构成职务侵占罪

39. 下列情形中，构成挪用特定款物罪的是：（　　）。

A. 某村民委员会主任雷某将上级春节时慰问贫困地区的一台彩色电视机私自变卖，把所得款项用于归还村委会成员欠饭店的吃喝账

B. 某市民政局局长杜某将上级拨付500万元救济款挪用于建本单位高级办公楼，被境外媒体报道后，在国际上造成恶劣影响

C. 某省防汛办公室主任刘某将本单位储备的防汛物资变卖，把所得款项用于

本单位投资期货交易，当年盈利后，又重新按原品种、数量购置防汛物资

D. 某县民政局干部齐某将上级拨付的5万元扶贫专用款挪用于本人购置新房，1年以后，齐某凑齐5万元归还

40. 甲到乙的办公室送文件，乙不在。甲看见乙办公桌下的地上有一活期存折（该存折未设密码），便将存折捡走。乙回办公室后找不着存折，但看见桌上的文件，便找到甲问是否看见其存折，甲说没看到。甲下班后去银行将该存折中的5000元取走。甲的行为构成：(　　)。

A. 侵占罪

B. 盗窃罪

C. 诈骗罪

D. 金融凭证诈骗罪

41. 甲在某证券交易大厅偷窥获得在该营业部开户的乙的资金账号及交易密码后，通过电话委托等方式在乙的资金账号上高吃低抛某一只股票，同时通过自己在证券交易部的资金账号“低吃高抛”同一只股票，造成乙损失30万元，甲从中获利20万元。对甲应当如何处理？(　　)

A. 属于法无明文规定的情形，不以犯罪论处

B. 以盗窃罪论处

C. 以故意毁坏财物罪论处

D. 以操纵证券价格罪论处

42. 甲、乙为劫取财物将在河边散步的丙杀死，当场取得丙随身携带的现金2000余元。甲、乙随后从丙携带的名片上得知丙是某公司总经理。两人经谋划后，按名片上的电话给丙的妻子丁打电话，声称丙已被绑架，丁必须于次日中午12点将10万元现金放在某处，否则杀害丙。丁立即报警，甲、乙被抓获。关于本案的处理，下列哪一种说法是正确的？(　　)

A. 抢劫罪和绑架罪并罚

B. 以故意杀人罪、盗窃罪和绑架罪并罚

C. 以抢劫罪和敲诈勒索罪并罚

D. 以故意杀人罪、侵占罪和敲诈勒索罪并罚

43. 乙与丙因某事发生口角，甲知此事后，找到乙，谎称自己受丙所托带口信给乙，如果乙不拿出2000元给丙，丙将派人来打乙。乙害怕被打，就托甲将2000元带给丙。而甲将钱占为己有。对甲的行为应当如何处理？(　　)

A. 按诈骗罪处理

B. 按敲诈勒索罪处理

C. 按侵占罪处理

D. 按抢劫罪处理

44. 甲使用暴力将乙扣押在某废弃的建筑物内，强行从乙身上搜出现金3000元和1张只有少量金额的信用卡，甲逼迫乙向该信用卡中打入人民币10万元。乙便给其妻子打电话，谎称自己开车撞伤他人，让其立即向自己的信用卡打入10万元救治伤员并赔偿。乙妻信以为真，便向乙的信用卡中打入10万元，被甲取走，甲在得款后将乙释放。对甲的行为应当按照下列哪一选项定罪？(　　)

A. 非法拘禁罪

B. 绑架罪

C. 抢劫罪

D. 抢劫罪和绑架罪

45. 下列哪种行为构成敲诈勒索罪？(　　)

A. 甲到乙的餐馆吃饭，在食物中发现一只苍蝇，遂以向消费者协会投诉为由进行威胁，索要精神损失费3000元。乙迫于无奈付给甲3000元

B. 甲到乙的餐馆吃饭，偷偷在食物中投放一只事先准备好的苍蝇，然后以砸烂桌椅进行威胁，索要精神损失费3000元。乙迫于无奈付给甲3000元

C. 甲捡到乙的手机及身份证等财物后，给乙打电话，索要3000元，并称若不付钱就不还手机及身份证等物。乙迫于无奈付给甲3000元现金赎回手机及身份证等财物

D. 甲妻与乙通奸，甲获知后十分生气，将乙暴打一顿，乙主动写下一张赔偿精神损失费2万元的欠条。事后，甲持乙的欠条向其索要2万元，并称若

乙不从，就向法院起诉乙

46. 下列哪种说法是正确的？（　　）

A. 甲潜入乙家，搬走乙家1台价值2000元的彩电，走到门口，被乙5岁的女儿丙看到。丙问甲为什么搬我家的彩电，乙谎称是其父亲让他来搬的。丙信以为真，让甲将彩电搬走。甲的行为属于诈骗

B. 甲在柜台假装购买金项链，让售货员乙拿出3条进行挑选，甲看后表示对3条金项链均不满意，让乙再拿2条。甲趁乙弯腰取金项链时，将柜台上的1条金项链装入口袋。乙拿出2条金项链让甲看，甲看后表示不满意，将金项链归还给乙。乙看少了1条，便隔着柜台一把抓住甲的手不让其走，甲猛地甩开乙的手逃走。甲的行为属于抢夺

C. 甲在柜台购买2条中华香烟，在售货员乙拿给甲2条中华香烟后，甲又让乙再拿1瓶五粮液酒。趁乙转身时，甲用事先准备好的2条假中华香烟与柜台上的中华香烟对调。等乙拿出五粮液酒后，甲将烟酒又看了看，以烟酒有假为由没有买。甲的行为属于盗窃

D. 甲与乙进行私下外汇交易。乙给甲1万美元，甲在清点时趁乙不注意，抽出10张100元面值的美元，以10张10元面值的美元顶替。清点完成后，甲将总面额8.3万元的假人民币交给乙，被乙识破。乙要回1万美元，经清点仍是100张，拿回家后才发现美元被调换。甲的行为属于诈骗

47. 甲将汽车停在自家楼下，忘记拔车钥匙，匆匆上楼取文件，被恰好路过的乙发现。乙发动汽车刚要挂挡开动时，甲正好下楼，将乙抓获。关于乙的行为，下列哪一选项是正确的？（　　）（司考2007. 卷二.6）

A. 构成侵占罪既遂

B. 构成侵占罪未遂

C. 构成盗窃罪既遂

D. 构成盗窃罪未遂

48. 张某出于报复动机将赵某打成重伤，发现赵某丧失知觉后，临时起意拿走了赵某的钱包，钱包里有1万元现金，张某将其占为己有。关于张某取财行为的定性，下列哪一选项是正确的？（　　）（司考2007. 卷二.7）

A. 构成抢劫罪

B. 构成抢夺罪

C. 构成盗窃罪

D. 构成侵占罪

49. 甲路过某自行车修理店，见有一辆名牌电动自行车（价值1万元）停在门口，欲据为己有。甲见店内货架上无自行车锁便谎称要购买，催促店主去50米之外的库房拿货。店主临走时对甲说："我去拿锁，你帮我看一下店。"店主离店后，甲骑走电动自行车。甲的行为构成何罪？（　　）（司考2007. 卷二.15）

A. 诈骗罪

B. 盗窃罪

C. 侵占罪

D. 职务侵占罪

50. 关于侵犯财产罪及相关犯罪，下列哪一选项是正确的？（　　）（司考2007. 卷二.17）

A. 甲用假币到电器商场购买手机，甲的行为构成诈骗罪

B. 乙受王某之托将价值5万元的手表送给10千米外的朱某，乙在路上让许某捆绑自己，伪造了抢劫现场，将表据为己有。报案后，乙向警方说自己被抢。乙的行为构成侵占罪

C. 丙假冒某部委名义，以组织某高层论坛为名发布广告、寄送材料，要求参会人员每人先邮寄会务费1万元。丙收款50万元后潜逃。丙的行为构成虚假广告罪

D. 丁为孩子升学，买了一辆假冒某名牌的摩托车送给教育局局长何某。丁的行为构成诈骗罪

51. 甲潜入乙的住宅盗窃，将乙的皮箱（内有现金3万元）扔到院墙外，准备一会儿翻墙出去再捡。偶经过此处的丙发现皮箱无人看管，遂将其拿走，据为己有。15分钟后，甲来到院墙外，发现皮箱已无踪影。对于甲、丙行为的定性，下列哪一选项是正确的？（　　）（司考2008.卷二.6）

A. 甲成立盗窃罪（既遂），丙无罪

B. 甲成立盗窃罪（未遂），丙成立盗窃罪（既遂）

C. 甲成立盗窃罪（既遂），丙成立侵占罪

D. 甲成立盗窃罪（未遂），丙成立侵占罪

52. 甲在某银行的存折上有4万元存款。某日，甲将存款全部取出，但由于银行职员乙工作失误，未将存折底卡销毁。半年后，甲又去该银行办理存储业务，乙对甲说："你的4万元存款已到期。"甲听后，灵机一动，对乙谎称存折丢失。乙为甲办理了挂失手续，甲取走4万元。甲的行为构成何罪？（　　）（司考2008.卷二.14）

A. 侵占罪

B. 盗窃罪（间接正犯）

C. 诈骗罪

D. 金融凭证诈骗罪

53. 甲乘在路上行走的妇女乙不注意之际，将乙价值12000元的项链一把抓走，然后逃跑。跑了50米之后，甲以为乙的项链根本不值钱，就转身回来，跑到乙跟前，打了乙两耳光，并说："出来混，也不知道戴条好项链"，然后将项链扔给乙。对甲的行为，应当如何定性？（　　）（司考2008.卷二.15）

A. 抢夺罪（未遂）

B. 抢夺罪（中止）

C. 抢夺罪（既遂）

D. 抢劫罪（转化型抢劫）

54. 某地突发百年未遇的冰雪灾害，乙离开自己的住宅躲避自然灾害。两天后，大雪压垮了乙的房屋，家中财物散落一地。灾后最先返回的邻居甲路过乙家时，将乙垮塌房屋中的2万元现金拿走。关于甲行为的定性，下列哪一选项是正确的？（　　）（司考2008.卷二.16）

A. 构成盗窃罪

B. 构成侵占罪

C. 构成抢夺罪

D. 仅成立民法上的不当得利，不构成犯罪

55. 甲、乙共谋行抢。甲在偏僻巷道的出口望风，乙将路人丙的书包（内有现金1万元）一把夺下转身奔逃，丙随后追赶，欲夺回书包。甲在丙跑过巷道口时突然伸腿将丙绊倒，丙倒地后摔成轻伤，甲、乙乘机逃脱。甲、乙的行为构成何罪？（　　）（司考2009.卷二.7）

A. 甲、乙均构成抢夺罪

B. 甲、乙均构成抢劫罪

C. 甲构成抢劫罪，乙构成抢夺罪

D. 甲构成故意伤害罪，乙构成抢夺罪

56. 甲系私营速递公司卸货员，主要任务是将公司收取的货物从汽车上卸下，再按送达地重新装车。某晚，趁公司监督人员上厕所之机，甲将客户托运的一台价值一万元的摄像机夹带出公司大院，藏在门外沟渠里，并伪造被盗现场。关于甲的行为，下列哪一选项是正确的？（　　）（司考2009.卷二.18）

A. 诈骗罪

B. 职务侵占罪

C. 盗窃罪

D. 侵占罪

57. 甲、乙、丙、丁共谋诱骗黄某参赌。四人先约黄某到酒店吃饭，甲借机将安眠药放入黄某酒中，想在打牌时趁黄某不清醒合伙赢黄某的钱。但因甲投放的药品剂量偏大，饭后刚开牌局黄某就沉沉睡去，四人趁机将黄某的钱包掏空后离去。上述四人的行为构成何罪？（　　）（司考2009.卷二.19）

A. 赌博罪

B. 抢劫罪
C. 盗窃罪
D. 诈骗罪

58. 甲预谋拍摄乙与卖淫女的裸照，迫使乙交付财物。一日，甲请乙吃饭，叫卖淫女丙相陪。饭后，甲将乙、丙送上车。乙、丙刚到乙宅，乙便被老板电话叫走，丙亦离开。半小时后，甲持相机闯入乙宅发现无人，遂拿走了乙的3万元现金。关于甲的行为性质，下列哪一选项是正确的？（　　）（司考2011. 卷二.15）
A. 抢劫未遂与盗窃既遂
B. 抢劫既遂与盗窃既遂的想象竞合
C. 敲诈勒索预备与盗窃既遂
D. 敲诈勒索未遂与盗窃既遂的想象竞合

59. 关于盗窃罪的理解，下列哪一选项是正确的？（　　）（司考2011. 卷二.16）
A. 扒窃成立盗窃罪的，以携带凶器为前提
B. 扒窃仅限于窃取他人衣服口袋内体积较小的财物
C. 扒窃时无论窃取数额大小，即使窃得一张白纸，也成立盗窃罪既遂
D. 入户盗窃成立盗窃罪的，既不要求数额较大，也不要求多次盗窃

60. 老板甲春节前转移资产，拒不支付农民工工资。劳动部门下达责令支付通知书后，甲故意失踪。公安机关接到报警后，立即抽调警力，迅速将甲抓获。在侦查期间，甲主动支付了所欠工资。起诉后，法院根据《刑法修正案（八）》拒不支付劳动报酬罪认定甲的行为，甲表示认罪。关于此案，下列哪一说法是错误的？（　　）（司考2012. 卷二.1）
A.《刑法修正案（八）》增设拒不支付劳动报酬罪，体现了立法服务大局、保护民生的理念
B. 公安机关积极破案解决社会问题，发挥了保障民生的作用
C. 依据《刑法修正案（八）》对欠薪案的审理，体现了惩教并举，引导公民守法、社会向善的作用
D. 甲已支付所欠工资，可不再追究甲的刑事责任，以利于实现良好的社会效果

61. 不计数额，下列哪一选项构成侵占罪？（　　）（司考2012. 卷二.18）
A. 甲是个体干洗店老板，洗衣时发现衣袋内有钱，将钱藏匿
B. 乙受公司委托外出收取货款，隐匿收取的部分货款
C. 丙下飞机时发现乘客钱包掉在座位底下，捡起钱包离去
D. 丁是宾馆前台服务员，客人将礼品存于前台让朋友自取。丁见久无人取，私吞礼品

62. 甲、乙为朋友。乙出国前，将自己的借记卡（背面写有密码）交甲保管。后甲持卡购物，将卡中1.3万元用完。乙回国后发现卡里没钱，便问甲是否用过此卡，甲否认。关于甲的行为性质，下列哪一选项是正确的？（　　）（司考2013. 卷二. 15）
A. 侵占罪　　B. 信用卡诈骗罪
C. 诈骗罪　　D. 盗窃罪

63. 乙驾车带甲去海边游玩。到达后，乙欲游泳。甲骗乙说："我在车里休息，把车钥匙给我。"趁乙游泳时，甲将该车开往外地卖给他人。甲构成何罪？（　　）（司考2013. 卷二.17）
A. 侵占罪
B. 盗窃罪
C. 诈骗罪
D. 盗窃罪与诈骗罪的竞合

64. 公司保安甲在休假期内，以"第二天晚上要去医院看望病人"为由，欺骗保安乙，成功和乙换岗。当晚，甲将其看管的公司仓库内价值5万元的财物运走变卖。甲的行为构成下列哪一犯罪？（　　）（司考2014. 卷二.17）
A. 盗窃罪　　B. 诈骗罪
C. 职务侵占罪　　D. 侵占罪

65. 乙（16周岁）进城打工，用人单位要求乙提供银行卡号以便发放工资。乙忘带

身份证，借用老乡甲的身份证以甲的名义办理了银行卡。乙将银行卡号提供给用人单位后，请甲保管银行卡。数月后，甲持该卡到银行柜台办理密码挂失，取出1万余元现金，拒不退还。甲的行为构成下列哪一犯罪？（　　）（司考2014. 卷二.18）

A. 信用卡诈骗罪

B. 诈骗罪

C. 盗窃罪（间接正犯）

D. 侵占罪

66. 乙购物后，将购物小票随手扔在超市门口。甲捡到小票，立即拦住乙说："你怎么把我购买的东西拿走？"乙莫名其妙，甲便向乙出示小票，两人发生争执。适逢交警丙路过，乙请丙判断是非，丙让乙将商品还给甲，有口难辩的乙只好照办。关于本案的分析（不考虑数额），下列哪一选项是错误的？（　　）（司考2014. 卷二.19）

A. 如认为交警丙没有处分权限，则甲的行为不成立诈骗罪

B. 如认为盗窃必须表现为秘密窃取，则甲的行为不成立盗窃罪

C. 如认为抢夺必须表现为乘人不备公然夺取，则甲的行为不成立抢夺罪

D. 甲虽未实施恐吓行为，但如乙心生恐惧而交出商品的，甲的行为构成敲诈勒索罪

67. 贾某在路边将马某打倒在地，劫取其财物。离开时贾某为报复马某之前的反抗，往其胸口轻踢了一脚，不料造成马某心脏骤停死亡。设定贾某对马某的死亡具有过失，下列哪一分析是正确的？（　　）（司考2016. 卷二.16）

A. 贾某踢马某一脚，是抢劫行为的延续，构成抢劫致人死亡

B. 贾某踢马某一脚，成立事后抢劫，构成抢劫致人死亡

C. 贾某构成抢劫罪的基本犯，应与过失致人死亡罪数罪并罚

D. 贾某构成抢劫罪的基本犯与故意伤害（致死）罪的想象竞合犯

68. 关于诈骗罪的认定，下列哪一选项是正确的（不考虑数额）？（　　）（司考2016. 卷二.17）

A. 甲利用信息网络，诱骗他人点击虚假链接，通过预先植入的木马程序取得他人财物。即使他人不知点击链接会转移财产，甲也成立诈骗罪

B. 乙虚构可供交易的商品，欺骗他人点击付款链接，取得他人财物的，由于他人知道自己付款，故乙触犯诈骗罪

C. 丙将钱某停放门前的摩托车谎称是自己的，卖给孙某，让其骑走。丙就钱某的摩托车成立诈骗罪

D. 丁侵入银行计算机信息系统，将刘某存折中的5万元存款转入自己的账户。对丁应以诈骗罪论处

69. 乙女在路上被铁丝绊倒，受伤不能动，手中钱包（内有现金5000元）摔出七、八米外。路过的甲捡起钱包时，乙大喊"我的钱包不要拿"，甲说"你不要喊，我拿给你"，乙信以为真没有再喊。甲捡起钱包后立即逃走。关于本案，下列哪一选项是正确的？（　　）（司考2016. 卷二.18）

A. 甲以其他方法抢劫他人财物，成立抢劫罪

B. 甲以欺骗方法使乙信以为真，成立诈骗罪

C. 甲将乙的遗忘物据为己有，成立侵占罪

D. 只能在盗窃罪或者抢夺罪中，择一定性甲的行为

二、多项选择题

1. 关于信用卡诈骗罪，下列哪些选项是错误的？（　　）（司考2017. 卷二.58）

A. 以非法占有目的，用虚假身份证明骗领信用卡后又使用该卡的，应以妨害信用卡管理罪与信用卡诈骗罪并罚

B. 根据司法解释，在自动柜员机（ATM机）上擅自使用他人信用卡的，属于

冒用他人信用卡的行为，构成信用卡诈骗罪

C. 透支时具有归还意思，透支后经发卡银行两次催收，超过 3 个月仍不归还的，属于恶意透支，成立信用卡诈骗罪

D.《刑法》规定，盗窃信用卡并使用的，以盗窃罪论处。与此相应，拾得信用卡并使用的，就应以侵占罪论处

2. 被告人陈某，某日到某综合商场购买电池，趁售货员卢某给别的顾客试用电动剃须刀之机，当着其他顾客的面，从柜台内拿出样品陈列的封锁线寻呼机 4 台（价值人民币 3500 元），然后出门上公共汽车逃走，卢某发现后，坐出租汽车追赶，将其抓获，陈某的行为应认定为（　　）。

A. 陈某以购电池为幌子，实行非法侵占他人财物的行为，构成诈骗罪

B. 陈某当着众人的面拿起他人的财物，符合抢夺罪的特征，应定抢夺罪

C. 陈某的行为构成盗窃罪

D. 陈某的行为虽不避其他顾客耳目，但是在被害人未察觉的情况下将财物拿走，仍属于秘密窃取的行为

3. 下列哪些行为不以诈骗罪定罪处罚？（　　）

A. 以假报出口或者其他欺骗手段，骗取国家出口退税款，数额较大的

B. 以虚假、冒用的身份证件办理入网手续并使用移动电话，造成电信资费损失数额较大的

C. 使用伪造、变造的委托收款凭证、汇款凭证、银行存单等其他银行结算凭证，骗取数额较大财物的

D. 冒充国家机关工作人员招摇撞骗，骗取数额较大财物的

4. 盗窃公私财物接近"数额较大"的起点，具有下列情形之一的，可以追究刑事责任：（　　）。

A. 以破坏性手段盗窃造成公私财产损失的

B. 盗窃残疾人、孤寡老人或者丧失劳动能力人的财物的

C. 已满 16 周岁不满 18 周岁的未成年人作案的

D. 主动投案的

5. 以暴力、胁迫或者其他方法抢劫公私财物，有下列哪些情形的，可处 10 年以上有期徒刑、无期徒刑或者死刑，并处罚金或者没收财产？（　　）

A. 在公共交通工具上抢劫的

B. 入户抢劫的

C. 抢劫银行的

D. 冒充军警人员抢劫的

6. 下列行为不属于《刑法》第 263 条第 2 项规定的"在公共交通工具上抢劫"的有：（　　）。

A. 多次乘坐小出租车，乘机抢劫司机钱财的

B. 在从事旅客运输的各种公共汽车，大、中型出租车，火车，船只，飞机等正在运营中的机动公共交通工具上对旅客、司售、乘务人员实施的抢劫

C. 对运行途中的机动公共交通工具加以拦截后，对公共交通工具上的人员实施的抢劫

D. 抢劫正在使用中的银行或者其他金融机构的运钞车的

7. 下列哪种行为属于《刑法》第 263 条第 3 项规定的"抢劫银行或者其他金融机构"？（　　）

A. 抢劫银行或者其他金融机构的经营资金、有价证券和客户的资金等

B. 抢劫正在使用中的银行或者其他金融机构的运钞车的

C. 抢劫银行办公用品的

D. 抢劫银行的职员乘用的交通工具的

8. 冒充国家工作人员的身份或职称去骗取财物的行为应当如何认定？（　　）

A. 以招摇撞骗罪论处

B. 以诈骗罪论处

C. 如果骗取财物未达数额巨大的，诈骗罪在犯罪构成上有数额较大的条件限制，法定最高刑是 3 年以下有期徒刑；而招摇撞骗罪在构成上无数额较大的

限制，其法定最高刑是10年有期徒刑。后者重于前者，因此这时应以招摇撞骗罪论处

D. 在骗取财物数额巨大或者其他严重情节的情况下，招摇撞骗罪最重的量刑幅度是3年以上10年以下有期徒刑，而诈骗罪也是3年以上10年以下有期徒刑，如果是数额特别巨大或者有其他特别严重情节的，最高可达无期徒刑，显然诈骗罪重于招摇撞骗罪，应适用想象竞合，数罪从一重罪处断的原则，以诈骗罪定罪量刑

9. 下列哪些情形不构成盗窃罪，而是按照其他犯罪论处？（　　）

A. 盗窃商业秘密，给商业秘密权利人造成重大损失的

B. 盗窃信用卡并使用的

C. 盗掘古墓葬的

D. 盗窃枪支的

10. 周某以勒索财物为目的，伙同他人以持械威胁的方法，将林某带到某地秘密关押长达48小时。其间，周某抢走林某随身携带的3000余元钱。之后，周某又以殴打的手段威逼林某亲属不许报案。周某构成何罪？（　　）

A. 绑架罪　　B. 抢劫罪

C. 故意伤害罪　　D. 非法拘禁罪

11. 关于抢劫罪的认定，下列哪些选项是正确的？（　　）（司考2017. 卷二.60）

A. 甲欲进王某家盗窃，正撬门时，路人李某经过。甲误以为李某是王某，会阻止自己盗窃，将李某打昏，再从王某家窃走财物。甲不构成抢劫既遂

B. 乙潜入周某家盗窃，正欲离开时，周某回家，进屋将乙堵在卧室内。乙掏出凶器对周某进行恐吓，迫使周某让其携带财物离开。乙构成入户抢劫

C. 丙窃取刘某汽车时被发现，驾刘某的汽车逃跑，刘某乘出租车追赶。途遇路人陈某过马路，丙也未减速，将陈某撞成重伤。丙构成抢劫致人重伤

D. 丁抢夺张某财物后逃跑，为阻止张某追赶，出于杀害故意向张某开枪射击。子弹未击中张某，但击中路人汪某，致其死亡。丁构成抢劫致人死亡

12. 关于抢夺罪，下列哪些判断是错误的？（　　）（司考2010. 卷二.59）

A. 甲驾驶汽车抢夺乙的提包，汽车能致人死亡属于凶器。甲的行为应认定为携带凶器抢夺罪

B. 甲与乙女因琐事相互厮打时，乙的耳环（价值8000元）掉在地上。甲假装摔倒在地迅速将耳环握在手中，乙见甲摔倒便离开了现场。甲的行为成立抢夺罪

C. 甲骑着摩托车抢夺乙的背包，乙使劲抓住背包带，甲见状便加速行驶，乙被拖行十多米后松手。甲的行为属于情节特别严重的抢夺罪

D. 甲明知行人乙的提包中装有毒品而抢夺，毒品虽然是违禁品，但也是财物。甲的行为成立抢夺罪

13. 下列哪些行为属于盗窃？（　　）（司考2010. 卷二.62）

A. 甲穿过铁丝网从高尔夫球场内“拾得”大量高尔夫球

B. 甲在夜间翻入公园内，从公园水池中“捞得”旅客投掷的大量硬币

C. 甲在宾馆房间“拾得”前一顾客遗忘的笔记本电脑一台

D. 甲从一辆没有关好门的小轿车内“拿走”他人公文包

14. 施某因生意亏损，欠下大笔债务，于是想通过抢银行来偿还债务，为了顺利实施其作案计划，施某想得到一支枪，于是窃得经常带枪的刑警廖某的提包。回到家中打开一看，里面没有枪支，只有财物若干。施某的行为构成何罪？（　　）

A. 盗窃罪

B. 抢劫罪

C. 盗窃枪支罪

D. 盗窃罪和盗窃枪支罪的想象竞合犯

15. 康某对马某的一块浪琴表垂涎已久，某日康某骗马某说要给其介绍对象，让马

某请自己喝酒，趁机将马某灌醉，然后走到一僻静胡同，将其手表捋下拿走。现问，康某的行为不符合下列哪些选项的犯罪特征？（　　）

A. 诈骗罪

B. 盗窃罪

C. 侵占罪

D. 抢劫罪

16. 某公司为了“省电”，通过某技工在电表上安上了一个装置，使得电表上显示的每个月的电量比其实际用电量减少了一半，至案发时该公司已少缴了15万元的电费。下列哪些选项说法是不正确的？（　　）

A. 该公司构成盗窃罪

B. 该公司构成破坏电力设备罪

C. 该公司构成诈骗罪

D. 该公司不构成犯罪，但对直接责任人员按盗窃罪处罚

17. 甲让乙去偷摩托车，并代为销售，乙偷了一辆八成新的摩托车让甲卖得赃款4000元。对甲的行为说法错误的是：（　　）。

A. 构成掩饰、隐瞒犯罪所得罪

B. 构成盗窃罪

C. 构成盗窃罪和掩饰、隐瞒犯罪所得罪，应数罪并罚

D. 不构成犯罪

18. 下列各种情形中，哪些属于“持枪抢劫的行为”？（　　）

A. 甲持一支玩具冲锋枪冲进一家银行进行抢劫的

B. 乙在抢劫过程中声称自己的手提包中装有手枪，但在尚未出示之前即被抓获的

C. 丙在抢劫过程中声称自己的手提包中装有手枪，并将其出示给被害人赵某看，使赵某心生恐惧主动将物品交给丙的

D. 丁在抢劫过程中并未声称也未出示手枪，但在逃跑遭堵时，使用手枪伤人的

19. 关于盗窃罪的认定，下列结论哪些是正确的？（　　）

A. 甲因饮酒过量醉卧街头。乙向围观群众声称甲系其好友，将甲扶于无人之处，掏走甲身上1000余元离去。乙的行为构成盗窃罪

B. 甲与乙在火车上相识，下车后同到一饭馆就餐。乙殷勤劝酒，将甲灌醉，掏走甲身上1000余元离去。乙的行为构成盗窃罪

C. 甲去一餐馆吃晚饭，时值该餐馆打烊，服务员已下班离去，只有老板乙在清账理财。在甲再三要求之下，乙无奈亲自下厨准备饭菜。甲趁机将厨房门反锁，致乙欲出不能，只能从递菜窗口眼看着甲打开柜台抽屉拿走1000余元离去。甲的行为构成盗窃罪

D. 甲在街头出售报纸时发现乙与一摊主因买东西发生纠纷，其携带的箱子（内有贵重物品）放在身旁的地上，便提起该箱子悄悄溜走。乙发现后紧追不舍。为摆脱乙的追赶，甲将手中剩余的几张报纸卷成一团扔向乙，击中乙脸，乙受惊吓几乎滑倒。随之又追，终于抓住甲。甲的行为构成盗窃罪

20. 下列哪些行为应认定为抢劫罪一罪？（　　）

A. 甲将仇人杀死后，取走其身上的5000元现金

B. 甲持刀拦路行抢，故意将受害人杀死后取走其财物

C. 甲在抢劫过程中，为压制被害人的反抗，故意将被害人杀死，取走其财物

D. 甲实行抢劫罪后，为防止受害人报案，将其杀死

21. 甲、乙、丙共谋犯罪。某日，三人拦截了丁，对丁使用暴力，然后强行抢走丁的钱包，但钱包内只有少量现金和一张银行借记卡。于是甲将丁的借记卡抢走，乙、丙逼迫丁说出密码。丁说出密码后，三人带着丁去附近的自动取款机上取钱。

取钱时发现密码不对，三人又对丁进行殴打，丁为避免遭受更严重的伤害，说出了正确的密码，三人取出现金5000元。对甲、乙、丙行为的定性，下列哪些选项是错误的？(　　)

A. 抢劫（未遂）罪与信用卡诈骗罪
B. 抢劫（未遂）罪与盗窃罪
C. 抢劫（未遂）罪与敲诈勒索罪
D. 抢劫（既遂）罪与盗窃罪

22. 甲到银行自动取款机提款后，忘了将借记卡退出便匆忙离开。该银行工作人员乙对自动取款机进行检查时，发现了甲未退出的借记卡，便从该卡中取出5000元，并将卡中剩余的3万元转入自己的借记卡。对乙的行为的定性，下列哪些选项是错误的？(　　)

A. 乙的行为构成盗窃罪
B. 乙的行为构成侵占罪
C. 乙的行为构成职务侵占罪
D. 乙的行为构成信用卡诈骗罪

23. 下列哪些说法是错误的？(　　)

A. 甲盗窃乙的存折后，假冒乙的名义从银行取出存折中的5万元存款。甲的行为构成盗窃罪与诈骗罪
B. 甲盗窃了乙的200克海洛因，因本人不吸毒，就将海洛因转卖给丙。甲的行为构成盗窃罪和贩卖毒品罪
C. 甲盗窃了博物馆的一件国家珍贵文物，以20万元的价格转卖给乙。甲的行为构成盗窃罪和倒卖文物罪
D. 甲盗窃了乙的一块名表，以2万元的价格转卖给丙，甲的行为构成盗窃罪和销售赃物罪

24. 下列哪些说法是错误的？(　　)

A. 甲将乙价值2万元的戒指扔入海中，由于戒指本身没有被毁坏，甲的行为不构成故意毁坏财物罪
B. 甲见乙迎面走来，担心自己的手提包被乙夺走，便紧抓手提包。乙见甲紧抓手提包，猜想包中有贵重物品，在与甲擦肩而过时，当面用力夺走甲的手提包。由于乙并非乘人不备而夺取财物，所以不构成抢夺罪
C. 甲将一张作废的IC卡插入银行的自动取款机试探，碰巧自动取款机显示能够取出现金，于是甲取出5000元。甲将IC卡冒充借记卡的欺骗行为在本案中起到了主要作用，因而构成诈骗罪
D. 甲系汽车检修厂职工，发现自己将要检修的一辆公交车为仇人乙驾驶，便在检修时破坏了刹车装置，然后交付使用。乙驾驶该车时，因刹车失灵，导致与其他车辆相撞，造成三人死亡，一人重伤。由于甲不是对正在使用中的交通工具实施破坏手段，所以不构成破坏交通工具罪

25. 梁某与好友强某深夜在酒吧喝酒。强某醉酒后，钱包从裤袋里掉到地上，梁某拾后见钱包里有5000元现金就将其隐匿。强某要梁某送其回家，梁某怕钱包之事被发现，托辞拒绝。强某在回家途中醉倒在地，被人发现时已冻死。关于本案，下列哪些选项是正确的？(　　)(司考2007.卷二.52)

A. 梁某占有财物的行为构成盗窃罪
B. 梁某占有财物的行为构成侵占罪
C. 梁某对强某的死亡构成不作为的故意杀人罪
D. 梁某对强某的死亡不构成不作为的故意杀人罪

26. 关于诈骗罪，下列哪些选项是正确的？(　　)(司考2007.卷二.62)

A. 收藏家甲受托为江某的藏品进行鉴定，甲明知该藏品价值100万元，但故意贬其价值后以1万元收买。甲的行为构成诈骗罪
B. 文物贩子乙收购一些赝品，冒充文物低价卖给洪某。乙的行为构成诈骗罪
C. 店主丙在柜台内陈列了两块标价5万元的玉石，韩某讲价后以3万元购买其中一块，周某讲价后以3000元购买了另一块。丙对韩某构成诈骗罪
D. 画家丁临摹了著名画家范某的油画并署上范某的名章，通过画廊以5万元

出售给田某，丁非法获利 3 万元。丁的行为构成诈骗罪

27. 关于敲诈勒索罪的判断，下列哪些选项是正确的？（　　）（司考 2007. 卷二. 63）

A. 甲将王某杀害后，又以王某被绑架为由，向其亲属索要钱财。甲除构成故意杀人罪外，还构成敲诈勒索罪与诈骗罪的想象竞合犯

B. 饭店老板乙以可乐兑水冒充洋酒销售，向实际消费数十元的李某索要数千元。李某不从，乙便召集店员对其进行殴打，致其被迫将钱交给乙。乙的行为构成抢劫罪而非敲诈勒索罪

C. 职员丙被公司辞退，要求公司支付 10 万元补偿费，否则会将所掌握的公司商业秘密出卖给其他公司使用。丙的行为构成敲诈勒索罪

D. 丁为谋取不正当利益送给国家工作人员刘某 10 万元。获取不正当利益后，丁以告发相要挟，要求刘某返还 10 万元。刘某担心被告发，便还给丁 10 万元。对丁的行为应以行贿罪与敲诈勒索罪实行并罚

28. 某日，甲醉酒驾车将行人乙撞死，后急忙将尸体运到 X 地掩埋。10 天后，甲得知某单位要在 X 地施工，因担心乙的尸体被人发现，便将乙的尸体从 X 地转移至 Y 地。在转移尸体时，甲无意中发现了乙的身份证和信用卡。此后，甲持乙的身份证和信用卡，从银行柜台将乙的信用卡中的 5 万元转入自己的信用卡，并以乙的身份证办理入网手续并使用移动电话，造成电信资费损失 8000 余元。甲的行为构成何罪？（　　）（司考 2008. 卷二. 58）

A. 交通肇事罪

B. 侵占罪

C. 信用卡诈骗罪

D. 诈骗罪

29. 关于盗窃行为的定性，下列哪些选项是正确的？（　　）（司考 2008. 卷二. 64）

A. 盗窃伪造的货币的行为，不成立盗窃罪

B. 盗窃伪造的国家机关印章的行为，不成立盗窃国家机关印章罪

C. 盗窃伪造的信用卡并使用的行为，不适用《刑法》第 196 条关于“盗窃信用卡并使用”的规定

D. 盗窃企业违规制造的枪支的行为，不成立盗窃枪支罪

30. 《刑法》第 269 条对转化型抢劫作出了规定，下列哪些选项不能适用该规定？（　　）（司考 2008. 卷二. 62）

A. 甲入室盗窃，被主人李某发现并追赶，甲进入李某厨房，拿出菜刀护在自己胸前，对李某说：“你千万别过来，我胆子很小。”然后，翻窗逃跑

B. 乙抢夺王某的财物，王某让狼狗追赶乙。乙为脱身，打死了狼狗

C. 丙骗取他人财物后，刚准备离开现场，骗局就被识破。被害人追赶丙。走投无路的丙从身上摸出短刀，扎在自己手臂上，并对被害人说：“你们再追，我就死在你们面前。”被害人见丙鲜血直流，一下愣住了。丙迅速逃离现场

D. 丁在一网吧里盗窃财物并往外逃跑时，被管理人员顾某发现。丁为阻止顾某的追赶，提起网吧门边的开水壶，将开水泼在顾某身上，然后逃离现场

31. 下列哪些情形可以成立抢劫致人死亡？（　　）（司考 2009. 卷二. 58）

A. 甲冬日深夜抢劫王某财物，为压制王某的反抗将其刺成重伤并取财后离去。三小时后，王某被冻死

B. 乙抢劫妇女高某财物，路人曾某上前制止，乙用自制火药枪将曾某打死

C. 丙和贺某共同抢劫严某财物，严某边呼救边激烈反抗。丙拔刀刺向严某，严某躲闪，丙将同伙贺某刺死

D. 丁盗窃邱某家财物准备驾车离开时被邱某发现，邱某站在车前阻止丁离

开，丁开车将邱某撞死后逃跑

32. 欣欣在高某的金店选购了一条项链，高某趁欣欣接电话之际，将为其进行礼品包装的项链调换成款式相同的劣等品(两条项链差价约3000元)。欣欣回家后很快发现项链被“调包”，即返回该店要求退还，高某以发票与实物不符为由拒不退换。关于高某的行为，下列哪些说法是错误的？（ ）（司考2009. 卷二.59）

A. 构成盗窃罪

B. 构成诈骗罪

C. 构成侵占罪

D. 不构成犯罪，属民事纠纷

33. 甲、乙等人佯装乘客登上长途车。甲用枪控制司机，令司机将车开到偏僻路段；乙等人用刀控制乘客，命乘客交出随身财物。一乘客反抗，被乙捅成重伤。财物到手下车时，甲开枪打死司机。关于本案，下列哪些选项是正确的？（ ）（司考2012. 卷二.59）

A. 甲等人劫持汽车，构成劫持汽车罪

B. 甲等人构成抢劫罪，属于在公共交通工具上抢劫

C. 乙重伤乘客，无须以故意伤害罪另行追究刑事责任

D. 甲开枪打死司机，须以故意杀人罪另行追究刑事责任

34. 下列哪些选项的行为人具有非法占有目的？（ ）（司考2011. 卷二.61）

A. 男性基于癖好入户窃取女士内衣

B. 为了燃柴取暖而窃取他人木质家具

C. 骗取他人钢材后作为废品卖给废品回收公司

D. 杀人后为避免公安机关识别被害人身份，将被害人钱包等物丢弃

35. 关于侵占罪的认定（不考虑数额），下列哪些选项是错误的？（ ）（司考2011. 卷二.62）

A. 甲将他人停放在车棚内未上锁的自行车骑走卖掉。甲的行为构成侵占罪

B. 乙下车取自己行李时将后备厢内乘客遗忘的行李箱一并拿走变卖。乙的行为构成侵占罪

C. 丙在某大学食堂将学生用于占座的手机拿走卖掉。丙的行为成立侵占罪

D. 丁受托为外出邻居看房，将邻居锁在柜里的手提电脑拿走变卖。丁的行为成立侵占罪

36. 甲潜入他人房间欲盗窃，忽见床上坐起一老妪，哀求其不要拿她的东西。甲不理睬而继续翻找，拿走一条银项链（价值400元）。关于本案的分析，下列哪些选项是正确的？（ ）（司考2013. 卷二.60）

A. 甲并未采取足以压制老妪反抗的方法取得财物，不构成抢劫罪

B. 如认为区分盗窃罪与抢夺罪的关键在于是秘密取得财物还是公然取得财物，则甲的行为属于抢夺行为；如甲作案时携带了凶器，则对甲应以抢劫罪论处

C. 如采取B选项的观点，因甲作案时未携带凶器，也未秘密窃取财物，又不符合抢夺罪“数额较大”的要件，无法以侵犯财产罪追究甲的刑事责任

D. 如认为盗窃行为并不限于秘密窃取，则甲的行为属于入户盗窃，可按盗窃罪追究甲的刑事责任

37. 关于诈骗罪的理解和认定，下列哪些选项是错误的？（ ）（司考2013. 卷二.61）

A. 甲曾借给好友乙1万元。乙还款时未要回借条。一年后，甲故意拿借条要乙还款。乙明知但碍于情面，又给甲1万元。甲虽获得1万元，但不能认定为诈骗既遂

B. 甲发现乙出国后其房屋无人居住，便伪造房产证，将该房租给丙住了一年，收取租金2万元。甲的行为构成诈骗罪

C. 甲请客（餐费1万元）后，发现未带钱，便向餐厅经理谎称送走客人后再付款。经理信以为真，甲趁机逃走。

不管怎样理解处分意识，对甲的行为都应以诈骗罪论处

D. 乙花 2 万元向甲购买假币，后发现是一堆白纸。由于购买假币的行为是违法的，乙不是诈骗罪的受害人，甲不成立诈骗罪

38. 甲的下列哪些行为属于盗窃（不考虑数额）？（ ）（司考 2014. 卷二 . 60）

A. 某大学的学生进食堂吃饭时习惯于用手机、钱包等物占座后，再去购买饭菜。甲将学生乙用于占座的钱包拿走

B. 乙进入面馆，将手机放在大厅 6 号桌的空位上，表示占座，然后到靠近窗户的地方看看有没有更合适的座位。在 7 号桌吃面的甲将手机拿走

C. 乙将手提箱忘在出租车的后备厢。后甲搭乘该出租车时，将自己的手提箱也放进后备厢，并在下车时将乙的手提箱一并拿走

D. 乙全家外出打工，委托邻居甲照看房屋。有人来村里购树，甲谎称乙家山头上的树为自家的树，卖给购树人，得款 3 万元

39. 下列哪些行为构成盗窃罪（不考虑数额）？（ ）（司考 2016. 卷二 . 59）

A. 酒店服务员甲在帮客人拎包时，将包中的手机放入自己的口袋据为己有

B. 客人在小饭馆吃饭时，将手机放在收银台边上充电，请服务员乙帮忙照看。乙假意答应，却将手机据为己有

C. 旅客将行李放在托运柜台旁，到相距 20 余米的另一柜台问事时，机场清洁工丙将该行李拿走据为己有

D. 顾客购物时将车钥匙遗忘在收银台，收银员问是谁的，丁谎称是自己的，然后持该钥匙将顾客的车开走

三、不定项选择题

1. 结合犯罪构成理论以及刑法分则的相关规定分析，以下案件哪些不构成侵占罪？（ ）

A. 某游戏厅早上 8 点刚开门，甲就进入游戏厅玩耍，发现 6 号游戏机上有一个手机，甲马上装进自己口袋，然后逃离。事后查明，该手机是游戏厅老板打扫房间时顺手放在游戏机上的。甲被抓获后称其始终以为该手机是其他顾客遗忘的财物

B. 乙知道邻居肖某的 8 岁小孩被他人绑架，肖某可能会按照歹徒的要求交付赎金，即终日悄悄跟随在肖某身后。某日，见肖某将一塑料口袋塞入某桥洞下，即在肖某离开 10 分钟后，将口袋挖出，取得现金 20 万元

C. 丙到某装饰城购买价值 2 万元的装修材料，委托三轮车夫田某代为运输。田某骑三轮车在前面走，丙骑自行车跟在后面。在经过一路口时，田某见丙被警察拦住检查自行车证，即将装修材料拉走倒卖，获款 4000 元

D. 丁闲极无聊在一自动取款机按键上胡乱敲击。在准备离开时，丁无意中触动了一个按钮，取款机即吐出一张 100 元钞票，丁见此情景，就连续不断地进行操作，直至取出现金 1 万元，然后迅速离去

2. 某小区五楼刘某家的抽油烟机发生故障，王某与李某上门检测后，决定拆下搬回维修站修理。刘某同意。王某与李某搬运抽油烟机至四楼时，王某发现其中藏有一包金饰，遂暗自将之塞入衣兜。（事实一）

王某与李某将抽油烟机搬走后，刘某想起自己此前曾将金饰藏于其中，追赶前来，见王某神情可疑，便要其返还金饰。王某为洗清嫌疑，乘乱将金饰转交李某，李某心领神会，接过金饰藏于裤兜中。刘某确定王某身上没有金饰后，转身再找李某索要。李某突然一拳击倒刘某，致其倒地重伤。李某与王某随即逃走。（事实二）

后王某建议李某将金饰出售，得款二人平分，李某同意。李某明知金饰价值 1 万元，却向亲戚郭某谎称金饰为朋友委托其出售的限量版，售价 5 万元。郭某信以为真，花 5 万元买下金饰。拿到钱后，李

某心生贪念，对王某称金饰仅卖得 1 万元，分给王某 5000 元。（事实三）

请回答第（1）~（3）题。（司考 2017. 卷二. 86~88）

（1）关于事实一的分析，下列选项正确的是：（　　）。

A. 王某从抽油烟机中窃走金饰，破除刘某对金饰的占有，构成盗窃罪

B. 王某未经李某同意，窃取李某与其共同占有的金饰，应构成盗窃罪

C. 刘某客观上已将抽油烟机及机内金饰交给王某代为保管，王某取走金饰的行为构成侵占罪

D. 刘某将金饰遗忘在抽油烟机内，王某将其据为己有，是非法侵占他人遗忘物，构成侵占罪

（2）关于事实二的分析，下列选项正确的是：（　　）。

A. 李某接过金饰，协助王某拒不返还他人财物，构成侵占罪的帮助犯

B. 李某帮助王某转移犯罪所得的金饰，构成掩饰、隐瞒犯罪所得罪

C. 李某为窝藏赃物将刘某打伤，属事后抢劫，构成抢劫（致人重伤）罪

D. 王某利用李某打伤刘某的行为顺利逃走，也属事后抢劫，构成抢劫罪

（3）关于事实三的分析，下列选项正确的是：（　　）。

A. 李某对郭某进行欺骗，导致郭某以高价购买赃物，构成诈骗罪

B. 李某明知金饰是犯罪所得而出售，构成掩饰、隐瞒犯罪所得罪

C. 李某欺骗王某放弃对剩余 2 万元销赃款的返还请求，构成诈骗罪

D. 李某虽将金饰卖得 5 万元，但王某所犯财产犯罪的数额为 1 万元

3. 甲将一只壶的壶底落款“民國叁年”磨去，放在自己的古玩店里出卖。某日，钱某看到这只壶，误以为是明代文物。甲见钱某询问，谎称此壶确为明代古董，钱某信以为真，按明代文物交款买走。又一日，顾客李某看上一幅标价很高的赝品，以为名家亲笔，但又心存怀疑。甲遂拿出虚假证据，证明该画为名家亲笔。李某以高价买走赝品。请回答（1）~（2）题。（司考 2011. 卷二. 86~87）

（1）关于甲对钱某是否成立诈骗罪，下列选项错误的是：（　　）。

A. 甲的行为完全符合诈骗罪的犯罪构成，成立诈骗罪

B. 钱某自己有过错，甲不成立诈骗罪

C. 钱某已经误以为是明代古董，甲没有诈骗钱某

D. 古玩投资有风险，古玩买卖无诈骗，甲不成立诈骗罪

（2）关于甲对李某是否成立诈骗罪，下列选项正确的是：（　　）。

A. 甲的行为完全符合诈骗罪的犯罪构成，成立诈骗罪

B. 标价高不是诈骗行为，虚假证据证明该画为名家亲笔则是诈骗行为

C. 李某已有认识错误，甲强化其认识错误的行为不是诈骗行为

D. 甲拿出虚假证据的行为与结果之间没有因果关系，甲仅成立诈骗未遂

4. 甲在强制戒毒所戒毒时，无法抗拒毒瘾，设法逃出戒毒所。甲径直到毒贩陈某家，以赊账方式买了少量毒品过瘾。后甲逃往乡下，告知朋友乙详情，请乙收留。乙让甲住下（事实一）。甲对陈某的毒品动起了歪脑筋，探知陈某将毒品藏在厨房灶膛内。某夜，甲先用毒包子毒死陈某的 2 条看门狗（价值 6000 元），然后翻进陈某家院墙，从厨房灶膛拿走陈某 50 克纯冰毒（事实二）。甲拿出 40 克冰毒，让乙将 40 克冰毒和 80 克其他物质混合，冒充 120 克纯冰毒卖出（事实三）。

请回答第（1）~（2）题。（司考 2014. 卷二. 90~91）

（1）关于事实二的判断，下列选项正确的是：（　　）。

A. 甲翻墙入院从厨房取走毒品的行为，属于入户盗窃
B. 甲进入陈某厨房的行为触犯非法侵入住宅罪
C. 甲毒死陈某看门狗的行为是盗窃预备与故意毁坏财物罪的想象竞合
D. 对甲盗窃50克冰毒的行为，应以盗窃罪论处，根据盗窃情节轻重量刑

（2）关于事实三的判断，下列选项正确的是：（　　）。
A. 甲让乙卖出冰毒应定性为甲事后处理所盗赃物，对此不应追究甲的刑事责任
B. 乙将40克冰毒掺杂、冒充120克纯冰毒卖出的行为，符合诈骗罪的构成要件
C. 甲、乙既成立诈骗罪的共犯，又成立贩卖毒品罪的共犯
D. 乙在冰毒中掺杂使假，不构成制造毒品罪

四、名词解释

1. 侵犯财产罪
2. 职务侵占罪
3. 挪用资金罪
4. 挪用特定款物罪

五、简答题

1. 如何理解敲诈勒索罪与抢劫罪？
2. 简述诈骗罪与借贷纠纷的界限。
3. 抢夺罪的概念及构成要件。（中国人民大学2005年研究生入学试题）
4. 拒不支付劳动报酬是否可能构成犯罪？
5. 胁迫型抢劫罪与敲诈勒索罪的界限。
6. 如何区分抢劫罪与绑架罪？
7. 如何确定抢劫罪的既遂标准？
8. 如何具体区分侵占罪与盗窃罪？

六、论述题

1. 敲诈勒索罪与诈骗罪的界限。
2. 试论“携带凶器抢夺”。（清华大学2005年研究生入学试题）

七、案例分析题

1. 李某深夜潜入本单位财务室，意图盗窃保险柜中的财物。李某用尽了各种方法，也未能将保险柜打开，感到十分沮丧。正要离开时，恰逢保安员巡逻至此。保安员发现财务室的门虚掩，即进去查看，与李某撞个正着。李某用撬棍将保安员打昏后逃走。回到家中后，李某恐保安员醒来以后认出自己，就拿了一把匕首，欲将保安员杀死灭口。刚刚返回单位大门，即被接到报案赶来的公安人员抓获。问：

（1）李某的盗窃未遂属于犯罪未遂中的哪种类型？

（2）李某盗窃未遂后将保安员打昏的行为应当如何定性？为什么？

（3）李某返回作案现场（本单位）欲将保安员杀死灭口的行为属于犯罪的哪种形态？

（4）对李某应当如何定罪处罚？

2. 张某拦住出租车司机李某的汽车，上车后，持刀威逼李某交出财物。李某当时身上只有几百元钱，张某觉得不够本，就逼迫李某开车回家，劫持李某到其家中，拿走3万元现金。然后又拿着李某的定期存单，挟持李某到银行中取出10万元现金。另有一个20万元的存折一时无法将钱取出。张某把存折交还李某，但要其写一张20万元的欠条。李某被迫写了欠条后，张某才放了李某。对于本案张某应当构成什么罪？应当适用哪一档次的刑罚？

3. 陈某被两人追杀，迫不得已之下，抢了正在行驶的丁某的摩托车（丁某摔在地上，未受伤），逃命而去。待行驶到安全的地方，陈某下车，撬开摩托车后面工具箱，发现现金3000元以及一张未到期的活期存单，陈某顿生歹念，将现金和存单据为己有，将摩托车推下山去，随后陈某用伪造的身份证取出了存单中的现金。

问题：分析本案中陈某各行为的性质

并说明理由。（西南政法大学 2007 年研究生入学试题）

4. 甲某驾驶偷来的一辆出租车，与乙某二人携带猎枪、催泪弹、匕首意图抢劫银行，到达某银行分理处后，甲某在车内等候，乙某持枪进入营业大厅对大厅内人员喊道，“不许动，把钱拿出来”，并劫持营业员将保险柜门打开，取走现金 50 万元，随后，将抓捕的两名保安开枪打死，甲某、乙某二人驾车逃离现场后，将车丢在一个废弃的垃圾场里。对于本案应当如何处理？

5. 被告人孙某、刘某于某日到某集市上闲逛，在一旧自行车交易处，孙某发现一外地人的小手提包内装有大量现金，便起了邪念，与刘某商量把那人的钱“弄过来”，刘某表示同意。二被告人便尾随其后，伺机行动，当该外地人走到一人少处，孙某急步上前，从背后将其撞倒，并致外地人的手提包掉在地上，刘某将小手提包抓到手后，二被告人迅速逃离现场（包内装有 8000 元现金），但刚走出该市场，他们即发现背后有三名警察闻讯追来。二被告人慌不择路，飞速逃跑，很快跑进乡间小道。警察紧追不舍，二被告人万般无奈，只得将提包扔入路旁杂草丛中。正在树丛中小便的胡某目睹了这一切，捡起钱包就跑，试图将其非法据为己有，后被警察抓获。问：

（1）二被告（孙某、刘某）的行为构成抢夺罪还是抢劫罪？请说明理由。

（2）被告人胡某的行为是否构成犯罪？请说明理由。

6. 被告人温某，男，某镇供销社商店出纳员。被告人李某，女，某镇供销社煤场临时工，系温某之女友。

温某和李某经人介绍谈恋爱，李某因欠他人的钱无力归还，遂动员温某窃取公款。温某经不住李某劝诱，遂于一天下午下班时，从自己经管的保险箱内拿走现金 5000 元。当天晚上温某指使李某拿了预先放在厕所间的商店大门和保险箱的钥匙，潜入商店，伪造被盗现场，企图转移目标，嫁祸于人。第二天，温某将拿来的 5000 元现金全部交给了李某。

试分析：被告人温某、李某的行为构成何罪？为什么？

7. 甲某日晚到洗浴中心洗浴。根据服务员乙的指引，甲将衣服、手机、手提包等财物锁入 8 号柜中，然后进入沐浴区。半小时后，乙为交班准备打开自己存放衣物的 7 号柜，忙乱中将钥匙插入 8 号柜的锁孔，没想到竟将 8 号柜打开。乙发现柜中有手提包，便将其中的 3 万元拿走。为迅速逃离现场，乙没有将 8 号柜门锁上。稍后另一客人丙见 8 号柜半开半掩，就将柜中的手机（价值 3000 元）以及信用卡拿走。第二天丙利用写在该信用卡背后的密码，持该信用卡到商场购买了价值 2 万元的手表。

关于本案的行为人应构成何罪，有以下三种不同的观点：

第一种观点认为乙的行为构成侵占罪、丙的行为构成盗窃罪；

第二种观点认为乙的行为构成侵占罪、丙的行为构成盗窃罪与信用卡诈骗罪；

第三种观点认为乙的行为和丙的行为均构成盗窃罪。

请问以上三种观点哪种观点是正确的，并说明理由。（西南政法大学 2005 年研究生入学试题）

8. 小王大摆宴席贺儿子满月，同事们纷纷前来捧场，觥筹交错至深夜方散，小王大醉，送同事小张出门。小张发现自己的摩托车不见了，四处寻找没有找到。此时小王见到旁边另有几辆摩托车，与小张商量后，回家来拿工具，两人一同将其中一辆摩托车锁撬开，小张将此车骑走。第二天，小王的弟弟发现小王的摩托车丢失，遂向公安机关报案。经查，小王的摩托车被小王、小张盗走。请分析本案。（清华大学 2006 年研究生入学试题）

9. 李某（男，45 岁）因刘某（建筑包工头）

拖欠其工资 500 元，遂到刘某家里索要，刘某不给，双方发生争执，在争执过程中，李某冲进刘某家的厨房拿出一把菜刀架到刘某脖子上，逼迫刘某交出钱财，刘某被迫将随身携带的 200 元钱交给李某，李某拿了 200 元后离开。后李某被法院以抢劫罪判处有期徒刑 12 年并处罚金 500 元。

请对法院的判决进行评析。（武汉大学 2006 年研究生入学试题）

10. 陈某见熟人赵某做生意赚了不少钱便产生歹意，勾结高某，谎称赵某欠自己 10 万元货款未还，请高某协助索要，并承诺要回款项后给高某 1 万元作为酬谢。高某同意。某日，陈某和高某以谈生意为名把赵某诱骗到稻香楼宾馆某房间，共同将赵某扣押，并由高某对赵某进行看管。次日，陈某和高某对赵某拳打脚踢，强迫赵某拿钱。赵某迫于无奈给其公司出纳李某打电话，以谈成一笔生意急需 10 万元现金为由，让李某将现金送到宾馆附近一公园交给陈某。陈某指派高某到公园取钱。李某来到约定地点，见来人不认识，就不肯把钱交给高某。高某威胁李某说："赵某已被我们扣押，不把钱给我，我们就把赵某给杀了。"李某不得不将 10 万元现金交给高某。高某回到宾馆房间，发现陈某不在，赵某倒在窗前已经断气。见此情形，高某到公安机关投案，并协助司法机关将陈某抓获归案。事后查明，赵某因爬窗逃跑被陈某用木棒猛击脑部身亡。（司考 2007. 卷四．二）

问题：

（1）陈某将赵某扣押向其索要 10 万元的行为构成何种犯罪？为什么？

（2）高某将赵某扣押向其索要 10 万元的行为构成何种犯罪？为什么？

（3）陈某与高某是否构成共同犯罪？为什么？

（4）高某在公园取得李某 10 万元的行为是否另行构成敲诈勒索罪？为什么？

（5）陈某对赵某的死亡，应当如何承担刑事责任？为什么？

（6）高某对赵某的死亡后果是否承担刑事责任？为什么？

参考答案

一、单项选择题

1. 答案：D。本案中，乙明确要求甲若钥匙打不开就必须放弃盗窃，不可入室，乙与甲共同犯罪的合意是通过钥匙打开房门实施盗窃，甲通过钥匙无法打开房门，则甲、乙的共同犯罪构成未遂，乙成立盗窃罪未遂的帮助犯。甲破窗而入的行为超出了共同犯罪的故意，属于共同犯罪的实行过限，实行过限的犯罪行为由甲自己承担，对过限行为没有共同故意的乙不对过限行为负刑事责任。因此选项 ABC 错误，选项 D 正确。

2. 答案：B。A 项某甲作为国有企业的承包人把应当属于国有的承包款私吞构成贪污罪，C 项某乙只是利用保管他人财物的方便将他人公司的货款侵占，构成侵占罪。D 项属于依法从事公务的人员利用职务便利侵吞公款的行为，构成贪污罪。

3. 答案：B。《刑法》第 253 条规定，邮政工作人员私自开拆邮件而窃取财物的，依照《刑法》第 264 条的规定以盗窃罪从重处罚。

4. 答案：D。甲某作为物资公司总经理，该物资公司为非国有企业，故甲某属于企业公司工作人员，非国家工作人员，且主观上不具有非法占有的目的，只是在乙某的请求下借与他金额巨大的公司资金，构成挪用资金罪。

5. 答案：D。基于不法原因给付的财物，不能成立侵占罪。张某委托甲代为保管的为行贿赃款，张某对行贿款没有返还请求权，不能认定甲侵占了张某的财物。选项 A 错误。乙将房屋出售给赵某但尚未进行所有权转移登记，乙仍然是房屋的所有权人，对房屋具有处分权，其一房二卖的行为不构成侵占罪。选项 B 错误。侵占罪的犯罪对象主要包含委托物、脱离占有物（遗忘物或埋藏物）。灾区居民来不及带走的贵重财物并没有脱离占有，房屋中的财物仍然由居民占有。丙取走他人财物的行为构成盗窃罪。选项C错误。分期付款购物的场合，约定车款付清前车辆所有权归卖方所有，买方在付清车款前处分车辆的，属于对委托物的侵占行为。选项D正确。

6. **答案**：B。以非法占有为目的，以买卖、交易、服务为幌子，采用暴力、胁迫手段迫使他人交出与合理价钱、费用悬殊的钱物的，应以抢劫罪定罪处刑，不构成强迫交易罪。

7. **答案**：D。详见《最高人民法院关于审理抢劫案件具体应用法律若干问题的解释》。

8. **答案**：D。本题中卖血者将自己的血液出卖是一种合法的处置行为，血液脱离人体后就成为财产，而甲某在采血时利用职务上的便利，多采血液，是对卖血者对自己出卖的血液财产所有权的侵犯，其采用的是秘密的手段，且非法采血数量较大，构成盗窃罪。甲某作为县医院的工作人员属于国家工作人员范围，在多采的血液制成的血浆之外盗取其保管的已经属于县医院所有的其他血浆的行为构成贪污罪。

9. **答案**：D。在意外事件中的死者，由于其已经死亡，不再具有法律主体资格，所以其对财物的所有权也于死亡时一并丧失，但是此时财物并非无主物，如果死者有继承人，应当作为被继承财产归继承人所有，如果死者没有继承人，则应按照继承法的有关规定，归国家或集体所有，所以此时的财产不是无主物，对其秘密取得的应当以盗窃罪论处。

10. **答案**：C。根据《最高人民法院、最高人民检察院关于办理盗窃刑事案件适用法律若干问题的解释》第10条的规定："偷开他人机动车的，按照下列规定处理：（一）偷开机动车，导致车辆丢失的，以盗窃罪定罪处罚；（二）为盗窃其他财物，偷开机动车作为犯罪工具使用后非法占有车辆，或者将车辆遗弃导致丢失的，被盗车辆的价值计入盗窃数额；（三）为实施其他犯罪，偷开机动车作为犯罪工具使用后非法占有车辆，或者将车辆遗弃导致丢失的，以盗窃罪和其他犯罪数罪并罚；将车辆送回未造成丢失的，按照其所实施的其他犯罪从重处罚。"故A、B项是错误的。盗窃罪是指以非法占有为目的，窃取公私财物数额较大，或者多次盗窃、入户盗窃、携带凶器盗窃、扒窃的行为，入户盗窃、扒窃的行为，即使数额不大，也构成盗窃罪。C为正确选项。

11. **答案**：B。认定诈骗行为一定要看相对人是否基于行为人的欺骗行为而"自愿"交付财产，某甲骗某乙将巨款收于壁柜中，找借口离开趁机将巨款取走，某乙并没有将财物交付给某甲，而是客观地存于壁柜中，不符合诈骗罪的特征，不构成诈骗罪。另外，丁某对于某甲的行为一无所知，只是出于朋友帮忙而帮其打电话，与某甲无共同犯罪故意，不成立共犯。

12. **答案**：D。甲某在公共汽车上捡到他人财物，并且看到悬赏广告后索取巨额赏金，违背乙某悬赏的本意，甲某非分要求得不到满足因而拒不交还乙某财物，符合侵占他人遗忘物的情形，由于其侵占的数额巨大，而且其强要巨额奖金的行为性质恶劣，不能以普通的民事纠纷处理，应当以侵占罪论处。

13. **答案**：D。张某利用试车的机会，利用店主疏于防备，突然驾车离开商城，其行为构成盗窃罪。因为张某并没有对摩托车主行使暴力，不存在抢夺行为，故不构成抢夺罪。车主也没有基于认识错误将摩托车交付给张某，故张某取得摩托车的行为也不构成诈骗罪。张某将摩托车作为抵押，取得白金项链的行为属于事后的销赃行为，同时，金店老板也没有财产上的损失，因此，张某的这一行为不构成犯罪。因此，D项正确。

14. **答案**：D。本题中甲某故意将摩托车放在马路中央，为脱离现场制造机会，其谎称移动摩托车而将手机带出手机店并不意味着销售员自愿将手机交付给甲某由其处分，所以不符合诈骗罪构成，对甲某行为应以盗窃罪论处。虽然甲某当着销售员的面，公然取走手机驾车逃离，但因为甲某并无对物暴力，不构成抢夺罪。其在逃离现场时，慌不择路，撞倒行人和车辆，造成车毁人亡的严重后果，由于其对危害结果不抱有故意的态度，主观上也不存在危害公共安全的意图，因此不能认定为以危险方法危害公共安全罪，而应构成交通肇事罪，与前述抢夺行为是两个独立的犯罪，应当数罪并罚。

15. **答案**：A。国家将传销宣布为非法后，甲某因传销款得不到返还，虽然双方之间不是合法的债权债务关系，但是甲某拿走乙某家里的明代花瓶用于抵押，主观上不具有非法占有的意图，不能以盗窃、抢夺、抢劫等财产犯罪论处，至于其为摆脱乙某阻拦而持刀将乙某砍伤，构成故意伤害罪。

16. **答案**：B。张某将金刚石用河砂调包，对此李某并不知情，符合秘密窃取的特征，应当以盗窃罪论处。另外要注意的是，虽然中途李某同意张某自己驾车去修，使金刚石暂时性地脱离了自己控制，但是不构成正式的保管关系，张某调包的行为不构成侵占罪。

17. **答案**：B。A是盗窃信用卡并使用的行为，其伪造签名使用信用卡消费的行为是盗窃行为的后续行为，被盗窃行为吸收，按盗窃罪一罪处理。根据司法解释的规定，B选项构成诈骗罪。另外，如果是盗接、盗用他人的电话线路、电信码号并使用的，构成盗窃罪。C构成抢夺罪，乙某将甲某骗下车，趁机驾车逃走，甲某并没有自愿交付的行为，不构成诈骗罪。D应当认定为盗窃罪，但如果不是在房间内捡到，而是在其他公共场所捡到信用卡后盗用的，构成信用卡诈骗罪。

18. **答案**：B。合同诈骗罪的既遂标准是欺骗行为导致被害人遭受了财产损失。甲与乙签订房屋买卖合同过程中，乙支付的100万元首付款构成合同诈骗罪的既遂。选项A错误。乙支付的100万元首付款构成合同诈骗罪的既遂，剩余的120万元虽然没有直接损失，但具有损失的紧迫危险，应作为未遂情节加以考虑。选项B正确，选项C错误。本案中，甲的行为仅涉嫌合同诈骗罪一罪，对具体行为犯罪既遂和犯罪未遂认定后应按照合同诈骗罪一罪定罪处罚。选项D错误。

19. **答案**：B。根据《刑法》第270条的规定，侵占罪的客观方面包括两种行为：一是将代为保管的他人财物非法占为己有，数额较大，拒不退还；二是将他人的遗忘物或者埋藏物非法占为己有，数额较大，拒不交出。据此，AD项属于将他人的遗忘物非法占为己有，数额较大，拒不交出；C项属于将代为保管的他人财物非法占为己有，数额较大，拒不退还。B项虽有“非法占为己有”的行为，但不是“拒不交出”，不构成侵占罪。故依题意，只有B项为正确答案。

20. **答案**：A。乙某乘人不备秘密窃取他人备用轮胎的行为不足以使交通工具发生颠覆的危险，不构成破坏交通工具罪，其盗窃备用轮胎，价值较小，未达到盗窃罪的定罪起点，故不认为是犯罪。

21. **答案**：D。甲某出于盗窃的目的潜入乙某家中，由于意志以外的原因未发现财物，属于盗窃罪未遂，而其将婴儿盗走，以此向乙某勒索赎金，构成绑架罪，这两个犯罪出于不同的主观意图，应当独立成罪，数罪并罚。

22. **答案**：C。飞车抢夺行为，即行为人骑摩托车猛力夺取行人财物并迅速逃走的情形。一般认为，应根据抢夺罪与抢劫罪各自的特征分别解决这类案件的定性：(1) 如果行为人一下子就抢走了财物，或者未抢走财物就开车逃离，应以抢夺罪论处。(2) 采取飞车行抢的方式作案，但其主观故意及客观行为却已超出了抢夺罪的范畴。比如，行为人驾驶车辆逼挤被害人或者将被害人逼至空旷区域，使其产生精神上的恐惧，不敢反抗，当场劫取财物的；或者驾驶机动车、非机动车辆，撞击或强行逼倒被害人以排除其反抗，趁机夺取财物的；或者驾驶车辆强抢财物时，因被害人不放手而借助高速行驶的机动车产生的冲力，采取强拉硬拽方法使被害人不能抗拒或无力抗拒而劫取财物的等，应定为抢劫罪。本题中，“甲骑摩托车靠近行人，突施猛力拉包而夺取行人提包10余次，获财物3万余元”的行为构成抢夺罪；“另有8次因被害人不放手，即利用摩托车的行进速度，采取强行拖拽的方法，迫使被害人放手”的行为构成抢劫罪。因此，甲的行为同时构成抢夺罪与抢劫罪，两罪应数罪并罚。故本题正确答案为C。

23. 答案：A。诈骗罪的行为结构为：行为人实施诈骗行为→受骗者产生错误认识→受骗者基于错误认识处分财产→行为人或第三方取得财产→被害人遭受财产损失。诈骗罪与盗窃罪的重要区别在于被害人是否基于认识错误主动交付财产。本案中郑某虽然实施了欺骗行为，但张某被骗后发送验证码时并没有主动交付财物的意思，郑某通过技术手段破除了张某对钱款的占有，构成盗窃罪。选项A正确，选项B错误。根据《刑法》第253条之一、第287条之一的规定，选项CD错误。

24. 答案：B。根据《刑法》第269条的规定，犯盗窃、诈骗、抢夺罪，为窝藏赃物、抗拒抓捕或者毁灭罪证而当场使用暴力或者以暴力相威胁的，依照抢劫罪的规定定罪处罚，此即为“转化型抢劫”。本题中，程某在盗窃过程中，为了抗拒抓捕，当场使用暴力，构成转化型抢劫罪。故B选项正确。

25. 答案：C。根据《刑法》第196条的规定：“有下列情形之一，进行信用卡诈骗活动，数额较大的，处五年以下有期徒刑或者拘役，并处二万元以上二十万元以下罚金；数额巨大或者有其他严重情节的，处五年以上十年以下有期徒刑，并处五万元以上五十万元以下罚金；数额特别巨大或者有其他特别严重情节的，处十年以上有期徒刑或者无期徒刑，并处五万元以上五十万元以下罚金或者没收财产：（一）使用伪造的信用卡，或者使用以虚假的身份证明骗领的信用卡的；（二）使用作废的信用卡的；（三）冒用他人的信用卡的；（四）恶意透支的。前款所称恶意透支，是指持卡人以非法占有为目的，超过规定限额或者规定期限透支，并且经发卡银行催收后仍不归还的行为。盗窃信用卡并使用的，依照本法第二百六十四条的规定定罪处罚。”甲、乙拾得银行卡并使用的行为，属于冒用他人信用卡的行为，构成信用卡诈骗罪，而非盗窃罪。故C选项正确，D选项错误。

丙对甲、乙的犯罪行为并不知情，且其刚15周岁，甲、乙的行为构成间接正犯，故A选项和B选项错误。

26. 答案：D。20万元不属于“遗忘物、埋藏物或者保管物”，是乙故意放在车内的，故而甲的行为不构成侵占罪，A选项不符合题意。甲并没有利用职务便利非法占有公司财物，故而也不构成职务侵占罪，B选项不符合题意。甲并没有采用虚构事实或者隐瞒真相的方法骗取20万元，而是趁车上无人单纯地窃取该20万元，故而其行为不构成诈骗罪而构成盗窃罪，C选项不符合题意，D选项符合题意。故本题正确答案为D。

27. 答案：D。《刑法》第17条规定：“已满十六周岁的人犯罪，应当负刑事责任。已满十四周岁不满十六周岁的人，犯故意杀人、故意伤害致人重伤或者死亡、强奸、抢劫、贩卖毒品、放火、爆炸、投放危险物质罪的，应当负刑事责任……”甲某于23点50分左右潜入邻居乙家行窃，半小时里找到价值8000元的财物表明当时的时间已经超过零点，其此时已经年满16周岁，对于一切犯罪都应当承担刑事责任，故而排除C项。《刑法》第269条规定，犯盗窃、诈骗、抢夺罪，为窝藏赃物、抗拒抓捕或者毁灭罪证而当场使用暴力或者以暴力相威胁的，依照本法第263条的规定定罪处罚。甲某入室盗窃被室主发现，为了抗拒抓捕而当场使用暴力将室主打成重伤，属于转化型抢劫，依法构成抢劫罪，D选项符合题意。故本题正确答案为D。

28. 答案：D。《刑法》第 274 条规定："敲诈勒索公私财物，数额较大或者多次敲诈勒索的，处三年以下有期徒刑、拘役或者管制，并处或者单处罚金；数额巨大或者有其他严重情节的，处三年以上十年以下有期徒刑，并处罚金；数额特别巨大或者有其他特别严重情节的，处十年以上有期徒刑，并处罚金。"敲诈勒索罪必须达到"数额较大"的标准才能依法构成犯罪，其中"数额较大"的起点为 2000 元至 5000 元，本案中行为人只向车主勒索到 500 余元，并不能构成敲诈勒索罪，A 选项不符合题意。行为人采取盗窃行为，秘密窃取他人的汽车牌照，由于汽车牌照属于有价物，盗窃罪的"数额较大"的起点为 1000 元，故而其也不构成盗窃罪，B 选项不符合题意。《刑法》第 280 条第 1 款规定："伪造、变造、买卖或者盗窃、抢夺、毁灭国家机关的公文、证件、印章的，处三年以下有期徒刑、拘役、管制或者剥夺政治权利，并处罚金；情节严重的，处三年以上十年以下有期徒刑，并处罚金。"汽车牌照不属于国家机关证件，故而其不构成盗窃国家证件罪，C 选项不符合题意。故本题正确答案为 D。

29. 答案：C。《刑法》第 177 条第 1 款规定，有下列情形之一，伪造、变造金融票证的，处五年以下有期徒刑或者拘役，并处或者单处二万元以上二十万元以下罚金；情节严重的，处五年以上十年以下有期徒刑，并处五万元以上五十万元以下罚金；情节特别严重的，处十年以上有期徒刑或者无期徒刑，并处五万元以上五十万元以下罚金或者没收财产：（1）伪造、变造汇票、本票、支票的；（2）伪造、变造委托收款凭证、汇款凭证、银行存单等其他银行结算凭证的；（3）伪造、变造信用证或者附随的单据、文件的；（4）伪造信用卡的。由于行为人并没有实施伪造行为，其使用的支票、财务公章和法定代表人私章都是真实的，故而其不构成伪造金融票据罪，A 选项不符合题意。《刑法》第 194 条规定："有下列情形之一，进行金融票据诈骗活动，数额较大的，处五年以下有期徒刑或者拘役，并处二万元以上二十万元以下罚金；数额巨大或者有其他严重情节的，处五年以上十年以下有期徒刑，并处五万元以上五十万元以下罚金；数额特别巨大或者有其他特别严重情节的，处十年以上有期徒刑或者无期徒刑，并处五万元以上五十万元以下罚金或者没收财产：（一）明知是伪造、变造的汇票、本票、支票而使用的；（二）明知是作废的汇票、本票、支票而使用的；（三）冒用他人的汇票、本票、支票的；（四）签发空头支票或者与其预留印鉴不符的支票，骗取财物的；（五）汇票、本票的出票人签发无资金保证的汇票、本票或者在出票时作虚假记载，骗取财物的……"虽然行为人采取的是"冒用他人支票"的行为，但是其并未实施金融诈骗行为，而是直接向银行提取现金，故而不构成票据诈骗罪，B 选项不符合题意。行为人采取秘密窃取的方式盗窃空白支票，加盖财务公章和法定代表人私章，最终到银行冒领现金 8 万元都属于行为人盗窃空白支票的结果，C 选项符合题意。对于银行而言，其接受的是行为人出具的加盖财务公章和法定代表人私章的真实有效的支票，故而不存在诈骗的问题，D 选项不符合题意。故本题正确答案为 C。

30. 答案：B。《最高人民法院、最高人民检察院关于办理抢夺刑事案件适用法律若干问题的解释》第 6 条规定，驾驶机动车、非机动车夺取他人财物，具有下列情形之一的，应当以抢劫罪定罪处罚：（1）夺取他人财物时因被害人不放手而强行夺取的；（2）驾驶车辆逼挤、撞击或者强行逼倒他人夺取财物的；（3）明知会致人伤亡仍然强行夺取并放任造成财物持有人轻伤以上后果的。本题中符合第 3 种情况，故 B 选项符合题意。综上，本题正确答案为 B。

31. 答案：C。甲欺骗乙的目的是使乙离开现场以便于其盗窃，而不是企图使乙产生认识错误进行交付财物，故甲不构成诈骗罪。

乙虽然临时下车，但按照社会一般观点，车上的财物仍然为乙所占有，甲取得乙财物的行为构成盗窃罪，而不是侵占罪。因此，本题的正确答案是C。

32. 答案：B。本题中，乙在捡金镯子之时，以为是谁不慎遗失的，虽然对遗失物有非法占有的意图，但是，并不存在窃取和公开夺取的意图。因此，排除盗窃罪与抢夺罪。在甲找到乙要求返还时，乙拒不承认且拒不返还。因此，构成侵占罪。

33. 答案：B。《最高人民法院关于审理抢劫、抢夺刑事案件适用法律若干问题的意见》第11条规定，对于驾驶机动车、非机动车（以下简称“驾驶车辆”）夺取他人财物的，一般以抢夺罪从重处罚，但具有下列情形之一，应当以抢劫罪定罪处罚：

（1）驾驶车辆，逼挤、撞击或强行逼倒他人以排除他人反抗，乘机夺取财物的；

（2）驾驶车辆强抢财物时，因被害人不放手而采取强拉硬拽方法劫取财物的；

（3）行为人明知其驾驶车辆强行夺取他人财物的手段会造成他人伤亡的后果，仍然强行夺取并放任造成财物持有人轻伤以上后果的。根据上述规定可知，本题的正确答案是B。

34. 答案：C。甲是单位工作人员，利用职务便利侵占本人经管的单位财物，是职务侵占。利用了职务便利，排除侵占和盗窃。甲用欺骗手段应聘不等于直接骗取财物，不是诈骗罪。

35. 答案：C。假币犯罪的对象必须为现行流通的货币。银圆已经退出流通，因此，甲的行为不构成持有、使用假币罪与运输假币罪，B、D是错误的。耿某将假银圆冒充真银圆骗取他人财物，构成诈骗罪。

36. 答案：B。侵占罪，是指以非法占有为目的，将为他人保管的财物或者他人的遗忘物、埋藏物据为己有，数额较大且拒不退还的行为。侵占罪的对象包括代为保管的他人财物、遗忘物、埋藏物。侵占罪是将合法占有变成不法占有的行为。对于侵占罪的成立，确认占有事实的存在极为重要。行为人只有在将自己合法占有的财物在不转移占有的情况下以非法占有为目的变为非法所有的，才构成侵占罪。盗窃罪是行为人秘密窃取公私财物，数额较大的行为。盗窃行为是将原先处于他人合法占有下的财物使其脱离原占有人的占有，变为行为人非法所有的状态。在本题中，石某乘坐公共汽车进城，发现比他晚上车的单某未将其随身携带的密码箱拎走就下了车，因为单某是将密码箱遗忘在汽车上。这时汽车上的工作人员，包括司机、乘务员就对该密码箱产生了事实上的合法占有，即使乘务人员和司机并未意识到该箱子的存在。侵占罪只有在行为人将合法占有变为非法所有的情况下才构成，而在本题中石某偷偷拎走密码箱显然并不具备一个从合法占有到非法所有的过程，而是从一开始就是一个非法占有，非法将其变为自己所有的过程。因此石某的行为应当构成盗窃罪而非侵占罪，答案B正确。《刑法》第264条规定，盗窃公私财物，数额较大的，或者多次盗窃、入户盗窃、携带凶器盗窃、扒窃的，处三年以下有期徒刑、拘役或者管制，并处或者单处罚金；数额巨大或者有其他严重情节的，处三年以上十年以下有期徒刑，并处罚金；数额特别巨大或者有其他特别严重情节的，处十年以上有期徒刑或者无期徒刑，并处罚金或者没收财产。数额特别巨大根据相关的司法解释，3万元至10万元构成数额特别巨大。本题石某的盗窃数额为7万元，因此在判处刑罚时应当对行为人并处罚金或者没收财产，两者选择其一即可。因此C、D两项均错。

37. 答案：B。《刑法》第274条规定，敲诈勒索公私财物，数额较大或者多次敲诈勒索的，处三年以下有期徒刑、拘役或者管制，并处或者单处罚金；数额巨大或者有其他严重情节的，处三年以上十年以下有期徒刑，并处罚金；数额特别巨大或者有其他特别严重情节的，处十年以上有期徒刑，并处罚金。第239条规定，以勒索财物为目的绑架他人的，或者绑架他人作为人质的，处十年以上有期徒刑或者无期徒刑，并处罚金或者没收财产；情节较轻的，处五年以上十年以下有期徒刑，并处罚金。犯前款罪，杀害被绑架人的，或者故意伤害被绑架人，致人重伤、死亡的，处无期徒刑或者死刑，并处没收财产。以勒索财物为目的偷盗婴幼儿的，依照前两款的规定处罚。绑架罪要求必须真实地绑架被害人，没有实际绑架被害人而捏造被害人被绑架的虚假信息敲诈他人的，构成敲诈勒索罪。本题中宋某实际上已经被柯某杀死，而史某为牟取非法利益谎称宋某已经被其所绑架，显然与绑架罪的构成要件并不符合。同时史某又对被害人家属实施了敲诈行为，因此史某构成敲诈勒索罪。故本题答案为B。

38. **答案**：B。《刑法》第270条规定，将代为保管的他人财物非法占为己有，数额较大，拒不退还的，处二年以下有期徒刑、拘役或者罚金；数额巨大或者有其他严重情节的，处二年以上五年以下有期徒刑，并处罚金。将他人的遗忘物或者埋藏物非法占为己有，数额较大，拒不交出的，依照前款的规定处罚。可见，侵占罪的一个很重要的特征就是行为人是以合法方式持有他人财物后才非法将该财物占为己有，拒不退还。侵占行为的发生是建立在合法持有他人财物的基础上的。这不同于盗窃罪和诈骗罪。本案中，甲受雇于乙，有义务将电冰箱完好无损地送至目的地，而在运送的过程中，甲负有妥善保管电冰箱的义务。因此，甲依运送电冰箱的委托关系而合法占有乙的电冰箱，并且非法占为己有，符合侵占罪的构成特征。本题的干扰信息是甲故意将乙骗离现场，是否因此构成诈骗罪呢？答案是否定的。诈骗罪是骗取他人主动交付财物，而本案中甲并非骗乙交付财产的所有权。因此，甲不构成诈骗罪。职务侵占罪的犯罪主体是“公司、企业或者其他单位的人员”，甲显然不符合这个主体要件。

39. **答案**：B。《刑法》第273条规定：“挪用用于救灾、抢险、防汛、优抚、扶贫、移民、救济款物，情节严重，致使国家和人民群众利益遭受重大损害的，对直接责任人员，处三年以下有期徒刑或者拘役；情节特别严重的，处三年以上七年以下有期徒刑。”本条界定了特定款物的外延。A项中的电视机系慰问品，不是特定款物；C项未使国家和人民利益遭受重大损失，不构成本罪；D项因挪用公款归个人使用而构成挪用公款罪。

40. **答案**：B。根据《刑法》第264条关于盗窃罪的规定，甲的行为符合以非法占有为目的，秘密窃取公私财物，且数额巨大，符合盗窃罪的特征，应成立盗窃罪。

41. **答案**：B。本题中，甲利用偷窥乙的资金账号和交易密码，通过“高吃低抛”“低吃高抛”同一只股票的形式，秘密窃取乙财物，符合盗窃罪的构成特征。因此，本题的答案是B。

42. **答案**：C。甲、乙为劫取财物将丙杀死，并当场取得财物的行为构成抢劫罪。而后二人给丙的妻子打电话，以丙被绑架为由威胁丁，但实际上甲、乙并没有绑架丙，只是以此为由利用丁对丙的担心心理，非法占有他人财物。因此，应构成敲诈勒索罪而非绑架罪。由此可知，本题的答案是C。

43. **答案**：A。诈骗罪，是指以非法占有为目的，用虚构事实或者隐瞒真相的方法，骗取数额较大的公私财物的行为。在诈骗罪中，被害人对行为人的虚构事实产生信任，“自愿”交付财物。本题中，甲利用乙与丙之间的矛盾，编造谎言，乙相信甲的谎言，“自愿”交出钱给甲，让甲交给丙，而后甲将钱占为己有的行为符合诈骗罪的特征。如果是丙对乙称不给钱就将派人打乙，则丙的行为构成敲诈勒索罪。因此，本题的答案是A。

44. **答案**：C。区分绑架罪和抢劫罪的关键在于，前者只能是向被绑架人的近亲属或者其他有关人勒索财物；后者是直接迫使被害人交出财物。虽然题中乙的妻子往乙的信用卡里打入了10万块钱，但其主观上只是听信丈夫的话，汇钱救治伤员并赔偿，没有向第三人交付的对象性，而且打钱行为本身并非因为乙的人身受劫而做出，故甲不构成绑架罪。甲一直是使用暴力控制乙，并且当场取得了财物，其行为构成抢劫罪。故本题应选C。

45. 答案：B。敲诈勒索罪，是指以非法占有为目的，对公私财物的所有人、管理人，使用威胁或者要挟的方法勒索公私财物的行为。本罪在威胁的内容上，可以是暴力、揭发隐私、毁坏财物、阻止正当权利行使等。A选项中的“威胁”，并不是刑法意义上的威胁，由于其目的带有维护自身权益的正当性，所以其索要精神损失费的行为是一个民事行为。C选项与A选项类似，捡拾到他人财物向他人索要报酬的行为，虽然不符合社会道德规范，但是也不违反法律的禁止性规定，不为罪。故A、C项均不构成敲诈勒索罪，都不选。选项D中，乙向甲写下欠条是主动的，并不是甲将其暴打一顿的结果，不具有威胁的内容，故也不构成敲诈勒索罪，不应选。选项B既有非法占有的目的，又有实质的威胁内容，符合敲诈勒索罪的犯罪构成，故应选B。

46. 答案：C。盗窃罪与诈骗罪区别的关键在于，被害人是否基于认识错误而交付、处分财物。A项中的丙只有5岁，不具有交付、处分财产的能力；欺骗幼儿顺利取得财物的，构成盗窃罪。在BCD项中，被害人均无处分意思与处分行为，故甲都不构成诈骗罪。B项中甲趁乙不注意将金项链装入口袋的行为，构成盗窃既遂，事后甩开乙手逃走的行为不能评价为抢夺。在C项中，甲趁售货员不注意，通过调包窃取了香烟，构成盗窃罪。在D项中，甲通过调包窃取了外汇，构成盗窃罪。C为正确选项。

盗窃罪与抢夺罪区别的关键在于，一个是“秘密窃取”，另一个是“乘人不备、公开夺取”，选项B中，甲秘密窃取金项链在先，后被发现后挣脱逃走，不属于“乘人不备、公开夺取”，因此应定盗窃罪而不是抢夺罪。故B不应入选。本题正确答案为C。

47. 答案：D。根据《刑法》第270条的规定，侵占罪是指以非法占有为目的，将代为保管的他人财物或者他人的遗忘物、埋藏物非法占为己有，数额较大，拒不退还的行为，即合法持有转为非法占有。甲将汽车停放在楼下，只是忘记拔车钥匙，汽车并非遗忘物，也不属于埋藏物，更不是乙代替甲保管之物，因此乙的行为不构成侵占罪。相反，乙企图趁机将甲的车偷偷开走，属于盗窃行为，不过由于甲及时发现而未得逞，构成盗窃罪的未遂。因此选项D是正确答案。

48. 答案：C。抢劫罪、抢夺罪、盗窃罪和侵占罪都以非法占有他人财物为目的，其不同点主要表现在客观方面：抢劫罪是以暴力、胁迫或其他方法使人不能抗拒，强行劫取公私财物；抢夺罪是乘人不备，公开夺取数额较大财物的行为；盗窃罪是秘密窃取数额较大财物的行为；侵占罪是指将代为保管的他人财物或者他人的遗忘物、埋藏物非法占为已有，数额较大，拒不退还的行为。张某在赵某丧失知觉后，临时起意拿走了赵某的钱包，采取的是秘密的方式；张某将钱包里面的1万元现金占为已有，符合数额较大的规定，应当构成盗窃罪。故选项C是正确答案。另外注意，本题之所以不定抢劫罪而定盗窃罪，是因为张某将赵某打成重伤的行为是“出于报复动机”而非劫取财物的目的。

49. 答案：B。根据《刑法》第264、266、270和271条的规定：甲以非法占有为目的，编造谎言，制造店主离开的机会，趁机偷偷骑走价值1万元的电动自行车，已经构成了盗窃罪，因此B选项是正确答案。甲虽然编造了谎言，但其行为并未导致店主“自愿”将电动自行车交给他，因此甲的行为并不构成诈骗罪。侵占罪中，行为人的侵财目的是发生在代为保管财物之后，而甲一开始就产生了非法占有的目的，且为自己实施不法行为刻意制造“代为保管”的机会，因此甲不构成侵占罪，侵占罪必须是先有合法占有的状态，后产生非法所有的念头。甲不属于公司、企业或者其他单位的人员，也没有利用职务上的便利实施侵犯财产的行为，因此甲也不构成职务侵占罪。所以选项 A、C 和 D 均错误。

50. 答案：B。甲使用假币到电器商场购买手机，根据《刑法》第 172 条的规定，甲的行为构成使用假币罪，因此 A 选项错误。丙以牟取非法利益为目的，假冒某部委名义进行招摇撞骗，根据《刑法》第 279 条的规定，其构成招摇撞骗罪，因此 C 选项错误。丁为了孩子升学，送教育局局长何某假冒某名牌的摩托车，并不具有非法占有他人财物的目的，因此不构成诈骗罪，故 D 选项错误。乙受人之托将价值 5 万元的手表送给朱某，后产生非法占有之目的，将表据为己有，根据《刑法》第 270 条的规定，乙的行为构成侵占罪。因此本题的正确答案为 B。

51. 答案：C。关于盗窃罪的既遂标准，理论上有接触说、转移说、隐匿说、失控说、控制说、失控加控制说。我国刑法的通说认为，盗窃罪的既遂标准原则上应是失控说，即只要被害人丧失了对自己财物的控制，不管行为人是否控制了该财物，都应当认定为盗窃既遂。因为盗窃行为是否侵害了他人财产，不是绝对取决于行为人是否控制了财产，而是取决于被害人是否丧失对自己财产的控制。行为人是否控制了财产，不能改变被害人的财产实际上受侵害的事实。在本案中，甲已将乙的皮箱扔到院墙外，因此可以认定乙已经对皮箱内的财产丧失了控制，故盗窃罪已经既遂。因此 BD 错误。丙发现皮箱无人照管，以为是遗忘物，以非法占有目的取走皮箱，构成侵占罪。C 正确，A 错误。

52. 答案：C。侵占罪是指将代为保管的他人财物非法占为己有，数额较大，拒不退还的，或者将他人的遗忘物或者埋藏物非法占为己有，数额较大，拒不交出的行为。本案中的 4 万元款项既非代为保管的财物，也非脱离占有物，故甲的行为不构成本罪。A 错误。依照《刑法》第 194 条第 2 款的规定，金融凭证诈骗罪是指以非法占有为目的，采用虚构事实、隐瞒真相的方法，使用伪造、变造的委托收款凭证、汇款凭证、银行存单等其他银行结算凭证进行诈骗活动的行为。在本案中，甲用来取款的存折并非伪造、变造的，故不构成本罪。D 错误。诈骗罪是指以不法所有为目的，使用虚构事实或者隐瞒真相的方法，骗取数额较大的公私财物的行为。其与盗窃罪的关键区别在于被害人是否基于认识错误而处分财产。如果不存在被害人处分财产的事实，则不可能成立诈骗罪。在本案中，甲使用了隐瞒真相的方法，致使乙陷入了错误认识，并在该错误认识的基础上实施了处分行为，因此构成诈骗罪，而非盗窃罪。故 C 正确，B 错误。

53. 答案：C。

54. 答案：A。侵占罪，是指将代为保管的他人财物非法占为己有，数额较大，拒不退还的，或者将他人的遗忘物或者埋藏物非法占为己有，数额较大，拒不交出的行为。侵占罪实际上可以分为两种类型：一是普通侵占；二是侵占脱离占有物。盗窃罪只能是盗窃他人占有的财物，对自己占有的财物不可能成立盗窃罪；普通侵占只能是侵占自己占有的他人财物，侵占脱离占有物只能是侵占遗忘物或者埋藏物。所以，判断财物由谁占有、是否脱离占有，是区分侵占罪与盗窃罪的关键。此外，本来属于他人占有的财物，而行为人误以为是他人的遗忘物而非法占为己有的，或者本来是遗忘物，而行为人以为是他人占有的财物而非法占为己有的，根据主客观相统一的原则，仅有成立侵占罪的可能性。在本案中，乙的房屋虽然垮塌，但其中的财产并不属于遗忘物，乙也并没有对其脱离占有。另外，甲作为乙的邻居，很清楚当时的情形，不可能将其垮塌房屋内的财产误认为遗忘物，因此，遵循主客观相统一的原则，甲的行为并不构成侵占罪，而构成盗窃罪。另外，抢夺罪的成立要求甲实施了“公然夺取”的行为，本案显然不满足这一条件。因此A正确，BCD错误。

55. 答案：C。本案中乙实施了抢夺行为，甲主观上有抗拒丙抓捕自己和乙的意图，客观上在丙跑过巷道口时突然伸腿将丙绊倒，致其轻伤。考虑到甲实施这一行为的突然性和丙抓捕乙时较快的速度，从一般人的角度可以将其认定为“暴力”。根据罪责自负的原则，乙自然不应对甲的临时起意行为负责，甲绊倒丙的行为属于共同犯罪中的实行过限，乙无须对这一行为承担刑事责任。因此甲成立转化型抢劫罪，乙成立抢夺罪。故答案为C。

56. 答案：C。侵占罪，是指以非法占有他人财物为目的，将代为保管的他人财物或者他人的遗忘物、埋藏物非法占为己有，数额较大，拒不交还的行为。本案中摄像机既不属于甲代为保管的财物，也不属于遗忘物、埋藏物，故不构成本罪。D项错误。职务侵占罪是指公司、企业或者其他单位的人员，利用职务上的便利，将本单位财物非法占为己有，数额较大的行为。甲的主要职务就是卸货和装车，而并不涵盖管理和经手摄像机的职能，其之所以得以夹带摄像机，是趁公司的监督人员不在，其性质属于“秘密窃取”，而非“监守自盗”。故甲的行为构成盗窃罪而非职务侵占罪。故答案为C。

57. 答案：B。根据《刑法》第303条的规定，赌博罪，属于营业犯，以赌博为业意味着行为人以营利为目的，反复实施赌博行为。每次赌博行为本身并不构成独立的赌博罪。本案中的四人并未聚众赌博，也不能判定其是否“以赌博为业”，故不能认定其构成赌博罪。故A项错误。甲在投放安眠药时，主观上是想使黄某不清醒以至于输钱，但是考虑到其投放安眠药的客观手段和谋取钱财的主观目的，可以认为其主观上包容了抢劫罪的犯罪故意，因此综合全案来看，四人投放安眠药的行为和将钱包掏空的行为在刑法意义上应当视为一个统一的行为。四人主观上有抢劫故意，客观上投放安眠药的行为也足以使他人不能反抗，属于抢劫罪构成要件中的“其他方法”，因此构成抢劫罪而非盗窃罪。故B项正确，C项错误。

58. 答案：C。甲意欲通过拍他人与卖淫女裸照，使其基于对于名誉受损的恐惧而交付钱财，自己不法获利，符合敲诈勒索罪的行为计划。为敲诈勒索的实施准备好条件后，敲诈行为尚未实施时，因为其他原因而无法实现，成立敲诈勒索罪的预备。在被害人住宅以和平方式拿走钱包的，成立盗窃罪。甲的盗窃行为属于另起犯意，应该与敲诈勒索罪预备数罪并罚。

59. 答案：D。本题考查《刑法修正案（八）》对《刑法》第264条的修正。根据该条款规定，盗窃数额较大、多次盗窃、入户盗窃、携带凶器盗窃和扒窃，都可以成立盗窃罪。扒窃指在公共场所近身窃取他人随身携带的财物。扒窃与其他四项内容是并列关系而不是限定关系，扒窃成立盗窃罪无须以其他罪状为前提。因此A项说法错误，D项说法正确。

扒窃虽然一般表现为即时获取，但并不意味着只能针对体积较小的财物，从公汽货架上偷走他人大件行李的，也是扒窃。所以B项说法错误。

依照刑法保护法益的目的，扒窃行为成立盗窃罪虽然不需要数额较大，但扒窃的财物应是值得刑法保护的财物，即需要扒窃具有一定客观价值或者使用价值的财物，才应按照犯罪处理。仅窃得一张白纸的，明显危害较小，不值得刑法保护，不应成立盗窃罪。所以C项说法错误。

60. 答案：D。依据《刑法》第276条之一第3款的规定，拒不支付劳动报酬，“在提起公诉前支付劳动者的劳动报酬，并依法承担相应赔偿责任的，可以减轻或者免除处罚”。不可以对行为人“不追究刑事责任”。所以D选项说法错误。这一规定的理由是即使在起诉前行为人已经履行了自己的付酬义务，但行为已经满足拒不支付劳动报酬罪的犯罪构成，在犯罪性质已经确定的前提下，积极履行自己的付酬义务只能作为量刑情节（法定）予以考虑。

注意，在此罪的犯罪构成要件要素中有“经有关部门责令支付仍不支付”的规定，此规定是成立此罪的必备要素，即经有关部门（具体应为劳动行政管理部门）责令支付后，行为人履行了付酬义务的，不是犯罪。要将这种构成要件要素与立案后提起公诉前的主动付酬的量刑情节区分开来。

最后，当中国特色的法治理念和刑法结合时，关于法治理念的任何论述都不会影响刑事案件本身的专业判断。即做题时不受干扰即可。

61. 答案：A。行为人将代他人保管的物、他人的遗忘物或者主人不明的埋藏物据为己有，拒不返还，数额较大的，成立侵占罪。侵占罪属于不转移占有的财产犯罪，所以只侵犯所有权，不侵犯占有权。如果犯罪对象是他人占有之物，则客观上就满足了盗窃罪的要求。刑法上的占有是指人对物有实力上的支配关系。对占有应该综合考虑占有的事实（客观）以及占有的意思（主观，包括潜在的占有意思），然后根据一般的社会观念进行判断。占有包括：（1）对物有现实的持有或者看护监视。（2）物处在所有者的支配力所及的场所：①类似住宅，排他性强的场所；能够认定建筑物管理者的占有。②类似高尔夫球场，具有一定排他性的场所；③类似停车场，不具有排他性，但是物与场所之间存在特殊关系的场所；④类似公共道路，没有排他性，也没有特殊关系的一般场所。后三种情况下，所有者特意将财物放置于与自己的所在地相隔离的场所，能够认定所有者的占有。（3）所有者暂时地遗忘该财物，财物与被害人之间的场所、时间距离对于判断占有具有决定性的意义。如果所有者遗忘的时间很短，随时可以想起并实现对财物的控制，则财物仍然在所有者的占有下。

所有者将钱物放置于自己的衣服口袋，是对财物的一种占有控制方式，但是将衣物交给他人清洗时，衣服连同衣服口袋里的财物都将由他人保管。甲从自己占有的他人的衣服口袋中翻找钱物的，侵犯了所有者的所有权，没有侵犯占有权，成立侵占罪。乙受公司委托收取货款，将收取的货款自行占有的，违背了公司的信任，亵渎了职务的廉洁性，由于具有利用经手公司财物的职务之便的特征，应当成立职务侵占罪，而不是普通的侵占罪。乘客遗落在交通工具上的财物，如果交通工具尚未离开，乘客刚刚离开的，属于暂时遗忘的财物，由于所有者和财物的距离近，遗忘的时间短，仍然属于所有者占有的财物。丙下飞机时从飞机座位底下捡拾其他乘客遗落物品的，成立盗窃罪，而非侵占罪。所有者将财物放置于宾馆前台，委托宾馆看管的，宾馆具有了保管者的地位。宾馆服务员利用自己的职务之便，监守自盗宾馆占有的财物的，成立职务侵占罪。

62. 答案：B。根据《最高人民法院、最高人民检察院关于办理妨害信用卡管理刑事案件具体应用法律若干问题的解释》第5条第2款规定，信用卡诈骗罪中所称的“冒用他人信用卡”，包括以下情形：（1）拾得他人信用卡并使用的；（2）骗取他人信用卡并使用的；（3）窃取、收买、骗取或者以其他非法方式获取他人信用卡信息资料，并通过互联网、通信终端等使用的；（4）其他冒用他人信用卡的情形。本案中，甲用乙的借记卡购物，即属于冒用他人信用卡的行为，构成信用卡诈骗罪。因此，B项正确。乙将借记卡交给甲保管，而且背面还写有密码，但甲代为保管的并非借记卡名下的钱财，而只是借记卡本身，因此甲的行为不构成侵占罪。根据相关司法解释，如果甲冒用他人信用卡对人使用则构成信用卡诈骗罪，对机器使用则构成盗窃罪。甲用借记卡购物，属于对人使用，不构成盗窃罪。诈骗罪和信用卡诈骗罪是一般法和特别法的关系，特别法优于一般法，故甲的行为不构成诈骗罪。因此，ACD是错误的。故，本题的答案为B。

63. **答案**：B。盗窃、诈骗、侵占的相同之处主要在于都是以非法占有为目的，都有主观上的故意。三者区别的关键是：犯罪手段不同。盗窃是对他人持有和控制的公私财物，采用秘密窃取的方法，使其脱离所有人从而实现非法占有。诈骗是使用虚构事实或者隐瞒真相的欺骗方法，使财物所有人、管理人产生错觉，信以为真，从而似乎“心甘情愿”地交出财物，以实现非法占有。侵占是对已持有和控制的他人托管物、遗忘物或者埋藏物拒不退还或者拒不交出，从而实现非法占有。本案中，甲从表面上看既有欺诈的事实，也有秘密窃取的行为，但是诈骗罪与盗窃罪区别的关键在于：受骗人是否基于认识错误处分或者交付财产。本案中，乙将车钥匙给甲只是因为方便甲在车里休息，而并不是将车借给甲随意使用，乙的这一行为并不构成交付行为。甲趁乙游泳时将车开走卖给他人，构成《刑法》意义上的秘密窃取，应当认定为盗窃罪。因此，ACD是错误的，B是正确的。故，本题的正确答案为B。

64. **答案**：C。在区分相近的侵财罪名时，应当抓住行为人犯罪行为中的关键环节，并据此为犯罪行为定性。本案中，甲首先通过欺骗乙与乙换了岗，之后利用看管公司仓库的便利条件监守自盗，将公司价值5万元的财物运走变卖。尽管有欺骗因素，但甲之所以能够成功窃得财物，主要是依靠其作为公司保安的职务便利。如果其没有公司保安的身份，乙也不可能答应与其换岗。且甲欺骗乙的行为并未为其直接带来财物损失。因此，甲的行为构成职务侵占罪，并不构成诈骗罪、盗窃罪或者侵占罪。C正确。ABD错误。应选C。

65. **答案**：D。根据《刑法》第196条第1款的规定，有下列情形之一，进行信用卡诈骗活动，数额较大的，构成信用卡诈骗罪：（1）使用伪造的信用卡，或者使用以虚假的身份证明骗领的信用卡的；（2）使用作废的信用卡的；（3）冒用他人信用卡的；（4）恶意透支的。本案中，乙以甲的名义办理了银行卡，甲持该卡去银行挂失、取款，并不属于“冒用他人信用卡”，因为从形式上看这张银行卡本来就是甲的。故甲的行为不构成信用卡诈骗罪。A错误。甲在挂失和取款过程中，并未欺骗银行工作人员，其办理程序完全合法合规，故其行为也不构成诈骗罪。B错误。乙将银行卡交给甲保管，甲利用这一便利条件将卡内钱款据为己有，甲实施的行为属于侵占而非盗窃。故C错误，D正确。应选D。

66. **答案**：D。诈骗罪的成立要求被害人陷入错误认识，并基于错误认识交付财物。本案中，乙之所以将商品交给甲，是因为交警丙要求他这样做。尽管乙未被骗，但交警丙由于被骗陷入了错误认识，并基于这一错误认识要求乙处分财产。如果交警丙并无处分乙财物的权限，则难以认定甲的行为成立诈骗罪。A正确。甲并未实施秘密窃取商品或乘人不备公然夺取商品的行为，如果认为盗窃只能表现为秘密窃取，抢夺只能表现为乘人不备公然夺取，自然不能认定甲成立盗窃罪或者抢夺罪。BC正确。敲诈勒索罪的成立要求行为人实施威胁。从题干中看，如乙因心生恐惧交出商品，但甲并未实施恐吓行为，应当遵循主客观相统一的原则，不以敲诈勒索罪认定甲的行为。D错误。应选D。

67. **答案**：C。本案中，贾某离开时，抢劫行为已经完成，其轻踢马某胸口的行为是为了报复而非劫取财物，因此不构成抢劫行为的延续，也不属于事后抢劫和抢劫致人死亡。AB错误。贾某轻踢马某胸口，没有杀害或者伤害马某的故意，只是由于意外造成马某心脏骤停死亡，因此该行为不构成故意犯罪，应认定为过失致人死亡罪。由于贾某的抢劫行为与轻踢马某的行为相互独立，不属于一行为触犯数罪名的想象竞合犯，而应认定为两个独立的犯罪数罪并罚。C正确，D错误。

68. **答案**：B。构成诈骗罪，要求行为人虚构事实或隐瞒真相，使他人陷入错误认识，进而对财物进行处分。A选项，由于他人点击链接时没有处分财产的意思，因此不能成立诈骗罪，甲的行为应构成盗窃罪。A选项错误。B选项，乙虚构可供交易的商品，使他人陷入错误认识，付款给乙，乙的行为构成典型的诈骗罪。B正确。C选项，丙谎称钱某的摩托车是自己的，将其卖给孙某，实质上属于先将钱某的摩托车秘密据为己有，然后出卖给他人，其行为构成盗窃罪而非诈骗罪。C错误。D选项，丁侵入计算机信息系统，窃取刘某存折里的钱，构成盗窃罪而非诈骗罪。D选项错误。

69. **答案**：D。本案中，甲捡起钱包并未使用暴力或者以暴力相威胁，因此不构成抢劫罪。A选项错误。甲欺骗乙的行为并未导致乙基于错误认识处分财物，只是其顺利获取乙财物中的一个辅助手段，因此甲不构成诈骗罪。B选项错误。甲捡起钱包时乙就在旁边，甲非常清楚钱包并非遗忘物，因此甲的行为不构成侵占罪。C选项错误。甲的行为可能成立盗窃罪或者抢夺罪，这主要看基于哪种学术观点。如果强调盗窃需要秘密窃取，则甲的行为更接近抢夺罪；如果强调抢夺需要改变占有，则甲的行为更接近盗窃。D选项正确。

二、多项选择题

1. **答案**：ACD。根据《刑法》第196条第1款的规定，以非法占有为目的，用虚假身份证明骗领信用卡后又使用该卡的，应以信用卡诈骗罪处罚。选项A错误。在自动柜员机（ATM机）上擅自使用他人信用卡的行为，属于《刑法》第196条第1款第3项规定的“冒用他人信用卡的”情形，构成信用卡诈骗罪。选项B正确。“恶意透支”是指持卡人以非法占有为目的，超过规定限额或者规定期限透支，并且经发卡银行两次催收后超过3个月仍不归还的行为。透支时没有非法占有的目的，具有归还意思的不属于恶意透支。选项C错误。拾得信用卡并使用的行为属于《刑法》第196条第1款第3项规定的“冒用他人信用卡的”情形，构成信用卡诈骗罪。选项D错误。

2. **答案**：CD。盗窃罪与抢夺罪区分的关键就是被害人是否知情，本题中售货员对陈某将呼机拿走的行为并不知情，所以陈某的行为应构成盗窃罪。

3. **答案**：ACD。A项以假报出口的欺骗手段骗取国家数额较大的出口退税款的行为构成骗取出口退税款罪，不按照诈骗罪定罪处罚。B项参见《最高人民法院关于审理扰乱电信市场管理秩序案件具体应用法律若干问题的解释》第9条的规定，以诈骗罪定罪处罚。C项构成金融凭证诈骗罪。D项构成招摇撞骗罪。

4. **答案**：AB。根据《最高人民法院、最高人民检察院关于办理盗窃刑事案件适用法律若干问题的解释》第6条的规定，盗窃公私财物接近“数额较大”的起点，具有下列情形之一的，可以追究刑事责任：①以破坏性手段盗窃造成公私财产损失的；②盗窃残疾人、孤寡老人或者丧失劳动能力人的财物的；③造成严重后果或者具有其他恶劣情节的。选项C、D是属于情节轻微可不作为犯罪处理的情形。

5. **答案**：ABCD。根据《刑法》第263条规定：“以暴力、胁迫或者其他方法抢劫公私财物的，处三年以上十年以下有期徒刑，并处罚金；有下列情形之一的，处十年以上有期徒刑、无期徒刑或者死刑，并处罚金或者没收财产：（一）入户抢劫的；（二）在公共交通工具上抢劫的；（三）抢劫银行或者其他金融机构的；（四）多次抢劫或者抢劫数额巨大的；（五）抢劫致人重伤、死亡的；（六）冒充军警人员抢劫的；（七）持枪抢劫的；（八）抢劫军用物资或者抢险、救灾、救济物资的。”

6. **答案**：AD。根据《最高人民法院关于审理抢劫案件具体应用法律若干问题的解释》中规定的“在公共交通工具上抢劫”，既包括在从事旅客运输的各种公共汽车，大、中型出租车，火车，船只，飞机等正在运营中的机动公共交通工具上对旅客、司售、乘务人员实施的抢劫，也包括对运行途中的机动公共交通工具加以拦截后，对公共交通工具上的人员实施的抢劫。这种抢劫一般是针对在公共交通工具上的人员及所载财物实施的，不应包括抢劫公共交通工具本身。抢劫公共交通工具的，如果达到了数额巨大，应当适用本条第4项情形的规定。抢劫正在使用中的银行或者其他金融机构的运钞车的，视为“抢劫银行或者其他金融机构”。

7. **答案**：AB。《最高人民法院关于审理抢劫案件具体应用法律若干问题的解释》第3条规定“抢劫银行或者其他金融机构”，是指抢劫银行或者其他金融机构的经营资金、有价证券和客户的资金等。抢劫正在使用中的银行或者其他金融机构的运钞车的，视为“抢劫银行或者其他金融机构”。

8. **答案**：CD。对冒充国家机关工作人员的身份或职称骗取财物的行为，往往构成招摇撞骗罪与诈骗罪的想象竞合，应该区分骗取财物是否属于数额巨大等情况分别对待，并贯彻从一重罪处断的原则。

9. **答案**：ACD。《刑法》第219条规定：“有下列侵犯商业秘密行为之一，情节严重的，处三年以下有期徒刑，并处或者单处罚金；情节特别严重的，处三年以上十年以下有期徒刑，并处罚金：（一）以盗窃、贿赂、欺诈、胁迫、电子侵入或者其他不正当手段获取权利人的商业秘密的；（二）披露、使用或者允许他人使用以前项手段获取的权利人的商业秘密的；（三）违反保密义务或者违反权利人有关保守商业秘密的要求，披露、使用或者允许他人使用其所掌握的商业秘密的。明知前款所列行为，获取、披露、使用或者允许他人使用该商业秘密的，以侵犯商业秘密论……”A选项属于侵犯商业秘密罪的客观表现，而不构成盗窃罪，A选项符合题意。《刑法》第196条第3款规定，盗窃信用卡并使用的，依照本法第264条的规定（即盗窃罪）定罪处罚。盗窃信用卡并使用的，依照盗窃罪定罪处罚，B选项不符合题意。《刑法》第328条规定：“盗掘具有历史、艺术、科学价值的古文化遗址、古墓葬的，处三年以上十年以下有期徒刑，并处罚金；情节较轻的，处三年以下有期徒刑、拘役或者管制，并处罚金；有下列情形之一的，处十年以上有期徒刑或者无期徒刑，并处罚金或者没收财产：（一）盗掘确定为全国重点文物保护单位和省级文物保护单位的古文化遗址、古墓葬的；（二）盗掘古文化遗址、古墓葬集团的首要分子；（三）多次盗掘古文化遗址、古墓葬的；（四）盗掘古文化遗址、古墓葬，并盗窃珍贵文物或者造成珍贵文物严重破坏的。盗掘国家保护的具有科学价值的古人类化石和古脊椎动物化石的，依照前款的规定处罚。”盗掘古墓葬的符合盗掘古墓葬罪的客观表现，不构成盗窃罪，C选项符合题意。《刑法》第127条规定：“盗窃、抢夺枪支、弹药、爆炸物的，或者盗窃、抢夺毒害性、放射性、传染病病原体等物质，危害公共安全的，处三年以上十年以下有期徒刑；情节严重的，处十年以上有期徒刑、无期徒刑或者死刑……”盗窃枪支的行为应当依法构成盗窃枪支罪，而不构成盗窃罪，D选项符合题意。综上，本题正确答案为ACD。

10. **答案**：BD。《最高人民法院关于审理抢劫、抢夺刑事案件适用法律若干问题的意见》第9条规定：“绑架罪是侵害他人人身自由权利的犯罪，其与抢劫罪的区别在于：第一，主观方面不尽相同。抢劫罪中，行为人一般出于非法占有他人财物的故意实施抢劫行为，绑架罪中，行为人既可能为勒索他人财物而实施绑架行为，也可能出于其他非经济目的实施绑架行为。第二，行为手段不尽相同。抢劫罪表现为行为人劫取财物一般应在同一时间、同一地点，具有‘当场性’。绑架罪表现为行为人以杀害、伤害等方式向被绑架人的亲属或其他人或单位发出威胁，索取赎金或提出其他非法要求，劫取财物一般不具有‘当场性’。绑架过程中又当场劫取被害人随身携带财物的，同时触犯绑架罪和抢劫罪两罪名，应择一重罪定罪处罚。”周某表面上以勒索财物为目的强制非法关押林某，由于周某并没有向林某的亲属索要财物而是直接劫取林某随身携带的财物，故而不构成绑架罪而构成抢劫罪，A选项不符合题意，B选项符合题意。在实施抢劫后周某以殴打的手段威逼林某亲属不许报案的行为属于事后不可罚的行为，因其威逼的内容并不是索取财物，而是不许报案，其殴打林某亲属的行为如果构成犯罪，要求达到轻伤以上的程度，才能以故意伤害罪论处，但是本案中并未提到是否达到轻伤，所以暂不能认定构成故意伤害罪，C选项不符合题意。另外，周某及其同伙将林某关押48小时的行为还构成非法拘禁罪，D选项符合题意。综上，本题正确答案为BD。

11. **答案**：ABD。甲实施盗窃行为时误将李某当作王某而将其打昏的行为，甲主观认识到的（打昏王某）与实际发生的（打昏李某）二者不一致，打昏李某的行为应单独评价为故意伤害行为，不应认定为转化型抢劫罪。选项A正确。入户实施盗窃行为被发现以后，行为人为窝藏赃物、抗拒抓捕或者毁灭罪证而当场使用暴力的，若暴力发生在户内可以认定为“入户抢劫”。乙暴力抗拒抓捕的行为发生于周某卧室内。选项B正确。抢劫后逃离的行为致人重伤或死亡属于基本行为以外的行为造成的所谓严重结果，不成立抢劫罪的结果加重犯，应按照故意伤害罪与抢劫罪并罚。选项C错误。丁抢夺张某财物后逃跑，为阻止张某追赶，出于杀害故意向张某开枪射击的行为构成事后抢劫，在事后抢劫中暴力行为导致抓捕者等人死亡的，应认定为抢劫致人死亡。选项D正确。

12. **答案**：ABC。选项A说法错误。凶器是在性质上和用法上足以杀伤他人的器物，凶器必须是用于杀伤他人的器物，与犯罪工具不是等同概念。选项A中的汽车是犯罪工具，不是用于杀伤他人的凶器。

选项B说法错误。抢夺罪是指以非法占有为目的，直接夺取他人紧密占有的数额较大的公私财物的行为。抢夺罪要求行为人对物使用暴力，甲取得财物不是基于对物暴力，而是采用平和手段窃取的，应成立盗窃罪，不成立抢夺罪。

选项C说法错误。《最高人民法院关于审理抢劫、抢夺刑事案件适用法律若干问题的意见》第11条第2项规定，驾驶车辆强抢财物时，因被害人不放手而采取强拉硬拽方法劫取财物的，应当以抢劫罪定罪处罚。据此可知，选项C中的甲应该成立抢劫罪，而不是抢夺罪。

选项D说法正确。毒品也具有经济价值，也属于财物，对其进行抢夺的，也成立抢夺罪。

13. **答案**：ABCD。在A项中，高尔夫球场为封闭空间，球场内的高尔夫球为球场管理人所占有。在B项中，公园水池属于特定空间，为公园所管理，水池中的硬币为公园管理人所占有。在C项中，宾馆房间内客人遗忘的财物，为宾馆管理人所占有。在D项中，小轿车内的财物，即使车门没有关好，亦为车主所占有。因此，盗窃上述对象的，均构成盗窃罪。ABCD均为正确选项。

14. **答案**：BC。盗窃枪支罪是指以非法占有为目的，秘密窃取枪支的行为。要正确区分盗窃枪支罪与普通盗窃罪的界限。它们之间的区别在于：侵犯的客体不同。前者侵犯的是公共安全和国家对枪支的管理制度。后者包括的范围很广，但不包括枪支。如果行为人不知道所窃取的财物里有枪支，也就是说行为人没有盗窃枪支的故意而实施了盗窃行为后，发现盗窃得到的是枪支，不能定盗窃枪支罪，而只能以普通的盗窃罪定罪处罚。同理，如果行为人以盗窃枪支的故意实施了盗窃行为，即使最后盗窃到的并非枪支而只是一般财物，也应当定盗窃枪支罪。在本题中施某因为生意亏损，想要通过抢银行来偿还债务，为了顺利实施其作案计划，施某想得到一支枪，于是向常带枪的刑警廖某实施了盗窃。虽然最后窃得物中并没有他想象中的枪支，仍然构成盗窃枪支罪。同时施某盗窃枪支的目的是实施抢劫行为，因此其盗窃行为构成了抢劫罪的预备犯。因此施某既构成盗窃枪支罪，又构成抢劫罪。答案为BC。

15. 答案：ABC。此题容易将B与D相混。如果马某的醉酒不是康某造成的，则康某的行为构成盗窃罪。

16. 答案：ABC。《刑法》第30条规定，公司、企业、事业单位、机关、团体实施的危害社会的行为，法律规定为单位犯罪的，应当负刑事责任。即只有在刑法明文规定为单位犯罪时，才可以对其以单位犯罪处罚。《刑法》第264条并未规定单位可以成为盗窃罪的主体，因此，单位不可能构成盗窃罪。但最高人民检察院在1996年1月23日针对内蒙古自治区和江苏省人民检察院的请示批复规定，单位组织实施盗窃，获取财产归单位所有，数额巨大，情节恶劣的，应对其直接负责的主管人员和其他主要的直接负责人员按盗窃罪依法批捕、起诉。2002年《最高人民检察院关于单位有关人员组织实施盗窃行为如何适用法律问题的批复》中规定，有关人员组织实施盗窃行为，情节严重的，按照《刑法》第264条的规定以盗窃罪追究直接责任人员的刑事责任。从这两个批复来看，单位本身不能成为盗窃罪的主体，需要追究刑事责任的，只能追究主管人员和主要直接责任人的刑事责任。

17. 答案：ACD。本题中甲是教唆犯，其行为构成牵连犯，所以B项说法正确。

18. 答案：CD。持枪抢劫的方式可以是使用枪支或向被害人显示枪支；使用的阶段包括整个抢劫过程中的任何时候。

19. 答案：AD。根据《刑法》第263条的规定抢劫罪是“以暴力、胁迫或者其他方法抢劫公私财物的”。其他方法是指为了当场占有财物，而采用的暴力、胁迫之外的其他使被害人处于不知反抗或者不能反抗的状态的方法。这些其他方法与被害人处于不能、不知反抗的状态有着直接因果关系，如果被害人自己或与行为人无关的第三者的原因如自己喝醉、被他人灌醉、正在熟睡、因病昏迷等，而处于不能、不知反抗的状态，行为人乘机夺走财物的，以盗窃罪论处，不构成抢劫罪。选项B是乙占有他人财物，用酒灌甲的行为，选项C中甲趁机将厨房门反锁的行为都属于抢劫罪中致使被害人不能反抗的其他方法，成立抢劫罪。根据《刑法》第269条的规定：“犯盗窃、诈骗、抢夺罪，为窝藏赃物、抗拒抓捕或者毁灭罪证而当场使用暴力或者以暴力相威胁的，依照本法第二百六十三条的规定定罪处罚。”选项D中甲将手中剩余的几张报纸卷成一团扔向乙的行为，程度较轻，不宜理解为“暴力”，不构成抢劫罪。因此，本题的答案是AD。

20. 答案：BC。根据法律规定，抢劫致人重伤、死亡不仅包括使用暴力过失致人重伤、死亡，而且也包括为劫取他人财物当场故意重伤他人或当场故意杀死他人，即抢劫罪的“暴力方法”包括以暴力杀人的方法，这种情况下，杀人作为暴力的具体体现，属于抢劫罪的方法行为，直接定抢劫罪，死亡作为抢劫罪的结果加重犯处理。选项A是先将仇人杀死，已经成立故意杀人罪之后，临时起意取财的，应成立为数罪。选项D是在实施抢劫罪之后，为防止被害人报案，杀死被害人的行为构成故意杀人罪，应与抢劫罪数罪并罚。因此，本题的答案是BC。

21. 答案：ABCD。本题中，甲、乙、丙三人对丁使用暴力，然后强行抢走丁钱包内的银行借记卡，并以暴力逼取正确密码最终获得现金5000元，在这一抢劫过程中，虽然有场所的转移（三人带丁去附近的自动取款机取钱），但是这个场所的变化，是整个抢劫行为的有机组成部分，“使用暴力”和“取得财物”看似有物理意义空间上的错位，但并不影响刑法对其“当场”属性的评价。综观整个犯罪行为，完全符合抢劫罪的“两个当场”：即“当场使用暴力”和“当场取得财物”，故应构成抢劫罪（既遂）一罪。根据《刑法》第196条，甲、乙、丙三人行为不构成信用卡诈骗罪和盗窃罪。所以本题四个选项都错，皆应选。

本题要特别注意抢劫罪与敲诈勒索罪的区别。在一般情况下，抢劫罪表现为以暴力的方法抑制被害人的反抗，从而达到强行劫取财物的目的，其主要特征表现为两个“当场”，即“当场使用暴力”和“当场取得财物”；而敲诈勒索罪一般表现为通过要挟和威胁的方法强行取得财物，“威胁”的方法一般也不表现为当场实施暴力，其取得财物也通常是事后取得。

22. **答案**：BCD。根据题意，甲取款后未将借记卡退出，在这种情况下无论是谁发现，只要有非法占有的目的，就能够获取甲账上的钱款，乙并没有利用职务之便，而是恰好发现了上述事实，产生非法占有的目的，秘密窃取甲账上的钱款。所以乙的行为构成盗窃罪，而不构成职务侵占罪。

　　注意盗窃罪与侵占罪的区别，盗窃是将他人所占有的财物变为自己所有，而侵占就是把自己占有的他人财物变成自己所有的财物，简单地说，本人占有变成所有就是侵占，他人占有变成自己所有就是盗窃。故B项错误，应选。注意盗窃罪与职务侵占罪的区别：一是盗窃罪是一般主体，而职务侵占罪是特殊主体，属公司、企业或者其他单位的人员才能构成；二是盗窃罪侵犯的客体是公私财物的所有权，而职务侵占罪侵犯的客体是公司、企业或者其他单位的财产所有权，不包括私人财产所有权；三是职务侵占罪在客观方面还必须是利用了职务上的便利，而盗窃罪则没有这些要求。故C项错误，应选。关于D项，根据《刑法》第196条第3款的规定，盗窃信用卡并使用的，依照《刑法》第264条的规定以盗窃罪定罪处罚，故D项错误，应选。注意在本题中，该银行工作人员乙对自动取款机进行检查时，发现了甲未退出的借记卡，以银行工作人员的身份发现未退出的借记卡完全有条件可以归还给丢失者，不能认定为“拾得”，故乙的行为不是“冒用”而是“盗窃”，不应定为“信用卡诈骗罪”。

23. **答案**：AD。A选项中，甲盗窃乙的存折之后，实际上已经掌控了该存折项下的存款；至于甲后来以假冒乙的名义去银行变现的行为并不能独立满足诈骗罪的构成要件。只要甲控制该存折，且能履行银行要求的取款手续，银行工作人员就必须将存折项下款项交付于甲，这种情况下便不存在诈骗罪的问题。故A项错误，应当选。D选项中，尽管甲将其盗窃来的名表转卖他人，但并不能构成销售赃物罪。因为销售赃物罪要求“明知是犯罪所得的赃物而代为销售”，既然是“代为销售”，自然排除了销售自己盗窃所得财物的可能性，故不能成立销售赃物罪，而仅成立盗窃罪。D项错误，应当选。C选项中，尽管盗窃珍贵文物和倒卖珍贵文物的行为之间存在牵连关系，但是牵连犯作为法定的一罪，是以构成两个以上的独立罪名为前提的，所以题干中说“甲的行为构成盗窃罪和倒卖文物罪”并没有错，只不过在具体处罚时会择一重罪。故C正确。B情形下构成盗窃罪和贩卖毒品罪两个独立的犯罪，故B正确。本题为选非题，因此答案为AD。

24. **答案**：ABCD。A项，甲的行为使乙丧失了对财物的占有和支配，实际上乙已经不可能再占有和使用戒指，故甲构成故意毁坏财物罪。注意毁坏公私财物的方法多种多样。B项，被害人甲虽然有所警觉，但被害人的警觉并未为乙所认知，故乙的行为仍然是乘人不备，公然夺取，构成抢夺罪。C项，根据《全国人民代表大会常务委员会关于〈中华人民共和国刑法〉有关信用卡规定的解释》的规定，刑法规定的“信用卡”，是指由商业银行或者其他金融机构发行的具有消费支付、信用贷款、转账结算、存取现金等全部功能或者部分功能的电子支付卡。本选项中用作废的IC卡提取现金，符合《刑法》第196条第1款第2项的构成要件，是典型的信用卡诈骗罪，而不是诈骗罪。D项，破坏交通工具罪在客观方面表现为实施破坏火车、汽车、电车、船只、航空器的行为，并且足以使其发生倾覆、毁坏危险。本罪的犯罪对象必须是正在使用中的交通工具。对“正在使用中的交通工具”应作广义理解，不仅包括准备运行或正在运行中的火车、汽车、电车、船只和航空器，还包括停机待修中的火车、汽车、电车、船只和航空器。故本选项中，甲破坏一辆检修中的公交车，并交付使用造成严重后果，符合破坏交通工具罪的犯罪构成。故ABCD都错误，均应当选。

25. 答案：AD。强某醉酒后钱包从裤袋里掉到地上，钱包仍属于强某所占有的财物，不是遗忘物，故梁某将其隐匿的行为构成盗窃罪，不构成侵占罪。虽然梁某与强某深夜一起在酒吧喝酒，但是强某醉酒不是梁某劝酒所致，因而梁某在法律上没有将强某送回家的特定作为义务，故梁某对强某的死亡不构成不作为的故意杀人罪。AD为正确选项。

26. 答案：AB。根据《刑法》第266条规定，诈骗罪是指以非法占有为目的，用虚构事实、隐瞒真相的方法，骗取数额较大的公私财物的情形。A项中，甲明知该藏品价值100万元，但故意贬其价值后以1万元收买，其以隐瞒真相的方法非法占有他人财物，符合诈骗罪的犯罪构成，因此A正确。乙虚构事实、隐瞒真相，以赝品冒充文物，骗取他人财物，也构成诈骗罪，故B项正确。丙出售的两块玉石虽然价格差别巨大，但其并未实施欺骗的行为，其行为只是一种商业行为，因此丙不构成诈骗罪。根据《刑法》第217条的规定，以营利为目的，制作、出售假冒他人署名的美术作品的，构成侵犯著作权罪。丁临摹名人油画并署上他人的名章，非法获利3万元，其行为构成了侵犯著作权罪而不是诈骗罪。选项CD错误。

27. 答案：ABCD。A项，根据《刑法》第274条的规定，敲诈勒索罪是指以非法占有为目的，以威胁或者要挟的方法，强行索取数额较大的公私财物或多次敲诈勒索的行为。其威胁或要挟的方法是对被害人造成精神上的强制或心理上的恐慌，使其不敢反抗。甲将王某杀害已经构成了故意杀人罪。然后甲又隐瞒真相，又以王某被绑架为由，对王某的亲属进行要挟，向其索要钱财，该行为既触犯了敲诈勒索罪，又符合了诈骗罪的构成要件，构成敲诈勒索罪与诈骗罪的想象竞合犯。B项，敲诈勒索罪与抢劫罪在“胁迫”的形式上有很多相似的地方，其关键区别在于胁迫内容是否具有人身暴力性，以及暴力伤害的实施是否具有当场性。如果同时具有暴力性和当场性，就属于抢劫罪中的“胁迫”，因此乙以非法占有为目的，采取暴力当场劫取他人财物的行为构成抢劫罪而不是敲诈勒索罪。C项，丙以泄露公司的商业秘密相要挟，向公司索取数额较大的财物，符合敲诈勒索罪的犯罪构成，构成敲诈勒索罪。D项，丁为谋取不正当利益向国家工作人员行贿，构成行贿罪。然后，丁以刘某的犯罪行为相要挟，向刘某索要财物，此时丁行贿行为已完成，这笔钱现已不再归其所有，而是不法财物，所以其以威胁方法向刘某索要，其行为又构成了敲诈勒索罪，因此对丁的行为应以行贿罪与敲诈勒索罪实行并罚。故正确答案为ABCD。

28. 答案：ACD。依照《刑法》第133条的规定，交通肇事罪是指违反交通运输管理法规，因而发生重大事故，致人重伤、死亡或者使公私财产遭受重大损失的行为。甲醉酒驾车致人死亡，故构成交通肇事罪。A正确。依照《刑法》第196条的规定，冒用他人信用卡进行信用卡诈骗活动，数额较大的行为构成信用卡诈骗罪。本案中，甲冒用乙的身份将乙信用卡中的钱款转走，构成本罪。C正确。《最高人民法院关于审理扰乱电信市场管理秩序案件具体应用法律若干问题的解释》第9条规定，以虚假、冒用的身份证件办理入网手续并使用移动电话，造成电信资费损失数额较大的，依照《刑法》第266条的规定，以诈骗罪定罪处罚。因此D正确。

29. 答案：BC。对于伪造货币能否成为盗窃罪对象，学界存在争议。主流观点认为：就盗窃罪而言，真币与假币都应当评价为财物，因为假币也需要通过法定程序收缴，故他人占有的假币也是刑法法益。这并不意味着他人占有假币是合法的，只是意味着第三者不能非法取得他人占有的假币。因此盗窃伪造的货币的行为，也可能成立盗窃罪，A 错误。盗窃国家机关印章罪，是指盗窃国家机关印章的行为。行为人所盗窃的必须是国家机关已经制作的真实的印章。因为伪造的印章不能体现国家机关的公共信用这一特殊法益，同时根据罪刑法定原则也不能把“伪造的国家机关印章”解释为“国家机关印章”，因此 B 正确。关于《刑法》第 196 条规定的“盗窃信用卡并使用”，通说认为，本款规定的信用卡仅限于他人的真实有效的信用卡，如果盗窃伪造或作废的信用卡并使用的，应认定为信用卡诈骗罪。C 正确。盗窃枪支罪，是指以非法占有为目的，窃取枪支危害公共安全的行为。企业违规制造的枪支同样可能被用来危害公共安全，因此窃取这种枪支同样可以构成盗窃枪支罪。D 错误。

30. 答案：ABC。犯盗窃、诈骗、抢夺罪，为窝藏赃物、抗拒抓捕或者毁灭罪证而当场使用暴力或者以暴力相威胁的，之所以能够以抢劫罪定罪量刑，是因为这种行为会危及被害人的人身安全。在 ABC 项中，行为人的暴力行为均未指向被害人的人身，不会危及被害人的人身安全，故都不构成转化型抢劫。D 项符合转化型抢劫的条件。故 ABC 为正确选项。

31. 答案：ABCD。首先，对于“抢劫致人死亡”这一结果加重犯的认定，应以行为人“应当和可能预见被害人死亡的结果”为限，对于没有预见可能性而发生被害人死亡的加重结果的，不能将加重结果的罪责归于行为人，只能将其作为一种量刑情节加以考虑。其次，刑法理论的通说认为，“抢劫致人死亡”包括过失与故意致人死亡。而且根据《最高人民法院关于抢劫过程中故意杀人案件如何定罪问题的批复》，行为人为劫取财物而预谋故意杀人，或者在劫取财物的过程中，为制服被害人反抗而故意杀人的，以抢劫罪定罪处罚。A 选项中，尽管甲的暴力行为仅造成王某重伤，但是甲明知冬日深夜天气寒冷，可以预料到王某被冻死的结果，其对于王某的死亡抱有间接故意的主观心态，王某被冻死和甲实施的暴力行为存在因果关系，因此应认定为“抢劫致人死亡”，A 项正确。B、C、D 也正确。

32. 答案：BCD。盗窃罪，是指以非法占有为目的，秘密窃取数额较大的公私财物或者多次盗窃的行为。诈骗罪，是指以非法占有为目的，用虚构事实或者隐瞒真相的方法，骗取数额较大的公私财物的行为。侵占罪，是指以非法占有他人财物为目的，将代为保管的他人财物或者他人的遗忘物、埋藏物非法占为己有，数额较大，拒不交还的行为。在本案中，高某是在欣欣已经选购项链之后，趁为其进行礼品包装的时候进行“调包”，根据商业惯例和民法相关理论，此时正品项链的所有权已经转移给欣欣。高某包装项链之时欣欣就在旁边，由此可见该正品项链并非高某代顾客保管的他人财物，也不是顾客的遗忘物或埋藏物，故不构成侵占罪。C 项错误。本案中高某以劣等品调换正品项链后交给欣欣，即隐瞒了所递交项链为劣等品的真相，而欣欣也误以为该项链系自己挑选的正品项链，即已经陷入错误认识，但欣欣并未在该错误认识的支配下实施任何交付行为，因此不构成诈骗罪。B 项错误。本案中高某得以用劣等品替换正品项链，是趁欣欣接电话之机，由此可见其行为方式的实质属于“秘密窃取”。另外，两条项链价值相差 3000 元，根据相关司法解释，已经满足盗窃罪的数额要求。由此可见高某的行为完全符合盗窃罪的犯罪构成，故 A 项正确，D 项错误。

【陷阱】本题的难点在于盗窃罪、诈骗罪与侵占罪的区分。三种财产性犯罪的主要区别在于行为方式不同：盗窃罪的成立要求行为人秘密窃取他人占有的财物；诈骗罪的成立要求行为人虚构事实或隐瞒真相，并致使被害人或第三人在陷入错误认识的基础上“自愿”处分财物；侵占罪的成立要求行为人将代为保管的他人财物或他人的埋藏物、遗忘物据为己有。行为当时财物由谁占有、行为之后有无交付行为、行为是否属于“代为保管”等问题的判断会直接影响案件的定性。本案中的“选购”二字至关重要，由于顾客已经选购完毕，按照日常的交易习惯即已经支付过相应的价款，因此在售货员调包之后顾客就不会再有交付行为，故不成立诈骗罪。若本案是在选购过程中发生，则售货员的行为就成立诈骗罪而非盗窃罪了。

33. **答案**：ABCD。（1）甲、乙等人用枪威胁司机将长途汽车驶离正常路线，属于《刑法》第122条规定的“以暴力、胁迫或者其他方法劫持船只、汽车”的行为，成立劫持汽车罪。所以A项说法正确。但是需要注意劫持汽车罪与抢劫罪是想象竞合关系。

（2）甲、乙等人强迫长途汽车上的乘客交付财物的，符合《刑法》第263条第2项的规定，属于在公共交通工具上抢劫。所以B项说法正确。

（3）乙为了实现抢劫财物的目的而将反抗的乘客打成重伤的，符合《刑法》第263条第5项的规定，属于抢劫致人重伤。不再单独按照故意伤害罪追究责任。所以C项说法正确。

（4）在抢劫财物得手后，即抢劫既遂后，甲另起犯意打死司机的，成立与抢劫罪无关的故意杀人罪，应该与抢劫罪并罚。所以D项说法正确。

34. **答案**：ABC。非法占有目的指的是排除权利人，将他人财物作为自己的所有物进行支配，并遵从财物的用途进行利用、处分的意思。利用意思不限于遵从经济用途、本来用途进行利用。男性基于癖好入户窃取女士内衣，是为了利用财物的特别纪念品用途；为了燃柴取暖而窃取他人木质家具，是为了利用财物的燃烧产生热能的价值；骗取他人钢材后作为废品卖给废品回收公司，是为了利用财物的交换价值。这三种情况都满足“非法占有目的”的内容。杀人后为避免公安机关识别被害人身份，将被害人钱包等物丢弃的，行为人没有利用财物属性的意思，只有单纯毁弃的意思，对妨害侦查有意义，与取得财物的效用、利益之间的关系是间接的，不能认定为是“以非法占有为目的”。

35. **答案**：ABCD。盗窃罪与侵占罪的区别在于占有的判断：盗窃罪取得的财物必须是他人占有的财物；侵占罪则是获得无他人占有的财物。刑法上的占有是指人对物有实力上的支配关系。对占有应该综合考虑占有的事实（客观）以及占有的意思（主观，包括潜在的占有意思），然后根据一般的社会观念进行判断。

A、C选项，物处在所有者的支配力所及的场所，支配范围根据社会一般人都会同意的社会观念判断：如果是所有者特意将财物放置于与自己的所在地相隔离的场所，能够认定所有者的占有；如果所有者暂时地遗忘该财物，财物与被害人之间的场所、时间距离对于判断占有具有决定性的意义。他人停放在车棚内的自行车，属于他人特意放置的财物，即使没有上锁，也归主人占有，将其骑走卖掉的，成立盗窃罪。在大学食堂或者图书馆，学生用于占座的手机也归主人占有，别人将其拿走卖掉的，也成立盗窃罪。

B选项，当原占有者丧失对物的占有时，建筑物（汽车）的管理者取得对财物的占有。出租车后备厢内乘客遗忘的行李箱，归出租车司机占有，他人将其拿走的，成立对司机的盗窃罪。

D选项，封缄物（需要破坏外包装才能获取的物）属于本权者占有。主人锁在柜里的手提电脑归主人占有，即使房屋交由他人看管。所以丁将锁撬开，拿走电脑的，成立盗窃罪。

36. **答案**：ABCD。虽然老妪坐在床上，但是甲并未采取暴力手段或其他威胁方法，而是公然取得财物，因此不构成抢劫罪，A的说法是正确的。甲并未秘密窃取，而是在老妪的注视下取得财物，因此构成抢夺罪，根据我国《刑法》第267条第2款的规定，携带凶器抢夺的，以抢劫罪定罪处罚，因此B的说法是正确的。按照B项的观点，如果甲作案时未携带凶器，也未秘密窃取财物，那么甲的行为不构成抢劫罪、盗窃罪，同时又不符合抢夺罪的“数额较大”的要件，我国《刑法》又未将入户抢夺作为犯罪成立的条件，因此甲也不成立抢夺罪，甲的行为也不构成其他侵犯财产犯罪，C的说法是正确的。如果按照D项的标准，甲的行为能够认定为入户盗窃，根据我国《刑法》的规定，入户盗窃成立盗窃罪没有盗窃数额或者盗窃次数的限定，因此甲的行为构成盗窃罪，所以D的说法是正确的。故，ABCD当选。

37. **答案**：BCD。A项中乙给付甲1万元，并非相信甲隐瞒真相虚构的事实，而是碍于情面，将1万元交给甲，因此，甲的行为成立诈骗未遂，A项的说法是正确的。B选项属于特殊类型的诈骗，虽然甲伪造了房产证，骗取丙交付了租金2万元，但是丙在出租屋中也住了一年，丙与甲形成了租赁关系，丙并不是受害者，真正的被害人是乙，但是甲并未对乙实施诈骗行为，因此，甲的行为不应认定为诈骗罪。因此B是错误的。C选项中甲原本具有支付餐费的意思，但是由于没带钱，所以采取欺骗手段不支付费用，虽然甲向餐厅经理谎称送走客人后再付款，甲趁机逃走，但是被害人并没有因此免除甲的债务，即没有处分行为，故甲的行为不应认定为诈骗罪，所以C的说法是错误的。乙购买假币的行为已经扰乱了货币管理制度以及金融管理秩序，其行为本身已是犯罪，其是在犯罪过程中上当受骗，而甲采取虚构事实、隐瞒真相的方式，骗取乙财物的行为同样构成诈骗罪。因此D的说法是错误的。故，本题的答案为BCD。

38. **答案**：ABCD。盗窃罪，是指以非法占有为目的，窃取公私财物数额较大，或者多次盗窃、入户盗窃、携带凶器盗窃、扒窃的行为。盗窃罪的对象必须是他人占有的财物。首先，只要是在他人的事实支配领域内的财物，即便他人没有现实地握有或监视，也属于他人占有。其次，虽然处于他人支配领域之外，但存在可以推知由他人事实上支配的状态时，也属于他人占有的财物。再次，主人饲养的、具有回到原处能力或习性的宠物，不管宠物处于何处，都应认定为饲主占有。最后，即便原占有者丧失了占有，但当该财物转移为建筑物的管理者或者第三者占有时，也应认定为他人占有的财物。A选项，某大学的学生习惯于用手机、钱包等物占座，因此甲能够推知桌上的钱包系他人用于占座的事实，其据为己有的行为构成盗窃罪。A正确。B选项，乙在面馆用手机占座的行为属于比较特殊的情况，甲很可能认为桌上的手机是他人遗忘的手机。但即便是乙遗忘的手机，此时其占有也会转移至面馆，甲的行为仍构成盗窃罪。B正确。C选项，乘客乙遗忘在出租车后备厢的行李已转由出租车司机占有，甲的行为构成盗窃罪。C正确。D选项，乙委托甲照看房屋，其代为保管的财物应仅限于房屋及院内的树木，乙家山头上的树木并不属于代为保管的范围。甲偷偷将他人财物予以变卖并将钱款据为己有，构成盗窃罪而非侵占罪。D正确。应选ABCD。

39. **答案**：ABCD。A选项，服务员帮客人拎包，包内的财物并未转移占有，其将手机据为己有的行为属于秘密窃取他人财物，构成盗窃罪。A正确。B选项，客人将手机放到收银台附近充电，虽明确拜托服务员乙帮忙照看，但客人此时就在同一场所就餐，可以认定其没有转移占有的意思，乙将手机据为己有的行为属于盗窃罪而非侵占罪。B正确。C选项，机场清洁工丙将旅客临时放置的行李据为己有，由于该旅客并未脱离对行李的控制，丙的行为构成秘密窃取他人财物的盗窃罪。C正确。D选项，丁骗取他人车钥匙只是窃取他人车辆的手段，并不影响其行为的定性。丁的行为构成盗窃罪。D正确。

三、不定项选择题

1. 答案：ABCD。区分盗窃罪与侵占罪的关键在于判断作为犯罪对象的财物是否脱离占有以及由谁占有。行为人不可能盗窃自己事实上占有的财物，对自己事实上已经占有的财物只能成立侵占罪。从客观上说，占有是指事实上的支配（与非法占有目的中的占有不是等同概念），不仅包括物理支配范围内的支配，而且包括社会观念上可以推知财物的支配人的状态。

2. 答案：（1）A。侵占罪，是指以非法占有为目的，将他人交给自己保管的财物、遗忘物或者埋藏物非法占为己有，数额较大，拒不交还的行为。侵占罪构成要件主要包含对委托物的侵占和对脱离占有物的侵占。事实一中，刘某将抽油烟机交给王某和李某带回修理的行为中的委托物为抽油烟机，金饰并非委托占有物。由于刘某住在5楼，王某窃走金饰时刚刚行至4楼，此时刘某对于金饰仍具有紧密的占有状态，金饰仍为刘某占有，不属于刘某的脱离占有物，王某此时从抽油烟机中将金饰窃走的行为破除了刘某的占有，应成立盗窃罪。选项A正确，选项BCD错误。

（2）B。王某的行为已经构成盗窃罪，而非侵占罪。选项A错误。王某窃取金饰的行为构成盗窃罪的既遂，为了躲避刘某追查将赃物转移给李某。李某明知金饰为赃物而窝藏、转移的行为构成掩饰、隐瞒犯罪所得罪。选项B正确，选项CD错误。

（3）AD。李某明知金饰价值1万元，却以欺骗的方式向郭某谎称金饰价值5万元，致使郭某支付价款，遭受财产损失的行为，构成诈骗罪。选项A正确。王某为躲避刘某追查将赃物转移给李某。李某明知金饰为赃物而窝藏、转移的行为构成掩饰、隐瞒犯罪所得罪，之后出售的行为属于事后不可罚的行为。选项B错误。李某与王某共谋销赃均分，李某销赃所获的赃款具有违法性，王某对该项赃款不具有民法上的返还请求权，李某的行为也不构成诈骗罪。选项C错误。在犯罪及销赃构成中，李某将赃物卖得5万元的行为王某并不知情，其所犯财产犯罪的犯罪数额为1万元。选项D正确。

3. 答案：（1）BCD。诈骗罪指行为人隐瞒真相、捏造事实，使受骗人基于认识错误而处分了被害人的财物，行为人或者其他人因此获得财物，受骗人处分财物意图达到的目的没有实现的情况。甲将壶底表明物品身份价值的重要信息磨去，是隐瞒事实的行为。在钱某误判此物乃明代文物，自己已经陷入认识错误的前提下，甲谎称确实为明代文物，是捏造事实的行为。甲隐瞒物品年代真相、捏造物品年代事实，使受骗人基于错误认识交付财物，构成诈骗罪。顾客在古玩书画市场“淘宝”确实有运气成分在内，但双方不触犯刑法的前提是没有实施隐瞒真相、捏造事实的诈骗行为，否则应该按照犯罪处理。

（2）AB。甲拿出虚假证据，证明物品的虚假价值，使得受骗人基于认识错误交付了财物，得到了受骗人自己并不想买的赝品，成立诈骗罪。虽然《刑法》第217条规定，出售假冒他人署名的美术作品的，按照侵犯著作权罪处理。但是仅限于出售“假冒他人署名”美术作品的行为，如果采取了其他欺骗方式使他人信以为真的，应该按照诈骗罪处理。本案中甲为赝品标出高价，是自由的市场行为，本身不应该成立诈骗罪。但在受骗人李某产生错误认识时，甲用虚假证据强化其认识错误，使其维持错误认识，因而交付财物的，是诈骗罪的行为。李某交付财物是甲诈骗的结果，所以甲成立诈骗罪既遂。

可以用下面的方式来表现甲的行为性质：

（1）赝品画标高价：无罪；

（2）赝品画假冒他人署名：侵犯著作权罪；

（3）用虚假证据证明赝品为真品，诱使他人购买：诈骗罪。

4. 答案：（1）ABCD。甲翻墙入院并进入陈某厨房窃取毒品，属于典型的“入户盗窃”。该行为同时也符合非法侵入住宅罪的犯罪构成，属于一行为触犯数罪名，应当以盗窃罪定罪处罚。AB 正确。甲毒死陈某家看门狗的行为同时符合盗窃罪犯罪预备的犯罪构成和故意毁坏财物罪的犯罪构成，属于一行为触犯数罪名，构成想象竞合。C 正确。盗窃毒品等违禁品的行为同样属于盗窃公私财物，构成盗窃罪。D 正确。应选 ABCD。

(2) BCD。甲让乙卖出冰毒的行为构成贩卖毒品罪的共同犯罪。甲盗窃毒品后如果用于吸食，不另行构成犯罪。但其将盗窃的毒品贩卖给他人，又侵害了新的法益，应当另行定罪。A 错误。乙将掺入其他杂质的冰毒冒充纯冰毒贩卖，属于虚构事实隐瞒真相，并使他人基于错误认识支付与产品不相称的钱款，其行为已构成诈骗罪。甲向乙提供毒品并对此知情，已构成诈骗罪的共同犯罪。同时甲、乙的行为还构成贩卖毒品罪的共同犯罪。BC 正确。乙只是在冰毒中掺杂，与《刑法》意义上制造毒品的行为相去甚远，不构成制造毒品罪。D 正确。应选 BCD。

四、名词解释

1. **答案**：侵犯财产罪，是指以非法占有为目的，攫取、挪用公私财物，或者故意毁坏公私财物，破坏生产经营，依法应受刑罚处罚的行为。
2. **答案**：职务侵占罪，是指公司、企业或者其他单位的人员，利用职务上的便利，将本单位财物非法占为己有，数额较大的行为。
3. **答案**：挪用资金罪，是指公司、企业或者其他单位的人员，利用职务上的便利，挪用本单位资金归个人使用或者借贷给他人，数额较大、超过 3 个月未还的，或者虽未超过 3 个月，但数额较大、进行营利活动的，或者进行非法活动的行为。
4. **答案**：挪用特定款物罪，是指违反特定款物专用的财经管理制度，挪用国家用于救灾、抢险、防汛、优抚、扶贫、移民、救济款物，情节严重，致使国家和人民群众利益遭受重大损害的行为。

五、简答题

1. **答案**：由于以暴力相威胁既是敲诈勒索的手段，也是胁迫性抢劫的手段，因此，在司法实践中时二者容易混淆。主要区别在于：(1) 威胁的内容不同。敲诈勒索罪的威胁内容比较广泛，既包括实施暴力行为，如伤害、杀害，还包括揭发隐私、破坏名誉、毁坏财产等；而抢劫罪的威胁内容仅限于对被害人人身实施暴力行为。(2) 威胁行为侵害的对象不同。敲诈勒索罪的威胁所侵害的对象，可以是财物的所有人、保管人本人，也可以是他们的亲属或者利害关系人；而抢劫罪的威胁所侵害的对象只能是财物的所有人、保管人本人。(3) 威胁的方式不同。敲诈勒索罪的威胁方式可以是直接向被害人口头或者书面提出，也可以是通过第三人间接提出，没有特别的限定；而抢劫罪的威胁只能当场直接向被害人口头提出。(4) 迫使被害人交出财物的时间不同。敲诈勒索罪可以迫使对方当场交出财物，也可以限期交出；抢劫罪则是迫使被害人当场交出财物。(5) 实施威胁内容的时间不同。对于敲诈勒索罪如果被害人不交出财物，将来威胁的内容才付诸实施；而抢劫罪如果被害人不交出财物，则当场实施暴力。(6) 犯罪对象的范围不同。敲诈勒索罪的犯罪对象是各种公私财物，包括动产、不动产和财产性利益；而抢劫罪的犯罪对象只能是动产。(7) 威胁的程度不同。敲诈勒索罪的威胁行为以使被害人产生畏惧、交出财物为限，被害人尚有相当的意志自由和一定的延缓余地；而抢劫罪中的威胁，是使被害人的人身安全受到现实的威胁，没有延缓的余地。(8) 对危害结果的要求不同。敲诈勒索公私财物要达到数额较大或多次敲诈勒索的，才构成犯罪；而抢劫罪的构成则无此结果的要求。
2. **答案**：在日常经济交往中，要注意区分诈骗罪与借贷纠纷。一般通过以下几个方面的分析来认定：

(1) 是否存在相互信任的基础。一般借贷关系多发生在相互熟知、信任的人之间，而诈骗一般不存在这样的前提基础。

(2) 发生原因不同，一般借贷往往是发生资金周转困难，一时无力偿付的情况，而诈骗则是编造虚假事实，骗取信任以达目的。

(3) 借用人不能按期归还的原因不同。一般借贷关系，借用人不能按期归还，往往是因为遇到了不以其意志为转移的客观困难，而以借贷为名诈骗则往往表现为携款潜逃、大肆挥霍或者进行吸毒、赌博等违法活动，根本不可能归还，同时也根本无归还之意。

(4) 借用人对于不能按期归还的态度，有无归还的诚意和实际行动。一般借贷关系中，借用人会积极争取按期归还，即使确实无力按时归还，也会继续努力，履行归还的义务。而以借贷为名诈骗则没有归还的意图，也不可能有归还的实际行为。

最后，应当强调指出，区分以借贷为名的诈骗罪与借贷纠纷的界限，最关键的是查明行为人有无非法占有他人财物的目的。因此，具体问题的判断上，应当把上述几个方面的事实，以及案件的其他事实联系起来，进行全面的分析判断，切忌主观性和片面性。

3. **答案**：抢夺罪，是指以非法占有为目的，不使用暴力、胁迫等强制方法，公然夺取公私财物，数额较大的行为。

抢夺罪的构成要件包括以下几个方面：

(1) 犯罪客体是公私财物所有权。犯罪对象只能是动产，并且是有形物。

(2) 犯罪客观方面表现为公然夺取公私财物的行为。公然夺取是指采用可以使被害人立即发觉的方式，公开夺取其持有的或管理下的财物。抢夺与抢劫都具有公然性，二者最根本的区别在于，抢夺不使用暴力、胁迫或其他人身强制的方法。

(3) 犯罪主体为一般主体。年满16周岁具有刑事责任能力的自然人都可以成为本罪主体。

(4) 犯罪主观方面限于直接故意，且具有非法占有的目的。

4. **答案**：可能。《刑法修正案（八）》为了加大保护弱势群体的利益，专门在刑法分则第六章增加一个条文作为惩罚拒不支付劳动报酬的行为。

(1) 适用条件：应当支付劳动报酬的个人或单位以转移财产、逃匿等方法逃避支付劳动者的劳动报酬或者有能力支付而不支付劳动者的劳动报酬，数额较大，经政府有关部门责令支付仍不支付。

(2) 刑罚适用：犯罪主体为个人的，处三年以下有期徒刑或者拘役，并处或者单处罚金；造成严重后果的，处三年以上七年以下有期徒刑，并处罚金。单位犯该罪的，对单位判处罚金，并对其直接负责的主管人员和其他直接责任人员，依照前款的规定处罚。

(3) 减免刑罚的适用条件：尚未造成严重后果，在提起公诉前支付劳动者的劳动报酬，并依法承担相应赔偿责任的，可以减轻或者免除处罚。

最高人民法院于2013年1月16日发布《关于审理拒不支付劳动报酬刑事案件适用法律若干问题的解释》，对本罪的相关法律问题进行了细化规定。

5. **答案**：胁迫型抢劫罪，是指以非法占有为目的，对财物的所有人或者保管人当场使用暴力、胁迫或其他方法，强行将公私财物抢走的行为。敲诈勒索罪，是指以非法占有为目的，对被害人使用威胁或要挟的方法，强行索要公私财物的行为。虽然二者在客观上都使用威胁手段，但威胁的内容、方式等明显不同。

1. 从威胁的内容看，前者仅限于以暴力相威胁；后者可以是以暴力相威胁，也可以是以张扬隐私、毁坏财物等相威胁。

2. 从威胁的方式看，前者只能由犯罪分子面对被害人当场口头发出，后者可以由犯罪分子以口头或者书面形式向被害人提出，也可以通过他人提出。

3. 从实现威胁的现实可能性来看，前者具有当场付诸实施的现实可能性，后者不具有当场实施的现实可能性。

4. 从非法取得财物的时间来看，前者只能当场取得财物，后者可以是当场取得，也可以是在发出威胁后的一定期限内取得财物。

6. **答案**：绑架罪是侵害他人人身自由权利的犯罪，其与抢劫罪的区别在于以下两个方面：

(1) 主观方面不尽相同。抢劫罪中，行为人一般出于非法占有他人财物的目的故意实施抢劫行为；绑架罪中，行为人既可能为勒索他人财物而实施绑架行为，也可能出于其他非经济目的实施绑架行为。

(2) 行为手段不尽相同。抢劫罪表现为行为人劫取财物一般应在同一时间同一地点，具有“当场性”；绑架罪表现为行为人以杀害、伤害等方式向被绑架人的亲属或其他人或单位发出威胁，索取赎金或提出其他非法要求，劫取财物一般不具有“当场性”。绑架过程中又当场劫取被害人随身携带财物的，同时触犯绑架罪和抢劫罪两个罪名，应择一重罪定罪处罚。

7. **答案**：关于区分抢劫罪既遂与未遂的标准，理论上存在不同主张。

有的观点主张，抢劫罪侵犯的主要客体是财产所有权，因而抢劫罪既遂与未遂的界限应当以行为人是否非法占有公私财物为标准。

有的观点主张，抢劫罪不仅侵犯财产权利，同时还侵犯人身权利，而且人身权是更重要的权利。虽未抢到财物但已给被害人的人身造成危害的，也应认定为抢劫罪既遂；既未抢到财物，又未造成人身损害的，才可以认定为抢劫罪未遂。

《最高人民法院关于审理抢劫、抢夺刑事案件适用法律若干问题的意见》基本上采用了上述第二种观点的主张，具体规定在第10条：抢劫罪侵犯的是复杂客体，既侵犯财产权利又侵犯人身权利，具备劫取财物或者造成他人轻伤以上后果两者之一的，均属抢劫既遂；既未劫取财物，又未造成他人人身伤害后果的，属于抢劫未遂。

据此，《刑法》第263条规定的八种处罚情节中除“抢劫致人重伤、死亡的”这一结果加重情节之外，其余七种处罚情节同样存在既遂、未遂问题，其中属抢劫未遂的，应当根据刑法关于加重情节的法定刑规定，结合未遂犯的处理原则量刑。

8. **答案**：侵占罪和盗窃罪都以他人财物为对象，都侵犯了公私财物的所有权，主观上都是故意，并都以非法占有他人财物为目的，这是二者的共同之处。但是，二者有着明显的区别。

(1) 犯罪故意的内容和产生时间不同。

前者行为人认识到自己是以非暴力的手段非法占有自己业已持有的他人财物，且犯罪故意只能产生于持有他人财物之后；后者行为人认识到自己是以不为财物所有人或持有人知道的秘密方法非法获取他人财物，且犯罪故意只能产生于非法获取他人财物之前。

(2) 客观表现不同。

侵占行为的突出特点是“变合法持有为非法所有”，前提条件是行为人业已合法持有他人财物，具体包括两种情况：一是以合法的方式代为保管他人的财物。二是合法占有他人的遗忘物或者埋藏物。侵占行为是将合法持有的财物非法据为已有，拒不退还或者拒不交出。而盗窃罪在客观方面一般表现为以秘密窃取的方法，将公私财物转移到自己的控制之下，并非法占有的行为。

(3) 犯罪对象不同。

侵占罪的犯罪对象包括以合法的方式代为保管的他人财物、合法占有的他人的遗忘物或者埋藏物。其中，埋藏物，一般指埋藏于地下的财物。从司法实践看，侵占埋藏物的行为，以合法持有该埋藏物为前提，一般主要表现为行为人在进行地面挖掘时，偶然发现地下埋藏物，不知物主是谁，而将其占为已有。如果行为人明知某处埋藏有某人的财物，或者明知某古墓埋藏有古代珍贵文物，以非法占有为目的进行挖掘，将所有财物据为已有，则应分别以盗窃罪或盗掘古墓葬罪论处。

六、论述题

1. **答案**：敲诈勒索罪与诈骗罪的界限。敲诈勒索罪与诈骗罪犯罪主体都是一般主体，犯罪主观方面都是直接故意，且以非法占有为目的。二罪根本区别在于犯罪客体和犯罪客观方面的不同：在犯罪客体上，本罪侵犯的是复杂客体，即公私财产所有权和公民人身权利；诈骗罪侵犯的是单一客体，即公私财产所有权。在犯罪客观方面，本罪表现为以威胁或要挟方法，迫使被害人因恐惧而被迫交付财物；诈骗罪表现为以虚构事实或隐瞒真相的方法，使被害人产生认识错误进而交付财物。在敲诈勒索案件中，有的可能包含有欺诈因素，但并非构成本罪的要件。例如，甲给乙的父亲写信，谎称乙打了自己，必须在3日内赔偿他2万元，如不答应，日后一定要杀死乙。甲虚构了乙打他的事实，具有欺骗性，但是，他并不是靠欺骗方法蒙蔽乙的家长，使其自愿交付2万元，而是以杀死乙相威胁，企图迫使乙的家长自愿交付2万元，应定敲诈勒索罪。

2. 答案：《刑法》第267条第2款规定：携带凶器抢夺的，以抢劫罪定罪处罚。

(1)《刑法》第267条第2款属于特别规定，而非注意规定。即只要行为人携带凶器抢夺的，就以抢劫罪论处，而不要求行为人使用暴力、胁迫或者其他方法。首先，虽然刑法同时规定了抢劫罪与抢夺罪，但对于这两个罪的区别，在理论上没有特别的争议，在实践上不存在难以分辨的现象，刑法完全没有必要设置注意规定。其次，刑法所规定的是“携带”凶器抢夺，携带凶器与使用凶器具有原则区别；易言之，携带凶器抢夺原本并不符合《刑法》第263条规定的抢劫罪的构成要件。如果没有《刑法》第267条第2款的规定，司法机关对携带凶器抢夺的行为，只能认定抢夺罪，而不会认定为抢劫罪。在这种情况下，刑法仍然规定对携带凶器抢夺的行为以抢劫罪论处，就说明本款属于特别规定，而非注意规定。

(2)凶器的含义与认定。所谓凶器，是指在性质上或者用法上，足以杀伤他人的器具。凶器必须是用于杀伤他人的器具，故仅具有毁坏物品的特性而不具有杀伤他人机能的器具，不属于凶器。例如，行为人为了盗窃财物而携带的用于划破他人衣服口袋、手提包的微型刀片，就不宜称为凶器。凶器与犯罪工具不是等同的概念。一般来说，凶器属于犯罪工具，但犯罪工具并不一定是凶器。例如，用于撬门扭锁的万能钥匙，虽然可谓犯罪工具，但由于它不是杀伤他人的器具，故不属于凶器。另外要注意的是，如果将犯罪工具限定为犯罪人已经或者正在用于犯罪的工具，那么，《刑法》第267条第2款规定中的凶器就不是犯罪工具；因为如后所述，第267条第2款所规定的只是携带凶器，而不要求使用凶器。凶器与违禁品也不是等同的概念。凶器分为性质上的凶器与用法上的凶器。性质上的凶器，是指枪支、管制刀具等本身用于杀伤他人的器具。性质上的凶器无疑属于《刑法》第267条第2款规定的凶器，毋需赘言。用法上的凶器，是指从使用的方法来看，可能用于杀伤他人的器具。如家庭使用的菜刀，用于切菜时它不是凶器，但用于杀伤他人时则是凶器。某种器具是否凶器，必须综合考虑以下几个方面的因素：第一，器具的杀伤机能的高低。第二，器具供杀伤他人使用的盖然性程度。第三，根据一般社会观念，该器具所具有的对生命、身体的危险感的程度。第四，器具被携带的可能性大小。

(3)携带的含义与认定。所谓携带，是指在从事日常生活的住宅或者居室以外的场所，将某种物品带在身上或者置于身边，将其置于现实的支配之下的行为。携带行为只要发生在抢夺行为之前并且于抢夺时仍然携带着凶器即可。因此，通常可能出现两种情况：一是行为人事先准备好了凶器，出门后便一直携带，然后伺机抢夺；二是行为人在抢夺之前于现场或现场附近拾获凶器（如捡起路边的铁棒等），然后乘机抢夺。携带与持有不同，关键区别在于：持有只要求是一种事实上的支配，而不要求行为人可以时时刻刻地现实上予以支配；携带则是一种现实上的支配，行为人随时可以使用自己所携带的物品或器具。携带凶器应具有随时可能使用或当场能及时使用的特点，即具有随时使用的可能性。从文字来看，携带一词的实质含义是现实上的支配，行为人对某种物品没有随时使用的可能性时，很难认定为现实上的支配，因而难以认定为携带；从实质来看，即使《刑法》第267条第2款属于特别规定，但它也是具有实质合理性的特别规定；只有当携带凶器抢夺的行为随时可能发展为抢劫行为时，才宜适用该规定。因此，行为人虽然支配着某种凶器，但在抢夺现场不具有随时使用的可能性的，不得认定为携带凶器。只要具有随时使用的可能性，在客观上就符合了携带凶器的条件，因此，不要求行为人显示凶器（将凶器暴露在身体外部），也不要求行为人向被害人暗示自己携带着凶器。

如果行为人使用所携带的凶器强取他人财物，则完全符合抢劫罪的构成要件，应直接适用《刑法》第263条的规定；只有当行为人在携带凶器而又没有使用凶器的情况下抢夺他人财物的，才适用第267条第2款的规定。

七、案例分析题

1. 答案：（1）对于犯罪未遂，从不同的标准有不同的分类。以犯罪实行行为是否终了，可将犯罪未遂分为实行终了的未遂与未实行终了的未遂。以行为的实行能否构成犯罪既遂为标准，可将犯罪未遂分为能犯未遂与不能犯未遂。所谓能犯未遂，是指犯罪行为有实际可能达到既遂，但由于行为人意志以外的原因未能达到既遂的情况；所谓不能犯未遂，是指因犯罪人对有关犯罪事实认识错误而使犯罪行为不可能达到既遂的情况。

李某意图盗窃保险柜中的财物而不能将保险柜打开，他的行为未实行终了，故而是未实行终了的未遂。李某不能将保险柜打开，是由于其本人的主观能力有限，并非李某对犯罪事实认识错误，如将配电柜误以为是保险柜，因而是能犯未遂。

（2）《刑法》第269条规定："犯盗窃、诈骗、抢夺罪，为窝藏赃物、抗拒抓捕或者毁灭罪证而当场使用暴力或者以暴力相威胁的，依照本法第二百六十三条的规定定罪处罚。"即以抢劫罪处罚。

（3）李某并未着手实行杀人行为，故而不是犯罪未遂而是犯罪预备。

（4）在抢劫行为完成之后，行为人出于杀人灭口的目的杀死被害人的，应定抢劫罪和故意杀人罪，按数罪并罚原则处理。

2. 答案：张某构成抢劫罪。其具有《刑法》第263条规定的入户抢劫和抢劫数额巨大的加重情节，应当适用10年以上有期徒刑、无期徒刑或死刑，并处罚金或者没收财产。

张某为了抢到更多的钱而将被害人劫持到被害人家中，就是进入他人住户进行抢劫。此外还具有抢劫公私财物，数额巨大的加重情节。应当注意的是张某劫持李某出租车对其进行抢劫的行为按照《最高人民法院刑二庭审判长会议关于在小型出租车上抢劫能否认定为"在公共交通工具上抢劫"的问题的研究意见》的精神，这种抢劫不是针对众多乘客实施的，因此，不同于威胁众多乘客人身财产安全的"在公共交通工具上抢劫"的犯罪案件，不能认为是"在公共交通工具上抢劫"。

本题中张某劫持李某出租车，持刀向其索要财物，其行为符合抢劫罪的以胁迫的方式强取他人财物的特征，除当场抢得的几百元钱外，还劫持李某回到其家中进一步抢劫，虽然张某对不能及时兑现的20万元的存折采取了强迫李某写欠条的方式，表面上符合敲诈勒索事后取得财物的特征，但对这一行为，应当综合前面的劫持和强取存单的行为认定为一个抢劫罪，只不过是行为表现方式的不同，不是数罪。

3. 答案：陈某夺取摩托车的行为构成紧急避险。紧急避险是指为了使国家，公共利益、本人或者他人的人身、财产和其他权利免受正在发生的危险，不得已给另一较小合法权益造成损害的行为。题中陈某被两名加害人砍伤，在逃跑的过程中为了保护自己的人身权利，迫不得已夺用丁的摩托车逃走，虽损害了他人合法权益，但保全了较大的合法利益，符合紧急避险的构成要件。

陈某将摩托车后面工具箱内的3000元据为己有的行为构成盗窃罪。盗窃罪是指以非法占有为目的，窃取公私财物数额较大，或者多次盗窃、入户盗窃、携带凶器盗窃、扒窃的行为。题中陈某在逃到安全的地方后，擅自将摩托车尾部的工具箱撬开，将工具箱内的3000元现金和定期存单据为己有，因而构成盗窃罪。但是，注意盗窃的金额并不包括定期存单，因为虽然陈某将存单据为己有，可是陈某并不能实际占有。

陈某使用伪造的身份证将钱取出的行为构成诈骗罪。诈骗罪是以非法占有为目的，以虚构事实或者隐瞒真相的方法，骗取数额较大的公私财物的行为。其中，伪造身份证的犯罪行为和诈骗罪属于牵连犯，按从一重罪处罚的原则，对陈某只定为诈骗罪。

陈某将摩托车故意推下山崖的行为构成故意毁坏财物罪。故意毁坏财物罪是指故意毁坏公私财物，数额较大或者有其严重情节的行为。题中陈某故意将丁的摩托车推下山崖致其毁损，因而构成故意毁损财物罪。

4. **答案**：甲某和乙某盗窃出租车作为抢劫银行的工具，构成盗窃罪与抢劫罪的共同犯罪，应当数罪并罚。甲某和乙某抢劫银行的行为，应当判处十年以上有期徒刑、无期徒刑或者死刑。

对于乙某在逃离时将保安打死的行为，属于抢劫后为了护赃等而当场使用暴力杀人的，应视为抢劫行为的继续，仍只能定为抢劫罪，为护赃而当场行凶杀人，可作为从重处罚情节，即按照抢劫致人死亡的结果加重犯处理，不单独作为故意杀人罪并罚，考查甲某对乙某开枪拒捕的行为是否存在共同故意，不能简单地从表面分析，甲某、乙某准备好猎枪、催泪弹等武器抢劫银行，甲某按照分工在外面车内接应，虽然未参与乙某的抢劫行为，但是应当对乙某会使用枪弹造成他人人身伤亡的后果有概括故意，对乙某实施的全部抢劫行为负刑事责任。甲某、乙某为实施抢劫银行的行为而盗窃他人汽车，事后将汽车丢弃在废弃的垃圾场内，不具有返还的意图，根据有关司法解释，应当以盗窃罪和抢劫罪数罪并罚。

5. **答案**：(1) 对孙某、刘某二犯应定抢夺罪，因为他们的行为具备抢夺罪的特征：二被告人的行为侵犯的客体是他人的财物所有权；客观方面是乘人不备，从后面上去把被害人撞倒，夺走手提包，取得财物。这种行为不属于抢劫罪中的使用暴力，抢劫罪的使用暴力是直接针对控制财物的被害人使用暴力，被害人知道有人为抢劫其财物而对其使用暴力，因此决定对财物放弃控制或实施反抗。本案中，被害人不知情，二被告人也没有当面威胁、胁迫被害人，因此只具备抢夺罪的客观方面特征。主观方面是故意而且以非法占有公私财物为目的，因此，孙某、刘某二犯的行为构成抢夺罪。

(2) 被告人胡某的行为构成盗窃罪。因为他目睹了警察抓罪犯的过程，知道罪犯扔到草丛中的提包是赃物，而且他应当知道这一财物的控制权是掌握在警察手中的，为非法将其占为己有而实施了捡拾、逃跑等行为，所以，从主客观方面都符合盗窃罪的特征。

6. **答案**：温某与李某的行为构成职务侵占罪。

本案温某身为某镇供销社商店出纳员，利用其保管单位钱款的便利条件，将该商店现金5000元非法占为己有。李某与温某共谋已构成职务侵占罪的共犯。

7. **答案**：以上三种观点中，只有第三种观点是正确的。理由如下：

本题考查的是盗窃罪与侵占罪、信用卡诈骗罪的界限问题。盗窃罪的基本特征是，违反被害人的意志，使用平和的方式，将他人占有的财物转移为自己或第三者占有。侵占罪的基本特征是，将自己占有的他人财物转移为自己所有，或者将脱离了占有的他人财产转移为自己所有。因此，区分盗窃罪与侵占罪的关键，在于判断作为犯罪对象的财物是否脱离占有以及由谁占有。行为人不可能盗窃自己事实上占有的财物，对自己事实上已经占有的财物只能成立侵占罪。从客观上说，占有是指事实上的支配，不仅包括物理支配范围内的支配，而且包括社会观念上可以推知财物的支配人的状态。

就本案而言，甲进入洗浴中心后，根据乙的指引，将衣服、手机、手提包等财物锁入8号柜以后，甲仍然占有自己的上述财物。也就是说，甲的上述财物并非乙占有。有人认为，甲将财物锁入8号柜之后，便属于洗浴中心代为保管的财物，这是不妥当的。因为甲持有8号柜的钥匙，在这种情况下，应认定甲仍然占有自己的财物。即使乙于忙乱中将钥匙插入8号柜，能够将8号柜打开，也不能认为乙占有了甲的上述财物。所以，乙不可能就甲的手提包成立侵占罪，只能成立盗窃罪。

在乙盗窃了甲的手提包之后，即使乙没有将8号柜锁好，导致8号柜半开半掩，甲也依然占有其柜中的财物。所以，丙将8号柜中的手机与信用卡取走的行为，仍然属于盗窃性质。根据《刑法》的规定，盗窃信用卡并使用的，以盗窃罪论处。因此，丙的行为仅成立一个盗窃罪，而不另成立信用卡诈骗罪。

综上所述，乙和丙的行为都构成盗窃罪，所以，第三种观点是正确的。

8. 答案：必须先分析盗窃罪保护的法益，但实际上分析的是财产犯罪的保护法益。关于法益可以简要介绍日本存在的“本权说”“占有说”和“中间说”，德国的“法律的财产说”“经济的财产说”以及“法律的经济的财产说”的各自内容与含义。再分析我国存在的所有权说的缺陷，最后介绍张明楷认为的观点“财产犯的法益首先是财产所有权及其他本权，其次是需要通过法定程序恢复应有状态的占有，但相对于本权者的恢复权利的行为而言，则不是财产犯的法益”。

本案中小王和小张的盗窃事实其实最终是盗窃了自己的摩托车，二人虽然有盗窃的故意，也有秘密窃取的行为，但由于最后查明是自己侵犯自己的财产所有权，不存在侵害的对象，所以不能成立盗窃罪。

9. 答案：抢劫罪是指以非法占有为目的，以暴力、胁迫或其他令被害人不能抗拒的方法当场强行劫取公私财物的行为。抢劫罪侵犯的客体是复杂客体。既侵犯了公私财产所有权，又侵犯了公民的人身权利，但主要客体是侵犯了公私财产所有权。这是我们国家刑法理论中通说。按照我国刑法通说理论，抢劫罪保护的犯罪客体显然是财产的所有权而不是财产的安全占有性。

在本案当中，由于建筑包工头刘某拖欠李某工资500元，李某遂到刘某家中索要，双方发生争执，在争执过程中，李某冲进刘某家的厨房，拿出一把菜刀逼迫刘某交出随身携带的200元钱。从案件的陈述事实来看，刘某随身携带的200元钱的损失不应当是刑法中抢劫罪所保护的犯罪客体，也就是说，李某并没有侵犯刘某的财产所有权，因为200元钱本身就是刘某拖欠李某工资的一部分，不存在侵犯刘某财产所有权的问题，所以，法院以抢劫罪的罪名判处李某有期徒刑12年在定罪方面是不妥当的，量刑自然无从说起。

当然，根据抢劫罪所保护的是财产安全占有的学说，李某的行为可以构成抢劫罪，但是即使李某的行为以抢劫罪论处，法院依照抢劫罪的法定加重处罚情节判处12年有期徒刑，也是有违罪刑相适应原则的。因为李某冲进刘某家的厨房拿出菜刀的行为按照最高法院颁布的司法解释根本不属于“入户抢劫”。自然没有加重处罚的余地。

编者赞同第一种观点，即抢劫罪所保护的客体是财产所有权，李某的行为不构成抢劫罪，法院的判决定性不当。

10. 答案：（1）构成抢劫罪而非绑架罪，因为陈某是直接向赵某索取财物，而非向第三者索取财物。

陈某将赵某扣押向其索要10万元的行为构成了抢劫罪，因为其系以劫取他人财物为目的并以暴力实施了对人身的强制行为，符合抢劫罪的构成要件。抢劫罪一般指以非法占有为目的，采用暴力、胁迫或者其他方法，强行劫取公私财物的行为。抢劫罪既要有劫取他人财物为目的的主观故意，又要有使用暴力强制他人人身的客观行为。本案中陈某为了劫取被害人赵某的财产，以暴力手段扣押、殴打被害人逼迫其拿出财物，符合抢劫罪的构成要件。

（2）构成非法拘禁罪，因为高某并无绑架的故意，而以为是索要债务。

高某将赵某扣押向其索要10万元的行为构成了非法拘禁罪。非法拘禁罪指以强制方式非法剥夺他人人身自由的犯罪行为。其主要指行为人以强制方式非法持续性限制他人人身自由，侵犯了他人的人身权利。本案中高某为“追账”而强行将被害人赵某扣押在宾馆，已经构成了非法拘禁罪。

（3）构成共同犯罪。因为根据部分犯罪共同说，陈某的抢劫罪与高某的非法拘禁罪之间成立共同犯罪。

陈某与高某构成部分共同犯罪。刑法理论上的共同犯罪是指二人以上共同故意实施的犯罪行为。共同犯罪需要以下构成要件：①共同犯罪的主体应为二人以上，单独主体不构成共同犯罪。②共同犯罪要求各行为人主观上必须具有共同的犯罪故意，即要求各犯罪行为人之间具有意思联络，在主观上能够认识其犯罪行为的社会危害性仍决意参加共同犯罪行为的心理状态。③各行为人共同实施了犯罪行为，即各行为人基于同一犯罪目的而相互配合实施了属于同一犯罪构成要件的行为。本案中陈某与高某虽然共同以暴力方式强制扣押被害人赵某并索取财物，但二者主观状态不一致，陈某的主观意图是强制劫取被害人赵某的财物，而高某则只是意图讨还赵某“欠”陈某的货款，二者既然没有共同的犯罪联络，因而不属于完全的共同犯罪，但高某的非法拘禁罪与陈某的抢劫罪之间具有部分同谋，因而构成部分共同犯罪。

所谓部分犯罪共同说，是指二人以上就部分犯罪有共同行为与共同故意时，也成为共同犯罪。共同犯罪是指二人以上共同故意犯罪，这表明只有二人以上以相同的故意实施了相同的犯罪行为，才可能成立共同犯罪。但这并不意味着只有当二人以上的故意内容与行为内容完全相同时，才能成立共同犯罪。共同犯罪的成立范围应当是：只要二人以上就部分犯罪具有共同行为与共同故意，便成为共同犯罪；在成立共同犯罪的前提下，又存在分别定罪的可能性。其主要存在如下情形：①当刑法的两个条文之间存在法条竞合的关系时，其条文所规定的犯罪便存在重合性质。如盗窃罪和盗窃枪支罪。②虽然不存在法条竞合关系，但当两种犯罪所侵犯的法益有相同之处，其中一种犯罪比另一种犯罪更为严重，从规范意义上说严重罪名包含非严重犯罪的内容时，也存在重合性质（可能是法条竞合，也可能是想象竞合），能够在重合范围内成立共同犯罪，比如故意杀人罪与故意伤害罪，绑架罪与非法拘禁罪，抢劫罪与抢夺罪，抢劫罪与敲诈勒索罪，为境外窃取、刺探、收买、非法提供国家秘密、情报罪与非法提供国家秘密罪。③在法定转化犯的情况下，如果数人共同实施了转化前的犯罪行为，而部分犯罪人实施了转化行为，但他人不知情的，应就转化前的犯罪成立共同犯罪。

（4）不另外构成敲诈勒索罪，因为高某的行为属于拘禁他人之后，索取债务的行为，缺乏非法占有的目的。

高某在公园取得李某10万元的行为不构成敲诈勒索罪。敲诈勒索罪是指以非法占有为目的，以威胁或者要挟的方式，强行索要数额较大的公私财物或多次强行索要公私财物行为。敲诈勒索罪中，犯罪行为人必须以非法占有为目的，以威胁或要挟的方法，逼迫财物所有人或持有人将公私财物交付行为人或其指定的第三人控制或提供其他财产性利益。敲诈勒索罪中非法占有的财物必须是数额较大，一般以1000~3000元为起点；在数额不大的情况下，只有多次敲诈勒索的，才构成敲诈勒索罪。本案中，高某在公园中虽然威胁李某说：“赵某已被我们扣押，不把钱给我，我们就把赵某给杀了”，并最终取得了10万元钱。但高某自始至终都以为该10万元是被害人赵某欠陈某的货款，因而不存在非法占有的主观目的，不构成敲诈勒索罪。

（5）不另定故意杀人罪，因为陈某的故意杀人行为包含在抢劫罪当中。

陈某对赵某的死亡，应当承担抢劫罪结果加重犯的刑事责任。2001年5月22日《最高人民法院关于抢劫过程中故意杀人案件如何定罪问题的批复》中规定："行为人为劫取财物而预谋故意杀人，或者在劫取财物过程中，为制服被害人反抗而故意杀人的，以抢劫罪定罪处罚。"我国《刑法》第263条同样规定："以暴力、胁迫或者其他方法抢劫公私财物的，处三年以上十年以下有期徒刑，并处罚金；有下列情形之一的，处十年以上有期徒刑、无期徒刑或者死刑，并处罚金或者没收财产：……（五）抢劫致人重伤、死亡的……"本案中陈某为劫取被害人赵某的财物强制扣押并殴打被害人，已经构成抢劫罪，而在被害人逃跑时又杀害被害人，构成了抢劫罪的结果加重犯，应根据《刑法》第263条的相关规定承担抢劫罪结果加重犯的刑事责任。

（6）不负刑事责任，因为陈某的杀人行为超出了高某的故意范围。

高某对被害人赵某的死亡不应承担刑事责任。因为高某没有抢劫或杀害被害人的主观故意，其只是为了讨还"债务"而非法限制了被害人的人身自由，其对被害人赵某的死亡毫不知情，被害人赵某的死亡与其没有直接因果关系，因而其不应承担被害人赵某死亡的刑事责任。

第二十六章 妨害社会管理秩序罪

配套测试

一、单项选择题

1. 甲某开设夜总会组织多名少女卖淫，同时以其夜总会雇用服务员为诱饵，从外地诱骗来少女乙某等3人，住进旅店安排其卖淫。对于有的不从者，以打骂威胁逼迫卖淫。有位少女坚决不愿从事卖淫，甲某将其强奸，以此打破贞操观念，而后迫使其卖淫。甲某的行为：(   )。

A. 构成强奸罪和组织卖淫罪

B. 构成强迫卖淫罪

C. 构成组织卖淫罪

D. 应当数罪并罚

2. 王某系某林站会计，为了达到为本单位谋取利益的目的，采用“以罚代证”的变通办法，让村民写出无证采伐了木材的检查，并按每立方米木材交出现金150元，再由其本人以林业工作站的名义给村民开具所谓“没收木材变价处理加罚款”的收据，让村民凭这些收据去采伐林木。其先后开出罚款收据50多张，收取“变价处理款和罚款”共计5万余元，用于偿还林站因盖办公楼所欠的债务。造成十余户村民依据王某开具的上述收据在自己的责任山或自留山上无证采伐林木材面积76.2立方米，造成林木资源遭受一定程度的破坏。对于王某的行为应当如何认定？(   )

A. 构成玩忽职守罪　B. 构成盗伐林木罪

C. 构成滥伐林木罪　D. 构成单位犯罪

3. 关于聚众斗殴罪下列说法正确的有：(   )。

A. 甲约乙到郊外荒地与张某决斗，甲构成聚众斗殴罪

B. 甲得知章、王、李、赵4人在某饭店喝酒后，便约乙、丙、丁3人持械前往报复，将章、王、李、赵4人打伤，构成聚众斗殴罪

C. 在公共场所或者交通要道聚众斗殴，造成社会秩序严重混乱的，构成聚众扰乱社会秩序罪

D. 聚众斗殴过程中造成他人重伤、死亡的，以聚众斗殴罪从重处罚

4. 甲、乙、丙三人酒后无聊，看电视时发现本市工人体育场正在举行足球比赛，现场观众较多，便想出点名堂，搞搞玩头，其先后给电视台、“110”报警中心等多家单位打电话，宣称在工人体育场安放了一枚定时炸弹，一个小时后即将爆炸，公安机关接到报警电话后，急忙组织人员对现场观众进行疏散，电视台也将此消息现场转播，引起现场观众极大恐慌，纷纷逃离体育场，秩序大乱，疏散中造成多名观众被挤伤，场内设施遭到不同程度的损坏，球赛也被迫中断，造成直接经济损失20多万元。甲、乙、丙的行为构成：(   )。

A. 聚众扰乱公共场所秩序罪

B. 寻衅滋事罪

C. 聚众扰乱社会秩序罪

D. 编造、故意传播虚假恐怖信息罪

5. 某国土资源管理部门负责人甲违反国家规定，擅自批准在某重要水源河流的源头进行个体采金活动，导致炼金过程中产生的大量有毒废物进入水中，使下游村庄人群发生明显的中毒症状，并对环境造成了极大的危害。甲的行为构成：(   )。

A. 污染环境罪

B. 环境监管失职罪

C. 玩忽职守罪

D. 重大责任事故罪

6. 行为人甲某在盗掘古墓葬的过程中，造成大量的珍贵文物严重毁损，对甲某的行为如何认定？(   )

A. 故意损毁珍贵文物罪
B. 盗掘古墓葬罪的严重情节
C. 盗掘古墓葬罪与故意损毁珍贵文物罪并罚
D. 盗掘古墓葬罪与故意损毁珍贵文物罪择一重罪处罚

7. 下列行为不能以赌博罪论处的有：(　　)。
A. 以营利为目的，聚众赌博的
B. 以营利为目的，开设赌场的
C. 以营利为目的，以赌博为业的
D. 在赌场里担任保安人员的

8. 下列关于运送他人偷越国（边）境的犯罪说法正确的有：(　　)。
A. 在运送他人偷越国（边）境中造成被运送人重伤、死亡的，以运送他人偷越国（边）境罪和故意伤害致人重伤、死亡罪数罪并罚
B. 在运送他人偷越国（边）境中以暴力、威胁方法抗拒检查的，以运送他人偷越国（边）境罪和妨害公务罪实行数罪并罚
C. 在运送他人偷越国（边）境中强奸被运送人的，以运送他人偷越国（边）境罪与强奸罪数罪并罚
D. 在运送他人偷越国（边）境中杀害被运送人的，属于运送他人偷越国（边）境罪的加重处罚情节，不需数罪并罚

9. 下列行为不构成非法捕捞水产品罪的有：(　　)。
A. 违反保护水产资源法规，在禁渔区捕捞水产品，情节严重的
B. 违反保护水产资源法规，在禁渔期捕捞水产品，情节严重的
C. 违反保护水产资源法规，使用禁用的工具、方法捕捞水产品，情节严重的
D. 违反有关法律，使用电击的方法捕捞他人鱼塘里的鱼，情节严重的

10. 东北饭店老板甲为阻止卫生局的检查人员乙对其饭店的检查，而当场把乙打成重伤，甲的行为应当构成何罪？(　　)
A. 故意伤害罪
B. 妨害公务罪
C. 抗拒卫生检查罪
D. 故意伤害罪和妨害公务罪

11. 某市公安局预审科长陈某，在办理其妻表弟吴某故意伤害他人致死案时，将吴某的年龄由19岁改为17岁，又在起诉意见书中加入吴某被迫自卫等虚假情节。陈某的行为构成：(　　)。
A. 伪证罪
B. 受贿罪
C. 徇私枉法罪
D. 帮助毁灭、伪造证据罪

12. 聚众扰乱社会秩序罪的犯罪主体是（　　)。
A. 首要分子
B. 首要分子或其他积极参加者
C. 首要分子、罪大恶极者或其他积极参加者
D. 所有参加者

13. 甲是一无业游民，为寻求精神刺激，多次带着他的一帮朋友在街道上追逐妇女，在社会上造成恶劣影响，甲的行为属于何种性质？(　　)
A. 寻衅滋事罪
B. 强制猥亵、侮辱妇女罪
C. 聚众扰乱公共场所秩序罪
D. 不构成犯罪

14. 甲因多次盗窃被判刑2年，刑满出狱后将其盗窃经验与盗窃手段、方法写成一本名为《梁上高手秘籍》的书，书中称按其传授的方法盗窃将万无一失，不会被抓获。乙某购买该书后，按书中所述方法盗窃某商场1万元，被抓获，甲的行为应如何定性？(　　)
A. 诈骗罪
B. 盗窃罪的教唆犯
C. 传授犯罪方法罪
D. 一般违法

15. 甲是朝鲜公民，以旅游为名，骗取朝鲜护照，到我国从事非法活动，甲的骗取护照的行为应当如何认定？(　　)
A. 构成骗取出境证件罪
B. 构成诈骗罪

C. 构成偷越国（边）境罪

D. 不构成犯罪

16. 甲为供自己吸食，从境外携带30克海洛因进入我国境内，甲的行为构成何罪？（　　）

A. 非法持有毒品罪　B. 走私毒品罪

C. 运输毒品罪　D. 一般违法

17. 甲组织妇女卖淫，乙经常在寻找卖淫女、拉拢嫖客、躲避公安机关的检查等方面为甲出谋划策，但乙从不直接参与组织活动。乙的行为属于何种性质？（　　）

A. 组织卖淫罪

B. 协助组织卖淫罪

C. 组织卖淫罪的共犯

D. 一般违法行为

18. 甲是出版社的编辑，在不知实情的情况下，为乙提供了一个书号，乙利用这个书号出版了一本淫秽的书籍，甲构成何罪？（　　）

A. 出版淫秽物品牟利罪

B. 为他人提供书号出版淫秽书刊罪

C. 传播淫秽物品罪

D. 不构成犯罪

19. 甲因不满政府关于下岗工人的安置政策，组织了500多人擅自在城中心举行集会，并且拒不服从警察的解散命令，造成城中心交通堵塞，秩序混乱，甲的行为构成（　　）。

A. 聚众扰乱社会秩序罪

B. 聚众扰乱公共场所秩序罪

C. 聚众扰乱交通秩序罪

D. 非法集会罪

20. 《刑法》第310条第1款规定了窝藏、包庇罪，第2款规定："犯前款罪，事前通谋的，以共同犯罪论处。"《刑法》第312条规定了掩饰、隐瞒犯罪所得罪，但没有规定"事前通谋的，以共同犯罪论处"。关于上述规定，下列哪一说法是正确的？（　　）（司考2017. 卷二.19）

A. 若事前通谋之罪的法定刑低于窝藏、包庇罪的法定刑，即使事前通谋的，也应以窝藏、包庇罪论处

B. 即使《刑法》第310条没有第2款的规定，对于事前通谋事后窝藏、包庇的，也应以共同犯罪论处

C. 因缺乏明文规定，事前通谋事后掩饰、隐瞒犯罪所得的，不能以共同犯罪论处

D. 事前通谋事后掩饰、隐瞒犯罪所得的，属于想象竞合，应从一重罪处罚

21. 2007年6月，被告人黄某的胞弟黄A（另案处理）用贩卖海洛因的钱购置了一辆桑塔纳小轿车，黄A将购车款的来源告诉了黄某，并要其保密。2007年10月，黄A因贩毒被捕。案发后，黄某从黄A家将桑塔纳轿车开回自己家中，当司法机关调查轿车来源时，黄某谎称车是其借了一国外朋友的钱购置的，准备开出租车谋生。对黄某的行为如何定罪处罚？（　　）

A. 构成包庇毒品犯罪分子罪

B. 构成包庇罪

C. 构成窝藏、隐瞒毒赃罪

D. 构成洗钱罪

22. 甲任邮政中心信函分拣组组长期间，先后三次将各地退回信函数万封（约500公斤），以每公斤0.4元的价格卖给废品收购站，所得款项占为己有。关于本案，下列哪一选项是正确的？（　　）（司考2010. 卷二.18）

A. 退回的信函不属于信件，甲的行为不成立侵犯通信自由罪

B. 退回的信函虽属于信件，但甲没有实施隐匿、毁弃与开拆行为，故不成立侵犯通信自由罪

C. 退回的信函处于邮政中心的管理过程中，属于公共财物，甲的行为成立贪污罪

D. 退回的信函被当作废品出卖也属于毁弃邮件，甲的行为成立私自毁弃邮件罪

23. 甲承租乙的房屋后，伪造身份证与房产证交与中介公司，中介公司不知有假，为其售房给不知情的丙，甲获款300万元。关于本案，下列哪一选项是错误的？

(   )(司考2010. 卷二 . 19)

A. 甲的行为触犯了伪造居民身份证罪与伪造国家机关证件罪，同时是诈骗罪的教唆犯

B. 甲是诈骗罪、伪造居民身份证罪与伪造国家机关证件罪的正犯

C. 伪造居民身份证罪、伪造国家机关证件罪与诈骗罪之间具有牵连关系

D. 由于存在牵连关系，对甲的行为应以诈骗罪从重处罚

24. 在某刑事诉讼中，证人张甲为被告人张乙的哥哥，为了帮张乙洗脱罪名，张甲对与案件有重要关系的情节作了虚假的证明，同时张甲还帮助张乙一起毁灭了作案工具铁榔头一把。则对张甲应当如何定罪处罚？(   )

A. 以伪证罪定罪处罚

B. 以帮助毁灭证据罪定罪处罚

C. 以妨害作证罪和帮助毁灭证据罪定罪，实行数罪并罚

D. 以伪证罪和帮助毁灭证据罪定罪，实行数罪并罚

25. 下列行为中，构成伪证罪的是：(   )。

A. 法院书记员因疏忽，漏记了案件重要事实

B. 辩护人伪造证据

C. 侦查人员帮助犯罪嫌疑人伪造证据

D. 鉴定人故意做虚假鉴定

26. 某甲在聚众斗殴的过程中将对方参与斗殴的某乙打成重伤。某甲的行为构成(   )。

A. 聚众斗殴罪

B. 故意伤害罪

C. 过失致人重伤罪

D. 聚众扰乱社会秩序罪

27. 某小卖部经营者甲经常在晚上看电视，小卖部附近工地的民工经常围在小卖部外边看电视。甲从来没有驱赶过民工，但也没邀请过，只是看自己的，对民工围观听之任之。有一段时间，甲弄来一批淫秽录像带连续数个晚上观看，围观民工一时大增，但甲仍然持放任态度。甲的行为构成：(   )。

A. 组织播放淫秽音像制品罪

B. 传播淫秽物品牟利罪

C. 传播淫秽物品罪

D. 不构成犯罪

28. 关于非法提供麻醉药品、精神药品罪，下列说法错误的是：(   )。

A. 本罪的自然人主体只能是依法从事生产、运输、管理、使用国家管制的麻醉药品、精神药品的人员

B. 单位可以成为本罪主体

C. 以牟利为目的，向吸毒人员提供国家规定管制的麻醉药品、精神药品的，成立本罪

D. 向走私、贩卖毒品的犯罪分子提供国家规定管制的麻醉药品、精神药品的，不成立本罪

29. 某国有林场为解决本单位职工福利，擅自采伐所管理的林木1000余棵。其行为属于：(   )。

A. 单位构成盗伐林木罪

B. 主管人员和直接责任人员个人构成盗伐林木罪

C. 滥伐林木罪

D. 不构成犯罪

30. 关于盗伐林木罪，下列哪一选项是正确的？(   )(司考2017. 卷二 . 20)

A. 甲盗伐本村村民张某院落外面的零星树木，如果盗伐数量较大，构成盗伐林木罪

B. 乙在林区盗伐珍贵林木，数量较大，如同时触犯其他法条构成其他犯罪，应数罪并罚

C. 丙将邻县国有林区的珍贵树木移植到自己承包的林地精心养护使之成活的，不属于盗伐林木

D. 丁在林区偷扒数量不多的具有药用价值的树皮，致使数量较大的林木枯死的，构成盗伐林木罪

31. 甲邀请几个好友到他家看黄碟，朋友临走时，经几人要求，甲为他们各自刻录了一张黄色光盘。则下列说法正确的

是：（ ）。

A. 甲构成非法传播淫秽物品罪
B. 甲构成复制淫秽物品罪
C. 甲构成组织播放淫秽音像制品罪
D. 以上说法均不正确

32. 下列行为构成包庇罪的有：（ ）。

A. 甲作假证包庇其到处招摇撞骗的儿子乙
B. 甲是吸毒者，为能买到毒品而包庇贩卖毒品的犯罪分子乙
C. 甲明知乙在走私一批汽车，为帮助乙掩饰、隐瞒违法所得的来源和性质，甲协助乙将资金汇往境外
D. 甲是一国家机关工作人员，对黑社会性质组织的违法犯罪行为进行包庇

33. 江湖郎中应某（未取得医生执业资格）应史某的请求，为史某的妻子陈氏实施节育复通手术。不料在手术过程中由于应某的失误造成陈氏失血过多而死亡。对于应某的行为，下列评价正确的是：（ ）。

A. 构成医疗事故罪
B. 构成非法行医罪
C. 构成非法进行节育手术罪
D. 应当对应某进行数罪并罚

34. 下列关于非法处置进口的固体废物罪的说法，正确的是：（ ）。

A. 这里的废物，是指人们在日常建设、日常生活及其他活动中产生的固态、半固态、液态、气态废弃物质，即工业废弃物和生活垃圾
B. 本罪是行为犯，只要行为人违反国家对进境的固体废物污染的防治管理制度，将境外的固体废物进境倾倒、堆放、处置的行为，就构成犯罪，并不要求行为造成一定的后果
C. 本罪在主观方面，行为人既可以是故意，也可以是过失。如果行为人出于故意的心态，通常还要求行为人具有牟取非法利益的目的
D. 本罪主体是自然人，单位不构成本罪主体。如果单位实施了本罪规定的行为，只能依照共同犯罪处罚单位内部直接负责的主管人员和其他直接责任人员

35. 关于非法行医罪，说法不正确的是：（ ）。（司考 2011. 卷二. 19）

A. 主体是未取得医师执业资格的人
B. 医科大学本科毕业，分配到医院担任见习医生，在试用期内虽未取得职业资格，但从事相应的医疗活动，也不属于非法行医
C. 主观方面是故意
D. 非法行医造成就诊人死亡，以故意杀人罪定罪量刑

36. 范某为获取非法利益，大量伪造高校毕业证书后贩卖。范某的行为构成：（ ）。（司考 2010. 卷二. 20）

A. 伪造、买卖国家机关印章罪
B. 伪造国家机关印章罪
C. 伪造、买卖事业单位印章罪
D. 伪造事业单位印章罪

37. 以无毒的白粉冒充传染性炭疽病毒病菌夹于信封纸内寄给一些政府机关，这种行为构成何罪？（ ）（司考 2008. 卷二. 15）

A. 投放虚假危险物质罪
B. 危险物品肇事罪
C. 投放危险物质罪
D. 以危险方法危害公共安全罪

38. 毒贩甲得知公安机关近来要开展"严打"斗争，遂将尚未卖掉的 50 多克海洛因和贩毒所得赃款 8 万多元拿到家住偏远农村的亲戚乙处隐藏。公安机关得到消息后找乙调查此事，乙矢口否认。乙当晚将上述毒品、赃款带到后山山洞隐藏时被跟踪而至的公安人员当场抓获。乙的上述行为应当以何罪论处？（ ）

A. 非法持有毒品罪
B. 窝藏、转移赃物罪
C. 窝藏、转移、隐瞒毒品、毒赃罪
D. 包庇毒品犯罪分子罪

39. 甲系某医院外科医师，应邀在朋友乙的私人诊所兼职期间，擅自为多人进行了

节育复通手术。对甲的行为应当如何定性？（ ）

A. 构成非法行医罪

B. 构成非法进行节育手术罪

C. 构成医疗事故罪

D. 不构成犯罪

40. 陈某向王某声称要购买80克海洛因，王某便从外地购买了80克海洛因。到达约定交货地点后，陈某掏出仿真手枪威胁王某，从王某手中夺取了80克海洛因。此后半年内，因没有找到买主，陈某一直持有80克海洛因。半年后，陈某将80克海洛因送给其毒瘾很大的朋友刘某，刘某因过量吸食海洛因而死亡。关于本案，下列哪一选项是错误的？（ ）

A. 王某虽然是陈某抢劫的被害人，但其行为仍成立贩卖毒品罪

B. 陈某持仿真手枪取得毒品的行为构成抢劫罪，但不属于持枪抢劫

C. 陈某抢劫毒品后持有该毒品的行为，被抢劫罪吸收，不另成立非法持有毒品罪

D. 陈某将毒品送给刘某导致其过量吸食进而死亡的行为，成立过失致人死亡罪

41. 关于利用计算机网络的犯罪，下列哪一选项是正确的？（ ）

A. 通过互联网将国家秘密非法发送给境外的机构、组织、个人的，成立故意泄露国家秘密罪

B. 以营利为目的，在计算机网络上建立赌博网站，或者为赌博网站担任代理，接受投注的，属于《刑法》第303条规定的“开设赌场”

C. 以牟利为目的，利用互联网传播淫秽电子信息的，成立传播淫秽物品罪

D. 组织多人故意在互联网上编造、传播爆炸、生化、放射威胁等虚假恐怖信息，严重扰乱社会秩序的，成立聚众扰乱社会秩序罪

42. 甲路过偏僻路段，看到其友乙强奸丙的犯罪事实。甲的下列哪一行为构成包庇罪？（ ）（司考2012. 卷二.19）

A. 用手机向乙通报公安机关抓捕乙的消息

B. 对侦查人员的询问沉默不语

C. 对侦查人员声称乙、丙系恋人，因乙另有新欢遭丙报案诬陷

D. 经法院通知，无正当理由，拒绝出庭作证

43. 关于非法持有毒品罪，下列哪一选项是正确的？（ ）（司考2011. 卷二.18）

A. 非法持有毒品的，无论数量多少都应当追究刑事责任

B. 持有毒品不限于本人持有，包括通过他人持有

C. 持有毒品者而非所有者时，必须知道谁是所有者

D. 因贩卖而持有毒品的，应当实行数罪并罚

44. 下列哪一选项的行为应以掩饰、隐瞒犯罪所得罪论处？（ ）（司考2011. 卷二.17）

A. 甲用受贿所得1000万元购买了一处别墅

B. 乙明知是他人用于抢劫的汽车而更改车身颜色

C. 丙与抢劫犯事前通谋后代为销售抢劫财物

D. 丁明知是他人盗窃的汽车而为其提供伪造的机动车来历凭证

45. 医生甲退休后，擅自为人看病2年多。某日，甲为乙治疗，需注射青霉素。乙自述以前曾注射过青霉素，甲便未做皮试就给乙注射青霉素，乙因青霉素过敏而死亡。关于本案，下列哪一选项是正确的？（ ）（司考2013. 卷二. 18）

A. 以非法行医罪的结果加重犯论处

B. 以非法行医罪的基本犯论处

C. 以过失致人死亡罪论处

D. 以医疗事故罪论处

46. 甲公司竖立的广告牌被路边树枝遮挡，甲公司在未取得采伐许可的情况下，将遮挡广告牌的部分树枝砍掉，所砍树枝

共计6立方米。关于本案，下列哪一选项是正确的？（　　）（司考2013. 卷二.19）

A. 盗伐林木包括砍伐树枝，甲公司的行为成立盗伐林木罪

B. 盗伐林木罪是行为犯，不以破坏林木资源为要件，甲公司的行为成立盗伐林木罪

C. 甲公司不以非法占有为目的，只成立滥伐林木罪

D. 不能以盗伐林木罪判处甲公司罚金

47. 甲怀疑医院救治不力致其母死亡，遂在医院设灵堂、烧纸钱，向医院讨说法。结合社会主义法治理念和刑法规定，下列哪一看法是错误的？（　　）（司考2014. 卷二.2）

A. 执法为民与服务大局的理念要求严厉打击涉医违法犯罪，对社会影响恶劣的涉医犯罪行为，要依法从严惩处

B. 甲属于起哄闹事，只有造成医院的秩序严重混乱的，才构成寻衅滋事罪

C. 如甲母的死亡确系医院救治不力所致，则不能轻易将甲的行为认定为寻衅滋事罪

D. 如以寻衅滋事罪判处甲有期徒刑3年、缓刑3年，为有效维护医疗秩序，法院可同时发布禁止令，禁止甲1年内出入医疗机构

48. 下列哪一行为应以妨害公务罪论处？（　　）（司考2016. 卷二.19）

A. 甲与傅某相互斗殴，警察处理完毕后让各自回家。傅某当即离开，甲认为警察的处理不公平，朝警察小腿踢一脚后逃走

B. 乙夜间入户盗窃时，发现户主戴某是警察，窃得财物后正要离开时被戴某发现。为摆脱抓捕，乙对戴某使用暴力致其轻微伤

C. 丙为使其弟逃跑，将前来实施行政拘留的警察打倒在地，其弟顺利逃走

D. 丁在组织他人偷越国（边）境的过程中，以暴力方法抗拒警察检查

49. 甲杀丙后潜逃。为干扰侦查，甲打电话让乙将一把未留有指纹的斧头粘上丙的鲜血放到现场。乙照办后报案称，自己看到“凶手”杀害了丙，并描述了与甲相貌特征完全不同的“凶手”情况，导致公安机关长期未将甲列为嫌疑人。关于本案，下列哪一选项是错误的？（　　）（司考2016. 卷二.20）

A. 乙将未留有指纹的斧头放到现场，成立帮助伪造证据罪

B. 对乙伪造证据的行为，甲不负刑事责任

C. 乙捏造事实诬告陷害他人，成立诬告陷害罪

D. 乙向公安机关虚假描述“凶手”的相貌特征，成立包庇罪

二、多项选择题

1. 关于毒品犯罪，下列哪些选项是正确的？（　　）

A. 甲容留未成年人吸食、注射毒品，构成容留他人吸毒罪

B. 乙随身携带藏有毒品的行李入关，被现场查获，构成走私毒品罪既遂

C. 丙乘广州至北京的火车运输毒品，快到武汉时被查获，构成运输毒品罪既遂

D. 丁以牟利为目的容留刘某吸食毒品并向其出卖毒品，构成容留他人吸毒罪和贩卖毒品罪，应数罪并罚

2. 甲某之子因为吸毒后违章驾驶撞伤一行人后逃逸，致被害人因为延误救治而死亡。甲某谎称是自己驾驶的，替其子顶罪。另查明：甲某曾经将受到公安机关通缉的毒品犯乙某窝藏在家中长达3个月之久。还从甲某家中查获乙某存放在其家中的1千克海洛因和50万元毒资。甲某的行为构成：（　　）。

A. 窝藏罪

B. 包庇罪

C. 包庇毒品犯罪分子罪

D. 窝藏毒品、毒赃罪

3. 张某向邻居王某兜售毒品，被王某拒绝。张某就假意将一支掺有毒品的香烟递给王某吸食，王某因此染上毒瘾，后来主动上门要求购买毒品注射，张某见王某携有大量现金，便心生夺财之念，故意给其注射大剂量毒品，致王某昏迷。乘机掠走王某身上的现金。张某的行为应当如何认定？（　　）

A. 欺骗他人吸毒罪　　B. 盗窃罪

C. 贩卖毒品罪　　D. 抢劫罪

4. 甲某是某医院管理麻醉药品的司库员。出于朋友面子，为一些染有毒瘾的朋友提供麻醉药品，后来甲某觉得有风险就拒绝提供。但是朋友仍找他，并给其送钱送物，让其帮忙再搞点出来，甲某则视所送钱物的价值大小，为其提供相应一定数量的麻醉品。经查证，甲某因此而收受的钱财价值达到30余万元。甲某的行为构成（　　）。

A. 贩卖毒品罪

B. 受贿罪

C. 非国家工作人员受贿罪

D. 非法提供麻醉药品罪

5. 编造、故意传播下列哪些虚假的信息可以构成编造、故意传播虚假恐怖信息罪？（　　）

A. 爆炸威胁的恐怖信息

B. 生化威胁的恐怖信息

C. 放射威胁的恐怖信息

D. 地球要毁灭的恐怖信息

6. 下列关于组织、利用邪教组织的犯罪说法正确的有：（　　）。

A. 组织和利用邪教组织破坏国家法律、行政法规实施的，构成组织、利用会道门、邪教组织、利用迷信破坏法律实施罪

B. 组织和利用邪教组织，蒙骗他人，致人死亡的，构成组织、利用会道门、邪教组织、利用迷信致人死亡罪

C. 组织和利用邪教组织奸淫妇女的，构成强奸罪

D. 组织和利用邪教组织诈骗财物的，构成诈骗罪

7. 下列行为可以构成伪证罪的有：（　　）。

A. 在刑事诉讼中，翻译人对与案件有重要关系的情节，故意作虚假翻译，意图陷害他人或者隐匿罪证的

B. 在刑事诉讼中，鉴定人对与案件有重要关系的情节，故意作虚假鉴定，意图陷害他人或者隐匿罪证的

C. 以暴力方法指使他人作伪证的

D. 明知是犯罪的人而作假证明包庇的

8. 依法被关押的罪犯实施下列哪些行为，情节严重的，可以构成破坏监管秩序罪？（　　）

A. 殴打监管人员的

B. 组织其他被监管人破坏监管秩序的

C. 聚众闹事，扰乱正常监管秩序的

D. 殴打、体罚或者指使他人殴打、体罚其他被监管人的

9. 有下列组织他人偷越国（边）境的行为，依法指定组织他人偷越国（边）境一罪，不需数罪并罚的有：（　　）。

A. 剥夺或者限制被组织人人身自由的

B. 强奸、拐卖被组织人的

C. 骗取出境证件的

D. 以暴力、威胁方法抗拒检查的

10. 非法向外国人出售、赠送珍贵文物罪与非法出售、私赠文物藏品罪的区别在于：（　　）。

A. 犯罪主体不同，前罪是一般主体，后罪只限于国有博物馆、图书馆等依法藏有文物的单位

B. 犯罪对象不同，前罪是国家禁止出口的珍贵文物，后罪则只是国家保护的文物

C. 出售、赠与的对象不同，前罪是私自出售、私自赠送给外国人，后罪则是出售或者私自送给非国有单位或者个人

D. 犯罪的主观方面不同，前罪要出于牟利的目的，后罪不要求具有此目的

11. 违反传染病防治法的规定，具有下列哪些情形，引起甲类传染病传播或者有传

播严重危险的，构成妨害传染病防治罪？（　）
A. 供水单位供应的饮用水不符合国家规定的卫生标准的
B. 拒绝按照卫生防疫机构提出的卫生要求，对传染病病原体污染的污水、污物、粪便进行消毒处理的
C. 准许或者纵容传染病病人、病原携带者和疑似传染病病人从事国务院卫生行政部门规定禁止从事的易使该传染病扩散的工作的
D. 拒绝执行卫生防疫机构依照传染病防治法提出的预防、控制措施的

12. 下列有关环境的犯罪，不以造成重大环境污染事故为构成要件的有：（　）。
A. 严重污染环境罪
B. 非法处置进口的固体废物罪
C. 擅自进口固体废物罪
D. 走私固体废物罪

13. 实施下列哪些行为可以构成非法种植毒品原植物罪？（　）
A. 种植罂粟五百株以上不满三千株
B. 经公安机关处理后又种植的
C. 抗拒铲除的
D. 种植其他毒品原植物数量较大的

14. 非法收购盗伐、滥伐的林木罪的构成特征是：（　）。
A. 主观上要以牟利为目的
B. 犯罪行为实施的地点只限于林区
C. 行为人对收购的林木是盗伐、滥伐的，应当存在明知
D. 构成本罪需要具备情节严重的要件

15. 扰乱法庭秩序罪在客观方面表现为下列何种情形？（　）
A. 聚众哄闹法庭的
B. 聚众冲击法庭的
C. 殴打司法工作人员或者诉讼参与人的
D. 聚众围攻法院的

16. 强迫卖血罪的犯罪方法包括（　）。
A. 暴力　　B. 欺骗
C. 利诱　　D. 威胁

17. 非法进行节育手术罪的客观方面表现为有下列哪种行为之一，且情节严重？（　）
A. 进行节育复通手术
B. 做假节育手术
C. 做真节育手术
D. 做人工流产手术

18. 关于走私、贩卖、运输、制造毒品罪，下列说法不正确的是：（　）。
A. 单位可以成为走私、贩卖、运输、制造毒品罪的主体
B. 走私、贩卖、运输、制造毒品的，数量较大的，应当追究刑事责任
C. 运输毒品罪既包括在境内运输毒品，也包括从境外运往境内和从境内运往境外
D. 以暴力抗拒检查、拘留、逮捕的，以走私毒品罪和妨害公务罪进行数罪并罚

19. 关于引诱、教唆、欺骗他人吸毒罪与强迫他人吸毒罪，下列说法正确的是：（　）。
A. 引诱、教唆、欺骗他人吸毒罪中的“他人”仅限于已满14周岁的人
B. 非法在牛奶中加入毒品而提供给婴儿饮用的，不成立引诱、教唆、欺骗他人吸毒罪，而成立强迫他人吸毒罪
C. 国家工作人员利用职权强迫他人吸毒的，属于法定的从重处罚情节
D. 强迫未成年人吸毒的，属于法定的从重处罚情节

20. 关于毒品犯罪，下列哪些选项是正确的？（　）（司考2010. 卷二.60）
A. 明知他人实施毒品犯罪而为其居间介绍，代购代卖的，即使没有牟利目的，也成立贩卖毒品罪
B. 为便于隐蔽运输，对毒品掺杂使假的行为，或者为了销售，去除毒品中的非毒品物质的行为，不成立制造毒品罪
C. 甲认为自己管理毒品不安全，将数量较大毒品委托给乙保管时，甲、乙均成立非法持有毒品罪

D. 行为人对同一宗毒品既走私又贩卖的，量刑时不应重复计算毒品数量

21. 下列关于妨害动植物防疫、检疫罪的说法，正确的是：（　　）。

A. 本罪的主观方面是故意，表现为行为人明知自己的行为违反进出境动植物检疫法规的规定，而希望实施的心态

B. 本罪是危险犯，只要行为人的行为具有引起重大动植物疫情的危险，就构成犯罪，而不要求实际上引起重大动植物疫情的发生

C. 本罪的主体是一般主体，既可以是自然人，也可以是单位

D. 本罪的客体是国家对进出口动植物防疫、检疫的管理秩序

22. 某村有一棵古樟树，为该县第一大樟树，被列入国家保护植物之一。一日，村民张某、李某串通谋划盗伐该树。某晚，张某、李某携带铁锯、斧头、绳子等工具，砍伐这棵樟树。正当张某、李某准备砍伐时，被本村治保主任王某发现。王某召集群众将张某、李某制服。张某、李某的行为该如何认定？（　　）

A. 张某、李某的行为构成非法采伐、毁坏国家重点保护植物罪

B. 张某、李某的行为构成盗伐林木罪

C. 张某、李某的行为属于犯罪预备

D. 张某、李某的行为属于犯罪未遂

23. 下列哪些行为不能构成伪证罪？（　　）

A. 在民事诉讼中，证人作伪证的

B. 在刑事诉讼中，辩护人伪造证据的

C. 在刑事诉讼中，证人故意作虚假证明意图陷害他人的

D. 在刑事诉讼中，诉讼代理人帮助当事人伪造证据的

24. 下列行为中属于寻衅滋事犯罪行为的是：（　　）。

A. 随意殴打他人，情节恶劣的

B. 追逐、拦截、辱骂他人，情节恶劣的

C. 强拿硬要或者任意损毁，占用公私财物，情节严重的

D. 在公共场所起哄闹事，造成公共场所秩序严重混乱的

25. 对下列哪些行为不应当认定为脱逃罪？（　　）（司考 2010. 卷二 .61）

A. 犯罪嫌疑人在从甲地押解到乙地的途中，乘押解人员不备，偷偷溜走

B. 被判处管制的犯罪分子未经执行机关批准到外地经商，直至管制期满未归

C. 被判处有期徒刑的犯罪分子组织多人有计划地从羁押场所秘密逃跑

D. 被判处无期徒刑的 8 名犯罪分子采取暴动方法逃离羁押场所

26. 甲、乙通过丙向丁购买毒品，甲购买的目的是自己吸食，乙购买的目的是贩卖，丙则通过介绍毒品买卖，从丁处获得一定的好处费。对于本案，下列哪些选项是正确的？（　　）

A. 甲的行为构成贩卖毒品罪

B. 乙的行为构成贩卖毒品罪

C. 丙的行为构成贩卖毒品罪

D. 丁的行为构成贩卖毒品罪

27. 下列哪些行为不构成包庇罪？（　　）

A. 国家机关工作人员包庇黑社会性质的组织的

B. 帮助当事人毁灭、伪造证据的

C. 明知他人有间谍行为，在国家安全机关向其收集有关证据时，拒绝提供，情节严重的

D. 包庇走私、贩卖、运输、制造毒品的犯罪分子的

28. 丁某盗窃了农民程某的一个手提包，发现包里有大量现金和一把手枪。丁某将实情告诉崔某，并将手枪交给崔某保管，崔某将手枪藏在家里。关于本案，下列哪些选项是正确的？（　　）（司考 2007. 卷二 .61）

A. 丁某构成盗窃罪

B. 丁某构成盗窃枪支罪

C. 崔某构成窝藏罪

D. 崔某构成非法持有枪支罪

29. 王某担任辩护人时，编造了一份隐匿罪证的虚假证言，交给被告人陈小二的父亲陈某，让其劝说证人李某背熟后向法

庭陈述，并给李某5000元好处费。陈某照此办理。李某收受5000元后，向法庭作了伪证，致使陈小二被无罪释放。后陈某给陈小二10万美元，让其逃往国外。关于本案，下列哪些选项是错误的？(　　)（司考2007. 卷二.64）

A. 王某的行为构成辩护人妨害作证罪

B. 陈某劝说李某作伪证的行为构成妨害作证罪的教唆犯

C. 李某构成辩护人妨害作证罪的帮助犯

D. 陈某让陈小二逃往国外的行为构成脱逃罪的共犯

30. 甲、乙均为吸毒人员，且关系密切。乙因买不到毒品，多次让甲将自己吸食的毒品转让几克给乙，甲每次均以购买价转让毒品给乙，未从中牟利。关于本案，下列哪些选项是错误的？(　　)（司考2008. 卷二.65）

A. 贩卖毒品罪必须以营利为目的，故甲的行为不成立贩卖毒品罪

B. 贩卖毒品罪以获利为要件，故甲的行为不成立贩卖毒品罪

C. 甲属于无偿转让毒品，不属于贩卖毒品，故不成立贩卖毒品罪

D. 甲只是帮助乙吸食毒品，《刑法》没有将吸食毒品规定为犯罪，故甲不成立犯罪

31. 下列哪些行为构成包庇罪？(　　)（司考2009. 卷二.62）

A. 甲帮助强奸罪犯毁灭证据

B. 乙（乘车人）在交通肇事后指使肇事人逃逸，致使被害人因得不到救助而死亡

C. 丙明知实施杀人、放火犯罪行为是恐怖组织所为，而作假证明予以包庇

D. 丁系歌舞厅老板，在公安机关查处卖淫嫖娼违法行为时为违法者通风报信，情节严重

32. 甲盗掘国家重点保护的古墓葬，窃取大量珍贵文物，并将部分文物偷偷运往境外出售牟利。司法机关发现后，甲为毁灭罪证将剩余珍贵文物损毁。关于本案，下列哪些选项是错误的？(　　)（司考2010. 卷二.63）

A. 运往境外出售与损毁文物，属于不可罚的事后行为，对甲应以盗掘古墓葬罪、盗窃罪论处

B. 损毁文物是为自己毁灭证据的行为，不成立犯罪，对甲应以盗掘古墓葬罪、盗窃罪、走私文物罪论处

C. 盗窃文物是盗掘古墓葬罪的法定刑升格条件，对甲应以盗掘古墓葬罪、走私文物罪、故意损毁文物罪论处

D. 盗掘古墓葬罪的成立不以盗窃文物为前提，对甲应以盗掘古墓葬罪、盗窃罪、走私文物罪、故意损毁文物罪论处

33. 关于利用互联网传播淫秽物品牟利的犯罪，可以由哪些主体构成？(　　)（司考2010. 卷二.64）

A. 网站建立者

B. 网站直接管理者

C. 电信业务经营者

D. 互联网信息服务提供者

34. 甲潜入某公安交通管理局会计室盗窃，未能打开保险柜，却意外发现在该局工作的乙的警官证，随即将该证件拿走。随后，甲到偏僻路段，先后向9个驾车超速行驶的司机出示警官证，共收取罚款900元。对于本案，下列哪些选项是正确的？(　　)（2008. 四川. 卷二.56）

A. 甲潜入会计室盗窃的行为，成立盗窃未遂

B. 甲收取罚款的行为，构成敲诈勒索罪

C. 甲收取罚款的行为，构成招摇撞骗罪

D. 甲收取罚款的行为，构成诈骗罪

35. 关于毒品犯罪的论述，下列哪些选项是错误的？(　　)（司考2012. 卷二. 62）

A. 非法买卖制毒物品的，无论数量多少，都应追究刑事责任

B. 缉毒警察掩护、包庇走私毒品的犯罪分子的，构成放纵走私罪

C. 强行给他人注射毒品，使人形成毒瘾

的，应以故意伤害罪论处

D. 窝藏毒品犯罪所得的财物的，属于窝藏毒赃罪与掩饰、隐瞒犯罪所得罪的法条竞合，应以窝藏毒赃罪定罪处刑

36. 下列（　　）可以认定为“偷越国（边）境”的行为。

A. 没有出入境证件出入国（边）境或者逃避接受边防检查的

B. 使用伪造、变造、无效的出入境证件出入国（边）境的

C. 使用他人出入境证件出入国（边）境的

D. 使用以虚假的出入境事由、隐瞒真实身份、冒用他人身份证件等方式骗取的出入境证件出入国（边）境的

37. 甲、乙两村因水源发生纠纷。甲村 20 名村民手持铁锹等农具，在两村交界处强行修建引水设施。乙村 18 名村民随即赶到，手持木棍、铁锹等与甲村村民互相谩骂、互扔石块，甲村 3 人被砸成重伤。因警察及时疏导，两村村民才逐渐散去。关于本案，下列哪些选项是正确的？（　　）（司考 2013. 卷二 . 62）

A. 村民为争水源而斗殴，符合聚众斗殴罪的主观要件

B. 不分一般参加斗殴还是积极参加斗殴，甲、乙两村村民均触犯聚众斗殴罪

C. 因警察及时疏导，两村未发生持械斗殴，属于聚众斗殴未遂

D. 对扔石块将甲村 3 人砸成重伤的乙村村民，应以故意伤害罪论处

38. 甲的下列哪些行为成立帮助毁灭证据罪（不考虑情节）？（　　）（司考 2014. 卷二 . 61）

A. 甲、乙共同盗窃了丙的财物。为防止公安人员提取指纹，甲在丙报案前擦掉了两人留在现场的指纹

B. 甲、乙是好友。乙的重大贪污罪行被丙发现。甲是丙的上司，为防止丙作证，将丙派往境外工作

C. 甲得知乙放火致人死亡后未清理现场痕迹，便劝说乙回到现场毁灭证据

D. 甲经过犯罪嫌疑人乙的同意，毁灭了对乙有利的证据

39. 2016 年 4 月，甲利用乙提供的作弊器材，安排大学生丙在地方公务员考试中代替自己参加考试。但丙考试成绩不佳，甲未能进入复试。关于本案，下列哪些选项是正确的？（　　）（司考 2016. 卷二 . 60）

A. 甲组织他人考试作弊，应以组织考试作弊罪论处

B. 乙为他人考试作弊提供作弊器材，应按组织考试作弊罪论处

C. 丙考试成绩虽不佳，仍构成代替考试罪

D. 甲让丙代替自己参加考试，构成代替考试罪

40. 关于毒品犯罪，下列哪些选项是正确的？（　　）（司考 2016. 卷二 . 61）

A. 甲无牟利目的，为江某代购仅用于吸食的毒品，达到非法持有毒品罪的数量标准。对甲应以非法持有毒品罪定罪

B. 乙为蒋某代购仅用于吸食的毒品，在交通费等必要开销之外收取了若干“劳务费”。对乙应以贩卖毒品罪论处

C. 丙与曾某互不知情，受雇于同一雇主，各自运输海洛因 500 克。丙将海洛因从一地运往另一地后，按雇主吩咐交给曾某，曾某再运往第三地。丙应对运输 1000 克海洛因负责

D. 丁盗窃他人 200 克毒品后，将该毒品出卖。对丁应以盗窃罪和贩卖毒品罪实行数罪并罚

三、不定项选择题

1. 包工头甲经营数年收入颇丰，为达到出国观光的目的，遂向有关人员送礼 6000 元。在国外，甲赴赌场赌博，赢了 3 万元。回国将一半赌金赠与本村小学。不久因甲在施工中偷工减料，将低标号水泥代替高标号水泥使用，用细钢筋取代粗钢筋，造成其承建的一座礼堂倒塌，损失 40 余万元。

为逃避制裁，甲找到任某公司经理的同乡乙商议对策，恰逢乙因倒卖许可证和走私文物等事发正被追查，乙提出让甲先到其在边境的一远房亲戚家暂避。行前乙交与甲2万元作为路费，并请甲将自己倒卖许可证和走私凭据带走。甲走后，乙恐其难逃法网，遂命其表弟丙带丁、戊二人（均是刑满释放人员）在途中将甲干掉。丙闻言色变，说此举恐有杀身之虞，劝乙放弃。乙诡称只要丙将自己的一亲笔信带给丁、戊二人，并随其找到甲，不必丙动手。丙默许，于是乙当着丙的面写了信。并给丙3万元，打发丙上路。丙在途中将乙的信交给丁、戊二人，假说自己另有急事，一切事由可与乙直接联络，遂中途下车。丁、戊二人寻至甲，欲施毒手，经甲苦苦哀求并许以重金，遂放过了甲。返回后谎称事毕，各从乙处得"赏金"一万元。后甲向当地公安机关自首。

(1) 甲的行为触犯了什么罪名？(　　)

A. 行贿罪

B. 工程重大安全事故罪

C. 包庇罪

D. 赌博罪

(2) 乙的行为触犯了什么罪名？(　　)

A. 故意杀人罪

B. 窝藏罪

C. 包庇罪

D. 帮助毁灭、伪造证据罪

(3) 丙的行为如何认定？(　　)

A. 构成故意杀人罪

B. 没有实施杀人行为，不构成犯罪

C. 属于共同犯罪中的帮助犯

D. 被欺骗参与犯罪，属间接正犯

(4) 丁、戊二人的行为如何认定？(　　)

A. 构成故意杀人罪

B. 构成犯罪中止

C. 构成诈骗罪

D. 构成犯罪未遂

2. 甲某纠集乙某、丙某、丁某等人，在某农贸市场附近设立一个储运公司。甲某的储运公司雇了30余名"保安员"，规定这些人员必须绝对服从公司老板。如有背叛行为尤其是向警察告密者，必予严惩。甲某要求该农贸市场的经营者进货、出货业务必须交给该储运公司办理，并收取高额的费用。对于不服从这一规矩的商户，轻则将店铺砸毁，重则伤人。某经营户因为将一笔运输业务交给其他公司办理，甲某指使公司保安将其双腿敲断，从此无人再敢犯"规矩"。甲某的储运公司，还向众多客户收取"保护费"，每月此项收入高达5万元。对于不按期交纳保护费的人，甲某即派人将其店铺捣毁。甲某赚取高额利润后，又投资娱乐业。开有桑拿、舞厅多间，其中，有多达40名"小姐"大肆进行卖淫活动。还备有轮盘机、老虎机等赌具，供顾客赌博使用，从中渔利。其歌厅的新招收来的"小姐"A某，不愿从事卖淫活动。甲某认为A某需要"调教"，指使乙某将A某强奸，迫使A某就范，从事卖淫活动。H某因在赌场赌博欠其10万元赌债不还。甲某指使数人将H某绑到公司关押，向其索要赌债，并要H某的父母代其还债，如不还债，每天吊打H某一顿，竟将其活活打死。甲某自知作恶多端，为了避免公安机关的打击，给管区的派出所所长B某每月5000元的好处费。同时还给该市的一位副市长送去10万元，请其多多关照。该派出所所长因为收取了甲某的好处费，虽然明知甲某的所作所为，但不采取任何行动予以制止，反而将群众的举报信压下不予处理。后来，上级司法机关得到群众举报，开始对甲某公司的违法犯罪行为进行调查追究。甲某得知公安机关找到C某录取证词后，便指使其律师L某用重金收买C某在法庭上作证。甲某的律师给C某10万元，指使C某证明甲某与该公司的违法犯罪行为无关，均由乙某所为。因为C某的证词，使甲某逃避法律的制裁。甲某从拘留所出来后，还指使他人将对其作出不利证词的D某打伤。请根据案情回答第(1)~(5)题。

(1) 对本案下列哪种说法是正确的？(　　)

A. 甲某构成组织领导黑社会性质组织罪

B. 对甲某所犯组织领导黑社会性质组织罪应当与其他罪行实行数罪并罚

C. 甲某还犯有强奸罪、强迫卖淫罪、组织卖淫罪，也应当实行数罪并罚

D. 甲某指使他人将H某绑架并活活打死的行为，构成故意杀人罪

（2）甲某要求经营者的业务必须交由甲某公司的行为属于（　　）。

A. 敲诈勒索罪　　B. 强迫交易罪

C. 非法经营罪　　D. 不构成犯罪

（3）关于甲某指使其律师L某用重金收买C某在法庭上作证一事如何认定？（　　）

A. 甲某构成妨害作证罪

B. L某构成甲某的共犯

C. C某构成伪证罪

D. 甲某构成伪证罪（教唆犯）

（4）关于甲某指使他人将证人D某打伤的行为如何认定？（　　）

A. 应当认定为故意伤害罪

B. 应当认定为打击报复证人罪

C. 应当认定为妨害作证罪

D. 应当认定为扰乱法庭秩序罪

（5）派出所所长B某涉嫌的罪名有：（　　）。

A. 受贿罪

B. 包庇罪

C. 包庇、纵容黑社会性质组织罪

D. 帮助毁灭、伪造证据罪

3. 甲于某晚9时驾驶货车在县城主干道超车时，逆行进入对向车道，撞上乙驾驶的小轿车，乙被卡在车内无法动弹，乙车内黄某当场死亡、胡某受重伤。后查明，乙无驾驶资格，事发时略有超速，且未采取有效制动措施。（事实一）

甲驾车逃逸。急救人员5分钟后赶到现场，胡某因伤势过重被送医院后死亡。（事实二）

交警对乙车进行切割，试图将乙救出。此时，醉酒后的丙（血液中的酒精含量为152mg/100ml）与丁各自驾驶摩托车“飙车”经过此路段。（事实三）

丙发现乙车时紧急刹车，摩托车侧翻，猛烈撞向乙车左前门一侧，丙受重伤。20分钟后，交警将乙抬出车时，发现其已死亡。现无法查明乙被丙撞击前是否已死亡，也无法查明乙被丙撞击前所受创伤是否为致命伤。（事实四）

丁离开现场后，找到无业人员王某，要其假冒飙车者去公安机关投案。（事实五）

王某虽无替丁顶罪的意思，但仍要丁给其5万元酬劳，否则不答应丁的要求，丁只好付钱。王某第二天用该款购买100克海洛因藏在家中，用于自己吸食。5天后，丁被司法机关抓获。（事实六）

请回答第（1）~（2）题。（司考2013. 卷二. 90~91）

（1）关于事实五的定性，下列选项错误的是：（　　）。

A. 丁指使王某作伪证，构成妨害作证罪的教唆犯

B. 丁构成包庇罪的教唆犯

C. 丁的教唆行为属于教唆未遂，应以未遂犯追究刑事责任

D. 对丁的妨害作证行为与包庇行为应从一重罪处罚

（2）关于事实六的定性，下列选项错误的是：（　　）。

A. 王某乘人之危索要财物，构成敲诈勒索罪

B. 丁基于不法原因给付5万元，故王某不构成诈骗罪

C. 王某购买毒品的数量大，为对方贩卖毒品起到了帮助作用，构成贩卖毒品罪的共犯

D. 王某将毒品藏在家中的行为，不构成窝藏毒品罪

4. 甲在强制戒毒所戒毒时，无法抗拒毒瘾，设法逃出戒毒所。甲径直到毒贩陈某家，

以赊账方式买了少量毒品过瘾。后甲逃往乡下，告知朋友乙详情，请乙收留。乙让甲住下（事实一）。甲对陈某的毒品动起了歪脑筋，探知陈某将毒品藏在厨房灶膛内。某夜，甲先用毒包子毒死陈某的2条看门狗（价值6000元），然后翻进陈某院墙，从厨房灶膛内拿走陈某50克纯冰毒（事实二）。甲拿出40克冰毒，让乙将40克冰毒和80克其他物质混合，冒充120克纯冰毒卖出（事实三）。（司考2014.卷二.89）

关于事实一，下列选项正确的是：（　　）。

A. 甲是依法被关押的人员，其逃出戒毒所的行为构成脱逃罪

B. 甲购买少量毒品是为了自吸，购买毒品的行为不构成犯罪

C. 陈某出卖毒品给甲，虽未收款，仍属于贩卖毒品既遂

D. 乙收留甲的行为构成窝藏罪

5. 甲将私家车借给无驾照的乙使用。乙夜间驾车与其叔丙出行，途中遇刘某过马路，不慎将其撞成重伤，车辆亦受损。丙下车查看情况，对乙谎称自己留下打电话叫救护车，让乙赶紧将车开走。乙离去后，丙将刘某藏匿在草丛中离开。刘某因错过抢救时机身亡。（事实一）

为逃避刑事责任，乙找到有驾照的丁，让丁去公安机关"自首"，谎称案发当晚是丁驾车。丁照办。公安机关找甲取证时，甲想到若说是乙造成事故，自己作为被保险人就无法从保险公司获得车损赔偿，便谎称当晚将车借给了丁。（事实二）

后甲找到在私营保险公司当定损员的朋友陈某，告知其真相，请求其帮忙向保险公司申请赔偿。陈某遂向保险公司报告说是丁驾车造成事故，并隐瞒其他不利于甲的事实。甲顺利获得7万元保险赔偿。（事实三）

关于事实二的分析，下列选项错误的是：（　　）。（司考2016.卷二.87）

A. 伪证罪与包庇罪是相互排斥的关系，甲不可能既构成伪证罪又构成包庇罪

B. 甲的主观目的在于骗取保险金，没有妨害司法的故意，不构成妨害司法罪

C. 乙唆使丁代替自己承担交通肇事的责任，就此构成教唆犯

D. 丁的"自首"行为干扰了司法机关的正常活动，触犯包庇罪

四、名词解释

1. 妨害公务罪
2. 招摇撞骗罪
3. 编造、故意传播虚假恐怖信息罪
4. 辩护人、诉讼代理人毁灭证据、伪造证据、妨害作证罪
5. 窝藏、包庇罪
6. 非法行医罪
7. 严重污染环境罪
8. 非法采矿罪
9. 窝藏、转移、隐瞒毒品、毒赃罪
10. 传播性病罪

五、简答题

1. 简述强迫卖淫罪与组织卖淫罪的区别。
2. 简述伪证罪的构成特征。
3. 简述组织他人偷越国（边）境罪案件中一罪和数罪的界限。
4. 如何把握聚众扰乱社会秩序罪的构成特征？
5. 医疗机构及单位的党政、后勤人员能否构成医疗事故罪的主体？

六、论述题

1. 论述组织卖淫罪的认定及构成。
2. 论述医疗事故罪的概念、构成和认定。
3. 论述妨害公务罪的构成及认定。

七、案例分析题

1. 被告人甲某，女，23岁，某街道加工厂女工。2007年12月10日晚7时许，乙某、丙某等人酒后寻衅滋事，无故打人，将杨某砍成重伤。在公安机关侦查此伤害案的过程中，被告人甲某在亲眼看到杨某是被

乙某、丙某砍伤的情况下，却对侦查人员说："我亲眼看到是王某（与被告人甲某有矛盾）从杨某父亲手中夺过一把菜刀，照杨某头上砍去，杨某用手一挡，其胳膊被砍伤。"甲某出具了所谓王某犯罪的证据。

问：甲某的行为构成诬告陷害罪还是伪证罪？

2. 2009年10月7日，农民贾某在集市上见农民张某在出卖一头大犍牛。贾某上前仔细观察以后，决定买下此牛，遂向张某问价。张某开价4000元，贾某还价2000元，张某不允。贾某拿出2000元硬塞入张某的口袋里后，牵起牛就走。张某见状急忙上前阻拦，告知贾某2000元买一头牛无论如何都太少，并将贾某的2000元塞还给贾某。贾某大怒扬言："这头牛，老子今天要定了!"又见张某仍要阻拦，贾某遂将张某打倒在地，扔下2000元钱，牵起牛扬长而去。案发后经法医鉴定，张某右耳被贾某打聋。贾某将牛牵走后，来到邻村好友屠户齐某处，将牛的来历告诉齐某并声称"有好处大家一起得"，提出以3000元将此牛卖给齐某。齐某表示同意，将牛买下后屠宰出售。案发后，公安机关找齐某了解案情，齐某称贾某2009年10月7日一直与其在齐家，并未到集市上去。

问：

（1）贾某的行为是否构成犯罪？如果不构成犯罪请说明理由，如果构成犯罪请说明罪名和理由。

（2）齐某的行为是否构成犯罪？如果不构成犯罪请说明理由，如果构成犯罪请说明罪名和理由。

3. 甲与乙等四人承包了一家饭店，为了招徕顾客，甲等人于2009年4月组织了17名妇女在该饭店卖淫，对不愿意卖淫的丙等三人在强奸后迫使其卖淫。另外，甲还引诱丁等4名卖淫女吸食毒品。2009年7月8日，嫖客朱某因费用问题发生争执，甲指使他人将朱某打成轻伤，并当场将朱某身上的3000元现金抢走。朱某报案后，甲以降温费的名义向办案警察送去现金1万余元，得以逃脱制裁。2010年2月13日，某区公安分局突击检查该饭店，甲指使饭店工作人员围攻警察，并将一个警察打成重伤。后甲被抓获。

问：甲的行为构成哪些犯罪？

4. 社会青年甲，伪造了一份本市公安局的工作证，又去黑市上买到一套警服，一天其穿上警服，带上工作证，到某厂女工乙的家中，告知乙的父母说乙被怀疑犯罪，近期将会被逮捕。乙的父母吓得胆战心惊，甲趁机骗说如果乙家出5万元钱，他可以摆平此事。乙父感激不尽，连忙从银行取出5万元给甲。甲又称要与乙单独谈话，借机要与乙发生性关系，乙不从，说自己没有犯罪。甲威胁乙无论其是否犯罪，他都能把她抓起来。乙害怕，不得已与甲发生了性关系。后甲又多次与乙发生性关系。

问：甲的行为构成什么罪？为什么？

5. 某村无业游民甲、乙、丙3人经常到集市上游逛，惹是生非，在半个月内先后制造出以下事端：（1）3人一起来到一家苹果摊前，拿起苹果就吃，吃好后每人又拿起一个转身就走。当摊主向他们要钱时，甲伸手就是一个耳光，并骂道："你是活腻了，敢找老子要钱!"然后3人将苹果摊掀翻，扬长而去。（2）甲、乙、丙3人正在闲逛时，见迎面走来3个穿着时髦的小伙子，顿时对他们的衣服产生了兴趣，便截住3个小伙子，要他们把衣服脱下来看看。遭到拒绝后，对他们一阵拳打脚踢，把3个小伙子打得鼻青脸肿。（3）甲、乙、丙3人正在街道边吃苹果时，见一对年轻恋人相拥走过来，甲、乙就上前挑逗女青年，女青年骂他们"流氓"，甲冲过来一把按住女青年，抠摸其胸部、下身。女青年拼命反抗，男青年冲过来打甲，这时乙随手从包中掏出一把三角刀给了男青年一刀，造成男青年重伤。

问：对甲、乙、丙的行为应如何定性？如何处罚？为什么？

参考答案

一、单项选择题

1. **答案**：D。根据《刑法》第 358 条的规定："组织、强迫他人卖淫的，处五年以上十年以下有期徒刑，并处罚金；情节严重的，处十年以上有期徒刑或者无期徒刑，并处罚金或者没收财产。组织、强迫未成年人卖淫的，依照前款的规定从重处罚。犯前两款罪，并有杀害、伤害、强奸、绑架等犯罪行为的，依照数罪并罚的规定处罚。为组织卖淫的人招募、运送人员或者有其他协助组织他人卖淫行为的，处五年以下有期徒刑，并处罚金；情节严重的，处五年以上十年以下有期徒刑，并处罚金。"

2. **答案**：B。根据《最高人民法院关于审理破坏森林资源刑事案件具体应用法律若干问题的解释》第 8 条的规定："盗伐、滥伐珍贵树木，同时触犯刑法第三百四十四条、第三百四十五条规定的，依照处罚较重的规定定罪处罚。"

3. **答案**：B。聚众斗殴罪的"聚众"，一般是指人数众多，至少不得少于三人，A 中甲、乙二人相约与他人决斗的行为不符合聚众的三人以上的要求，不构成聚众斗殴罪，可分情形，构成故意伤害罪、故意杀人罪。C 项属于聚众斗殴罪的加重情节，D 项应当转化为故意伤害罪、故意杀人罪。

4. **答案**：D。《刑法》第 291 条之一规定了编造、故意传播虚假恐怖信息罪，即以编造爆炸威胁、生化威胁、放射威胁等恐怖信息，或者明知是编造的恐怖信息而故意传播，严重扰乱社会秩序的行为，属于一种特殊的扰乱社会秩序的行为，不要求犯罪主体的多数，只要实行了编造、故意传播恐怖信息的行为，造成社会秩序被严重扰乱结果的，就构成本罪。本题中甲、乙、丙三人出于玩乐的目的，而编造在体育场安放定时炸弹的恐怖信息，并对之加以传播，造成恶劣的社会后果，构成编造、故意传播虚假恐怖信息罪。

5. **答案**：B。玩忽职守罪与环境监管失职罪是普通法与特别法的法条竞合关系。

6. **答案**：B。见《刑法》第 328 条规定："盗掘具有历史、艺术、科学价值的古文化遗址、古墓葬的……有下列情形之一的，处十年以上有期徒刑或者无期徒刑，并处罚金或者没收财产：(一) 盗掘确定为全国重点文物保护单位和省级文物保护单位的古文化遗址、古墓葬的；(二) 盗掘古文化遗址、古墓葬集团的首要分子；(三) 多次盗掘古文化遗址、古墓葬的；(四) 盗掘古文化遗址、古墓葬，并盗窃珍贵文物或者造成珍贵文物严重破坏的。"

7. **答案**：B。根据《刑法》第 303 条第 1 款的规定，以营利为目的，聚众赌博或者以赌博为业的，构成赌博罪。在赌场中担任保安人员的，构成赌博罪，属于共犯。根据《刑法》第 303 条第 2 款的规定，开设赌场的，构成开设赌场罪，不构成赌博罪。

8. **答案**：C。《刑法》第 321 条第 2 款规定，在运送他人偷越国（边）境中造成被运送人重伤、死亡，或者以暴力、威胁方法抗拒检查的，定运送他人偷越国（边）境罪，处七年以上有期徒刑，并处罚金。第 3 款规定："犯前两款罪，对被运送人有杀害、伤害、强奸、拐卖等犯罪行为，或者对检查人员有杀害、伤害等犯罪行为的，依照数罪并罚的规定处罚。"所以 AB 不需数罪并罚，D 应当数罪并罚。

9. **答案**：D。《刑法》第 340 条规定，违反保护水产资源法规，在禁渔区、禁渔期或者使用禁用的工具、方法捕捞水产品，情节严重的行为构成非法捕捞水产品罪，D 应当视情形构成盗窃罪或者破坏生产经营罪。

10. **答案**：A。本题中甲的行为属于以暴力的方法阻碍执行公务，本处所称"暴力"在依法执行职务的国家工作人员的身体实施了暴力打击或者人身强制，仅以轻伤为限度。行为造成国家机关工作人员重伤结果或因重伤导致死亡结果，甚至故意杀害国家机关工作人员的，应按处理牵连犯的原则，以重罪吸收轻罪，按故意伤害（重伤）

罪或者故意杀人罪定罪，从重处罚。据此，对甲应以故意伤害罪论处，而不再定妨害公务罪。

11. 答案：C。根据《刑法》第305条的规定，伪证罪的犯罪主体限于刑事诉讼中的证人、鉴定人、记录人、翻译人，陈某不构成伪证罪。题干中没有受贿情节的表述，也不构成受贿罪。帮助毁灭、伪造证据罪是指行为人出于使他人逃避刑事追究之目的，以各种方法帮助当事人毁灭、伪造证据，情节严重的行为，主体为一般主体。徇私枉法罪是指司法工作人员徇私枉法、徇情枉法，具体包括三种行为，与本题有关的是“对明知是有罪的人而故意包庇不使他受追诉”。陈某徇情枉法，意图使应被起诉的吴某不被起诉，符合徇私枉法罪的构成特征。

12. 答案：B。根据《刑法》第290条的规定，聚众扰乱社会秩序罪，是指聚众扰乱社会秩序，情节严重，致使工作、生产、营业和教学、科研、医疗无法进行，造成严重损失的行为。本罪的主体仅限于聚众的首要分子和其他积极参加者。

13. 答案：A。本罪中甲为寻求精神刺激，多次带着他的一帮朋友在街道上追逐妇女的行为符合寻衅滋事罪中“追逐、拦截、辱骂他人，情节恶劣的”特征，应当以寻衅滋事罪论处。

14. 答案：C。《刑法》第295条规定了传授犯罪方法罪，是指故意使用各种手段将犯罪方法传授给他人的行为，甲写书传授盗窃技能构成此罪。乙某读完该书后按书中所述方法盗窃某商场1万元，构成了盗窃罪，但由于乙某并无与甲共同盗窃的故意，因此甲不构成盗窃罪的共犯，而只单独成立传授犯罪方法罪。

15. 答案：D。根据《刑法》第319条的规定，骗取出境证件罪的目的是组织他人偷越国(边)境使用。甲骗取护照不具备此目的，不构成本罪。诈骗罪要求是非法占有数额较大的财产才构成犯罪，甲只是为了到我国从事非法活动，不构成诈骗罪。C项偷越国（边）境罪，是指行为人在没有依法取得国（边）境出入境管理部门的批准下，擅自出入国（边）境的行为，而甲持有本国的合法护照进入我国，虽是骗来的，但也不能以偷越国（边）境论处，所以甲的行为属于法无明文规定，不构成犯罪。

16. 答案：B。走私毒品罪与运输毒品罪的区别关键在于：走私毒品是进出国（边）境，而运输毒品仅指在我国境内转移。如果将毒品从境外携带进入境内应以走私毒品罪论处。所以本题中甲从境外携带30克海洛因进入我国境内，构成走私毒品罪。

17. 答案：B。《刑法》第358条规定了协助组织卖淫罪，是指为他人组织的卖淫活动提供某种协助的行为，乙某行为就属于“为组织卖淫的人招募、运送人员”。

18. 答案：B。《刑法》第363条第2款规定了为他人提供书号出版淫秽书刊罪，是指违反国家书刊出版管理法规，为他人提供书号，出版淫秽书刊的行为。甲在不知情的情况下导致自己为他人提供的书号被用来出版淫秽书籍，构成此罪。

19. 答案：D。《刑法》第296条规定了非法集会罪，是指举行集会未依照法律规定申请或者申请未获许可，或者未按照主管机关许可的起止时间、地点、路线进行，又拒不服从解散命令，严重破坏社会秩序的行为。甲非法组织他人进行集会的行为符合非法集会罪的特征。

20. 答案：B。事前通谋事后实施窝藏、包庇行为的，行为人与事前通谋之罪构成共同犯罪，应以事前通谋之罪论处。选项A错误。即使《刑法》第310条没有第2款的规定，对于事前通谋事后窝藏、包庇的，也应以共同犯罪论处。选项B正确。事前通谋事后帮助实施掩饰、隐瞒犯罪所得行为的，应认定为事前通谋之罪的共同犯罪。选项C错误。事前通谋事后掩饰、隐瞒犯罪所得的行为，成立事前通谋之罪的共同犯罪，应结合其在共同犯罪中的责任承担刑事责任。选项D错误。

21. 答案：C。被告人黄某明知轿车是毒品犯罪的收益所购，而故意编造情况隐瞒轿车的非法来源，并开回自己家中，符合窝藏、隐瞒毒赃罪的特征。

22. 答案：D。选项A错误。退回的信函仍然属于信件，邮政工作人员无权私自处理。

选项B错误，选项D正确。侵犯通信自由罪是指隐匿、毁弃或者非法开拆他人信件，侵犯公民通信自由权利，情节严重的行为。行为人实施隐匿、毁弃、非法开拆他人信件三种行为之一的，即可构成侵犯通信自由罪。本题中的甲实施了毁弃行为，但该行为构成私自毁弃邮件罪，而非侵犯通信自由罪。

选项C错误。甲的行为不符合贪污罪的构成要件，不构成贪污罪。

23. 答案：A。选项A说法错误。本题中，中介公司对甲的诈骗行为自始不知情，甲是将中介公司当作犯罪工具来利用的，甲不是教唆犯，而是间接正犯。

选项B说法正确。甲伪造身份证与房产证的行为，构成伪造居民身份证罪与伪造国家机关证件罪。甲是伪造居民身份证罪与伪造国家机关证件罪的直接正犯，同时是诈骗罪的间接正犯。

选项C说法正确。甲伪造身份证与房产证的目的是骗取他人的钱财，因此，甲伪造居民身份证罪、伪造国家机关证件罪与诈骗罪之间具有牵连关系。

选项D说法正确。甲的最终目的是实施诈骗行为，因此伪造证件的行为只是他的手段行为，诈骗行为才是他的目的行为。根据牵连犯择一重罪的处罚原则，对于甲应以诈骗罪一罪处罚。

24. 答案：D。《刑法》第305条规定，在刑事诉讼中，证人、鉴定人、记录人、翻译人对与案件有重要关系的情节，故意作虚假证明、鉴定、记录、翻译，意图陷害他人或者隐匿罪证的，处三年以下有期徒刑或者拘役；情节严重的，处三年以上七年以下有期徒刑。第307条规定，以暴力、威胁、贿买等方法阻止证人作证或者指使他人作伪证的，处三年以下有期徒刑或者拘役；情节严重的，处三年以上七年以下有期徒刑。帮助当事人毁灭、伪造证据，情节严重的，处三年以下有期徒刑或者拘役。司法工作人员犯前两款罪的，从重处罚。张甲作为案件的证人，对与案件有重要关系的情节作了虚假的证明，符合伪证罪的构成要件，因此构成伪证罪。同时张甲还帮助张乙一起毁灭了作案工具铁榔头一把，是帮助当事人毁灭证据的行为，因此构成帮助毁灭证据罪。因此应当对张甲以伪证罪和帮助毁灭证据罪定罪，实行数罪并罚。正确答案为D。

25. 答案：D。根据《刑法》第305条的规定，伪证罪是指在刑事诉讼中，证人、鉴定人、记录人、翻译人对与案件有重要关系的情节，故意作虚假证明、鉴定、记录、翻译，意图陷害他人或者隐匿罪证的行为。主观方面应当是故意，所以A项过失的不构成犯罪，B项构成第306条规定的辩护人、诉讼代理人毁灭证据、伪造证据、妨害作证罪，C项构成第307条规定的帮助毁灭、伪造证据罪，且属于第三款规定的司法工作人员犯前两款罪的，从重处罚的情形。

26. 答案：B。《刑法》的第292条第2款规定，聚众斗殴，致人重伤、死亡的，依照《刑法》第234条、第232条的规定定罪处罚，所以本题中某甲的行为构成故意伤害罪。

27. 答案：C。甲没有组织行为，也缺少牟利目的，其行为构成传播淫秽物品罪。

28. 答案：C。《刑法》第355条规定，依法从事生产、运输、管理、使用国家管制的麻醉药品、精神药品的人员（特殊主体），违反国家规定，向吸食、注射毒品的人提供国家规定管制的能够使人形成毒瘾的麻醉药品、精神药品的，构成非法提供麻醉药品、精神药品罪。向走私、贩卖毒品的犯罪分子或者以牟利为目的，向吸食、注射毒品的人提供国家规定管制的能够使人形成瘾癖的麻醉药品、精神药品的，依照《刑法》第347条（贩卖毒品罪）的规定定罪处罚。单位犯前款罪的，对单位判处罚金，并对其直接负责的主管人员和其他直接责任人员，依照前款的规定处罚。

29. 答案：A。根据《最高人民法院关于审理破坏森林资源刑事案件具体应用法律若干问题的解释》。

30. 答案：D。盗伐林木是指盗伐森林或者其他林木，数量较大的行为。偷砍他人房前屋后、自留地种植的零星树木，数额较大的，应认定为盗窃罪。选项A错误。乙在林区盗伐珍贵林木，数量较大的，触犯了盗伐林木罪和非法采伐国家重点保护植物罪两个罪名，对此应从一重罪论处。选项B错误。丙将国有林场的珍贵树木移植到自己承包林地养护的行为属于将国家所有的林木窃为己有的行为，构成盗伐林木罪。选项C错误。《最高人民法院关于审理破坏森林资源刑事案件具体应用法律若干问题的解释》第15条规定："非法实施采种、采脂、挖笋、掘根、剥树皮等行为，牟取经济利益数额较大的，依照刑法第二百六十四条的规定，以盗窃罪定罪处罚。同时构成其他犯罪的，依照处罚较重的规定定罪处罚。"但对于剥树皮造成林木大量死亡的行为没有作规定。丁的行为若认定为盗窃罪不符合罪刑法定原则，应认定为盗伐林木罪。选项D正确。

31. 答案：D。《刑法》第3条规定，法律明文规定为犯罪行为的，依照法律定罪处刑；法律没有明文规定为犯罪行为的，不得定罪处刑。这是罪刑法定原则的法律体现。《刑法》第13条规定，一切危害国家主权、领土完整和安全，分裂国家、颠覆人民民主专政的政权和推翻社会主义制度，破坏社会秩序和经济秩序，侵犯国有财产或者劳动群众集体所有的财产，侵犯公民私人所有的财产，侵犯公民的人身权利、民主权利和其他权利，以及其他危害社会的行为，依照法律应当受刑罚处罚的，都是犯罪，但是情节显著轻微危害不大的，不认为是犯罪。这是《刑法》对犯罪的界定，注意最后的"但书"，这是对犯罪的"定量"要求。甲的行为显然没有达到犯罪的标准。《刑法》第363条规定，以牟利为目的，制作、复制、出版、贩卖、传播淫秽物品的，处三年以下有期徒刑、拘役或者管制，并处罚金；情节严重的，处三年以上十年以下有期徒刑，并处罚金；情节特别严重的，处十年以上有期徒刑或者无期徒刑，并处罚金或者没收财产。第364条规定，传播淫秽的书刊、影片、音像、图片或者其他淫秽物品，情节严重的，处二年以下有期徒刑、拘役或者管制。组织播放淫秽的电影、录像等音像制品的，处三年以下有期徒刑、拘役或者管制，并处罚金；情节严重的，处三年以上十年以下有期徒刑，并处罚金。制作、复制淫秽的电影、录像等音像制品组织播放的，依照第二款的规定从重处罚。向不满十八周岁的未成年人传播淫秽物品的，从重处罚。非法传播淫秽物品罪、组织播放淫秽音像制品罪和复制淫秽物品罪这三个罪定罪上都有"量"的要求，司法解释对此有详细规定，甲的这种情况尚构不成犯罪。因此，本题应选D。

32. 答案：A。《刑法》第310条规定，明知是犯罪的人而为其提供隐藏处所、财物，帮助其逃匿或者作假证明包庇的，处三年以下有期徒刑、拘役或者管制；情节严重的，处三年以上十年以下有期徒刑。犯前款罪，事前通谋的，以共同犯罪论处。据此，A选项中甲的行为属于典型的包庇罪。《刑法》第349条规定，包庇走私、贩卖、运输、制造毒品的犯罪分子的，为犯罪分子窝藏、转移、隐瞒毒品或者犯罪所得的财物的，处三年以下有期徒刑、拘役或者管制；情节严重的，处三年以上十年以下有期徒刑。缉毒人员或者其他国家机关工作人员掩护、包庇走私、贩卖、运输、制造毒品的犯罪分子的，依照前款的规定从重处罚。犯前两款罪，事先通谋的，以走私、贩卖、运输、制造毒品罪的共犯论处。B选项中甲的行为已构成包庇毒品犯罪分子罪，而不是按包庇罪处理。C选项中的行为已经构成了洗钱罪，而不是包庇罪。D选项中的行为构成的是包庇、纵容黑社会性质组织罪。

33. 答案：C。《刑法》第 335 条规定，医务人员由于严重不负责任，造成就诊人死亡或者严重损害就诊人身体健康的，处三年以下有期徒刑或者拘役。第 336 条规定，未取得医生执业资格的人非法行医，情节严重的，处三年以下有期徒刑、拘役或者管制，并处或者单处罚金；严重损害就诊人身体健康的，处三年以上十年以下有期徒刑，并处罚金；造成就诊人死亡的，处十年以上有期徒刑，并处罚金。未取得医生执业资格的人擅自为他人进行节育复通手术、假节育手术、终止妊娠手术或者摘取宫内节育器，情节严重的，处三年以下有期徒刑、拘役或者管制，并处或者单处罚金；严重损害就诊人身体健康的，处三年以上十年以下有期徒刑，并处罚金；造成就诊人死亡的，处十年以上有期徒刑，并处罚金。本题题干已经明确表明应某是未取得医生执业资格的江湖郎中。根据《刑法》第 335 条的规定，只有医务人员才能成为医疗事故罪的主体，应某并不是医务人员，因此其行为不能构成医疗事故罪。非法行医罪和非法进行节育手术罪存在一般与特殊的关系。对于未取得医生执业资格的人非法行医情节严重，法律没有特别规定的，以非法行医罪定罪。像非法进行节育复通手术等法律有特殊规定的，应当按特殊规定来定罪。因此本案件中对于应某应当以非法进行节育手术罪一罪定罪处罚。

34. 答案：B。非法处置进口的固体废物罪，是指违反国家规定，将境外的固体废物进境、倾倒、堆放、处置的行为。本罪中的废物指的仅仅是固体的废物，并不包括液态或者气态的废物，因此选项 A 是错误的，它将固态、液态和气态的废物都纳入了本罪的对象之中。我国刑法没有规定本罪必须造成某种后果才构成犯罪，只要行为人实施了本罪规定的行为即构成犯罪，因此本罪属于行为犯，而非结果犯。因此选项 B 是正确的。在主观方面本罪要求行为人必须是故意，过失不构成本罪，因为过失只能存在于结果犯和部分危险犯之中，行为犯的行为人主观上不能是过失。因此选项 C 是错误的。本罪的主体，根据我国刑法的规定，既包括自然人，也包括单位，单位犯罪的，既要处罚单位，同时也要处罚单位内部负责的主管人员和其他直接责任人员。因此，选项 D 也是错误的。所以，本题的答案是 B。

35. 答案：D。非法行医罪的犯罪主体是未取得医生执业资格的人，故 A 选项正确。医科大学本科毕业，分配到医院担任见习医生，在试用期内从事相应的医疗活动，不属于非法行医。B 选项正确。非法行医罪的主观方面是故意，即明知没有医生执业资格而非法行医，C 选项正确。《刑法》第 336 条："未取得医生执业资格的人非法行医，情节严重的，处三年以下有期徒刑、拘役或者管制，并处或者单处罚金；严重损害就诊人身体健康的，处三年以上十年以下有期徒刑，并处罚金；造成就诊人死亡的，处十年以上有期徒刑，并处罚金。"非法行医造成就诊人死亡的，属于非法行医罪的加重情节，D 选项错误。本题为选非题，故本题正确答案为 D。

36. 答案：D。《刑法》第 280 条规定："伪造、变造、买卖或者盗窃、抢夺、毁灭国家机关的公文、证件、印章的，处三年以下有期徒刑、拘役、管制或者剥夺政治权利，并处罚金；情节严重的，处三年以上十年以下有期徒刑，并处罚金。伪造公司、企业、事业单位、人民团体的印章的，处三年以下有期徒刑、拘役、管制或者剥夺政治权利，并处罚金。伪造、变造居民身份证的，处三年以下有期徒刑、拘役、管制或者剥夺政治权利，并处罚金；情节严重的，处三年以上七年以下有期徒刑并处罚金。"《关于办理伪造、贩卖伪造的高等院校学历、学位证明刑事案件如何适用法律问题的解释》规定："为依法惩处伪造、贩卖伪造的高等院校学历、学位证明的犯罪活动，现就办理这类案件适用法律的有关问题解释如下：对于伪造高等院校印章制作学历、学位证明的行为，应当依照刑法第二百八十条第二款的规定，以伪造事业单位印章罪定罪处罚。明知是伪造高等院校印章制作的学历、学位证明而贩卖的，以伪造事业单位印章罪的共犯论处。”D选项符合题意。故本题正确答案为D。

37. 答案：A。《刑法》第291条之一规定：“投放虚假的爆炸性、毒害性、放射性、传染病病原体等物质，或者编造爆炸威胁、生化威胁、放射威胁等恐怖信息，或者明知是编造的恐怖信息而故意传播，严重扰乱社会秩序的，处五年以下有期徒刑、拘役或者管制；造成严重后果的，处五年以上有期徒刑。”本案中的投放行为符合投放虚假危险物质罪的客观表现，A选项符合题意。《刑法》第136条：“违反爆炸性、易燃性、放射性、毒害性、腐蚀性物品的管理规定，在生产、储存、运输、使用中发生重大事故，造成严重后果的，处三年以下有期徒刑或者拘役；后果特别严重的，处三年以上七年以下有期徒刑。”本案中的投放行为不符合“在生产、储存、运输、使用中发生重大事故”的条件，故而不构成危险物品肇事罪，B选项不符合题意。本案中投放的物品是虚假的危险物质（传染性炭疽病毒病菌），不会对公共安全造成现实的危险，故而不构成投放危险物质罪和以危险方法危害公共安全罪，CD选项不符合题意。故本题正确答案为A。

38. 答案：C。根据《刑法》第349条的规定，“……为犯罪分子窝藏、转移、隐瞒毒品或者犯罪所得的财物的，处三年以下有期徒刑、拘役或者管制；情节严重的，处三年以上十年以下有期徒刑”。由此可知，本题的答案是C。

39. 答案：D。根据《刑法》第336条第2款的规定：“未取得医生执业资格的人擅自为他人进行节育复通手术、假节育手术、终止妊娠手术或者摘取宫内节育器，情节严重的，处三年以下有期徒刑、拘役或者管制，并处或者单处罚金；严重损害就诊人身体健康的，处三年以上十年以下有期徒刑，并处罚金；造成就诊人死亡的，处十年以上有期徒刑，并处罚金。”可知，构成非法节育罪的主体为“未取得医生执业资格的人”，本题中甲是某医院外科医师，不符合主体条件。即使甲在兼职期间擅自为多人进行了节育复通手术，可能违背了医院的规定或者医生的职业道德，但甲不构成犯罪。

40. 答案：D。根据《刑法》第347条的规定，王某以出卖为目的而购买海洛因，其行为构成了贩卖毒品罪，因此A选项正确。陈某持假枪抢劫，不属于《刑法》第263条规定的“持枪抢劫”，构成一般的抢劫罪，因此B选项正确。陈某抢劫毒品后必然会继续持有该毒品，因此其持有毒品的行为被抢劫罪吸收而不另成立非法持有毒品罪，故C选项也正确。至于陈某将毒品送给毒瘾大的刘某导致其过量吸食而死亡，主要原因在于刘某本人。陈某没有引诱、教唆、欺骗、强迫他人吸毒的行为，故不成立这些犯罪；另外，陈某对刘某的死亡虽然具有过失，但这种过失与刘某的死亡不存在刑法上的因果关系，故陈某也不成立过失致人死亡罪，因此D选项错误。本题的正确答案应当是D。

41. 答案：B。根据《刑法》第111条的规定，通过互联网将国家秘密非法发送给境外的机构、组织、个人的，应当构成为境外非法提供国家秘密罪而不是故意泄露国家秘密罪，因此A选项错误。根据《刑法》第363、364条的规定，以牟利为目的，利用互联网传播淫秽电子信息的，应当成立传播淫秽物品牟利罪，而传播淫秽物品罪不要求主观方面具有牟利的目的，因此C选项错误。根据《刑法》第291条之一的规定，编造爆炸威胁、生化威胁、放射威胁等恐怖信息，或者明知是编造的恐怖信息而故意传播，严重扰乱社会秩序的，构成编造、故意传播虚假恐怖信息罪，不构成聚众扰乱社会秩序罪，这里“聚众”要求是在现实生活中的“聚众”，显然不是在网上的“聚众”，因此选项D错误。根据《刑法》第303条第2款（此为《刑法修正案（六）》新修改条文）以及相关司法解释的规定，以营利为目的，在计算机网络上建立赌博网站，或者为赌博网站担任代理，接受投注的，属于“开设赌场”，因此选项B正确。本题的正确答案为B。

42. **答案**：C。《刑法》第310条规定的窝藏、包庇罪是一个选择性罪名，包含窝藏罪和包庇罪。其中为犯罪人化装、指路、提供住所或者财产的都属于窝藏行为。此处的帮助不是共犯意义上的帮助，即使犯罪人没有打算逃匿，但行为人将犯罪人灌醉后送往外地的，也属于“帮助其逃匿”。而包庇只有一种情况，就是作假证明掩盖罪证，包括冒充犯罪的人。单纯地拒绝作证不成立本罪。

　　A项中甲的通风报信行为属于“窝藏”而非“包庇”。B项中甲的沉默本身不构成任何犯罪，即甲并没有实质的法律义务来配合警察，不成立不作为的包庇罪。C项中甲对警察说谎，为犯罪人乙作假证明，意图为其脱罪的，成立包庇罪。D项中甲拒绝作证本身与B项一致，由于甲并没有作假证，不成立包庇罪。

43. **答案**：B。根据《刑法》第348条的规定，非法持有毒品有数量要求（如海洛因10克以上，鸦片200克以上），所以A项说法错误。持有不限于直接持有，在介入第三者时，不影响持有的成立。因此B项说法正确。非法持有毒品罪作为故意犯罪，只要持有者知道自己支配的是毒品即可，行为人是否知道所有者、占有者，不影响持有毒品的成立。所以C项说法错误。持有毒品是贩卖毒品的必经阶段或者是其当然结果，二罪之间是吸收犯关系（持有行为被贩卖行为吸收），应以贩卖毒品罪一罪处罚。所以D项说法错误。

44. **答案**：D。掩饰、隐瞒犯罪所得罪的主体不能是犯罪的本犯。A项中甲的行为没有侵犯新的法益，属于事后不可罚行为，不构成掩饰、隐瞒犯罪所得罪。犯罪工具不是犯罪所得。B项中，更改颜色的汽车是用于抢劫的工具而非犯罪所得。事前有通谋的事后窝赃、销赃的行为成立共同犯罪。C项中，丙与抢劫犯存在事前同谋，其代销犯罪所得的行为成立抢劫罪的共犯。D项中，丁的行为使司法机关难以发现或难以分辨赃物性质，维持了他人盗窃犯罪的违法状态，侵害了被害人的财物返回请求权，构成掩饰、隐瞒犯罪所得罪。

45. **答案**：A。非法行医罪是故意犯，行为人在明知自己无医师执业资格的情况下仍实施非法行医行为的才构成犯罪。根据相关司法解释，个人未取得《医疗机构执业许可证》开办医疗机构的属于非法行医罪所规定的“未取得医生执业资格的人非法行医”。本案中，甲已经办理了退休手续，根本不可能按照任何一个合法程序办理医师资格认证和医师执业注册，但其擅自为他人看病2年多，构成了非法行医罪。甲在非法行医的过程中违背技术操作规范，未做皮试就给乙注射青霉素，造成乙死亡，应以非法行医罪的结果加重犯论处，所以A是正确的，B、C是错误的。医疗事故罪是指医务人员在合法的诊疗护理过程中，违反规章制度，严重不负责任，造成就诊人死亡或者严重损害就诊人身体健康的行为。甲不符合医疗事故罪的主体身份，不构成医疗事故罪，所以D是错误的。故，本题的正确答案为A。

46. **答案**：D。盗伐林木罪、滥伐林木罪都严重地破坏了我国的森林资源，都侵犯了国家对林木采伐的管理制度。盗伐林木罪和滥伐林木罪的犯罪对象相同，包括防护林、用材林、经济林、薪炭林、特种用途林等。《森林法》调整范围之外的个人房前屋后种植的零星树木不属于该两罪的犯罪对象。本案中，甲公司因广告牌被路边树枝遮挡而将部分树枝砍掉，无非法占有的目的，也无采伐许可，因此既不构成盗伐林木罪，也不构成滥伐林木罪。因此，ABC都是错误的，D是正确的，当选。

47. **答案**：D。按照执法为民与服务大局的理念，对于社会影响恶劣的涉医违法犯罪行为，确应依法从严惩处。A 正确。《刑法》第 293 条第 1 款规定，有下列寻衅滋事行为之一，破坏社会秩序的，处五年以下有期徒刑、拘役或者管制：（一）随意殴打他人，情节恶劣的；（二）追逐、拦截、辱骂、恐吓他人，情节恶劣的；（三）强拿硬要或者任意损毁、占用公私财物，情节严重的；（四）在公共场所起哄闹事，造成公共场所秩序严重混乱的。可见，在公共场所起哄闹事的，需要“造成公共场所秩序严重混乱”才构成寻衅滋事罪。B 正确。如甲母的死亡确系医院救治不力所致，则甲的行为属于事出有因，确实不宜轻易认定为寻衅滋事罪。C 正确。《刑法》第 72 条第 2 款规定，宣告缓刑，可以根据犯罪情况，同时禁止犯罪分子在缓刑考验期限内从事特定活动，进入特定区域、场所，接触特定的人。《最高人民法院、最高人民检察院、公安部、司法部关于对判处管制、宣告缓刑的犯罪分子适用禁止令有关问题的规定（试行）》第 4 条规定，人民法院可以根据犯罪情况，禁止判处管制、宣告缓刑的犯罪分子在管制执行期间、缓刑考验期限内进入以下一类或者几类区域、场所：（1）禁止进入夜总会、酒吧、迪厅、网吧等娱乐场所；（2）未经执行机关批准，禁止进入举办大型群众性活动的场所；（3）禁止进入中小学校区、幼儿园园区及周边地区，确因本人就学、居住等原因，经执行机关批准的除外；（4）其他确有必要禁止进入的区域、场所。显然医疗场所并不属于此处所规定的几类区域、场所，且从题干分析并无必要禁止甲出入医疗机构。故 D 错误。应选 D。

48. **答案**：C。妨害公务罪是指以暴力、威胁方法阻碍国家机关工作人员、人大代表依法执行职务；或者在自然灾害和突发事件中，使用暴力、威胁方法阻碍红十字会工作人员依法履行职责；或故意阻碍国家安全机关、公安机关依法执行国家安全工作任务，虽未使用暴力，但造成严重后果；或暴力袭击正在依法执行职务的人民警察的行为。本罪主观上限于故意，即行为人必须明知上述人员正在依法执行公务而加以阻碍，才能构成本罪。A 选项，甲踢警察的行为系出于报复而非阻碍警察执行公务，不构成妨害公务罪。A 选项错误。B 选项，戴某的行为并非执行公务行为，乙为抗拒抓捕伤害戴某的行为构成转化型抢劫罪。B 选项错误。C 选项，丙为帮助其弟逃走，对正在执行公务的警察实施暴力，构成典型的妨害公务罪。C 选项正确。D 选项，在组织他人偷越国（边）境中以暴力、威胁方法抗拒检查的，构成组织他人偷越国（边）境罪的结果加重犯，不构成妨害公务罪。D 选项错误。

49. **答案**：C。帮助毁灭、伪造证据罪，指在诉讼活动中，唆使、协助当事人隐匿、毁灭、伪造证据，情节严重的行为。诬告陷害罪，指捏造事实，作虚假告发，意图陷害他人，使他人受刑事追究的行为。这里的他人，指所有真实存在的人。窝藏、包庇罪，是指明知是犯罪的人而为其提供隐藏处所、财物，帮助其逃匿或者作假证明包庇的行为。本案中，乙将未留有指纹的斧头放到现场冒充凶器，属于帮助伪造证据。甲指使乙实施该行为，但其目的在于帮助自己逃避法律追究，不属于唆使、协助当事人伪造证据，因此不对此承担刑事责任。AB 正确。乙捏造事实诬告陷害一个并非真实存在的人，不能成立诬告陷害罪。C 选项错误。乙向公安机关虚假描述凶手相貌的行为，属于作假证明包庇的行为，构成包庇罪。D 选项正确。

二、多项选择题

1. **答案**：ABCD。《刑法》第 354 条规定：“容留他人吸食、注射毒品的，处三年以下有期徒刑、拘役或者管制，并处罚金。”甲容留未成年人吸食、注射毒品，构成容留他人吸毒罪。选项 A 正确。《刑法》第 347 条第 1 款规定：“走私、贩卖、运输、制造毒品，无论数量多少，都应当追究刑事责任，予以刑事处罚。”选项 B 正确。运输毒品是采用携带、邮寄、利用他人或者使用交通工具等方法在我国领域内转移毒品。选项C正确。丁以牟利为目的容留刘某吸食毒品并向其出卖毒品的行为，同时构成容留他人吸毒罪和贩卖毒品罪，应数罪并罚。选项D正确。

2. **答案**：BCD。甲某在儿子犯交通肇事罪后，向有关机关作虚假证明包庇儿子罪行的行为构成包庇罪。其窝藏毒品犯罪分子的行为属于包庇罪与包庇毒品犯罪分子罪的法条竞合，根据特殊法优于一般法的原则，应当以包庇毒品犯罪分子罪论处。其同时还窝藏毒品犯罪分子存放的毒品和毒赃，属于特殊的窝赃行为，构成窝藏毒品、毒赃罪。

3. **答案**：ACD。张某出于向王某兜售毒品的目的，而用掺入毒品的香烟欺骗王某吸食，使其染上毒瘾，构成欺骗他人吸毒罪和贩卖毒品罪。当王某来买毒品时，其见财起意，故意给其注射大剂量毒品使其昏迷，属于抢劫罪中使用暴力、胁迫以外的麻醉的手段，应当成立抢劫罪。

4. **答案**：AD。非法提供麻醉药品、精神药品罪与贩卖毒品罪区分的关键就在于本罪的犯罪人不以牟利为目的，行为人提供给吸毒者以麻醉药品或精神药品，必须是无偿的。本题中，甲某起先出于朋友情面，为他人提供麻醉药品，构成非法提供麻醉药品罪，后来收受朋友的财物为其提供麻醉药品，属于变相地贩卖毒品的行为，构成贩卖毒品罪，这两个罪名具备成立的不同条件，应当数罪并罚。

5. **答案**：ABC。参见《刑法》第291条之一的规定，编造爆炸威胁、生化威胁、放射威胁等恐怖信息，或者明知是编造的恐怖信息而故意传播，严重扰乱社会秩序的，构成编造、故意传播虚假恐怖信息罪。

6. **答案**：ABCD。见《刑法》第300条。

7. **答案**：AB。《刑法》第305条规定了伪证罪，是指在刑事诉讼中，证人、鉴定人、记录人、翻译人对与案件有重要关系的情节，故意作虚假证明、鉴定、记录、翻译，意图陷害他人或者隐匿罪证的行为。C构成妨害作证罪，D构成包庇罪。

8. **答案**：ABCD。见《刑法》第315条的规定。

9. **答案**：ACD。《刑法》第318条第2款规定："犯前款罪，对被组织人有杀害、伤害、强奸、拐卖等犯罪行为，或者对检查人员有杀害、伤害等犯罪行为的，依照数罪并罚的规定处罚。"所以B应当分别以组织他人偷越国（边）境罪与强奸罪和拐卖妇女、儿童罪数罪并罚。《最高人民法院、最高人民检察院关于办理妨害国（边）境管理刑事案件应用法律若干问题的解释》（2012年12月12日 法释〔2012〕17号）第8条规定，实施组织他人偷越国（边）境犯罪，同时构成骗取出境证件罪、提供伪造、变造的出入境证件罪、出售出入境证件罪、运送他人偷越国（边）境罪的，依照处罚较重的规定定罪处罚。所以，C项当选。

10. **答案**：ABC。《刑法》第325条规定，违反文物保护法规，将收藏的国家禁止出口的珍贵文物私自出售或者私自赠送给外国人的构成非法向外国人出售、赠送珍贵文物罪；第327条规定，违反文物保护法规，国有博物馆、图书馆等单位将国家保护的文物藏品出售或者私自送给非国有单位或者个人的，构成非法出售、私赠文物藏品罪。二者的主观方面并无不同，都不要求行为人具有牟利的目的。

11. **答案**：ABCD。见《刑法》第330条的规定。

12. **答案**：ABD。见《刑法》第338、339条的规定，BD是行为犯，不要求造成重大环境污染事故为构成要件。根据《刑法》第338条的规定，严重污染环境罪要求"严重污染环境的"，但并不以造成重大环境污染事故为构成要件，A也正确。ABD为本题正确选项。

13. **答案**：ABCD。《刑法》第351条规定，非法种植罂粟、大麻等毒品原植物，一律强制铲除。有下列情形，构成非法种植毒品原植物罪：（一）种植罂粟五百株以上不满三千株或者其他毒品原植物数量较大的；（二）经公安机关处理后又种植的；（三）抗拒铲除的。

14. **答案**：ABCD。《刑法》第345条及修正案

（四）规定，以牟利为目的，在林区非法收购明知是盗伐、滥伐的林木，情节严重的，构成非法收购盗伐、滥伐的林木罪。

15. 答案：ABC。《刑法》第309条规定："有下列扰乱法庭秩序情形之一的，处三年以下有期徒刑、拘役、管制或者罚金：（一）聚众哄闹、冲击法庭的；（二）殴打司法工作人员或者诉讼参与人的；（三）侮辱、诽谤、威胁司法工作人员或者诉讼参与人，不听法庭制止，严重扰乱法庭秩序的；（四）有毁坏法庭设施，抢夺、损毁诉讼文书、证据等扰乱法庭秩序行为，情节严重的。"所以ABC正确。D项构成《刑法》第290条规定的聚众冲击国家机关罪。

16. 答案：AD。《刑法》第333条规定了强迫卖血罪，是指以暴力、威胁方法强迫他人出卖血液的行为。本罪的犯罪方法包括暴力、威胁。

17. 答案：ABD。《刑法》第336条规定了非法进行节育手术罪，这里的"节育手术"，是指节育复通手术、假节育手术、终止妊娠手术或者摘取宫内节育器四种行为，A、B、D是正确的，其中D项的做人工流产手术属于"终止妊娠手术"。

18. 答案：BCD。应当说，本题是相对简单的，主要考的是法条记忆。《刑法》第347条规定，走私、贩卖、运输、制造毒品，无论数量多少，都应当追究刑事责任，予以刑事处罚。走私、贩卖、运输、制造毒品，有下列情形之一的，处十五年有期徒刑、无期徒刑或者死刑，并处没收财产：……（四）以暴力抗拒检查、拘留、逮捕，情节严重的；……单位犯第2款、第3款、第4款罪的，对单位判处罚金，并对其直接负责的主管人员和其他直接责任人员，依照各该款的规定处罚。……据此，单位是可以成为走私、贩卖、运输、制造毒品罪的主体的，故A选项正确。根据第1款规定，走私、贩卖、运输、制造毒品，无论数量多少，都应当追究刑事责任，而不是必须达到"数量较大"，因此，B选项是不正确的。C选项中，需要注意的是，运输毒品罪和走私毒品罪中的运输的含义是不相同的，前者不包括从境外运往境内和从境内运往境外。因此，C选项不正确。D选项中行为人以暴力抗拒检查、拘留、逮捕的行为只是作为本罪的加重情节不另构成妨害公务罪。这一点和刑法第三章规定的走私罪是不同的。走私犯罪中如果以暴力、威胁方法抗拒缉私的，则以走私罪和妨害公务罪进行数罪并罚。

19. 答案：BD。《刑法》第353条规定了引诱、教唆、欺骗他人吸食、注射毒品罪和强迫他人吸食、注射毒品罪，A选项中"他人"的年龄，法条对此并未加以限制。B选项则应根据法理上的理解，因为婴幼儿没有起码的辨认、选择能力，对其不存在引诱、欺骗问题，将毒品掺在食品中给其食用，比照偷盗婴幼儿、奸淫幼女，以绑架、强奸论处的一般理解，认定为强迫吸食。不过，如果是将毒品偷偷掺在食品中给成人食用，通常认为属于引诱、欺骗他人吸毒罪。对C选项内容没有明文规定；该条第3款规定引诱、教唆、欺骗或者强迫未成年人吸食、注射毒品的，从重处罚，所以D正确。

20. 答案：选项A正确。贩卖毒品罪不要求具有牟利目的，居间介绍、代购代卖毒品的，属于贩卖毒品。

选项B正确。制造毒品一般是指使用毒品原植物而制成毒品。如果为了便于隐蔽运输、销售、使用、欺骗购买者，或者为了增重，对毒品掺杂使假、添加或去除其他非毒品物质，不属于制造毒品的行为。

选项C正确。非法持有毒品罪中的持有不要求是直接持有，介入第三者时，也不影响持有的成立。如行为人认为自己管理毒品不安全，将毒品委托给第三人保管时，行为人与第三人均成立非法持有毒品罪。

选项D正确。对于走私、贩卖、运输、制造毒品罪，行为人对同一宗毒品实施了两种以上犯罪行为并有相应确凿证据的，应按照所实施的行为性质确定罪名，毒品数量不重复计算，不实行数罪并罚。

本题选项A、C、D的依据都来源于《全国部分法院审理毒品犯罪案件工作座谈会纪要》。

21. 答案：BCD。根据我国刑法的规定，妨害动植物防疫、检疫罪是指违反有关动植物防疫、检疫的国家规定，引起重大动植物疫情的，或者有引起重大动植物疫情危险，情节严重的行为。本罪的主要特征是：侵犯的客体是国家对进出境动植物防疫、检疫的管理规定。所以D是正确的。客观方面表现为违反有关动植物防疫、检疫的国家规定，引起重大动植物疫情的，或者有引起重大动植物疫情危险，情节严重的行为。B是正确的。本罪的犯罪主体是一般主体，可以是自然人，也可以是单位。因此C是正确的。在犯罪主观方面，本罪是过失。犯罪的主观心态指的是行为人对犯罪结果的心态。本罪行为人对自己的行为是故意，但是对于引起的重大动植物疫情的发生，则是一种过失心态。所以，A是错误的。因此，本题最后的答案应该是BCD。

22. 答案：AD。根据我国刑法的规定，非法采伐、毁坏国家重点保护的植物罪是指违反国家规定，非法采伐、毁坏珍贵树木或者国家重点保护的其他植物的行为。盗伐林木罪是指以非法占有为目的，盗伐森林或者其他林木数量较大的行为。本案中，由于古樟树既属于林木也属于珍贵树木，因此张某、李某的行为既属于非法采伐、毁坏珍贵树木，也属于盗伐林木。但由于非法采伐、毁坏珍贵树木属于特殊规定，同时盗伐林木还要求数量较大是结果犯，没有出现一定的结果，不构成犯罪。所以，张某、李某的行为构成的是非法采伐、毁坏国家重点保护的植物罪，而非盗伐林木罪，答案A是正确的。

本案中，张某、李某实施的行为到底是属于犯罪预备还是犯罪未遂呢？区分两者的关键就看，张某、李某的行为是否已经着手。本案中，张某、李某携带工具，是在准备砍伐樟树的时候被发现的，其行为已经超出了准备工具、制造条件，而应当属于实行犯罪。故张某、李某的行为应属于犯罪未遂，而非犯罪预备。所以选项D是正确的。最后本题的答案是AD。

23. 答案：ABD。《刑法》第305条规定："在刑事诉讼中，证人、鉴定人、记录人、翻译人对与案件有重要关系的情节，故意作虚假证明、鉴定、记录、翻译，意图陷害他人或者隐匿罪证的，处三年以下有期徒刑或者拘役；情节严重的，处三年以上七年以下有期徒刑。"伪证罪发生在刑事诉讼中，A选项符合题意。伪证罪的犯罪主体是特殊主体即证人、鉴定人、记录人、翻译人，BD选项符合题意，C选项不符合题意。故本题正确答案为ABD。

24. 答案：ABCD。《刑法》第293条规定："有下列寻衅滋事行为之一，破坏社会秩序的，处五年以下有期徒刑、拘役或者管制：(一)随意殴打他人，情节恶劣的；(二)追逐、拦截、辱骂、恐吓他人，情节恶劣的；(三)强拿硬要或者任意损毁、占用公私财物，情节严重的；(四)在公共场所起哄闹事，造成公共场所秩序严重混乱的。纠集他人多次实施前款行为，严重破坏社会秩序的，处五年以上十年以下有期徒刑，可以并处罚金。"答案为ABCD。

25[①]**. 答案**：BCD。《刑法》第316条第1款规定，依法被关押的罪犯、被告人、犯罪嫌疑人脱逃的，处五年以下有期徒刑或者拘役。故A项应认定为脱逃罪，不应选。根据《刑法》第39条第1款第5项的规定，B项是被判处管制的犯罪分子，在执行期间未遵守规定的行为。管制是对罪犯不予

① **编者注**：提醒读者注意区分组织越狱罪与脱逃罪的界限：(1)行为方式不同。组织越狱罪在客观方面表现为有计划、有组织地进行，并且一般是使用暴力手段，公开与国家专政机关对抗；而脱逃罪在客观方面往往采取秘密逃跑的方式。(2)组织越狱罪是多数在押犯勾结在一起，在首要分子的指挥、策划下，有组织、有计划地集体逃跑越狱的行为。而脱逃罪一般只是个别犯罪分子单独的逃跑行为。

关押，但限制其一定自由，由公安机关执行和群众监督改造的刑罚方法。由于被判处管制的犯罪分子不属于“依法被关押”，不构成脱逃罪。故B为应选答案。C项为组织越狱罪。组织越狱罪，是指狱中的罪犯有组织、有计划地逃往狱外的行为。《刑法》第317条第1款规定，组织越狱的首要分子和积极参加的，处五年以上有期徒刑；其他参加的，处五年以下有期徒刑或者拘役。D项为暴动越狱罪，《刑法》第317条第2款规定，暴动越狱或者聚众持械劫狱的首要分子和积极参加的，处十年以上有期徒刑或者无期徒刑；情节特别严重的，处死刑；其他参加的，处三年以上十年以下有期徒刑。故本题应选BCD。

26. 答案：BCD。贩卖毒品罪是指违反毒品管理法规，明知是毒品而非法销售或者以贩卖为目的而非法收买的行为。提醒考生注意贩卖毒品罪犯罪构成的特点：（1）该罪的犯罪客体是国家对毒品的管理制度；（2）犯罪的客观方面表现为贩卖毒品的行为，所谓贩卖，是指非法买卖与交换、批发和零售。不论是转手倒卖，还是销售自制毒品，不管是否营利，也不论贩卖毒品的数量多少，均构成本罪；（3）犯罪的主体，除一般主体外，在特定条件下还可以由单位构成；（4）犯罪的主观方面是故意，即明知是毒品而予以贩卖；（5）贩卖毒品除了主观上具有故意之外，还应当具有牟利的目的。不以牟利为目的，如单纯为了本人或亲友吸食而购买毒品的，则不构成贩卖毒品罪。由此可知，甲为吸食而购买毒品，不构成贩卖毒品罪。故A项错误，不应选。乙为了贩卖而购买，丙介绍毒品买卖以获利，丁销售毒品而获利，三者皆构成贩卖毒品罪。故本题应选BCD。

27. 答案：ABCD。《刑法》第310条规定的包庇罪，是指明知是犯罪的人而为其作假证明包庇的行为。题目中的四个选项都是相关犯罪中以“包庇”方式实施的犯罪行为，不是包庇罪，ABCD均为应选答案。

《刑法》第294条第3款规定，国家机关工作人员包庇黑社会性质的组织，或者纵容黑社会性质的组织进行违法犯罪活动的，处五年以下有期徒刑；情节严重的，处五年以上有期徒刑。故A项构成包庇黑社会性质组织罪。注意，包庇黑社会性质组织罪与包庇罪之间存在法条竞合关系，包庇、纵容黑社会性质组织罪由于其犯罪主体是国家机关工作人员，使关于包庇黑社会性质组织罪的规定属于特别法条，而优于一般法条适用。

第307条第2款规定，帮助当事人毁灭、伪造证据，情节严重的，处三年以下有期徒刑或者拘役。B项可构成帮助毁灭、伪造证据罪。注意包庇罪与帮助毁灭、伪造证据罪的区别：主要是发生的场合和行为对象不同，包庇罪的作假证明限于在刑事诉讼中为犯罪分子作假证明；而帮助毁灭、伪造证据罪的伪造证据，可以是在任何诉讼案件中伪造任何证据（包括伪造假证明）。

第311条规定，明知他人有间谍犯罪行为，司法机关向其调查有关情况、收集有关证据时，拒绝提供，情节严重的，处三年以下有期徒刑、拘役或者管制。C项构成拒绝提供间谍犯罪证据罪。

第349条规定，包庇走私、贩卖、运输、制造毒品的犯罪分子的，为犯罪分子窝藏、转移、隐瞒毒品或者犯罪所得的财物的，处三年以下有期徒刑、拘役或者管制；情节严重的，处三年以上十年以下有期徒刑。缉毒人员或者其他国家机关工作人员掩护、包庇走私、贩卖、运输、制造毒品的犯罪分子的，依照前款的规定从重处罚。D项构成包庇毒品犯罪分子罪。注意包庇毒品犯罪分子罪与包庇罪的区别：要点是行为对象不同，本罪包庇的对象限于毒品犯罪分子。

28. 答案：AD。丁某出于非法占有的目的盗窃他人手提包，并不明知包内有枪支，不具有盗窃枪支的故意，因此丁某构成盗窃罪而不是盗窃枪支罪，选项A正确，B错误。

根据《刑法》第 310 条的规定，明知是犯罪的人而为其提供隐藏处所、财物，帮助其逃匿的，构成窝藏罪。崔某只是代丁某保管枪支，并没有为丁某提供隐藏处所、财物或帮助其逃匿，因此崔某不构成窝藏罪，选项 C 错误。根据《刑法》第 128 条的规定，行为人违反枪支管理规定，非法持有枪支的，构成非法持有枪支罪，故 D 选项正确。

29. 答案：BCD。在刑事诉讼中，辩护人王某伪造证据，引诱证人违背事实作伪证，符合《刑法》第 306 条规定的辩护人妨害作证罪的构成要件，因此 A 项正确。在刑事诉讼中，证人李某对与案件有重要关系的情节，故意作虚假证明，意图为陈小二隐匿罪证，符合《刑法》第 305 条规定的伪证罪的构成要件，构成伪证罪而不是辩护人妨害作证罪的帮助犯，C 项错误。陈某劝说证人李某作伪证，构成伪证罪的教唆犯，但是因为《刑法》第 307 条第 1 款专门将指使证人作伪证的行为定为妨害作证罪，因此陈某构成妨害作证罪，B 项错误。陈小二已经被宣告无罪而释放，不属于依法被关押的罪犯、被告人、犯罪嫌疑人，不能构成脱逃罪，因此陈某让陈小二逃往国外的行为当然不构成脱逃罪的共犯。D 项也不正确。本题错误的选项应为 BCD。

30. 答案：ABCD。依照《刑法》第 347 条的规定，贩卖毒品罪是指明知是毒品而故意实施贩卖的行为。我国刑法规定毒品犯罪的目的是通过打击毒品犯罪来控制和减少毒品在社会上的泛滥。首先，贩卖毒品罪不包括所有的买和卖的行为，仅仅针对处于流通环节的买和卖的行为；其次，贩卖毒品罪不要求同时实施买和卖两个行为，只要实施了流通环节中的买或卖任何一个行为均属于贩卖。将自有的毒品有偿地销售出去并不是通常意义上的贩卖，但由于其属于毒品的流通环节，同样是贩卖毒品罪打击的对象。具体来讲，对于吸毒者之间以购买价转让毒品的行为要分成几种情况来认定：（1）A 应 B 的要求为 B 购买毒品，然后交付给 B，并收取自己垫付的毒资。这种情况下，如果 B 购买毒品是为了高价卖出且 A 明知，那么 A 和 B 的行为都属于流通环节，A 构成贩卖毒品罪的共犯；如果 A 不明知 B 的目的或者 B 购买毒品是为了消费，那么 A 的行为不属于流通环节，不构成贩卖毒品罪。（2）A 购买毒品是为了高价卖出，但念及和 B 的关系，以购买价转让给 B。那么，A 购买毒品的行为即属于流通环节，已经构成了贩卖毒品罪。（3）A 购买毒品是为了消费，应 B 的要求以购买价转让给 B。那么，A 购买毒品的行为不属于流通环节。但是 A 转让毒品给 B 的行为属于流通环节，而且 A 通过转让获得了相应的对价，有牟利目的且实现了利益，故其行为构成贩卖毒品罪。因此在本案中，甲的行为构成贩卖毒品罪，ABCD 均错误。

31. 答案：CD。包庇罪的“作假证明”限于在刑事诉讼中为犯罪分子作假证明；而帮助毁灭、伪造证据罪的伪造证据，可以是在任何诉讼案件中伪造任何证据，包括伪造假证明。对于帮助当事人毁灭罪证、湮灭罪迹的行为，应以帮助毁灭、伪造证据罪论处，不再以包庇罪论处。因而 A 中甲帮助毁灭证据的行为不构成包庇罪。所以 A 是错误的。《最高人民法院关于审理交通肇事刑事案件具体应用法律若干问题的解释》第 5 条第 2 款明确规定：“交通肇事后，单位主管人员、机动车辆所有人、承包人或者乘车人指使肇事人逃逸，致使被害人因得不到救助而死亡的，以交通肇事罪的共犯论处。”因而 B 是错误的。C 选项中丙明知恐怖组织实施了杀人、放火的犯罪行为仍然作假证明，符合包庇罪的构成要件，成立该罪，因而 C 是正确的。《刑法》第 362 条规定：“旅馆业、饮食服务业、文化娱乐业、出租汽车业等单位的人员，在公安机关查处卖淫、嫖娼活动时，为违法犯罪分子通风报信，情节严重的，依照本法第三百一十条的规定定罪处罚。”D 中丁作为歌舞厅的老板，属于文化娱乐业的人员，为违法犯罪分子通风报信，构成窝藏、包庇罪。因而D项正确。所以答案是CD。

32. 答案：ABD。选项A说法错误。盗掘古墓葬后将其中文物据为己有的，只成立盗掘古墓葬罪一罪，不另外成立盗窃罪。盗掘古墓葬罪包含对盗窃文物行为的评价，所以只成立盗掘古墓葬罪，运往境外出售和损毁文物的行为侵犯了新的法益，不是不可罚的事后行为。

选项B说法错误。损毁文物的行为虽是自己毁灭证据，不成立帮助毁灭证据罪，但由于侵犯了新的法益，应成立故意损毁文物罪。

选项C说法正确。盗掘古墓葬罪的法定刑升格条件包括：（一）盗掘确定为全国重点文物保护单位和省级文物保护单位的古文化遗址、古墓葬的；（二）盗掘古文化遗址、古墓葬集团的首要分子；（三）多次盗掘古文化遗址、古墓葬的；（四）盗掘古文化遗址、古墓葬，并盗窃珍贵文物或者造成珍贵文物严重破坏的。盗窃文物是法定刑升格条件。

选项D说法错误。盗掘古墓葬罪包含对盗窃文物行为的评价，所以不成立盗窃罪。

33. 答案：ABCD。根据《办理利用互联网、移动通讯终端、声讯台制作、复制、出版、贩卖、传播淫秽电子信息刑事案件具体应用法律若干问题的解释（二）》的规定，网站建立者、网站直接管理者、电信业务经营者、互联网信息服务提供者利用互联网传播淫秽物品牟利的，均可以成立传播淫秽物品牟利罪。

34. 答案：AC。冒充警察罚款，通常定为招摇撞骗罪。另外，因为只罚款“900元”，没有达到诈骗和敲诈的数额较大标准（3000元），所以排除选项BD。

35. 答案：ABC。A选项，《刑法》第350条规定了非法买卖制毒物品罪，从法条的角度成立犯罪没有数量限制，但是2016年4月6日《最高人民法院关于审理毒品犯罪案件适用法律若干问题的解释》第7条规定了非法买卖制毒物品必须达到一定数量才能成立犯罪。因此，“非法买卖制毒物品的，无论数量多少，都应追究刑事责任”的说法是错误的。

B选项，《刑法》第349条第2款规定，缉毒人员或者其他国家机关工作人员掩护、包庇走私、贩卖、运输、制造毒品的犯罪分子的，依照包庇毒品犯罪分子罪从重处罚。缉毒警察并不是海关工作人员，其包庇走私毒品的犯罪分子，并不是在犯罪人走私时利用职权放纵走私，所以不成立放纵走私罪。

C选项，《刑法》第353条第2款规定，强迫他人吸食、注射毒品的，成立强迫他人吸毒罪。即使将形成毒瘾解释为对身体的伤害，也因为特殊法优于一般法，而只按照强迫吸食毒品罪处罚。所以C项说法错误。

D选项，窝藏毒品犯罪所得的财物的，成立《刑法》第349条规定的窝藏毒赃罪。同时满足《刑法》第312条规定的掩饰、隐瞒犯罪所得罪。二者属于法条竞合，根据2009年11月4日《最高人民法院关于审理洗钱等刑事案件具体应用法律若干问题的解释》第3条的规定，选择适用重法条。最终应以窝藏毒赃罪定罪处刑。所以D项说法正确。

36. 答案：ABCD。根据《最高人民法院、最高人民检察院关于办理妨害国（边）境管理刑事案件应用法律若干问题的解释》第5条的规定。

37. 答案：AD。根据我国《刑法》第292条的规定，聚众斗殴罪，是指为了报复他人、争霸一方或者其他不正当目的，纠集众人成帮结伙地互相进行殴斗，破坏公共秩序的行为。村民为争水源而斗殴，符合聚众斗殴罪的主观要件，因此A是正确的。聚众斗殴的一般参加者，是相对于聚众斗殴罪中“积极参加者”而言的。根据《刑法》第292条的规定，首要分子和积极参加者才构成聚众斗殴罪，一般参加者不构成。因此B的说法是错误的。两村未发生持械斗殴，但是双方互相谩骂、互扔石块，造成甲村3人被砸成重伤的后果，已经成立聚众斗殴罪既遂，所以C的说法是错误的。根据我国《刑法》第292条第2款的规定，聚众斗殴，致人重伤、死亡的，依照故意伤害罪、故意杀人罪定罪处罚。对扔石块将甲村3人砸成重伤的乙村村民，应以故意伤害罪论处，因此D的说法是正确的。故，本题的正确答案为AD。

38. 答案：CD。帮助当事人毁灭、伪造证据，情节严重的，构成帮助毁灭、伪造证据罪。下列行为均属于帮助毁灭证据：第一，行为人单独为当事人毁灭证据；第二，行为人与当事人共同毁灭证据，这种情况下，行为人与当事人并不成立共犯；第三，行为人为当事人毁灭证据提供各种便利条件，这种情况下行为人不是帮助犯而是正犯；第四，行为人唆使当事人毁灭证据，这种情况下行为人不是教唆犯而是正犯。A选项，甲本人属于当事人，其毁灭证据的行为不构成帮助毁灭证据罪。B选项，甲实施的是阻止作证的行为，构成妨害作证罪而非帮助毁灭证据罪。C选项，甲劝说乙毁灭证据，构成帮助毁灭证据罪。D选项，帮助毁灭证据罪侵害的法益是国家的刑事诉讼秩序，当事人对此并无处分权限，乙的同意并不影响甲毁灭无罪证据的定性，其行为仍构成帮助毁灭证据罪。故应选CD。

39. 答案：CD。在法律规定的国家考试中，组织作弊，或者为他人实施组织作弊犯罪提供作弊器材或者其他帮助的，均构成组织考试作弊罪。组织作弊，是指组织、指挥、策划进行考试作弊的行为，既包括构成犯罪集团的情况，也包括比较松散的犯罪团伙，还可以是个人组织他人进行作弊的情况；组织者可以是一个人，也可以是多人；可以有比较严密的组织结构，也可以是为了进行一次考试作弊行为临时纠结在一起；既包括组织一个考场内的考生作弊的简单形态，也包括组织大范围的集体作弊的复杂情形。为组织作弊行为提供作弊器材或者其他帮助，原本可以按照刑法总则关于共同犯罪的规定以组织作弊罪的共犯处理，按其在共同犯罪中的地位、作用追究刑事责任。但根据《刑法修正案（九）》的规定，不再将这种帮助行为认定为帮助犯，而认定为组织考试作弊罪的实行犯。需要注意的是，只有为组织作弊行为提供作弊器材或其他帮助行为的才构成组织考试作弊罪，如果只是为他人作弊行为提供上述帮助的，不构成本罪。代替考试罪，是指代替他人或者让他人代替自己参加法律规定的国家考试的行为。本案中，甲和丙均构成代替考试罪，乙不构成组织考试作弊罪。AB错误，CD正确。

40. 答案：ABD。A选项，甲没有贩卖毒品的主观故意，其为江某代购毒品的行为过程中未谋取利益，且其代购的毒品系供江某吸食，因此其行为构成非法持有毒品罪而非贩卖毒品罪。A正确。B选项，乙代购毒品过程中收取了“劳务费”，但具体以什么名义谋取利益并不重要，乙的行为实质上属于贩卖毒品获利的行为，乙构成贩卖毒品罪。B正确。C选项，丙对于曾某运输500克海洛因的行为并不知情，按照共同犯罪理论和主客观相一致的原则，不能要求丙对曾某运输的500克海洛因承担刑事责任。C错误。D选项，盗窃毒品又贩卖的行为构成盗窃罪和贩卖毒品罪，应当数罪并罚。D正确。

三、不定项选择题

1. 答案：（1）BC。行贿罪是指为谋取不正当利益给予国家工作人员以财物的行为。而甲某为了“出国观光”并不能认定这是不正当利益，故不能构成行贿罪。甲作为包工头，在施工中偷工减料，将低标号水泥代替高标号水泥使用，用细钢筋取代粗钢筋，造成其承建的一座礼堂倒塌，损失40余万元的严重后果的行为，构成工程重大安全事故罪。甲明知乙犯有倒卖许可证和走私文物等事发正被追查，而接受其请求为乙某将倒卖许可证和走私凭据带走，构成包庇罪。故BC为正解。D项的赌博罪根据《刑法》第303条的规定，指以营利为目的，聚众赌博或者以赌博为业的，处三年以下有期徒刑、拘役或者管制，并处罚金。而甲在国外赌博的行为根据《刑法》第7条的规定，中华人民共和国公民在中华人民共和国领域外犯刑法规定之罪的，适用刑法，但是按刑法规定的最高刑为三年以下有期徒刑的，可以不予追究。

（2）AB。乙命令丙、丁、戊杀害甲的行为构成故意杀人罪，是教唆犯。乙明知甲犯有罪行，而为其提供路费，帮助其隐匿，构成窝藏罪。C中的包庇罪是指明知是犯罪的人而作假证明予以包庇的行为，乙没有实施作假证的行为，不构成该罪。而乙作为倒卖许可证和走私违法行为的当事人，不符合帮助毁灭、伪造证据罪的主体要求，不构成该罪。

（3）A。丙明知乙要杀害甲，在其提出要丙为其传信给丁、戊二人时，未表示拒绝，且在乙书写委托杀人的书信时在场，对乙教唆他人杀人的行为存在间接放任的故意，应当构成间接教唆犯，以故意杀人罪论处。

（4）ABC。丁、戊受乙嘱托实施故意杀人行为，构成故意杀人罪，在实施杀人行为中，因甲请求而放弃犯罪，属于已着手实施犯罪，后又主动放弃的犯罪中止。其对乙谎称已将甲杀害，因此领取报酬的行为构成诈骗罪，因其隐瞒事实真相骗取财物。

2. 答案：（1）ABD。根据《刑法》第294条的规定，黑社会性质的组织应当同时具备以下特征：①形成较稳定的犯罪组织，人数较多，有明确的组织者、领导者，骨干成员基本固定；②有组织地通过违法犯罪活动或者其他手段获取经济利益，具有一定的经济实力，以支持该组织的活动；③以暴力、威胁或者其他手段，有组织地多次进行违法犯罪活动，为非作恶，欺压、残害群众；④通过实施违法犯罪活动，或者利用国家工作人员的包庇或者纵容，称霸一方，在一定区域或者行业内，形成非法控制或者重大影响，严重破坏经济、社会生活秩序。

同时，该条规定，又有其他犯罪行为的，依照数罪并罚的规定处罚。所以A、B正确。

第358条规定，组织卖淫罪是指以招募、雇佣、强迫、引诱、容留等手段，控制他人从事卖淫活动的行为；强迫卖淫罪是指使用暴力、威胁、虐待等强制方法迫使他人卖淫的行为。

在组织卖淫的犯罪活动中，同时对被组织卖淫的人有强迫、容留的，应作为组织卖淫罪的量刑情节考虑、不再数罪并罚。故C项错误。

第238条规定，为索取债务非法拘押拘禁他人的依非法拘禁的规定处罚，根据相关司法解释，“债务”包括不受法律保护的非法债务。非法拘禁使用暴力致人重伤死亡的，依故意伤害罪、故意杀人罪定罪处罚。

（2）B。根据《刑法》第226条规定，强迫交易罪是指以暴力、威胁手段强迫他人交易的行为。

（3）AC。根据《刑法》第305、306条规定，L某只是受甲某指使，和甲并没有共同的犯罪故意，所以不构成共同犯罪。

（4）B。根据《刑法》第308条规定，对证人进行打击报复的行为依法构成打击报复证人罪。

（5）AC。根据《刑法》第385条规定，国家工作人员利用职务上的便利，索取他人财物的，或者非法收受他人财物，为他人谋取利益的，是受贿罪。第294条规定，国家机关工作人员包庇黑社会性质的组织，或者纵容黑社会性质的组织进行违法犯罪活动的行为构成包庇、纵容黑社会性质组织罪。

3. 答案：（1）ABCD。根据我国《刑法》第307条第1款的规定，妨害作证罪，是指采用暴力、威胁、贿买等方法阻止证人作证或者指使他人作伪证的行为。妨害作证行为必须发生在诉讼过程中。因此丁指使王某顶包的行为不构成妨害作证罪。丁让王某为自己顶罪，属于指使他人为自己作假证明，不能成立包庇罪的共犯。因为一旦认定丁构成包庇罪，则成了丁自己包庇自己，这显然不符合常理。由于王某根本没有替丁顶罪的意思，也没有实际实施假冒飙车者去投案的行为，因此王某本人也不构成包庇罪。丁的教唆行为没有使他人产生犯罪意图，因此不构成犯罪。所以 ABCD 当选。

（2）ABC。虽然王某是利用被骗者丁的非法行为来骗取财物，但是丁如果没有王某虚构事实、隐瞒真相的行为，就不会交付财物，王某的行为完全符合诈骗罪的犯罪构成，应认定为诈骗罪。因此 AB 都是错误的。如果行为人购买毒品的目的是贩卖，或者有证据证明行为人是为了贩卖而去购买毒品的，则构成贩卖毒品罪；如果行为人是因为沾染吸毒恶习后，为满足其吸毒需要，非法购买较大以上数量毒品的，或者有证据证明行为人不是以营利为目的，为他人代买仅用于吸食的毒品，数量达到较大以上数量的，则构成非法持有毒品罪。因此 C 的说法是错误的。王某将毒品藏在家中的行为，构成非法持有毒品罪，不构成窝藏毒品罪，因此 D 的说法是正确的。所以 ABC 当选。

4. **答案**：BC。脱逃罪是指依法被关押的罪犯、被告人、犯罪嫌疑人脱逃的行为。其主体仅限于被关押的罪犯、被告人和犯罪嫌疑人。甲属于强制戒毒人员，其逃离戒毒所的行为不构成脱逃罪。A 错误。为出售而购买毒品的行为构成贩卖毒品罪，甲为了自己吸食，购买毒品的行为不构成犯罪。B 正确。贩卖毒品罪以毒品交付为既遂标志。陈某出卖毒品给甲，甲采取赊账方式，陈某未及时获取钱款并不影响贩卖毒品罪成立犯罪既遂。C 正确。由于甲不构成犯罪，所以乙收留甲的行为也并不构成窝藏罪。D 错误。应选 BC。

5. **答案**：ABC。伪证罪是指在刑事诉讼中，证人、鉴定人、记录人和翻译人对与案件有重要关系的情节，故意作虚假证明、鉴定、记录、翻译，意图陷害他人或者隐匿罪证的行为。包庇罪，是指明知是犯罪的人而为其作假证明包庇，使其逃脱法律的制裁。行为人完全可能同时构成上述两罪，如证人作假证明的行为就可能构成伪证罪和包庇罪的想象竞合犯。A 错误。妨害司法罪，是指违反法律规定，使用各种方法妨害国家司法机关正常诉讼活动，破坏国家司法权的行使，情节严重的行为。甲作为证人，故意隐瞒将车借给没有驾照的乙使用的事实，已经妨害了司法机关正常的诉讼活动，构成伪证罪。B 错误。乙出于直接故意，明知自己犯法但为逃避法律追究仍积极实施妨害作证行为。根据《刑法》第 307 条第 1 款规定：“以暴力、威胁、贿买等方法阻止证人作证或者指使他人作伪证的，处三年以下有期徒刑或者拘役；情节严重的，处三年以上七年以下有期徒刑。”因此乙唆使他人陈述虚假事实，包庇犯罪行为，构成妨害作证罪，不构成教唆犯。C 错误。丁对肇事者乙的犯罪行为、后果以及其包庇乙将导致交管部门无法查明事实真相的后果都是明知，因此，丁的行为符合包庇罪的法定构成要件，构成包庇罪。D 正确。

四、名词解释

1. **答案**：妨害公务罪，是指以暴力、威胁方法，阻碍国家机关工作人员、人大代表、红十字会工作人员依法执行职务或履行职责的行为，以及故意阻碍国家安全机关、公安机关依法执行国家安全工作任务，未使用暴力、威胁方法，造成严重后果的行为。

2. **答案**：招摇撞骗罪，是指为了谋取非法利益，假冒国家机关工作人员或者人民警察进行招摇撞骗的行为。

3. **答案**：编造、故意传播虚假恐怖信息罪，是指投放虚假的爆炸性、毒害性、放射性、传染病病原体等物质，或者编造爆炸威胁、生化威胁、放射威胁等恐怖信息，或者明知是编造的恐怖信息而故意传播，严重扰乱社会秩序的行为。《刑法修正案（九）》新增一款作为《刑法》第 291 条之一第 2 款：“编造虚假的险情、疫情、灾情、警情，在信息网络或者其他媒体上传播，或者明知是上述虚假信息，故意在信息网络或者其他媒体上传播，严重扰乱社会秩序的……”

4. **答案**：辩护人、诉讼代理人毁灭证据、伪造证据、妨害作证罪，是指在刑事诉讼中，辩护人、诉讼代理人毁灭、伪造证据，帮助当事人毁灭、伪造证据，威胁、引诱证人违背事实改变证言或者作伪证的行为。

5. **答案**：窝藏、包庇罪，是指明知是犯罪的人而为其提供隐蔽处所、财物，帮助其逃匿或者作假证明包庇的行为。

6. **答案**：非法行医罪，是指未取得医生执业资格的人非法行医，情节严重的行为。

7. **答案**：严重污染环境罪，是指违反国家规定，排放、倾倒或者处置有放射性的废物、含传染病病原体的废物、有毒物质或其他有害物质，严重污染环境的行为。

8. **答案**：非法采矿罪，是指违反矿产资源法的规定，未取得采矿许可证擅自采矿，擅自进入国家规划矿区、对国民经济具有重要价值的矿区和他人矿区范围采矿，或者擅自开采国家规定实行保护性开采的特定矿种，情节严重的行为。

9. **答案**：窝藏、转移、隐瞒毒品、毒赃罪，是指明知是毒品或者犯罪所得的财物，而为犯罪分子窝藏、转移、隐瞒的行为。

10. **答案**：传播性病罪，是指明知自己患有梅毒、淋病等严重性病而卖淫或者嫖娼的行为。

五、简答题

1. **答案**：两者的区别表现在三个方面：一是侵犯的客体不同。组织卖淫罪侵犯的是社会道德风尚及社会治安管理秩序；而强迫卖淫罪除侵犯社会道德风尚及社会治安管理秩序外，还包括他人的人身权利。二是实施行为的内容不同。组织卖淫的行为，是指以招募、雇用、引诱、容留的手段，控制多人从事卖淫活动，不违背受害人意志；而强迫卖淫罪是采用强迫手段，违背卖淫者的意志。三是故意的内容不同。组织卖淫罪的行为人主观上具有组织多人的故意；而强迫卖淫罪的行为人在主观上则具有强迫的故意。

2. **答案**：伪证罪，是指在刑事诉讼中，证人、鉴定人、记录人、翻译人对与案件有重要关系的情节，故意作虚假证明、鉴定、记录、翻译，意图陷害他人或者隐匿罪证的行为。

本罪的构成特征是：

(1) 本罪的客体是复杂客体，即本罪既妨害了国家的正常司法秩序，又侵犯了公民的人身权利。

(2) 本罪的客观方面，表现为行为人实施了伪证行为。所谓伪证行为，是指：行为人故意作虚假证明、鉴定、记录、翻译。这里，值得注意的是：行为人之行为必须是发生在刑事诉讼中。所谓“刑事诉讼中”，是指侦查、起诉、审判的整个过程。无论是行为人作虚假证明还是虚假鉴定，以及虚假记录或翻译，只要行为人实施了其中一种行为，便足以成立本罪。

(3) 本罪的主体为特殊主体，即只有刑事诉讼中的证人、鉴定人、记录人、翻译人才能成为本罪主体。

(4) 本罪的主观方面为故意，且行为人具有陷害他人或者隐匿罪证的意图。

3. **答案**：在区分组织他人偷越国（边）境罪中的罪数问题时，应注意以下几个问题：

(1) 组织他人偷越国（边）境造成被组织人重伤死亡的，属于本罪的加重情节，不实行数罪并罚。

(2) 在组织他人偷越国（边）境中有剥夺或者限制被组织者人身自由，以暴力、威胁方法抗拒检查的，不另定为非法拘禁罪、妨害公务罪。

(3) 犯组织他人偷越国（边）境罪，对被组织者有杀害、伤害、强奸、拐卖等行为，或者对检查人员有杀害、伤害等犯罪行为的，依照数罪并罚的规定处罚。

4. **答案**：聚众扰乱社会秩序罪，是指聚众扰乱社会秩序，情节严重，致使工作、生产、营业和教学、科研、医疗无法进行，造成严重损失的行为。本罪的构成特征是：(1) 本罪侵犯的客体为正常的社会秩序，具体表现为国家机关、企业、事业单位、人民团体、医疗单位正常的工作秩序、生产经营秩序、教学科研秩序和医疗秩序。(2) 本罪在客观方面表现为聚众扰乱社会秩序，情节严重，致使工作、生产、营业和教学、科研、医疗无法进行，造成严重损失的作为。此处所谓聚众，是指首要分子发动、纠合3人以上，在同一地点聚集。其中可以包括首要分子、积极参加者或者其他参加者，也可以是首要分子隐藏幕后唆使、策划而不亲自实施扰乱行为。所谓扰乱，是指对国家机关、企业、事业单位、人民团体、医疗单位的正常工作、生产、营业和教学、科研、医疗秩序进行干扰、破坏，如聚众在机关、单位门前、院内纠缠、哄闹，强占办公室、会议室、实验室、营业场地、生产车间、医护室或其他工作场所，封锁其出入通道，围攻、谩骂、强行留置有关单位的负责人或其工作人员等。此处的情节严重，一般是指聚众扰乱的时间长、纠合的人数多或造成的影响恶劣等。严重损失则主要是指导致被扰乱的单位停工、停产、停学、停业、停医，或者造成严重的经济损失，以及严重损害被害单位的形象和声誉等。(3) 本罪的主体为年满16周岁并具有刑事责任能力的聚众扰乱社会秩序的首要分子和积极参加者。对一般参与者不能以本罪论处。此处所谓首要分子，是指在扰乱社会秩序活动中起组织、策划、指挥作用的人；所谓积极参加者，则是指主动参加扰乱社会秩序活动并起主要作用的人。(4) 本罪的主观方面为聚众扰乱社会秩序的故意。

5. **答案**：医疗机构及单位的党政、后勤人员可以构成医疗事故罪的主体。医疗事故罪，是指医务人员在医务工作中严重不负责任，造成就诊人死亡或者严重损害就诊人身体健康的行为。本罪的主体是特殊主体，即国家正式批准有权从事医疗职业的医务人员。医务人员包括医疗人员、卫生防疫人员、护理人员、医疗技术人员，其中医疗技术人员又包括化验人员、药剂人员、麻醉人员、放射人员等。除了这四类人员以外，医疗辅助人员如救护车司机、电工等，则不能成为本罪的主体。

对本罪主体的判断，应从职责范围、具体工作范畴等角度综合进行。医疗机构工作人员大致分为四类：

(1) 卫生技术人员，主要在医疗机构内直接从事医疗卫生保健服务。

(2) 工程技术人员，主要是对医疗机构的建筑、设备、设施进行规划、选择、维修和研发，以保障医疗机构中的各种设备和设施正常运行。

(3) 工勤人员，是指医疗机构内从事各项后勤服务的人员，包括炊事员、保洁工等。

(4) 行政管理人员，因职务的不同而各司其职，各尽其责，如我国实施院长负责制后，院长就是该医疗机构的最高行政管理人员。本罪的主体应当以目前行政法规中关于“医疗活动”范围所涉及的人员为准，该人员的职责和工作行为必须与就诊人的生命、健康有关，如若违反相关规定，就应依照本罪进行处罚。

六、论述题

1. **答案**：组织卖淫罪，是指以招募、雇用、强迫、引诱、容留等手段，组织他人卖淫的行为。

本罪的构成特征如下：

(1) 本罪的客体是社会主义道德风尚。卖淫是一种腐朽、丑恶的社会现象，与我国社会风尚格格不入，本罪的犯罪对象一般是女性，但男性也可成为本罪的对象。

(2) 本罪的客观方向，表现为行为人实施了组织他人卖淫的行为，“组织他人”是指以招募、雇用、引诱、容留等方式，有计划、有组织地使他人从事出卖色相的活动，行为人可以是一人也可以是多人，本罪一般只处罚组织者，对一般参与卖淫者不以犯罪论处，而通常按违反治安管理处罚条例的行为来处理。

(3) 本罪的主体为一般主体，可以是男性，也可以是女性，单位不能成为本罪主体。

(4) 本罪的主观方面表现为直接故意，即行为人明知自己的行为是组织他人卖淫活动而仍为之。过失不能构成本罪。

认定组织卖淫罪，应注意如下界限：

其一，本罪与集团犯罪的界限。在司法实践中，应当将组织卖淫罪与集团犯罪区分开来。(1) 本罪不以固定的组织形式或者犯罪活动的次数为构成要件；而犯罪集团是要由固定首要分子和成员长期多次犯罪活动为要件。(2) 前罪一般不追究被组织参与者的刑事责任，而在集团犯罪中，集团成员根据各自在集团中所处的地位和在共同犯罪中所起的作用，承担刑事责任。(3) 本罪中的组织他人卖淫行为是罪状的固有内容、犯罪的行为要件而非情节；而在集团犯罪中，组织行为是处理案件时需要考虑的情节，不影响对案件的定性。

其二，本罪与强迫卖淫罪的区别。二者虽然都有“卖淫”的内容，但它们的区别是明显的：(1) 二者侵害的客体不完全相同。本罪侵害的客体是单一客体，即社会主义道德风尚。而强迫卖淫罪侵犯的是复杂客体，既侵犯了社会主义道德风尚，同时又侵犯了公民的人身权利。(2) 客观方面不同。本罪的客观方面表现为把自愿卖淫者组织起来进行卖淫。假如行为人以暴力、胁迫等方法组织他人卖淫，此属于想象竞合犯，应按照处理想象竞合犯的原则来处理，即从一重罪处断。鉴于本罪与强迫卖淫罪的法定刑完全相同，故对行为人之行为仍可以强迫卖淫罪定罪处罚。

其三，组织卖淫罪与引诱、容留、介绍卖淫罪的区别主要有：(1) 犯罪手段不同。在组织卖淫罪中，行为人采用的是组织招募、纠集等方式，而在引诱、容留、介绍卖淫罪中，行为人主要是采取以金钱、物质等，诱惑他人卖淫，或提供场所，或牵线搭桥。(2) 主观方面不同。

其四，本罪与协助组织卖淫罪的界限。本罪与该罪的客体完全相同，犯罪目的也相似，两罪的不同之处是：(1) 客观行为表现不同。本罪表现为直接将闲散卖淫人员组织起来进行卖淫活动；而协助组织卖淫罪实施的行为是为了对组织他人卖淫的顺利实施创造有利条件，起间接或者辅助作用，主要表现为替组织卖淫的人招募、运送人员。(2) 犯罪故意内容不同。本罪故意的内容是行为人认识到自己组织他人卖淫行为的性质及会造成危害社会的结果，而希望这种结果的发生；而协助组织卖淫罪的故意具有“协助”和“组织卖淫”的双重内容。

2. **答案**：医疗事故罪，是指医务人员由于严重不负责任，造成就诊人死亡或者严重损害就诊人身体健康的行为。

本罪具有以下特征：

(1) 本罪的客体是国家医务工作管理秩序和就诊人的生命、健康权利。

(2) 本罪在客观方面表现为行为人造成了医疗事故，要注意两点：一是行为人在医务工作中严重不负责任；二是造成了就诊人死亡或严重损害了就诊人身体健康。

(3) 本罪主体为特殊主体，即医务人员。这里，医务人员应作广义解释，无论是在何种所有制的医疗单位工作，从事医疗工作，凡经过卫生行政机关批准，承认的从事医务职业的各级、各类医务人员，包括医生、护士、药剂人员、医疗管理人员、麻醉人员等，都属于医务人员的范畴。

(4) 本罪在主观方面为过失。

认定本罪时应注意区分如下界限：

(1) 本罪与一般医疗过错的界限。二者的相同之处在于：行为人在医务工作中都有违规和不负责任的表现，都给被害人造成了损害，都是过失行为。但区分二者的关键在于，是否造成了就诊人死亡或者严重损害了就诊人身体健康。如果没有造成就诊人死亡或者身体健康严重损害的，即使给被害人造成了一般轻微伤害的，只能作为一般医疗事故处理，可以对行为人给予行政或纪律处分，不能作为犯罪处理。

(2) 本罪与医疗技术事故的界限。所谓医疗技术事故，是指医务人员在医务工作中，由于业务水平低下，或者经验不足，或者单位医疗技术设备太差等客观原因，在医疗过程中，对就诊人已尽力抢救，但由于前述客观原因而造成就诊人病情恶化或者死亡的，一般不应按犯罪论处。行为人有民事过错的，可按民事违法行为处理。

(3) 本罪与医疗风险事故的界限。由于一些高难度的医疗手术（如开刀等）常常伴有巨大风险，如果把那些医疗风险事故也作为犯罪来处理，那恐怕无人愿意从事医务工作了。因此，正常的医疗风险事故不能作为犯罪处理。所谓医疗风险事故，是指由于现代医疗水平的有限性，在诊疗过程中发生了事与愿违的不良后果。例如，在给心脏病人做开刀手术时病人突然休克死亡便是适例。本罪与医疗风险事故的区别就在于：本罪中“造成就诊人死亡或者严重损害就诊人身体健康”是医务人员严重不负责任的过失行为所致；而医疗风险事故造成的就诊人伤亡，则属于不可避免的正常现象。

(4) 本罪与重大责任事故罪的界限。重大责任事故罪是《刑法》第134条规定的犯罪。它与本罪的相同之处在于二者都属于责任事故，都是过失行为，都有伤亡发生。但二者的显著不同在于：①侵犯客体不同。本罪侵犯的客体是国家医务工作管理秩序和就诊人的生命和健康权利；而重大责任事故罪侵犯的是公共安全。②客观表现不同。本罪的客观表现是行为人在医务工作中严重不负责任，造成了就诊人的伤亡结果；而重大责任事故罪的表现形式为工厂、矿山、林场、建筑企业或者其他企业、事业单位的职工由于不服管理、违反规章制度，或者强令工人违章冒险作业，因而发生重大伤亡事故或者造成其他严重后果的行为。③主体不同。本罪主体限于医务人员；而重大责任事故罪的主体则是工厂、矿山、林场、建筑企业或者其他企业、事业单位的职工或领导。

最后，值得注意的是，如果行为人借医疗之便，故意伤害或者杀害就诊人的，则应以故意伤害罪或者杀人罪论处。

3. 答案：妨害公务罪，是指以暴力、威胁的方法，阻碍国家机关工作人员、人大代表、红十字会工作人员依法执行职务或履行职责的行为，以及故意阻碍国家安全机关、公安机关依法执行国家安全工作任务，虽未使用暴力、威胁方法，但造成严重后果的行为。

本罪的构成要件是：

(1) 本罪侵犯的客体是国家机关、人民代表大会、红十字会、国家安全机关以及公安机关的公务活动。这里的“公务”，是指国家机关工作人员与人大代表依法执行职务的活动，红十字会工作人员依法履行职责的活动，以及国家安全机关和公安机关工作人员依法执行国家安全工作任务的活动。本罪侵犯的对象是正在依法执行职务、履行职责的上述四类人员。

(2) 本罪客观方面，表现为行为人以暴力、威胁的方法阻碍国家机关工作人员、人大代表依法执行职务，或者在自然灾害或者突发事件中以暴力、威胁方法阻碍红十字会工作人员依法履行职责，或者虽未使用暴力、威胁的方法，但故意阻碍国家安全机关与公安机关工作人员依法履行维护国家安全的职务，且造成了严重后果。所谓暴力，是指对正在依法执行职务的国家机关工作人员、人大代表和正在依法履行职责的红十字会工作人员实施殴打、捆绑或者其他人身强制行为，致使其不能正常履行职务或者职责。所谓威胁，是指行为人对前述工作人员进行精神强制，如以杀害、伤害相威胁，或者以毁坏财产、破坏名誉等相恐吓，迫使国家机关工作人员、人大代表、红十字会工作人员放弃职守或者使其无法履行职责。

(3) 本罪的主观方面是故意，即行为人明知前述四种人员是正在依法执行职务或履行职责而有意对其实施暴力、威胁，使之不能或不敢正常执行职务或者履行职责，或者明知对方正在依法执行国家安全工作任务，而有意进行阻碍。所谓“明知”，包含两层意思：①行为人必须明知自己阻碍的是国家机关工作人员、人大代表、红十字会工作人员以及国家安全机关和公安机关的工作人员；②行为人必须明知前述人员是在依法履行职务或职责。否则，不能以本罪论处。

(4) 本罪主体为一般主体。

妨害公务罪的认定：

(1) 罪与非罪的界限。其一，要分清妨害公务罪与人民群众同国家机关工作人员的违法乱纪行为作斗争的界限。这主要反映在二者主观意图和客观表现有所不同上。前者的行为人是怀着明确的反社会意图而实施阻碍公务的行为；后者的行为人则是基于社会公正的立场对违法乱纪的行为进行斗争。人民群众同国家机关工作人员的违法乱纪行为作斗争的行为不仅不能作为犯罪处理，而且还要予以保护和鼓励。其二，要分清妨害公务罪与人民群众一般的不服管理行为的界限。

如果某些群众因为政治觉悟低或者认识水平有限而对正在执行公务或履行职责的前述人员实施了谩骂、顶撞等不服管理的行为，一般不应作为犯罪处理。

（2）本罪与近似犯罪的界限。由于本罪通常表现为行为人以暴力或威胁的方法来实施犯罪，因此，本罪就有可能与侮辱罪、故意伤害罪、故意毁坏财物罪相近似。但本罪与前述三个犯罪的显著不同在于：本罪行为人的暴力、威胁行为必须发生于前述人员依法执行职务或履行职责期间，而前述三个犯罪则无时间性限制。如果行为人以暴力妨害公务的行为造成了国家工作人员或人大代表或红十字会工作人员的人身伤害，是定本罪，还是定故意伤害罪，抑或按数罪并罚原则处理呢？我们认为，此种情况属于牵连犯，故对此应按处理牵连犯的原则处理，即从一重罪处断。

七、案例分析题

1. **答案**：被告人甲某的行为应成立伪证罪而不是诬告陷害罪。

被告人甲某作为伤害案件中的证人，具备伪证罪的主体资格，其出于使无辜者王某受刑事追究，同时又包庇真正的犯罪分子乙某、丙某的犯罪意图，在公安机关侦查伤害案件的过程中，对与案件有重要关系的情节——谁砍伤人这一重要问题上作了虚假证明，客观上实施了既捏造王某的犯罪事实，又掩盖乙某、丙某的犯罪事实的行为。所以，被告人甲某的行为完全符合伪证罪而不是诬告陷害罪的构成特征。

2. **答案**：（1）贾某的行为构成故意伤害罪。

贾某在商品交易中，用暴力手段强买商品，非法牟利，情节严重，其行为构成强迫交易罪；贾某在强买过程中使用暴力将被害人张某打成重伤，其行为又触犯了故意伤害罪。因此其行为构成了强迫交易罪与故意伤害罪的想象竞合犯，因致人重伤的故意伤害罪的处刑重于强迫交易罪，按想象竞合犯从一重罪处罚的原则，其行为应当以故意伤害罪定罪处罚。

（2）齐某的行为构成掩饰、隐瞒犯罪所得罪、包庇罪。

齐某明知大犍牛是贾某以暴力手段强买所得的犯罪赃物，仍予以收购，其行为符合掩饰、隐瞒犯罪所得罪的构成要件，应当以掩饰、隐瞒犯罪所得罪定罪处罚。齐某明知贾某是犯罪的人，仍故意作假证明包庇，帮助其逃避处罚，其行为符合包庇罪的构成要件，应以包庇罪定罪处罚。

3. **答案**：甲组织卖淫的行为构成组织卖淫罪；强奸后迫使他人卖淫的行为构成强迫卖淫罪，强奸行为不单独定罪；引诱他人吸毒的行为构成引诱他人吸毒罪；甲将朱某打伤，抢走朱某的钱，构成抢劫罪；甲向警察送钱的行为构成行贿罪；甲指使他人妨害警察履行公务，但其手段已将警察打成重伤，按牵连犯的处断原则，以故意伤害罪论处。

4. **答案**：甲伪造公安机关工作证的行为构成伪造国家机关证件罪；其冒充公安人员招摇撞骗，谋取非法利益的行为构成招摇撞骗罪。由于他伪造证件的直接目的是进行招摇撞骗，所以，其伪造证件的行为与招摇撞骗的行为之间有牵连关系，应从一重罪处断，即只定招摇撞骗罪一罪。甲采用威胁的手段，使乙在违背自己意志的情况下与其发生性关系，构成强奸罪，且其强奸行为与招摇撞骗行为无牵连关系，所以对甲应以招摇撞骗罪和强奸罪，实行数罪并罚。

5. **答案**：甲、乙、丙多次在公共场所无事生非，随意殴打他人，强拿硬要他人财物，追逐、拦截他人，扰乱公共秩序，情节恶劣，均构成寻衅滋事罪。甲还强制猥亵、侮辱妇女，构成强制猥亵、侮辱妇女罪，实行数罪并罚。乙还在寻衅滋事过程中，致他人重伤，同时构成了故意伤害罪，对乙应按寻衅滋事罪和故意伤害罪数罪并罚。

第二十七章　危害国防利益罪

配套测试

一、单项选择题

1. 甲冒用解放军某部指导员的名义，利用人民群众对子弟兵热爱的心理，实施诈骗活动，甲的行为构成何罪？(　　)

A. 诈骗罪

B. 招摇撞骗罪

C. 冒充军人招摇撞骗罪

D. 危害国防利益罪

2. 适龄青年甲某在战时拒绝、逃避服役，情节严重，甲某的行为构成何罪？(　　)

A. 战时拒绝、逃避服役罪

B. 战时拒绝、逃避征召、军事训练罪

C. 玩忽职守罪

D. 妨害公务罪

3. 甲盗窃了解放军某部的大量公文、证件，甲的行为构成何罪？(　　)

A. 盗窃罪

B. 盗窃武装部队公文、证件罪

C. 危害国防利益罪

D. 阻碍军事行动罪

4. 战争期间，甲多次给自己在部队服役的丈夫写信，鼓动丈夫逃离部队回家，甲的行为应当如何处理？(　　)

A. 构成煽动军人逃离部队罪

B. 构成阻碍军事行动罪

C. 构成危害国防利益罪

D. 不构成犯罪

5. 下列关于战时窝藏逃离部队军人罪与窝藏罪的区别表述不正确的有：(　　)。

A. 战时窝藏逃离部队军人罪在主观方面表现为明知是军人且为逃离部队的军人而仍决意窝藏；而窝藏罪则为明知是犯罪者而决意窝藏

B. 二者都不需要必须情节严重方构成犯罪

C. 战时窝藏逃离部队军人罪行为的对象是逃离部队的军人；窝藏罪必须是犯罪人

D. 战时窝藏逃离部队军人罪必以发生在战时为构成必要；而窝藏罪则无这一要求

6. 甲在铁路上设置路障，阻拦军事行动车辆通过，导致所运军备物资严重损失，致使军事任务完成受到严重影响，甲的行为构成何罪？(　　)

A. 妨害公务罪

B. 破坏交通设施罪

C. 阻碍军事行动罪

D. 阻碍军人执行职务罪

7. 甲某一日深夜在某军事重地盗窃军事设施上的某些零部件，从而造成该军事设施严重毁损以致报废，对甲某的行为应如何认定？(　　)

A. 构成盗窃罪

B. 构成破坏交通设施罪

C. 构成破坏军事设施罪

D. 构成阻碍军事行动罪

8. 在危害国防利益罪中，可以对自然人判处罚金的罪名是（　　）。

A. 冒充军人招摇撞骗罪

B. 非法提供、使用武装部队专用标志罪

C. 战时拒绝征用罪

D. 战时拒绝、故意延误军事订货罪

二、多项选择题

1. 下列证照可以构成伪造、变造、买卖武装部队公文、证件、印章罪的对象的有：(　　)。

A. 武装部队车辆监理印章

B. 武装部队车辆行驶证

C. 武装部队车辆驾驶证

D. 武装部队车辆号牌

2. 下列说法正确的有：(　　)。

A. 冒充军人使用伪造、变造的武装部队车辆号牌，造成恶劣影响的，按照冒充军人招摇撞骗罪和非法使用武装部队专用标志罪并罚

B. 使用盗窃的武装部队车辆号牌，骗免养路费、通行费等各种规费，数额较大的，按照盗窃罪从重处罚

C. 使用伪造、变造、盗窃的武装部队车辆号牌，不缴或者少缴应纳的车辆购置税、车辆使用税等税款，偷税数额占应纳税额的百分之十以上，且偷税数额在1万元以上的，按照逃税罪论处

D. 伪造、变造武装部队车辆号牌或者买卖伪造、变造的武装部队车辆号牌，情节严重的，按照伪造、变造、买卖武装部队专用标志罪论处

3. 下列危害国防利益的犯罪，不需要具备“情节严重”的条件即可构成的有：（　）。

A. 煽动军人逃离部队罪

B. 战时造谣扰乱军心罪

C. 战时拒绝、故意延误军事订货罪

D. 故意提供不合格武器装备、军事设施罪

4. 下列关于战时故意提供虚假敌情罪的表述正确的有：（　）。

A. 本罪是结果犯，只有造成严重后果的方构成犯罪

B. 本罪侵犯的客体是我军的作战利益

C. 本罪在主观方面只能是故意，即明知是虚假的敌情而向武装部队提供

D. 本罪的主体只能是除军人外的其他人员

三、名词解释

1. 危害国防利益罪

2. 故意提供不合格武器装备、军事设施罪

3. 雇用逃离部队军人罪

四、简答题

1. 简述阻碍军人执行职务罪与妨碍公务罪的异同。

2. 简述冒充军人招摇撞骗罪与诈骗罪的异同。

3. 简述战时拒绝军事征用罪的概念及构成要件。

4. 危害国防利益罪的概念与特征是什么？

参考答案

一、单项选择题

1. 答案：C。《刑法》第372条规定，冒充军人招摇撞骗的构成冒充军人招摇撞骗罪，与招摇撞骗罪属法条竞合，应当优先使用特殊法，即定冒充军人招摇撞骗罪。

2. 答案：A。《刑法》第376条规定，公民战时拒绝、逃避服役，情节严重的构成战时拒绝、逃避服役罪，如果是预备役人员战时拒绝、逃避征召或者军事训练，则构成战时拒绝、逃避征召、军事训练罪。

3. 答案：B。《刑法》第375条第1款规定，盗窃、抢夺武装部队公文、证件、印章的构成盗窃、抢夺武装部队公文、证件、印章罪。

4. 答案：D。煽动军人逃离部队罪需要具备情节严重的条件方可构成，甲出于爱护自己丈夫的心理写信叫其回家，不属于情节严重，不构成犯罪。危害国防利益罪属于类罪名，定罪时不能具体以此定罪。

5. 答案：B。战时窝藏逃离部队军人罪属情节犯，行为必须达到情节严重的程度才能构成其罪；而窝藏罪则为行为犯，一般情况下，只要实施了窝藏行为，除非情节显著轻微危害不大的，都要以犯罪论处。情节严重则是其罪的一个加重处罚情节。

6. 答案：C。《刑法》第368条规定，故意阻碍武装部队军事行动，造成严重后果的，构成阻碍军事行动罪。

7. 答案：C。属于破坏军事设施罪与盗窃罪的牵连犯，应当从一重罪以破坏军事设施罪论处。

8. 答案：B。根据《刑法》第375条第3款的规定，非法提供、使用武装部队车辆号牌等专用标志，情节严重的，处3年以下有期徒刑、拘役或者管制，并处或者单处罚金；情节特别严重的，处3年以上7年以下有期徒

刑，并处罚金。

二、多项选择题

1. **答案**：ABC。《刑法》第 375 条规定了伪造、变造、买卖武装部队公文、证件、印章罪。本罪侵犯的对象仅限于武装部队的公文、证件和印章。根据《最高人民法院、最高人民检察院关于办理妨害武装部队制式服装、车辆号牌管理秩序等刑事案件具体应用法律若干问题的解释》第 1 条的规定："伪造、变造、买卖或者盗窃、抢夺武装部队公文、证件、印章，具有下列情形之一的，应当依照刑法第三百七十五条第一款的规定，以伪造、变造、买卖武装部队公文、证件、印章罪或者盗窃、抢夺武装部队公文、证件、印章罪定罪处罚：（一）伪造、变造、买卖或者盗窃、抢夺武装部队公文一件以上的；（二）伪造、变造、买卖或者盗窃、抢夺武装部队军官证、士兵证、车辆行驶证、车辆驾驶证或者其他证件二本以上的；（三）伪造、变造、买卖或者盗窃、抢夺武装部队机关印章、车辆牌证印章或者其他印章一枚以上的。实施前款规定的行为，数量达到第（一）至（三）项规定标准五倍以上或者造成严重后果的，应当认定为刑法第三百七十五条第一款规定的'情节严重'。"

2. **答案**：CD。冒充军人使用伪造、变造、盗窃的武装部队车辆号牌，造成恶劣影响的，应当依照冒充军人招摇撞骗罪定罪处罚。A 项错误。使用伪造、变造、盗窃的武装部队车辆号牌，骗免养路费、通行费等各种规费，数额较大的，应以诈骗罪定罪处罚。B 项错误。使用伪造、变造、盗窃的武装部队车辆号牌，不缴或者少缴应纳的车辆购置税、车辆使用税等税款构成犯罪的，应当以逃税罪定罪处罚。C 项正确。D 项符合《刑法》第 375 条第 3 款的规定，也是正确的。

3. **答案**：BD。《刑法》第 370 条规定，明知是不合格的武器装备、军事设施而提供给武装部队的，构成故意提供不合格武器装备、军事设施罪；第 378 条规定，战时造谣惑众，扰乱军心的，构成战时造谣扰乱军心罪；第 373 条规定，煽动军人逃离部队，情节严重的，构成煽动军人逃离部队罪；第 380 条规定，战时拒绝或者故意延误军事订货，情节严重的，构成战时拒绝、故意延误军事订货罪。

4. **答案**：ABCD。《刑法》第 377 条规定，战时故意向武装部队提供虚假敌情，造成严重后果的，构成战时故意提供虚假敌情罪。

三、名词解释

1. **答案**：危害国防利益罪，是指违反国防法律、法规，拒绝或者逃避履行国防义务，危害作战和军事行动，危害国防物质基础和国防建设活动，妨害国防管理秩序，损害部队声誉，依法应受刑罚处罚的行为。

2. **答案**：故意提供不合格武器装备、军事设施罪，是指明知是不合格的武器装备、军事设施而故意提供给武装部队的行为。

3. **答案**：雇用逃离部队军人罪，是指明知是逃离部队的军人而雇用，情节严重的行为。

四、简答题

1. **答案**：两罪的相同之处：两罪在犯罪主体、犯罪主观方面都有相同或相似之处。两者区别的关键在于侵犯的客体与对象不同：

阻碍军人执行职务罪	妨碍公务罪
本罪的犯罪客体是军人依法执行职务的活动和国防利益	妨碍公务罪侵犯的是国家工作人员依法执行职务的活动和社会管理秩序
本罪的行为对象是正在依法执行职务的军人	妨害公务罪的行为对象是军人以外的依法正在执行职务的国家工作人员

2. **答案**：冒充军人招摇撞骗罪与诈骗罪的相同之处：(1) 犯罪主体都是一般主体。(2) 在主观方面都表现为故意，都有犯罪目的，因而都是目的犯。

冒充军人招摇撞骗罪与诈骗罪的不同之处：

	冒充军人招摇撞骗罪	诈骗罪
冒充对象不同	本罪中犯罪行为人冒充军人	诈骗罪中犯罪行为人隐瞒事实真相或捏造虚假事实，但不冒充军人或警察
犯罪客体不同	本罪中犯罪客体是军人和部队的良好形象和声誉及其正常活动	诈骗罪的犯罪客体则是公民的财产权利

3. 答案：战时拒绝军事征用罪是指在战时拒绝依法进行的军事征用，情节严重的行为。本罪的构成特征有：(1) 本罪的犯罪客体是军事征用的管理制度。(2) 本罪在客观方面的表现是在根据刑法规定的战时，行为人有能力、有条件提供军事调用或征购的物资、车辆、设备和设施等军事需用品而拒绝征用的行为。情节严重指的是煽动他人的，以暴力、威胁方法的，战时急需的等。(3) 犯罪主体是一般主体，既包括自然人，也包括单位。(4) 本罪的主观方面是故意，既可以是直接故意，也可以是间接故意。即明知是战时出于军队或作战需要的目的，征用公民房屋、运输工具、通信设施等而予以拒绝。动机如何不影响定罪。

4. 答案：(1) 危害国防利益罪的概念

危害国防利益罪，是指违反国防法律、法规，拒绝或者逃避国防义务，危害作战和军事行动，妨害国防管理秩序，或者以其他形式危害国防利益，依法应受刑罚处罚的行为。

(2) 危害国防利益罪的特征

①本类犯罪侵犯的客体是国防利益。“国防”，是指国家为了防备和抵抗侵略，制止武装颠覆，保卫国家的主权、统一、领土完整和安全所进行的军事活动，以及与军事有关的政治、经济、外交、科技、教育等方面的活动。

②本类犯罪在客观方面表现为违反国防法律、法规，严重危害国防利益的行为。

a. 从行为内容来看，由于军队直接承担国防义务，故此类犯罪行为以破坏武器装备与军事设施、阻碍军人执行职务或阻碍军事行动、妨害部队管理、扰乱军事区域秩序、逃避军事义务等为主。

b. 从表现形式来看，行为方式多种多样，作为和不作为均可构成。

c. 从时间场合来看，有些危害国防利益的行为只有在战时实施才能构成犯罪，有些行为无论是平时实施还是战时实施都构成犯罪。

d. 从危害结果看，这种危害既可以表现为已造成一定的损害结果，也可以表现为足以造成危害国防利益的结果。

③本类犯罪的主体既有自然人，也有单位。大部分犯罪主体是一般主体，个别犯罪只能由特殊主体构成。

④本类犯罪的主观方面一般为故意。在本章犯罪中，除过失提供不合格武器装备、军事设施罪外，其他犯罪的主观方面均为故意。

第二十八章 贪污贿赂罪

配套测试

一、单项选择题

1. 某税务局政管科科长代某利用职务的便利向上级申请向使用发货票的用户收取一定数额的带有保证性质的抵押金，得到上级机关的同意，建立专项账户由专人保管此项抵押金，先后收取此类性质的抵押金达100余万元。某啤酒厂劳动服务公司经理王某为个人发运木材，向代某提出要借款17万元。代某将其保管的发货票抵押金中拨出17万元借给王某，供王某进行倒卖木材的营利活动。王某出具了借条，借款后21天即归还本金。对代某的行为应当如何认定？（　　）

A. 构成挪用公款罪

B. 构成滥用职权罪

C. 因只借用了21天，没有达到挪用三个月的要求，因此不构成犯罪

D. 属于借用，不构成犯罪

2. 甲某与国营林场签订林场采伐承包协议，规定甲某负责将承包采伐的林木进行打枝、集材、装车后，按照生产的林木原条获取生产费。甲某在承包期间，多次私自将其为林场生产的樟子松原条截成四米长规格的原木，卖给他人，得款2万余元。对于甲某的行为应当如何认定？（　　）

A. 构成盗窃罪

B. 构成盗伐林木罪

C. 构成职务侵占罪

D. 构成贪污罪

3. 国有甲公司领导王某与私企乙公司签订采购合同，以10万元的价格向乙公司采购一批设备。后王某发现，丙公司销售的相同设备仅为6万元。王某虽有权取消合同，但却与乙公司老总刘某商议，由王某花6万元从丙公司购置设备交给乙公司，再由乙公司以10万元的价格卖给甲公司。经王某签字批准，甲公司将10万元货款支付给乙公司后，刘某再将10万元返给王某。刘某为方便以后参与甲公司采购业务，完全照办。关于本案的分析，下列哪一选项是正确的？（　　）（司考2017. 卷二. 21）

A. 王某利用职务上的便利套取公款，构成贪污罪，贪污数额为10万元

B. 王某利用与乙公司签订合同的机会谋取私利，应以职务侵占罪论处

C. 刘某为谋取不正当利益，事后将货款交给王某，刘某的行为构成贪污罪

D. 刘某协助王某骗取公款，但因其并非国家工作人员，故构成诈骗罪

4. 国有企业出纳石某擅自利用职务之便挪用单位公款1万元去经商，因经营不善而亏本，一个月后归还单位6000元，另4000元无力归还。对石某的行为（　　）。

A. 应定挪用公款罪从重处罚

B. 应定贪污罪从重处罚

C. 应分别定挪用公款罪和贪污罪，实行数罪并罚

D. 不以犯罪论处，给予行政处理

5. 下列哪种人员属于贪污罪的主体但不属于受贿罪、挪用公款罪的主体？（　　）

A. 国有公司、企业、事业单位、人民团体中从事公务的人员

B. 国家机关、国有公司、企业、事业单位委派到非国有公司、企业、事业单位、社会团体从事公务的人员

C. 其他依照法律从事公务的人员

D. 受国家机关、国有公司、企业、事业单位委托从事公务的人员

6. 某村民小组组长甲某，利用职务便利，将村民小组的集体财产非法占为己有，数额较大，甲某的行为应当如何认定？（　　）

A. 构成挪用公款罪
B. 构成挪用资金罪
C. 构成贪污罪
D. 构成职务侵占罪

7. 甲和乙在何种情况下构成挪用公款的共同犯罪？（　　）
A. 甲明知乙挪用了公款5万元，仍然使用
B. 甲明知乙没钱还是向乙借钱，乙遂挪用公款5万元借给甲
C. 甲唆使乙挪用公款5万元
D. 乙用挪用的公款5万元与甲合伙做生意

8. 我国刑法对单位犯罪实行双罚制，根据刑法规定，单位行贿应如何处罚？（　　）
A. 对单位判处罚款
B. 对单位判处罚金
C. 对单位中直接负责的主管人员和其他责任人员给予降职或撤职处分
D. 对其直接负责的主管人员和其他直接责任人员，处无期徒刑或者死刑

9. 以下说法中，错误的是（　　）。
A. 受贿罪不同于单位受贿罪。受贿罪的主体是自然人，单位受贿罪的主体是单位
B. 行贿罪也不同于对单位行贿罪。行贿罪的主体是自然人，对单位行贿罪的主体可以是自然人，也可以是单位
C. 国家工作人员在经济往来中，违反国家规定，收受各种名义的回扣、手续费，归个人所有的，以受贿论处
D. 对多次贪污未经处理的，以贪污数额最高的一次为标准进行处罚

10. 私分国有资产罪的犯罪主体是什么？（　　）
A. 自然人　　B. 单位
C. 自然人或单位　　D. 自然人和单位

11. 司法机关、行政机关违反国家规定，将应当上缴国家的罚没财物，以单位名义集体私分给个人的，构成何罪？（　　）
A. 私分国有资产罪
B. 贪污罪
C. 私分罚没财物罪
D. 单位私分财物罪

12. 2002年8月，某技术监督局会计甲贪污4200元，单位给予其警告处分。但是甲不思悔改，于2003年1月又贪污4500元，于2003年5月贪污3000元。2003年7月案发，甲被依法逮捕，检察院以贪污罪对甲提起公诉。问甲的贪污数额是多少？（　　）
A. 11700元　　B. 7500元
C. 4500元　　D. 8700元

13. 下列关于贪污罪与侵占罪的表述不正确的有：（　　）。
A. 两者侵犯的客体不同，前者侵犯的是复杂客体，后者侵犯的是简单客体
B. 两者的犯罪主体不同，前者是一般主体，后者是特殊主体
C. 两者的犯罪对象不同，前者以公共财物为侵犯对象，后者以他人的委托保管物、遗忘物、埋藏物为侵犯对象
D. 两者的客观方面表现不同，前者表现为以侵吞、窃取、骗取等手段非法占有公共财物，后者表现为侵占他人财物

14. 甲是某省工商局会计，因为其母生病急需用钱，遂利用职务之便，挪用单位公款人民币2000元。半年后，被单位查出。对于甲的行为，下列说法正确的有：（　　）。
A. 甲的行为构成犯罪，因为甲挪用公款的行为长达半年之久，超过3个月未还
B. 甲的行为构成犯罪，因为根据刑法规定，国家工作人员挪用公款数额较大的，都构成犯罪
C. 甲的行为不构成犯罪，甲挪用公款2000元，既没有进行犯罪活动，也没有进行营利活动，虽然其挪用公款时间超过3个月，但其挪用公款数额不算较大，尚未构成犯罪
D. 甲的行为不构成犯罪，甲并无占有公款之意，只是临时借用而已

15. 某甲在国家机关任职，某乙有求于他的

职务行为，给某甲送上5万元的好处费。某甲答应给某乙办事，但因故未办成。某乙见事未办成，要求某甲退回好处费，某甲拒不退还，并威胁某乙如果再来要钱就告某乙行贿。对某甲的行为应如何定罪？（　）

A. 受贿罪

B. 诈骗罪

C. 敲诈勒索罪

D. 受贿罪与敲诈勒索罪

16. 下列行为不构成贪污罪的有：（　　）。（司考2015. 卷二.20）

A. 国有保险公司工作人员利用职务上的便利，故意编造未曾发生的保险事故进行虚假理赔，骗取保险金归自己所有的

B. 行为人承包国有企业任经理，利用职务之便侵吞该企业财物的

C. 行为人挪用公款数额巨大，因客观原因在一审宣判前不能退还的

D. 村民委员会等村基层组织人员管理社会捐助公益事业款物时，利用职务上的便利，非法占为已有

17. 关于受贿罪，下列哪种说法是正确的？（　　）（司考2014. 卷二.17）

A. 甲为某国家机关负责人，李某为某建筑工程公司的经理，系女性，二人经他人介绍后认识，甲喜欢李某的美貌，李某则想利用甲的权力，二人遂勾搭成奸。甲通过自己的审批权帮助李某承揽了当地多项建筑工程，甲构成受贿罪

B. 乙为某省教育局负责人，在退休前利用职权将王某提拔为某处处长，后者根据双方的约定在乙退休后送给其现金2万元，乙构成受贿罪

C. 丙为某国家机关人事处处长，某日为儿子操办满月喜宴，收受宾客（包括亲戚、同事）礼金5000元。后被人举报，丙构成受贿罪

D. 丁为某私营企业经理，客户陈某以回扣形式送给其现金2万元，丁即将产品压价出售给陈某。丁构成受贿罪

18. 某省原公安厅厅长甲（现已退休）的妻子乙（不具有国家工作人员身份），在甲不知情的情况下，收受刑释人员丙4万元，通过甲提拔上来的现任公安厅副厅长丁，帮助丙删除犯罪记录，并将其中2万元送与丁。关于本案，以下说法正确的是：（　　）。（司考2012. 卷二.20）

A. 甲、乙构成受贿罪

B. 乙、丙构成行贿罪的共同犯罪

C. 乙、丁构成受贿罪的共同犯罪

D. 乙构成利用影响力受贿罪

19. 下列表述中，正确的是：（　　）。（司考2011. 卷二.20）

A. 村民委员会主任甲某利用职务之便侵吞救灾款物，构成贪污罪

B. 乙某不具有国家工作人员身份，利用受聘担任国有企业经理职务的便利条件，侵吞公共财产，不构成贪污罪

C. 国家工作人员丙某利用职务上的便利收受他人财物，但为他人谋取的是正当利益，不构成受贿罪

D. 丁指使国家工作人员A挪用公款给丁使用，因丁不具有国家工作人员身份，因而其不构成挪用公款罪

20. 下列哪一情形不属于“挪用公款归个人使用”？（　）（司考2010. 卷二.20）

A. 国家工作人员甲，将公款借给其弟炒股

B. 国家机关工作人员甲，以个人名义将公款借给原工作过的国有企业使用

C. 某县工商局局长甲，以单位名义将公款借给某公司使用

D. 某国有公司总经理甲，擅自决定以本公司名义将公款借给某国有事业单位使用，以安排其子在该单位就业

21. 国家工作人员甲利用职务上的便利为某单位谋取利益。随后，该单位的经理送给甲一张购物卡，并告知其购物卡的价值为2万元、使用期限为1个月。甲收下购物卡后忘记使用，导致购物卡过期作废，卡内的2万元被退回到原单位。

关于甲的行为，下列哪一选项是正确的？（　）（司考2006. 卷二 .19）

A. 甲的行为不构成受贿罪

B. 甲的行为构成受贿（既遂）罪

C. 甲的行为构成受贿（未遂）罪

D. 甲的行为构成受贿（预备）罪

22. 某国有公司出纳甲意图非法占有本人保管的公共财物，但不使用自己手中的钥匙和所知道的密码，而是使用铁棍将自己保管的保险柜打开并取走现金3万元。之后，甲伪造作案现场，声称失窃。关于本案，下列哪一选项是正确的？（　）（司考2008. 卷二 .18）

A. 甲虽然是国家工作人员，但没有利用职务上的便利，故应认定为盗窃罪

B. 甲虽然没有利用职务上的便利，但也不属于将他人占有的财物转移为自己占有，故应认定为侵占罪

C. 甲将自己基于职务保管的财物据为己有，应成立贪污罪

D. 甲实际上是通过欺骗手段获得财物的，应认定为诈骗罪

23. 何经理为了销售本公司经营的医疗器械，安排公司监事刘某在与某市立医院联系销售业务过程中，按销售金额25%的比例给医院四位正、副院长回扣共计25万余元。本案中，该公司提供回扣的行为构成何罪？（　）（司考2009. 卷二 .20）

A. 行贿罪

B. 对非国家工作人员行贿罪

C. 单位行贿罪

D. 对单位行贿罪

24. 甲恳求国有公司财务主管乙，从单位挪用10万元供他炒股，并将一块名表送给乙。乙做假账将10万元交与甲，甲表示尽快归还。20日后，乙用个人财产归还单位10万元。关于本案，下列哪一选项是错误的？（　）（司考2012. 卷二 .20）

A. 甲、乙勾结私自动用公款，构成挪用公款罪的共犯

B. 乙虽20日后主动归还10万元，甲、乙仍属于挪用公款罪既遂

C. 乙非法收受名表，构成受贿罪

D. 对乙不能以挪用公款罪与受贿罪进行数罪并罚

25. 大学生甲为获得公务员面试高分，送给面试官乙（某机关领导）2瓶高档白酒，乙拒绝。次日，甲再次到乙家，偷偷将一块价值1万元的金币放在茶几上离开。乙不知情。保姆以为乙知道此事，将金币放入乙的柜子。对于本案，下列哪一选项是错误的？（　）（司考2011. 卷二 .19）

A. 甲的行为成立行贿罪

B. 乙的行为不构成受贿罪

C. 认定甲构成行贿罪与乙不构成受贿罪不矛盾

D. 保姆的行为成立利用影响力受贿罪

26. 乙的孙子丙因涉嫌抢劫被刑拘。乙托甲设法使丙脱罪，并承诺事成后付给其10万元。甲与公安局副局长丁早年认识，但多年未见面。甲托丁对丙作无罪处理，丁不同意，甲便以揭发隐私要挟，丁被迫按甲的要求处理案件。后甲收到乙10万元现金。关于本案，下列哪一选项是错误的？（　）（司考2013. 卷二. 21）

A. 对于“关系密切”应根据利用影响力受贿罪的实质进行解释，不能仅从形式上限定为亲朋好友

B. 根据A选项的观点，“关系密切”包括具有制约关系的情形，甲构成利用影响力受贿罪

C. 丁构成徇私枉法罪，甲构成徇私枉法罪的教唆犯

D. 甲的行为同时触犯利用影响力受贿罪与徇私枉法罪，应从一重罪论处

27. 交警甲和无业人员乙勾结，让乙告知超载司机“只交罚款一半的钱，即可优先通行”；司机交钱后，乙将交钱司机的车号报给甲，由在高速路口执勤的甲放行。二人利用此法共得32万元，乙留下10万元，余款归甲。关于本案的分析，下列

哪一选项是错误的？（　　）　（司考2014．卷二．21）

A. 甲、乙构成受贿罪共犯
B. 甲、乙构成贪污罪共犯
C. 甲、乙构成滥用职权罪共犯
D. 乙的受贿数额是32万元

28. 国家工作人员甲听到有人敲门，开门后有人扔进一个包就跑。甲发现包内有20万元现金，推测是有求于自己职务行为的乙送的。甲打电话问乙时被告知“不要问是谁送的，收下就是了”（事实上是乙安排丙送的），并重复了前几天的请托事项。甲虽不能确定是乙送的，但还是允诺为乙谋取利益。关于本案，下列哪一选项是正确的？（　　）（司考2016．卷二．21）

A. 甲没有主动索取、收受财物，不构成受贿罪
B. 甲没有受贿的直接故意，间接故意不可能构成受贿罪，故甲不构成受贿罪
C. 甲允诺为乙谋取利益与收受20万元现金之间无因果关系，故不构成受贿罪
D. 即使认为甲不构成受贿罪，乙与丙也构成行贿罪

二、多项选择题

1. 关于受贿罪，下列哪些选项是正确的？（　　）（司考2017．卷二．62）

A. 国家工作人员明知其近亲属利用自己的职务行为受贿的，构成受贿罪
B. 国家工作人员虚假承诺利用职务之便为他人谋利，收取他人财物的，构成受贿罪
C. 国家机关工作人员实施渎职犯罪并收受贿赂，同时构成渎职罪和受贿罪的，除《刑法》有特别规定外，以渎职罪和受贿罪数罪并罚
D. 国家工作人员明知他人有请托事项而收受其财物，视为具备“为他人谋取利益”的构成要件，是否已实际为他人谋取利益，不影响受贿的认定

2. 下列哪些行为属于贪污罪？（　　）

A. 国有保险公司工作人员利用职务上的便利，故意编造未曾发生的保险事故进行虚假理赔，骗取保险金归自己所有的
B. 国有保险公司委派到非国有保险公司从事公务的人员利用职务上的便利，故意编造未曾发生的保险事故进行虚假理赔，骗取保险金归自己所有的
C. 行为人挪用公款数额巨大，因客观原因在一审宣判前不能退还的
D. 行为人挪用公款后，携带挪用的公款潜逃的

3. 下列哪些情形应当实行数罪并罚？（　　）

A. 司法工作人员收受贿赂，徇私枉法，既构成受贿罪又构成徇私枉法罪的
B. 国家工作人员因挪用公款索取、收受贿赂构成犯罪的
C. 国家工作人员挪用公款进行非法活动构成其他犯罪的
D. 国家机关工作人员徇私舞弊、滥用职权，致使国家和人民利益遭受重大损失的

4. 甲某是某乡的党委书记，在研究决定金矿开采权的承包、转包过程中，要求通过公开招标合法取得承包权的乙某给予其一定份额的股权，否则将不给予乙某承包权，乙某只得同意给予甲某5%的股权，并约定年底参与分红，而甲某并未支付任何财物。案发时，尚未到年底，故甲某还未参与分红。下列说法哪些是正确的？（　　）

A. 甲某构成受贿罪
B. 乙某构成行贿罪
C. 乙某被勒索给予甲某股权，没有获得不正当利益，不是行贿
D. 甲某的行为属于犯罪未遂

5. 下列哪些人员属于《刑法》第93条第2款规定的“其他依照法律从事公务的人员”？（　　）

A. 村民委员会等村基层组织人员协助人民政府从事救灾、抢险、防汛、优抚、扶贫、移民、救济款物的管理下的行政管理工作

B. 村民委员会等村基层组织人员协助人民政府从事社会捐助公益事业款物的管理
C. 村民委员会等村基层组织人员协助人民政府从事国有土地的经营和管理
D. 村民委员会等村基层组织人员协助人民政府从事土地征用补偿费用的管理

6. 某进出口公司（国有企业）总经理甲某，明知A公司的经理乙某提供的报关单、提货单、发票及业务合同全是伪造和变造的，仍以该进出口公司的名义，代理A公司与香港B公司签订虚假的进口化工原料合同共10份，并在工商银行某分行购汇共计50亿元港币。该进出口公司从中共收取代理费500万元人民币。此外，甲某有50万元的收入，明显超过其合法收入，并不能说明其合法来源。甲某还指使公司出纳丙某提取公司购汇业务款15万元私分，其中甲某分得9万元，丙某分得6万元。对于本案下列说法正确的有：（　）。
A. 该进出口公司犯骗购外汇罪，对该进出口公司应当判处罚金，对甲某应当以骗购外汇罪追究刑事责任
B. 甲某构成巨额财产来源不明罪
C. 甲某构成贪污罪
D. 对甲某应当以骗购外汇罪、巨额财产来源不明罪、贪污罪，数罪并罚

7. 个人贪污数额未达到5000元，但是具备以下哪些情形的也可以贪污罪论处？（　）
A. 将贪污款用于非法经营的
B. 贪污救灾、抢险、防汛、防疫、优抚、扶贫、移民、救济款物及募捐款物的
C. 贪污赃款赃物、罚没款物、暂扣款物
D. 具有贪污手段恶劣、毁灭证据、转移赃物等情节的

8. 甲某欲投资某饭店的加层扩建项目。加层扩建部分双方四六分成。但办理饭店加层扩建手续需要经有关城建规划部门的批准。该饭店的经理乙某称有办法办理加层手续，但需要费用。甲某拿出15万元给乙某，让乙某负责办理加层手续。乙某到城建规划管理部门办妥了加层手续。甲某、乙某的行为是否构成犯罪？（　）
A. 甲某将15万元交给乙某，是对乙某的行贿，构成行贿罪
B. 乙某取得15万元，构成受贿罪
C. 甲某将15万元交给乙某的行为不构成行贿罪，因为甲某与乙某具有共同的利益
D. 乙某取得15万元不构成受贿罪，因为乙某没有办理加层的审批权力

9. 以秘密窃取的方法构成的贪污罪与盗窃罪的区别在于：（　）。
A. 犯罪主体不同。前者是特殊主体，只有国家工作人员以及受国家机关、国有公司、企业、事业单位、人民团体委托管理、经营国有资产的人员才能实施；而后者的主体是一般主体
B. 犯罪客观方面不同。前者需要行为人利用本人职务上的便利，窃取公共财物；后者则是单纯地以盗窃的方法非法占有公私财物，犯罪手段与行为人的职务、职权或地位及其便利条件无关
C. 犯罪客体不同。前者侵犯的是复杂客体，行为同时侵犯了公务行为的廉洁性和公共财产所有权；而后者则仅侵犯了公私财产所有权
D. 犯罪对象不同。前者的犯罪对象仅限于公共财物，后者的犯罪对象是公私财物

10. 甲在任某市公安局局长期间，利用职务便利，多次为他人批准走私汽车入户，从中受贿30余万元。案发后，检察机关查获甲的财产共计240万元，从中扣除甲受贿所得及合法收入，还有200余万元，本人不能说明其合法来源。甲的行为如何定性？（　）
A. 构成受贿罪
B. 构成巨额财产来源不明罪
C. 只构成受贿罪
D. 应当数罪并罚

11. 介绍贿赂人在被追诉前主动交代介绍贿赂行为的，可以如何处理？（　）

A. 从轻处罚　B. 减轻处罚
C. 免除处罚　D. 从重处罚

12. 下列哪些人员可以构成贪污罪的主体？（　）
A. 国家机关中从事公务的人员
B. 国有公司、企业、事业单位、人民团体中从事公务的人员
C. 国家机关、国有公司、企业、事业单位委派到非国有公司、企业、事业单位、社会团体从事公务的人员
D. 其他依照法律从事公务的人员

13. 挪用公款罪客观方面表现为利用职务之便，挪用公款归个人使用。有下列哪些情形的，属于“挪用公款归个人使用”？（　）
A. 将公款供本人使用
B. 将公款供亲友或其他自然人使用
C. 以个人名义将公款供其他单位使用
D. 个人决定以单位名义将公款供其他单位使用

14. 关于贿赂犯罪，下列哪些选项是错误的？（　）（司考 2010. 卷二. 65）
A. 国家工作人员利用职务便利，为请托人谋取利益并收受其财物而构成受贿罪的，请托人当然构成行贿罪
B. 因被勒索给予国家工作人员以财物的，当然不构成行贿罪
C. 行贿人在被追诉前主动交代行贿行为的，可以从轻或者减轻处罚
D. 某国家机关利用其职权或地位形成的便利条件，通过其他国家机关的职务行为，为请托人谋取利益，索取请托人财物的，构成单位受贿罪

15. 甲系某股份制电力公司所属某供电所抄表组抄表员。在一次抄表时，甲与某金属加工厂承包人乙合谋少记载该加工厂用电量，并将电表上的数字回拨，使加工厂少交 3 万元电费。事后甲从乙处索取好处费 1 万元。关于甲的行为触犯的罪名，下列哪些选项是正确的？（　）（2008. 四川. 卷二. 62）
A. 贪污罪
B. 非国家工作人员受贿罪
C. 盗窃罪
D. 诈骗罪

16. 甲找到某国有企业出纳乙称自己公司生意困难，让乙想办法提供点资金，并许诺给乙好处。乙便找机会从公司账户中拿出 15 万元借给甲。甲从中拿了 2 万元给乙。之后，甲因违法行为被公安机关逮捕，乙害怕受牵连，携带 100 万元公款潜逃。关于乙的全部犯罪行为，下列哪些说法是错误的？（　）（2008. 四川. 卷二. 63）
A. 挪用公款罪与受贿罪，应择一重罪从重处罚
B. 应以挪用资金罪、职务侵占罪论处，实行数罪并罚
C. 应以挪用公款罪、贪污罪论处，实行数罪并罚
D. 应以挪用公款罪、贪污罪、受贿罪论处，实行数罪并罚

17. 下列哪些行为应当以贪污罪论处？（　）（2008. 四川. 卷二. 64）
A. 国家工作人员甲在国内公务活动中收受礼物，依照国家规定应当交公而不交公，数额较大
B. 乙受国家机关的委托经营某小型国有企业，利用职务上的便利，将该国有企业的资产转移到个人名下
C. 国家工作人员丙利用职务上的便利，挪用公款数额巨大不能退还
D. 国家工作人员丁利用职务之便，将依法扣押的陈某私人所有的汽车据为己有

18. 下列哪些选项属于“挪用公款归个人使用”？（　）（司考 2006. 卷二. 64）
A. 以个人名义将公款借给某国有企业使用
B. 以个人名义将公款借给某私营企业使用
C. 个人决定以单位名义将公款借给其他单位使用，谋取个人利益的
D. 以单位名义将公款借给其他自然人使

用，未谋取个人利益的

19. 关于受贿罪的判断，下列哪些选项是错误的？（　　）（司考 2007. 卷二. 65）

A. 公安局副局长甲收受犯罪嫌疑人家属 10 万元现金，允诺释放犯罪嫌疑人，因为局长不同意，未成。由于甲并没有为他人谋取利益，所以不构成受贿罪

B. 国家机关工作人员乙在退休前利用职务便利为钱某谋取了不正当利益，退休后收受了钱某 10 万元。尽管乙与钱某事前并无约定，仍应以受贿罪论处

C. 基层法院法官丙受被告人孙某家属之托，请中级法院承办法官李某对孙某减轻处罚，并无减轻情节的孙某因此被减轻处罚。事后，丙收受孙某家属 10 万元现金。丙不具有制约李某的职权与地位，不成立受贿罪

D. 海关工作人员丁收受 10 万元贿赂后徇私舞弊，放纵走私，触犯受贿罪和放纵走私罪。由于具有牵连关系，应从一重罪论处

20. 下列哪些行为应以职务侵占罪论处？（　　）（司考 2008. 卷二. 63）

A. 甲系某村民小组的组长，利用职务上的便利，将村民小组集体财产非法据为己有，数额达到 5 万元

B. 乙为村委会主任，利用协助乡政府管理和发放救灾款物之机，将 5 万元救灾款非法据为己有

C. 丙是某国有控股公司部门经理，利用职务上的便利，将本单位的 5 万元公款非法据为己有

D. 丁与某私营企业的部门经理李某内外勾结，利用李某职务上的便利，共同将该单位的 5 万元资金非法据为己有

21. 根据《刑法》有关规定，下列哪些说法是正确的？（　　）（司考 2009. 卷二. 64）

A. 甲系某国企总经理之妻，甲让其夫借故辞退企业财务主管，而以好友陈某取而代之，陈某赠甲一辆价值 12 万元的轿车。甲构成犯罪

B. 乙系已离职的国家工作人员，请接任处长为缺少资质条件的李某办理了公司登记，收取李某 10 万元。乙构成犯罪

C. 丙系某国家机关官员之子，利用其父管理之便，请其父下属将不合条件的某企业列入政府采购范围，收受该企业 5 万元。丙构成犯罪

D. 丁系国家工作人员，在主管土地拍卖工作时向一家房地产公司通报了重要情况，使其如愿获得黄金地块。丁退休后，该公司为表示感谢，自作主张送与丁价值 5 万元的按摩床。丁构成犯罪

22. 国家工作人员甲与民办小学教师乙是夫妻。甲、乙支出明显超过合法收入，差额达 300 万元。甲、乙拒绝说明财产来源。一审中，甲交代 300 万元系受贿所得，经查证属实。关于本案，下列哪些选项是正确的？（　　）（司考 2012. 卷二. 63）

A. 甲构成受贿罪

B. 甲不构成巨额财产来源不明罪

C. 乙不构成巨额财产来源不明罪

D. 乙构成掩饰、隐瞒犯罪所得罪

23. 关于贪污罪的认定，下列哪些选项是正确的？（　　）（司考 2011. 卷二. 63）

A. 国有公司中从事公务的甲，利用职务便利将本单位收受的回扣据为已有，数额较大。甲行为构成贪污罪

B. 土地管理部门的工作人员乙，为农民多报青苗数，使其从房地产开发商处多领取 20 万元补偿款，自己分得 10 万元。乙行为构成贪污罪

C. 村民委员会主任丙，在协助政府管理土地征用补偿费时，利用职务便利将其中数额较大款项据为已有。丙行为构成贪污罪

D. 国有保险公司工作人员丁，利用职务便利编造未发生的保险事故进行虚假理赔，将骗取的 5 万元保险金据为已

有。丁行为构成贪污罪

24. 下列关于行贿罪的说法，正确的有（ ）。

A. 行贿金额必须在 1 万元以上才构成本罪

B. 多次行贿未经处理的，按照累计行贿数额处罚

C. 行贿人谋取不正当利益的行为构成犯罪的，应当与行贿犯罪实行数罪并罚

D. 《刑法》第 390 条第 2 款规定的“被追诉前”，是指检察机关对行贿人的行贿行为刑事立案前

25. 关于受贿相关犯罪的认定，下列哪些选项是正确的？（ ）（司考 2013. 卷二.63）

A. 甲知道城建局长张某吸毒，以提供海洛因为条件请其关照工程招标，张某同意。甲中标后，送给张某 50 克海洛因。张某构成受贿罪

B. 乙系人社局副局长，乙父让乙将不符合社保条件的几名亲戚纳入社保范围后，收受亲戚送来的 3 万元。乙父构成利用影响力受贿罪

C. 国企退休厂长王某（正处级）利用其影响，让现任厂长帮忙，在本厂推销保险产品后，王某收受保险公司 3 万元。王某不构成受贿罪

D. 法院院长告知某企业经理赵某“如给法院捐赠 500 万元办公经费，你们那个案件可以胜诉”。该企业胜诉后，给法院单位账户打入 500 万元。应认定法院构成单位受贿罪

26. 根据《刑法》与司法解释的规定，国家工作人员挪用公款进行营利活动、数额达到 1 万元或者挪用公款进行非法活动、数额达到 5000 元的，以挪用公款罪论处。国家工作人员甲利用职务便利挪用公款 1.2 万元，将 8000 元用于购买股票，4000 元用于赌博，在 1 个月内归还 1.2 万元。关于本案的分析，下列哪些选项是错误的？（ ）（司考 2014. 卷二.62）

A. 对挪用公款的行为，应按用途区分行为的性质与罪数；甲实施了两个挪用行为，对两个行为不能综合评价，甲的行为不成立挪用公款罪

B. 甲虽只实施了一个挪用公款行为，但由于既未达到挪用公款进行营利活动的数额要求，也未达到挪用公款进行非法活动的数额要求，故不构成挪用公款罪

C. 国家工作人员购买股票属于非法活动，故应认定甲属于挪用公款 1.2 万元进行非法活动，甲的行为成立挪用公款罪

D. 可将赌博行为评价为营利活动，认定甲属于挪用公款 1.2 万元进行营利活动，故甲的行为成立挪用公款罪

27. 关于贿赂犯罪的认定，下列哪些选项是正确的？（ ）（司考 2016. 卷二.62）

A. 甲是公立高校普通任课教师，在学校委派其招生时，利用职务便利收受考生家长 10 万元。甲成立受贿罪

B. 乙是国有医院副院长，收受医药代表 10 万元，承诺为病人开处方时多开相关药品。乙成立非国家工作人员受贿罪

C. 丙是村委会主任，在村集体企业招投标过程中，利用职务便利收受他人财物 10 万元，为其牟利。丙成立非国家工作人员受贿罪

D. 丁为国有公司临时工，与本公司办理采购业务的副总经理相勾结，收受 10 万元回扣归二人所有。丁构成受贿罪

三、不定项选择题

1. 某地政府为村民发放扶贫补贴，由各村村委会主任审核本村申请材料并分发补贴款。某村村委会主任王某、会计刘某以及村民陈某合谋伪造申请材料，企图每人套取 5 万元补贴款。王某任期届满，周某继任村委会主任后，政府才将补贴款拨到村委会。周某在分发补贴款时，发现了王某、刘某和陈某的企图，便只发给三人各 3 万元，

将剩余6万元据为己有。三人心知肚明，但不敢声张。（事实一）

后周某又想私自非法获取土地征收款，欲找县国土局局长张某帮忙，遂送给县工商局局长李某10万元，托其找张某说情。李某与张某不熟，送5万元给县财政局局长胡某，让胡某找张某。胡某找到张某后，张某碍于情面，违心答应，但并未付诸行动。（事实二）

周某为感谢胡某，从村委会账户取款20万元购买玉器，并指使会计刘某将账做平。周某将玉器送给胡某时，被胡某拒绝。周某只好将玉器退还商家，将退款20万元返还至村委会账户，并让刘某再次平账。（事实三）

请回答第（1）~（2）题。（司考2017. 卷二. 89~90）

（1）关于事实一的分析，下列选项正确的是：（　　）。

A. 王某拿到补贴款时已经离任，不能认定其构成贪污罪

B. 刘某参与伪造申请材料，构成贪污罪，贪污数额为3万元

C. 陈某虽为普通村民，但参与他人贪污行为，构成贪污罪

D. 周某擅自侵吞补贴款，构成贪污罪，贪污数额为6万元

（2）关于事实二的分析，下列选项正确的是：（　　）。

A. 周某为达非法目的，向国家工作人员行贿，构成行贿罪

B. 李某请托胡某帮忙，并送给胡某5万元，构成行贿罪

C. 李某未利用自身职务行为为周某牟利，但构成受贿罪既遂

D. 胡某收受李某财物进行斡旋，但未成功，构成受贿罪未遂

2. 李某系某市交通警察大队事故中队副队长，其在处理交通事故期间，利用职务便利，采用冒名领取、虚列支出事故押金等手段，侵吞事故押金款20.8万元；另外，还伪造事故调解书，以车辆保险人的名义骗取保险公司理赔金1.9万余元；李某在处理交通事故时，多次强行要求司机到李父开办的修理厂高价修车，在处理司机王某交通事故案时，其提出让王某到李父的修理厂修车，被王某拒绝后，即以收管理费的名义，向王某征收5000元现金。另外李某还先后三次将公安局扣押的摩托车上价值0.9万元的配件，以及肇事车上价值0.75万元打火机等设备拆装到自己车上，占为己有。李某的行为应当如何处理？

（1）李某冒名领取、侵吞事故押金的行为构成下列哪种罪名？（　　）

A. 构成贪污罪

B. 构成职务侵占罪

C. 构成诈骗罪

D. 构成徇私舞弊罪

（2）李某骗取保险公司理赔金的行为应如何认定？（　　）

A. 构成保险诈骗罪

B. 构成诈骗罪

C. 构成贪污罪

D. 构成伪造公文罪和诈骗罪

（3）李某向王某索取管理费的行为应如何认定？（　　）

A. 构成敲诈勒索罪

B. 构成强迫交易罪

C. 构成诈骗罪

D. 构成受贿罪

（4）李某窃取公安局扣押的摩托车零件的行为应当如何认定？（　　）

A. 构成职务侵占罪

B. 构成盗窃罪

C. 构成贪污罪

D. 构成侵占罪

3. 甲系某国有公司经理。生意人乙见甲掌管巨额资金，就以小恩小惠拉拢甲。后乙以做生意需要资金为由，劝诱甲出借公款，并与甲共同策划了挪用的方式，还送给甲好处费5万元。甲未经公司董事会决定就将100万元资金借给乙。乙得到巨款以后，告知银行职员丙该款的真实来源，丙

为乙提供资金账户，乙随时提款用于贩卖毒品。在甲的催促下，一年后，乙归还30万元，后来就拒绝和甲见面。甲见追回剩余70万元无望，就携带乙归还的30万元潜逃。甲半年内将30万元挥霍一空，走投无路后向司法机关投案，并交代了借公款给乙、接受乙贿赂和携款潜逃的事实，并提供线索协助司法机关将乙捉拿归案。乙归案后主动交代了行贿和司法机关尚未掌握的贩卖毒品的犯罪事实。请回答下列问题。(司考2007.卷二.94~97)

(1) 关于甲的犯罪行为，下列说法正确的是：(　　)。

A. 甲将公款挪用给乙使用的行为属于挪用公款进行营利活动

B. 甲不知道乙将公款用于犯罪活动，所以甲、乙不构成挪用公款罪的共犯

C. 甲携带30万元公款潜逃的行为构成贪污罪

D. 对甲的行为应以挪用公款罪、受贿罪、贪污罪实行并罚

(2) 关于乙的犯罪行为，下列说法正确的是：(　　)。

A. 乙的行为属于挪用公款进行非法活动

B. 乙与甲不构成挪用公款罪的共犯

C. 乙归还30万元公款的行为导致甲犯贪污罪，故乙成立贪污罪的帮助犯

D. 对乙的行为应以挪用公款罪、行贿罪、贩卖毒品罪实行并罚

(3) 关于甲投案以及乙归案后的行为，下列说法正确的是：(　　)。

A. 甲在走投无路的情况下被迫投案，不应认定为自首

B. 甲提供线索致使乙被抓获的行为属于立功

C. 乙对贩卖毒品罪成立自首

D. 乙对行贿罪不成立自首

(4) 银行职员丙的行为构成：(　　)。

A. 挪用公款罪的共犯

B. 贩卖毒品罪的共犯

C. 洗钱罪

D. 赃物犯罪

4. 国有公司财务人员甲于2007年6月挪用单位救灾款100万元，供自己购买股票，后股价大跌，甲无力归还该款项。2008年1月，甲挪用单位办公经费70万元为自己购买商品房。两周后，甲采取销毁账目的手段，使挪用的办公经费70万元中的50万元难以在单位财务账上反映出来。甲一直未归还上述所有款项。关于甲的行为定性，下列选项正确的是：(　　)。(司考2008.卷二.92)

A. 甲挪用救灾款的行为，不构成挪用特定款物罪

B. 甲挪用办公经费的行为构成挪用公款罪，挪用数额为70万元

C. 甲挪用办公经费后销毁账目且未归还的行为构成贪污罪，贪污数额为50万元

D. 对于甲应当以挪用公款罪、贪污罪实行并罚

5. 甲为某国有企业出纳，为竞争公司财务部主任职位欲向公司副总经理乙行贿。甲通过涂改账目等手段从公司提走20万元，委托总经理办公室秘书丙将15万元交给乙，并要丙在转交该款时一定为自己提升一事向乙“美言几句”。乙收下该款。八天后，乙将收受钱款一事报告了公司总经理，并将15万元交到公司纪检部门。

一个月后，甲得知公司委任其他人担任财务部主任，恼羞成怒找到乙说：“还我15万元，我去把公司钱款补上。你还必须得付我10万元精神损害赔偿，否则我就将你告到检察院。”乙反复向甲说明钱已上交不能退还，但甲并不相信。数日后，甲携带一桶汽油闯入乙办公室纵火，导致室内空调等财物被烧毁。(司考2009.卷二.91~94)

(1) 关于甲从公司提出公款20万元并将其中一部分行贿给乙的行为，下列选项错误的是：(　　)。

A. 甲构成贪污罪，数额是 20 万元；行贿罪与贪污罪之间是牵连关系，不再单独定罪

B. 甲构成贪污罪、行贿罪，数罪并罚，贪污数额是 5 万元，行贿 15 万元

C. 甲构成贪污罪、行贿罪，数罪并罚，贪污数额是 20 万元，行贿 15 万元

D. 甲对乙说过要“去把公司钱款补上”，应当构成挪用公款罪，数额是 20 万元，再与行贿罪并罚

(2) 关于乙的行为，下列选项错误的是：(　　)。

A. 乙构成受贿罪既遂

B. 乙构成受贿罪中止

C. 乙犯罪以后上交赃物的行为，属于酌定从轻处罚情节

D. 乙不构成犯罪

(3) 关于丙的行为，下列选项正确的是：(　　)。

A. 丙构成受贿罪共犯

B. 丙构成介绍贿赂罪

C. 丙构成行贿罪共犯

D. 丙没有实行行为，不构成犯罪

(4) 关于甲得知财务部主任由他人担任后实施的行为，下列选项错误的是：(　　)。

A. 甲的行为只构成放火罪

B. 甲索要 10 万元“精神损害赔偿”的行为不构成敲诈勒索罪

C. 甲的行为是敲诈勒索罪与放火罪的想象竞合犯

D. 甲的行为是敲诈勒索罪与放火罪的吸收犯

四、名词解释

1. 斡旋受贿

2. 介绍贿赂罪

3. 私分罚没财物罪

4. 谋取不正当利益

五、简答题

1. 简述利用影响力受贿罪的构成要素。(4 分)

2. 试分析挪用公款罪的构成特征。(中国人民大学 2013 年考研真题)

3. 试述贪污罪的概念及其特征。

4. 试述刑法理论关于受贿罪构成要件的各种观点。(清华大学 2006 年研究生入学试题)

5. 如何理解受贿罪中的“财物”？

6. 如何理解利用影响力受贿罪中的“影响力”？

7. 如何理解私分国有资产罪的构成要件？私分国有资产罪的认定需注意哪些问题？

六、论述题

1. 简述贪污罪与侵占罪、职务侵占罪的区别。

2. 试述受贿罪的构成要件。

七、案例分析题

1. 甲某任某公交集团客运处处长时，擅自决定将客运处周转资金 100 万元借贷给某私营企业进行营利活动，自己获取“利差”15 万元，中饱私囊。甲某还代表公交集团在公交广告招标时收受投标人给付的好处费 20 万元。另外还在集团向某汽车制造厂采购汽车时，要求对方提高车辆售价，并将车价提高的部分转归自己所有。如何认定甲某的行为？

2. 甲某是农行某支行信贷部主任，为了给自己的儿子所开办的电器商场提供周转资金，而将收到的某化肥厂存入的委托贷款 100 万元，采取不入账的方式，转归电器商场使用，后因经营不善，电器商场严重亏损而使这批贷款在贷款期满后，长期不能返还，后因年度账目检查即将开始，为了逃避查账，甲某又擅自采取自制取款凭条透支储户存款的手段归还了上述 100 万元的委托贷款，为弥补透支行的 100 万元的储蓄存款的亏空，达到账面平衡的目的，甲某找到乙某，让乙某以乙某单位的名义与该支行签订了一份虚假的借款 100 万元的合同，借此冲抵支行 100 万元账面亏空，而在年度审查时，支行发现了这一贷款合同，责令甲某立即收回贷款，由此

案发。案发后甲某对银行的 100 万元贷款已经无法归还。对甲某的行为如何定罪处罚?

3. 甲是某市市委组织部部长，乙是甲的大学同班同学，一日乙将某建筑公司的经理丙介绍给甲，丙想承包本市旧城改造的一部分工程，请甲帮忙，甲答应了，丙当场送给甲现金 10 万元。甲与市建委主任丁联系，要丁把工程承包给不具备资质条件的丙。丙后来又送给甲 10 万元。

问：(1) 甲的行为是否构成犯罪? 如果未构成犯罪，请说明理由；如果构成犯罪，罪名是什么? (2) 丙不是国家工作人员，他送给甲现金的行为是否构成犯罪? 如果构成，罪名是什么? (3) 本案中，乙受朋友丙之托去找甲帮忙，乙在事先曾暗示丙要舍得花钱才能成功。乙是国家工作人员，他的行为是否构成犯罪? 构成什么罪? 假设乙不是国家工作人员，他的行为是否构成犯罪?

4. 甲和乙是某市税务局税务人员，二人互相勾结，在 3 年内向私营企业主丁索要 10 万元，每人均分 5 万元并违反税法规定免除丁应纳税款 40 万元。此外，二人还采取少收税、不给收据的办法，截留税费私分，每人又各得 12 万元。后因本单位副局长因涉嫌贪污罪被逮捕，二人特别害怕，遂投案自首，并上缴所有赃款。

问：　(1) 甲、乙二人各犯何罪? (2) 对二人如何处罚?

参考答案

一、单项选择题

1. **答案**：A。税务局所收取的发货票抵押金，虽然是乱收费收来的，但毕竟是由税务局征管科暂时保管的款项，不管缴纳抵押金的用户是国有企业、集体企业还是个体工商户，此款均属于由国家管理的财产，依照《刑法》的规定，应认定为公款。代某挪用 17 万元公款的时间虽然较短，只用了 21 天就归还了本息，但是由于他挪用公款给他人进行营利活动，属于挪用公款数额巨大，进行营利活动，构成挪用公款罪。

2. **答案**：D。甲某虽然不是国家工作人员，是受委托管理、经营国有资产的人，其不但有采伐林木和生产木材的权利和义务，而且有对采伐下来的木材加以管理、保管的权利和义务，他利用自己管理和保管木材的职务上的便利，背着林场盗卖国家的木材，不是一般的盗窃而属于监守自盗，其行为应定贪污罪而不应定盗窃罪。

3. **答案**：C。王某作为国有公司的领导，属于国有公司中从事公务的人员，其通过签订虚假合同骗取公款的行为，不构成职务侵占罪，应构成贪污罪。贪污的数额应扣除设备实际款项 6 万元，应认定为 4 万元。选项 AB 错误。刘某在王某的贪污犯罪行为中起帮助作用，刘某虽非国家工作人员，但其协助王某骗取国有公司公款的行为应认定为贪污罪共同犯罪。选项 C 正确，选项 D 错误。

4. **答案**：A。石某身为国企出纳，属于国家工作人员，其将单位公款 1 万元挪用去经商，构成营利型挪用公款罪，只要达到数额较大，即可构成犯罪，不以挪用行为时间超过三个月、尚未归还为要件，所以，石某的行为构成挪用公款罪，对其无力归还的公款因石某不具有非法占有的主观意图，所以不能认为构成贪污罪，应当作为挪用公款罪的加重情节，从重处罚。

5. **答案**：D。通常而言，贪污罪与受贿罪、挪用公款罪的主体范围是一致的，即《刑法》第 93 条规定的国家工作人员的范围，ABC 都属于此范围，根据《刑法》第 382 条第 2 款的规定，受国家机关、国有公司、企业、事业单位、人民团体委托管理、经营国有财产的人员，利用职务上的便利，侵吞、窃取、骗取或者以其他手段非法占有国有财物的，以贪污论。而受贿罪与挪用公款罪的主体则无此规定。

6. **答案**：D。

7. **答案**：C。根据《最高人民法院关于审理挪用公款案件具体应用法律若干问题的解释》第 8 条的规定："挪用公款给他人使用，使用人与挪用人共谋，指使或者参与策划取得挪用款的，以挪用公款罪的共犯定罪处罚。”

8. **答案**：B。根据《刑法》第393条的规定：“单位为谋取不正当利益而行贿，或者违反国家规定，给予国家工作人员以回扣、手续费，情节严重的，对单位判处罚金，并对其直接负责的主管人员和其他直接责任人员，处五年以下有期徒刑或者拘役，并处罚金。因行贿取得的违法所得归个人所有的，依照本法第三百八十九条、第三百九十条的规定定罪处罚。”

9. **答案**：D。根据《刑法》第383条第2款的规定：“对多次贪污未经处理的，按照累计贪污数额处罚。”

10. **答案**：B。根据《刑法》第396条第1款的规定，私分国有资产罪主体是国家机关、国有公司、企业、事业单位、人民团体。本罪是一种纯正的单位犯罪，但实行单罚制，只处罚私分国有资产的直接负责的主管人员和其他直接责任人员。

11. **答案**：C。根据《刑法》第396条第2款的规定，司法机关、行政执法机关违反国家规定，将应当上缴国家的罚没财物，以单位名义集体私分给个人，构成私分罚没财物罪。

12. **答案**：B。根据《刑法》第383条第2款的规定，对多次贪污未经处理的，按照累计贪污数额处罚。据此，本题中甲第一次贪污单位已给了行政处分，因此不应再计入累计的贪污数额中。但对于后两次的贪污数额则应累计计算。

13. **答案**：B。因贪污罪的主体是特殊主体，而侵占罪的主体是一般主体。

14. **答案**：C。对于挪用公款归个人使用，用于非法活动、营利活动以外的其他合法事项的情形，构成挪用公款罪的，必须同时具备挪用数额较大、挪用时间（从挪用之日至案发之日）超过3个月未还两个条件。这里的“数额较大”也是以1万元至3万元为起点。甲只挪用了2000元钱，不构成数额较大，不认为是犯罪。

15. **答案**：A。5万元是某乙主动送上的，某甲取得财物不存在欺骗问题，故排除诈骗罪。同样道理，5万元是受贿款，与某甲后来拒不归还而实施的威胁行为无关。某甲不退还受贿款的问题，是其受贿罪后续行为，属于不可罚的事后行为，没有单独评价、处罚的必要。

16. **答案**：C。《刑法》第183条规定，国有保险公司工作人员和国有保险公司委派到非国有保险公司从事公务的人员利用职务上的便利，故意编造未曾发生的保险事故进行虚假理赔，骗取保险金归自己所有的，以贪污罪论处。故A选项构成贪污罪。受国有公司、企业委托管理、经营国有财产的人员，利用职务上的便利，侵吞、窃取、骗取或者以其他手段非法占有国有财物的，以贪污罪论处，因此B选项构成贪污罪。村民委员会等村基层组织人员协助人民政府从事行政管理工作，利用职务上的便利贪污公共财产的，以贪污罪论处，因此D选项构成贪污罪。C选项中主观上只有非法占用的故意，并没有非法占有的故意，构成挪用公款罪，而不是贪污罪。因此，本题正确答案为C。

17. **答案**：B。根据《刑法》第385条的规定，国家工作人员利用职务上的便利，索取他人财物的，或者非法收受他人财物，为他人谋取利益的，是受贿罪。国家工作人员在经济往来中，违反国家规定，收受各种名义的回扣、手续费，归个人所有的，以受贿罪论处。A选项中，甲和李某的交换行为属于典型的权色交易，但是色情服务并不属于受贿罪中要求的财产利益。甲的行为构成渎职类犯罪。C选项中，丙办喜宴收5000元礼金，属于正常的人际交往，不构成犯罪。D选项中，丁是私营企业经理，不属于国家工作人员，其构成非国家工作人员受贿罪。B选项中，乙是国家工作人员，利用职务便利为他人谋取利益，虽然乙在退休后才获得财物，但是不影响其受贿罪的构成，因为双方事先有约定。

18. **答案**：D。《刑法》第388条之一规定，国家工作人员的近亲属或者其他与该国家工作人员关系密切的人，通过该国家工作人员职务上的行为，或者利用该国家工作人员职权或者地位形成的便利条件，通过其他国家工作人员职务上的行为，为请托人谋取不正当利益，索取请托人财物或者收受请托人财物，数额较大或者有其他较重情节的，处3年以下有期徒刑或者拘役，并处罚金；数额巨大或者有其他严重情节的，处3年以上7年以下有期徒刑，并处罚金；数额特别巨大或者有其他特别严重情节的，处7年以上有期徒刑，并处罚金或者没收财产。离职的国家工作人员或者其近亲属以及其他与其关系密切的人，利用该离职的国家工作人员原职权或者地位形成的便利条件实施前款行为的，依照前款的规定定罪处罚。由于甲对于其妻子非法收受财物的行为不知情，故而甲不构成受贿罪，A选项错误。乙和丙之间并没有对于向丁进行行贿形成犯罪合意，故而乙、丙之间不成立共同犯罪，B选项错误。乙不具有国家工作人员身份，同时丁不知道钱来源于丙，其二人不成立受贿共犯，应认为乙是行贿人，丁为受贿人，故而其非法收受财物的行为不构成受贿罪，而构成利用影响力受贿罪，C选项错误，D选项正确。综上，本题正确答案为D。

19. 答案：A。《全国人民代表大会常务委员会关于〈中华人民共和国刑法〉第九十三条第二款的解释》："村民委员会等村基层组织人员协助人民政府从事下列行政管理工作，属于刑法第九十三条第二款规定的'其他依照法律从事公务的人员'：（一）救灾、抢险、防汛、优抚、扶贫、移民、救济款物的管理；（二）社会捐助公益事业款物的管理；（三）国有土地的经营和管理；（四）土地征收、征用补偿费用的管理；（五）代征、代缴税款；（六）有关计划生育、户籍、征兵工作；（七）协助人民政府从事的其他行政管理工作。村民委员会等村基层组织人员从事前款规定的公务，利用职务上的便利，非法占有公共财物、挪用公款、索取他人财物或者非法收受他人财物，构成犯罪的，适用刑法第三百八十二条和第三百八十三条贪污罪、第三百八十四条挪用公款罪、第三百八十五条和第三百八十六条受贿罪的规定。"故A选项正确。乙某虽然不具有国家工作人员身份，但是在其受聘担任国有企业经理职务期间，视为其他依照法律规定从事公务的人员，其利用职务便利侵吞公共财产应当构成贪污罪，故B选项错误。《刑法》第385条规定："国家工作人员利用职务上的便利，索取他人财物的，或者非法收受他人财物，为他人谋取利益的，是受贿罪。国家工作人员在经济往来中，违反国家规定，收受各种名义的回扣、手续费，归个人所有的，以受贿论处。"所谓"为他人谋取利益"不仅包括正当利益，也包括不正当利益，都不影响受贿罪的成立，故C选项错误。虽然丁不具有国家工作人员身份，但是丁指使国家工作人员A挪用公款给丁使用，属于挪用公款罪的共犯，故D选项错误。综上，本题正确答案为A。

20. 答案：C。《全国人民代表大会常务委员会关于〈中华人民共和国刑法〉第三百八十四条第一款的解释》规定，有下列情形之一的，属于挪用公款"归个人使用"：（一）将公款供本人、亲友或者其他自然人使用的；（二）以个人名义将公款供其他单位使用的；（三）个人决定以单位名义将公款供其他单位使用，谋取个人利益的。"其他单位"既包含国有单位，也包含私营单位。因此，选项A、B、D中的情形均属于"挪用公款归个人使用"，选项C中某县工商局局长甲，以单位名义将公款借给某公司使用，不属于"挪用公款归个人使用"的情形。

21. 答案：B。根据《刑法》第385条的规定，国家工作人员利用职务上的便利，索取他人财物的，或者非法收受他人财物，为他人谋取利益的，是受贿罪。首先可以肯定的是，国家工作人员甲利用职务上的便利为某单位谋取利益后，收受他人财物的行为属于受贿既遂；其次甲未能利用这一财物致其失效，属于犯罪后对赃物的处置，不影响犯罪的既遂。

22. 答案：C。依照《刑法》第382条第1款的规定，贪污罪是指国家工作人员利用职务上的便利，侵吞、窃取、骗取或者以其他手段非法占有公共财物的行为。是否“利用职务上的便利”是贪污罪与盗窃罪、侵占罪和诈骗罪之间的一个主要区别。所谓“利用职务上的便利”，是指利用职务范围内的权力和地位形成的有利条件，具体表现为主管、保管、出纳、经手等便利条件。主管，主要是指负责调拨、处置及其他支配公共财物的职务活动；管理，是指负责保管、处理及其他使公共财物不被流失的职务活动；经营，是指将公共财物作为生产、流通手段等使公共财物增值的职务活动；经手，是指领取、支出等经办公共财物的职务活动。利用与职务无关仅因工作关系熟悉作案环境或易于接近作案目标、凭工作人员身份容易进入某些单位等方便条件非法占有公共财物的，不成立贪污罪。在本案中，甲虽然没有使用手中的钥匙和所知道的密码，而是使用铁棍将自己保管的保险柜打开并取现，但这并不能改变其利用管理公共财物的便利这一事实，因此甲的行为仍属于“将自己基于职务保管的财物据为己有”，应成立贪污罪。因此C正确，ABD错误。

23. 答案：C。市立医院属于国有事业单位，因此市立医院的正、副院长都属于国家工作人员。故B项错误。对单位行贿罪，是指为谋取不正当利益，给予国家机关、国有公司、企业、事业单位、人民团体以财物的，或者在经济往来中，违反国家规定，给予上述单位各种名义的回扣、手续费的行为。本案中行贿的对象是市立医院的正、副院长，而并非市立医院本身，行贿款也并未用于提高医院员工的福利等，故不能构成本罪。D项错误。单位行贿罪，是指公司、企业、事业单位、机关、团体为谋取不正当利益而行贿，或者违反国家规定，给予国家工作人员以回扣、手续费，情节严重的行为。单位行贿罪与行贿罪的区别在于主体不同：单位行贿罪的主体是单位，行贿罪的主体是自然人。个人为了谋取不正当利益，用单位的财物或者以单位的名义给国家工作人员等个人行贿，因行贿取得的违法所得归个人所有的，应当以行贿罪论处。在本案中，刘某的行贿行为是何经理安排的，而且何经理安排刘某为市立医院正、副院长提供回扣的目的在于销售本公司经营的医疗器械，由此可见行贿主体应视为单位。故本案构成单位行贿罪而非行贿罪。故A项错误，C项正确。

24. 答案：D。乙的行为有二：

（1）作为国有公司的财物主管，具备国家工作人员身份，接受甲的恳求，利用职务之便，将单位公款10万元挪用供甲进行营利活动（炒股），成立挪用公款罪。其中甲是挪用公款罪的教唆犯，乙是实行犯。依据《刑法》第384条的规定，挪用公款进行营利活动的，没有归还时间的限制，所以即使在20天后归还的，公款的占有也因挪用发生转移，成立挪用公款罪的既遂。所以AB项的说法正确。

（2）乙接受甲的一块名表，利用职权为其挪用公款，属于《刑法》第385条规定的利用职务之便收受他人财物，为他人谋取利益的受贿罪。所以C项的说法正确。

关于罪数：依据1998年4月29日《最高人民法院关于审理挪用公款案件具体应用法律若干问题的解释》第7条的规定，因挪用公款索取、收受贿赂构成犯罪的，挪用公款进行非法活动构成其他犯罪的，如非法经营罪、赌博罪等，依照数罪并罚的规定处罚。所以对乙的挪用公款罪和受贿罪必须数罪并罚。故D项的说法错误。

25. 答案：D。甲为谋取不正当利益，给付国家工作人员财物的，是以行贿故意实施了行贿行为，成立行贿罪。由于乙并没有认识到财物，没有受贿的故意，不成立受贿罪。虽然行贿罪与受贿罪是对向犯，但是各自有自己的构成要件，成立行贿罪，并不意味着对方一定成立受贿罪。因此A、B、C项的说法都正确。保姆没有通过国家工作人员职务上的行为，为请托人谋取不正当利益，因此不成立利用影响力受贿罪。保姆误以为自己是在为主人的受贿提供赃物方面的帮助，由于主人没有受贿，所以保姆的帮助行为也不能成立犯罪。

26. 答案：D。根据《刑法》第388条之一的规定，利用影响力受贿罪的主体包括两类：一是国家工作人员的近亲属或者其他与该国家工作人员关系密切的人；二是离职的国家工作人员或者其近亲属以及其他与其关系密切的人。由此可见，“关系密切的人”强调的是与国家工作人员的密切关系。对于关系密切的理解不能局限于亲朋好友，这种密切关系既可以是经济上的交往密切，也可以是因血缘、地缘、姻亲等原因而关系密切。本案中，甲与丁早年就认识，虽多年未见，但甲与丁多年的交往使甲掌握着丁的隐私，由此对丁具有一定的制约作用，因此应认定为关系密切。因此，A、B的说法是正确的。甲唆使丁利用自己的职权实施了徇私枉法行为，丁作为公安局副局长，对明知有罪的丙做无罪处理，丁的行为构成徇私枉法罪，甲构成教唆犯。因此，C是正确的。甲的行为同时触犯利用影响力受贿罪与徇私枉法罪，这两罪系独立的犯罪，不存在牵连关系等情形，依法应当数罪并罚，所以D的说法是错误的。故，本题的正确答案为D。

27. 答案：B。贪污罪是指国家工作人员利用职务上的便利，侵吞、窃取、骗取或者以其他手段非法占有公共财物的行为。受贿罪是指国家工作人员利用职务上的便利，索取他人财物或者非法收受他人财物为他人谋取利益的行为。本案中，甲和乙向超载司机索取钱财，并为其谋取不正当利益，已经构成受贿罪的共同犯罪。这些钱财并不属于交警队所有，也不属于国家所有，甲和乙占有这些钱财的行为并不构成贪污罪。A正确，B错误。国家机关工作人员滥用职权，致使公共财产、国家和人民利益遭受重大损失的行为构成滥用职权罪。本案中，甲和乙利用甲的工作便利，私自放行超载车辆，给国家造成了重大损失，二人构成滥用职权罪的共犯。C正确。按照共同犯罪“部分行为共同责任”的理论，计算共同犯罪的犯罪数额时应以总犯罪金额为准，而不应考虑分赃情况。故乙的受贿金额是32万元而非10万元。D正确。应选B。

28. 答案：D。本案中，尽管甲没有主动索取财物，但受贿罪的成立本来也不需要主动索取贿赂。至于甲发现包内现金后选择收下的行为是否构成受贿罪需要根据本案的具体情况作细致分析。A选项错误。间接故意同样可以构成受贿罪。B选项错误。甲给乙打电话确认，说明甲已经猜测到可能是乙所送，乙也并没有否认，很难认定甲允诺为乙谋取利益与收到20万元之间没有因果关系。C选项错误。尽管在认定甲行为性质时存在疑难，但乙和丙向甲行贿的行为和主观故意非常清楚，应当认定乙和丙构成行贿罪。D选项正确。

二、多项选择题

1. 答案：ABCD。国家工作人员明知其近亲属利用自己的职务行为受贿的，构成受贿罪。其近亲属的行为构成利用影响力受贿罪。选项A正确。国家工作人员具有为他人谋取利益的职权或职务条件，在他人有求于自己的职务行为时，并不打算为他人谋取利益但收受财物后作虚假承诺，导致财物与所许诺的职务行为之间形成了对价关系，构成受贿罪。选项B正确。国家机关工作人员实施渎职犯罪并收受贿赂，同时构成渎职罪和受贿罪的行为属于侵犯不同法益的不同行为，除刑法有特别规定外，应该按照渎职罪和受贿罪数罪并罚。选项C正确。国家工作人员明知他人有请托事项而收受其财物，视为具备“为他人谋取利益”的构成要件，至于事后是否已实际为他人谋取利益，不影响受贿的认定。选项D正确。

2. 答案：ABD。AB项符合《刑法》第183条第2款的规定，即国有保险公司工作人员和国有保险公司委派到非国有保险公司从事公务的人员利用职务上的便利，故意编造未曾发生的保险事故进行虚假理赔，骗取保险金归自己所有的，以贪污罪定罪处罚。如果是非国有保险公司的工作人员利用职务上的便利，有上述行为的，则构成职务侵占罪。C项根据《最高人民法院关于审理挪用公款案件具体应用法律若干问题的解释》第5条的规定，挪用公款数额巨大，因客观原因在一审宣判前不能退还的，是“挪用公款数额巨大不退还的”的挪用公款的加重处罚情节，应处十年以上有期徒刑或者无期徒刑。D项根据该解释第6条的精神，携带挪用的公款潜逃的，按照贪污罪定罪处罚，不构成挪用公款罪。

3. **答案**：BC。根据《最高人民法院关于审理挪用公款案件具体应用法律若干问题的解释》的规定，因挪用公款索取、收受贿赂构成犯罪的，挪用公款进行非法活动构成其他犯罪的，依照数罪并罚的规定处罚，故B、C正确。根据《刑法》第399条的规定，司法工作人员贪赃枉法，有徇私枉法行为的，同时又构成受贿罪的，依照处罚较重的规定定罪处罚，不实行数罪并罚，故A项不正确。D项徇私舞弊行为属于滥用职权罪的加重处罚情节，根据《刑法》第397条规定，不实行并罚。

4. **答案**：AC。贿赂的本质在于，它是与国家工作人员的职务有关的、作为不正当报酬的利益。本题中甲某利用职权，强行向他人索取股权，并以此参加分红，股权的性质属于一种财产性利益，构成受贿罪的犯罪对象。受贿人收受贿赂、索取贿赂的目的就是要以权谋私，换取私利，只要其接受了贿赂，就应构成既遂。在认定行贿罪时，如果行为人因被勒索而给予国家工作人员财物，没有获得不正当利益的，不是行贿，不构成犯罪。故题中乙不构成行贿罪。

5. **答案**：ABCD。根据《全国人民代表大会常务委员会关于〈中华人民共和国刑法〉第九十三条第二款的解释》，村民委员会等村基层组织人员协助人民政府从事下列行政管理工作，属于《刑法》第93条第2款规定的“其他依照法律从事公务的人员”：（一）救灾、抢险、防汛、优抚、扶贫、移民、救济款物的管理；（二）社会捐助公益事业款物的管理；（三）国有土地的经营和管理；（四）土地征用补偿费用的管理；（五）代征、代缴税款；（六）有关计划生育、户籍、征兵工作；（七）协助人民政府从事的其他行政管理工作。

6. **答案**：ABCD。甲某属于国有企业总经理，属于国家工作人员，其明知乙某提供的是伪造、变造的报关单、提货单、发票及业务合同，仍以本公司名义，代理A公司签订虚假的进口原料合同，骗购外汇50亿元港币，从中收取代理费，构成骗购外汇罪的共犯，同时属于单位犯罪，甲某作为法定责任人员以骗购外汇罪论处。甲某有50万元人民币的收入，明显超过其合法收入，且不能说明合法来源，构成巨额财产来源不明罪。甲某指使丙某私分公司购汇业务款的行为构成贪污罪，由于其并不是以单位名义将国有资产集体私分给个人，不构成私分国有资产罪，应以贪污罪论处。以上三个罪名各自独立，应当数罪并罚。

7. **答案**：BCD。见1999年9月16日最高人民检察院发布施行的《关于人民检察院直接受理立案侦查案件立案标准的规定（试行）》的规定。

8. **答案**：CD。题中因为甲某与乙某具有共同的利益，所以甲某并不是为谋取不正当利益，故甲某不构成行贿罪；同时因为乙某并不是国家工作人员，也无职权可以利用，故乙某也不构成受贿罪。

9. **答案**：ABCD。略。

10. **答案**：ABD。如果查明部分财产是贪污受贿所得，部分财产来源不明且数额巨大的，应当实行数罪并罚，即甲同时构成受贿罪和巨额财产来源不明罪。

11. **答案**：BC。根据《刑法》第392条第2款的规定，介绍贿赂人在被追诉前主动交代介绍贿赂行为的，可以减轻处罚或者免除处罚。

12. **答案**：ABCD。《刑法》第382条规定：

"国家工作人员利用职务上的便利，侵吞、窃取、骗取或者以其他手段非法占有公共财物的，是贪污罪。受国家机关、国有公司、企业、事业单位、人民团体委托管理、经营国有财产的人员，利用职务上的便利，侵吞、窃取、骗取或者以其他手段非法占有国有财物的，以贪污罪论处。与前两款所列人员勾结，伙同贪污的，以共犯论处。"由此可见，贪污罪的犯罪主体是国家工作人员。《刑法》第93条规定："本法所称国家工作人员，是指国家机关中从事公务的人员。国有公司、企业、事业单位、人民团体中从事公务的人员和国家机关、国有公司、企业、事业单位委派到非国有公司、企业、事业单位、社会团体从事公务的人员，以及其他依照法律从事公务的人员，以国家工作人员论。"由此可见，ABCD四项都符合题意。故本题正确答案为ABCD。

13. 答案：ABC。《全国人民代表大会常务委员会关于〈中华人民共和国刑法〉第三百八十四条第一款的解释》，全国人民代表大会常务委员会讨论了《刑法》第384条第1款规定的国家工作人员利用职务上的便利，挪用公款"归个人使用"的含义问题，解释如下：有下列情形之一的，属于挪用公款"归个人使用"：（1）将公款供本人、亲友或者其他自然人使用的；（2）以个人名义将公款供其他单位使用的；（3）个人决定以单位名义将公款供其他单位使用，谋取个人利益的。D选项中未谋取个人利益，故而不符合题意，ABC选项符合题意。故本题正确答案为ABC。

14. 答案：ABCD。选项A说法错误。《刑法》第389条第1款规定，为谋取不正当利益，给予国家工作人员以财物的，是行贿罪。请托人如果谋取正当利益而给予国家工作人员财物的，不构成行贿罪。

选项B说法错误。《刑法》第389条第3款规定，因被勒索给予国家工作人员以财物，没有谋得不正当利益的，不是行贿。即如果获得了不正当利益的，仍成立行贿罪。

选项C说法错误。《刑法》第164条第4款规定，行贿人在被追诉前主动交待行贿行为的，可以减轻处罚或免除处罚。

选项D说法错误。《刑法》第388条规定，国家工作人员利用本人职权或者地位形成的便利条件，通过其他国家工作人员职务上的行为，为请托人谋取不正当利益，索取请托人财物或者收受请托人财物的，以受贿论处。据此可知，该规定仅限于国家工作人员，不包括国家机关。

15. 答案：BC。非国家工作人员受贿罪，是指公司、企业或者其他单位的工作人员利用职务上的便利，索取他人财物或者非法收受他人财物，为他人谋取利益，数额较大的行为。本案中，甲属于非国家工作人员，利用职务上的便利为乙谋取利益，收受乙财物1万元，构成非国家工作人员受贿罪。将电表数字回拨的行为，使电表难以真实反映用电量，这属于窃电行为，构成盗窃罪。因此，本题的正确答案是B、C。

16. 答案：ABC。选项A错误，因受贿而挪用公款构成数罪的，数罪并罚。选项B错误，乙是国企出纳，属于从事公务人员，利用职务便利挪用、侵占单位财产的，不是挪用资金罪、职务侵占罪。选项C错误，漏掉了受贿罪。

17. 答案：ABD。《刑法》第394条规定，国家工作人员在国内公务活动或者对外交往中接受礼物，依照国家规定应当交公而不交公，数额较大的，依照本法第382、383条的（贪污罪）规定定罪处罚。因此，A项正确。

第382条第2款规定，受国家机关……委托管理、经营国有财产的人员，利用职务上的便利，侵吞、窃取、骗取或者以其他手段非法占有国有财物的，以贪污罪论处。因此，B项正确。

第384条规定……挪用公款数额巨大不退还的，处十年以上有期徒刑或者无期徒刑。是挪用公款的结果加重犯。因此，C项错误。

第91条第2款规定，在国家机关、国有公司、企业、集体企业和人民团体管理、使用或者运输中的私人财产，以公共财产论。第382条规定，国家工作人员利用职务上的便利，侵吞、窃取、骗取或者以其他手段非法占有公共财物的，是贪污罪。因此，D项正确。

18. 答案：ABCD。根据《刑法》第384条的规定，挪用公款罪是指国家工作人员利用职务上的便利，挪用公款归个人使用，进行非法活动或者挪用公款数额较大，进行营利活动的，或者挪用公款数额较大超过3个月未还的行为。挪用公款罪在主观方面是直接故意，即行为人明知是公款而故意挪用，目的在于非法取得对公款的使用权，并不以是否谋取个人利益为认定要件。故D项正确。又根据《全国人民代表大会常务委员会关于〈中华人民共和国刑法〉第三百八十四条第一款的解释》的规定，有下列情形之一的，属于挪用公款"归个人使用"：(1) 将公款供本人、亲友或者其他自然人使用的；(2) 以个人名义将公款供其他单位使用的；(3) 个人决定以单位名义将公款供其他单位使用，谋取个人利益的。据此可知ABC三项也应选。故本题ABCD均为正确答案。

19. 答案：ABCD。甲收受他人财物时承诺为他人谋取利益，故具备为他人谋取利益的要件，构成受贿罪。如果事前未约定在退休后收受财物，行为人在退休后收受他人财物的，根据司法解释，不构成受贿罪。虽然不存在制约关系，但是丙的行为符合《刑法》第388条的规定，故构成受贿罪。丁受贿后放纵走私，虽然构成受贿罪和放纵走私罪的牵连犯，但根据司法解释应当数罪并罚。ABCD为正确选项。

20. 答案：ACD。根据《最高人民法院关于村民小组组长利用职务便利非法占有公共财物行为如何定性问题的批复》，对村民小组组长利用职务上的便利，将村民小组集体财产非法占为己有，数额较大的行为，应当依照《刑法》第271条第1款的规定，以职务侵占罪定罪处罚。因此A正确。根据《全国人民代表大会常务委员会关于〈中华人民共和国刑法〉第九十三条第二款的解释》，村民委员会等村基层组织人员协助人民政府从事救灾、抢险、防汛、优抚、扶贫、移民、救济款物的管理，社会捐助公益事业款物的管理，国有土地的经营和管理，土地征用补偿费用的管理，代征、代缴税款，有关计划生育、户籍、征兵工作以及其他行政管理工作时，属于"其他依照法律从事公务的人员"，如果利用职务上的便利贪污公共财物，构成贪污罪。因此乙的行为构成贪污罪，B错误。《最高人民法院关于在国有资本控股、参股的股份有限公司中从事管理工作的人员利用职务便利非法占有本公司财物如何定罪问题的批复》规定："在国有资本控股、参股的股份有限公司中从事管理工作的人员，除受国家机关、国有公司、企业、事业单位委派从事公务的以外，不属于国家工作人员。对其利用职务上的便利，将本单位财物非法占为己有，数额较大的，应当依照刑法第二百七十一条第一款的规定，以职务侵占罪定罪处罚。"丙作为国有控股公司的部门经理，并非"从事公务"，因此不属于国家工作人员，C选项正确。依照刑法理论，不具有构成身份的人与具有构成身份的人共同实施真正身份犯时，构成共同犯罪。因此丁与李某共同实施职务侵占行为，构成职务侵占罪的共同犯罪。D正确。

21. 答案：ABC。A中甲作为某国企总经理的妻子，属于国家工作人员的近亲属，收取他人财物，利用其丈夫职务之便为请托人谋利益的，甲构成受贿罪的共犯。因而A的说法是正确的。B中乙虽然已经离职，不再是国家工作人员，但是其原来的职权对于接任处长仍有一定的影响。乙的行为正是利用了原职务形成的影响力，通过其他国家工作人员——接任处长的行为让其为不符合资质条件的请托人李某办理了公司登记，为其谋取了不正当利益，乙为此收取了李某10万元的钱款，所以乙仍然构成犯罪。因而B的说法是正确的。C中丙系某国家机关官员之子，属于国家工作人员的近亲属，利用其父的职务便利，将不符合条件的企业列入政府采购范围，为该企业谋取了不正当利益，丙为此收取了该企业的钱款也构成犯罪，C的说法是正确的。D中丁在向房地产公司通报了重要情况之前或者之后均未约定在其离职后该房地产公司应向其支付财物，而是在丁离职后，该房地产公司自作主张送与丁价值5万元的按摩床。因而D的行为不符合法律规定的要件，不构成犯罪。因而D是错误的。

22. 答案：ABC。甲作为国家工作人员收受贿赂，成立受贿罪。其妻子并无国家工作人员身份，在甲的受贿案件中如果在受贿罪既遂前参与的，成立受贿罪共犯，如果在既遂后参与隐藏受贿款的，成立洗钱罪。巨额财产来源不明罪，顾名思义，是国家工作人员的巨额财产来源无法说清，也没有查清才成立该罪。如果财产来源在判决前说清楚了，就不再成立该罪。

23. 答案：ACD。A选项，贪污罪的对象是公共财物，并不要求单位对于公共财物的占有具有合法性，即利用职务之便"黑吃黑"侵吞公共财物的，也成立贪污罪。

B选项，贪污罪中的"利用职务之便"，具体指利用职务上主管、管理、经营、经手公共财物的权力和方便条件。乙非法获取的财产不是其主管、管理、经营、经手的公共财物，因此不成立贪污罪，应成立诈骗罪的共犯。

C选项，根据2000年《全国人民代表大会常务委员会关于〈中华人民共和国刑法〉第九十三条第二款的解释》，村民委员会等村基层组织人员协助人民政府从事土地征用补偿费管理工作时，视为国家工作人员，其利用职务上的便利侵吞该性质款物的，成立贪污罪。

D选项，依据《刑法》第183条第2款的规定，国有保险公司工作人员，利用职务便利编造未发生的保险事故进行虚假理赔，骗取保险金归自己所有的，成立贪污罪。此种行为属于骗取形式的贪污行为。

24. 答案：ABCD。参见《最高人民法院、最高人民检察院关于办理行贿刑事案件具体应用法律若干问题的解释》。

25. 答案：ABCD。受贿罪是指国家工作人员利用职务上的便利，索取他人财物或者非法收受他人财物，为他人谋取利益的行为。A选项中，张某作为城建局长，甲以提供海洛因为条件请张某关照工程招标，张某同意，并且利用自己职务便利让甲中标，并收受甲提供的50克海洛因，符合受贿罪的犯罪构成，因此A的说法是正确的。根据我国《刑法》第388条之一的规定，利用影响力受贿罪是指国家工作人员的近亲属或者其他与该国家工作人员关系密切的人，通过该国家工作人员职务上的行为，或者利用该国家工作人员职权或者地位形成的便利条件，通过其他国家工作人员职务上的行为，为请托人谋取不正当利益，索取请托人财物或者收受请托人财物，数额较大或者有其他较重情节的行为。乙父利用乙系人社局副局长的职权，将不符合条件的亲戚纳入社保，并收受现金的行为，符合利用影响力受贿罪的犯罪构成，因此B是正确的。C选项中，王某已经退休，不再属于国家工作人员，由于主体不适格，其通过现任厂长为他人谋取利益并接受财物的行为不构成受贿罪，而可能构成利用影响力受贿罪。因此C的说法是正确的。单位受贿罪是指国家机关、国有公司、企业、事业单位、人民团体，索取、非法收受他人财物，为他人谋取利益，情节严重的行为。由于法院院长是法院的直接负责人，因此院长向某企业经理索要贿赂，最终钱款500万元打入法院单位账户，符合单位受贿罪的犯罪构成，因此D是正确的。故，本题正确答案为ABCD。

26. 答案：ABC。根据法律和司法解释规定，国家工作人员如果挪用公款进行营利活动，则数额达到1万元即可构成挪用公款罪；如果挪用公款进行非法活动，则数额达到5000元即可构成挪用公款罪。可见，挪用公款进行非法活动的入罪门槛更低。这是因为挪用公款进行非法活动比挪用公款进行营利活动性质更恶劣。甲购买股票的行为属于营利活动而不是非法活动，赌博的行为则属于非法活动，对于甲这次挪用的行为应当综合评价。如果将非法活动评价为营利活动，并将数额相累加，不会对行为人的行为造成不利评价，也未超出国民的预测可能性，是符合法律精神的。因此，可将赌博行为评价为营利活动，认定甲挪用公款1.2万元进行营利活动，进而认定挪用公款罪。D正确，ABC错误。故应选ABC。

27. 答案：ABCD。A选项，公立高校普通任课老师不属于国家工作人员，但其受学校委派开展招生工作属于公务活动，甲的行为成立受贿罪。A正确。B选项，无论是国有医院还是非国有医院的医生“开单提成”行为，均应按非国家工作人员受贿罪论处。主要理由是医生的处方行为不具有公务的性质。《全国法院审理经济犯罪案件工作座谈会纪要》规定：“从事公务，是指代表国家机关、国有公司、企业事业单位、人民团体等履行组织、领导、监督、管理等职责。公务主要表现为与职权相联系的公共事务以及监督、管理国有财产的职务活动。如国家机关工作人员依法履行职责，国有公司的董事、经理、监事、会计、出纳人员等管理、监督国有财产等活动，属于从事公务。那些不具备职权内容的劳务活动、技术服务工作，如售货员、售票员等所从事的工作，一般不认为是公务。”医生的处方行为虽然是一种职务行为，但不具有从事公务的性质，因而不符合受贿罪的主体特征，应当按非国家工作人员受贿罪论处。B正确。C选项，村委会主任不属于国家工作人员，其在村集体企业招投标过程中收受贿赂的行为构成非国家工作人员受贿罪。C正确。D选项，国有公司临时工不属于国家工作人员，但按照共同犯罪理论其与副总经理构成受贿罪的共同犯罪。D正确。

【陷阱】区分受贿罪与非国家工作人员受贿罪的关键在于行为人是否具有国家工作人员身份，而认定行为人是否具有国家工作人员身份的关键并不在于行为人的职务，而在于行为人所实施的是否属于公务行为。A选项中的普通教师从事招生活动属于从事公务，B选项中的医院副院长开处方的行为不属于从事公务，因此普通教师可以构成受贿罪，医院副院长反而构成非国家工作人员受贿罪。

三、不定项选择题

1. 答案：（1）C。《全国人民代表大会常务委员会关于〈中华人民共和国刑法〉第九十三条第二款的解释》规定：“村民委员会等村基层组织人员协助人民政府从事下列行政管理工作，属于刑法第九十三条第二款规定的‘其他依照法律从事公务的人员’：（一）救灾、抢险、防汛、优抚、扶贫、移民、救济款物的管理……”村主任王某、会计刘某以及村民陈某合谋伪造申请材料骗取扶贫补贴的行为，构成贪污罪的共同犯罪。王某拿到补贴款时虽然已经离任，但是依然构成贪污罪。选项A错误。刘某参与伪造申请材料，其贪污罪的犯罪数额应认定为15万元。选项B错误。陈某虽然为普通村民，但其参与王某和刘某的贪污犯罪，起帮助作用，构成共同贪污。选项C正确。周某发现伪造的申报材料以后擅自侵吞补贴款，构成贪污罪，其贪污数额为15万元。选项D错误。

（2）ABC。行贿罪是指为谋取不正当利益，给国家工作人员以财物（含在经济往来中，违反国家规定，给予国家工作人员以财物，数额较大，或者违反国家规定，给予国家工作人员以各种名义的回扣费、手续费）的行为。周某为谋取非法利益，向李某提供10万元，意图请李某联系张某帮助其获取土地征收款的行为，构成行贿罪。选项A正确。李某请托胡某帮忙联系张某并送给胡某5万元的行为，构成行贿罪。选项B正确。李某虽然未直接利用自身职务行为为周某谋利，但是其利用本人的职权和地位形成的便利条件，通过其他国家工作人员职务上的行为，为请托人谋取不正当利益而收取财物的，构成受贿罪。选项C正确。受贿罪不以为他人谋取了非法利益为既遂条件，胡某收受了李某的钱款以后，受贿罪已经既遂。选项D错误。

2. 答案：（1）A。李某身为交警队事故中队副队长，属于国家机关工作人员，利用职务上的便利，采用冒名领取、虚列支出事故押金的手段，侵吞事故押金数额巨大，按照贪污罪定罪处罚。根据《刑法》第91条第2款的规定："在国家机关、国有公司、企业、集体企业和人民团体管理、使用或者运输中的私人财产，以公共财产论。"由此，交警队收取的事故押金虽然在所有权上还是属于交通事故肇事者所有，但是交警队向其收取，代为保管，使该财产的性质转化为公共财产，李某对之以欺骗的手段予以侵吞的，构成贪污罪。徇私舞弊，是指屈从于私情私利而进行各种违背职责的非法活动，属于渎职罪的一种加重的犯罪情节，不单独构成一罪。

（2）B。李某并非车辆事故险的投保人、被保险人或受益人，不具有保险诈骗罪的主体身份，其也不是与他人合谋骗取保险金，完全是李某一人利用伪造的事故调解书，并冒用投保人的名义，向保险公司申请保险赔偿，不构成保险诈骗罪的共犯，应以诈骗罪论处。其伪造事故调解书的行为是为骗取保费而进行的手段行为，与诈骗罪成立牵连关系，应择一重罪以诈骗罪论处。

（3）A。李某强行要求司机去他父亲开办的汽车修理厂高价修车，遭到拒绝后，即以收取管理费的名义，强行征收王某5000元，是利用其国家工作人员的身份威胁他人，强行索取财物，构成敲诈勒索罪。

（4）B。本题中李某只是利用了身为干警，进出公安机关较为方便的条件，而其职责范围内并不包括主管、经手、管理被扣押车辆的职权，也就无所谓利用职务上的便利了，应当以盗窃罪论处。

3. 答案：（1）ACD。《刑法》第384条规定，国家工作人员利用职务上的便利，挪用公款归个人使用，进行非法活动的，或者挪用公款数额较大、进行营利活动的，或者挪用公款数额较大、超过3个月未还的，构成挪用公款罪。甲借款给乙做生意使用，属于刑法规定的挪用公款归个人使用，进行营利活动，因此A项正确。甲虽然不知道乙将公款用于犯罪活动，但是二人有挪用公款的犯罪故意，又共同策划了挪用的方式，根据《最高人民法院关于审理挪用公款案件具体应用法律若干问题的解释》第8条的规定，挪用公款给他人使用，使用人与挪用人共谋，指使或者参与策划取得挪用款的，以挪用公款罪的共犯定罪处罚。甲、乙构成挪用公款罪的共犯，因此B项错误。根据该解释第6条的规定，携带挪用的公款潜逃的，依照贪污罪的规定定罪处罚。甲携带乙归还的30万元潜逃，半年内将30万元挥霍一空属于国家工作人员利用职务便利非法占有国家财物的行为，构成贪污罪。因此C正确。根据《刑法》第388条规定，甲利用本人国家工作人员的职权便利，为他人谋取利益，收受他人财物，应以受贿论处。因此对甲的行为应以挪用公款罪、受贿罪、贪污罪实行并罚。D选项正确。

（2）AD。乙将挪用的公款用于非法贩卖毒品，属于挪用公款用于非法活动。A项正确。乙虽然不是国家工作人员，但是与国家工作人员共谋，利用国家工作人员的职务之便取得公款，以挪用公款罪共犯论处。因此B项错误。乙归还30万元公款只是为甲的贪污提供了条件，并不具有为甲提供帮助的意图，因此不能构成贪污罪的帮助犯。C项错误。乙为达到利用国家工作人员的职务便利挪用公款的非法目的，送给甲5万元好处费，构成行贿罪。之后乙利用所挪用的公款贩卖毒品，应当另行构成贩卖毒品罪。综上所述，对于乙应当以挪用公款罪、行贿罪、贩卖毒品罪实行并罚。因此正确答案为AD。

（3）BCD。《刑法》第67条规定，犯罪以后自动投案，如实供述自己的罪行的，是自首。甲在未受到讯问、未被采取强制措施时直接向司法机关投案并交代了借公款给乙、接受乙贿赂和携款潜逃的事实，成立自首。至于甲投案自首出于何种动机在所不问。因此A项错误。《刑法》第68条规定，犯罪分子有揭发他人犯罪行为，查证属实的，或者提供重要线索，从而得以侦破其他案件等立功表现的，是立功。根据《最高人民法院关于处理自首和立功具体应用法律若干问题的解释》第5条的规定，协助司法机关抓捕其他犯罪嫌疑人（包括同案犯），应当认定为有立功表现。甲投案后提供线索协助司法机关将乙捉拿归案符合立功的构成要件，成立立功，B项正确。乙归案后主动交代的行贿，属于司法机关已经掌握的罪行，乙的交代构成坦白而不是自首。但对于贩卖毒品的犯罪事实司法机关尚未掌握，乙对此交代应当成立自首。因此正确答案应为BCD。

（4）C。乙得到巨款以后才告知丙款项的来源，说明丙未参与挪用公款的共谋和实施，因此并不能与甲、乙构成挪用公款罪的共犯，A不正确。丙明知该款为挪用的公款仍然为乙提供资金账户，掩饰、隐瞒犯罪违法所得的性质和来源，构成《刑法》第191条规定的洗钱罪，而不是赃物犯罪，C项正确，D项错误。丙虽然为乙提供资金账户，但是并不知道乙将该款用于贩卖毒品，因此，丙不构成贩卖毒品罪的共犯，B项错误。本题的正确答案为C。

4. 答案：ACD。根据《刑法》第273条的规定，挪用特定款物罪，是指违反国家财经管理制度，挪用用于救灾、抢险、防汛、优抚、扶贫、移民、救济款物，情节严重，致使国家和人民群众利益遭受重大损害的行为。其与挪用公款罪的区别在于目的和用途不同。挪用公款罪以挪用公款归个人使用为目的，即挪作私用；挪用特定款物罪的目的是将特定款物挪作他用。因此A正确。挪用公款罪，是指国家工作人员利用职务上的便利，挪用公款归个人使用，进行非法活动的，或者挪用公款数额较大、进行营利活动的，或者挪用公款数额较大、超过3个月未还的行为。根据《刑法》第384条的规定，挪用公款数额巨大不退还的，定挪用公款罪，处十年以上有期徒刑或者无期徒刑。根据《最高人民法院关于审理挪用公款案件具体应用法律若干问题的解释》第5条的规定，这里的“不退还”是指挪用公款数额巨大，因客观原因在一审宣判前不能退还的。因此，挪用公款数额巨大，客观上能还而主观上不想还的，仍应以贪污罪论处。本案中，甲挪用100万元炒股亏损，结果无力偿还，这就属于“挪用公款数额巨大不退还”，仍构成挪用公款罪。行为人挪用公款后采用伪造单据、涂改账目、销毁凭证、变卖获利、赠送他人等方法，使所挪用的公款难以在单位财务账目上反映出来。说明行为人主观目的发生了变化，想永久控制财物，客观上财产所有权发生了转移，符合贪污罪的构成特征。应以贪污罪定罪处罚。因此CD正确，B错误。

5. 答案：（1）ABD。贪污罪与挪用公款罪的关键在于：挪用公款罪以非法占用为目的，贪污罪以非法占有为目的，即意图永远地非法占有公共财物。本案中甲通过涂改账目等手段从公司提走20万元，由此可见甲已经具有非法占有公司公款的主观目的，故甲的行为构成贪污罪而非挪用公款罪。至于甲之后所谓“去把公司钱款补上”的说法并不能影响行为当时的主观故意。故D项错误。本案分为两个阶段，即贪污阶段和行贿阶段。在行贿之前，甲客观上已实际控制了20万元财物，虽然甲在主观上对于其中的15万元在实施贪污之前并非出于为己占有的目的，但是贪污罪构成要件所要求的“非法占有”并不等同于“非法占为己有”，“为他人占有公共财物”仍然可能构成贪污罪。因此，自甲从公司取得20万元之时，其行为已具备贪污罪的全部构成要件，贪污数额为20万元。另外，行贿罪是指为谋取不正当利益，给予国家工作人员以财物的行为。甲为竞争财务部主任职位，通过采用向国家工作人员乙行贿15万元的方法，意图谋取不正当的利益，其行为还构成行贿罪，行贿数额为15万元。对于甲所犯贪污罪与行贿罪应当数罪并罚。故C正确，A、B项错误。故答案为ABD。

（2）ABC。一般地说，国家工作人员一旦利用职务上便利收受他人财物，其行为就已经具备了受贿罪的全部构成要件。收受请托人财物后又及时退还或者上交有关部门的，只是对赃款赃物的处置，并不影响受贿罪的构成。但根据《最高人民法院、最高人民检察院关于办理受贿刑事案件适用法律若干问题的意见》第9条的规定，国家工作人员收受请托人的财物后及时退还或上交的，不是受贿。可见，国家工作人员收受财物后退还或上交是否及时，关系到对收受财物行为罪与非罪的认定。而关于及时性的判定，应当根据一般人的生活经验，综合考虑其他各种情况。本案中，尽管乙收受了甲15万元的钱款，但并未给甲或丙任何许诺，并在八天后将收受钱款一事报告了公司总经理，将15万元交到公司纪检部门。按照日常生活中的标准，乙的行为应当被认定为“及时上交”，因此不构成受贿罪。D项正确，A、B、C项错误，所以答案是ABC。

（3）C。本案中丙并未在甲与乙之间进行引进、沟通、撮合，促使行贿与受贿的实现，只是按照甲的委托将钱款交付给乙，因而丙的行为不构成介绍贿赂罪。故B项错误。丙接受甲的委托答应将15万元转交给乙，至此丙明知其所实施的行为系行贿行为，也明知甲与其存在行贿的意思联络，二人已经形成行贿的主观故意，而客观上丙将15万元转交给乙，丙答应甲“美言几句”，其行为已经成为共同行贿行为中极为重要的一部分。由此可见丙与甲已经构成行贿罪的共同犯罪。C项正确，D项错误。丙与乙并无事先通谋，主观上没有共同的受贿故意，客观上丙接受的是请托人甲的委托，为甲谋取利益，因此二人也没有共同受贿的客观行为。因而丙与乙不成立受贿罪的共犯，故A项错误。

（4）ABCD。根据《刑法》第114条的规定，甲携带一桶汽油闯入乙办公室纵火，导致室内空调等财物被烧毁，构成放火罪。根据《刑法》第274条的规定，乙在此时已经将收受赃款上交，即使甲将乙受贿一事告到检察院也并不会对乙构成伤害，但甲自始至终并不相信乙已将赃款上交，因此在甲看来“告到检察院”足以对乙造成心理上的恐惧，因此对甲的行为应当认定为敲诈勒索罪。故A、B项错误。另外，想象竞合犯与牵连犯的区别在于：前者为一行为触犯数罪名，后者为数行为触犯数罪名。吸收犯与牵连犯的区别在于：前者为数行为之间具有吸收关系，即前行为是后行为发展的所经阶段，后行为是前行为发展的当然结果；后者为数行为之间存在手段行为与目的行为、原因行为与结果行为的牵连关系。本案中，甲在数日后携带汽油桶闯入乙办公室纵火，从案情来看，甲之所以放火烧毁乙的办公室，主要是因为其不相信乙已将钱款上交，希望通过继续给乙的精神造成压力，让乙返还钱款，并支付给其精神损失费10万元。本案中，甲的放火行为与敲诈勒索行为是两个相对独立的行为，但是二者之间存在手段行为和目的行为的关系，因此构成牵连犯，而不是吸收犯或想象竞合犯。故C、D项错误。

四、名词解释

1. **答案**：斡旋受贿，也称间接受贿，是指国家工作人员利用本人职权或者地位形成的便利条件，通过其他国家工作人员职务上的行为，为请托人谋取不正当利益，索取请托人财物或者收受请托人财物的行为。
2. **答案**：介绍贿赂罪，是指在行贿人与国家工作人员之间进行沟通、撮合，使行贿与受贿得以实现，情节严重的行为。
3. **答案**：私分罚没财物罪，是指司法机关、行政执法机关违反国家规定，将应当上缴国家的罚没财物，以单位名义集体私分给个人的行为。
4. **答案**：根据《最高人民法院、最高人民检察院关于办理行贿刑事案件具体应用法律若干问题的解释》第12条的规定，行贿犯罪中的“谋取不正当利益”，是指行贿人谋取的利益违反法律、法规、规章、政策规定，或者要求国家工作人员违反法律、法规、规章、政策、行业规范的规定，为自己提供帮助或者方便条件。违背公平、公正原则，在经济、组织人事管理等活动中，谋取竞争优势的，应当认定为“谋取不正当利益”。

五、简答题

1. 答案：利用影响力受贿罪的构成要素包括以下方面：

（1）犯罪客体：职务行为的廉洁性。

（2）犯罪主体：自然人特殊主体，具体包括国家工作人员的近亲属或者其他与该国家工作人员关系密切的人，离职的国家工作人员或者其近亲属以及其他与其关系密切的人。

（3）客观方面：国家工作人员的近亲属或者其他与该国家工作人员关系密切的人，通过该国家工作人员职务上的行为，或者利用该国家工作人员职权或者地位形成的便利条件（离职的国家工作人员或者其近亲属以及其他与其关系密切的人，利用该离职的国家工作人员原职权或者地位形成的便利条件），通过其他国家工作人员职务上的行为，为请托人谋取不正当利益，索取请托人财物或者收受请托人财物，数额较大或者有其他较重情节的行为。

（4）主观方面：故意。

2. 答案：挪用公款罪，是指国家工作人员利用职务的便利，挪用公款归个人使用，进行非法活动的，或者挪用公款数额较大、进行营利活动的，或者挪用公款数额较大、超过3个月未还的行为。

挪用公款罪的构成特征如下：

（1）犯罪客体是复杂客体，即国家工作人员职务行为的廉洁性、国家财经管理制度以及公款使用权。

（2）客观方面表现为利用职务之便，挪用公款进行非法活动，或者挪用公款数额较大、进行营利活动，或者挪用公款数额较大，超过3个月未还的行为。所谓利用职务之便，是指利用主管、经手、管理公共财物的便利。可以构成犯罪的挪用公款行为，有以下三种不同情况：①挪用公款归个人使用，进行非法活动的；②挪用公款数额较大，归个人进行营利活动的；③挪用公款归个人使用，数额较大、超过3个月未还的。

（3）犯罪主体是特殊主体，即国家工作人员。

（4）主观方面表现为故意，并以归个人使用为目的。

3. 答案：贪污罪，是指国家工作人员和受国家机关、国有公司、企业、事业单位、人民团体委托管理、经营国有财产的人员，利用职务上的便利，侵吞、窃取、骗取或者以其他手段非法占有公共财物的行为。本罪具有如下构成特征：

（1）本罪侵犯的客体是复杂客体，即同时侵犯了国家工作人员公务行为的廉洁性和公共财产所有权。其中，国家工作人员公务行为的廉洁性是本罪的主要客体。本罪的犯罪对象是公共财物。

（2）本罪在客观方面表现为行为人利用职务上的便利，以侵吞、窃取、骗取或者以其他方法非法占有公共财物的行为。所谓“利用职务上的便利”，是指国家工作人员利用职务范围内的权力和地位所形成的主管、管理、经手公共财物的有利条件，而不是指利用与其职务无关的仅因工作关系对作案环境比较熟悉、凭其身份便于进出某些单位、易于接近作案目标的方便条件。所谓“侵吞”，是指国家工作人员利用职务上的便利，将暂时由自己合法管理、支配、使用或者经手的公共财物非法据为己有。所谓“盗窃”，是指国家工作人员利用职务上的便利，秘密窃取由本人暂时合法管理、支配、使用或者经手的公共财物，即通常所说的监守自盗。所谓“骗取”，是指国家工作人员利用职务上的便利，采用虚构事实、隐瞒真相的方法，非法占有公共财物。所谓“其他手段”，是指国家工作人员利用职务上的便利，使用侵吞、窃取、骗取以外的其他手段、方法占有公共财物。如利用职权，巧立名目，私分大量公款、公物；冒名借出公款，存入银行取息归己等。本罪属于结果犯，行为人必须事实上非法占有了公共财物，并且数额较大或者情节较重的，才能构成本罪。

（3）本罪的主体是特殊主体，即必须是国家工作人员或者受国家机关、国有公司、企业、事业单位、人民团体委托管理、经营国有财产的人员。不具有上述特殊身份的一般公民与上述两类人员勾结，伙同贪污的，以贪污罪的共犯论处。

(4) 本罪在主观方面表现为故意，并且具有非法占有的目的。

4. 答案：(1) 关于受贿罪的客体的争论：

有的学者认为是国家机关的正常管理活动；有的认为是受贿罪的法益，不仅包括国家机关、企业、事业单位、军队、团体的正常活动，而且包括公私财产所有权；有的认为是国家工作人员职务行为的廉洁性。

将保护法益理解为国家机关的正常管理活动不合适。因为这一概念内涵不清、外延不明；这种观点意味着国家机关的正常活动受到破坏是受贿罪的危害结果，只有当受贿行为客观上破坏了国家机关的正常管理活动时才成立既遂。但是，不符合实际。将公私财产视为该罪的法益，意味着在公私财产没有受到侵犯的情况下，索取、收受财物的行为不能构成本罪，其缺陷非常明显。因此刑法理论上一般采取廉洁性说。但是该说中的"廉洁"本身含义不明，廉洁性指职务行为的廉洁性还是公务人员本身的廉洁也不明确。因此，我们认为受贿罪保护的法益是国家工作人员职务行为的不可收买性，也可以说是国家工作人员职务行为与财物的不可交换性。职务行为既包括正在实施或者已经实施的职务行为，也包括将要实施的职务行为与所许诺的行为。

(2) 关于受贿罪的构成要件中客观方面的各种观点的争议，集中在以下几个问题：

①贿赂是什么？刑法将贿赂的内容限定为财物，但是财产性利益也应包括在内，至于非财产性利益则不属于财物。

②受贿行为的表现：有的学者认为索取不包括勒索。但是，我们不赞成这一观点。因为国家工作人员在他人有求于自己的职务行为之际勒索财物，该财物就是与其职务有关的、作为职务行为的不正当报酬的利益，国家工作人员的这种行为同样侵犯了职务行为的不可收买性；同时，要求、索要与勒索之间只有程度区别，没有本质差别，事实上也难以区分。

③利用职务的理解：不管是索取贿赂还是收受贿赂，利用职务上的便利都表现为：一是他人有求于国家工作人员的职务行为或国家工作人员正在或已经通过职务行为为他人谋取利益；二是索取或收受的财物是国家工作人员职务行为的不当报酬。只要国家工作人员所索取或收受的财物与其职务行为有关，就可以认定为利用了职务的便利。

④为他人谋取利益：首先分析"他人"，"他人"不限于行贿人，完全可能是行贿人所指示或暗示的第三人。"谋取利益"既包括正当利益，也包括不正当利益，违法乃至犯罪的利益。关于"为他人谋取利益"传统观点有认为是客观要件的学说，"谋取利益"被理解为具有为他人谋取利益的具体行为与结果。但是这种旧客观要件说存在诸多缺陷：第一，受贿罪的社会危害性表现为侵犯了职务行为的不可收买性，而为他人谋取利益的行为不能决定受贿罪的危害性，特别是当国家工作人员为他人谋取合法利益时；第二，在司法实践中，有些人声称或者许诺为他人谋取利益，却没有甚至并不打算为他人谋取利益，而只是收受贿赂；第三，通说(包括旧客观要件说)认为，受贿罪的既遂标准是行为人实际上收受了财物，根据旧客观要件说，犯罪已经既遂但还没有完全符合犯罪构成要件。这违背了刑法的基本理论，因为没有完全符合犯罪构成要件的行为并不构成犯罪，更不可能成立犯罪既遂。所以，这种学说不足取。另外一种学说是"主观要件说"，认为"为他人谋取利益"，只是行贿人与受贿人之间货币与权力互相交换达成的一种默契，但是，从刑法的表述来看，还不能直接断定"为他人谋取利益"是主观要件：第一，刑法分则有许多"为……"的规定(而不是"为了……")，至于"为……"所标明的究竟是主观要素还是客观要素，则需要具体分析；第二，根据主观要件说，只有当国家工作人员主观上确实有为他人谋取利益的意图时，才构成受贿罪，如果只是虚假

表示为他人谋取利益，而实际上并没有这种意图时，则并不构成受贿罪，但是这明显缩小了本罪的成立范围；第三，许诺或者答应本身也是一种行为，而不是一种心理状态。因此，旧客观要件说与主观要件说都存在不能令人满意之处，一些学者仍然把其解释为客观要件，但是对内容重新进行了合理的阐释，对作为受贿罪客观要件的“为他人谋取利益”可能作出三种解释：第一，只要国家工作人员有为他人谋取利益的许诺即可，而不要求客观上有为他人谋取利益的实际行为与结果；第二，为他人谋取利益是指客观上有为他人谋取利益的行为，而不要求实现谋取的利益；第三，为他人谋取利益是指实现了为他人谋取的利益（包括实现部分利益的情况），或者说使行贿人得到了所要求的利益。但现在还没有人在第三种意义上解释为他人谋取利益；旧客观要件说是在第二种意义上解释为他人谋取利益的。这种观点认为，应当采取第一种解释（新客观要件说），即只要许诺为他人谋取利益，即可构成受贿罪。为他人谋取利益作为客观要件，只是一种最低要求，即不要求客观上有为他人谋取利益的行为与结果，如果国家工作人员已经客观上准备或者开始为他人谋取利益，或者已经使他人得到部分或者全部利益的，则当然符合“为他人谋取利益”的客观要件。

（3）关于主体方面的争议（非重点考察对象，稍微分析就行）。

（4）主观方面的争议（同上）。

5. 答案：根据《最高人民法院、最高人民检察院关于办理贪污贿赂刑事案件适用法律若干问题的解释》第12条的规定，受贿罪中的“财物”包括：（1）货币。（2）物品。（3）财产性利益。其中，财产性利益包括：①可以折算为货币的物质利益如房屋装修、债务免除等。②需要支付货币的其他利益如会员服务、旅游等。

6. 答案：利用影响力受贿罪，是指国家工作人员的近亲属或者其他与该国家工作人员关系密切的人，通过该国家工作人员职务上的行为，或者利用该国家工作人员职权或者地位形成的便利条件，或者离职的国家工作人员或者其近亲属以及其他与其关系密切的人，利用该离职的国家工作人员原职权或者地位形成的便利条件，通过其他国家工作人员职务上的行为，为请托人谋取不正当利益，索取请托人财物或者收受请托人财物，数额较大或者有其他较重情节的行为。

（1）影响力的类型包括：

①形式上的影响力和实质上的影响力。

②权力性影响力和非权力性影响力。

③直接影响力和间接影响力。

（2）利用影响力受贿罪中的影响力属于实质上的影响力同时包含权力性影响力与非权力性影响力和直接影响力。

①利用影响力受贿罪要求行为人与国家工作人员或离职国家工作人员客观上有亲情关系或“密切关系”，因此利用影响力受贿罪中的“影响力”属于实质上的影响力。②利用影响力受贿罪中包括权力性影响力和非权力性影响力。权力性影响力基于国家工作人员的职务或者职权获得，具有公权力的性质；非权力性影响力范围比较广泛，如基于血缘、地缘、感情、一般事务性关系等产生的影响力，具有潜在性和便利性。③利用影响力受贿罪要求不论采取哪种途径，最终必须通过“国家工作人员职权”来实现不正当利益，才能构成利用影响力受贿罪，因此利用影响力受贿罪中的“影响力”属于直接影响力。

7. 答案：（1）私分国有资产罪的构成要件

①本罪侵犯的客体是复杂客体，既侵犯了国家工作人员职务行为的廉洁性，又侵犯了国有资产所有权。

②本罪在客观方面表现为行为人违反国家规定，以单位名义将国有资产集体私分给个人，数额较大的行为。

③本罪的主体是特殊主体，即只能由国家机关、国有公司、企业、事业单位、人民团体及其直接负责的主管人员和其他直接责任人员构成。

④本罪的主观方面是故意，即行为人明知是国有资产，而故意进行集体私分。

(2) 私分国有资产罪认定需注意的问题

私分国有资产罪中最应注意的是其与贪污罪的区别，具体有以下几点：

①犯罪的客观方面不同。本罪的客观方面表现为以单位的名义将国有资产集体私分给单位的所有人员或者绝大多数人员。而贪污罪的客观方面则表现为利用职务上的便利，以侵吞、盗窃、骗取或者其他手段将公共财产非法占为己有。

②犯罪主体的范围不同。本罪的主体是单位即国家机关、国有公司、企业、事业单位、人民团体，实际上负刑事责任的是上述单位中的直接负责的主管人员和其他直接责任人员，因此，只有部分国家工作人员能够成为本罪的主体。贪污罪的主体，不仅可以由所有的国家工作人员构成，而且还可以由受国家机关、国有公司、企业、事业单位、人民团体委托管理、经营国有财产的人员构成。

③犯罪的目的不同。本罪以单位成员共同非法分得国有财产为目的，贪污罪则以个人非法占有公共财产为目的。

六、论述题

1. **答案**：贪污罪与侵占罪、职务侵占罪主观上都是以非法占有为目的，客观行为也有相似之处。它们的主要区别是：

	贪污罪	职务侵占罪	侵占罪
犯罪客体	贪污罪的客体是职务行为廉洁性和公共财产所有权	职务侵占罪的客体是职务行为廉洁性和本单位财产所有权	侵占罪的客体则是社会诚实信用和公私财产所有权
犯罪客观方面	贪污罪中侵吞公共财物的行为是利用职务上的便利实施的	职务侵占罪在客观方面也是利用职务上便利的条件	侵占罪在客观上没有利用职务上便利的条件，但是有利用自己控制他人财物的便利条件，这一便利条件不是基于职务产生的，而是基于他人委托以及获取他人遗忘物、埋藏物而取得的

续表

	贪污罪	职务侵占罪	侵占罪
犯罪主体	贪污罪的主体是特殊主体，即国家工作人员	职务侵占罪的主体是特殊主体，即公司、企业或者其他单位的人员，但不包括国有公司、企业或者其他国有单位中从事公务的人员和国有公司、企业或者其他国有单位委派到非国有公司、企业以及其他单位从事公务的人员	侵占罪的主体是一般主体即自然人

2. **答案**：受贿罪是指国家工作人员利用职务上的便利，索取他人财物或者非法收受他人财物，为他人谋取利益的行为。

本罪成立必须具备四个方面的要件：

(1) 本罪的客体是国家工作人员职务的廉洁性。而对国家工作人员职务行为的廉洁性的侵犯是通过对本罪的犯罪对象的侵犯体现的。关于本罪的犯罪对象，一般认为是以财产性利益说为妥当的。

(2) 本罪的客观方面行为表现为利用职务上的便利，索取他人财物或者收受他人财物，为他人谋利益的行为。利用职务上的便利，是指利用行为人现有职务范围内的权利或者与职务相关的便利条件。行为方式包括索贿和收贿两种情况。在收贿的情况下，为他人谋利益是犯罪的必备要件。

(3) 本罪的主体是特殊主体，即国家工作人员，根据《刑法》第 93 条确定其范围。

(4) 本罪的主观方面为直接故意。

七、案例分析题

1. **答案**：(1) 甲某身为公交集团客运处处长，属于国家工作人员，其将公款私自借贷给私营企业收取利差的行为构成挪用公款罪和受贿罪，挪用公款 100 万元的行为属于进行营利活动的挪用公款行为，不受挪用时间的限制。

(2) 甲某在招标活动中收取对方好处费的行为构成受贿罪，是否构成串通投标罪，还要看是否属于恶意串通，严重损害国家、集体、公民的合法利益，情节严重的情形，如果是则构成串通投标罪。

（3）甲某在采购汽车时，要求对方提高车价，并将提高的部分收归个人所有，构成贪污罪。因为甲某收取的车款原本属于该公交集团，甲某采取变相利用他人将公款转出私吞，构成贪污罪。这里涉及贪污罪与受贿罪区分的关键就在于行为人据为己有的款项的性质是否属于本单位所有，如果属于本单位所有，则构成贪污罪，否则就应为受贿行为。

2. 答案：甲某构成挪用公款罪。

甲某作为国有银行的工作人员，利用职务上的便利，挪用公款给亲人进行营利活动，数额巨大，构成挪用公款罪。甲某挪用贷款后，为了弥补亏空其并没有采取销账的方式来掩盖，而是利用虚假的贷款合同掩盖其挪用存款的亏空，使这笔贷款的去向仍有据可查，由此可以认为其并不具有将贷款非法占为己有的目的，应当以挪用公款罪论处。甲某最初挪用100万元委托贷款用于儿子的营利活动，因为亏损而无法归还，为了掩盖挪用的账面，其又采取自制取款凭条透支储户存款的手段弥补亏空，属于前一挪用行为的延续，挪用数额不应重复计算，故甲某挪用数额应为100万元。甲某与他人签订虚假的贷款合同，符合贷款诈骗罪的特征，但甲某的目的是以此掩盖其挪用公款的行为，属于挪用公款罪的牵连犯，应当以挪用公款罪一罪定罪处罚。甲某挪用公款数额巨大，且不能退还，属于挪用公款罪的结果加重犯，应处10年以上有期徒刑、无期徒刑。

3. 答案：（1）本案中，甲是一名国家工作人员，虽然没有直接利用本人的职权，但是他利用了本人的职权和地位形成的便利条件，通过市建委主任丁，将修建工程承包给丙，并且收受现金20万元。甲的行为完全符合受贿罪的构成要件，应以受贿罪定罪量刑。

（2）行贿罪的主体是一般主体，丙不是国家工作人员，但他为谋取不正当的利益，给予国家工作人员甲财物的行为构成行贿罪。

（3）丙原先并不认识甲，而在乙的撮合下，丙才与甲拉上关系。正是因为乙的介绍行为使行贿与受贿得以实现。由于介绍贿赂罪的主体为一般主体，不论乙是否为国家工作人员，其介绍贿赂罪都应成立。

4. 答案：（1）本案中，甲、乙二人身为国家工作人员，利用职务之便，索取、收受他人的财物达10万元，每人得5万元，构成受贿罪。二人又利用欺骗手段，非法占有公共财物，每人得12万元，构成贪污罪。

（2）甲、乙二人在本案中构成共同犯罪，二人所起的作用相同，并无主犯、从犯之分，二人应对各自受贿和贪污行为承担刑事责任。由于甲、乙二人各犯两罪，应当实行数罪并罚。二人犯罪以后投案自首，并上缴所有赃款，根据刑法规定，可以从轻或减轻处罚。

第二十九章　渎　职　罪

配套测试

一、单项选择题

1. 某中级法院的主审法官甲收受故意杀人案被告人乙的家属现金1万元后，伪造乙防卫过当、自首的证据，欺骗该院审判委员会，导致原本可能被判死刑的乙最终仅被判处3年徒刑。对甲应当以何罪论处？(　　)（2008．四川．卷二．20）

A. 徇私枉法罪

B. 滥用职权罪

C. 受贿罪

D. 伪证罪

2. 甲某是某派出所值班民警，一日其与其他人在上班时间打麻将时，接到群众举报电话，说某村农民乙某买来个老婆因对方不同意与其入洞房，而把人吊在树上抽打呢，情况紧急，希望派出所马上来解决，甲某因自己输了钱就没管这个电话的事，也没有通知其他民警去营救，最终该被拐卖妇女被乙某打成重伤，对于甲某应当如何处理？(　　)

A. 构成不解救被拐卖妇女罪

B. 构成玩忽职守罪

C. 构成徇私枉法罪

D. 构成帮助犯罪分子逃避处罚罪

3. 下列哪种渎职犯罪不要求具备情节严重的条件即可构成犯罪？(　　)

A. 徇私舞弊不移交刑事案件罪

B. 徇私舞弊减刑、假释、暂予监外执行罪

C. 故意泄露国家秘密罪

D. 放纵制售伪劣商品犯罪行为罪

4. 对生产、销售伪劣商品犯罪行为负有追究责任的国家机关工作人员，徇私舞弊，不履行法律规定的追究职责，情节严重的，应当如何处理？(　　)

A. 构成生产销售伪劣商品犯罪的共犯

B. 构成玩忽职守罪

C. 构成滥用职权罪

D. 构成放纵制售伪劣商品犯罪行为罪

5. 某音乐学院招生办主任甲在招生过程中徇私舞弊，多次录取未达录取分数线的学生入学，在当地造成恶劣影响。甲的行为构成何罪？(　　)

A. 招收学生徇私舞弊罪

B. 徇私舞弊罪

C. 不构成犯罪

D. 滥用职权罪

6. 以下说法中，不正确的有：(　　)。

A. 帮助犯罪分子逃避处罚罪与徇私枉法罪的区别之一是前者发生在诉讼之前，后者发生在诉讼过程中

B. 徇私舞弊少征税款罪的犯罪主体是税务机关工作人员

C. 故意泄露国家秘密，情节严重的，才构成犯罪

D. 徇私枉法罪和民事、行政枉法裁判罪没有本质区别

7. 下列关于徇私舞弊不征、少征税款罪的说法，错误的是：(　　)。

A. 本罪的主体是特殊主体，但并不仅限于税务机关的工作人员，其他负责征税的人员也可以构成本罪的主体，如海关工作人员不征入关人员的关税，也可以构成本罪

B. 本罪中的不征、少征应征税款，是指对依法应当征收的税款完全不予征收或者只征收一部分的行为

C. 本罪主观方面只能是故意，过失不构成本罪。并且还要求行为人必须是基于徇私的动机

D. 本罪要求必须造成了国家税收的重大损失的，才构成犯罪

8. 2003年至2004年2月，个体经营者李某、

任某等4人合伙承包高坪区东观冷冻厂，大量收购病死猪进行生产加工，并对外销售获取利益。其间，高坪区畜牧局牧政执法大队原大队长田某、东观畜牧兽医中心站原站长刘某、原副站长兼会计唐某等人明知李某等人长期从事非法收购、生产、加工、销售病死猪肉，却和其签订了一年收取5000元的检疫费协议，并直接出具检验合格证明，致使大量伪劣产品流入市场，销往全国各地，影响极为恶劣。请问田某、刘某、唐某的行为构成何种犯罪？（　　）

A. 玩忽职守罪

B. 放纵制售伪劣商品犯罪行为罪

C. 动植物检疫失职罪

D. 动植物检疫徇私舞弊罪

9. 公安局预审刑警甲在预审A女盗窃案时，将A女盗窃罪证材料销毁，掩护A女犯逃避惩罚，A女因此获释。甲以此为要挟，多次奸淫A女。甲的行为构成：（　　）。（司考2015. 卷二.19）

A. 包庇罪和强奸罪

B. 徇私枉法罪和强奸罪

C. 私放在押人员罪和强奸罪

D. 帮助犯罪分子逃避处罚罪和强奸罪

10. 律师卢某受委托担任马某涉嫌贪污一案的辩护人。卢某到法院复印了该案的卷宗材料后，马某的妻子朱某等人要求他把材料留下看看，遂将材料连同起诉书留下。朱某等人拿到材料后，针对案卷有关材料连夜仔细推敲，进行一系列反侦查活动，寻找有关证人，反复做工作让他们提供假证言，导致有关证词一翻再翻，使该案两次延期审理。律师卢某的行为：（　　）。（司考2006. 卷二.10）

A. 构成故意泄露国家秘密罪

B. 构成过失泄露国家秘密罪

C. 构成非法获取国家秘密罪

D. 不构成犯罪

11. 下列哪种行为可以构成玩忽职守罪？（　　）（司考2007. 卷二.20）

A. 在安全事故发生后，负有报告职责的人员不报或者谎报情况，贻误事故抢救，情节严重的

B. 国有公司工作人员严重不负责任，造成国有公司破产，致使国家利益遭受重大损失的

C. 负有环境保护监督管理职责的国家机关工作人员严重不负责任，导致发生重大环境污染事故，造成人身伤亡的严重后果的

D. 负有管理职责的国家机关工作人员发现他人非法从事天然气开采、加工等违法活动而不予查封、取缔，致使国家和人民利益遭受重大损失的

12. 关于负有食品安全监督管理职责的国家机关工作人员的行为，以下说法正确的是：（　　）。

A. 滥用职权造成特别严重后果的，处五年以下有期徒刑

B. 玩忽职守，导致发生重大食品安全事故或者造成其他严重后果的，处五年以上十年以下有期徒刑

C. 滥用职权且徇私舞弊的，数罪并罚

D. 以上说法都不对

13. 下列哪一行为应以玩忽职守罪论处？（　　）（司考2012. 卷二.21）

A. 法官执行判决时严重不负责任，因未履行法定执行职责，致当事人利益遭受重大损失

B. 检察官讯问犯罪嫌疑人甲，甲要求上厕所，因检察官违规打开械具后未跟随，致甲在厕所翻窗逃跑

C. 值班警察与女友电话聊天时接到杀人报警，又闲聊10分钟后才赶往现场，因延迟出警，致被害人被杀、歹徒逃走

D. 市政府基建负责人因听信朋友介绍，未经审查便与对方签订建楼合同，致被骗300万元

14. 刘某以赵某对其犯故意伤害罪，向法院提起刑事附带民事诉讼。因赵某妹妹曾拒绝本案主审法官王某的求爱，故王某在明知证据不足、指控犯罪不能成立的

情况下，毁灭赵某无罪证据，认定赵某构成故意伤害罪，并宣告免予刑罚处罚。对王某的定罪，下列哪一选项是正确的？（　　）（司考2011. 卷二.20）

A. 徇私枉法罪

B. 滥用职权罪

C. 玩忽职守罪

D. 帮助毁灭证据罪

二、多项选择题

1. 关于渎职罪，下列哪些选项是正确的？（　　）（司考2017. 卷二.63）

A. 省渔政总队验船师郑某，明知有8艘渔船存在套用船号等问题，按规定应注销，却为船主办理船检证书，船主领取国家柴油补贴640万元。郑某构成滥用职权罪

B. 刑警曾某办理冯某抢劫案，明知冯某被取保候审后未定期到派出所报到，曾某也未依法传唤冯某或将案件移送起诉或变更强制措施。其间，冯某再次犯罪。曾某构成徇私枉法罪

C. 律师于某担任被告人马某的辩护人，从法院复印马某贪污案的案卷材料，允许马某亲属朱某查阅。朱某随后游说证人，使数名证人向于某出具了虚假证明材料。于某构成故意泄露国家秘密罪

D. 公安局协警闫某，在协助抓捕行动中，向领导黑社会性质组织的李某通风报信，导致李某等主要犯罪分子潜逃。闫某构成帮助犯罪分子逃避处罚罪

2. 某甲是某市进出口税收管理分局局长，明知按照规定，自当年5月31日后不得再受理上一年度的退税申报，而仍指使下级受理A单位去年的退税业务，同时将申报退税的时间倒签到当年5月31日以前。某甲的情妇乙某拿来一份伪造的某有限公司出口山羊绒的退税资料，让某甲帮助办理出口退税，某甲虽然发现资料可疑，但碍于与乙某的关系，即令作出批准退税的决定，致使国家185万元的退税款被骗。某甲构成：（　　）。

A. 滥用职权罪

B. 徇私舞弊出口退税罪

C. 骗取出口退税罪（共犯）

D. 逃税罪（共犯）

3. 在监狱服刑的罪犯甲某因审判监督程序被法院提审，审讯后，因法院囚车一时不能开回，就将其关押在法院的羁押室内，甲某对监管法警乙某谎称家有百万财产，如能将其放走，愿意与乙某平分财产。乙某在甲某的引诱下，以带甲某上厕所为名将甲某放出，让其从厕所逃走，并为甲某提供了300元路费。关于本案哪些说法是正确的？（　　）

A. 甲某构成脱逃罪

B. 乙某构成脱逃罪的共犯

C. 乙某构成私放在押人员罪

D. 乙某构成徇私枉法罪

4. 下列情形是滥用职权罪的客观方面表现的有：（　　）。

A. 超越职权，擅自决定或处理没有具体决定、处理权限的事项

B. 玩弄职权，随心所欲地对事项作出决定或者处理

C. 故意不履行应当履行的职责

D. 以权谋私、假公济私，不正确地履行职责

5. 从事传染病防治的政府卫生行政部门的工作人员严重不负责任，导致以下哪些情形，可以传染病防治失职罪论处？（　　）

A. 导致甲类传染病传播的

B. 导致乙类、丙类传染病流行的

C. 因传染病传播或者流行，造成人员死亡或者残疾的

D. 因传染病传播或者流行，严重影响正常的生产、生活秩序的

6. 利用职权使无罪的人受到追诉的徇私枉法罪与诬告陷害罪的区别在于：（　　）。

A. 犯罪的主体不同。前者的主体一般是司法工作人员；而诬告陷害罪的主体是一般主体

B. 犯罪的客体不同。前者所侵犯的客体

是司法机关的正常活动；而诬告陷害罪虽然也妨害司法机关的正常工作，但主要侵犯的是他人的人身权利

C. 犯罪的客观方面不同。本罪在客观上表现为利用职权使无罪的人受追诉，行为一定与职务活动有关；而犯诬告陷害罪的行为人在客观上主要表现为捏造他人犯罪的事实加以告发，与行为人是否担任职务或担任何种职务无关

D. 犯罪的主观方面不同。前者是想使他人受到刑事追诉；诬告陷害罪则不限于使他人受刑事追诉，受行政处罚也可以

7. 有查禁犯罪活动职责的国家机关工作人员，有下列哪些行为的，可以作为帮助犯罪分子逃避处罚罪处理？(　　)

A. 为使犯罪分子逃避处罚，向犯罪分子及其亲属泄露有关部门查禁犯罪活动的部署、人员、措施、时间、地点等情况的

B. 为使犯罪分子逃避处罚，向犯罪分子及其亲属提供交通工具、通信设备、隐藏处所等便利条件的

C. 为使犯罪分子逃避处罚，向犯罪分子及其亲属泄露案情，帮助、指示其隐匿、毁灭、伪造证据及串供、翻供的

D. 为使犯罪分子逃避处罚，作假证明包庇的

8. 犯罪主体必须是税务工作人员的犯罪有（　　）。

A. 徇私舞弊发售发票罪

B. 徇私舞弊抵扣税款罪

C. 徇私舞弊出口退税罪

D. 违法提供出口退税凭证罪

9. 动植物检疫机关的检疫人员的下列哪些行为可以构成动植物检疫失职罪？(　　)

A. 对应当检疫的检疫物不检疫，致使国家利益遭受重大损失的

B. 伪造检疫结果，致使国家利益遭受重大损失的

C. 错误出证，致使国家利益遭受重大损失的

D. 延误检疫出证，致使国家利益遭受重大损失的

10. 犯罪主体也可能是非国家机关工作人员的罪名有哪些？(　　)

A. 故意泄露国家秘密罪

B. 过失泄露国家秘密罪

C. 违法提供出口退税凭证罪

D. 传染病防治失职罪

11. 下列关于传染病防治失职罪的表述，哪些是正确的？(　　)

A. 本罪的客体是传染病防治的正常活动

B. 本罪必须情节严重，才构成犯罪

C. 本罪的主体是特殊主体，即只能由从事传染病防治的卫生行政部门的工作人员构成

D. 本罪的主观方面是过失

12. 2010 年，武汉市汉南区一化工公司将生产除草醚替代品时封存的化工废料 197 桶，送到武汉市洪山环保固体废弃物交换中心，并交付处置费用 19900 元。两年后，由于原洪山区环保局副局长王某等人的失职，这批含有苯酚毒性化学物质的废料在没有经过严格化验的情况下，交给两位无业人员方某、何某处理，方某等人将其中 80 余桶随意倾倒在汉阳锅顶山半山腰，造成汉阳区永丰乡、仙山村、龙阳湖及周边地区环境遭遇严重污染，直接经济损失达 199.7 万元。下列关于王某行为的处理，错误的是：(　　)。

A. 王某的行为构成玩忽职守罪

B. 王某的行为构成环境监管失职罪

C. 王某的行为构成严重污染环境罪

D. 王某的行为不构成犯罪

13. 2006 年经济南海关副关长高某介绍，由不法港商李某为济南市某钟表公司进口一批手表。同年 5 月和 6 月，李某从香港分两次携带瑞士产梅花、欧米加、雷达手表共 575 只（价值 177 万元）从济南空港入境，由高某指使，在未办理通关手续的情况下，将货物放行，共偷逃关税 76 万元。关于高某的行为认定，错误的

是：（ ）。

A. 高某的行为构成走私罪共犯

B. 高某的行为构成放纵走私罪

C. 高某如果在这过程中收受贿赂，同时还可构成受贿罪，但应择一重罪处断

D. 高某的行为构成徇私舞弊不移交刑事案件罪

14. 司法工作人员徇私枉法、徇情枉法，故意包庇明知是有罪的人而使之不受追诉，情节严重的，可以构成犯罪。实践中，“故意包庇”的行为主要有哪些？（ ）

A. 故意违背事实真相，违法变更强制措施

B. 虽采取强制措施，但实际放任不管，致使有罪的人逃避刑事追究

C. 司法机关专业技术人员在办案中故意提供虚假材料和意见，严重影响追诉活动

D. 故意包庇使之不受追诉的犯罪事实，既可以是全部犯罪事实，也可以是部分犯罪事实

15. 玩忽职守罪包括下列哪些行为？（ ）

A. 超越职权，违法决定、处理其无权决定、处理的事项

B. 不履行职责

C. 不认真履行职责

D. 违反规定处理公务

16. 滥用职权罪的客观方面表现为：（ ）。

A. 超越权限，处理无权处理的事务

B. 不顾职责的权限和宗旨，随心所欲地处理事务

C. 不履行职责

D. 怠于履行职责

17. 徇私枉法罪的客观方面表现为：（ ）。

A. 对明知是无罪的人而使他受追诉

B. 对明知是有罪的人而故意包庇不使他受追诉

C. 在民事、行政审判中故意违背事实和法律作枉法裁判

D. 在刑事审判活动中故意违背事实和法律作枉法裁判

18. 关于徇私枉法罪，下列哪些选项是正确的？（ ）（司考 2009. 卷二 .65）

A. 甲（警察）与犯罪嫌疑人陈某曾是好友，在对陈某采取监视居住期间，故意对其放任不管，导致陈某逃匿，司法机关无法对其追诉。甲成立徇私枉法罪

B. 乙（法官）为报复被告人赵某对自己的出言不逊，故意在刑事附带民事判决中加大赵某对被害人的赔偿数额，致使赵某多付 10 万元。乙不成立徇私枉法罪

C. 丙（鉴定人）在收取犯罪嫌疑人盛某的钱财后，将被害人的伤情由重伤改为轻伤，导致盛某轻判。丙不成立徇私枉法罪

D. 丁（法官）为打击被告人程某，将对程某不起诉的理由从“证据不足，指控犯罪不能成立”擅自改为“可以免除刑罚”。丁成立徇私枉法罪

19. 以下说法正确的有（ ）。

A. 国家机关工作人员实施渎职犯罪并收受贿赂，同时构成受贿罪的，除刑法另有规定外，以渎职犯罪和受贿罪数罪并罚

B. 国家机关工作人员实施渎职行为，放纵他人犯罪或者帮助他人逃避刑事处罚，构成犯罪的，依照渎职罪的规定定罪处罚

C. 国家机关工作人员与他人共谋，利用其职务行为帮助他人实施其他犯罪行为，同时构成渎职犯罪和共谋实施的其他犯罪共犯的，依照处罚较重的规定定罪处罚

D. 国家机关工作人员与他人共谋，既利用其职务行为帮助他人实施其他犯罪，又以非职务行为与他人共同实施该其他犯罪行为，同时构成渎职犯罪和其他犯罪的共犯的，依照数罪并罚的规定定罪处罚

20. 丙实施抢劫犯罪后，分管公安工作的副县长甲滥用职权，让侦办此案的警察乙

想办法使丙无罪。乙明知丙有罪，但为徇私情，采取毁灭证据的手段使丙未受追诉。关于本案的分析，下列哪些选项是正确的？（　　）（司考 2014. 卷二.63）

A. 因甲是国家机关工作人员，故甲是滥用职权罪的实行犯

B. 因甲居于领导地位，故甲是徇私枉法罪的间接正犯

C. 因甲实施了两个实行行为，故应实行数罪并罚

D. 乙的行为同时触犯徇私枉法罪与帮助毁灭证据罪、滥用职权罪，但因只有一个行为，应以徇私枉法罪论处

21. 关于渎职犯罪，下列哪些选项是正确的？（　　）（司考 2016. 卷二.63）

A. 县财政局副局长秦某工作时擅离办公室，其他办公室人员操作电炉不当，触电身亡并引发大火将办公楼烧毁。秦某触犯玩忽职守罪

B. 县卫计局执法监督大队队长武某，未能发现何某在足疗店内非法开诊所行医，该诊所开张 3 天即造成一患者死亡。武某触犯玩忽职守罪

C. 负责建房审批工作的干部柳某，徇情为拆迁范围内违规修建的房屋补办了建设许可证，房主凭此获得补偿款 90 万元。柳某触犯滥用职权罪

D. 县长郑某擅自允许未经环境评估的水电工程开工，导致该县水域内濒危野生鱼类灭绝。郑某触犯滥用职权罪

三、名词解释

1. 渎职罪
2. 民事、行政枉法裁判罪
3. 帮助犯罪分子逃避处罚罪
4. 招收公务员、学生徇私舞弊罪

四、简答题

1. 简述玩忽职守罪的概念和构成特征。
2. 简述枉法裁判罪与徇私枉法罪的区别。
3. 简述放纵走私罪的概念和构成。
4. 简述失职致使在押人员脱逃罪的概念和特征。
5. 如何界定渎职罪中的“经济损失”？
6. 职务犯罪中哪些情形不适用缓刑或者免予刑事处罚？
7. 如何理解故意泄露国家秘密罪的犯罪主体？
8. 如何理解滥用职权及其造成了公共财产、国家和人民利益的重大损失？

五、论述题

1. 试论玩忽职守罪的构成及认定。
2. 试述故意泄露国家秘密罪的构成和认定。

六、案例分析题

某检察院检察员甲某在办理乙某强奸案期间，接受乙某家属的请托，对乙某的年龄进行了涂改，使其年龄由年满 14 岁改成不满 14 岁；在制作起诉意见书时，又把“乙某用菜刀威逼强奸”情节中的“用菜刀”三个字予以隐瞒。乙某因此以未达到责任年龄而无罪释放，被害人父母因罪犯未得到应有的惩罚而精神失常。此间，甲某先后两次收受案犯家属的贿赂人民币 4000 元以及酒、水果等物品。甲某的行为应当如何认定？

参考答案

一、单项选择题

1. **答案：**A。《刑法》第 399 条规定，司法工作人员徇私枉法、徇情枉法，对明知是无罪的人而使他受追诉、对明知是有罪的人而故意包庇不使他受追诉，或者在刑事审判活动中故意违背事实和法律作枉法裁判的，处……司法工作人员收受贿赂，有前三款行为的，同时又构成本法第 385 条规定之罪（受贿罪）的，依照处罚较重的规定定罪处罚。据此，本题中甲成立徇私枉法罪，排斥适用滥用职权罪一般规定，与受贿罪择一重罪处罚。受贿 1 万元刚刚达到受贿定罪标准，应以较重的徇私枉法罪定罪。另外，伪证罪犯罪主体是证人、鉴定人、记录人和翻

译人。甲是法院的法官，不符合伪证罪犯罪主体的要求，因此不成立伪证罪。本题的正确答案是A。

2. **答案**：A。《刑法》第416条规定对被拐卖、绑架的妇女、儿童负有解救职责的国家机关工作人员，接到被拐卖、绑架的妇女、儿童及其家属的解救要求或者接到其他人的举报，而对被拐卖、绑架的妇女、儿童不进行解救，造成严重后果的，构成不解救被拐卖、绑架妇女、儿童罪。

3. **答案**：B。见《刑法》第398、401、402、414条。

4. **答案**：D。见《刑法》第414条规定，对生产、销售伪劣商品犯罪行为负有追究责任的国家机关工作人员，徇私舞弊，不履行法律规定的追究职责，情节严重的，构成放纵制售伪劣商品犯罪行为罪。

5. **答案**：A。《刑法》第418条规定了招收学生徇私舞弊罪，是指国家机关工作人员在招收学生工作中徇私舞弊，情节严重的行为。甲多次录取未达分数线的学生入学，在当地造成恶劣影响，符合招收学生徇私舞弊罪。

6. **答案**：D。徇私枉法罪和民事、行政枉法裁判罪发生的审判领域不同。前者的枉法裁判发生在刑事审判领域，后者的枉法裁判发生在民事、行政审判领域，而且前者不要求情节严重，后者要求情节严重，所以D不正确。

7. **答案**：A。根据我国刑法的规定，徇私舞弊不征、少征税款罪是指税务机关的工作人员徇私舞弊，不征或者少征应征税款，致使国家税收遭受重大损失的行为。本罪的主体是特殊主体，只能是税务机关的工作人员，其他人员不构成本罪的主体。因此，选项A的说法是错误的。海关工作人员不向入关人员征收关税的，可以依照我国刑法的相关规定进行处罚，而非依照本罪。本罪在客观上表现为徇私舞弊，不征或者少征应征税款，致使国家税收遭受重大损失的行为。不征或者少征是指对依法应当征收的税款完全不征收或者只征收一部分。本罪的主观方面是故意，如果行为人主观上没有故意，而是由于工作马虎，责任心不强或者业务水平不高，漏算或者少算应征税款，客观上造成应征税款没有征收或者少征收的，则不能构成本罪，由于玩忽职守造成国家税收重大损失的，可按照玩忽职守罪处理。因此，选项BCD的说法是正确的。本题最后的答案应该是A。

8. **答案**：B。根据我国刑法的规定，玩忽职守罪是指国家机关工作人员玩忽职守，致使公共财产、国家和人民利益遭受重大损失的行为。放纵制售伪劣商品犯罪行为罪是指对生产、销售伪劣商品犯罪行为负有追究责任的国家机关工作人员，徇私舞弊，不履行法律规定的追究责任，情节严重的行为。玩忽职守罪与放纵制售伪劣商品犯罪行为罪之间是一种一般与特殊规定的关系，是一种法规竞合。同时构成两个犯罪的，按照特殊规定处理。本案中，田某、刘某、唐某的行为就是同时构成这两个犯罪，但是只定放纵制售伪劣商品犯罪行为罪。故选项B是正确的。动植物检疫失职罪是指动植物检疫机关的检疫人员严重不负责任，对应当检疫的检疫物不检疫，或者延误检疫出证、错误出证，致使国家利益遭受重大损失的行为。动植物检疫失职罪主观方面是过失，而本案中行为人主观上是故意，因此本案中田某、刘某、唐某的行为不构成动植物检疫失职罪。而动植物检疫徇私舞弊罪是指动植物检疫机关的检疫人员徇私舞弊，伪造检疫结果的行为。本案中田某、刘某、唐某并没有伪造检疫结果，只是错误出证，因此田某、刘某、唐某的行为也不构成动植物检疫徇私舞弊罪。故本题的答案是B。

9. **答案**：B。包庇罪是指明知是犯罪的人而为作假证明包庇，甲并没有作假证明包庇。故A选项错误。

私放在押人员罪的客体是国家司法机关对犯罪嫌疑人、被告人或者罪犯的监管制度，主要表现为私自将被关押的犯罪嫌疑人、被告人或罪犯放走，使其逃离监管的行为。甲并不是简单地私自放走犯罪嫌疑人A女，A女也不属于严格的在押人员，故甲不构成私放在押人员罪，C 选项错误。

帮助犯罪分子逃避处罚罪是指有查禁犯罪活动职责的国家机关工作人员，向犯罪分子通风报信、提供便利，帮助犯罪分子逃避处罚。本罪中所说的犯罪分子一般是指尚未被发觉或者在逃，而本题中，A 女已进入预审，说明已被控制或发觉，故甲的行为不构成帮助犯罪分子逃避处罚罪。故 D 选项错误。

徇私枉法罪是指司法工作人员徇私枉法、徇情枉法，在刑事诉讼中，对明知是无罪的人而使他受追诉，对明知是有罪的人而故意包庇不使他受追诉或者在刑事审判活动中故意违背事实和法律作枉法裁判的行为。甲在刑事预审中明知 A 女有罪而通过销毁盗窃罪证材料的方式对其故意予以包庇，构成徇私枉法罪。同时，甲以此为要挟，多次奸淫 A 女，构成强奸罪。徇私枉法罪与强奸罪应数罪并罚。故 B 选项正确。

综上，本题正确答案为 B。

10. 答案：D。《保守国家秘密法》第 9 条规定："下列涉及国家安全和利益的事项，泄露后可能损害国家在政治、经济、国防、外交等领域的安全和利益的，应当确定为国家秘密：(一) 国家事务重大决策中的秘密事项；(二) 国防建设和武装力量活动中的秘密事项；(三) 外交和外事活动中的秘密事项以及对外承担保密义务的秘密事项；(四) 国民经济和社会发展中的秘密事项；(五) 科学技术中的秘密事项；(六) 维护国家安全活动和追查刑事犯罪中的秘密事项；(七) 经国家保密行政管理部门确定的其他秘密事项。政党的秘密事项中符合前款规定的，属于国家秘密。"卢某复印的本案卷宗材料和起诉书不属于国家秘密的范畴，故而卢某将卷宗材料和起诉书交给当事人家属的行为不构成犯罪，D 选项符合题意。故本题正确答案为 D。

11. 答案：D。根据《刑法》第 139 条之一 [此为《刑法修正案（六）》新增条文] 的规定，在安全事故发生后，负有报告职责的人员不报或者谎报事故情况，贻误事故抢救，情节严重的，构成不报、谎报安全事故罪，因此选项 A 不符合题意。根据《刑法》第 168 条的规定，国有公司的工作人员，由于严重不负责任，造成国有公司破产或者严重损失，致使国家利益遭受重大损失的，构成国有公司人员失职罪，因此选项 B 不符合题意。根据《刑法》第 408 条的规定，负有环境保护监督管理职责的国家机关工作人员严重不负责任，导致发生重大环境污染事故，造成人身伤亡的严重后果的，构成环境监管失职罪，选项 C 也不符合题意。根据《最高人民法院、最高人民检察院关于办理盗窃油气、破坏油气设备等刑事案件具体应用法律若干问题的解释》第 7 条第 4 项，对发现或者经举报查实的未经依法批准、许可擅自从事石油、天然气勘查、开采、加工、经营等违法活动不予查封、取缔的，以玩忽职守罪定罪处罚，因此 D 项的行为构成玩忽职守罪。正确答案为 D。

12. 答案：D。《刑法修正案（十一）》将《刑法》第 408 条之一第 1 款修改为："负有食品药品安全监督管理职责的国家机关工作人员，滥用职权或者玩忽职守，有下列情形之一，造成严重后果或者有其他严重情节的，处五年以下有期徒刑或者拘役；造成特别严重后果或者有其他特别严重情节的，处五年以上十年以下有期徒刑：(一) 瞒报、谎报食品安全事故、药品安全事件的；(二) 对发现的严重食品药品安全违法行为未按规定查处的；(三) 在药品和特殊食品审批审评过程中，对不符合条件的申请准予许可的；(四) 依法应当移交司法机关追究刑事责任不移交的；(五) 有其他滥用职权或者玩忽职守行为的。"

13. 答案：C。根据《刑法》第 397 条第 1 款的规定，国家机关工作人员玩忽职守，致使公共财产、国家和人民利益遭受重大损失的，成立玩忽职守罪。同时该条有"本法另有规定的，依照规定"的内容，即玩忽职守罪与其他犯罪出现法条竞合的时候，特别法优先，不再适用玩忽职守罪的规定。

A项中法官执行判决时严重不负责任，因未履行法定执行职责，致当事人利益遭受重大损失的，成立《刑法》第399条规定的执行判决失职罪。该罪与玩忽职守罪是法条竞合关系，属于特殊法与一般法的关系。适用特别法优先原则，不再适用玩忽职守罪的规定。

B项中检察官在讯问犯罪嫌疑人的过程中，过失致使犯罪嫌疑人逃跑的，符合《刑法》第400条第2款的规定，成立失职致使在押人员脱逃罪。该罪与玩忽职守罪也是法条竞合关系，属于特殊法与一般法的关系。适用特别法优先原则，不再适用玩忽职守罪的规定。

C项中值班警察接到杀人报警后，不及时出警，仍然与女友闲聊，最终因延迟出警致被害人被杀、歹徒逃走。客观上警察没有履行自己立即出警的职责，造成严重后果。主观上警察对于自己行为的危害性没有正确认识，属于过失。成立玩忽职守罪。

D项中市政府基建负责人作为国家机关工作人员，未经审查便与对方签订建楼合同，致使被骗300万元，国家利益受损。该行为满足《刑法》第406条的规定，成立国家机关工作人员签订、履行合同失职被骗罪。该罪与玩忽职守罪也是法条竞合关系，属于特殊法与一般法的关系。适用特别法优先原则，不再适用玩忽职守罪的规定。

14. **答案**：A。徇私枉法罪是指司法机关工作人员徇私枉法、徇情枉法，对明知无罪的人使其受追诉或者对明知是有罪的人而故意包庇不使他受追诉，或者在刑事审判活动中故意违背事实和法律作枉法裁判的行为。题目中王某作为司法工作人员，利用职权毁灭他人无罪证据、故意将无罪的定罪（虽然免予刑事处罚，但是定罪本身也是受到刑事追究），构成徇私枉法罪。

徇私枉法罪与滥用职权罪是法条竞合关系，依据《刑法》第397条的规定，此时一律按照特别法的规定处理，不再认定为滥用职权罪。

二、多项选择题

1. **答案**：AD。滥用职权罪是指国家机关工作人员故意逾越职权，不按或违反法律决定、处理其无权决定、处理的事项，或者违反规定处理公务，致使公共财产、国家和人民利益遭受重大损失的行为。省渔政总队验船师郑某的行为违反国家规定，造成了国家财产的重大损失，构成滥用职权罪。选项A正确。刑警曾某作为司法工作人员，明知被取保候审的犯罪嫌疑人违反相关规定，应将案件移送起诉或变更强制措施而未移送起诉或变更强制措施，使犯罪嫌疑人未及时受到追诉的行为属于一般的玩忽职守行为，不构成徇私枉法罪。选项B错误。根据《刑法》第308条之一第1款的规定，司法工作人员、辩护人、诉讼代理人或者其他诉讼参与人，泄露依法不公开审理的案件中不应当公开的信息，造成信息公开传播或者其他严重后果的，构成泄露不应公开的案件信息罪，于某在担任辩护人期间，将通过合法手续获取的案卷材料让当事人亲属查阅，不构成故意泄露国家秘密罪。选项C错误。帮助犯罪分子逃避处罚罪，是指有查禁犯罪活动职责的国家机关工作人员，向犯罪分子通风报信、提供便利，帮助犯罪分子逃避处罚的行为。闫某为协警，属于依法从事公务的人员，其通风报信的行为构成帮助犯罪分子逃避处罚罪。选项D正确。
2. **答案**：AB。某甲身为税务局局长，负有监督缴税的职责，违反退税申报的规定，在出口退税工作中徇私舞弊，倒签申报时间，构成徇私舞弊出口退税罪。其明知乙某的退税资料可疑，而疏于检验，违反规定作出批准决定，构成滥用职权罪。
3. **答案**：AC。乙某身为负有监管羁押罪犯职责的法警，私自将罪犯甲某放走，构成私放在押人员罪，甲某构成脱逃罪。
4. **答案**：ABCD。滥用职权罪，是指国家机关工作人员故意逾越职权或者不履行职责，致使公共财产、国家和人民利益遭受重大损失的行为。通常表现为ABCD四种。
5. **答案**：ABCD。参见1999年9月16日最高

人民检察院发布施行的《关于人民检察院直接受理立案侦查案件立案标准的规定（试行）》的规定中渎职犯罪案件第18项。

6. **答案**：ABC。使无罪人受追诉的徇私枉法罪与诬告陷害罪主观上都是出于陷他人于罪的目的，意图使他人受到行政处罚、民事处罚，则不是其犯罪目的。

7. **答案**：ABC。参见1999年9月16日最高人民检察院发布施行的《关于人民检察院直接受理立案侦查案件立案标准的规定（试行）》的规定。D项可分别情形以包庇罪、徇私枉法罪等罪处理。

8. **答案**：ABC。根据《刑法》第405条第1款的规定，徇私舞弊发售发票、抵扣税款、出口退税罪是指税务机关的工作人员违反法律、行政法规的规定，在办理发售发票工作中，徇私舞弊，致使国家利益遭受重大损失的行为。本罪主体是特殊主体，即只能是税务机关的工作人员，其他自然人均不能成为本罪的主体，单位也不能构成本罪的主体。根据《刑法》第405条第2款的规定，违法提供出口退税凭证罪的主体，是非税务机关的其他国家机关工作人员。通常是指负有办理出口货物报关单、出口收汇核销单等出口退税凭证责任的行政机关工作人员。

9. **答案**：ACD。根据《刑法》第413条第2款的规定，动植物检疫失职罪在客观方面表现为行为人在动植物检疫工作中严重不负责任，对应当检疫的检疫物不检疫，或者延误检疫出证、错误出证，致使国家利益遭受重大损失。

10. **答案**：AB。《刑法》第398条规定的故意泄露国家秘密罪和过失泄露国家秘密罪，都可以由国家机关工作人员或非国家机关工作人员构成。《刑法》第405条第2款规定的违法提供出口退税凭证罪，只能由非税务机关的其他国家机关工作人员构成。《刑法》第409条规定的传染病防治失职罪，也只能由从事传染病防治的政府卫生行政部门的工作人员构成。

11. **答案**：ABCD。根据我国《刑法》第409条的规定，从事传染病防治的政府卫生行政部门的工作人员严重不负责任，导致传染病传播或者流行，情节严重的，处3年以下有期徒刑或者拘役。根据这一规定，本罪的客体是传染病防治的正常活动。本罪的客观方面表现为行为人对工作严重不负责任，导致传染病传播、流行，情节严重的行为。本罪的主体是特殊主体，即只能由从事传染病防治的卫生行政部门的工作人员构成。本罪的主观方面是过失，即行为人应当预见自己对工作严重不负责任的行为可能导致传染病传播、流行的结果，但由于疏忽大意而没有预见或者虽然已经预见但轻信能够避免的心理态度。因此，本题的答案应是ABCD。

12. **答案**：ACD。根据我国刑法的规定，玩忽职守罪与环境监管失职罪之间是一种法规竞合的关系，玩忽职守罪是一般规定，环境监管失职罪是特殊规定，一行为如果同时构成两个罪，则定环境监管失职罪。严重污染环境罪是指违反国家规定，排放、倾倒或者处置有放射性的废物、含传染病病原体的废物、有毒物质或者其他有害物质，严重污染环境的行为。本案中，王某没有实施污染环境的行为，他实施的只是一种失职行为，构成的是渎职罪。王某是环保局副局长，负有环境监管职责，他没有履行这种职责造成了严重的环境污染，其构成的应是环境监管失职罪。故本题的答案应是ACD。

13. **答案**：BCD。放纵走私罪是指海关工作人员为贪图钱财、袒护亲友或者其他私情私利，明知是走私行为而予以放纵，使之不受追究，情节严重的行为。如果海关工作人员事先与走私犯罪分子通谋，利用职务上的便利，为走私货物、物品放行的，应当以走私罪的共犯论处。海关工作人员在查处走私活动时发现走私犯罪行为予以放行的，既属于放纵走私也属于不移交刑事案件。鉴于放纵走私是较为特殊的犯罪类型，其处罚也较重，故应以放纵走私罪论处。如果海关工作人员在放纵走私过程中又收受走私分子贿赂的，则还构成受贿罪，根据一般经验应数罪并罚。本案中高某由于事先与李某通谋，因此构成走私共犯。故本题的答案应该是BCD。

14. **答案**：ABCD。依据《刑法修正案（四）》对《刑法》第399条的修改：“司法工作人员徇私枉法、徇情枉法，对明知是无罪的人而使他受追诉、对明知是有罪的人而故意包庇不使他受追诉，或者在刑事审判活动中故意违背事实和法律作枉法裁判的，处五年以下有期徒刑或者拘役；情节严重的，处五年以上十年以下有期徒刑；情节特别严重的，处十年以上有期徒刑。

在民事、行政审判活动中故意违背事实和法律作枉法裁判，情节严重的，处五年以下有期徒刑或者拘役；情节特别严重的，处五年以上十年以下有期徒刑。

在执行判决、裁定活动中，严重不负责任或者滥用职权，不依法采取诉讼保全措施、不履行法定执行职责，或者违法采取诉讼保全措施、强制执行措施，致使当事人或者其他人的利益遭受重大损失的，处五年以下有期徒刑或者拘役；致使当事人或者其他人的利益遭受特别重大损失的，处五年以上十年以下有期徒刑。

司法工作人员收受贿赂，有前三款行为的，同时又构成本法第三百八十五条规定之罪的，依照处罚较重的规定定罪处罚。”

本题考查的是本罪的客观方面。依此，本题ABCD项均为正确答案。

15. **答案**：BC。滥用职权罪的客观表现是滥用职权，致使公共财产、国家和人民利益遭受重大损失的行为。所谓滥用职权即违反法律规定的权限和程序，非法地行使本人职务范围内的权力，或者超越职权范围擅自决定或者处理没有具体决定、处理权限的事项，AD选项符合滥用职权的客观表现，不符合题意。玩忽职守罪的客观行为表现是行为人严重不负责任，工作中草率马虎，不履行或者不正确履行公职，致使公共财产、国家和人民利益遭受重大损失，BC选项符合题意。故本题正确答案为BC。

16. **答案**：AB。《刑法》第397条规定：“国家机关工作人员滥用职权或者玩忽职守，致使公共财产、国家和人民利益遭受重大损失的，处三年以下有期徒刑或者拘役；情节特别严重的，处三年以上七年以下有期徒刑。本法另有规定的，依照规定。国家机关工作人员徇私舞弊，犯前款罪的，处五年以下有期徒刑或者拘役；情节特别严重的，处五年以上十年以下有期徒刑。本法另有规定的，依照规定。”滥用职权罪的客观表现是滥用职权，致使公共财产、国家和人民利益遭受重大损失的行为。所谓滥用职权即违反法律规定的权限和程序，非法地行使本人职务范围内的权力，或者超越职权范围擅自决定，或者处理没有具体决定、处理权限的事项，AB选项符合题意。玩忽职守罪的客观行为表现是行为人严重不负责任，工作中草率马虎，不履行或者不正确履行公职，致使公共财产、国家和人民利益遭受重大损失，CD选项符合玩忽职守罪的客观表现，故而CD选项不符合题意。综上，本题正确答案为AB。

17. **答案**：ABD。《刑法》第399条第1款规定：“司法工作人员徇私枉法、徇情枉法，对明知是无罪的人而使他受追诉、对明知是有罪的人而故意包庇不使他受追诉，或者在刑事审判活动中故意违背事实和法律作枉法裁判的，处五年以下有期徒刑或者拘役；情节严重的，处五年以上十年以下有期徒刑；情节特别严重的，处十年以上有期徒刑。”ABD三项符合题意。故本题正确答案为ABD。

18. **答案**：ACD。A中甲作为警察，负有对犯罪嫌疑人陈某的监管职责，属于司法工作人员。甲明知案件的真实情况，却屈从私情的动机，故意对陈某不闻不问，致使陈某得以逃匿，司法机关无法追诉，符合徇私枉法罪的构成要件，构成徇私枉法罪。因而A是正确的。B中乙作为法官故意在刑事附带民事判决中加大赵某对被害人的赔偿数额，而刑事附带民事诉讼的性质属于刑事审判活动，因此刑事附带民事判决同样属于针对刑事审判活动作出的判决，因而乙的行为构成徇私枉法罪。所以B的说法是错误的。徇私枉法罪的主体是司法工作人员，所谓司法工作人员，是指有侦查、检察、审判、监管职责的工作人员。但是C中丙的身份是鉴定人，并不负有侦查、检察、审判、监管职责，因而丙不符合徇私枉法罪的主体要求，不能成立徇私枉法罪。因而C的说法是正确的。D中程某不起诉的理由是：证据不足，指控犯罪不能成立，应当判决程某无罪。但是丁出于私利，对程某打击报复，擅自将不起诉的理由改为“可以免除刑罚”，即程某的行为仍然构成犯罪，只是免除处罚。丁作为法官故意违背事实和法律，明知被告人程某无罪而判决其有罪的行为符合徇私枉法罪的构成要件，成立该罪。因而D的说法是正确的。故答案是ACD。

19. 答案：ABCD。参见《最高人民法院、最高人民检察院关于办理渎职刑事案件适用法律若干问题的解释（一）》（2012年12月7日 法释〔2012〕18号）第3、4条。

20. 答案：AD。滥用职权罪是指国家机关工作人员不法行使职务上的权限，致使公共财产、国家和人民利益遭受重大损失的行为。甲和乙的行为均构成滥用职权罪，均为滥用职权罪的实行犯。徇私枉法罪是指司法工作人员徇私枉法、徇情枉法，对明知是无罪的人而使他受追诉、对明知是有罪的人而故意包庇不使他受追诉，或者在刑事审判活动中故意违背事实和法律作枉法裁判的行为。乙的行为除构成滥用职权罪外，同时还满足帮助毁灭证据罪、徇私枉法罪的构成要件，属于一行为触犯数罪名，应当从一重罪即徇私枉法罪论处。甲只实施了一个行为，该行为同时触犯滥用职权罪与徇私枉法罪，应当从一重罪论处，不应数罪并罚。因此，AD正确，BC错误。

21. 答案：CD。A选项，县财政局副局长擅离办公室的行为与其他办公室人员操作电炉不当的行为没有因果关系，且防止他人操作电炉也不属于县财政局副局长的工作职责，因此不能认定秦某构成犯罪。A错误。B选项，武某作为县卫计局执法监督大队队长，防止他人非法行医是其职责所在，但何某刚刚开始非法行医三天即造成严重后果，无法认定武某严重不负责任，武某不构成玩忽职守罪。B错误。C选项，负责建房审批的柳某为他人违规补办建设许可证，属于典型的滥用职权行为，最终造成国家损失，构成滥用职权罪。C正确。D选项，郑某作为县里的一把手，擅自允许不符合制度要求的水电工程开工，属于滥用职权行为，造成严重损失，已构成滥用职权罪。D正确。

三、名词解释

1. 答案：渎职罪，是指国家机关工作人员滥用职权、玩忽职守或者徇私舞弊，妨害国家机关的正常活动，致使公共财产或者国家和人民利益遭受重大损失的行为。

2. 答案：民事、行政枉法裁判罪，是指审判人员在民事、行政审判活动中故意违背事实和法律作枉法裁判，情节严重的行为。

3. 答案：帮助犯罪分子逃避处罚罪，是指有查禁犯罪活动职责的国家机关工作人员和其他代表国家机关行使职权的公务人员，向犯罪分子通风报信、提供便利，帮助犯罪分子逃避处罚的行为。

4. 答案：招收公务员、学生徇私舞弊罪，是指国家机关工作人员和其他代表国家机关行使职权的公务人员在招收公务员、学生工作中，徇私舞弊，情节严重的行为。

四、简答题

1. 答案：玩忽职守罪，是指国家机关工作人员玩忽职守，致使公共财产、国家和人民利益遭受重大损失的行为。

玩忽职守罪的构成特征是：

（1）本罪所侵犯的客体是国家机关的正常管理活动。

（2）本罪的客观方面表现为行为人严重不负责任，工作中草率马虎，不履行或者不正确履行公职，致使公共财产、国家和人民利益遭受重大损失的行为。

（3）本罪的主体为特殊主体，为国家机关工作人员，即在国家机关中从事公务的人员，其他人员不能构成本罪。

（4）本罪的主观方面表现为过失。

2. 答案：二者的主要不同点在于：

	枉法裁判罪	徇私枉法罪
侵犯的客体	侵犯的是民事、行政审判的正常活动与民事、行政审判的公正	侵犯的是刑事诉讼的正常活动与刑事司法的公正
客观表现	只能发生在人民法院的审判活动中	既可能发生在人民法院的审判活动中，也可能发生在立案侦查、审查起诉阶段
行为所指对象	针对民事、行政诉讼的当事人	针对一般公民与刑事案件的犯罪嫌疑人或被告人

3. 答案：放纵走私罪，是指海关工作人员徇私舞弊，放纵走私，情节严重的行为。

本罪的客体为国家海关对进出口业务的监管职能。

本罪的客观方面表现为，行为人徇私舞弊，放纵走私，且情节严重。

本罪的主体为特殊主体，即只有海关工作人员才能成为本罪的主体。

本罪的主观方面为故意。

4. 答案：失职致使在押人员脱逃罪，是指司法工作人员由于严重不负责任，致使在押的犯罪嫌疑人、被告人或者罪犯脱逃，造成严重后果的行为。

本罪有如下两个特征：其一，行为人须有失职行为。所谓失职行为，是指行为人在监管在押的犯罪嫌疑人、被告人或者罪犯的工作中草率马虎、掉以轻心，不依法严肃认真履行监管在押人员的职责。其二，造成了严重后果。所谓造成严重后果，是指：（1）致使依法可能判处或者已经判处10年以上有期徒刑、无期徒刑、死刑的犯罪嫌疑人、被告人、罪犯脱逃的；（2）致使犯罪嫌疑人、被告人、罪犯脱逃3人次以上的；（3）犯罪嫌疑人、被告人、罪犯脱逃以后，打击报复报案人、控告人、举报人、被害人、证人和司法工作人员等，或者继续犯罪的；（4）其他致使在押的犯罪嫌疑人、被告人、罪犯脱逃，造成严重后果的情形。

5. 答案：根据《最高人民法院、最高人民检察院关于办理渎职刑事案件适用法律若干问题的解释（一）》的规定，“经济损失”，是指渎职犯罪或者与渎职犯罪相关联的犯罪立案时已经实际造成的财产损失，包括为挽回渎职犯罪所造成损失而支付的各种开支、费用等。立案后至提起公诉前持续发生的经济损失，应一并计入渎职犯罪造成的经济损失。

债务人经法定程序被宣告破产，债务人潜逃、去向不明，或者因行为人的责任超过诉讼时效等，致使债权已经无法实现的，无法实现的债权部分应当认定为渎职犯罪的经济损失。

渎职犯罪或者与渎职犯罪相关联的犯罪立案后，犯罪分子及其亲友自行挽回的经济损失，司法机关或者犯罪分子所在单位及其上级主管部门挽回的经济损失，或者因客观原因减少的经济损失，不予扣减，但可以作为酌定从轻处罚的情节。

6. 答案：《最高人民法院、最高人民检察院关于办理职务犯罪案件严格适用缓刑、免予刑事处罚若干问题的意见》第2条规定：“具有下列情形之一的职务犯罪分子，一般不适用缓刑或者免予刑事处罚：（一）不如实供述罪行的；（二）不予退缴赃款赃物或者将赃款赃物用于非法活动的；（三）属于共同犯罪中情节严重的主犯的；（四）犯有数个职务犯罪依法实行并罚或者以一罪处理的；（五）曾因职务违纪违法行为受过行政处分的；（六）犯罪涉及的财物属于救灾、抢险、防汛、优抚、扶贫、移民、救济等特定款物的；（七）受贿犯罪中具有索贿情节的；（八）渎职犯罪中徇私舞弊情节或者滥用职权情节恶劣的；（九）其他不应适用缓刑、免予刑事处罚的情形。”

7. 答案：（1）故意泄露国家秘密罪是指国家机关工作人员或者非国家机关工作人员违反保守国家秘密法，故意使国家秘密被不应知悉者知悉，或者故意使国家秘密超出了限定的接触范围，情节严重的行为。故意泄露国家秘密罪的犯罪主体是特殊主体，主要是国家机关工作人员，但非国家机关工作人员也可以成为本罪的主体。

(2)“非国家机关工作人员”应作限定理解，即此处的非国家机关工作人员不应是一般的自然人主体，而是具有一定职责，可以接触或知悉国家秘密的非国家机关工作人员，即特殊主体。故意泄露国家秘密罪规定在《刑法》分则第九章渎职罪中，因此，在解释该章条文时首先应考虑到渎职罪章的法益。即泄露国家秘密的行为并非任何人都可为之，其前提是“渎职”。在此，职责当然不应指一般主体的义务，而应是基于特定身份而产生的特定职责。

(3) 虽然泄露国家秘密罪的主体不限于国家机关工作人员，还包括非国家机关工作人员，但是这并不意味着所有的自然人都能成为泄露国家秘密罪的主体，要成为泄露国家秘密罪的主体，必须是知悉或者掌握国家秘密的自然人。根据刑法理论，行为人除具备自然人和刑事责任能力两个基本要件之外，还必须具有特定的身份才能构成的犯罪主体，是特殊主体。因此，泄露国家秘密罪的主体是特殊主体。

8. 答案：滥用职权罪是指国家机关工作人员超越职权，违法决定、处理其无权决定、处理的事项，或者违反规定处理公务，致使公共财产、国家和人民利益遭受重大损失的行为。滥用职权及造成公共财产、国家、人民利益的重大损失是滥用职权罪的客观方面。

(1) 滥用职权，就是非法使用职务上的权限，实施违反其职务宗旨的行为。国家工作人员所实施的侵害他人权利行为，如果与其职权无关的话，就不能成立本罪。滥用可分为两种情况：一是超越职权，违法决定、处理其无权决定、处理的事项。这是针对行为人无权处理的事务而言的。二是违反规定处理公务。这是针对行为人有权处理的事务而言的。例如公安机关本无权管理环境保护方面的工作，但却超越职权以环境污染为由而对工矿企业处以罚款等行政处罚的行为等。

(2) 行为人滥用职权的行为造成了公共财产、国家和人民利益的重大损失。所谓重大损失，依照相关司法解释，“经济损失”是指渎职犯罪或者与渎职犯罪相关联的犯罪立案时已经实际造成的财产损失，包括为挽回渎职犯罪所造成损失而支付的各种开支、费用等。立案后至提起公诉前持续发生的经济损失，应一并计入渎职犯罪造成的经济损失。债务人经法定程序被宣告破产，债务人潜逃、去向不明，或者因行为人的责任超过诉讼时效等，致使债权已经无法实现的，无法实现的债权部分应当认定为渎职犯罪的经济损失。渎职犯罪或者与渎职犯罪相关联的犯罪立案后，犯罪分子及其亲友自行挽回的经济损失，司法机关或者犯罪分子所在单位及其上级主管部门挽回的经济损失，或者因客观原因减少的经济损失，不予扣减，但可以作为酌定从轻处罚的情节。

五、论述题

1. 答案：玩忽职守罪，是指国家机关工作人员严重不负责任，不履行或者不认真履行职责，致使公共财产、国家和人民利益遭受重大损失的行为。

本罪的构成要件是：

(1) 本罪的客体是国家机关的正常管理活动，或者说本罪所侵犯的客体是国家机关对社会的管理职能。

(2) 本罪的客观方面表现为行为人实施了玩忽职守的行为，并使公共财产、国家和人民利益遭受了重大损失。所谓玩忽职守，是指行为人严重不负责任，工作中草率马虎，不履行或者不正确履行公职。

(3) 本罪主体为特殊主体，即只有那些具有国家机关工作人员身份的人才能成为本罪主体。一般国家工作人员不能成为本罪的主体。

(4) 本罪主观方面只能是过失。即行为人作为国家机关工作人员理应恪尽职守、尽心尽力，在履行公职中时刻保持必要注意，但行为人却持一种疏忽大意或过于自信的心态，对自己玩忽职守的行为可能导致的公共财产、国家和人民利益的重大损失应当预见而没有预见，或者已经预见而轻信能够避免。

认定玩忽职守罪时，应注意区分如下界限：

(1) 注意区分罪与非罪。其一，要分清工作失败与玩忽职守犯罪。在现实生活中，特别是在科学研究领域，限于人类对自然规律认识的有限性，常有试验失败的情况，而一次大型科学试验的失败，往往会造成重大损失。对于这一类情况，由于行为人主观上并无过失，因而不能以玩忽职守罪论处。其二，要分清工作失误与玩忽职守犯罪。工作失误，是指行为人因为业务水平和工作能力不足，从而决策不当，导致了公共财产、国家和人民利益的损失，就主观心态而言，行为人并无玩忽职守的心理意识，而常常是力求把事情做好，只是在善意的心境下因力不从心而出现工作失误。我们认为，此种情况下行为人的工作失误虽然造成了一定损失，但不宜以犯罪论处。其三，要分清一般的玩忽职守行为与玩忽职守罪。二者的区别在于是否给公共财产、国家和人民利益造成了“重大损失”。如果行为人玩忽职守已造成“重大损失”，则对行为人应按玩忽职守罪定罪量刑；如果行为人虽然有玩忽职守的行为，但所引起的损失尚未达到“重大损失”的标准，那么对行为人就不能定罪处刑。

(2) 注意区分此罪与彼罪。和玩忽职守罪近似的犯罪主要有两种情况：一是滥用职权罪，二是危害公共安全罪中的有关责任事故罪。①要分清玩忽职守罪与滥用职权罪的界限。玩忽职守罪与滥用职权罪都是《刑法》第397条所规定的犯罪，其主体、客体完全相同，结果要件都要求有“重大损失”，二者的主要区别在于：行为人的主观心态不同，前者为过失，后者为故意。②要分清玩忽职守罪与危害公共安全罪中的有关责任事故罪的界限。《刑法》分则第二章所规定的一些因过失而引起的责任事故罪，如第134条规定的重大责任事故罪、第135条规定的重大劳动安全事故罪、第137条规定的工程重大安全事故罪等，由于这些犯罪的主体也可能是国家机关工作人员，且行为人主观上都是过失，客观上有失职行为，故很容易与玩忽职守罪混淆。但仔细分析，二者的区别是不难看出的：其一，前者的主体只能是国家机关工作人员，而后者的主体可以是国家机关工作人员，也可以是一般国家工作人员或其他责任人员；其二，前者一般发生在国家机关对社会事务的管理活动中，而后者一般发生在各种生产、作业等过程中；其三，前者侵犯的客体是国家机关的正常活动，而后者侵犯的客体则是公共安全。

2. **答案**：故意泄露国家秘密罪，是指国家机关工作人员或者非国家机关工作人员违反保守国家秘密法，故意泄露国家秘密，情节严重的行为。

本罪的构成要件是：

(1) 本罪的客体是国家的保密制度。这里所说的保密制度，就是指我国现行有效的保守国家秘密的法律、法规所形成的法律制度。

(2) 本罪的客观方面表现为行为人实施了违反保守国家秘密法的禁止性命令的行为，即实施了故意泄露国家秘密的行为。国家秘密是指国家法律、法规所规定的禁止泄露的有关国家安全、政治、经济、军事等各种利益的信息，这些信息在一定时间内严格限定于一定空间，即只允许特定范围的人员知悉。应当指出，故意泄露国家秘密罪中的“国家秘密”，既包括绝密、机密，又包括秘密，也就是说，“国家秘密”是对绝密、机密和秘密的总称。所谓泄露，是指知悉国家秘密的有关人员不顾法律禁止性规定，把国家秘密传递给无权知悉者，或者违反保密法规，使国家秘密让不被允许接触的人员接触而不能证明未被不应知悉者获知。至于泄露的具体方法，则多种多样，既可以用言词，也可以用文字，还可以通过录音录像、复制等技术手段泄露。

(3) 本罪的主体主要是国家机关工作人员，但非国家机关工作人员也可以成为本罪的主体。这里，非国家机关工作人员应作广义理解，是指一切知悉或了解国家秘密的非国家机关工作人员。

(4) 本罪的主观方面为故意，即行为人明知是国家秘密而故意加以泄露。

认定故意泄露国家秘密罪，应注意以下

界限：

（1）注意罪与非罪的区别。根据《刑法》第398条之规定，并不是一切泄露国家秘密的行为都构成犯罪，而是只有“情节严重的”才构成犯罪。所以，对于一般并非“情节严重的”泄密行为，不能按犯罪来处理。那么，何谓“情节严重”呢？根据2006年7月26日《最高人民检察院关于渎职侵权犯罪案件立案标准的规定》，“情节严重”系指：①泄露绝密级国家秘密1项（件）以上的；②泄露机密级国家秘密2项（件）以上的；③泄露秘密级国家秘密3项（件）以上的；④向非境外机构、组织、人员泄露国家秘密，造成或者可能造成危害社会稳定、经济发展、国防安全或者其他严重危害后果的；⑤通过口头、书面或者网络等方式向公众散布、传播国家秘密的；⑥利用职权指使或者强迫他人违反国家保守秘密法的规定泄露国家秘密的；⑦以牟取私利为目的泄露国家秘密的；⑧其他情节严重的情形。

（2）注意分清此罪与彼罪的界限。第一，应注意故意泄露国家秘密罪与为境外窃取、刺探、收买、非法提供国家秘密、情报罪的区别。二者的主要区别如下：①侵犯的客体不同。前者侵犯的是国家的保密制度，后者侵犯的是国家安全。②客观构成要件有诸多差异。其一，前者不要求泄露国家秘密给特定的对象，后者则必须是为境外的机构、组织、人员（特定对象）窃取、刺探、收买、非法提供国家秘密；其二，前者必须是“情节严重”才成立犯罪，后者则并无有关情节的具体要求，原则而言，只要故意实施为境外窃取、刺探、收买、非法提供国家秘密、情报的行为，即构成犯罪；其三，前者侵害的对象限于国家秘密，后者则既包括国家秘密，还包括不属于秘密的国家情报。③主体要求不同。前者主体主要是国家机关工作人员，后者对主体则并无具体要求，任何有责任能力之人都可以成为后者主体。第二，应分清故意泄露国家秘密罪与《刑法》第219条规定的侵犯商业秘密的区别。二者的主要区别为：①侵犯的客体不同。前者侵犯的客体是国家的保密制度，后者侵犯的客体为知识产权。②主体不同。前者主体主要是国家机关工作人员，后者主体可以是任何具有责任能力的人。③侵犯的对象不同。前者侵犯的对象是国家保密法所规定的国家秘密，其内涵远远大于后者，后者侵犯的对象仅限于商业秘密。假如国家机关工作人员将自己知悉的属于国家秘密范畴的商业秘密泄露出去，则是一行为触犯数罪名即属于想象竞合的情况，应按从一重罪处断的原则处理。第三，应分清故意泄露国家秘密罪与《刑法》第282条规定的非法获取国家秘密罪以及非法持有国家绝密、机密文件、资料、物品罪的区别。二者的主要区别是：①主体不同。前者主体主要是国家机关工作人员，后者主体可以是任何具有责任能力的人。②客观表现不同。前者客观表现为“泄露”国家秘密，即将自己知道的（一般是通过合法途径知道的）国家秘密、机密的文件、资料或者其他物品，拒不说明来源与用途。假如行为人将“窃取、刺探、收买”的国家秘密又泄露出去的，这属于吸收犯的情况，应从一重罪处断。

六、案例分析题

答案：甲某构成徇私枉法罪，应当从重处罚。

甲某作为负有审查起诉职责的司法工作人员，利用职务上的便利，将明知是犯罪的人的定罪的关键证据予以篡改，企图达到使他人逃避刑法惩罚的目的，构成徇私枉法罪。另外，根据《刑法》第399条第4款的规定，司法工作人员收受贿赂，有前三款行为的，同时又构成本法第385条规定之罪的，依照处罚较重的规定定罪处罚。本题中甲某徇私枉法的行为造成被害人父母精神失常的严重后果，属于情节严重的情形，处五年以上十年以下有期徒刑，而其收受贿赂4000余元的行为，尚未达到受贿罪5000元以上的定罪起点，即使认为属于“虽未达到5000元，但情节较重的”情形，也只能适用受贿罪的最低法定刑，即处二年以下有期徒刑或者拘役，故应以重罪徇私枉法罪处断。

第三十章　军人违反职责罪

配套测试

一、单项选择题

1. 解放军某部指导员甲某奉命带领8名战士，携带武器在海上执行押运军用物资的任务，船行途中，遭到匪船围追袭击，匪徒对其宣称，如不缴枪投降，死路一条，如果把船上的物资留下，即可放他们走，甲某因此放下武器，并命令其他战士也放下枪支，不予抵抗，之后匪徒将船上物资洗劫一空，并将甲某和8名战士一并俘走。甲某在船行驶时，趁匪徒不备，只身跳海逃亡。甲某的行为应如何认定？（　　）

A. 构成投降罪

B. 构成投敌叛变罪

C. 构成脱逃罪

D. 构成战时临阵脱逃罪

2. 甲某是解放军某部排长，在战争期间，抓获一名俘虏，因俘虏回答不出问题，甲某将其枪杀，甲某的行为应当如何认定？（　　）

A. 构成虐待俘虏罪

B. 构成故意杀人罪

C. 构成虐待罪

D. 构成刑讯逼供罪

3. 军人叛逃罪与投敌叛变罪都有叛变的行为，关于二者的区分下列说法不正确的是：（　　）。

A. 军人叛逃罪侵害的是国防安全秩序，而投敌叛变罪所侵害的是国家安全秩序

B. 军人叛逃罪表现为出逃到境外，叛逃后并不一定投靠具体的机构、组织，即使投靠也不是投靠敌对的机构、组织，而投敌叛变罪则不一定逃到境外，但必须有具体的投靠对象，而且这些投靠对象必须是敌对的国家、集团、机构、组织等

C. 军人叛逃罪的主体只能是军人，而投敌叛变罪的主体是一般主体，只要是中国公民均可构成

D. 军人叛逃罪要求情节严重才构成犯罪，而投敌叛变罪则无此要求

4. 下列人员可以构成战时拒不救治伤病军人罪的有：（　　）。

A. 某军指导员

B. 红十字会工作人员

C. 地方某医院医生

D. 战地医院医务人员

二、多项选择题

1. 军人叛逃罪与逃离部队罪的主要区别在于：（　　）。

A. 侵犯的客体不同

B. 行为的客观方面不同

C. 主观方面不同

D. 主体不同

2. 下列人员可以构成军人违反职责罪的有：（　　）。

A. 中国人民解放军的现役军官、文职干部、士兵

B. 具有军籍的学员和中国人民武装警察部队的现役警官、文职干部、士兵

C. 具有军籍的学员以及执行军事任务的预备役人员和其他人员

D. 人民警察

3. 在以下哪些场合军人自伤身体，逃避军事义务，构成战时自伤罪？（　　）

A. 国家宣布进入战争状态时

B. 部队受领作战任务时

C. 部队遭敌突然袭击时

D. 部队执行戒严任务或者处置突发性暴力事件时

三、不定项选择题

军人违反职责罪侵犯的客体是（　　）。

A. 国家安全

B. 国家的军事利益

C. 国防利益

D. 公共安全

四、名词解释

1. 军人违反职责罪

2. 为境外窃取、刺探、收买、非法提供军事秘密罪

3. 武器装备肇事罪

4. 盗窃、抢夺武器装备、军用物资罪

五、简答题

1. 试述战时违抗命令罪的概念和构成。

2. 刑法专章规定军人违反职责罪的根据是什么？

3. 我国刑法为什么设立虐待俘虏罪？

六、案例分析题

1. 某部队战士甲、乙二人在熄灯后，违反规定私自外出上网，被值勤战士丙阻拦，让其回宿舍睡觉，甲、乙二人不仅不听从劝阻，反而殴打丙，甲、乙的行为应当如何认定？

2. 甲某和乙某两人为战友，关系甚好。一日，两人密谋偷点东西，然后卖钱赌博。

（1）假设二人于某日深夜趁值班人员打瞌睡的工夫，偷了部队仓库里的100双军用皮鞋。二人该定何罪？

（2）假设二人本打算偷军用皮鞋，发现值班人员看守太严，便临时改变主意，去了武器仓库，一人放哨，一人入室偷得冲锋枪4支，子弹300发，二人犯了何罪？

（3）假设甲某是军装仓库的值班员，某日，甲某将100双皮鞋从仓库里偷偷提出，托乙某送到外地委托他人出售，此时，甲某的行为构成何罪？

参考答案

一、单项选择题

1. 答案：A。本题中甲某在执行军事任务时，面对敌人不但不反击，反而主动放弃抵抗，投降敌人，构成投降罪。其后来的跳海逃亡行为发生在被俘之后，不能认为是临阵脱逃行为，不构成战时临阵脱逃罪。

2. 答案：B。

3. 答案：D。

4. 答案：D。参见《刑法》第445条规定。

二、多项选择题

1. 答案：ABC。军人叛逃罪侵害的是国防安全秩序，而逃离部队罪侵害的是兵役秩序，二者侵犯的客体不同。军人叛逃罪的行为人必须逃亡到境外，而逃离部队罪的行为人并不要求逃往境外。军人叛逃罪的行为人在主观上具有背叛国家的目的，而逃离部队罪的行为人在主观上仅有逃避服兵役的目的。

2. 答案：ABC。参见《刑法》第450条规定。

3. 答案：ABCD。参见《刑法》第451条规定。

三、不定项选择题

答案：B。

四、名词解释

1. 答案：军人违反职责罪，是指军人违反职责，危害国家军事利益，依照法律应当受刑罚处罚的行为。其构成要件是：(1) 客体是国家军事利益。(2) 客观方面表现为军人违反军事职责、危害国家军事利益的行为。(3) 主体是军人，非军人不能构成本罪。(4) 主观方面大多是故意，只有少数犯罪的主观心态是过失。

2. 答案：为境外窃取、刺探、收买、非法提供军事秘密罪，是指为境外的机构、组织、人员窃取、刺探、收买、非法提供军事秘密的行为。

3. 答案：武器装备肇事罪，是指军人违反武器装备使用规定，情节严重，因而发生责任事故，致人重伤、死亡或者造成其他严重后果的行为。

4. 答案： 盗窃、抢夺武器装备、军用物资罪，是指军职人员以非法占有为目的，秘密窃取或者公然夺取部队的武器装备或者军用物资的行为。

五、简答题

1. 答案： 战时违抗命令罪，是指军人在战时对上级的命令、指示故意违抗、拒不执行，对作战造成危害的行为。本罪只能发生在“战时”。所谓战时，根据《刑法》第451条的规定，是指国家宣布进入战争状态、部队受领作战任务或者遭敌突然袭击时；部队执行戒严任务或者处置突发性暴力事件时，以战时论。

本罪的构成要件是：

（1）本罪的客体为作战指挥秩序。

（2）本罪在客观方面表现为战时违抗命令，对作战造成危害的行为。所谓战时违抗命令，是指在战时拒不执行上级命令，拖延执行命令，或故意实施与命令内容相反的行为，等等。本罪的成立，必须是违抗命令的行为对作战造成危害。换言之，如果行为人虽然违抗了命令，但尚没有对作战造成危害，不能以本罪论处，而应以军纪处之。所谓对作战造成危害，是指由于行为人违抗命令而扰乱了战斗部署，贻误了战机，影响了作战任务的完成。

（3）本罪的主体是应接受命令或指示的部属人员。本罪的主体不应理解为仅指参加战斗的人员，也包括为战斗服务的救护人员、勤务人员等。

（4）本罪的主观方面是故意，即明知是上级的命令而予以违抗，拒不执行。

2. 答案： 军人违反职责罪是指军人违反职责，危害国家军事利益，依照法律应当受刑罚处罚的行为。军人违反职责罪侵犯的客体是国家的军事利益，也就是国家在军事行动、军事部队的管理活动、武器装备和军用物资及军事设施的管理制度等方面的利益。军事利益的维护和保障是国家自身的存在和安全的重要条件，因此，对于军人违反职责，侵犯国家军事利益的行为，应从严惩治。所以刑法专章规定军人违反职责罪。

具体来说，本类犯罪在客观方面表现为军人违反职责，实施了危害国家军事利益的行为。所谓违反职责，是指军人违反国家的有关法律、法规和中央军委、解放军各总部以及各军兵种公布的各种条例、条令中对军人规定应当履行的义务和担负的责任。军人依法负有的义务和担负的责任，都是保障国家的军事利益所必需的，因此，军人违反职责，都必然危害了国家的军事利益，在其危害达到一定的严重程度时，就应当以犯罪论处。

3. 答案： 虐待俘虏罪是指虐待俘虏，情节恶劣的行为。本罪客观方面要求虐待的对象必须是俘虏，即在作战中被我方俘获的敌方武装人员及其他为敌方武装部队服务的人员。

根据现代国际法基本原则和具体规则，对俘虏以打骂、体罚、折磨及其他酷刑等方式进行肉体上的摧残，或者生活上不给予人道待遇等虐待俘虏的行为，是违背人道主义原则以及关于战俘待遇的《日内瓦公约》的，同时也违反了我军的俘虏政策。因此我国设立虐待俘虏罪，对该类行为进行规制。

六、案例分析题

1. 答案： 甲、乙二人构成阻碍执行军事职务罪。根据《刑法》第426条的规定，以暴力、威胁方法，阻碍指挥人员或者值班、值勤人员执行职务的，构成阻碍执行军事职务罪，本罪的主体要求是军人，甲、乙作为现役军人应当遵守军纪，其违反规定私自外出，被依法阻拦时又使用暴力殴打值勤人员丙，符合阻碍执行军事职务罪，应当注意的是甲、乙不构成阻碍军人执行职务罪，因为此罪的主体只限于非军人。

2. 答案：（1）军用皮鞋属于军用物资，甲某和乙某具备军人身份，而予以盗窃的，构成盗窃军用物资罪。（2）二人的行为构成盗窃枪支、弹药罪。属于盗窃武器装备和盗窃枪支、弹药罪的法条竞合，应当择一重罪论处。（3）甲某身为值班人员，利用职务之便进行偷窃，应为贪污罪。

期末测试题一

一、单项选择题

1. 我国刑法规定的相对负刑事责任年龄是指：（　　）。
   A. 14 周岁以上不满 18 周岁
   B. 16 周岁以上不满 18 周岁
   C. 14 周岁以上不满 16 周岁
   D. 不满 14 周岁
2. 在下列犯罪构成的一般要件中，提示犯罪实质特征的要件是：（　　）。
   A. 犯罪客体
   B. 犯罪客观方面
   C. 犯罪主体
   D. 犯罪主观方面
3. 甲离婚后嫌才三个月的女儿乙累赘，某日将乙一人留在家中，自己锁门外出。甲五天后回家，乙已经死在摇篮里，法院判决甲构成故意杀人罪。甲属于（　　）。
   A. 纯正的不作为犯
   B. 不纯正的不作为犯
   C. 纯正的作为犯
   D. 结果加重犯
4. 我国某远洋客轮从上海港起航驶往美国，在船经公海领域时，客轮上的一日本乘客因盗窃英国一游客的钱物而被抓获，该船到达英国港口后，该英国游客要求船长将盗窃犯绳之以法，此时船长应（　　）。
   A. 将该犯交由英国法院，按英国法律处罚
   B. 将该犯交由日本法院，按日本法律处罚
   C. 将该犯交由中国法院，按中国法律处罚
   D. 以本船无刑事管辖权为由，释放该犯
5. 关于犯罪中止说法正确的是：（　　）。
   A. 犯罪中止发生在犯罪的实施过程中
   B. 犯罪行为人自己认为能够将犯罪完成，不管是否已经既遂
   C. 不管是哪一种中止，都必须是没有发生作为既遂标志的犯罪结果
   D. 行为本身不能达到既遂，行为人实施完毕后积极努力，最后没有发生危害后果，也不成立犯罪中止
6. 甲为投身恐怖主义活动而参加了某国际恐怖主义组织，法院认定甲构成参加恐怖组织罪。甲的行为属于（　　）。
   A. 预备犯　　B. 实行犯
   C. 帮助犯　　D. 未遂犯
7. 甲为杀死乙，放火把乙家的房屋点着，造成乙的一家三口死亡，房屋烧毁，甲的行为属于（　　）。
   A. 想象竞合犯　　B. 实质数罪
   C. 牵连犯　　D. 吸收犯
8. 如果犯罪行为所造成的不法状态存在，则犯罪行为仍然存在。具备这一特征的是：（　　）。
   A. 连续犯　　B. 想象竞合犯
   C. 牵连犯　　D. 继续犯
9. 甲因为男友不忠而生恨意，决定杀乙。某日把乙引到家中将一瓶安眠药（50 片）掺入咖啡中让乙喝下。乙在床上昏睡，甲离家到附近一座山上打算自杀。甲在山上犹豫徘徊一昼夜，心生悔意急忙回家，发现乙已被人送医院抢救，未死。甲大喜过望。对甲（　　）。
   A. 按既遂犯处罚
   B. 可以比照既遂犯从轻、减轻或者免除处罚
   C. 可以比照既遂犯从轻或者减轻处罚
   D. 应当免除处罚
10. 下列行为中，成立正当防卫的是：（　　）。（司考 2015. 卷二 . 12）
    A. 甲男到邻居乙女家借钱，乙女不借并嘲笑甲，甲恼羞成怒遂强奸乙，其间乙顺手拿起枕边的剪刀，将甲扎死
    B. 乙某到某小区施工工地内盗窃，后被

施工人员发现并带至安全部办公室，工地人员对乙某实施殴打，乙某遂持铁管将工地人员夏某打伤，经鉴定，构成重伤二级

C. 丙强奸 A 后逃走，A 从四楼的窗户看到丙正跑到楼下，遂将一花盆砸下去，致丙重伤

D. 丁与 B 发生争吵，B 边走边说：“你别走，我找人杀了你。”丁先发制人，将 B 打成重伤

11. 甲某故意将自己的摩托车放在马路中央，进入手机店假装购买手机，选要一款最高档的手机拿在手中，假装仔细察看。待过往汽车开过来被其摩托车拦住去路时，他假称去移开挡路的摩托车，骑车逃跑。但因慌不择路，在逃离时撞倒行人 2 人和一辆摩托车，致车毁人亡。甲某的行为：（ ）。

A. 构成抢夺罪和交通肇事罪，应当实行数罪并罚

B. 构成抢夺罪和以危险方法危害公共安全罪，应当实行数罪并罚

C. 构成诈骗罪和交通肇事罪，应当实行数罪并罚

D. 构成盗窃罪和交通肇事罪，应当实行数罪并罚

12. 甲某因工头乙某欠其工资 5000 元一直不给，某日将乙某的 3 岁儿子诱骗到家中，并给乙某写信要其拿 5 万元来赎，后来发现乙某报警，唯恐事发就将小孩杀害，甲某的行为构成什么罪？（ ）

A. 构成绑架罪

B. 构成故意杀人罪和非法拘禁罪

C. 应当实行数罪并罚

D. 依法应当以一罪处死刑

二、多项选择题

1. 关于犯罪中止，下列哪些说法是正确的？（ ）

A. 犯罪中止既可以发生在预备阶段也可以发生在实行阶段

B. 犯罪告一段落，归于未遂之后，不可能出现犯罪中止

C. 对于中止犯，没有造成损害结果的，应当免除处罚

D. 对于中止犯，造成损害结果构成犯罪既遂的，应当减轻处罚

2. 下列哪些情况属于重大立功表现？（ ）

A. 检举、揭发甲某杀人的犯罪事实，经查证属实的

B. 甲与乙入户抢劫后，甲自动投案，并协助司法机关抓获乙，经查乙是该案的主犯

C. 甲在同室关押的罪犯逃跑时，及时向看守所告发，制止其脱逃的

D. 甲检举乙贪污单位 100 万元事实，经查证属实的

3. 甲雇凶手乙杀丙，言明不要造成其他后果。乙几次杀丙均未成功，后来采取爆炸方法，对丙的住宅（周边没有其他人与物）进行爆炸，结果将丙的妻子丁炸死，但丙安然无恙。关于本案，下列哪些说法是错误的？（ ）

A. 甲与乙构成共同犯罪

B. 甲成立故意杀人罪（未遂）

C. 乙对丙成立故意杀人未遂，对丁成立过失致人死亡罪

D. 乙对丙成立爆炸罪，对丁成立过失致人死亡罪

4. 下列哪些行为构成非法经营罪？（ ）

A. 甲违反国家规定，擅自经营国际电信业务，扰乱电信市场秩序，情节严重

B. 乙非法组织传销活动，扰乱市场秩序，情节严重

C. 丙买卖国家机关颁发的野生动物进出口许可证

D. 丁复制、发行盗版的《国家计算机考试大纲》

5. 甲向乙行贿 5 万元，乙收下后顺手藏于自家沙发垫下，匆忙外出办事。当晚，丙潜入乙家盗走该 5 万元。事后查明，该现金全部为假币。下列哪些选项是正确的？（ ）

A. 甲用假币行贿，其行为成立行贿罪未

遂，是实行终了的未遂

B. 丙的行为没有侵犯任何人的合法财产，不构成盗窃罪

C. 乙虽然收受假币，但其行为仍构成受贿罪

D. 丙的行为侵犯了乙的占有权，构成盗窃罪

三、不定项选择题

农民王某办了一个私营建筑公司，搞工程承包成为村里的首富。王某不再满足于只当一个普通农民，在该村选举村长前，王某让公司会计从银行提取8万余元现金，自己并通过亲友给全村每户村民送去内装1000元的红包，请他们在选举村长时“多关照”，结果在选举中王某以微弱多数当选为村长。就任村长后，王某逐渐显露出横行霸道的作风，办事自己一个人说了算。他私下将村中一部分位置较好的耕地以低价卖出，得到400余万元，吹嘘为自己带领全村致富的“政绩”，剩下的山地、荒地让村民承包，村民怨声载道。王某还以小恩小惠手段先后奸淫了3名妇女。王某的所作所为引起村民的愤怒，私下商议要“教训”王某。王某听到这一消息，即通过熟人介绍从尤某处购买其走私的手枪一支带在自己身上，还找了4名保镖整日不离左右。县检察院听到群众的反映，派员到该村了解情况，被王某派去的保镖拒之村外。后由公安机关在王某到镇里开会时拘捕了他。根据上述事例，请回答第（1）~（5）题中所列的问题。

（1）王某以不正当手段当选村长的行为在下列几项犯罪中有哪几项是可以排除的？（　　）

A. 挪用资金罪

B. 行贿罪

C. 介绍贿赂罪

D. 破坏选举罪

（2）王某私下出卖土地的行为在下列几项犯罪中有哪几项是可以排除的？（　　）

A. 破坏生产经营罪

B. 非法占用耕地罪

C. 滥用职权罪

D. 非法低价出让国有土地使用权罪

（3）王某奸淫妇女的行为在下列几项犯罪中有哪几项是可以排除的？（　　）

A. 侮辱妇女罪

B. 强奸罪

C. 侮辱罪

D. 聚众淫乱罪

（4）王某购买并携带枪支的行为在下列几项犯罪中有哪几项是可以排除的？（　　）

A. 非法买卖枪支罪

B. 走私武器罪

C. 非法持有枪支罪

D. 非法携带枪支危及公共安全罪

（5）王某派保镖拒绝检察人员进村调查的行为在下列几项犯罪中有哪几项是可以排除的？（　　）

A. 妨害公务罪

B. 徇私枉法罪

C. 妨害作证罪

D. 煽动暴力抗拒法律实施罪

四、简答题

1. 犯罪概念与犯罪构成的联系与区别是什么？

2. 简述共同犯罪的成立条件。

五、案例分析题

陈某因没有收入来源，以虚假身份证明骗领了一张信用卡，使用该卡从商场购物10余次，金额达3万余元，从未还款。（事实一）

陈某为求职，要求制作假证的李某为其定制一份本科文凭。双方因价格发生争执，陈某恼羞成怒，长时间勒住李某脖子，致其窒息身亡。（事实二）

陈某将李某尸体拖入树林，准备逃跑时忽然想到李某身有财物，遂拿走李某手机、现金等物，价值1万余元。（事实三）

陈某在手机中查到李某丈夫赵某手机

号，以李某被绑架为名，发短信要求赵某交20万元“安全费”。由于赵某及时报案，陈某未得逞。(事实四)

陈某逃至外地。几日后，走投无路向公安机关投案，如实交代了上述事实二与事实四。(事实五)

陈某在检察机关审查起诉阶段，将自己担任警察期间查办犯罪活动时掌握的刘某抢劫财物的犯罪线索告诉检察人员，经查证属实。(事实六)

问题：

1. 对事实一应如何定罪？为什么？
2. 对事实二应如何定罪？为什么？
3. 对事实三，可能存在哪几种处理意见（包括结论与基本理由）？
4. 对事实四应如何定罪？为什么？
5. 事实五是否成立自首？为什么？
6. 事实六是否构成立功？为什么？

参考答案

一、单项选择题

1. C　2. A　3. B　4. C　5. C　6. B　7. A　8. D　9. C　10. A　11. D　12. A

二、多项选择题

1. ABC　2. ABD　3. BCD　4. AC　5. CD

三、不定项选择题

（1）ABCD　（2）ACD　（3）ABCD　（4）BCD　（5）BC

四、简答题（略）

五、案例分析题

答案： 1. 对事实一应认定为信用卡诈骗罪。因为以虚假身份证明骗领信用卡触犯了妨害信用卡管理罪，使用以虚假的身份证明骗领的信用卡，数额较大，构成信用卡诈骗罪，二者具有手段行为与目的行为的牵连关系，从一重罪论处，应认定为信用卡诈骗罪。

2. 对事实二应认定为故意杀人罪。因为长时间勒住被害人的脖子，不仅表明其行为是杀人行为，而且表明行为人具有杀人故意。

3. 对事实三主要存在两种处理意见：其一，如认为死者仍然占有其财物的，事实三成立盗窃罪；其二，如认为死者不可占有其财物的，事实三成立侵占罪。

4. 对事实四成立敲诈勒索罪（未遂）与诈骗罪（未遂）的竞合。因为陈某的行为同时符合二罪的犯罪构成，属于想象竞合。陈某对赵某实行威胁，意图索取财物未果，构成敲诈勒索罪（未遂）；陈某隐瞒李某死亡的事实，意图骗取财物未果，构成诈骗罪（未遂）。由于只有一个行为，故从一重罪论处。

5. 事实五对故意杀人罪与敲诈勒索罪或诈骗罪成立自首。因为走投无路而投案的，属于自动投案，不影响自首的成立。

6. 事实六不构成立功。因为根据司法解释的规定，陈某提供的犯罪线索虽属实，但是其以前查办犯罪活动中掌握的，故不构成立功。

期末测试题二

一、单项选择题

1. 甲因被害人乙曾与其妻子吵架，而带领二人到乙家中，质问乙几句之后，便当胸扎入一刀，刺破心脏。然后又将乙拖出房屋外，乙某倒地。甲等人见状未予理会，径自离去。下列说法正确的是（　　）。

A. 甲构成故意伤害罪

B. 甲构成故意杀人罪

C. 甲构成过失致人死亡罪

D. 甲等构成聚众斗殴罪

2. 承担民事赔偿责任的犯罪分子，同时被判处罚金，其财产不足以全部支付的（　　）。

A. 按照先刑事后民事的原则，先执行罚金，剩余部分再支付民事赔偿

B. 应当先承担民事赔偿责任，剩余部分再执行罚金

C. 以犯罪分子的财产为限，民事赔偿和罚金各占 50%

D. 先执行罚金，民事赔偿部分暂缓支付

3. 甲被判处 14 年有期徒刑，经过一次或者几次减刑，其实际执行的刑期应不少于（　　）。

A. 4 年　　B. 6 年半

C. 10 年　　D. 7 年

4. 毒贩甲得知公安机关近来要开展“严打”斗争，遂将尚未卖掉的 50 多克海洛因和贩毒所得赃款 8 万多元拿到家住偏远农村的亲戚乙处隐藏。公安机关得到消息后找乙调查此事，乙矢口否认。乙当晚将上述毒品、赃款带到后山山洞隐藏时被跟踪而至的公安人员当场抓获。乙的上述行为应当以何罪论处？（　　）

A. 非法持有毒品罪

B. 窝藏、转移赃物罪

C. 窝藏、转移、隐瞒毒品、毒赃罪

D. 包庇毒品犯罪分子罪

5. 按照刑法的规定，追诉时效中断的条件之一是（　　）的追诉期限内。

A. 犯罪分子还有其他违法行为

B. 犯罪分子又犯新罪

C. 犯罪分子逃避侦查或者审判

D. 犯罪分子阻止被害人向公、检、法机关提出控告

6. 保险事故的证明人故意提供虚假的证明文件，为他人骗取保险金提供条件的，应当认定为（　　）。

A. 保险诈骗罪的共犯

B. 伪证罪

C. 诈骗罪的共犯

D. 提供虚假证明文件罪

7. 甲某是某市正大物资公司总经理，擅自将公司的 16 万元借给其朋友某市纺织厂工人乙某做海蜇生意，因乙某生意严重赔本，使公司的 16 万元长期得不到归还，甲某构成何罪？（　　）

A. 贪污罪　　B. 职务侵占罪

C. 挪用公款罪　　D. 挪用资金罪

8. 王某假冒公安人员，以抓流氓为名，对妇女李某进行胁迫奸淫。对王某应当（　　）。

A. 以招摇撞骗罪定罪处罚

B. 以强制侮辱妇女罪定罪处罚

C. 以招摇撞骗罪和强制侮辱妇女罪定罪处罚

D. 以强奸罪定罪处罚

9. 下列行为可以判处死刑的有（　　）。

A. 故意伤害他人造成伤害结果的

B. 以残忍的手段故意伤害他人但没有造成他人残疾的

C. 过失伤害他人，并致人残疾的

D. 以特别残忍的手段故意伤害他人并造成严重残疾的

10. 下列行为不属于《刑法》第 263 条第 1 项规定的“入户抢劫”中的“入户”的

有（　　）。

A. 为实施抢劫行为而进入他人封闭的院落

B. 为实施抢劫行为而进入他人生活的与外界相对隔离的住所

C. 为实施抢劫行为而进入渔民作为家庭生活场所的渔船

D. 进入某公司的办公室进行抢劫

二、多项选择题

1. 下列哪些行为属于贪污罪？（　　）

A. 国有保险公司工作人员利用职务上的便利，故意编造未曾发生的保险事故进行虚假理赔，骗取保险金归自己所有的

B. 国有保险公司委派到非国有保险公司从事公务的人员利用职务上的便利，故意编造未曾发生的保险事故进行虚假理赔，骗取保险金归自己所有的

C. 行为人挪用公款数额巨大，因客观原因在一审宣判前不能退还的

D. 行为人挪用公款后，携带挪用的公款潜逃的

2. 被告人陈某某日到某综合商场购买电池，趁售货员卢某给别的顾客试用电动剃须刀之机，当着其他顾客的面，从柜台内拿出样品陈列的封锁线寻呼机 4 台（价值人民币 3500 元），然后出门上公共汽车逃走，卢某发现后，坐出租汽车追赶，将其抓获，陈某的行为应认定为：（　　）。

A. 陈某以购电池为幌子，实行非法侵占他人财物的行为，构成诈骗罪

B. 陈某当着众人的面拿起他人的财物，符合抢夺罪的特征，应定抢夺罪

C. 陈某的行为构成盗窃罪

D. 陈某的行为虽不避其他顾客耳目，但是在被害人未察觉的情况下将财物拿走，仍属于秘密窃取的行为

3. 下列哪些行为构成投放危险物质罪？（　　）（*司考 2017. 卷二. 57*）

A. 甲故意非法开启实验室装有放射性物质的容器，致使多名实验人员遭受辐射

B. 乙投放毒害性、放射性、传染病病原体之外的其他有害物质，危害公共安全

C. 丙欲制造社会恐慌气氛，将食品干燥剂粉末冒充炭疽杆菌，大量邮寄给他人

D. 丁在食品中违法添加易使人形成瘾癖的罂粟壳粉末，食品在市场上极为畅销

4. 甲找到某国有企业出纳乙称自己公司生意困难，让乙想办法提供点资金，并许诺给乙好处。乙便找机会从公司账户中拿出 15 万元借给甲。甲从中拿出 2 万元给乙。之后，甲因违法行为被公安机关逮捕，乙害怕受牵连，携带 100 万元公款潜逃。关于乙的全部犯罪行为，下列哪些说法是错误的？（　　）

A. 挪用公款罪与受贿罪，应择一重罪从重处罚

B. 应以挪用资金罪、职务侵占罪论处，实行数罪并罚

C. 应以挪用公款罪、贪污罪论处，实行数罪并罚

D. 应以挪用公款罪、贪污罪、受贿罪论处，实行数罪并罚

5. 下列行为构成故意杀人罪的有（　　）。

A. 许某在抢劫过程中为排除被害人的反抗，故意下重手将其杀害

B. 单某在实施抢劫行为后，为防止被害人报案，将其杀害

C. 史某交通肇事后，感觉到被害人被拖挂在车底，但为了尽快逃离现场，拖行被害人 400 余米，导致被害人死亡

D. 梁某按计划在深夜埋伏在仇人许某出没处将其杀害后，为转移警方注意力，声称许某已被其绑架并向其家人勒索财物

6. 丙是乙的妻子。乙上班后，甲前往丙家欺骗丙说："我是乙的新任秘书，乙上班时好像忘了带提包，让我来取。"丙信以为真，甲从丙手中得到提包（价值 3300 元）

后逃走。关于甲的行为，下列哪些选项是错误的？（　）

A. 盗窃罪的直接正犯

B. 诈骗罪的间接正犯

C. 盗窃罪的间接正犯

D. 诈骗罪的直接正犯

7. 关于交通肇事罪与其他犯罪关系的论述，下列哪些选项是正确的？（　　）

A. 甲酒后驾车撞死一行人，下车观察时，发现死者是其情敌刘某，甲早已预谋将刘某杀死。甲的行为应为故意杀人罪，而不能定为交通肇事罪

B. 乙明知车辆的安全装置不全，仍然指使其雇员王某驾驶该车辆运输货物；王某明知车辆有缺陷，仍超速行驶，造成交通事故，导致1人死亡。乙与王某均构成交通肇事罪

C. 丙在施工场地卸货倒车时，不慎将一装卸工人轧死。丙的行为构成重大责任事故罪，而不是交通肇事罪

D. 丁在一高速公路上驾车行驶时，因疲劳过度将车驶出高速公路，将行人常某撞死。对丁的行为应认定为交通肇事罪，而不是过失致人死亡罪

8. 下列情形中，构成共同犯罪的是：（　　）。

A. 医生甲疏忽大意开错药方，护士乙没有注意检查，依照错药方给病人服药，致病人服药后死亡

B. 甲、乙共谋抢劫，临行前乙因为害怕，谎称有病没有参与当晚的抢劫行为

C. 罗某将一包海洛因谎称是碱面，委托韩某从甲地带往乙地，韩某信以为真

D. 甲（15周岁）依照乙（16周岁）的教唆实施拦路抢劫

9. 《刑法》第389条第1款规定：“为谋取不正当利益，给予国家工作人员以财物的，是行贿罪。”同条第3款规定：“因被勒索给予国家工作人员以财物，没有获得不正当利益的，不是行贿。”关于上述规定，下列哪些选项是正确的？（　　）

A. “为谋取不正当利益”是客观的构成要件要素

B. “不正当利益”是规范的构成要件要素

C. “给予国家工作人员以财物”是客观的构成要件要素、积极的构成要件要素

D. 第3款规定的内容，属于消极的构成要件要素

10. 甲欲杀乙，便向乙开枪，但开枪的结果是将乙和丙都打死了。关于本案，下列哪些选项是正确的？（　　）

A. 根据具体符合说，甲对乙成立故意杀人既遂，对丙成立过失致人死亡罪

B. 根据法定符合说，甲对乙与丙均成立故意杀人既遂

C. 不管是根据具体符合说，还是根据法定符合说，甲对乙与丙均成立故意杀人既遂

D. 不管是根据具体符合说，还是根据法定符合说，甲对乙成立故意杀人既遂，对丙成立过失致人死亡罪

三、不定项选择题

李某系某市交通警察大队事故中队副队长，其在处理交通事故期间，利用职务便利，采用冒名领取、虚列支出事故押金等手段，侵吞事故押金款20.8万元；另外，还伪造事故调解书，以车辆保险人的名义骗取保险公司理赔金1.9万余元；李某在处理交通事故时，多次强行要求司机到李父开办的修理厂高价修车，在处理司机王某交通事故案时，其提出让王某到李父的修理厂修车，被王某拒绝后，即以收管理费的名义，向王某征收5000元现金。另外李某还先后三次将公安局扣押的摩托车上价值0.9万元的配件，以及肇事车上价值0.75万元打火机等设备拆装到自己车上，占为己有。李某的行为应当如何处理？

（1）李某冒名领取、侵吞事故押金的行为构成下列哪种罪名？（　　）

A. 构成贪污罪

B. 构成职务侵占罪

C. 构成诈骗罪

D. 构成徇私舞弊罪

（2）李某骗取保险公司理赔金的行为应如何认定？（　　）

A. 构成保险诈骗罪

B. 构成诈骗罪

C. 构成贪污罪

D. 构成伪造公文罪和诈骗罪

（3）李某向王某索取管理费的行为应如何认定？（　　）

A. 构成敲诈勒索罪

B. 构成强迫交易罪

C. 构成诈骗罪

D. 构成受贿罪

（4）李某窃取公安局扣押的摩托车零件的行为应当如何认定？（　　）

A. 构成职务侵占罪

B. 构成盗窃罪

C. 构成贪污罪

D. 构成侵占罪

四、案例分析题

甲是某市市委组织部部长。乙是甲的大学同班同学，一日乙将某建筑公司的经理丙介绍给甲，丙想承包本市旧城改造的一部分工程，请甲帮忙，甲答应了，丙当场送给甲现金 10 万元。甲与市建委主任丁联系，要丁把工程承包给不具备资质条件的丙。丙后来又送给甲 10 万元。

问：（1）甲的行为是否构成犯罪？如果未构成犯罪，请说明理由；如果构成犯罪，罪名是什么？（2）丙不是国家工作人员，他送给甲现金的行为是否构成犯罪？如果构成犯罪，罪名是什么？（3）本案中，乙受朋友丙之托去找甲帮忙，乙在事先曾暗示丙要舍得花钱才能成功。乙是国家工作人员，他的行为是否构成犯罪？构成什么罪？假设乙不是国家工作人员，他的行为是否构成犯罪？

参考答案

一、单项选择题

1. B　2. B　3. D　4. A　5. B　6. A　7. D　8. D　9. D　10. D

二、多项选择题

1. ABD　2. CD　3. AB　4. ABC　5. BCD　6. ABC　7. BCD　8. BD　9. BCD　10. AB

三、不定项选择题

（1）A　（2）B　（3）A　（4）B

四、案例分析题

答案：（1）本案中，甲是一名国家工作人员，虽然没有直接利用本人的职权，但是他利用了本人的职权和地位形成的便利条件，通过市建委主任丁，将修建工程承包给丙，并且收受现金 20 万元。甲的行为完全符合受贿罪的构成要件，应以受贿罪定罪量刑。

（2）行贿罪的主体是一般主体，丙不是国家工作人员，但他为谋取不正当的利益，给予国家工作人员甲财物的行为构成行贿罪。

（3）丙原先并不认识甲，而在乙的撮合下，丙才与甲拉上关系。正是因为乙的介绍行为使行贿与受贿得以实现。由于介绍贿赂罪的主体为一般主体，不论乙是否为国家工作人员，其介绍贿赂罪都应成立。

附录一：部分高校研究生入学考试刑法学部分历年真题[①]

中国人民大学

2023 年

一、材料分析

材料：某甲在大街上与乙争吵后一时激动掏出水果刀刺伤乙及围观群众八人，造成乙和路人丙、丁重伤。

问题：

1. 某甲构成什么罪？

2. 试结合罪刑法定原则评析以其他危险方法危害公共安全罪。

二、论述题

甲购买无牌照车并雇用无驾照的乙驾驶货车，某天将骑自行车的丁刮倒卷入车轮下轧死。

试述乙构成什么罪？根据有关司法解释，评析甲构成什么罪？并对该司法解释进行学理分析。

2020 年

案例分析题

案情：在一辆正在行驶的列车上，张三看到一个瘦高的青年在抽烟，要青年给自己一根，青年不给，张三就用左手打了青年一个耳光，一边用右手从青年兜里抢走了一包烟和 17 元钱。青年马上呼救执勤的警务，警务赶到了解情况后让张三归还了抢到的物品。

当地的一审法院认为张三使用了暴力手段，认定为抢劫罪，并认为符合“在公共交通工具上抢劫”的加重情形，给张三判了 10 年有期徒刑。

请你对法院的判决进行分析。

2019 年

一、材料分析

甲、乙、丙三人前往马戏团观看表演，因门票问题与工作人员李某发生纠纷，双方发生互殴行为，另外两名工作人员周某和靳某见状便上前，甲、乙二人又同周某和靳某互打，这时，丙手拿菜刀准备冲入厮杀人群，另一人武某见状用钢管将丙击倒，这时候周某重伤，伤是由于钢筋所致但不知是甲还是乙所致，丙死亡。

问题：

1. 周某重伤和甲、乙之间是否有因果关系，是否可以据此归责于甲、乙，为什么？

2. 甲、乙的行为如何定性？

3. 武某的行为如何定性，为什么？

二、论述题

《刑法》第 238 条规定，非法拘禁他人或者以其他方法非法剥夺他人人身自由的，处三年以下有期徒刑、拘役、管制或者剥夺政治权利；致人死亡的，处十年以上有期徒刑。使用暴力致人伤残、死亡的，依照本法第 234、232 条的规定定罪处罚。

如何理解句号分割的两句话。

2017 年

一、材料分析

《最高人民法院关于审理交通肇事刑事案件具体应用法律若干问题的解释》第 5 条规定，交通肇事后，单位主管人员、机动车辆所有人，承包人或者乘车人指使肇事人逃逸，致使被害人因得不到救助而死亡的，以交通肇事罪的共

① 根据网络资料整理，仅供参考。

犯论处。《刑法》第25条规定：共同犯罪是指二人以上共同故意犯罪。二人以上共同过失犯罪，不以共同犯罪论处；应当负刑事责任的，按照他们所犯的罪分别处罚。

问题：

1. 司法解释和法条的规定冲突吗？并说明理由。

2. 肇事人已经有逃逸的意思，车辆的所有者、用人单位、乘车人等唆使逃逸的，对这三类主体该如何处罚？并说明理由。

3. 肇事人自动自首的，车辆的所有者等三种人该如何处理？

二、论述题

论述抢劫赌资如何定性？并说明理由。

复试

一、分析题

2014年1月2日，根据中国对于依法惩治性侵害未成年人犯罪的相关规定，对于不满14周岁的被害人实施奸淫等性侵害行为的，应当认定行为人"明知"对方是幼女。最高人民法院解读称，即使被害人身体发育、言谈举止等呈早熟特征，行为人亦辩称其误认被害人已满14周岁，也不应采信其辩解。

问题：结合主观罪过及刑法相关原理说说其根据和理由。

二、案例分析题

案例一：王某、石某去某公司面试，负责人林某让石某试驾货车，石某见财起意与王某商议骗走货车，石某谎称油门有问题骗得林某信任准其开去指定维修地点修理，石某与王某直接来到某工业区隐匿，卖出部分零件得到a数额，经鉴定货车值b数额。

问：谈谈石某与王某二人的行为性质。

案例二：被告人和丈夫与被害人合开工程，被害人欠被告2000元。后被害人得脑血栓住院，被告人和丈夫去医院探望过。后来被害人不还钱，被告人多次索要，并公开辱骂，致使被害人住院，之后被害人妻子前去被告人家告诫其辱骂致使被害人住院。后来被告人接孩子偶遇被害人又一次辱骂被害人，后到派出所调解，争吵时被害人死亡。经鉴定是因情绪激动导致其脑溢血死亡。

问：被告是否构成犯罪，不构成说明理由。构成，构成何罪。

2016年

一、比较下列概念

1. 玩忽职守罪与滥用职权罪
2. 事实认识错误与法律认识错误
3. 侵占罪与盗窃罪

二、法条分析题

试分析《刑法》第24条第2款的规定："对于中止犯，没有造成损害的，应当免除处罚；造成损害的，应当减轻处罚。"

复试

1. 刑法修正案中关于死刑缓期两年执行中故意犯罪的新规定问题包括：故意犯罪应不应该数罪并罚，故意犯罪还用不用等两年期满再执行，故意犯罪没被执行死刑可能有哪几种情况，以及对这个制度的认知。

2. 贪污受贿犯罪关于数额特别巨大，犯罪情节特别严重的情况下刑法执行的新规定问题包括：关于终身监禁制度的理解、刑法中罪刑相适应的主要内容，你是否同意这种制度。

2015年

一、名词解释

1. 违法性认识
2. 假释
3. 职务侵占罪
4. 利用影响力受贿罪

二、简答题

简述结果加重犯的成立条件。

2014年

一、名词解释

1. 纯正的不作为犯
2. 偶然防卫
3. 特别累犯
4. 危险驾驶罪

二、简答题

简述“相约自杀”的处理。

2013 年

一、名词解释

1. 构成要件
2. 立功
3. 间接故意
4. 国家工作人员

二、简答题

挪用公款罪。

2012 年

一、名词解释

1. 牵连犯
2. 立功
3. 国家工作人员
4. 间接故意

二、简答题

交通肇事罪的构成要件。

2011 年

一、名词解释

1. 玩忽职守罪
2. 防卫过当
3. 罪责刑相适应
4. 行为犯

二、简答题

绑架和抢劫的区别。

2010 年

一、名词解释

1. 从犯
2. 立功
3. 妨害公务罪
4. 假冒注册商标罪

二、简答题

犯罪中止的成立要件。

2009 年

一、名词解释

1. 限制解释
2. 危害结果
3. 想象竞合犯
4. 从轻处罚
5. 合同诈骗罪
6. 伪证罪

二、简答题

1. 不作为犯罪的作为义务（或来源）。
2. 结果加重犯的概念和特征。
3. 我国刑法关于剥夺政治权利的规定。
4. 寻衅滋事罪的概念和特征。

三、论述题

1. 试述罪责刑相适应原则。
2. 试述侵占罪的特征和认定。

2008 年

一、名词解释

1. 吸收犯
2. 赦免
3. 特殊刑法
4. 私分国有资产罪
5. 诬告陷害罪
6. 遗弃罪

二、简答题

1. 故意犯罪和犯罪故意的联系和区别。
2. 犯罪的时间、地点、方法的定罪量刑意义。
3. 信用卡诈骗罪的概念和特征。
4. 逃税罪的概念和特征。

三、论述题

1. 刑罚的目的和功能。
2. 受贿罪的认定。

北京大学

2023 年

1. 简述我国《刑法》关于教唆犯的成立条件和处罚原则

2. 深夜为紧急救妻醉驾

2020 年

1. 论述我国刑法中的罪刑法定原则。

2. 论述我国刑法中共同犯罪人的种类及其刑事责任。

3. 简述我国刑法规定的缓刑制度。

4. 刘某是顺丰快递公司的一名分拣员，一次在分拣过程中，发现一台苹果电脑，便私自拆开包装取出苹果电脑，并将自己使用的一台旧电脑（价值 2000 元）替换包装。客户收到快递后，发现物品与订单不符，便向快递公司投诉，顺丰公司经调取、查看监控录像，发现系刘某所为，遂报警。经鉴定，苹果电脑价值 1 万元，刘某如实供述自己的行为，并赔偿公司损失 1 万元。请问：刘某是否构成犯罪？若构成，刑事责任如何？（写量刑原则即可）

2018 年

1. 论述我国刑法中的罪刑法定原则。

2. 论述我国刑法中共同犯罪人的种类及其刑事责任。

3. 简述我国刑法规定的缓刑制度。

2017 年

1. 简要评述刑法修正案九中关于从业禁止的规定。

2. 张三闲逛到音响店，趁店员不注意，偷走一个小音箱（价值 2000 元）。第二天带着音箱来到店里，按照事先计划好的，跟店员说音箱是几天前买的，因为不兼容，想退货。店员信以为真，给张三退了货。

请问：张三犯了什么罪。

2016 年

1. 刑法修正案九规定：在《刑法》第 37 条后增加一条，作为第 37 条之一：“因利用职业便利实施犯罪，或者实施违背职业要求的特定义务的犯罪被判处刑罚的，人民法院可以根据犯罪情况和预防再犯罪的需要，禁止其自刑罚执行完毕之日或者假释之日起从事相关职业，期限为三年至五年……”

请评价以上法条。

2. A 在驾驶货车右拐时剐倒鲁某随后轧过鲁某，鲁某当场死亡。A 感到车颠了一下但并未停车。待 A 返程时发现民警在调查事故，即向单位报告自己可能撞了人，随后向公安交通部门投案。

请对 A 的行为定性并量刑。

2015 年

1. 论述犯罪预备及其处罚原则。

2. 论述我国刑法中的罚金刑。

3. 论述“以危险方法危害公共安全罪”。

4. A 在楼梯口捡到邻居张某的钱包，发现钱包里有一张 1 万元的定期存单和一张写着密码的小纸条。A 在偷窃到张某的身份证后，去银行取款。银行职员 B 对 A 说，现在取出这笔定期存款，会损失一部分利息，最好过几天再取。于是 A 谎称自己是张某的丈夫，张某生重病，急需这笔钱来救命。银行职员 B 想，自己扣下存单，用自己的钱给 A，等过几天定期存款到期后，就会多出几百元的利息。于是银行职员 B 将自己的钱交给 A。后在存款到期前，张某发现自己的钱包丢了，于是到银行挂失。

试述对于被告人 A 的行为，应如何定罪量刑？

2014 年

1. 正当防卫和紧急避险的主要区别有哪些？

2. 传授犯罪方法罪与教唆犯罪行为之间的界限是什么？

2013 年

1. 正当防卫的成立条件。

2. 侵占罪与盗窃罪的区别。

2012 年

1. 简述累犯的概念、种类、处罚原则。

2. 简述巨额财产来源不明罪的概念、构成要件、处罚原则。

3. 比较盗窃罪与贪污罪在犯罪构成上的异同。

4. 简述死刑适用条件及死缓制度期满的适用情形。

5.《刑法》第 305 条规定：“在刑事诉讼中，证人、鉴定人、记录人、翻译人对与案件有重要关系的情节，故意作虚假证明、鉴定、记录、翻译，意图陷害他人或者隐匿罪证的，处三年以下有期徒刑或者拘役；情节严重的，处三年以上七年以下有期徒刑。”试分析法条所涉罪名的构成要件。

2011 年

一、简答题

1. 论述新刑法学派学说的代表人物及其观点。

2. 伪证罪和诬告陷害罪的区别。

3. 间接故意和过于自信过失的区别。

二、论述题

1. 刑法中确定罪名遵循的原则。

2. 论述刑法中的认识错误。

三、案例分析题

甲和乙有仇，甲欲杀乙，某一天乙向北走，甲迎面开枪扫射，但乙发觉后躲闪，然后向南逃跑（乙未受伤）。途中大雨，乙被雷电击毙。请评价此案，在此基础上谈谈近因说的理论基础。

2010 年

1. 简述我国刑法中罪刑法定原则的含义。

2. 我国刑法中自然人作为犯罪主体的条件。

3. 试述我国刑法中主犯的概念、种类以及处罚原则。

4. 试述我国刑法中“从重处罚”“从轻处罚”和“减轻处罚”的含义。

5. 某甲酒后驾车，和某乙驾驶的轿车剐蹭后，某甲驾车逃离过程中，与对面正常行驶的一辆车相撞，造成 3 人死亡的严重后果。请问：某甲构成什么罪？为什么？

2009 年

1. 简述教唆犯的特征及其处罚原则。

2. 案例分析：

被告人，黄翠华，女，48 岁。2008 年 1 月，黄翠华来到 A 镇，结识王景山（盲人）后与其同住。王景山将其所有的 5 万元定期存折交由黄翠华保管，后来黄翠华得知存折密码就是王景山身份证最后六位数字。2008 年 3 月，黄翠华在王景山熟睡的时候，将其身份证拿走，到银行凭定期存折、自己和王景山的身份证将存折上的 50120 元钱取出。然后将王景山的身份证放回。王景山发现自己的身份证被人动过，遂向公安机关报案。2008 年 4 月，黄翠华被警方抓获。黄翠华抓获后主动交代自己的犯罪过程。

问：黄翠华构成何种犯罪？如何量刑？(只要写明量刑原则即可)

2008 年

1. 简述犯罪未遂。

2. 简述正当防卫和紧急避险的区别。

3. 案例分析：

甲、乙等六人，高中毕业，待业两年。某日，六人通谋，携钢丝鞭往木场偷木。甲、乙门外放风，其余四人入内偷盗。被门卫A、B发现，甲乙在门外以巨木顶门，使A、B无法外出，并剪断电话线，使A、B无法报警。A、B眼睁睁看原木（价值4000元）为余下四人推出门外窃走，问：甲、乙等六人的刑事责任如何？

清华大学

2018年

一、简答题

1. 扩张解释和类推解释的区别。

2. 偶然防卫学说。

3. 期待可能性的概念和判断标准。

4. “过失犯罪，法律规定的才处罚”中“犯罪”的含义。

二、论述题

1. 盗窃财产性利益。

2. 帮助信息网络犯罪活动罪。

三、案例题

1. 甲来到乙家向乙求婚未成，一怒之下，甲用力掐住乙的脖子（事后甲供述达10多分钟），甲以为乙已经死亡，随即对乙进行了奸淫行为，事后查明，乙是因被扼压窒息而导致死亡，而甲对乙实施奸淫行为时，乙尚未死亡，试分析甲的罪行。

2. 甲将乙强行挟持到桥下，欲行强奸，遭到乙激烈反抗，反抗过程中，乙滑落到河中，甲看到乙呼救，未予救助，仓皇逃窜，试分析甲的罪行。

2017年

1. 论行为无价值二元论和结果无价值在不法判断上的基本立场及其原因，并举三例说明二者在处理犯罪论问题上的不同思路。

2. 请介绍共犯和正犯的区分以及共犯处罚依据的相关学说。

3. 论绑架罪的保护法益及其构成要件。

4. 甲想杀死妻子乙后自杀，先捅了乙两刀致其重伤后觉得不如开煤气一起死，于是跑去开了煤气，回来后发现乙准备跳窗逃跑，于是去拉拽乙，慌乱中导致乙摔下楼死亡，问甲的刑事责任。

5. 甲乘坐乙的出租车，上车后发现位置上有台笔记本电脑，这时候乙随口说你的电脑真好看，于是甲灵机一动没有说话，乙也没有再问，甲下车时带着电脑离开，乙也没有阻止，实际上电脑是之前的乘客丙落在车上的，问甲的刑事责任。

2016年

一、论述题

1. 试述四要件体系与三阶层体系的区别。

2. 晚近以来，不纯正不作为犯中作为义务出现了实质化的发展方向，对此你有何看法并作出评价。

3. 试述共犯与正犯的区分标准，并举例表明各标准是如何处理案件的。

4. 入户抢劫作为抢劫罪的加重构成要件，依据是什么，如何认定入户抢劫。

二、案例题

L女得知自己患有艾滋病后，在8月与C男发生性关系；9月L女与W男发生性关系，L女提出戴避孕套，W男不同意；10月L女与Z男发生性关系，L女说自己患有艾滋病，Z男以为是开玩笑没有在意。一年后C男查出自己患有艾滋病。分析L女的刑事责任。

2015 年

1. 结合实例，谈谈区分作为与不作为的意义与标准。

2. 某甲在 16 周岁前三天对乙实行敲诈勒索 3 万元，乙当时没有钱，筹备了三天以后放在指定位置，甲 16 周岁生日后的第二天去把钱取走，对甲怎么处理？

3. 刘晓东意图强奸，深夜潜伏在路边，见一女子路过，当女子走近时突然上前抱住该女子欲实施强奸，结果该女子喊了一句："刘晓东，你这个臭流氓！"刘吓得仓皇而逃，请问刘的行为是犯罪中止还是犯罪未遂？

4. 为什么行为无价值采取（部分）犯罪共同说而结果无价值论采取行为共同说？

5. 某甲借款 10 万元，租一套办公室，准备格式合同，向乙公司商谈要购买价值 100 万元的金银首饰。乙公司业务员携百万元首饰到甲处签合同，甲拿出 10 万元作为定金。甲在乙点钱的过程中趁机夺走金银首饰，跑出门外，将乙锁入门内，携价值 100 万元的首饰逃走，致乙被困 3 个小时。请问对甲应当如何处理？

6. 甲为公司总经理，乙为某市经贸书记。甲为了公司的利益，以自己的名义，将公司的 2 万元存入银行卡。甲将卡与密码交给乙，乙之后一直给予甲所在公司好处。甲在半年后又将 30 万元以相同方法存入另一张卡后给乙。乙一直将两张卡放在家中没有使用。后来乙被纪委调查，乙怕事迹败露，将卡交给知情的丙保存。甲听说乙被调查，便去银行挂失，将两张卡内的 32 万元存入自己别的账户。请分析本案。

2014 年

一、简答题

1. 违法性认识是故意的要素还是责任的要素？

2. 如何理解集资诈骗罪的"受骗产生错误认识"？

3. 简析洗钱罪与窝藏毒赃罪的关系。

4. 保留下次犯罪故意停止侵害的是否可以认定为中止犯。

二、论述题

试论教唆犯的实行从属性。

三、案例分析题

1. 甲欠乙赌债不给，乙就绑架了甲并将其放到汽车后备厢里面准备拉到外地，迫使其还债，在去外地的路上，由于被丙（飙车并喝醉酒了）给撞上了，然后导致后备厢起火，甲被烧死了。

问：是否可以认定乙为非法拘禁致死罪？

2. 甲、乙是夫妻，甲有一老母 70 岁有病，由于家境贫寒，甲就与乙商量让母亲早点解脱。但乙坚决反对，然后一天甲将放有毒药的饭端给母亲，乙坚决反对并夺回来，然后放到阳台上，去买菜了。乙回来时发现母亲要喝水，甲将阳台上的饭端给母亲，乙看到，没有阻止，这个过程持续了 5 分钟，最终母亲死了。然后他们两个伪造现场，并报案说母亲是自己摔死的，最后被警察侦破。

问：乙怎么处理？

3. 甲为一个工程负责人，当天晚上在桥施工后由于雷电导致照明灯灭了，他知道应该将桥上的桥墩什么的收拾干净后再离开，但是他并没有收拾就走了。后来一个客车由于超速行驶突然撞上了，死了 79 人。

问：是否应该认定为重大责任事故罪？

2013 年

一、简答题

1. 从旧过失论向新过失论的转变，过失犯罪的基本构成有哪些变化？

2. 如何区分可以由单位构成的犯罪中的个人行为和单位行为？

二、论述题

1. 罪刑法定和犯罪构成的关系。

2. 犯罪未遂理论上的客观未遂论和主观未遂论的对立可能对犯罪论产生的影响。

3. 如何理解和界定公共安全犯罪中的"公共安全"。

三、案例分析题

1. 龚某和赵某等人共谋用摸奖的形式骗取钱财，并商定若被骗人不交钱就胁迫他交出来。随后，龚某、赵某等人来到某村庄摆摊摸奖，摸奖后发现被骗的陈某不愿交钱，龚某等人就围住陈某迫使他交出120元钱。赵某则在一旁看护龚某等人脱下的衣物。陈某被围住后就挥舞装有农用刀具的麻袋反抗，龚某等人顺手拽出陈某袋子里的刀连同他们自己随身携带的铁棒一起殴打陈某。后由于龚某一刀砍中陈某的右腿动脉致使陈某当场死亡。随后赵某驾车载龚某等人迅速逃离现场。某中级人民法院认为：龚某等人骗取钱财未成就故意重伤他人，构成故意伤害罪；赵某事后帮助龚某等人逃逸，构成窝藏罪。请评述上述观点，并就龚某、赵某等人的刑事责任发表你的看法。

2. 出租车司机王某出车途中见有人招手便停下车来，只见李某扶着一个浑身是血的老人。李某上车后告诉王某是自己超速驾车撞伤了老人并要求王某赶快去市医院。车行至市郊一偏僻路段时李某谎称要下车小便，不料其下车后随即逃逸。王某独自驾车走到另一偏僻地段时，趁夜深无人之机将重伤老人弃置路边。次日，过路人发现老人的尸体后报了案，经法医鉴定，老人乃失血过多休克死亡。请就王某、李某的刑事责任发表你的看法。

2012 年

1. 试论刑法解释方法的位阶性，并举例说明。

2. 简述日本的“事前受贿罪”。

3. “交通肇事后，单位主管人员、机动车辆所有人、承包人或者乘车人指使肇事人逃逸，致使被害人因得不到救助而死亡的，以交通肇事罪的共犯论处”。请对此司法解释作出评述。

2009 年

一、简答题

1. 简述不作为犯与作为犯的“同价值性”。

2. 违法性认识“不要说”的问题在哪里？

3. A盗窃B的银行卡，A事后告诉C该卡为盗窃所得，并指使C持卡取款。C果然依计而行，到储蓄所柜台通过银行职员取款1万元。对A、C应如何处理？

4. 行为人误认为他人合法执行的职务行为是违法的职务行为而加以妨害的是否阻碍妨害执行公务罪的故意？

二、论述题

在对合犯中，有的刑法分则规定了只处罚其中的某一方，对另一方不处罚。例如，对贩卖淫秽物品罪，刑法分则只处罚贩卖者，而不处罚购买者。那么对于刑法分则不予处罚的对合性参与行为，能否结合刑法总则关于教唆或者帮助犯的规定进行处罚？请论述你的理由。

三、案例分析题

A明知自己身无分文，但急于从甲地赶往35公里以外的乙乡镇，就对出租车司机B说：“你把我送到乙地，我给你160元钱。”B同意。驾着车载着A前往乙地。晚10时，汽车进入乙镇区域。A对B说：“我要到旁边的商亭去买两条烟给我的亲戚，你稍等我一下。”经B同意后，A开车门下车，但是A下车后往与商亭相反的方向快步奔跑。B发现情势不对，下车追A。在B拽住A时，A反身打B，但B不松手，与A搏斗。A恼羞成怒，拿出随身携带的短刀，刺向B的心脏，B倒地死亡。

A发现B死亡后，就转身返回B的出租车上，将车上的现金3000元全部拿走。你如何处理本案？理由是什么？

中国政法大学

2023 年

一、名词解释

1. 毒品犯罪的再犯
2. 司法工作人员
3. 没收财产

二、简答题

试论挪用公款罪中“归个人使用”的含义

三、论述题

试论刑法中规定的各项刑事管辖原则

2022 年

一、名词解释

1. 假释
2. 首要分子
3. 真正不作为犯

二、简答

简述催收非法债务罪的行为方式

三、论述

论述共同犯罪人的分类体系及评价

2021 年

一、名词解释

1. 职业禁止
2. 三角诈骗
3. 非法占有为目的
4. 目的解释
5. 选择性罪名

二、简答题

1. 贷款诈骗构成要件

2. 以危险方法危害公共安全和妨害传染病治理的关系

3. 非实行行为的实行化

三、案例分析

张三是美容院店长，想借办会员卡之便牟利，利用折扣优惠让顾客办卡，筹集了会员费500余万元，放高利贷。之后经营不善，2019年12月，张三当月筹集了会员费25万元，携款潜逃。2020年2月，张三想再搞点钱与李四合谋，告诉李四我们去“搞一搞”，但李四误以为是对他人实施奸淫便答应。一天，张三以还钱为由联系王女，王女来到约定地点，张三、李四一起用木棍砸向王女头部后王女昏倒。张三随即拿走王女的手提包，李四见王女昏迷对其实施了强奸。后来王女死，事后查明王女系因头部重伤而死（无法查明是谁的行为导致，张三被抓后辩称与自己无因果关系）。张三怕事情败露，雇赵六除掉李四，让赵六往李四食物中放安眠药欲先使其昏迷后投入河中溺死，不想李四对安眠药过敏，昏睡而死。后来张三逃跑，在车站警察盘问时，主动交代事情经过，并提供了赵六的住所和联系方式，赵六也落网了。

分析本案中各行为人的刑事责任并说明理由。

四、论述题

高空抛物刑事责任

2020 年

一、名词解释

1. 职业禁止
2. 牵连犯
3. 特别累犯
4. 期待可能性
5. 盗窃罪

二、简答题

1. 简述我国教唆犯的处罚原则

2. 举例说明具体危险犯和抽象危险犯的区别

3. 虚假诉讼罪的成立条件

三、分析题

结合我国刑法共同犯罪理论评价“帮助信

息网络犯罪活动罪”。

2018 年

一、名词解释

1. 刑法溯及力

2. 修正的犯罪构成

3. 想象竞合犯

4. 事前无通谋的共犯

5. 故意犯罪的形态

二、简答题

1. 黑社会性质组织的特征。

2. 强奸罪的加重情节。

3. 危险驾驶罪客观方面的表现形式。

三、论述题

论述正当防卫和紧急避险的相似点和不同点。

四、案例分析题

1. 甲知道余某孤身一人在家，某日凌晨，携带匕首到余家盗窃，搜寻过后发现没有财物。突然余某翻身，口中喃喃自语。甲怕余某认出自己，遂用匕首将余某刺死，并逃离现场。(事实一)

甲逃离余家，因身上有血，被便衣警察程某发现，程某抓住甲的衣领想扭送其到公安机关。甲以为程某是劫匪，和程某扭打在一起。甲的朋友乙开黑车路过的时候看到，就下车和甲一起殴打程某。程某大喊：“不要打了，我是警察。”甲对乙说：“不用管他，假警察更该打”，两人一共将程某打倒致轻伤。(事实二)

甲、乙二人开车逃离现场，司机谢某发现后开车追甲、乙二人。甲让乙提高车速并“蛇形”前进，避开谢某的追逐。开出 2 公里左右之后，因乙操作不当，撞上公路中间的水泥隔离带。谢某因刹车不及时撞上乙车致重伤。(事实三)

问：(1) 事实一中，对甲的行为如何定性？

(2) 事实二中，对甲、乙的行为如何定性，为什么？

(3) 事实三中，甲、乙是否需要对谢某的重伤承担责任，说明理由。

2. 王某（男）与周某（女）通奸。为达到结婚的目的，两人同谋毒杀周某的丈夫赵某，两人分工，王某负责提供毒药，周某负责下毒。王某将毒药交给周某两周之后，周某想起平时赵某的好，不忍心下手。王某知道后暴打了周某，周某醒悟，发现原来王某是这样的人。于是周某放弃向赵某下毒，到公安机关投案，如实供述了和王某的行为。

问：运用刑法理论和通说，全面分析本案。

2017 年

一、名词解释

1. 间接故意

2. 行贿罪

3. 假想防卫

4. 简单罪状

二、简答题

1. 不作为犯罪构成要件。

2. 结果加重犯的罪过形式。

3. 侵犯公民个人信息罪的概念及构成要件。

三、论述题

抽象危险犯与具体危险犯的主要区别。

四、案例题

1. 甲欺骗乙，把乙车卖 9 万元。分析甲的行为。

2. 杨某怀疑李某有婚外不正当关系，跟李某发生争执时用刀捅向李某，杨某立即拨打 120 急救，并委托朋友投案，后李某死亡，经法医鉴定，李某系锐器所伤致死。如何定罪？

2016 年

一、名词解释

1. 虐待罪

2. 缓刑

3. 附属刑法

二、简答题

1. 收买被拐卖的妇女、儿童罪。

2. 论述刑法分则制裁身份证犯罪的罪名体系。

三、案例分析

甲、乙、丙三人在夜深人静的时候在公共厕所对丁女实施强奸，其中甲、乙先后强奸，丙望风，后丙因喝醉了无法完事。事后三人又将丁带回家猥亵，且将此次过程进行直播，后来又传播。

问：

1. 是否属于当众强奸？

2. 三人强奸的刑事责任。

3. 带回家里猥亵如何处罚，是否需要从重处罚？

2015 年

一、名词解释

1. 普遍管辖权

2. 继承的共犯

3. 无罪过事件

4. 侵犯著作权罪

5. 利用影响力受贿罪

二、简答题

1. 简述不能犯未遂。

2. 简述特殊防卫的成立条件。

3. 敲诈勒索与胁迫性抢劫罪的异同。

三、案例分析

6 个小问题，涉及累犯、杀人伤害、奸淫幼女型强奸、财产犯罪、脱逃罪、自首。

2014 年

一、简答题

1. 简述特殊防卫的概念和条件。

2. 简述我国对死刑严格控制的表现。

3. 简述妨害公务罪的概念和构成要件，并列举刑法中关于证人、证据的罪名。

二、案例题

关于盗窃罪和抢劫罪，详细分析行为人的刑事责任，其中涉及共同犯罪、未完成罪、自首等。

2013 年

请阅读下列材料，谈谈你对刑罚目的的看法。

（《史记·孝文本纪》）五月，齐太仓令淳于公，为齐太仓令，故谓之仓公也。有罪当刑，诏狱逮徙系长安。太仓公无男，有女五人。太仓公将行会逮，骂其女曰：“生子不生男，有缓急非有益也！”其少女缇萦自伤泣，乃随其父至长安，上书曰：“妾父为吏，齐中皆称其廉平，今坐法当刑。妾伤夫死者不可复生，刑者不可复属，虽复欲改过自新，其道无由也。妾原没入为官婢，赎父刑罪，使得自新。”书奏天子，天子怜悲其意，乃下诏曰：“……今法有肉刑三，而奸不止，其咎安在？……今人有过，教未施而刑加焉？或欲改行为善而道毋由也。朕甚怜之。夫刑至断支体，刻肌肤，终身不息，何其楚痛而不德也，岂称为民父母之意哉！其除肉刑。”

2012 年

一、名词解释

1. 现行刑法中的禁止令

2. 叛逃罪

3. 没收财产

二、简答题

1. 简述盗窃罪中的“扒窃”行为。

2. 洗钱罪与掩饰、隐瞒犯罪所得、收益罪的关系。

3. 试述刑法中“携带凶器”的行为。

4. 简述我国刑法在数罪并罚中附加的处理。

2011 年

一、名词解释

1. 特殊累犯

2. 主犯

3. 缓刑适用的条件

4. 告诉才处理的犯罪

5. 盗窃罪入罪的客观标准

二、简答题

1. 简述非法买卖人体器官行为的定性。

2. 简述刑法中的“减轻处罚”。

三、论述题

论述数罪并罚。

2010 年

1. 普通刑法与特别刑法的区别。

2. 简单的犯罪构成与复杂的犯罪构成。

3. 2002 年 9 月 7 日下午，被告人林某窜至顺德区乐从镇，爬窗进入一村民住宅准备行窃时，被屋主吴某发现，吴某欲打电话报警，林某见状便冲上前抢过电话，吴某抓住林某的右手，林某便用左手掐住吴某的脖子，并用右拳打击吴某的头部。后吴某拿起一张凳子打中林某的头部，并抓住林某的双手。林某便用拳头连续打击吴某的头部，导致右额损伤。吴某大喊捉贼，并冲入厨房内拿刀，林某见状便逃离现场。公安干警接报后，在现场附近的鱼塘边将林某抓获归案。经法医鉴定，吴某头部系被钝性外力击伤，属于轻微伤。

问：林某如何定罪量刑？请说明理由。

2009 年

一、名词解释

1. 刑法溯及力

2. 自然人主体犯罪

3. 期待可能性

4. 信用卡诈骗罪

5. 伪证罪

二、简答题

1. 单位犯罪的构成要件。

2. 贪污罪和职务侵占罪的区别。

三、案例题

1. 罪名涉及强奸罪、抢劫罪，主要考查共同犯罪的相关问题，还涉及片面共犯（实行过限）、自首认定、量刑情节等。

2. 考查徇私枉法罪与受贿罪。

2008 年

1. 教唆犯的刑事责任。

2. 犯罪预备的概念和特征。

3. 非法拘禁罪与绑架罪的异同。

华东政法大学

2017 年

简答题

简述转化型抢劫的概念和构成要件。

2016 年

简答题

何谓利用影响力受贿罪。

2015 年

简答题

论述我国刑法中的刑罚种类，并试述其中有期徒刑的刑期规定。

2014 年

简答题

以胁迫为手段的抢劫罪与敲诈勒索罪的异同。

2013 年

简答题

简答故意犯罪的停止性状态。

2012 年

简答题

直接故意犯罪的概念及与疏忽过失犯罪的法律特征之区别。

2011 年

一、名词解释

1. 刑事古典法学派和刑事社会法学派
2. 正当防卫适当和正当防卫过当
3. 缓刑制度和监外执行
4. 组织领导参加恐怖组织罪和组织领导参加黑社会性质组织罪
5. 强奸罪和强制猥亵妇女罪

二、简答题

1. 自首中的自动投案方式。
2. 剥夺政治权利附加刑的法律规定。
3. 保险诈骗罪的法律规定。
4. 结果加重犯与转化犯的异同并各举三例予以说明。

三、论述题

1. 我国刑法中的犯罪概念及其与犯罪构成的关系。
2. 利用影响力受贿罪与一般受贿罪的联系与区别。
3. 解释我国刑法法条竞合现象，并举刑法分则中的三个规定进行评价。

2010 年

一、简释下列概念及其主要区别

1. 虚报注册资本与虚假出资
2. 故意泄露国家秘密与非法获取国家秘密
3. 亲告罪和非亲告罪
4. 逃汇罪和隐瞒境外存款罪
5. 惯犯和连续犯
6. 文理解释与论理解释

二、简答题

1. 假释的使用条件。
2. 刑法关于逃税罪的规定。
3. 背信损害上市公司利益。
4. 利用影响力受贿和受贿罪共犯的最本质的区别。

三、论述题

1. 论述单位自首及其刑事责任。
2. 论述因逃逸致人死亡的罪过形式。
3. 结合保险诈骗谈刑法理论上着手的认定。

2009 年

一、简释下列概念及其主要区别

1. 保护原则与普遍原则
2. 假想防卫与防卫挑拨
3. 危险犯与结果犯
4. 减刑与假释
5. 时效延长与时效中断
6. 介绍贿赂与斡旋贿赂

二、简答题

1.《刑法》第 177 条第 4 项规定：“（四）伪造信用卡的……”，第 177 条之一第 1 项规定：“（一）明知是伪造的信用卡而持有、运输的，或者明知是伪造的空白信用卡而持有、运输，数量较大的……”，请根据刑法上述两项规定，评价“伪造空白信用卡”的行为。

2. 简释结果加重犯的概念，并在刑法分则条文中列举两例。

3. 就一名 15 周岁未成年人实施转化型抢劫的情况，回答下列问题：

（1）是否构成犯罪？

（2）如果认为构成犯罪，应当构成何罪？

（3）如何进行处罚？

4. 简述 2008 年 11 月 20 日《最高人民法院、最高人民检察院关于办理商业贿赂刑事案件适用法律若干问题的意见》中针对“医务人员”的规定，并略作评析。

三、案例题

1. 张龙，男，68 岁，1994 年 2 月因投机倒把罪被判处有期徒刑3年，后减刑1年；

张鹿，男，32岁，1995年12月因流氓罪被判处有期徒刑1年缓刑2年；

张牛，男，23岁，1994年12月因盗窃罪被判处有期徒刑3年，于1996年12月被决定假释；

张狐，女，34岁，1993年10月因从事卖淫活动被公安机关决定妇教2年，案发时被查明已有3个月身孕；

张豚，男，40岁，案发时公安人员发现其目光呆滞、举止怪诞，经法医鉴定属轻度智障。

自1997年1月起，张龙纠集张鹿、张牛、张狐、张豚等人，结成拐卖人口的团伙。到同年年底为止，共计拐卖了15名被害人。其中妇女8人，儿童4人，老头3人（收买者意图操控老头从事乞讨活动牟利）。该团伙内部分工明确，其中张龙负责策划、指挥及分赃；张鹿负责物色、诱骗被害妇女，其间还乘机对多人实施了奸淫行为；张牛负责联系、落实买家，有一次在网上搭识了一个叫阿里巴巴的埃及人，以5000埃及镑的价格成交后，将一名被害妇女交由阿里巴巴带往境外。还有一次将一名被害妇女卖给一家色情场所的老板，让其专门从事色情表演；张狐负责从医院产科病房、托儿所等处盗窃婴幼儿，有一次把偷来的新生婴儿长时间藏在手提包里，导致该婴儿窒息死亡。张豚充任该团伙的打手，负责监视、恐吓。被拐卖人员稍有反抗，就会被张豚打得鼻青眼肿。

请根据刑法规定和基本原理分析本案中相关人员的行为性质及刑事责任。

2. 某公安分局刑警黄笃读，某日夜间身穿警服，手持警棍，窜至南京路步行街，拦下被害人李大胆，口称“我是警察”，伸手便欲抢走被害人的皮包。被害人一把将黄笃读推开，满脸不屑地说，“警察还会抢东西啊，一看就是个冒牌货。你要是警察，我还是局长呢。”黄笃读见被害人不怕警察，一边赔笑说“开个玩笑，别介意”，一边赶紧溜走。次日夜间，黄笃读身穿便衣，守候在一家妓院性质场所的门口，见被害人吴风流从里面出来，便拍了下吴的肩膀，说道，“你刚才干的什么好事？我是联防队员，走，跟我到局里去一趟。”被害人心中有鬼，连连哀求，黄乘机说，“你现在不去也可以，先缴五千元罚款，明儿来局里拿发票。”得款后即扬长而去。第三天夜间，黄笃读又身穿便衣，手持警棍，窜至一家棋牌室，大喊一声“联防队来抓赌”，伸手就把桌上赌资装进自己口袋。其中有个赌徒想要抗拒，被黄笃读用警棍狠狠敲了两下，乘众赌徒慌乱之际，黄笃读迅即逃离。

请根据刑法和有关规定提出上述案件的处理意见。

四、论述题

1. 简述《刑法》总则第14条关于故意犯罪中“明知”的原则规定；列举《刑法》分则法条中三处关于“明知”的特别规定，说明两者的联系与区别。

2.《刑法》第263条第7项规定“持枪抢劫的……”；第267条第2款规定：“携带凶器抢夺的……”，请比较刑法的上述两项规定。

3. 阐明有期徒刑的主要内容；比较有期徒刑和拘役的异同；列举有期徒刑可以突破15年上限的各种情况。

2008年

一、解释下列概念及主要区别

1. 从旧兼从轻和从新兼从轻
2. 犯罪动机和犯罪目的
3. 自然犯和法定犯
4. 诈骗罪和敲诈勒索罪
5. 侮辱罪和诽谤罪
6. 受贿罪和非国家工作人员受贿罪

二、简答题

1. 举例说明犯罪预备与犯意表示的区别。
2. 犯罪故意和犯罪过失最本质的区别。
3. 挪用公款罪中“归个人使用”的含义。
4. 妨害信用卡管理罪的表现形式。

三、案例分析题

1. 何某于2000年5月10日因诈骗罪被判处有期徒刑2年，缓刑3年。2003年2月15日，何某因琐事与吴某发生争吵，用刀将吴某刺成重伤。在公安机关追捕过程中，何某为了拒捕，盗窃了炸药和雷管随身携带。在某车站，何某被我公安人员李某发现，李某正要上前抓捕，何某掏出炸药雷管威胁要同归于尽。李某为了周围群众的安全，与何某进行周旋。何某趁机点燃炸药雷管，并乘人群慌乱时逃逸。周围群众躲避及时并未发生伤亡。何某在逃逸时被其他闻讯赶来的公安人员抓获。归案后，何某又主动交代了司法机关没有掌握的自己曾于2000年3月诈骗他人钱财的犯罪事实。

请根据刑法的规定，对何某的行为作出评析。

2. 陈某系某保险公司的事故鉴定人，因加工资未遂心愿而对公司领导不满并意图进行报复。在一次保险事故鉴定中，陈某发现投保人李某编造未曾发生的保险事故，意欲骗取保险金，在李某并不知道自己的诈骗行为已经被陈某察觉的情况下，陈某仍然为李某开具发生保险事故及事故程度的鉴定书，从而使李某顺利地骗取了保险公司支付的巨额保险金。后经人检举而遭案发。

请根据刑法规定及基本原理分析本案中陈某和李某行为并作出评析。

四、论述题

1. 试述对教唆犯的定罪和处罚原则。

2. 试述一般累犯与特别累犯的区别。

3. 试述交易形式收受贿赂行为的定性。

中南财经政法大学

2018 年

一、简答题

1. 简述实质的一罪的含义、特征及处罚原则。

2. 简述刑事责任根据的学说评述。

3. 简述对象认识错误的类型及处理方法。

4. 简述自首与坦白的异同。

5. 简述贷款诈骗罪的客观行为方式。

二、案例分析题

1. 甲、乙商议去丙家盗窃，甲在外望风，乙进入丙家窃取2000元现金和一张信用卡，窃取之时丙醒来，乙猛击丙一拳后挣脱而去。分赃之时，甲选择现金2000元，乙选择一张信用卡，甲随乙拿信用卡去取钱，发现里面有10000块钱，于是乙取出5000块钱，甲羡慕不已。

问：甲、乙的行为分别如何定性，犯罪数额分别是多少？

2. 甲欠乙5000元一直未还，为了让甲还钱，乙叫丁和自己一起去绑架甲的儿子丙，并将其关在一家宾馆内。乙让丁看着，自己去甲家找甲索取8000元（其中5000元债务，3000元精神损失费），并以让丁杀害丙为由威胁甲，甲于是给予乙8000元。

问：乙和丁的行为应如何定性？

2012 年

一、简答题

1. 简述我国刑法的渊源。

2. 简述我国刑法（包括刑法修正案八）关于对未成年人犯罪从宽处罚的规定。

3. 简述并评价行为人违法性认识对于影响认定犯罪故意的几种分歧性观点。

4. 简述缓刑的适用条件。

5. 简述非法经营罪的客观行为方式。

二、案例分析题

1. 主要考查故意杀人罪与保险诈骗罪。

2. 主要考查盗窃罪与信用卡诈骗罪。

2010 年

一、简答题

1. 简述刑法溯及力的概念及我国刑法关于溯及力问题的规定内容。

2. 简述并评价刑法理论中关于行为的理论

学说。

3. 简述紧急避险的成立条件。

4. 简述牵连犯的特征及处断原则。

5. 简述抢劫罪与敲诈勒索罪的区别。

二、案例分析题

王某因生意往来欠李某10万元货款，李某多次向王某讨要，王某拒不还款。李某因此资金运转困难。为了讨回10万元货款，李某将王某10岁的女儿于放学途中哄骗至一偏僻小屋，不让其回家，并打电话给王某，称其女儿在自己手中。如果不及时还款就会让其女儿遭殃。王某报案，警察找到李某及王某的女儿时，已经是第三天晚上了。

试问李某的行为如何定性。

三、案例分析题

被告人崔某系公司经理，崔某公司与河南某钢铁总厂存在经营业务，但某钢铁总厂欠该公司增值税发票没有开具，致使该公司无法折抵税款。被告人崔某为了平衡公司账目，找到山西省某洗煤焦化厂厂长李某，两单位之间签订一份假的虚假购销合同，让李某为其公司开具了合计价税款6440000元、税款93572元的增值税发票，该发票价税款额与某钢铁总厂欠开的增值税发票数目相同，崔某后来用增值税发票在税务局申报抵扣了税款。案件审理中，有意见认为，被告单位及其法定代表人崔某构成虚开增值税专用发票罪；另有意见认为，被告单位和法定代表人崔某不构成犯罪。请你分析这两种观点，并谈谈你的主张和理由。

2009年

一、简答题

1. 简述刑法解释学中的客观解释论。

2. 简述刑法中不作为的作为义务来源。

3. 简述犯罪未遂的特征及未遂犯的刑事责任。

4. 简述自首的法律后果。

5. 简述信用卡诈骗罪的客观特征。

二、案例分析题

1. 陈某因举报张某的违法行为而与张某结仇。某日下午6时许，陈某在街上行走时被张某兄弟发现而持刀追杀。逃避途中，陈某多次拦出租车均遭拒载。当逃到一正发动摩托车的中年妇女丁某身边时，陈某恳求其搭载自己，但也被丁某拒绝。眼看张某兄弟逐渐逼近，情急之中陈某一手抓住摩托车，一手将该丁某推倒，然后骑摩托车逃走。后丁某报警，陈某被巡警截住。

试分析陈某行为的性质。

2. 陈某（某省发改委能源交通处副处长）于2002年3月到一申请省发改委项目的公司考察时，在该公司举行的招待宴会上向公司经理提出借辆轿车用。公司经理为得到陈某在项目审批上的支持，马上让下属花18万元买了新的桑塔纳2000型轿车，办好相关手续后送到陈某手中。2003年，陈某到某市挂职副市长，配了公车，但没有将该车物归原主，而是转手给内弟吴某使用，直至2008年3月被纪委查处。

请问对陈某的行为应如何定性并详述理由。

西南政法大学

2016 年

一、简答题

1. 简述特赦的适用条件。

2. 简述《刑法修正案（九）》为完善贪腐犯罪立法所修改的主要内容。

二、概念比较题

1. 甲预备犯与从犯

2. 侮辱罪与强制侮辱罪

三、分析说明题

1. 试结合刑法分则的某个（些）规定，对基本犯、加重犯与减轻犯的犯罪分类标准及各自含义予以分析说明。

2. 甲某犯参加黑社会性质组织罪被判处有期徒刑 3 年并处罚金 2 万元，犯叛逃罪被判处管制 2 年并处剥夺政治权利 2 年，请结合我国现行《刑法》的有关规定，分析说明甲某被判处的刑罚应如何执行。

四、案例分析题

被告人王某，男，汉族，51 岁。2015 年 6 月 18 日，王某在赶集回家途中，发现自己家的一只鸭子死在同村村民唐某（男，59 岁）的田里。“好好的鸭子，为何死在唐某家的田里？肯定是唐某放药毒死的!”王某便急匆匆地找到唐某，开口大骂。“我没有下毒，鸭子为什么会死在我家田里，我怎么清楚？”唐某解释道。但是对于唐某的解释，王某压根儿不相信，并追着唐某继续大骂。不少村民前来调解，让争吵暂停。当天晚上，王某回家后，思前想后怒火越燃越旺。“没放毒，鸭子怎么会死？”19 日上午，王某继续对唐某进行谩骂。下午，王某跑到唐某家中，对唐某进行辱骂、羞辱。当地村干部对王某进行批评、制止，但效果不大。一方谩骂，另一方还击……你一句、我一句的，骂架升至高潮。当日傍晚，在如火如荼的“交战”中，唐某突然倒地，随后被送至医院，抢救无效死亡。唐某的亲属报警。经法医鉴定。唐某患有高血压（王某并不知道），当时因高血压诱发脑内出血而亡。经检测，王某家死的鸭子，腹中未检出毒药成分。警方对王某的行为，以涉嫌过失致人死亡罪立案侦查，在侦查讯问过程中，王某主动交代了 2012 年至 2014 年先后以金钱、零食、玩具等为诱饵与本村和邻村 5 名 10 周岁至 13 周岁幼女发生性关系的事实以及 2015 年 6 月 10 日在县城休闲洗浴中心花 100 元嫖宿 13 周岁卖淫幼女杨某的事实。一审法院于 2015 年 11 月 10 日对本案开庭审理，在审理期间王某主动给付了唐某的医疗费、丧葬费等费用人民币 2 万元。

问题：

1. 本案王某“骂死唐某”的行为是否构成过失致人死亡罪？请结合刑法有关规定或原理予以分析。

2. 本案王某随意辱骂唐某并致其死亡的行为是否构成寻衅滋事罪？请结合刑法有关规定或原理予以分析。

3. 本案王某诱奸本村和邻村 5 名幼女的行为应如何定性？应在哪个法定刑幅度内处罚？请结合刑法有关规定或原理予以分析。

4. 本案王某嫖宿 13 周岁卖淫幼女杨某的行为应如何定性？请结合刑法有关规定或原理予以分析。

5. 本案有哪些法定或酌定的量刑情节？请结合刑法有关规定予以说明。

2015 年

一、简述题

1. 简述量刑的原则。

2. 简述走私罪的概念及构成特征。

二、概念比较题

1. 刑事责任年龄与刑事责任能力

2. 危险驾驶罪与以危险方法危害公共安全罪

三、分析说明题

1. 以刑法上因果关系的相对性原理分析说

明：行为人是否应当对间接危害结果承担刑事责任？

2. 我国《刑法》第 389 条第 1 款规定："为谋取不正当利益，给予国家工作人员以财物的，是行贿罪。"请结合本规定及其司法解释和刑法总则的相关规定分析：为何在司法上，并非只要行为人实施了"为谋取不正当利益，给予国家工作人员以财物的"行为，就成立犯罪？

四、案例分析题

被告人李某，男，1993 年 7 月 26 日出生，汉族，初中文化。曾因犯非法拘禁罪于 2010 年 10 月 14 日被法院判处有期徒刑 2 年缓刑 3 年，因涉嫌本案犯罪于 2013 年 10 月 28 日被刑事拘留并于同年 11 月 21 日被依法执行逮捕。

被告人梁某，男，1988 年 4 月 2 日出生，汉族，初中文化。曾因犯抢劫、盗窃罪被判处有期徒刑 8 年，在执行 5 年整后的 2010 年 10 月 18 日获假释，因涉嫌本案犯罪于 2013 年 10 月 28 日被刑事拘留并于 2013 年 11 月 21 日依法执行逮捕。经审理查明，2013 年 10 月 9 日，被告人李某、梁某与黄某（在逃）经商议，预谋诈骗他人财物。10 月 13 日晚，黄某将被害人曹某约至自己的住处进行名贵药材交易。黄某与曹某商定好价钱后，曹某将现金人民币 10.4 万元交给黄某。此时，李某、梁某冒充工厂的保安员进入黄某的住处，称此名贵药材是工厂被盗的财物，要将该药材带回工厂，黄某趁机携款逃跑。曹某见状，立即报警求助，李某即按倒曹某，对其进行殴打，梁某趁机携带装有药材的袋子逃离现场。当晚，黄某将现金人民币 10.4 万元退还给被害人的妻子王某。2013 年 10 月 28 日，被告人梁某、李某先后被抓获归案。经鉴定，涉案名贵药材实系赝品，鉴定价值为人民币 900 元。

问题：

（1）本案李某的行为应如何定性处罚？请结合刑法有关规定或原理予以分析。

（2）本案梁某的行为应如何定性处罚？请结合刑法有关规定或原理予以分析。

（3）本案黄某的退款行为能否影响对李某、梁某的处罚？请结合刑法有关规定或原理予以分析。

2014 年

一、简述题

1. 简述单位成为犯罪主体的必要条件。

2. 简述我国现行《刑法》第 264 条中非数额型盗窃行为的入罪标准。

二、概念比较题

1. 犯罪过失与刑法中的对事实认识错误

2. 非法吸收公众存款罪与集资诈骗罪

三、分析说明题

1. 请以我国刑法关于犯罪定义、相对确定法定刑和犯罪未完成形态的规定为例，分析说明刑法总则对分则的作用功能。

2. 请以我国关于犯罪客体概念和层级分类的通说理论，分析说明故意杀人罪犯罪客体的概念及其具体情形。

四、案例分析题

被告人郑某，男，1992 年 2 月 24 日出生，初中文化，农民。2012 年 8 月 15 日因本案被刑事拘留，2012 年 8 月 20 日被依法逮捕。

被告人周某，男，1992 年 4 月 23 日出生，小学文化，农民。2012 年 8 月 16 日因本案被刑事拘留，2012 年 9 月 15 日被依法逮捕。

被告人王某，男，1994 年 2 月 6 日出生，小学文化，无业。2010 年 12 月因犯抢劫罪被判处有期徒刑 1 年，2011 年 8 月 30 日刑满释放。2012 年 7 月 25 日因本案被刑事拘留，2012 年 8 月 20 日被依法逮捕。

经审理查明，2012 年 1 月 14 日 22 时许，被告人郑某、周某、王某在 A 市 B 区 F 村附近的"伟伟网吧"门口，见被害人刘某及其女友罗某经过，郑某以看不惯刘某为由，提议殴打刘某，三人同意并一起追赶刘某二人，在成功将刘某拦截后，郑某、周某持砖头、王某持刀对刘某进行砸、砍，造成刘某头皮裂伤、右手拇指肌腱离断伤。经法医鉴定，其手部伤情为重伤。

案发后，被告人王某主动向公安机关投案，如实供述自己的犯罪事实，并协助公安机关将郑某、周某抓获；被告人郑某、周某、王某的家属分别补偿被害人刘某经济损失5000元、5000元、6000元；庭审中，三被告人积极认罪、悔罪。

问题：

(1) 本案行为应当如何定性？请结合刑法的基本原则等规定或原理予以分析。

(2) 在本案中，是否应当划分主从犯？若不应划分请说明理由，若应划分请分析如何划分。

(3) 请从本案中针对王某找出四种法定或酌定量刑情节，并分别指出这些情节的名称（内容）和功能。

(4) 若本案发生在2010年1月14日，且被告人王某原犯抢劫罪被判处有期徒刑3年，本案处理时其正在服刑，则法院在处理本案时对王某应如何处理？

2013年

一、简述题

1. 简述我国刑法通说下不作为犯罪的构成条件。

2. 简述生产、销售伪劣商品罪的个罪关系及其处罚原则。

二、概念比较题

1. 教唆犯与主犯。

2. 受贿罪与滥用职权罪。

三、分析说明题

1. 请以寻衅滋事罪为例分析说明犯罪构成的整体性。

2. 请从刑法的不同视角分析“绑架”行为在司法上的可能定性。

四、论述题

试结合我国刑法总则和分则的某些具体规定，阐述罪责刑相适应原则对定罪量刑的意义。

五、案例分析题

被告人甲，男，1994年2月10日出生，无业。曾于2010年犯参加黑社会性质组织罪被判处有期徒刑1年，2011年3月16日刑满释放。被告人乙，男，1990年3月15日出生，无业。2012年2月10日中午13时许，被告人甲、乙合谋盗窃一电器仓库，由乙配制一把“万能钥匙”。当日晚，乙将配制的钥匙交给甲，二人约定当晚12点在仓库门口见面后行窃。晚上，乙因害怕而喝酒壮胆，在驾车前往现场途经有民警现场值守的检查站时，强行高速驾车冲关，在发现有警车紧追时，高速驾车经繁忙高速路段逃逸。乙车在驶上高速路后不久即撞上一辆出租车（致该车后部受损，未造成人员伤亡），乙被抓获归案。经鉴定，乙静脉血中乙醇含量为164.4mg/100ml，已达醉酒状态。而甲如约到现场后，因未等到乙，使用“万能钥匙”打开库房，窃得手提电脑四部，价值人民币2万元，销赃后得赃款1万元逃逸。乙到案后如实供述了以上全部事实，并协助公安机关将甲抓获。甲到案后揭发乙曾于2007年2月9日在网吧制造计算机病毒，造成某金融系统的计算机信息系统较长时间瘫痪。经公安机关查证，甲的检举属实，乙的该行为依法应“处5年以下有期徒刑或拘役”。

问题：

(1) 请分析乙的盗窃行为是犯罪未遂、犯罪中止还是犯罪既遂。

(2) 乙在本案中制造计算机病毒行为是否应追诉为犯罪，为什么？

(3) 请从本案中找出四种法定量刑情节，并指出各自的根据及其处罚原则。

(4) 乙在本案中的醉驾行为应如何定性？请分析说明理由。

2010年

一、概念比较题

1. 犯罪客体与犯罪对象。

2. 犯罪预备与犯罪表示。

二、简答题

1. 间接故意的概念及表现形式。

2. 我国刑法对死刑进行立法限制的表现。

2009年

一、概念比较题

1. 犯罪中止与犯罪未遂。

2. 管制与缓刑。

二、简述题

1. 我国刑事责任年龄阶段的划分。

2. 简述自首余罪（准自首）。

三、论述题

刑法中的不作为的构成要件。

西北政法大学

2017年

一、简答题

1. 简述洗钱罪与掩饰、隐瞒犯罪所得、犯罪所得收益罪的区别。

2. 非法拘禁罪中，没有杀人的故意，能否构成故意杀人罪？

二、论述题

论犯罪既遂。

2016年

一、简答题

1. 什么是危害行为？危害行为为什么是犯罪要件的必要构成？

2. 犯罪未遂的特点，以及和犯罪预备的区别？

3. 减刑的条件和《刑法修正案（九）》对减州的修改。

二、论述题

挪用公款罪以及挪用资金罪的区别。

2015年

一、简答题

1. 我国刑法对死刑严格控制的主要表现。

2. 交通肇事罪中“因逃逸致人死亡”的含义和构成条件。

3. 谈谈你对《刑法》第267条第2款“携带凶器抢夺”以抢劫罪定罪的理解。

二、论述题

单位犯罪的概念、特征、处罚原则。

2014年

一、名词解释

1. 间接故意

2. 犯罪未遂

3. 危险驾驶罪

二、简答题

1. 共同犯罪的构成要件。

2.《刑法修正案（八）》关于缓刑适用的修改。

三、论述题

贪污罪和职务侵占罪的对比。

2013年

一、名词解释

1. 想象竞合犯与法条竞合犯

2. 案犯与再犯

3. 携带凶器抢夺与携带凶器盗窃

二、简答题

1. 缓刑的概念及使用条件。

2. 数罪并罚的方法及适用。

三、论述题

受贿罪的概念、特征及其与非国家工作人员受贿罪的主要区别。

2008年

一、名词解释

1. 行为犯

2. 首要分子

3. 刑事责任

4. 假冒注册商标罪

5. 暴力取证罪

二、简答

1. 简述自然犯和法定犯的概念及其主要特点。

2. 简述危害公共安全的本质特征。

三、论述

1. 简述量刑情节的分类。

2. 简述行贿罪的概念及罪与非罪的区别。

北京师范大学

2015 年

简答题

1. 简述过于自信的过失和间接故意的区别。

2. 简述犯罪未遂形态的特征。

3. 简述法条竞合的适用原则。

4. 简述强拿硬要型寻衅滋事罪和抢劫罪的界限。

2012 年

一、名词解释

1. 刑事责任能力

2. 未实行终了的未遂

3. 一般累犯

4. 侵犯著作权罪

5. 巨额财产来源不明罪

6. 滥用职权罪

二、简答题

1. 身份犯的分类。

2. 假释的适用条件。

3. 窝藏包庇罪的构成要件。

4. 挪用资金罪和职务侵占罪的区别。

三、论述题

1. 谈谈对《刑法》第 13 条但书的理解和适用。

2. 洗钱罪的构成要件。

2011 年

一、名词解释

1. 罪刑法定原则

2. 假释

3. 继续犯

4. 生产、销售伪劣产品罪

5. 虐待罪

6. 贪污罪

二、简答题

1. 犯罪主体特殊身份的类型。

2. 犯罪既遂的类型。

3. 挪用公款罪和挪用资金罪的异同。

4. 抢劫罪既遂与未遂的界限。

三、论述题

1. 正当防卫的成立条件。

2. 侵占罪的概念与构成要件。

2010 年

一、名词解释

1. 不作为犯

2. 法条竞合

3. 假释

4. 逃税罪

5. 严重污染环境罪

6. 利用影响力受贿罪

二、简答题

1. 犯罪既遂的类型。

2. 自首的构成要件。

3. 交通肇事罪与以危险方法危害公共安全罪的区别。

4. 绑架罪与抢劫罪的区别。

三、论述题

1. 从构成上分析犯罪故意、过失的区别。

2. 组织、领导、参加黑社会性质组织罪的犯罪构成。

2009 年

一、名词解释

1. 刑法修正案
2. 刑事责任年龄
3. 犯罪预备
4. 准自首
5. 背信损害上市公司利益罪
6. 巨额财产来源不明罪

二、简答题

1. 对象认识错误。
2. 防卫过当及其刑事责任。
3. 侵占罪和盗窃罪的区别。
4. 绑架罪的构成。

三、论述题

1. 犯罪主体的特殊身份及其意义。
2. 交通肇事罪的特征及其认定。

2008 年

一、名词解释

1. 防卫挑拨
2. 能犯未遂

二、判断题（只需判断“对”或“错”，不需要阐述理由。）

1. 根据《刑法》的规定，对于犯罪集团中的主犯，应当按照集团所犯的全部罪行进行处罚。

2. 根据《刑法》的规定，减轻处罚只有在具有法律明文规定的减轻处罚情节时，才能在法定刑以下判处刑罚。

三、简答题

1. 《刑法》第 6 条规定：“凡在中华人民共和国领域内犯罪的，除法律有特别规定的以外，都适用本法。”请简述“法律有特别规定”的具体含义。

2. 简述刑事责任与犯罪和刑罚之间的相互关系。

四、论述题

试述我国刑法总则中对未成年人的特殊保护规定。

中国人民公安大学

2015 年

一、名词解释

1. 扩大解释
2. 犯罪集团
3. 结果加重犯
4. 侵占罪
5. 绑架罪

二、简答题

1. 我国刑法对属人原则的规定。
2. 我国刑法对未成年人犯罪的规定。
3. 列举 5 个刑法中的正当行为。
4. 寻衅滋事的客观表现。

三、论述题

1. 论述犯罪的基本特征。
2. 论述胁从犯及其刑事责任。

四、案例题

阮某违规建房，规划局的董某和雷某接到举报之后去找阮某，发生口角后与其厮打，阮某拿铁锹追董某，让雷某撂倒了，之后雷某和董某一起拿铁锹拍阮某头部，把阮某拍成重伤，分析雷某和董某的行为并说明理由。

2012 年

案例分析题

王某某（已满 18 岁），李某某于 1996 年出生。二人商量着去搞点钱，某日晚在某市站前广场拦住一抱小孩妇女赵某某，把刀架在孩子脖子上，要求赵某某交出身上所有钱财，赵某某不从，李某某就从她身上搜出600块钱和一部价值1600元的手机，将赵某某放走。王某某嫌钱少，就用赵某某的手机给她的丈夫任某某打电话，说他老婆、孩子在自己手上，要他带20万元来赎人。任某某没有凑够钱，就空着手到了约定地点打算先探个虚实。王某某见其没有带钱，就踹了他一脚叫他滚，任某某转身走出20余米后，李某某怕他报警，追上前连刺其背部几刀致其死亡。

问这两个人分别构成什么罪，说明理由。

2011年

一、名词解释

1. 犯罪构成
2. 属人原则
3. 连续犯
4. 偶然防卫
5. 受贿罪

二、简答题

1. 剥夺政治权利的内容。
2. 对什么人不能判处死刑。
3. 简述刑讯逼供罪的犯罪构成要件。
4. 列举5种以“以非法占有为目的”为犯罪构成要件的犯罪行为。
5. 简述尚未完成犯罪既遂的犯罪形态。

三、论述题

直接故意与间接故意的区别。

四、案例分析题

行为人李某盗窃一辆奥迪轿车后，因驾驶技术不娴熟，撞了一个水果摊，并把水果摊主撞成重伤。随后，李某把水果摊主带到一个隐蔽的丛林，导致水果摊主失血过多死亡。

问：李某构成什么罪？为什么？

2010年

一、名词解释

1. 玩忽职守罪
2. 以危险方法危害公共安全罪
3. 犯罪预备

二、简答题

1. 紧急避险的危险来源。
2. 附加刑的种类。
3. 受贿罪的客观方面条件。
4. 相对负刑事责任的责任年龄范围。
5. 偷盗婴幼儿的行为可以构成什么罪。

三、论述题

论教唆犯。

2009年

一、名词解释

1. 过于自信的过失
2. 刑事责任能力
3. 结果加重犯
4. 侵占罪
5. 绑架罪

二、简答题

1. 犯罪中止具有哪些特征？
2. 简述伪证罪的客观方面表现。
3. 《刑法》第269条规定的转化型抢劫罪必须具备哪些条件？
4. 试举出5个我国刑法规定的法定量刑情节。
5. 特别自首成立的条件是什么？

三、论述题

试论我国刑法中的主犯。

四、案例分析题

1999年7月13日晚7时许，李某酒后驾驶自己的“东风”牌汽车送女友谭某回家，此时汽车自北向南行驶，路面平直无障碍，视线良好，车速较快。当汽车行至十字路口拐弯处时，将路边相向正常行走的行人赵某撞倒。谭某见状对李某说：“你把人撞了，你还开？”李某装作没听见，并继续驾车前行，并未减速。当车驶出200米后，又将同向骑自行车驮着女儿的崔某撞倒，崔某重伤，其女儿当场死亡。当车继续前行时，与相向行驶的一辆解放牌货车相撞。李某的汽车熄火，解放牌货车被撞毁，司机受重伤。

问：（1）分析李某行为时的主观心理态度。

（2）李某的行为构成何罪？说明理由。

2008 年

一、名词解释

1. 牵连犯
2. 教唆犯
3. 投放危险物质罪
4. 吸收犯
5. 结果加重犯

二、简答题

1. 抢劫罪与抢夺罪的主要区别是什么？
2. 简述犯罪客体与犯罪对象之间的主要区别。
3. 简述构成一般累犯必须具备的条件。

三、论述题

1. 论不作为的义务来源。
2. 试述缓刑和死刑缓期执行的主要区别。

吉林大学

2015 年

1. 不作为犯成立的条件。
2. 犯罪未遂的基本特征。
3. 简述防卫过当及其刑事责任。
4. 刑法中认识错误的类型及其处理方式。

2013 年

1. 罪刑法定原则的基本内容与实施。
2. 论述我国的刑罚体系并论述《刑法修正案（八）》对其做的改革。

2012 年

1. 简述刑事责任年龄的划分。
2. 结合《刑法修正案（八）》的内容，谈谈我国对死刑的限制。

2010 年初试

1. 简述过当性犯罪及其刑事责任的原则。
2. 论收受型贿赂与索取型贿赂的区别及联系。
3. 交通肇事逃逸致人死亡的定性评价。
4. 论主犯的类型及其刑事责任。
5. 论法律认识错误。
6. 论刑事责任年龄负刑事责任的依据。

2010 年复试

1. 论犯罪中止的类型及成立条件。
2. 论数罪并罚的适用原则。
3. 犯罪学中犯罪概念的界定。
4. 谈谈严打在犯罪预防中的作用。

中山大学

2015 年

一、名词解释

1. 从旧兼从轻原则
2. 鉴定意见
3. 传来证据
4. 犯罪中止
5. 特别自首

二、法条分析

1.《刑法》第50条第2款规定："对被判处死刑缓期执行的累犯以及因故意杀人、强奸、抢劫、绑架、放火、爆炸、投放危险物质或者有组织的暴力性犯罪被判处死刑缓期执行的犯罪分子，人民法院根据犯罪情节等情况可以同时决定对其限制减刑。"第78条第2款第3项规定："人民法院依照本法第五十条第二款规定限制减刑的死刑缓期执行的犯罪分子，缓期执行期满后依法减为无期徒刑的，不能少于二十五年，缓期执行期满后依法减为二十五年有期徒刑的，不能少于二十年。"

问题：

(1) 说明以上法条的立法目的是什么？

(2) 根据以上法律规定，分析人民法院依法应当在何时作出限制减刑的决定？

2.《刑法》第133条之一规定：在道路上驾驶机动车追逐竞驶，情节恶劣的，或者在道路上醉酒驾驶机动车的，处拘役，并处罚金。

有前款行为，同时构成其他犯罪的，依照处罚较重的规定定罪处罚。

问题：

(1) 上诉第2款中"其他犯罪"主要包括哪些罪名？

(2) 根据以上"依照处罚较重的规定定罪处罚"的规定，能够推断出本罪与"其他犯罪"之间的关系是什么？

(3) 本罪主观方面是什么？能否与交通肇事罪构成法条竞合关系？

三、案例分析题

被告人李某与刘某（女）于2009年3月建立恋爱关系，同年6月，刘某以性格不合为由提出分手，但李某不同意。7月1日晚，李某到刘某所在的宿舍要求复合，遭到刘某拒绝，二人发生争执。李某在暴怒之下用剪刀将刘某捅死。刘某的舍友在门外听到刘某呼叫后报警，警察赶到现场后，抓获在现场发呆的李某。李某当时便承认是他杀死了刘某。

问题：李某是否构成自首？

2014年

一、名词解释

1. 犯罪集团
2. 侵占罪
3. 利用影响力受贿罪
4. 指定居所监视居住
5. 补强规则
6. 违法所得特别没收程序

二、法条分析

1. 我国《刑法》第99条规定："本法所称以上、以下、以内，包括本数。"第69条规定："判决宣告以前一人犯数罪的，除判处死刑和无期徒刑的以外，应当在总和刑期以下、数刑中最高刑期以上，酌情决定执行的刑期……"

根据以上规定，请回答：

(1)《刑法》第69条的规定中包含哪些原则，并说明理由；

(2) 当一人犯数罪均为有期徒刑时，决定执行的刑期能否等于总和刑期或者数刑中最高刑期，请说明理由。

2. 我国《刑法》第164条第4款规定："行贿人在被追诉前主动交待行贿行为的，可以减轻处罚或者免除处罚。"第392条第2款规定：介绍贿赂人在被追诉前主动交待介绍贿赂行为的，可以减轻处罚或者免除处罚。

根据以上规定，请回答：

(1) 这些规定与自首的关系是什么？其法理依据何在？

(2) 法条中"被追诉前"的具体含义是什么？

2013年

一、名词解释

1. 单行刑法
2. 客观归罪
3. 原因自由行为
4. 监视居住
5. 证明对象
6. 附条件不起诉

二、法条分析题

1.《刑法》第63条第1款后段规定："本法规定有数个量刑幅度的，应当在法定量刑幅度的下一个量刑幅度内判处刑罚。"请你结合《刑法》第263条关于抢劫罪法定刑的规定，说明如何正确理解与适用以上具体规定。

2.《刑法》第204条第1款规定："以假报出口或者其他欺骗手段，骗取国家出口退税款，数额较大的，处五年以下有期徒刑或者拘役，并处骗取税款一倍以上五倍以下罚金……"

第2款规定："纳税人缴纳税款后，采取前款规定的欺骗方法，骗取所缴纳的税款的，依照本法第二百零一条的规定定罪处罚；骗取税款超过所缴纳的税款部分，依照前款的规定处罚。"

请分析说明以上法条的规定中包含哪些刑法理论。

三、案例分析题

1. 2004年4月25日，某村26岁的王某与妻子因家务事吵了起来，被邻居拉开后，两人又边吵边来到村西污水旁。一气之下的妻子跳进了污水河里，由于污水深约1米，妻子还把头探进水里，自寻短见。站在一旁的丈夫见状也跳进河中劝说，妻子不听，丈夫即独自回到岸上扬长而去。随后，丈夫先到亲戚家，讲了妻子跳河的事，又给派出所打了电话。当公安民警和他的亲戚赶到的时候，时间过了一个小时，妻子已经死亡。

问：王某的行为应当如何处理。

2. 2008年11月3日，妻子罗某趁丈夫赵某出差，便发短信约其情人李某到她家幽会。二人在家门前的小货车上鬼混时，丈夫赵某突然回家，见小货车有异动，上前探望。罗某见状大惊，即大喊"强奸"，李某即欲驱车逃走。赵某以为歹徒要掳走爱妻，拾起石头砸向驾驶室，致使李某重伤。

问：赵某的行为应当如何定性？

2012年

一、名词解释

1. 罪刑法定

2. 正当防卫

3. 犯罪集团

4. 立案

5. 证明对象

6. 鉴定

二、法条分析

1.《刑法》第67条第3款规定："犯罪嫌疑人虽不具有前两款规定的自首情节，但是如实供述自己罪行的，可以从轻处罚；因其如实供述自己罪行，避免特别严重后果发生的，可以减轻处罚。"

请说明该法条的含义与立法宗旨是什么？

2. 1997年《刑法》第68条第1款规定："犯罪分子有揭发他人犯罪行为，查证属实的，或者提供重要线索，从而得以侦破其他案件等立功表现的，可以从轻或者减轻处罚；有重大立功表现的，可以减轻或者免除处罚。"第2款规定："犯罪后自首又有重大立功表现的，应当减轻或者免除处罚。"《刑法修正案（八）》将该第2款的规定予以删除。

请说明删去该款内容的理由有哪些？

三、案例分析题

1. 2002年11月，被告人王某某经人介绍与被害人钱某相识，2003年1月登记结婚，2004年4月生育一子。2006年6月，王某某与钱某分居，同时向人民法院起诉离婚。同年10月8日，人民法院认为双方感情尚未破裂，判决不准离婚。此后双方未曾同居。2007年3月25日，王某某再次提起离婚诉讼。同年10月8日，人民法院判决准予离婚，并将判决书送达双方当事人。双方当事人对判决离婚无争议，虽然王某某表示对判决涉及的子女抚养、液化气处理有意见，保留上诉权利，但后一直未上诉。同月13日晚7时许（离婚判决尚未生效），王某某到原居住的公寓3号206室，见钱某在房内整理衣物，即从背后抱住钱某，欲与其发生性关系，遭其拒绝。被告人王某某说：住在这里，就不让你太平。钱某挣脱欲离去。王某某将钱某的双手反扭住并将其按倒在床上，不顾其反抗，采用抓、咬等暴力手段，强行与其发生了性行为，致钱某多处软组织挫伤、胸部被抓伤、咬伤。当晚，钱某即向公安机关报案。

在审理中，第一种意见认为，被告人王某某构成强奸罪；第二种意见认为，案发时被告人与被害人仍具有夫妻关系，故不存在强奸问题，不构成犯罪。

问：哪种意见正确？为什么？

2. 被告人严某、王某为索财，经事先共谋，于2009年10月31日上午以谈生意为名，诱骗被害人朱某到郊区的出租屋，用捆绑、堵嘴等方式将朱某强行扣押，并向朱某家属勒索赎金人民币150万元。次日，两被告见被害人家属没有动作，估计索财无望，又害怕被警方抓获，遂逃离现场并通过公用电话将被害人的扣押地点告知被害人家属。在被害人家属赶到扣押现场前，被害人朱某通过自救方法逃离现场。

问：对两被告人的行为应如何定性？如何处罚？为什么？

四、论述题

1. 论缓刑的适用条件。

2. 论禁止重复追究原则。

2011年

一、名词解释

1. 状态犯

2. 战时缓刑

3. 论理解释

4. 不起诉

5. 上诉不加刑

6. 监视居住

二、简答题

1. 属人管辖和保护性管辖中的处罚原则。

2. 共同犯罪能否以共同过失形式作出？

3. 认识对象的错误对定罪量刑的影响。

4. 转换型抢劫中的当场性条件。

三、论述题

1. 违法性排除的正当行为。

2. 逮捕的条件。

2010年

一、名词解释

1. 普遍管辖权

2. 意外事件

3. 非刑罚处理方法

二、简答题

1. 法律认识错误的基本表现形式有哪些？如何处理？

2. 缓刑与假释制度的异同点有哪些？

3. 单位的犯罪成立特征有哪些？根据《最高人民法院关于审理单位犯罪案件具体应用法律有关问题的解释》第2条的规定：“个人为进行违法犯罪活动而设立的公司、企业、事业单位实施犯罪的，或者公司、企业、事业单位设立后，以实施犯罪为主要活动的，不以单位犯罪论处。”该条司法解释的合理性是什么？如何科学地适用该款司法解释？

4. 刑事诉讼中的证明要求与证明标准？

三、论述题

1. 试论犯罪既遂的标准、类型及其处罚原则。

2. 试论起诉法定主义与起诉便宜主义。

四、案例分析题

1. 2008年3月某夜，常某到某市解放路附近，遇到姜某骑一电动自行车（经鉴定价值1600元），经询问，得知该电动自行车为姜某刚刚盗窃所得。后姜某邀常某与其一起骑车离开，当车行至不远时，两人发现有车追赶而来。姜某遂停车与常某逃跑。在逃跑途中，被害人陈某将姜某抓住，常某见到陈某不松手，遂上前抱住陈某并用脚踢其，此时姜某捡起一条木棒打向陈某头部，致陈某头部受伤（经法医鉴定属轻伤），随后两人骑电动车逃跑，后常某与同案人姜某被抓获。问题：该案是否构成共同犯罪？理由是什么？

2. 被告：江某某，男，1980年1月5日生。被告：陈某某，女，1981年6月1日生。2001年6月，陈某某因与江某某非法同居而怀孕。2002年1月的一天，江某某听林某说有人要买男婴时，当即表示陈某某如果生男孩就卖给他人。之后，江某某将自己的想法告诉陈某某，陈某某表示同意。同年3月3日，陈某某产下一男婴，江某某通过林某介绍，将男婴卖给两名外地妇女，二人得款15000元。2003年12月，陈某某又产下一对女双胞胎，江某某再次通过林某介绍，将该双胞胎卖给一外地男人，二人得款35000元。

问：两被告的行为构成何罪？为什么？

3. 被告：章某，男，1985年4月5日生。2003年12月，章某与周某在网上相识，章某得知周某家中富裕，产生要从周某身上"搞一笔"的想法。12月10日，章某约周某到某影城看电影，并借故让周某关掉手机。看电影期间，章某给周某父亲打电话，讹称周某在其手中，要周某父亲在6点前往指定账号汇款20万元，否则将杀害周某。经讨价还价，周某父亲向章某汇款10万元。章某与周某看完电影在某餐厅用晚餐，后二人各自回家。

问：章某的行为构成何罪？为什么？

五、法条分析

《刑法》第17条第2款规定，"已满十四周岁不满十六周岁的人，犯故意杀人、故意伤害致人重伤或者死亡、强奸、抢劫、贩卖毒品、放火、爆炸、投放危险物质罪的，应当负刑事责任。"

《刑法》第20条第3款规定，"对正在进行行凶、杀人、抢劫、强奸、绑架以及其他严重危及人身安全的暴力犯罪，采取防卫行为，造成不法侵害人伤亡的，不属于防卫过当，不负刑事责任。"

问题：

（1）请用刑法理论（概念）将以上两个法条的内容表述出来。

（2）以上两个法条之间，是否存在矛盾或者立法上的缺陷？若有立法缺陷，应当如何完善？

2009年

一、概念题

1. 一般累犯

2. 罪群

二、简答题

1. 简述故意犯罪的停止形态与故意犯罪发展阶段的关系。

2. 简述抢劫罪与绑架勒索行为的不同点。

三、论述题

1. 与犯罪故意比较，犯罪过失具有哪些特征？

2. 论述挪用公款罪的构成特征。

四、法条分析

1.《刑法》第63条第2款规定："犯罪分子虽然不具有本法规定的减轻处罚情节，但是根据案件的特殊情况，经最高人民法院核准，也可以在法定刑以下判处刑罚。"请分析该条文的含义。

2.《刑法》第266条规定："诈骗公私财物，数额较大的，处三年以下有期徒刑、拘役或者管制，并处或者单处罚金；数额巨大或者有其他严重情节的，处三年以上十年以下有期徒刑，并处罚金；数额特别巨大或者有其他特别严重情节的，处十年以上有期徒刑或者无期徒刑，并处罚金或者没收财产。本法另有规定的，依照规定。"如何理解"本法另有规定的，依照规定"？"本法另有规定的"具体情形主要有哪些？

五、案例题

1. 1994年6月30日，被告人宋某酒后回到自己家中，因琐事与其妻李某发生争吵厮打。李某说："三天两头吵，活着还不如死了。"宋某说："那你就死去。"后来，李某在寻找准备自缢用的凳子时，宋某喊来邻居叶某对李某规劝。叶某走后，二人又发生吵架厮打，在李某寻找自缢用的绳索时，宋某目睹而不管不问不加劝阻，致使李某当即在其家门框上上吊身亡。经公安机关刑事技术鉴定：李某系机械性窒息死亡（自缢）。

宋某的行为是否构成犯罪？如果构成犯罪，理由是什么？如果不构成犯罪，理由是什么？

2. 被告人甲、丙、丁均系某非国有制药公司职工，2005年9月，甲违反物料采购应对供货方实地考察和要求供货方提供样品进行检验等相关规定，在采购辅料丙二醇时，严重不负责任，在未确切核实供应商乙供货资质的情况下，即通过电话联系向其购买丙二醇。2005年10月，乙将1吨二甘醇冒充丙二醇卖给了甲所在的制药公司。该公司购进上述假冒丙二醇后，被告人丙违反药品生产质量管理规定，在明知该批假冒丙二醇的相对密度不合格，并且公司检验设施不齐全，检验人员检验资质不全，在没有做鉴别检验项目的情况下，授意被告人丁开具虚假的合格检验报告书，致使该批假冒丙二醇被投入生产亮菌甲素注射液等药品。2006年4月，某医院采购了该制药公司生产的亮菌甲素注射液并应用到患者的治疗中，因而导致15名患者出现急性肾衰竭或者神经系统损害等“二甘醇”中毒的症状，其中13人死亡、2人病情加重。

（1）甲、丙、丁的行为如何定性？理由是什么？

（2）乙的行为如何定性？理由是什么？

（3）该案中因果关系有何特殊性？对定性有何影响？

厦门大学

2013年

一、简答题

1. 简述罪刑法定原则的理论基础。
2. 简述“禁止溯及既往”的内涵。
3. 结果加重犯的概念及构成要件。

二、论述题

论述犯罪的特征。

三、分析题

刑罚好比一把“双刃剑”，运用不当，国家和人民都有可能受其所害。

四、案例分析题

李某（17岁）晚上进入他人室内盗窃，两部手机（价值约3000元）已放入口袋，正准备离开，与半夜起来上厕所的张某撞上，李某拔腿就逃，张某紧追不舍，李某扔下手机跑掉了，张某也未再追。回去后李某怕张某认出他来，遂再去张某家欲杀了张某，结果在黑暗中看见床上的人影以为是张某，就用刀捅了直至确认已死，但杀死的却是当晚在张某家过夜的韩某。

（1）对李某盗窃手机的行为如何认定？

（2）对李某杀人的行为如何评价？

（3）对李某应如何处罚？有何量刑建议？

2010年

一、名词解释

1. 空白刑法
2. 刑法溯及力
3. 死缓执行制度

二、简答题

1. 我国公民在域外犯罪，如何管辖？
2. 什么是刑法上的认识错误？
3. 自由刑的利弊。

三、论述题

我国自首制度。

2009年

一、简答题

1. 类推解释与扩大解释的区别。
2. 如何理解交通肇事中“因逃逸致人死亡”？
3. 简述不作为犯的成立条件。

二、案例分析

1. 陈某为向马某索要欠款3万元，纠集刘某等人将马某拘禁，其间多次向马某施加殴打，后马某趁陈某等人醉酒逃跑，发现门被锁上，于是从三楼窗户跳下，不幸头着地而死亡。问，陈某等人的罪责？

2. 陈某发现马某与自己的妻子有染，纠集好友刘某、王某等人，将马某骗出。然后把马某强押上车，并施加殴打（轻微伤），陈某并扬言要打死马某。好友刘某劝说，打死人要偿命，不如拿点钱了事。马某不干，陈某等人便将其囚禁在一镇的酒店里达两天两夜，陈某还不时拿刀片在桌上比画，马某无奈交出了身上的500元和一张信用卡，陈某等人便将马某放了。陈某让刘某去取钱，成功取得2000元后，陈某分给刘某500元、王某400元。马某回家后立刻报案，第二天陈某等人便落网了。问，陈某、刘某、王某等人如何定性？

2008年

一、简答题

1. 刑法的立法解释与刑法的司法解释的区别。
2. 罚金刑的利弊。
3. 单位犯罪的构成与处罚原则。

二、论述题

刑罚的目的、功能、途径。

山东大学

2012年

1. 刑事责任能力。
2. 刑法的属人管辖权。
3. 犯罪客体与犯罪对象的区别。
4. 教唆犯的构成条件和刑事责任。
5. 数罪并罚的原则。
6. 追诉时效中断的概念及事由。
7. 试述特殊防卫的概念及适用条件。

2010年

1. 刑事责任能力。
2. 累犯的概念和构成。
3. 犯罪动机和犯罪目的对定罪量刑的影响。
4. 集合犯的概念和构成。
5. 犯罪停止状态。
6. 正当防卫。

2008年

1. 罪刑法定原则的含义、理论基础和立法体现。
2. 犯罪目的和犯罪动机的区别。
3. 一般累犯的概念和构成。
4. 人身罚的种类。
5. 假释制度及其完善。

附录二：刑法学习参考及推荐书目

1.《刑法学》编写组：《刑法学（上册·总论）》，高等教育出版社 2019 年版。

2.《刑法学》编写组：《刑法学（下册·各论）》，高等教育出版社 2019 年版。

3. 国家法官学院、最高人民法院司法案例研究院编：《中国法院 2023 年度案例．刑事案例．一》，中国法制出版社 2023 年版。

4. 国家法官学院、最高人民法院司法案例研究院编：《中国法院 2023 年度案例．刑事案例．二》，中国法制出版社 2023 年版。

5. 国家法官学院、最高人民法院司法案例研究院编：《中国法院 2023 年度案例．刑事案例．三》，中国法制出版社 2023 年版。

6. 国家法官学院、最高人民法院司法案例研究院编：《中国法院 2023 年度案例．刑事案例．四》，中国法制出版社 2023 年版。

7. 周光权：《刑法学习定律》，北京大学出版社 2019 年版。

8. 张明楷：《刑法格言的展开》，北京大学出版社 2013 年版。

9. 刘宪权：《刑法学名师讲演录》，上海人民出版社 2021 年版。

10. 陈兴良：《口授刑法学》，中国人民大学出版社 2017 年版。

11. ［意］切萨雷·贝卡里亚：《论犯罪与刑罚》，郭烁译，中国法制出版社 2023 年版。

12. 张明楷：《刑法学》，法律出版社 2021 年版。

13. 张明楷：《刑法的私塾（之二）（上、下）》，北京大学出版社 2017 年版。

14. ［日］山口厚：《刑法总论》，付立庆译，中国人民大学出版社 2021 年版。

15. 陈兴良：《刑法的价值构造》，中国人民大学出版社 2017 年版。

16. ［德］罗克辛：《刑事政策与刑法体系》，蔡桂生译，中国人民大学出版社 2011 年版。

17. 储槐植：《刑事一体化论要》，北京大学出版社 2007 年版。

18. 王作富：《刑法分则实务研究（第四版）》，中国方正出版社 2013 年版。

19. 陈兴良：《刑法的人性基础》，中国人民大学出版社 2017 年版。

20. 陈兴良：《走向规范的刑法学》，北京大学出版社 2018 年版。

21. 周光权：《刑法学的向度》，中国政法大学出版社 2004 年版。

22. 周光权：《犯罪论体系的改造》，中国法制出版社 2009 年版。

23. 黎宏：《刑法总论问题思考（第二版）》，中国人民大学出版社 2016 年版。

24. 刘艳红：《实质刑法观（第二版）》，中国人民大学出版社 2019 年版。

25. 陈兴良：《刑法哲学》，中国人民大学出版社 2019 年版。

26. 陈兴良：《刑法研究》（第一卷至第十三卷），中国人民大学出版社 2021 年版。

图书在版编目（CIP）数据

刑法配套测试 / 教学辅导中心组编 .—11 版 .—
北京：中国法制出版社，2023. 8
高校法学专业核心课程配套测试
ISBN 978-7-5216-3592-8

Ⅰ. ①刑… Ⅱ. ①教… Ⅲ. ①刑法-中国-高等学校
-习题集 Ⅳ. ①D924-44

中国国家版本馆 CIP 数据核字（2023）第 095240 号

责任编辑　白天园　　封面设计　杨泽江　周黎明

刑法配套测试

XINGFA PEITAO CESHI

组编/教学辅导中心
经销/新华书店
印刷/三河市国英印务有限公司
开本/787 毫米×1092 毫米　16 开　　印张/ 33. 25　字数/ 783 千
版次/2023 年 8 月第 11 版　　2023 年 8 月第 1 次印刷

中国法制出版社出版
书号 ISBN 978-7-5216-3592-8　　定价：79. 00 元

北京市西城区西便门西里甲 16 号西便门办公区
邮政编码：100053　　传真：010-63141600
网址：http：//www. zgfzs. com　　**编辑部电话：010-63141792**
市场营销部电话：010-63141612　　**印务部电话：010-63141606**